예수의 행함과 가르침을 내용으로 하는 복음서는 그 장르상 하늘에서 떨어진 것인가? 아니면 당시 그리스나 로마 문학에서 그 장르를 빌려온 것인가? 이 논쟁은 1990년대 초 버리지(Richard A. Burridge)가 그의 케임브리지 박사 학위 논문에서 후자가 맞다고 설득력 있게 주장하고 정리한 것에서 대략 일단락되었다. 하지만 복음서의 내용이 역사적으로 얼마나 신뢰할 수 있는 것인지에 대해서는 학자들의 이견이 상당했다. 키너는 늘 그렇듯이 본서에서도 백과사전식 지식으로 이 논제에 관한 각 논쟁점을 정리하면서 사복음서가 그 내용과 장르에 있어서 신뢰할 만한 역사물임을 힘써 외치고 있다. 역사적 예수와 복음서를 연구하는 기초 서적으로 본서는 늘 옆에 끼고 있어야 할 책이다.

김동수 평택대학교 신학과 신약학 교수, 전 한국신약학회 회장

복음서 장르 연구 분야의 고전인 리처드 버리지의 『복음서란 무엇인가?』(*What Are the Gospels?: A Comparison with Graeco-Roman Biography*)를 통해 "복음서의 장르는 무엇인가?"라는 질문이 해결되었다면, 이제 학자들은 또 다른 질문과 씨름하고 있다. "복음서가 그리스-로마 전기라면 이것이 함의하는 바는 무엇인가?"라는 질문이 바로 그것이다. 이 질문은 복음서 해석에 새로운 통찰을 제공하는 유의미한 연구와 제안들을 쏟아내고 있으며, 크레이그 키너의 『예수 그리스도 전기』는 그 한복판에 있는 저작이라 할 수 있다. 독자들은 이 책을 통해 오래된 질문(가령, 복음서의 상이성은 왜 나타나는가?)을 전혀 새로운 방식으로 접근하고 탐색하는 즐거움을 누리게 될 것이다. 그리고 이 책을 덮고 복음서를 펴는 순간 "이전 것은 지나갔으니 보라 새것이 되었도다"라는 고백을 하게 될 것이다.

권영주 한국침례신학대학교 신약학 교수

크레이그 키너 박사의 『예수 그리스도 전기』(*Christobiography*)는 사복음서의 기록을 전기로 규정한다. 그는 고대의 전기가 소설과 같은 허구에서 출발하지 않고 진실성과 이전 기록의 의존성에 바탕을 두어 기록된 것처럼 정경복음서의 기록 또한 예수의 일생에 대한 역사적 재구성임을 분명히 한다. 키너는 특별히 역사 서술에 대한 감수성이 가장 높았던 시기인 로마 제국 초기에 정경복음서들이 집필된 것임을 강조한다. 따라서 정경 복음서들은 각각의 저자들의 기억 속에 생생하게 살아있는 한 인물인 예수에 대한 진정한 역사적 정보이며 예수의 여러 행적과 가르침을 보존하고 있는 중요한 문헌임을 주장한다. 키너의 이전 작품인 『성령해석학』과 『현대를 위한 성령론』에서 보이는 것처럼 방대한 자료에서 나오는 그의 글은 매우 간결하고 설득력이 있다. 이 책은 역사적 예수에 대해 좀 더 깊이 있는 연구를 원하는 목회자들과 신학생들, 그리고 성도분들에게 매우 유용할 것이다.

신현태 장로회신학대학교 신약학 교수

"역사적 예수 탐구"는 신약성서 연구의 추세 가운데 비션이 중요하게 취급된다. 회의주의와 의심의 해석학이 회자되는 현대사회에서 예수의 신분과 기적 행사는 믿어지기보다 거부되는 경향이 짙다. 이 책은 역사적 예수 연구의 인식론을 확립하려는 시도인데, 이것은 저자가 활용하는 방대한 양의 참고자료와 각주의 인용에서 확인된다. 저자는 고대의 전기 (傳記)와 역사 기록으로 분류되는 정경복음서에 담긴 기억에 근거한 전승이 예수 연구를 수행하는 데 필수적인 원천 자료이며, 전달자로서 제자들의 증언은 가장 신뢰할 만한 정보라고 강조한다. 이 점을 확증하기 위해 고대의 전기(傳記)와 주요 역사가들을 철저히 비교 분석하는 저자의 신중한 논증 방식은 복음서가 역사적이고 객관적인 데이터에 근거한 문서임을 입증하는 데 크게 이바지한다. 본서가 제공하는 유익한 정보와 지식으로 독서의 즐거움은 배가될 것이며, 정경복음서의 역사성을 규명하려고 시도한 저자의 기여는 찬사(讚辭)를 받아 마땅하다.

윤철원 서울신학대학교 신학대학원 신약학 교수

이보다 더 철저한 자료 제공이 가능할까 하는 생각이 들 정도로 이 책은 방대한 자료를 제공하고 분석한다. 그가 사용한 신약 시대의 광범위한 주요 고전 텍스트에 비하면 이 책의 900여 페이지의 분량이 매우 적어 보일 정도다. 그는 기억 연구, 초기 제국의 전기들, 그리고 그리스와 유대 전기의 분류 체계를 통해 역사적 예수에 관한 역사적 그림을 통합적으로 제시한다. 그는 교사였던 예수가 제자들에게 정보를 정확하게 전달하고 가르쳤으며 제자들도 생생한 기억 속에서 그의 가르침과 행위를 회상하고 전달하도록 최선을 다했고, 초기 공동체도 자신들이 보고 배운 내용을 진실하게 전달하고 있다고 주장한다. 이 책은 본인의 말처럼 새로운 연구는 아니지만, 고대 자료를 통해 예수가 현자 이상의 특별한 존재임을 추적한 중요한 업적이 될 것이다.

이민규 한국성서대학교 신약학 교수

신약학 전 분야에 걸쳐 중요한 책을 많이 쓴 보수적 학자인 크레이그 키너 교수는 복음서의 장르를 역사 서술의 한 분과인 전기 문학으로 보면서 복음서 저자들이 구두전승이나 기억을 활용하여 신뢰할 수 있는 기록을 남겼음을 당시 고대 전기문들과 비교함으로써 설득력 있게 주장한다. 『예수 그리스도 전기』는 역사적 예수와 신앙의 그리스도를 분리시켜 온 신약학계의 일부 학자들의 오랜 습관적인 전제를 넘어서 역사적 예수에 관한 인식론의 관점에서 복음서를 그리스도에 대한 역사적 전기로 제시하는 강력한 논증을 담고 있다. 복음서의 주요 주제들이라 할 수 있는 복음서의 장르, 복음서의 기원, 예수 전승의 전달과 신빙성 문제 그리고 역사적 예수 연구와 그 방법론에 대해 관심 있는 학자들, 목회자들, 신학생들에게 이 분야의 가장 방대한 자료와 최신 연구 결과를 집대성한 기념비적인 책인 『예수 그리스도 전기』를 강력하게 추천한다.

이상일 총신대학교 신학대학원 신약학 교수

톰 라이트의 『바울 평전』에 이어 크레이그 키너의 『예수 그리스도 전기』가 드디어 세상에 나와 빛을 보게 되었다. 이 책은 역사적 예수 담론의 논의 현장에 그 대표적 증거자료인 복음서의 장르 문제를 고대 "전기"의 관점에서 진지하게 재론하고, 나아가 제임스 던 등이 역사적 예수 연구에서 개척한 구전 해석학의 관점에서 복음서의 예수 전승이 나름의 신빙성 있는 역사적 값어치를 지닌 자료임을 입증하고자 한다. 복음서를 "전기"(biography)의 관점에서 조명하려는 시도는 이미 오래전부터 있었다. 그러나 고대 그리스-로마의 역사 전기에 비추어 복음서의 예수 전기는 성장담이 결여되어 있고 죽음 이후 부활, 승천 등 신화적 요소가 가미된 점을 근거로 전기의 전형적인 장르에 미달되거나 초과한다고 거칠게 평가한 뒤 이런 방면의 학문적 논의는 한동안 시들해져 버렸다. 그러다가 리처드 버리지 등의 전기 관련 이론이 활성화되고 고대 그리스-로마의 전기도 기계적인 일률성을 넘어 다양한 유형을 갖는다는 점이 밝혀진 뒤 복음서를 전기 양식으로 보는 관점은 다시 생기를 되찾고 꾸준히 연구되어 왔다. 이 분야에 가장 집중적인 연구를 해온 크레이그 키너의 역작이 이러한 흐름 가운데 마침내 태동한 것이다. 그는 꼼꼼한 방법론적 검토를 거쳐 복음서의 전기적 성격을 논증한 뒤 구체적인 그리스도 선기의 내용을 분석적으로 세시한다. 그 설과 이 책은 전기적 관점에서 예수 연구와 복음서 연구의 쌍발 엔진을 장착한 독창적인 작품으로 탄생했다. 향후 복음서 연구자와 역사적 예수 연구자에게 훌륭한 참고자료로 또 하나의 이정표가 되리라 확신한다.

차정식 한일장신대학교 신학과 교수

본서는 1세기 그리스어로 기록된 사복음서(와 사도행전)를 고대 전기들과 다차원적 비교 및 검증을 통해 신약성서의 첫 다섯 권이 "역사적 전기"(사복음서) 또는 "전기적 역사"(누가-행전)로 간주될 수 있음을 설득력 있게 보여준다. 아울러 고대 전기의 살아 있는 기억의 인물이 진정성과 융통성의 틀 안에서 인물화 되고 있음을 잘 밝혀줌으로써 복음서의 역사적 예수 이해에 양극단을 지양하고 중도적 입장의 대안을 효과적으로 드러내 준다. 무엇보다 복음서 저자들의 문서가 신앙적 진술이자 역사적 진술임을 학문적으로 보여준 수작이 아닐 수 없다. 고대부터 현대에 이르는 방대한 관련 연구 자료를 "근원부터 자세히 미루어 살핀" 저자 키너의 수고를 통해 오늘의 독자들은 본서 이곳저곳에서 자신들이 미처 깨닫지 못한 유익을 얻게 될 것이다. 저자가 "이 모든 일을" 누가의 심정으로 쓴 것이 분명하다.

허주 아신대학교 신약학 교수

Christobiography

Memory, History, and the Reliability of the Gospels

Craig S. Keener

예수 그리스도 전기

Christobiography

Memory, History, and the Reliability of the Gospels

**복음서의 기록은
신뢰할 만한 것인가?**

크레이그 S. 키너 지음
이용중 옮김

새물결플러스

선구적 학자들인

리처드 버리지(Richard Burridge),

찰스 탈버트(Charles Talbert),

버논 로빈스(Vernon Robins),

데이비드 오니(David Aune)에게

목차

감사의 글

언제나 끈기 있고 빠르게 행동하는 어드먼스 출판사 구매 도서 부문 편집
장이자 내 친구인 마이클 톰슨에게 감사한다. (내용의 문제가 아니라) 예상치
못한 물류 상황 때문에 (원래는 다른 출판사의 마감 시한인 2017년 12월 1일에 맞
추어 완성된) 이 책에 새로운 출판사가 필요했을 때 마이클은 이 책을 즉시
수용해주었다. (바로 그 주말에 나는 서신으로 또 다른 출판사의 한 편집자에게 이
책의 출판을 제안했었다. 그 편집자는 정중하게 시간에 맞추어 대답해 주었지만, 그때
마이클은 이미 어드먼스 출판사에서 이 책을 출판하도록 나를 충분히 설득시켰다.) 개
발 부문 편집자 트레버 톰슨, (고대의 참고문헌들을 영어식 철자로 풀어쓰는 지루
한 작업에 매달린) 교열 담당자 크레이그 놀, 그리고 이 책에 공을 들인 어드
먼스 출판사의 다른 직원들에게도 감사의 뜻을 표한다.

　이 책이 나오는 과정에서 여러 단계에 걸쳐 (개인적으로) 대화를 나눈
분들께도 감사의 뜻을 표한다. 마이클 리코나와 나는 이 주제에 관해 각자
책을 쓰기 전에 이런 문제들을 함께 의논해 왔다. 다른 소중한 대화 상대
자들로는 리처드 버리지, 헬렌 본드, 버논 로빈스, 닐 엘리엇, 애즈버리 신
학교의 존경하는 동료들과 박사과정 학생들, 그리고 신약학회 공관복음
세미나의 기억, 서사, 기독론 분야 회원들이 있다(그곳에서 롤런드 데인스, 마

이클 베스 딩클러, 샌드라 휴벤설, 데이비드 모스너, 아르만드 푸이그 이 타레크, 옌스 슈뢰터, 아리 츠비프 등과도 추가적인 대화를 나누었다). 물론 나의 대화 상대자들은 다양한 견해를 갖고 있으므로, 이 책에서 독자들이 문제를 제기하고 싶은 견해나 주장이 있다면 그에 대한 책임은 나에게 있다.

약어표

AARTRSS	American Academy of Religion Teaching Religious Studies Series
AB	Anchor Bible
ABD	*Anchor Bible Dictionary*
ABIG	Arbeiten zur Bibel und ihrer Geschichte
ABR	*Australian Biblical Review*
ABRL	Anchor Bible Reference Library
AbrN	*Abr-Nahrain*
ACNT	Augsburg Commentary on the New Testament
AJP	*American Journal of Philology*
AJPS	*Asian Journal of Pentecostal Studies*
AJPSS	Asian Journal of Pentecostal Studies Series
AJSR	*Association for Jewish Studies Review*
AJT	*Asia Journal of Theology*
ALGHJ	Arbeiten zur Literatur und Geschichte des Hellenistischen Judentums
AmJT	*American Journal of Theology*
ANRW	*Aufstieg und Niedergang der Römischen Welt*
ANTC	Abingdon New Testament Commentaries
AnthCons	*Anthropology of Consciousness*
AnthHum	*Anthropology and Humanism*
Anton	*Antonianum*
ARAnth	*Annual Review of Anthropology*
AsJT	*Asia Journal of Theology*
ASNU	Acta Seminarii Neotestamentici Upsaliensis
ASOR	American Schools of Oriental Research

AUSS	*Andrews University Seminary Studies*
BA	*Biblical Archaeologist*
BAGB	*Bulletin de l'Association Guillaume Budé*
BangTF	*Bangalore Theological Forum*
BAR	*Biblical Archaeology Review*
BASOR	*Bulletin of the American Schools of Oriental Research*
BBR	*Bulletin of Biblical Research*
BCAW	Blackwell Companions to the Ancient World
BDF	Blass, F., A. Debrunner, and R. A. Funk. *A Greek Grammar of the New Testament and Other Early Christian Literature.* Chicago: University of Chicago Press, 1961.
BegC	*The Beginnings of Christianity.* Ed. F. J. Foakes-Jackson and K. Lake. 5 vols. London: Macmillan, 1922. Repr., Grand Rapids: Baker, 1977.
BeO	*Bibbia e Oriente*
BETL	Bibliotheca Ephemeridum Theologicarum Lovaniensium
Bib	*Biblica*
BiBh	*Bible Bhashyam (Biblebhashyam)*
BibInt	*Biblical Interpretation*
BibSem	The Biblical Seminar
BibT	*The Bible Today*
BIS	Biblical Interpretation Series
BJRL	*Bulletin of the John Rylands University Library of Manchester*
BJS	Brown Judaic Studies
BK	*Bibel und Kirche*
BN	*Biblische Notizen*
BNP	*Brill's New Pauly: Encyclopaedia of the Ancient World*
BNTC	Black's New Testament Commentaries
BPC	Biblical Performance Criticism
BR	*Biblical Research*
BRev	*Bible Review*
BrillPauly	*Brill's New Pauly, Encyclopaedia of the Ancient World: Antiquity.* Ed. Hubert Cancik, Helmuth Schneider, and Christine F. Salazar. Leiden: Brill, 2002-11.
BZ	*Biblische Zeitschrift*
BZAW	Beihefte zur Zeitschrift für die alttestamentliche Wissenschaft
BZNWK	Beihefte zur Zeitschrift für die neutestamentliche Wissenschaft und die

	Kunde der älteren Kirche
CaE	Cahiers Évangiles
CathW	*Catholic World*
CBC	Cambridge Bible Commentary
CBQ	*Catholic Biblical Quarterly*
CBQMS	Catholic Biblical Quarterly Monograph Series
CBull	*Classical Bulletin*
CCRMS	Cross-Cultural Research and Methodology Series
CH	*Church History*
Chm	*Churchman*
CIG	*Corpus Inscriptionum Graecarum*, ed. Boeckh
CIJ	*Corpus Inscriptionum Iudaicarum*, ed. Frey
CJ	*Classical Journal*
ClAnt	*Classical Antiquity*
ClQ	*Classical Quarterly*
CNS	*Cristianesimo nella storia*
CNT	Commentaire du Nouveau Testament
ColT	*Collectanea Theologica*
ConBNT	Coniectanea biblica: New Testament Series
Cont	*Continuum*
CP	*Classical Philology*
CRBR	*Critical Review of Books in Religion*
CSPhilRel	Cornell Studies in the Study of Religion
CurBR	*Currents in Biblical Research*
CW	*Classical World*
DBAM	*The Dictionary of the Bible and Ancient Media*. Ed. Tom Thatcher, Chris Keith, Raymond F. Person Jr., and Elsie R. Stern. New York: Bloomsbury T&T Clark, 2017.
DCLY	Deuterocanonical and Cognate Literature Yearbook
Did	*Didaskalia*
DJG	*Dictionary of Jesus and the Gospels*. Ed. Joel B. Green, Scot McKnight, and I. Howard Marshall. Downers Grove, IL: InterVarsity, 1992. 2nd ed., 2013. Ed. Joel Green, Jeannine K. Brown, and Nicholas Perrin.
DNTB	*Dictionary of New Testament Background*. Ed. Craig A. Evans and Stanley E. Porter. Downers Grove, IL: InterVarsity, 2000.
DTT	*Dansk Teologisk Tidsskrift*

ECL	Early Christianity and Its Literature
EJL	Early Judaism and Its Literature
EKKNT	Evangelisch-Katholischer Kommentar zum Neuen Testament
ESEC	Emory Studies in Early Christianity
EstBib	*Estudios Biblicos*
ETL	*Ephemerides Theologicae Lovanienses*
EurH	Europäische Hochschulschriften
EvQ	*Evangelical Quarterly*
EvT	*Evangelische Theologie*
ExpT	*Expository Times*
FAT	Forschungen zum Alten Testament
FGrH	*Die Fragmente der griechischen Historiker.* Ed. Felix Jacoby. Leiden: Brill, 1954-64.
FoiVie	*Foi et Vie*
FourR	*The Fourth R*
FPhil	*Faith and Philosophy*
FRLANT	Forschungen zur Religion und Literatur des Alten und Neuen Testaments FSCS Faith and Scholarship Colloquies
GNS	Good News Studies
GR	*Greece & Rome*
GRBS	*Greek, Roman, and Byzantine Studies*
HDR	Harvard Dissertations in Religion
Hen	*Henoch*
Herm	*Hermathena*
Hok	*Hokhma*
HR	*History of Religions*
HThKNT	Herders theologischen Kommentar zum Neuen Testament
HTR	*Harvard Theological Review*
HTS/TS	*HTS Teologiese Studies/Theological Studies*
HUCA	*Hebrew Union College Annual*
ICC	International Critical Commentaries
IDS	*In die Skriflig / In Luce Verbi*
IntRevMiss	*International Review of Missions*
JAAR	*Journal of the American Academy of Religion*
JAM	*Journal of Asian Mission*
JANESCU	*Journal of the Ancient Near Eastern Society of Columbia University*

JAnthRes	*Journal of Anthropological Research*
JBL	*Journal of Biblical Literature*
JExpPsyc	*Journal of Experimental Psychology*
JGRCJ	*Journal of Greco-Roman Christianity and Judaism*
JHS	*Journal of Hellenic Studies*
JITC	*Journal of the Interdenominational Theological Center*
JJS	*Journal of Jewish Studies*
JNSL	*Journal of Northwest Semitic Languages*
JPFC	*The Jewish People in the First Century: Historical Geography, Political History, Social, Cultural, and Religious Life and Institutions.* 2 vols. Ed. S. Safrai and M. Stern, with D. Flusser and W. C. van Unnik. Section 1 of *Compendia Rerum Iudaicarum ad Novum Testamentum.* Vol. 1: Assen: Van Gorcum, 1974; vol. 2: Philadelphia: Fortress, 1976.
JPT	*Journal of Pentecostal Theology*
JQR	*Jewish Quarterly Review*
JR	*Journal of Religion*
JRASup	Journal of Roman Archaeology Supplementary Series
JRH	*Journal of Religious History*
JRS	*Journal of Roman Studies*
JSHJ	*Journal for the Study of the Historical Jesus*
JSJ	*Journal for the Study of Judaism in the Persian, Hellenistic, and Roman Periods*
JSNT	*Journal for the Study of the New Testament*
JSNTSup	Journal for the Study of the New Testament Supplement Series
JSOT	*Journal for the Study of the Old Testament*
JSOTSup	Journal for the Study of the Old Testament Supplement Series
JSP	*Journal for the Study of the Pseudepigrapha*
JSPSup	Journal for the Study of the Pseudepigrapha Supplement Series
JSQ	*Jewish Studies Quarterly*
JSSR	*Journal for the Scientific Study of Religion*
JTS	*Journal of Theological Studies*
KEKNT	Kritisch-exegetischer Kommentar über das Neue Testament
Laur	*Laurentianum*
LCL	Loeb Classical Library
LD	Lectio Divina
LEC	Library of Early Christianity

LNTS	Library of New Testament Studies
LPSt	Library of Pauline Studies
LS	*Louvain Studies*
LTP	*Laval théologique et philosophique*
LW	*Living Word: Journal of Philosophy and Theology*
MBPS	Mellen Biblical Press Series
MissSt	*Mission Studies*
Mnemosyne	*Mnemosyne: A Journal of Classical Studies*
NAC	New American Commentary
NBf	*New Blackfriars*
NCamBC	New Cambridge Bible Commentary
NCBC	New Century Bible Commentary
NedTT	*Nederlands Theologisch Tijdschrift*
Neot	*Neotestamentica*
NFTL	New Foundations Theological Library
NIB	*The New Interpreter's Bible.* Ed. Leander E. Keck. 12 vols. Nashville: Abingdon, 1994-2004.
NICNT	New International Commentary on the New Testament
NIDB	*New Interpreter's Dictionary of the Bible*
NIGTC	New International Greek Testament Commentary
NIVAC	NIV Application Commentary
NovT	*Novum Testamentum*
NovTSup	Supplements to Novum Testamentum
NSPR	New Studies in the Philosophy of Religion
NTG	New Testament Guides
NTM	New Testament Message
NTS	*New Testament Studies*
NTTS	New Testament Tools and Studies
OCD³	*The Oxford Classical Dictionary: The Ultimate Reference Work on the Classical World.* 3rd rev. ed. Ed. Simon Hornblower and Antony Spawforth. Oxford: Oxford University Press, 2003.
OJRS	*Ohio Journal of Religious Studies*
OrChrAn	Orientalia Christiana Analecta
OTP	*The Old Testament Pseudepigrapha.* Ed. James H. Charlesworth. 2 vols. Garden City, NY: Doubleday, 1983-85.
PAAJR	*Proceedings of the American Academy for Jewish Research*

PAST	Pauline Studies
PCNT	Paideia: Commentaries on the New Testament
PEQ	*Palestine Exploration Quarterly*
Phil	*Philologus*
PhilChr	*Philosophia Christi*
PhilSt	*Philosophical Studies*
PNTC	Pillar New Testament Commentary
PrRR	Princeton Readings in Religion
PRSt	*Perspectives in Religious Studies*
PSB	*Princeton Seminary Bulletin*
PsycTRPT	*Psychotherapy: Theory, Research, Practice, Training*
PTMS	Pittsburgh Theological Monograph Series
PzB	*Protokolle zur Bibel*
R&T	*Religion & Theology*
RB	*Revue Biblique*
RBL	*Review of Biblical Literature*
RC	*Religion Compass*
RCT	*Revista catalana de teología*
RefR	*Reformed Review*
REJ	*Revue des études juives*
ResQ	*Restoration Quarterly*
RevQ	*Revue de Qumran*
RevScRel	*Revue des Sciences Religieuses*
RHPR	*Revue d'histoire et de philosophie religieuses*
RMPhil	Rheinisches Museum für Philologie
RSLR	*Rivista di storia e letteratura religiosa*
RSR	*Recherches de Science Religieuse*
RStMiss	Regnum Studies in Mission
Salm	*Salmanticensis*
SANt	Studia Aarhusiana Neotestamentica
SBET	*Scottish Bulletin of Evangelical Theology*
SBFLA	*Studii Biblici Franciscani Liber Annuus*
SBL	Society of Biblical Literature
SBLAcBib	Society of Biblical Literature Academia Biblica
SBLBMI	Society of Biblical Literature Bible and Its Modern Interpreters Series

SBLBSNA	SBL Biblical Scholarship in North America
SBLCP	SBL Centennial Publications
SBLDS	Society of Biblical Literature Dissertation Series
SBLMS	Society of Biblical Literature Monograph Series
SBLSBS	Society of Biblical Literature Sources for Biblical Study/SBL Resources for Biblical Study
SBLSP	Society of Biblical Literature Seminar Papers
SBLSymS	Society of Biblical Literature Symposium Series
SBLTT	Society of Biblical Literature Texts and Translations
SBLWGRW	Society of Biblical Literature Writings from the Greco-Roman World
SBT	Studies in Biblical Theology
SCI	*Scripta Classica Israelica*
Sef	*Sefarad*
Sem	*Semitica*
SemeiaSt	Semeia Studies
SHBC	Smyth & Helwys Bible Commentary
SHCM	Studies in the History of Christian Mission
SIDIC	*Journal of the Service Internationale de Documentation Judeo-chrétienne*
SJFWJ	Studia Judaica: Forschungen zur Wissenschaft des Judentums
SJLA	Studies in Judaism in Late Antiquity
SJOT	*Scandinavian Journal of the Old Testament*
SJSJ	Supplements to the Journal for the Study of Judaism
SMedJ	*Southern Medical Journal*
SNTSMS	Society for New Testament Studies Monograph Series
SNTW	Studies of the New Testament and Its World
SP	Sacra Pagina
SPhiloA	*Studia Philonica Annual (Studia Philonica)*
SPhiloMon	Studia Philonica Monographs
SSAMD	Sage Series on African Modernization and Development
SSEJC	Studies in Scripture in Early Judaism and Christianity
StPB	Studia Post-Biblica
Su	*Studia Theologica Varsaviensia*
SUNT	Studien zur Umwelt des Neuen Testament
SVTP	Studia in Veteris Testamenti Pseudepigrapha
SWJT	*Southwestern Journal of Theology*

SymS	Symposium Series
TANZ	Texte und Arbeiten zum neutestamentlichen Zeitalter
TAPA	*Transactions of the American Philological Society*
TBei	*Theologische Beiträge*
TENTS	Texts and Editions for New Testament Study
TGST	Tesi Gregoriana, Serie Teologia
ThTo	*Theology Today*
TLZ	*Theologische Literaturzeitung*
TNTC	Tyndale New Testament Commentaries
TS	*Theological Studies*
TSAJ	Texte und Studien zum antiken Judentum
TTKi	*Tidsskrift for Teologi og Kirke*
TynBul	*Tyndale Bulletin*
TZ	*Theologische Zeitschrift*
UJT	Understanding Jesus Today
UNDCSJCA	University of Notre Dame Center for the Study of Judaism and Christianity in Antiquity
UTB	Uni-Taschenbucher
VC	*Vigiliae Christianae*
VT	*Vetus Testamentum*
WBC	Word Biblical Commentary
WGRWSup	Writings from the Greco-Roman World Supplement Series
WMQ	*William and Mary Quarterly*
WUNT	Wissenschaftliche Untersuchungen zum Neuen Testament
WW	*Word and World*
YCS	Yale Classical Studies
ZAW	*Zeitschrift für die Alttestamentliche Wissenschaft*
ZDPV	*Zeitschrift des Deutschen Palastina-Vereins*
ZKW	*Zeitschrift für Kunstwissenschaft*
ZNT	*Zeitschrift für Neues Testament*
ZNW	*Zeitschrift für die Neutestamentliche Wissenschaft*
ZPE	*Zeitschrift für Papyrologie und Epigraphik*
Zyg	*Zygon: Journal of Religion and Science*

1장

서론

출판사들은 저자의 원고에 새로운 제목을 제안하거나 수정을 가하기 때
문에 이 책의 표제를 설명하기 전에 먼저 책의 수정된 부제에 대한 부연
설명을 하겠다. 이 책은 복음서는 전반적으로 믿을 만하지 않다는, 자주
제기되는 가정에 도전하는 일에 일조하겠지만 복음서의 세부 내용의 역
사적 신뢰성에 관한 책이 아니다. 그 대신, 좀 더 정확히 말하자면 나는 이
책에서 복음서와 같은 시대에 나온 비교될 만한 저작들 속에 있는 역사적
의도성의 정도 및 복음서 저자들이 아마도 접할 수 있었을 일종의 사전 정
보를 탐구한다. 따라서 이 책은 복음서 자체에 대한 설명이라기보다는 복
음서를 역사적 자료로 사용하는 작업에 대한 서론이다.

하지만 실제로 『예수 그리스도 전기』(*Christobiography*)라는 표제를 제
안한 사람은 나다. 이 책의 표제는 내 생각에 이 서론이 제안하는 바를 가
리키고 있기 때문이다. 즉 이 책의 표제는 고대의 유사 문헌들이 우리에게
복음서에서 무엇을 예상하게 하는지를 암시한다. 복음서들은 그 이전의
자료에 의존하고 그 자료를 구체화하면서 그리스도의 이야기를 선포한
다. 성경에 비추어 흔히 최소한 부분적으로라도 서사화된 형식으로 그리
스도의 수난과 부활을 전하는 일은 처음부터 복음 메시지의 중심적인 특
징이었다(고전 15:3-7; 참조. 11:23-26; 행 10:37-42). 초기 기독교의 그와 같
은 선포에서 회상된 역사적 체험들을 탐구하는 일에 모두가 관심이 있는

것은 아니지만, 이 일에 관심이 있는 이들은 복음서의 장르 및 기억과 부분적으로 비슷한 고대 문헌들을 고찰하는 일을 유용하게 여길 것이다.

『예수 그리스도 전기』는 오래됐지만 때때로 무시된 역사적 예수 연구에 대한 통찰에 주의를 끈다. 인식 가능한 고대 장르의 관점에서 복음서는 고대의 전기들과 비슷하다. 즉 복음서 시대에 나온 문헌 저작 중에 복음서와 가장 많이 닮은 유형은 어떤 대상의 "비오스"(*bios*) 또는 "생애"—우리가(그리고 이 책에서 보통) 고대의 전기라고 부르는 것—이다. 오늘날 대다수 복음서 학자들은 복음서가 다른 어떤 장르보다도 고대의 전기와 비슷하다는 점을 인식하고 있지만, 소수의 복음서 학자들만이 이 공통된 기본적 장르가 복음서에 어떤 영향을 끼쳤을지 이해하기 위해 실제로 다른 고대의 전기들을 조사해왔다. 고대의 전기는 복음서가 예수에 대한 메시지를 전달하는 방식에 대해 우리에게 무엇을 말해 주는가?

하지만 고대의 다른 전기들을 살펴보는 작업은 한 가지 문제를 수반한다. 많은 이들이 고대의 전기를 너무 광범위하게 정의한 나머지 이 광범위한 장르는 구체적인 비교 방법에 있어서 가치 있는 내용을 거의 제시하지 못하는 것처럼 보인다. 그러나 그들이 전기라고 부르는 것의 어떤 형태들은 다른 형태보다 더 적절하다. 전기 장르는 시간이 흐르면서 발전했고 자연히 전기 작가들에게도 일반적으로 여러 세기 전에 살았던 대상들에 관해서보다는 살아 있는 기억 속의 사건들에 관해 더 나은 자료가 있었다. ("살아 있는 기억"이란 전기의 대상을 알고 있는 사람들이 전기 작가가 글을 쓸 때 여전히 살아 있었음을 뜻한다.)

그렇다면 복음서와 비교하는 데 가장 적당한 것은 로마 제국 초기에 나온 전기들, 특히 대략 복음서 저자들의 시대로부터 반세기 내에 살았던 실제 인물들의 전기다. 또한 이런 전기들은 때때로 몇 단락에 불과하고 비숫한 부분이 적은 "생애"가 아니라 장편 서사체 전기여야 한다. 긴장감을 떨어뜨릴 위험이 있겠지만, 우리는 공관복음서에 대해 사용되는 대조표와 비슷한 그러한 전기의 대조표를 작성해보면 복음서에서 발견되는 종류의 각색이 이런 식의 글쓰기에 대해 일반적으로 예상되는 것이었음을 알 수 있다고 말할 수 있다.

이러한 결론은 특별히 놀라운 결론은 아니지만, 또 한편으로는 역사적 예수 연구에서 때때로 무시되는 결론이다. 다소 유사성 있는 전기 작가들이 역사적 자료에 의존했다는 점을 입증하는 일은 복음서 저자들이 이전에 존재한 정보를 다루는 방식에 우리가 어떻게 접근해야 하는지에 대해 시사하는 바가 있다. 고대의 청중은 우리가 오늘날 비평적 복음서 연구에서 발견하는 선행 자료와 수정이 지닌 특징들을 예상했을 것이다.

1.1. 고대 역사가들의 문헌 속 예수

기독교는 예수를 창시자로 인정하며, 이슬람교는 예수를 주요 예언자로 간주한다.[1] 이들 종교는 세계 인구의 절반 이상인 40억 명의 신도를 아우르고 있다. 다른 이유가 전혀 없더라도 이러한 이유로 예수는 역사가의 종교적 지평과 무관하게 고대 역사가들 사이에서 상당히 주목할 만한 인물

---

1   예수는 현대의 몇몇 유대인 사상가들에게는 좀 더 복잡한 인물이다. 그들에게는 예수가 로마인들에게 처형당했지만 후대의 이방인 기독교가 유대인의 배경에서 떼어내어 독차지한 위대한 유대인 현자였을지도 모른다(예를 들어 Lapide, *Hebrew*; Lapide and Luz, *Jezus*; Heschel, *Geiger*; Klassen, *Contribution*; Levine, *Misunderstood Jew*의 논의를 보라). 많은 기독교인과 대부분의 역사적 예수 학자들은 이러한 인식을 공유할 것이다.

이다.[2]

그러나 늘 그랬던 것은 아니다. 로마 제국 초기에 로마 역사가들의 일차적인 관심사는 로마, 속주에서 일어난 반란, 국경 지역의 전쟁, 또는 종종 정치적 소문을 지배한 황제들의 도덕적 광대짓과 같이 로마에 직접 영향을 끼친 사건들이었다.[3] 하찮은 아시아 속주 출신의 십자가에 달린 현자또는 반역자는 수십 년 뒤 그의 추종자들이 로마의 수도에서 대중적인 뉴스가 되기 전까지는 거의 이목을 끌지 못했다.

대중적인 수준에서 어떤 저술가들은 예수에 대한 모든 증거를 하찮은 것으로 치부하고 예수를 순전히 추종자들이 만들어낸 인물로 본다. 이러한 회의적인 접근법은 여러 갈래의 증거를 일축하는 것과는 별개로 다른 주제들에 대해 일관되게 적용된다면 역사의 많은 부분을 알 수 없는 것으로 만들어버릴 것이다.[4] 소크라테스든 무함마드든 부처든 조지프 스미스든 누군가의 제자들에게서 시작된 다른 새로운 운동의 경우와 마찬가

---

2   오늘날 일부 독자들은 역사적인 문제들에 대한 개인적 관심을 표현한다. 나는 관심을 가질 만한 다른 주제들도 있다는 점을 기꺼이 인정하지만, 역사적인 문제를 재미없다고 생각하는 이들은 이 책 외에 다른 책을 읽고 싶을지도 모른다. 이 책은 역사적 관심사를 다루고 있기 때문이다. (다른 문제들과 함께) 역사적인 문제의 가치에 대한 논의를 보려면 Keener, *Acts*, 1:16-28, 특히 26-28을 보라.

3   참조. 예. Laistner, *Historians*, 131.

4   이러한 접근 방법에 대한 반론으로 예를 들어 Ehrman, *Did Jesus Exist?*를 보라. 그를 비난하는 이들은 (인신공격을 피하고자 하는 이들은 어떤 경우에도 그러지 말아야 하듯이) 불가지론자인 Ehrman이 이 논증에서 종교적 편향성을 동기로 삼고 있다고 항의해선 안 된다. 다음 참고문헌들도 함께 보라. Casey, *Evidence*(비기독교적 관점에 서 있는 그는 개인의 심리적 배경을 때로 극단화하고 거기에 지나치게 많은 원인을 귀속시키지만, 영국 학계는 어느 정도 양극화된 미국적 상황보다는 공정함에 더 전념하는 경향이 있다는 그의 지적은 아마도 옳은 지적일 것이다.); Elliott, "Pseudo-Scholarship"(이 글은 T. Freke와 P. Gandy의 책에 초점을 맞추고 있고 10쪽에서 "거의 페이지마다 있는 사실상의 오류, 잘못된 진술, 방법론적 오해"를 언급한다.)

지로 창시자의 생애는 처음에는 그 자신의 추종자들의 집단 밖에서는 별로 관심이 없었다. 사해 두루마리 사본에서는 그들의 공동체의 창시자인 의의 스승을 존경하지만, 그는 그들 자신의 문헌 밖에서는 어디서도 나타나지 않는다.

마찬가지로 1세기의 유대인 역사가 요세푸스는 스스로 바리새인이었다고 주장하지만, 이후 대부분의 바리새인 전승에서 핵심적인 인물 중 한 명으로 언급되는 바리새파의 현인인 힐렐을 어디서도 언급하지 않는다.[5] 한편 요세푸스가 로마에서도 저명했던 인물로 묘사하는 유대의 왕 아그립바 1세는 그 시대를 다루고 있는 한 로마 역사가의 글에서 지나가는 말로 겨우 언급될 정도의 가치밖에 없다.[6] 또 다른 중요한 로마 역사가는 헤롯 대왕에 대해서도 지면을 거의 할애하지 않는다.[7]

같은 유관성(有關性)의 기준에 따르면 그 이전의 그리스 역사가 헤로도토스는 유대뿐만 아니라 로마도 무시했다.[8] 그리고 요세푸스 자신도 유대 전쟁에서의 역할과 이교도적인 그리스-로마 세계에 대한 유대의 해석자라는 역할에도 불구하고 후대 랍비 문헌에서 별로 흥미를 끌지 못한다.

이는 예수에 대한 비기독교인의 기록은 전혀 없다는 뜻이 아니다.

---

5   이스라엘 역사가 Flusser, *Sage*, 1의 논평을 보라. Flusser는 "Ancestry," 154에서 예수 운동의 사례를 시몬 킴방구(Simon Kimbangu)나 조지프 스미스(Joseph Smith)의 추종자들과 비교한다. 이런 비교는 물론 정확한 비교가 아니다. 예를 들면 스미스와 달리 예수는 어떤 기록도 남기지 않았고 예수와 달리 킴방구는 (고대 지중해 문화와 관련된 의미에서) 제자들을 훈련하지 않았다. 그러나 이런 예들은 Flusser의 요점과 관련해서는 충분하다. 소크라테스에 대해서는 Kennedy, "Source Criticism," 130을 보라. 한 인물에 대한 기억을 보존하는 이들은 바로 그 인물에 대해 관심을 가진 사람들이라는 원리에 대해서는 Schwartz, "Smoke," 11을 보라.

6   Tacitus, *Annals* 12.23.

7   Dio Cassius, *Roman History* 49.22.6; 54.9.3.

8   Josephus, *Against Apion* 1.60-66, 특히 66.

오늘날 학자들의 대다수는 세례 요한과 예수의 형제 야고보에 대해 글을 쓴 1세기 유대인 저술가 요세푸스가 예수 자신에 대해서도 글을 썼다는 점을 인정한다.[9] 요세푸스는 예수를 아마도 예루살렘의 일부 엘리트 계층과 공모한 듯한 로마 총독에 의해 처형된 현인이자 기적을 행한 자로 취급한다.[10] 여러 학자가 초기 아랍어 역본도 요세푸스의 기록에서 학자들이(필사자들이 손을 대기 이전의) 원문으로 재구성한 예수에 대한 핵심적인 요점들을 확증한다고 주장한다.[11] 예수가 십자가에 달린 지 불과 45년 뒤에 마라 바르 사라피온(Mara bar Sarapion)이라고 불리는 시리아의 한 철학자는 유대인들이 그들의 지혜로운 왕을 처형하여 유대 땅에 심판을 초래했음을 언급하는 듯하다(그는 아마도 시리아 기독교인들에게서 이 소식을 들었을 것이다.)[12]

2세기 초에 한 역사가는 십자가 사건이 있은 지 겨우 20년 뒤에 로마에서 있었던, 명백히 그리스도와 관련된 유대인의 논쟁에 관해 전한다.[13] 또 다른 역사가는 십자가 사건이 있은 지 대략 34년 뒤에 로마에서 수많은 예수의 추종자들이 학살당한 사건을 전하면서 예수가 그 이전에 본디

---

9   예수에 대한 요세푸스의 순수한 언급에 대해서는 다음 참고문헌들을 보라. Meier, "Jesus in Josephus"; Meier, "Testimonium"; Whealey, "Josephus"; Whealey, "Testimonium"; Gramaglia, "Testimonium"; Paget, "Observations"; Vermes, Jesus the Jew, 79; Charlesworth, Jesus within Judaism, 90-98; Charlesworth, "Jesus, Literature, and Archaeology," 189-92; Dubarle, "Témoignage"; Ehrman, Prophet, 59-62; Theissen and Merz, Guide, 64-74; Van Voorst, Jesus, 81-104; Niemand, "Testimonium."

10   Josephus, Jewish Antiquities 18.63-64.

11   다음 책들을 보라. Agapius in Charlesworth, Jesus within Judaism, 95-96; Puig i Tàrrech, Jesus, 48; (Pines, Version, 16을 언급하고 있는) Alfeyev, Beginning, 11. 그러나 Whealey, "Testimonium," 특히 587-88을 보라.

12   Theissen and Merz, Guide, 76-80.

13   Suetonius, Claudius 25.4; Keener, Acts, 3:2697-711, 특히 2708-11을 보라; Keener, "Edict".

오 빌라도 치하에서 십자가에 못 박힌 사실을 언급한다.[14] 로마도 마침내 주목했다. 이후의 사건들이 예수 운동을 지역적인 중요성을 지닌 문제로 만들었기 때문이다. 사실 로마에서 이 운동은 예수를 처형한 총독보다도 더 중요해졌다. 비록 유대 문헌들과 한 비문에서 빌라도를 언급하고 있지만,[15] 이 구절은 남아 있는 로마 문헌에서 빌라도가 유일하게 등장하는 구절이다.

가장 중요한 것은 매우 이른 시기부터, 아마도 예수의 십자가 사건이 있은 지 18-20년 뒤부터 바울이 교회들에 보내기 시작한 편지에 예수에 관한 상당한 정보가 있다는 점이다. 바울은 분명 기독교인이었지만 그 자신이 인정하는 바에 따르면 그는 이 종파의 친구가 아닌 박해자의 한 사람으로 이 종파와 관련을 맺기 시작했다. 바울은 예수의 십자가 사건과 부활에 초점을 맞추면서도 열두 제자, 예수의 형제들, 예수가 조롱과 학대를 당한 일, 예수의 장사, 이혼에 대한 예수의 가르침, 예수가 마지막 만찬에서 하신 말씀 등을 포함한 예수에 대한 다른 정보도 언급한다. 바울은 또 그리스도이자 높임 받으신 주님으로서 예수의 역할에 대한 초기 기독교인들의 광범위한 의견 일치로 보이는 견해를 증언한다. 그렇지만 바울이 처한 상황에서 비롯된 이 편지들은 예수의 전기와 비슷한 내용을 제시하거나 예수의 고난 이전의 생애 속에 등장하는 어떤 에피소드도 진술하지 않는다.

---

14 Tacitus, *Annals* 15.44. 2세기 저자들도 기독교 운동과 그 창시자를 비아냥거리거나 비판한다. 예를 들어 Lucian, *Peregrinus* 11; 참조. Celsus in Origen, *Against Celsus*을 보라.

15 예를 들어 Philo, *Embassy* 299, 304; Josephus, *Jewish Antiquities* 18.35, 55-64, 87-89, 177; *Jewish War* 2.169-75을 보라.

1.2. 예수에 대해 무엇을 알 수 있는가?

통속적인 관념은 그 나름의 문헌을 만들어내기 시작한 회의론을 고조시켰고, 이 문헌들은 지금까지는 대체로 비학문적이지만 결국은 의심할 여지 없이 학문적 반응을 불러올 몇몇 저작을 낳을 것이다.[16] 어떤 저술가들은 어떤 경우에는 잠재적으로 종교적 동기를 지닌 편향성에 자극을 받아 심지어 예수의 역사적 존재까지도 의문을 제기하지만,[17] 이런 관심사는 무함마드와 같은 과거의 다른 종교적 인물들에게는 모순되게도 적용되지 않으며 무함마드가 일으킨 운동의 성공은 당연하게도 무함마드가 없이는 있을 수 없는 것으로 인식된다.

그러나 인터넷에 떠도는 일부 통속적인 관념과 대조적으로 예수 연구 분야의 전문가들은 거의 예외 없이 예수가 역사적으로 존재했다는 데 동의한다.[18] 예수 운동은 예수를 날조해낼 이유가 없었고 그가 "왕"으로서 반역을 저지른 죄로 처형되었다는 이야기를 날조해낼 이유는 분명히 없었다. 그렇게 처형된 누군가를 따른다는 것은 그 자체가 반역적인 행위로 여겨졌으므로 그런 이야기를 만들어낸다는 것은 자살 행위였을 것이다. 십자가형에 의한 예수의 처형은 확실히 빌라도나 예수를 역도의 왕으로

---

16 한 영문학자는 여러 성서학자에게 우편으로 보내진 고도로 추론적이고 근거가 빈약한 저작을 내놓았다(Helms, *Fictions*). 그러나 하나 이상의 세련된 논쟁이 진행 중인 것으로 알려졌다. 내가 "알려졌다"고 말하는 이유는 동료들의 검토를 거치지 않은 인터넷상의 공격은 보통 학문적으로 응답할 만한 가치가 없으며 학문적 저작은 그 고유한 장르로 인해 일반적으로 응당 그런 공격에 응답하지 않기 때문이다. 그렇지만 다시 한번 Ehrman, *Did Jesus Exist?*; Casey, *Evidence*; Elliott, "Pseudo-Scholarship"의 유용한 응답을 보라.

17 특히 Alfeyev, *Beginning*, 3-4에 언급된 나치 시대 독일과 무신론적인 소비에트 운동의 이념적 의제들을 참고하라.

18 다시 Ehrman, *Did Jesus Exist?*을 보라.

간주한 지역 지배층 구성원들과 모순되지 않는다.

몇십 년 전에 어떤 운동을 창시한 사람에 관해 다양한 저자들이 최근에 쓴 문헌들이 있다고 상상해 보라. 그리고 이 운동이 그 창시자를 중심으로 전개되었다고 상상해 보라. 당연히 우리는 그 운동에서 비롯된 문헌 대부분이 그 창시자에 대해 매우 긍정적인 관점을 취할 것으로 예상하지만 그 창시자의 존재를 의심하는 일은 좀처럼 고려하지 않을 것이다. 그런데 예수의 경우에는 바로 이런 일이 일어난다. 바울의 편지들은 예수가 죽은 지 20년 이내에 그와 같은 운동이 그 창시자를 경배했음을 증언한다. 예수의 역사적 존재를 부정한다면 우리가 접할 수 있는 자료를 거의 이해할 수 없다.

더 나아가 거의 모든 학자가 복음 이야기의 몇 가지 기본적인 특징에 대해 동의한다. 그들은 예수가 갈릴리 나사렛 출신의 유대인이자 그 제자들이 독특한 유대인 운동을 시작한 이유가 되었던 인기 있는 현자이며 예언자였다는 데 동의한다. 예수는 (아마도 종말론적인) 세례를 베푸는 예언자 요한의 영향을 받았고, 하나님 나라가 지상에 임할 것을 선포했으며, 비유를 통해, 그리고 가끔 수수께끼를 통해 가르치셨다.

대다수 학자는 예수와 동시대인들이 예수를 연약한 이들에게 신적인 도움을 베푸는 치유자 겸 귀신 쫓는 자로 경험했다는 점에도 동의한다.[19] 예수는 자신의 치유와 축사(逐邪)를 약속된 하나님 나라의 징조로 간주했다.[20] 예수는 하나님 나라를 위해 도덕적으로나 (세리의 경우) 민족주의적으

---

19 이러한 의견 일치에 대한 요약을 보려면 예를 들어 다음 참고문헌들도 함께 보라. Brown, *Death*, 143-44; Meier, *Marginal Jew*, 2:617-45, 678-772; Eve, *Miracles*, 16-17; Dunn, *Remembered*, 670; Twelftree, "Message," 2518-19; 본서 12장의 논의.

20 마 11:5//눅 7:22 및 사 35:5-6; 61:1; 마 12:28//눅 11:20.

로 소외된 자로 여겨진 이들을 포함하여 그 지위가 주변적이거나 일반적으로 사회에서 무시당한 많은 사람을 포용했다. 예수는 가난한 자, 권리를 박탈당한 자, 장애인, 병자에게 호소했고 상류층에 속한 다양한 이들과 갈등을 겪었다.

이러한 갈등은 예루살렘에서 아마도 유월절에 예수와 그 밖의 갈릴리 사람들이 순례 여행을 할 때 최고조에 달했을 것이다. 사실상 논쟁의 여지 없이 예수는 총독 본디오 빌라도가 명한 로마의 십자가 처형에 의해 죽었다. 며칠 내에 예수의 제자들은 하나님이 예수를 죽은 자 가운데서 다시 살리셨고 자신들은 예수를 보았다고 주장했다. 이 메시지는 하나님 나라에 대한 예수의 가르침 및 약자와 억눌린 자에 대한 하나님의 은총과 곧 조화를 이루었을 것이다.[21] 녹특하게도 예수의 운동은 (심지어 사해 두루마리 사본에서보다 더 완전한 의미에서) 예언의 영의 회복을 주장했고, 수십 년 내에 제국의 주요 도시로 퍼져나갔으며, 디아스포라에서는 때때로 할례를 요구하지 않고 이방인들을 회심시키기 시작했다.

좀 더 직접적인 출처 외에도 예수가 처한 환경에 기초한 일반 정보는 우리가 몇 가지 접근 방식을 걸러낼 수 있게 해준다. 의심할 여지 없이 예수는 유대인이었으므로 우리는 (나치 시대 독일에서 몇몇 사상가들이 주장한 아리아인 예수에서부터 오늘날 미국의 대중 영합주의적인 신비주의자들에 이르는) 이러한 특징을 고려하지 않는 예수에 대한 재구성을 일축해도 무방할 것이다. (예를 들어 나의 지도 교수 중 한 명인 E. P. Sanders와 Geza Vermes, James Charlesworth, Amy-Jill Levine 등의 저작에서 잘 드러나듯이) 최근 수십 년 동안의 예수에 대한 "제3의 탐구"는 그와 같이 유대적 배경 속에 있는 예수에게

---

21   예를 들어, 고전 1:18-25; 고후 13:4; 살전 2:12을 참고하라.

올바로 초점을 맞추었다. 실제로 이 복음서들은 디아스포라의 독자층을 위해 모두 그리스어로 기록되었겠지만, 훗날의 (「베드로복음」과 같은) 의심스러운 복음서들과는 다르게 많은 유대/갈릴리 전승을 반영한다.[22]

따라서 사건들의 기본적인 개요에 대해서는 학자들 사이에 광범위한 의견 일치가 존재한다.[23] (여기서 그러한 의견 일치를 뒷받침하는 증거를 조사하지는 않을 것이다. 다른 곳에서 그러한 증거를 다룬 적이 있고[24] 예수에 대한 이런 기본적인 사실들은 이 책의 초점이 아니기 때문이다.)

그러나 그와 같은 개요 외에 세부적인 내용에 대해서는 학자들조차 상당한 의견 차이를 보인다. 이는 부분적으로 예수에 대한 1세기의 가장 충분한 정보를 제공하는 일차 자료—즉 복음서—의 신뢰성을 평가하는 방식 면에서 우리의 견해가 서로 다르기 때문이다. 거의 어떤 학자도 복음서들이 예수의 말씀을 축자적으로 나타낸다고 주장하지 않는다. 그러한 주장은 복음서들 사이의 서로 다른 표현과 모순될 것이다.[25] (표현은 축자적인 것이 분명하다고 생각하는 독자는 단순히 병렬 기사들을 충분히 비교하기만 해도 그런 생각에서 벗어날 수 있을 것이다. 이런 일을 한 번도 해 본 적이 없는 독자는 무엇이 사실 "이어야 하는가"에 대해 독단적으로 말할 권리가 없다.) 또한 앞으로 살펴

---

22 나는 다음 글들에서 몇 가지 예를 열거했다. Keener, "Suggestions"; Keener, "Assumptions," 49-52. 「베드로복음」은 몇 가지 요한 문헌 전승을 반영하며(참조. Kirk, *Memory*, 233-43) 유대 기독교인 집단에서 비롯되었을지도 모르지만(Marcus, "Gospel of Peter") 오늘날 Crossan의 견해를 따라 「베드로복음」의 일부 저작 시기를 1세기로 추정하는 이들은 거의 없다. Porter, "Reconstructing," 53을 보라.

23 비록 그러한 개요 외에는 우리의 접근 방식들이 종종 여러 갈래로 갈라지지만, Ehrman, *Before the Gospels*, 144의 견해도 그와 같다.

24 Keener, *Historical Jesus*, 163-329, 339-44 및 여러 곳.

25 눈에 띄는 간단한 한 예로 요 13:10-11을 보라. 복음서 저자들의 성경에서는 예를 들어 창 18:12-13; 39:17-19; 출 6:12, 30; 삼상 15:3, 18; 또는 스 1:1-4; 5:13-15; 6:3-5을 보라.

보게 되겠지만 고대의 독자들도 축자적인 보고를 기대하지 않았다. 그런데도 학자들 대다수는 앞에서 언급한 소수의 학자보다 예수의 더 많은 가르침과 예수의 생애 속 사건들에 대한 복음서의 보고를 받아들인다.

그렇지만 어떤 것을 받아들이는가? 그리고 "받아들인다"는 말은 무슨 뜻인가? 우리 대다수는 모든 사람이 아주 적은 역사적 지식밖에 없더라도 받아들여야 할, 사실상 논란의 여지가 없는 정보의 절대적 최소치(위의 조사와 같은 것)가 꽤 간략하게 요약될 수 있다는 데 아마도 동의할 것이다. 우리 대다수는 또 복음서에 있는 상당량의 자료가 타당하며 적어도 개연성이 있다는 데 동의한다. 우리가 개연성 있는 정보의 최대치를 옹호할지, 아니면 논란의 여지가 없는 정보의 최소치를 옹호할지는 우리의 목표(예를 들면 근거 없는 회의론이나 대중 영합주의적인 고지식함의 정체를 폭로하는 일)에 달려 있다. 하지만 대다수 역사가는 절대적으로 확실한 것이나 잠재적으로 그럴듯한 것만이 아니라 가장 개연성이 높은 것에 관해서도 관심이 있다. 그리고 우리의 합의는 바로 여기서 깨진다. 이는 또다시 부분적으로 일차 자료인 복음서의 신뢰성을 어떻게 평가하느냐에 있어서 학자들의 견해가 서로 다르기 때문이다.

어떤 학자들은 세부적인 면에서의 모순을 언급하면서 선험적인 의구심을 품고 복음서 이야기의 내용에 접근한다. (예를 들어 예수 세미나와 관련된 학자들은 비록 대중 영합주의적인 "예수 신화론자[Jesus mythers]"들처럼 무조건 의심을 하는 경우는 드물어도 종종 이런 경향의 전형적인 예를 보여준다.) 이와 반대로 어떤 보수적인 학자들은 복음서 이야기들의 정확성을 연대순 배열의 가장 세부적인 내용에 이르기까지 처음부터 기본적으로 받아들인다. 아마도 오늘날 복음서를 연구하는 학자 대다수는 이 두 입장 사이에 속해 있어서 누구든 특정한 사건이나 말씀에 관한 주장을 펼치면 그에게 증명의 책임을 맡길 것이다.

오늘날 예수 연구의 범위 내에서 샌더스, 게르트 타이센(Gerd Theissen), 존 마이어(John Meier), 마크 앨런 파월(Mark Allen Powell)과 같은 학자들은 그들 사이의 차이점에도 불구하고 상당히 중도적인 견해를 대변한다. 존 도미닉 크로산(John Dominic Crossan)이나 그보다 정도는 덜하지만 (안타깝게도 현재 고인이 된) 마커스 보그(Markus Borg) 같은 학자들은 이 중심에서 왼쪽에 위치할 것이다. 나 자신이나 N. T. 라이트 같은 학자들은 (예를 들어 복음서 이야기의 연대순 배열을 가정하지는 않지만) 이 중심에서 오른쪽에 위치할 것이다. 우리는 모두 같은 지도상에 있지만, 방법론적인 차이점과 고대의 증거를 어떻게 평가할지에 관한 서로 다른 가정은 서로 다른 결론으로 귀결된다.

남아 있는 증거가 부족하다는 점은 그 빈자리를 메우려면 약간의 어림짐작이 필요함을 의미하므로, 해석자가 가진 전제는 특정한 해석이 이 연속적인 범위상에서 어디에 해당하는지에 영향을 끼치지 않을 수 없다.[26] 학자들은 종종 추측에 근거한 재구성으로 사용할 수 있는 정보의 한계를 피해 가려 한다.[27] 지식에 근거한 추측은 그렇지 않은 추측보다 정확한 경우가 많으므로 우리가 다양한 확률을 인식하는 한에서는 도움이 될 수도 있지만, 추측을 정보와 혼동해선 안 된다.[28] 전승의 전달자들과 복음서 저자들이 처한 환경에 대한 더 폭넓은 지식은 우리의 지식 속의 약간의 빈자리를 메워줄 수도 있을 것이다.

---

26 Eve, *Behind Gospels*, 177-78, 184-85; Downing, "Researches." 구두 전승에 대한 추론에 관해서는 Rubin, *Memory*, 36을 보라.
27 Vansina는 *Oral Tradition*, 173에서 이런 습관을 정확히 질책한다.
28 Malina의 책에 대한 Keener의 서평 속의 언급을 참고하라.

한 사람의 목표도 마찬가지로 그의 최종 산물에 영향을 끼친다. 게다가 어떤 일은 가장 확실한 증거를 확립하기 위해 최소주의적인 접근이 필요하고 어떤 일은 가능한 모든 증거를 확립하기 위해 최대주의적인 접근이 필요하다. 우리 대부분은 오로지 최소주의적이거나 최대주의적인 접근법보다는 가장 개연성 있는 증거에 제일 관심이 많지만, 다시 한번 말하자면 확률은 연속체이며 다양한 요소들이 다양한 구절에 대해 평가된 확률의 수준에 영향을 미친다.

최소주의자의 접근법도, 최대주의자의 접근법도 공공의 영역에서 그들의 가장 별스러운 주장을 입증하지 못한다. 그들의 결론을 낳는 것은 일반적으로 증거 자체의 변화라기보다는 그들이 전제한 방법론이다.[29] 보통 그들의 추종자들은 그들의 방법을 당연시하며 다른 집단의 일부 구성원들은 그들의 방법을 무시하거나 자신과 견해가 다른 이들에 대해 인신공격적인 논증을 사용한다.[30] 즉 그들은 자신들의 가정을 증거가 필요하지 않은 인식론적 공리로 받아들인다. 따라서 각 집단은 자신들의 방법론을 비판하는 이들과 공정한 대화를 나누기보다는 종종 자기편에게 호소한다.

저명한 사회적 기억 이론가이자 에이브러햄 링컨 연구가인 베리 슈워츠(Barry Schwartz)가 경고하는 대로, 어떤 학자들은 예수에 대해 있을 법한 것은 무엇이든 사실로 받아들이지만, 어떤 학자들은 있을 법하지 않은

---

29 참조. Bauckham, *Eyewitnesses*, 613: "좋은 역사서에서는 쉽사리 믿는 것보다 회의적인 것이 더는 인식론적인 미덕이 아니다." Bauckham의 케임브리지 박사 학위는 역사와 관련된다.
30 따라서 예를 들어 비평학자가 선호하는 접근 방식보다 보수적인 접근 방식을 취하는 이들은—마치 좀 더 보수적인 이들만이 주어진 명제를 변호하는 것처럼—"변증가"이거나 마치 정직하게는 그러한 신념에 이를 수 없었을 것처럼 그들의 견해가 그들의 특정한 종교적이거나 철학적인 신념으로 환원된다. 또 어떤 이들은 좀 더 회의적인 접근 방식을 취하는 이들의 논증을 그들이 "회의론자"라는 이유로 일축한다. 둘 다 실제적인 논증을 다루어야 할 필요를 회피하기 위해 선험적인 구실을 찾는 인신공격적인 논증의 사례다.

것은 무엇이든 배제한다.[31] 어떤 이들은 "허용 가능성의 기준을 너무 높게 설정한 나머지 완벽하지 못한 증거를 받아들이는 것이 불가능해진다." 있을 수 있는 모든 왜곡을 걸러내려는 목적으로 "증거는 맞는 것으로 입증될 때까지는 틀린 것이라고 가정한다면" 우리는 링컨의 어린 시절에 대해 아무것도 알지 못하게 될 것이다.[32] 일반적인 목표는 가장 개연성이 높은 것을 알아내는 것이다.

오늘날 이 책에서 다루기엔 너무나 큰 한 가지 문제는 일반적인 역사 서술의 올바른 접근법에 관한 문제다. 포스트모더니즘이 소박 실재론 (naive realism)을 의심스럽게 만들어 많은 비판적 실재론자들을 제대로 질책한 것은 타당하다.[33] 그러나 다른 많은 역사가는 문제를 더 심각하게 받아들여 모든 역사적인 이야기를 수사적인 재구성으로 취급할 뿐 아니라, 그런 이야기를 마치 역사적 관심은 없는 거의 **전적으로** 수사적인 재구성인 것처럼 취급한다. 이야기는 수사적 재구성이지만 현대의 이야기들과 마찬가지로 고대의 역사적인 이야기들은, 역사가의 건축가 같은 역할에도 불구하고, 보통 역사적 정보로 간주되는 것을 수사적 재구성에 있어서 중요한 구성 요소로 사용한다. 정보를 구성하고 심지어 발전시키는 일은 이야기를 순전히 지어내는 일과는 다르다. 몇몇 학자들이 경고했듯이 특정한 역사적 사건, 예를 들어 유대인, 집시, 동성애자 등에 대한 나치의 학살에 관한 사실을 인정하거나 무시하는 행위는 중요한 윤리적·도덕적 결

---

31 Schwartz, "Origins," 53.
32 Schwartz, "Origins," 52.
33 Le Donne는 자신을 비판적 실재론자로 규정하지 않고(Le Donne, *Historiographical Jesus*, 11) 비판적 실재론자들은 종종 잠재의식을 평가절하한다고 경고하지만, 소박 실재론과 해체(deconstruction)에 대한 비판적 실재론의 개선책을 높이 평가한다(9).

과를 낳을 것이다.[34]

　일부 역사서 독자들 사이의 이런 경향에도 불구하고 대다수 역사가는 이야기들이 지닌 내재적 한계를 인정하면서도 일반적인 역사 서술에 있어서 매우 개연성이 높은 역사적 정보의 가능성을 실제로 받아들인다. 본서에서 역사적 주장을 일반적으로 거부하는 소수의 역사가를 상세히 다룰 수는 없다. 그들은 보통 회의적 태도를 복음서에만 적용하기보다는 보다 일관되게 적용한다. 그러나 역사적 담론의 성격은 역사철학자들 사이에서 제기될 문제다. 본서는 어떤 중요한 역사적 정보가 (어떤 약점을 지닌 사료든) 여러 사료에서 나타나며 그 개요를 서술할 수 있다고 믿는 이들을 대상으로 한다. 특정인의 복음서에 대한 접근 방식이 무엇이든 간에 그는 같은 기간에 나온 다른 전기들에 대한 접근 방식에 있어서, 그런 저작들의 각각의 차이로 인해 각기 다른 취급 방식이 필요한 상황 외에는, 일관성을 유지해야 한다.

34　모든 학자가 다 역사적 사건 자체를 조사하는 일에 집중할 필요는 없다. 전달을 위한 자료의 구성 방식(수사)과 사건이나 전승에 관한 관점(사회적 기억)의 발전을 연구하는 일은 그 자체로 타당하고 유용한 기획이다. 사건은 저절로 해석되는 것이 아니라 (한정된) 범위의 해석을 허용한다. 그렇지만 어떤 실제 사건에 관한 사실은 아무리 틀에 맞춰진 것이라도 정의의 문제와 (오늘날에는 더 논란이 많지만) 이를 뒷받침해야 할 진실을 위해 필요하다. 과거에 대한 어떤 해석은 다른 해석보다 도덕적으로 만족스럽다(참조. Kirk, "Social and Cultural Memory," 14-15). Roland Deines는 (2018년 8월 10일 아테네의 신약학회 기념 세미나 토론에서) 역사상의 실제 사실의 중요성을 강조하면서 다음과 같은 예를 제시했다. 나치 대학살에 대한 일부 팔레스타인인들의 부정과 이스라엘이 초기에 팔레스타인인들에게 저지른 만행에 대한 일부 이스라엘인들의 부정, 최근 미국 정치에서의 "대안적 사실", 일부 성범죄 피해자들의 이야기가 표면화되기까지 걸린 오랜 시간, 실제 사실이 중요한 논란이 된 사회적 기억의 다른 예로 예컨대 아르메니아인 집단학살, 난징에서의 강간 행위(Chang, *Rape*), 2차 세계대전 당시 한국 여성들에 대한 성적 학대와 종종 벌어진 살해 등이 오랜 세월이 지나서야 인정된 일(또는 지금도 계속 부정되는 현상)을 덧붙일 수 있을 것이다(Park, *Conflict*, 12-15을 보라).

1.3. 역사적 예수 연구에 복음서들이 필요한 이유

이미 언급한 바와 같이 비기독교 자료들은 예수에 대해 무언가를 말해 주지만 많은 것을 말해 주지는 않는다. 이와 유사하게, 소크라테스에 관한 가장 귀중한 정보는 대부분 그에게 무관심했던 동시대인들을 통해서가 아니라 그의 추종자들을 통해 우리에게 알려졌다. 루키아노스가 알고 있었고 그의 동료 아테네인들도 존경했다고 하는―그러나 루키아노스 외에는 동시대 문헌에서 사실상 그 존재가 입증되지 않는―데모낙스와 같은 그리스의 현자의 경우에는 상황이 훨씬 더 심각하다.[35]

복음서는 예수에 대한 어떤 부분적인 묘사에 관해서도 우리가 이용할 수 있는 가장 좋은 자료다. 역사적 예수 학자들은 대부분 이처럼 1세기의 복음서들, 특히 처음 세 권의 복음서인 공관복음에 초점을 맞추며, 공관복음은 마가복음의 기본적인 패턴을 따른다.

이러한 관찰 사실은 "정경적 편견"이 아니다. 한때는 예수에 대한 다른 1세기 자료들이 존재했었고(눅 1:1) 대다수 학자는 나 자신을 포함해서 할 수만 있다면 그런 자료를 열심히 참고했을 것이다. 불행하게도 지금까지는 가장 그럴듯한 자료인 "Q 자료"를 포함한 가설적으로 재구성된 자료를 제외하면[36] 그런 자료는 존재하지 않는 것으로 보인다. 나중에

---

35 Beck, "Demonax," 82을 보라.

36 "Q 자료"는 마가복음 외에 마태와 누가가 공유했다는 추정에 근거한 자료다. 나 자신을 포함한 대다수 학자는 Q 자료를 추정하지만, 점차 많아지는 소수의 유능한 학자들은 이의를 제기한다. 예를 들어 Goodacre, *Case*; Goodacre, *Synoptic Problem*을 보라. 예수의 유아기에 관한 이야기들과 유다의 죽음과 같은 사건들에서의 불일치는 내게 누가와 마태가 서로 상대편에게 의존했다기보다는 공통 전승 및 자료(들)를 (또는 고작 마태의 강론 자료의 매우 초기의 형태를) 공유했을 가능성을 상당한 정도로 확신하게 해준다. 본서의 목적상 나는 Q 자료 가설을 당연한 것으로 받아들이지만, 자료들을 다르게 배치하더라도 비슷한 결과가

서야 비로소 입증된 순전히 가설적인 자료들에 의존하는 이들과는 달리, 프린스턴의 데일 앨리슨(Dale Allison)은 대략 처음 40년 동안 나온 예수에 관한 견해가 일치하는 문헌들은 바울 문헌, Q 자료, 마가복음뿐이며 이 문헌들은 모두 우리가 신약성경에서 쉽게 접할 수 있다는 점을 바르게 지적한다.[37]

교회는 이 저작들을 존숭했기 때문에 보존했다. 우리 중에 많은 이들은 누군가가 다른 저작들도 보존했기를 바라지만, 그렇게 보존되지 않은 저작들은 분명 사용할 수가 없다. 그러나 이런 다른 저작들은 대부분 1세기 복음서에서 우리가 여전히 접할 수 있는 전반적인 묘사에서 지나치게 많이 벗어나지는 않았을 것이다. 고대의 저술가들은 이전 저술가들의 불충분한 지식을 깎아내렸지만,[38] 이전의 저술가들에 대한 누가의 언급은 훨씬 더 절제되어 있다.[39] 누가는 예수 운동에 대한 자신의 철저한 지식을 바탕으로 더 정돈된 기록을 제시할 수도 있었지만, 자기 시대에 유포되고 있는 예수에 관한 대부분의 전승에 직접 이의를 제기하지는 않는다. 사실 누가는 데오빌로가 이미 들은 예수와 예수의 초기 운동에 관한 소문들을

나올 것이다.

37 Allison, *Jesus of Nazareth*, 17. 어떤 이들은 현재 마가복음의 저작 시기를 70년 직후로 추정하지만, 한두 해 차이는 우리가 논의하고 있는 요점에 영향을 끼치지 않는다.

38 Aristotle, *Heavens* 3.7-8, 305a 33-307b24; 4.2, 308a 34-b3; *Rhetoric to Alexander*, pref. opening, 1-12행; Longinus, *On the Sublime* 1.1; Artemidorus, *Interpretation of Dreams* 1.pref.; 3.pref.; 역사서 중에서는 다음 문헌들을 보라. Polybius, *Histories* 3.32.4-5; Dio Cassius, *Roman History* 1.1.1-2; 참조. Josephus, *Life* 357-59에 나오는 유스투스의 말.

39 누군가의 저작을 그 이전 사람들의 저작과 구별하거나 거기에 포함된 정보를 비판하지 않고 구별하는 적절한 방법에 대해서는 예를 들어 다음 문헌들을 보라. Diodorus Siculus, *Library of History* 1.3.1; Vitruvius, *Architecture* 7.pref.10-18; Valerius Maximus, *Memorable Doings and Sayings* 1.pref.; Pliny, *Natural History* 3.1.1-2; Quintilian, *Orator's Education* 1.pref.1-2, 4; 3.1.22; Aulus Gellius, *Attic Nights* pref.11-12.

확증해 주겠다고 주장한다(눅 1:3-4).

복음서는 우리가 연구해야 할 가장 완전한 자료이므로 우리는 복음서 장르와 그것이 역사적 전승에 대해 갖는 의미를 주의 깊게 검토해야 한다.

1.4. 기본적인 기대와 복음서

본서가 그러한 모든 문제를 해결하지는 못하겠지만 예수에 관한 역사적 연구에 종종 존재하는 빈틈을 메우는 데는 도움이 될 것이다. 예수에 대해 더 많이 배우기 위해 역사적 방법을 사용하고자 하는 학자들은 대부분 우리가 예수에 관한 정보를 얻는 주요 원천인 복음서에 초점을 맞춘다. 그러나 포스트모더니즘의 전환이 우리가 거의 모두 동의하는 무언가를 가르쳐주었다면, 그것은 곧 우리 모두 몇 가지 관점과 기본적인 기대를 품고 역사에 다가간다는 점이다.

앞에서 지적했듯이, 기껏해야 소수의 학자만이 복음서의 예수에게서 빈번히 등장하는 축자적 자료를 기대한다. (여기서조차 "축자적"이라는 말은 예수가 아마도 갈릴리에서 가장 자주 사용하셨을 아람어에서 복음서의 언어인 그리스어로 말씀이 번역된 때로 그 뜻이 엄격하게 한정되어야 한다.) 학자들은 복음서의 기록에서 중요한 역사적 핵심 말고는 거의 글자 그대로 전해진 말씀은 상대적으로 적게 발견될 것이라고 예상하는 경우가 더 흔하다. 다른 몇몇 학자들은 기본적으로 더 회의적인 태도에서 출발하여 예수의 사역이나 가르침에 대한 구체적인 기록 가운데 예수의 생애 중에 있었던 실제 사건이나 예수의 가르침에서 비롯된 주제들과 비슷한 것은 거의 없을 것으로 예상한다.

그러나 1차 자료인 복음서의 형태가 우리에게 예상하게끔 하는 기본적인 배경에 천착해온 학자들은 매우 소수에 불과하다. (어떤 것은 본서의 주제를 벗어나는) 나 자신의 접근 방식의 누적된 교차점은 본서에서 내가 주장할 역사적 핵심을 더 많이 예견하지만, 본서에서는 복음서 장르가 가리키는 방향에 더 제한적으로 초점을 맞출 것이다.

어떤 학자들은 나와 마찬가지로 복음서가 본서의 주장만으로 뒷받침하는 경우보다 더 신뢰할 만한 이유를 발견할 것이다. 또 어떤 학자들은 본서의 주장이 그들로 예상하게 할지도 모르는 이유보다 믿지 못할 이유를 더 많이 발견할 것이다. 그러나 여기서 제기된 접근 방식은 고대의 전기에 대해 알고 있는 대다수 학자가 기본적으로 동의해야 할 보완적이고 공통적인 최소치를 제공한다. 본서에서는 넓은 범위에 걸쳐 있는 학자들에게 우리 대다수가 이미 가지고 있는 장르에 대한 확신의 논리적으로 필연적인 결과를 받아들일 것을 호소한다. 1세기 복음서들은 고대의 전기이며—같은 말을 반복해서 미안하지만—1세기에 나온 것이다.[40]

전기 장르는 복음서가 역사적 전승에 의존해 있다는 사실에 관해 많은 것을 내포한다는 점을 부정하는 이들은[41] 고대의 전기와 소설의 경계가 때때로 희미했다고 주장하기 위해 광범위한 고대의 "전기"를 인용하는 경향이 있다.[42] "전기"의 정의를 최대한 확대하더라도(이 문제는 다음 장

---

40 어떤 학자들은 몇몇 복음서, 대개는 누가복음이나 요한복음의 저작 시기를 2세기로 추정하지만 2세기 말로 추정하는 경우는 좀처럼 없으며 여기서 다루는 사복음서 전체에 관해서는 1세기 저작설이 여전히 다수설이다. 나는 다른 곳에서, 특히 다음 책들에서 다룬 이런 문제들에 대한 논의를 여기서 되풀이하지는 않을 것이다. Keener, *John*, 1:140-42; Keener, *Acts*, 1:383-401.
41 예를 들어 Crossan, "Necessary," 27을 보라.
42 예를 들어 다음 글에 나오는 아이소포스의 생애를 보라. Wills, "Aesop Tradition," 225.

에서 논의할 것이다)[43] 그들이 인용하는 전설적이고 허구적인 "전기"는 우리가 복음서에서 발견하는 종류의 전기와는 별로 비슷하지 않다. 그런 전기들은 가까운 과거보다 동떨어지거나 먼 과거의 인물들과 관련된다. 먼 과거의 인물들에 관한 좀 더 역사적인 전기에서조차 허구적인 사건들은 종종 우리에게 전기 장르 자체에 관한 어떤 사실보다는 이런 경우에 전기 작가가 접할 수 있었던 자료에 대해 더 많은 것을 말해 준다.[44]

1992년도 케임브리지 대학 논문으로 귀결되었고 널리 호평받은 리처드 버리지(Richard Burridge)의 연구는 그의 이전 예상과는 달리 복음서는 전기라고 확언하는[45] 이전의 몇몇 연구의 결론을 확증해 주었다.[46] 버리지의 연구는 복음서에 대한 학계의 일치된 견해를 신속하게 성공적으로 바꾸어놓았다.[47] 내가 그의 연구사나 주요 주장들을 다시 언급하지는 않겠지만 그의 주장은 복음서와 관련해서 꽤 자명해 보인다. 결국 복음서는 단한 명의 역사적 인물의 활동을 서술하는 저작이며 이는 정의상 고대의 전기와 일치했다는 것이다. 복음서들이 최근의 한 인물과 관련이 있고 사전 정보에 의존한다는 점은 복음서의 범위를 (인물 중심의 소설과 대비되는) 역

---

43 예를 들어 크세노폰의 *Cyropedia*나 위-칼리스테네스의 *Alexander Romance*와 같은 대체로 소설적인 저작들은 어느 정도는 의미론의 문제가 될 수도 있지만, 고대의 이야기들은 대부분 기본적인 역사적 내용과 심지어 역사적 지시성의 정도라는 관점에서 구별되는 근본적 범주들로 나누어진다.

44 따라서 예를 들어 수에토니우스의 글에서 전설적인 요소가 등장하는 곳에서 이런 요소들은 통상적으로 특히 약 150년쯤 전에 살았던 등장인물들에 대한 그의 묘사 속에 나타나는 그가 가진 자료를 반영한다. Hägg, *Biography*, 218을 보라.

45 예를 들어 Talbert, *Gospel*, 곳곳; Kennedy, "Source Criticism," 128-34; Aune, *Environment*, 46-76; Stanton, *Preaching*, 117-36; Robbins, *Teacher*, 10을 보라.

46 Burridge, *Comparison*.

47 예를 들어 다음 참고문헌들을 보라. Burridge, *Gospels*, 105-251; Burridge, "People," 121-22; Burridge, "Biography"; Burridge, "Biography, Ancient"; Burridge, "Genre"; Frickenschmidt, *Evangelium*; Walton, "Burridge's Impact"; 2장의 더 자세한 목록을 보라.

사적 전기로 더욱 한정시킨다.

공관복음이 사전 정보에 의존한다는 점은 최소한 두 복음서의 경우에는 논란의 여지가 없다. 오늘날 강력한 다수파에 속하는 학자들은 마태와 누가가 마가복음에 의존했다고 믿는다. (그보다 훨씬 적은 소수파 학자들은 마태가 처음 복음서를 썼다고 믿지만, 최소한 두 권의 복음서나 아마도 세 권의 복음서가 어떤 사전 정보에 의존하고 있는 것이 분명하다는 점은 모두가 인정한다.)[48] 나는 본서에서 두 자료 가설을 당연한 것으로 받아들이지만,[49] 여기서 논의 중인 문제—즉 고대 전기의 역사적 본질이 지닌 유관성—에 대해서는 다른 접근 방법들도 전반적으로 같은 결과를 산출할 것이다. 이 두 복음서 저자는 마가복음을 신뢰할 만한 정보의 원천으로 취급하며[50] 아마도 그런 정보를 알 수 있는 위치에 있었을 것이다.[51] 요한복음의 특성은 다른 복음서

---

48 다양한 접근 방식에 관해서는 Porter and Dyer, *Synoptic Problem*을 보라. 다른 이들은 예컨대 다음 책들과 같은 또 다른 입장을 지지한다. Derico, *Tradition*(구전의 특성을 더 강조함); Burkett, *Case*(마가 우선설).

49 이는 논란은 있으나 여전히 다수의 접근 방식이다. 논증에 관해서는 예를 들어 Derrenbacker, *Practices*를 보라. 요세푸스와 같은 저자는 자신이 사용한 자료들의 세부적인 내용 면에서의 차이점들을 서로 조화시키지만(Derrenbacker, *Practices*, 95), 예수의 어린 시절 이야기와 유다의 죽음에 대한 기록에서 누가복음과 마태복음의 몇 가지 차이는 내게 두 복음서 저자 모두 상대방의 완성된 저작을 알지 못했다는 점을 암시한다. 억측에 근거한 「유다복음」은 훨씬 훗날의 저작이다(Evans, "Gospel of Judas").

50 이는 그들이 마가의 관점을 언제나 공유했다고 주장하는 것은 아니지만(예를 들어 마 15장에서 막 7:19b가 생략된 것을 참고하라), 에우세비오스 파피아스의 말을 그에게 어울리는 전승과 관련해서 인용했듯이 마태도—여러 추정치에 따르면 마가복음의 90%까지—마가복음을 개작했다. 비판적인 사상가들은 몇 가지 점에 대해서 격렬하게 서로 이견을 보일 수도 있지만, 그로 인해 모든 관점을 거부하는 것은 아니며 또 다른 자료 안에 있는 모든 정보를 거부하는 것은 분명 아니다. 마태는 분명 마가복음을 정보의 한 출처로 높이 평가한다.

51 어떤 학자들은 마태복음의 성립 시기가 기원후 70년보다 앞설 수도 있다고 그럴듯하게 주장해 왔지만(예. Gundry, *Matthew*, 599-608; Robinson, *Redating*; Hagner, *Matthew*, 1:1xxiv; 2:712), 더 많은 학자가 보기에 마태복음의 내용은 1세기의 기원후 70년 이후 저작설을 암시한다(예. Ellis, *Matthew*, 5; Senior, *Matthew*, 13-14; Davies and Allison,

와 사뭇 다르지만(13장을 보라), 요한복음의 주장에 따르면 이 복음서는 예수께 사랑받은 제자의 증언에 훨씬 더 직접 의존하고 있다.

그러나 일부 학자들은 최근에서야 비로소 이러한 일치된 견해가 우리가 예수에 관한 역사적 정보를 얻기 위해 복음서에 접근하는 방식에 미칠 수도 있는 영향을 탐구하기 시작했다. 전기의 대상으로부터 한두 세대 안에 기록된 고대의 전기에 대한 역사가의 기본적인 기대는 무엇이어야 하는가? 긴장감을 해칠 위험을 무릅쓰고 말하자면 이 연구의 결론은 일반적인 연구와 관련해서 중도적인 접근 방식에 찬성할 것이다. 확률의 문제로서 우리는 증거가 구체적으로 다른 방향을 가리키는 경우를 제외하면 1세기 복음서들의 평균적인 기록에서 중요한 역사적 핵심을 기대해야 한다. 즉 축자적인 자료에 대한 기대도, 자료 대부분의 역사적 핵심에 대한 미리 전제된 회의적 태도도 타당하지 않다. 이러한 결론은 대다수의 역사 비평가들이 다른 갈래의 증거들에 근거하여 내리는 결론과 일치한다.

비록 역사비평적 방법들 가운데 일부(특히 비유사성의 기준)는 다른 이유에서 널리 이의 제기의 대상이 되었지만, 이러한 결론은 전통적인 역사 비평적 방법들의 가치를 배제하지 않는다.[52] (고대 역사가들도 그들의 분야에서 그러한 기준의 남용에 이의를 제기해야 했다.)[53]

Matthew, 127-38). 2세기 초에 이미 마태복음은 주류 기독교인들이 가장 좋아하는 복음서였다.

52 점점 더 많은 수의 학자들이 일반적으로 이 기준에 이의를 제기한다. 예를 들면 Allison, "Criteria"; Bernier, *Quest*(그러나 Keener, "Review of Bernier"를 참고하라); Keith, *Scribal Elite*, 78-81("표준적 접근 방식의 소멸"에 관한 글); Keith and Le Donne, *Criteria*의 대부분; 가장 거친 비판으로는 Crook, "Memory Theory"(1: "bankrupt"; 그러나 Eck, "Memory"를 참고하라)가 그렇다. 이 기준의 여러 부분을 유지하자는 옹호론으로는 예를 들어 Licona, "Sky Falling"을 보라.

53 예를 들어 Beck, "Demonax," 81을 보라. 그러나 어떤 이들은 그 기준을 유지한다(예를 들

내가 여기서 복음 전승의 특수성을 탐구하지 않는 이유는 그러한 탐구가 중요하지 않기 때문이 아니라 그런 책은 이 책과는 매우 다른 책, 이 책과 다른 이유에서 집필되었고 앞으로도 수없이 집필될 책일 것이기 때문이다. 이것은 (복음서를 배우는 모든 새로운 학생들이 몰두해야 할) 복음서의 대조도 아니고 예수에 대한 역사적 재구성도 아니다. 더 정확히 말하자면, 이것은 학자들이 복음서에서 예수에 관한 역사적 정보를 재구성할 때 고려해야 할 비교적 신선한 고려사항이다.

연구 결과는 고대의 전기 작가들이 전기를 집필할 때 사전 정보에 크게 의존했음을 보여주며, 이는 우리가 예를 들어 고대 소설에서는 예상하지 않았을 특징이다. 더구나 다른 요소들이 똑같다면 살아 있는 기억 속의 한 인물에 관한 증언은 사실 매우 실체적인 증언으로 밝혀질 수 있다.

많은 경우에, 우리는 기본적인 예상을 이러한 고려사항에 맞추어 조절해야 한다. 이 말은 우리가 자신이 "입증"할 수 없는 어떤 자료도 거부하는 이들의 경우보다는 자료에 대한 더 긍정적인 성향에서 출발해야 한다는 뜻이다. 대상에 대한 살아 있는 기억에서 비롯된 본문에 관한 주장은, 비록 역사가들이 그런 주장도 다른 증거와 마찬가지로 가능한 한 주의 깊게 따져봐야 하지만, 그 자체가 역사적 증거다.

어떤 중요한 것에 일반적으로 선험적 수준의 확률을 부여한다고 해서 곧 다양한 개별 사례에서 다른 고려사항의 중요성이 사라지지는 않는다. 네 번째 복음서는 그 강론들의 요한 문헌적인 스타일을 감추려는 어떤 노력도 하지 않는다. 대부분의 요한 문헌 학자들은 이런 강론들을 예수의 가르침에 대한 설교식의 부연 설명, 즉 저자가 약속된 진리의 영의 인도함

어 Power, "Poetry," 217을 보라).

을 받았다고 틀림없이 주장할 해석을 포함하는 것으로 본다. 마찬가지로 예수의 유년기 이야기들은 공관복음 안에 있는 대개의 자료보다 한 세대 이른 시점까지 포괄한다. 우리는 고대의 전기들에서 이 두 부류 모두의 경우에 대해 비슷한 예들을 찾을 수 있다.

그러나 마가복음과 (다수설에 따르면) 추정상의 자료인 Q 자료는 예수의 첫 추종자들 가운데 일부가 아마도 생존해 있었을 시기로부터 연유한다. (학자들은 일반적으로 마가복음의 성립 시기를 예수의 십자가 사건으로부터 대략 40년 뒤로 추정하며 Q 자료의 성립 시기는 보통 그보다도 더 이른 시기로 추정한다.)[54] 따라서 우리에게 예수에 대한 특정한 복음서의 기록을 받아들이거나 거부할 수 있는 설득력 있는 증거가 부족할 때 그 자료에 대한 우리의 기본적인 기대는 부정적이기보다는 긍정적이어야 한다.[55]

---

54 마가복음 성립 시기를 65-70년 전후로 보는 견해에 대해서는 예를 들어 다음 책들을 보라. Ehrman, *Introduction*, 82; Collins, *Mark*, 11-14; Spivey, Smith, and Black, *Anatomy*, 60-61; 베드로 순교 이전 저작설에 대해서는 Papias, frag. 21.1-2(이 문헌이 21.2에 대한 그의 최초의 지식 없이도 집필될 수 있었다는 점은 이상해 보이지만 Quintilian, *Orator's Education* 1.pref.7을 참고하라)과 더불어 예컨대 Bock, *Mark*, 9; Schnabel, *Mark*, 17; Q 자료의 성립 시기가 훨씬 더 빠르다는 견해에 대해서는 예를 들어 Theissen, *Gospels*, 220-21, 230-32을 보라. 어떤 이들은 심지어 마가복음의 성립 연대를 빠르게는 40년대까지 잡는다(특히 Crossley, *Date*를 보라; 참조. Casey, *Sources*).

55 "기본적 배경"이라는 이러한 표현은 Dunn, *Tradition*, 특히 2장(41-79쪽)에서도 나타난다. 마찬가지로 "증명 책임"에 대해 말하는 McIver, *Memory*, 186-87을 보라.

1.5. 우리는 우리가 생각하는 것보다 예수에 대해 더 많이 안다: 고대의 전기

학자들은 고대 전기라는 항목 아래 다양한 종류의 저작을 분류해 왔으나, 로마 제국 초기(복음서의 시대)에 이 장르의 핵심은 고대 저술가들이 "전"(傳, lives)이라고 부른 것이다. 이러한 전(傳)은 종종 그 대상의 공적인 생애에 초점을 맞추었고 순교자들의 경우에는 그들의 죽음에 초점을 맞추었지만 보통 그 대상의 삶에 관한 이야기체의 에피소드를 포함한다. 앞으로 보게 되겠지만 비록 선택되고 강조된 사실들은 도덕적이거나 정치적인 다양한 교훈이나 그 밖의 교훈을 제시하는 데 사용될 수 있었으나 로마 제국 초기에 독자들은 이와 같은 저작들이 과거의 실제 사건에 바탕을 두고 있을 것으로 기대했다. 독자들은 전기뿐만 아니라 일반적인 고대의 역사 서술에 대해서도 같은 접근 방식을 기대했다.

이 충분히 발달한 장르에 관한 현재 남아 있는 최초의 완전한 예는 기원전(주전) 1세기의 로마 전기 작가 코르넬리우스 네포스의 저작에서 나온다. 그리고 최적의 예는 기원후(주후) 2세기에 (그리스어로 된) 플루타르코스와 (라틴어로 된) 타키투스의 저작에서 나온다. 1세기 유대인의 예로는 필론의 저작(「모세 전기」)이 있고 자서전으로서는 요세푸스의 저작이 있다. 전반적으로 이런 자료들은 다양한 복음서를 구상할 수 있는 다양한 정확성을 제공한다. 그러나 그 모든 자료는 제한 없는 창의성을 드러내기보다는 일반적으로 사전 정보를 발전시킨 장르에 속한다. 또한 이 자료들은 단순히 관련 없는 정보가 무질서하게 종합된 모습을 제시하기보다는 일관된 이야기를 제시하도록 세부적인 내용을 정돈했다.

네포스부터 수에토니우스까지 로마 제국 초기 시대의 전형적이고 온전한 전기들은 그와 같은 저작들에 관해 이 시기에 선호된 형태와 내용을 드러낸다. 즉 이용할 수 있는 최대한의 정보에 바탕을 둔 (보통은 복음서 분량의) 책 한 권 전체다. 이는 로마 제국 초기의 이상이자 복음서 저자들이 분명히 열망했을 이상이다.

전기 장르는 우리에게 저자들의 이상적인 역사적 의도를 암시해준다. 하지만 저자들은 이 의도를 얼마나 효과적으로 실현할 수 있었을까? 그들은 얼마나 많은 정보를 얻을 수 있었을까? 그 답은 전기 작가들과 전기의 주인공들에 따라 다르다. 공공 기록 보관소는 정치적인 인물들에 대한 자료는 제공해줄지 모르지만 복음서의 예수에 대한 기록을 포함한 현자들의 전기와는 관련이 없었다. 많은 고대 지식인들의 전기는 제한된 정보 때문에, 또는 전기 작가들이 역사적 전기가 더 충분히 발전되기 이전 시대에 글을 썼기 때문에 이처럼 좀 더 제한적이었다. 그러나 제자들은 그들의 학파 안에서 흔히 창시자들에 관한 중요한 정보를 보존하고 전달했다.

기록 자료 외에도 (수에토니우스의 글에 나오는 율리우스-클라우디우스 왕조의 황제들과 같은) 최근의 황제들이든 (필로스트라토스의 「소피스트의 생애」[*Lives of the Sophist*]에 나오는 몇몇 인물들과 같은) 최근의 스승들이든 살아 있는 기억 속의 인물에 대한 전기는 상당한 집단적 기억에 의존할 수 있었다. 전기의 주인공이 죽은 지 너무 오랜 후에 글을 쓴 전기 작가들은 살아 있는 목격자들이 더는 확인해줄 수 없는 자료에 의존해야 했던 반면, 전기의 주인공이 살아 있는 동안 글을 쓴 전기 작가들은 종종 (특히 전기의 주인공이 권력을 쥐고 있을 때) 편견에 굴복하고 역사적 관점이 부족한 것으로 생각되었다. 전기의 주인공은 죽었지만 그에 대한 기억은 살아 있는 상태에서 글을 쓴 전기 작가들은 이러한 인식된 두 가지 위험을 모두 피했다(9장을 보라). 이 대목에서 본서의 마지막 몇 장(14-16장)은 더 유의미하다. 즉 전기의 대상에 대한 기억이 생생한 상태에서 전기를 집필하는 작가들은 일반적으로 더 상세한 정보를 이용할 수 있다.

따라서 로마 제국 초기에 나온 어떤 전기들은 다른 전기보다 역사적 사료로서 더 중요시해야 마땅하다. 일반적으로 우리는 전기의 주인공에 대한 생생한 기억이 남아 있는 때나 그때와 가까운 때에 집필된 전기들은 가장 존중하는 태도로 대해야 한다. 이러한 기대는 정경 복음서와 관련해서 유의미하며 마가복음에 관해서는 명백히 그렇다. 그러한 기대는 다른 학자들이 다른 증거를 근거로 관찰한 사실과 잘 어울린다. 공관복음은 최소한 "같으면서도 다르다."[56] 공관복음은 본질상 같은 이야기들(과 본질상 같은 그 아래의 작은 이야기들)을 들려주되 이야기의 진술 방식에서는 차이가 있다. 물론 역사도 훨씬 더 일반적인 면에서는 마찬가지다. "역사의 이야기는 언제나 (최소한 약간은) 다르게 진술되고 다시 진술될 수 있다. 따라서 역사도 같으면서도 언제나 다르다."[57]

예수의 일부 추종자들은 아마도 문학적 포부는 부족했을지 모르지만, 현존하는 복음서보다 훨씬 더 일찍 예수에 관한 이야기를 쓰고 있었을 것이다(눅 1:1). 첫 세대에는 많은 이들이 아마도 그와 같은 기록을 꼭 필요하다고 여기지 않았을 것이다. 전기가 기록되기 시작하는 때는 흔히 목격자들의 세대가 사라지기 시작할 때다.[58] 그러나 고대의 관점에서는 이때가 보통 앞에서 언급한 것처럼 전기를 집필하기에 딱 이상적인 시기였다. 그런 시기는 어떤 사건이 가장 중요한지에 대한 역사적 관점을 제공했고

---

56 이런 개념은 훨씬 더 널리 퍼져 있지만, 이 표현은 특별히 James D. G. Dunn의 표현이다 (예를 들어 Dodd, *Founder*, 21-22 다음에 Dunn, *Tradition*, 5, 124, 164-65, 200, 214, 220, 230-31, 239, 243-47, 251, 256-57, 291-93, 305-6을 보라).

57 Nikulin, "Introduction," 18.

58 Keith, "Prolegomena," 170-71, 179-80을 보라.

(보통 유력한) 관여자들에게서 받는 압력에서 벗어났다.[59]

따라서 우리는 실제로 예수의 사역 속에서 일어난 사건들의 요지라는 관점에서 예수에 대해 꽤 많이 알 수 있다. 어떤 사건을 뒷받침하거나 그것에 의문을 제기할 다른 증거가 부족한 경우, 전기 장르와 시간적 근접성은 그 사건에 대한 기록이, 비록 이 시점에는 개인적 기억뿐만 아니라 집단적 기억을 통해서도 종종 걸러지긴 하지만, 예수의 사역 속에서 있었던 실제 사건에 대한 어떤 초기의 기억을 반영하지 않을 가능성보다 반영할 가능성이 더 크다는 점을 시사한다.

1.6. 우리는 예수에 대해 원하는 만큼 많이 알지 못한다: 역사가 기억하는 것

우리는 우리의 삶 속에서 행하는 일의 극히 일부만을 기억하며 다른 이들이 기억하는 것은 그보다 훨씬 적다. (예를 들어 여러분이 매우 제한된 음식만 먹고 있는 것이 아니라면 지난 3년 동안 여러분 각자가 먹은 구체적인 음식을 기억해 보라.) 평균적으로 인간은 일평생 수많은 대화를 나누지만, 그중에서 우리가 기억하는 대화는 일부에 불과하며 기록할 수 있는 대화는 그보다 훨씬 더 적다. 역사 서술은 우리가 기록할 수 있거나 최소한 합리적으로 추측할 수 있는 일과 관련된 것이다.

이는 우리나 우리와 가까운 누군가가 우리의 삶 속에서 우리나 그들이 중요하다고 생각하는 어떤 사건들을 요약한 글을 쓰는 것이 불가능하다는 뜻은 아니다. 이는 "역사"가 되는 것은 실제로 일어난 사건 대부

---

59 예컨대 Josephus, *Jewish Antiquities* 20.154을 보라.

분을 생략한 것이라는 뜻이다.[60] 이는 또한 우리의 역사 기록이 필연적으로 사료에서 핵심적이거나 중요한 것으로 간주한 사건의 관점에서 일어난 선별의 과정을 반영하고 있음을 뜻한다. 역사는 언제나 특정한 관점에서 기록된다. 특정한 관점이 없다면 우리에게 남는 건 단지 이야기의 일관성이 별로 없는 분류되지 않은 자료 덩어리, 어쩌면 "kajc*h8 wdap-d2v %ssa5h"와 같은 식별 불가능한 자료밖에 없을 것이다(이 기호들에서 식별 가능한 부분은 단지 내가 라틴어 글꼴을 사용하고 있다는 점뿐이다).

우리 자신의 삶에 대해 전해줄 만한 이야기가 제한적이라면 그런 이야기들 가운데 우리가 외적으로 검증할 수 있는 것은 훨씬 더 제한적일 것이다. 이는 그러한 검증 가능한 사례들이 발생한 유일한 사건들을 구성한다는 뜻은 아니다. 나는 831쪽에 달하는 『복음서의 역사적 예수』(*Historical Jesus of the Gospels*)를 집필할 때 내가 생각하기에 예수의 사역 중 여러 사료에서 입증할 수 있는 요소들을 강조했다. 그것은 역사적 연구에 있어서 유용한 접근 방식이지만, 내가 곧 깨달은 것처럼, 그로 인해 외적으로 검증할 수 없는 많은 증거에 대한 가능한 진실성을 선험적으로 배제해선 안 된다.

그 책을 한창 집필 중이었을 때 나는 어떤 주장에 대해서도 이차적인 보강 증거를 찾는 데 너무 익숙해진 나머지 내 아내가 무언가를 언급하려 할 때 습관적으로 "그 주장에 대해 증거를 제시할 수 있어?"라고 대답하곤 했다. 내 아내는 상냥하지만 단호하게 나보다 더 신중한 사람들이 일반적으로 당연시하는 한 가지 점, 즉 어떤 신뢰할 만한 증인의 증언은 그 자체가 증거라는 점을 분명히 알려주었다. (내 아내의 박사 학위 논문은 역사 분

---

60 Tucker가 *Knowledge*, 240에서 지적하듯이 우리가 역사를 방편으로 삼아 대부분의 과거 사건이나 동기를 찾아낼 수는 없다.

야 논문이었지만 이 경우에는 아내 역시 좀 더 일반적이고 일상적인 현실적 태도로 말한 것이다.)

역사 서술의 특성은 예를 들어 화학이나 수학에서 접할 수 있는 종류의 확실성을 불가능하게 한다. 그러나 대다수 역사가는 인식론적 허무주의에 빠져 역사적 탐구를 포기하지 않는다. 상당히 엄격한 역사적 기준에 따르더라도 우리에게는 상당한 정보가 있다. 인쇄술 이전에 탄생한 다른 많은 세계의 종교 및 전통과 달리 기독교에는 그 창시자의 사역에 대한 생생한 기억이 남아 있는 동안 이야기체로 저술된 그에 대한 전기들이 있다. 사람들이 그 이야기들의 가치를 어떻게 이해하든 간에 그러한 이야기들에는 풍부한 역사적 가치가 있다.

일반적으로 긍정적인 기본적 기대가 그 자체로 복음서의 모든 이야기나 사상이 정확히 전달되었다는 믿음을 수반하는 건 아니다. 그런 긍정적 기대로 인해 우리가 예수의 말씀에 대한 기록을 글자 그대로 받아들이는 경향을 보이게 되는 건 더더욱 아닐 것이다. 경구와 같은 몇 가지 예외를 제외하면 기억은 보통 정확한 표현보다는 개념적인 요지를 보존하기 때문이다. 그러나 일반적으로 긍정적인 기대는 복음서에 나오는 예수의 모습—또는 최소한 우리가 가장 신뢰할 만하다고 여기는 요소들—은 대체로 예수의 첫 제자들이 이해한 바와 같은 예수의 사역이 지닌 본질적 특성을 반영한다는 점을 의미할 것이다.

그것은 역사적 방법이 우리를 인도해줄 수 있는 최대한도일 수도 있지만, 확실히 많은 비판자가 (가장 눈에 띄게는, "예수 신화론자"들이) 통속적인 수준에서 가정하는 정도보다 우리를 훨씬 더 멀리까지 인도해주며 아마도 다양하게 입증된 정보의 개연성만을 인정하는 일부 학자들이 가정하는 정도보다 더 멀리 인도해줄 것이다.

1.7. 본서의 논의 절차

비평가들은 종종 저자(들)가 책의 접근 방식의 개요를 분명하게 기술할 때
도 그 책이 다루지 않는 내용에 대해 불만을 늘어놓는다. 그렇지만 나는
여기서 이 책은 역사적 예수 자신에 관한 책도 아니고 복음서의 증거에 관
한 연구도 아니라는 점을 재차 말해둔다.[61] 복음서가 전기의 범위와 예수
에 대한 기억의 범위 가운데 어디에 속하는지를 궁극적으로 결정해야 하
는 것은 바로 복음서의 증거다. 그러나 복음서의 증거에 대한 고찰은 복음
서 학자들과 (보통은) 연구를 시작하는 이들이 똑같이 밟아가는 잘 다져진
길이다.[62]

본서의 목표는 역사적 예수의 모습을 구성하고 이를 통해 (내 책을 포
함하여) 이 주제에 관한 넘쳐나는 출판물에 또 하나를 추가하는 게 아니라
역사적 예수 연구에 관한 인식론에 이바지하는 것이다. 여기서 나는 나의
연구가 아주 소수의 학자들만이 익히 다루어온 문제들에 관한 몇 가지 신
선하고 유용한 통찰을 얻는 데 공헌할 수 있다고 믿는다. 언제나 더 새로
운 공헌을 하는 것은 후속 연구이며, 여기서도 그와 같은 일이 벌어지기를
기대한다. 그렇지만 나는 나 자신이 (Richard Burridge와 본서를 헌정 받은 다른
학자들을 포함하여) 다른 선행 연구자들의 저작에서 유익을 얻은 것처럼 이
책도 내 뒤를 이을 후속 연구자들에게 유용한 토대를 제공해줄 것이라고
믿는다.

---

61   예를 들어 Porter, *Criteria*, 17-18을 참고하라. 그는 자신의 연구 목표의 범위를 정하고 역
      사적 예수의 재구성을 자신의 범위에서 배제한다.
62   나는 박사 학위 과정에 들어가기 전에 Aland의 복음서 대조표를 신중하게 끝까지 다 읽었
      지만, 이 분야에서 제시할 만한 독특한 통찰은 거의 없다.

이 책은 복음서와 역사적 예수 연구에 관심이 있는 학자들과 학생들을 대상으로 한다. 따라서 나는 가독성을 위해 나의 다른 몇몇 책들보다는 더 간결하게 서술할 것이다. 각주에서는 많은 자료를 언급하지만 관심 있는 독자는 종종 본서에서 부분적으로 근거로 삼은 나의 이전의 책들에서 더 충분한 증거 자료를 찾을 수 있을 것이다.

나는 1990년대에 이 주제에 관해 논평하기 시작했고[63] 내가 의존한 연구에는 나의 800쪽에 달하는 『복음서의 역사적 예수』(이 책의 거의 절반은 부록으로 이루어져 있다)뿐 아니라 이 주제 및 관련 주제에 관한 나의 논문들도 포함된다.[64] 그리고 나는 좀 더 개정된 형태의 네 권으로 된 사도행전 주석에 달린 638쪽에 이르는 서론에서 이러한 자료 중 일부를 추가로 인용했다. 그 주석에서는 (모든 것이 이 주제와 관련이 있는 건 결코 아니지만) 만 개가 넘는 2차 자료뿐만 아니라 대략 성서 이외의 4만 5천 개의 참고문헌을 인용했다. 나는 본서에서 이 두 책의 일부 자료를 다시 언급하겠지만 독자들은 그 두 책에서 그런 주제들에 관한 더 충분한 논의를 찾아볼 수 있을 것이다.

나의 여러 박사과정 학생들도 특정한 고대 전기들의 역사 서술상의 접근 방식을 평가해 왔다.[65] 11장에서 나는 옥스퍼드 대학교 출판부에서 최근에 나온 마이클 R. 리코나의 논문에 담긴 통찰을 종종 따를 것이다.[66] 내가 지금 이 책을 쓰고 있는 동안 에딘버러 대학교의 헬렌 본드는 마가복

---

63 Keener, "Gospels as Historically Reliable Biography" (1993); Keener, *Matthew* 초판(1999).

64 "Biographies of a Sage"; 특히 "Assumptions"; "Otho 1"; "Luke-Acts and Historical Jesus"; "Ancient Biography and Gospels"; "Otho 2"; "Before Biographies"; "Ehrman vs. McIver"; "Weeden's Critique."

65 Keener and Wright, *Biographies and Jesus*를 보라.

66 Licona, *Differences*(2017).

음의 전기로서의 문학적 함의를 더 자세하게 설명하고 있다. 이는 내가 여기서 묻고 있는 역사적 질문보다 문학-신학적인 질문(나 역시 다른 몇 가지 문맥에서 이런 질문들을 우선해서 다룬다)과 관련해서 더 중요한 것으로 드러날 수도 있는 접근 방식이다.[67] 대다수에 가까운 학자가 좀 더 초기 단계에서의 연구와 달리 이제 문학적 질문과 역사적 질문은 양립 불가능한 것이 아니라는 점을 인식하고 있고,[68] 나는 기꺼이 본드의 중요한 저작에 대해서 감사의 뜻을 미리 밝혀둔다.

대다수 학자는 이 연구의 가장 근본적인 결론이 유익하기는 하지만 경천동지할 정도는 아니라고 느낄 것이다. 즉 복음서들에서 우리가 보는 종류의 요지와 차이는 실제 인물과 사건에 관한 고대의 이야기들에서 예상되는 범위 안에 있다. 다시 말해서 비록 몇몇 대목에서는 (본서에서 다룰 수 없는 다른 요소들에 바탕을 둔) 나 자신의 성향이 불가피하게 겉으로 드러나겠지만, 그러한 범위 안에서 각 복음서가 정확히 어디에 있는가 하는 문제는 이 서론의 테두리를 벗어난다. 우리 학자들은 (때로는 나의 경우와 같이) 좀 더 보수적인 독자를 상대하든 보다 진보적인 독자를 상대하든 때때로 우리와 같은 편에게 호소한다. 본서에서는 내가 생각하기에 여러 접근 방식을 취하는 다양한 학자들이 유용하게 여길 고대의 증거가 지닌 몇 가지 특징을 밝히기 위해 이 두 부류의 독자층을 함께 포용하는 더 폭넓은 주류를 대상으로 삼으려 한다. 따라서 본서의 주된 요점과 관련이 적어서 제쳐두거나 (사도행전에서 "우리"가 언급된 자료의 경우처럼) 간략하게만 다룬 좀 더 논쟁적인 몇 가지 쟁점들이 존재한다. 본서의 더 큰 논거는 이처럼 생략되

67　Bond, *Mark*를 보라; 참조. Bond, "Paragon"; Bond, "Fitting End."

68　예를 들어 다음 글들을 보라. McKnight and Malbon, "Introduction," 18; Donahue, "Redaction Criticism," 45-48; Byrskog, "History," 258-59, 283.

거나 간략하게 다루어진 쟁점들에 의존하지 않는다.

여기서 본서에서의 표현에 관해 다음 두 가지 점을 덧붙여야겠다. 첫째, 영어에서는 "역사"라는 말과 "역사적"이라는 말을 다양한 방식으로 사용한다. 이 두 단어는 "실제로" 일어난 일, 일어난 일에 대한 고대의 역사적 기록, 일어난 일에 대한 현대의 역사적 기록 등에 사용될 수 있다. (거추장스러운 말투를 사용할 준비가 되어있다면 어떤 것이라도 더 정확하게 표현할 수 있겠지만) 영어에는 이런 개념들을 구별할 수 있는 단순한 명명법이 부족하므로, 나는 일반적으로 단순하게 어떤 의미를 표현하려 했는지를 구별할 수 있는 독자들의 지성을 신뢰할 것이다. 나는 문맥이 보통 그 두 단어의 차이를 충분히 분명하게 밝혀줄 것이라고 믿는다.[69]

둘째, 나는 오늘날의 저자들과 관련해서 포괄적인 표현을 사용한다. 내가 고대의 전기 작가들과 전기의 주인공들에 대해 남성형 대명사를 사용하는 이유는, 단지 내가 알고 있는 저작을 남긴 지금까지 전해오는 고대의 모든 전기 작가들과 본격적인 고대 전기의 대상 인물들의 절대다수가 남자였기 때문이다. 다행히도 세계의 대부분 지역에서 그러한 문화적 상황은 좋은 쪽으로 바뀌었다.[70] 그러나 고대 세계가 언제나 우리와 같은 가치관을 공유했던 것은 아니다.

셋째, 나는 매번 "현존하는 1세기의 복음서들(Gospels)"이라는 표현을 반복적으로 사용하기보다는 이 저작들을 복음서라고 불린 후대의 외경 및 영지주의 저작들과 구별하기 위해 첫 글자를 대문자로 써서 "Gospels"(정경 복음서)라고 표기하는 관행을 따른다. 현존하는 1세기의 복

---

69 참조. Wright, "Response," 246의 논의; Le Donne, *Historiographical Jesus*, 33-34.
70 나는 Keener, *Acts*, 1:597-638과 본서에서는 특히 629-37쪽에서 일반적인 고대의 상황을 다루었다.

음서들은 우리가 가진 정경 복음서들과 일치하지만, 역사 서술의 목적상 중요한 것은 1세기 기독교인들이 이 문헌들을 훨씬 광범위하게 받아들였다는 사실보다는 생생한 기억이 남아 있는 동안 기록된 이 문헌들의 저작 시기(와 독특한 전기 장르)다. 범주들이 일치하는 것은 우연의 일치 이상이다. 정경성에 대한 후대의 기준은 예수 및 예수의 첫 사도들과 가까운 관계를 요구했기 때문이다. 그러나 어떤 이들은 요한복음과 관련해서 이 점에 이의를 제기할 수도 있겠지만 정경성은 본서의 논증과 무관한 후대의 문제다.

마지막으로, 나는 보통 그리스인이든 로마인이든 유대인이든 "고대"라는 용어로 다른 지역의 고대나 현대 그리스인, 유대인, 또는 로마 거주자들을 언급하는 것이 아니라 지중해 지역의 고대와 고대의 이들 집단을 언급한다. 이와 유사하게 나는 현대가 아닌 고대의 전기적 관습과 관련해서 "전기"라는 용어를 사용하는 거의 모든 문맥에서 "전(傳, *bioi*, βίοι)을 고대 전기라고 부른다. 시간이 흐르면 등장할 명명법에 관한 다른 주의사항도 틀림없이 있겠지만, 나는 21세기 초의 신약학 문헌에 나오는 관습적 언어에 관한 독자들의 양식과 지식이 이런 문제들을 판단해줄 것으로 믿는다.

1.8. 결론

다양한 역사적 이유로 미국 학자들은 때때로 유럽, 호주 및 다른 배경에 속한 학자들보다 더 양극화되어 있다.[71] 어떤 학자들은 한편에서는 진보적인 열린 마음을, 다른 한편에서는 지식에 대한 보수적인 확신을 가질 것을 주장하면서 자신들이 동의하지 않는 사람들의 저작은 읽거나 인정하는 것마저 거부한다. 더 많은 회의적인 학자들과 더 많은 전통적인 학자들이 더 자주 어느 편이 입증 책임을 질 것인지에 관해 결론 없는 논쟁을 벌인다.[72] 각 진영은 상대편이 고려해야 할 몇 가지 난제를 제기함으로써 중요한 역할을 한다. 그러나 미국 안팎에서 대다수 성서학자들은 토론의 일반적인 규칙으로서 어느 편이 주장을 제기하든 그쪽 편이 자신의 주장을 입증할 책임을 져야 한다고 주장한다.[73]

오늘날 대부분의 학문적 논쟁은 특정한 주제나 사건이나 말씀과 관련이 있다. 그러나 자료 그 자체는 일반적으로 다소 신뢰할 만한 것으로 여길 수 있으므로 우리가 가진 자료의 성격은 그 자체가 하나의 논거를 제공할 수 있다. 영국의 신약학자 리처드 보컴이 지적하듯이 일단 우리가 자료에 대해 특정한 범위의 신뢰도를 추정했다면 그에 따라 그 자료를 사용

---

71   참조. Horsley, "Patterns," 57의 견해.

72   Funk와 Hoover 및 예수 세미나는 *Five Gospels*, 5에서 어떤 경우에든 증명 책임을 신빙성에 두는데, 이는 다음 글에서 이의를 제기하는 접근 방식이다. Rodríguez, "Authenticating Criteria," 154-55. 좀 더 긍정적인 글을 보려면 Goetz and Blomberg, "Burden of Proof"를 보라. 학자들 대다수는 예수에 대한 묘사에서 출발한 다음 그 묘사와 일치하는 것처럼 보이는 것만 받아들이지만, 어떤 이들은 이런 접근 방식의 주관성을 거부한다(Rodríguez는 "Authenticating Criteria," 160-62, 166-68에서 Allison, *Jesus of Nazareth*, 33, 44-45을 보다 호의적으로 인용한다).

73   특히 Winter, "Burden of Proof"을 보라.

해야 한다. 일반적인 역사 서술에서 "증언의 핵심은 그것이 우리에게 독립적으로 접할 기회가 없는 것들을 우리에게 말해 준다는 점이다. 우리는 증인이 하는 모든 말을 조목조목 검증할 수가 없다." 신뢰할 만한 것으로 여겨지는 자료들의 증거에 종종 의존하는 건 어리석은 짓이 아니다. 비판적인 역사가들도 매우 자주 그렇게 해야 한다.[74] 여러 난점에도 불구하고 증언은 역사적 재구성에서 필수적인 역할을 해야 한다.[75]

우리는 그런 자료들을 부분적으로 그것이 다른 이용 가능한 자료들과 어떻게 비교되는지를 바탕으로 평가한다. 모든 학자는 복음서의 여러 기록을 비교할 때 어느 정도의 일관성과 어느 정도의 유연성을 함께 인식하며 때로는 기록에 따라 둘 중 어느 한쪽을 더 많이 인식한다. 우리가 검증할 수 있는 대목에서 신뢰할 만한 단단한 핵심을 발견하는 정도만큼 우리가 그 자료에서 검증할 수 없는 내용의 핵심에 대해 비슷한 수준의 신뢰성을 기대하는 것이 합리적이다.

그러나 고려해야 할 또 다른 요소는 복음서 저자들이 어떤 종류의 저작을 집필했는가 하는 것이다. 그들의 목표가 순수한 허구였다면(이는 학자들은 거의 주장하지 않지만, 통속적인 수준에서는 때때로 주장되는 견해) 그들의 기록들 사이의 겹치는 부분은 설명하기가 어려워 보인다. 그들이 주류에 속하는 고대 전기를 썼다면, 나는 이 기본적 장르가 역사적 정보와 그 정보를 제시할 때의 유연성에 있어서 기대되는 범위에 영향을 끼친다고

---

74 Bauckham은 "Response," 238에서 특히 Ricoeur, *Memory*를 따른다. 마찬가지로 Bauckham, *Eyewitnesses*, 608-13을 보라. Bauckham이 원래 케임브리지 대학교에서 역사가로 훈련받았다는 사실(Gathercole, "Foreword," xvi)은 때때로 그에게 몇몇 신약 연구에서 발전된 괴상한 측면에서 벗어나게 해주었을지도 모른다.
75 "충격적인 사건에 대한 집단적 기억"에 관해서는 Nikulin, "Introduction," 23.

주장할 것이다. 더 나아가 그들이 예수에 대한 기억이 생생할 때 복음서를 집필했다는 것은 그들이 복음서를 쓸 때 아마도 여전히 중요한 정보를 접할 수 있었을 것이라는 점을 암시한다.

앞으로 살펴보겠지만 로마 제국 초기에 전기 작가들은 전기의 대상에 관한 중요한 정보를 보존하고자 애썼다. 최소한 그들보다 약 백 년 정도 앞선 등장인물들과 관련해서 증거가 암시하는 바는 그들이 일반적으로 그들의 이야기 대부분에 대해 여전히 믿을 만한 자료를 접할 수 있었다는 것이다. 그와 동시에 전기 작가들은 또한 다양한 관점에서 글을 썼고 그 결과 강조점이 다양했으며 보통 그들이 일관된 이야기를 진술하는 데 필요하다고 느낀 융통성을 발휘했다. 공관복음 대조표에 친숙한 이들은 이 시기에 나온 다른 전기들의 일관성과 유연성의 범위가 복음서의 특징적인 범위와 닮았음을 인식할 것이다.

우리가 로마 제국 초기에 나온 전기들의 관습에 따라 복음서에 대한 기대를 형성한다면 공관복음은 이런 기대를 충족시킨다. 비교되는 대목들에서 복음서들이 보이는 차이의 범위는 놀랍지도 않고 (역사적 예수에 대해 배우고 싶은 이들에게) 당황스럽지도 않다. 공관복음에 나오는 (그리고 내 견해로는 아마도 요한복음에서도 나오는) 대다수 병행 본문들에서와 마찬가지로 고대의 전기 작가들은 세부적인 내용을 마음대로 수정하면서도 그들이 가진 자료의 요지를 사용하려 했기 때문이다. 이런 식으로 복음서에 접근하는 것이 세부적인 내용에 관한 모든 질문을 해결해주는 건 아니지만 다른 인식론적 신념을 가진 학자들 사이에 화해의 기회를 더욱 제공해줄 것이다.

1부

예수에 관한 전기들

복음서들이 예수에 관한 저작이라는 점을 인식하는 데는 복음서에 대한 지식이 거의 필요하지 않다. 고대 전기의 가장 눈에 띄는 특징은 그것이 거의 언제나 전기의 개인적 대상에 초점을 맞추었다는 점이었음을 인식하는 데도 고대 전기에 대한 지식이 거의 필요하지 않다. 따라서 대다수 복음서 학자들이 오늘날 복음서는 고대의 전기라는 견해를 받아들였다는 점은 전혀 놀라운 일로 다가오지 않는다.

그러나 이러한 견해는 무엇을 의미하며, 만일 의미가 있다면 그 의미는 역사상의 예수를 연구하기 위한 자료로서의 복음서에 어떤 영향을 미치는가? 첫째(2장), 고대의 전기는, 비록 "전기"를 어떻게 정의하느냐에 따라 이 장르의 경계선에 있는 몇 가지 표본은 소설과 중첩될 수도 있지만, 소설이 아니다. 이는 전기에 소설에서도 사용하는 문학적 기법이 없다는 뜻이 아니다. 이는 단지 가까운 과거의 역사적 인물에 대해 글을 쓰는 전기 작가들은 사전 자료에 의해 제약을 받지만, 소설가들은 극소수만이 그렇다는 의미일 뿐이다. 복음서는 소설이 아니며 좀 더 역사 지향적인 저자들이 종종 몇 단락에 불과한 자료를 가지고 쓴 시인의 전기에서 발견되는 종류의 전기도 아니다. (예수에 대한 생생한 기억이 남아 있는 동안 기록된 복음서들은 집필하는 데 필요한 충분한 정보가 있었을까 하는 문제에 관해서는 14-16장을 보라.)

둘째(3장), 고대 그리스와 그리스-로마에서 전기의 역사적 발전과정을 추적해보면 이 장르가 로마 제국 초기 시대에 이르러 좀 더 역사 서술적인 방향으로 발전했음을 알 수 있다. 필론과 요세푸스의 1세기의 유대인 모델은 결함이 있음에도 불구하고 이러한 방향을 확인시켜준다. 따라서 고대의 독자들은 복음서와 같은 1세기의 전기 작품에서 일반적으로 상당한 진실성이나 최소한 이전의 기록에 대한 상당한 의존성을 기대했을 것이다.[1]

셋째(4장), 학자들은 다양한 고대의 전기들을 어떻게 분류하고 그와 같은 분류 체계에서 복음서를 어디에 배치할 것인지에 관해 토론한다. 그와 같이 제안된 분류는 다소 주관적이며 분류 체계는 종종 중첩된다. 서로 다른 배치는 서로 다른 목적에 유용할 수도 있다. 그러나 우리의 관심사가 역사에 관한 것인 한 복음서는 로마 제국 초기에 집필된 최근의 인물에 대한 전기이며 이 시기에 나온 다른 대부분의 본격적인 전기처럼 폭넓게 정의된 전기 장르에서 (비록 전문적인 역사 서술보다는 더 대중적인 차원에 속해 있지만) 역사 서술에 가까운 쪽에 속해 있다는 점을 강조하는 것은 적절하다.

넷째(5장), 1세기의 독자들은 전기에서의 각색, 도덕적 가르침에 적합한 교훈, 전기 주인공의 성품에 대한 강조를 기대했다. 그들은 (흔히) 주인공의 초기 성장 과정과 (일반적으로) 그의 죽음을 둘러싼 사건들을 제외하

---

1   "상당한"이라는 말은 상대적인 용어이므로 나는 본서의 2부와 3부에서 고대 전기들의 다양한 의존성과 차이를 탐구할 것이다.

고는 사건들이 실제 연대순으로 나타나는 것을 기대하지 않았다. 따라서 우리는 고대의 전기들이 자료에 대한 충실성과 표현상의 유연성을 다양하게 조화시켰을 것으로 예상해야 한다.

2장

새로운 제안이 아니다

대부분의 복음서 학자들은 오늘날 복음서를 고대 전기 장르에 속하는 것
으로 본다.[1] 지지자들과 비판자들 모두 이제 이러한 일반적인 의견 일치
를 인정한다.[2] 어느 고전학자가 말하듯이 복음서를 전기로 이해하는 것은

---

[1] 예를 들어 다음 참고문헌들을 보라. Talbert, *Gospel*, 전체; Kennedy, "Source Criticism," 128-
34; Cancik, "Gattung"; Dormeyer and Frankemölle, "Evangelium"; Aune, *Environment*, 46-
76; Aune, "Biography or Theology"; Aune, *Dictionary*, 204; Stanton, *Preaching*, 117-36;
Stanton, *New People*, 63-64; Stanton, *Gospel Truth?*, 137(그는 이전에 Stanton, *Gospels*, 19;
Stanton, "Reflection," 544-49에서 밝힌 회의론에서 마음을 바꾸었다); Robbins, *Teacher*,
10; Chance, "Fiction," 128-31; Burridge, *Gospels*, 105-251; Burridge, "People," 121-22;
Burridge, "Biography, Ancient"; Burridge, "Genre"; Burridge, "Reading"; Fitzgerald, "Lives";
Dormeyer, "Ewangelie Marka"; Dunn, *Remembered*, 184-85; Dunn, "The Tradition,"
173-74; Perkins, *Introduction to Gospels*, 2-11; Powell, *Introduction*, 7-9; Frickenschmidt,
Evangelium, 351-510; Frickenschmidt, "Evangelium"; Culpepper, *Gospel and Letters*,
65-69, 86; Zuntz, "Heide"; Cross, "Genres," 402-4; Wright, *People*, 384, 390-91, 418;
Tuckett, "Jesus and the Gospels"; Witherington, *Mark*, 1-9; Pelling, "Biography, Greek,"
242; Balch, "Gospels: Forms," 948; Ehrman, *Introduction*, 62-65; Plümacher, *Geschichte*,
13-14; Allison, *Studies*, 142-47; Jáger, "Evanjelium"; Keener, *Matthew*, 16-24; Keener,
John, 11-37; Keener, *Historical Jesus*, 73-84; Ytterbrink, *Biography*, 9-10; Smith, "Genre";
Freyne, "Gospel," 65; Bauckham, *Eyewitnesses*, 511; Bauckham, *World*, 96; Aletti, *Birth*;
Rogers, "Baptism"; Pitre, *Case*, 67-83, 100-1; Schnabel, *Jesus in Jerusalem*, 4-5; Holladay,
"Matthew"; Niebuhr, "Idea," 1; Shively, "Penguins," 279; 참조. Berschin, "Biography," 653;
Crossan, "Necessary," 27. Kee는 *Origins*, 144-47에서 누가가 마가복음을 그리스-로마의 전
기와 결합했다고 주장한다. 다른 면에서는 일반적으로 유용한 저작인 Hägg, *Biography*에 대
한 Burridge, "Review"에 실린 반응도 함께 주목해 보라.

[2] Fitzgerald, "Lives," 211; Smith, "Genre," 184; Smith, *βίος*, 20; Burridge, *Gospels*, 253, 271;
Walton, "Burridge's Impact"; Black, "Kennedy," 65; Walton, "Gospels," 48, 52-57(특히

"언제나 분명한 독법"이었다.[3]

이러한 명칭은 합리적이다. 전기와 역사 논문의 한 종류는 역사소설 외에 실제 개별적인 역사적 인물에 초점을 맞춘 유일한 종류의 저작이었고, **가까운 과거**의 인물에 대해서는 역사소설이 집필된 적이 (설령 있더라도) 거의 없었다.[4] 전기들은 보통 책의 처음 몇 마디 단어 내에서 주인공을 직접 소개했다(참조. 마 1:1; 막 1:1; 요 1:1; 눅 1:1은 보다 전통적인 역사 서술에 가깝다). 전기는 최초의 독자들이 이야기체의 1세기 복음서를 처음에 어떻게 대했는지와 관련해서 접할 수 있는 가장 가까운 사례다. 전기는 편지와 마찬가지로 고대의 가장 흔한 장르에 속했으므로 전기가 현존하는 최초의 기독교 문헌 대부분을 대표한다는 것은 놀라운 일이 아니다.[5]

전기가 복음서와 가장 가까운 유형 또는 장르를 제공한다는 점이 곧 복음서 저자들이 좀 더 넓은 전통적인 전기 장르에 아무런 특색도 더하지 않았음을 의미하는 건 아니다. 사실 그들이 실제로 그렇게 했다는 데는 의심의 여지가 별로 없다.[6] 복음서 저자들은 디아스포라 독자층을 거느린 다른 유대인 전기 작가들처럼 고대 이스라엘의 성경적 유산과 연속성을 지

52-54); Kwon, "Charting," 59, 65; Goh, "Galba," 173; Henderson, "Comparison," 263; Licona, "Viewing," 323; Bird, *Gospel*, 239; Adams, *Genre*, 58; Aletti, *Birth*, 25; Deines, "Jesus and Torah," 4. Burridge, "Gospels and Biography"에서 2차 문헌과의 광범위한 관계를 보라.

3 Moles, "Influence," 99.

4 예를 들어 Aletti, *Birth*, 9을 참고하라. 루키아노스의 *Demonax*를 개연성 있는 허구로 보는 극단적인 최소주의에 바탕을 둔 견해(Clay, "Lucian," 3425-26; 참조. De Temmerman, "Formalities," 11)에 대한 반론으로는 Beck, "Demonax"를 보라.

5 Robbins, *Teacher*, 2-3.

6 유용한 글로 예컨대 다음 참고문헌들을 보라. Pennington, *Reading Wisely*, 25-35; Shim, "Suggestion," 특히 70-75; 참조. Freyne, "Imagination," 10; Freyne, "Gospel," 72; Ytterbrink, *Gospel*, 16, 117, 224-29. Bruggen, *Narratives*, 75에서의 대조는 현대의 전기를 포함한다.

닌 세계 속에 살고 있다.[7] 그들의 핵심 주인공은 주로 중동의 시골에 사는 인물이며, 그들은 성경에 대한 지식이 있는 하위문화를 다루고 있다. 가장 눈에 띄는 특징은, 그들이 일반적인 현자나 왕이 아니라 그들이 역사의 중심인물로 여기는 사람을 찬양하고 있다는 점이다.

더구나 이후의 여러 장에서 드러나겠지만 전기라고 해서 다 같은 전기가 아니었다. 고대 저자들은 흔히 어떤 장르의 문학적 관습을 다른 장르에서 사용하여 "순수주의적인" 분류상으로는 장르의 중첩처럼 보일 저작을 만들어냈다. 로마 제국 초기에 전기와 또 다른 장르 사이의 가장 흔한 중첩은 이 시기의 전기가 보통 속해 있었던 더 넓은 장르, 즉 역사 기록과의 중첩이었다(6장을 보라). 장르의 중첩을 제외하고도 때로는 단일한 저자의 저작에서도 다양한 전기적 기법이 존재한다(예. 플루타르코스). 복음서의 독특한 요소들과 고대 전기 속의 다양한 차이들을 고려하면 고대 전기를 복음서에서 발견되는 모든 것을 예측하거나 설명하기 위해 사용할 수는 없다는 점에 처음부터 주목하는 게 중요하다. 장르의 유동성을 고려하면 여러 가지 면에서 비슷한 작품들과의 유사점이 반드시 고대의 전기들이 모든 면에서 비슷함을 입증하는 것은 아니다.

그렇기는 하지만 중요한 유사점들은 고대의 청중이 다른 동시대의 전기들을 대할 때 품었던 기대를 품고 복음서를 대했을 가능성을 강하게 암시한다. 복음서가 이전의 자료를 사용하는 것은 정확히 복음서 시대에 번성한 전기의 지배적인 형태, 특히 복음서처럼 생생한 기억이 남아 있는 공적인 인물들을 다룬 전기에서 발견되는 그것과 상당한 상관관계가 있

---

7   예를 들어 다음 글도 함께 보라. Dormeyer, "Ewangelie Marka"; 참조. Aune, "Biography or Theology"; Aune, "Hellenistic Biography," 9; Telford, *Mark*, 100; Edwards, "Genre," 59.

다(9-10장을 보라). 따라서 로마 제국 초기에 나온 전기의 지배적인 형태는 복음서 저자들과 그들의 최초 독자들이 무엇을 당연한 것으로 여겼을지를 더 잘 이해하는 데 도움이 될 것이다.

2.1. 원점 회귀

2세기 중반에 이르러 기독교인들은 복음서를 "사도들의 회고록"으로 이해하게 되었고,[8] 이 특징은 그 시대의 기독교인들에게 작품의 개별 저자가 누구인가 하는 것보다 더 중요했던 것으로 보인다.[9] 그래서 유스티누스는 "그의 사도들이 전달하고 사도들과 연관된 이들이 정리한 회고록"을 언급한다.[10] "회고록"(ἀπομνημονεύματα, apomnēmoneumata)이라는 이 명칭은 전기적 저작[11]에 대해 사용된 것을 포함해서 더 널리 사용되었지만,[12] 어떤 이들은 이 명칭이 우리는 역사적 정보로 간주하지 않겠지만 복음서 저자들의 시대를 산 독자들 대다수는 아마도 그렇게 간주했을 일부 정보를 담

---

8   Bockmuehl은 *Seeing*, 185에서 Justin, *Dialogue with Trypho* 100.4; 101.3; 102.5; 103.6, 8; 104.1; 105.1, 5, 6; 106.1, 3h, 4; 107.1; *1 Apology* 33.5; 66.3; 67.3을 인용한다. 다음 참고문헌들도 함께 보라. Stanton, *New People*, 62-63; Abramowski, "Memoirs"; Edwards, "Genre," 54(하지만 그는 이런 형태를 전기적 형태로 보지는 않는다).

9   Ehrman은 초기에는 복음서 저자들의 분명한 이름이 없었다는 점을 지나치게 중시하는지도 모르지만, 최초의 문헌들은 파피아스를 제외하면 대부분 이 점에 별로 주의를 기울이지 않는다는 그의 지적은 옳다(Ehrman, *Before Gospels*, 118-24). 그러나 오늘날 대다수 평신도 기독교인들도 특히 그들의 출처가 공관복음 가운데 하나일 때는 특정한 복음서를 언급하기보다는 "예수" 또는 "복음서들"을 언급한다.

10   Justin, *Dialogue with Trypho* 103.8(이는 나의 대략적인 번역이다).

11   Moeser, *Anecdote*, 65에 실린 Plutarch, *Brutus* 13.3을 주목해 보라.

12   예를 들어 Aragione, "Justin"; Theon, *Progymnasmata* 3.5-6, 15-18을 인용하는 Moeser, *Anecdote*, 65-66; Hermogenes, *Progymnasmata* 6.15-17; P.Oxy. 85을 보라.

고 있는 저작인 크세노폰의 소크라테스에 관한 「회고록」[13]을 연상시킨다고 주장한다. 이 명칭은 복음서들이 전기적 관심을 가졌던 지난 1세기의 복음에 대한 생생한 기억이 남아 있는 기독교인들 사이에 아마도 널리 퍼져 있었을 기독교적인 믿음을 보여준다.[14]

안타깝게도 "회고록"은 엄밀한 의미로 사용한다면 완성된 복음서들의 문헌적 응집력을 과소평가하는 말이 될지도 모른다. (이 전문 용어는 아마도 Q 자료와 같은 문헌에 더 적합할 것이다.) 2세기 기독교인들은 종종 복음서의 좀 더 전체적인 형태에는 많은 관심을 기울이지 않은 채 예수에 대한 정보를 얻기 위해 복음서를 파고들었다.[15] 변증론적 조화는 복음서에 대한 많은 고대의 접근 방식을 지배했다.[16] 고대의 기독교 주석가들이 종종 각 복음서 저자의 특징적인 계획을 존중하기보다 복음서들을 조화시키려 애썼다면 복음서들의 배경에 있는 자료에 대한 21세기 초의 강조도 종종 그에 못지않게 각 복음서의 개성을 이해하기 어렵게 만들었다.[17]

그렇지만 역사의 대부분에 걸쳐 1915년까지도 독자들은 일반적으로 복음서들을 마치 예수의 전기인 것처럼 대했다. 요한네스 바이스(Johannes Weiss)나 클라이드 보토(Clyde Votaw) 같은 21세기 초의 학자들은 복음서를

---

13 여기서는 예를 들어 Votaw, "Biographies," 217; Robbins, *Teacher*, 66-67; Edwards, "Genre," 54; Freyne, "Gospel," 65-66을 참고하라.

14 Robbins, *Teacher*, 62-67; Stanton, *New People*, 62-63. 그 이전의 Kennedy, "Source Criticism," 128-30(참조. 136-41; 하지만 논의 중에 그는 장르에 대한 유연한 구분선을 허용한다; Fuller, "Classics," 189을 주목해 보라)을 보라.

15 Frickenschmidt가 *Evangelium*, 501에서 3-76쪽에 나오는 자신의 연구 내력을 요약하며 한 말.

16 Frickenschmidt, *Evangelium*, 501; Wiles, *Gospel*, 14을 주목해 보라(참조. 16-19).

17 Frickenschmidt, *Evangelium*, 3-5, 16, 21, 501을 보라.

구체적으로 고대 전기에 비추어 바라보았다.[18] 그러나 아델라 야브로 콜린스(Adela Yarbro Collins)가 지적하듯이 복음서들을 세련되지 못한 민간 문학으로 본 요한 고트프리드 헤르더(Johann Gottfried Herder)의 낭만주의 초기의 분류는 대다수 양식비평가들에게 강한 영향을 끼쳤고, 그들은 복음서를 독특한 "새로운 기독교적 장르"로 취급했다.[19]

루돌프 불트만(Rudolf Bultmann)은 더 나아가 복음서를 통제되지 않은 구두전달의 비문학적인 산물로 취급하며 문학적 유사성에 대한 많은 관심을 불필요한 것으로 만들었다.[20] 그는 비록 아히카르나 아이소포스나 아폴로니오스의 전기와 같은 일화 모음집과의 비교는 허용했지만, 복음서는 헬레니즘 시대의 전기와는 다르다고 확신했다.[21] 전기적 관심의 부족은 복음서들이 문학적인 세련됨이 부족한 것은 물론이고 "예수의 인간적 개성, 그의 외모와 성품, 그의 기원, 교육과 발전과정에 대해 할 말이 전혀 없"기 때문이라는 것이다.[22]

이러한 일축은 너무 성급해 보인다. 모든 전기가 다 이러한 특징을 전부 포함했던 것은 아니기 때문이다. 예수는 고급 수준의 "교육"을 받지는 않았을지 모르지만, 두 권의 복음서는 예수의 기원에 대해 어느 정도 길게

---

18 (Collins, *Mark*, 22, 24에 인용되었듯이; Plutarch와 비교하고 있는) Weiss, *Evangelium*, 11, 15; Votaw, "Biographies"를 보라.
19 Collins, *Mark*, 19. Schmidt, "Stellung"을 보라. Kümmel, *Introduction*, 37; Burridge, *Gospels*, 7-16의 논의도 이 견해를 따른다. 일부 집단들도 민중(Volk)에 대한 낭만주의의 관심을 해로운 방식으로 왜곡했다. Heschel, *Aryan Jesus*, 29, 31을 보라. Frickenschmidt는 *Evangelium*, 508에서 이러한 역사적 문제에 대한 초점 상실의 원인을 이야기 이전의(prenarrative) 선포에 관한 신학적 의제에서 찾는다.
20 Byrskog, "Century," 5; Kwon, "Charting," 63-64의 비판을 주목해 보라.
21 Bultmann, *Tradition*, 371-72.
22 Bultmann, *Tradition*, 372.

진술한다. 예수의 말씀과 행동을 포함한 예수의 사역을 기억하는 일에 대한 초기 기독교인들의 관심은 사실 복음서들 사이의 관계에 관한 한 국제 학술 토론회의 기본적인 "일반적으로 인정된 연구 결과" 중 하나다.[23] 더구나 전승 전달자들이 그러한 민간적 배경에서 복음서의 구전 자료를 전달했더라도(15-16장의 논의를 보라) 문학 및 비문학과 같은 강요된 범주들은 복음서의 장르 비평에 도움이 되지 않는 것으로 드러난다. 그런 범주들은 "민간 문학"과 더 세련된 수사학과 그런 범주들에 강한 영향을 준 문헌들 사이의 연속체[24] 및 복음서 자체들 사이의 차이점들을 무시한다. (누가는 마가보다 훨씬 더 세련된 수준의 그리스어로 글을 쓴다.)[25] 일반적 의미에서의 "전기"는 실제로 그런 연속체 전체에 걸쳐 나타난다.[26]

복음서들은 현대의 전기와 상당히 다르므로 학자들은 20세기의 대부분 기간에 복음서가 전기라는 점을 완전히 부정했다.[27] 하지만 양식비평가들이 진정한 전기에 필수적이라고 여겼던 특징들은 마가복음뿐만 아니라 구체적으로 "전기"(*bios*)라는 제목이 붙어 있고 복음서처럼 완전한 저작인 루키아노스의 「데모낙스」에도 없다.[28]

이해할 만하기는 하지만 양식비평은 더 작은 이야기 단락들에 초점을 맞춘 결과 더 큰 작품의 장르에 대한 질문으로부터 주의를 분산시켰다.

---

23 Wansbrough, "Introduction," 12.

24 Downing, "Literature"; Aune, *Environment*, 12, 63; Burridge, *Gospels*, 11, 153. 수사학적 원리들은 서사 기법에 영향을 주었다. 예를 들어 Dowden, "Apuleius"를 보라.

25 Koester, *Introduction*, 1:108; Kodell, *Luke*, 23; 참조. Perry, *Sources*, 7. 이러한 평가는 누가의 구성상의 패턴을 고려하면 훨씬 더 분명해진다(이에 관해서는 Goulder, *Type*; Talbert, *Patterns*; Talbert, *Luke*; Tannehill, *Luke*; Tannehill, *Acts*를 보라).

26 예를 들어 인기 있는 "아이소포스의 생애"를 좀 더 문학적인 *Agricola*와 대조해 보라.

27 Talbert, *Gospel*, 2-3; Stanton, *Gospels*, 15-17을 보라.

28 Cancik, "Bios"를 따르는 Burridge, *Gospels*, 93.

비평학자들이 복음서는 현대의 전기가 아니라는 점에 주목한 것은 옳았다. 그들은 이것이 복음서는 고대의 전기가 아님을 의미한다고 결론짓는 데 있어서만 오류를 범했다. 최근 수십 년 동안 학자들은 복음서가 고대적 의미에서의 전기를 대변한다는 일치된 견해로 되돌아갔다.

1977년에 찰스 탈버트는 21세기 중반의 접근 방식에 도전하고 고대 전기와의 유사점을 지적한 최초의 학자들 가운데 한 명이 되었다.[29] 그의 접근 방식은 다소 타당하게도 경직된 것으로 평가되었지만,[30] 이후의 연구를 위한 필수적인 토대를 개척했다.[31] 필립 슐러(Philip Shuler)의 1982년도 저작[32]은 더 중요한 몇 가지 약점을 드러냈지만,[33] 그것은 복음서와 다른 고대 전기 간의 올바른 비교를 향한 진일보였다.

클라우스 베르거(Klaus Berger)는 전기 작품들을 광범위하게 조사한 뒤 1984년에 복음서는 송덕문(頌德文)이라는 장르와 관련된 전기라고 결론지었다.[34] 베르거의 제자 디르크 프리켄슈미트(Dirk Frickenschmidt)는 나중에 베르거의 접근 방법을 더욱 발전시켜 고대 전기와 복음서 사이의 광범위한 문헌적 유사점을 증거 문헌으로 입증하고[35] 궁극적으로 복음서 장르에 대한 리처드 버리지의 결론과 비슷한 주장을 펼쳤다.[36]

---

29 Talbert, *Gospel*.
30 Aune, "Problem"; Burridge, *Gospels*, 81-82.
31 Burridge는 *Gospels*, 81에서 "복음서의 독특성에 대한 양식비평적 개념으로부터의 인식 체계의 대전환에 대한" 공을 그에게 돌린다.
32 Shuler, *Genre*.
33 Burridge, *Gospels*, 83-86을 보라.
34 Berger는 "Gattungen"에서 전기에 대한 매우 폭넓은 정의를 사용한다.
35 특히 Frickenschmidt, *Evangelium*, 504-5을 주목해 보라.
36 Burridge가 *Gospels*, 285-86에서 Frickenschmidt, *Evangelium*, 65-68을 인용하면서 지적하듯이.

프리켄슈미트의 몇 가지 접점은 (비록 이 모든 특징이 전기에만 국한되거나 모든 전기에서 나타나는 건 아니지만) 다음과 같다.[37]

- 완전한 전기의 3부 구조
- 이야기 내의 인물들의 비교(*synkrisis*)
- 전기의 시작에서 중간 부분으로의 전환을 알리는 주인공의 최초의 중요한 공적 출현
- 주인공의 죽음에 맞춰진 비교적 높은 빈도의 초점과 약간의 반복적인 주제
- 다가올 주인공의 격렬한 죽음에 대한 암시를 포함한 중간 부분에서의 마지막 부분에 대한 잦은 예시(豫示)
- 갈등의 빈도와 주인공에 대한 음모
- 주인공의 마지막 말에 대한 강조
- 주인공의 마지막 날들과 시간을 더 자세히 묘사하기 위한 이야기의 진행 속도 감소

고전학을 연구한 리처드 버리지는 원래 복음서 장르에 대한 전기 가설에 회의적이었으나 그의 자세한 연구는 그의 생각을 바꾸어놓았다.[38] 복음서 연구에서 인식 체계의 대전환에 크게 영향을 끼친 것은[39] 곧 그의 연

---

37 특히 Frickenschmidt, *Evangelium*, 505-6의 요약을 보라. 여러 전기에서 다루어진 항목들의 독립적인 목록을 보려면 Martin, "Topic Lists," 21-23; Sollenberger, "Lives of Peripatetics," 특히 3800(Smith, *βίος*, 73-74의 논의)을 보라.

38 Burridge, *Gospels*, 101, 283.

39 하지만 이런 전환을 위한 토양은 이미 무르익어 있었다. 4장의 접근 방식들에 관한 개관을 보라.

구 결과로 나온 설득력 있는 케임브리지 대학교 전공 논문이었다.[40] 버리지는 공관복음과 요한복음 둘 다 이 장르에 얼마나 잘 들어맞는지를 보여준다.[41]

따라서 케임브리지 대학교의 그레이엄 스탠튼(Graham Stanton)은 복음서가 전기라는 사실에 대한 이전 몇십 년간의 회의론을 "놀랍도록 부정확한" 것으로 간주하게 되었다.[42] 실제로 버리지의 논증은 너무나 설득력 있는 것으로 밝혀진 나머지, 어떤 서평자는 이 문제에 대한 더 이상의 반대 의견은 그 논증으로 끝을 내야 한다고 주장한다.[43] "전기"(*bios*) 가설에 대해 여전히 회의적인 이들 중 일부는 구체적으로 "전기" 장르보다 더 일반적으로 전기적 자료의 특징에 초점을 맞춘다.[44] 복음서의 전기적 특성에 관한 논증들은 이렇게 원점으로 되돌아갔다. 20세기 초까지 오랫동안 일종의 전기로 여겨진 복음서는 이제 다시 광범위하게 전기로 여겨진다.

---

40 Burridge, *Comparison*; *Gospels*로 개정됨. 장르의 기준에 관해서는 Burridge, *Comparison*, 109-27(*Gospels*, 105-23)을 보라. 기독교 이전 시대 그리스-로마의 전기에 대해서는 128-53을 보라(*Gospels*, 124-49). 그 이후의 전기에 대해서는 154-90을 보라(*Gospels*, 150-84). 좀 더 최근의 연구를 고려한 그의 장르 연구에 대한 추가적인 언급은 Shively, "Recognizing"; Shively, "Penguins"를 보라.

41 Burridge, *Gospels*, 공관복음에 대해서는 185-212, 요한복음에 대해서는 213-32.

42 Stanton, *New People,* 63; Stanton은 *Gospel Truth?*, 137에서 Stanton, *Gospels*, 19에서의 과거 자신의 회의론을 뒤집는다.

43 Talbert, "Review," 715; 참조. Stanton, *New People*, 64; Walton, "Burridge's Impact."

44 Burridge는 *Gospels*, 265-66에서 이 주장에 도전한다.

2.2. 역사적 정보에 관한 함의

고전학자들은 고대의 역사적 전기에 비판적으로 접근하지만, 그들 대다수는 전기를 좀 더 회의적인 신약학자들이 복음서의 정보를 다루는 것처럼 무시하는 태도로 다루지 않는다. 확실히 고전학자들은 최근의 역사적 인물에 대한 전기를 예수 신화론자들이 복음서를 다루는 방식으로 다루지 않는다. 타키투스는 티베리우스를 맹렬히 비난하고 벨레이우스 파테르쿨루스는 티베리우스를 흠모하지만, 둘 다 우리에게 티베리우스에 대한 소중한 정보를 제공한다는 점을 의심하는 사람은 아무도 없다. 또한 타키투스가 장인인 아그리콜라를 칭송하거나 수에토니우스가 그의 전기에서 도덕적 교훈을 강조한다는 이유로 우리가 그들이 제공하는 증거 대부분을 일축하지도 않는다.[45]

장르의 경계는 변하기가 쉬우며 학자들은 고대의 전기를 다양한 방식으로 분류할 수 있다. 전기에 대한 가장 광범위한 정의는 역사적 인물에 관한 모든 저작을 포괄한다. 본서에서 명확히 밝힌 관심사는 전기의 역사적 차원이므로 나의 관심은 주로 정보에 기반한 전기들에 있다. 이것은 이 시기에 그때까지 지배적이었던 인간 중심적 저작의 형태였다(3장을 보라). 복음서가 기록된 시기에 주류에 속하는 전기는 이용할 수 있는 정보에 바탕을 둔 실제 개인에 관한 이야기로 이해되었고 최근 인물의 경우 이용할 수 있는 정보는 상당히 많을 수 있었다.

---

45 이 단락에서의 통찰은 현재 시드니 신학대학의 연구 책임자이자 맥쿼리 고대사 학부 명예준회원인 James R. Harrison이 2011년 5월 26일에 보낸 개인적인 편지 덕분이다. 다음 글들도 함께 보라. Boterman, "Heidenapostel," 64, 73(Schnabel, *Jesus in Jerusalem*, 4에 인용됨); Nobbs, "Historians."

당시의 역사소설은 오늘날과 같이 형식을 사용했고 흔히 조롱하는 투의 글이었지만, 그러한 소설은 대부분 과거의 한 중요한 인물이나 그 인물의 실제 가르침에 관한 정보를 얻기 위한 것이라기보다는 오락용 소설에 훨씬 더 가까웠다.[46] 오락용 소설은 1세기의 예수 운동과 같은 운동에 관해서는 형편없는 수단이었을 것이고, 특히 예수의 제자들이 반복적으로 강조한 주님이신 예수께 대한 열심과 그로 인한 예수의 가르침을 따르려는 열심을 고려할 때 무엇보다 예수 운동은 그 창시자에게 강한 관심이 있었다. (스승으로서의 예수의 역할은 오늘날 예수 전승에서 가장 논란이 적은 특징에 속한다.) 비록 몇 가지 보기 드문 예외는 있지만, 도덕적 가르침은 소설의 특징이라기보다는 스승에 대한 전기의 특징에 더욱 가깝다(5장을 보라). 생생한 기억이 남아 있는 동안 예수의 제자들은 여전히 예수에 대한 정보를 접할 수 있었고 훗날 소설가들과 영지주의자들이 예수에 관한 호기심을 충족시키기 위해 사용한 종류의 방편들에 의존할 필요가 없었을 것이다(14-16장을 보라).

서론에서 언급했듯이 놀랍도록 적은 수의 학자들이 지금까지 복음서의 장르가 우리가 예수에 관한 역사적 정보를 얻기 위해 복음서에 접근하는 방식의 문제에 끼친 영향을 밝히기 위해 연구해왔다.[47] 사실 나의 박사과정을 지도한 교수들 가운데 한 분은 마가복음 강의 첫 시간에 고대의 전

---

46 Pervo, "Introduction," 3; Pervo, "Losers," 129-35(참조. Horsfall, "Ephemeris")에서 언급한 것처럼 Dares와 Dictys에 대한 소설적인 이야기는 (비록 Pervo는 소설에서 전통적인 표지들을 사용하는 것을 강조하지만) 역사적인 이야기의 전통적인 표지들을 이용하며 (반드시 그들과 동시대인들은 아니지만) 후대의 독자들을 오도한다.

47 사실 몇몇 유명한 역사적 예수 학자들은 자신들의 선험적 가설을 뒷받침하는 정보를 얻기 위해 복음서를 선별적으로 조사하는 동안에도 복음서 학자들의 연구에 대해서는 거의 관심을 보이지 않는다.

기들은 허구적이고 따라서 마가복음도 그에 따라 접근해야 한다고 주장했다. (나는 이미 고대의 몇몇 전기에 관한 공부를 시작했으므로 내가 그의 가정에 조심스럽게 이의를 제기했을 때 그 교수는 자신은 이 주제에 대한 직접적인 지식이 부족하며 단지 어디선가 그런 견해를 읽은 적이 있다는 사실을 겸손하게 인정했다.)

　　복음서는 그 자체로 문학작품이고 그렇게 접근할 수도 있다. 나는 역사적 예수 연구에 관한 책을 펴내는 일보다 주석을 펴내는 일에 더 많은 시간을 보냈다. 나는 모두가 역사적인 문제에 관심을 가질 필요는 없다는 점을 흔쾌히 인정한다. 그러나 그러한 관심을 가진 사람들에게 복음서는 역사적 예수의 사역에 대해 배울 수 있는 가장 좋은 자료를 제공한다. 전기들은 보통 우리에게 전기의 저자에 대해서만이 아니라 전기의 대상에 대해서도 무언가를 말해 주기 마련이다.

2.3. 고대의 전기란 무엇인가?

"장르"라는 용어는 어떤 작품의 문학적 유형을 가리킨다. 장르는 (때로는 다소 확실한 형태가 없지만) 여러 핵심적인 특징을 공유하는 다른 작품들과의 비교를 가능케 하는 더 폭넓은 범주를 제공한다. 특정한 장르는 보편적이지 않다. 오히려 장르는, 작품의 암묵적인 저자가 그 작품이 읽히기를 기대하는 방식으로서, 문화적으로 좌우된 관습적 기대를 강조한다.[48]

　　장르는 유사한 작품들을 분류하는 데 유용하다. 장르는 저자들이 반

48　참조. Dubrow, *Genre*, 2-3, 31-34, 95; Shuler, *Genre*, 25-28; Hirsch, *Interpretation*, 68-126; Smith, "Genre," 215; Adams, *Genre*, 1; Konstan and Walsh, "Biography," 42; Kirk, "Collective Memory," 60.

드시 고수해야 하는 견본이 아니다. 즉 장르는 규범적이라기보다는 묘사적이며 우리가 복음서를 포함한 어떤 주어진 작품에 우리의 기대를 투사할 수 있는 정도를 즉시 제한하는 하나의 관찰 사실이다.

그렇기는 하지만 고대의 산문은 단순히 "지도 없는 지역"이 아니다.[49] 문제는 바로 지도에 나오는 지역들이 확고한 경계가 없다는 점이고 따라서 학자들이 때때로 일정한 지도를 그리기를 꺼리는 것은 이해할 만한 일이다. 우리는 고대의 관습이나 이념을 바탕으로 고대의 행위에 대해 그럴듯한 이유를 추론할 수 있듯이, 어떤 비슷한 작품들에서 각각의 특징이 되기 쉬운 특성들을 관찰할 때 어떤 의식적이거나 무의식적인 문학적 관습을 더 개연성 있는 것으로 추론할 수도 있다.

장르는 결코 전적으로 현대적인 개념이 아니다. 고대의 독자들은 다양한 장르의 범주들을 인식했을 뿐만 아니라,[50] 고전학자 크리스토퍼 펠링(Christopher Pelling)이 말하듯이, "장르에 매우 민감했다."[51] 실제로 고대의 비평가들은 때때로 그런 범주들에 대해 너무 정확해서 편지와 연설의 구체적 장르를 경험적인 사례들이 허용하는 것보다 더 엄격하게 상세히 열거했다.[52] 그러나 어떤 사람들은 장르들이 종종 혼합을 통해 발전할 수

---

49 참조. Hägg, *Biography*, xi의 표현을 사용하는 Smith and Kostopoulos, "Biography," 397, 400, 410.

50 예를 들면 Theon, *Progymnasmata* 2.5-33(Butts); Quintilian, *Orator's Education* 10.1.36; Maximus of Tyre, *Philosophical Orations* 26.4; 38.4; 참조. Houston, "Evidence," 243(244, 246에서 유연성을 언급함); Race, "Introduction," 1. 고대의 장르 비평의 다양한 모델 중에서(Dubrow, *Genre*, 45-81; Adams, *Genre*, 26-57을 보라) 아리스토텔레스의 모델(참조. Adams, *Genre*, 27-31)은 가장 오랫동안 우세했다(Burridge, *Gospels*, 26-28).

51 Pelling, *Texts*, 2; Pelling, "Epilogue"도 함께 보라; Pelling, "Bounds," 256.

52 예를 들어 Malherbe, "Theorists"에 나오는 예를 보라; Aune, *Dictionary*, 419.

있다는 점을 인식했고,[53] 저자들은 실제로 장르들을 혼합하기도 했다.[54] 장르의 범주들은 이처럼 유동적이고 중첩될 수 있다[55](전기와 역사에 대해서는 6장을 보라).

그렇기는 하지만, 장르는 보통 단순히 임의적인 것이 아니다.[56] 고대 작가들은 장르를 필요한 대로 조정할 수 있었지만, 장르적 관습은 그들이 당연하게 여기거나 수정하거나 과시할 수 있는 사회적 기대를 제공했다. 그래서 우리는 대략 각 범주에 해당하는 작품들을 언급하거나 아마도 좀 더 유기적으로 스스로 발견하도록 장르의 원형을 사용하여 특정한 측면에서 다른 많은 작품을 닮은 몇몇 작품들을 언급할 수 있을 것이다. 종류가 각기 다른 다양한 산문 작품이 존재하지만, 그 작품들 가운데 특정한 영역에 모여 있는 작품이 그렇지 않은 작품보다 더 많다.

그렇다면 고대 전기의 정의는 무엇인가? 답은—학자들이 그 답에 동의할 수 있다면—간단할 수도 있다. 1915년에 클라이드 보토는 "개략적으로 고르고 배열한 어떤 역사적 인물의 행동과 말에 관해 이야기함으로써 그를 알려주는 것을 목표로 하는 일체의 글"을 전기로 정의했다.[57] 더 최근에 더 자주 인용되는 아르날도 모밀리아노(Arnaldo Momigliano)는 전

---

53 Adams는 *Genre*, 43, 53에서 일례로 호라티우스를 인용한다.

54 Adams, *Genre*, 55-57, 67; Aune, *Dictionary*, 419; Shively, "Penguins"; Becker는 *Birth*, 72에서 문학적 혁신에 관해서 특히 다음 문헌들을 인용한다. Velleius Paterculus, *History* 2.9; Horace, *Epistle* 2.1.

55 예. Dubrow, *Genre*, 37, 106; Aune, *Environment*, 23; Smith, "Genre," 186-87; Smith, *βίος*, 28; Buster, "Genre," 153; Shively, "Penguins," 282(Frow, Genre; Newsom, "Spying"를 언급함).

56 장르의 범주들은 엄격하게 적용될 수 없지만, 그런 범주들의 가치를 해체주의적으로 일축하는 것도 부적절하다. Eddy and Boyd, *Legend*, 318-20을 보라.

57 Votaw, "Biographies," 49. Shively, "Penguins," 283에서 한 사람에 맞춰진 초점을 참고하라.

기를 "한 사람이 태어날 때부터 죽을 때까지의 일생에 대한 설명"으로 정의했다.[58] 어떤 이들은 모밀리아노의 정의에 대한 예외를 지적하거나[59] 모밀리아노의 관심사가 로마 제국 초기에 이르러 발전한 구체적이고 형식적인 전기 장르라기보다는 더 일반적으로 전기적 자료나 기원이라고 불만을 제기한다.[60] 탈버트는 고대 전기를 "종종 독자의 행동에 영향을 끼칠 목적으로 한 인물의 성품이나 본질을 드러내기 위해 선별된 이른바 역사적 사실들을 제시하는, 한 사람의 일생에 대한 산문체 서술"로 정의한다.[61] 가이거(Geiger)는 좀 더 엄밀한 정의를 선호하여 "이소크라테스의 「에우아고라스」나 크세노폰의 「아게실라오스」와 「퀴로파이데이아」 같은 관련된 문학 장르에 속하는 작품들"은 그 자체로 전기의 역할을 하는 것은 아니라고 주상한다.[62]

프리켄슈미트는 "권위 있는 사람들과 결정적인 가치들"의 중심적 역할, 작품 첫머리에서의 전기 주인공에 대한 예비적 묘사, 관련된 대목에서 세부적인 부분에 더 관심을 기울이는 충분한 서사적 표현법과 같은 전기의 지속적인 특성을 찾는다.[63] 그는 다른 이들과 마찬가지로 몇몇 측면에서 전기를 역사 기록이나 송덕문과 구별한다.[64] 전기는 "역사의 거울"과

---

58   Momigliano, *Development*, 11.

59   Adams, *Genre*, 70.

60   Geiger, *Nepos*, 14-15.

61   Talbert, *Gospel*, 17은 유익하다. 한편으로는 그의 전기와 역사 기록의 대조, 다른 한편으로는 전기와 소설의 대조를 주목해 보라(16-17).

62   Geiger, *Nepos*, 15.

63   Frickenschmidt, *Evangelium*, 211(참조. 217, 224), 227, 238.

64   Frickenschmidt는 *Evangelium*, 233-37에서 예를 들어 다음 문헌을 인용한다. Plutarch, *Alexander* 1; *Aemilius Paulus* 1; *Nicias* 1; *Cimon* 2.

같았다.[65]

우리는 전기를 좀 더 일반적으로 특정한 실존 인물의 생애나 그 인물의 생애 속의 한 국면에 관한 이야기라고 생각할 수 있을 것이다. 6장에서는 간략하게, 10장에서는 상세하게 살펴보겠지만, 로마 제국 초기에 본격적인 전기의 저자들은 중요한 역사적 의도를 지니고 있었고 최근의 인물들을 다룰 때는 보통 이용할 수 있는 정보가 상당히 많았다. 우리는 이런 패턴이 복음서에도 그대로 적용될 것으로 예상해야 한다. 복음서와 복음서의 자료들은 예수의 공적 사역에 대한 생생한 기억이 남아 있는 동안 유포되었기 때문이다. 고대의 전기 작가들과 역사가들은 역사적 의도를 도덕적 교화라는 목표와 전적으로 양립 가능한 것으로 보았다.

2.4. 독특한 장르?

그러나 전기 장르가 복음서에 대해 갖는 의미를 고려하기 전에 우리는 복음서의 장르에 대한 다른 주장들을 검토해야 한다. 앞에서 언급한 것처럼 복음서는 어떤 면에서 다른 대부분의 고대 전기와 구별되는 특징들을 보여준다.[66] 이러한 사실은 우리가 더 넓은 장르 분류를 근거로 제시해도 무방한 예측을 제한하기는 하지만, 고대 전기와 공통된 다른 특징들을 고려할 때 추정을 완전히 배제하지는 않는다. (예수에 관한 저작과 같은) 고대 전기의 어떤 하위 유형이나 변화도 그 하위 유형 특유의 특징이 있을 수 있다.

---

65 Frickenschmidt, *Evangelium*, 234에 나오는 Plutarch, *Aemilius Paulus* 1.
66 다시 예를 들어 Pennington, *Reading Wisely*, 25-35을 보라.

그러나 일부 학자들은 독특한 특징에 초점을 맞추면서 복음서는 단
적으로 "독특하다", 즉 독자적이라고 주장한다.[67] 일단 복음서가 기록되기
시작하자 복음서는 자기 나름의 하위 장르를 구성했다. "복음"이라는 구
체적인 명칭은 2세기 중엽에 이미 그 존재가 입증되었고[68] 아마도 더 일
찍 입증되었을 것이다.[69] 이 명칭은 70인역을 상기시키며(특히 사 52:7을 보
라)[70] 마가복음 1:1에서 유래한 것일지도 모른다.[71] 하지만 복음서의 최초
의 독자들은 복음서를 어떤 더 큰 범주로 분류했을까?

예수의 사역 이전에는 예수에 관한 이야기를 쓴 사람도 없고 아마도
예수와 매우 비슷한 사람에 관한 이야기를 쓴 사람도 없었을 것이므로 복
음서는 어떤 의미에서 독특하다. 어느 고전학자가 표현한 대로 "마가는
예수와 같은 관습적이지 않은 인물에 대한 관습적인 선기를 쓸 수는 없었
을 것이다."[72] 그러나 이러한 차이는 복음서의 주인공의 독특함에서 비롯
된다. 마리아 이터브링크(Maria Ytterbrink)가 암시하듯이 복음서는 "다른
부류의 전기"라기보다 "다른 [부류의] 등장인물에 관한 전기"일 가능성
이 더 크다.[73]

---

67 예를 들면 Riesenfeld, *Tradition*, 2; Guelich, "Genre." 복음서의 독특함에 대한 더 유익하고
    덜 엄밀한 글을 보려면 Pennington, *Reading Wisely*, 25-35을 보라.
68 Aune는 *Environment*, 18에서 예를 들어 Justin, *Dialogue with Trypho* 10.2; 100.1을 인용
    한다. 참조. *1 Apology* 66. 예를 들어 다음 문헌들도 함께 보라. Papias, frag. 3.14; 6.2; 19.1;
    20.1; 21.1; Irenaeus, *Against Heresies* 1.20.2; Diogn. 11.6; 아마도 이미 *Did.* 8.2; 11.3;
    15.3-4.
69 Bauckham은 *Eyewitnesses*, 537-38에서 특히 Kelhoffer, "Book"을 언급한다.
70 Stuhlmacher, "Theme," 19-25; Betz, "Gospel."
71 예를 들면 Kelber, *Story*, 15; Collins, *Mark*, 3. 어떤 이들은 마태복음을 제안하지만(참조.
    Stanton, *New People*, 14-16) Marxsen, *Mark*, 25, 150 n. 106, 205-6을 참고하라.
72 Edwards, "Genre," 60.
73 Ytterbrink, *Gospel*, 227.

따라서 복음서가 독특하다는 관찰은 어떤 의미에서는 사실이지만 자기 발견적인 유추를 촉진하는 데는 별로 유익하지 않다. 장르 분류의 주된 요점은 주어진 작품을 이해하는 방법에 관한 독자들의 기대를 자아내는 보다 광범위하고 문화적으로 알기 쉬운 범주를 찾는 것이다.[74] 고대의 독자들에게 있어서—통치자든, 장군이든, 현자든—특정한 실제 인물에 관한 자료에 근거한 저작은 여전히 하나의 전기였다. 울리히 루츠(Ulrich Luz)가 논평하듯이 사전 지식 없이 마가복음 두루마리와 마주친 고대의 독자는 그것을 하나의 전기로 대했을 것이다.[75] 또는 이브-마리 베커(Eve-Marie Becker)가 지적하듯이, 복음서는 다른 역사와 관련된 저작들 가운데 독특한 것일 수도 있지만, 여전히 역사와 관련된 저작이다.[76] 바트 어만(Bart Ehrman)은 복음서들이 공유하는 독특한 하위 장르는 독자가 자연스럽게 복음서를 포함시킬 더 넓은 전기 장르를 줄어들게 하지 않는다는 점을 바르게 지적한다.[77]

---

74 장르는 (예를 들어 Kirk, *Memory*, 219-20의 견해와 마찬가지로; Zimmermann, "Gleichnisse," 108을 인용한 7쪽도 참고하라) 문화적 개요 겸 인지적 개요의 역할을 한다. 어떤 개별적인 저작의 "독특함"은 어떤 측면이 독특한지와 관련한 장르에 대한 논의에 함축된 비교 활동을 불가능하게 한다. 전승 형성에 있어서 장르의 역할에 대해서는 (Kirk, *Memory*, 64, 78, 220에 인용된) Zimmermann, "Gleichnisse," 109을 보라.

75 Luz, *Matthew*, 1:44-45.

76 Becker, *Birth*, 71.

77 Ehrman, *Introduction*, 64-65.

2.5. 우스꽝스러운 역사인가 해박한 소설인가?

알려진 고대의 산문 서사 장르 중 복음서의 범주로서 전기에 대한 유일한 실제적 대안은 역사 연구서 내지 역사소설일 것이다.[78] 역사 연구서에 대한 논의는 6장을 위해 미루어둔다. 이러한 주장은 궁극적으로 전기와 중첩되며 복음서의 사료로서의 가치에 관한 비슷한 결론으로 이어지기 때문이다.

그러나 여기서는 소설로서의 복음서라는 문제를 다룬다. 물론 고대 소설은 많은 연구가 유익하게 잘 보여주듯이 복음서와의 문학적 비교에 유용하지만,[79] 우리가 이런 유사점들을 발견하는 것은 전기와 소설이 모두 서사라는 더 큰 장르를 반영하기 때문이다. 따라서 유사한 서사적 특성은 역사에도 나타난다.[80] 그렇다면 공통된 문학적 기법을 확인하는 것이

---

78   참조. (아마도 포르피리오스에게서 나왔을) 논쟁적인 *Apocriticus* 2.12-15; Mack, *Myth*, 11, 322-23; 참조. Tolbert, *Sowing*, 48-79의 비교; 역사적으로 이 논쟁에 관해서는 Cook, *Interpretation*, 14, 26-27, 336-37을 보라. 우리는 다양한 장르에서 극적인 양식에 대해 말할 수 있지만(Brant, "Drama," 87, 90) 복음서의 산문적 특성은 연극이라는 의미에서의 고대 연극과의 지나친 유비 관계를 배제한다(Aristotle, *Poetics* 6.9, 1450a을 보라). 흥미롭기는 하지만 Heever, "Tales"에서의 (묵시적인 이야기들[191], 2세기의 사기 행위의 사례들[191], 광범위한 신 종교 운동[181]을 포함한) 복음서의 이야기들에 대한 비슷한 예들을 파악하는 성긴 그물망은 수정이 필요하다. Ron Hubbard는 사이언톨로지를 창시하기 전에 공상 과학 작가였고(181) 이는 예수와 예수가 일으킨 최초의 운동과는 꽤 다른 상황이다. 더구나 왜 종교적인 인물들만 비교하는가? 이는 종교적 운동에서 비롯된 이야기들은 정치적이거나 문학적이거나 철학적인 운동보다 항상 더 각색되었음을 의미할 수도 있다. 그리고 종교적인 인물들을 비교한다면 왜 가령 우리에게 그에 대한 확실한 역사적 정보가 있는 존 번연이나 캐서린 부스와 같은 종교적인 인물들은 비교하지 않고 관찰자 대다수가 Hubbard의 의도적인 각색이라고 생각하는 것을 비교하는가? 고대의 상황에 대해서는 Keener, "Parallel Figures"를 참고하라.

79   예를 들어 Fullmer, *Resurrection*, 15-26; Starner, *Kingdom*에서처럼; 사도행전에 대해서는 예를 들어 Chance, "Prognostications."

80   다음 참고문헌들을 보라. Burridge, *Gospels*, 238-39; Aune, *Dictionary*, 285; Porter, "We

---

반드시 어느 작품의 장르나 그 안에서 이용 가능한 역사적 정보의 정도를 나타내는 것은 아니다.[81] (또한 분명히 말해서 나는 소설에 대해 어떤 적대감도 암시하지 않는다. 내게 시간이 있다면 나는 기꺼이 소설을 쓰고 싶다. 나는 단지 장르를 구별하고 있을 뿐이다.) 복음서, 특히 마가복음은 전문적인 역사 기록보다는 더 대중적인 수준의 글이며 이런 면에서는 소설과 더 비슷하지만[82] 많은 전기와도 비슷하다.[83]

고대 전기와 소설을 구별할 때 나는 고대 전기들이 현대의 역사적 기준에 따라 기록되었다고 주장하고 있는 게 아니다. 그런 주장은 사실상 그 시대에 존재하지 않았던 기준에 따라 고대의 저작들을 평가하는 불합리한 주장일 것이다. 가장 탁월한 고대 전기조차 현대적 기준에 따르면 오늘날 역사가들이 공식적으로 허용하는 수준보다 더 편파적이고 각색되어 있다(7장, 10장, 11장을 보라). 또 나는 비록 주류에 속한 고대 전기와 역사 기록 사이에 관계가 있다고 주장하겠지만, 전형적인 고대의 전기들이 (우리의 기준에 따르면) 가장 탁월한 고대 역사가들의 모든 기준을 따랐다고 주장하지도 않는다.

그러나 주류에 속한 전기들은 그것의 주요 대안보다 훨씬 더 역사적

Passages," 550-52; Marguerat, *Historian*, 29; Soards, "Review," 309; 참조. Rothschild, *Rhetoric*, 291-92.

81 예를 들어 로마의 역사 기록은 로마 서사시의 몇 가지 문체적 세부 양식을 차용한다 (Rebenich, "Prose," 312).

82 참조. (사도행전에 관한) Smith, "Understand," 49-50의 발언; Keener, *Acts*, 1:63, 65, 72, 89. 그러나 소설의 일차적 독자층은 글을 읽고 쓸 줄 알고 여유가 있으며 소설을 살 수 있을 만큼 잘 사는 사람들이었다(Bowie, "Readership," 452-53; Stephens, "Who Read Novels?", 415을 보라).

83 언급된 전기들 가운데 여럿은 독해 수준이 대략 소설과 비슷하다. 복음서와는 다르게 현존하는 전기들은 대부분 소설처럼(앞의 각주를 보라) 상류층을 위해 집필되었다.

이었다. 우리가 그 전기들을 복음서 자체의 배경과 다른 장르인 고대 소설과 비교한다면 그 둘은 서사 형식은 공유하지만 자료의 사용 면에서는 다르다. 소설은 이따금 그 이전의 줄거리를 재활용할 수 있다(예를 들어 아풀레이우스의 「변신」[*Metamorphoses*]을 루키아노스의 「루키우스」[*Lucius*]에서도 발견되는 줄거리와 비교해 보라). 그러나 소설 장르는 실제 사건을 이야기할 필요가 없었던 반면, 실제 사건을 포함하는 일은 저자가 어떻게 각색을 하든지 간에 전기 독자들이 기대한 바(또는 적어도 전기 작가들이 시도하기를 기대한 바)의 일부였다. 두 장르 모두 독자들을 즐겁게 하거나 몰입시켜야 했으나 사전 정보는 전기에 있어서만 필수적인 요소였다.

때때로 어떤 학자는 보통은 복음서가 소설과 잘 들어맞지 않는 점들을 인정해야 하지만 복음서가 소설과 가상 비슷하나고 추상한나.[84] 그러나 학자들은 복음서에서 사전 정보의 정도를 평가할 때는 견해가 서로 다르지만, 거의 모두가 소설에서 발견되는 것보다 많은 정보를 복음서에서 발견한다.[85] 복음서 자료의 일반적인 재구성에 관해서는 마태와 누가는 분명히 (최소한 마가복음과 Q 자료에 있는) 사전 정보에 크게 의존하며, 자료 의존적인 마태와 누가는 틀림없이 마가의 집필 상황에 대해 우리보다 더 잘 알고 있었고 이런 자료들도 사전 정보에 의존하고 있다고 믿는 경우에만 이런 자료들을 사용했을 것이다.

---

84 Burridge는 *Gospels*, 282-84에서 Vines, *Problem*을 인용하면서 Vines는 유대인 소설에 겨우 16페이지만 할애하지만, 자신은 거기서 가장 중요한 장르적 유사점을 발견했다고 믿는다고 말하며 마가복음의 일화적·삽화적 접근 방식은 소설과 어울리지 않는다는 점을 Vines가 궁극적으로 인정했다고 지적한다. 다시 말하지만 이런 이의 제기는 문학적 비교의 가치를 줄이지 못하며, 복음서의 일반적으로 대중적인 수준이라는 관점에서 복음서와의 좀 더 유용한 비교를 위해 Burridge는 *Gospels*, 92에서 다음 참고문헌들을 인용한다. Tolbert, *Sowing*, 59-79; Reiser, "Alexanderroman."
85 누가의 저작에 관한 나의 더 자세한 논의는 *Acts*, 62-83에서 보라.

2.5a. 낭만적인 예수

대부분의 고대 소설은 오로지 한 개인에 관한 글이 아니었다. 고대 소설은 두 연인에 관한 연애담인 경우가 가장 흔했으나[86] 예수에 대한 복음서의 묘사는 분명히 연애담이 아니다. 게다가 소설은 대개 허구적인 등장인물에 초점을 맞추는데 예수는 허구적인 인물이 아니었다.[87] 과거의 기독교 인물이 중요하게 등장하는 후대의 기독교 외경 행전(行傳)조차 (순결의 틀 안에서라는 점만 제외하고) 이런 낭만적인 패턴을 수용하려 애쓰지만,[88] 그 이전의 정경 복음서들과 사도행전에서는 이런 관심사에 관해 아무것도 눈에 띄지 않는다.

연애 소설은 적어도 이미 기원전 100년경에 니노스의 무용담과 함께 나타나지만[89] 많은 이들은 카리톤의 「칼리로에」를 그 이후의 소설들에 영향을 끼친 맹아적인 사랑 이야기로 본다.[90] 우리는 가까운 과거 역사적 인물에 관한 어떤 역사소설에 대해서도 알지 못하지만, 먼 과거의 인물들에

---

86 예를 들어 다음 참고문헌들을 보라. Fusillo, "Novel," 838-39; Konstan, "Apollonius and Novel," 173; Konstan, *Symmetry*; Konstan, "Subjectivity"; 아마도 Burrus, "Desiring." 비록 "낭만적인" 함의는 없지만 "소설"을 의미하는 독일어 "Roman"을 참고하라.

87 나는 이 비교적 논란의 여지가 없는 요점을 변호하기 위해 지면을 할애하는 대신 다시 다음 책을 언급한다. Ehrman, *Did Jesus Exist?* 극단적인 회의론자들이 예수에 관해 제기하는 질문들은 다른 많은 고대의 인물들에 대해서는 훨씬 더 쉽게 제기될 수 있다. 예를 들어 다음 글들을 보라. De Temmerman, "Formalities," 11; 특히 Beck, "Demonax," 80-82.

88 여자가 성적인 사랑이 아니라 하나님의 말씀에 헌신하며 남자 스승의 순결한 헌신적 추종자가 되는 점만 제외하면 연애 소설 줄거리의 요소들을 따르는 「바울과 테클라 행전」이나 「요한 행전」53-64, 73-80과 같은 작품들을 비교해 볼 수 있을 것이다. 다음 참고문헌들을 보라. Hofmann, "Novels: Christian," 847-48; Eddy and Boyd, *Legend*, 338-39; 참조. (성에 관해 가정된 관습적인 내용의 전복을 언급하는) Aubin, "Reversing Romance," 260-62; Thomas, "Fluidity," 277. 그 후에는 Jerome, *Vita Malchi*, 10장을 인용하는 Gray, "Monk," 120, 127을 보라.

89 Momigliano, *Development*, 55.

90 Tilg, *Chariton*을 보되 Smith and Temmerman, "Ideal"을 참고하라.

관한 소수의 고대 소설은 분명히 존재했다.[91] (순수한 신화집은 보통 훨씬 더
먼 과거를 다루었다.)[92] 그러나 이런 소설들도 실제 역사적 정보에 별로 제약
을 받지 않았고 배경—특히 갈릴리 시골처럼 잘 알려지지 않았고 전 세계
적인 독자층과는 무관한 배경—에 관한 연구를 거의 하지 않았다.[93]

2.5b. 소설적인 전기인가 역사소설인가?

앞에서 언급한 보기 드문 소설들을 포함한 각기 다른 다양한 작품들이 오
늘날 때때로 전기로 분류된다.[94] 그러나 복음서 시대의 주류 전기 작가들
은 역사적으로 정확한 정보를 기록했다고 주장했고 아마도 일반적으로
정확하게 기록하려 했을 것이다. 그들은 동화를 지어내려 하지 않았다.[95]

로마 제국 초기의 지배적인 형태의 전기와 대조적으로 고대의 어떤
소설들은 허구를 위해 전기 장르를 전복시켰다. 완전히 자기 지시적인 소
설과 달리 이런 소설들은 최소한 아이소포스나 알렉산드로스나 아폴로니

---

91 이하의 전기적으로 구성된 소설들 외에 다음 글들에 나오는 트로이 이야기도 함께 보라.
   Merkle, "True Story," 183-84; Schmeling, "Spectrum," 23; (비록 이후의 독자들은 이런 이
   야기들을 사실로 취급했다고 언급하지만) 더 광범위하게는 Pervo, "Losers." 우리가 Lucan,
   *Civil War*에서 발견하는 것과 같은 역사적 사건들에 대한 소설화(또는 서사시화)의 정도
   (예를 들어 Chiu, "Importance"를 보라)는 대체로 시에 국한된다(참조. Fantuzzi, "Historical
   Epic").
92 폴리비오스는 *Histories* 34.4.1-3에서 「오디세이아」는 역사와 신화를 뒤섞은 것이라고 주
   장한다. 역사와 신화의 차이에 대해서는 9장을 보라.
93 예를 들어 Morgan, "Fiction," 554; Wiersma, "Novel"; Konstan, "Invention," 5-6; 참조. Tob
   1:2-4; Jdt 1:1,7; Droge, "Anonymously," 515을 보라.
94 예를 들어 Barr and Wentling, "Biography," 81-88; Pelling, "Biography: Greek," 241을 보라.
   Bowersock이 드는 소설화된 역사의 예들(*Fiction*, 21)도 명백히 소설적이다.
95 Pitre는 *Case*, 77-78에서 다음 문헌들을 인용한다. Josephus, *Life* 336-39; Lucian, *Demonax*
   1.

오스와 같이 문헌에 나오지는 않지만 실존했던 몇몇 인물들을 기록한다.[96] 우리가 그런 소설들을 소설적인 전기라고 부를지 역사소설이라고 부를지는 부분적으로 선호하는 명명법에 관한 의미론적인 문제이겠지만, 이런 소설들은 확실히 주류적인 전기 및 역사와는 현저하게 다르다.[97]

일부 고대 역사소설을 고대 전기 장르에 포함한다면 전기를 역사적 재구성을 위한 자료로 검토하고 싶을 때 우리는 전기를 최소한 두 개의 하위 장르, 즉 의도 면에서 소설적인 전기와 주로 역사적인 전기로 나누어야 한다. 전자에서 역사의 요소, 후자에서 허구의 요소를 발견할 수도 있겠지만, 이 시대의 개인들에 관한 대부분의 장편 저작들은 두 범주 사이의 이른바 밀집된 경계선에 속한다기보다는 아무 문제 없이 둘 중 어느 한 범주에 속한다. 이 장르의 가장자리에 있는 위(僞) 칼리스테네스의 「알렉산드로스의 무용담」(*Alexander Romance*)과 같은 작품은 자료에 대한 광범위한 의존을 보여주는 수에토니우스나 누가와는 확연히 다르다(본서 7-8장을 보라).

어느 유능한 신약 학자는 전기에 대한 최근의 토론이 있기 전에 글을 쓰면서 "역사적 대상에 대한 이야기식 서술에서 허구가 유행했음을 아주 분명하게 보여주는…네 개의 예"를 제안했다.[98] 그러나 그가 언급한 주요

---

96 De Temmerman, "Formalities," 7-10. Pervo가 "Losers," 135-36에서 그런 저자들(그의 경우에는 Dares와 Dictys)이 속일 의도가 있었다고 의심하는 건 아마도 옳을 것이고, 이후의 많은 독자가 속아 넘어갔다는 그의 지적은 분명히 옳다. 그는 그들이 어떤 이들은 그들의 이야기를 문자 그대로 해석할 것임을 알 수도 있었을 것으로 의심하지만, 타당하게 그들의 동기에 대한 확신에서 주의를 다른 데로 돌린다. 그렇기는 하지만 외적인 판단 기준들은 그런 작품들이 (가령 사도행전과 대조적으로) 허구임을 보여준다(Talbert, *Mediterranean Milieu*, 201-8; Keener, *Acts*, 1:166-57을 보라).

97 Kennedy는 "Source Criticism," 139에서 플루타르코스와 수에토니우스(둘 다 로마 제국 초기 인물)의 전기를 전기의 가장 중요한 예로 언급한다. 이런 전기들은 아이소포스나 위(僞) 칼리스테네스의 전기와는 전혀 다르다.

98 Chance, "Fiction," 136-41.

예들, 즉 니노스의 무용담, 크세노폰의 「퀴로파이디아」(Cyropaedia), 필로스트라토스의 「아폴로니오스 전기」(Life of Apollonius), 위(僞) 칼리스테네스의 「알렉산드로스의 무용담」은 모두 소설이었다. 주인공에 대한 생생한 기억이 남아 있는 동안 집필된 작품은 하나도 없었다. 이 학자는 "역사적 인물들에 관한 이야기에서 사실과 허구 사이의 경계선이 얼마나 불분명했는지를" 보여주기 위해 이런 예들을 언급한다.[99] 그러나 나는 바로 이런 예들이야말로 그와 정반대의 결론을 입증한다고 믿는다. 나는 경계선이 그렇게 불분명한 이유는 단지 경계선을 엉뚱한 곳에 그었기 때문이라고 주장하고 싶다. 수에토니우스의 전기들은 위(僞) 칼리스테네스와는 명백히 다른 방식으로 역사 기록적인 의도를 보여준다.

고대의 역사 기록은 약간의 창조적인 자유를 발휘했지만, 크리스토퍼 펠링이 지적하듯이 이런 자유는 "모든 것을 지어내는" 소설가의 자유가 아니었다.[100] 제국 시대 이전 몇 세기 동안 역사가들은 그들의 활동을 신화의 주장에 맞서 "기록을 바로잡는" 일로 정의했다.[101] 마찬가지로 어떤 전기 작가들과 역사가들은 다른 이들보다 덜 정확했지만 이러한 양보가 "좋은 자료를 사용한 역사가들과 자료를 만들어낸 역사가들 사이에 아무런 구별이 없었다"[102]는 것을 의미하는 건 아니다. 전기가 (사료에 대한 창조적인 다시 말하기와 대비되는) 사건들에 대한 의도적인 왜곡을 수반했을 때

---

99 Chance, "Fiction," 141. "(역사가들이 사용한) 역사적 진실에 도달하기 위해 사용되는 허구성과 그 자체를 위해 사용된 허구 사이의 아주 얇은 경계선"에 관하여 Almagor, "Narratives," 78을 참고하라.
100 Pelling, Texts, 9.
101 Fowler, "History," 196. Fowler는 이러한 고대의 구별이 중요하기는 하지만 과장될 수도 있다는 점을 인정한다(196-97).
102 Bauckham, "Response," 247-48.

그것은 전기 장르의 예상되는 관습에서 벗어난 것이었다(6장을 보라).

전기로 가장 자주 분류되는 세 편의 현존하는 역사소설 가운데[103] 하나는 정경 복음서 시대보다 훨씬 전에 나온 것이고 둘은 그보다 오래 뒤인 소설의 전성기에 나온 것이다.[104] 정경 복음서의 시대, 고대 전기가 그 역사 기록의 정점에 이르렀던 로마 제국 초기 시대에 나온 작품은 하나도 없다. 사실 우리는 이 시기에 크세노폰의 「퀴로파이디아」의 모델을 따른 어떤 작품에 대해서도 알지 못하며 「퀴로파이디아」는 그 시대에는 이례적인 작품(아마도 원사[原史: 선사와 역사 시대의 중간]학적인 작품)이었으므로[105] 누군가는 심지어 복음서의 시대에는 전기적으로 구성된 소설이 아직 존재하지 않았다고 주장하고 싶어질지도 모른다. 침묵에 의한 논증은 위험하며 관심을 덜 불러일으킨 실례도 있을 수 있으므로 로마 제국 초기에 일반적이었던 전기와는 대조적으로 전기 소설은 기껏해야 특이한 것이었다고 말하는 게 가장 무난할 것이다. 그런 소설은 아직 하나의 장르로 존재하지 않았던 것으로 보인다. 소설과 기타 허구적인 작품들은 실제로 존재했고 그런 작품들은 역사적 특징들을 활용할 수 있었지만, 역사적 인물들

---

103 다른 몇몇 고대 역사소설에 대해서는 예를 들어 Lindenberger, "Ahiqar"를 보라. 전기 소설은 아니지만 눈에 띄는 소설에서 증인들의 역사 기록의 관습을 활용하는 작품에 대해서는 Merkle, "True Story," 183-84; Schmeling, "Spectrum," 23; Ní-Mheallaigh, "Pseudo-Documentarism"; Ní-Mheallaigh, *Fiction*, xi. 그 이전의 유대 소설로는 「토비트」(참조. Rost, *Judaism*, 63; Doran, "Narrative Literature," 296-99)와 「유딧기」(참조. Nickelsburg, *Literature*, 106; Baslez, "Polémique"; Gray, *Letters*, 11-12)가 있다. 헬레니즘 시대의 전기(傳奇) 소설에 더 가까운 것은 (예를 들어 West, "Joseph and Asenath"; Doran, "Narrative Literature," 290-91을 참고하라) 「요셉과 아스낫」이지만 이 작품은 기독교 문헌에서 나온 몇 가지 모티프를 포함한 작품일 수도 있다(참조. Keener, *Acts*, 2:1608의 논의).

104 참조. Frickenschmidt는 *Evangelium*, 188-90에서 「알렉산드로스의 무용담」, 이암블리코스의 「피타고라스 전기」, 필로스트라토스의 「아폴로니오스 전기」를 전부 한 시대로 분류한다.

105 Smith와 Kostopoulos는 "Biography," 396에서 Gera, *Cyropaedia*, 1을 언급하면서 이 작품을 "분류하기가 불가능한 작품"이라고 부른다.

에 대한 소설을 만들어내는 광범위한 방식은 아직 없었던 것으로 보인다.

가장 두드러진 세 편의 소설적 전기 또는 역사소설은 크세노폰의 「퀴로파이디아」, 위(僞) 칼리스테네스의 「알렉산드로스의 무용담」, 필로스트라토스의 「아폴로니오스 전기」이다. 흥미롭게도 이 작품들의 분량은 전형적인 고대 소설의 분량과도 다르지만 사실상 현존하는 모든 고대 전기와도 구별된다.[106] 아마도 후대의 작품들, 특히 「알렉산드로스의 무용담」은 고대 역사소설로(「퀴로파이디아」는 이 장르의 전조와 비슷한 것으로) 분류하는 편이 더 나을 것이다.[107]

복음서와 대조적으로 앞에서 언급한 모든 역사소설은 소설의 주인공에 대한 생생한 기억이 사라진 지 오랜 뒤에(즉 목격자들을 알고 있었던 이들이 죽은 지 오랜 뒤에) 지어졌다. 더구나 이런 소설에 나오는 장면들은 그 일화에서 가능한 수준보다 훨씬 더 풍부한 세부 묘사로 구체적으로 표현되는 경향이 있고 (공관복음을 포함한) 많은 전기의 사건들에 종종 더 노골적으로 초점을 맞춘다. 단순히 역사적 인물들을 사용하는 것은 (다수파의 견해에 따르면 마태와 누가가 그들의 복음서에서 마가복음과 Q 자료를 사용한 것과 같은) 역사적 연구나 자료 사용과는 거리가 멀다.

2.5c. 「퀴로파이디아」, 「아폴로니오스 전기」, 「알렉산드로스의 무용담」

현대의 일부 학자들은 크세노폰의 「퀴로파이디아」가 미덕을 가르친다

---

106 Hägg는 이런 작품들을 느슨하게 전기적 장르로 분류하지만, 다음 책에 나오는 즉흥적인 의견을 주목해 보라. Hägg, *Biography*, 7, 320-21. 그러나 틀림없이 일반적인 분량보다 더 긴 Nicolaus의 *Augustus*에 대해서는 197-98쪽을 참고하라.

107 Frickenschmidt, *Evangelium*, 112-13; Miller, "Introduction," viii.

는 이유를 들어 이 책을 전기로 취급하지만,[108] 크세노폰은 그런 장르 구분이 더 분명하게 기술되기 전에 글을 썼다. 크세노폰의 「아게실라오스」(Agesilaus)나 「소크라테스 회상」(Memorabilia)과 달리 「퀴로파이디아」는 후대의 의미에서 결코 전기의 전형적인 모델이 되지 못했다. 크세노폰은 페르시아에 대한 직접적인 지식이 있었지만, 크세노폰의 「헬레니카」(Hellenica)는 그가 역사를 쓰는 방법을 알고 있었고 이 책은 역사가 아니라는 점을 보여준다.

「퀴로파이디아에」 등장하는 페르시아 왕 고레스는 크세노폰이 태어나기 한 세기 전인 기원전 530년에 죽었다(이런 시간적 격차에 대해서는 아마도 예수가 십자가에 달린 지 한 세기가 넘게 지난 뒤에 지어졌을 2세기 중엽의 「도마복음」과 비교해볼 수 있을 것이다). 이것만으로도 그의 작품은 전기가 될 수 없거나 믿을 만한 정보에 의존할 수 없었을 것이다(알렉산드로스를 다룬 아리아노스의 작품과 같은 후대의 작품들은 종종 그 이전의 자료에 상당히 의존했다; 9장을 보라).

그렇기는 하지만 고대의 독자들도 이 작품은 정치를 가르치려는 책이지 고레스의 실제 생애를 가르치려는 책이 아니라는 점을 인식했다(비록 어떤 작품은 쉽게 이 두 가지 역할을 할 수도 있지만).[109] 이 작품은 일종의 소설이라는 것이 일치된 의견임은 분명해 보인다.

• 토마스 해그(Tomas Hägg)는 이 작품이 "알려진 역사에서 계속해서

---

108 Chance, "Fiction," 138에 의해 언급됨.
109 Cicero, *Letter to Brother Quintus* 1.1.8.23. Chance는 "Fiction," 138에서 Diogenes Laertius, *Lives*를 추가한다(Plato 3.34, 하지만 이는 그보다 덜 구체적인 Plato, *Laws* 694에서 비롯된 추론이다). 소크라테스적인 특징들을(예. Xenophon, *Cyropaedia* 3.1.17)을 Xenophon, *Memorabilia*와 함께 처음부터 끝까지 참고하라. 현대의 한 주석가의 평가를 보려면 Hägg, *Biography*, 51-52을 보라.

벗어나는 모습"은 이 특정한 작품에서 "크세노폰이 단지 역사를 쓰는 일에 착수한 게 아니라" 오히려 다양한 이상을 묘사하는 일에 착수한 것임을 암시한다고 말한다.[110]

- 아르날도 모밀리아노(Arnaldo Momigliano)는 이 책을 "실제 인물의 생애에 대한 참된 서술이 아니었고 아마도 그렇게 주장한 적도 결코 없는" "교육적인 소설"이라고 부른다. "크세노폰은 그보다 이전에 활동했던 크테시아스처럼 역사적 사실을 무시하기 위해 자신이 묘사한 동양의 주인공을 이용했다." 안티스테네스가 이미 고레스에 관한 글을 썼으므로 크세노폰은 아마도 독자들이 "그의 전기의 허구적 성격"[111]을 당연시할 것으로 기대할 수 있었을 것이다.

- 마크 벡(Mark Beck)은 이 책을 "크세노폰의 시대에는 그에 관한 어떤 현존하는 기록도 있을 수 없는 많은 역사적 왜곡과 긴 대화…전기의 옷을 입은 허구"를 수반한 "명백히…허구적인 소설적 이야기"라고 평가한다.[112]

크세노폰 시대의 많은 역사 기록에는 어느 정도의 허구가 등장했으므로 크세노폰은 일반적으로 더 많은 제약을 받은 로마 제국 초기의 전기 작가와 역사가들보다 더 자유롭게 글을 쓸 권리가 있다고 느꼈을 것이다.[113]

---

110 Hägg는 *Biography*, 65에서 Stadter, "Narrative," 467의 견해도 따르면서 이 책을 "유토피아적인 전기"라고 부른다. (나는 "유토피아적인 소설"이라는 말이 더 나을 것 같지만, 크세노폰은 후대의 서사 범주보다 연대가 앞선다.)
111 Momigliano는 *Development*, 55에서 훗날 후기 고대 양식 소설가들에게 "크세노폰"이라는 이름이 필명으로서 누린 인기를 덧붙여 언급한다.
112 Beck, "Demonax," 81-82.
113 Momigliano는 *Development*, 56-57에서 전기의 대중적 차원을 고려하여 허구를 그 시대의 전기에서 훨씬 더 일반적인 것으로 여긴다.

「퀴로파이디아」보다 나중에 나온 여기서 고려한 다른 두 작품의 저자 중에서는 플라비우스 필로스트라토스(기원후 170년경—250년경)가 더 역량 있는 작가다. 황후의 의뢰를 받아 쓴 그의 「아폴로니오스 전기」는 좀 더 전기적이며 역사 기록과 전기의 몇 가지 관습을 분명히 사용한다. 그렇기는 하지만 이 책은 그리스의 소피스트들에 대한 그의 진정한 전기와는 확연히 다르며,[114] 이 책의 지리는 일단 로마 세계를 떠나면 명백하게 허구적인 것으로 변한다.[115] 필로스트라토스의 「아폴로니오스 전기」는 전기의 몇 가지 특징을 포함하고 있으나 길이와 구조 면에서의 관례를 포함한 전기의 여러 관례에 도전한다.[116]

이 책은 댄 브라운(Dan Brown)의 『다빈치 코드』(문학수첩 역간)가 역사적 표지들을 전복시키는 방식과 비슷하게 책의 효과를 높이기 위해 전기의 요소들을 빌려온다. 역사와 다른 그 이전 장르들의 여러 요소를 빌려온 쪽은 소설이지 그 반대는 아니다.[117] (그러나 그렇다 하더라도 필로스트라토스의 원제는 특별히 전기적인 제목이 아니다. 이 책의 그리스어 제목은 「튀아나의 아폴로니오스 전기」가 아니라 단순히 "튀아나의 아폴로니오스에 관한 것들"이다.)[118]

---

114 Bowie, "Portrait," 143에서도 언급됨.
115 Jones는 "Apollonius Passage"에서 이 책을 "여행 모험담"으로 간주한다. 우스꽝스러운 지리에 대한 비판을 보려면 예를 들어 Lucian, *How to Write History* 24을 보라. Capra는 "Detour"에서 Xenophon, *Ephesiaca* 5.10.2에서의 지리적인 불합리함에 대해 후대의 필경사를 탓하지만, 소설가들은 정확한 지리에 크게 개의치 않았다.
116 Hägg, *Biography*, 321. 하지만 그의 전기에 대한 이례적으로 광범위한 정의 속에는 이 책이 포함된다.
117 Aune, *Dictionary*, 321; Pitcher, "Story," 296-98; Ní-Mheallaigh, "Pseudo-Documentarism"; 참조. Fowler, *Kinds of Literature*, 93. 산문 장르에 대한 고대의 논의는 언제나 역사에서부터 시작된다(예를 들어 Quintilian, *Orator's Education* 10.1.73-5, 101-4을 인용하는 Adams, *Genre*, 51).
118 Robiano, "*Apologia*," 97.

- 마이클 리코나(Michael Licona)는 이 책을 "역사와 허구의 결합"으로 간주한다.[119]
- 유언 보위(Ewen Bowie)는 이 책이 아홉 권으로 나뉘어 있는 것에 주목하고 아킬레스 타티우스와 카리톤의 소설을 상기시키면서 이 책을 단 한 편의 소설로 간주한다.[120]
- 아델라 야브로 콜린스(Adela Yarbro Collins)는 이 책과 "고대 소설 간의 중요한 유사점"을 인정한다.[121]

전형적인 소설가들과 달리 필로스트라토스는 자신이 제대로 연구한 내용을 어느 정도 끼워 넣는다. 그는 아폴로니오스가 방문했다고 알려진 도시들에서 비롯된 약간의 "지역 구두 전승"을[122] (비록 이 전승들은 이제 대부분 한 세기가 넘은 것이었겠지만)[123] 사용했다. 더 중요한 것은, 그가 아폴로니오스의 젊은 시절에 관한 소재를 제공해준 또 다른 작품인 모에라게네스의 네 권짜리 2세기 저작뿐만 아니라, 어떤 것은 2세기 초에 기록된, 아폴로니오스의 편지로 여겨진 편지들도 알고 있었다는 점이다.[124]

하지만 필로스트라토스가 주장한 아폴로니오스의 생애에 관한 주된 출처는 (비록 그는 그중에 일부는 "놀라운 이야기"임을 인정했지만)[125] 아폴로니오

---

119 Licona, *Differences*, 6.
120 Chance, "Fiction," 138-39에 인용된 Bowie, "Apollonius," 특히 1664; Bowie, "Portrait," 143.
121 Collins, *Mark*, 26 n. 73.
122 Votaw, "Biographies," 63; Bowie, "Portrait," 142.
123 가령 아리아노스가 에픽테토스를 다룬 글이나 크세노폰이 소크라테스를 다룬 글과 대조적이다. 참조. Votaw, "Biographies," 55.
124 Bowie, "Portrait," 142.
125 Votaw, "Biographies," 65.

스의 전 제자인 다미스였다.[126] 나는 필로스트라토스가 문학적인 목적으로 그 자료를 아무리 많이 각색했더라도,[127] 그가 믿기에 황후가 그 자료를 실제로 다미스에게서 나온 것으로 생각하지 않았다면, 필로스트라토스가 감히 황후가 자신에게 이 자료에 주목하게 했다고[128] 주장하지는 않았으리라고 생각하는 편이다. 그러나 분명히 더 많은 수의 학자들은 다미스조차 필로스트라토스나[129] 그 이전의 어느 위서(僞書) 저자(내가 생각하기에는 이쪽이 좀 더 그럴듯하다)가 만들어낸 허구라고 주장한다.[130] 다미스가 필로스트라토스 자신이 만들어낸 허구라면 그가 이 출처에 호소하는 것마저도 전기와 역사 기록의 신뢰할 만한 장치를 전복시킨 셈이 될 것이다.

필로스트라토스는 모에라게네스에게 관심을 가지지 않게 하고,[131] 자신의 주요 출처를 뒷받침하기 위해서만 모에라게네스를 언급한다.[132] 어떤 이들은 모에라게네스가 아폴로니오스를 철학자로 묘사했다고 생각하고,[133] 어떤 이들은 그가 아폴로니오스를 마술사로 부정적으로 묘사했다고 생각하며,[134] 또 다른 이들은 그가 아폴로니오스를 점성술사로 긍정적

---

126 Philostratus, *Life of Apollonius* 1.3, 19.
127 참조. Conybeare, "Introduction," vii; Votaw, "Biographies," 61, 63–64; Derrenbacker, *Practices*, 71–74. 즉 그와 황후의 관계는 그가 황후를 이 소설에 끌어들이는 것을 황후가 좋아할 정도였다는 것이다.
128 Philostratus, *Life of Apollonius* 1.3.1. Robiano, "Apologia," 100을 보라.
129 Jones, "Apollonius Passage"; Klauck, *Context*, 170; Edwards, "Damis"; Hägg, *Biography*, 325, 331–32(Bowie, "Apollonius," 1663–64; Bowie, "Philostratus," 189; Gyselinck and Demoen, "Author," 99–101을 인용함); Bowie, "Portrait," 142–43.
130 그러나 Conybeare, "Introduction," vii을 참고하라.
131 Philostratus, *Life of Apollonius* 1.3.
132 Philostratus, *Life of Apollonius* 3.41.
133 Bowie, "Apollonius."
134 Bowie는 "Apollonius"에서 이를 일반적인 견해로 간주한다.

으로 묘사했다고 생각한다.[135] 부정적인 견해가 아마도 더 개연성이 높을 것이다. 오리게네스는 철학자들도 마술의 영향을 받을 수 있음을 보여주기 위해 모에라게네스를 인용한다.[136] 모에라게네스는 필로스트라토스가 사기꾼임을 알게 된 뒤 환멸을 느껴 그를 떠난 에피쿠로스파 철학자를 언급하기도 한다. 특히 그 철학자가 다미스였다면 필로스트라토스는 모에라게네스에게 관심을 가지지 않도록 했을 것이다.[137]

어쨌든 필로스트라토스의 묘사는 복음서에 있는 그 이전의 여러 유대/갈릴리 지방의 특징과 대조적으로 1세기 배경(즉 아폴로니오스의 배경)보다 2세기나 3세기의 배경(즉 그 자신의 배경)과 훨씬 더 잘 어울린다.[138] 아폴로니오스에 대한 그의 여러 기록은 대부분 외경에 속하는 복음서이기는 하지만[139] 기독교 복음서들의 기록과도 닮았다.[140] (따라서 1세기의 정경 복음서를 필로스트라토스의 「튀아나의 아폴로니오스 전기」와 관련지어 분류하는 것은[141] 매우 시대착오적이다.) 상대적인 시기를 고려하면 기독교적인 이야기들은 (기적 이야

---

135 Raynor, "Moeragenes." 그는 자신이 크세노폰의 「소크라테스 회상」을 연상시킨다고 생각하는 모에라게네스의 책 제목인 「점성술사이자 철학자인 튀아나의 아폴로니오스에 대한 기억」(*Memories of the Magus and Philosopher Apollonius of Tyana*)을 언급하면서 스스로 사기꾼이라고 생각하는 인물에게 네 권의 책을 헌정할 사람은 없을 것으로 생각한다.

136 Origen, *Against Celsus* 6.41.

137 Anderson, *Philostratus*, 299-300, 여기서는 300. 루키아노스와 디오 카시우스와 아폴로니오스의 편지에서도 그를 마술사로 간주한다. *Life of Apollonius* 1.12에서 사용된 아이가이의 막시무스의 유년기 자료는 아마도 기독교인들의 「야고보의 원시 복음」처럼 후대의 자료일 것이다.

138 이에 대해서는 예를 들어 나중에 본서 16.11-13을 보라.

139 Klauck, *Context*, 170. 일반적으로 인정하듯이 기적을 일으키는 자로서의 예수에 관한 이야기들은 현존하는 외경 복음서에 국한되어 있지만(Achtemeier, *Miracle Tradition*, 177-78; 참조. Remus, *Healer*, 92-95) 기적 이야기는 외경 행전에 많이 나온다(Achtemeier, *Miracle Tradition*, 179-88; 참조. Remus, *Healer*, 102-3).

140 Keener, *Miracles*, 1:53-56, 특히 55과 거기서 언급한 자료들을 보라.

141 참조. Moles, "Influence," 99.

기들에 문학적인 소재를 제공하며) 최소한 그의 이야기 진술 방식에 중요한 잠재적 영향을 끼친 요소들 가운데 하나였을 것이다. 이 이야기에서 아폴로니오스의 편지들[142]을 통해 확인되기에 가장 적합한 부분들은 정경 복음서와 가장 적은 유사성을 나타낸다.[143]

필로스트라토스는 최소한 아폴로니오스에 관한 약간의 사전 정보라도 알고 있었던 반면 위(僞) 칼리스테네스는 알렉산드로스에 대한 자기 나름의 창조적인 묘사에 더 관심이 있었다. 알렉산드로스에 관한 약간의 기본적인 정보는 널리 알려져 있었지만, 이 저자는 주류 전기와 가까운 내용은 일절 쓰지 않는다.[144] 위(僞) 칼리스테네스의 「알렉산드로스의 무용담」은 로마 제국 초기에 네포스에서부터 수에토니우스, 플루타르코스에 이르기까지 여러 저자가 표현한 실존 인물들의 생애를 다룬 전기들과는 확연히 다르다. 위(僞) 칼리스테네스는 자기 나름의 허구를 덧붙이면서 역사적 자료와 허구적 자료를 자유롭게 뒤섞는다.[145]

한 주요 전문가는 "이 책의 역사적 핵심은 작고 쓸모가 없다"는 견해를 밝힌다.[146] 또 다른 전문가는 이 "인기 있는 소설"을 알렉산드로스에 관한 역사서들과 바르게 구별한다.[147] 또 다른 이는 이 책을 "대체로 허구적"

---

142 신빙성과 무관하게(신빙성은 의심스러울 수도 있다) 이 편지들은 필로스트라토스의 이야기보다 시기적으로 앞선다. 이 편지들은 (필로스트라토스의 가장 공상적인 이야기들이 발생하는 곳인 에티오피아, 인도 등이 아니라) 아폴로니오스가 아마도 여행했을 그리스의 도시들에 초점을 맞추고 있다.

143 추가로 Keener, *Acts*, 1:330-33을 보라. 포괄적인 유사점들(Votaw, "Biographies," 65)은 대체로 전기적인 형식을 반영한다. 내용상의 차이점(66)은 상당히 많다.

144 Talbert, "Monograph," 72.

145 예. *Alexander Romance* 1.23.

146 Bosworth, "Pseudo-Callisthenes." 이야기 전달을 위해 극적으로 변형된 역사적 정보에 대해서는 Hägg, *Biography*, 126-27을 보라.

147 Zambrini, "Historians," 211; 참조. Hagg, *Biography*, 4. Pervo가 그것을 "역사"라고 지칭한

이며 일반적으로 전기(傳奇) 소설로 인식된다고 평가한다.[148] 또 다른 이들은 이 책은 "여러 가지 면에서 보통 소설로 여겨지는 작자 미상의 「두로 왕 아폴로니오스의 역사」(History of Apollonius King of Tyre)만큼이나 허구적인 작품처럼 보인다"고 주장한다.[149] 위(僞) 칼리스테네스는 알렉산드로스가 죽은 뒤 460년에서 760년이 지난 어느 시점에—즉 알렉산드로스와 그와 관련된 인물들에 대한 생생한 기억이 사라진 지 몇 세기 뒤에, 아마도 500년도 넘게 지난 뒤에—글을 썼을 것이다.[150]

2.5d. 가공의 아이소포스

허구적인 전기로 자주 인용되는 또 다른 작품은 「아이소포스 전기」(Life of Aesop)이다. 전형적인 소설과 달리 이 책은 이전부터 있었던 상당한 자료를 개작했으므로 어떤 독자들은 이 통속적인 수준의 작품을 전기로 간주했을지도 모른다. 하지만 그들은 이 책을 흥미로운 민간 설화로 간주했을 가능성이 더 크다.

그렇기는 하지만 오늘날 대다수 학자는 이 책을 앞에서 언급한 역사 소설과 비슷한 소설로 간주한다.[151] 아이소포스는 아마도 역사상의 인물

것과 대조하라(Acts, 15).

148 Hägg, Biography, 100.

149 Konstan and Walsh, "Biography," 27; 39 n. 25도 함께 보라.

150 "약 600년 또는 그 이상"이라는 견해에 관해서는 Hägg, Biography, 99을 참고하라. 이 책은 4세기에 라틴어로 번역될 무렵에는 이미 완성된 것이 분명하다. 참조. Fusillo, "Pseudo-Callisthenes."

151 Wojciechowski, "Tradition," 101-2("풍자적 요소를 지닌 헬레니즘 시대의 소설"); Frickenschmidt, Evangelium, 180-81; Hägg, Biography, 100(오늘날 대다수 학자는 이 책을 전기 '소설로 간주한다), 310(이 책의 "소설적인 구성"); Karla, "Life of Aesop," 64. Momigliano, Development, 92에 나오는 "날조"라는 표현을 참고하라.

이었을 것이고 이 작품에 전설적인 토대가 있다는 점 외에 "이 「전기」에 관한 다른 거의 모든 것은 허구적이며 허구라고 여겨진다."[152] 저자는 이 이야기에 다른 고대의 이야기들에서 비롯된 모티프들을 창조적으로 덧입히면서[153] 독자들이 이 이야기가 역사적인 진실이라기보다는 허구적인 이야기임을 이해해주기를 기대한다.[154]

이전의 전설적인 내용조차 정경 복음서들이나 로마 제국 초기의 가장 전형적인 전기들과 관련해서 적절한 기간보다 훨씬 더 긴—아마도 천년이 넘는—구두 전승 기간을 표현한다.[155] 삽화적 구조와 대중적인 코이네 그리스어의 사용과 같은 몇 가지 문학적 특징은 정경 복음서(특히 마가복음)와 닮았으나,[156] 문학적 스타일과 수준은 장르의 문제와는 다르다. 삽화적인 스타일은 고대의 여러 전기에 적합하고[157] 구조적으로 정경 복음서들의 줄거리는 전기와 더 비슷하다.[158] 정경 복음서들의 사전 계획된 문학적 배열도 복음서를 「아이소포스 전기」와 같은 순전히 민간 설화적인 모음집[159]과 구별시켜 준다. 또한 「아이소포스 전기」에 담긴 고(古) 희극

---

152 Karla, "Life of Aesop," 47.

153 Karla, "Life of Aesop," 47-48(Ahiqar, *Hesiod* 등.).

154 Karla, "Life of Aesop," 48.

155 Hägg는 *Biography*, 99에서 이 책의 현재 형태가 아이소포스 사후 6백 년이 넘게 지난 시점의 것으로 추정된다고 주장한다.

156 Votaw, "Biographies," 45-46(필로스트라토스와 잘못 비교하고 있는 71쪽을 참고하라); Chance, "Fiction," 132에 인용된 (위[僞] 칼리스테네스와 비교하는) Reiser, "Alexanderroman," 135-48; Freyne, "Gospel," 68-70에서 논의된 Tolbert의 책. 참조. Karla, "Life of Aesop," 51-52에서 제시된 특성들.

157 Karla, "Life of Aesop," 51-52; 참조. Aletti, *Birth*, 10.

158 Frickenschmidt, *Evangelium*, 181은 특히 네포스와 플루타르코스의 저작에 있는 포키온의 전기들을 언급한다.

159 참조. Byrskog, "Century," 24. 민간 설화적인 호메로스에 관한 전기들을 참고하라. 일반적인 의미에서 민간 설화가 반드시 장기적인 구두 전승을 가리키는 건 아니지만 여기서 내가

(Old Comedy)에서 비롯된 성적인 요소들과 모티프들[160]은 정경 복음서에는 당연히 등장하지 않는다.

2.5e. 오락소설 가설

현존하는 필사본들은 고대 내내 역사서가 소설보다 훨씬 더 가치 있게 여겨졌고 따라서 더 널리 유포되었음을 시사한다. 예를 들어, 헤로도토스와 특히 투키디데스의 저작 사본이 고대의 모든 소설의 사본을 합친 것보다 더 많다.[161] 산문 장르에 대한 논의는 역사에서 시작하여 전기로 이어졌고 결국 맨 마지막에 가장 쓸모없는 것으로 소설을 다루었다.[162] 고대 독자들은 거의 언제나 정보에 기초한 작품과 소설적인 작품의 차이를 인식할 수 있었다.[163]

소설은 일반적으로 등장인물들의 배경보다 독자층의 배경을 더 많이 반영했고[164] 이는 독자들을 위한 윤색, 추론, 각색에도 불구하고 역사적인 내용에 초점을 맞춘 역사서와 전기의 그럴듯함과 대조를 이루었다. 어떤 소설에는 약간의 사실주의가 담겨 있었지만[165] 다수의 소설은 지방색에

염두에 둔 것은 바로 그런 전승이다.

160 Karla, "Life of Aesop," 52-53.

161 Stephens, "Who Read Novels?", 415. 높이 평가되고 그에 따라 조심해서 다루어진 필사본들이 더 오래 전해진다는 점에 대해서는 Evans, "Longevity"를 보라.

162 Adams, *Genre*, 51-52; 참조. Becker, *Birth*, 60.

163 예를 들어 다음 문헌들을 보라. Lucian, *How to Write History* 12; Plutarch, *How the Young Man Should Study Poetry* 2, *Moralia* 16F. 다음 글들을 보라. Mosley, "Reporting," 26; Kany, "Bericht." 독자들은 보통 최소한 등장인물이 최근 인물이라면 이런 장르의 표본들도 구별할 수 있었다.

164 Wiersma, "Novel"을 보라.

165 예를 들어 롱구스는 레스보스의 정확한 동물군을 알고 있는 시골 사람이지만, 그의 지식은 대부분 지중해 동부의 어떤 배경에도 적용될 것이다(그리고 그는 덫을 치는 기술에 대한 직접적인 지식이 부족했던 것으로 보인다; Arnott, "Realism," 211).

있어서 일관성이 없거나 무관심했다.[166] 이와 대조적으로 복음서에는 지방색이 매우 철저하게 스며들어 있어서 (16장의 몇 가지 간략한 예를 보라) 우리는 때때로 디아스포라의 독자들이 그 내용 가운데 일부를 얼마나 잘 이해했는지 궁금하다. (예를 들어 디아스포라에서 고라신이나 막달라에 대해 들어본 사람이 누가 있겠는가?)

정경 복음서는 역사소설일 수도 있을까? 장르들 사이의 유연성을 고려하면 작가는 자신이 원하는 건 무엇이든 창조할 수 있었을 것이다. 그렇기는 하지만 정경 복음서가 전기처럼 보이고 주류에 속하는 전기들처럼 자료를 사용하면서도 소설이었을 가능성은 여전히 매우 희박하다. 정경 복음서가 소설이라면 정경 복음서는 우리가 알고 있는 소설 중에 최근의 한 인물을 다루는 유일한 소설일 것이다. 정경 복음서는 매우 흔한 하위 장르(주류 전기)와 대비되는 비교적 보기 드문 하위 장르(역사소설)에 속하겠지만 그 경우에도 이 하위 장르에 속하는 어떤 현존하는 예도 최근 인물과 관련되지는 않는다. 정경 복음서는 또 오락을 위한 책이라기보다 (주님의 생애와 가르침에 대한) 교육을 위한 책이라는 점에서 예외적이며, 이는 정경 복음서를 목적 면에서 전형적인 소설보다 일반적인 종류의 전기와 훨씬 더 가깝게 만드는 요소다.

소설과 대조적으로 누가는 심지어 역사적 서언까지 삽입한다(8장을 보라).[167] 그리고 누가는 마가복음을 마치 이 상당히 최근의 저작이 사실에

---

166 예를 들어 도시들에 관해서 그렇다(Saïd는 "City"에서 도시들에 관심이 있었던 이들은 널리 알려진 정보를 사용했다는 점을 언급한다). 이 점에 관해서 Evans는 *World*, 9-10에서 1세기의 정경 복음서들을 이후의 영지주의 및 외경 복음서들과 대조한다.

167 하지만 소설에도 가끔 (Longus, *Daphnis and Chloe*, proem 1-2에서처럼) 저자가 어떻게 이야기를 지어냈는지를 설명하는 서언이 포함되어 있다.

기반을 두고 있을 것으로 기대하는 것처럼 사용한다. 또한 소설과 대조적으로 1세기의 정경 복음서들은 주로 오락을 위해 집필된 문헌으로 제시되지 않는다. 오히려 복음서들은 청중들에게 가르침을 주기 위한 예수의 사역에 관한 참된 이야기로 제시된다(눅 1:3-4).[168]

복음서의 매력적인 문체가 복음서는 전기라는 사실에 불리하게 작용할 수는 없다. 역사가들과 전기 작가들은 일차적으로 역사적 진실을 알리기 위해 글을 쓰기는 했지만 그런데도 흥미롭거나 매력적인 방식으로 글을 썼다.[169] 예를 들어 「마카베오하」의 저자는 자신은 역사적인 이야기를 쓰고 있고 많은 자료를 이용할 수 있었다고 주장하지만, 독자들이 자신의 작품을 즐기고 쉽게 기억할 것이라는 점도 강조한다.[170] 수에토니우스는 독자들을 자극할 황제의 성생활의 자세한 내막을 공개하면서 등장인물을 드러내는 데 만족했다.[171] 몇몇 전기 작가들만 주로 오락용 글을 썼으나, 대다수 전기 작가와 역사가는[172] 독자들이 그들의 저작을 즐기기를 기대했다. 전기는 "교육적이면서도 오락적일 수 있었다."[173] 사실 많은 저자가 역사서의 많은 부분을 통해 본질상 사실에 기반한 이야기를 당대에 유

---

168 참조. Becker, *Birth*, 92.
169 Dio Cassius, *Roman History* 1.1.1-2; Fornara, *Nature*, 120-33(특히 Cicero, *Letters to Friends* 5.12.4을 인용하는 121, 133-34); 예를 들어 Cicero, *Letters to Friends* 5.12.5을 인용하는 Palmer, "Monograph (1993)," 3, 29; Polybius, *Histories* 1.4.11; 3.31.13; Aune, *Environment*, 80; Aune, *Dictionary*, 285; 참조. Dionysius of Halicarnassus, *Demosthenes* 47; Tacitus, *Annals* 4.32-33; Maximus of Tyre, *Philosophical Orations* 22.5; Plümacher, "Fiktion"; Krasser, "Reading," 554(하지만 그는 위[僞] 칼리스테네스의 「알렉산드로스의 무용담」을 역사 범주에 너무 쉽게 포함시킨다); Burridge, *Gospels*, 146, 181-82, 237-38.
170 2 Macc 2:24-25.
171 Edwards, "Introduction," xii-xiii; 참조. Hägg, *Biography*, 5.
172 다음 문헌들의 논의를 보라. Maximus of Tyre, *Philosophical Orations* 22.5; 2 Macc 2:25; Tacitus, *Annals* 4.32-33; Fornara, *Nature*, 120-33.
173 Ytterbrink, *Gospel*, 116; Edwards, "Introduction," xiii.

행한 소설의 오락적인 문체로 썼다.[174]

　대부분의 고대 작가들은 독자들을 즐겁게 하려고 했다. 핵심적인 장르의 문제는 작가들이 정보도 제공하려 했느냐는 것이다. 소설가들은 독자들에게 정보를 제공하기보다는 일차적으로 독자들을 즐겁게 하려고 글을 썼다.[175] 몇몇 소설가들은 종교를 선전하거나 오락을 제공함과 더불어 도덕적 교훈도 제시했지만,[176] 역사적 가르침은 관심사가 아니었다. 독자들은 도덕적 가르침을 위한 역할 모델을 제시한 전기(6장을 보라)[177]와 역사 기록(7장을 보라)에서 도덕적 교훈을 훨씬 더 자주 발견하곤 했다.

2.6. 시인들의 전기

기원전 1세기부터 기원후 2세기까지 (네포스, 플루타르코스, 수에토니우스의 저작만 헤아리더라도) 현존하는 완전한 전기가 수십 편 이상 있다. 게다가 우리가 「아이소포스 전기」의 발전과정 중에 한 단계를 이 시기에 속하는 것으로 분류하는 경우만 제외하면 아마도 앞에서 언급한 역사소설 가운데 어느 것도 이 시기에 들어맞지 않을 것이다.

　그러나 우리에게는 시인들에 관한 간략하고 별로 믿을 만하지 않은

174　몇 가지 예로 Sterling, *Sisters*, 78; Hunt, *History*, 208, 239; Tomkins, *Wilberforce*, 15-17을 보라.

175　Talbert, *Gospel*, 17.

176　가장 분명한 예는 2세기 말의 Apuleius의 *Metamorphoses*지만, 어떤 이들은 이 작품의 선전적인 요소조차 풍자로 간주한다.

177　예. Aune, *Environment*, 36.

몇 편의 전기가 있다.[178] 어떤 소설들은 전기를 쓰려고 하지 않으면서도 전기의 관습을 활용하는 반면, 시인들의 전기는 좀 더 전기적인 의도를 드러낼 수는 있었지만(따라서 우리는 이 저작들을 "전기"라고 부를 수 있다) 내가 본서의 다른 곳에서 다루는 온전한 전기와 같은 글을 구성하기에는 전승이 충분하지 않았다. 그 가운데 일부는 분량이 겨우 몇 단락에 불과하다.

이러한 관찰은 정경 복음서와 비교해 볼 때 이런 저작들의 가치를 현저히 떨어뜨린다. 정경 복음서는 모두 시인들의 생애에 대한 전승보다 훨씬 더 광범위하다. 정경 복음서들은 공적인 인물들에 관한 분량이 더 많은 서사 작품들과 훨씬 더 닮았다.[179] 정경 복음서들은 그러한 서사 작품들처럼 일반적인 시인들의 전기보다 대상에 대해 이용할 수 있는 정보가 훨씬 더 많았기 때문이다.[180]

정치와 전쟁에 초점이 맞춰진 공적인 역사로 인해 역사가들은 정치인들과 장군들의 전기에 대해서는 많은 자료를 제공했으나 시인들에 대해서는 거의 자료를 제공하지 않았다.[181] 역사가들이 그 행적을 기록한 장군들과 왕들의 전기나 제자들이 그에 대한 기억을 보존한 철학자들의 전기를 쓸 때와는 매우 다르게 전기 작가들은 자신의 삶에 관한 자취를 거의 남겨놓지 않은 시인들의 전기를 썼다.[182] 따라서 시인들의 전기는 "전통적으로 정치가들의 전기보다 더 상상력에 따른 것으로 여겨진다."[183]

---

178 Pelling, "Biography, Greek," 241-42, in OCD, 241; Frickenschmidt, *Evangelium*, 158-59.
179 Frickenschmidt, *Evangelium*, 504을 보라.
180 정경 복음서는 생생한 기억이 남아 있는 시기에 기록된 것으로 추정되며 일반적으로 스승의 삶에 관한 정보를 소중히 여기는 제자도 운동에서 비롯되었다. 예수의 공적인 영향력에 대해서는 Josephus, *Jewish Antiquities* 18.63-64도 함께 보라.
181 Geiger, *Nepos*, 115.
182 Momigliano, *Development*, 88.
183 Pelling, *Plutarch and History*, 147-48을 따르는 De Temmerman, "Formalities," 4-5의 견해.

대다수 학자는 완전한 전기와 시인들이 쓴 일반적으로 짧은 전기 사이의 차이점을 인식하지만, 우리는 후자가 형성되는 배경이 되는 이유를 이해할 수 있다. 오늘날 출판사들은 예수나 오순절과 같은 신약 시대 인물들이나 사건들에 대한 동시대의 이미지가 부족할 때 종종 중세나 르네상스 시대 미술가들이 그린 그러한 인물들이나 사건들에 관한 장면들을 다룬 그림들을 책의 표지에 사용한다. 그런 이미지들은 해석의 역사와는 관련이 있을 수 있지만 아무도 그런 이미지들을 진짜 초상화라고 생각하지는 않는다.

고대에 전기 작가들이 먼 과거의 인물이나 잘 알려지지 않은 인물에 대한 글을 쓸 때는 때때로 그럴듯하지 않은 전설을 이야기하곤 했다. 마치 오늘날의 책 표지 디자이너들처럼 그것이 그들이 가진 전부였기 때문이다. 시인에 대한 생생한 기억이 풍부하지 않다면 시인의 전기 작가는 정치적인 인물에 대해 할 수 있는 만큼 역사가나 개인적인 연줄에 의존할 수가 없었다.

헬레니즘 시대에는 이 공백을 메우려는 열망이 개연성이 매우 희박한 추측으로 이어졌다(우리는 이를 성경 해석의 역사에서 몇 가지 극단적인 추측과 비교해볼 수 있을 것이다). 헬레니즘 시대에 그리스 저술가들은 특별히 지식인의 전기, 흔히는 시인들에 관한 전기에 초점을 맞췄다.[184] 많은 저자가 시인들의 글에서 그들의 개인적인 삶에 대한 정보를 추론했다.[185] 메리 레

---

184 Adams, *Genre*, 87; Frickenschmidt, *Evangelium*, 158-59. 다음 전기들도 참고하라. Adams, *Genre*, 94-101에 있는 *On Illustrious Men*.

185 Geiger, *Nepos*, 115; Momigliano, *Development*, 70; Power, "Poetry," 217, 221, 236. 이는 아마도 유대와 바빌로니아의 미드라쉬 하가다에 포함된 가설적인 종류의 정보와 다르지 않았을 것이다.

프코비츠(Mary Lefkowitz)가 이런 주장을 펼친 이래로[186] 그런 추론을 바탕으로 시인들의 전기는 역사적으로 신뢰할 만하지 못하다는 것이 일치된 의견이었다.[187] 그러나 여기서도 역사적 정보는 때때로 표면으로 드러난다. 시인들은 결국 그들 자신에 대한 반응에 영향을 끼칠 수 있었다.[188]

어떤 전기들, 특히 역사적 전기가 전성기를 구가하기 전에 나온 것들(그러나 그 이후에도 어떤 전기들)은 순전히 허구적이었다. 예를 들어 위(僞) 헤로도토스의 「호메로스 전기」(Life of Homer)와 기타 시인들의 전기는 주로 오락을 목적으로 한 것이지 역사적인 정보를 주려는 것이 아니었다.[189] 훗날 위(僞) 플루타르코스의[190] 「호메로스 전기」는 "동화와 매우 닮았다."[191] 그러나 (「호메로스 전기」의 저자가 아닌) 플루타르코스 자신조차 테세우스에 관한 그의 저작이 확인시켜주듯이 시인이든 아니든 먼 과거에 관한 글을 쓸 때는 좀 더 한정된 종류의 자료를 가지고 글을 써야 했다. 그러한 작품은 그가 생생한 기억이 남아 있는 인물들, 즉 갈바와 오토에 대해

---

186 Lefkowitz, *Lives*, ix, 70, 128, 177; 또한 Lefkowitz, "Poet."
187 Adams, *Genre*, 87; Irwin, "Biographies," 13. Trepanier는 "Review"에서 Chitwood가 시인들의 전기에서 얻은 Lefkowitz의 모델을 사용하여 철학자들의 글을 통해 그들의 죽음에 관해 설명하는 것(Chitwood, *Death*)은 매우 위험한 추론이라고 경고한다.
188 Irwin, "Biographies," 14.
189 Adams, *Genre*, 2. 위(僞) 헤로도토스의 전기는 분량이 마가복음의 3분의 1, 또는 마태복음이나 누가복음의 6분의 1 이하다. 그러나 시인들의 전기 중에서 이 전기는 형태상 가장 비교할 만한 전기 중에 하나다. 이 책은 전기적 구조가 있고 「아이소포스 전기」처럼 확실히 존재하는 전승에 의존한다. 이 책은 헤로도토스의 이름을 빌린 거짓 자료에 의존하고 있을지도 모르지만, 그 형성 시기를 기원후 2세기나 3세기로 추정할 수도 있다(참조. ¶ 1).
190 Keaney and Lamberton, *Essay*. 고대에는 호메로스에 대한 전기가 많이 있었다. Pitcher, "Story," 293, 295을 보라.
191 Konstan and Walsh, "Biography," 27. 그렇기는 하지만 저자는 전승을 진술한 것에 불과하다고 주장하며 그중에 어떤 것은 이름이 언급된 자료에서(예. 1.2-4; 2.2-3), 어떤 것은 작자 미상의 자료에서 나온 것이다(1.5; 또다시 2.2-3).

쓴 작품과는 질적으로 다르다(10장을 보라).

시인, 특히 훨씬 더 이른 시기의 시인에 대한 글쓰기가 일반적으로 관련 기록에 의해 더 잘 입증되는 인물, 특히 더 최근 인물에 대한 글보다 더 많은 창의성을 요구했다면, 그 두 형태의 전기 사이의 차이는 후자의 모델이 로마 제국의 처음 몇 세기 동안 유행하면서 점점 더 뚜렷해졌다는 것이다. 역사 지향적인 전기를 쓴 "네포스, 플루타르코스, 타키투스 같은 진지한 전기 작가들"[192]의 전기들은 오락에 초점을 맞추어 좀 더 소설화된 시인들에 관한 대본 전기와는 사뭇 달랐다.[193] 최소한 네포스 이후부터 공적인 인물들에 대한 전기에는 찬미의 요소 못지않게 역사 기록적인 요소도 담겨 있었다.[194] 따라서 수에토니우스의 정치적 전기들이 그의 문학적 전기들과 상당히 다른 것은 당연한 일이었다.[195]

그렇기는 하지만 시인들의 전기와 관련해서도 로마 제국 초기의 기준은 역사적 감수성이 증가했음을 보여준다. 수에토니우스는 일반적으로 간략한 시인들의 전기에서도 역사적 정보를 제공하기 위해 최선을 다하는 것으로 보인다. 그는 때로는 추론을 근거로 글을 쓰지만[196] 때로는 일반

---

192 Frickenschmidt, *Evangelium*, 159.

193 Frickenschmidt, *Evangelium*, 161; Power, "Poetry," 236.

194 Frickenschmidt, *Evangelium*, 504. 마찬가지로 일부 역사서들 속에 있는 찬미의 요소 (Fornara, *Nature*, 36)가 그 역사서들을 허구적인 저작으로 만든 것은 아니었다(64-65).

195 Power, "Poetry," 237.

196 Suetonius, *Vergil* 9에서처럼.

적인 지식이나 믿음을 언급하며[197] 주기적으로 자료를 언급한다.[198] 그는
비록 황제에 관한 전기에서는 자료들을 선별적으로만 언급하지만, 때때
로 다양한 자료들에 대한 지식을 보여준다.[199] 저자들 외에도 그는 보존된
연설들,[200] 인물에 대한 경구들,[201] 편지들,[202] 저자들이 자신을 언급하는 대
목에서는 저자들 자신을 언급한다.[203] 때때로 그는 목격자들이 구두로 전
한 이야기들을 개인적으로 떠올린다.[204] 또 어떤 때는 어떤 자료도 열거하
지 않지만, 그의 황제 전기에서 발견되는 정보와 같은 종류의 정보를 제공
한다.[205] 때때로 그는 역사적 배경을 제시한다.[206] 때때로 그의 정보는 다른
곳에서 다소 유사하게 나타난다.[207]

---

197 "~라고 믿어신다", "~라고 인급권나", "어떤 이들은 ~릴한나"(Suetonius, *Horace* 1, 4,
   Grammarians 5; 7; 13; 16; 23; *Rhetoricians* 3; 터무니없는 주장이 4에 있다); "일반적인
   이야기"(*Grammarians* 23, 출처를 밝히지 않았을 것이다); "어떤 이들" vs. "일반적인 의
   견"(Vergil 1); "일반적인 전언"(Vergil 9)은 알려진 자료로 반박되었을 것이다(Vergil 10).
   Dillon, "Interpretation," 157은 에우세비오스의 저작과 관련하여 그러한 표현을 문헌과 구
   별되는 구전 전승에 더 적합하다고 본다. 필론의 저작에서는 기록된 자료나 그 자료를 바탕
   으로 한 추론을 암시할 수 있다(*Moses* 1.3.9; 1.4.13-14; 1.21.24, 135; 1.29.165-66을 다
   루는 Hidalgo, "Study," 278-80).
198 Suetonius, *Terence* 3; *Vergil* 29, 34, 42, 46; *Grammarians* 4, 7-8, 11, 16.
199 예를 들면 Suetonius, *Terence* 5; 참조. *Grammarians* 11: "어떤 저자들에 따르면", 그러나 전
   기의 주인공 "자신이…밝힌다."
200 Suetonius, *Rhetoricians* 2; 5(이 연설 = Cicero, *Philippics* 2.17.42-43).
201 Suetonius, *Horace* 1; *Tibullus*; *Grammarians* 18; 22.
202 그의 *Augustus*에서도 접할 기회가 있었던 아우구스투스의 여러 통의 편지들(Suetonius,
   Horace 2-3; *Vergil* 31); 키케로의 세 통의 편지(Cicero, *Letters to Friends* 9.10을 인용하는
   Grammarians 14; *Letters to Atticus* 12.26; 오늘날에는 존재하지 않는 한 편지를 인용하는
   Suetonius, *Rhetoricians* 2); 그 밖에 다른 이들이 쓴 편지들(*Grammarians* 10).
203 Suetonius, *Horace* 3; *Grammarians* 5.
204 Suetonius, *Grammarians* 4.
205 예. Suetonius, *Lucan*; 특히 *Aulus Persius Flaccus*.
206 예. Suetonius, *Grammarians* 1; *Rhetoricians* 1.
207 예. Suetonius, *Grammarians* 9(참조. Macrobius); *Grammarians* 16(참조. 수에토니우스 자
   신의 *Augustus* 66).

수에토니우스는 자신의 출처가 허구일 수도 있음을 알고 있을 때는 「황제 열전」에서 한 것처럼 자신의 주장을 조심스럽게 표현한다.[208] 그는 때로는 비판적이며 어떤 자료들은 거짓이거나 더 나은 정보와 반대된다며 거부하거나[209] 다른 형태의 자료를 인용한다.[210] 그는 종종 "뜬소문"을 말 그대로 뜬소문으로 간주한다.[211]

그는 시인들의 생애에 대해서는 사용할 수 있는 자료가 제한적이므로 전기 주인공의 특성을 표현하려면 자신이 가진 것을 사용하지 않을 수 없다.[212] 그렇기는 하지만 그는 "실제에 기반한 출처로서의 자신의 신뢰성"을 희생해 가면서까지 그렇게 할 생각은 없다.[213] 그는 자신이 가진 자료에 의해 제약을 받는다. 따라서 그는 많은 인물에 대해 겨우 몇 단락밖에 쓰지 못하거나 단 한 단락만 쓰는 경우도 꽤 많다.[214] 때때로 그는 훨씬 더 많은 정보를 이용할 수 있었을 만한 경우에도 그렇게 한다.[215] 연설 기

---

208 Power, "Poetry," 236-38.
209 Suetonius, *Horace* 4; *Vergil* 9-10; *Terence* 3-4.
210 Suetonius, *Life of Pliny the Elder*. 수에토니우스의 초판은 (비록 그가 언급하지는 않지만) (역사서를 집필하던 타키투스가 그의 책에서 사용하도록 써준) Pliny, *Letters* 6.16.19과 일치한다. 그는 (Davis, "Terence Interrupted"에서 다른 맥락에서 논의된) *Terence* 5에서 (대다수 자료와 다른 한 자료를 언급하며) 테렌티우스의 죽음에 대한 서로 다른 이야기를 종종 제시한다.
211 그가 언급한 자료(*Terence* 4)에서 마주치는 "흔한 뜬소문"(Suetonius, *Terence* 3).
212 Power, "Poetry," 237, 239.
213 Power, "Poetry," 237.
214 *Tibullus*; *Passienus Crispus*를 보라. *Grammarians*에서, Saevius Nicanor(*Grammarians* 5), Aurelius Opilius (6), Marcus Antonius Gnipho (7), Marcus Pompilius Andronicus (8), Horace와 Domitius Marsus (9), Cornelius Epicadus (12), Staberius Eros (13), Lenaeus (15), Quintus Caecilius Epirota (16), Marcus Verrius Flaccus (17), Lucius Crassicus (18), Scribonius Aphrodisius(19, 매우 짧음), Gaius Julius Hyginus(20), Gaius Melissus(21), Marcus Pomponius Marcellus(22). *Rhetoricians* 2-5에서도 마찬가지다.
215 예를 들어 대(大)플리니우스에 대해서 쓸 때 그렇다.

록에서 부족한 정보를 채워나가는 역사가들처럼 수에토니우스는 가능한 한 사실처럼 보이는 것에 가까이 머물지만, 그의 자료들 가운데 어떤 것은 다른 것보다 더 큰 확실성 또는 타당성을 가능케 한다. 수에토니우스는 "이전의 문학적 전기에서 발견되는" 지어낸 이야기를 피한다.[216]

수에토니우스의 「황제 열전」은 그에게 다른 이들보다 황제들에 대한 자료가 더 많았다는 똑같은 이유에서 시인들에 대한 전기보다 분량이 많아졌을 것이다. 즉 어떤 이들에 대해서는 그에게 더 많은 원자료가 있었다.[217] 이 시기에 나온 공적 인물들에 대한 전기에서 대부분 잘 나타나듯이 전기의 이상(理想)은 한 인물에 관한 책 한 권 전체였고, 이는 복음서 저자들이 열망했을 이상이자 정경 복음서가 취하는 형태다.[218] 전반적으로 정경 복음서는 시인들에 대한 전기와 비슷하다기보다는 네포스와 플루타르코스의 전기처럼 공적 인물들의 전기와 훨씬 더 비슷하다.[219] 이 또한 부분적으로 복음서의 자료가 지닌 성격 때문일 것이다. 정경 복음서는 예수의 사역에 대한 생생한 기억 속에서 비롯되었고 잠재적으로 예수의 제자들에게로 거슬러 올라가는 기록에 의존하며 제자들은 또한 이 운동의 지도자들이었다(갈 2:9을 보라).

초기의 매력이 오로지 그들의 글밖에 없었던 시인들이나 소수의 직계 제자들만이 관심을 가진 몇몇 철학자들이나 그 밖의 선생들과 달리,

---

216 Power, "Poetry," 238. Aletti는 *Birth*, 22에서 수에토니우스의 관심사가 전기의 대상에 관해서 무엇이 진실이든 "좋은 점과 나쁜 점"을 다 진술하여 "묘사를 실제와 일치하게 하는" 것이라고 주장한다.

217 Votaw, "Biographies," 53을 보라. 분량을 결정하는 원자료에 관해서는 Geiger, *Nepos*, 27을 참고하라.

218 Frickenschmidt, *Evangelium*, 208-9과 시인들의 짧은 전기와 대비되는 더 자세한 전기의 특징인 3부로 된 좀 더 완전한 전기적 형태를 참고하라(210-350).

219 Frickenschmidt, *Evangelium*, 169.

예수는 공적인 인물이었다. 정경 복음서는 예수가 군중들을 끌어모았다고 단언하며(막 2:4, 13 및 여러 곳), 예수는 공개적인 처형을 당하고 요세푸스의 글에서 논평을 할 만큼 중요한 인물이었다(*Jewish Antiquities* 18.63-64). 가장 중요한 것은 예수의 제자들이 여전히 예수 운동의 지도자였던 동안 예수 운동이 "공적인" 부문으로 충분히 퍼져나간 나머지 로마에서도 관심을 끌었다는 점이다(예수의 사역 이후 약 30년에 대해서는 Tacitus, *Annals* 15.44; 두 번째 10년에 대해서는 Suetonius, *Claudius* 25.4을 참고하라). 예수는 이 운동에서 그때까지 여전히 중심인물이었다.[220] 이는 이 운동의 상당히 초기 단계에서 전형적인 시인들의 생애와는 꽤 대조적으로 예수에 대한 광범위한 관심이 퍼져나갔음을 의미한다.

2.7. 잘못된 영웅전?

종교적인 선전은 대다수 고대 소설의 일차적인 기능으로 보이지 않지만, 일부 학자들은 종교적 영웅전이 새로운 소설 장르를 탄생시키는 데 일조했다고 주장한다.[221] 어떤 이들은 영웅전을 영웅들의 놀라운 업적을 찬양하는 이야기로 정의하면서 정경 복음서를 그런 영웅전과 비교하거나[222]

---

220 예를 들어 다음 성구 및 문헌들을 보라. 막 1:1; 고전 15:3-11; 골 1:15-20; 살전 1:10; 계 1:17-18; *1 Clem.* 7.4; 24.1; 36.1. 바울은 예수 전승이 그만큼 널리 퍼지기 전에 디아스포라에서 글을 썼지만, 그 역시 예수의 사역과 성품에 대한 약간의 지식을 전제로 삼는다(예. 고전 9:14; 고후 10:1).

221 Merkelbach, "Novel and Aretalogy," 290.

222 참조. Hadas and Smith, *Heroes*.

복음서의 장르를 영웅 전기나 소설로 본다.[223]

그러나 영웅전이라는 단일한 고대의 장르,[224] 특히 어떤 예측 가능한 형태를 지닌 초기 헬레니즘 시대의 영웅전이라는 장르는 존재하지 않는다.[225] 고전학자 패트리샤 콕스(Patricia Cox)는 영웅전을 복음서의 기적 이야기 모음집의 원형으로 취급하는 학자들은 현존하는 예가 부족한 복음서 이전의 영웅전이 있었다고 주장하기 위해 필로스트라토스의 「튀아나의 아폴로니오스 전기」나 포르피리오스와 이암블리코스의 「피타고라스 전기」와 같은 복음서보다 훨씬 후대의 작품들을 활용한다고 비판한다.[226] 콕스는 신약학자들이 이 후대의 작품들의 요점까지 왜곡해 왔다고 경고한다![227]

엄밀히 말해서 고대에 "영웅전"은 단순히 "어떤 신과 관련된 호칭과 특권의 목록"[228]이거나 "어떤 신의 덕스럽고 기적적인 행위에 대한 설명"[229]이었다. 이런 작품들은 언제나 신들에 관한 것이었지 결코 필멸할 인간을 신격화하는 방식이 아니었고 복음서 이후의 신적 인간들에 관한 작품에 통일된 패턴을 제공해주지 않는다.[230] 또 다른 고전학자는 기적

---

223 Wills, *Quest*를 보라. Burridge, *Gospels*, 92은 Tolbert, *Sowing*, 59-79도 비교한다. Reiser, "Alexanderroman."

224 Burridge, *Gospels*, 281-82. 더 자세한 내용은 다음을 참고하라. Kee, "Aretalogy"; Kee, *Aretalogies*.

225 Cox는 *Biography*, 46에서 어느 꿈 해석자의 비문을 근거로 이 명칭이 1885년에 유래되었다고 지적한다.

226 Cox, *Biography*, 3-4. 이는 그들이 그 이전의 전설을 사용했다는 점을 부정하는 것이 아니다. 참조. Aune, "Prolegomena," 92.

227 Cox, *Biography*, 4.

228 Edwards, "Genre," 59.

229 Cox, *Biography*, 47.

230 Cox, *Biography*, 47; 그녀는 47-48쪽에서 Hadas에게, 48쪽에서 Morton Smith에게 반론을 제기한다.

으로 가득한 영웅전의 한 예로 "필로스트라토스의 아폴로니오스 전기를 인용하는 사람은 누구든 그 책의 억지스러운 말들을 하나하나 다 읽지 않을 수 없는" 반면 기적은 강조되기보다 경시되는 경우가 더 많다고 비판한다.[231]

그와 같은 간략한 서술이나 신적인 행위의 목록과 대조적으로 등장인물들에 대한 더 자세한 에피소드를 담고 있는 전기는 온전한 작품으로서의 정경 복음서에 대해 더 유사한 예를 제시한다.[232] 기적 이야기에 관해서도 구약에서 삽화로 등장하는 엘리야와 엘리사 이야기는 정경 복음서와 같은 작품들에 훨씬 더 분명한 배경을 제공하며, 이는 예수의 사역이 지닌 근거를 이스라엘의 유일신적인 유산에 뚜렷하게 둔다.[233]

다른 몇몇 학자들은 후대의 외경 복음서를 정경 복음서들과 비슷한 예로 사용할 지경에 이르렀다.[234] 그러나 이런 비교는 단지 가벼운 시대착오가 아니라 특별히 눈에 띄는 시대착오다. 외경 복음서는 후대의 장르이며, 더 중요하게도, 파생적 장르라는 점이다.[235] 우리는 바울의 1세기 편지

---

231 Edwards, "Genre," 59.

232 Shuler, *Genre,* 15-20; 참조. Talbert, *Gospel,* 12-13; Klauck, *Context,* 167-68.

233 Edwards, "Genre," 59; 참조. Frickenschmidt, *Evangelium,* 127-28; Collins, *Mark,* 29; Ytterbrink, *Gospel,* 39, 227-28.

234 따라서 예를 들어 한 식견 있는 학자는 내가 복음서를 전기와 비교하는 동안 "장르 면에서 정경 복음서와 매우 닮았으나 명백히 자료를 통째로 지어낸 「야고보의 원시 복음」이나 기타 외경 복음서들과 같은 고대의 저작들을 고려"해야 했다고 진지하게 제안한다(Levine, "Christian Faith," 103의 제안을 요약한 Powell, *Figure,* 260의 말). 나는 (E. P. Sanders, John Meier, 또는 Gerd Theissen 같은) 주류에 속하는 역사적 예수 학자 중 그런 문헌에 호소하는 학자는 아무도 알지 못하지만, 그와 대조적으로 1세기 정경 복음서와 관련해서 전기 장르는 현재나 역사적으로나 복음서 연구에서 지배적인 입장이다.

235 정경 복음서에 있는 자료와 겹치는 부분은 정경 복음서에 대한 직접적인 지식을 반영하는지도 모르지만(외경 복음서의 시대에는 그럴 가능성이 있다) 보통은 이차적인 구술성(口述性, orality)에 의한 것이다. Labahn, "Secondary Orality"와 그가 363쪽에서 인용하는 자

들을 후대의 오리게네스나 테르툴리아누스나 키프리아누스의 신학에 비추어 해석해선 안 되는 것처럼 이런 발전과정에 비추어 예수에 대한 생생한 기억 속에서 집필된 1세기의 복음서를 해석해서는 안 된다.

또한 외경 복음서들은 대부분 고대 소설의 전성기인 2세기 말과 3세기 초에 나왔다.[236] 이런 후대의 복음서들은 그 연대와 소설적 특징들로 인해[237] 대다수 학자에게 전기가 아닌 소설로 여겨진다.[238] 더구나 (마태복음, 마가복음, 누가복음, 요한복음과는 대조적으로) 이런 복음서들 안에는 유대나 갈릴리 지방의 요소들에 대한 암시나 그 이전의 전승에 관한 표지가 거의 없다.

료들을 보라.

236 Bowie, "Readership," 443; Stephens, "Who Read Novels?", 414; Aune, *Dictionary*, 322를 보라.

237 외경 복음서 및 행전의 소설적인 특징들에 대해서는 다음 참고문헌들을 보라. Aune, *Environment*, 151-52; Lalleman, "Apocryphal Acts," 67; Rebenich, "Prose," 307-8; Bauckham, "Acts of Paul"; Keylock, "Distinctness," 210; Krasser, "Reading," 554; Hofmann, "Novels: Christian," 846-48; Pervo, "Fabula"; Perkins, "World."

238 다음 참고문헌들을 보라. Aune, *Dictionary*, 199-204; Bauckham and Porter, "Apocryphal Gospels"; Charlesworth and Evans, "Agrapha." 소설로서의 외경 행전들도 참고하라. Aune, *Environment*, 151-52; Lalleman, "Apocryphal Acts," 67; Rebenich, "Prose," 307-8; Bauckham, "Acts of Paul"; Keylock, "Distinctness," 210; Krasser, "Reading," 554; Hofmann, "Novels: Christian," 846-48; Perkins, "World." 이런 문헌들은 대다수의 영지주의 복음서와 달리(참조. Mournet, "Sayings Gospels," 349) 최소한 이야기체의 틀은 공유한다(참조. P.Egerton 2; P.Köln 255; P.Oxy. 840을 언급하는 Rodríguez, "Narrative Gospels," 240). 영지주의 복음서들은 그 시대의 예수에 대한 사회적 기억을 발전시키지만(참조. Schröter, "Contribution") 아마도 그 이전의 정경 복음서에 대한 지식을 수반한, 복음서와 다르고 대체로 서사가 아닌 장르를 반영한다(Tuckett, *Nag Hammadi*, 149, 155, 158-59). 「도마복음」조차도 대체로 파생적인 복음서일 것이다(Tuckett, "Thomas"; Tuckett, "Gospel of Thomas"; Tuckett, "Sources," 130; Heyer, *Jesus Matters*, 102-5; Charlesworth and Evans, "Agrapha," 496-503; 참조. 아마도 Perrin, "Overlooked Evidence"; Perrin, *Thomas and Tatian*; 그러나 DeConick, *Recovering*과 비교해보라). 정경 자료들(바울 서신, Q 자료, 마가복음)은 현존하는 최초의 자료다(Allison, *Jesus of Nazareth*, 17); 마가복음은 전기지만 Q 자료의 장르에 대해서는 말씀이 그것의 지배적인 자료라는 점 외에는 훨씬 더 논란이 많다(Kirk, "Elements"; 참조. Rodríguez, "Narrative Gospels," 241).

2.8. 역사적 전기에서 허구화된 요소들

어떤 학자들은 "역사성과 허구성의 경계선이 다수의 고대 전기에서 매우 불분명하므로" 우리는 "이런 문헌들을 역사 자료처럼 아무런 문제 없이" 함부로 사용해선 안 된다고 주장한다.[239]

대다수 학자는 정경 복음서나 일반적인 고대 전기가 소설은 아니라는 점을 인정하지만, "허구화"의 문제는 그와 다른 문제다. 소설은 사람들에게 믿어질 것을 의도하지 않은 유희적인 장르다. 이와 대조적으로 허구성은 단지 역사적으로 정확하지 않은 어떤 것이다.[240]

"허구화"에 대한 어떤 정의는 너무 광범위해서 현대의 역사 연구조차 몇 가지 점에서는 비난을 피할 수 없고 어떤 정의는 좀 더 제한적이다. 따라서 여기서는 용어를 정의하는 것이 중요하다. 고대의(그리고 심지어 현대의) 전기들은 현대의 문학 비평에서 통용되는 몇 가지 정의를 통해 상당한 허구화를 포함할 수 있지만, 우리는 고대 저자들에게 이런 정의들을 시대착오적으로 강요하지 않도록 조심해야 한다. 그들은 아마도 그런 정의에 동의하려 하지 않았을 것이다.[241]

학자들 대다수는 고대 전기에서 적어도 약간의 허구화를 발견한다. 따라서 리처드 버리지는 이 대목에서 또 다른 고대 전기 전문가인 크리스토퍼 펠링의 다음과 같은 말을 찬성하는 뜻으로 인용한다. "플루타르코스는 스스로 (찬사나 독설에서 발생하는 것과 같은) 전면적인 날조는 허용하지 않았지만 '그랬을 것이 분명한' 방식을 예증하기 위해 자신이 인식한 진

---

239 De Temmerman and Demoen, "Preface," xi.
240 De Temmerman, "Formalities," 5-6.
241 특히 De Pourcq and Roskam, "Virtues," 180을 보라.

실의 상상에 의한 '창조적 재구성'이라는 한 가지 요소는 분명 지니고 있다."[242] (다른 영역에서 우리는 이야기꾼의 자유, 시적 자유, 또는 설교자의 자유에 대해 말할 수도 있을 것이다.)[243]

포스트모더니즘적인 관점은 우리가 (포스트모더니스트를 포함한) 모든 사람에게는 관점이 있다는 점을 인식하도록 바르게 도와준다. 그러나 포스트모더니즘의 여파로, 일부 집단에서는 해석된 정보와 자유로운 상상, 실질적으로 정보에 근거한 저작과 순전한 공상 사이의 차이를 모호하게 만들 만큼 허구화를 폭넓게 정의하는 것이 유행하게 되었다. 그러나 학자들 대다수는 문제를 너무 심각하게 받아들이지 않고 종종 자신의 주장을 분명하게 한정한다. 따라서 예를 들어 어떤 학자는 "후기 구조주의적 역사 기록"은 "언어가 과거를 바라보는 투명한 창을 제공한다기보다 과거를 창조하는 데 구조적인 역할을 한다"는 점을 인정한다고 말한다. 이 정도는 사실이지만, 그녀는 계속해서 "역사적인 이야기를 쓰는 관행이 소설을 쓰는 관행과 똑같다"는 점을 지적하면서 "역사가들이 과거의 사건들을 이야기의 형태로 구성함으로써 표현하는 한"이라는 경고로 이 주장을 바르게 한정한다.[244] 그녀는 이러한 접근 방식이 과거 사건들이 발생했음을 부정하지 않고 단지 과거에 대한 우리의 진술에는 해석적 구조화가 포함된다고 설명한다. "허구적인" 요소(화자의 선별과 정보의 각색)는 불가피하다.[245]

---

242 Burridge는 *Gospels*, 169-70에서 Pelling, "Truth"를 인용한다; Pelling, *Antony*, 33-36. 특히 유용한 다음 글을 보라. Hodkinson, "Features."

243 "이야기하기"는 그 진술과 "다른 한 장소와 시간"에 관한 어떤 이야기에도 적용된다 (Person, "Storytelling," 385).

244 Matthews, "Teaching Fiction," 214.

245 Matthews, "Teaching Fiction," 214 n. 6.

허구화의 언어를 그렇게 제한적으로 사용하는 한 허구화에 동의하지 않는 이들은 거의 없을 것이다. 물론 많은 이들은 여전히 전적으로 허구적인 작품들과 서사화된 실제적 정보 사이의 차이를 모호하게 만드는 것을 피하려고 허구화의 언어를 피하는 쪽을 선호하겠지만 말이다. 학자들 대다수는 구별을 고려하지만 언제나 똑같은 명명법으로 그렇게 하는 것은 아니므로,[246] 서로 다른 학문 분야와 학자들이 "허구화"라는 말로 표현하려는 바가 무엇인지를 분명히 밝히는 것이 중요하다.

포스트모더니즘 비평가 헤이든 화이트(Hayden White)는 모든 이야기는 이야기체 역사를 포함해서 허구성을 포함한다고 주장한다. 이야기의 서사성 그 자체가 단순한 자료를 초월하여 시간적 구조를 제공하고 이를 통해 자료를 허구화한다.[247] 따라서 지배하는 메타내러티브(metanarrative)가 없을 때 자료를 수집된 줄거리 속에 배열하는 일은 사실과 자유롭게 뒤섞인 허구화를 이룬다.[248] 일관성을 유지하려면 이 명칭을—오늘날 대부분의 가장 탁월한 역사 연구와 같은—특정한 주제에 초점을 맞추고 연관성과 원인을 탐구하는 어떠한 저작에도 적용할 필요가 있을 것이다.[249]

---

246 예를 들어 이미 한 세대 전에 Caird는 *Language*, 201-2에서 한 사건의 사실성을 그 사건을 나타내는 언어와 구별했다. 역사서와 역사소설은 둘 다 이야기지만 이야기 내의 모든 하위 장르가 다 좁은 의미에서 허구적인 것은 아니다.

247 De Temmerman, "Formalities," 14에 의해 요약된 White, *Tropics*의 견해; Becker, *Birth*, 89도 함께 참고하라. Licona가 *Resurrection*, 79-89에서 언급한 대로 오늘날 역사가들과 철학자들은 대부분 (배후의 개별적인 사실들은 고려하지만) 유대인 대학살이나 아파르트헤이트조차 허구로 취급하는 급진적인 포스트모더니즘적 접근 방식을 거부한다. 하지만 서사화(narrativization)는 기억을 보존하는 데 있어서 중요한 한 단계다(Zimmermann, "Memory," 132을 보라).

248 Becker, *Birth*, 90.

249 예를 들어 Schnabel, *Jesus in Jerusalem*, 4을 보라. 특정한 주제를 그 결과의 기억된 의미에 비추어 추적하는 좋은 현대적 역사 기록의 예를 보려면 Tuttle, *Riot*; Foner, *Reconstruction*; Branch, *Parting*; Luijk, *Children*을 보라.

인간은 심지어 개인적 사건에 대한 기억도 서사화한다.[250] 그러한 서사화는 기억을 체계화하며 처음부터, 심지어 사건의 첫 참여자들부터 그렇게 할지도 모른다.[251] 따라서 어떤 이들은 모든 기억을 "어느 정도는 허구적인" 것으로 묘사하는데, 이는 기억이 역사적 사건들을 전혀 묘사하지 않기 때문이 아니라 "기억이 선택, 재배열, 재묘사, 단순화 등을 포함"하기 때문이다.[252] 우리가 그와 같은 폭넓은 정의를 사용한다면 당연히 어떤 서술도 과거 사건과 어떻게 연결되든 관계없이 허구적인 요소를 포함한다는 점에 아무도 반대하지 않을 것이다. 그러나 명료성은 중요하다. 모두가 그 용어를 이런 식으로 사용하지는 않기 때문이다. (우리 중에 어떤 이들은 단순히 "서사화"라는 말을 선호하며, 거기에는 의도적 허구 및 실제 인물과 사건을 표현하려 하는 작품이 다 포함된다.)[253]

어떤 학자들은 전기의 "허구화"에 대해 말할 때 우리가 언급한 역사소설이나 시인들의 전기를 종종 언급한다.[254] 이것은 "전기"라는 명칭에 관한 의미론의 문제다. 그들은 우리 모두 대체로 허구화되었다는 데 동의하는 그런 저작들을 포함하는 전기에 대한 정의를 사용하고 있다. 우리가 그런 "전기들"을 그것들이 명백한 역사적 의도라는 연속선 위에서 어디에 서 있는가 하는 관점에서 세분한다면, 사실상 모두가 필로스트라토스의 「아폴로니오스 전기」나 위(僞) 칼리스테네스의 「알렉산드로스의 무용담」을, 비록 성급하게 쓰기는 했으나 역사적인 근거가 있는 코르넬리우스

---

250 Elder, "Narrativity," 242.
251 Le Donne, *Historiographical Jesus*, 52-59, 63.
252 Byrskog, "Hermeneutic," 4.
253 Le Donne, *Historiographical Jesus*, 63을 보라.
254 참조. De Temmerman, "Formalities," 4-5.

네포스의 장군들에 관한 전기와는 꽤 다르게 분류할 것이다. 정경 복음서의 개요만 단순하게 살펴봐도 마태와 누가가 얼마나 확고하게 정보에 기반해 있으며 그들이 마가복음이 얼마나 정보에 기반해 있을 것으로 기대했는지를 알 수 있다. 그러므로 정경 복음서들은 사전 정보에 대한 의존성이라는 측면에서 소설보다는 네포스 쪽에 훨씬 더 가깝다.

때때로 학자들은 구체적인 행위를 진술하는 일보다는 특징들에 대한 일체의 찬양 위주의 요약을 허구화로 간주한다. 구체적 행위에 대한 진술은 좀 더 의도적인 목적에 도움이 되며 도덕적인 교훈에 더 큰 수사적 관심을 나타낸다.[255] 그러나 다른 경우 그런 진술은 내가 5장과 11장에서 더 자세히 언급하는 종류의 수정을 가리킨다. 나는 이런 진술을 허구화라기보다는 문학적이거나 수사적인 수정으로 정의하고 싶다. 허구화라는 명칭은 시대착오의 위험성이 있다. 고대의 저자들과 독자들은 그러한 수정을 단순히 이야기를 일관성 있게 만드는 일의 일부로 받아들였기 때문이다. 그러나 많은 학자는 그러한 수정에 대해 허구화라는 표현을 택했고 그둘의 차이는 어느 정도는—이 경우에는 허구화에 관한—의미론의 문제이자 이야기를 서로 다른 하위 학문 분야에서 접근하는 일의 문제다. 다양한 학자들이 같은 기법을 인식하면서도 비교의 유형에 따라 같은 기법에 서로 다른 술어를 붙일 수도 있다.

그러나 술어를 논외로 치면 이러한 수정은 고대 전기와 좀 더 일반적으로는 역사 기록의 핵심적인 부분이었고[256] 오늘날 그런 장르들의 자손

---

255 한 개인을 찬양하려고 글을 쓰는 것과 (도덕주의적인 적용과 함께) 역사적으로 다루는 것에 대한 폴리비오스의 구별을 보라. 참조. Farrington, "Action." 고대 전기에서 약간의 허구에 대해서는 Chance, "Fiction"을 보라.

256 참조. 모든 역사 기록에서 허구화를 발견하는 Holmberg, "Questions"에 대한 Dunn,

들 안에도 전혀 없지는 않다. 이러한 특징들 가운데 일부가 정경 복음서와 사도행전에서도 나타난다는 데는 의문의 여지가 없다. 이런 특징들 가운데 관점이나 의제와 같은 몇몇 특징은 인간의 일반적인 의사소통에 내재해 있다. 나는 그와 같은 모든 특징을 "허구화"로 정의하는 것은 곧 객관성과 주관성을 의사소통에서 가능한 수준보다 더 엄격하게 분리하는 것이라고 믿는다.

각자 선호하는 술어가 무엇이든 그러한 수정이 한 작품의 장르를 규정하지는 않는다는 것은 분명하다. 어떤 이들이 허구화로 취급하곤 하는 성격 묘사와 같은 문학적 장치는,[257] 소설에만 국한되지 않고 이야기를 잘 들려주는 전기와 역사서를 포함한 다른 서사에서도 나타난다.[258]

이전의 패러다임에 인물들을 끼워 맞추는 것도 때때로 허구화로 취급된다.[259] 저자들은 종종 장면들을 이전의 장면들과 일치시킨다.[260] 이런 접근 방식에 따르면 이전의 한 작품을 암시하는 것은 문학으로서의 작품을 암시하고 따라서 허구화된 작품을 암시하는 것이다.[261] 예를 들어 고대 후기에 술피키우스 세베루스는 마르티누스에 관한 이야기를 성경에 끼워 맞추며 마르티누스에 관한 서술을 성경적 암시로 채운다.[262] 고대의 작품

Tradition, 200의 응답. 소설과의 차이점을 지닌 몇 가지 예에 관해서는 Keener, *Acts*, 1:74-77을 보라.

257 De Temmerman, "Formalities," 21.
258 Fornara, *Nature*, 185; Ash, Mossman, and Titchener, *Fame*을 보라.
259 De Temmerman, "Formalities," 21에서 허구화로 간주한다.
260 De Temmerman, "Formalities," 23-25; Kirk, "Collective Memory," 61; 고대 말의 철학적 전기의 한 예를 보려면 Tieleman, "Orality," 34을 보라.
261 Genette, *Palimpsestes*, 12 = Genette, *Palimpsestes*(1997), 5을 따르는 Robiano, "Apologia," 104-5의 견해.
262 Praet, "Cloak," 138, 143-57, 특히 143-48.

에서 차용과 패러디는 그 작품의 이상적인 고대 독자들이 그런 암시를 알아챌 것이라는 점을 당연시한 것이다.[263]

그렇기는 하지만 그런 끼워 맞추기 자체를 허구적인 것으로 여기는 학자들도 그런 끼워 맞추기가 역사 기록과 같은 허구적이지 않은 서사에서 나타난다는 점을 인정한다.[264] 그러한 역사 기록에는 분명 복음서 저자들이 진정으로 역사적인 것으로 여겼을 이스라엘의 역사 기록이 포함된다.[265] 워싱턴의 초기 전기 작가들은 워싱턴을 "미국의 모세"로 간주했고 그를 로마의 킨킨나투스나 그 밖의 인물들과 비교했지만, 그렇게 해서 워싱턴의 이야기를 완전히 날조하지는 않았다.[266] 초기 기독교인 해석자들은 예수를 이스라엘의 역사적 배경 안에서 해석함으로써(고전 15:3-4에 이미 나오는 "성경대로"라는 말을 참고하라) 자신들을 예수의 이야기를 바꿔놓는 존재로 간주하지 않았다.[267]

노련한 저자들은 종종 전면적인 창작보다는 그들의 자료 속에 있는 비슷한 사건들에 대한 해석적 관찰을 통해 그러한 병행 관계를 발전시키거나 강조했다.[268] 소크라테스를 모범으로 삼은 루키아노스의 데모낙스나 엘리야를 모범으로 삼은 요한이나 예수처럼 전기의 주인공이 누군가를

---

263 예. Pelling, *Texts*, 142-43.

264 De Temmerman, "Formalities," 21. 예를 들어, 의도적이든 (더 그럴듯하게는) 계획된 것이 아니든 Josephus, *Jewish War* 6.316과 시 74(LXX 73):3-4, 7의 유사성과 같은 어떤 사건의 유사성이 우리가 그 사건은 발생하지 않았다고 생각하도록 유도하는 것은 아니다.

265 예를 들어 Hays, *Echoes*, 101; Cotter, "Miracle," 102; Levine, "Twice"; Keener, *Acts*, 1:573-74을 보라. 대조적인 방식의 예로는 대하 18:33; 35:23을 참고하라.

266 Schwartz, "Jesus in Memory," 259-60.

267 Schwartz, "Jesus in Memory," 251, 254을 보라.

268 예. Plutarch, *Sertorius* 1.1-4; *Cimon* 3.1-3; 추가로 8장을 보라; Keener, *Acts*, 1:550-74.

모범으로 삼는다면, 끼워 맞추기는 허구적인 것으로 여겨지지 않는다.[269]

죽음의 장면을 그 이전의 죽음 장면을 연상시키도록 표현하는 것은 작가의 창작일 수도 있지만,[270] 이는 그러한 연관성을 함축하도록 이야기나 전승을 약간만 수정하는 일을 요구하기도 한다. 또 어떤 때는 죽음이 비슷한 틀에 놓이기도 하는데, 어떤 죽음의 사건이 그와 비슷한 상황에서 발생하거나[271] 죽어가는 사람들이 (세네카가 소크라테스처럼 죽을 때와 같이) 과거의 영웅들을 상기시키는 방식으로 자신들의 죽음을 연출했기 때문이다.[272] 이전의 위대한 모델들이 이후의 모델들에 대한 기대치를 설정할 수도 있었다.[273] 확실히 누가는 인물들 사이의 여러 암묵적인 비교와 상당한 정형화를 보여준다.[274]

우리는 편향을 허구화하는 경향으로 정의할 수도 있지만, 그것이 곧 전기를 소설로 만드는 것은 아니다. 그랬다면 고대의 전기나 역사서는 존재하지 않았을 것이다. 문학에서 편향되지 않은 작품은 존재하지 않기 때

269　Beck, "Demonax," 95; De Temmerman, "Formalities," 21; 일반적인 귀감으로서의 소크라테스에 대해서는 22-23을 보라. 또한 예를 들어 Musonius Rufus 10, p. 78.12-14; 18B, p. 118.16-18(무소니우스에 대한 모든 언급은 Lutz 판을 반영한다); Seneca, *Dialogues* 1.3.12-13; 2.18.5; 4.7.1; 7.25.4; *On Benefits* 5.4.3; 5.6.2-7; 5.7.5; 7.8.2; Epictetus, *Discourses* 1.12.23; 1.25.31; 1.29.65-66; 2.26.6; 3.1.19-23; 3.5.14-19; 3.23.32; 3.24.60; 4.1.159-60; 4.5.2-4; 4.5.33; 4.8.22-23; 4.9.6; 4.11.19; Plutarch, *How the Young Man Should Study Poetry* 2, *Moralia* 16C; Diogenes, *Letters* 28; Dio Chrysostom, *Orations* 3.1, 29; Pelling, "Socrates"; Keener, *Acts*, 3:2605-6.

270　참조. 대하 18:33과 35:23의 대조.

271　예를 들어 자객들은 이전의 암살에서 영감을 얻고 본보기를 발견할 수 있었다. Ash, "Assassinating Emperors," 202을 보라. 마찬가지로 어떤 전기의 주인공들은 진정으로 지혜로웠거나 반대를 불러일으켰을지도 모른다(Chance, "Fiction," 136).

272　Tacitus, *Annals* 15.60-64을 인용하는 Ash, "Assassinating Emperors," 200. 참조. Cox, *Biography*, 30.

273　Chance, "Fiction," 133.

274　예를 들어 Ytterbrink, *Gospel*, 227-28; Keener, *Acts*, 1:556-74을 보라.

문이다. 우리는 고대의 전기나 역사에 관한 저작들을 읽을 때 편향을 고려하면서도 그와 동시에 그 저작들이 대상으로 삼은 사람들을 이해하기 위해 이런 자료들에 크게 의존한다(이런 저작들이 주는 상당한 정보에 대해서는 10장을 보라). 이것이 고대의 다른 인물들에 관해서 사실이라면 예수에 관해서는 왜 다른 이들 못지않게 사실이 아닌가? (그리고 우리 중에 어떤 이들이 예수는 죽은 뒤에 유명한 종교적 인물이 되었으므로 이는 예수에 대해서는 사실이 아닌 게 분명하다고 생각한다면, 그것은 그런 생각을 품은 우리의 편향성에 대해 무엇을 말해주는가?)

나는 나중에 그러한 몇 가지 점들을 역사적 전기의 특징으로 다룰 것이다. 그러나 지금으로서는 이런 기법들이 (역사소설과 대비되는) 주류 전기에서 세부 정보와 관점에 영향을 끼치지만 보통은 그것들이 전기 작가의 사건 창작을 수반할 필요가 없다고 말하면 충분할 것이다.[275] 역사소설을 포함한 소설은 생생한 기억 속에서 어느 실제 인물에 관해 쓴 게 아니지만, 전기는 사전 정보, 때로는 그러한 최근 인물에 관한 정보를 전달하고자 했다. 소설은, 마태와 누가가 자신의 자료를 고수했던 방식으로, 또는 마태와 누가가 아마도 이런 식으로 마가의 자료를 사용했을 때 마가가 그랬을 것이라고 믿었던 방식으로, 자료를 굳게 고수할 필요가 없었다.

구성적인 기법들이 반드시 이야기 전체를 허구적인 이야기로 구성하는 건 아니다. 고대 역사가들이 등장인물 안에서, 좀 더 정확한 이야기 정보의 문맥 속에서 말들을 구성하는 것이 하나의 적절한 사례다.[276] 크세노

---

275 그럴듯함은 단지 역사적 정보에 대한 모방일 뿐이라고 주장할 수도 있지만(참조. Ash, "Assassinating Emperors," 214-15), 우리가 그것을 검증할 수 있는 경우에는, 종종 전기 작가의 (정확하든 그렇지 않든) 자료나 자료에서 비롯된 추론을 반영한다.
276 De Temmerman, "Formalities," 14.

폰의 「아게실라오스」와 같은 좀 더 찬양 위주의 초기 전기들은 종종 대상의 바람직한 특징들에만 초점을 맞추며 역사적으로 왜곡된 관점을 제공했다.[277] 그처럼 과도하게 긍정적인 접근은 후대의 전기에서 나타나는 부정적인 특징도 기꺼이 강조하려는 태도와 대조를 이룬다.[278] 그러나 심지어 크세노폰의 균형 잡히지 않은 관점도 반드시 우리에게 크세노폰이 제공하는 정보를 깎아내리리라고 요구하는 것은 아니다. (다음 장에서 크세노폰의 「아게실라오스」에 대해 더 깊이 논의할 것이다.)

심지어 오늘날의 전기에도 영향을 미치는 허구화는 "추측, 행동에 대한 해석과 재구성, 사적인 순간, 동기와 태도"를 포함한다고 한다.[279] 더 넓은 정의에 따르면, 대상의 사고를 고려하는 어떤 전기든 "필수적인 사실들에 대한 단순한 편집을 넘어서고" 따라서 약간의 허구화에 관련된다.[280] 확실히 고대의 전기들은 등장인물들의 생각을 추측하고 그에 따라 좀 더 흥미로운 이야기를 만들어내는 경향이 훨씬 더 강했지만, 그러한 내용은 고대의 역사 기록에서도 나타날 수 있다.[281] 고대 전기는 좀 더 대중적인 수준의 작품에서 우위를 차지할 수도 있지만, 이러한 우위는 작품의 저자가 과거에 관심이 있는지 아니면 약간의 사전 정보에 관심이 있는지보

---

277 De Temmerman은 "Formalities," 4에서 추가로 Pernot, *Rhétorique*을 언급한다; Hägg, *Biography*, 41-51, 97; 고대 전기 작가들에 의한 논의에 대해서는 Gyselinck and Demoen, "Author"; Hägg, *Biography*, 197-204.
278 Kwon은 "Reimagining," 288에서 한편으로는 크세노폰의 글에서, 다른 한편으로는 이후의 갈바와 오토에 관한 전기 작가들의 글에서 구성적 장치의 용례를 도표로 만든 다음 이 둘을 대조한다.
279 De Temmerman, "Formalities," 4.
280 De Temmerman은 "Formalities," 4에서 Cohn, *Distinction*, 18-37, 특히 26을 인용한다; Cohn, "Lives," 9-10.
281 예. Tacitus, *Histories* 2.74; *Annals* 4.38-39; 12.4.

다 이상적인 독자의 사회적 수준을 반영한다. 우리가 허구화로 간주할 만한 것을 고대 역사 저술가들은—언제나 그들이 발생했다고 알고 있는 일에 대해서가 아니라 최소한 일어난 일에 대한 그들의 최선의 추측에 의한—역사적 재구성으로 간주할 수도 있었다. 즉 그러한 특징들은 전기나 역사 기록을 소설로 전락시키지 않는다. 그런 특징들은 그 자체로 특정한 고대 장르들의 특성들을 규정하지 않는다.

"만약"이라는 질문(서로 다른 상황에서 "일어날 수도 있었던 일")은 사실에 반하는 것이므로 어떤 이들은 이런 질문을 허구화로 취급한다.[282] 플루타르코스와 역사가 리비우스는 둘 다 그러한 질문들을 탐구한다.[283] 그러나 우리는 그런 질문들이 고대의 역사 기록에서도 나타나고 현대의 역사 기록에서도 자주 나타난다는 점에 유의해야 한다.[284] 또한 고대 전기의 특징인 교화에 관한 관심이 현대의 전기에는 전혀 없지도 않다.[285] 즉 허구화를 그처럼 폭넓은 방식으로 정의한다면 우리는 특별히 정보를 전달하도록 의도된 작품들에서도 허구화가 존재함을 인정해야 한다.

---

282 Almagor, "Narratives," 65-66. 미안하지만 나는 Almagor와 생각이 다르다("Narratives," 66, 69). 그러나 Aristotle, *Poetics* 1451b1-8은 아마도 역사 기록 속의 가설적인 추측을 가리키는 것이 아니라 서사시를 가리킬 것이다.

283 Almagor, "Narratives," 67-68; 78-79에서 플루타르코스가 오래된 이야기에 새로운 요소를 가미하기 위해 이런 접근 방법을 사용하는 것을 참고하라.

284 Pelling, *Texts*, 79, 81; Almagor, "Narratives," 66(하지만 후자는 그것을 전기에서 더 많이 발견한다, 69-70); 특히 Sheppard, *Craft*, 172-78.

285 Dillon, "Interpretation," 164을 보라.

2.9. 결론

정경 복음서는 사전에 계획된 토대가 되는 문헌이다. 학자들은 정경 복음서에 대해 다양한 장르 형태를 제안해 왔다. 소설과 같은 몇몇 제안은 얼토당토않고 "독특한 장르" 같은 다른 몇몇 제안도 별로 도움이 되지 않는다. "회고록" 같은 또 다른 제안은 올바른 방향으로 가고 있다. 정경 복음서는 분명 신화집이나 소설이나 (시적인 형식을 요구한) 순수한 드라마가 아니다. 정경 복음서는 상당한 양의 역사적 전승에 의존하는, 한 명의 역사적 등장인물에 초점이 맞춰진 저작으로서 고대 전기로 가장 쉽게 인식된다.

고대의 전기는 현대의 전기와 달랐으나 사건들의 공상적 창작이 아닌 역사적 정보를 다루어야 했다. 어떤 전기들은 다른 전기보다 역사적 정보에 더 충실했다(일반적으로 최근 세대에 관한 전기는 먼 과거에 관한 전기보다 훨씬 더 신뢰할 만했다). 그러나 대부분의 장편 전기들은 역사적 의도를 중심으로 응집되었고, 확실히 사전 자료를 바탕으로 한 개인에 관해 서술했다. 어떤 정경 복음서가 최근 인물에 관한 장편 전기를 위한 그러한 중심적 기대를 상당히 따랐더라도, 네 복음서 모두 독립적으로 그렇게 할 것이라고는 기대하기 어려울 것이다. 오늘날 어떤 학자들이 그런 각색을 주장한다면 그것은 고대의 기대가 아닌 다른 근거에 기반한 주장임이 분명하다.

고대의 저자들은 그들의 인간적 편향이 무엇이든 일반적으로는 오늘날 우리보다 그들 시대의 문제를 평가하는 데 있어 더 나은 역사적 위치에 있었다.[286] 누가는 자신에게 전해진 정보를 조사할 수 있었거나 최소한 인식할 수 있었다. 그는 대략 같은 비판적 도구들을 우리가 이용할 수 있

---

286 예를 들어, Sumney, *Opponents*, 86의 견해와 마찬가지로.

는 만큼 이용할 수 있었고, 우리가 이용할 수 있는 것보다 훨씬 많은 정보를 이용할 수 있었다. 우리가 복음서 저자들의 강조점을 인식하고 세부적인 내용의 문제에 관해서 그들에게 질문할 수는 있겠지만, 만일 우리가 정경 복음서의 자료를 일축한다면 궁극적으로 우리가 대안적 재구성을 위해 사용할 수 있는 자료는 거의 없다.

3장
고대 전기의 예와 발전

필립 필하우어(Philipp Vielhauer)가 1970년대에 정경 복음서의 전기적 특성을 받아들이지 않은 한 가지 이유는 고대의 전기들이 마가복음보다 더 후대의 저작이라고 생각했고, 이는 그의 비교의 근거가 루키아노스의 2세기 저작인 「페레그리노스」와 그보다 더 늦은 「아폴로니오스 전기」와 「알렉산드로스의 무용담」이었기 때문이다.[1] 그러나 필하우어의 비교의 근거는 너무 제한적이었다. 현재 다수가 단편으로만 보존된, 그리스의 현자들을 다룬 부분적으로 전기적인 문헌들은 정경 복음서보다 시기상 몇백 년이 앞서며[2] 현존하는 본격적인 전기들도 정경 복음서보다 최소한 한 세기는 앞선다.

이 장에서는 고대 전기의 몇몇 예를 조사하고 그 발전과정의 몇 가지 일반적인 패턴을 언급할 것이다. 로마 제국 초기 시대는 신약 학자들에게는 우연히도 정경 복음서의 시대인 동시에 고대 전기의 "관련 증거가 가

---

1 Vielhauer, *Geschichte*, 350에 관하여 Collins, *Mark*, 20을 보라.
2 Hägg, *Biography*, 187; 기원전 4세기에 소요학파 가운데서 전기적 관심이 나타난다 (Laistner, *Historians*, 18). 기원전 5세기부터 전기적 관심을 보여주는 그리스의 저작들에 대해서는 (비록 우리가 이 책에서 전기로 지칭하는 형태와 다른 형태들도 포함하고 있지만) 다음 책을 보라. Hägg, *Biography*, 10-98 및 여러 곳(특히 크세노폰의 소크라테스에 관한 회고록, 23-30; 아게실라오스에 관한 회고록, 41-51; 아리스토크세노스에 관한 회고록, 69-77; 안티고노스의 회고록, 89-93을 주목해 보라).

장 많은 시대"[3]이기도 하다. 그 이전 시대에는 우리에게 남아 있는 것이 단편들과 책 제목밖에 없지만,[4] 모밀리아노가 지적하듯이 플루타르코스, 수에토니우스, 또는 디오게네스 라에르티오스와 같이 우리가 전형적으로 떠올리는 그리스나 로마의 주요 전기 작가들은 "모두 제국 시대에 속해 있다."[5]

3.1. 원시 전기와 초기 그리스 전기

전기적 초점의 수준이 제각기 다른 여러 포괄적인 장르가 우리가 본격적인 전기라고 부르기에 적합한 장르보다 먼저 등장했다. 일반적으로 이런 저작들은 특히 역사적 정확성에 관한 관심과 몰두의 문제에 있어서 로마 제국 초기 시대의 전기들과 상당히 다르다. 저자들은 헬레니즘 시대에 왕들에 관한 많은 전기적 연구서를 집필했지만 남아 있는 건 표본들—대개는 단편과 제목—뿐이다.[6] 이 시기에는 현존하는 것이 거의 없으므로 논평은 특히 현존하는 자료에만 국한되며 그 자료는 로마 제국 초기에 나온 자료 대부분과는 상당히 다르다.

아마도 느헤미야와 크세노폰의 경우와 같이[7] 페르시아의 영향을 받

---

3   "기원후 1세기"를 언급하는 De Temmerman and Demoen, "Preface," xii.

4   Momigliano, *Development*, 9; Frickenschmidt, *Evangelium*, 153.

5   Momigliano, *Development*, 9.

6   Momigliano, *Development*, 8-9. 추가로 Frickenschmidt, *Evangelium*, 153-62을 보라.

7   Burridge, *Gospels*, 67. 많은 이들이 느헤미야를 이집트 말기 왕조의 장례식 회상록과 비교한다. 다음 참고문헌들을 보라. Von Rad, "Nehemia-Denkschrift"; Van Seters, *Search*, 129, 183-87; Mayes, "Biography," 2; Rüpke, *Religion*, 36; 역시 차이점을 강조하는 Blenkinsopp, *Judaism*, 94-97.

왔을[8] 그리스인들은 기원전 5세기에 전기적인 글쓰기의 한 형태를 개발했다.[9] 이 시기의 작품들은 아마도 신화적인 영웅들, 자신의 작품으로 대중적 관심을 불러일으킨 과거의 주목할 만한 시인들, 뛰어난 동시대인들에 초점을 맞추었을 것이고 어떤 것은 아마도 성격상 자전적인 작품이었을 것이다.[10] 그러한 작품들은 엄밀히 말해서 그 자체가 전기는 아니지만 전기의 발달에 영향을 끼쳤다.[11]

위대한 인물들에 대한 늘어난 관심은 4세기 그리스에서 후대의 전기를 예시하는 어떤 일을 초래했다.[12] 4세기에 있어서 현존하는 주요 표본은 "자칭 송덕문으로 묘사되는" 「에우아고라스」(Euagoras)와 「아게실라오스」, "그리고…철학적 소설인 크세노폰의 「퀴로파이디아」"이다. 3세기부터는 "사튀로스의 에우리피데스 전기의 단편"[13] 외에 거의 남아 있는 게 없다.

웅변가 이소크라테스가 잘 보여주듯이 4세기에는 산문체 송덕문이 생겨났고 송덕문에서는 균형 잡힌 비판적 평가보다 한 개인에 대한 찬양을 더 가치 있게 여겼다.[14] 따라서 송덕문은 찬사와 비슷했지만 이소크라테스의 「에우아고라스」와 크세노폰의 「아게실라오스」의 초기 전기적 자료에서 송덕문은 동시대의 인물에 관한 글이었다.[15] 장례식 연설문과 마

---

8   Momigliano, *Development*, 102; Burridge, *Gospels*, 67; Adams, *Genre*, 73. 그 이전의 개연성 있는 이집트와 히타이트의 선례를 보려면 Mayes, "Biography," 1-2을 보라.

9   Momigliano, *Development*, 12; 23-42의 추가적인 논의를 보라; 다음 책들도 참고하라. Frickenschmidt, *Evangelium*, 93-114; Burridge, *Gospels*, 68.

10 Momigliano, *Development*, 102.

11 Geiger, *Nepos*, 14-15.

12 Momigliano, *Development*, 43, 45; 43-64의 추가적인 논의를 보라.

13 Momigliano, *Development*, 8.

14 Momigliano, *Development*, 102.

15 Momigliano, *Development*, 50.

찬가지로 송덕문의 형식도 모든 내용이 허구적이어야 하는 것은 아니지만 확실히 송덕문에서 균형 잡혀 있거나 언제나 진실한 묘사를 기대해선 안 된다.[16] 소크라테스의 추종자들, 특히 플라톤과 크세노폰은 흔히 소크라테스에 대한 전기적 관심을 지닌 논의로 여겨지는 글을 실험적으로 썼으나 역사적 정확성에 대해서는 제한적인 관심밖에 없었다.[17] 즉 학자들 대다수는 이 시기에 전기의 역사적 측면이 아직 이소크라테스 이상으로 많이 발전되지 못했다고 주장한다.[18]

3.1a. 이소크라테스의 「에우아고라스」

이소크라테스는 「에우아고라스」에서 역사 교육이 주된 요점이 아닌 서사시의 이야기[19]와 대조적으로 진실을 이야기한다고 주장한다. 그러나 이소크라테스의 명백한 목적은 에우아고라스의 미덕에 대한 기억을 영원히 보존하고 다른 이들에게 그를 본받으라고 권유하는 것이다.[20] 에우아고라스의 미덕에는 "남자다운 용기, 지혜, 정의"[21]와 같은 훗날의 "가장 중요한" 미덕들[22](플라톤의 이른바 "4주덕"—역주)이 포함된다. 이소크라테스는

---

16 Chance, "Fiction," 133: "반드시…날조는" 아니지만 그것은 "송덕문의 대상을 사전에 형성된 위대함의 개념과 일치하게—말하자면 어떤 틀에 들어맞게—만드는 결과를 가져왔다."

17 Momigliano, *Development*, 46; De Temmerman, "Formalities," 4. Collins가 지적하듯이 (*Mark*, 25), Votaw는 정경 복음서를 이런 문헌들과 비교하지만(Votaw, *Gospels*, 33-34, 58-59) 플라톤의 대화편은 장르 면에서 확실히 전기적인 저작은 아니다.

18 Momigliano, *Development*, 102.

19 Ytterbrink는 *Gospel*, 76에서 *Euagoras* 10, 21, 36을 인용한다. 추가로 Ytterbrink, *Gospel*, 76-80을 보라.

20 Ytterbrink는 *Gospel*, 76에서 *Euagoras* 4, 76, 80-81을 인용한다. 교육학적 기능에 관해서는 Frickenschmidt, *Evangelium*, 108-9도 함께 보라.

21 Ytterbrink는 *Gospel*, 77에서 *Euagoras* 23을 인용한다.

22 아리스토텔레스의 가장 중요한 미덕에 관한 스토아 학파의 몇 가지 용례를 보려면 다음 문헌들을 보라. Musonius Rufus 4, p. 44.10-22; p. 48.1, 4, 8, 13; 6, p. 52.15, 17, 19, 21; 8,

자신이 킬리키아로 달아난 일이나 왕좌를 차지한 일과 같은 사건들을 진술하지만,[23] 자신의 인격에 대해 깊이 생각한다.[24] 이소크라테스는 에우아고라스와 다른 많은 인물을 비교함으로써 부분적으로 이런 효과를 달성하는데[25] 이는 고대의 많은 전기에서 일반화된 관례다.[26]

이소크라테스는 에우아고라스의 미덕을 설명하는데 그의 업적에 대한 다른 이들의 반응을 다룬 부분만 시간순으로 배열되어 있다.[27] 후대의 전기들과 달리 이소크라테스는 에피소드를 진술하지 않는다.[28] 이소크라테스는 특히 알키비아데스에 관한 약전(略傳)도 썼으나 자신이 쓴 「에우아고라스」를 "동시대인이 산문체 송덕문을 쓰려 한 최초의 시도"로 보았다.[29] 그렇기는 하지만 이 작품조차 아마 비슷한 선례가 있었을 것이다.[30]

이러한 초기의 전기 작품들은 송덕문과 매우 밀접하게 관련되어 있었으므로 송덕문의 모티프는 이 장르가 훗날 반복될 때 자주 표면에 등장한다.[31] 그러나 송덕문뿐만 아니라 역사 기록도 이러한 초기 전기에 반영되었다.[32] 전기적 실험 외에도 크세노폰은, 투키디데스의 수준에는 못 미

pp. 60.22-64.9; 8, p. 66.7-8; 17, p. 108.9-10; Arius Didymus, *Epitome* 2.7.5a, p. 10.7-9; 2.7.5b1, p. 12.13-22; 2.7.5b2, p. 14.1-4; 2.7.5b5, p. 18.21-35.

23 Ytterbrink는 *Gospel*, 77에서 *Euagoras* 27-28, 32, 66을 인용한다.

24 Ytterbrink, *Gospel*, 79-80.

25 Ytterbrink, *Gospel*, 78, 84.

26 예를 들어 Frickenschmidt, *Evangelium*, 228, 505; Duff, *Lives*, 243, 257, 268을 보라.

27 Momigliano, *Development*, 49.

28 Momigliano, *Development*, 49-50.

29 Momigliano, *Development*, 47-49; 또한 Frickenschmidt, *Evangelium*, 110도 함께 보라.

30 Momigliano, *Development*, 49에 나오는 Aristotle, *Rhetoric* 1368a17이 그러한 선례다.

31 Beck은 "Demonax," 93 n. 34에서 예를 들면 Dihle, *Studien*, 20-29을 인용한다; Burridge, *Gospels*, 62-67.

32 예를 들어 Adams, *Genre*, 73의 견해와 같이.

쳤지만,[33] 자기 세대의 주요 역사 저술가 중 한 명이었다.[34] 많은 역사서에는 전기 부분이 있었고[35] 역사가 폴리비오스도 비록 그의 역사 기록보다 균형감은 분명 훨씬 덜하기는 했으나 송덕문을 썼다.[36] 그러나 역사가들은 주로 국가라는 더 큰 문제와 관련해서 개인들에 초점을 맞추었지만, 고대 문예작가들은 전기에서 좀 더 두드러진 관심사와 같은 개인적 관심사를 포함한 다양한 문제들에 관해 글을 썼다.[37]

이소크라테스의 「에우아고라스」와 크세노폰의 「아게실라오스」와 「퀴로파이디아」는 로마 제국 시대에 나타나는 전기와 같은 더 완전한 의미에서의 전기가 아니다.[38] 이 작품들을 이후 수백 년 동안 발전한 형태와 구별하기 위해서는, 이 작품들을 일부 학자들처럼 "원시 전기"[39]라고 지칭하는 것이 더 유익할 수도 있다.

이소크라테스의 「에우아고라스」는 완전한 전기라기보다는 송덕문 같은 산문이지만, 이후의 전기들에 미친 영향 때문에 우리의 논의와 여전히 관련이 있다.[40]

3.1b. 크세노폰의 「아게실라오스」

크세노폰도 그의 역사 관련 저작에서 개인에 대한 이전의 관심을 보여주

---

33 Votaw, "Biographies," 225.
34 Rhodes, "Documents," 60을 보라. 참조. Dewald, "Construction," 95-96.
35 헤로도토스에 관해서는 Frickenschmidt, *Evangelium*, 136-42을 보라.
36 예를 들어 Frickenschmidt, *Evangelium*, 142-43을 보라.
37 Cox, *Biography*, 5-6.
38 Momigliano, *Development*, 50; Geiger, *Nepos*, 15.
39 Konstan and Walsh, "Biography," 29.
40 Adams, *Genre*, 74.

었지만,[41] 이소크라테스의 전기적 관심은 동시대의 몇몇 역사가들에게 영
향을 끼쳤고[42] 곧 뒤이어 크세노폰의 「아게실라오스」에 대해 본보기 역할
을 했다.[43] 크세노폰의 다양한 전기적 실험은 훗날에 전기들의 본보기가
되었다.[44]

크세노폰은 아게실라오스를 존경하고 변호할 뿐만 아니라 그를 다른
사람들이 뒤따라야 할 모범으로 삼으려 한다.[45] 크세노폰은 「아게실라오
스」를 이소크라테스의 글에서와 마찬가지로 (1) 연대기적인 논의로 나누
었지만 (2) "아게실라오스의 미덕에 대한 연대기 순이 아닌 체계적 검토"
로도 나누었다.[46] 크세노폰은 이러한 미덕을 다른 동시대인들도 따른 전
통적인 방식으로 배열했다.[47] 그러나 다른 작품들에서도 자신의 (종종 정확
한)[48] 역사에 대한 애정[49]을 분명히 보여주는 크세노폰은 아게실라오스의

---

41 Momigliano, *Development*, 51-52(크세노폰의 *Anabasis*에서). 크세노폰의 다른 개연성 있
    는 본보기에 관해서는 Momigliano, *Development*, 47을 보라.

42 Momigliano, *Development*, 48.

43 Momigliano, *Development*, 50. 아마도 크세노폰의 *Memorabilia*에도 영향을 미쳤을 것이다
    (Votaw, "Biographies," 50)

44 Momigliano, *Development*, 47. 다양한 형태의 글쓰기에 있어서 크세노폰의 다재다능함에
    대해서는 Smith and Kostopoulos, "Biography," 396도 함께 보라.

45 Woldemariam은 "Comparison," 227에서 예를 들어 아게실라오스를 찬미하기 위한 글로
    는 *Agesilaus* 1.36; 2.24, 27-28, 37; 5.3-4; 8.4-6; 자신의 "영웅"으로 제시하는 글로는 3.1;
    5.7; 11.1; 그를 변호하기 위한 글로는 2.21; 4.4; 5.6; 하나의 본보기로 제시하는 글로는
    10.2을 인용한다.

46 Momigliano, *Development*, 50; Ytterbrink, *Gospel*, 82; Adams, *Genre*, 75.

47 Momigliano, *Development*, 51; Ytterbrink, *Gospel*, 82.

48 몇 가지 편향적인 생략이 있기는 하다. Brownson, "Introduction to Hellenica," ix-xi;
    Brown, *Historians*, 93-94, 97을 보라. 크세노폰은 *Hellenica*에서 투키디데스처럼 신화를 대
    체로 피한다(Fowler, "History," 198).

49 예를 들어 Frickenschmidt, *Evangelium*, 111-12을 따르는 Ytterbrink, *Gospel*, 82 n. 87을
    보라. 후대의 로마 역사가들은 때때로 명백히 크세노폰의 역사적 모델들을 상기시켰다.
    Rood, "Cato"를 보라.

행적에 대해서 이소크라테스가 에우아고라스의 행적에 대해 가졌던 관심보다 더 큰 관심을 가졌다.[50]

크세노폰은 아게실라오스가 포함되긴 했으나 아게실라오스의 성품보다 공적인 사건들에 더 초점을 맞춘 「헬레니카」에서 했던 것보다 그 이름(아게실라오스)을 제목으로 삼은 저작에서 아게실라오스에 관해 더 많이 찬양하는 글을 썼다.[51] 그러나 크세노폰이 아게실라오스의 미덕으로 화제를 전환하기 전에 그의 행동을 시간 순서대로 다루고 있는 아게실라오스에 관한 크세노폰의 첫 번째 단락에는 크세노폰이 그 이전에 「헬레니카」에서 다루는 내용과 겹치는 부분이 상당히 많이 있다.[52] 이 겹치는 부분은 크세노폰의 강한 역사적 관심을 보여주며, 일치하지 않는 부분은 대체로 아게실라오스를 좋게 묘사하려는 그의 더 큰 관심사를 강조한다.[53]

또한 크세노폰은 그에 시대에 이용할 수 있었던 폭넓은 공적 지식에 직접 호소한다. 그가 개별적인 목격자들 대다수의 이름을 언급하기를 피하는 것은 목격자들이 너무 적기 때문이 아니라 너무 많기 때문이다.[54] 이 원시 전기는 비록 찬양 위주의 글이지만 아게실라오스에 대한 크세노폰의 직접적인 지식을 반영하고, 따라서 이소크라테스의 「에우아고라스」에

---

50 Ytterbrink는 *Gospel*, 82-83, 86에서 특히 *Agesilaus* 1.6을 언급한다; Cox, *Biography*, 9과 비교해 보라.

51 Momigliano, *Development*, 50.

52 *Hellenica* 3.3.1-5.1.3; 나는 내가 지도하는 박사과정 학생들인 권영주와 T. Wright의 논문에서 표로 정리된 비교 덕분에 이런 견해를 갖게 되었다(Kwon, "Reimagining," 144-219, 특히 158, 169; 159-60의 표; 169-70에 언급된 관습적인 구성 기법을 사용하는 각색을 보라). 플루타르코스도 *Agesilaus* 8에서 직접적으로나 간접적으로 Xenophon, *Hellenica* 3에 의존한다(Woldemariam, "Comparison," 219-20).

53 Wright, "Reliability," 2장.

54 Woldemariam은 "Comparison," 218에서 특히 *Agesilaus* 3.1; 5.7을 언급한다; 아게실라오스에 관한 정보의 공적인 특성에 관해서는 Wright, "Exploration," 240도 함께 참고하라.

서 발견되는 정보보다 중요한 역사적 정보다.[55]

크세노폰의 원시 전기는 그가 송덕문 형식에 보다 초점을 맞춘다는 사실 외에도 다른 몇 가지 측면에서 후대의 전기들 대다수와 다르다. 그는 아게실라오스의 말을 후대의 전기에서 예상될 만한 횟수보다 덜 자주 인용한다.[56] 아게실라오스의 이른바 신적인 헤라클레스의 혈통에도 불구하고 크세노폰은 그의 출생이나 유년기에 대해서 아무런 관심을 보이지 않는다.[57]

이는 역사 기록상으로 어떻게 비교되는가? 구체적인 평가를 위한 자원은 다소 제한적이다. 아게실라오스에 관한 크세노폰의 자료는 절대다수가 개별적으로만 그 존재가 입증되며 검증할 수도 없고 선험적으로 일축할 수도 없다. 그러나 크세노폰이 아게실라오스를 개인적으로 알았다는 증거는 설득력이 있고, 이는 크세노폰의 묘사를 강화하기도 하고 약화하기도 한다. 크세노폰은 아게실라오스에 대해 많은 것을 알고 있었지만 자신에게 유리하도록 매우 편파적이기도 했고 아마도 아게실라오스의 시혜에 의존했을 것이다. 고대에 다른 많은 이들(특히 아게실라오스의 정적들)은 아게실라오스의 행동을 그보다 덜 우호적으로 해석했다.

관점이 정보의 날조를 요구하는 것은 아니지만, 크세노폰의 찬사 위주의 접근 방식은 아마도 때때로 정보를 왜곡시켰을 것이다. 크세노폰의 과시적인(즉 찬사 위주의, 찬양 지향적인) 「아게실라오스」를 (「헬레니카 옥쉬링

---

55 Burridge, *Gospels*, 126.
56 Ytterbrink, *Gospel*, 85.
57 Ytterbrink, *Gospel*, 83, 87, 이는 유감스럽게도 Cox, *Biography*, 9의 견해와 다르다. 참조. Cornelius Nepos, *On Great Generals* 17(Agesilaus), 1.2.

키아」[Helenica Oxyrhynchia]와 같은 다른 몇몇 초기 자료뿐만 아니라)[58] 그의 좀 더 진지한 「헬레니카」와 비교해 보면 크세노폰의 원시 전기는 아게실라오스에 관한 몇 가지 설명을 상당히 바꾸어놓았음을 알 수 있다.

그와 동시에 이러한 비교는 우리가 그를 검증할 수 있는 대목에서는 이 전기가 사건들과 관련해서 다른 현존하는 자료들과 더 자주 일치함을 보여준다.[59] 그와 같은 원시 전기는 찬사 위주였지만 사건들에 대한 기록은 대개 실제 벌어진 일을 바탕으로 한 것으로 보인다. 이는 그가 필요한 대목에서 이야기의 전환 단락을 보충하기 위한 내용, 예를 들어 전투 장소에 이르는 동선 따위를 전혀 만들어내지 않았다는 뜻은 아니다. 그러나 전투는 어떤 사건에 관한 믿을 만한 정보를 반영하는 것처럼 보인다.[60]

3.1c. 소크라테스에 대한 크세노폰의 "회상"

인위적인 장르의 경계선에 의해 제약받기에는 너무나 창조적인 저술가인 크세노폰은 한 역사적 인물에 관한 초기 소설(「퀴로파이디아」)에서부터 원시 전기(전기적 송덕문인 「아게실라오스」)와 그 둘 사이에 속한 저작(오늘날 보통 소크라테스에 관한 「회상」이라고 불리는 변증서인 「아포므네모뉴마타」[61])에 이르기까지 다양한 인물 중심적인 양식들을 실험했다.[62] 「회상」에서 크세노폰은 변증론적인 글을 쓰면서 소크라테스 사후의 비판에 맞서 소크라테스

---

58 아마도 크라티포스가 썼을 이 단편적인 저작은 여러 파피루스에서 한데 모아진 것이다. 디오도로스 시켈리오테스는 원본을 따랐지만 이를 각색했다.

59 나는 여기서 Wright, "Reliability," 2장의 논의와 증거 자료를 따른다. 그는 기원후 3세기 초까지의 아게실라오스에 관한 다른 모든 기록도 비교하고 그 기록들이 의존했을 수도 있는 어떤 독립적인 자료라도 가능한 대목에서는 알아내려 애쓴다.

60 이는 또다시 Wright를 따른 견해다.

61 Xenophon, *Memorabilia* 1.3.1을 보라.

62 Frickenschmidt, *Evangelium*, 111-14, 특히 111; Momigliano, *Development*, 52.

의 인격을 변호한다.[63] 이러한 접근 방식은 연대기적인 구조를 요구하지 않는다.[64]

크세노폰은 전통적인 역사에서는 한 인물에 좀 더 초점을 맞춘 저작과는 대조적으로 주목할 만한 말들을 하지 않는다는 점을 인식했다.[65] 이는 이전에는 아무도 현자들이 한 말을 수집하지 않았다는 말이 아니다. 이런 말들은 분명 이전 세기에 이미 퍼져나가고 있었고[66] 경구는 다른 형태보다 구두 전승으로 보존되는 경우가 더 흔했다.[67] (경구 또는 금언은 "우리를 반대하지 않는 자는 우리를 위하는 자니라"[막 9:40]와 같은 쉽게 기억되는 짧고 간결한 진술이다.[68] 이런 말들은 대다수 문화권에서 이런저런 형태로 나타난다.)[69]

크세노폰의 「회상」(Memorabilia)은 아마도 소크라테스의 몇 가지 주목할 만한 말들과 분명한 그의 주제와 가르침,[70] 때로는 그의 표현법을 상기시킨다.[71] 「대화편」도 플라톤과 크세노폰 둘 다 인정하듯이 소크라테스의 교육학에 내재한 것이었다. 그렇기는 하지만 소크라테스의 대화에 대한

---

63 Momigliano, Development, 52-53. 참조. Xenophon의 Apology.
64 Adams, Genre, 75.
65 Momigliano는 Development, 50에서 Xenophon, Hellenica 2.3.56을 인용한다.
66 Momigliano는 Development, 53에서 특히 다음 문헌들을 인용한다. Herodotus, Histories 1.27; 2.134; Aristophanes, Wasps 1446. 그 이전에는 예컨대 잠언과 Ptah-hotep을 참고하라.
67 14-15장을 보라.
68 마가복음의 이 짧은 말씀조차 Q 자료에서 약간 다른 형태로 나타날 수도 있지만(마 12:30//눅 11:23) 두 형태 모두 예수 전승 속에 담긴 더 폭넓은 정서를 반영했을 가능성도 그에 못지않게 높다.
69 예를 들면 "거미를 다른 방으로 몰아내기만 하면 그곳에 새 거미줄이 생겨난 것을 발견하게 될 것이다."(인도 남부 크랄라 지방 속담; George, Philippians의 빌 1:12-26에 관한 대목에서 언급됨), 또는 "지혜가 재물보다 낫다"(케냐 속담; Mburu, Hermeneutics, 근간에서 언급됨); 공자 어록(중국), 푸블리우스 시루스(로마) 등등.
70 크세노폰과 플라톤의 공통된 사상에 대해서는 Votaw, "Biographies," 222, 233-45과 특히 Marchant, "Introduction," ix-xv을 보라.
71 여기서는 Xenophon, Apology 1을 보라.

크세노폰과 초기 플라톤의 묘사는 실제 구체적인 대화의 자세한 내용보다는 소크라테스의 교육학적인 표현법에 대한 더 적절한 묘사다.[72]

대화편의 특성과 아마도 심지어 대화편의 여러 상황조차 신뢰할 만했지만, 우리는 욥과 욥의 위로자들에 대한 시적인 서술(욥 3:41)과 마찬가지로, 그 대화편도 실제 대화를 옮겨 적은 것으로 받아들여선 안 된다.[73] 대화편은 저자의 생각을 전달하기 위해 수용된 명백히 허구적인 문학 양식이었다.[74] 고대의 비평가들도 그렇게 소크라테스가 한 말에 대한 플라톤의 기록은 허구였음을 인정한다.[75] 소크라테스에 관한 전기적 자료를 수집한 후대의 저술가들도 마찬가지로 대화의 내용보다는 소크라테스에 관한 크세노폰이나 플라톤의 일반적인 정보를 더 거리낌 없이 사용했다.[76]

1915년에 클라이드 보토는 "플라톤과 크세노폰은 우리에게 소크라테스의 사진을 보여주기보다는 그의 초상을 보여주며" 소크라테스를 "그들의 교훈적이고 변증론적인 목적"에 맞도록 변형시킨다고 평했다. 그러나 일단 "그들의 구성이 지닌 본질"을 고려하면 "우리는 전기적 자료를 상당히 성공적으로 건져내서 실제 소크라테스를 알게 될 수 있다."[77] 역사적 재구성에 대한 보토의 확신은 과장된 것처럼 보이지만 (이는 우리 시대보

---

72 Momigliano, *Development*, 53-54.
73 Votaw는 "Biographies," 229에서 디오게네스 라에르티오스가 이런 접근 방식을 취한다고 가정한다.
74 Schenkeveld, "Prose," 213-30; Cicero, *Letters to Atticus* 12.12을 보라. 참조. Lucian, *Nigrinus* 1-12, 38.
75 Dionysius of Halicarnassus, *Demosthenes* 23.
76 다음 문헌을 보라. Diogenes Laertius, *Lives* 2.18-47, 특히 (플라톤에 대해서는) 18, 28-30, 38-39, 45(그러나 40을 참고하라); (크세노폰에 대해서는) 20, 29, 31-32, 45; 크세노폰이 필기를 했다는 주장에 대해서는 2.48을 보라.
77 Votaw, "Biographies," 247(플라톤의 더 초기의 대화편과 크세노폰의 「소크라테스 회상」 1권에서 더 확신을 얻는다)

다는 그의 시대가 좀 더 많이 지닌 특징이다) 보토는 크세노폰이 소크라테스에 관한 참된 정보에 의존했다는 점을 바르게 인식했다.

3.1d. 아리스토텔레스 학파와 아리스토크세노스

크세노폰은 소크라테스의 제자 중에 전기적 관심을 가진 유일한 인물이 아니었다. 플라톤의 전 제자 아리스토텔레스는 다수의 전기적 일화를 사용했고[78] 아리스토텔레스의 추종자들은 일화가 악덕과 미덕을 예시하는 데 유용함을 발견했다.[79] 개인에 대한 이런 종류의 역사적 탐구는 일반적으로 인정된 기준에서 비롯된 순전한 추정보다는 미덕에 대한 좀 더 귀납적인 접근 방식을 제공했다.[80] 일화는 곧 전기 장르의 주된 특징이 된다.

아리스토텔레스의 다양한 제자들이 전기적 관심을 나타냈지만,[81] 학자들은 보통 최초의 실제적인 아리스토텔레스학파(소요학파)의 전기를 아리스토크세노스의 저작으로 간주한다.[82] 그러나 아리스토크세노스와 소요학파의 관련성에도 불구하고 그는 일방적으로 소크라테스를 비판하고 피타고라스를 찬양하며 자신의 묘사와 어울리지 않는 요소들을 생략했다.[83] 아리스토크세노스는 "박식, 학문적 열정, 세부 묘사의 사실성, 풍문" 등이 뒤섞인 전기적 묘사의 헬레니즘 시대를 열었는지도 모른다.[84] 이 시기의 일차적인 관심사는 호기심을 품고 만족시키는 일이었던 것으로 보인다.[85]

---

78 Momigliano, *Development*, 68-69; Burridge, *Gospels*, 69.
79 Momigliano, *Development*, 69; Chance, "Fiction," 135.
80 참조. Momigliano, *Development*, 103.
81 Momigliano, *Development*, 73.
82 Momigliano, *Development*, 74, 76, 79; Frickenschmidt, *Evangelium*, 154-55.
83 Cox, *Biography*, 10-11; Pelling, "Biography, Greek," 241-42.
84 Momigliano, *Development*, 103; 참조. Chance, "Fiction," 135.
85 Momigliano, *Development*, 84.

3.1e. 헬레니즘 시대

전기적 글쓰기는 헬레니즘 시대에만 "비오스"(*bios*) 즉 "전기"라는 칭호를 얻었다.[86] 이 시기에 그리스 전기 문학은 종종 시인들의 생애에 대해 추측하면서 흔히 시인들의 시를 가지고 추론했다.[87] 어떤 전기 문학은 현자에 초점을 맞추었다.[88] 그러나 어떤 학자들은 극단으로 치달아 지식인의 전기만 인정하고 이 시기에 정치적 전기가 존재했음을 부정한다.[89] 이후의 인용문들은 최소한 우리가 전기를 폭넓게 정의한다면 그런 주장이 거짓임을 보여준다. 로마 제국 시대에 지금까지 작품이 전해지는 작가들이 의존한 알렉산드로스 시대 초기 역사서들은 역사 연구서, 송덕문, 전기의 요소들을 혼합한 것이다.[90] 전기 작가들이 시인들의 생애에 대한 정보보다 많은 정보를 접할 기회가 있었던 공적인 인물들에 대한 전기는 더 분명한 역사적 관심을 보여준다.[91]

기원전 2세기에는 현존하는 전기적 자료가 거의 없다.[92] 하나의 단편적인 작품은 사튀로스의 에우리피데스 전기다. 그 이후의 저자인 아테나이우스는 사튀로스를 앞에서 언급한 소요학파와 연관시킨다. 사튀로스의 에우리피데스 전기는 이미 제시한 시인들의 전기에 대한 관찰과 일치한다.[93]

---

86 Momigliano는 *Development*, 12에서 전기(*biographia*)는 기원후 5세기 말에 처음 그 존재가 입증된다고 말한다.

87 Lefkowitz, *Lives*, ix, 70, 128, 177을 보라.

88 Adams, *Genre*, 87-88.

89 Geiger, *Nepos*, 65, 66(참조. 116; 더 자세한 논의는 30-65쪽에 있다).

90 Frickenschmidt, *Evangelium*, 143-44.

91 예를 들어 Frickenschmidt, *Evangelium*, 161을 보라.

92 Momigliano, *Development*, 84-85.

93 여기서 Frickenschmidt, *Evangelium*, 158-59도 주목해 보라.

그렇기는 하지만 그 이후의 현존하는 자료들은 카뤼스토스의 안티고노스의 「철학자들의 전기」(*Lives of Philosophers*)가 그의 시대의 철학자들을 묘사하면서 정확성의 새로운 기준을 세웠음을 암시한다.[94] 이 시기의 알렉산드리아 학자들은 저자들의 작품에 전기적 서론을 덧붙이면서 전기 주인공의 탄생과 죽음, 작품, 생활방식, 제자, 친구들 외에는 연대기를 고려하지 않고 서술했다.[95]

3.2. 유사 족벌주의: 코르넬리우스 네포스

이전의 모든 전기적 자료들이 같은 역사 서술상의 신념을 공유한 건 아니지만 복음서 시대에는 분명히 그러한 신념이 지배적이었다.

가장 완전한 의미에서의 현존하는 전기는 코르넬리우스 네포스(기원전 100년경—기원전 24년경)에서 시작되며 그는 로마 공화국의 마지막 세대에 글을 썼다.[96] 이 시기 이전에는 유적이 너무 단편적이어서 유적을 분류하거나 장르의 일반적인 윤곽을 재구성하기가 어렵다.[97] 그러나 네포스와 더불어 고대 전기는 최소한 공적 인물들을 다룬 현존하는 작품들에 관해서는[98] 꽃을 피우기 시작한다.[99] 최소한 그의 전기 가운데 하나는 당시에

---

94 Pelling, "Biography, Greek," 242; Walbank and Stewart, "Antigonus."

95 Pelling, "Biography, Greek," 242.

96 Momigliano, *Development*, 9.

97 참조. Pryzwansky, "Nepos"; Adams는 *Genre*, 79에서 특히 Swain, "Biography"를 언급한다.

98 Frickenschmidt, *Evangelium*, 163-66을 보라. 그는 추가로 문학적 인물들의 몇몇 전기를 집필했을지도 모른다(Geiger, *Nepos*, 91).

99 네포스 이후의 시대에 대한 이러한 묘사에 관해서는 Frickenschmidt, *Evangelium*, 161, 163-91을 보라.

살아 있었던 인물에 대한 전기였고 아마도 그의 시대에 그런 종류에 속한 최초의 전기 중 하나였을 것이다.[100]

바로(Varro)의 (자서전을 포함한) 전기 작품은 이미 다양한 관련 장르에서 글을 써 온[101] 네포스에게 큰 영향을 끼쳤다.[102] 네포스는 생애 말에 로마 및 외국 장군들의 전기를 쓰기 시작했고[103] 그 과정에서 플루타르코스의 글로 가장 잘 알려진 그리스와 로마의 인물들을 훗날 비교하기 위한 길을 닦았다.[104] 그의 접근 방법은 전기마다 다르다. 그의 내용 배열은 때로는 주제별 배열에 더 가깝지만 때로는 연대기적 배열에 더 가깝다.[105]

네포스가 쓴 현존하는 소수의 전기 중에서 "어떤 것들은 노골적으로 찬양 일색이고 몇 개는 독설을 퍼부으며 나머지는 역사적으로 좀 더 균형 잡혀 있다."[106] 네포스는 그의 전기에서 역사적 오류를 범하지만, 이 오류들은 그의 문화적·역사적 지식의 영역과 가장 동떨어진 자료에서 가장 명백하다. 토마스 해그는 네포스가 "그의 주요 작품 중에서 우연히 살아남은 작품과 관련해서 특히 운이 없었다"고 평한다. "즉 그가 묘사하기로 선택한 유명한 사람들 가운데서 로마인이 아닌 군 지휘관들은 틀림없이

---

100 Geiger, *Nepos*, 95; 참조. Hägg, *Biography*, 188-97, 특히 189-90.

101 Geiger, *Nepos*, 116.

102 Momigliano, *Development*, 96-97; Jenkinson, "Nepos"에 나오는 다른 작품들.

103 Geiger, *Nepos*, 88, 103-4, 116.

104 Momigliano, *Development*, 98; Stadter, "Biography," 533.

105 Burridge, *Gospels*, 73.

106 Hägg, *Biography*, 189. Cornelius Nepos, *On Great Generals* 25(Atticus), 13-18장에서 동사 시제는 이 장들이 네포스의 책 제2판에 대한 개정판임을 암시한다. 역사가들과 전기 작가들은 종종 그들의 저작을 개정했다. 예를 들어 Dionysius of Halicarnassus, *Thucydides* 24을 보라. (다른 저자들도 그들의 작품을 개정했다. 예를 들면 다음 문헌들을 보라. Dionysius of Halicarnassus, *On Literary Composition* 9; Ovid, *Amores* prol.; Suetonius, *Vergil* 22-23, 33; Pliny, *Letters* 5.8.6-7; Aulus Gellius, *Attic Nights* 6.20.)

그의 역량과 가장 거리가 먼 인물들이었다." 네포스는 "그들의 역사적 특수성을 평가하고 되살려내는 데 필요한" 배경이 부족했고 "그리스 문화에 정통하거나 그리스어를 유창하게 구사"하지 못했다.[107] 이와는 대조적으로 아티쿠스에 관한 그의 저작은 저자 자신의 시대와 가까운 전기의 대상에 대한 우리의 기대에 걸맞게[108] 강력하다.[109]

네포스는 그보다 앞선 저자들처럼 좀 더 일반적인 역사 기록에 적절하지 않은 방식으로 한 대상의 삶의 방식을 전기에 적합하게 취급했다.[110] 그렇기는 하지만 그의 작품들은 우리가 알고 있는 헬레니즘 시대의 전기에는 빠져 있는 정확성의 기준을 제공한다.[111] 네포스는 때로는 부주의했지만[112] 온전한 전기의 현존하는 최초의 예들을 제시하며, 로마 제국 시대에 그의 뒤를 이은 전기 작가들처럼 역사적 정보를 사용하는 데 분명히 관심이 있었다.[113] 전기에 대한 역사적 관심은 로마 제국 초기에 발견되는 수준에 도달했지만, 앞뒤 내용을 흐름에 따라 계속 이어간 표준적인 역사 저작과는 다르게 전기의 기본적인 3부 형태를 취하기도 했다.[114]

전기는 도덕적인 모범을 제시함으로써 유용한 공적 목적에 이바지했

---

107 Hägg, *Biography*, 196.
108 이 경우에 그는 아티쿠스를 개인적으로 알고 있었다. Hägg, *Biography*, 189-90을 보라.
109 Hägg, *Biography*, 197; Wright, "Reliability," 3장(크세노폰보다 훨씬 강력하다).
110 Momigliano, *Development*, 99 n. 40에 인용된 Nepos, *On Great Generals* 16(Pelopidas), 1을 보라.
111 Frickenschmidt, *Evangelium*, 159.
112 네포스의 오류에 대한 학문적 강조를 개관한 글을 보려면 Christian, "Themistocles," 104에 인용된 Pryzwansky, "Nepos," 97-100을 보라. 네포스에게 좀 더 우호적인 글을 보려면 Stem, *Biographies*(T. Wright의 글)를 보라.
113 Frickenschmidt, *Evangelium*, 159; Alfred, "Valuation," 82-84(더 자세하게는 그의 "Source Valuation"을 보라); Christian, "Themistocles," 105-39; 또한 (Christian이 언급한) Titchener, "Nepos," 90; Musnick, "Historical Commentary."
114 Frickenschmidt, *Evangelium*, 190, 504.

지만, 그렇게 하기 위해 역사적 정보를 사용했으므로 역사적이지 않은 장르들과 달랐다. 네포스는 정경 복음서에서와 마찬가지로 역사에 대한 관심과 찬미에 관한 관심 둘 다의 전형적인 예를 보여준다.[115]

어떤 이들은 기원전 1세기에 일부 역사 저술가들은 효용을 그들의 목적으로 더 이상 강조하지 않고 그 대신 단순히 "무언가에 관한 참된 이야기"를 쓸 것이라는 점을 강조했다고 주장했다.[116] 그러나 현존하는 자료가 비교적 적다는 점을 고려할 때 이 두 목적을 서로 대립시키는 건 너무 성급해 보인다. 기원후 2세기에 루키아노스는 이 두 목적을 모두 포용한다.[117] 그러나 오늘날 역사 기록에서 역사적 진실에 대한 더 큰 관심을 강조한 것은 사실이다.

3.3. 제국 시대의 전기들

제국 시대에 접어들면 "새로운 분위기"가 지배한다.[118] 제국 시대의 전기들은 소문과 쓸데없는 정보에 관한 관심을 유지하지만, 네포스의 전기처럼 대부분은 이전의 정보에 매우 크게 의존한다.

다마스쿠스의 니콜라우스는 로마 제국에서 예수의 운동이 훗날 시

---

115 Frickenschmidt, *Evangelium*, 166; 미덕에 대해서는 Beneker, "Method," 특히 112-15을 보라.
116 Callan, "Preface and Historiography," 579-80.
117 Lucian, *How to Write History* 53에서는 유용함을 강조하지만 §9에서는 이는 오직 진실에서만 나온다.
118 Momigliano, *Development*, 104.

작된 바로 그 지역에서 그리스어로 글을 썼다.[119] 그의 역사 관련 저작은 114권의 책으로 구성되었고 현재 거의 다 사라졌지만[120] 기억된 과거에 대한 그의 강한 관심을 분명히 보여준다. 그의 단편적인 아우구스투스 전기는 제국 초기의 다른 몇몇 전기보다 더 찬양 일색이어서 헬레니즘 시대의 모델을 연상시킨다.[121] 그렇기는 하지만 니콜라우스는 가끔 주인공의 초기의 약점들을 (비록 긍정적으로 해석하려고 노력하긴 해도)[122] 기록하며 아우구스투스 자신의 자서전에 나오는 자료를 해석하고 있는 듯하다.[123] 현재는 사라진 네로의 몇몇 전기는, 요세푸스가 그 편향성에 대해 불만을 제기하기는 하지만, 마가복음과 거의 같은 시기에 나왔다.[124] 그러나 이 시기에 나온 다른 전기들은 여전히 우리가 좀 더 직접적이고 충분하게 평가할 수 있는 전기들이다.

3.3a. 필론의 「모세 전기」

정경 복음서 이전에 널리 알려진[125] 유대인 저자 필론은 그리스-로마의 전기적 관습을 활용한 몇몇 저작을 집필했다. 어떤 이들은 필론의 「플라쿠

---

119 니콜라우스는 헤롯 대왕과도 연관되었고 요세푸스에게 핵심적인 자료를 제공했다. 다음 문헌들을 보라. *Jewish Antiquities* 1.94, 108, 159; 7.101; 12.126-27; 13.250, 347; 14.9, 68, 104; 16.29-30, 58, 183, 299, 333, 335, 337-39, 342, 370; 17.54, 99, 106, 127, 219, 225, 240, 248, 315-16; *Jewish War* 1.574, 629, 637; 2.14, 21, 34, 37, 92.

120 Develin, "Introduction," 7.

121 예를 들어 Nicolaus, *Augustus* 1 (*FGrH* 125); 18 (*FGrH* 130)을 보라.

122 Nicolaus, *Augustus* 9 (*FGrH* 127); 16 (*FGrH* 130).

123 참조. Momigliano, *Development*, 86; Frickenschmidt, *Evangelium*, 166-67; Alfred, "Valuation," 84(그는 자신의 자료인 Bellemore, *Nicolaus*, xxiv-xxvi에 대해 언급한다); 니콜라우스에 대해서는 추가로 Hägg, *Biography*, 197-204을 보라.

124 Josephus, *Jewish Antiquities* 20.154.

125 Josephus, *Jewish Antiquities* 18.259-60을 보라.

스」(*Flaccus*)나 「가이우스에게 보내는 사절」(*Embassy to Gaius*)을 최근 기억 속에 남아 있는 인물들에 대한 자세한 전기와 비슷한 것으로 간주한다.[126] 필론은 철학적 논문을 쓰는 일에 특히 능하지만, 전기 장르와 역사 장르의 관습을 사용할 때는 그 관습을 따른다.[127]

필론의 모세 오경 "전기"[128] 중 일부는 전기(*bioi*)에 대한 그리스-로마의 주류적인 기대에도 잘 부합하지 않는다.[129] 물론 거기서 그의 목적은, 일부는 명예로운 조상들을 찬양하는 것이고 일부는 그들을 본받아야 할 모범으로 삼는 것이다.[130] 그러나 성경의 유명한 인물들에 대한 필론의 글은 대부분 그리스 전기가 끼친 약간의 영향을 반영하되 좀 더 철학적이다.[131] 이런 경우에 오경의 이야기들을 풍유적으로 풀이하기를 좋아하는 그의 철학적 성향은 주류 전기에 비해 비유를 다소 제한한다.[132]

장르적 관점에서 더 관련성이 있는 것은, 명백히 "전기"라고 불리며[133]

---

126 Borgen, *John*, 13장의 입장이 그러하다. 「플라쿠스」는 변증론적 역사 연구서의 장르에 더 가까울 수도 있다(Meiser, "Gattung").

127 Smallwood는 "Historians"에서 필론은 같은 역사적 사건을 기록할 때 요세푸스보다 훨씬 더 정확하다고 주장한다.

128 Philo, *Joseph* 1을 보라. 참조. *Abraham* 4.

129 어떤 것은 알렉산드리아의 철학적 주석에 나오는 풍유적인 설명과 더 많이 닮았다. 참조. Sandnes, "Markus."

130 Ytterbrink는 *Gospel*, 100-101에서 Philo, *Abraham* 4-5, 217을 정확히 언급한다. 찬양에 대해서는 다음 문헌들도 함께 참고하라. *Abraham* 247, 255; *Moses* 2.191; *Allegorical Interpretation* 2.67. *Moses*에서의 찬사에 대해서는 예를 들어 Feldman, *Portrayal*, 20을 보라.

131 Canevet, "Remarques." 필론은 인물들을 자신의 이상화된 미덕에 알맞도록 각색한다(참조. Petit, "Traversée exemplaire"). 필론의 전기와 플루타르코스의 유사점에 대해서는 Niehoff, "Philo"을 보라.

132 요한복음, 예를 들어 요 1:5; 13:30에 나오는 약간의 가벼운 풍유적인 문학적 기법을 생각할 수도 있겠지만, 먼 과거의 인물에 대한 필론의 초점은 또한 그에게 좀 더 최근 인물에 대해 글을 쓰는 전기 작가들보다 더 많은 자유를 준다.

133 Philo, *Moses* 1.1-4; 2.66; McGing, "Adaptation," 118도 함께 보라. 참조. *Decalogue* 1. 이 저작에 대해 더 깊이 알아보려면 예를 들어 Ytterbrink, *Gospel*, 94-100을 보라. 필론의 「모세

그의 다른 여러 저작보다 풍유적인 특징이 적은[134] 그의 「모세 전기」(Life of Moses)다. 필론은 어떤 정경 복음서보다도 헬레니즘 시대의 상류층 철학의 영향을 훨씬 많이 받았지만, (요세푸스의 「전기」와는 달리) 자서전이 아닌 명확히 유대인적인 전기를 내놓는다. 필론의 「모세 전기」는 상당한 관심을 불러일으켰다.[135]

크세노폰과 그 밖의 몇몇 사람들처럼 필론도 전기의 대상에 관해 시간순 배열과 주제별 배열을 결합한다.[136] 1권에서 필론은 출애굽기 1:1-17:15의 기사, 그다음에는 민수기 13, 20-25, 31-32장의 기사에 나오는 모세의 이야기를 거의 벗어나지 않고 따라간다.[137] 2권에서 필론의 표현 방식은 모세의 죽음을 제외하면 주로 주제별 방식이다.[138] 필론은 여기서

전기」와 정경 복음서들 가운데 한 권 간의 통찰력 있는 비교와 대조를 보려면 최근에 나온 Holladay, "Matthew"를 보라. 대조에는 필론의 더 큰 서사적 상징체계와 그의 훨씬 더 명시적이고 풍부한 찬양 위주의 여담이 포함된다(Holladay, "Matthew," 17-18).

134 Burridge, Gospels, 128. 필론의 전기와 철학에 대해서는 Termini, "Part"를 참고하라. 이 저작과 정경 복음서를 비교하며 둘 다 "찬사 위주의 전기"로 간주하는 글을 보려면 Shuler, "Moses"을 보라.

135 예를 들면 Goodenough, "Exposition"; Robbins, Study; Granata, "Introduzione"; Feldman, Portrayal; 이 저작의 우주론적 신학에 대해서는 Steyn, "Elemente"를 보라. 이 저작에 나오는 중재에 대해서는 Parker, "Swiftly Runs the Word"를 보라. 다른 자세한 사항에 대해서는 예를 들어 McKnight, "Lion Proselytes"; Riaud, "Réflexions"; Berchmann, "Arcana Mundi"를 보라. Damgaard는 Recasting Moses에서 이 전기를 70인역부터 그 이후의 기독교적 저작까지의 모세에 대한 설명이라는 더 큰 틀 속에 놓는다. 교부들이 이 저작을 사용한 데 대해서는 예를 들어 Geljon, Exegesis를 보라. 참조. Malherbe and Ferguson, Gregory of Nyssa.

136 Ytterbrink, Gospel, 103; McGing, "Adaptation," 119. Burridge는 "Review," 477에서 「모세 전기」가 크세노폰의 「아게실라오스」를 본보기로 삼았다고 주장하는데, 이는 아마도 옳은 주장일 것이다. 좀 더 전형적인 한 권짜리 전기들과 달리 이 두 작품은 각기 그들의 주인공을 왕처럼 표현한 다음 그의 미덕들을 상세히 설명한다.

137 McGing, "Adaptation," 119(1.148-62에서 주제에서 벗어난 사실을 언급함); Hidalgo, "Study," 281-86, 특히 286.

138 McGing, "Adaptation," 119; Feldman, Portrayal, 361.

1권에서보다 훨씬 더 많은 비유(예. 성막의 세부 항목에 대한 비유)를 끼워 넣는데, 이는 좀 더 일반적인 그리스-로마의 전기적 전통을 따른 것이다.[139] 좀 더 시간순으로 배열된 부분에서조차 그는 때때로 자료를 시간상 다른 곳으로 옮겨놓는다.[140]

정경 복음서와 마찬가지로 필론은 분명 자신의 메시지를 전달하도록 자료를 구성하는데, 예를 들어 모세를 철학자-왕[141]이자 군사적 지도자[142]로 표현하거나 모세와 발람을 대조한다.[143] 특히 주제별로 배열한 부분에서 필론은 모세를 철학자-왕으로 표현하고 모세를 신적인 사람으로 보는 외부자들의 오해를 교정한다.[144]

---

139 Adams, *Negotiating Genre*, 8장. Adams는 「모세 전기」를 개작된 성경과 전기라는 (잠재적으로 중복될 가능성이 있는) 두 범주에 걸쳐 있는 것으로 본다. 그는 또한 필론이 묘사한 아브라함을 「모세 전기」와 전형적인 전기에서보다 더 영적인 설명이 수반되어 있음에도 불구하고 (이삭과 야곱에 관한 글은 사라진) 수집된 전기의 일부로 본다. 또한 요셉은 아브라함보다 덜 우화적인 전기적 관습에 맞춰진다.

140 McGing은 "Adaptation," 125-26에서 특히 1.33, 40-47을 언급한다.

141 이는 그리스인의 기대에 부응하는 것이다. Feldman, "Birth"; Feldman, *Portrayal*; 더 이전의 글로는 Meeks, *Prophet-King*, 115; 철학자-현자로서의 모세에 대해서는 Clifford, "Moses"를 보라; 예언자로서의 모세에 대해서는 Meeks, *Prophet-King*, 125-29을 보라. 예언자-왕으로서의 모세에 대해서는 Meeks, *Prophet-King*, 107-17을 보라. (오합지졸인 군중과 대비되는) 지혜로운 정치적 지도자로서의 모세에 대해서는 Feldman, "Korah"를 참고하라. 요세푸스의 저작에서는 모세는 결코 왕이 아니다(Meeks, *Prophet-King*, 134-36; 이는 그의 변증을 고려하면 이상한 일이 아니다).

142 군사적 지도자로서의 모세에 대해서는 Canevet, "Remarques"; Feldman, "Spies"도 함께 보라. 요세푸스도 모세를 지휘관으로 묘사한다(Meeks, *Prophet-King*, 133-34).

143 Remus, "Thaumaturges"(모세를 마술과 구별하는 것을 강조함). 발람은 필론의 글에서뿐만 아니라(on *Moses* 1.263-99에 관한 Feldman, "Balaam") 후대의 몇몇 유대 문헌에서도 모세와 대조된다. 예를 들어 다음 문헌들을 보라. Sipre Deut. 357.18.1-2; b. B. Bat. 15b; Exod. Rab. 32:3; Num. Rab. 14:20; Eccl. Rab. 2:15, §2. 더 깊은 논의는 Bowman, "Prophets," 108-14을 보라.

144 Feldman, *Portrayal*; 참조. Scott, "Divine Man"(그는 Carl Holladay의 견해에 동의한다). 그러나 신성과의 연관성에 대해서는 Philo, *Moses* 1.157-58을 참고하라.

필론이 사용한 구약 문헌과 비교할 수 있는 그의 「모세 전기」는 플루타르코스와 정경 복음서에서 관찰되는 기법과 같은 문학적 기법을 따른다(11장을 보라). 필론은 본문의 개요를 상당히 비슷하게 따라간다. 그의 주해로 인한 변화는 대부분 추론으로 설명될 수 있다.[145] 필론은 일화들을 생략하고 내용을 축약하며,[146] 이야기들을 설명적이거나 변증론적이거나 극적인 세부 묘사로 확대하고[147]—비록 그의 전기에 속하지 않는 성경 해석적인 저작과는 대조적으로 아주 드물기는 하지만—때때로 비유적으로 확대한다.[148] 종종 그는 성경의 이야기를 비슷하게 따라가며[149] 그의 설명은 일반적으로 성경의 묘사의 "본질"을 바꾸지 않는다.[150]

필론은 자신의 목적에 적합한지에 따라 여러 요소를 선별하고 생략한다.[151] 전통적인 유대 하가다의 확대와 달리 여기서 필론은 같은 정도까지는 아니더라도 모세에 대한 자신의 인상을 상세한 설명으로 강화한다.[152] 눈에 띄든 그렇지 않든 그는 모세의 생애에 자신의 배경을 투영시켜

---

145 Feldman, *Portrayal*(예를 들면 62쪽을 참고하라)의 입장을 자주 따르는 Hidalgo, "Study"(특히 278-86)를 보라.

146 McGing, "Adaptation," 120, 123-25.

147 McGing, "Adaptation," 127-30, 133. 「모세 전기」에서의 변증론에 대해서는 예를 들면 추가로 Feldman, *Portrayal*, 12을 보라.

148 McGing, "Adaptation," 130-31.

149 McGing은 "Adaptation," 121-23에서 *Moses* 1.278-79에 나오는 민 23:7-10의 예를 제시한다.

150 *Moses* 1.96-139에서의 출 7:14-12:36에 대한 필론의 논의에 대해서는 McGing, "Adaptation," 128.

151 예를 들어 Feldman, "Calf"; Feldman, "Interpretation of Joshua"를 보라.

152 예를 들어 Begg, "Moves"를 보라. 참조. Begg, "Rephidim Episode"에서의 확대; 필론의 글에는 확대가 많지만 요세푸스의 글에는 생략이 더 많다는 점은 Begg, "Retelling"에 나와 있다. 예컨대 떨기나무에 관한 추가적인 세부 정보를 보려면 Josephus, *Jewish Antiquities* 2.266; Philo, *Moses* 1.65-66을 보라. 일반적인 하가다와 기타 초기 유대 문헌의 상세한 설명에 관해서는 Keener, *John*, 1:27-28; Keener, *Acts*, 1:145의 자료와 논의를 보라. 랍비들은

해석하는지도 모른다.[153] 필론은 때때로 모세의 역할을 더 충분히 강조하기 위해 다른 등장인물들을 경시한다.[154] 그러나 모세의 교육과 같은 성경의 이야기에 대한 필론의 몇 가지 각색도[155] 그보다 이전의 전승을 각색한 것일 수도 있다.[156] 따라서 학자들은 독특한 특징들과 동시에 다른 초기 유대 문헌의 개작과 중첩된 부분도 발견한다.[157]

필론은 이처럼 자기 나름의 방식으로 이야기를 진술하되 내용과 관련해서 자신이 가진 자료에 크게 의존한다.

3.3b. 요세푸스의 역사 기록

요세푸스는 필론과 마찬가지로 디아스포라 유대인을 위해 글을 쓰는 유대인 저자로서 특별히 흥미로운 인물이다. 요세푸스는 1세기에 필론보다 늦게 역사서, 변증서, 자서전인 「전기」를 썼다. 요세푸스는 많은 이들보다 더 자유로운 역사가일 수도 있지만,[158] 그의 역사 기록은 포로기 이후 유대

필론이나 요세푸스보다 성경의 이야기들을 더 광범위하게 발전시켰다. 예를 들어 Shinan, "Wyhlm"을 보라.

153 참조. Bloch, "Alexandria."

154 예를 들어 Feldman, "Interpretation of Joshua"; Feldman, "General"(Feldman, "General"과 같은 민 31장에 관해서는 Begg, "Retelling"을 참고하라)을 보라.

155 참조. Feldman, "Birth"; Petitfils, "Tale," 162-63; Philo, *Moses* 1.20-23; Josephus, *Jewish Antiquities* 2.232-37; 행 7:22. 필론과 그리스의 교육에 대해서는 Piccione, "Παιδεία"; 참조. McGing, "Adaptation," 134을 보라.

156 예를 들어 Lanfranchi, "Reminiscences"에 자료로 나오는 비극 작가 Ezekiel의 *Exagoge*를 참고하라.

157 예를 들어 Begg, "Marah Incident"; Begg, "Retelling." 요세푸스는 필론의 이 저작을 알고 있었을지도 모른다. Robertson, "Account," 2장을 보라.

158 예를 들어 역사가들은 실제 사건에 대해 관습적인 형식을 사용할 수 있었고 자살은 매우 흔한 일이었지만(참조. Keener, *Acts*, 3:2498-2507), 요세푸스는 자살에 관한 서술에서 관습적인 형식을 사용한다(Newell, "Forms"). 어쨌든 요세푸스는 다른 수사적인 역사가들처럼 비극적인 비애감을 사용한다. 그 자신의 경험을 고려하면, 그가 역사의 법칙이 그러한 비탄

역사에 관한 주된 정보원이 된다.[159] 요세푸스도 오늘날까지 저작이 남아 있는 다른 역사가들처럼 그가 생각하기에 진실에 관심이 없는 역사가들과 달리 자신은 진실을 쓰려는 의도를 품고 있다고 확언한다.[160] 이러한 주장은 역사가들이 요구한 기준을 상기시키지만, 요세푸스가 그 기준을 충족시키는 정도를 결정하지는 않는다.[161]

요세푸스는 보통 성경 이후 시대에 대해 어떻게 기록하는가? 학자들은 일반적으로 요세푸스의 역사 기록에서 그들이 관심을 집중하는 측면에 따라 요세푸스에 대해 회의적인 태도부터 감탄까지 다양한 반응을 보인다. 예를 들어 그의 발언들은 여러 가지 점에서 깊은 인상을 주지 못하는데,[162] 이는 고대의 역사 기록의 관습이 오늘날의 관행에서 상당히 벗어나는 지점이다.[163]

또한 오늘날 역사가들 대다수는 요세푸스의 인구 추정치는 믿을 만하지 않으며 그는 때때로 거리에 관해 착각하고 있다고 주장한다.[164] 요세

을 금한다는 말과 함께 주제로 곧바로 되돌아오기는 하지만(5.20), 가끔 본론에서 벗어나 슬픔에 빠지는 것은 놀랄 일이 아니다(예. *Jewish War* 5.19).

159 Hengel, *Acts and History*, 7; 참조. Vermes, *Jesus and Judaism*, 139.

160 Josephus, *Jewish Antiquities* 20.156-57, 260, 262, 266. 요세푸스는 경쟁 관계에 있는 역사가를 정확성이 부족하다고 비난하며(*Life* 336) 심지어 그를 계약서 위조범에 비유한다 (337-39).

161 고대의 비평가들은 하나의 수사적 기법으로서 다양한 관점을 기록하긴 하지만, 오늘날 우리가 생각하는 식으로 관점들이 지닌 가치의 다면성을 고려한 적은 거의 없다. 요세푸스는 때때로 전승을 인용함으로써 역사에 관한 자신의 저작을 (다른 역사가들의 저작과 대비하여) 정당화한다(Gillet-Didier, "Paradosis").

162 헤로도토스처럼 요세푸스는 우리의 기준에 따른 발언보다는 이야기를 훨씬 더 잘했다(참조. Mosley, "Reporting," 11-22). 그는 수사학의 영향을 크게 받았다(Botha, "Rhetoric and Josephus"를 보라). Keener, *Acts*, 1:301-4을 보라.

163 Keener, *Acts*, 1:258-319의 논의를 보라.

164 Safrai, "Description in Works," 특히 320-21. 인구 추정치에 대해서는 추가로 행 2:41에 대한 주석을 보라.

푸스가 개인적으로 사람 수를 세어 보거나 거리를 측정했을 가능성은 적으므로 그런 문제들이 반드시 그가 사건들에 대해 전해주는 내용의 본질에 달리 영향을 끼치는 건 아니다. 요세푸스는 가끔 자신의 가장 공적인 정보에 관해서도 실수를 저지르지만,[165] 이는 일반적이라기보다는 예외처럼 보인다.[166] 요세푸스는 아마도 요약보다는 구체적인 사건에 관해서 더 정확한 듯하다. 그는 사건들을 지어내는 것이 아니라 사건에 대해 부연 설명하고 거기에 자신의 편향된 관점을 더한다. 실제로 그의 전반적인 요약은 때때로 그 자신이 전해주는 정보와 충돌한다.[167]

요세푸스의 편향성은 그냥 지나치기가 어렵다. 그가 성경의 서술을 각색한 여러 대목조차 로마인 후원자들과 이방인 독자들이 좋아하는 점들을 강조한다.[168] 그의 저작 중 일부는 그가 속해 있었다고 알려진 집단인 바리새인들을 편애한다.[169] 요세푸스의 자기변호적인 경향은 그의 역사서

---

165 예를 들어 Josephus, *Jewish Antiquities* 18.206을 참고하라. 이는 최소한 우리가 가진 본문에서 게르마니쿠스와 티베리우스의 관계를 잘못 해석한 것이다.

166 때때로 예를 들어 펠릭스의 전체 이름을 둘러싸고 상당한 논쟁이 있다. 요세푸스에 대한 반론을 보려면 시험적으로 Hemer, "Name of Felix," 47-48을 보라. 요세푸스의 견해에 찬성하는 글로는 Bruce, "Name of Felix"; Kokkinos, "Gentilicium"; Keener, *Acts*, 3:3329-31을 보라.

167 요세푸스의 요약에서 제기된 문제점들에 대해서는 예를 들어 McLaren, "Josephus' Summary Statements"을 보라. 다른 이들이 제기한 문제가 많은 요약적 진술에 대해서는 예를 들어 Justin, *Epitome of the "Philippic History" of Pompeius Trogus* [앞으로는 *Epitome*로 약칭함] 3.2.3을 보라.

168 예를 들어 Begg, "Amaziah," "Nahum," "Uzziah"; Feldman, "Asa," "Joseph," "Manasseh," "Pharaohs," "Ezra"를 참고하라. Josephus, *Jewish Antiquities* 11에서 아하수에로를 전적으로 긍정적인 인물로 탈바꿈시킨 점도 참고하라(Feldman, "Ahasuerus"). Begg는 "Gedaliah"에서 요세푸스의 몇 가지 기록이 그의 경험에서 받은 영향을 반영할지도 모른다고 주장한다.

169 하지만 어떤 이들은 그가 변화된 정치적 지형으로 인해 바리새인과의 관련성을 강조한다고 생각한다. Williams는 "Josephus on Pharisees"에서 반(反)바리새인적인 구절들의 출처를 (그 출처가 다마스쿠스의 니콜라우스라는 견해를 부정함으로써) 요세푸스로 간주한다. 요세푸스는 공식적으로 바리새파에 가담하지는 않고 바리새파 신앙의 많은 부분을 따랐을

와 자서전의 가장 중요한 특징이다.[170] 그는 유대인들을 대신하여 자신의 변증을 진척시키기 위해 (진정한 선례에 근거한 것임에도 불구하고) 로마 제국에서의 유대인의 특권을 과장하는 것일 수도 있다. 그는 유대인 분파를 그리스의 철학적 이상의 관점에서 표현했다.[171]

요세푸스는 로마를 자기 민족에 대해, 그리고 자기 민족을 로마에 대해 변호한다.[172] 그는 유대-로마 전쟁을 사실상 무능한 총독들과 소수의 유대인 "도적들"이 유대를 로마와 원치 않는 충돌로 몰아넣은 하나의 사고로 표현한다.[173] J. D. 크로산은 요세푸스의「전쟁사」에 대해 풍자적이면서도 통찰력 있게 다음과 같이 논평한다. "양쪽의 최고 귀족 출신 중에 누구도 죄가 없다."[174] (물론 요세푸스 자신의 관점은 유대인 귀족의 편을 드는 귀족의 관점이다.)[175]

그러나 요세푸스의 편견은 보통 우리가 그의 저작을 역사적 재구성을 위해 사용하는 것을 크게 방해하지는 않는다. 어느 역사가가 지적하듯

지도 모른다(Mason, "Pharisee").

170 예를 들어 Harrington, "Bible," 245; Sanders, *Judaism*, 6을 보라. 자서전에 관해서는 Mason, *Josephus and New Testament*, 41-42, 73-76을 보라. 한 사람의 영혼을 드러내고 중요한 개인적 약점을 밝히는 고백록이라는 자서전의 더 좁은 장르는 아마도 시기적으로 아우구스티누스보다 앞서지는 않을 것이다.

171 예를 들면 Ferguson, *Backgrounds*, 387의 견해와 같이.

172 널리 알려진 바와 같이, 예를 들어 Neusner, *Politics to Piety*, 2; Crossan, *Jesus*, 93.

173 이 시기로부터 거의 3세기 전에 이탈리아의 한 도시는 몇 명의 말썽꾼(이 경우에는 그들의 지도자들)에게 강요를 받았다는 이와 똑같은 변명을 사용하여 처벌을 피했다(Livy, *History* 24.47.6). 내가 나이지리아 북부에서 경험하고 관찰한 사실은 내게 소수의 극단주의자들이 궁극적으로 더 광범위한 갈등을 촉발할 가능성에 대해 더 많은 관심을 기울이게 해주었다.

174 Crossan, *Historical Jesus*, 93. 때때로 로마인들은 소수의 무리가 다른 이들을 로마에 저항하도록 강요했다는 변명을 받아들인 것처럼 보였다(Livy, *History* 24.47.6, 기원전 213년).

175 예를 들어 Pastor, "Strata"를 참고하라. 요세푸스는 자신의 명성을 과장했으나 (Krieger, "Verwandter"의 견해대로) 그가 제사장 출신의 귀족에 속하지 않았는지는 분명치 않다.

이 "이런 편견은 예상할 수 있는 것"이고 보통은 아주 쉽게 알아볼 수 있다. "그의 특별한 관심사와 그가 때때로 잘못 알고 있었다는 인식을 적절히 참작하면 독자는 요세푸스가 전반적으로 신뢰할 만하다는 점을 발견하게 될 것이다."[176]

그러나 (요약 속의 편견을 포함한) 편견, 발언들, 이해하기 어려운 추정치들의 예를 제외하면 요세푸스는 역사적 사건의 문제에 대해서는 전반적으로 정확하게 말한 것으로 드러난다. 이는 아마도 그의 이야기에서 연설이 없는 대부분의 사건들은 그가 정확하다고 믿는 정보를 반영하고 있음을 암시할 것이다. 비문들은 때로는 논란이 된 유대와 관련된 정보에 관한 그의 정확성을 확증해 주고 때로는 다른 역사가들을 반박한다.[177] 고고학은 우리에게 물리적 자료와 관련해서 요세푸스를 검증할 수 있게 해준다. 고고학은 그의 일부 주장에 도전하기도 하지만[178] 그가 우연하게 정확히 말했을 리가 없는 사소하고 지엽적인 일에 속하는 많은 부분에서 그가 옳았음을 입증했다.[179]

거리에 대한 추정치를 제외하면 요세푸스는 지리적인 문제에 관해서는 일반적으로 신뢰할 만하며[180] 고고학은 그가 잘 알고 있었던 예루살렘에 관한 그의 기록을 대부분 확증한다. 이 부분에서 그는 몇 가지 오류에도 불구하고 정밀한 치수에 있어서조차 보통은 정확하다.[181] 약간의 예외

---

176 Ferguson, *Backgrounds*, 387.
177 참조. 아마도 Kokkinos, "*Gentilicium.*"
178 Fischer and Stein, "Marble."
179 예를 들어 다음 참고문헌들을 보라. Syon, "Gamla"; Cotton and Geiger, "Yyn"; Mazar, "Josephus and Excavations"; Safrai, "Education," 995; Feldman, "Introduction," 45-46; Thackeray, *Josephus*, 49; Riesner, "Gate"; Pixner, "Gate"; Pixner, Chen, and Margalit, "Zion."
180 Safrai, "Description in Works," 특히 320-21.
181 Feldman, "Introduction," 45-46; Mazar, "Josephus and Excavations," 325-29; McRay,

는 있지만, 발굴 결과는 가이사랴에 대한 그의 묘사를 확증한다.[182] 이스라엘의 고고학자 이가엘 야딘(Yigael Yadin)은 요세푸스의 편견에도 불구하고 발굴 결과는 그의 시대에 대해서나 그 이전 시대에 대해서나 그의 말을 확증한다고 결론지었다.[183]

그러므로 학자들은 의구심이 있음에도 불구하고 보통 요세푸스가 말하는 사건들의 주된 개요를 정확한 것으로 받아들인다.[184] 모슬리(Mosley)가 지적하는 대로[185] 요세푸스는 정확성을 주장할 뿐 아니라[186](주장 그 자체는 정확성을 전혀 보장하지 않는다) 책의 사본들을 베스파시아누스, 티투스, 칼키스의 헤롯, 아그립바에게 바쳤다. 따라서 그는 그들도 알고 있는 사건들을 감히 심각하게 와전하지는 않았을 것이다.[187] 요세푸스는 역사적 정확성의 현대적 기준을 충족시키려고 애쓰지는 않았지만, E. P. 샌더스는 이렇게 결론짓는다. "그를 검증할 수 있는 어떤 대목에서든 그는 꽤 공정한 역사가였다고 볼 수 있다."[188]

Archaeology, 117-18; Charlesworth, *Jesus within Judaism*, 118-19.

182 McRay, *Archaeology*, 140, 144.

183 Shanks, "BAR Interviews Yadin," 19에 실린 Y. Yadin의 말.

184 Thackeray, *Josephus*, 49; Mosley, "Reporting," 23-24.

185 Mosley는 "Reporting," 23-24에서 요세푸스는 발언들을 자유롭게 집필했지만 많은 1차 문헌을 가지고 있었다고 말한다(예. *Jewish Antiquities* 14.144-45, 189, 219, 224, 228).

186 *Jewish Antiquities* 1.17; 20.154-57, 260-62; *Jewish War* pref.9-12, 30; 7.454-55; *Against Apion* 1.47; *Life*, 65.

187 Josephus, *Against Apion* 1.50-51. 이는 마치 누가가 데오빌로가 알고 있는 사건들과 모순되는 사건들을 지어내고도 쉽게 그냥 넘어갔을 리는 없었을 것이라는 점과 마찬가지라고 할 수 있을 것이다(눅 1:4); Woldemariam, "Comparison," 218에 나오는 Xenophon, *Agesilaus* 3.1도 참고하라. 누구나 알고 있는 일에 호소하는 행위에 관해서는 예를 들어 Xenophon, *Agesilaus* 3.1; Dionysius of Halicarnassus, *On Literary Composition* 22; Cicero, *Against Verres* 2.3.30.71; Josephus, *Against Apion* 2.107; Keener, *Acts*, 4:3497-98, 3542을 보라. 이러한 호소는 다양한 자료를 포괄하므로 다른 호소보다 더 높은 수준의 호소다.

188 Sanders, *Judaism*, 6. 요세푸스의 신뢰성을 반박하는 많은 주장은 과장되어 있다. 예를 들어

3.3c. 요세푸스의 자서전

요세푸스의 자서전은 당면한 문제와 전반적으로 관련이 있지만, 여기서 우리의 일차적인 관심사는 그의 자서전이다. 어떤 이들은 자서전을 다른 부류의 전기적인 글과 엄격하게 구별하려 해왔으나[189] 확실히 이 시기에 는 자서전이 전기의 한 유형이었다.[190] 자전적인 글은 일찍이 파라오 시대의 이집트에서부터 이런저런 형태로 나타나기도 한다.[191] 자전적인 글은 일기나 그 밖에 「페르시아 원정기」[192]에 나오는 크세노폰이 직접 목격한 체험과 같은 개인적 회고록으로부터 더욱 발전했다.[193]

자전적인 글은 기원전 1세기에 알려져 있었고 어떤 자서전은 심지어 아우구스투스 황제가 쓴 것이다.[194] 아우구스투스의 자서전이 나온 지 한 세기가 넘은 뒤 하드리아누스도 자전적인 글을 썼다. 비록 그가 가명으로 썼고 아마도 희롱조로 자신의 해방 노예 중 한 명이 그것을 썼다고 했지만 말이다.[195] 그렇기는 하지만 학자들은 보통 요세푸스의 1세기 말의 「전기」를 현존하는 최초의 완전한 자서전적인 저작으로 간주한다.[196]

요세푸스의 「전기」는 그의 인생 여정 전부를 고르게 설명하는 대신 그가 유대-로마 전쟁에 관여했던 결정적인 시기,[197] 그의 인생에서 그를

Rajak, *Josephus*, 9-10을 보라.

189 Cohn, *Distinction*, 30-37(De Temmerman, "Formalities," 4 n. 4에서 인용됨). Geiger는 *Nepos*, 79-80에서 그리스의 회고록은 고려하는데 자서전은 고려하지 않는다.

190 Geiger, *Nepos*, 79; Momigliano, *Development*, 14, 95; Stadter, "Biography," 530.

191 Simpson, *Literature*, 401-27.

192 Momigliano, *Development*, 57.

193 Momigliano, *Development*, 14-15, 18, 62, 89-90.

194 Laistner, *Historians*, 35-37; Momigliano, *Development*, 86을 보라.

195 Burgersdijk, "Implications," 255(*Historia Augusta* 16.1).

196 Rodgers, "Justice," 169.

197 Rodgers는 "Justice," 169-70에서 Josephus, *Life* 28-413을 언급한다.

비판하는 이들로부터 비난의 표적이 되었던 시기에 초점을 맞춘다. 이 책과 「유대 고대사」의 분명한 관련성은 이 책의 구성이 전기와 역사의 양립 가능성을 분명히 보여주는 역사 기록적인 구성일 것이라는 기대감을 전달한다.[198]

자서전은 얼마나 정확했는가? 자서전은 이후의 전기들에 수용될 만한 자료를 제공해줄 만큼 충분히 정확한 것으로 여겨졌다.[199] 이치에 맞지 않는 자랑에 대한 문화적 멸시[200] 때문에 자서전은 다른 인물들에 대한 전기보다 직접적인 찬양의 말을 하기에는 덜 자유로웠다.[201] 그러나 앞으로 보게 되겠지만 요세푸스의 자서전은 (비록 그런 자유는 그의 다른 역사에 관한 저작에서의 자유와 비슷한 것일 수도 있지만) 자유를 누린다.

이 책을 역사에 관한 저작인 요세푸스의 「유대 고대사」에 나오는 기록과 비교해 보면 몇 가지 중요한 차이점이 보인다.[202] 아마도 가장 중요한 차이점은 요세푸스가 이제 이전에 무시했던 유스투스를 다루어야 한다는

---

198 특히 Josephus, *Jewish Antiquities* 20.266; *Life* 430; Eusebius, *Ecclesiastical History* 3.10.8을 언급하는 Smith and Kostopoulos, "Biography," 404-5을 보라.

199 Momigliano, *Development*, 86.

200 예를 들어 다음 참고문헌들을 보라. 잠 27:2; Aristotle, *Nicomachean Ethics* 4.3.36, 1125a; Thucydides, *History* 3.61.1; Dionysius of Halicarnassus, *Roman Antiquities* 1.1.1; Publilius Syrus, *Sentences* 597; Cicero, *In Defense of Caecina* 11.36; *Letters to Friends* 5.12.8; Quintilian, *Orator's Education* 11.1.15-19, 22; Josephus, *Against Apion* 2.135-36; Dio Chrysostom, *Orations* 45.2; 57.3-9; Pliny, *Letters* 1.8.4-6, 13; 7.4.10; 9.15; Plutarch, *Cicero* 24.1; *Marcus Cato* 14.2; 19.5; *Praising Oneself Inoffensively Moralia* 539A-547F(특히 15, *Moralia* 544D; 19, *Moralia* 546F); Symmachus, *Letters* 1.1.6; 1.16.2; Forbes, "Self-Praise"; Marshall, *Enmity*, 353-57; Watson, "Boasting," 78-81; Aune, *Dictionary*, 81-84; Wojciechowski, "Boasting"; 하지만 Cicero, *Against Piso* 1.2; Fronto, *To Antoninus* 1.2.9; Judge, *First Christians*, 66-70; Smit, "Practice," 347-52도 참고하라.

201 Momigliano, *Development*, 15; 참조. Lyons, *Autobiography*, 53-59.

202 Rodgers, "Justice," 170; Mason, *Life*, 213-22; Henderson, "Life and War"; Henderson, "Comparison."

점일 것이다.[203] 유스투스가 이제 사건들에 대한 자기 나름의 이야기를 썼기 때문이다.[204] 두 저자 모두 잘 알았던 후대의 한 저자는 유스투스의 기록보다 요세푸스의 기록을 선호하지만,[205] 요세푸스의 시대에 유스투스는 만만찮은 잠재적 경쟁 상대였다. 요세푸스도 유대 민족에 관한 변증론적 역사서(「유대 고대사」)를 썼듯이 유스투스도 모세부터 아그립바 2세까지의 유대의 통치자들에 대해 쓴 것으로 전해진다.[206] 더 중요한 것은 유스투스가 아그립바를 위해 일했고 따라서 요세푸스의 모순점과 특히 아그립바에 대한 외견상의 어떤 비판에도 도전할 준비가 되어 있었다는 점이다.[207] 요세푸스는 "자기 민족의 문학적 대변인"이자 명예로운 아그립바에게 충성하는 사람이라는 로마에서의 자신의 평판을 지켜야 했다.[208]

그러나 요세푸스는 최소한 자신이 주장하는 내용에 대한 직접적인 정보원이다. 그는 사건들에 대해 아무런 직접적인 지식 없이 글을 쓴 이들을 비난하며, 그런 글을 유대-로마 전쟁에 대한 자신의 지식과 대조한다.[209] 요세푸스는 자신이 주장하는 많은 내용의 목격자였을 뿐 아니라[210] 필기도 했고[211] 예루살렘에서 온 탈영병들에게서도 보고를 받았다고 주장

---

203 Rodgers는 "Justice," 170, 175에서 Life 41을 언급한다; 참조. 36, 65, 88, 175-78, 186, 346, 390-93, 410.

204 참조. Rodgers는 "Justice," 182에서 Life 40, 338을 언급한다; 참조. 336, 340, 367.

205 Photius, Bibliotheca 33. 이러한 선호는 아마도 부분적으로는 변증론적인 관심에서 비롯되었을 것이다. Henderson, "Comparison," 264을 보라.

206 Rodgers는 "Justice," 183에서 Photius를 언급한다.

207 Rodgers는 "Justice," 185에서 Jewish Antiquities 20.189-91, 145-46, 211-12, 214, 216-18을 언급한다.

208 Rodgers, "Justice," 185.

209 Against Apion 1.45-49.

210 예. Against Apion 1.48-49.

211 Against Apion 1.49. 고대의 필기에 대해서는 15장의 논평을 보라.

한다.[212]

요세푸스의 자서전은 이처럼 비판적으로 접근했을 때 유용한 자료가 된다. 그러나 고고학적 자료를 가지고 검증하는 일 외에도 우리는 요세푸스가 (「유대 고대사」에서) 70인역을 다루는 방식을 같은 사건에 관한 다른 저작에서의 부연 설명과 비교함으로써 그의 자료 편집을 검증해볼 수 있다. 요세푸스는 11장에서 언급된 온갖 종류의 각색을 한다.[213] 그러나 그는 발언들 외에는 보통 "자기 머리로나 미드라시 식의 설명으로 사건이나 일을 만들어내지는 않는다."[214] 이런 면에서 그는 앞으로 다룰 플루타르코스와 닮았다.[215]

우리는 요세푸스가 그의 원자료와 본질상 같은 이야기를 한다고 보지만, 그는 현대의 학문적인 전기 작가들은 허용하지 않겠지만 고대의 독자들은 분명 더 편안하게 느꼈을 문학적 자유도 누린다. 가장 큰 차이점은 요한복음과 공관복음 사이의 전형적인 차이점을 훨씬 능가한다. 10장에 나오는 논의를 보라.

3.3d. 타키투스의 「아그리콜라」

타키투스는 로마 제국 초기의 매우 존경받은 역사가다.[216] 그의 시대의 다

---

212 *Against Apion* 1.50. 요세푸스는 아마도 통역자 역할을 했을 것이고 성 안의 상황에 관해서 피난민에게 묻고 그를 위해 통역하는 일에 익숙했을 것이다.

213 Downing, "Redaction Criticism 1", 49-55을 보라.

214 Downing, "Redaction Criticism 1", 55-56(그는 연구한 단락에서 아무런 새로운 사건도 발견하지 못한다); Downing, "Redaction Criticism 2", 33.

215 플루타르코스에 대해서는 Pelling, *Plutarch and History*, 143-70을 따르는 De Pourcq and Roskam, "Virtues," 177을 보라. 더 폭넓은 관습을 반영하는 요세푸스에 대해서는 Downing, "Redaction Criticism 2", 30을 보라.

216 예를 들어 Laistner, *Historians*, 121, 129; Mosley, "Reporting," 20-22; Hadas,

른 역사가들과 마찬가지로 그는 역사가 도덕적인 가르침과 관련된 많은 실례를 제공한다고 믿었지만,[217] 역사에 관한 글은 정확한 정보에 근거해야 한다고 주장했다.[218]

고대의 장르들은 유연했고 타키투스의 「아그리콜라」는 그의 다른 장점들을 발휘함으로써 장르들을 뒤섞는다. 푸블리우스 코르넬리우스 타키투스(기원후 58-120년)는 그의 별세한 장인 그나이우스 율리우스 아그리콜라(기원후 40-93년)를 기념하는 글을 쓰지만, 다른 곳에서 사용한 다른 장르들과 관련된 엄청난 양의 자료, 즉 (그의 「게르마니아」[Germania]와 같은) 민족지학과 (그의 「역사」[Histories]나 「연대기」[Annals]와 같은) 역사적인 내용도 엮어 넣는다.[219] 그러나 전기(와 역사)에서 지리에 관한 여담 및 역사와 전기의 중첩이라는 오랜 전통을 고려할 때, 우리는 여전히 「아그리콜라」를 상당히 전기적인 저작으로 읽을 수 있을 것이다.

타키투스는 당연히 장인을 존경했으므로 칭찬의 요소는 놀라운 것이 아니다.[220] 그러한 칭찬은 그가 허구적인 에피소드를 지어내는 데 의존했음을 의미하지 않는다. 타키투스는 그의 역사적 핵심을 왜곡하지 않은 채

"Introduction," xviii; Syme, "Tacitus"; Pelling, "Historiography," 716을 보라. 참조. Marincola, "Tacitus' Prefaces." 현대의 독자들은 종종 타키투스처럼 수사적으로 부연 설명하는 저작보다 역사에 관한 정보를 요약해주는 저작들을 더 신뢰한다(Woodman, *Rhetoric*, 204은 이 점에 있어서 벨레이우스 파테르쿨루스를 선호한다). 그러나 타키투스를 다른 현존하는 문헌들과 비교해 보면 그가 최근 역사에 대한 자료의 줄거리를 따랐거나 최소한 그에게 의존했을 그의 동시대인들이 그가 그렇게 했다고 믿었음을 알 수 있다(Keener, "Otho"를 보라).

217 Moore, "Introduction," xiii; Hadas, "Introduction," xvii-xix; Laistner, *Historians*, 113-14; 예를 들어 Tacitus, *Agricola* 1; *Annals* 3.65을 보라.

218 Tacitus, *Annals* 4.11.

219 Whitmarsh, "Book," 307; 참조. Frickenschmidt, *Evangelium*, 171-73; Collins, *Mark*, 26 n. 73; Wright, "Reliability," 4장.

220 Whitmarsh는 "Book," 309에서 특히 Tacitus, *Agricola* 2.1; 3.3; 42.5; 46.2을 언급한다.

부연 설명을 하기 위해 틀에 박힌 과시적 상투 어구를 사용하지만, 고고학은 그의 여러 기록을 확증한다.[221]

3.3e. 플루타르코스의 「영웅전」

플루타르코스(기원후 45-50년에서 120-125년)는 네포스의 라틴어 전기가 나온 지 약 150년 뒤에 그리스어로 글을 썼고 문학적으로 훨씬 더 세련된 글을 썼다.[222] 플루타르코스는 대개 공적인 인물들에 대한 글을 쓴다. 그가 전기를 쓴 웅변가 데모스테네스나 플라톤의 제자 디온[223]과 같은 지적인 인물들 가운데 어떤 이들은 공적인 지도자이기도 했다. 그가 썼다고 전해지는 227개의 저작 중에는 그의 저작으로 여겨지는 40편 이상의 전기를 포함한 다수의 저작이 지금까지 남아 있다.[224] 그의 전기는 서로 짝을 이루는 그리스인들과 로마인들의 24편의 전기 모음집, 갈바와 오토의 전기만 남아 있는 로마 황제들의 전기, 몇몇 시인들, 영웅들, 지도자들과 한 명의 철학자를 포함한 다른 흥미로운 인물들에 관한 전기 등을 포함한다.[225]

플루타르코스의 전기들은 네포스의 그 이전의 전기들과 마찬가지로 몇몇 전통적인 시인들의 전기와 달리 그가 역사적인 자료라고 믿은 사료에 의존하고 있다.[226] 그는 아마도 자신의 로마인 전기를 위해 네포스의 자료 중 일부를 사용할 수 있었을 것이고 그리스인과 로마인의 전기들을 비

---

221 Hägg, *Biography*, 204-14, 특히 213(그는 특히 Martin, "Tacitus on Agricola," 12; Hanson, "Agricola"의 견해를 따른다.).
222 Geiger, *Nepos*, 117.
223 Plutarch, *Dion* 1.1.
224 Frickenschmidt, *Evangelium*, 168.
225 Frickenschmidt, *Evangelium*, 168; 참조. Geiger, *Nepos*, 93.
226 Frickenschmidt는 *Evangelium*, 169에서 이 저작들과 정경 복음서의 양립 가능성을 강조한다.

교하는 데 있어서 네포스의 모델을 따랐겠지만, 그의 그리스인 전기는 더 완전한 정보를 반영한다.[227] 본서 11장에서 언급할 잦은 각색에도 불구하고[228] 우리가 말할 수 있는 한 플루타르코스는 보통 이야기를 지어내거나 그가 역사적으로 중요하다고 간주한 문제들을 왜곡하는 일을 피했고, 주인공의 어린 시절의 공백과 같은 정보상의 공백이 그런 관행을 유도하는 것처럼 보일 때도 그랬다.[229]

플루타르코스는 연대기적 순서를 바꾸어놓거나 일화들을 종종 임의대로 배열하는데도 불구하고 주제별 구성보다는 연대기적 구성을 더 따른다.[230] (그의 연대기는 반드시 사건들이 발생한 순서에 상응하는 게 아니라 사료 편찬과 좀 더 비슷해 보이는 서사적인 연대기다.)[231] 플루타르코스의 작품들은 (현대의 문학적, 역사 기록적 기준에 따르면) 그리스-로마의 역사적 전기의 정점으로서 앞으로 이어질 여러 장에서 중요한 작품으로 밝혀질 것이다.

3.3f. 수에토니우스의 「황제 열전」

마태와 누가가 마가복음을 발전시킨 것처럼 가이우스 수에토니우스 트란퀼루스(기원후 69년경-기원후 130-140년경)는 아마도 그보다 손위의 동시

---

227 Geiger, *Nepos*, 118-19.
228 더 자세하게는 Licona, *Differences*, 23-111을 보라. 확신할 수는 없지만, 플루타르코스가 각색한 내용은 의도적으로 보인다. 예를 들어 Pelling, *Plutarch and History*, 52, 77, 80, 87, 107, 155을 보라.
229 De Pourcq and Roskam, "Virtues," 177과 Hägg, *Biography*, 254은 둘 다 Pelling, *Plutarch and History*, 143-70, 301-38의 견해를 따르고 있다.
230 예를 들어 Ytterbrink, *Gospel*, 108의 견해와 마찬가지로.
231 예를 들어 Pelling, "Adaptation," 128-29; Licona, *Differences*, 47, 50-51, 67, 72, 108, 110; Licona, "Viewing," 326을 보라.

대인들인 타키투스와 플루타르코스의 모델을 발전시켰을 것이다.[232] 수에
토니우스는 하드리아누스 황제(기원후 117-138년)의 치세 초기에 「황제 열
전」을 쓰기 시작했다.

수에토니우스는 그 이전의 황제들에 관한 글을 쓰는 데 사용할 수 있
는 자료가 훨씬 더 많았다. 그는 정보가 적은 황제들에 대해서는 더 간결
하게 썼고[233] 자료가 가장 빈약한 시인들과 그 밖의 사람들에 관해서는 별
도의 작품에서 상당히 적은 분량으로 썼다. 황제 전기는 그 시대의 역사와
분리될 수 없었으나 수에토니우스의 전기는 일반적인 역사서에 등장했다
면 훨씬 더 부적합했을 황제들의 사생활과 관련된 일화나 소문을 귀중하
게 여긴다.[234] 그러나 수에토니우스는 많은 소문을 삽입했지만[235] 언제나
그 소문에 동의한 것은 아니다.[236] 한 연구는 수에토니우스의 여러 주장을
검증하기 위해 비문을 사용하여 그러한 증거가 수에토니우스가 쓴 글을
일반적으로 뒷받침하며 때때로 설명해준다는 사실을 보여주었다.[237]

하지만 아델라 야브로 콜린스(Adela Yarbro Collins)가 지적하듯이, 수
에토니우스가 "자료를 수집하고 정리하며 제시하는" 접근 방법은 "학식
있는 문법학자와 고서적 애호가의 접근 방법"이지만, "그는 [전기적인 글
의] 학자적인 유형을 넘어 역사적인 유형으로 나아갔다."[238] 여러 역사가
및 전기 작가와 비교해 보면 수에토니우스는 다른 전기들보다 일관된 묘

---

232 한 참고문헌 목록을 보려면 Benediktson, "Survey"를 보라.

233 참조. Geiger, *Nepos*, 27.

234 Frickenschmidt, *Evangelium*, 171.

235 Cary and Haarhoff, *Life*, 272.

236 예를 들어 Suetonius, *Augustus* 68을 보라.

237 Nelson은 "Value"에서 내게 Christopher Chandler라는 학생이 쓴 논문에 관심을 불러일으
    켰다. 그 논문의 설명은 "의도하지 않은 우연의 일치"를 근거로 한 역사적 논증에 어울린다.

238 Collins, *Mark*, 33.

사를 제시하는 데는 덜 몰두하지만, 더 높은 수준의 객관성을 보여준다.[239] 플루타르코스와 마찬가지로 수에토니우스도 앞으로 이어질 여러 장, 특히 10장에서 두드러지게 등장할 것이다.

3.3g. 루키아노스의 「데모낙스」

빌라도는 예수를 공적이고 정치적인 인물로 처형했으나 예수는 확실히 현자이기도 했다. 따라서 로마 제국 초기의 한 현자에 대한 현존하는 몇 안 되는 전기 중 하나인 루키아노스의 「데모낙스」는[240] 여기서 약간 길게 논평할 만할 가치가 있다. 어떤 이들은 알렉산드로스와 페레그리노스에 대한 루키아노스의 비판과 루키아노스가 니그리노스와 나눈 대화를 더 넓은 의미에서 전기적인 글로 간주하지만,[241] 우리는 루키아노스가 「데모낙스」를 전기로 쓰려 했다고 훨씬 더 확신할 수 있다.[242]

루키아노스는 데모낙스를 추모하는 한편 동시대의 본받을 만한 모범을 제시하기 위해 글을 쓴다.[243] 이 경우에 루키아노스(기원후 120년-180년 이후)는 2차 자료에 의존할 이유가 별로 없다. 그는 최근의 한 인물에 대한 글을 쓰면서 외견상 그의 제자로서 그와 함께 개인적으로 상당히 많은 시

---

239 Christopher Chandler가 내게 주목하게 한 Benediktson, "Survey," 388을 참고하라. 수에토 니우스는 그가 다루어야 했던 자료를 고려해 볼 때 전기를 유형화하되 융통성 있게 유형화 한다(참조. Hurley, "Rubric Sandwich").

240 참조. Adams, *Genre*, 89.

241 Clay, "Lucian"; Adams, *Genre*, 89. 페레그리노스가 전기와 자서전에 대한 기대를 조종하는 것에 대해서는 König, "Lives," 227을 보라. 그는 페레그리노스와 데모낙스의 동기를 대조 한다(237).

242 Beck, "Demonax," 80을 보라.

243 Lucian, Demonax 2.1-8(Moeser, *Anecdote*, 247과 같은 의견).

간을 보냈다고 주장한다.[244] 루키아노스는 「아게실라오스」를 쓴 크세노폰
과 마찬가지로 전기의 대상을 개인적으로 알고 있다.[245] 그러나 예수와 마
찬가지로 데모낙스는 그의 추종자들이 저술하지 않은 다른 동시대의 문
헌들에 별로 깊은 인상을 주지 못했다.[246]

루키아노스는 이제는 친숙해진 전기적 양식을 따라 송덕문과 일화를
위한 별도의 단락을 삽입한다. 크세노폰의 「아게실라오스」가 왕의 미덕을
잘 보여주는 일화들을 제시하기 전에 전반적으로 왕의 업적을 찬양하는
것처럼 루키아노스도 둘 다 제시한다.[247] 먼저 루키아노스는 3-11장에서
데모낙스를 칭송하며 친숙한 전기적 주제들을 사용하고 나서 12-62장에
서 데모낙스에 관한 일화로 화제를 전환한 다음 마지막으로 63-67장에
서 그의 죽음과 장례를 찬미하는 어조로 다룬다.[248] 긴 일화 부분 안에 있
는 많은 짧은 일화들은 어떤 특정한 순서도 반영하지 않는 것처럼 보이며
루키아노스는 이 일화들을 이 철학자의 생애에 대한 포괄적인 개관을 제
시하기 위해서가 아니라 그의 성품을 보여주기 위해 사용한다.[249] 일화적
인 장면들에 대한 강조와 중간 부분에서 연대순 배열이 큰 중요성을 갖지
못한 점은 정경 복음서와 닮았다.[250]

---

244 Lucian, *Demonax* 1을 보라.
245 Beck, "Demonax," 93, 95-96. 그의 다른 몇몇 자전적 주장은 고희극(古喜劇)을 반영하
     거나(Humble and Sidwell, "Dreams," 214) 의심스러운 주장일지도 모르지만(Sidwell,
     "Dreams," 222), *Demonax* 1은 풍자보다는 감탄을 자아낸다.
246 Beck, "Demonax," 82을 보라.
247 Beck, "Demonax," 92-93; 그는 *Agesilaus* 4.6, 5.5, 7.5, 7.6, 8.3을 크세노폰이 든 실례로 언
     급한다.
248 예를 들어 널리 인정받는 Ytterbrink, *Gospel*, 110; Beck, "Demonax," 83.
249 Moeser, *Anecdote*, 247-48; Beck는 "Demonax," 84에서 *Demonax* 67과 Branham,
     Eloquence, 58을 인용한다.
250 Frickenschmidt는 *Evangelium*, 182에서 Cancik의 견해를 따른다.

통치자들과 장군들의 전기는 그들의 활동 무대에서의 행적을 강조하는 반면, 그의 철학적 스승에 관한 루키아노스의 일화들은 그의 재빠르고 종종 모욕적인 기지를 강조한다.[251] 그러나 예수를 비방하는 자들과는 대조적으로 데모낙스의 청중 가운데 더 많은 이들은 그의 허튼소리를 기분 좋게 받아들인다.[252] 데모낙스도 때때로 자기 자신을 너무 진지하게 받아들이지 않았다.[253] 장난기 많고 친근한 공적인 인물이면 누구나 그렇듯이 그는 시간이 지나면서 많은 사랑을 받게 되었다.[254] 그런 재빠른 기지가 수사적·문학적 능력을 전형적으로 보여준다고 생각한 루키아노스는, 비록 그 자신의 기지는 장난스럽기보다는 신랄한 경향이 더 강했지만, 데모낙스에 대한 기억에서 이런 측면을 자연히 다른 이들보다 더 강조했다.[255]

철학적으로 절충적인[256] 데모낙스는 어떤 면에서는 매력 있는 소크라테스와 닮았고[257] 또 어떤 면에서는 견유학파인 솔직한 디오게네스와 닮았다.[258] 대부분의 고대 전기와 마찬가지로[259] 루키아노스의 일화는 활기 넘치는 성격을 묘사하고 있지만,[260] 이 인물은 복잡하기보다는 평면적이고 일관성이 있다.[261]

---

251 Beck, "Demonax," 87과 같이.
252 Lucian, Demonax 6-7, 11. 참조. 12-13, 16의 더욱 적대적인 반응. 또한 이것은 대부분의 철학적 전기 전승에서 선호하던 특징이다. Long, "Introduction," xxiii; Romm, "Humor," 567; Branham, "Cynicism," 602-3; Long, "Zeno," 609-10을 보라.
253 Lucian, Demonax 35, 66.
254 Lucian, Demonax 63, 67.
255 Beck, "Demonax," 89-91.
256 Lucian, Demonax 62을 보라.
257 Lucian, Demonax 5; 참조. Beck, "Demonax," 86, 95.
258 Lucian, Demonax 5.
259 예를 들어 Edwards, "Introduction," xvi을 참고하라.
260 참조. Beck, "Demonax," 91.
261 Beck, "Demonax," 86, 89-90. 어떤 전기 주인공들은 물론 입체적인 인물일 수도 있었지

3.3h. 필로스트라토스의 「소피스트 열전」

아폴로니오스에 대한 필로스트라토스의 소설적·문학적 전기는 앞 장에서 다루었지만, 고레스뿐만 아니라 아게실라오스에 대해서도 글을 쓴 크세노폰처럼 필로스트라토스도 좀 더 역사 지향적인 전기물을 쓸 수 있었다. 필라스트라토스(기원후 170-72년에서 247-50년)는 후대의 전기 작가 에우나피우스처럼 「소피스트 열전」에서 웅변의 스승들에 관한 전기를 모았다.

수에토니우스와 달리 필로스트라토스는 중요한 "소문과 추문"을 삽입할 준비가 되어 있다.[262] 후대의 디오게네스 라에르티오스와 달리, 필로스트라토스는 출처를 매우 드물게 인용하며 명백히 그가 자신의 스승들에게 들은 내용에 대한 그 자신의 회상에 가장 자주 의존한다.[263] 대부분의 개별적인 전기들은 짧으나 헬레니즘 시대 시인들의 전기보다는 훨씬 더 정확한 정보를 담고 있는 것처럼 보인다.

3.3i. 디오게네스 라에르티오스의 「저명한 철학자들의 생애」

디오게네스 라에르티오스(Diogenes Laertius)의 글들을 포함한 단편들은 그리스인들이 수 세기 동안 현자에 관한 전기를 써왔음을 입증하지만, 디오게네스 라에르티오스가 (아마도) 3세기 초에 쓴 개요서는 지금까지 온전하게 전해지는 저작이다.[264] 디오게네스는 아마도 필로스트라토스와 시대적

만, 서사시는 종종 입체적인 인물을 묘사하려고 공을 들였다(참조. 예. Grillo, "Reflections"; Homer, *Odyssey* 18.119-56, 412-21; 하지만 루키아노스와 비교해 보라).

262 Adams는 *Genre*, 100에서 특히 *Lives of the Sophists* 516-17, 610을 강조한다.

263 Adams, *Genre*, 100; Eunapius, *Lives* 482, 485, 493-94, 500, 502을 인용하는 101쪽을 참고하라.

264 디오게네스가 신플라톤주의나 3세기에 태어난 인물을 다루지 않는다는 점 때문에 학자들 대다수는 그의 저작을 3세기 초에 나온 것으로 추정한다(Miller, "Introduction [Diogenes]", x).

으로 겹칠 것이다.[265] 그리고 이 작품들은 지적인 분위기에서 철학자들의 증가하는 명성뿐만 아니라 지식인의 전기에 대한 3세기의 관심을 강조한다.[266] 정경 복음서와 비교하기에 적합하도록 디오게네스의 전기는 현자들의 삶뿐만 아니라 가르침도 포함한다.[267]

디오게네스 라에르티오스의 모음집에는 10권의 책이 포함되어 있고 각 책은 어느 철학 학파의 창시자와 그의 생애, 가르침, 저작, 후계자 등의 순서로 정리되어 있다.[268] 일화는 디오게네스의 작품에서 제일 눈에 띄는 특징이다.[269] 이러한 일화들과 어록들은 모두 거의 무작위로 배열된 것으로 보인다.[270] 아마도 그는 많은 인물을 간략히 다루었기 때문에, 그의 전기에는 그 이전의 여러 시인에 관한 전기처럼 네포스, 플루타르코스, 정경 복음서의 특징인 3부 구조가 없었을 것이다.[271] 이는 부분적으로 디오게네스의 몇몇 전기 주인공은 대중적으로 잘 알려져 있었지만 이런 이전의 완전한 전기들은 사적인 스승보다 공적인 인물에 초점을 맞추었기 때문일지도 모른다.[272] 확실히 현인들에 대해서는 더 자세한 전기를 쓸 수 있었다. 현인들은 대중적으로 잘 알려질 수도 있었고, 루키아노스의 「데모낙스」는 3부 구조를 보여준다.[273] 흔히 대상이 된 인물들로부터 몇 세기가 지

---

265 Long and Sharples, "Diogenes Laertius," 475.
266 참조. Burridge, Gospels, 75.
267 Votaw, "Biographies," 53; Fitzgerald, "Lives," 215.
268 Adams, Genre, 105.
269 Frickenschmidt, Evangelium, 183; Long, "Introduction," xxiii; Miller, "Introduction (Diogenes)", xiii-xiv.
270 Ytterbrink, Gospel, 112.
271 Frickenschmidt, Evangelium, 184.
272 Frickenschmidt, Evangelium, 504.
273 Frickenschmidt, Evangelium, 182도 함께 보라.

난 뒤에 나온 디오게네스의 문헌들은 그 신뢰도에 있어서 편차가 매우 크지만, 디오게네스의 저작은 그가 앞선 전기 작가들의 저작과 얼마나 긴밀히 관련되어 있는지에 따라 분명하게 입증되듯이 소설적이기보다는 훨씬 더 고문서학적이거나 역사적이다. 나는 4장에서 현자들에 대한 전기와 관련하여 다오게네스 라에르티오스를 좀 더 깊이 다룰 것이다.

3.4. 이후의 전기들과 성인전(聖人傳)

아마도 4세기 말에서 5세기 초에 나온 듯한 「로마 황제의 역사」(*Historia Augusta*) 역시 로마 제국 초기에 나온 역사적 전기의 절정과 달랐다. 이 책에는 (이따금 한 전기에 몇몇 황제들을 함께 모아놓은) 30편의 전기가 담겨 있고 오늘날 학자들 대다수는 (과거와 달리) 이 책을 단일 저자가 쓴 것으로 간주한다.[274] 다른 증거와 비교해 보면 저자는 역사적 정보를 매우 자유롭게 활용하여 로마 제국 초기의 전기 작가들에게서 발견되는 허구보다 훨씬 더 의도적인 허구를 받아들였음을 알 수 있다.[275] 「로마 황제의 역사」에서 허구적인 요소들은 아마도 그렇게 인식되도록 의도된 것일 것이다.[276]

그러나 고대 말에 가장 주목할 만한 전기의 발전은 성인전을 전기에 수용한 것이었다. 고대 전기의 일부로 언제나 남아 있었던 송덕문의 요소에 뿌리를 둔 전기의 주인공에 대한 그와 같은 신성한 이상화는 하나의 대

---

274 Burgersdijk, "Implications," 244.
275 Burgersdijk, "Implications," 254.
276 Burgersdijk, "Implications," 242, 254. 어떤 이들은 의도적이고 유희적인 패러디가 있다고 주장한다(Knoppers, "Problem," 26).

세가 되었다. 그러므로 콘스탄티누스 이후 전기는 크게 바뀌었다. "이교도 철학자들과 소피스트들과 기독교의 성인들과 순교자들"은 "로마 말기에 전기의 주요 대상"이 되었다고 모밀리아노는 말한다.[277] 기독교의 순교자 이야기는 전통적으로 고난받는 주인공이라는 정경 복음서의 모델을 따랐지만, 기원후 4세기에 이르러서는 강조점이 민간의 전기들과 더 비슷하게 성인들의 도덕적 승리로 옮겨졌다.[278] 결국 "철학적 전기는 성인전으로 대체된 것으로 보인다"고 버리지는 말한다.[279]

성인전은 인물에 관한 관심사를 소설의 허구적이며 구성적인 관심사[280]와 융합하는데, 이러한 특징은 크세노폰의 「퀴로파이디아」에서는 어느 정도 드러나는 것으로 보이지만 로마 제국 초기의 공적인 인물들에 대한 대표적인 전기에는 없다. 이런 의미에서의 소설적인 줄거리[281]는 이 시기의 다른 작품들에서 여전히 발견되는 전기의 일화에 대한 강조와[282] 대조를 이룬다(비록 중세 성인전은 이 둘을 약간씩 포함할 수 있지만).[283] 제한된 증거를 고려하면 크세노폰과 고대 말기 사이에 이와 유사한 어떤 비슷한 작품도 나오지 않았다고 단언하는 건 성급한 주장이겠지만, 분명히 한때는 주변적인 특징이었던 것이 고대 말기에는 지배적인 특징으로 부상하게 되었다.

---

277 Momigliano, *Development*, 9; 참조. 10.
278 Konstan and Walsh, "Biography," 41.
279 Burridge, *Gospels*, 76. 하지만 그는 훨씬 더 후대를 언급한다.
280 Gray, "Monk," 117; 참조. Chance, "Fiction," 135.
281 이후의 성인전은 종종 그 이전 성인전의 줄거리를 재활용하기까지 한다(Gray, "Monk," 131-32).
282 참조. Dillon, "Interpretation," 159-60.
283 술피키우스 세베루스의 「마르티누스 전기」는 분명히 많은 일화를 포함하고 있지만 Praet는 "Cloak," 137-39, 159에서 이 저작을 초기의 서방 성인전으로 간주한다.

그러나 고대 말기에도 모든 전기가 다 성인전은 아니었다. 고대 말기의 성인전 분야 전문가인 패트리샤 콕스는 그러한 작품들을 "사실과 공상 사이의 유희"를 표현하는 "과장, 유형화, 양식화, 이상화, 등등"을 포함한, 전기의 주인공에 대한 대체로 공상적인 풍자화로 간주한다.[284] 그런 전기들은 종종 그 이전의 인물들을 떠올리게 하는데,[285] 이는 오래도록 역사와 전기의 일부였던 특징이다. 콕스는 필로스트라토스(「아폴로니오스 전기」에 관하여), 포르피리오스, 에우세비오스, 이암블리코스 등이 쓴 전기를 이 범주에 넣는다.[286]

게다가 고대 말기의 철학자들이 점점 더 신성을 반영하는 거룩한 사람들로 묘사되게 되었듯이[287] 그들의 전기도 자연히 그런 개념을 수용하도록 바뀌었다.[288] (Cox는 여기서 한편으로 철학자들을 신이나 신의 후손으로 묘사한 전기와 다른 한편으로 단지 거룩했을 뿐인 이들을 묘사한 전기를 구별한다.)[289] 사상가들의 거룩함이나 신성에 가까움을 강조하는 전기의 이런 새로운 경향은 "3세기와 4세기에 벌어진 이교도와 기독교인 사이의 가열된 종교적 갈등"을 강조한다.[290] 더구나 그리스인들에게는 인간과 신 사이의 경계선이 언제나 얇은 편이었지만,[291] 점증하는 플라톤주의의 지배는 자연히 이

---

284 Cox, *Biography*, xi, xii; 추가로 65, 134을 보라.
285 Cox, *Biography*, xiii.
286 Cox, *Biography*, 19.
287 Cox, *Biography*, 17, 65.
288 Cox, *Biography*, 17-19; 참조. Frickenschmidt, *Evangelium*, 263-66.
289 Cox는 *Biography*, 21, 34-36, 134에서 예를 들면 Philostratus, *Life of Apollonius* 1.5-6; Porphyry, *Life of Pythagoras* 1-2; *Life of Plotinus* 23을 비교한다.
290 Cox, *Biography*, 65; 추가로 139, 142을 보라.
291 Keener, *Acts*, 1782-86, 1962-64의 더 자세한 논의를 보라.

런 경향을 악화시켰다.[292] 기적은 후대에 그렇게 된 것처럼 아직 고대 말의 전기의 특징은 아니었으나[293] 기독교 전기에서 나타나는 기적의 빈도에 대항하기 위해 고대 말의 몇몇 이교도 전기에서도 나타나기 시작했다.[294]

그러나 어떤 이들은 콕스의 접근 방법이 지닌 측면들을 비판해왔다.[295] 특히 신플라톤주의 분야의 전문가 존 딜런(John Dillon)은 콕스의 책을 "다소 짜증스럽고" 본문에 대한 세심한 분석보다는 현대 문학 철학의 더 광범위한 비평적 경향을 따르는 책으로 간주한다. 역사적 전기는 결코 단지 이상화된 인물을 창조하는 것이 아니라 오히려 성인전과 그 둘의 혼합물 곁에 계속해서 존재한다. 에우세비오스의 「오리게네스 전기」와 포르피리오스의 「플로티노스 전기」는 좀 더 전통적인 전기로 의도된 반면, 필로스트라토스의 「아폴로니오스 전기」, 「피타고라스 전기」, 아타나시오스의 「안토니우스」는 보다 성인전에 가깝다.[296]

에우나피우스는, 우리가 그가 때때로 잘못된 범주에서 특정한 이야기들을 들었다고 보더라도, "확실하게 입증된 사실과 경건을 위주로 한 소문"을 구분할 것을 주장한다.[297] 에우세비오스도 마찬가지로 오리게네스의 편지와 같은 문헌들과 오리게네스를 알았던 이들에게 말로 들은 이야기를 구분한다.[298] 포르피리오스는 플로티노스를 존경하지만 "그의 성

---

292 Keener, *Mind*, 128-30의 더 자세한 논의를 보라.
293 Cox, *Biography*, 48; 참조. Edwards, "Genre," 59.
294 Cox, *Biography*, 142. 예를 들어 안토니우스에 대한 아타나시오스의 성인전과 같은 묘사를 고려해 보라.
295 참조. Ytterbrink, *Gospel*, 83 n. 89, 87.
296 Dillon, "Interpretation," 155-56.
297 Eunapius, *Lives* 457-61(특히 459-60)에 관한 Dillon, "Interpretation," 157의 견해.
298 Dillon은 "Interpretation," 157-58, 특히 157에서 Eusebius, *Ecclesiastical History* 6.2.1을 인용한다. 구두로 들은 이야기에 대해서는 6.1.1; 6.2.11; 6.3.12을 보라.

품을 조명해 보려는 노력으로 단지 그에 관해 할 수 있는 한 정확한 정보를 많이 제시하기를 바란다."[299] 포르피리오스는 자신이 듣지 못한 생애 초기의 사건들을 지어내지 않으며 그가 개인적으로 알고 있는 플로티노스의 어린 시절 이후의 생애와 관련해서 특별히 신뢰할 만하다. 그는 장점뿐만 아니라 단점도 전기에 포함시킨다.[300]

이와 대조적으로 딜런은 프로클로스에 관한 마리노스의 저작이 사실에 기반한 정보를 포함하고 있으나 본질상 성인전에 가깝다는 점을 인정한다. 마찬가지로 안토니우스와 같은 성인들에 관한 전기들도 대부분 성인전에 가깝다. 다마스키우스의 「이시도레 전기」는 비록 성인전의 방향으로 치우쳐 있기는 하지만 성인전이라기보다는 미덕을 칭송하는 전기다.[301] 따라서 결국 딜런은 고대 말에는 다양한 작품들이 존재한다고 수장하며, 그가 콕스를 비판하는 이유는 콕스가 성인전이 이 고대 말기에 성장하고 있었다고 주장했기 때문이 아니라 단지 이런 미묘한 차이가 빠져 있기 때문이다.

어떤 이들은 정경 복음서를 그러한 후대의 거룩한 사람들에 관한 전기와 연관시켰지만,[302] 이러한 비교는 중대한 시대착오에 빠질 위험성이 있다. 확실히 필론의 「모세 전기」 같은 유대인의 전기에는 그보다 훨씬 이전의 종교적인 요소가 포함되어 있고, 이 점은 정경 복음서들이 이처럼 그의 이야기와 비교될 수 있는 한 현자-왕의 생애에 대해서도 마찬가지

---

299 Porphyry, *Life of Plotinus* 1을 언급하는 Dillon, "Interpretation," 158.
300 Dillon, "Interpretation," 158-59.
301 Dillon, "Interpretation," 160-65.
302 예. Chance, "Fiction," 136; Moles, "Influence," 99.

다.[303] 이후의 문헌들은 우리가 살펴본 것처럼 그보다 이전의 정경 복음서, 민간의 전기들, 송덕문, 소설의 인기 있는 주제들에 의존한다.

3.5. 「예언자 전기」

「예언자 전기」는 유대 문헌이므로 여러 가지 면에서 복음서 연구에 적합할 수도 있지만, 장르 면에서는 그렇지 않을 것이다. 이 책의 형식은 복음서와 완전히 다르다. 이 「전기」는 그리스에서 유래했을 것이고 시간이 흐르면서 모음집으로 진화했다.[304] 이 작품의 다른 교정판들은 이 작품이 한 번 이상 이야기들이 서로 다른 발전 단계에 있을 때 수집되었음을 암시할 수도 있다.[305]

어떤 이들은 「예언자 전기」의 가장 오래된 교정판의 연대를 1세기로 추정하여 이 전기를 필론의 「모세 전기」와 같은 시대에 유대인, 심지어 어쩌면 예루살렘 주민이 쓴 전기의 한 예로 취급하기도 한다.[306] 하지만 불행하게도 이런 추정 연대는 아마도 너무 이른 듯하다. 초기 유대교 전문가이자 펜실베이니아 대학교 베르크 종교학 명예교수인 로버트 크래프트(Robert A. Kraft)는 이 전기의 현재 형태가 비잔틴 시대에, 아마도 5세기나

---

303 이러한 종교적 요소를 사용하여 이 저작과 후대의 전기들을 연관시키는 McGing, "Adaptation," 119을 참고하라.

304 Hare, "Introduction," 380.

305 참조. Robert Kraft, 2017년 8월 30일에 보낸 개인적인 편지.

306 Hare, "Introduction," 381; Frickenschmidt, *Evangelium*, 173-76, 특히 173. 175-76쪽에서 Frickenschmidt는 이 전기가 좀 더 기본적인 형태에서 중간 부분이 더 자세한, 좀 더 광범위한 3부로 구성된 전기에 부합하도록 발전했다고 지적한다.

6세기에 나온 것일지도 모른다고 경고한다.[307] 이 작품은 이 시기에 나온 성인전의 특성과 여러 측면을 공유한다.[308] 따라서 이 작품의 최초의 단계를 재구성하는 일은 어렵게 되었다.

그렇다 하더라도 「예언자 전기」는 그 이전의 여러 시인 전기에서 모방한 이 책의 형식이 유대인의 배경에서 계속 존재했거나 되살아났거나 적어도 어느 시점에서 사용되기도 했다는 점을 입증할 수도 있다. 이 전기는 형식 면에서 시인들의 전기와 유사하게 보일 뿐 아니라[309] 또한 다양한 전승들을 수집하고, 예언서에 나오는 예언자들의 생애에 관해 미드라시식으로 추론하며, 종종 유사한 방식으로 성장해온 것으로 보인다.

그러나 「예언자 전기」의 소재에도 불구하고 이 책의 형식은 공적인 인물에 대한 로마 제국 초기의 전기에서 발견되는 형식보다 정경 복음서의 형식과 훨씬 덜 비슷하다. 제임스 찰스워스(James H. Charlesworth)가 편집한 위경(Pseudepigrapha)의 표준적인 영어 역본의 단락 구성에 따르면 어떤 전기(에스겔)는 다섯 문단이고 또 다른 전기(다니엘)는 네 문단이다. 예레미야에 관한 문단은 세 문단이다. 그러나 대부분은 두 문단 내지 한 문단이고[310] 때로는 꽤 짧아서 심지어 단 두세 문장에 불과할 정도다.[311]

---

307 Robert Kraft, 2017년 8월 30일에 보낸 개인적 편지. Satran, *Prophets*에서 예를 들어 6-7, 33, 73, 75, 79, 91, 118쪽도 함께 보라.
308 참조. Satran, *Prophets*, 100, 105, 110-11.
309 또한, Aune, *Environment*, 41-42.
310 네 명의 예언자(이사야, 하박국, 엘리야, 엘리사)에 관한 문단은 두 문단이고 열여섯 명의 예언자(호세아, 미가, 아모스, 요엘, 오바댜, 요나, 나훔, 스바냐, 학개, 스가랴, 말라기, 나단, 아히야, 요앗, 아사랴, 여호야다의 아들 스가랴)에 관한 문단은 단 한 문단이다.
311 두 문장은 학개와 아사랴에 관한 내용이고 세 문장은 스바냐와 요앗에 관한 내용이다.

3.6. 전기 형식에 관한 다른 초기 유대 문헌이 존재했는가?

더 이전의 유대의 전기적 자료는 아마도 정경 복음서에 문학 양식의 측면
보다 인물 모델의 측면에서 더 많이 공헌했을 것이다. 구약의 다양한 일련
의 이야기들은 특정한 인물들에게 초점을 맞추고 있고[312] (모세[313]나 엘리야/
엘리사[314]의 이야기와 같은) 그 이야기들 가운데 일부는 정경 복음서의 내용
에 매우 큰 영향을 끼쳤다. 그 이전의 유대 전승에서 전기적 관심을 방해
하는 것은 아무것도 없었지만, 느헤미야서 이전에는 독립적인 전기로 간
주할 만한 게 거의 없었고(즉 전기는 다른 경우에는 더 큰 저작에 내재해 있다) 공
적 인물에 대한 3부로 된 전통적인 전기는 로마 시대 이전에는 거의 나타
나지 않는다.

그와 같은 내재한 전기적 자료는 위(僞) 필론의 「성서 고대사」(*Biblical
Antiquities*)[315]를 포함한 초기 유대 역사 기록 속에 계속 남아 있고 헬레니즘
시대의 전기 장르인 요세푸스 문헌에 더 가깝다.[316] 이미 헬레니즘 시대에
아르타파누스는 유대 민족의 역사를 전기적으로 배열하며 먼저는 유대인
전체, 다음에는 아브라함과 특히 모세에게 초점을 맞추었다. 그러나 모세
오경의 등장인물들에 대한 유대 하가다 문헌의 확대된 부분은[317] 전기와

---

312 Frickenschmidt, *Evangelium*, 118-35을 보라. 구약의 역사 기록과 복음서의 관련성에 관해
   서는 (Zahn, "Geschichtsschreiber"를 추가로 인용하고 있는) Collins, *Mark*, 29-30, 33, 41;
   Marcus, *Mark*, 1:65-66도 함께 보라.
313 Frickenschmidt, *Evangelium*, 120-22.
314 Frickenschmidt, *Evangelium*, 127-28; Collins, *Mark*, 29; Ytterbrink, *Gospel*, 39, 227-28;
   Edwards, "Genre," 59.
315 Frickenschmidt, *Evangelium*, 148-51, 178-79.
316 Frickenschmidt, *Evangelium*, 146-48.
317 이에 대해서는 예를 들어 Fisk, "Bible"; Harrington, "Bible"을 참고하라.

가깝지 않다.[318] 이들 문헌은 먼 과거를 다루기 때문에 때때로 신화집과 닮았다.[319]

현존하는 1세기 정경 복음서는 풍부한 유대/갈릴리 지방의 자료를 반영하고 있지만, 헬레니즘 시대에 속하지 않은 고대의 유대 전기와 쉽게 비교할 수 없다. 정경 복음서가 별로 많지 않기 때문이다.[320] 후대의 랍비들은 전기 집필에 대한 관심이 부족했다는 점은 잘 알려져 있다.[321] 형태 면에서 랍비 문헌의 일화들은 (그리스의 현자에 관한 여러 전기와 유사한 것처럼) 정경 복음서와 유사하지만,[322] 랍비 문헌에는 전기와 유사한 어떤 전반적인 장르도 없다.[323] 랍비들의 관심은 복음서 저자들의 관심과 달리 특정한 스승에게 있다기보다는 토라에 있었기 때문이다.[324]

정경 복음서의 독자들에게 더 가깝고 더 접근 가능한 것은, 특히 70인역에서 접할 수 있는, 룻기, 유딧기, 요나서, 에스더서, 다니엘서, 토비트서 등의 성경 이야기다. 적어도 이 이야기들 가운데 일부는 이 시기에 복음서 저자들 일부 또는 모두의 이야기를 포함해서 참된 이야기로 인식되었다.[325] 그러나 여기서도 주요 인물들의 공적인 생애보다는 사건들이

---

318 참조. Keener, *Acts*, 1:146.
319 9장 및 Keener, *Acts*, 1:145을 보라.
320 Keener, *John*, 25-29의 훨씬 더 자세한 논의를 보라.
321 예를 들어 Neusner, *Legend*, 8; Neusner, "Idea of History"의 견해와 마찬가지로.
322 Alexander, "Rabbinic Biography," 42의 견해를 따르는 Burridge, *Gospels*, 301. Neusner의 *Biography*는 랍비 문헌에서 어록으로 여겨지는 내용에 대해서조차 회의적이다.
323 Alexander, "Rabbinic Biography," 40의 견해를 따르는 Burridge, *Gospels*, 301-2; Neusner, *Gospels*, 33-38; Neusner, *Incarnation*, 213; Goshen Gottstein, "Jesus and Hillel," 34-35.
324 Neusner, *Gospels*, 52-53의 견해를 따르는 Burridge, *Gospels*, 303; Alexander, "Rabbinic Biography," 41.
325 참조. 마 12:40-41//눅 11:30-32; 마 1:5; 24:15; 아마도 막 4:11//마 13:11//눅 8:10(단 2:28-30, 44, 47을 연상시킴); 막 6:23(에 5:3, 6; 7:2을 연상시킴); 막 13:14(단 9:27; 11:31; 12:11을 연상시킴); 단 7:13-14을 연상시키는 막 2:10; 13:26; 14:62; 마 28:18.

종종 가장 중요한 특징이 된다.[326] 또한 다니엘서를 제외하면 이런 저작들은 통일된 이야기로서, 정경 복음서를 포함한 대부분의 로마 제국 초기 전기에서 나타나는 이전의 일화들 모음집이 빠져 있다. 느헤미야서는 일화 모음집은 아니지만, 그리스의 전기에도 영향을 주게 된 같은 문학적 흐름과 관련되었을 수도 있는 자전적인 저작으로서 더 나은 예를 제공한다.

복음서 저자들은 분명 성경 역사의 전기적인 내용에 의존했다(그들은 개별적인 그리스의 전기들보다 그런 성경 역사에 더 친숙했을 가능성이 크다). 또한 그들은 아마도 이러한 내용 중 일부를 실질적인 전기적 자료를 담고 있는 것으로 보았을 것이다.[327] 정경 복음서 중에서 가장 전통적으로 유대인적인 복음서, 즉 마태복음과 요한복음은 약간의 미드라시 식의 기법을 적어도 조금은 집어넣었을 것이다.[328] 최초의 기독교인들은 아마도 그들 스스로 구약 자체에서 발견되는 바와 같은 이야기의 유연성을 어느 정도 인정했겠지만,[329] 다른 유대인들처럼 구약을 역사적 실제에 기반한 것으로 이해했다.[330]

구약과 예수의 경험은 확실히 정경 복음서에 일차적인 신학적 배경

---

326 Stanton, *Preaching*, 126; Aune, *Environment*, 37. 고대 근동 모델이 후대의 그리스에 개별적 인물들에 대한 강조를 제공했다는 주장(참조. Dihle, "Biography," 366-67)은 과장되어 보인다.

327 어떤 이들은 실제로 구약과 랍비들의 전기적인 자료를 정경 복음서의 일차적인 배경으로 본다. 예를 들어 Baum, "Biographien"을 보라. 구약의 배경에 맞춰진 초점에 대해 Hägg는 *Biography*, 155 n. 28에서 Hartman, "Reflections"; Reiser, *Sprache*, 102-5(특히 주된 모델로서의 예레미야에 관해서는 17-20)을 인용한다.

328 이런 기법들은 구약에서 이미 약간 나타날지도 모른다. 예를 들어 Keener, *Hermeneutics*, 196-97에서 논의된 왕하 9:27을 대하 22:9과 함께 참고하라.

329 여기서는 Knoppers, "Problem"을 참고하라.

330 Allison, *Constructing Jesus*, 444. 예를 들어 Philo, *Creation* 1-2을 참고하라; Rosner, "Biblical History," 81.

을 제공하지만,[331] 이러한 관찰 사실은 복음서 저자들이 한 개인의 삶 또는 공적인 삶이 하나의 응집력 있는 이야기를 지배하는 동시대의 한 장르를 사용했다는 점을 부정하지 않는다. 정경 복음서는 구체적으로 유대인적이고 대체로 유대-갈릴리적인 내용을 보여주지만, 필론의 「모세 전기」나 대다수 요세푸스 저작의 경우와 같이 그 형식은 일차적으로 이전에 그리스와 로마 세계에서 발전된 디아스포라 형식이다.[332] 따라서 우리는 당대의 형식, 즉 다른 디아스포라 유대인 저자들이 이미 발전시킨 형식으로 계속 이어진 구약의 역사 기록에 대해 말할 수 있을 것이다.

그렇기는 하지만 1세기의 디아스포라 유대인 독자들—정경 복음서를 처음 받았던 대부분의 집단과 관련해 우리가 접할 수 있는 가장 비슷한 예—은 그들 자신의 이야기 속에서조차 그리스 세계에서 물려받은 약간의 전기적 관습을 기대했다. 그리고 이것이 사실이라면 같은 시기의 (유대인과 이방인 신자들이 뒤섞인) 디아스포라 기독교인 독자들을 위한 전기적 저작에서 그보다 적은 전기적 관습을 기대해선 안 된다.

학자들은 종종 요세푸스의 유대 역사에서 그가 이야기를 보존하면서도 헬레니즘 세계의 독자들에게 더 이해하기 쉽고 받아들이기 쉬운 방식으로 각색하는 전기적인 표현 방식이[333] 그리스의 문학적이고 종종 전기적인 관습을 반영한다고 주장한다.[334] 다른 헬레니즘 세계의 유대인 역사

---

331 최소한 복음서 저자들 가운데 일부는 분명히 그들 자신을 그 이전의 성경적 구원 역사를 이어가는 존재로 보았다. Smith, "Gospels"을 보라.

332 Fitzgerald, "Lives," 211(그는 Aune, "Hellenistic Biography," 9의 견해를 따른다); Aletti, Birth, 28-30, 108에서 언급되고 단서가 붙은 Baum, "Biographien."

333 예를 들어 다음 글들을 보라. Begg, "Elisha's Deeds"; Begg, "Jotham"; 참고문헌 목록에 있는 Begg의 표본 자료.

334 예를 들어 다음 글들을 보라. Van Veldhuizen, "Moses," 215-24; Höffken, "Hiskija"; Feldman, "Aqedah"; Feldman, "Jacob"; 참고문헌 목록에서 몇 가지 예를 든 Feldman과 Begg

가들도 이런 관습을 사용했을 것이다.[335]

요세푸스와 필론은 최초의 어떤 복음서의 독자보다 상류층에 속하는 매우 다른 부류의 독자들을 위해 글을 썼다. 우리는 복음서 저자들, 특히 마가는 필론이나 요세푸스가 글을 쓴 대상과는 다른 독자들에게 자의식적인 호소를 덜 하면서 자기 자신의 유일신적인 성경적 기반을 바탕으로 글을 썼을 것이라는 점을 인식하면서, 요세푸스와 필론의 각색에서 적절한 요점들을 배울 수 있을 것이다.

3.7. 결론

그리스 및 로마의 전기의 예들을 연대순으로 추적하면 전기의 역사 기록에 대한 감수성 면에서의 발전과정이 드러난다. 신뢰할 만한 역사적 내용에 대한 기대는 대략 기원전 1세기부터 기원후 3세기 초까지의 시기에 가장 높았고 아마도 2세기 초에 정점에 이르렀던 것으로 보인다. 1세기부터 우리에게는 두 편의 유대인 전기와 그 전기들이 자료를 어떻게 다루는지를 평가할 기회(이 주제는 10-11장에서 좀 더 깊이 다룰 것이다)가 있다. 문학적인 기법은 고대의 전기 작가들과 복음서 저자들 사이에 서로 다르지만, 로마 제국 초기에 나온 전기들은 고대 전기에서 역사 기록의 내용에 대한 정

의 여러 편의 논문; 참조. Keener, *John*, 2:1262, 1298-99; Keener, *Acts*, 4:3807-8, 3866-67. 몇 가지 구체적인 각색에 대해서는 논쟁이 벌어지고 있다(예. Roncace, "Portraits"; Feldman, "Roncace's Portraits"; Roncace, "Samson").

335 참조. Rajak, "Justus of Tiberias," 92; Cohen, *Maccabees*, 194; 참조. 일반적으로 Attridge, "Historiography," 326; 참조. Eisman, "Dio and Josephus."

경 복음서와 동시대인들의 기대를 탐구하기 위한 최고의 모델을 제공한다.

4장
정경 복음서는 어떤 종류의 전기인가?

"신뢰성"이나 "유연성"에 대한 처음의 기대는 한 저작의 외견상의 장르와 일치해야 한다. 정의상 장르는 어떤 작품의 분위기 속에서 독자가 일반적으로 그런 작품에 접근할 때 갖는, 문화적으로 좌우되는 일련의 기대를 포함한다. 예를 들어 평범한 비유나 (그보다 훨씬 덜 평범한) 시편이 역사적으로 신뢰할 만하기를 기대하는 사람은 아무도 없다. 비유나 시편의 장르는 역사적 주장을 내포하지 않는다.

현대의 전기와 역사는 고대의 이름이 같은 장르에서 진화했지만, 현대의 장르와 고대의 장르 사이에는 차이점이 있다. 고대의 전기 작가들은 어떤 범위의 기대를 당연시할 수 있었는가? 이 질문에 대답하려면 아직 존재하지 않은 장르적 관습에 대한 시대착오적인 현대적 호소보다는, 신뢰성과 유연성에 대한 고대의 기대를 고려할 필요가 있다.

고대의 전기는 같은 이름을 가진 현대의 장르에 영향을 끼쳤지만,[1] 현대의 전기와 다른 점도 있었다. 로마 제국 초기의 독자들은 전기에서 어떤 수준의 역사적 정확성을 기대했는가? 정경 복음서를 고대의 전기로 취급하는 일은, 고대의 독자들이 어떤 종류의 역사적 신뢰성을 기대했는지를

---

[1]   예를 들어 Mossman, "Plutarch and Biography"를 보라. 좀 더 일반적으로 영국 문학에 끼친 고전의 영향에 대해서는 특히 Copeland, *History*를 보라.

알지 못하면 복음서의 역사적 신뢰성과 별 관련이 없다. 복음서 저자들은 역사상의 예수가 행한 일에 관심이라도 있었을까?[2]

앞 장에서 주장한 것처럼 가장 넓은 의미에서 전기적 자료를 일반적으로 비교하는 것은 별 도움이 못 되지만, 목표가 더욱 분명한 접근 방법은 좀 더 생산적일 수 있다. 어떤 전기적 저작이 정경 복음서와 가장 유사한가? 역사적 정보를 얻기 위해서라면 가장 유익한 비교는 살아 있는 기억 속에서 등장한 로마 제국 초기의 완전히 별도의 서사 작품과의 비교일 것이다(그런 작품의 실례는 10장에서 더 자세히 탐구한다).

4.1. 전기의 종류

정경 복음서를 연구하는 데 가장 적합한 것이 있다면 그것은 예수에 대한 1세기의 다른 전기들일 것이다(그렇다면 우리는 아마도 그 전기들을 정경 복음서 그 자체로 분류할 것이다). 그런데 불행히도 우리에겐 그런 전기가 하나도 없다. 현존하는 네 복음서를 서로 비교하는 건 기본적인 활동이며 나는 여기서 독자들이 당연히 이 일에 친숙할 것으로 생각한다. 우리는 예수에 관한 다른 1세기의 전기가 없으므로 어떤 경우에는 동일 계통의 종에서 없어진 DNA 염기서열을 채우는 것 같은 느낌이 들더라도 최선을 다해 빠진 부분을 채워 넣어야 한다. 그렇지만 동일 계통의 종 중에서 어떤 종이 가장 가까운가?

---

2   Bultmann은 *Jesus and Word*, 13-14에서 예수에 관한 많은 정보가 그들의 시대에 보존되어 있었는지 물었다. *Tradition*, 372에서 그는 "복음서 안에 있는 역사적-전기적 관심"을 의심한다.

학자들은 전기에 대해 다양한 유형론을 제안해 왔다.[3] 이하에서 거론할 유형론 가운데 대부분은 우리의 구체적인 관심사를 바탕으로 한 현대의 주관적인 전기 분류 방법이다. 그러므로 어떤 분류 방법은 다른 방법보다 더 쉽고 더 일관된 분류를 가능하게 하지만, 대개는 어떤 방법은 옳고 다른 방법은 잘못된 게 아니다. 어떤 유형론은 보완적인 방법일 수도 있다.[4]

고대의 전기들을 나누는 데 특별히 유용한 두 가지 체계는 우선 주제에 따른 체계다. 전기는 보통 정치적 인물, 군사적 인물, 시인, 웅변가 또는 현자를 다루었다. 예수의 특성은 고대 전기에서 공적인 인물이라는 차원과 현자라는 차원 사이에 중첩된다. 따라서 후자에 대해서는 가르침에 관한 일화, 수사적 대결 등과 같은 몇 가지 형식적이고 문학적인 고려사항이 그런 차원에 적합하다. 두 번째 분류 체계는 본서에서 정경 복음서가 역사적 재구성에 대해 갖는 잠재적 가치, 즉 실질적인 정보의 가능성에 초점을 맞춘 것과 특별히 관련이 있다.

저자들의 역사 서술적 접근 방법을 탐구하기 위한 추가적인 기준(특히 저자들이 자료를 어떻게 사용하는가)도 중요하지만, 여기서는 그런 방법 가운데 두 가지를 좀 더 형식적이고 선험적인 전기 분류 방법으로 소개할 것이다.[5] 첫째, 3장에서 언급한 것처럼 로마 제국 초기에 나온 전기들은 흔히 좀 더 찬사에 치중한 이전 시대의 전기들과 일반적으로 좀 더 성인전에 가까운 고대 말의 전기들보다 더 높은 역사 기록의 기준을 반영하는 경향이 있다. 둘째, 전기의 대상에 대한 생생한 기억이 남아 있는 동안 나온 전

---

3 개관에 대해서는 예를 들어 Smith, "Genre," 193-203; Smith, βίος, 28-38을 보라.
4 Smith, "Genre," 212의 견해처럼.
5 형식적 특징 그 자체는 역사적 관심사의 측면에서 작품들을 분류하기에 언제나 충분한 것이 아니다. 참조. Adams, *Genre*, 75.

기는 먼 과거의 인물에 대해 기록한 전기보다 가용 자원이 더 나은 경향이
있다.

그러나 먼저 다른 몇 가지 분류 체계를 살펴봐야 한다.

4.1a. 레오의 "전기의 계통": 시간적 계통 대 주제별 계통

학자들은 보통 고대의 전기들을 분류하려는 현대적 시도를 레오(F. Leo)의
1901년도 저서를 출발점으로 삼아 살펴본다.[6] 레오는 전기를 모세 오경에
서 정점에 이르는 시간순으로 구성된 소요학파 형식 대 수에토니우스와
더불어 정점에 이르는 주제별 형식인 알렉산드리아 형식이라는 두 가지
주요 형식으로 나누었다. 두 접근 방식 모두 1세기에 송덕문과 관련해서
받아들일 수 있는 방식이었다.[7]

새로운 연구 분야의 어떤 초기 연구에서든 흔히 그렇듯이 이 문제에
대한 레오의 추측은 이후에 수정이 필요했다.[8] 레오 자신도 모든 전기가
이 두 범주에 쉽게 들어맞는 것은 아니라는 점을 인식했다.[9] 어떤 이들은
소요학파가 전기를 고안해내지 않았으며[10] 주제별 형식이 알렉산드리아
시대 이전에 존재했다는 점을 지적했다.[11] 이런 차이점들은 단순히 사료
에 업적이 나타나는 공적 인물들은 시간순으로 다루는 것이 더 경제적이

---

6   Leo, *Biographie*.
7   Bird, *Gospel*, 236에서도 언급되었지만 거기서는 3.7.17로 인용된 Quintilian, *Orator's Education* 3.5.15을 보라.
8   Geiger, *Nepos*, 13, 25-26; Momigliano, *Development*, 19; Smith, "Genre," 194-96; Smith, βίος, 30-31의 비판을 보라.
9   Smith, "Genre," 193; Collins, *Mark*, 22 n. 40에서 언급됨.
10   Momigliano, *Development*, 20.
11   Burridge, *Gospels*, 71. 이 형식은 헬레니즘 시대 내내 이어졌다(Momigliano, *Development*, 86-87).

고 알렉산드리아 학자들의 흥미를 끈 문학적 인물들은 좀 더 주제별로 다루는 것이 더 간단하다는 사실을 드러낼 수도 있다.[12]

그러나 이런 분류조차 인위적일 수도 있다.[13] 작품이 현존하는 최초의 로마 전기 작가 코르넬리우스 네포스는 어떤 전기에서는 연대순을 따르고 어떤 전기에서는 주제별 접근 방식을 따른다.[14] 더구나 어떤 전기에는 연대순 부분과 주제별 부분이 함께 포함되어 있다.[15] 어떤 대상에 대한 전기에서 분량이 많은, 연대순으로 중간인 부분에는 보통 무작위로 배열된 여러 일화가 포함되어 있다.

4.1b. 탈버트의 유형들, 전기에 관한 버리지의 견해: 기능과 목적

고대 전기에서 패턴을 찾는 찰스 탈버트(1997)는 전기를 교훈적 유형과 비(非)교훈적 유형으로 나눈다. 다음으로 그는 현자와 관련해서 교훈적 범주를 다섯 개의 더 작은 범주로 쪼갠다.[16]

1. 유형 A: 이 유형은 "단지" 본받아야 할 "모범"을 "제시하는 역할을 한다"(예. 루키아노스의 「데모낙스」).[17]

2. 유형 B: 이 유형은 하나의 모델을 제공할 뿐만 아니라 스승에 대한 잘못된 묘사를 대체하려 한다(예를 들면 크세노폰의 「소크라테스 회상」,

---

12 Burridge, *Gospels*, 71-72.
13 Momigliano, *Development*, 87.
14 Burridge, *Gospels*, 73.
15 예를 들어 Aune, "Biography," 108을 따르는 Smith, "Genre," 195(및 Smith, *βίος*, 30); 참조. 이미 언급한 Isocrates, *Euagoras*; Xenophon, *Agesilaus*.
16 그는 통치자들의 전기에서 이 범주들 가운데 네 가지를 비교한다(Talbert, *Gospel*, 96-97).
17 Talbert, *Gospel*, 94.

필로데모스의 「에피쿠로스 전기」, 필로스트라토스의 「아폴로니오스 전기」, 포르피리오스의 「피타고라스 전기」).[18]

3. 유형 C: 이 유형은 해로운 스승의 명예를 실추시키려는 폭로다(루키아노스의 「페레그리노스」와 「알렉산드로스」).[19]

4. 유형 D: 이 유형은 한 스승과 그의 후계자들을 묘사하며[20] 탈버트가 누가복음과 사도행전의 관계에서 발전시킨 범주다.[21]

5. 유형 E: 이 유형은 자신의 가르침과 일치하거나 그 가르침을 설명해주는 스승들의 삶에 초점을 맞춘다(예. 「세쿤두스」; 포르피리오스의 「플로티노스」).[22]

탈버트의 범주들은 상호 배타적인 것이 아니며[23] 정경 복음서 이전과 이후에 모두 이런 기능들에 관한 유사한 예를 제시한다.[24]

리처드 버리지(1992)는 좀 더 진일보한 미묘한 방식으로 고대 전기를

---

18 Talbert, *Gospel*, 94-95.

19 Talbert, *Gospel*, 95. 누군가는 심지어 소크라테스에 대한 아리스토크세노스의 반대를 떠올릴지도 모른다.

20 Talbert, *Gospel*, 95-96. 수집된 전기들에 대해서는 추가로 (세 가지 일반적인 유형 중에서 "철학자들이든 왕들이든 하나의 계통을 추적하는 유형들"[92]을 언급하는) Adams, *Genre*, 92-109을 보라.

21 특히 Talbert, *Patterns*, 125-40을 보라. 후계자들의 단순한 목록 외에는 이 패턴은 별로 일반적이지 않지만(Chance, "Perspectives," 200[더 자세하게는, 181-201쪽]; Aune, *Environment*, 78-79; Pervo, *Acts*, 16; Balch, "Genre," 6) 분명 존재한다(Talbert, "Chance," 233-34; 참조. Talbert, *Acts*, xix-xx, xxiii; Talbert, *Mediterranean Milieu*, 19-50). 그러나 특히 Sterling, *Historiography*, 319-20을 보라.

22 Talbert, *Gospel*, 96. 그는 필론의 「모세 전기」를 이 범주에 할당하되 통치자들 사이에 할당한다(97).

23 많은 이들이 Talbert의 유형들이 지닌 경직성을 비판한다. Aune, "Problem"; Smith, "Genre," 200; Smith, βίος, 35을 보라.

24 Talbert, *Gospel*, 98.

그것의 "여러 가능한 목적"에 따라 나누지만 "한 특정한 작품 속에 몇 가지 의도가 결합할 수도 있다"[25]는 점을 기꺼이 인정한다. 즉 그는 상호 배타적인 대안들로 이루어진 보편적인 분류를 시도하는 일의 위험성을 바르게 인식한다. 목적들은 서로 겹친다.

그는 여러 목적을 다음과 같이 구분한다.[26]

1. 찬사(이소크라테스; 크세노폰, 「아게실라오스」; 타키투스, 「아그리콜라」).[27]

2. 모범 제시(이소크라테스; 크세노폰, 「아게실라오스」; 필론, 「모세 전기」; 플루타르코스 「소(小) 카토」 2.4.1; 37.5; 「페리클레스」 1; 「아이밀리우스 파울루스」 1; 포키온 3.3-5; 루키아노스, 「데모낙스」 2)

3. 정보 제공(사튀로스; 필론; 네포스; 수에토니우스, 「황제 열전」; 필로스트라토스, 「아폴로니오스 전기」 1.2-3). 사람들이 유명한 인물들에 대해 호기심이 있었으므로.

4. 오락적 가치(사튀로스; 루키아노스, 「데모낙스」; 필로스트라토스, 「아폴로니오스 전기」; 수에토니우스, 「황제 열전」; 타키투스, 「아그리콜라」).

5. 기억을 보존하려는 목적(이소크라테스; 타키투스, 「아그리콜라」 46.3; 루키아노스, 「데모낙스」 2; 크세노폰; 네포스).

6. 교훈적 목적(필론; 플루타르코스, 「소(小) 카토」 44.7-8과 전체; 루키아노스, 「데모낙스」 67).

---

25 Burridge, *Gospels*, 145.

26 Burridge, Gospels, 145-47, 180-82.

27 Shuler는 *Genre*에서 그의 대상(마태복음)을 일차적으로 찬미하는 전기로 간주하지만, 그런 구체적인 장르는 아마도 존재하지 않았을 것이다(Burridge, *Gospels*, 85-86). 찬미의 요소들은 여러 전기에서 일반적이었기 때문이다.

7. 변증론적·논쟁적 목적(크세노폰과 [아마도] 필론은 그들의 주인공들을 변호한다; 플루타르코스는 몇몇 인물들에 대한 비난을 반박한다; 필로스트라토스, 「아폴로니오스 전기」).

버리지는 공관복음에서 송덕문은 거의 발견하지 못하지만, 공관복음은 분명 모범을 제시하고 정보를 제공하며 교훈적이다. 또한 공관복음에는 약간의 변증론적이고 논쟁적인 목적이 있고 (최소한 미학적 관점에서는) 누가의 문학적 대구법 속에 약간의 오락이 포함되어 있다.[28] "다른 전기(βίοι)와 마찬가지로 공관복음서들을 단 하나의 목적으로 제한하는 것은 불가능하지는 않더라도 분명 어렵다."[29] 아마도 구체적으로는 정보 전달의 목적과 기념하려는 목적에 관한 관심이겠지만, 이 가운데 어떤 복석이는 역사적 관심을 포함할 수 있다.

전기를 나누는 또 다른 방법은 도덕적 기준에 따라 평가되는 인물에 대한 강조와, (비극에서처럼) 공감을 불러일으키는 대상의 독특한 성격에 대한 강조를 나누는 것이다.[30] 이 접근 방법은 다른 몇 가지 접근 방법과 마찬가지로 많은 전기의 특징들을 다루지만, 이러한 분류가 얼마나 유기적인지는 의문이다. 많은 전기가 양자를 다 강조했기 때문이다.

4.1c. 역사적 관심을 동반한 유형론

본서의 역사적 초점과 관련 있는 또 다른 접근 방법은 목적이나 기능에 의한 분류다. 예를 들면 클라우스 베르거(1984)는 전기를 다음 네 가지 유형

---

28 Burridge, *Gospels*, 208-10.
29 Burridge, *Gospels*, 210.
30 Gill, "Distinction," 특히 2-3과 그 뒤를 따르는 Beck, "Demonax," 84-85.

으로 분류한다. (1) 송덕문 유형, (2) 등장인물을 행위를 통해 묘사하는 소요학파/연대순 유형, (3) 소설적 유형(예.「아이소포스 전기」), (4) 알렉산드리아/주제별 유형.[31] 이런 범주들 사이에서 약간의 중첩은 불가피하지만 이러한 분류는 다른 여러 분류보다 유기적이다. 역사적 관심과 관련해서 두 번째 범주와 네 번째 범주는 가장 유익하지만, 베르거가 첫 번째 범주로 분류한, 타키투스의 장르를 파괴하는 「아그리콜라」는 역사적 정보가 그 범주에서도 실제적일 수 있음을 보여준다.

1915년에 보토는 전기를 다음 두 가지 방식으로 구분했다. 첫째, 그는 추가적인 의제가 있으면서도 분명한 연대순 정보와 기타 역사적 정보도 제공해줄 수 있는 역사적 전기를, 역사적 정보를 희생시켜서라도 교훈적인 면을 강조한 대중적 전기와 구별했다. (Votaw는 여기에 상당한 중첩이 있음을 인정했다.)[32] 앞 장이 잘 보여주듯이 이러한 자료 분류 방법은 너무나 많은 겹치는 부분을 모호하게 만든다. 많은 전기(예. 수에토니우스의 「황제 열전」)가 연대기적 배경 없이 일화들을 사용한 것은 그 전기가 대중적인 수준이었기 때문이 아니라 그런 정보를 고안해낼 필요도 없고 이를 원하지도 않았기 때문이다. 보토는 또 전기들을 주제에 따라 한편으로는 정치 및 군사 지도자들에 관한 전기, 다른 한편으로는 (철학자들과 같은) 지식인들에 관한 전기로 나누었다.[33]

저스틴 스미스(Justin Smith, 2007)는 고대의 전기들을 두 축, 즉 대상에

---

31 Berger, "Gattungen," 1236; Smith, "Genre," 195에서 요약됨; Smith, βίος, 30; 이보다 이전의 참고문헌으로는 Talbert, *Gospel*, 92-93을 참고하라.
32 Votaw, "Biographies," 51; 그는 이런 부류의 대중적인 전기들 사이에 크세노폰의 「소크라테스 회상」과 필로스트라토스의 「아폴로니오스 전기」를 포함시킨다(55).
33 Votaw, "Biographies," 52.

대한 시간적 인접성을 참고한 첫 번째 축과 독자층의 성격을 참고한 두 번째 축을 따라 나눈다. 그렇게 해서 그는 다음과 같은 유형론에 도달한다.[34]

1. "고대의-분명한" 유형: 특정 독자들을 위해 과거의 인물들을 다룸
2. "고대의-불분명한" 유형: 일반적인 독자들을 위해 과거의 인물들을 다룸
3. "동시대의-분명한" 유형: 특정 독자들을 위해 동시대의 인물들을 다룸
4. "동시대의-불분명한" 유형: 일반적인 독자들을 위해 동시대의 인물들을 다룸

독자의 성격은 다른 관심사와는 관련이 있고 이 책의 목적과 관련해서는 별로 흥미롭지 않은 문제지만, 시간적 인접성은 매우 흥미로운 문제임이 밝혀질 것이다(9장을 보라). 동시대 전기의 저자들은 생생한 기억이 남아 있는 인물들을 다루므로 "저자는 직접적인/목격자의 이야기를 접할 기회가 있었다."[35] 여기에는 이소크라테스의 「에우아고라스」, 크세노폰의 「아게실라오스」, 포르피리오스의 「플로티노스」, 네포스의 「아티쿠스」와 같은 작품들이 포함된다.[36] "고대의" 인물들에 대해 글을 쓰는 전기 작가들은

---

34   Smith, "Genre," 212; Smith, βίος, 55-61, 230.
35   Smith, "Genre," 212 n. 128; 216도 함께 보라. 동시대의 전기와 관련해서 동시대의 성인전 과의 유사점에 관해서는 Smith, βίος, 55-57을 보라.
36   Smith, "Genre," 212; Smith, βίος, 60-61. Nepos의 On Great Generals 24(Cato)과 Suetonius의 Caligula, Claudius, Nero는 유형들의 경계선에 있다("Genre," 212 n. 129). "특정한" 독자를 가진 유형들은 종종 그 대상에 대한 비난을 반박하기 위해 목격담을 사용하려 한다(213, Isocrates, Euagoras 4-6; Xenophon, Agesilaus 3.1; 10.3; Tacitus, Agricola 4.3; 24.3; 44.5을 인용함).

그와 대조적으로 "목격담"을 검증할 수 있는 능력이 덜하고 이런 전기들은 "'역사적으로' 덜 신뢰할 만한 경향이 있다."[37] 스미스는 여기에 필론의 「모세 전기」와 아리아노스의 「알렉산드로스」를 포함시킨다.

역사 기록의 문제에 더 분명하게 관심을 가진 것은 아델라 야브로 콜린스의 유형론인데, 이는 그 이전의 몇 가지 분류를 한층 더 수정한 것이다. 콜린스는 궁극적으로 마가복음을 역사 연구서로 간주하지만(6장을 보라), 한 사람에 대한 역사적 전기와 역사 연구서의 관계를 인식하는 유형론을 제시한다.[38] 콜린스는 다음과 같은 범주들을 제시한다.

1. 보통은 통치자들에 관한, 칭송하는 유형(일종의 원형으로서의 이소크라테스의 「에우아고라스」; 크세노폰의 「아게실라오스」; 필로포이멘에 관한 폴리비오스의 송덕문)

2. "수에토니우스는 이를 로마 황제들에 대해서도 사용했지만" 보통은 저자들과 철학자들에 관한, 학문적인 유형(사튀로스; 디오게네스 라에르티오스)

3. 종종 "기반이 된" 인물의 "삶의 방식에 관한", 교훈적인 유형(필론의 「모세 전기」, 이암블리코스의 「피타고라스 전기」).

4. 윤리적 모범을 제시하는, 윤리적인 유형(플루타르코스)

5. 잘 진술된 이야기에 초점을 맞춘, 오락적인 유형(호메로스, 아이소포스, 세쿤두스의 전기)

6. 역사적인 유형(플루타르코스의 「로마 황제 전기」; 타키투스의 「아그리콜

---

37 Smith, "Genre," 213. 이런 전기들은 "허구적이든 역사적이든 기록된 자료에" 자주 의존했다(216).
38 Collins, *Mark*, 30-33.

라」, 수에토니우스의 「황제 열전」).

마지막 유형에 속한 전기들은 "역사 기록과 같은 목적, 즉 중요한 일련의 사건들을 서술하고 그 사건들을 사건의 원인이라는 측면에서 설명하려는 목적을 지니고 있다."[39] 정경 복음서의 매우 교훈적인 내용은 교훈적 전기 (*bioi*)와의 강한 친화성을 암시하지만,[40] "전기의 역사적 유형은 정경 복음서와 가장 유사한 유형이다."[41]

실제로는 앞의 여러 범주가 상당히 중첩되지만—한 사람의 관심사가 예를 들어 오로지 역사적 정보이거나 도덕적 모범인 경우는 드물었다—역사에 관한 관심은 마지막 범주에서 네포스부터 수에토니우스까지의 여러 전기에서와 마찬가지로 분명하다. 콜린스는 마가복음을 역사 연구서로 보지만 역사적 정보라는 측면에서 이 장르는 여기서 전기의 여섯 번째 범주에 가깝다(6장의 논의를 보라). 두 제안 모두 정경 복음서에 존재하는 역사에 관한 관심을 정확히 발견한다.

4.2. 현자들에 관한 전기

예수는 사실상 반론의 여지가 없는 현자이므로 예수에 대한 하나의 사용 가능한 전기적 장르는 현자들에 관한 전기이며 현자들은 보통 (이교도 세계

---

39   Collins, *Mark*, 32.
40   Collins, *Mark*, 31, 33.
41   Collins, *Mark*, 33.

에서) 철학자들이었다.[42]

하위 장르를 주제에 따라 나누는 것은 일반적인 일이다.[43] 최근에 제
안된 한 가지 접근 방법은 전기를 그 대상의 사회적 권력의 역학이라는 측
면에서 나누는 것이다. 이러한 역학은 확실히 왕에서부터 외부자에 이르
기까지 다양하다.[44] 이런 기준들에 따르면 소크라테스와 예수에 관한 초
기의 이야기들은 "전복적인 전기"의 역할을 한다.[45]

더 흔하게는 학자들이 다양한 종류의 전기들을 전기의 대상들의 경
력이나 활동 영역을 바탕으로 분류한다. 예를 들어 대상들을 정치적 인물,
군사적 인물, 시인, 현자 등과 같이 (또는 좀 더 좁게는, 복음서를 구체적으로 예
수에 관한 전기로) 구별하는 것이다. 인물들의 유형에 따른 분류는 유기적이
고 자연스러운 체계를 제시한다.[46] 이런 범주들 사이에서 현자들에 관한
저작은 꽤 흔했다.[47]

그러한 유형의 전기들 사이의 차이점은 전기의 서로 다른 대상을 반
영하는 경향이 있다. 예를 들어 재치 있는 경구와 반박은 장군들의 전기보
다는 현자들의 전기에서 더 가장 중요한 특징이 된다. 물론 전반적으로 한

---

42 예를 들어 Culpepper, *Gospel and Letters*, 64-66을 보라. 기원과 창시자에 대한 문화적 기억
    이라는 관심사에 대해서는 Galinsky, "Introduction," 23을 참고하라.
43 Fowler, *Kinds of Literature*, 112.
44 Konstan and Walsh는 "Biography," 43에서 두 유형의 전기를 발견하지만, 이 구분은 전
    기의 대상에 관한 구분에 가까워 보인다. 여기서조차 어떤 이들은 서로 다른 측면에서 정
    경 복음서를 어떤 황실의 인물들과 비교한다(예. Suetonius, *Nero* 49.1-4에 관한 Cancik,
    "Gattung," 104-10; 하지만 논의되고 있는 모티프는 Via, *Kerygma*, 15, 56, 99-101에서처
    럼 단순히 희비극적인 모티프로 분류되기도 했다).
45 Konstan and Walsh, "Biography," 39-42, 특히 39(위[僞] 칼리스테네스에 대한 그들의 논
    의는 설득력이 낮다).
46 예를 들어 Votaw, "Biographies," 52; Geiger, *Nepos*, 25-26; Wehrli, "Gnome," 193(Smith,
    "Genre," 194-95에 나옴; Smith, *βίος*, 218)을 보라.
47 간단히 말하자면 Adams, *Genre*, 112-13의 표에 나오는 여러 철학자를 주목해 보라.

사람의 행동은 대부분의 고대 전기에서 여전히 가장 중요하다.[48] 그렇기는 하지만 현자들 대다수는(여기서 예수는 예외에 속한다) 비교적 별 탈 없는 삶을 살았으므로 그들의 전기는 그들의 행동보다는 그들의 말에 더 초점을 맞추는 경향이 있다.[49] 또한 현자들의 전기는 가능하면 주인공의 교육과 저작물에 관한 더 많은 정보를 제공하는 경향이 있다.[50]

현자들에 관한 전기의 여러 현존하는 예들은 복음서 시대보다 후대에 속하지만, 단편들은 그들에 대한 전기적 저작의 몇 가지 형태가 복음서보다 오래전에 번성하기 시작했음을 알려준다.[51] 한 저자는 다양한 학문 분야에서 탁월한 이들에 관한 120권의 책을 쓴 것으로 전해진다.[52] 소요학파는 일찍이 기원전 4세기에 철학자들의 전기에 특별한 관심을 나타냈나.[53] "사라신 헬레니즘 시대 우기의 서사들 가운데 대부분은 다양한 철학적 전기를 썼고" 그 전기의 단편들이 훗날 디오게네스 라에르티오스의 글과 피타고라스 학파의 전기에서 표면에 등장한다고 해그는 지적한다.[54]

그러한 전기들은 철학 학파들의 창시자들을 기리고, 그들의 가르침을 이야기하며, 그들의 도덕적 가르침을 예시하기 위해 그들에 관한 일화

---

48 예. Cox, *Biography*, 57; Ytterbrink, *Gospel*, 76, 85, 101; Burridge, *Gospel*, 71; Adams, *Genre*, 92; Edwards, "Introduction," xii; Beck, "Demonax," 93; Freyne, "Gospel," 66. Frickenschmidt는 *Evangelium*, 505에서 특히 로마인과 유대인의 전기에서 이런 행동에 대한 강조를 발견하지만, 그것은 이 전기들의 현존하는 표본에 나오는 더 많은 수의 공적인 인물들을 반영하는지도 모른다.

49 Votaw, "Biographies," 52; Adams, *Genre*, 91-92.

50 Adams, *Genre*, 92.

51 Pelling, "Biography, Greek," 241-42; Adams, *Genre*, 79, 86-88, 102-4. 요세푸스의 자전적 자료 중 일부도 함께 참고하라(Van Veldhuizen, "Moses," 215-24을 보라).

52 Adams는 *Genre*, 95에서 *Suda* K 227을 인용한다.

53 Laistner, *Historians*, 18.

54 Hägg, *Biography*, 187; Tieleman, "Orality," 30; 로마 제국 초기에 나온 전기의 단편들도 함께 참고하라(Hägg, *Biography*, 283).

들을 종종 사용했다. 러브데이 알렉산더(Loveday Alexander)가 강조하듯이 "헬레니즘 시대의 학교 전통"은 종종 "유명한 선생들에 관한 독립적인 일화들"을 포함한다.[55] 고대 스승들의 추종자들은 보통 스승이 죽은 직후부터 스승의 생애에 깊은 관심을 가지고 전기적인 형태로든 아니든 스승에 관한 글을 썼다.[56]

현자들의 전기는 역사적 관심을 보여줄 수 있었는가? 일찍이 기원전 240년에 카뤼스토스의 안티고노스는 "동시대의 철학자들을 묘사할 때의 정확성"의 기준을 높였다.[57] 우리는 로마 제국 초기에 역사 기록에 관한 전기 작가들의 관심을 언급한 바 있다. 로마 제국 초기의 주요 전기 작가들의 남아 있는 저작들은 특별히 정치적·군사적 인물들에 초점을 맞추고 있지만, 그들의 저작은 원래 이런 대상들에게만 국한된 게 아니었다. 플루타르코스는 정치인들에 대한 저작 외에도 비록 더 이상 현존하지는 않지만 몇몇 시인들과 철학자들에 관한 글을 썼다.[58] 수에토니우스는 「황제 열전」 외에도 시인들, 웅변가들, 역사가들, 철학자들, 그리고 마지막으로 문법학자들과 수사학자들에 관한 일련의 전기를 집필했다(비록 수사학자들의 전기만 현재까지 남아있지만).[59] 다소 후대이긴 하지만 루키아노스의 「데모낙스」는 이런 전통을 이어나간 것으로 보이며 아마도 로마 제국 초기의 다

---

55   Alexander, "Biography," 56; 참조. Alexander, *Context*, 43-68. 철학적 전기에 관해서는 간단히 "Biography," 529-30을 보라.

56   (플라톤이 소크라테스가 죽은 지 10년 안에 소크라테스에 관한 글을 쓰기 시작했다고 말하는) Kennedy, "Source Criticism," 134을 보라. 참조. Tieleman, "Orality," 30, 35. 플라톤은 *Alcibiades II* 141D에서 큰 자유를 행사했다. 비록 그럴싸한 시대착오적 표현은 실제로 플라톤이 쓴 게 아닌 후대의 저작에서 비롯되었지만 말이다.

57   Pelling, "Biography, Greek," 242; 참조. Walbank and Stewart, "Antigonus."

58   Frickenschmidt, *Evangelium*, 168.

59   Frickenschmidt, *Evangelium*, 170-71.

른 현자들의 전기와 닮은 듯하다.[60]

그러한 관심은 이후에 계속 이어지며 소피스트들과 철학자들의 전기에서 더 폭넓게 입증된다. 필로스트라토스의 「아폴로니오스 전기」와 대조적으로 그의 「소피스트 열전」(βίοι σοφιστῶν, bioi sophistōn)은 수사학적인 능력으로 인해 소피스트들과 함께 분류될 수 있게 된 여덟 명의 철학자들의 전기를 포함하는 59편의 연이은 전기다.[61] 그는 전기의 주인공들이 쓴 저서들과 그가 그들 자신과 그들의 선배들에 관해 소피스트들에게 직접 들은 내용에 의존했다.[62] 어떤 이들은 그의 신뢰성에 이의를 제기했지만,[63] 유언 보위(Ewen Bowie)는 이렇게 지적한다. "그의 책에서 평정심이 종종 드러나며 「소피스트 열전」은 편향적이긴 하지만 소중한 그 시대의 그리스 문화사다."[64]

「소피스트 열전」의 개별적인 전기들은 간략한 경향이 있지만, 관련 증거가 많은 폴레모와 헤로데스의 공적인 전기는 예외다.[65] 일반적으로 (필로스트라토스와 디오게네스 라에르티오스의 문헌에서 연속적으로 그 존재가 입증된) 지식인의 전기는 정치적 인물의 전기보다 짧지만,[66] 이는 그러한 사상가들에 관해 사용할 수 있는 자료가 (아리아노스가 에픽테토스를 다룬 글에서처럼) 가르침으로 여러 권의 책을 쓸 수 있는 학파 자체의 자료를 제외하면

---

60 또한 Adams는 *Genre*, 89에서 루키아노스의 「니그리노스」는 긍정적인 전기로 취급하고 「알렉산드로스」와 「페레그리노스」는 부정적인 전기로 취급하지만, 이런 명칭들은 전기를 다소 폭넓게 정의한 것이다.

61 Philostratus, *Lives of the Sophists* 1.1–8을 언급하는 Bowie, "Portrait," 143.

62 Bowie, "Portrait," 143.

63 Bowie는 "Portrait," 143에서 Jones, "Reliability"를 인용한다.

64 Bowie는 "Portrait," 143에서 평정심과 관련해 Swain, "Reliability"를 언급한다.

65 Bowie는 "Portrait," 143에서 *Lives of the Sophists* 1.25; 2.1을 언급한다.

66 Geiger, *Nepos*, 28.

더 적었기 때문이다. (그렇기는 하지만 다소 최근의 인물에 대한 필로스트라토스의 간략한 묘사조차 2장에서 다룬 시인들의 훨씬 더 짧은 전기보다 어림짐작이 덜하다.) 그와 대조적으로 제자가 전기를 썼다면 (또다시) 루키아노스가 데모낙스를 다룬 글과 같이 좀 더 실제적인 전기를 쓸 수 있었을 것이다.

특별히 현자들의 전기가 최근의 기억을 반영할 때는 많은 이들이 자연히 그런 전기를 정경 복음서와 가장 가까운 사용 가능한 비교 대상이라고 생각한다.[67] 정경 복음서는 예수를 현자 이상의 인물로 표현하며 확실히 현자보다 못한 인물로 표현하지는 않는다. 우리가 각 복음서의 독특함을 고려하고 각각의 비교 대상이 지닌 제한된 특성을 인식하는 한 그러한 비교는 유익할 수 있다.

이러한 유비 관계 역시 1세기에 복음서 저자들이 사용할 수 있었던 정보에 대해 갖는 함의가 있을지도 모른다. 어떤 운동의 구성원들은 생생한 기억 속에서 한 스승에 관한 많은 정보를 접할 수 있었을까? 제자들은 이 시기보다 몇백 년 전부터 그들의 스승에 관한 (또는 다른 이들에 관한) 회고록을 펴내 왔다.[68] 그리스의 제자들은 때로는 그와 같은 전기에서 사용하기 위해[69] 스승들의 가르침을 종종 방대하게 기록했다.[70] 이러한 관행은 신약 시대와 그 이후에 계속 이어졌다. 요한복음이 나온 지 단 한 세대 뒤에 에픽테토스의 가르침을 적은 아리아노스의 기록은 「알렉산드로스」나

---

67 예. Votaw, "Biographies," 54, 217-49; Culpepper, *Gospel and Letters*, 64-66.

68 참조. Xenophon, *Memorabilia*; Polybius, *Histories* 12.25e.1; Kennedy, "Source Criticism," 129-37; Laistner, *Historians*, 33-37. 이러한 형식에 속하는 후대의 몇 가지 예들은 복음서의 형식을 빌려온 것일 수도 있다(Dillon and Hershbell, "Introduction," 25를 보라).

69 더는 존재하지 않는 아리아노스의 「에픽테토스 전기」를 참고하라(Votaw, "Biographies," 56).

70 예. Quintilian, *Orator's Education* 11.2.2, 25; Seneca, *To Lucilius* 108.6; Epictetus, *Discourses* pref.2; 더 깊은 논의를 보려면 15장을 보라.

「엔케이리디온」에 담긴 아리아노스 자신의 글과 대조적으로 스승 자신의 두서없는 화법을 훨씬 더 많이 반영한다.[71] (예수의 제자들 가운데 누군가가 필기를 했을지의 여부는 좀 더 논란의 여지가 있다. 15장의 논의를 보라.)

어떤 학자들은 마가복음이 (아마도) 단 1년의 기간에만 초점을 맞추는 것을 이례적인 일로 여기지만,[72] 전기는 보통 공적인 생애에 초점을 맞추었고 예수의 공적인 생애는 길지 않았다. 많은 현자에 관한 전기들은 현자가 가르치던 시기에 초점을 맞추며 현자의 배경에 대해서는 기껏해야 가장 기본적인 소개만 덧붙인다(6장을 보라).[73]

탈버트는 누가복음-사도행전을 디오게네스 라에르티오스의 글에 나오는 현자들의 계승에 관한 이야기들과 비교했고[74] 어떤 이들은 이 비교를 비판했다.[75] 그러나 이 비교는 우리가 디오게네스 라에르티오스를 완전한 비교 대상이 아니라 현자의 전기가 포함할 수 있는 내용 가운데 몇 가지 요소들을 제시하는 인물로 보는 한 여전히 유용하다.[76]

---

71   Epictetus, *Discourses* pref.2-3.
72   Hägg, *Biography*, 163.
73   Burridge는 "Review," 476-77에서 다른 전기에서 강조된 시기에 대한 불균형적인 관심의 빈도를 언급한다(예를 들어 *Biography*, 208, 293에 나오는 Hägg의 발언들을 참고하라).
74   Talbert, *Patterns*, 125-40; Schneider, "Zweck"도 함께 보라.
75   예. Smith, "Genre," 198-200; Smith, *βίος*, 34-35; Chance, "Perspectives," 200; Aune, *Environment*, 78-79; Balch, "Genre," 6; Sterling, *Historiography*, 319-20.
76   Talbert, *Mediterranean Milieu*, 50-55, 특히 52; 참조. Talbert, *Acts*, xix-xx; Keener, *Acts*, 1:712-13.

4.3. 디오게네스 라에르티오스의 전기가 지닌 신뢰성

디오게네스 라에르티오스의 정보가 언제나 신뢰할 만한 것은 아니지만,
그러한 믿을 수 없는 측면은 자료에 대한 의존이 부족한 데서 비롯된 것이
아니라, 전기의 대상들이 속한 집단과 그들에 대한 살아 있는 기억에서 벗
어난 신뢰할 수 없는 자료에 종종 의존한 데서 비롯된 것이다. 고대의 다
른 일부 학자들과 달리 디오게네스는 자신의 자료를 자주 언급하는데 여
기에는 거의 1,200개의 참고문헌, 200명 이상의 저자, 350개가 넘는 익명
의 자료가 포함된다.[77] 이는 표준 판형으로 페이지 당 대략 참고문헌 3개
에 달한다.[78] 그는 헤라클레이토스에 관한 대목인 9.1.1-17에서만 적어도
18개의 자료를 인용한다.[79] 그가 다른 자료에서 인용된 자료에 의존할 때
는 때때로 자료 전체를 연달아 인용하면서 암묵적이지만 투명하게 자신
과 가능한 최초의 증인들 사이의 거리를 인정한다.[80]

　디오게네스는 이전의 다양한 모음집에 의존하며 중요한 시기에 대해
서는 단 하나의 자료를 따르는 대신 자료들을 자주 바꾼다.[81] 그러나 디오

77　Fitzgerald, "Lives," 215(그는 Hope, *Book*, 59-60의 견해를 따른다); Long and Sharples,
　　"Diogenes Laertius," 475; 참조. Frickenschmidt, *Evangelium*, 182-83. 디오게네스가 인용
　　하는 약 70개의 전기적 저작의 목록을 보려면 Adams, *Genre*, 261-63을 보라. (일반적으로
　　정의된) 전기적 문헌의 광범위한 목록을 보려면 Berger, "Gattungen," 1232-36을 보라. 요
　　약된 형태로 보려면 Smith, *βίος*, 216-17을 보라. 완전한 전기와 단편적 전기, 동시대의 전
　　기와 동시대가 아닌 전기를 구별하는 기원전 4세기부터 기원후 3세기까지의 전기 목록을
　　보려면 Kwon, "Reimagining," 145-50을 보라.

78　Long, "Introduction," xix.

79　Southerland는 "Valuation," 5에서 저자가 여기서 23개의 자료를 의식하고 있는 것을 발
　　견한다. Southerland가 표본으로 뽑아낸 71개의 단락에서 디오게네스는 자료들을 최소한
　　127회 인용한다.

80　Southerland, "Valuation," 7-8.

81　Long and Sharples, "Diogenes Laertius," 475.

게네스 자신은 마가복음이나 Q 자료에 대한 마태의 편집과 관련된 수정과 다소 비슷하게 집필자보다는 편집자에 가까워 보인다.[82] 실제로 그는 같은 자료에 의존하는 그 이전의 현존하는 저작과 비교할 수 있는 대목에서 때때로 그보다 앞선 저자들보다 공통된 자료를 더 신중하게 따르는 것처럼 보인다.[83] 그는 헬레니즘 시대의 전기 작가들에게 크게 의존한다.[84]

이전 시대에 관한 디오게네스의 자료 중 다수는 건전한 것이었지만 어떤 것들, 특히 아리스토텔레스에 관한 주요 자료는 좀 더 근거가 부족했고 아리스토텔레스 학파보다 스토아 학파의 자료에 더 가까웠다.[85] (3권에 나오는) 플라톤의 사상에 대한 그의 지식은 결함이 있는 것으로 밝혀졌고[86] 스토아 학파의 영향을 받은 "대체로 안디옥 지방의 플라톤주의의 형태"를 반영하고 있다.[87] 플라톤의 「티마이오스」에 대한 의존과는 별개로 디오게네스는 중간 자료로 눈을 돌려 과거의 학설지가(學說誌家, 고대 그리스 철학자의 여러 학설을 수집 분류한 학자—역주)들의 글을 선별적으로 인용한다.[88] 디오게

---

82 자료 수집에 대한 디오게네스의 관심은 미쉬나와 동시대의 기독교 문헌에서도 잘 나타나는 그의 시대의 추세와 잘 어울린다(Grafton, "Inspiration," 554).

83 Diogenes Laertius, *Lives* 9.11.97-99과 Sextus Empiricus, *Against the Mathematicians* 9.207-17에 관한 글인 Janácek, "Diogenes Laertius"; Diogenes Laertius, *Lives* 9.101과 Sextus Empiricus, *Against the Mathematicians* 9.69-75에 관한 글인 Janácek, "Diogenes Laertius IX." 둘 다 Southerland, "Valuation," 17에 인용되었다. 그의 내적 상호 참조는 대체로 정확하며(Long, "Introduction," xviii) 그는 무비판적이긴 하지만 "기본적으로 정직하다"(xxiii).

84 Tieleman, "Orality," 30.

85 Fitzgerald, "Lives," 216, 219; Long and Sharples, "Diogenes Laertius," 475; Long, "Introduction," xxii.

86 Dillon, "Doctrines"; Long, "Introduction," xvii.

87 Dillon, "Doctrines," 594; 참조. 597.

88 Dillon, "Doctrines," 597. 플루타르코스와 특히 루키아노스에서부터 디오게네스 라에르티오스에 이르는 견유 철학(Cynicism)의 수용에 관한 짧은 역사를 보려면 Branham, "Cynicism," 601-2을 보라.

네스는 어떤 사상가들에 대해서는 풍부한 정보를 보여주지만 어떤 사상가들에 대해서는 정보를 거의 보여주지 않는다. 따라서 예를 들어 3권, 7권, 10권의 전부 또는 대부분은 각각 플라톤, 제논, 에피쿠로스에게 할애되어 있다.[89] 그렇기는 하지만 그는 자신이 가진 문헌 중에서 틀림없이 이용 가능한 자료라도 흥미가 생기지 않을 때는 그냥 넘어갈 준비가 되어 있는 것처럼 보인다.[90]

그의 전기들의 분량 면에서의 다양성은 다음 두 가지 요소를 시사한다. 첫째, 그는 모든 현자에 대해서 무언가를 써야 할 필요를 느꼈다. 둘째, 어떤 이들에 대해서는 다른 이들에 대해서보다 그가 이용할 수 있는 정보가 더 많았다.[91] 즉 그는 단순히 문학적인 균형을 만들어내기 위해 상상력으로 자유롭게 이야기를 채워 넣지 않고 전승을 수집했다. 때로는 단순히 자료 수집만 뼈 빠지게 했다는 비난을 받기도 했지만 그럼에도 디오게네스 라에르티오스는 이전의 정보에 대한 의존보다 소설화를 더 강조하는 고대 전기의 모델에 쉽게 순응할 수 없었다.

또한 디오게네스는 자신이 다루는 대상들에 대해 다양한 견해를 드러낸다.[92] 나의 박사과정 학생 중 한 명인 케빈 서덜랜드(Kevin Southerland)는 현재 디오게네스 라에르티오스에 대해 연구하고 있다. 디오게네스의 아홉 번째 책에 나오는 대부분의 단락에 대한 그의 첫 연구는 그 책에 담긴 엄청난 수의 자료들을 강조한다. 이 책에서 디오게네스는 빈틈없이 기

---

89 Adams, *Genre*, 106.

90 Schofield, "Philosophers," 570-71을 보라.

91 Adams, *Genre*, 106-7.

92 예를 들어 Diogenes Laertius, *Lives* 2.44을 인용하는 Ytterbrink, *Gospel*, 112. 플루타르코스 (De Pourcq and Roskam, "Virtues," 170)와 수에토니우스(Edwards, "Introduction," xxv)의 글에 담긴 다양한 관점에 관한 관심도 주목해 보라.

록하는 일에 너무 몰두한 나머지 한 자료를 딱 한 번만 분명하게 무시한다.[93] 어떤 이들은 9-10권에 나오는 그의 1인칭 어법에서 드러난 바와 같이[94] 그에게 회의주의자들과 에피쿠로스주의자들에게 치우친 경향이 있다고 주장하지만, 그에게 그런 편향이 있다 해도 그것이 그가 스스로 발견한 모든 정보를 수집하는 일을 막지는 못한다. 디오게네스가 신봉한 학파가 있었다고 해도 우리가 그 학파에 대해 확실히 알 수 있다는 점을 대다수가 의심한다. 이런 결론은 그가 철학자들의 생애에 관한 전승에 대해 그들의 철학에 관한 자세한 정보를 희생해 가면서까지 보인 관심을 반영할 수도 있다.[95]

제임스 밀러(James Miller)가 지적하듯이 디오게네스는 "기이하고 흥미로운 일화들"을 많이 삽입했지만 "자신이 묘사하는 인물들을 거의 한 번도 직접 찬양하거나 비난하지 않으며" 철학에 관해서도 "자신의 어떤 분명한 의견도 감히 말하지 않는다."[96] 이전의 몇몇 전기가 훨씬 더 전적으로 과시적이었다면, 디오게네스의 관심은 독자들의 호기심을 유발하고 충족시키는 재기 넘치는 이야기와 더불어 고서적 수집가의 매력을 더 많이 반영한다. 디오게네스가 고수하는 선택의 한 가지 원칙은 그의 진술에

93　Sotion in Diogenes Laertius, *Lives* 9.2.20(Southerland, "Valuation," 18).

94　Southerland는 "Valuation," 16에서 Diogenes Laertius, *Lives* 9.11.70; 10.3-12을 언급한다. 그는 디오게네스가 퓌론에 관한 자료에 대해 일반적으로 극단적인 접근 방식을 취하지만 이런 자료들을 비교적 중립적으로 표현한다고 지적한다. 디오게네스가 회의주의자인 퓌론과 에피쿠로스를 다루는 방식에 대해서는 각각 다음 두 편의 글을 보라. Allen, "Skeptics," 613-14; "Epicurus."

95　Long, "Introduction," xvii-xviii; Laks, "Diogenes Laertius," 590. 그의 유일한 열정적인 구절은 10.3-12에 나오는 에피쿠로스에 대해 변호하는 구절이다(Long, "Introduction," xviii).

96　Miller, "Introduction (Diogenes)", ix. 그는 (시적으로 수준이 떨어지는) 경구로 자신의 견해를 더 많이 드러냈을 수도 있다(Gutzwiller, "Epigrams," 561).

서 일반적으로 드러나기도 하는데, 그는 성적 추문을 그의 자료가 분명히 신뢰할 수 없는 것일 경우에도 되풀이해 말한다.[97]

디오게네스는 많은 평가 없이 자료를 수집하는데, 이는 때때로 부주의에서 비롯된 일이다. 확실히 그는 설득력 있는 자료뿐만 아니라 빈약한 자료도 인용했고 보통은 철학자들 자신의 저작보다 2차 또는 3차 모음집을 인용했다.[98] 또 다른 요소는 우리에게는 사후에 출간된 디오게네스의 미완성 노트만 남아 있다는 흔히 제기되는 생각일 수도 있다.[99] 그렇기는 하지만 그가 평가하기를 조심스러워한 것은 최소한 부분적으로라도 그가 확고한 결론을 제시할 능력이 없었다는 사실을 추가로 반영하고 있는지도 모른다.[100] 전기 작가들은 종종 그들의 시대보다 한 세기 이상 앞선 자료에 대해서는 중립적인 태도를 유지했다. 역사적 거리가 그들이 그런 자료들의 신뢰성을 평가할 수 있는 능력을 심각하게 악화시키기 때문이다.[101] 이 책에서 디오게네스가 다루는 몇몇 자료는 그의 시대보다 7백 년 이상 앞선 것이다.

다양한 철학자들에 대한 디오게네스의 공평무사하고 때로는 불경한 태도는 복음서 저자들이 그들의 대상에게 바치는 헌신과 현저하게 다르지만,[102] 고대의 일정한 역사 기록상의 원리들이 디오게네스에게 끼친 영향을

---

97 Romm, "Humor," 569-70.
98 Long, "Introduction," xxiv. (디오게네스는 결국 후대의 편집자들을 위한 전거가 되었다. 참조. Dorandi, "Diogenes Laertius," 583-84.) 그러나 때때로 그는 믿을 만한 저작과 믿을 수 없는 저작을 의식하고 구별하는 것처럼 보인다(Cambiano, "Diogenes Laertius," 576).
99 예를 들어 Most, "Diogenes Laertius and Nietzsche," 622도 그렇게 생각한다.
100 Southerland, "Valuation," 20.
101 Southerland는 "Valuation," 19에서 Alfred, "Valuation," 78의 견해를 따르고 적용한다.
102 Collins, *Mark*, 31; Fitzgerald, "Lives," 220-21. 그의 불경한 태도에 대해서는 예를 들어 Romm, "Humor"을 보라.

분명히 반영하고 있다. 디오게네스의 초점과 관습적인 주제들은 전기와 어울리지만, 그의 작품은 동시대의 역사 기록의 영향을 크게 받았다.[103]

현자에 관한 전기로서의 복음서는 디오게네스 라에르티오스의 전기와 역사 서술 면에서 어떻게 다를까? 디오게네스는 좀 더 엘리트적인 수준에서 글을 썼고 훨씬 더 많은 자료를 언급했으나 또한 대다수의 전기 주인공들보다 오랜 세월 뒤에 글을 썼다. 기원후 3세기 초에 왕성히 활동한 디오게네스 라에르티오스는 기원전 4세기의 견유 철학자 디오게네스에 관한 일화들을 수집했다.[104] 이 일화들은 500년 이상의 세월이 흐르는 동안 축적된 자료를 사용하고 있다. 따라서 역사적 관점에서 그의 자료의 신뢰성은 대부분이 발생한 지 겨우 약 40년에서 65년밖에 안 지나서 기록된 사건들을 묘사하는 1세기의 정경 복음서들의 서술과 눈에 띄게 다를 수밖에 없다.

4.4. 현자 이상의 존재

자연히 전기는 그 주제에 맞추어 조절되어야 했고 왕과 장군의 일생은 시인이나 철학자의 일생과 다른 제재를 제공해주었다.[105] 예수의 경우 전기의 주제는 다른 관습적인 패러다임을 더 많이 수정할 것을 요구한다. 예수는 치유자, 예언자, 스승처럼 보이고 아마도 정치적 기득권 세력에 대한

---

103 Adams, *Genre*, 251. Adams, *Genre*, 107에 인용된 Mejer, "Diogenes Laertius"에서는 이 책을 철학의 역사라기보다 전기로 본다.

104 참조. Hägg, *Biography*, 312.

105 Momigliano, *Development*, 88.

위협으로 보일 것이기 때문이다.

하지만 신적 인간에 대한 전기는[106] 복음서의 주제와 닮았으나 기원후 3세기 초 무렵에 나타나기 시작한 것으로 보이고, 따라서 역사 기록의 일반적인 기준에 따르면 복음 전승의 내용에 영향을 주었다기보다는 받았다고 판단해야 할 것이다. 최초의 기독교적인 모델들은 3세기에는 널리 유포되었고 알려져 있었다.

예수는 군사적이거나 전통적인 정치적 인물은 아니었으나 다른 어떤 존재였든 간에 예수가 스승 또는 현자였다는 점에는 거의 모든 학자가 동의한다. 그와 동시에 예수는 소크라테스, 크라테스, 데모낙스, 그리고 공동체에서 공개적으로 잘 알려진 다른 인물들처럼 현자일 뿐만 아니라 공적인 인물이었다.[107] 예수의 공개처형은 소크라테스의 처형과 마찬가지로 공적 인물로서의 그의 역할을 더욱 뒷받침한다.

아마도 가장 주목할 만한 것은, 최초의 문헌들에서 예수에게 부여된 메시아적 칭호와 예수가 마치 정치적 위협이라도 되는 듯이 처형당한 것은 그가 사적인 제자 교육만 유일한 관심사로 삼은 인물이 아니라 공적 인물이었음을 암시한다는 점일 것이다. 어떤 이들은 예수를 잠재적인 왕으로 생각했다.[108] 예수가 단지 빌라도가 그를 왕으로 간주하여 처형한 데서 자신을 왕으로 보는 관점을 취했을 가능성은 거의 없어 보인다. 따라서 정경 복음서들은 예수를 다소 "정치적인" 인물로 묘사한다.

---

106 참조. Chitwood, *Death*, 20-23, 47, 114-15, 182.
107 이런 전기 중에서 오직 데모낙스의 전기만이 생생한 기억을 바탕으로 나온 동시에 고대 전기의 역사 서술의 절정기에 나온 전기다.
108 다음 참고문헌들의 논의를 보라. Sanders, *Jesus and Judaism*, 234, 307, 321-22(참조. 242쪽의 종말론적 부왕[副王]); Chilton, "Announcement," 168; Brown, *Death*, 473-80.

정경 복음서들의 정치적 관점은 물론 독특하다. 마가복음의 "하나님의 나라"(1:15; 참조. 9:1, 47; 11:10; 15:43)는 황제의(더 일반적으로는, 인간의) 정치를 전복시킨(참조. 4:11, 26-32; 10:14-15, 23-25; 14:24-25) 왕의 십자가 처형에서 절정에 이른다(15:2, 9, 12, 18, 26, 32). 정경 복음서들은 함께 독특한 전기의 새로운 하위 유형을 형성하되 공적 인물이자 현자인 예수로 쉽게 이해할 수 있을 만한 유형을 형성한다.[109]

스승들에 관한 전기는 여전히 귀중한 유례지만 예수의 공적인 역할과 로마 제국 초기에 나온 제한된 수의 장편 현자 전기는 우리에게 비교의 그물망을 더 넓게 칠 것을 요청한다. 현자 전기와 황제 전기의 차이는 전반적인 장르의 차이가 아니라 주제의 차이다. 물론 일부 자료의 성격은 서로 다르다. 공문서와 같은 공적 기록은 전기 작가들에게 제국의 건설 사업, 원로원의 법령 등에 관한 정보를 쉽게 제공해줄 수 있지만, 우리가 정경 복음서에서 그런 정보들을 찾기를 기대할 수는 없다.

황제, 현자, 예수의 전기에 있어서 똑같이 비슷한 점은, 사람들이 믿는 바에 따르면 궁극적으로 증인들에 의존하는 기록에 바탕을 둔 일화가 많이 등장한다는 점이다. 우리는 모든 일화를 무비판적으로 받아들이지는 않지만, 전기의 주인공에 대한 생생한 기억 속에서 나온 일화를 선호한다.

디르크 프리켄슈미트(Dirk Frickenschmidt)는 광범위한 연구를 통해 정경 복음서를 다양한 고대 전기와 비교했다. 그는 전형적인 철학자들의 전

---

109 필론의 저작에서 모세는 예언자, 제사장, 입법자일 뿐만 아니라 왕이기도 하다. 예를 들어 *Moses* 1.60; 2.2, 66, 187, 292을 보라. 왕으로서의 모세에 대해서는 신 33:5; Josephus, *Jewish Antiquities* 4.327; LAB 9:16; 20:5; Meeks, *Prophet-King*, 107-17, 147-50, 177-79, 181-96, 236도 함께 보라. Philo, *Joseph* 1에서 요셉은 정치인이다. 필론의 저작에서 이 단어의 용례 중 40% 이상이 *Joseph*에서 나온다.

기에서보다 공적 인물들에 대한 네포스의 전기와 플루타르코스의 전기에서 형태상 더 큰 유사점을 발견한 것에 놀랐다.[110] 이러한 결과가 나온 이유는 부분적으로 전기 전체를 공적 인물에 할애하는 것이 더 일반적인 현상이기 때문일 수도 있지만 예수가 필연적으로 공적인 인물이기 때문이기도 하다.

4.5. 결론

정경 복음서는 더 범위가 넓은 전기의 범주에 쉽게 들어맞지만, 전기의 하위 범주를 분류하는 일은 보다 주관적이고 정확성이 떨어지는 일이다. 대상과 관련해서 정경 복음서는 그 시대의 매우 두드러진 한 범주인 기적을 행하는 현자에 관한 전기다. 예수가 많은 군중을 끌어모았고 국가에 의해 처형된 공적 인물이었다는 점은 더욱 독특한 요소와 종종 다른 유사점을 제공한다.

그렇지만 예수는 현자였으므로 정경 복음서의 여러 측면은 현자의 전기와 닮았다. 예수를 존경한 공동체는 예수의 가르침을 전하기를 갈망했을 것이다. 더욱이 정경 복음서는 2장에서 살펴본 보다 개략적인 시인들의 전기와 대조적으로 공적 인물들의 전기와 비슷한 완전한 전기이기도 하다.

우리의 목표가 역사적 정보를 얻기 위해 정경 복음서를 읽는 것인 한, 정경 복음서의 저작 시기는 다른 전기들과 전기의 주인공에 관해 모두 중

110　Frickenschmidt, *Evangelium*, 169.

요하다. 정경 복음서들이 고대의 전기 작가들 사이에서 역사 서술에 대한 감수성이 가장 높았던 시기인 로마 제국 초기에 집필되었다는 점은 복음서 저자들이 전기의 주인공에 관한 진정한 역사적 정보를 서술하는 일에 상당한 관심을 가졌을 가능성을 뒷받침한다. 그들이 생생한 기억 속에 남아 있는 한 인물에 대해 말하고 있다는 점은 그들에게 이용 가능한 정보가 상당했음을 시사한다.

나는 주로 역사 서술에 관한 질문으로 되돌아가기 전에 전기의 몇 가지 다른 특징들을 먼저 다룰 것이다(5장). 그런 다음 전기의 역사에 관한 관심(6장)과 역사에 관한 관심이 고대의 저자들에게 무엇을 의미했는지 (7장)를 탐구할 것이다.

1세기 독자들은 전기에서 무엇을 기대했는가?

전기에는 역사적 관심사가 있었지만, 이것이 전기의 유일한 관심사가 역사적 정보였다는 의미는 아니며 전기가 전반적인 주제 없이 사실들을 무작위로 제시할 의도로 기록되었다는 의미는 더더욱 아니다. 전기 작가들은 자신의 관점을 전달하기 위해 자신이 이용할 수 있는 정보를 매우 많이 가공했다.

이 장에서는 고대의 전기 작가들과 역사가들의 편향(그들의 관점 또는 경향), 도덕적으로 유용한 예를 제시하려는 열심, 주인공의 성격에 집중된 전기의 초점, 전기들 사이의 연대기에 관한 차이, 전기에 자주 등장하는 구성 요소들, 본격적인 전기의 일반적 구조 등에 대해 논할 것이다. 그와 동시에 역사가들과 전기 작가들은 그러한 특성들을 일반적으로 역사적 정보에 반하는 특징으로 취급하기보다는 역사적 정보를 구성하는 방식으로 취급했다는 점이 명백해질 것이다.

5.1. 전기에서의 각색

로마 제국 초기의 주류에 속하는 전기들은 역사적 정보에 의존했다(특히 6장을 보라). 이런 역사적 정보에 관심이 없는 저자들에게는 자신의 목표를 전달할 다른 적절하고 훨씬 덜 제한적인 장르들이 있었다. 그렇기는 하지만 고대의 전기 작가들과 역사가들이 오늘날의 전기 작가나 역사가와 같은 방식으로 글을 쓰지는 않았다.

아마도 기원후 1세기에 쓴 것으로 추정되는 한 수사학 입문서[1]에서는 학생들에게 연설이나 상세한 묘사를 상술하거나 축약하여 이야기를 "확대"하거나 "압축"하라고 조언한다.[2] 저자는 다른 자료를 통해 알려진 세부 정보를 추가하고 이야기에 내포되어 있거나 본래 그 자체로 그럴 가능성이 있는 약간의 묘사를 추가할 수 있지만, 저자가 어떤 이야기를 확대하기 위해 드는 예가 이야기의 본질적인 의미를 실질적으로 바꾸어 놓지는 않는다.[3] 수사학적 연습에서는 어떤 인물에 대한 찬사를 늘어놓고, 그다음에는 다른 말로 바꾸어 표현하고, 그다음에는 설명하는 등의 방법으로 이야기를 자세히 진술할 수 있다.[4]

그러나 각색이 항상 그렇게 사소한 일만은 아니었다. 독자들은 역사에 기반을 두었든 그렇지 않든 화자가 단순히 있는 그대로의 사건 진술과 추론만이 아니라 일관성 있는 이야기를 제시하기를 기대했다. 따라서 거의 모든 역사가가 연설문에 살을 붙이는 것처럼[5] 어떤 역사가들은 때로는

1   어떤 이들은 일화를 상술하기 위한 형식적인 패턴이 수사학 입문서에 국한된 것으로 보인다고 주장하기도 한다(Hester, "Blame," 302 n. 1, 일화 전문가 Edward O'Neil의 말을 인용하며).

2   우화에 관한 Theon, *Progymnasmata* 4.37-42, 80-82(Butts)의 논평. 우화를 편집하는 작업에도 단지 세부사항에 대한 최소한의 변경만 요구되었다면, 역사적인 이야기를 편집할 때 우리는 그 이상을 기대하지 않을 것이다.

3   Theon, *Progymnasmata* 3.224-40; 참조. 2.115-23; 및 Longinus, *On the Sublime* 11.1; Hermogenes, *Invention* 2.7.120-21(참조. 2.1.108-9; 2.7.120-24).

4   Hermogenes, *Progymnasmata* 3. 일화에 관해서는 7; Aphthonius, *Progymnasmata* 3. 일화에 관해서는 23S, 4R; 4. 금언에 관해서는 9-10.

5   Keener, *Acts*, 1:258-82을 보라.

추론을 바탕으로[6] 장면[7]과 대화[8]에 살을 붙였다. 그들은 심지어 어떤 인물의 생각까지 드러낼 수도 있다.[9]

한 가지 극단적인 예를 들면, 요세푸스는 잠재적 증인이 없는[10] 마사다에서의 자객당원들을 향한 자살 연설과 같은 장면을 묘사하더라도[11] (만일 이의 제기를 받았다면 그는 이것이 일관된 패턴이라기보다는 특별한 장면을 나타낸다고 항변했겠지만) 독자들이 개의치 않으리라고 기대한다. 이와 비슷하게 요세푸스는 모세의 군사적 공훈을 미화하고 필론은 모세의 지적인 공훈을[12] 미화한다(물론 이러한 성경 이후 전승의 핵심은 전승보다 시기가 앞서지만).[13] 그러나 그러한 부연의 과도한 사용은 역사 서술의 기준을 위반하는 일로 여겨졌고, 독자들을 즐겁게 하기 위해 단순한 허구를 지어내는 일은

---

6 예를 들면, 아마도 Josephus, *Jewish War* 2.319; 및 Christian, "Themistocles," 114, 118, 130, 139에 언급된 네포스의 자료에 대한 추가분; Hidalgo, "Study," 287, 300에 나오는 필론의 추가분.

7 폴리비오스와 같은 좀 더 엄격한 역사가들은 이를 유감스럽게 생각한다(*Histories* 2.56.7, 10-11; 3.38.3; 15.34.1을 보라).

8 예를 들면, 1 Macc 6:10-13; 2 Macc 3:37-39; Josephus, *Jewish Antiquities* 19.38-45, 53-58, 78-83; 타키투스에 대해서는 Hadas, "Introduction," xx-xxi을 보라. 전기 작가들에 대해서는 Hägg, *Biography*, 3을 보라. 구체적으로 플루타르코스에 대해서는 De Pourcq and Roskam, "Virtues," 167을 보라. 그들은 이 글의 178쪽에서 전기의 이러한 관행이 고대 역사 서술의 관행과 약간 달랐다고 말한다.

9 예를 들면, Tacitus, *Histories* 2.74; *Annals* 4.38-39; 12.4; 참조. 막 2:6, 8; 5:28; 6:20, 48, 52; 12:15; 14:11; 마 12:25; 27:18; 눅 2:19, 51; 3:15; 6:8; 9:47; 11:17; 22:6; 요 2:24; 5:6; 6:6, 64; 12:4; 13:3, 11; 18:4; 19:28; Arrian, *Alexander* 7.1.4; Dewald, "Construction," 97. De Temmerman은 "Formalities," 17-18에서 그와 같은 부연 설명을 소설화로 정의한다.

10 살아남은 두 여자는 아마도 수사학적 훈련을 받지 못했을 것이다.

11 예를 들어, 다음 글들의 논의를 보라. Ladouceur, "Masada"; Ladouceur, "Josephus"; Cohen, "Masada"; Cohen, "What Happened?"; Luz, "Masada"; Bauernfeind and Michel, "Beiden Eleazarreden"; Bünker, "Disposition der Eleazarreden."

12 Petitfils, "Tale," 159-63.

13 본서 3.3a와 10.7a를 보라.

고대의 역사적 기준에 따르더라도 "비난받을 만한" 일로 판단되었다.[14]

정경 복음서들은 수사학적 정교함을 거의 보여주지 않으며 현대 독자들의 극적 취향을 충족시키기에 충분한 장면들에서도 좀처럼 살을 붙이지 않는다. 그렇지만 공관복음 비교 연구는 마태와 누가가 그 시대에 용인된 약간의 문학적 자유를 분명히 활용했음을 보여준다. 따라서 예를 들어 마가복음에서는 탄원하는 이들이 전형적인 갈릴리 지방의 진흙과 나뭇가지로 만든 지붕을 뜯지만(막 2:4), 누가복음에서는 이 이미지가 에게해 북부의 독자들에게 더 알맞도록 각색되어 사람들이 적갈색 기와를 벗겨내는 것으로 묘사된다(눅 5:19).[15] (마태는 이 이야기에서 지붕 부분을 단순히 생략한다.)

이보다 더 자주 언급되는 것은 누가복음 7:3-6에서 예수의 중요한 설교 이후 유대 지역의 장로들과 백부장의 친구들이 백부장을 위해 중재하고 백부장 대신 메시지를 전달하는 장면이다. 마태복음 8:5-7에서는 예수의 비슷한 설교 직후에 백부장이 중재자 없이 직접 예수께 찾아온다. 마찬가지로 마태복음 9:18은 마가복음 5장에서 언급된 사환들을 생략하는 반면 마가복음에서는 야이로가 예수께 자기 딸을 고쳐 달라고 부탁한 뒤 이 사환들이 야이로에게 딸의 죽음을 알려준다(막 5:23, 35). 마태복음에서 이 회당장은 단순히 자기 딸의 죽음을 예수께 직접 알려준다.

---

14 Fornara, *Nature*, 134-36.
15 예를 들면, 다음 책들을 보라. Stein, *Luke*, 176; Blomberg, *Reliability*, 163; Liefeld and Pao, *Luke*, 121-22; Culy, Parsons, and Stigall, *Luke*, 167; Chen, *Luke*, 75; Wolter, *Luke*, 1:236-37; Levine and Witherington, *Luke*, 144; 누가에 대해 덜 의례적인 글로는 Leaney, *Luke*, 124-25. 어떤 학자들은 갈릴리에서도 지붕은 때때로 기와로 덮였을 수도 있다고 반론하거나(Marshall, *Luke*, 213; Edwards, *Luke*, 165) 여기서 누가가 진흙에 대해 사용한 단어가 반드시 기와를 의미하는 것은 아니라는 반론을 (정확하게) 제기하지만(Bock, *Luke*, 104-5), 그것이 지붕과 관련된 그 단어의 일반적인 의미다(BDAG를 보라).

이런 변화는 당대의 기준에 따르면, 그리고 우리 시대의 일반적인 말의 기준에 따르더라도 사소한 변화다. 우리는 청중들이 별 상관없는 세부 사항에 대한 자세한 설명을 원하지 않는다는 점을 알기에 몇 가지 설명은 종종 생략한다. 그러나 내가 이런 변화를 언급하는 이유는 이런 변화가 꽤 명백하며 거의 부정할 수 없기 때문이다. 마태복음에 나오는 신발을 신지 말라는 명령(마 10:10)은 바위투성이 산길을 맨발로 걸어야 하는 사람에게는 훨씬 더 의미심장하게 느껴졌겠지만, 그것은 마가복음 6:9에 나오는 예수의 명령을 언어적으로 약간 변형시킨 것일 뿐이다.[16] 어떤 이들은 백부장이 예수는 하나님의 아들이라고 찬양한 것(막 15:39)을 누가가 "이 사람은 정녕 의인이었도다"(눅 23:47)라는 말로 바꾼 것이 더 골칫거리라고 생각할지도 모른다(비록 [그리스 신화의 경우에는 그렇지 않더라도] 누가에게 있어서는 후자가 전자의 필연적 결과일 수도 있지만).

여기서 더 중요한 것은, 이러한 대조적인 대목들이 그와 같은 변화가 단순한 무지를 반영하는 것에 불과할 수는 없음을 잘 보여준다는 점이다. 마태와 누가는 마가복음 자료를 알고 있었고 아마도 그들의 청중 가운데 다수는 마가의 이야기도 들은 적이 있었을 것이다. 이런 대조적인 대목들은 더 나아가 마태와 누가가 자신들의 신뢰성이 위험에 처해 있다고 느끼지도 않았고 그런 각색으로 인해 신뢰성이 위험에 처할 이유도 없었을 것이라는 점을 분명히 보여주며 그러한 각색은 아마도 신학의 문제와는 관련조차 없었을 것이다. 그들은 단순히 우리가 일상적인 말로 하는 일을 당

---

16 마태는 여기서 종말까지 이어지는 내용을 포함하여 자기 시대의 선교사들을 위해 선교를 더 분명하게 재적용하고 이처럼 선교를 각색한다(마 10:23). 두 경우 모두에서 배경은 환대에 대한 의존이고(막 6:8-10; 마 10:9-10) 따라서 아마도 마태복음에서 요점은 여분의 신발과 관련이 있지만 어쨌든 표현은 확실히 마가복음과 다르다.

연하게 받아들이며 그들의 청중도 이를 당연하게 받아들이기를 기대한다. 그들은 같은 이야기를 했지만 보통 그들의 요점과 관계없는 지엽적인 내용에 관한 관심은 없었다.

5.2. 전기의 편견

전기 작가들에게는 편견이 있었고 초기 전기 장르의 예들은 종종 거의 자제력 없이 편견을 드러냈다. 그러나 로마 제국 초기에 더 큰 객관성이 역사 서술상 더 높이 평가된 점은 편견을 억제하는 데 일조했다. 전기 작가들은 인물들을 언제나 같은 방식으로 평가하지는 않았지만(예를 들어 어떤 인물은 고결하고 어떤 인물은 악랄하다고 여길 수 있다), 인물들을 공평하게 평가하려고 노력해야 한다는 점에는 일반적으로 동의했다. 복음서 저자들은 물론 예수를 흠모했지만, 우리는 그들이 자신들의 흠모는 예수의 진정한 성품에 근거한다고 믿었다고 추정할 수 있을 것이다.

5.2a. 수사학과 개인적 열심

학자들은 전기에서 찬사의 요소에 주목해 왔지만,[17] 이 요소는 분명 어떤 전기에서는 다른 전기에서보다 더 많이 나타나며, 어떤 전기에서는 다른 전기에서보다 정확한 역사적 표현에 더 많이 역행한다.[18] 수사학적 관습

---

17 Shuler, *Genre*; 참조. Penner, *Praise*, 135(유대인의 변증적 역사 서술에서는, Penner, *Praise*, 229-35); 고대의 찬사 행위는 Malina and Neyrey, *Portraits*, 28-33에 나온다.
18 이는 사실과 허구를 뒤섞는 더 최근의 몇백 년 동안의 찬양 위주의 전기에서도 나타난다. 예를 들어 McClymond, *Redemption*, 1:447-48, 451을 보라.

은 널리 퍼져 있었다. 비록 이소크라테스와 같은 수사적인 전기 작가의 전기에서는 다른 전기에서보다 더 그렇지만 말이다.[19]

인물에 대한 견해는 전기에 영향을 끼치고 동기를 부여했으며 초기에는 그에 대한 제약이 가장 적었다. 이소크라테스는 에우아고라스의 미덕을 칭송하려 하며 그의 미덕을 본받을 것을 권면한다.[20] 소크라테스와 아게실라오스에 관한 크세노폰의 전기에서는 전기의 대상에 유리한 자료들만 우호적으로 인용한다.[21] 그러나 이윽고 역사 서술에 관한 관심이 전기 집필에 더 많은 균형을 가져다주었다. 어떤 학자들은 특별히 정치적 전기를 찬사와 대비되는 역사적 사실과 연관시키지만,[22] 에우아고라스나 아게실라오스와 같은 정치적 인물에 대한 찬사는 그 반대를 시사할 수도 있다.

로마 시대까지 좀 더 역사 지향적인 전기가 더 폭넓게 발전했음을 강조하는 것이 더 적절할 것이다(3장을 보라). 확실히 대부분의 전기 작가들은 타키투스가 그의 장인에 관해 쓴 전기와 같은 상당히 찬미 일색의 전기에 있어서조차 자료를 평가하는 방식 면에서 좀 더 객관적으로 변했다.[23]

고대의 전기 작가들은 일반적으로 현대의 전기 작가들보다 전기의 주인공에 대한 열심을 창피해하지 않았다. 그러나 이전의 일부 학자들의

---

19 Burridge, "Biography"를 보라. 그러나 전기는 일차적인 목표가 법적 승리인 법정 연설만큼 당파적인 경우(예. Dionysius of Halicarnassus, *Lysias* 8)는 거의 드물었다.

20 Ytterbrink는 *Gospel*, 76에서 Isocrates, *Euagoras* 4, 76, 80-81을 인용한다. 필론은 이스라엘의 조상들에 대해 이와 똑같이 한다. Philo, *Abraham* 4-5, 217을 인용하는 Ytterbrink, *Gospel*, 100-101을 보라. 하지만 필론의 아브라함 전기는 엄밀히 말해 필론의 모세 전기와 같은 방식의 전기는 아니다.

21 Alfred, "Valuation," 79-82.

22 Geiger, *Nepos*, 16.

23 Alfred, "Valuation," 79-80, 99-100.

주장과 달리 다양한 고대 전기 작가들의 비판적 통찰력이란 면에서의 차이는 고대 전기의 서로 다른 장르로 전환되지 않는다.[24] 역사를 다루는 데 좀 더 능숙한 전기 작가들조차 편견을 갖고 있었다. 일례로 다양한 동기가 있을 수 있겠으나 플루타르코스는 그런 편견을 자신이 묘사하고 있는 인물들에 대한 묘사에 가장 적합한 방식으로 자유롭게 활용한다.[25] 예를 들면, 플루타르코스는 티베리우스 그라쿠스의 특징 중 자신의 이야기에 적합하지 않은 부분은 경시한다.[26] 하지만 그는 일반적으로 자신의 성향에 들어맞는 이야기를 만들어내는 일은 하지 않는다.[27]

전기 역사가인 아리아노스도 마찬가지로 많은 전승을 자신이 느끼기에 주인공의 성격을 가장 잘 표현하는 내용으로 간추린다.[28] 그는 또 목격자 진술을 언제나 믿을 만하지는 않지만 그래도 "말할 가치가 있는" 다른 자료들로 보충하기를 마다하지 않는다.[29] 그렇지만 이러한 덜 비판적인 접근방식은 선행하는 서사적인 내용과 분리된 과시적인 단락에서 주로 나타난다.[30]

전기 작가들은 또한 변증과 논쟁을 위해 글을 쓸 수도 있었다.[31] 확실

---

24 Collins, *Mark*, 25.

25 De Pourcq and Roskam, "Virtues," 169, 177; 참조. Cox, *Biography*, 13.

26 Appian, *Civil Wars* 1.17과 비교하고 있는 De Pourcq and Roskam, "Virtues," 177.

27 Pelling, *Plutarch and History*, 143-70을 따르는 De Pourcq and Roskam, "Virtues," 177.

28 Bosworth, *Arrian*, 16.

29 Derrenbacker, *Practices*, 57-58.

30 Derrenbacker, *Practices*, 57-59, 특히 59. 다른 이들도 인물들에 관한 더 자세한 이야기에 사후의(postmortem) 찬양 일색인 상투 어구로 이루어진 단락을 덧붙인다. 예. Justin, *Epitome* 25.5.3-6; 32.4.10-12.

31 Burridge, *Gospels*, 147, 183; 변증론적인 자서전에 관해서는 예를 들면 Josephus, *Life* 336-67; 고후 11:8-33; 갈 1:11-24; Lamour, "Organisation"을 참고하라. 일종의 자전적인 글은 일찍이 고대 이집트 시대부터 나타난다(Simpson, *Literature*, 401-27). 자서전 장르에 대해서는 추가로 Lyons, *Autobiography*; Aune, *Dictionary*, 79-81을 보라.

히 소수의 대변자로서 더 넓은 그리스 로마 세계에 참여했고 과거에 관한 글을 쓴 유대인 저자들은 그들의 역사서에서 당혹스럽게 보일 수도 있는 사건들을 종종 변증적인 목적에서 축소하여 취급했다.[32] 어떤 일도 생략하지 않겠다는 약속에도 불구하고[33] 요세푸스는 황금 송아지 사건을 생략한다.[34] 요세푸스는 모세가 이집트인을 죽이는 사건을 생략하는 반면 필론은 이 사건을 설명한다.[35] 요세푸스는 가나안 족속을 진멸하라는 명령을 로마인들이 이해할 수 있는 방식으로 설명하는 반면, 필론과 위(僞)필론은 그 명령을 생략한다.[36] 필론은 황금 송아지 사건에서 아론의 역할을 생략하는데, 이는 이집트의 황소 신을 모방하는 이스라엘에 초점을 맞춘 것일 수도 있다.[37] 이미 역대기 저자는 주로 유다 지파에서 받아들일 수 있도록 다윗[38]과 솔로몬[39]의 죄를 생략했다.

5.2b. 편견과 정보

편견이 전기 작가들의 자료 배치에 끼치는 영향은 다양했다. 어떤 거짓말도 하지 않더라도 편견은 황제의 미덕에 대한 칭찬에 확실히 영향을 미칠

---

32 예를 들어 요세푸스는 출애굽 시기의 이스라엘 민족에 대한 성경의 묘사에서 부정적인 요소들(Cheon, "Plagues"), 강간당한 첩과 관련된 참사(Feldman, "Concubine"), 창 18:22-33과 창 22장의 미심쩍은 요소들(Niehoff, "Technique")을 축소하여 취급한다.

33 Josephus, *Jewish Antiquities* 1.17.

34 Josephus, *Jewish Antiquities* 3.79-99, 특히 95-99.

35 Philo, *Moses* 1.40-46에 관한 McGing, "Adaptation," 130; Josephus, *Jewish Antiquities* 2.254.

36 Feldman, "Command"를 보라. 필론에 대해서는 Berthelot, "Conquest"도 보라.

37 Philo, *Moses* 2.161-73(특히 2.165, 169)을 다루면서 Feldman, "Calf"가 이렇게 주장한다. 물론 Feldman은 이 점을 과장했을 수도 있다.

38 삼하 11:1-27; 12:9-10; 왕상 15:5을 대조해 보라.

39 예를 들면 Williamson, *Chronicles*, 236을 참고하라.

것이다.[40] 그러나 고대인들은 어떤 사람에 대한 애정이나 존경이 그들의 판단을 치우치게 할 수 있다는 점을 잘 알고 있었지만, 그러한 애정은 건전한 평가에 기반한 것일 수도 있다고 믿었다.[41] 아마도 타키투스는 그의 장인인 아그리콜라에 대한 그의 찬미 위주의 전기를 이런 식으로 이해했을 것이다.

전기 작가가 주인공을 진심으로 호의적으로 보거나(타키투스의 「아그리콜라」에서는 대체로 그렇다) 심지어 신적인 권위를 지닌 인물로 본다면(정경 복음서; 그 뒤에는 이암블리코스의 「피타고라스 전기」) 자연히 부정적인 관점은 생략할 수도 있다. 그러나 이러한 강조와 생략은 의도적인 왜곡의 사례라기보다는 통상적인 관점의 사례다. 역사가들은 스스로 선별적 선택이 필요함을 인식했다.[42] 이러한 관심사는 때때로 우리가 편견이라고 부를 만한 것을 반영하지만,[43] 이야기의 일차적인 관심사에 초점을 맞추어야 할 역사가의 필요를 반영할 수도 있다.[44] 플루타르코스는 주인공인 카

---

40 예를 들면 Pliny, *Letters* 6.27.1-2. 그러나 Pliny의 *Panegyric*은 눈에 띄게 아첨을 일삼는다.

41 Polybius, *Histories* 10.21.8; Pliny, *Letters* 3.3.5. 한 개인을 찬미 위주로 다루는 것과 역사 위주로 다루는 것에 관한 폴리비오스의 구별에 대해서는 Farrington, "Action"을 참고하라.

42 역사가들 스스로 선별성을 "역사"와 "연대기"의 중요한 차이로 간주했다(Lucian, *How to Write History* 4-6, 27을 인용하는 Whittaker, "Introduction," li-lii). 좋은 역사가는 스스로 사소하다고 간주하는 점들에 초점을 맞춰선 안 된다(Dionysius of Halicarnassus, *Thucydides* 13).

43 어떤 이들은 생략을 근거로 크세노폰(Brownson, "Introduction to Anabasis," ix-x; Brown, *Historians*, 95-97, 그러나 다른 면에서는 대체로 공정한 인물로서의 크세노폰에 관해서는 93-94), 아리아노스(Baynham, "Quintus Curtius," 428), 타키투스(Laistner, *Historians*, 132)를 비판한다. 생략에 관해서는 예를 들어 Josephus, *Life* 339; *Against Apion* 1.60-66; Dio Cassius, *Roman History* 1.1.1-2을 보라. 변증적인 이유로 요세푸스는 황금 송아지 사건을 생략한다(*Jewish Antiquities* 3.79-99).

44 타키투스는 자신이 독자들을 위해 원로원의 모든 일을 다룬 것이 아니라 도덕적으로 가치 있는 일만을 다루었다는 점을 솔직히 인정한다(*Annals* 3.65). 폴리비오스는 어떤 저자들은 그들의 이야기의 너무 많은 부분을 주제와 무관한 사소한 문제들에 할애하고 있다

이사르를 찬미하고 도덕적 모범을 제시하겠다는 약속을 지키면서 카이사르의 추문을 생략하거나 최소화한다.[45] 아리아노스는 알렉산드로스의 최악의 행위들을 생략할 수는 없었지만 그런 행위에 초점을 맞추는 것은 피한다.[46] 필론과 요세푸스는 모세의 미덕을 강조하고 성경에 기꺼이 포함된 당혹스러운 요소들을 경시한다.[47]

특정한 관심사에 집중하는 것에 관해서도 마찬가지다. 수에토니우스는 그가 어느 시점에서 제국의 통치에 관여한 사실을 고려하면 그 자신의 관심 중 일부를 제국의 통치에 초점을 맞추는 일에 기울였을지도 모른다.[48] 유스티누스는 이전에 "그리스 역사가들은 각기 자기 나름의 관심사에 따라 자신의 목적에 도움이 되지 않는 것을 생략하며 전문가로서 자신들의 일에 접근했다"고 말했다.[49] 현대 역사가들도 예를 들어 군사 또는 정치에 관한 역사, 여성의 역사 등과 같은 특정한 관심사가 있다.

홀리 케리(Holly Carey)는 고대의 전기 작가들은 그들이 가장 좋아하

고 비판한다(*Histories* 15.36.10). 그는 로마의 관습에 관한 몇 가지 문제는 생략해야 한다고 주장하며(6.11.4-6) 그를 비판하는 이들에게 서술된 내용에 오류가 포함되어 있을 때만 생략의 원인을 무지에서 찾아야 한다고 주장한다(6.11.7-8). 역사가들은 다른 누군가가 그들이 기록한 내용의 정확성을 증언하면서도 추가적인 정보를 제공하겠다고 제안했을 때는 이를 비판으로 간주하지 않았다(Josephus, *Life* 365-67). 때때로 정보에 대한 암시는 그것을 생략한 역사가에게 정보 자체가 부족했음을 암시한다(헤롯당에 관한 Whittaker, "Introduction," xlviii-lii).

45 Beneker, "Chaste Caesar"를 보라. 참조. Philostratus, *Heroicus* 31.5에 등장하는 왕의 옹호자들과 대변자들; Long, "Samuel," 270; 소크라테스에 대한 크세노폰과 플라톤의 변호. 요세푸스의 자서전은 (예를 들면 Lamour, "Organisation"에서와 같이) 변호론으로 널리 인식된다.

46 Bosworth, *Arrian*, 63-64을 보라.

47 예를 들어 McGing, "Adaptation," 129-30(Philo, *Moses* 1.40-46; Josephus, *Jewish Antiquities* 2.254-57에 관한 글), 133; Hidalgo, "Study," 287-88을 보라.

48 Edwards, "Introduction," xi.

49 Justin, *Epitome* pref.3.

는 인물이 있었고 가장 영웅적인 주인공의 제일 탁월한 면을 제시했다고 지적한다.[50] 복음서 저자들은 예수를 하나님의 아들로 간주하므로 그들의 한결같은(또는 어떤 접근방식에 따르면 거의 한결같은) 예수에 대한 긍정적 묘사는 놀라운 일이 아니다. 비록 케리가 지적하는 대로[51] 예수의 반역죄 혐의에 따른 십자가 처형과 같은 외부인들에게는 부정적으로 느껴질 요소들도 최소화되지는 않았지만 말이다. 사도인 주요 증인들은 비록 궁극적으로 교회의 "터"로 여겨지지만(엡 2:20; 계 21:14) 정경 복음서에서 주인공의 지위는 결코 얻지 못한다는 점은 매우 흥미로운 일일 것이다.

이런 이야기들의 원래 화자와 청자는 아마도 이 이야기들을 교훈적으로 잘 다듬은 작품으로 이해했겠지만, 공식적인 전기 외에 유대의 하가다 문헌[52]에서는 이야기에 살을 넛붙임으로써 주인공을 미화하려는 시도까지 한다.[53] 부정적인 사건들은 등장 인물에게 유리하도록 완화되거나[54] 생략되거나[55] 정당화될[56] 수 있었다. 그렇기는 하지만 이런 사건들은 과거

---

50 Philo, *Moses*에 관한 Carey, "Importance," 특히 320.

51 Carey, "Importance," 320-21.

52 하가다 문헌의 각색은 미드라시와 민속 문학에서 모두 나타난다(Wright, "Midrash," 129). 11장의 추가적인 논의를 보라.

53 언급한 대로 랍비들 자신조차 아마도 미드라시의 덧붙인 부분이 역사적 재구성과 구별되는 교훈적인 내용임을 인식했겠지만(Milikowsky, "Midrash") 한 세대의 전통은 또 다른 세대의 역사적 호기심을 충족시켜 주었을지도 모른다. 하가다의 자세한 서술은 역사 서술보다 그리스 신화집의 기법과 더 많이 닮았다. 참조. Maclean and Aitken, *Heroikos*, li-lii.

54 LAB 12:2-3. T. Job 39:12-13(OTP) / 39:9-10(Kraft)과 40:3/4은 하나님이 욥을 시험하기 위해 욥의 자녀를 죽도록 내버려 두시는 부분을 완곡하게 표현하는 데 관심이 있는 것처럼 보인다.

55 Jub. 13:17-18; 14:21-16:22; 29:13; T. Zeb. 1:5-7. 희년서에서는 Wintermute, "Introduction," 35-36을 보라; Josephus 문헌에서는 Aune, *Environment*, 108을 참고하라; 그리스-로마 문학에서는 (Cicero, *Oratorical Partitions* 22을 따르는) Shuler, *Genre*, 50을 보라.

56 CD 4.20-5.3(및 11QT 56.18); Jub. 19:15-16; 27:6-7; 28:6-7; 30:2-17; 41; 1Qap

에 관한 이야기일 뿐만 아니라 전통적인 전기와는 꽤 다른 장르의 저작에서 나타난다.

5.2c. 전기의 주인공에 대한 자랑 또는 질책: 편견에 대한 균형 맞추기

다른 배경에서 송덕문을 쓰기도 한 헬레니즘 시대 역사가인 폴리비오스는 송덕문에서는 편파적인 칭찬과 비난을 허용하되 역사 서술에서는 이런 평가들이 사실과 일치할 것을 요구한다.[57] 역사 문헌에서 그는 사람들의 특성을 칭찬하거나 비난하기에 적절한 때는 그들의 실제 행동을 서술할 때뿐이었다고 주장한다.[58] 그의 몇몇 계승자들은 그들의 역사서에서 더 많은 미사여구를 받아들였으나 그들 또한 단순히 송덕문을 짓기만 한 것은 아니었다.

비록 당파주의가 만연하긴 했지만, 로마 제국 초기에 나온 전기들은 이전의 송덕문과는 대조적으로 일반적으로 전기의 주인공에 대한 무비판적인 예찬은 아니었다. 전기의 주인공에 대한 찬미는 자료 선택에 영향을 줄 수도 있지만, 반드시 그 자료 속에 있는 정보를 왜곡한 것은 아니었다.[59] 로마 시대의 전기 작가들은 행위를 평가할 때 종종 계속해서 한쪽 편을 들었지만, 이러한 관행은 자료 안에 없는 행위를 날조하는 일과는 다르

Genar 20.10-11; Jos. Asen. 23; T. Jud. 8-12(참조. 창 38:25에 관한 Tg. Neof. 1; 창 38:25-26에 관한 Tg. Ps.-Jon.); T. Iss. 3:1(참조. 창 49:15); 창 49:28에 관한 Tg. Ps.-Jon.

57 Polybius, *Histories* 3.4.1; 8.8.3-6; 10.21.8; 참조. Hägg, *Biography*, 96-97. 10.21.8에서의 폴리비오스의 대조는 (Burridge, *Gospels*, 61의 견해와 마찬가지로) 전기 그 자체가 아닌 송덕문과 관련이 있다. 폴리비오스는 다른 이들을 너무 잘 묘사하거나(12.7.1) 너무 형편없이 묘사한다는(12.15.12) 이유로 티마이오스를 비난한다.

58 Polybius, *Histories* 10.26.9.

59 Fornara, *Nature*, 64-65.

다. 심지어 자주 비판받은 코르넬리우스 네포스조차 보통은 정보와 목표의 균형을 맞춘다.[60]

대부분의 전기는 칭찬과 비난을 어느 정도 뒤섞었다.[61] (그 점에 대해서는, 서사시에서조차 결함 있는 영웅들이 포함되어 있다.)[62] 요컨대 전기 작가들은 적절한 경우 주인공의 긍정적인 특징뿐만 아니라 부정적인 특징도 거리낌 없이 기록했다.[63] 따라서 예를 들면,

- 플루타르코스는 마르쿠스 카토, 키케로, 또는 루쿨루스와 같은 그가 매우 존경하는 인물들도 때때로 비판한다.[64]
- 플루타르코스의 몇 가지 기록은 도덕적으로 분명하다기보다는 모호하다.[65]
- 수에토니우스는 아우구스투스를 흠모하면서도[66] 그의 몇몇 부정적인 행동을 전기 속에 포함시킨다.[67]

---

60 Hägg, *Biography*, 189; Ytterbrink, *Gospel*, 89-90.
61 예. Plutarch, *Cimon* 2.4-5; Cornelius Nepos, *On Great Generals* 11(Iphicrates), 3.2; Suetonius, *Nero* 7, 9; *Domitian* 3.2.
62 「일리아스」의 줄거리는 부분적으로 영웅적으로 과장된 아킬레우스와 아가멤논의 자존심에 좌우된다. 그 후속편에서 오디세우스의 성격은 다양한 측면에서 흠이 있다.
63 예. Arrian, *Alexander* 4.7.4; 4.8.1-4.9.6; Plutarch, *Cimon* 2.4-5; Cornelius Nepos, *On Great Generals* 11(Iphicrates), 3.2; 더 자세하게는 Ytterbrink, *Gospel*, 90, 92, 116; Keener, *John*, 16(참조. Keener, *Matthew*, 51 n. 157)을 보라.
64 예를 들어 Plutarch, *Marcus Cato* 5.1, 5; 12.4; Hägg, *Biography*, 260, 265; Lavery, "Lucullus"을 보라. 참조. 자신이 존경하는 역사가의 문체를 비판하는 Dionysius of Halicarnassus, *Thucydides* 1. 플루타르코스는 도덕적인 목적에서 주인공들을 비판하기 위해 희극에서 비롯된 진부한 성격적 특성을 사용하는지도 모른다. Xenophontos, "Comedy"를 보라.
65 Duff, "Ambiguity"를 보라.
66 아마도 최소한 부분적으로라도 아우구스투스의 자서전과 살아남는 것이 허용된 대다수의 자료의 영향을 받았을 것이다. Alfred, "Valuation," 97, 101을 보라.
67 예. Suetonius, *Augustus* 69.1.

- 수에토니우스는 이야기의 나머지 부분을 차지하는 네로의 "수치스럽고 범죄적인 행위"로 화제를 돌리기 전에 먼저 그의 선행을 기록한다.[68]
- 수에토니우스의 베스파시아누스 전기는 대부분 칭찬 일색이지만 (그의 칼리굴라, 네로, 또는 도미티아누스 전기와 비교해 보라) 그는 이 황제의 돈에 대한 사랑을 알려준다.[69]
- 디오게네스 라에르티오스는 아리스토텔레스를 존경하지만 그를 지지하는 이들뿐만 아니라 비판하는 이들의 말도 인용한다.[70]
- 필로스트라토스는 자신이 존경했던 자신의 스승에 대한 호의적이지 않은 이야기를 전해준다.[71]
- 에우나피오스는 이암블리코스를 초자연적인 존재로 간주하면서도 그에 대한 호의적이지 않은 이야기를 전해준다.[72]

전기 작가들이 서로 다른 인물을 서로 다르게 다루는 것은, 무차별적인 칭찬이 아니라 저자들이 무엇을 긍정적 행동과 부정적 행동으로 간주했는지에 따라—즉 정보의 자유로운 창출이라기보다 정보에 대한 해석을 바탕으로—칭찬과 비난을 덧붙이려는 시도를 보여준다. 모든 기억은 개인

---

68 Suetonius, *Nero* 19.3(LCL 2:115). 그가 최악의 황제들의 긍정적인 행동을 먼저 열거하는 것에 대해서는 Edwards, "Introduction," xii도 함께 보라.
69 마찬가지로 Suetonius의 *Julius* 52은 (이 작품의 내용 대부분과 마찬가지로) 율리우스 카이사르에 관한 추문으로 가득하지만 칭찬도 있다(53). 수에토니우스는 카이사르의 고결한 행위를 진술한 뒤(예. 73-75), 그의 부정적인 행동은 "너무 결정적이어서 그는 권력을 남용했고 살해당해 마땅한 것으로 여겨진다"고 결론짓는다(76.1[LCL 1:99]).
70 Fitzgerald, "Lives," 218.
71 Philostratus, *Lives of the Sophists* 2.21.602-3.
72 Eunapius, *Lives* 461; 참조. 459-61.

적 기억이든 집단적 기억이든 해석적이다. 우리에게 해석되지 않은 과거를 문헌적으로 접할 기회는 없다.[73]

아리아노스의 전기적 역사에서는[74] 알렉산드로스의 최악의 행위에 초점을 맞추는 일은 피하지만 그 행위를 기록하는 일을 피할 수는 없다.[75] 아리아노스는 과시적 단락에서 알렉산드로스의 영웅적 행위에 대한 그의 찬양을 뒷받침하는 일체의 자료를 따른다. 그러나 그는 주요 서사에서는 그가 역사적으로 가장 존중하는 자료만을 따른다.[76] 아리아노스는 분명히 알렉산드로스에게 우호적인 편견을 보여주지만[77] 그런 편견은 과장될 수 있다.[78] 그는 알렉산드로스에 관한 새로운 이야기를 지어내지 않았다.

5.2d. 예수를 찬양하는 징징 복음서

각기 다른 전기 작가들은 종종 주인공의 미덕에 대한 평가에서 상당한 차이를 보였지만,[79] 일반적으로 이런 이유로 새로운 사건을 날조해내지는 않았다. 실제로 전기 작가들은 보통 같은 정보의 출처를 해석적으로 활용한다. 그들은 단지 특정한 사건들과 그런 사건들의 특정한 측면을 강조했고 그들 자신의 평가는 그런 사건들에 기반했다.

전기 작가들은 좋은 행동과 해로운 행동을 함께 기록할 자유가 있었

---

73   Le Donne, *Historiographical Jesus*, 38-39을 보라.
74   그는 그것을 역사로 규정한다. 예를 들어 Arrian, *Indica* 17, 19, 21, 23, 26, 40, 43을 참고하라.
75   예를 들면, Arrian, *Alexander* 4.7.4; 4.8.1-4.9.6; 4.9.1; 4.12.6을 인용하는 Bosworth, *Arrian*, 63-64도 함께 보라.
76   특히 Stadter의 견해를 따르는 Derrenbacker, *Practices*, 57-59.
77   Bosworth, "Pursuit," 447; Baynham, "Quintus Curtius," 428.
78   Bosworth, "Pursuit," 452-53.
79   예를 들어 Davis, "Evaluations"; Ytterbrink, *Gospel*, 89, 91; Champlin, "Tiberius"를 보라.

으므로, 과거 인물들을 호의적으로 묘사한 이들은 보통 진정한 존경심을 바탕으로 그렇게 했다. 이소크라테스와 크세노폰은 분명 모든 사람이 그들의 평가에 공감한 것은 아니지만 그들이 쓴 글의 대상이 된 인물들을 존경했기 때문에 찬사 일색의 원시 전기를 집필했다. 로마 제국 초기에 타키투스가 그의 장인인 아그리콜라를 찬양하고 루키아노스가 그의 정신적 스승인 데모낙스를 찬양한 것은 그들이 이 인물들을 존경했기 때문이다.

추종자들은 어떤 스승들은 특출하고 따라서 순수한 찬양을 받기에 합당하다고 여겼다. 예를 들어 크세노폰이 소크라테스에 대해 전하는 말은 좋은 것밖에 없다.[80] 마찬가지로 정경 복음서들이 한결같이 예수를 찬양하는 것은 놀랄 일이 아니다.[81] 우리는 초기 기독교인들이 높임 받으신 주님으로 존경받는 분의 명예를 더럽히거나 그분에게서 흠을 발견하기를 기대하지는 않을 것이다. 그렇더라도 정경 복음서들은 직접적인 찬사는 거의 꺼내지 않는다.[82] 정경 복음서들은 예수를 찬양하지만, 예수의 미덕을 추상적으로 열거하는 방식이 아니라 예수의 말씀과 행적을 전하는 방식으로 예수를 찬양한다. 제자들은 스승에게 동의하지 않을 때 보통 동의하지 않는다고 말했다.[83] 그러나 진지한 예배자들은 보통 그들이 예배드리는 분의 견해에 맞추어 그들의 견해를 수정하려 한다.[84]

---

80 예를 들어 Xenophon, *Memorabilia* 4.8.11을 보라.
81 예를 들어 Ytterbrink, *Gospel*, 227을 참고하라.
82 나의 견해는 유감스럽게도 Shuler, *Genre*의 견해와 다르다. Burridge, *Gospels*, 208; Collins, *Mark*, 30을 보라.
83 예를 들어 다음 문헌들을 보라. Valerius Maximus, *Memorable Doings and Sayings* 8.15.ext.1; Seneca, *To Lucilius* 108.17, 20, 22; 110.14, 20; *Musonius Rufus* 1, 36.6-7; Philostratus, *Life of Apollonius* 7.22.
84 서구 기독교 세계의 몇몇 부분의 일탈과 다른 문화적 종교의 표현에도 불구하고 말이다. 일반적인 유대교는 그 다양성에도 불구하고 여전히 토라 중심적이었다. 다음 문헌들을 보

5.3. 더 많은 도덕, 그에 못지않은 교훈

다른 부류의 역사가들과 마찬가지로, 전기 작가들은 자주 그들의 이야기를 통해 도덕적 교훈을 주려고 노력했다.[85] 전기적 정보는 모방의 과정을 통해 학습자에게 미덕을 가르치는 데 사용하도록 의도되었다.[86] 어떤 고대 전기 작가들은 그들의 이야기에서 다른 작가들보다 도덕적 교훈을 더 강조한다. 플루타르코스와 같은 몇몇 작가들은 심지어 전기마다 도덕적 교화의 수준이 다르다.[87] 수에토니우스는 등장인물의 도덕성을 솔직하게 평가하지만,[88] 그 이전의 송덕문 저자들과는 다르다. 그는 이용할 수 있는 어떤 자료든 다 인용하지만, 전폭적으로 신뢰하는 일에 관해서는 신중하니 "사실적 출처로서의 자신의 신뢰성"을 지킨다.[89]

보다 이전 시대에 고대인들은 명예와 미덕을 가르치고 본받기를 권유하기 위해 한 사람의 미덕을 찬양하며 초점을 맞추는 일에 대해 학문적 역사와 관련해서 적절한 수준보다 더 많은 자유를 허용했다.[90] 전기 작가들은 역사가들과 다른 방식으로 전기 주인공의 미덕을 강조할 수 있었다.

라. Josephus, *Against Apion* 1.60; 2.282-84; m. 'Abot. 1:13; 6:5; Qidd. 4:14; t. Ḥag. 1:2; Sipre Deut. 41.6.1; Moore, *Judaism*, 1:235-50; Goodenough, *Symbols*, 2:6, 22; Neusner, *Beginning*, 13; Safrai, "Education," 945.

85 Pelling, "Adaptation," 135; Burridge, *Gospels*, 145-46, 181; Hägg, *Biography*, 239-81, 특히 274; 참조. Dihle, "Biography," 367-74.

86 Plutarch, *Aratus* 1.4; 송덕문에 대해서는 Proclus, *Poetics* 5, K58.6-14을 참고하라. 모방을 위한 전기와 서사 모델에 대해서는 Kurz, "Models," 182-83을 참고하라.

87 Burridge, *Gospels*, 66.

88 예를 들어 Luke, "Ideology"; Wardle, "Augustus"을 보라.

89 Power, "Poetry," 237. Aletti는 *Birth*, 22에서 수에토니우스는 "실재와 일치하는" 전기 주인공의 좋은 특징과 나쁜 특징을 함께 제시하는 일에 관해서보다 도덕적 가르침에 관해서는 관심이 덜하다고 생각한다.

90 Polybius, *Histories* 10.21.8도 역시 그렇다.

또한 전기 작가들은 덜 전문적인 독자층을 위해 전기를 집필했다.[91]

그러나 도덕적 모범에 대한 강조는 전기뿐만 아니라 역사 기록의 한 특징이었다. 예를 들어 역사가 타키투스는 네로나 도미티아누스에 대해 전혀 중립적이지 않다. 고대 역사가들은 오늘날 많은 역사가가 그러하듯이 그들 자신의 시대를 조명하는 데 역사를 사용했다.[92] 플루타르코스는 다른 많은 이들보다 더 분명하게 도덕적 교훈을 주기 위해 전기를 활용하지만,[93] 그가 이러한 기능에 초점을 맞춘 것이 획기적인 일은 아니다. 그것은 오래전부터 전기 작가들뿐만 아니라[94] 역사가들의 관행이었고(7장을 보라)[95] 네포스나 플루타르코스와 같은 전기 작가들은 아마도 특히 역사 기록에서 이러한 강조점을 도출했을 것이다.[96]

플루타르코스는 자신의 도덕적 교훈에 관한 관심이 역사 기록의 관행에 부합한다고 분명히 지적한다.[97] 그의 관심은 특별히 도덕적일 수도

---

91   Cornelius Nepos, *On Great Generals* 16(Pelopidas), 1.1; 참조. Pelling, "Biography, Greek," 242.

92   Aune는 *Environment*, 62에서 특히 다음 문헌들을 인용한다. Isocrates, *To Nicocles* 35; *To Demonicus* 34; Polybius, *Histories* 1.1.2; Livy, *History* 1.pref.10-11; Plutarch, *Aemilius Paulus* 1.1; Lucian, *Demonax* 2.

93   격정에 대한 지도자들의 통제에 관해서는 예를 들면 Beneker, *Statesman*(예를 들어 8, 16, 70-73, 105, 113, 122-27, 133, 139, 152, 160, 195-206을 보라); Duff, *Lives*, 13-72; Nikolaidis, "Introduction," xiii-xiv(더 일반적으로는 Nikolaidis, *Unity*); Adams, *Genre*, 83. 그가 희극의 욕설에서 비롯된 패턴을 사용했을 가능성에 대해서는 Xenophontos, "Comedy"를 보라.

94   예를 들어 다음 문헌들을 보라. Polybius, *Histories* 1.1.1; Dionysius of Halicarnassus, *Roman Antiquities* 1.2.1; 1.6.3-5; Valerius Maximus, *Memorable Doings and Sayings* 2.pref.; Tacitus, *Agricola* 1; *Annals* 3.65; Josephus, *Against Apion* 2.204.

95   Geiger, *Nepos*, 115의 견해와 같다.

96   Momigliano, *Development*, 69; Adams, *Genre*, 93-94를 보라.

97   Plutarch는 *Aemilius Paulus* 1.1-2에서 역사서(*historia*, 1.3)에서와 마찬가지로 전기(*bios*)에서도 도덕의 역할을 강조한다.

있지만, 그는 역사적 진실과 "자료의 역사적 정확성"에 대한 관심을 요구한다.[98] 그의 여담은 종종 그의 관점을 분명히 표현하지만,[99] 여담은 모험담뿐만 아니라 역사서에서도 나타난다.[100] 플루타르코스는 자신이 느끼기에 독자들에게 유익할 내용을 선별하지만,[101] 선별은 자유로운 날조가 아니다. 따라서 예를 들어 그는 코리올라누스에 관한 전기에 더 많은 정보를 채워 넣을 필요가 있을 때 자신의 이야기와 간접적으로만 관련된 통상적인 문화적 문제에 의존한다.[102] 플루타르코스는 일반적으로 단순히 도덕적인 목적만으로 주인공을 위한 특별한 죽음을 지어내지 않는다.[103] 예외는 있지만, 플루타르코스가 다룬 여러 주제는 그의 고유한 주제라기보다 그 이전 시대의 주제다. 그는 단순히 자신이 모든 시대에 적실하다고 간주한 주제들을 강조한 것에 불과할지 모른다.[104]

5.4. 해석과 정보

전기가 규범적이라는 것은 서술적이지 않았다는 뜻이 아니다.[105] 가치에 관한 관심은 고대 전기에만 국한되지 않는다. 현대의 전기도 정보뿐만 아

---

98   예를 들어 Plutarch, *Solon* 27.1을 인용하는 De Pourcq and Roskam, "Virtues," 175.
99   Hillman, "Statements."
100   Sheeley, *Asides*, 41-78을 보라.
101   Plutarch, *Aemilius Paulus* 1.2; *Alexander* 1.2을 다루는 De Pourcq and Roskam, "Virtues," 166-67을 보라.
102   Alfred, "Valuation," 91.
103   Pelling, "Bounds," 269.
104   Pelling, *Texts*, 58.
105   Praet, "Cloak," 134에서의 과장된 진술은 아마도 성인전(聖人傳)에 더 잘 적용될 수 있을

니라 교훈을 주기 위해 노력한다.[106] 신약 학자들도 우리와 같은 편견을 가지고 있고 자연히 우리가 일반적으로 긍정적인 인물로 인식하는 인물들의 긍정적인 특성에 더 초점을 맞춘다. 고대와 현대의 모든 역사가는 종종 지적되는 바와 같이 어떤 가치 체계와 관점을 가지고 글을 쓴다.[107]

의도는 본질상 역사적 정보와 양립할 수 없는 것이 아니다. 오늘날의 언론인들과 그 밖의 저술가들이 인정하는 바와 같이, 저자나 편집자는 정보를 지어내는 방식보다는 어떤 이야기를 진술하는 방식에 따라 이야기를 왜곡시킬 수 있다.[108] 실제로 게자 버미스(Geza Vermes)가 주장했듯이, "신학적 관심은 정치적 확신이나 철학적 확신과 마찬가지로 역사에 관한 관심과 양립할 수 없다." 그리고 우리는 해석에 있어서 이런 요인들을 고려할 수 있다.[109]

역사적 전승의 모든 단계에서 관점의 영향은 불가피하다. 인간의 뇌는 사건에 대한 설명을 찾도록 타고났으므로 패턴을 식별하고 무언가를 예측하고, 피하고, 받아들여야 할지를 배운다.[110] 우리의 과학 지식은 우리 조상들의 지식보다 훨씬 더 많지만, 그들도 우리 못지않게 원인과 결과의

것이다.

106 Votaw, "Biographies," 51; 특히 Dillon, "Interpretation," 164을 보라.

107 예를 들면 Marincola, "Introduction," 3; Ehrman, *Introduction*, 133; Enns, *Problem*, 66.

108 플루타르코스가 일반적으로 "원자료의 공백을 메우기 위해 새로운 긴 이야기"를 만들어내기를 거부한 것에 관해서는 예를 들어 Pelling, "Truth"를 인용하는 De Temmerman, "Formalities," 13을 보라. 이는 편향된 선택과 진술이 이해에 심각한 영향을 미칠 수 있다는 점을 부정하는 것이 아니다. 예를 들어, 나는 BBC가 미국 정치에 대해 미국의 여러 정보원보다 더 중립적이라고 생각한다.

109 Vermes, *Jesus and Judaism*, 19; 참조. Levinskaya, *Setting*, 2; Hemer, *Acts*, 79-90.

110 Barber and Barber, *Severed*, 13-14; 참조. Berger, *Canopy*, 22(예를 들어 자주 인용되는 Turner, *Regulating Bodies*, 83; Hamilton, *Sociology*, 165; Wuthnow et al., *Analysis*, 26; Dann, "Conclusion," 67 n. 65; Day, *Believing*, 8; Back and Bennett, *Sociology*, 136; Brack, *Historiography*, xiii).

관점에서 생각하는 경향이 있었다. 이러한 이유로 그들도 제한된 자료를 그들이 이해할 수 있는 체계로 배열했다.[111] 해석의 틀은 심지어 우리의 기억에 대한 초기 부호화에서부터 시작된다.[112]

그러나 관점이 그 자체로 어떤 저작을 허구적인 저작으로 만드는 것은 아니다.[113] 펠링(Pelling)은 이렇게 경고한다. "어떤 사실도 해석에서 전적으로 자유롭지 않다." 심지어 아테네인들이 소크라테스를 처형했다는 사실을 알리는 일조차 기원전 399년에 벌어진 이 특정한 사건이 다른 사건들보다 더 우리의 주목을 받기에 합당하다는 점을 전제로 한다. 그러나 모든 사실이 다 똑같이 "해석으로 가득한" 것은 아니다. "모든 설명과 모든 해석은 다른 어떤 설명과 해석 못지않게 참되고 타당하다고 가정하는 것은 역사적 직무 유기다."[114]

5.5. 인물에 대한 특징적 관심

고대의 전기 작가들이 도덕적 모범을 강조하는 것은 그들의 전기 주인공의 특성에 맞춰진 초점과 불가분의 관계에 있다.[115] 송덕문은 관습적인 미덕을 나열하고 인물을 과장할 수 있었던 반면, 역사적 전기는 (앞에서 언급한 많은 편견에도 불구하고) 좀 더 공평해져야 했다. 그러나 인물은 주된 초점,

---

111 Barber and Barber, *Severed*, 13.
112 Barber and Barber, *Severed*, 33; Bauckham, *Eyewitnesses*, 330, 334–38, 350.
113 De Pourcq and Roskam, "Virtues," 164.
114 Pelling, *Texts*, 7.
115 Pelling, "Adaptation," 135; Burridge, *Gospels*, 65, 171.

또는 심지어 핵심적인 초점이었다.[116]

플루타르코스는 역사가들의 초점을 인물들에 대한 더 큰 통찰로 보완하고 싶어 하며,[117] 종종 사료로부터 이러한 통찰을 얻는다.[118] 그가 보기에 즉흥적인 동작이나 논평은 주요 사건보다 인물에 대해 더 많은 것을 드러낼 수 있다.[119] 수에토니우스는 종종 등장인물을 드러내면서도 역사가들에게는 별로 흥미롭지 않은 사소한 개인적 정보에 플루타르코스보다 더 많이 초점을 맞춘다.[120] 그러한 정보는 흥미를 더했지만, 수에토니우스는 특히 로마인의 관점에서는 황제를 평가하는 데 있어서 중요한, 인물을 드러내는 일에 관심이 있었다. 수에토니우스의 저작은 단순히 "한가한 호기심"을 위한 것이 아니다.[121] 루키아노스는 단순히 데모낙스에 관한 대표적인 일화를 제시하지만 "그가 어떤 종류의 사람인지"를 드러내기에 충분할 만큼 제시한다.[122] 어떤 주인공의 성품에 관한 관심은 특히 그 사람을 찬양하는 전기 작가가 그 사람을 개인적으로 알고 있을 때는 역사적 정보와 양립할 수 없는 것이 아니다.[123]

고대의 전기는 현대의 전기나 소설보다 인물 묘사를 덜 좋아했지만,

---

116 Cox, *Biography*, 12; Frickenschmidt, *Evangelium*, 277, 289-94; Ytterbrink, *Gospel*, 79-80; Licona, *Differences*, 5; 전기에서의 성격 묘사에 대해서는 추가로 Hägg, *Biography*, 5-6, 11-15, 23, 27-30, 45, 89을 보라; 예를 들어 Cornelius Nepos, *On Great Generals* 4 (Pausanias), 1.1을 주목해 보라; Feldman, "Jehoram."

117 (Plutarch, *Nicias* 1.5을 인용하는) Pelling, *Texts*, 45-46.

118 (Thucydides, *History* 6.13.1; 6.18.6; 6.24.3을 인용하는) Pelling, *Texts*, 48, 53.

119 Plutarch, *Cato the Younger* 24.1; 37.5; *Phocion* 5.4을 인용하는 Burridge, *Gospels*, 171; Plutarch, *Alexander* 1.2-3을 인용하는 Licona, *Differences*, 4-5.

120 Suetonius, *Julius* 45-75를 Plutarch, *Julius Caesar*와 비교하는 Edwards, "Introduction," xiii.

121 Edwards, "Introduction," xiii.

122 *Demonax* 67을 인용하며 Branham, *Eloquence*, 58을 언급하는 Beck, "Demonax," 84.

123 크세노폰의 「아게실라우스」와 루키아노스의 「데모낙스」에 관한 Beck, "Demonax," 95을 보라.

인물 묘사는 분명히 나타난다.[124] 어떤 저작들은 다른 저작보다 직접적인 인물 묘사를 더 많이 제시한다.[125] 역사는 보통 한 인물에 덜 집중되어 있었으므로 일반적으로 전기보다 인물 묘사를 덜 강조했다.[126] 인물 묘사는 역사서에서도 분명 나타나지만,[127] 그리스 역사가들은 보통 독자들이 특히 간접적으로[128] 등장인물들의 행동과 말을 통해[129] 교훈을 얻기를 기대했다. 전기 작가들도 마찬가지로 주인공의 성격을 그의 행동을 통해 보여줄 수 있었지만,[130] 종종 성격에 대해 직접 논평하기도 한다.[131] 이야기 속에 나오는 다른 인물들의 반응은 종종 주인공의 성격을 강조하며[132] 정경 복음서의 해석과 관련해서는 논평도 틀림없이 중요하다(예. 막 1:22; 요 7:15, 43).[133]

---

124 직접적이고 개인주의적인 인물 묘사는 물론 현대의 전기에서 더 일반적이다(Burridge, "Review," 478).

125 Becker, *Birth*, 73.

126 Fornara, *Nature*, 185을 보라. Laistner는 *Historians*, 56에서 Sallust의 등장인물들을 너무 경직된 인물로 본다.

127 Pitcher, "Characterization," 특히 103-4, 106, 117. 예를 들어 그 시대의 가장 위대한 장군이면서도 치명적인 성격적 결함을 지닌 인물인 마르키우스를 보라(Dionysius of Halicarnassus, *Roman Antiquities* 8.60.1-2; 8.61.1-3).

128 Pitcher, "Characterization," 105, 107-10.

129 Pitcher, "Characterization," 110-12; Marincola, "Speeches," 119(말); Pelling, *Texts*, 8.

130 Stanton, *Preaching*, 125; Stanton, *Gospel Truth?*, 139; Burridge, *Gospels*, 139, 178-79; 정경 복음서 분야에서는 특히 Burridge, *Gospels*, 205, 227을 보라.

131 Cornelius Nepos, *On Great Generals* 4(Pausanias), 1.1; Suetonius, *Caligula* 44; 참조. 마 21:5; 막 6:34; 눅 1:32; 7:13; 요 3:16; 11:5; 13:1; Ytterbrink, *Gospel*, 118(228쪽에서 누가 복음에는 이것이 특히 부족하다는 점을 지적함). 많은 엘리트 전기 작가들은 수사학자들이었고 그들은 한 사람의 성격을 직접 묘사할 수 있었다(*Rhetorica ad Herennium* 4.50.63).

132 Frickenschmidt, *Evangelium*, 286-89; Ytterbrink, *Gospel*, 84; Pitcher, "Characterization," 107-8; De Pourcq and Roskam, "Virtues," 168-69(예를 들면 Plutarch, *Agis* 8.6; 10.2; 14.3; *Cleomenes* 13.3; 18.2; 26.5; *Caius Gracchus* 6.3을 언급함); 참조. Pelling, *Texts*, 53.

133 Keith and Hurtado, *Friends and Enemies*를 보라.

어떤 학자들은 플루타르코스와 수에토니우스[134]를 포함해 전기 작가
들이 전기에서 도덕적 **유형들**[135]을 강조하는 모습을 본다. 그들은 현대적
의미에서의 성격 발달을 발견하기를 기대하지 않는다. 고대의 독자들은
심리적인 복잡한 특징을 통해 표현되는 성격에 관심이 없었다.[136] 당시에
는 많은 경우, 주인공의 성격은 평생토록 그대로 유지되었고 어린 시절
의 일화들은 도덕적으로 그 인물의 이후 활동을 미리 보여주었다.[137] 수
에토니우스와 같은 전기 작가들은 보통 등장인물들이 왜 그런 식으로 행
동했는지에 대해 관심이 없었다.[138] 때로는 (예를 들면 플라쿠스의)[139] 성격
발달처럼 보이는 것조차 단지 그의 진정한 부정적 본성이 표출되는 것일
수도 있다.[140]

그렇기는 하지만 성격 변화는 몇몇 전기에서 분명히 나타난다.[141] 고
대 전기의 독자들은 때때로 초기의 정신적 충격이 등장인물들의 발전에
어떻게 영향을 끼쳤는지 인식할 수 있다.[142] 실제로 인물 묘사는 역사서에

---

134 그러한 유형들의 광범위하고 일반적으로 흥미로운 예들에 관해서는 Theophrastus,
    *Characters*를 보라.
135 Momigliano, *Development*, 13; Cox, *Biography*, 13.
136 Beck, "Demonax," 89(Pelling, *Plutarch and History*, 316을 따름). 구두 전승은 보통 등장
    인물들을 원만하기보다는 기억에 남을 만큼 "기념비적인" 인물로 평면화한다(Rosenberg,
    "Complexity," 87).
137 Edwards, "Introduction," xvi. Pelling, *Plutarch and History*, 316을 다시 참고하라.
138 Edwards, "Introduction," xvi.
139 Philo, *Flaccus* 8-11.
140 Philo, *Flaccus* 1-2.
141 예를 들면 어린 시절은 성인의 삶과 다를 수 있다(예. Plutarch, *Themistocles* 2.5). 특히
    Plutarch, *Aratus* 51.4; 54.2; *Sertorius* 10.2-5을 인용하는 Burridge, *Gospels*, 178-79도 주목
    해 보라.
142 예를 들면, 티베리우스가 첫째 아내와 아들을 잃은 사건과 헤롯이 초기에 겪은 폭력의 경험
    을 보라.

서도[143] 때때로 간접적이긴 하지만[144] 등장한다. 마찬가지로 성격의 **발전**
도 소설[145]뿐만 아니라 역사서[146]에서도 등장한다. 게다가 어떤 이들은 성
격을 변하지 않는 타고난 것으로 보았지만,[147] 어떤 이들은 그런 관점에 이
의를 제기했다.[148] 플루타르코스 같은 단일한 전기 작가조차 인물에 대한
정적인 접근방식과 발전적 접근방식을 동시에 유지할 수 있었다.[149]

현재 시점에서 더 중요한 것은 등장인물들이 미덕이나 악덕의 순수
한 화신인 경우는 거의 없다는 점이다.[150] 전기의 주인공들은 단순히 도덕
적인 역할을 행하도록 지어낸 평면적인 인물들이 아니었다.[151] 실제로 이
야기 속에 등장하는 다른 인물들은 앞에서 언급한 바와 같이 종종 전기의

---

143 Pitcher, "Characterization," 특히 103, 4, 106, 115, 17. 예를 들어 디오 코린토스도 함께 보다.
    Velleius Paterculus, *History* 2.18.5; 2.25.3; 2.28.2; Tacitus, *Annals* 4.54; 6.51; 참조. Hadas,
    "Introduction," xiv-xv. 이제 특히 Ash, Mossman, and Titchener, *Fame*을 보라.
144 Pitcher, "Characterization," 105, 107-10. 이는 행동과 말을 통한 것일 수도 있고(110-12;
    Marincola, "Speeches," 119에 나오는 연설) 다른 등장인물들의 논평을 통한 것일 수도 있다
    (Pitcher, "Characterization," 107-8).
145 칼리로에(Callirhoe)의 성격 발전을 추적하려는 한 가지 시도를 보려면 De Temmerman,
    "Beauty"을 보라.
146 예. Pitcher, "Characterization," 115-17. 예를 들어 Tacitus, *Annals* 6.51도 함께 보라. 참조.
    Hadas, "Introduction," xiv-xv에 나오는 등장인물들에 대한 타키투스의 명료함; 예. Tacitus,
    Annals 4.54에 등장하는 아그리피나. Velleius Paterculus, *History* 2.18.5; 2.25.3; 2.28.2에
    서는 인물의 성격이 변한다.
147 Stobaeus, *Anthology* 4.30.3에 실린 Euripides, frag. 1068; Stobaeus. 4.29.35에 실린 1113;
    Phoenix frag. 810; Stobaeus 4.30.5에 실린 *Dictys* frag. 333; Pindar, *Olympian Odes* 11.19-
    20; 13.12; 참조. Galen, *Grief* 60.
148 Valerius Maximus, *Memorable Doings and Sayings* 6.9.pref.-6.9.9; 참조. 대하 24:17-22.
149 Duff, "Models"를 보라. 하지만 그는 전자는 그의 철학적 접근방식에서, 후자는 그의 전기
    적 접근방식에서 원인을 찾는다.
150 예를 들면 Duff, "Ambiguity"를 참고하라. 필론은 심지어 플라쿠스의 악행으로 화제를 전
    환하기 전에 먼저 그의 선행에 대해 말하면서(*Flaccus* 2-5, 8) 이런 행위들에 대한 언급은
    플라쿠스가 옳고 그름에 대한 무지로 인해서가 아니라, 보다 용서하기 어렵게도 악의로 인
    해 그렇게 행동했다는 점을 강조하는 것이라고 주장한다(7).
151 De Pourcq and Roskam, "Virtues," 164-65; Burridge, *Gospels*, 178-79; Keener, *Acts*, 1:151.

핵심적인 주인공에 대한 다양한 관점을 제공한다.[152]

어떤 학자는 정경 복음서는 "전기"지만 복음서에서 성육신하신 하나님으로 간주하는 분의 도덕적 발전을 추적할 수 없으므로 그리스의 전기와는 다르다고 주장한다.[153] 정경 복음서에는 어떤 성격 발달도 포함되어 있지 않은지의 여부는 논란의 대상이 될 수도 있지만(참조. 막 14:32-42), 그것은 확실히 복음서의 초점은 아니다.[154] 그러나 우리가 언급한 바대로 많은 전기 작가들은 성격의 발전을 강조하지 않았다. 예수의 높아진 지위에 관해 말하자면, 이후의 전기 작가들과 성인전 저자들은 확실히 아마도 기독교적 모델의 영향을 받아 전기를 신적인 영향을 받은 인간에 대해 말하기에 적합한 형식으로 여겼다.

5.6. 장기간에 걸친 연대기? 고대의 전기가 전부 연대기적인 전기는 아니었다

모밀리아노는 다음과 같이 타당하게 경고한다. "고대의 전기가 반드시 연대기적 순서를 따른 것은 아니며 연대기적 순서는 심지어 현대적 전기의 필연적인 특징도 아니다."[155] 비록 투키디데스와는 대조적으로 역사가들 대다수조차 엄밀한 연대기를 단순히 따르는 것이 아니라 사건들을 그 결

---

152 Edwards, "Introduction," xxv을 보라. 예를 들면, Nicolaus, *Augustus* 20-21, 23, 25, 27, 29 (*FGrH* 130)을 참고하라.
153 Dihle, "Biography," 379.
154 Strauss는 *Life*, 1:282에서 이 점에 관하여 예수와 다른 대부분의 핵심적인 성경 인물들을 바르게 대조한다.
155 Momigliano, *Development*, 13-14; 참조. Thorburn, "Tiberius."

말에 이르기까지 추적하는 경향이 있었지만,[156] 이러한 연대기적 순서에 대한 무관심은 역사가들의 좀 더 연대기적인 관행과 대조된다.[157]

많은 전기에는 배경, 생애, 죽음의 기본적인 연대기가 포함되었지만,[158] 생애에 관한 분량이 많은 중간 부분은 종종 무작위로 배열된 일화들로 구성되었다.[159] 그래서 예를 들어 플루타르코스는 알렉산드로스에 관한 자료를 뜻하지 않게 반복한다.[160] 다른 곳에서 그는 같은 주제에 관한 자료를 함께 모아두기 위해 훗날의 한 사건을 예측했다고 말한다.[161] 연대 순 배열을 존중하지 않고 자료를 배열할 수 있는 이런 자유는 현자에 관한 전형적인 전기에 특히 잘 적용되었고 그런 전기에서 좀 더 연대기 순으로 배열된 역사는 중요한 정보를 제공해주지 않았다.[162] 크세노폰의 영향력이 큰 작품인 「소크라테스 회상」은 소크라테스의 생애를 더 폭넓게 추적하려 하지 않으며 연대순 배열은 이 책에서 중요하지 않다.[163]

---

156 예. Polybius, *Histories* 2.14; Diodorus Siculus, *Library of History* 16.1.1-2; Dionysius of Halicarnassus, *Thucydides* 9; *Letter to Gnaeus Pompeius* 3; 참조. Develin, "Introduction," 9-10에서의 Trogus; Longenecker, *Rhetoric*, 27에서 언급된 헤로도토스의 글에서 번갈아 등장하는 서로 다른 초점. 어느 도덕주의자는 그의 이야기에서 어느 시점에 어떤 사건이 일어나야 한다고 말할 수는 있었지만(4 Macc 12:7), 그 사건을 나중에 서술하기로 한다.

157 예. Thucydides, *History* 2.1.1; 5.26.1.

158 특히 플루타르코스의 글을 보라(예. Ytterbrink, *Gospel*, 108; Konstan and Walsh, "Biography," 32). 참조. Aune, *Environment*, 63-64에 나오는 아이소포스, 호메로스, 세쿤두스, 헤라클레스의 생애.

159 예를 들면, 데모낙스의 일화들(참조. Cancik, "Gattung," 94-95; Beck, "Demonax," 82-83, 95)과 디오게네스 라에르티오스의 일화들(Cambiano, "Diogenes Laertius," 574). 중간 부분에서는 연대기와 주제별 논의를 혼합할 수도 있고 연대기의 위치를 바꿀 수도 있다. Frickenschmidt, *Evangelium*, 278, 505.

160 Plutarch, *Alexander* 37.4; 56.1.

161 Plutarch, *Cato the Younger* 25.5.

162 문학적인 인물에 관해서는 Momigliano, *Development*, 87-88을 참고하라; Konstan and Walsh, "Biography," 33.

163 Adams, *Genre*, 75.

다른 몇몇 전기는 대부분의 내용을 흔히 본받아야 할 미덕이나 피해야 할 악덕을 중심으로 주제별로 자유롭게 배열했다.[164] 이런 패턴은 수에토니우스의 글에서 특히 눈에 띄며[165] 그의 글에서는 그 패턴이 전기 주인공의 성격을 강조하는 데 유용한 것으로 드러난다.[166] 수에토니우스는 연대순 배열에 관심이 있을 때 전기 작가가 아닌 역사가의 말을 인용한다.[167]

연대기적 형태와 주제별 형태는 둘 다 정경 복음서보다 오래전에 존재했다.[168] 연대순 배열은 탄생과 죽음을 제외하면 알렉산드리아의 헬레니즘 시대 학자들에게는 별로 중요하지 않았다.[169] 그러나 앞에서 언급한 것처럼 연대나 주제에 따른 전기의 배열로 전기가 두 유형으로 쉽게 나누어지지는 않는다. 이 두 관심사 사이에는, 심지어 같은 전기 안에서도 종종 겹치는 부분이 있었기 때문이다.[170] 크세노폰의 원형적 전기인 「아게실라오스」에도 연대기적 요소(1-2장)와 주제적 요소(3-11장)가 있다.[171] 네포스의 어떤 전기는 시간순으로 배열되어 있지만 어떤 전기는 주제별 또는 일화별로 배열되어 있다.[172] 수에토니우스는 아우구스투스의 초기 생애의

---

164 발레리우스 막시무스의 글에 나오는 일화들의 주제별 배열도 함께 참고하라(Rüpke, "Knowledge," 89, 93). 심지어 어록도 주제별로 배열될 수 있다(예. Epictetus, *Encheiridion*).

165 예를 들면 Suetonius, *Augustus* 9; *Caligula* 22.1; *Nero* 19.3; Pelling, "Biography, Roman," 243; Görgemanns, "Biography"; Burridge, *Gospels*, 74; Konstan and Walsh, "Biography," 32. 166. Pelling, *Plutarch and History*, 288의 견해를 따르는 Beck, "Demonax," 94.

166 Pelling, *Plutarch and History*, 288의 견해를 따르는 Beck, "Demonax," 94.

167 Suetonius, *Caligula* 8.3.

168 Momigliano, *Development*, 86.

169 Pelling, "Biography, Greek," 242.

170 Stanton, *Preaching*, 119-21; Aune, "Biography," 108; Aune, *Environment*, 34; Burridge, *Gospels*, 71-73; Ytterbrink, *Gospel*, 103(Philo, *Moses*에 관한 내용); Smith, "Genre," 193-96; Smith, *βίος*, 30.

171 참조. Beck, "Demonax," 93.

172 Burridge, *Gospels*, 73.

몇몇 핵심적인 사건들을 요약한 뒤 연대별 서술 방법과 분명히 대비되는 주제별 서술 방법으로 방향을 전환한다.[173]

때때로 연대기의 요소들은 처음에는 인위적이었고 고대의 역사 기록에서조차 일관성을 위한 단순한 문학적 구성물이었다.[174] 이전의 저작들을 이후에 사용한 이들이 이전에 사용한 이들의 연대순 배열에 언제나 구속감을 느낀 것은 아니다. 네포스와 기타 전기 작가들도 그들 자료의 연대순 배열을 자유롭게 재배열한다.[175] 알렉산드로스에 관한 아리아노스의 전기적인 역사서에서도 마찬가지로 자료를 재배열한다.[176] 플루타르코스는 종종 다른 전기에서는 관계없는 항목들을 단순화하고 생략하기 위해 서로 다른 전기에서 자신이 가진 자료를 다르게 배열한다.[177] 고대 말의 전기들은 보통 주제별 전기였다.[178]

많은 전기와 마찬가지로 공관복음서들은 일화에 있어서 분명한 연대기적 구조를 제시하지 않는다. 마가복음은 논리적 진행을 따르지만, 마가의 연대순 배열은 대체로 느슨하다.[179] 누가는 보통 마가복음의 순서

---

173 Suetonius, *Augustus* 9; Edwards, "Introduction," ix과 마찬가지로(xv에서 그녀는 이러한 강조는 부분적으로 그의 서술 방법을 타키투스의 서술 방법과 구별하기 위한 것이라고 주장한다).

174 특별히 유용하게 Lucian, *How to Write History* 55; Mellor, *Historians*, 93을 인용하는 Licona, *Differences*, 185-89을 보라. 참조. Develin, "Introduction," 9-10.

175 Ytterbrink, *Gospel*, 94; Zadorojnyi, "Lords," 352(하지만 Aurelius Victor, *The Caesars* 11.5에 대한 Zadorojnyi의 인용구는 4세기의 저작에서 나온 것이다).

176 Bosworth, *Arrian*, 60.

177 Licona, *Differences*, 47(*Pompey*에 대해서는 47.3-48.3; *Caesar*에 대해서는 14.1-6; *Cato the Younger*에 대해서는 31.4-32.3).

178 Cox, *Biography*, 57.

179 Cancik, "Gattung," 94-95.

를 따르는 반면,[180] 마태는 많은 강화(講話) 자료를 주제별로 배열한다.[181] 공관복음서 저자들과 가장 일반적으로 마태는 일부 자료를 자유롭게 재배열했다.[182]

따라서 예를 들어, 마태는 마태복음 10:17-19, 22에서의 선교 강화를 위해 마가복음 13:9, 11-13의 예수의 종말론적 강화에 있는 일부 자료를 (비록 나중에 다시 마 24:9에 이 단락에 대한 요약을 보존하기는 하지만) 거의 글자 그대로 전용한다. 현대의 설교자와 마찬가지로 마태는 예수의 가르침 대부분이 한 가지 이상의 상황과 관련이 있다고 이해한다. 마태는 마태복음 24:14에 이르기까지 마가복음 13:10의 분명한 요점(복음이 만국에 전파됨)을 생략하지 않는다. 비록 갈릴리에서조차 마태는 이방인 선교에 대한 암시를 간직하지만(10:18), 이방인 선교 강화의 배경은 명백히 갈릴리로 제한되어 있기 때문이다(10:5-6). 선교 강화에 대한 마태의 이야기는 예수의 재림까지 이어진다(10:23).[183] 마태는 좋은 설교자처럼 독자들이 예수가 그날에 제자들에게 주신 사명이 교회의 계속되는 사명에 관한 영적인 모델을 제시한다고 이해하기를 원하기 때문이다(마 24:14; 28:19-20). 이는

---

180 그러나 정확한 연대순 배열에 대한 누가의 무관심에 관해서는 Licona, *Differences*, 136도 함께 보라.

181 예를 들어 마 10:25, 12:24과 비교해 보라. 주제별 배열은 기억하기 좋은 구성 형태 가운데 하나였다(Plutarch, *Advice to Bride and Groom* 138c4-6을 인용하는 Vatri, "Writing," 764).

182 Licona, *Differences*, 185-96, 특히 191-96. 아마도 예수가 일부 자료를 한 번 이상 사용했을 것이라고 가정한다면, 예수의 사역과 가르침에 대한 완전히 독립적인 진술에는 아마도 공관복음에 있는 것보다 사건과 가르침 가운데 중복되는 부분이 훨씬 덜 포함될 것이다(참조. John 21:25). 마태복음은 마가복음의 단락 대다수와 중복된다(어떤 이들은 90%로 추정한다. Hagner, *Matthew*, xlvii을 보라).

183 마 10:23에 나오는 어떤 동네에서든 피하라는 말씀에 대해서는 심판받는 예루살렘을 피하라는 말씀(막 13:14-16; 마 24:15-18)을 참고하라. Schweitzer가 이전에 이 단 한 번 나오는 구절을 그의 종말론의 충분한 근거로 삼으려 했다는 사실은 아이러니하다(*Quest*, 360-61). Heyer, *Jesus Matters*, 48에 나오는 비판을 보라.

마가복음의 더 간결한 선교 강화(막 6:9-11)에서 분명히 밝혀지지 않은 점이다.

그러한 재배열은 다음과 같은 단순하면서도 눈에 띄는 예에서 볼 수 있는 바와 같이 한 소단락 안에서도 나타날 수 있다.

마가복음 11:12-25	마태복음 21:12-13, 18-22
1. 예수가 열매 없는 무화과를 저주하심(11:14)	2. 예수가 성전에 도전하심(21:12-13)
2. 예수가 성전에 도전하심(11:15-17)	1. 예수가 열매 없는 무화과를 저주하심(21:19)
3. 다음날 제자들이 시든 무화과나무를 발견함 (11:20)	3. 무화과나무가 즉시 시들어버림(21:19)
4. 제자들이 놀람(11:21)	4. 제자들이 놀람(21:20)
5. 예수가 믿음에 관한 교훈을 주심(11:23-25)	5. 예수가 믿음에 관한 교훈을 주심(21:21-22)

마태와 마가는 즉각 시든 한 그루와 나중에 시든 한 그루를 각기 한 번씩 언급했지만, 제자들은 매우 비슷한 말씀으로 믿음에 관한 똑같은 교훈이 매번 필요했기 때문에 예수는 이틀에 걸쳐 무화과나무 **두 그루**를 저주했는가?

저자들에게 그들의 서로 다른 각색을 허용하는 것이 현재 상태의 본문을 더 존중하는 것이 아닌가? 마가는 성전에 대한 평가의 틀을 열매 없는 나무의 운명으로 구성하면서 성전의 임박한 종말을 암시한다(참조. 13:2). 이와 대조적으로 질서를 꽤 일관되게 선호하는 마태는 때때로 그의 자료에서 함께 뒤섞일 수 있는 여러 심판을 서로 구별하는 것처럼 이야기 속에 무화과나무 사건을 한데 모아두는 것을 선호한다(마 24:3을 아마도 그 이전에 기록되었을 막 13:4과 비교해 보라).

고대의 독자들은 일반적인 전기에서 정확한 연대순 기록을 기대하지 않았으므로 정경 복음서에서 연대순 기록을 요구하지는 않았을 것이다.[184] 아우구스티누스는 복음서 저자들이 그들의 복음서를 하나님이 그 이야기 들을 상기시켜 주시는 대로 썼다고 주장했다.[185] 그보다 훨씬 전, 1세기의 마지막 복음서가 나온 지 단 한 세대 뒤에[186] 파피아스는 마가가 예수의 제 자 베드로에게서 들은 바를 글로 썼으나 베드로는 그 내용을 순서대로 진 술하지는 않았다고(따라서 마가가 그 내용을 쓰지는 않았다고) 주장했다.[187] 엄 밀히 말해서 파피아스는 단순히 수사적 순서를 언급한 것일 수도 있지 만,[188] 그 무작위적인 특성 역시 아마도 베드로가 사건들을 시간적 순서로 진술하지는 않았음을 암시할 것이다.[189] 가장 초기의 전승은 구두 전승이

---

184 따라서 연대기적 차이를 "모순"이라는 표제 아래 포함시키는 것(Ehrman, *Interrupted*, 7) 은 저자들과 그들의 최초 독자들의 기준과는 매우 다른 기준을 사용하여 그런 기대가 존재 하기 전에 기록된 문헌들에 현대적인 역사 서술상의 기대를 시대착오적으로 강요하는 것 이다. 그것은 이런 접근법을 논쟁에 사용할 만한 가치가 있다고 생각했다면 아무도 차이를 모순으로 취급하지 않았을 것이라는 뜻이 아니다. 연대기에 관한 불일치는 반대되는 주장 의 신빙성을 떨어뜨리는 데 사용될 수 있었다(예. Dionysius of Halicarnassus, *Lysias* 15; 행 24:11; Cicero, *Cross-Examination of Vatinius* 1.3).

185 Augustine, *Harmony of the Gospels* 21.51. 참조. Kolb, *Word*, 87-88에 나오는 루터의 말.

186 파피아스의 글에 대한 추정 연대인 130년은 여전히 타당하지만, (때로는 그럴듯하지 않은 5세기의 증거를 바탕으로 한) 과거에 제시된 훨씬 늦은 추정 연대와 달리 오늘날 많은 이 들은 종종 부분적으로 에우세비오스의 글(*Ecclesiastical History* 3.34-39) 속에 그를 다루 는 부분이 배치된 것을 근거로 2세기의 처음 몇십 년 이내에, 때로는 일찍이 기원후 110년 (Shanks, *Papias*, 92-93)이나 심지어 "2세기의 첫 10년"(Crossley, *Date*, 13; Bauckham, *World*, 143 n. 2, 147) 안에 그의 저작이 나왔을 것으로 추정한다.

187 Papias, frag. 3.15(Holmes) in Eusebius, *Ecclesiastical History* 3.39. Black은 "Kennedy," 65- 66에서 한 저명한 고전학자가 파피아스에 대한 관심을 부활시키는 데 끼친 영향을 언급한 다.

188 Moessner, "Voice". 특히 Moessner, "Papian Fragments"을 보라. Watson은 파피아스가 마태 의 기준으로 마가를 평가했다고 주장한다. Watson, "Survive," 15을 보라.

189 무작위적인 순서로 되어 있었다면 기억하기가 더 쉬웠을 것이다(Seneca the Elder, *Controversiae* 1.pref.4). 이는 기억을 일반적으로 묘사하는 한 견해다(예를 들면 Larsen,

었고 구술 행위는 사건의 순서에 변화를 줄 수 있다.[190]

현대의 독자들은 때때로 복음서 저자를 고대의 기대에서 벗어날 뿐 아니라 현대의 독자들이 일상생활에서 따르지 않는 기준에 묶어둔다. 어느 교수는 이를 학부생들에게 다음과 같이 표현했다. "여러분이 방학 기간에 집에 갔는데 여러분의 부모님이 여러분에게 이번 학기에 뭘 했느냐고 물어보셨다면 메모장을 꺼내면서 9월 1일에 나는 이런 일을 했다고 말할 사람은 아무도 없을 겁니다." 여러 일화를 시간순으로 기억하도록 요구하는 사람은 "신경질적인" 사람처럼 보일지도 모른다.[191]

5.7. 일화와 짧은 이야기(chreiai)

공관복음서를 읽을 때 우리는 다양한 일화와 말씀들로 생기를 띠고 있는 이야기와 그 뒤를 잇는 주인공의 결말에 대한 긴 설명에 익숙해져 있다. 전기에 친숙했던 고대의 청중은 그런 특징을 그 장르에서 익숙한 특징으로 인식했을 것이다.[192] 일화와 재치 있는 말은 전기와 관련하여 가이거(Geiger)가 말하듯이 "케이크를 맛있게 만드는 데 필요한 건포도"와 같았다.[193]

Thompson, and Hansen, "Time," 특히 153-54; Wagenaar, "Memory," 187; Thatcher, *Why John Wrote*, 113-15; Bauckham, *Eyewitnesses*, 326, 333, 344을 보라).

190 Eddy and Boyd, *Legend*, 433-35; Vansina, *Oral Tradition*, 24, 122, 173-88, 특히 176; Barber and Barber, *Severed*, 115-17.

191 호튼 대학교의 Terence Paige, 2017년 11월 9일.

192 Burridge, *Gospels*, 196-98.

193 Geiger, *Nepos*, 27.

일화는 그리스-로마 문학에 널리 퍼져 있다.[194] 일화의 형식 그 자체
는 장르를 가리키기에는 너무 널리 퍼져 있었지만 분명 전기와 일치한다.
따라서 특히 방대한 고대의 한 일화 모음집에는 우화, 역사, 정경 복음서
의 예들이 포함된다. 그러나 가장 자주 표현된 장르는 필시 네포스, 수에
토니우스, 플루타르코스(여러 전기), 루키아노스, 디오게네스 라에르티오
스의 전기를 포함한 비기독교인 전기다.[195]

가장 짧은 복음서인 마가복음 정도의 복음서라도 집필할 수 있을 만
한 저자라면 누구든 쉽게 일화를 서술할 능력이 있었을 것이다. 이미 가
장 초보적인 단계에서도 학생들은 유명한 사람들의 어록을 암기했다. 다
음 단계에서는 바꾸어 표현하기와 "크레이아이"(chreiai, 라틴어로는 chriai, 짧
은 이야기들)의 작문을 가르쳤고, 가장 높은 수사학적 단계에서는 서사 작
문을 가르쳤다.[196] 1세기에 로마 제국의 동부에서 일화는 "크레이아"의 한
종류였다.[197]

전기 작가들은 일화가 등장인물을 묘사하는 데 유용하다고 생각했
고,[198] 일화는 흔히 철학자들의 전기에서 지배적으로 나타난다.[199] 그러한
일화적 형식은 「아이소포스 전기」와 같은 좀 더 허구적인 전기적 전통에

---

194 Moeser, *Anecdote*, 51-106을 보라.
195 Robbins, *Quotes*.
196 Quintilian, *Orator's Education* 1.2-3; 1.9.2-4; 2.4-6을 언급하는 Moeser, *Anecdote*, 54. 세
     네카가 못마땅해했지만, 어른들도 때로는 일화들을 외웠다(Seneca, *To Lucilius* 33.7을 언급
     하는 Aune, "Prolegomena," 95).
197 테온의 견해를 따른 Moeser, *Anecdote*, 69-70; 고대에 일화를 지칭한 다른 용어들에 대해서
     는 66-68을 보라. 현대의 2차 문헌에 있는 일화와 관련한 용어에 대해서는 57-62를 보라.
198 De Temmerman, "Formalities," 19.
199 Frickenschmidt, *Evangelium*, 504(참조. 283-86); Ytterbrink, *Gospel*, 117.

서도 나타나지만,[200] 처음부터 끝까지 지어낸 소설에서는 일반적으로 나타나지 않는다.[201]

크세노폰의 「소크라테스 회상」은 마가복음만큼 일화적인 저작은 아니지만,[202] 주제별 "일화 모음집 또는 소크라테스가 등장하는 대화"였다.[203] 그러한 일화들은 주요 정치 지도자나 군사 지도자보다 스승들에 관한 이야기에서 더 많이 필요하지만, 몇몇 일화는 아게실라오스에 관한 크세노폰의 좀 더 일관된 송덕문에서도 나타난다.[204] 많은 사람이 아리스토텔레스 이전부터 일화를 수집했지만,[205] 소요 학파는 종종 학파들 사이의 논쟁을 위해 철학자에 관한 일화들을 수집하는 일에 특히 더 몰두했다.[206] 이 시대보다 이후에는 디오게네스 라에르티오스의 철학자들에 관한 전기에 생생한 일화들이 많이 등장한다.[207] 일화는 그 이후의 성인전에서도 계속 나타난다.[208] 일화는 3세기 랍비 문헌에서도 흔하게 나타난다. 비록 짧은 이야기는 아니며 주로 개별적인 랍비들을 찬양하기보다는 모세 오경에 대한 해석을 뒷받침하기는 하지만 말이다.[209]

학자들은 루키아노스의 2세기 저작인 「데모낙스 전기」에 있는 여러 일화에 대해 광범위하게 논평했다. 이 저작은 우리가 언급한 대로 한 현

200　Karla, "Life of Aesop," 56.
201　Michael Vines의 주장을 반박하는 Burridge, *Gospels*, 283을 보라.
202　Freyne, "Gospel," 66.
203　Konstan and Walsh, "Biography," 32; 참조. Votaw, "Biographies," 230.
204　Xenophon, *Agesilaus* 4.6; 5.5; 7.5, 6; 8.3을 인용하는 Beck, "Demonax," 92-93.
205　Momigliano, *Development*, 72.
206　Momigliano, *Development*, 71; 참조. 76; Chance, "Fiction," 135; Burridge, *Gospels*, 69.
207　Frickenschmidt, *Evangelium*, 183.
208　Cox, *Biography*, 57.
209　Moeser, *Anecdote*, 107-49, 특히 148-49(및 248)을 보라.

자에 관한 장편 전기다.[210] 루키아노스는 서문과 데모낙스에 대한 찬사 뒤에[211] 데모낙스에 관한 대체로 짧은 50개의 일화들을 다루고[212] 데모낙스의 죽음에 관한 이야기에서 두 개의 일화를 더 다룬다.[213] 이런 일화들, 보통은 짧은 배경을 동반한 어록은 평균적으로 각기 대략 50여 단어로 이루어져 있고[214] 그 가운데 두 개를 제외하면 전부 고대의 "크레이아이"의 정의에 부합된다.[215] 루키아노스는 데모낙스에 대해 알려진 모든 것에 관한 포괄적인 개관을 제시하기 위해서가 아니라, 독자들을 위해 데모낙스의 본질적인 성격을 분명히 밝혀주는 표본으로서 이 일화들을 사용하려 한다.[216]

일화는 느슨하게 구성되어 있다.[217] 나보다 더 예리한 시각이나 상상력을 가진 사람이라면 더 많은 연관성을 식별할 수 있겠지만, 일화는 대체로 무작위로 배열된 것처럼 보인다. 이런 일화들 가운데 다수는 매우 짧다. 일화의 정점은 정경 복음서의 복음 선포 이야기와 같이[218] 보통 데모낙스의 빠르고 재치 있는 명언이다.[219] 루키아노스는 데모낙스와 함께 공부

---

210 예를 들면 Momigliano, *Development*, 73; Moeser, *Anecdote*, 92-105; Beck, "Demonax"을 보라.
211 각각 Lucian, *Demonax* 1-2과 3-11.
212 Lucian, *Demonax* 12-62. 참조. Beck, "Demonax," 84; Ytterbrink, *Gospel*, 110.
213 *Demonax* 64.1-5; 66.1-7을 인용하는 Moeser, *Anecdote*, 92-93.
214 Burridge, *Gospels*, 168.
215 예외는 대화편들이다(*Demonax* 13.1-8; 19.4-20.7; Moeser, *Anecdote*, 95-96, 105).
216 Moeser, *Anecdote*, 105-6, 247-48; *Demonax* 67에 관해서는 Beck, "Demonax," 84.
217 Burridge, "Reading," 41.
218 이에 대해서는 다음 참고문헌들을 보라. Alsup, "Function"; Greenspoon, "Pronouncement Story"; Porton, "Pronouncement Story"; Poulos, "Pronouncement Story"; Robbins, "Pronouncement Stories"; VanderKam, "Pronouncement Stories"; 간략하게는 Aune, *Dictionary*, 378-79.
219 Beck, "Demonax," 87; Ytterbrink, *Gospel*, 110을 보라. 루키아노스의 전기 이외의 데모낙스

했고 어록과 일화를 암기하는 일은 고대 교육의 일부였기 때문에 루키아노스는 아마도 이런 일화들을 다른 사람들의 유사한 이야기들을 통해 보완된 기억을 매개로 하여 제시했을 것이다.[220] 그런 일화들에 담긴 짧은 이야기들과 금언들은 둘 다 이상적으로 짧았고 기억하기가 쉬웠다.[221]

그 안에 있는 일화들은 종종 더 길지만,[222] 정경 복음서는 다른 현자들의 전기와 똑같이 그 대상에 관한 일화들을 진술한다.[223] 그렇기는 하지만 복음서들은 그 주인공을 독특한 인물로 간주하므로 복음서의 서술 방법은 다소 독특하다. 따라서 데모낙스에 관한 일화들은 예수에 관한 몇몇 일화들처럼 데모낙스의 재치와 임박한 죽음에 관한 겸손을 드러내지만, 죄를 용서하거나 자신이 안식일의 주인이라고 주장하는 예수(예를 들면 막 2:10, 28을 보라)에 필적하는 것은 아무것도 제시하지 않는다.[224]

에 관한 일화들은 보통 덜 독창적이거나 덜 익살스러운 교훈적인 경구들이다. 루키아노스가 좋아하는 일화들은 자연히 그 자신의 개성과 잘 어울린다(Beck, "Demonax," 91).

220 Moeser, *Anecdote*, 93.

221 Plato, *Gorgias* 527C3-4을 다루는 Aelius Aristides, *Orations* 2.442을 특히 언급하는 Vatri, "Writing," 758.

222 Moeser, *Anecdote*, 245.

223 Moles는 "Influence," 99에서 루키아노스 「데모낙스」에 나오는 견유 학파에 속하는 이들의 생애를 비교한다. Diogenes Laertius, *Lives* 6권.

224 복음서와 필로스트라투스의 글에 나오는 기적들뿐만 아니라 Ytterbrink, *Gospel*, 117도 참고하라.

5.8. 구조적인 문제들

정경 복음서의 일화들은 종종 랍비 문헌이나 데모낙스의 이야기보다 더 큰 이야기의 일부가 된다.[225] 또한 정경 복음서는 루키아노스의 데모낙스에 관한 일화나[226] 디오게네스의 철학자들에 대한 전기보다 더 구조화된 줄거리를 따른다.[227] 그러나 그것은 정경 복음서를 스승들에 관한 전기로부터 멀리 떼어놓는 관찰 결과라기보다 거시 구조적이고 문학적인 관찰 결과다.[228]

그러나 정경 복음서 전체의 이러한 거시 구조적인 패턴은 복음서를 주로 현자 자신의 학파에만 알려진 현자들의 전기보다는 네포스나 플루타르코스의 공적 인물들에 대한 전통적인 전기에 더 가깝게 만든다.[229] 예수는 한 종파의 창시자일 뿐 아니라 공적 인물이었으므로 다양한 부류에 속한 인물들의 전기와 견줄 만한 요소들을 발견하는 것은 놀랄 일이 아니다. 그 문제에 대해 고대 역사가들은 문학작품을 창작하는 데 관심이 있는 다른 이들처럼 이하에서 언급하는 대로 일관성 있는 이야기를 만들어내려 노력했다.

버리지와 특히 프리켄슈미트 같은 학자들은 대부분의 전기나 최소한 공적 인물들의 전기는 정경 복음서처럼 시작과 중간과 끝이 있는 독립적

---

225 Moeser, *Anecdote*, 246.
226 Burridge, "Reading," 41.
227 Frickenschmidt, *Evangelium*, 183-84.
228 공동체의 역사는 결과에 비추어 하나의 주제에 회고적으로 초점을 맞춘 사건들에 대한 설명이 그러하듯이 줄거리와 같은 것을 포함할 것이다(Le Donne, *Historiographical Jesus*, 55를 보라). 이상적으로 말하면 줄거리는 회상을 더 쉽게 만들 수 있을 만큼의 길이여야 한다(Aristotle, *Poetics* 1451a3-6을 인용하는 Vatri, "Writing," 756).
229 Frickenschmidt, *Evangelium*, 184, 504.

인 이야기였다는 점을 강조한다.[230] 그러한 구조는 물론 전기에만 국한되지 않는 전형적인 서사 구조지만,[231] 이 구조는 정경 복음서들이 보통 시인이나 덜 알려진 스승에 대한 개략적인 전기보다는 더 많이 알려진 공적 인물들의 잘 계획된 전기처럼 일관성 있는 전체라는 점을 뒷받침한다.

심지어 스승들에 관한 전기도 저자가 완전한 전기를 제시할 만큼 충분히 잘 알고 있을 때는 3부 구조를 따를 수 있다. 루키아노스의 「데모낙스」(루키아노스가 매우 잘 알고 있는 한 스승)는 많은 분량의 중간 부분에서 일화들을 무작위로 배열했음에도 불구하고 3부 구조를 자랑한다.[232] 전기에는 또 주인공이 그의 직업 또는 공적 생활을 시작하는 과정을 설명하는 서사체의 전환 단락이 포함되어 있는데, 이는 몇몇 복음서에서도 나타나는 특징이다.[233]

그러나 전기의 구조는 여러 가지 면에서 다양하다. 플루타르코스가 유사한 전기들을 쓸 때 두 번째 구성 요소는 전형적으로 첫 번째 요소의 복잡한 변화를 제시한다.[234] 수에토니우스의 전기들에서—주인공의 미덕, 외모, 습관 등을 소개하는—요소들의 구체적인 배열은 전기에 따라 다양하다.[235]

여담은 고대의 전기에서 흔히 나타난다.[236] 이런 여담 중 일부는 지리

---

230 Frickenschmidt, *Evangelium*, 184, 192-350(특히 281). 3부 구조는 이소크라테스의 「에우아고라스」에서 이미 명백히 나타난다(Frickenschmidt, *Evangelium*, 108-10; Ytterbrink, *Gospel*, 76); 크세노폰의 「아게실라오스」도 함께 참고하라(Beck, "Demonax," 92-93).
231 예를 들어 「아이소포스 전기」의 일화들을 보라(Karla, "Life of Aesop," 56).
232 Beck, "Demonax," 85.
233 마태복음에 관한 Rogers, "Baptism"을 보라.
234 Pelling, *Texts*, 58.
235 Edwards, "Introduction," x.
236 예를 들어 Cornelius Nepos, *On Great Generals* 16(Pelopidas), 3.1; Josephus, *Life* 336-67;

나 지역적 관습에 관한 여담이다(참조. 막 7:3-4).[237] 예를 들어 이소크라테스의 「에우아고라스」는 키프로스의 역사에 대한 여담을 하고,[238] 크세노폰의 「아게실라오스」는 스파르타에 대한 여담을 한다.[239] 필론의 「모세 전기」는 이집트의 기후를 다루고, 타키투스의 「아그리콜라」는 브리타니아를 광범위하게 다룬다.[240] 플루타르코스는 때때로 관습을 설명하기 위해 주제에서 벗어난다.[241] 알렉산드로스에 관한 아리아노스의 전기적 역사서에도 지리적 여담이 포함되어 있다.[242]

여담은 물론 전기에만 국한되지 않으며 수사학, 서사, 기타 장르에도 나타난다.[243] 우리의 목적상 역사가들도 여담을 흔하게 사용했다는 점을 적절하게 언급할 수 있다.[244] 예를 들면 디오도로스는 여담을 제외하면 대

Plutarch, *Alexander* 35.8을 보라.

237 Ytterbrink, *Gospel*, 227은 누가복음에서 아무것도 발견하지 못한다.

238 *Euagoras* 19-20(Ytterbrink는 *Gospel*, 76에서 *Euagoras* 66도 언급한다).

239 Ytterbrink, *Gospel*, 83; 참조. 89, 91. 참조. Plutarch, *Lysander* 1.2에 나오는 스파르타의 관습에 대한 여담.

240 Ytterbrink, *Gospel*, 116; 참조. Whitmarsh, "Book," 307.

241 예. Plutarch, *Pompey* 4.4.

242 Atkinson, "Introduction," xxix. 아리아노스의 저작에 나오는 다른 여담에 관해서는 Bosworth, *Arrian*, 63-64를 보라.

243 예를 들면 다음 문헌들을 보라. Dionysius of Halicarnassus, *Lysias* 13; Cicero, *On the Ends of Good and Evil* 2.32.104; *Letters to Atticus* 7.2; *Orator ad M. Brutum* 40.137-38; 43.148; *Brutus* 93.322; Pliny, *Natural History* 28.1.1; Quintilian, *Orator's Education* 4.3.1-17; *Musonius Rufus* 1, p. 34.34; Dio Chrysostom, *Orations* 12.38; 36.1-6; Josephus, *Against Apion* 1.57.

244 예를 들면 Xenophon, *Hellenica* 7.4.1; Thucydides, *History* 1.24.1 이하(1.23.6에서부터 주제에서 벗어남); Polybius, *Histories* 1.41.6-1.42.7; 3.2.7; 3.9.6; 3.39.1; 3.59.9; 5.21.7-9; 6.1.2; 6.50.1; 31.30.4; Sallust, *Catiline's War* 5.9-13.5; Justin, *Epitome* 3.7.16-4.1.18; 17.3.1-22; 18.3.1-18.4.1; 41.1.1-41.3.10; 42.2.7-42.3.9; Livy, *History* 9.17.1-9.19.17; Valerius Maximus, *Memorable Doings and Sayings* 4.8.1(및 4.7.ext.2b); Velleius Paterculus, *History* 1.14.1; 2.38.1-2.40.1; 특히 2.59.1; Josephus, *Jewish Antiquities* 20.224-251; Tacitus, *Histories* 2.2; Arrian, *Indica* 6.1; 참조. Eigler, "Excursus"; Aune,

체로 한 번에 하나의 자료를 따른다.[245] 리비우스는 주제에서 벗어나 알렉
산드로스가 로마에서 싸웠다면 무슨 일이 벌어졌을지를 논한다.[246]

5.9. 줄거리

정경 복음서의 몇 가지 특징은 고대 전기에서 더욱 특이하다. 본격적인 고
대 전기에는 때때로 줄거리가 있지만, 이는 보통 방금 언급한 3부 구조에
국한될 수 있다. 어떤 학자들은 서사, 심지어 역사적 서사에 대한 줄거리
구성을 모두 본질상 허구적인 작업으로 이해한다.[247] 사전 정보에 덜 구속
받는 소설은 줄거리를 발전시킬 수 있는 더 큰 자유가 있다.[248] 그러나 사
전 자료에 대한 서사 구조화는 저자의 해석적 선택을 반영하지만, 그러한
해석적 선택은 이야기 전체를 허구적인 것으로 만들지 않고도 해석적일
수 있다(2장의 "소설화"의 의미에 관한 논의를 보라). 마가가 이런 식으로 구성
한 일화들은 소설보다는 전기의 특징이지만, 마가의 문학적 견해는 여러
전기보다 소설에 더 가까운 하나의 특징일 수도 있다.

　　역사와 전기에는 일종의 줄거리가 분명히 나타난다. 따라서 예를 들
어 우리는 테일러 브랜치(Taylor Branch)의 묵직하고 철저한 연구서인 『몰

Environment, 102(수 5:4-7; 삼상 9:9; 왕하 7:6-7; 14:6-7; 17:23-41; 1 Macc 8:1-16을
　　인용함); Develin, "Introduction," 7(트로구스의 민족지학적인 여담을 언급함); Broggiato,
　　"Artemon"(아르테몬의 지리적 관심사를 포함함).
245　Bosworth, *Arrian*, 9-10.
246　Livy, *History* 9.17-19을 언급하는 Almagor, "Narratives," 67.
247　Hayden White의 글을 요약한 De Temmerman, "Formalities," 14; Becker, *Birth*, 89-90.
248　Gray, "Monk," 117에서와 같은 전기와 허구의 합성물인 후대의 일부 성인전이 그러하다.

가르기』(Parting the Waters)에서 일종의 줄거리를 상상할 수 있지만,[249] 이는 브랜치가 어떤 특정한 주제를 그 결과의 기억된 의미에 비추어 유용하게 추적하고 있기 때문이다. 모든 기억은[250] 개인적인 기억이든 집단적인 기억이든 "이야기의 줄거리 짜기", 또는 구성을 수반한다.[251] 이는 고대의 역사 기록에 대해서도 마찬가지다.[252]

정경 복음서들은 각기 더 발전되고 일관된 줄거리를 따르며, 이는 복음서들을 대다수 고대 전기와 구별해준다. 물론 다른 몇몇 고대 전기에도 그럴듯하게 발전된 줄거리가 있다. 학자들은 정경 복음서를 대부분의 다른 고대 저작들보다 훨씬 더 철저하게 구석구석 뒤적였다. 그리고 아무도 플루타르코스가 문학적 구상에 무관심했다고 그를 비난할 수 없다.[253] 플루타르코스는 그리스와 로마의 짝을 이루는 인물들의 전기를 썼고, 그들이 특별히 선택된 이유는 그들의 이야기가 어떤 면에서 비교될 만한 이야기였기 때문이다(예. 웅변가 데모스테네스와 키케로, 또는 정복자 알렉산드로스와 카이사르).[254] 그는 스스로 서로 비교하기에 적합한 인물들을 열심히 찾았다고 주장한다.[255]

---

249 Branch, *Parting*.
250 여기서는 따로 표면화된 기억의 단편이 아닌 의식적인 행위를 가리킨다.
251 Brack은 *Historiography*, 6에서 여러 자료 중에서도 특히 Ricoeur, *Time*; Phillips et al., *Memory*를 언급한다.
252 예를 들면 Dupont, "Question du plan"; Betori, "Strutturazione"을 보라. 참조. Mellior, *Tacitus*, 70을 인용하는 Witherington, *Acts*, 59. 역사 서술에서 문학적 응집력의 중요성에 대해서는 예를 들어 Diodorus Siculus, *Library of History* 20.1.1, 5를 보라. 플루타르코스의 전기에서의 "수사적 통일성"에 대해서는 Stadter, "Biography," 537을 보라. 수에토니우스는 티베리우스의 전기를 의미 있게 배열한다(Thorburn, "Tiberius").
253 최소한 일반적으로는 그렇지 않다. 때때로 플루타르코스도 자료를 혼동했다(예를 들면 Hammond, Sources, 126-27을 보라).
254 예를 들면 Plutarch, *Theseus* 1.2을 보라.
255 Plutarch, *Cimon* 3.1-3.

그러나 루키아노스의 「데모낙스」처럼 현자에 대한 전기들은 종종 일화들을 일관된 줄거리로 구성하지 않은 채 배열한다.[256] 공적 인물에 관한 역사적 저작에는 더 많은 연대기가 있고 따라서 예를 들어 정경 복음서와 같이 상황이 순교를 향해 진행될 때는 줄거리와 더 가까운 것이 있다.[257]

그러나 심지어 수에토니우스의 황제 「전기」에도 일관된 이야기는 담겨있지 않다. 각 전기는 단순히 "생애에 대한 요약"[258]이며 도덕적 교훈과 관련된 내용이라는 측면에서는 특히 더 그렇다. 황제 전기는 보통 주인공의 (가문과 출생을 포함한) 배경, 다음으로 그의 이력, 그리고 때로는 이후의 주제들에 대한 개요와 함께 시작된다.[259] 그러나 이어지는 내용에서는 보통 연대순 배열을 거의 신경 쓰지 않는다.[260] 정경 복음서는 대체로 다른 면에서는 좀 더 전문적인 전기 작가들이 쓴 더욱 세련된 저작들보다 더 큰 문학적 일관성을 나타내는 것처럼 보인다.[261] 서사비평 학자들은 정경 복음서와 같은 서사체 저작들이 대체로 일관된 내적 세계를 구축하기 위해 얼마나 많이 노력하는지를 정확하게 강조해 왔다.[262]

마찬가지로 복음서 저자는 그의 복음서를 그가 전기를 쓰고자 한 많은 이들 중에서 단순히 한 개인에 관한 전기로 집필한 것이 아니다. 플루

---

256 디오게네스 라에르티오스에 관해서는 Ytterbrink, *Gospel*, 112. 포르피리오스의 「플로티노스」와 그 시기의 다른 전기들에 관해서는 Dillon, "Interpretation," 159-60도 함께 주목해 보라.

257 참조. Frickenschmidt, *Evangelium*, 232; Ytterbrink, *Gospel*, 117.

258 Edwards, "Introduction," x(일종의 계획을 부정하지는 않는다. ix을 보라).

259 Edwards는 "Introduction," ix에서 *Julius* 44을 인용한다; 참조. 눅 9:51; 행 19:21. 진행 개요에 관해서는 Keener, *Acts*, 1:708-9의 논의를 보라.

260 Edwards, "Introduction," ix.

261 Ytterbrink, *Gospel*, 117-18, 228-29. 2017년 10월 4일에 이런 점들에 관해 나와 대화를 나누어준 Vernon Robbins와 Fred Long에게도 감사한다.

262 Stibbe, *Gospel*, 32-34을 보라.

타르코스는 일련의 전기를 집필하고 있었고 다양한 인물들에 관한 엄청난 양의 정보를 숙달해야 했다. 이와는 대조적으로, 기초 문헌으로서의 각 복음서는 중요하고 배타적인 관심의 집중과 아마도 최종 형태로 간행되기 이전의 더 긴 구두 피드백 과정을 초래했다.[263] 기초 문헌들은 편지와 같은 보다 동시대 지향적인 저작보다 근본적인 사건들의 영향은 더 많이 받고, 동시대 사건들의 영향은 더 적게 받았을 것이다.[264] 머나먼 전설적인 과거에 관한 기본적인 이야기들은 필연적으로 신화적이었던 반면, 여러 학파는 최근의 현자인 예수에 관한 1세기 정경 복음서들의 더 적절한 비교 대상인 좀 더 최근의 창시자들에 관한 정보도 보존할 수 있었다.

5.10. 결론

이론적으로 객관적인 접근법과는 대조적으로 고대 전기 작가들은 긍정적이거나 부정적이거나 긍정과 부정이 뒤섞인 도덕적 본보기로서의 전기 주인공의 성격과 가치에 관해서도 관심이 있었다. 그들 자신의 관점은 그들이 저작을 집필하는 방식에 영향을 끼쳤다. 그와 동시에 책임 있는 전기 작가들은 새로운 이야기를 자유롭게 만들어낸 게 아니라 그들이 접한 정보나 전승을 구체화했다.

전기(*bios*) 장르는 역사적 정보에 기반한 송덕문과 좀 더 비슷한 형태로부터 로마 제국 초기에는 역사 기록의 영향을 더 많이 받은 형태로, 마

263　간행에 관해서는 Keener, *Acts*, 1:143-50을 보라.
264　Talbert, "Chance," 230.

지막으로 고대 말에는 때때로 성인전으로 진화했다. 로마 공화정 말기의 코르넬리우스로부터 2세기 말, 때로는 3세기 초까지의 시기는 고대 전기의 역사 기록상의 정점을 이루었다. 이 시기에서도 우리는 역사 서술 및 문학적 능력의 측면에서, 다양한 저작들과 관련된 가용 자원의 질에 있어서 다양성을 발견할 수 있다. 그렇기는 하지만 일부 고대 전기에 대한 이러한 개관은 정경 복음서들이 일반적인 전기 작가들이 역사적 정보를 제공하는 일에 관심이 있었던 시기에 나온 것임을 시사한다.

2부

전기와 역사

앞의 여러 장(특히 5장)에서 언급한 대로, 그리고 이후의 몇몇 장(특히 10-11장)에서 자세히 밝혀지는 대로, 고대의 독자들은 전기 작가들이 이야기를 진술하는 방식 면에서 약간의 융통성을 발휘할 것이라고 인식했다. 그러나 로마 제국 초기의 본격적인 전기의 경우 이러한 융통성은 보통 사건들을 지어내는 일까지 미치지는 않았다.

로마 제국 초기에 본격적인 전기의 저자들은 가령 전기에 속하지 않는 도덕적 소론이 아니라 특별히 이 장르를 사용했다. 그들은 과거로부터 배우고 가르치려 했기 때문이다. 그들의 목적은 흔히 도덕적 예화를 수집하는 것이었지만 시와 상상력도 이런 예화들을 제공해줄 수 있었다. 전기는 특별히 과거 인물들의 삶에서 도덕적 예화를 얻었다. 사실 고대 전기의 역사 기록적 측면과 고대 역사 기록의 전기적 측면은 특히 로마 제국 초기에는 상당히 중첩되었다. 때로는 어떤 저작이 이 두 장르 중에 어느 쪽에 속하는지, 또는 그러한 경계선에 걸친 저작들의 저자들이 그런 구분을 고려했는지조차 논란의 여지가 있어 보인다(6장을 보라).

역사에 관한 관심은 고대 저자들이 현대의 역사 기록의 규칙을 따랐음을 의미하지 않았다. 고대의 독자들은 역사가들이 좋은 이야기를 들려주고 각 장면을 발생했을 법한(또는 가장 그럴듯한) 방식으로 재구성하고 진술하기를 기대했다. 그러나 현대적 역사 기록의 원리는 대부분 고대의 선례가 있으며, 고대의 역사 기록은 그 모든 자주 등장하는 수사적 겉치레에도 불구하고 실제 사건을 다루는 것으로 기대되었다(7장). 다수의 학자는 누가복음-사도행전을 고대 역사 기록 장르로 분류한다(8장).

전기 작가들과 역사가들은 이전 몇 세기 동안에 나온 자료는 전설을 포함할 수도 있다는 점을 인정했지만, 좀 더 최근의 사건들, 특히 기억이 생생하게 남아 있는 사건들에 대한 기록에 대해서는 훨씬 더 큰 신뢰를 표현했다. 이것은 9장의 주제다.

6장

전기와 역사적 정보

앞 장에서는 고대 전기의 몇 가지 자주 등장하는 특징들을 살펴보았지만, 역사에 관한 관심과 실제 사건과의 사실적 일치의 문제에 대해서는 간헐적으로만 다루었다. 이 장에서는 앞 장에서 다루지 않은 몇 가지 관련된 전기적 특징들을 다룰 뿐만 아니라 이런 문제들에도 초점을 맞출 것이다.

주관성과 사회적 위치에 관한 포스트모더니즘적인 통찰의 결과로,[1] 우리는 자연스럽게 역사가들과 전기 작가들이 어떤 요점을 전달하기 위해 그들의 자료를 어떻게 구성했는지를 강조하려는 경향이 있다. 이러한 관찰 사실은 중요하지만, 우리에게 그들이 자신들이 어떤 종류의 자료를 구성하고 있다고 믿었는지에 관한 좀 더 엄밀하고 전통적인 역사적 질문을 포기할 것을 요구하지는 않는다.[2] 펠링이 지적하듯이 "어떤 일들은 당시에 실제로 일어났고 그런 일들을 묘사하는 어떤 방식은 다른 방식보다 나으며 우리는 어떤 것이 더 나은지를 알아내기 위해 무언가를 할 수 있다."[3]

특히 코르넬리우스 네포스부터 디오게네스 라에르티오스에 이르는

---

1 모더니즘적인 실증주의는 우선 선언과 역사적 정보의 이분법을 도입했다. 그 둘은 서로 다르지만 본질적이고 필연적으로 양립 불가능한 것은 아니다.

2 포스트모더니즘의 초기 제안에 대한 대다수 역사 기록의 수용과 수정에 대해서는 특히 Sheppard, *Craft*, 164-69을 보라.

3 Pelling, *Texts*, viii.

시대에 공적인 인물의 전기를 쓴 작가들이 어떤 사건을 조건 없이 이야기할 때 나는 그들이 일반적으로 그 사건이 실제로 일어났다고 믿었다고 생각한다. 이 저자들은 그 이전의 찬사에 대한 과도한 강조와 그 이후의 성인전에 대한 과도한 강조 사이에 존재한다. 남아 있는 몇 가지 찬사적 요소에도 불구하고 실제 과거의 인물에 대한 그들의 관심은 역사 기록에서 많은 영향을 받는 결과를 초래했다.

고대 지중해 지역의 기준에 따르면 로마 제국 초기는 전기에 있어서 역사적 신뢰성의 정점인 것처럼 보인다. 플루타르코스는 그 이전 시대의 몇몇 저자들이 알렉산드로스의 죽음의 방식에 관한 몇몇 정보를 지어내고 그 주제에 알맞은 비극적인 장면들을 고안해냈다고 믿는다.[4] 비극은 그의 시내에도 여선히 서사 작법에 영향을 끼쳤으나 전기에서의 역사적 기준은 그 자신과 수에토니우스, 타키투스, 그리고 궁극적으로 (전기적 역사를 쓴) 아리아노스와 기타 저자들이 모범적으로 보여준 것처럼 성숙해져 있었다.

6.1. 기본적 기대

전기적 자료와 역사의 개연성 있는 관계에 대한 우리의 기본적 기대는 어떠해야 하는가? 그것은 자료에 따라 다르지만 벤 마이어(Ben Meyer)가 역사적 저작에 대해 열거하는 기준은 주목할 만하다. "작가의 의도를 사실성이 포함되도록 정의할 수 있고 저자가 그 문제에 대해 이치에 맞게 알

---

4   Plutarch, *Alexander* 70.3.

수 있고 기만에 대한 의심이 없다면" 상당한 정도의 확률로 "역사성이 있다고 추론할 수 있다."[5] 만일 증거가 강하게 암시하는 대로 정경 복음서들이 실제에 기반한 정보를 근거로 한 이야기를 서술하려 한다면,[6] 그리고 복음서들이 생생한 기억 속에서 기억해낸 일들에 의존하고 있다면, 우리는 복음서를 순전히 상상으로 구성해낸 것이 아니라 진정으로 역사적 사건에 관한 정보를 주는 것으로 받아들여야 한다.[7]

단지 한 개별적인 소단락의 신뢰성만이 아닌 한 저자의 전반적인 신뢰성은 우리가 어떤 역사서에서 기대하는 바를 구체화할 때 유용한 배경 정보다. 리처드 보컴도 지적하듯이 "증거가 되는 자료의 전반적인 신뢰성과 특성"을 평가하고 "그것이 신뢰할 만하다고 판단되면" 그 자료에 대한 증거가 보증하는 정도까지 "그것을 신뢰하는" 것은 역사 기록 면에서 가장 타당하다.[8]

누가와 마태가 마가복음의 정보에 의존하고 있다는 사실은 다음 두 가지 점을 시사한다.

1. 순전한 날조가 아닌 정보에 대한 그들 자신의 신념.
2. 마가가 그러한 정보를 제공했다는 그들의 인식.

---

5   Bernier, *Quest*, 44에서 인용된 Meyer, *Aims of Jesus*, 85의 말. Meyer는 *Aims of Jesus*, 83-87에서 역사성을 추론하는 일에 관한 추가적인 논평을 제시한다. 역사 연구의 틀을 구성하는 이러한 방식의 배경은 몰역사성에 관한 Bultmann의 추론에 도전하기 위해 의도된 것일지도 모른다(196을 보라).
6   여기서 예를 들면 개별적인 복음서들의 목표를 사실과 관련된 이야기를 진술하는 것으로 재구성하는 Bernier, *Quest*, 48-54을 보라.
7   Bernier는 *Quest*, 50-51에서 이를 이어지는 내용의 결론으로 간주한다.
8   Bauckham, "Response," 229.

누가와 마태가 마가복음 이후 바로 수십 년 뒤에 복음서를 썼을 때 우리보다 (그리고 심지어 파피아스와 같은 2세기의 저자들보다) 마가가 누구이며 마가복음이 어떤 장르인지를 알 수 있는 더 나은 위치에 있었다고 주장하는 것은 결코 현대의 학문적 독창성에 대한 명예 훼손이 아니다.[9] 고대 역사가들은 진지한 역사서를 쓸 때 연대기와 회고록뿐만 아니라 전기 역시 자유롭게 사용했고[10] 복음서 저자들도 같은 자유를 느꼈을 것이다.

마태와 누가가 마가복음을 자주 사용했다는 점은 마가의 자료에 대한 누가의 재배열[11]과 그보다 더 자주 등장하는 마태의 재배열[12]에도 불구하고 그들이 마가복음을 전기적/역사적 자료로서 존중했음을 시사한다. 파피아스는 마가복음의 순서($\tau\alpha\xi\iota\varsigma$, taxis)에 대해 불만을 제기한다. 데이비드 모스너(David Moessner)는 파피아스의 불만을 마가복음의 배열에 대한 불만, 서사와 관련된 자주 등장하는 수사적 관심으로 이해한다. 그렇기는 하지만 파피아스는 마가복음을 전승에 있어 타당한 연결고리로 받아들이면서도 마가를 계승한 복음서 저자들의 우월한 수사적 배열을 명백히 선호한다.[13]

---

9   참조. Keener, "Luke–Acts," 622; Bernier, *Quest*, 53.
10   Hadas, "Introduction," xviii. 키케로는 이미 역사를 공적인 도덕을 가르치기 위해 연대기를 배열하는 일로 간주했다(Cicero, *On the Orator* 2.52을 인용하는 Galinsky, "Introduction," 4).
11   눅 1:3, $\kappa\alpha\theta\epsilon\xi\tilde{\eta}\varsigma$(*kathexēs*)를 보라.
12   저자들은 이전의(일반적으로는 훨씬 이전이지만) 저작들을 종종 눈에 띄게 모방했으나 그것들을 발전시키고 새로운 방식으로 재수용할 것으로 기대되었다. Knoppers, "Problem," 16, 32을 보라. 모방은 일반적으로 쉽게 일어날 수 있는 혼동을 피할 수 있을 만큼 눈에 띄기도 했다. 참조. Mitchell, "Homer"에 나오는 MacDonald의 독창적인 작품(*Epics; Imitate Homer*)에 대한 비판; Johnson, "Imitate"; Sandnes, "Imitatio," 특히 725; Sandnes, *Challenge*, 249–50; Snyder, "Review," 3.
13   Moessner, "Voice"와 특히 Moessner, "Papian Fragments"에서 명확히 표현된(또한 고대의 기준에 따르면 마가는 좋은 줄거리에 대한 테온의 기준에서 대략 절반을 충족시키지 못한

6.2. 역사 저술의 한 형태로서의 전기

일부 진영에서는 고대 전기에 있는 역사적 정확성에 관한 관심이 고대 역사 기록에서 발견되는 관심보다 열등했다고 하는 "악평"[14]이 있다. 이러한 악평은 종종 전기와 역사 기록에 대한 플루타르코스의 구분에 근거한 것이었다.[15] 그러나 좀 더 최근의 연구는 이러한 접근법이 플루타르코스를 어느 정도나 오해하고 있는지를 보여준다.[16] 전후 문맥에서 자신이 역사가 아닌 전기를 쓰고 있다는 그의 주장은 "우선 알렉산드로스와 카이사르의 경우에(실제로는 대체로 전자의 경우에) 역사적으로 중요한 사실들을 요약하거나 생략하고 그 대신 인물의 성격을 드러내는 사건들에 초점을 맞추기 위한 하나의 구실이다."[17]

플루타르코스는 "역사와 전기 사이에 날카로운 경계선을 긋거나 이러한 문학 장르 각각에 대해 일반적으로 적합하거나 받아들일 수 있는 내용을 진술하고 있는" 것이 아니다.[18] 플루타르코스는 이 말이 소개하는 전기들에서 역사와 전기에 대한 이러한 일반적인 구분도 엄격히 따르지 않는다![19]

다고 지적하는) Papias, frag. 3.15을 보라. 파피아스는 자신을 역사가로 간주했을 것이다 (Aune, "Prolegomena," 81; Bauckham, *World*, 143-64).

14 De Pourcq and Roskam, "Virtues," 163.

15 Plutarch, *Alexander* 1.1.

16 Beneker, "Method," 117-18; Duff, *Lives*, 14-22을 인용하는 De Pourcq and Roskam, "Virtues," 164; Pelling, *Plutarch and History*, 143-70; Pelling, "Bounds," 266.

17 Hägg, *Biography*, 269. Smith and Kostopoulos, "Biography," 399도 이러한 견해를 따른다. 11장에서 언급한 바와 같이 자료를 압축하고 단순화하는 일은 전기에만 국한되지 않은 일반적인 관행이었다.

18 Hägg, *Biography*, 269; 참조. Edwards, "Introduction," xiv; Pitre, *Case*, 75.

19 Pelling, "Bounds," 266-67.

마찬가지로 "영혼의 징조"[20]에 대한 플루타르코스의 전기적 강조는 문맥에서 인물의 "말과 농담"[21]이나 "툭 내뱉는 말"[22]과 관련이 있다. 따라서 그 차이는 진짜 사건을 보고하는 일에 관한 것이 아니라 한 사람의 문학적 초점에 관한 것이다. 해그가 지적하듯이 "역사 기록과 전기는 둘 다 교훈적인 목적이 있을 수 있지만, 역사가들은 정치적 교훈을 전달하는 반면, 전기 작가는 자신이 윤리를 가르친다고 공언한다."[23] 「전기」의 다른 단락에서 플루타르코스는 "자신의 접근방식을 역사 기록으로" 정의하기도 한다.[24]

6.2a. 전기와 역사 기록

16세기 이래 대부분의 비평학자들은 전기를 역사 저술의 한 형태로 인식해 왔다.[25] 비록 고대의 공적 인물에 대한 전기들은 역사와 다른 방식으로 자료를 선별, 배열, 서술했지만 주제는 대체로 같았다.[26] 또 이 두 장르에 대해 진리의 서로 다른 기준을 말하는 것도 공평하지 않다.[27]

전기와 역사 기록은 유용한 본보기를 얻기 위해 진정한 과거를 활용

---

20 Plutarch, *Alexander* 1.3.
21 Hägg, *Biography*, 271. 유머와 재치를 가치 있게 여기는 일에 관해서는 예를 들어 Rabbie, "Wit"(하지만 거기에는 품위 있는 말과는 다른 어조가 수반되었다; Hall, "Delivery," 221)을 보라.
22 Licona, *Differences*, 4–5; 참조. Ehrman, *Introduction*, 63; Edwards, "Introduction," xiv.
23 Hägg, *Biography*, 273.
24 Plutrach, *Aemilius Paulus* 1.1과 Tiberius Gracchus 1.1을 인용하는 De Pourcq and Roskam, "Virtues," 164; 참조. Frickenschmidt, *Evangelium*, 234; Smith and Kostopoulos, "Biography," 400.
25 Momigliano, *Development*, 2; 참조. 6.
26 Geiger, *Nepos*, 25.
27 Pelling, *Texts*, 259 n. 2; Pelling, "Truth."

하는 일에 관한 관심을 공유하며 이는 이 두 장르 사이에 상당히 중첩된 부분을 만들어낸다.[28] 데이비드 오니(David Aune)가 지적하듯이 전기들은 역사서들보다 찬양과 비난을 종종 강조했으나, 전기는 "여전히 문학적 허구보다 역사적 사실에 확고히 근거를 두고 있었다."[29]

그러므로 우리는 역사 기록의 더 넓은 의미를 사용한다면 역사 기록의 하위 유형으로서의 전기에 대해 말할 수 있을 것이다.[30] 따라서 예를 들어 고전 학자 조지 케네디(George Kennedy)는 전기를 "역사의 일부분으로" 분류한다.[31] 또 다른 고전 학자인 필립 스태터(Philip Stadter)는 이 두 장르의 경계를 매우 "유동적인" 것으로 간주한다.[32]

앞에서 언급한 것처럼 고대의 전기 작가들은 그들의 저작이 그 광범위한 잠재적 기능에도 불구하고[33] 소설적인 저작보다 역사에 관한 저작이 되도록 의도했다.[34] 이러한 관찰 결과는 (네포스, 플루타르코스, 수에토니우스, 타키투스와 같은 저자들을 포괄하는) 기원전 1세기부터 최소한 기원후 2세기까지 이 시기의 전기가 지닌 특성과 관련해서 특별히 사실이다.

역사 장르는 헬레니즘 시대와 그 이후에 전기의 발전에 상당한 영향

---

28 예. Bravo, "Antiquarianism," 516. Burridge도 *Gospels*, 63-67에서 (다른 장르들뿐만 아니라) 고대의 전기와 역사 장르 사이의 상당한 중첩을 언급한다.

29 Aune, "Biography," 125.

30 Becker, *Birth*, 69-70.

31 Kennedy, "Source Criticism," 136.

32 Stadter, "Biography," 528; Burridge, *Gospels*, 63-67도 함께 보라.

33 Burridge, *Gospels*, 145-47, 180-83. 차이에 대해서는 추가로 Barr and Wentling, "Biography and Genre," 81-88을 보라. 하지만 나는 그들이 든 모든 예를 전기로 간주하지는 않을 것이다.

34 고대의 (다른 장르뿐만 아니라) 전기 장르와 역사 장르의 상당한 중첩에 관해서는 Burridge, *Gospels*, 63-67을 보라.

을 미쳤다.[35] 이소크라테스의 수사학적 송덕문조차 적어도 서사시와 대조적으로 진리를 뒷받침한다고 주장하는데,[36] 이러한 대조는 고대 문헌에서 자주 등장한다.[37] 역사가 폴리비오스는 어떤 인물의 생애를 이야기하기 위해 주제에서 벗어난 여담을 하는 이유를 설명하면서 전기와 역사의 지나치게 엄격한 분리를 거부했다.[38] 역사 기록도 마찬가지로 로마 초기의 전기에 상당한 영향을 끼쳤다. 네포스의 동료이자 주요 정보원이었던 아티쿠스는 자신을 역사가로 간주했다.[39] 마찬가지로 역사 그 자체도 때로는 주인공들을 찬양하는 "송덕문과 유사한" 것이 될 수 있었다.[40]

시대의 특성은 로마 제국 시대에 이러한 영향을 훨씬 더 두드러지게 만들었다. 카이사르는 너무나 두드러진 인물이어서 그의 시대에 대한 역사적 서술은 이제 전기적으로 카이사르에게 초점을 맞출 필요가 있었다. 역사는 결과적으로 전기 집필용 자료를 넉넉히 제공해주었고, 특히 카이사르 자신이 쓴 글은 중요한 자료가 되었다.[41] 역사와 전기는 이처럼 로마 제국 초기에 상당히 중첩되었다.[42] 디오 카시우스와 같은 후대의 역사가들조차 로마 제국 초기를 논할 때 전기적 자료와 역사적 자료를 함께 포함시킨다.[43]

---

35 Adams, *Genre,* 114, 251.
36 Isocrates, *Euagorus* 10, 21, 36을 인용하는 Ytterbrink, *Gospel,* 76.
37 Aristotle, *Poetics* 9.2, 1451b; 참조. Pliny, *Letters* 9.33.1; Lucian, *How to Write History* 8; Menander Rhetor, *Epideictic Treatises* 1.1.333.31-1.1.334.5; 7장의 논의를 보라.
38 Polybius, *Histories* 10.21 이하에 관한 Becker, *Birth,* 67.
39 Geiger, *Nepos,* 99.
40 Fornara, *Nature,* 36. 그러한 송덕문은 왜곡을 불러올 수도 있었지만 항상 그런 것은 아니었다(64-65).
41 Pelling, "Bounds," 255.
42 Fornara, *Nature,* 34-36, 116, 185; Hose, "Historiography: Rome," 423을 보라.
43 Pelling, "Bounds," 257-58.

6.2b. 다양한 유연성

전기 장르는 로마 제국 초기에 나온 전기들을 어느 정도까지 과거에 관한 사실에 구속받게 하는가? 그러한 저작들은 완벽하지 않았다. 공화정 말기에 네포스는 특히 그리스어 전기에서 의도치 않게 정보를 혼동한다.[44] 플루타르코스는 다른 곳에서는 정확함에도 불구하고 자료 일부를 제멋대로 고친다.[45] 플루타르코스와 특히 수에토니우스는 요세푸스와 마찬가지로[46] 숫자와 관련된 실수를 저지른다.[47] 플루타르코스와 수에토니우스의 글에는 때때로 신비적인 요소가 나타나며 플루타르코스가 테세우스를 다룰 때처럼 먼 과거에 대한 글을 쓸 때는 특히 더 그렇다.

그럼에도 불구하고 전기가 아닌 글을 쓰는 역사가들조차 "지엽적인 내용의 구성"[48]에 있어서 창의적 유연성을 어느 정도 발휘했는지에 관해서는 서로 차이를 보였고, 플루타르코스의 전기적 저작은 흔히 역사 기록에 가깝다.[49] 플루타르코스는 일관된 장면을 만들어내기 위해 종종 지엽적인 내용을 창의적으로 재구성해야 했지만, 단순히 사건들을 지어내지는 않았고[50] 관찰자의 반응을 묘사함으로써 사료를 보완하는 대목에서는

---

44   Geiger, *Nepos*, 110-11. 역사가들도 마찬가지다. 예. Justin, *Epitome* 3.6.12; 5.8.10; 12.4.11-12; 14.6.2; 42.4.1.

45   참조. Pelling, "Method"; Kaesser, "Tweaking."

46   11장을 보라; 참조. Henderson, "Comparison," 269. 역사가들만 유일하게 실수를 저지른 학자들은 아니었다(예를 들면 Pliny, *Natural History* 4.5.18; Pliny the Younger, *Letters* 10.58.5; 10.81.6을 보라).

47   수에토니우스에 대해서는 Kennedy, "Source Criticism," 141을 보라. 플루타르코스에 대해서는 예컨대 *Caesar* 22.3을 *Cato the Younger* 51.1과 비교하고 *Caesar* 25.1과 *Pompey* 52.3을 *Cato the Younger* 45.3과 비교하는 Licona, *Differences*, 57, 104, 110을 보라.

48   Pelling, *Texts*, 44.

49   De Pourcq and Roskam, "Virtues," 164에서 요약된 것과 같은 Pelling, *Plutarch and History*, 143-70.

50   과시적인 수사법과는 대조적으로; Pelling, "Truth"와 Burridge, *Gospels*, 169-70에 인용된

종종 자신이 이미 사료 안에 있는 내용을 바탕으로 추론할 수 있다고 생각한 내용에 근거하여 사료를 보완했다.[51] 역사가들은 그들의 창의성에도 불구하고 "모든 것을 지어낼 수 있는 소설가들과 같은 창의적 자유"[52]를 느낀 것은 아니었다.

플루타르코스는 종종 기억을 바탕으로 글을 쓰지만, 그의 기록들은 광범위한 사료에 의존하고 있고 보통은 꽤 연대순으로 배열되어 있기도 하다.[53] 플루타르코스는 상당한 범위의 사료를 잘 알고 있는 듯하며[54] 종종 주인공의 성격에 대해 알려진 다른 정보와의 일관성을 바탕으로 사료들을 평가한다(하지만 이런 접근법은 때때로 편견에 빠지기 쉽다).[55] 그는 사료에서 적대감에서 비롯된 것으로 여겨지는 주장들은 받아들이지 않는다.[56] 그는 일부 독자들이 어떤 기록들은 믿을 수 없다고 생각할 만한 경우를 인정하며[57] 그런 경우에는 신중한 태도와 열린 마음을 가질 것을 촉구한다.[58]

수에토니우스는 플루타르코스에 비해서 사료를 덜 비판적으로 식별한 것으로 드러나지만[59] 다양하고 때로는 상이한 기록들을 포함시키고 "자기 나름의 판단을 강요하기를" 주저하기 때문에 오늘날의 학자들이

Antony, 33-36을 보라.

51   Pelling, *Texts*, 48.

52   Pelling, *Texts*, 9.

53   Kennedy, "Source Criticism," 139-41.

54   예를 들면, Plutarch, *Alexander* 2.5; 3.2; Burridge, *Gospels*, 169; Alfred, "Valuation," 86-92. 「알렉산드로스」의 전설적이고 송덕문적인 특색은 부분적으로 플루타르코스의 사료가 지닌 같은 특성에 의한 것이다.

55   예를 들면 Plutarch, *Solon* 27.1; *Themistocles* 2.6을 보라.

56   예. Plutarch, *Alcibiades* 3.1.

57   예. Plutarch, *Camillus* 5.5.

58   예. Plutarch, *Camillus* 6.3(하지만 대부분의 현대 독자들은 이 예들을 거부할 것이다).

59   이는 비록 사실에 관한 오류보다 수에토니우스가 생략한 내용에 더 초점을 맞춘 비판이긴 하지만, 그에 대한 표준적인 비판 중 하나다(Hägg, *Biography*, 230).

그의 사료를 평가하는 작업을 덜 어렵게 만든다.[60] 역사 기록상의 관습은 디오게네스 라에르티오스의 저작에 상당한 영향을 끼쳤다.[61] 심지어 4세기에도, 사료를 통해 어떤 발언의 내용을 떠올릴 수 없을 때, 정확성에 관심이 있는 전기 작가라면 그 발언을 재현하려 하지 않았을 것이다.[62]

후대의 전기 작가들은 종종 이전의 전기 작가들이 한 말을 단순히 되풀이한다.[63] 나는 로마 제국 초기의 전기에서 역사적 정보의 문제를 10장에서 더 자세히 살펴볼 것이다. 거기서는 몇 가지 사례 연구로 그 문제를 더 구체적으로 예를 들어 설명할 것이다.

이러한 관찰 결과는 정경 복음서에 대해 어떤 의미를 갖는가? 다양한 장르적 대안이 존재할 경우 저자들은 일반적으로 자신의 메시지를 독자에게 가장 잘 전달할 것이라고 생각되는 기본적인 장르를 선택하고 응용한다.[64]

오니가 지적하는 대로 "복음서 저자들이…예수의 이야기를 전하기 위해 그리스-로마의 전기적 관습을 응용하기로 선택했다는 것은 그들이 실제로 일어났다고 생각하는 일을 전달하는 것에 핵심적인 관심이 있었음을 시사한다."[65] 복음서 저자들은 (계 5:9-13에서와 같이) 예수를 찬미하기 위해 찬송가와 같은 오로지 예전적인 형식을 선택할 수도 있었지만, 정

---

60 Kennedy, "Source Criticism," 141. Kennedy는 정경 복음서들이 더 단순한 전승에 의존하고 있다고 지적하지만, 그럼에도 불구하고 확실한 자료와의 이러한 비교를 유용한 것으로 간주한다.

61 Adams, Genre, 251.

62 Eunapius, Lives 484.

63 예. Dionysius of Halicarnassus, Lysias 1.

64 Smith, βίος, 21; 장르들의 기능적 특성에 대해서는 26-27을 보라.

65 Aune, "Biography," 125; 참조. Aune, 64-65; Witherington, Sage, 339.

경 복음서를 위해 특히 전기적 형식으로 글을 쓰는 편을 선택했다.[66]

복음서 저자들은 대중적인 신화를 차용하는 대신 이전의 갈릴리와 예루살렘의 상황에 진정으로 뿌리를 둔 이야기를 전달했다(증거에 대해서는 16장을 보라). 던(Dunn)은 정경 복음서의 "장르 그 자체가 우리에게" 역사 속에서 살았던 예수에 관한 자료를 수집하는 일에 대한 "상당한 역사적 관심이 있었음을 단번에 말해준다"고 결론짓는다.[67]

6.3. 역사 기록으로서의 복음서?

정경 복음서에는 복음서를 역사 기록의 하위 유형으로서의 전기뿐만 아니라 정식 역사 기록과도 연결해주는 요소들이 포함되어 있으므로[68] 일부 학자들은 정경 복음서는 전기라기보다는 역사라고 주장해 왔다.[69] 어쨌든 오리게네스는 복음서의 일부 기록은 물리적으로 발생하지 않았다고 주장

---

66 폴리비오스는 티마이오스조차 거짓을 쓰는 자들은 그들의 책을 역사가 아닌 **다른** 명칭으로 불러야 한다는 점을 인정한다고 지적한다(Polybius, *Histories* 12.11.7-8).

67 Dunn, *Remembered*, 185.

68 Cancik, "Gattung"; Byrskog, *Story*, 45을 보라.

69 Dihle, "Biography," 381; Becker, *Birth*, 72. Eddy와 Boyd는 *Legend*, 324-30에서 전기와 역사 기록 둘 다의 요소를 지적한다. 요한복음의 역사적 특징에 대해서는 Bauckham, *Testimony*, 93-112(그는 95쪽에서 Keener, *John*, 11-37에 나오는 나의 견해도 언급한다)을 보라. Marcus는 *Mark*, 65-66에서 마가의 저작에 담긴 역사적인 특징들(여전히 전기와 비슷한 특징)을 지적한다.

하면서도[70] 복음서를 "역사"(ἱστορίαι)[71]라고 불렀다. 그렇다면 복음서는 전기가 아니라 역사인가?

6.3a. 전기보다 역사?

아델라 야브로 콜린스는 마가가 묵시적 종말론과 헬레니즘 시대의 역사 기록 및 전기에 비추어 성경의 역사 기록을 개작했다고 합리적으로 주장한다.[72] 콜린스는 전기로서의 마가복음에 대한 주장들을 다루고[73] 고대 전기에서 받은 몇 가지 영향을 고려한 뒤[74] 마가복음은 역사 기록,[75] 특히 종말론적인 역사적 논고의 형태로 된 역사 기록[76]에 더 가깝다고 주장한다.

이러한 주장에 대해서는 많은 말을 할 수 있다. 키케로는 역사적 논고가 그 대상을 찬미하는 데는 이상적이라고 생각했지만,[77] 이와 동일한 목표는 자연히 전기의 핵심적인 요소이기도 했다.[78] 복음서가 역사적 논고라는 명제에 반대하는 몇 가지 전형적인 주장은 근거가 매우 약하다. 예를

---

70   Origen, *Princ.* 4.3.1 = 4.1.16을 인용하는 Collins, *Mark*, 16. 오리게네스가 정경 복음서에서 몇 가지 정확한 내용을 수정했다고 인식한 점과 관련해서 Allison은 *Constructing*, 445-46에서 Origen, *Comm. Jo.* 10.2, 4도 인용한다(하지만 그는 대부분의 사건을 문자 그대로 사실로 간주했다. 446 n. 35에 언급된 *Princ.* 4.3.4).

71   이 단어("탐구")는 다음 문헌들에서와 같이 "역사"를 의미할 수도 있다. 2 Macc 2:24, 30, 32; 아마도 4 Macc 17:7; 특히 Josephus, *Jewish Antiquities* 1.1, 3, 8, 13-14, 159; 6.346; 7.101; 8.56, 224; *Jewish War* 7.454; 및 여러 곳.

72   Collins, *Mark*, 1.

73   Collins, *Mark*, 22-33.

74   Collins, *Mark*, 33.

75   Collins, *Mark*, 33-42.

76   Collins, *Mark*, 42-52.

77   Plümacher, *Geschichte*, 15-32; Plümacher는 "Cicero und Lukas," 772-73에서 「마카베오하」와 키케로의 한 저작을 이러한 기능을 충족시키는 논고의 예에 포함시킨다.

78   Penner, *Praise*, 135.

들면 대부분의 현존하거나 부분적으로 현존하는 역사서들은 여러 권으로 된 책이지만, 정경 복음서의 분량 범위는 복음서가 역사적 논고라는 주장에 불리한 것으로 여겨지지 않는다. 우리는 플루타르코스의 반 권짜리 분량의 전기를 분량이 일곱 권이나 열 권에 이르는 알렉산드로스에 대한 역사서와 대조해볼 수 있다.[79] 그러나 대부분의 보편적 역사서들은 여러 권으로 된 책이었던 반면,[80] 역사적 논고는 특정한 주제에 관해[81] 흔히 단권으로 된[82] 보다 집중적인 서술을 고려했다.

마찬가지로 마가복음의 연대순 배열이 역사적 논고치고는 너무 부정확하다고 주장하는 사람이 있다면, 그는 살루스티우스의 몇몇 연구서[83]에 대해서도 그 연구서들이 투키디데스를 의도적으로 모방했음에도 불구하고[84] 똑같은 혐의를 제기할 것이다. 그러나 최소한 현존하는 저작이 있는 저자들 가운데서 로마의 역사적 논고 집필을 개척한 이가 바로 살루스티우스다.[85] 게다가 다수의 역사서에는 전기적인 부분이나 접근법이 있었다.[86]

---

79 Geiger, *Nepos*, 29.
80 몇몇 일련의 전기들처럼.
81 Rebenich, "Prose," 311-12; 예를 들면 전쟁에 관한 논고들을 보라(Fornara, *Nature*, 29-32을 보라). 하지만 폴리비오스는 전형적인 논고의 편협함에 대해 불만을 제기했다(Rood, "Development," 148-53).
82 마가복음과의 양립 가능성을 강조하는 Collins, *Mark*, 41.
83 Laistner, *Historians*, 58-59을 보라.
84 Hose, "Historiography: Rome," 423.
85 Pelling, "Historiography," 717. 그의 연구서들과 대조적으로 그의 유실된 저작인 「역사」는 연대기적인 저작이었다(Levene, "Historiography," 282).
86 Talbert는 *Acts*, 251에서 전기와 역사의 몇 가지 전형적인 차이를 언급하기는 하지만 다수의 역사서들이 전기적인 부분을 포함하고 있다는 점을 유용하게 지적한다(Polybius, *Histories* 9.22; 10.2.2; Dionysius of Halicarnassus, *Roman Antiquities* 5.48.1; Diodorus Siculus, *Library of History* 17; Josephus, *Jewish Antiquities* 14-17권; Dio Cassius, *Roman History* 45-56; 73.11.2-4; Eusebius, *Ecclesiastical History* 6을 인용하면서).

할리카르나소스의 디오니시오스가 타르퀴니우스에 관한 상당한 분량의 단락을 쓸 때[87] 그 부분은 여전히 더 큰 역사의 일부분으로 남아 있다.[88] 전기적 자료는 어떤 저작을 전기 그 자체로 만들지는 않는다.[89]

복음서가 역사적 논고라는 주장은 또한 마가복음을 또 다른 초기 기독교 저작인 사도행전의 기능에 대한 지배적인 관점과 훨씬 더 밀접하게 일치하도록 만들 것이다.[90] 또 한편으로, 역사가는 마케도니아의 알렉산드로스에 대한 디오도로스 시켈리오테스의 논의의 경우와 같이 전기에 해당하는 책을 더 큰 역사서 안에 포함시킬 수도 있다.[91] 마찬가지로 할리카르나소스의 디오니시오스도 그의 역사서 속에 수많은 전기를 연대순으로 기록한다.[92] 고대 이스라엘의 사무엘서에서 열왕기서까지의 책들에 대해서도 분명히 같은 말을 할 수 있다.[93] 누가복음은 두 권짜리 역사서에 속하지만 그 자체로는 전기로 이해할 수도 있다. (실제로 복음서가 전기라고 주장하는 몇몇 주요 학자들은 사도행전에서도 전기적인 요소들을 발견한다.)[94]

---

87 Dionysius of Halicarnassus, *Roman Antiquities* 4.41-85.
88 Balch, "ΜΕΤΑΒΟΛΗ ΠΟΛΙΤΕΙΩΝ," 143.
89 Stadter, "Biography," 528-29.
90 이에 대해서는 예를 들어 다음 참고문헌들을 보라. Plümacher, *Geschichte*, 1-32; Plümacher, "Cicero und Lukas"; Plümacher, "Monographie"; Palmer, "Monograph" (1992); Palmer, "Monograph" (1993); Dormeyer, "Gattung," 457-59; Keener, *Acts*, 1:90-115, 특히 91-92.
91 Diodorus Siculus, *Library of History* 17; Burridge, *Gospels*, 239을 보라; 참조. Smith and Kostopoulos, "Biography," 401.
92 Dionysius of Halicarnassus, *Roman Antiquities* 2.58.2-2.76.6; 3.1.1-3.35.6; 3.36.1-3.45.2; 3.46.1-3.73.4; 4.1.1-4.40.7; 4.41.1-4.85.4을 인용하는 Smith and Kostopoulos, "Biography," 403.
93 이 책들에는 사울, 다윗, 솔로몬, 엘리야, 엘리사에 관한 긴 기록 및 여러 왕들에 대한 추가적인 기록이 담겨 있다.
94 Talbert, *Patterns*, 125-40; Burridge, *Gospels*, 266-67; Adams, *Genre*, 116-71. 참조. Keener, *Acts*, 1:54-62의 논의.

6.3b. 역사보다는 전기?

그러나 정경 복음서에서 누락된 요소를 근거로 하나의 장르로서의 전기를 거부하는 것도 문제가 있을 것이다. 플루타르코스의 저작 중 일부를 근거로 어떤 이들은 플루타르코스의 모든 전기조차 그들의 정의에 부합될 수 없을 만큼 모든 전기를 엄격하게 정의한다.[95] 어떤 이들은 거의 모든 전기에 전통적인 전기의 모티프가 대부분 포함되기를 기대하지만,[96] 이하에서 논의하는 바대로 모티프상의 편차는 실제로 전통적으로 열거되는 모티프들이 드러내는 것보다 훨씬 폭이 넓다.

물론 어떤 특징들은 종종 전기를 다른 종류의 역사에 관한 저작들과 구별해준다. 여기에는 전기의 대상에 일치된 초점과 그 결과로 조상, 출생, 교육, 외모, 성격, 친구, 죽음, 장례 등과 같은 다양한 전통적인 전기의 주제들이 포함된다.[97] 복음서들은 예수의 외모를 전적으로 등한시하고 마가는 (마태나 누가와 달리) 예수의 출생을 등한시한다.[98] 그러나 전기만이 그런 점들을 소홀히 여기는 것은 아니다. (이하 4절의 논의를 보라.)

복음서를 전기(*bioi*)로 보는 버리지는 개인에 초점을 맞춘 단락이 있는 일부 역사에 관한 저작들은 전기가 아니라는 점을 인정한다.[99] 그러나 버리지는 복음서 저자들이 기본적인 그리스 교육만 받았더라도[100] 역사적

---

95 Burridge, *Gospels*, 89-90. Burridge는 "Gospels and Biography," 27-30에서 Becker와 그 밖의 학자들에게 답변한다. 그는 또한 전기와 역사 기록을 많은 특징을 공유할 수 있는 연관된 장르로 인식한다(65).

96 Becker, *Birth*, 75.

97 Adams, *Genre*, 251. 이러한 주제들은 Cicero, *On the Composition of Arguments* 1.25.36 (Becker, *Birth*, 75)에서 언급된 개인적인 특성들과 중복된다.

98 Collins, *Mark*, 25.

99 Burridge, *Gospels*, 262-63.

100 비록 누가가 누가복음을 구술했더라도 누가와 같은 저자가 기본적인 그리스 교육만 받았

논고보다 전기를 더 손쉽게 집필하는 법을 알고 있었을 것이라고 답변한다. 역사에 관한 글쓰기도 교육의 일부였지만,[101] 송덕문과 같은 전기적인 내용은 교육 과정에서 훨씬 일찍 등장한다.[102] 네포스는 전기가 역사보다는 더 대중적인 차원을 위해 집필되었다는 점을 분명히 밝힌다.[103] 그와 비슷하게 위더링턴(Witherington)은 장르의 중첩에 주목하지만, 연대별 배열과 같은 "역사적 논고의 더 구체적인 숨길 수 없는 표지"나 "역사적 인과관계"가 빠져 있다고 반박한다. 마가는 사건이 아니라 인물에 초점을 맞춘다.[104]

마가는 전기 작가 플루타르코스의 전문적인 문학적 수준에서 글을 쓰는 게 아니며, 마가의 틀은 좀 더 종말론적일 뿐만 아니라 다른 다양한 면에서 어떤 이교도 전기 작가의 저작보다도 더 구체적으로 유대인적이다. 그러나 마가복음을 역사나 소설이나 기타 장르로 분류하는 것에 관해서도 같은 차이점들을 근거로 반박할 수 있다. 디아스포라에서 이런 차이점들은 기본적인 장르의 차이보다는 사회적·문화적·민족적 차이를 반영한다.

전기는 역사서만큼이나 많은 내용을 포함하지 않았고 전기가 제시하는 인물의 모범에 더 초점을 맞추었다.[105] 또한 역사서는 전기와 다르게 연

을 가능성은 매우 낮다. 마가의 교육 수준은 좀 더 논란의 여지가 있을 수도 있다.

101 Cicero, *On the Orator* 1.158; Quintilian, *Orator's Education* 10.1.34; 12.4.1-2을 인용하는 Becker, *Birth*, 43.

102 Burridge, *Gospels*, 262-63. "프로귐나스마타"(*progymnasmata*; 로마의 초등 교육 과정—역주)에는 전기의 일반적 구조를 따르는 송덕문이 포함되었다(Aletti, *Birth*, 11).

103 Cornelius Nepos, *On Great Generals* 16(Pelopidas), 1.1. 그러나 역사 서술은 매우 대중적인 것이 되었다. Lucian, *How to Write History* 2을 보라.

104 Witherington, *Mark*, 3. Witherington은 마가복음에서 돋보이게 하는 존재로서의 제자들의 역할을 고려하여 마가복음이 "한 운동에 대한 전기"의 역할을 한다고도 논박한다(*Mark*, 3 n. 11).

105 Plutarch, *Alexander* 1.1-3; 5장의 논의를 보라.

설을 정교하게 다듬었다.[106] 타키투스는 그의 역사서를 위해 연설문을 작성하는 반면, 전기 작가인 "수에토니우스는 전기의 주인공이 실제 한 말을 인용하며 예를 들어 아우구스투스의 라틴어에서 특유의 표현법을 열거한다."[107]

그러나 전기와 역사서의 가장 눈에 띄는 차이는 그 둘의 초점이었다. 고대의 전기는 현대의 전기처럼 한 명의 인물에게 초점을 맞추었다.[108] (필로스트라토스의 「소피스트 전기」[Lives of the Sophists]나 디오게네스 라에르티오스의 철학자들에 관한 전기와 같은 전기 모음집은 여러 인물에게 연속적으로 초점을 맞출 수도 있었다.)[109] 이와 대조적으로 역사서에는 더 폭넓은 범위의 인물과 사건, 특히 대규모의 인물과 사건이 포함되었다.[110]

물론 앞에서 지적했듯이 1세기 역사 기록은 종종 주목할 만한 개인에게 초점을 맞추었다.[111] 황제들의 통치 기간에 따라 구성된 로마의 역사 기록에는 1세기 말에 이르러서는 "황제의 자서전"의 요소들이 점점 더 많이 포함되었다.[112] 여기서 발생하는 문제는 우리가 **단 한 명의 개인에게 초점이 맞춰진** 역사적 논고 전체라고 부를 만한 것이다. 때로는 아리아노스가 알렉산드로스를 여러 권에 걸쳐 다룬 경우와 같이 대다수 독자는 그러한

---

106 Keener, *Acts*, 1:271-304을 보라. Hägg는 *Biography*, 209에서 타키투스가 「아그리콜라」에 연설을 포함한 것이 역사 기록과 닮았다는 점을 지적한다.

107 Edwards는 "Introduction," xxviii에서 여기서 수에토니우스는 정식 역사 기록보다 엄밀하고 고대적인 전통을 따른다는 점을 지적한다.

108 Lucian, *How to Write History* 7.

109 Adams, *Genre*, 92-113, 252-53을 보라.

110 Lucian, *How to Write History* 7, 20, 28, 32; 또한 Plutarch, *Alexander* 1.1-2을 인용하는 Witherington, *Sage*, 339.

111 Fornara, *Nature*, 34-36, 116.

112 Hose는 "Historiography: Rome," 423에서 이 두 장르의 경계선이 사라지고 있었다고 지적한다. 참조. Rolfe, "Introduction," xvii에 인용된 수에토니우스의 말.

저작을 역사적 논고로 간주한다. 그러나 절대다수의 경우에 고대의 독자들은 인물에게 초점을 맞춘 한 권짜리 저작을 전기로 취급하곤 했다.

마가가 받은 그리스 교육과 그리스-로마의 전기와 역사 기록에 대한 마가의 지식은 제한적이었겠지만, 마가는 자신이 한 인물에 대한 글을 쓰고 있다는 사실을 잘 알고 있다. 또한 장르의 경계선은 이 시점에는 로마 제국 초기의 본격적인 전기와 소설의 경계선보다 훨씬 더 유동적이다. 그러한 차이는 어느 정도는 여러 가지 면에서 의미론적인 차이일 것이다.

6.3c. 차이보다 중요한 공통된 부분

마가복음을 역사적 논고로 간주하는 학자들의 관찰은 대부분 타당하다. 나는 단지 그들이 궁극적으로는 마가복음을 전기로 다루는 일의 가치를 떨어뜨리지 않는다고 주장하고 싶다. 더 중요한 것은, 복음서를 전기로 다루느냐, 역사적 논고로 다루느냐의 여부는 오늘날 역사적 재구성을 위한 자료로서 복음서가 지닌 가치와 관련해서 별다른 차이를 초래하지 않는다는 점이다. 역사 기록과 전기의 관심사는 이 두 장르의 지지자들이 지적하는 것처럼 상당 부분 중첩되었다.

따라서 예를 들어 콜린스는 그녀의 전기 유형론에서 수에토니우스의 「황제 열전」, 플루타르코스의 「카이사르」, 타키투스의 「아그리콜라」를 "역사적 전기" 유형으로 분류한다. "이런 유형의 전기는 역사 기록과 같은 목표, 즉 중요한 일련의 사건들을 서술하고 사건들을 그 원인의 측면에서 설명하려는 목표를 지니고 있다"고 그녀는 설명한다. 이 유형은 또한 "정경 복음서와 가장 비슷한" 유형이다. 그녀는 계속해서 "전기의 역사적 유형은 단 한 사람에게 초점을 맞추는 역사적 논고와 매우 가깝다"고 설명한다.[113] "마가가 진술하는 역사는 대체로 예수의 생애와 일치하므로 전기의 역사적 유형과 비슷하다."[114] 정경 복음서를 역사적 논고로 간주하는 딜(Dihle)[115]도 로마의 전기는 역사서에 가깝다고 지적한다.[116]

마찬가지로 나 자신을 포함해서 정경 복음서를 전기로 간주하는 이들은 대부분 전기에 역사 기록적인 요소가 포함되어 있다는 데 동의한다.[117] 버리지는 전기와 역사적 논고 같은 유사한 장르들은 "많은 특징을 함께 공유하며…전자의 주제는 한 사람의 생애와 성격이지만 후자는 종종 많은 사람과 관련된 단일한 주제에 좀 더 초점이 맞춰져 있다"고 지적한다.[118] "이 두 장르 사이에는 연속체가 있게 마련이며, 바로 이 때문에 장르의 유연한 성격을 기억하는 것이 중요하다."[119] 펠링은 비록 전기와 역사를 구별하는 방법을 제안하지만, 장르로서의 전기와 역사의 근접성을 보여준다.[120]

앞에서 지적했듯이 전기와 역사의 어떤 엄밀한 경계도 인위적인 경계일 것이다.[121] 앤드루 피츠(Andrew Pitts)는 데이비드 볼치(David Balch)와 그 밖의 학자들을 따라 "역사와 전기 사이에 어떤 경우에도 변치 않는 구

---

113 Collins, *Mark*, 32-33.
114 Collins, *Mark*, 43.
115 Dihle, "Biography," 381.
116 Dihle, "Biography," 383-84. 하지만 이러한 관련성의 원인을 수에토니우스에게서 찾는 그의 입장은 이미 타키투스의 「아그리콜라」에 나타나고 심지어 네포스의 저작에도 어느 정도 나타나는 그와 비슷한 두 장르의 혼합을 설명해주지 못한다.
117 특히 Cancik, "Gattung"을 언급하는 Byrskog, *Story*, 45. 어떤 이들은 요한복음에 대해서도 바로 이 점을 주장한다. 특히 Bauckham, *Testimony*, 19-21, 93-112; Bauckham, "Historiographical Characteristics"를 보라.
118 Burridge, *Gospels*, 263.
119 Burridge, *Gospels*, 264.
120 Burridge는 *Gospels*, 267에서 Pelling, "History"를 인용하고 그 견해를 따른다.
121 Adams, *Genre*, 69.

분"은 존재하지 않는다고 지적한다.[122] 널리 인용되는 한 구절에서[123] 역사
와 전기를 구분하는 플루타르코스조차 다른 곳에서는 자신의 전기 작품
을 "역사"로 간주한다.[124] 역사가 아피아노스와 디오 카시우스도 플루타르
코스와 마찬가지로 이 두 장르의 경계를 강조했다.[125] 수에토니우스도 주
제별 배열에도 불구하고 두 장르를 모두 아울렀다.[126] 마찬가지로 기원전
1세기의 전기 작가 코르넬리우스 네포스도 부주의하긴 하지만 역사적인
의도를 품은 것으로 보인다. 어떤 저자들은 양자의 차이를 훨씬 더 흐릿하
게 만들고 그들의 저작에 "전기"라는 제목을 붙이면서도 한 민족의 역사
를 진술했다.[127]

전기의 여러 특징은 자연스럽게 좀 더 일반적으로 역사 기록과 중첩
된다. 역사가들은 사료에 의존했지만,[128] 이는 전기 작가들도 마찬가지였
다(이하의 논의를 보라).[129] 역사에 관한 저작은 특별히 친숙한 하위 장르이
자 적절한 전기적 주제이기도 한[130] 저명한 사람들의 죽음을 다룰 수 있었
다(이 장의 뒤에 나오는 전기적인 예들을 주목해 보라). 마가의 문체는 플루타르

---

122 Pitts, "Citation," 377-78.
123 Plutarch, *Alexander* 1.1.
124 Balch, "ΜΕΤΑΒΟΛΗ ΠΟΛΙΤΕΙΩΝ," 143-44에서 언급된 Plutarch, *Comparison of Theseus and Romulus* 1.2.
125 Pelling, "Epilogue"를 인용하는 Burridge, *Gospels*, 268.
126 Rolfe, "Introduction," xvii.
127 (Licona, *Differences*, 5에서도 언급된) Sheppard, *Craft*, 112에서는 Dicaearchus(기원전 4세기)와 Varro(기원전 2세기)의 말을 인용한다.
128 Becker, *Birth*, 92.
129 예를 들어 Kennedy, "Source Criticism," 141; Burridge, *Gospels*, 168-70; Edwards, "Introduction," xxii, xxvii-xxviii을 보라. 그리고 이미 특히 네포스에 대해서는 Geiger, *Nepos*, 108-14; Becker, *Birth*, 66.
130 Pliny, *Letters* 5.5.3; 8.12.4-5을 인용하는 Becker, *Birth*, 70.

코스의 「카이사르」보다 훨씬 더 일화적이지만,[131] 일화적인 문체는 많은 전기의 특징을 이루었다.[132] 여행 일화는 전기를 인물 중심적인 역사와 구별해주지 않는다.[133] 논평은 전기에서 나타나지만,[134] 역사서와 소설에서도 나타난다.[135]

역사는 한 인물의 성격을 드러내는 일화보다는[136] 행위에 더 초점을 맞추었다.[137] 모범에 대한 로마의 강조의 영향을 받은 1세기의 그리스인들과 로마인들은 "유명한 사람들의 생애와 성격을 역사의 고유한 주제로서 발언과 행동에 추가함으로써 역사에 대한 정의를 확대했다."[138] 어떤 이들은 역사와 전기의 구별되는 목적이라는 측면에서 이러한 접근법을 순수

---

131 Collins, *Mark*, 43.
132 예를 들어, (Collins, *Mark*, 43에서도 언급된) Lucian, *Demonax* 12-62; Burridge, *Gospels*, 73; Frickenschmidt, *Evangelium*, 161, 208; De Temmerman, "Formalities," 19; 5장의 일화에 관한 추가적인 논의를 보라.
133 Mossman, "Travel Writing," 281.
134 카이사르에 관한 플루타르코스의 전기와 같은 저작(Collins, *Mark*, 43). 선택된 표본에서 더 적은 설명적 여담을 발견하는 Sheeley, *Asides*, 78-94, 179을 보라.
135 전기(傳奇) 소설에 대해서는 Sheeley, *Asides*, 41-56을 보라. 역사서에 대해서는 56-78을 보라.
136 예수의 사명은 예수의 성격적 특성보다 복음서에서 더 지배적으로 나타나지만, 성격적 특성도 분명 빛을 발한다. 예를 들어 Alfeyev, *Beginning*, 505-32, 특히 508-25을 보라.
137 Nepos, *On Great Generals* 16(Pelopidas), 1.1에 대해서는 Becker, *Birth*, 65-66; 참조. Becker, *Birth*, 3, 69, 73, 76, 121; Fornara, *Nature*, 29-46. Becker도 어록을 역사 기록과 연관시키지만(Becker, *Birth*, 75-76), (사전에 준비된 연설과 대조적으로) 어록은 좀 더 전기적인 특징이다(Momigliano, *Development*, 50[Xenophon, *Hellenica* 2.3.56을 언급함], 73; Geiger, *Nepos*, 27; Chance, "Fiction," 135; Frickenschmidt, *Evangelium*, 182; Adams, *Genre*, 91-92; 참조. Lucian, *Demonax* 12; Burridge, *Gospels*, 69, 94, 168, 171; Moeser, *Anecdote*, 66-68, 93, 148; Ytterbrink, *Gospel*, 112; Edwards, "Introduction," xxviii; Konstan and Walsh, "Biography," 28, 33).
138 Fornara, *Nature*, 116.

한 전기와 구별한다.[139] 그러나 행위는 여러 전기에서 핵심적인 요소다.[140] (정경 복음서에는 행위와 일화가 모두 포함되어 있다.[141] 고대 전기와 정경 복음서에 나오는 일화에 대해서는 5장을 보라.) 역사적 특징들은 역사적 전기에 너무 널리 퍼져 있어 역사 기록의 특징을 가진 전기를 없애면 사실상 전기 장르를 없애게 될 것이다.

이미 지적한 바와 같이 전기와 역사에 관한 다른 저작의 일반적인 일차적 차이는 (역사서에서도 나타날 수 있는) 전기적 초점이 아니라 그 저작이 단 한 명의 인물에 국한되어 있는지다. 실제로 특정한 개인에게 초점을 맞추는 특정한 한 권짜리 역사에 관한 저작은 "전기"(*bios*)와 구분하기가 쉽지 않을 것이다. 그러나 여기서도 그 구분은 아리아노스의 알렉산드로스에 관한 저작을 제외하더라도 엄격하지 않다. 기원후 3세기에는 이미 몇몇 철학자의 "전기"에 철학자 자신뿐만 아니라 철학자의 제자들의 생애에 관한 정보도 포함되어 있었다.[142] 다수의 전기는 시인들과 그 밖의 사람들에 관한 이전의 몇몇 모음집에서 이미 나타난다. 발레리우스 막시무스

---

139 Fornara는 *Nature*, 185에서 일차적으로 전기는 인물을 설명하는 일과 관련된 역사의 특징들만 사용했으나 "일화를 묘사하는 일은…역사에 적합하지 않았다"고 지적함으로써 양자를 구별한다. 전기는 타키투스의 「아그리콜라」나 수에토니우스의 전기와 같은 2세기 초의 저작에서는 역사와 더 비슷해졌다(Fornara, *Nature*, 186).

140 Momigliano, *Development*, 50; Cox, *Biography*, 9; Burridge, *Gospels*, 71-72; Frickenschmidt, *Evangelium*, 281-83, 286, 505; Ytterbrink, *Gospel*, 76, 82, 86, 101; Freyne, "Gospel," 66; Edwards, "Introduction," xii; Adams, *Genre*, 92, 171, 251, 258; Beck, "Demonax," 93.

141 로마의 전기 작가들은 모든 중요한 공적 행위를 기록하는 편을 선호했지만 (그리스어로 기록된 정경 복음서와 더 직접적인 관련이 있는) 그리스의 전기는 전통적으로 성격을 드러내는 핵심적인 행동에 좀 더 국한되었다(Hägg, *Biography*, 192, 234; 복음서에서는 예를 들어 막 6:34; 8:2; 요 11:35-36을 보라).

142 어떤 이들은 이러한 패턴이 아마도 누가복음-사도행전과 같은 기독교적인 모델을 따랐을 것이라고 주장한다. Dillon and Hershbell, "Introduction," 25-26을 보라. 그러나 그 이전의 전기 총서들도 참고하라.

는 전기적 정보를 포함한 일화들을 주제별로 수집한다.

저작과 역사적 사건 간의 일치와 관련해서 역사적 논고와 역사적 전기의 차이는 미미하다. 우리는 전자에서는 더 많은 사전에 준비된 연설을 기대하고 후자에서는 등장인물에 대한 더 많은 강조를 기대하지만 두 장르 모두 사전 정보에 크게 의존한다. 이 두 장르를 혼동하면 의미의 미묘한 차이는 놓치게 될 수도 있겠지만, 이해는 여전히 "크게 동떨어지지는 않을" 것이다.[143] 우리가 어떤 저작을 전기적인 역사적 논고로 보든 역사적 전기로 보든, 역사적 정보에 대한 신념은 여전히 분명하다. 역사적 의도 및 문학적 각색과 관련해서 로마 제국 시대 초기의 전기와 역사 사이의 경계선은 얇다.

6.4. 복음서에 빠져 있는 "전기적 특징"?

어떤 이들은 마가복음이 전기 장르에 속한다는 견해를 받아들이지 않는다. 그 이유는 이 초기 복음서가 전기의 표준적 주제인 예수의 배경, 출생, 또는 교육에 대해 거의 말하지 않기 때문이다.[144] 주인공의 전형적인 옷이나 식사와 같은 몇몇 전기 작가들이 선호하는 다른 몇 가지 특징은 복음서 저자들에게는 별다른 관심사가 아니다. "애정사(특히 추문의 경우)"[145]와 같은 다른 특징들도 그들과 관련이 없다. 그러나 그런 특징들이 고대 전기에서는 흔히 등장하기는 하지만(배경과 출생은 마태복음과 누가복음에 나타난다)

---

143 Adams, *Genre*, 2.
144 P. Vielhauer의 반론을 요약하는 Collins, *Mark*, 21.
145 Long, "Introduction," xxii.

반드시 등장하지는 않는다.

6.4a. 외모에 대한 몰두

고대의 전기들은 흔히 주인공,[146] 특히 육체적으로 멋있는 주인공[147]을 묘사했다. 육체적인 아름다움에 대한 찬양은 자연히 그리스의 과시적 어법의 일반적인 측면이었다.[148] 수에토니우스는 때때로 성격이나 미래를 알아내기 위해 관상을 사용하기도 한다.[149] 실제로 그는 아우구스투스가 사실은 키가 작았다는 점을 인정하면서도 그런 전승을 선호할지도 모르는 이들을 위해 아우구스투스의 당당한 위상에 대한 그의 한 보좌관의 증언을 제시한다.[150] 그렇기는 하지만 주인공들조차 육체적으로 특이한 점이 있을 수 있었다. 혹자는 소크라테스의 들창코에 대한 역사적 기억이 떠오를 것이다.[151]

---

146 예. Suetonius, *Julius* 45.1; *Tiberius* 68.1-2; *Nero* 51; Tacitus, *Agricola* 44; Plutarch, *Marcus Cato* 1.3; *Sulla* 2.1.
147 예. Plutarch, *Alexander* 60.6; 참조. 삼상 9:2; 16:12; 25:3. 그러한 논평은 신화집과 소설에서 더 풍부할 수도 있다(예. Apollonius Rhodius, *Argonautica* 1.307-11; 3.443-44; Philostratus, *Heroicus* 10.1-4, 특히 10.3; 26.4, 13; 29.2; 33.39-40; 48.1; 49.3).
148 예. Menander Rhetor, *Epideictic Treatises* 2.5, 398.14-18; Dio Cassius, *Roman History* 57.18.6; 추가로 (*Rhetorica ad Herennium* 4.63; 조롱에 대해서는, Cicero, *On the Orator* 2.266을 인용하는) Anderson, *Glossary*, 125을 보라.
149 예. Suetonius, *Titus* 2. 추가로 다음 참고문헌들을 보라. Cox, *Biography*, 14-15; Suetonius의 *Augustus* 79과 *Caligula* 50을 대조하는 Edwards, "Introduction," xvi. 서로 다른 전기의 서로 다른 대목에서 묘사가 등장한다. Hurley, "Rubric Sandwich," 31-32을 보라.
150 Suetonius, *Augustus* 79.2에 관한 Alfred, "Valuation," 97. 수에토니우스는 다른 곳에서는 아우구스투스의 위엄 있는 외모(비록 노년에는 볼품없어졌지만)를 찬양한다. 그러나 우리는 여기서도 수에토니우스가 아무 근거도 없이 기록하는 것이 아니라, 비록 이 점에 관해서는 그가 신뢰할 수 없다고 생각하는 증인이기는 하지만, 증인을 근거로 기록하고 있다는 점에 주목해야 한다.
151 예를 들면 Maximus of Tyre, *Philosophical Orations* 1.9; *Life of Aesop* 1을 보라. Philostratus, *Heroicus* 34.5-6에 나오는, 마음에 들지 않는 다른 신체적 특징들을 참고하라.

그러나 신체적인 묘사는 전기에서 반드시 있어야 할 요소와 거리가 멀었고 역사서에서는 흔하지 않았다. 아리스토텔레스는 신체적 묘사를 강조하는 반면, 크세노폰은 이를 거의 언급하지 않는다. 플루타르코스와 디오게네스 라에르티오스는 그들의 전기 중 일부에서만 신체적 묘사를 포함시킨다. 타키투스의 「아그리콜라」는 이를 간략하게만 제시한다.[152] 철학적인 사고방식을 지닌 기록자들은 스승의 영혼을 묘사하는 일이 그의 신체를 묘사하는 일보다 훨씬 더 중요하다고 생각했다.[153]

6.4b. 배경, 출생 및 성장

그리스인들과 로마인들은 비상한 사건이 위대한 지도자들의 탄생을 알려 줄 것으로 기대했다.[154] 꿈은 빈번히 등장했다. 때로는 한 소년의 머리 주위에서 빛나는 불꽃이 그런 사건에 포함될 수도 있었다.[155] 후대의 수사학자들은 한 사람의 출생에 수반되는 초자연적 현상은 무엇이든 언급하라고 조언했다.[156] 따라서 연설가들은 왕의 존귀한 출생을 찬양하며 그 당시

---

152 Stanton, *Preaching*, 124.
153 Maximus of Tyre, *Philosophical Orations* 1.10.
154 예를 들면 Valerius Maximus, *Memorable Doings and Sayings* 1.8.ext.5; 추가로 Shuler, *Genre*, 94을 보라. 꿈에 의한 알림에 대해서는 예를 들어 Plutarch, *Alexander* 2.1-3.2(Boring, Berger, and Colpe, *Commentary*, 37-38)을 참고하라. 초자연적 징조에 대해서는 예를 들어 Suetonius, *Augustus* 94(Boring, Berger, and Colpe, *Commentary*, 43-44); Aulus Gellius, *Attic Nights* 6.1.2-4을 참고하라. 유명한 철학자들의 초자연적 출생에 대해서는 Diodorus Siculus, *Library of History* 4.9.1-10; Diogenes Laertius, *Lives* 3.1-2, 45; Iamblichus, *Pythagorean Life* 2.3-5(Boring, Berger, and Colpe, *Commentary*, 33-35).
155 Valerius Maximus, *Memorable Doings and Sayings* 1.6.1. 이 경우에 Servus Tullius라는 그 소년은 그 당시에 왕가에 입양되었다. 한 장군의 머리 주위의 불꽃은 훗날 승리의 전조가 되었다(1.6.2).
156 Hermogenes, *Progymnasmata* 7. 송덕문에 대해서는 15-16.

에 발생한 바람직한 징조로 해석될 수 있는 일체의 현상을 찾았다.[157] 이런 활용 가능한 징조가 없으면 징조를 지어낼 수도 있었고[158] 게다가 두드러지고 과장되게 지어낼 수도 있었다.[159] 여기에는 한 사람이 태어날 때 빛이 나는 징조가 포함될 수도 있었다. 예를 들면 아폴로 신은 우주 전체를 비추고 밝혀주었다.[160] 연설은 물론 전기가 아니었지만, 연설을 위해 고안된 몇몇 허구적인 이야기는 마침내 오래된 이야기로 여겨졌고 따라서 스스로 전기적 전승으로 발전했다고 추정해도 무방해 보인다.

고대의 전기는 종종 주인공의 배경과 어린 시절을 묘사한다.[161] 수에토니우스는 언제나 (황제들에 대해 손쉽게 사용 가능한) 그러한 특징들을 포함시키며 플루타르코스도 일반적으로 그렇게 한다. 사실적인 설명에서 순수한 허구에 이르기까지 다양한 장르에서 신동에 관한 이야기는 특별한 주목을 받을 만했다.[162] 전기 작가들은 종종 어린 시절의 행동에 대한 소문을 더 자세히 묘사되는 훗날의 미덕이나 악덕을 예견하는 데 즐겨

---

157 Menander Rhetor, *Epideictic Treatises* 2.1-2, 371.5-6.

158 Menander Rhetor, *Epideictic Treatises* 2.1-2, 371.11-12.

159 예. Menander Rhetor, *Epideictic Treatises* 2.1-2, 371.15-17. 수사학적 원리는 자연히 불가사의한 출생을 묘사함으로써 신들을 찬양하는 데도 적용되었다(예. Menander Rhetor, 2.17, 438.30-439.24).

160 Menander Rhetor, *Epideictic Treatises* 2.17, 439.18-19.

161 예. Nicolaus, *Augustus* 2(*FGrH* 126); Frickenschmidt, *Evangelium*, 253, 260-61; Adams, *Genre*, 257-60; Xenophon, *Agesilaus* 1-2에 대해서는 Beck, "Demonax," 93(그러나 Ytterbrink, *Gospel*, 83을 참고하라). 때로는 역사가들도 그렇다. 예를 들면 Justin, *Epitome* 12.16.2-6; 15.4.2-6; 37.2.1-3; 43.2.3-7에 나오는 초자연적인 이야기를 보라.

162 참조. Sus 45, 50; Josephus, *Jewish Antiquities* 10.50; Cicero, *Philippics* 14.10.28; Justin, *Epitome* 12.16.7-8; Valerius Maximus, *Memorable Doings and Sayings* 3.1.1; 3.1.2ab; Pliny, *Natural History* 7.16.72; Philostratus, *Life of Apollonius* 1.7-8, 11; Iamblichus, *Pythagorean Life* 2.10-11; 참조. Wis 8:10; Fronto, *To Marcus Caesar* 4.1; (Wright, "Inscription," 54-55, 57, 59에 나오는) Quintus Sulpicius Maximus의 라틴어 묘지명과 그리스 경구 1-2행.

사용했다.[163]

전기적 소설에서는 여러 유명한 인물들의 어린 시절에 관해 이용 가
능한 자료를 부연 설명했지만,[164] 많은 주류 전기 작가들도 어린 시절에 관
한 이야기를 사용할 수 있을 때 그 이야기를 부연 설명하기를 좋아했다.
작가들은 예를 들어 모세의 어린 시절과 청년 시절에 관한 지엽적인 이야
기를 자세히 설명했다.[165] 필론은 모세의 젊은 시절의 성품과 교육에 대해
부연 설명하면서[166] 이 율법 수여자가 훗날 수행할 철학자-왕의 역할을 예
고한다.[167] 그러나 필론은 자세한 설명에도 불구하고 최소한 모세가 받은
교육에 관한 이전의 전승을 약간은 알고 있는 것처럼 보인다.[168] 더구나 모
세는 유아기에 특히 총명하고 아름다웠다.[169] 어린 시절에 모세는 불길하
게도 바로의 왕관을 집어던졌다.[170] 이미 언급한 바와 같이 위대한 성인들
은 종종 어린 시절에 신동으로 여겨졌다.[171] 따라서 예를 들면 고레스는 이

---

163 예. Nicolaus, *Augustus* 3(*FGrH* 127); Edwards는 "Introduction," xvi에서 *Otho*는 예외로
하고 Suetonius, *Tiberius* 57; *Caligula* 11; *Nero* 26; *Domitian* 1을 인용한다; Ytterbrink는
Gospel, 106-7에서 Plutarch, *Themistocles* 2.1; *Alcibiades* 12.1; *Alexander* 4.4-5을 인용한다.
Burridge, *Gospels*, 207도 함께 보라.

164 예. Ps.-Callisthenes, *Alexander Romance* 1.13-19; *Infancy Gospel of Thomas*.

165 특히 Josephus, *Jewish Antiquities* 2.233-36; Philo, *Moses* 1.21-31을 보라.

166 Philo, *Moses* 1.5, 20-24; 참조. 2.1; Petitfils, "Tale," 163.

167 이방인들이 처음에 유대인에게서 지혜를 얻어 권력을 얻었다고 믿었던 유대인들은 모세
가 받은 이방인의 교육을 덜 불쾌하게 여겼을 것이다. 참조. Artapanus, frag. 3(Eusebius,
Preparation for the Gospel 9.27.4); Josephus, *Jewish Antiquities* 1.168.

168 다음 문헌들을 보라. Ezekiel the Tragedian, *Exagoge* 36-38; Josephus, *Jewish Antiquities*
2.236; Koskenniemi, "Moses." 유대인 저자들은 이집트 문화가 모세에게 영향을 끼쳤는지
에 대해 다양하게 예상했지만(Römer, "Vie de Moïse"; 참조. Jub. 47:9), 고대의 청중은 대
부분 모세가 왕궁에서 자라난 왕자가 받는 교육을 받았을 것으로 가정했을 것이다.

169 Josephus, *Jewish Antiquities* 2.230-31; 참조. 출 2:2.

170 Josephus, *Jewish Antiquities* 2.233-34. 훨씬 후대의 한 문헌에서 모세는 심지어 왕관을 자
기 머리에 씌우기까지 했다(Exod. Rab. 1:26).

171 예를 들면 Josephus, *Jewish Antiquities* 10.50; Valerius Maximus, *Memorable Doings and*

미 열 살 때 위신 있는 태도로 그의 제왕적인 성품을 드러냈다.[172] 역사적 차원에서 프론토(Fronto)는 그러한 조숙함을 마르쿠스 아우렐리우스의 자질로 묘사한다.[173] 요세푸스도 자신을 신동으로 표현한다.[174]

이런 이야기들 가운데 어떤 것은 그 이야기를 전하는 현존하는 전기 작가들에 의해 소설화되었겠지만, 어떤 것은 그 이전의 문헌에서부터 내려온 것일 수도 있다. 전기 작가들은 그 이전의 지어낸 이야기를 사용할 수도 있었고,[175] 대개는 그들 스스로 이야기를 지어낸 것처럼 보이지는 않는다. 예를 들어 네포스는 그가 좋아하는 인물의 어린 시절을 생략해야 했다.[176]

마찬가지로 플루타르코스도 전기의 첫머리에 인물의 성격을 밝히는 데 분명히 관심이 있음에도 불구하고[177] 소설에서 보이는 식으로 유아기의 이야기를 지어내지는 않는다. 따라서 그는 "아기스의 어린 시절과 청년기를 하나의 짧은 분사구로" 처리한다.[178] "플루타르코스의 사실에 대한

Sayings 3.1.1; 3.1.2ab; Eunapius, *Lives* 468; Bultmann, *Tradition*, 300-1의 추가적인 예들을 보라. 신체적 성장에 대해서는 예를 들어 Philostratus, *Heroicus* 45.5을 보라. 모세에 대해서는 Josephus, *Jewish Antiquities* 2.230을 보고 눅 1:80; 2:52을 참고하라.

172 Herodotus, *Histories* 1.113-15. 고레스의 조숙함에 대해서는 Xenophon, *Cyropaedia* 1.4.3도 함께 보라.

173 Fronto, *To Marcus Caesar* 4.1. 그러나 모든 신동이 다 계속해서 조숙했거나(Quintilian, *Orator's Education* 1.3.3-5) 윗사람들을 만족시킨 것은 아니었다(y. Soṭah 3:4, §12).

174 Josephus, *Life* 9; 참조. *Life* 80; Rajak, *Josephus*, 27-29.

175 De Temmerman, "Formalities," 18도 같은 견해를 밝힌다. 참조. Pelling, *Plutarch and History*, 308-9; (Kwon, "Charting," 74에 인용됨) Russell, "Coriolanus," 22-23에서의 부연 설명. 수에토니우스는 *Augustus* 94.6에서 아우구스투스의 출생에 관한 전승을 명백히 확대한다(Lorsch, "Conception").

176 Nepos, *On Great Generals* 8(Thrasybulus), 1.1-5을 언급하는 Alfred, "Valuation," 99을 보라.

177 De Pourcq and Roskam, "Virtues," 168.

178 Plutarch, *Agis* 4.1; 및 *Cleomenes* 1.4-5과 *Tiberius Gracchus* 1.7-3.1을 인용하는 De Pourcq and Roskam, "Virtues," 177.

조작은 결코 고삐 풀린 상상으로 발전하는 것처럼 보이지 않는다."[179] 한 인물의 출생이나 유년기에 대한 기록이 다양할 때 플루타르코스는 개의 치 않고 그 사실을 언급한다.[180] 그는 심지어 어떤 로마 시민의 세 부분으로 된 이름(*tria nomina*) 중에 첫 번째 부분이 알려지지 않았을 때는 그 부분을 채워 넣지도 않는다.[181]

루키아노스는 데모낙스가 부유하고 영향력 있는 키프리아누스 가문 출신이라고 짧게 언급하고 몇 문장 뒤에 그가 어린 시절부터 철학을 동경 했다는 점을 언급한다.[182] 그러나 루키아노스는 아무런 구체적인 예도 제 시하지 않는데, 이는 아마도 그런 예가 부족했기 때문일 것이다.[183] 루키 아노스는 데모낙스를 성인이 되어서야 비로소 알았다. 루키아노스는 곧 바로 데모낙스의 배경에서 벗어나 그가 자신의 배경을 극복했다고 말한 다.[184] 찬사의 글은 종종 어떤 사람의 명예로운 배경을 칭송하지만,[185] 불리 한 배경을 극복한 사람을 칭송할 수도 있다.[186] 즉 수사학자들조차 필연적 으로, 또는 변함없이 어떤 사람에 대한 묘사를 날조하지 않고도 그 묘사를 찬양할 만하게 만들 수 있었다.

---

179 De Pourcq and Roskam, "Virtues," 177.
180 Plutarch, *Aristides* 1.1; *Lycurgus* 1; 참조. Diogenes Laertius, *Lives* 1.4.74; 1.5.82.
181 Plutarch, *Caius Marius* 1.1.
182 Lucian, *Demonax* 3.
183 Beck, "Demonax," 85.
184 그러나 Lucian, *Demonax* 3을 보라. 그는 3-67에서 데모낙스의 성인 이후의 생애를 계속해 서 이야기한다.
185 예. *Rhetoric to Alexander* 35, 1440b.23-1441a.5, 특히 1440b.29-32; Menander Rhetor, *Epideictic Treatises* 2.1-2, 370.9-28; Gorgias, *Encomium of Helen* 3; 역사에서는 Velleius Paterculus, *History* 2.59.2; 전기에서는 Xenophon, *Agesilaus* 1.2; Cornelius Nepos, *On Great Generals* 2(Themistocles), 1.2; 7(Alcibiades), 1.2; Suetonius, *Augustus* 1-2; *Tiberius* 1.1- 2.4; 3.1; Tacitus, *Agricola* 4; Eunapius, *Lives* 498.
186 예. *Rhetoric to Alexander* 35, 1441a.5-13; Philostratus, *Lives of the Sophists* 1.22.521-22.

마가복음은 예수의 출생을 생략함으로써, 전기 장르를 나타내는 다른 특징들이 충분함에도 불구하고, 마태복음이나 누가복음만큼 전형적인 그리스-로마의 전기처럼 보이지 않는다.[187] 그러나 한 인물의 배경(조상, 출생, 양육, 교육)이 활용 가능한 동시에 유익한 것으로 드러날 때는 그것이 과시적인 연설이나 전기에 있어서 중요했지만,[188] 출생과 유아기에 관한 이야기들은 어떤 저작이 전기 장르에 들어맞는 데 핵심적이거나 필수적인 것은 아니었다.[189] 초기의 전기적 송덕문은 조상의 혈통을 강조했지만 그러한 관심은 로마 제국 초기에 이르러 줄어든 것으로 보인다.[190] 따라서 전기는 때때로 전기 주인공의 공적 생활과 함께 시작되는 그의 성인기에서 시작되었다.[191] 출생이나 유년기의 이야기는 전기에 포함될 경우 때때로 극히 짧았고 때로는 한 번의 언급에 불과했거나[192] 혈통에 대한 논의가 도입부 뒤까지 연기되었다[193](참조. 막 6:3). 배경에 대한 언급은 "엑세케스티

---

187 Aletti, *Birth*, 25-26. 참조. Aletti, *Birth*, 49-52과 *Luke*, 68-70에서의 마태복음.

188 예. Menander Rhetor, *Epideictic Treatises* 2.1-2, 370.28-372.2; 어린 시절의 미덕과 행적에 대해서는 372.5-9을 보라. 양육은 출생 이후의 주제였다(Hermogenes, *Progymnasmata* 7. On Encomion, 16).

189 Frickenschmidt, *Evangelium*, 505; Ytterbrink, *Gospel*, 117을 보라.

190 Ytterbrink, *Gospel*, 116-17.

191 예를 들면 Philo, *Abraham*(Ytterbrink, *Gospel*, 103); *the Life of Aesop*(Drury, *Design*, 29); Plutarch, *Timoleon* 1(Pitre, *Case*, 71); *Caesar* 1.1-4; *Camillus; Galba*에서도(그러나 3.2을 참고하라); *Nicias*(분명히 크라수스와 짝을 이루는 전기); *Otho; Publicola; Titus Flaminius*(그러나 1.4에서 그의 젊은 시절과 젊은 시절의 성공을 언급함). Borgen은 John, 259에서 전기를 넓게 정의하면서 *Flaccum*과 (요 1장과 같이 우주적 차원의 서론과 더불어 시작되는) *Legatio ad Gaium*을 전기에 포함시킨다.

192 예를 들면 Plutarch, *Caius Gracchus* 1.2; *Crassus* 1.1; *Eumenes* 1.1; *Marcellus* 2.2; Porphyry, *Life of Plotinus* 2-3.

193 Plutarch, *Caius Marius* 3.1(간결하게만); *Pelopidas* 3.1; *Pericles* 3.1; *Phocion* 4.1; *Sertorius* 2.1; *Theseus* 3.1; *Timoleon* 3.2; *Pompey* 2.1; 3.1; 4.2에서의 폼페이우스의 어린 시절에 대한 언급(그러나 조상에 대한 언급은 없음).

데스의 아들 솔론은 살라미스에서 태어났다"[194] 또는 "다마게타스의 아들 킬론은 라케다이몬 사람이었다"[195]와 같이 단 한 줄일 수도 있다.

그러한 생략이나 간결함은 아마 적어도 때로는 단순히 실질적인 정보의 부족을 반영했을 것이다. 플로티노스는 단지 유년기의 몇 가지 사건만 언급했고 유년기에 대해 더 많은 이야기를 하도록 그를 설득하는 것이 불가능했기 때문에, 포르피리오스의 전기는 플로티노스의 유년기를 포르피리오스가 알고 있는 어른이 된 플로티노스보다 훨씬 더 드물게 다룬다. 포르피리오스는 여백을 메워줄 이야기를 지어내지 않는다.[196] 그러나 저자는 때때로 분명 배경에 대해 더 많은 정보를 알고 있지만 단지 그것을 당면한 문제에 있어서 덜 중요한 것으로 여긴다. 예를 들어 요세푸스는 그의 인생의 처음 30년을 그의 자서전의 약 4% 분량 안에 요약한다.[197]

마가는 예수에 대한 가장 나은 정보와 초기의 기독교 설교가 흔히 시작되었을 법한 대목이자[198] 누가가 사도행전 10:37에서 예수의 선교에 대

---

194 Diogenes Laertius, *Lives* 1.2.45. 그 뒤에는 주인공의 공적 생활로 화제를 돌린다(45-67).
195 Diogenes Laertius, *Lives* 1.3.68. 그 뒤에는 주인공의 사회생활로 화제를 돌린다 (1.3.68-73). 이와 유사한 예로 *Thales*(1.1.22; 그의 사회생활은 1.1.22-44에 나온다); *Pittacus*(1.4.74; 그의 사회생활은 1.4.74-81에 나온다); *Bias*(1.5.82; 그의 사회생활은 1.5.82-88에 나온다); *Zeno*(7.1.1; 그의 사회생활은 7.1.1-35에 나온다. 그러나 그는 제논의 죽음을 서술한 뒤에 7.1.31에서 또 다른 문헌에 나오는 소년기의 제논에 관한 한 짧은 일화를 이야기한다).
196 Dillon, "Interpretation," 158.
197 Josephus, *Life* 1-16. Downing은 "Redaction Criticism 2", 34에서 요세푸스의 정보 사용을 언급하면서 누가는 그의 유년기 이야기에서 많은 "부수적인 일"을 지어냈을지도 모르지만, 기본적인 이야기를 지어내지는 않았다고 주장한다. 안타깝게도 나는 본서의 주요 논증 속에 마태나 누가의 유년기 이야기라는 특별한 사례를 제대로 다룰 수가 없다. 그들은 대부분의 복음 전승보다 복음서 저자들로부터 한 세대 더 멀리 떨어져 있는 이야기를 진술하고 있기 때문이다.
198 참조. Robinson, *Problem*, 69.

한 베드로의 요약을 진술하기 시작하는 예수의 공적 사역에서[199] 시작한다.

6.5. 전기가 확대된 수난 이야기의 형태를 취할 수 있는가?

마가복음이 "확대된 서론을 동반한 수난 이야기"라는 상투 어구는 마가
복음이 전기일(또는 이 문제와 관련해서는 역사일) 가능성과 얼마나 부합되는
가? 마가는 아마도 수난 이야기 자체를 그 이전의 자료에서 끌어냈을 것
이고,[200] 예수의 죽음은 그 충격적인 경험에 대한 생생한 기억 속에서 기독
교의 이야기에 지울 수 없는 흔적을 남겼다.[201] 그렇기는 하지만 예수의 죽
음에 맞춰진 마가의 초점이 전기에는 부적절하다고 생각할 본질적인 이
유는 없다.[202] 물론 아게실라오스에 대한 크세노폰의 첫 설명은 그의 죽음
을 의도적으로 회피하는 것처럼 보이지만, 아게실라오스에 대한 다른 기
록들은 그의 죽음을 실제로 알려주며,[203] 죽음 장면은 로마 제국 시대 초기
에는 이미 전기에서 일반적이었다.

고대 전기의 절대다수는 주인공의 죽음, 무덤, 비문, 유언, 관련 사건

---

199 이러한 관찰 사실은, 만일 누가가 베드로나 초기의 사도적 교회는 종종 예수의 공적 사역부
터 언급하기 시작했다는 사실을 알고 있었다면, 마가복음을 베드로의 복음서로 보는 전승
과 일치한다.

200 예를 들면 Theissen, *Gospels*, 166-99; Brown, *Death*, 53-55, 77-80; Soards, "Passion
Narrative"를 보라. 참조. Dibelius, *Tradition*, 178-217; Dewey, "Curse," 102-3; Flusser,
Judaism, 575-87.

201 예를 들면 Kirk, "Memory of Violence"; Kelber, "Works," 244을 참고하라.

202 예를 들면 Dodd, *Founder*, 33의 견해와 다르다.

203 Wright, "Exploration," 240-43을 보라.

들로 끝을 맺는다.[204] 플루타르코스는 「소(小) 카토」(*Cato Minor*)의 17.3%
를 주인공의 말년에 할애한다.[205] 이는 마가복음의 19.1%, 마태복음의
15.1%, 누가복음의 15.6%와 비슷하다.[206] 어떤 전기는 정경 복음서와 같
이 주인공의 죽음을 예시한다.[207] 이런 전기들은 종종 갈등, 전조, 마지막
말, 기타 전기 주인공의 죽음으로 이어지거나 죽음을 둘러싼 사건들을 진
술한다.[208] 어떤 로마인들은 심지어 전적으로 유명한 인물들의 죽음—말
하자면 "수난 이야기"—을 중심으로 구성된 책을 썼다.[209] 마이클 버드
(Michael Bird)가 지적하듯이 "가장 독특하다고 여겨진 정경 복음서의 요소
인 예수의 고난에 맞춰진 초점은 결국 그렇게 독특하지는 않은 것으로 드
러난다."[210]

---

204 예를 들면 Lucian, *Demonax* 63-67; 추가로, Burridge, *Gospels*, 133, 136, 142, 174-75;
    Adams, *Genre*, 260을 보라. 장례에 대해서는 예를 들어 Frickenschmidt, *Evangelium*, 341-
    42을 보라.
205 Burridge, *Gospels*, 160. 네포스의 한 전기에서의 15%와 필로스트라토스의 「아폴로니오스
    전기」에서의 26%도 주목해 보라(192).
206 Burridge, *Gospels*, 192.
207 Burridge, *Gospels*, 193, 202.
208 Frickenschmidt, *Evangelium*, 312-50, 505-6("die relativ große Häufigkeit von
    Passionsgeschichten"). 마지막 말과 관련해서 Frickenschmidt는 예를 들어 Nepos, *On
    Great Generals* 25(Atticus), 22; Philo, *Moses* 2.288-91; Plutarch, *Pompey* 79; Suetonius,
    Augustus 99; Diogenes Laertius, *Lives* 2.42을 인용한다(331-33). 승천과 그에 수반되는 신
    격화(Talbert, "Concept"; Talbert, "Myth"; 그러나 Aune, "Problem," 47-48을 참고하라;
    Zwiep, *Ascension*, 194-95)는 죽은 자와의 만남처럼 훨씬 드물게 등장한다. Frickenschmidt,
    Evangelium, 342-45; Keener, *Acts*, 1:663, 720-21을 보라.
209 Edwards는 "Introduction," xvii에서 Pliny, *Letters* 5.5.3; 8.12을 제대로 인용한다. Becker,
    Birth, 70. 루키아노스는 「페레그리누스」에서 이런 형태를 패러디했을지도 모른다(König,
    "Lives," 227을 보라).
210 Bird, *Gospel*, 228. 확실히 예수의 죽음이 초기 기독교인들에게 갖는 의미를 고려하면 이러한
    특징이 전형적인 전기에 속한 것이든 아니든 이러한 특징에 관심이 없는 예수에 관한 전기
    를 상상하기는 어려워 보인다. 또 한편으로 마가는 (현존하는 이후의 복음서들에서 고정적
    으로 등장하는) 부활 후의 그리스도 현현 사건을 진술하지 않음으로써 우리를 놀라게 한다.

전기 작가들은 가능한 한 고귀한 주인공의 더 평안한 죽음을 강조했다(예수의 경우에는 그런 강조는 명백히 불가능하다).[211] 평안한 죽음은 찬양의 근거가 될 수 있었지만,[212] 죽음은 그것이 그 인물의 업적의 핵심일 때 더 크게 다룰 만한 가치가 있었다.[213] 따라서 전기는 다른 저작들처럼 특히 순교자의 죽음과 같은 특별히 주목할 만한 죽음에 많은 지면을 할애할 가능성이 더욱더 컸다.[214] 특히 유대인 전승은 그들의 순교자들에게 광범위한 관심을 기울였다.[215] 마찬가지로 플루타르코스는 카토의 죽음이 지닌 독특한 특징 때문에 그의 죽음에 대해 더 폭넓게 논평한다.[216] 니콜라우스의 아우구스투스 전기에서 현존하는 내용은 대부분 율리우스 카이사르에 대한 암살 음모와 그 여파에 초점을 맞추고 있다.[217]

---

211 예를 들면 (Plutarch, *Pericles* 38; *Numa* 22.1-2을 인용하는) Ytterbrink, *Gospel*, 109; (Suetonius, *Augustus* 99을 인용하는) Wardle, "Send-off". 알려진 관행과 일치하는(Wright, "Exploration," 256에 인용된 Jones, *Lucian*, 97) 데모낙스의 공개적인 장례(Lucian, *Demonax* 67)를 참고하라. 최소한 몇 가지 묘사는 역사적 경험보다 사람들이 인식한 주인공의 성격에 더 충실했다. Bond가 "Fitting End"에서 Christopher Gill의 견해를 따라 지적하듯이, 소크라테스의 침착한 마지막 태도는 (비록 이 죽음은 결국 유명해졌지만; Seneca, *Dialogues* 1.3.12; Maximus of Tyre, *Philosophical Orations* 25.7) 독미나리 중독의 알려진 생리적 효과와 일치하지 않는다.

212 Theon, *Progymnasmata* 9.19.

213 한 사람의 활동이 지닌 핵심적인 특징들은 더 많은 지면을 소모했다. Burridge는 *Gospels*, 193에서 타키투스의 「아그리콜라」에 나오는 한 전투(26%)와 플루타르코스의 「아게실라오스」의 페르시아 전투(37%)를 비교한다.

214 Epameinondas 2 in Plutarch, *Sayings of Kings, Moralia* 192C; *Sayings of Spartan Women, Moralia* 240C; Diogenes Laertius, *Lives* 7.5.176; 소크라테스의 용감한 최후에 관한 이야기 (예. Xenophon, *Apology* 1).

215 예를 들면, 2 Macc 6-7; Wis 2:12-20. 복음서와의 몇 가지 차이점에 대해서는 Boring, Berger, and Colpe, *Commentary*, 152, 156을 보라. 유대인의 순교 이야기의 다양성에 대해서는 van Henten, "Prolegomena"를 보라.

216 Burridge, *Gospels*, 74, 161, 202.

217 Nicolaus, *Augustus* 16-30(*FGrH* 130)을 보라.

전기 작가들은 한 인물의 마지막 날들을 더 자세히 다루기 위해 자주 진술 속도를 늦춘다.[218] 수에토니우스는 황제의 죽음을 묘사할 때[219] 주제 별로 배열된 독립적인 일화들에 더는 만족하지 않고 "서사의 방식으로 전환한다." 그러한 장면들은 오랫동안 (서사시와 비극에서 모두) 극적인 부연 설명을 하기에 적합했기 때문이다. 학자들은 흔히 이런 죽음의 장면에서 문학적인 의도나 도덕적인 메시지에 대한 상당한 관심을 발견한다.[220] 그들이 어떻게 죽었는지는 그들이 어떻게 살았거나 가르쳤는지를 확인해 주거나 그와 대조를 이룰 수 있었다.[221] 어떤 이야기들은 그들의 원칙을 아이러니하게 이용한 것일 수도 있다.[222] 예를 들면 마가는 예수의 죽음을 평안한 죽음에 관한 전승과 뚜렷이 대비되면서도 예수의 가르침과 생애 속에서의 다른 전조와 일치하는 방식으로 묘사한 것일지도 모른다.[223]

---

218 Frickenschmidt, *Evangelium*, 334-39. 일반적인 전기는 훨씬 긴 일화보다 성격을 드러내는 점들을 길게 진술하는 데 더 관심이 많다(역시 Beck, "Plutarch," 397-98을 인용하는 De Pourcq and Roskam, "Virtues," 166-67).

219 특히 Suetonius, *Julius* 81-82; *Nero* 40-49; *Domitian* 15-17을 인용하는 Edwards, "Introduction," xvii-xviii. 그러나 그에게 자료가 별로 없는 다른 몇몇 전기에서는 그렇지 않다. 예를 들어 Suetonius, *Terence* 5.

220 예. Wardle, "Send-off"; Power, "Taunt"를 보라. 참조. Benediktson, "Structure."

221 Edwards, *Death*, 142; Gutzwiller, "Epigrams," 564-65. 죽음의 장면에 대한 큰 관심에 대해서는 예를 들어 Hurley, "Rhetorics," 146-47을 보라. 나는 이 각주에 나오는 참고문헌 대부분을 나의 제자인 Christopher Chandler의 논문에 빚지고 있다.

222 Cambiano, "Diogenes Laertius," 575(예. 1.39에서 갈증으로 죽어가는 탈레스). 초기 기독교인들은 관련된 추문을 고려하면 예수의 처형을 변증론적으로 다루는 일을 거의 피하기 어려웠을 수도 있다(Sumney, *Steward*, 167; 참조. 고전 1:23).

223 Bond, "Fitting End"을 보라. Bond는 또한 누가가 어떤 종류의 결말이 적합한지에 대해 다른 생각을 품고 있었다는 점과 마가가 고대로부터 십자가형에 관한 가장 긴 이야기에서 예수의 죽음에 대해 길게 부연 설명하는 방식을 지적한다. "요점을 자세히 설명하는" 수사학적 관행을 참고하라. 참조. Hermogenes, *Method in Forceful Speaking* 5.417-18; Anderson, *Glossary*, 48-49과 특히 53.

역사적으로 자세한 내용을 접할 기회가 없을 때,[224] 전기 작가들은 아마도 그들의 진술을 약간의 그럴듯한 내용으로 채우기 위해 이용 가능한 최고의 모델을 이용했을 것이다.[225] 그들은 또한 인물들 사이의 핵심적인 관계를 제시했고 때로는 아마도 일관성을 창출하기 위해 사소한 지엽적인 내용을 채워 넣었을 것이다.[226]

그렇지만 심지어 이런 몇 가지 경우에도 실제 사건이 유사 관계의 배후에 놓여 있다.[227] 기억은 개인적인 기억이든 사회적인 기억이든 자연히 문화적 대본에 따라 사건들을 구성한다.[228] 사람들은 확실히 죽음의 장면에 관심이 있었지만,[229] 이는 사건의 자유로운 날조뿐만 아니라 사람들이 사건에 관한 진실한 기록을 상기하는 데도 도움이 될 수 있었다. 그런 사건들에 대한 기억은 중요한 공적 사건에 관한 섬광기억에 대해 알려진 바를 고려하면 아마도 생생했을 것이다(참조. 16장).[230] 허구는 실재를 모방하

---

224 암살의 어둡고 은밀한 배경과 같이; Ash, "Assassinating Emperors," 201.
225 전기 작가들은 소크라테스의 죽음에 관한 플라톤의 모델(De Temmerman, "Formalities," 19, 23), 죽음을 맞이하는 일에 관한 현자들의 가르침(De Temmerman, "Formalities," 23; Kechagia, "Philosophers," 182), 유사 관계를 제시하는 과거의 죽음에 대한 전기 작가들의 기록(De Temmerman, "Formalities," 24-25), 또는 과거의 문학적 모델(참조. Suetonius, *Galba* 20.2을 Homer, *Iliad* 5.254; *Odyssey* 21.426과 비교하는 Power, "Taunt")을 따를 수 있었다.
226 예를 들면 (Suetonius, *Galba* 1; *Vitellius* 9, 18을 언급하는) Power, "Ending," 62에서 징조의 반복을 참고하라. 요세푸스가 아그립바 1세에 관한 이야기에서 서사의 응집성을 위해 새의 징조를 사용하는 것을 참고하라(*Jewish Antiquities* 18.195; 19.346; Keener, *Acts*, 2:1966).
227 Keener, *Acts*, 1:566의 논의를 보라. 참조. 추가로 Trompf, *Recurrence*. Hornblower는 "Thucydides," 636에서 "비슷한 표현을 사용함으로써" 역사의 폭을 가로지르는 투키디데스의 문학적이고 호메로스와 비슷한 "비교"를 인식한다. 다음 문헌에 나오는 패턴들도 주목해 보라. Appian, *Civil Wars* 1(Bucher, "Evaluation," 458-59). 수에토니우스는 그의 모든 자료를 깔끔한 개요 속에 끼워 맞추지 못한다(Hurley, "Rubric Sandwich," 37).
228 예를 들면 Le Donne, *Historiographical Jesus*, 58의 견해와 마찬가지로.
229 Becker, *Birth*, 70에 나오는 Pliny, *Letters* 5.5.3; 8.12.4-5을 주목해 보라.
230 나는 Christopher Chandler로 인해 이러한 연관성에 주목하게 되었다. Chandler는 수에토

므로 진실성을 내포할 수 있지만, 역사적 진술은 저자에게 정보를 접할 기회가 있으므로 진실성을 내포할 수 있다.

예를 들어, 수에토니우스는 종종 자기만의 확고한 의견을 제시하지 않고 황제의 사적인 죽음을 둘러싼 다양한 가능성을 제시한다. 그는 단순히 결론을 지어내지 않는다.[231] 디오게네스 라에르티오스의 자료 중에 생생한 기억에서 비롯되지 않은 많은 자료는 의심스러울 수도 있지만, 디오게네스 자신은 보통 죽음에 관한 내용을 그의 자료에서 취한다.[232] (디오게네스의 경우에 이는 때로는 어떤 철학자의 죽음에 대한 다양한 형태의 이야기를 의미했다. 그의 시대에 다양한 형태의 이야기가 유포되었기 때문이다.)[233] 어떤 철학자가 그의 가르침과 부합하게 죽었다는 이유로 죽음의 장면 배후에 있는 역사적 핵심을 거부하면,[234] "상이함의 기준"을 소극적으로 사용하여 비판을 받은 최소주의적인 가정이 빠지는 함정에 빠질 위험성이 있다.[235] 어떤 스

니우스가 이런 대목들에서 그의 자료에 세부적인 내용을 덧붙였을 수도 있지만 그의 관심사는 플루타르코스의 관심사와 비슷한 것일 수도 있으며 플루타르코스는 그보다 앞선 전기 작가들이 포함시키지 않은 새로운 정보를 의도적으로 찾아냈다고 지적한다. 그러나 섬광기억의 세부적인 내용은 종종 부정확하다.

231 Alfred는 "Valuation," 96에서 다음 문헌들을 인용한다. Suetonius, *Julius* 78.1; *Tiberius* 78.2; *Claudius* 1.4; 44.2, 3; *Galba* 3.1; *Vitellius* 1.2–2.1; *Vespasian* 1.2.

232 Kechagia, "Philosophers," 181.

233 Miller는 "Introduction(Diogenes)", xi에서 디오게네스의 세 개의 문헌에 나오는 피타고라스의 죽음에 대한 네 가지 이야기를 언급한다.

234 참조. Kechagia, "Philosophers," 182(199에서 회의적으로 결론을 내림). 그는 시인들의 전기에 관한 Lefkowitz의 말을 인용한다. 그러나 제자들로 구성된 학파들은 아마도 독자들이 시인들과 관련된 일화를 보존하려 한 경우보다 더 자주 그들의 스승들과 관련된 진실한 일화를 보존하려 했을 것이다.

235 이러한 기준에 대한 비판을 보려면 예를 들어 다음 참고문헌들을 보라. Borg, *Conflict*, 20–23; Sanders, *Jesus and Judaism*, 16, 145; Meier, *Marginal Jew*, 1:173; Brown, *Death*, 19; Stanton, *Gospel Truth?*, 143; Tuckett, "Sources and Methods," 133; Theissen and Merz, *Guide*, 11, 115–16; Levine, "Introduction," 10–11; Holmén, *Covenant Thinking*, 20–31(특히 29–30); Dunn, *New Perspective*, 57–60; Bird, "Quest."

승들의 행실은 종종 그들의 가르침에 부합하지 않았지만 분명 항상 그랬던 것은 아니다.[236] 전기 작가들은 등장인물들의 죽음을 "실제와 매우 가깝게" 묘사할 수 있었다.[237]

어떤 스승들은 심지어 이전의 모범을 따르도록 죽음을 준비했을지도 모른다. 예를 들어 세네카의 자살은 플라톤의 「파이돈」(Phaedo)의 모범을 따른 것일지도 모르며,[238] 페레그리누스의 죽음은 브라만 계급의 죽음을 모방한 것일 수도 있다.[239] 암살자들도 "과거의 살인에 대한 문헌 기록에서 의미 있는 영감을 얻은" 것일지 모른다.[240]

예수의 죽음에 대한 마가의 강조는 순교자의 전기와 어울리지만, 또 다른 측면에서는 특이하다. 전기 작가들은 보통 유명하고 존경받는 사람들에 대한 전기를 썼지만, 마가는 예수에 대한 공적인 변호를 기록하지 않는다. 마가복음은 예수의 제자들이 예수를 버리고 지도자들이 예수를 정죄하고 군중이 예수를 거부하며 예수의 부활을 알게 된 여자들이 침묵을 지키는 데서 절정에 이른다.[241] 마가는 신학적인 이유에서 이 장르의 몇 가

---

236 다음과 같은 문헌들의 다양한 논의를 참고하라. Pliny, *Letters* 3.11.5-6; Aulus Gellius, *Attic Nights* 19.1.4-6, 11-21; Lucian, *Peregrinus* 42-44; Diogenes Laertius, *Lives* 2.71; Iamblichus, *Pythagorean Life* 32.220; Xenophon, *Memorabilia* 1.2.1에서의 소크라테스의 모범; Maximus of Tyre, *Philosophical Orations* 3.7; Keener, *Acts*, 4:3627-29.

237 Ytterbrink, *Gospel*, 117.

238 Tacitus, *Annals* 15.60-64을 인용하는 Ash, "Assassinating Emperors," 200; Griffin, "Philosophy," 66.

239 Tertullian의 *To the Martyrs* 4를 언급하는 König, "Lives," 235.

240 Ash, "Assassinating Emperors," 202. 오늘날 우리는 미디어의 포화 상태로 인해 훨씬 더 단순해진 모방 범죄를 머리에 떠올릴 수 있을 것이다.

241 전기에서의 최종적 인식의 중요성에 대해서는 Aletti, *Birth*, 30-31을 보고, (백부장에 대한 독립적인 인식과는 별도로) 마가복음에서의 이러한 특징의 부재에 관해서는 같은 책, 31-33의 논의를 주목해 보라. Aletti는 고난받는 의인의 시편을 마가복음의 모델로 인용한다 (33-38). 승리주의에 대한 마가의 반대는 이러한 특징과 예수의 기원이나 교육에 대한 찬

지 전형적인 요소들을 재구성한 것이 분명하다.[242] 그렇기는 하지만 단 한 명의 역사적 인물의 말과 행동에 맞춰진 마가의 초점은 이 저작의 전기로서의 위상을 유지해주며 아마도 이로 인해 그의 저작의 덜 전형적인 측면에 더욱더 관심을 불러일으키는 듯하다.

6.6. 사료 사용

고대 전기에서의 사료 사용은 고대 역사 기록에서의 사료 사용을 매우 밀접하게 반영한다(이하 7.9에서 다룸). 전기 작가들은 대개 그들이 참된 정보를 포함하고 있을 것이라고 기대한 기존 자료를 발전시켰다. 전기 작가들은 과거의 기록에 크게 의존하며 이 점은 순전히 문학적인 독창성보다는 기억된 과거에 관한 그들의 관심을 강조한다. 전기와 소설의 경계선은 보통 전기와 역사의 경계선만큼 그렇게 희미하지는 않았다.

로마 시대에 전기 작가들은 대개 이러한 고려사항과는 별도로 어떤 저자들에 찬성하거나 반대하는 일관된 편견을 드러내기보다는 그들이 생각하는 정보의 가치로 사료를 선택했다.[243] 네포스는 종종 과거의 기록들

양의 부재를 함께 설명해준다(38-39). 전형적인 그리스-로마 전기에서 선호하는 자질들과 대조적으로 공관복음서는 예수의 "메시아와 아들로서의 정체성"과 "그의 의롭고 구원을 베푸는 역할"에 초점을 맞춘다(109).

242 나는 (부활 이후의 현현 사건에 대한 소식이 교회 안에 퍼졌음에도 불구하고—고전 15:5-8, 특히 15:6—마가가 이 소식을 생략한 것을 포함하여) 이러한 특징의 배후에 있는 한 가지 핵심 요소가, 마가가 박해에 직면한 청중을 가장 직접적인 수신 대상으로 삼는다는 점일 것이라고 믿는다. 나는 지금 현재 집필 중인 ICC 마가복음 주석에서 이 주제를 훨씬 더 자세하게 다룰 계획이다.

243 Alfred, "Valuation"을 보라.

을 개작하는데, 이 점은 아마도 그의 창작 속도를 설명해주는 데 도움이 될 것이다.[244] 네포스는 문제점을 최소화한 짧은 전기를 쓸 수 있는 근거가 되는 주요 역사서에 의존하는 편을 선호한다.[245] 네포스의 「테미스토클레스」(Themistocles)는 헤로도토스, 투키디데스의 저작과 상당 부분 중첩되며 때때로 투키디데스의 글을 인용하기 때문에[246] 우리는 이러한 개연성 있는 원전과의 관계를 탐구할 수 있다. 최근의 한 연구에서는 이 한 편의 전기에서 80군데 이상의 중요한 접점을 발견했다.[247] (네포스가 다른 자료와 관련해 의존했을 수도 있는 저자인 에포로스의 저작은 불행히도 더 이상 존재하지 않는다.) 네포스는 대개 이러한 원전들을 매우 충실하게 따르며, 일부 자료는 생략하되 일반적으로 비교적 거의 덧붙이지 않는다.[248]

네포스는 좀 더 풍부한 배경 지식이 부족하고 때로는 그의 능력을 넘어서는, 외국의 장군들에 대한 글을 쓰지만,[249] 로마인의 전기에 대해서는 때때로 인물들의 개인적인 편지[250]를 포함한 최고의 사료를 따르되 아마도 그의 친구이자 주의 깊은 학자인 아티쿠스에게 특별히 의존하는 듯하

---

244 Becker, *Birth*, 66. 권영주는 최근 논문에서 네포스가 크세노폰의 글을 어디서 각색했는지를 예증한다.

245 Geiger, *Nepos*, 108.

246 Christian은 "Themistocles," 105에서 다음 문헌들을 언급한다. Thucydides, *History* 1.137.4; 1.138.3-6 in Nepos, *On Great Generals* 2(Themistocles), 1.4; 9.1-2; 10.4-5 (7[Alcibiades], 11.1과 4[Pausanias], 2.2에서도 그의 말을 인용함).

247 Christian, "Themistocles," 106-38을 보라.

248 Christian, "Themistocles," 139; 주목할 만한 예외는 추론과 헤로도토스의 글에서 부풀려진 숫자들을 줄이는 모습이다.

249 Geiger, *Nepos*, 110; 하지만 그가 「테미스토클레스」의 집필을 위해 좋은 사료에 철저히 의존한 점에 대해서는 Christian, "Themistocles"을 참고하라.

250 Geiger는 *Nepos*, 108에서 Cicero, *Letters to Atticus* 16.3-4을 인용한다.

다.[251] 네포스는 역사가들처럼 실지 검증[252]과 문헌[253]과 이전의 역사가들[254]을 활용했다. 그는 그리스의 장군들에 대한 글을 쓸 때는 그런 문헌들에 의존한 것으로 보이지 않지만,[255] 진짜 사료를 접할 기회가 없는 것을 만회하기 위해 가짜 사료를 지어내지도 않는다. 그는 때때로 개인적으로 사료들을 선별하지 않고 다양한 사료를 인용한다.[256]

플루타르코스는 페리클레스와 니키아스에 관한 전기에서 투키디데스의 글을 사용하며 당대에 받아들여진 역사 기록상의 관습을 사용했다.[257] 더럼 대학교에서 나온 최근의 한 학위 논문에서는 플루타르코스가 투키디데스의 글에 덧붙인 부분과 그의 글과 다른 부분은, 마치 오늘날 역사가들이 그런 추측을 종종 제시해야 하는 것처럼(비록 일반적으로는 좀 더 분명하게 제시해야 하지만), 흔히 플루타르코스가 가진 원자료를 바탕으로 한 근거 있는 추측을 반영한다고 주장한다. 플루타르코스는 실수를 저질렀고 그의 관점은 오류가 있을 수 있었지만, 결론적으로 "우리는 플루타르코스가 오류를 바로잡기 위해 분명히 노력했다는 펠링의 견해에 동의할 수 있다."[258]

타키투스는 직접적인 지식, 가족에게 말로 들은 소식, 아그리콜라의

---

251 Geiger는 *Nepos*, 108-9에서 Nepos, *On Great Generals* 23(Hannibal), 31.1; 25(Atticus) 18.6을 인용한다.
252 Geiger, *Nepos*, 109.
253 Geiger, *Nepos*, 110.
254 Geiger, *Nepos*, 110-11, 114; Christian, "Themistocles," 105(많은 문헌을 인용함).
255 Geiger, *Nepos*, 109.
256 Alfred는 "Valuation," 83에서 Nepos, *On Great Generals* 7(Alcibiades), 10.4; 23(Hannibal), 8.2; 11.1을 언급한다.
257 특히 Bishop, "Historiography," 80-157을 보라.
258 Bishop, "Historiography," 160.

메모와 편지, 공문서를 바탕으로, 그뿐 아니라 지리에 관한 여담을 위해서는 기타 문헌을 바탕으로 그의 장인인 아그리콜라에 대한 전기를 썼다.[259] 한편 플루타르코스의 현존하는 저작들은 그 이전의 150명의 역사가의 글을 인용하고 있고, 그는 로마 공화정 말기에 등장한 그의 단 일곱 명의 전기 주인공에 대해서조차 대략 25개의 명시된 사료를 사용한다.[260] 플루타르코스는 가능한 경우 전기 주인공이 실제로 쓴 편지들[261]과 그가 서술하는 시기에 나온 다른 문헌들[262]을 사용한다. 앞에서 언급한 것처럼 그는 종종 자신이 가진 사료를 비판적으로 평가하기도 했다.[263]

수에토니우스는 공식적인 "도서관과 문서 보관소"를 통해 자료를 얻고 그 후에 주제별로 분류한 자신의 메모를 사용한다.[264] 그의 「황제 열전」은 이름이 언급된 37명의 저자는 물론 비문, 출처가 모호한 수많은 인용구, 기타 문헌들에 의존하고 있다.[265] 그는 자신이 명시적으로 인용하지 않는

259 Burridge, *Gospels*, 168.
260 Hamilton, *Plutarch*, xlix을 인용하는 Burridge, *Gospels*, 169; Jones, *Plutarch and Rome*, 81-87; Pelling, "Method," 83-90. 마찬가지로 그는 「테세우스와 로물루스」에서만 36명 이상의 저자(Alfred, "Valuation," 86-89), 「알키비아데스와 코리올라누스」에서는 약 20명의 저자(Alfred, "Valuation," 89-92), 「아게실라오스」에서는 약 30명의 저자(와 22개의 인용구)(Woldemariam, "Comparison," 219 n. 13, 231-34)를 인용한다. 플루타르코스는 수에토니우스보다 형식 면에서 훨씬 더 독창적이며(Hägg, *Biography*, 281) 교훈적인 논평에 훨씬 더 몰두해 있지만, (특히 Badian, "Skill"을 인용하는) Hägg는 *Biography*, 243에서 사료에 관한 플루타르코스의 관심과 설명에 대한 평가에 대해 논평한다.
261 예를 들면 다음 문헌들을 보라. Plutarch, *Demosthenes* 26.2; *Cicero* 24.4, 6-7; 37.2-3; 45.2; *Brutus* 2.3-5; 53.5; Moles, "Letters," 159-60; 참조. Plutarch, *Agesilaus* 13.4; 21.5; *Demosthenes* 20.5.
262 예를 들면 Plutarch, *Cicero* 41.3-4. 플루타르코스의 사료의 범위에 대해서는 Rhodes, "Documents," 65-66; Hägg, *Biography*, 256-58, 264을 보라. 그의 독창적인 사료 사용에 대해서는 Badian, "Skill"을 보라.
263 예를 들면 Plutarch, *Solon* 27.1; *Alcibiades* 3.1; *Themistocles* 2.6; *Camillus* 5.5; 6.3을 보라.
264 Kennedy, "Source Criticism," 141; 참조. Townend, "Date," 285-93(in Goh, "Galba," 194).
265 Alfred, "Valuation," 93-99, 특히 93-95, 99. 예를 들면 Power, "Priscus"를 참고하라.

역사서들에 대해서도 알고 있는 것으로 보이며[266] 종종 이름을 명시하지 않은 자료를 언급한다.[267] 또한 수에토니우스는 다양한 사료를 마다하지 않으며 서로 다른 기록들이 긴장 관계에 있는 것을 허용한다.[268] 그는 시나 편지나 자서전 같은 전기 주인공의 글에 의존한다.[269] 수에토니우스는 또한 타키투스가 사용한 여러 사료를 똑같이 사용하며[270] 때로는 관련된 문제에 대한 독자들의 사전 지식을 가정한다.[271]

수에토니우스는 사료를 언급하지 않을 때도 정보에 주의를 기울인다. 예를 들어 그는 "어떤 이들"의 주장을 철저하게 조사했으나 그 주장을 뒷받침하는 증거를 전혀 발견하지 못했다고 말한다.[272] 그는 소문과 자서전 같은 확실한 사료를 구분한다.[273] 그가 가장 흥미로운 일화에 초점을 맞춘다는 짐을 고려하면 그가 그렇게 하는 이유는 아마도 그가 글을 읽고 쓸줄 아는 로마 독자라면 이미 핵심적인 역사적 정보를 당연히 알고 있을 것

---

266 Suetonius, *Galba* 3.3을 보라.
267 예를 들면 Goh, "Galba," 196에서 언급된 Suetonius, *Galba* 3.2; 4.2.
268 예를 들면 *Claudius* 44과 그와 대비되는 *Nero* 33을 인용하는 Edwards, "Introduction," xxii(하지만 전자는 집중 조명과 관련된 것일 수도 있다); *Julius* 46.1; 49.1-2에 관한 Alfred, "Valuation," 96.
269 예를 들면 *Tiberius* 61; *Nero* 23, 52을 인용하는 Edwards, "Introduction," xxvii-xxviii. 하지만 어떤 이들은 수에토니우스가 첫 번째 전기를 완성한 뒤에는 왕궁 문서 보관소에 출입할 기회를 상실했다고 주장한다(xxviii; Jones and Milns, *Commentary*, 5을 보라). 추가로 Power, "Poetry," 239; Alfred, "Valuation," 95; *Augustus* 5; *Caligula* 19.3을 인용하는 Becker, *Birth*, 151을 참고하라.
270 예를 들면 Cluvius Rufus의 저작을 인용하는 Edwards, "Introduction," xxvii. Wallace-Hadrill은 *Suetonius*, 9에서 수에토니우스를 타키투스를 보완해주는 저자로 간주하지만, Power, "Suetonius' Tacitus"과 비교해 보라(이 견해는 애즈버리 신학교 박사과정 학생인 John Wright 덕분이다).
271 Goh, "Galba," 196.
272 Suetonius, *Vespasian* 1.4; Alfred, "Valuation," 98을 보라.
273 Power, "Poetry," 223; 참조. *Julius* 49.1-4에 관한 237쪽의 내용.

으로 생각하기 때문일 것이다.[274] 그가 최근의 황제들보다 그 이전의 황제들에 대해 훨씬 더 길게 글을 쓴다는 점은 그의 사료를 반영하는 것일지도 모른다. 이전 시대에 관해서는 더 많은 기록을 활용할 수 있었지만, 좀 더 최근의 사료는 그에게 말로 전해진 역사와 직접적인 지식에 더 많이 의존할 것을 요구했다.[275] 나는 10장에서 수에토니우스의 사전 정보 사용에 관한 한 가지 시험적 사례를 검토할 것이다.

알렉산드로스에 대한 아리아노스의 역사적 논고에도 인물 중심적인 초점이 있으므로 이 작품은 또 다른 관련성 있는 예를 제시한다. 아리아노스는 자신에게 필요한 정도보다 훨씬 더 많은 알렉산드로스에 관한 자료를 활용할 수 있었으므로, 주인공에게 가장 큰 영예가 돌아가도록 그 자료를 선별하고 배열하고 재가공했다고 말한다.[276] 아리아노스는 특히 그가 가장 정확하다고 생각하는 두 목격자의 사료에 의존하며,[277] 다른 사료는 그럴듯하고 언급할 가치가 있을 만큼 흥미롭다고 여겨지는 경우에만 추가해 넣는다.[278] 그는 자료의 순서와 강조점을 바꾸어 새로운 결과물을 만들어내지만, 사건을 날조하거나 사건의 내용을 크게 수정한 것처럼 보이지는 않는다.[279]

3세기 초에 디오게네스 라에르티오스는 특히 부지런한 편집자였고 수에토니우스보다 훨씬 더 열심히 출처를 기록했다. 그는 이전의 철학자

---

274 Becker, *Birth*, 150.

275 *Nero* 57.2; *Domitian* 12.2을 인용하는 Becker, *Birth*, 151.

276 Bosworth, *Arrian*, 16, 38.

277 프톨레마이오스와 아리스토불로스를 언급하는 Bosworth, *Arrian*, 39, 61. 아리스토불로스가 아마도 먼저 글을 썼을 것이다(Hammond, *Sources*, 36).

278 Bosworth, *Arrian*, 39, 61.

279 Bosworth, *Arrian*, 60.

들의 생애를 서술하면서 1,186개의 참고문헌, 250명의 서로 다른 저자, 350개가 넘는 익명의 참고문헌을 인용한다.[280]

누가는 수에토니우스의 통상적인 관행과 달리 출처를 언급하지는 않지만,[281] 널리 퍼진 이야기의 존재를 인정한다(눅 1:1-3). 누가는 사도들의 집단적 기억에 의존하여 **최근의** 역사를 썼으므로(9장을 보라) 실제로 일어난 일의 내용에 대한 어떤 폭넓은 의견 차이에 대해서도 알지 못했을 것이고 따라서 다양한 관점을 확인해야 할 이유도 더 적었을 것이다. 생생한 기억을 바탕으로 사건들에 대한 글을 쓴 이들은 종종 그 가운데 다수의 출처를 밝히지 않았다.[282]

6.7. 결론

대체로 로마 제국 초기의 전기 작가들은 역사가들과 마찬가지로 적어도 사건(주요 사건들과 일어난 일들)에 관해서는 사료에 구속되었다. 그들은 수사학적으로 사료를 재구성할 수 있었지만, 그들이 쓰기로 선택한 장르는 구속받지 않는 문학적 창조성이 아닌 기억된 과거를 구성하는 일에 초점을 맞추는 것을 목표로 했다.

우리가 고대의 장르들과 이를 계승한 현대 장르들의 차이점을 인식

---

280 Hope, *Book*, 59-60의 견해를 따르는 Fitzgerald, "Lives," 215.
281 참조. Ytterbrink, *Gospel*, 226.
282 Alfred, "Valuation," 85 (Nicolaus, *Augustus*; Tacitus, *Agricola*를 언급함), 92-93을 보라. 존경받는 역사가 투키디데스조차 대개는 출처를 언급하지 않으며, 그 가운데 다수는 틀림없이 구전 자료였을 것이다(Aune, "Prolegomena," 78을 보라).

하는 한, 고대의 전기를 역사적 정보에 근거한 저작으로 묘사하는 것은 타당하다. 고대의 전기 작가들은 나름의 의도가 있었지만 다른 몇몇 장르의 저자들과는 달리 일반적으로 역사적 정보를 사용 가능한 만큼 사용함으로써 그러한 의도를 성취했다. 전기는 데이비드 오니가 지적하듯이 "문학적 허구보다는 역사적 사실에 확고하게 근거해 있었다."[283] 따라서 우리는 복음서의 선언적 기능과 모순되지 않게 복음서에도 예수에 관한 실질적인 진실한 정보가 보존되어 있다고 기대해도 될 것이다.

---

283 Aune, "Biography," 125; 참조. 64-65; Witherington, *Sage*, 339.

7장

역사에 관한 관심은 고대에 무엇을 의미했는가?

6장에서 언급한 것처럼 고대의 전기는 고대의 역사 기록과 긴밀히 관련되어 있었다. 그러나 현대의 역사 기록과 전기는 이름이 같은 고대의 장르에서 발전했지만, 고대의 관습은 이를 계승한 후대의 관습과는 사뭇 달랐고, 고대의 저작을 아직 존재하지 않았던 기준에 따라 판단하는 것은 시대착오적인 일이다. 그렇지만 고대의 사상가들은 오늘날 일부 독자들이 생각하는 것만큼 무비판적이지 않았다.

우리에게 고대의 역사 저술가들이 정보를 어떻게 다루었는지에 대한 인식이 없다면 고대 전기에서 역사적 정보를 사용했다는 사실을 아는 것은 우리가 역사적 자료로서 고대 전기가 가진 가치를 평가하는 데 제한적인 도움만 될 뿐이다. 고대의 독자들은 역사 기록에 관한 저작에서 무엇을 기대했는가? 역사가들은 그들이 물려받은 자료를 얼마나 각색하고 보충했는가? 나는 고대 전기로서의 복음서와 관련해서 이 문제를 다룬 뒤에 고대 역사 기록의 한 저작으로 집필된 누가복음-사도행전이라는 구체적인 예를 간략히 살펴볼 것이다(8장을 보라).[1]

---

1   여기서 내가 지칭하는 것은 그리스-로마의 역사 기록이다. 그 이전의 이스라엘과 고대 근동의 역사 기록에 대한 논의를 보려면 다음 참고문헌들을 보라. Van Seters, *Search*; Frahm, Jansen-Winkeln, and Wiesehöfer, "Historiography"; Millard, Hoffmeier, and Baker, *Historiography*; 그리스의 역사 기록과 비슷할 수도 있는 몇 가지 예에 대해서는 Van Seters,

7.1. 수사적 표현에 관한 관심

전기는 일종의 역사에 관한 문헌이었고(6장) 역사 저술은 일종의 문학이었다.[2] 문학으로서 역사는 적절한 순간까지 정보를 비밀에 부쳐 불안하게 만들거나 깜짝 놀라도록 하는 기법과 같은 가치 있는 문학적 기법을 포함했다.[3] 고대 지중해 세계에서 나온 대부분의 현존하는 역사서들은 "알려진 전승에 대한" 새로운 "문학적 표현"[4]을 제공하기 위해 그보다 훨씬 이전의 이야기들을 뜯어고친다. 유능한 저술가들은 부분적으로 그들이 가진 자료를 그들 나름대로 비틀어서 이전 저자들의 저작과 그들의 저작을 구별해야 했다. 로마 제국 시대 동안 수사학은 로마 문학에 상당한 영향을 끼쳤다.[5]

어떤 이들은 단편과 요약본을 제외하면 그리스 역사서에서 겨우 2%만이 살아남았다고 추정한다.[6] 수사학적으로 세련된 가장 최상급의 저자들은 상대적으로 많은 작품을 후대에 남길 수 있었다. 그들의 저작은 그 사본을 만들어내는 데 필요한 돈을 낼 능력이 가장 많은 이들에게 가장 매력적이었기 때문이다. 이러한 요인은 고대의 역사 기록이 전형적인 현대의 학문적 유사물보다 더 독자 중심적(더 낫게 표현하자면, 청자 중심적)이었던 이유를 설명하는 데 도움이 될 것이다.

"Historiography"을 참고하라.

2   Becker, *Birth*, 59-60, 63.

3   Pelling, *Texts*, 69, 89; Keener, *Acts*, 1:63. 소설가들은 물론 의도적으로 긴장감을 자아낸다. 예를 들면 Doulamis, "Storytelling"을 참고하라.

4   Bosworth, *Arrian*, v. 예를 들면 다미스에 대한 필로스트라토스의 개연성 있는 수정을 주목해 보라(*Life of Apollonius* 1.3.1, in Robiano, "Apologia," 100).

5   Winterbottom, "Rhetoric"; 참조. Penner, *Praise*, 129.

6   Strasburger, "Umblick"을 인용하는 Schepens, "History," 54.

따라서 당연하게도 수사학적인 예술적 기교는 고대에 나온 대부분의 현존하는 역사 문헌의 곳곳에 스며 있다.[7] 어떤 저자들은 다른 저자들보다 수사학을 더 많이 강조했다. 여기에는 할리카르나소스의 디오니소스[8]와 요세푸스[9](전기적 작품에서는 예를 들면 이소크라테스)가 포함된다.[10] 살루스티우스는 그의 역사에 관한 저작에서 수사학적 비유를 자주 보여준다.[11] 로마 제국 초기에 최상급 역사가들은 흔히 웅변가이기도 했다.[12] 역사가들은 좀 더 일반적으로 수사학에서처럼 정확성뿐만 아니라 타당성과 개연성에도 관심이 있었다.[13] 역사가들은 문체보다 진실을 선호한다고 주장할 수 있겠지만, 그건 웅변가들도 마찬가지였다. 그런 주장은 단지 역사가들이 문체뿐만 아니라 정보도 다루었음을 보여줄 뿐이다.[14] 어떤 특징들은

---

7   다음 참고문헌들을 보라. Laistner, *Historians*, 3, 8-9, 30-31, 44; Meister, "Historiography: Greece," 421; Rebenich, "Prose"; Byrskog, *Story*, 203-13; Rothschild, *Rhetoric*(특히 65-66, 291). Matijasik, *Canons*도 유용하겠지만 이 책은 내가 여기서 개인적으로 다루기에는 너무 최근에 출간되었다.

8   Fox, "Dionysius"를 보라.

9   참조. Botha, "Rhetoric and Josephus." 요세푸스의 「유대 전쟁사」에서조차 예컨대 예루살렘 포위 기간에 일어난 모계 식인 행위에 대한 그리스어로 된 비극적인 암시(Forte, "Echoes Revisited"를 보라)가 담겨 있을지 모른다(*War* 6.199-219에 관해서는 Chapman, "Cannibalism," 422-24을 보라). 우리가 언급한 대로 비극은 다른 여러 장르에서처럼 (Rutherford, "Tragedy," 513) 역사 저술에도 분명히 영향을 끼쳤다(그 복잡한 관계에 대한 논의를 보려면 특히 Rutherford, "Tragedy"를 보라).

10 Burridge, "Biography"를 보라. 그러나 전기는 진짜 법정 연설만큼 당파적인 경우는 드물었고 법정 연설에서 일차적인 목표는 법적 승리였다(예. Dionysius of Halicarnassus, *Lysias* 8).

11 Fronto, *To Antoninus* 2.6.1-2. 일반적인 역사서의 문체와 만연체의 중간에 해당하는 문체로 기록된 역사는 수사학적인 훈련을 받은 상류층 사이에서 환영받을 수 있었다(Pliny, *Letters* 5.5.3).

12 Pliny, *Letters* 1.16.4; 2.11.17을 보라.

13 Rothschild, *Rhetoric*, 62-64; 참조. Penner, *Praise*, 217.

14 Rothschild, *Rhetoric*, 69. 그러나 우리가 언급한 대로 정도상의 차이가 있다는 점에 주목해야 한다(예. Pliny, *Letters* 7.17.3; 8.4.1을 보라).

어떤 종류의 장면을 묘사하는 데 있어서 관습적인 것이 되었지만, 그 뒤에는 그러한 많은 세부사항이 그와 같은 상황에서 반복될 것으로 기대되었을 것이다.[15]

수사적 문체는 다양했지만,[16] 상류층 독자들은 역사가들이 역사 기록에 적합하다고 여겨지는 문체로 글을 쓰기를 기대했다.[17] 아마도 1세기의 몇몇 사상가들과 대조적으로,[18] 제2차 궤변학파의 영향을 받은 후대의 엘리트 청중은 "웅장한"(splendide) 문체로 된 역사를 선호했다.[19] 이미 기원전 1세기에 역사가 디오니시오스를 포함한 몇몇 저자들은 공용어보다는 오래된 아티카 그리스어의 문학적 사용을 옹호했다.[20]

역사적 정보와 수사적 표현에 대한 각각의 척도는 역사가마다 달랐지만, 일반적인 역사가들은 역사적 연구 전통에 호소하는 동시에 과거를 설득력 있게 표현하려 애썼다.[21] 타키투스는 저명한 웅변가지만[22] 상당하

---

15 예를 들면 전투 장면은 대부분의 고대 역사가들 사이에 수사적으로 비슷하지만, 전투는 자연히 비슷한 특징들이 있었고(Laistner, *Historians*, 57, 95), 좀 더 군사적으로 정통한 역사가들은 군사적인 세부 정보도 꽤 정확히 이해할 수 있었다(Laistner, *Historians*, 58).
16 Rothschild, *Rhetoric*, 75 n. 58; de Jonge, "Syntax," 458을 보라.
17 Cadbury, Foakes Jackson, and Lake, "Writing History," 13.
18 참조. Quintilian, *Orator's Education* 10.2.73, 102; 12.10.59.
19 Fronto, *To Verus* 2.1.14. 이런 문체에 대해서는 예를 들어 다음 문헌들을 보라. Dionysius of Halicarnassus, *Demosthenes* 15; Cicero, *Orator ad M. Brutum* 5.20-6.21; Pliny, *Letters* 3.13.4; 6.33.7-8; 7.12.4; 9.26.1; 9.26.10; Aulus Gellius, *Attic Nights* 6.14; Longinus, *On the Sublime*. 라틴어에서 역사 기록을 위해 웅장한 문체를 사용하는 일은 암미아누스 마르켈리누스까지 계속 이어진다(Kelly, "Forge Tongues," 474).
20 예를 들면 Kennedy, "Survey," 18; Rowe, "Style," 156을 보라.
21 Rothschild, *Rhetoric*, 69-70, 93, 95; 비슷한 글로 Nicolai, "Place," 21을 참고하라.
22 타키투스의 수사학적 솜씨에 대해서는 Moore, "Introduction," ix(Pliny, *Letters* 2.1.6; 2.11.17을 인용함)을 보라. 참조. Tacitus의 *Dialogue on Oratory*; 윤색된 장면들에 대해서는 Hadas, "Introduction," xvi-xvii을 보라.

고 확실한 역사적 정보를 이야기한다.[23] 마찬가지로 수에토니우스도 수사학에 관한 관심에도 불구하고[24] 윤색을 피하며 "수사적인" 역사가로 쉽게 분류되지 않으려 한다.[25] 심지어 더 이전의 대중 영합주의적인 역사가인 테오폼포스조차 진정한 연구를 했다.[26]

고대의 독자들은 역사가들이 단순히 단절되거나 심지어 느슨하게 정리된 정보보다는 응집력 있는 이야기를 제시하기를 기대했고, 이런 기대는 때때로 저자들에게 정보상의 빈틈을 메우기를 요구했다. 연대순 배열과 결론은 약간의 응집력을 제공했지만 어떤 세부적인 내용은 다른 세부적인 내용에 비추어서만 이해될 수 있었다. 따라서 역사가들은 그들이 가진 정보를 바탕으로 추론한 다음 그 장면이 어떤 모습이었을지에 관한 최선의 주측을 제시하곤 했다. 고대와 현대의 역사가들은 모두 개연성을 바탕으로 추론을 내놓는다. 양자의 다른 점은 우리가 그런 추론을 진술하는 방식과 그런 추론에 영향을 미치는 (서로 다른 관점에 바탕을 둔) 특정한 가정이다. 현대의 역사가들(과 신약 학자들)은 통상적인 의미에서 추측을 하지만, 고대 문헌에서 추측은 사건에 대한 묘사에서 세부적인 부분을 채워 넣었다. 고대인들은 그들의 역사를 서사화하여 이야기의 형태로 진술했다.[27]

그래도 수사학적 틀에 관한 관심은 역사적 진실에 관한 관심 부족에 상응하지 않았다.[28] 고대의 한 비평가는 역사와 웅변은 그 모든 공통점에

---

23 예를 들면 다음 참고문헌들을 보라. Laistner, *Historians*, 129; Mosley, "Reporting," 20-22; Hadas, "Introduction," xviii; Syme, "Tacitus"; 참조. Marincola, "Tacitus' Prefaces."

24 예를 들어 Suetonius, *Rhetoricians*을 처음부터 끝까지 보라.

25 Rolfe, "Introduction," xix.

26 Meister, "Theopompus"; Laistner, *Historians*, 4-5; 그러나 Brown, *Historians*, 115을 참고하라.

27 Byrskog, *Story*, 199-253을 보라.

28 Byrskog, *Story*, 213, 223; Rothschild, *Rhetoric*, 88-91; Nicolai, "Place," 21.

도 불구하고 서로 다른 분야라는 점을 강조한다. 수사학은 사소한 이야기들에 초점을 맞추고, 역사는 유명한 업적에 초점을 맞춘다.[29] 문체, 어휘, 운율, 주제가 모두 다르다.[30] 후대의 또 다른 역사가는 그의 역사서에서 맛깔나는 문체와 역사적 정확성을 함께 제공하려 애썼다는 점을 강조한다.[31] 역사가들은 역사를 서사화할 때 사실에 입각한 "핵심"을 밝혔으므로,[32] 우리는 역사의 이야기/서사를 그 본문 밖의 사실에 입각한 과거와 쉽게 분리할 수 없다.[33] 고대의 역사 기록은 정보를 서술할 때 융통성을 고려했지만, 주류 역사가들은 그들의 장르를 사실에 기반한 것으로 생각했다.

이러한 관심은 고대에 학문적인 동료 평가에 해당하는 평가로 나타난다. 역사가들은 그들이 역사적 진실보다 수사적 기교를 보여주는 데 더 관심이 있다고 생각하는 다른 역사가를 비판할 수 있었다.[34] 루키아노스는 이러한 관심사를 특별히 단호한 방식으로 표현하면서 역사를 과도하게 윤색한 저자들을 호되게 질책한다.[35] 역사가는 이야기의 연속성이 생

---

29 Pliny, *Letters* 5.8.9.
30 Pliny, *Letters* 5.8.10-11. 키케로의 수사학과 역사의 구분에 대해서는 Nicolai, "Place," 21을 보라. 역사적 관습이나 그 밖의 진실을 말하는 관습에 구애받지 않는 순수한 수사학에서는 꾸며내기를 사용할 수도 있다(Gorgias, *Encomium of Helen* 11, 13).
31 Dio Cassius, *Roman History* 1.1.1-2.
32 Byrskog, *Story*, 223. Byrskog는 "핵심"이라는 말을 A. J. Woodman보다 훨씬 더 풍부한 의미로 사용하며(Byrskog, *Story*, 184을 보라) 고대 역사가들은 사실에 신경을 썼다고 믿는다(Byrskog, *Story*, 179-84). 이와 비슷한 견해로 Eddy and Boyd, *Legend*, 330-34을 참고하라.
33 Byrskog, *Story*, 253. Matthews, "Review"에 대한 비판은 (내가 여기서 언급하는) 고대의 역사 기록에 대한 Byrskog의 분석보다는 그가 이 범주를 복음서에 적용한다는 점과 더 관련이 깊다. 그러나 이미 언급한 바와 같이 대다수 학자는 누가가 고대의 역사 문헌을 쓰고 있었다고 실제로 믿는다.
34 예. Josephus, *Against Apion* 1.24-25.
35 Lucian, *How to Write History* 7, 11, 15, 17, 22-23, 43-45.

겨나도록 해야 하지만[36] 화려하고 적절치 못한 묘사는 피해야 한다.[37]

7.2. 수사에 대해서

추론적인 역사적 재구성은 무엇보다도 연설에 적용되었다. 작문 교본은 저술가에게 상상에 따라 연설을 재구성하는 법을 가르쳐주고 상황과 현존하는 사료에 가급적 충실한 재구성을 제시했다.[38] 역사가들은 비록 대개는 알려진 사실에 비추어 최대한 그럴듯하게 작문하고 어떤 연설이 알려져 있었을 때는 대개 그 연설의 요지를 사용하여 작문하긴 했으나 연설을 작문하는 이러한 관행을 따랐다.[39] 심지어 칙령을 기록한 비문조차 "정확한 사본은 아니었고" 역사가들에게는 "맹목적인 모방을 목표로 삼을" 이유가 훨씬 적었다.[40]

어떤 역사가들은 수사학 비평가인 할리카르나소스의 디오니소스와 같이 디오도로스 시켈리오테스와 같은 다른 역사가들보다 더 자유롭게

---

36 Lucian, *How to Write History* 50, 55.
37 Lucian, *How to Write History* 19-20, 44, 57.
38 Licona, *Differences*, 11, 18; 참조. Quintilian, *Orator's Education* 3.5.54.
39 다음 참고문헌들을 보라. Keener, *Acts*, 1:258-319; Fornara, *Nature*, 143-68; Hammond, "Speeches"; Gempf, "Speaking"(특히 264, 272, 283-84); Marincola, "Speeches," 121-27; Porciani, "Enigma," 333-34. 추가로 Polybius, *Histories* 12.25a.4-5; 12.25b.1, 4; Cadbury, *Making*, 186-87; Laistner, *Historians*, 129; Walbank, *Speeches*, 1, 19; Hadas, "Introduction," xvi-xvii; Kennedy, *Classical Rhetoric*, 110; Horsley, "Speeches," 609; Padilla, *Acts*, 124-38; Padilla, *Speeches*; Becker, *Birth*, 98; 및 Thucydides, *History* 1.22.1에 대한 논의(예. Porter, "Thucydidean View?")를 참고하라.
40 Tacitus, *Annals* 11.23-25을 한 비문과 비교하고 Josephus, *Jewish Antiquities* 12.417-18을 1 Macc 8.23-32과 비교하는 Aune, *Environment*, 82.

연설을 작문했다.[41] 필론은 보통은 70인역이나 유대 전승을 꽤 충실하게 따르는 상황에서 모세를 대신하여 연설을 지어낸다.[42] 요세푸스는 분명히 상당히 자유롭게 연설을 지어낸다.[43]

그렇기는 하지만 역사가들은 종종 연설을 지어내는 대신 사료 속의 연설을 그 사료의 기원이 무엇이든 관계없이 따랐다(그리고 각색했다).[44] 역사가 폼페이우스 트로구스는 연설을 너무 많이 윤색했다는 이유로 리비우스를 비판한다.[45] 그러나 리비우스는 비록 수사적으로 능숙하긴 하지만 폴리비오스의 글에서 연설의 본질적인 요지는 재현하는 반면 표현과 몇 가지 세부적인 내용은 바꾸어 놓는다.[46] 여러 연설을 비교해 보면 알렉산드로스에 관한 역사가들의 연설은 종종 관습적인 핵심을[47] (그 핵심의 기원이 무엇이든)[48] 반영하고 있음을 알 수 있다.

---

41 Diodorus Siculus, *Library of History* 20.1-2.2(특히 20.1.2; 20.2.1을 보라)을 언급하는 Bosworth, *Arrian*, 94-96.

42 McGing, "Adaptation," 124, 128.

43 Downing, "Redaction Criticism 1", 62.

44 예를 들면 Gempf, "Speaking," 283-84; Forsythe, "Quadrigarius," 396; Marincola, "Speeches," 129을 보라.

45 Justin, *Epitome* 38.3.11을 언급하는 Develin, "Introduction," 9(번역문은 238쪽): 트로구스는 "간접 화법"을 사용했다. "그는 리비우스와 살루스티우스가 그들의 저작 속에 연설을 직접 화법으로 삽입하면서도 그들의 문체로 작문함으로써 역사의 고유한 경계를 침범했다는 이유로 그들에 대해 비판적이었기 때문이다." (유스티누스의 연설 형태는 Livy, *History* 38.4.1-38.7.10에서 나타난다.) 그러나 유대 역사에 대한 트로구스의 논의를 유스티누스가 요약한 글의 한 표본(Justin, *Epitome* 36.2.1-36.3.9)은 최소한 이 저자들 가운데 한 사람은 유대적인 자료와 반(反)유대적인 자료를 기억에 근거하여 꽤 부주의하게 합쳐 놓았음을 시사한다.

46 Fornara, *Nature*, 160-61; 좀 더 일반적으로는 154-68을 보라. 리비우스는 아마도 부분적으로 기억을 되살려 글을 썼을 것이고 확실히 폴리비오스의 글을 맹목적으로 베끼지는 않는다(참조. 여기서는 Mattila, "Question," 214).

47 Atkinson, "Introduction," xxix.

48 Atkinson은 "Introduction," xxxiii에서 이런 연설은 "실제 사본보다는 더 자유로운 작문"에

고대의 저자들과 독자들은 똑같이 역사서에서 이런 관행을 기대했다. 기독교 이전의 역사가인 디오도로스 시켈리오테스는 역사가들이 연설을 지어내는 것을 그 연설이 이야기 안에서 화자에게 적절하다면 긍정한다.[49] 기독교 이전의 수사적 역사가인 디오니시오스는 "헤로도토스가 크세르크세스의 입을 빌려 말한" 연설에 대해 논평한다.[50] 알렉산드로스가 오피스에서 행한 연설의 다양한 형태는 역사가들이 독자들에게 이러한 연설을 진술된 상황에서 전달된 말을 글자 그대로 옮겨놓은 것으로 읽기를 기대하지 않았음을 보여준다.[51] 기원후 2세기 초에 역사적 정확성에 대해 일반적으로 높은 기준을 갖고 있었던 플리니우스는 등장 인물들에게 더 간결하기는 하지만 자신의 연설만큼 탁월한 연설을 제공하는 한 웅변가 겸 역사가를 칭찬한다.[52] 타키투스는 세네카의 말을 정확히 재현할 필요는 없다고 고백한다.[53] 다른 역사가들도 때때로 말한 그대로 옮긴 기록을 명백히 거부했다.[54]

역사서에서 연설을 작성하는 일은 우리가 현자와 관련된 전기와 복음서에서 발견하는 바와 같은 현자에 관한 일화들 및 현자의 어록을 수집

속한 것이 아닌가 하는 타당한 의심을 한다.

49 Diodorus Siculus, *Library of History* 20.1.1-4.

50 Dionysius of Halicarnassus, *Demosthenes* 41(LCL). 투키디데스와 폴리비오스가 연설에 관해서 헤로도토스보다 더 엄격하다는 점에 관해서는 Aune, *Dictionary*, 448을 보라.

51 Arrian, *Alexander* 7.9-10과 *Curtius Rufus* 10.2.15-29을 대조하는 Atkinson, "Introduction," xxix.

52 Pliny, *Letters* 1.16.4.

53 Tacitus, *Annals* 15.63; Talbert, *Mediterranean Milieu*, 210을 보라; Laistner, *Historians*, 128.

54 예를 들어 Polybius, *Histories* 18.11; Sallust, *Catiline's War* 50.5; Livy, *History* 37.45.11; Arrian, *Alexander* 5.27.1; Tacitus, *Histories* 1.15-16; *Agricola* 29.4를 인용하면서 축자적인 인용에 대한 강조는 드물었고 짧은 시구들을 다루었다고(예. Tacitus, *Annals* 14.59.4; 15.67.4) 언급하는 Marincola, "Speeches," 120을 보라.

하는 일과는 다르지만, 이 관행은 우리에게 고대 역사의 연설에 대한 기대가 오늘날의 기대와는 달랐다는 점을 상기시킨다.[55] 정경 복음서가 연설 속에서 예수의 말씀들이 서로 쉽게 어울리지 않는 대목에서 그 말씀들을 종종 재배열한다는 점은 전기 작가들이 (특히 스승들에 대해) 일반적으로 그들의 글의 대상이 된 이들의 어록을 사용한 것처럼, 복음서가 예수의 말씀을 어느 정도나 사용하려 했는지를 예시한다.

7.3. 독자의 즐거움과 진실의 균형 맞추기

"즐거움과 아름다움"은 어떤 저작에 대해서든 여전히 소중한 목표였고[56] 독자들은 잘 쓴 역사서를 향유할 수 있어야 했다.[57] 일반적으로 신뢰할 만한 역사가들조차 그들이 전하는 사건들에 의해 그것이 가능한 경우에는 장면들에 비극적 정념을 불어넣을 수 있었다.[58] 구체적인 사건뿐만 아니라 시대 정신을 전달하려 노력하는 어떤 군사 역사가는 이렇게 불만을 제기한다. "아무도 이 시기 전체의 운명을 이 주제에 쏟아 마땅한 눈물을 흘리며 슬퍼하지도 못했다."[59] 그들은 단지 사건들에 분명히 수반되는 (그렇게 추론할 수 있는) 감정을 전달하려 했을 뿐이다.

---

55   예를 들어 Fornara, *Nature*, 142의 견해와 같이.
56   Dionysius of Halicarnassus, *Demosthenes* 47(LCL 1:418-19); 참조. Let. Aris. 322.
57   Maximus of Tyre, *Philosophical Orations* 22.5; Justin, *Epitome* pref.4; 2 Macc 2:25; 참조. *Annals* 4.32-33에서의 타키투스의 변명; Cicero, *Letters to Friends* 5.12.4을 인용하는 Fornara, *Nature*, 120-33, 특히 121, 133-34에서의 추가적인 논의.
58   예. Tacitus, *Annals* 3.1; 4.62-63; 5.9; 16.30-32.
59   Velleius Paterculus, *History* 2.67.1.

그렇기는 하지만, 일부 역사가들은 적어도 원칙적으로는 더 엄격했다. 어떤 이는 과장으로 독자들을 전율하게 하려 하거나 "등장인물들의 있을 법한 발언"을 재구성하는 역사가에 대해 경고한다.[60] 비극 시인은 그럴듯함에 안주할 수 있어도 역사가는 사실을 고수해야 한다고 그는 주장한다.[61]

루키아노스는 역사의 적절한 목적은 즐거움을 주는 것이 아니라 오직 유용해지는 것이라고 주장한다. "그리고 그것은 오직 진실에서만 나온다."[62] 유용성과 즐거움은 상호 배타적인 목표가 아니었고 루키아노스는 역사가 지닌 즐거움의 가치를 전적으로 거부하지는 않지만,[63] 그 대신 진실에서 나오는 역사의 교훈적 가치(즉 역사의 도덕적 교훈)를 강조한다.[64]

역사가늘 대다수가 보기에 수사학적 관심은 역사적 진실이라는 목표를 없애지 않았다.[65] 역사는 여전히 "시, 희곡, 웅변, 법정 변론과는" 매우 다르게 쓰였다.[66] 가장 수사학 지향적인 역사가들조차 역사적 탐구에는 수사적 기교만이 아니라 연구가 필요하다는 점을 인식했다.[67] 헬레니즘 시대와 로마 시대의 역사가들은 선정적인 요소에도 불구하고 비판적 이

---

60 Polybius, *Histories* 2.56.10. 물론 폴리비오스 자신의 연설은 말한 그대로 회상한 것이 아니다.

61 Polybius, *Histories* 2.56.11. Keener, *Acts*, 1:126; Becker, *Birth*, 66-67을 보라. 역사적 사건에 대한 시적 표현법(예. 실리우스 이탈리쿠스; 루카누스)은 더 많은 표현의 자유를 누렸다 (참조. Pliny, *Letters* 8.4.1).

62 Lucian, *How to Write History* 9(LCL 6:15); 참조. Polybius, *Histories* 9.2.6.

63 참조. Lucian, *How to Write History* 9, 16, 43.

64 예. Lucian, *How to Write History* 59.

65 Byrskog, *Story*, 213; Rothschild, *Rhetoric*, 88-91; Nicolai, "Place," 21을 보라.

66 Rothschild, *Rhetoric*, 81.

67 Dionysius of Halicarnassus, *Roman Antiquities* 1.1.2-4; 1.4.2.

상을 간직했다.[68] 정보는 본질상 설득이나 즐거움과 양립할 수 없는 것이 아니다.[69]

7.4. 편견에 동의하기?

고대의 역사가들은 현대의 역사가들과 마찬가지로 선호하는 것과 편견이 있었다. 그러나 일반적으로 공평과 정직은 여전히 역사의 목표이자 역사 장르의 "저자와 독자 사이의 [암묵적인] 계약"의 일부였다.[70] "편향성이…아마 현시대에도 그렇듯이 역사 기록의 진실성을 위협했을 것"[71]이라는 주장은 사실을 과장하는 것일지도 모르지만, 대중적 이상은 여전히 공평함이었다.

고대의 역사가들은 역사적 기획을 왜곡시키는 편견(일반적으로 다른 사람들의 편견)의 위험성을 인식했다. 따라서 예를 들어 요세푸스는 다른 역사가들의 편견에 대한 불만을 토로하며 그들을 그다지 공평하지 못하게 자신의 정확성과 대조한다.[72] 루키아노스는 역사적 인물들을 도덕적으로 평가하는 일을 배제하지는 않지만, "찬사와 비난"은 "중상모략에서 자유롭고, 증거로 뒷받침되고, 피상적이며" 법정 스타일의 과장이 없어야 한

---

68 Rothschild, "Irony," 291.
69 고대의 문학적 역사서와 현대의 "과학적" 역사서의 차이를 과장하는 이들에 대한 Bhatt의 이의 제기를 참고하라(Bhatt, "Rhetoric," 181-82).
70 Fornara, *Nature*, 72, 100.
71 Fornara, *Nature*, 104. 역사서가 너무 편향적이라면 그것은 특정한 역사가의 약점이었을 것이다(Fornara, *Nature*, 91).
72 Josephus, *Jewish Antiquities* 20.154-57. 그는 *Antiquities* 16.183-84에서 어떤 문헌의 편견에 이의를 제기한다.

다고 주장한다.[73] 참된 역사에는 찬사와 달리 어떤 거짓말도 포함되어선 안 된다.[74] 크세노폰이나 투키디데스 같은 훌륭한 역사가들도 개인적인 편견이 있었겠지만, 그들은 선호하는 사람들이라고 봐주지 않고 인물들을 공개적으로 공평하게 평가하려 했다.[75]

현대의 비평가들은 고대 저자들의 편견을 고려하려 한다. 그렇기는 하지만 현대의 비평가들은 때때로 무엇이 그런 편견인지에 관해서는, 예를 들면 살루스티우스의 편견의 정도에 관해서는, 의견이 서로 다르다.[76] 크세노폰은 그의 역사서에서 그의 적인 에파미논다스에게 온전히 공을 돌리지 못한 것을 제외하고는[77] 대체로 공명정대했다.[78] 현대의 한 비평가는 타키투스의 편견을 발견하면서도[79] 자기 나름의 편견과 반대되는 정보도 송송 포함시키는 그의 "공평부사함"을 칭찬한다.[80] 때때로 어떤 인물들을 선호한 역사가들은 그들의 행동에 대한 좀 더 정직한 진술과 별도로—그리고 때로는 그와 반대로—그들에게 찬사를 보냈다.[81] 오늘날 역사가들은 때때로 다양한 사료를 비교함으로써 고대 저자들의 편견을 상쇄

---

73   Lucian, *How to Write History* 59(LCL). 수사학적 역사가인 테오폼포스는 이와 대조적으로 "논쟁적인 태도로 거의 모든 사람을 비난했다." 종종 명백히 신뢰할 만한 폼페이우스 트로구스와 같은 저자들도 사료의 찬사 일색의 과장을 때때로 받아들이는 것처럼 보인다(한 가지 눈에 띄는 예로 Justin, *Epitome* 12.9.7-8을 보라).

74   Lucian, *How to Write History* 7; 참조. 11.

75   Lucian, *How to Write History* 39; 참조. 41.

76   예를 들면, Laistner, *Historians*, 45-48, 55-56, 63에서 그 점을 강조한다. Fornara, *Nature*, 72과 비교해 보라.

77   Brown, *Historians*, 97.

78   Brown, *Historians*, 93-94.

79   Laistner, *Historians*, 131-39.

80   Laistner, *Historians*, 132-34.

81   타키투스와 아리아노스에 대해서는 Bosworth, *Arrian*, 135, 153-56.

시킬 수 있다.[82]

기독교 이전의 역사가인 폴리비오스는 역사의 과시적인 기능을 인식했다. 역사가들은 인물들이 "칭찬이나 비난"을 받아 마땅한지를 평가해야 한다.[83] 그러나 누군가의 업적을 순전한 찬사로 과장할 수는 있지만, 역사는 엄격한 진실을 따라 그 사람이 이런 평가를 받을 만한 이유를 설명하며 "칭찬과 비난을 공평무사하게" 부여해야 한다.[84] 폴리비오스조차 변함없이 "객관적"이지는 않았지만, 그는 송덕문에서보다 역사에서 더 공평해지려고 애썼다. 현대의 역사가들은 고대 역사가들의 글을 읽을 때 보통 그들의 증거가 지닌 가치를 단순히 평가절하하기보다는 과시적인 요소를 고려한다.[85]

---

82 예. Laistner, *Historians*, 131.

83 Polybius, *Histories* 3.4.1(LCL).

84 Polybius, *Histories* 10.21.8(LCL). 역사가들은 종종 전쟁 중인 양편의 관점을 찬양하거나 제시했고, 이를 통해 비감(예. Dionysius of Halicarnassus, *Roman Antiquities* 3권; 9.39.1-6; Livy, *History* 21.1.3)과 승리자에게 마땅히 돌려야 할 공로를 증폭시켰다.

85 요세푸스에 대해서는 예를 들면 Curran, "War"를 보라. 19세기의 역사 기록에 대해서는 예를 들면 Tomkins, *Wilberforce*, 15-17을 보라.

7.5. 동기에 대한 추론

전기 작가들은 종종 특히 동기와 관련해서[86] 사료에서 명백한 내용 이상으로 무엇이 중요한지 최대한 추론했다.[87] 플루타르코스는 서로 다른 전기에서 동시에 같은 인물에 대해 서로 다른 동기를 서술할 수 있었다.[88] 물론 한 사람에게 다양한 동기가 있을 수 있고 행동에 대한 다양한 설명이 가능하지만, 플루타르코스의 추론은 그의 각각의 이야기와 잘 들어맞는다.[89] 동기를 추론하고 생각을 알아내는 일이 전기의 관심사였다면, 그 관심사는 더 폭넓게 어떤 형태의 역사 기록에 대해서는 이질적이지 않았다. 수사적 역사가인 할리카르나소스의 디오니시오스는 바로 그렇게 했다는 이유로 이전의 수사적 역사가인 테오폼포스를 칭찬한다.[90]

인물에 동기를 부여하는 것은 일반적인 관행이었다.[91] 따라서 전기와 기타 역사 서술에서는 시기심을 적대감의 동기로 자주 열거하며[92] 때로

---

86 예를 들면 Hägg, *Biography*, 3. 투키디데스와 같은 역사가들의 경우에도 마찬가지다. Pelling, *Texts*, 77-81, 특히 77; 참조. Justin, *Epitome* 6.1.1; 8.6.6; 35.2.3; 36.4.8; 38.9.10; Caesar, *Gallic War*(Grillo, "Scribam"). 그러나 역사가는 동기에 대한 무지를 인정할 수 있었다(예. Tacitus, *Annals* 15.36).

87 참조. Licona, *Differences*, 78.

88 Licona, *Differences*, 52, 83, 99, 109.

89 De Pourcq and Roskam, "Virtues," 169.

90 Dionysius of Halicarnassus, *Letter to Gnaeus Pompeius* 6을 인용하는 Smith and Kostopoulos, "Biography," 402-3.

91 Pelling, *Texts*, 77-81, 특히 77을 주목해 보라.

92 예. Nepos, *On Great Generals* 5(Cimon), 3.1; 8(Thrasybulus), 4.1-2; 12(Chabrias), 3.3; 14(Datames), 5.2; 15(Epaminondas), 7.1; 18(Eumenes), 7.2; 10.2; 23(Hannibal), 1.2; Velleius Paterculus, *History* 2.47.2; *Life* 204, 423, 425; Tacitus, *Annals* 16.18; Plutarch, *Coriolanus* 39.1; Philostratus, *Lives of the Sophists* 1.21.515; Diogenes Laertius, *Lives* 5.76-77; Herodian, *History* 3.2.3. Pervo는 *Acts*, 141 n. 9에서 동기에 대한 추론을 너무 협소하게 대중적이고 허구적인 저작과만 관련짓는다.

는 일반적인 정치적 삶에 대한 진술로서도 언급한다.[93] 우리는 그들이 언제나 잘못된 가정을 했다고 생각할 필요는 없다. 시기심은 고대 지중해 도시들의 투쟁적이고 명예와 수치를 중시하는 사회에서는 흔히 볼 수 있었다.[94] 그러나 때때로 역사가들은 주인공의 성격에서 유추할 수 있는 사실 외에는 주인공의 계획에 관한 추론에 이의를 제기했다.[95]

7.6. 역사와 목표

역사가들은 대개 단순히 교수직 임기 보장을 얻는 것을 뛰어넘어 자신의 주제에 관심이 있다.[96] 오늘날까지도 역사가들은 스스로 가장 흥미롭거나 자신의 초점과 가장 관련이 있다고 생각하는 것을 바탕으로 기록할 사건을 선택한다.[97] 역사 기록은 건설적이며 사회적 기억을 수반한다.[98] 역사 저술은 "사건과 진술 사이", 사건과 그에 대한 해석 사이의 상호작용을 수반한다.[99]

그러나 고대 역사가들은 오늘날보다 훨씬 더 명백하게 도덕적·정치

---

93 Cornelius Nepos, *On Great Generals* 8(Thrasybulus), 4.1-2; 12(Chabrias), 3.3; Velleius Paterculus, *History* 2.40.4.

94 예를 들어 *Rhetoric to Alexander* 36, 1445a.12; Plutarch, *How to Profit by One's Enemies* 10, *Moralia* 91E을 보라.

95 Arrian, *Alexander* 7.14.

96 여기서는 나의 *Acts*, 1:148-65을 따른다.

97 예를 들면, 전사, 여성사, 교회사 등이다. Justin, *Epitome* pref.3에 나타나는 그리스 역사가들의 비슷한 관심 범위를 참고하라.

98 Schröter, *Jesus to New Testament*, 50, 116.

99 Schröter, *Jesus to New Testament*, 47; 참조. 37-40.

적·종교적 관점에서 글을 썼다.[100] 비판적인 폴리비오스를 포함하여 고대 역사가들은 스스로 자신에게 해석상의 기준이 있음을 인식했다.[101] 가장 정확한 역사를 쓰려는 의도를 가진 저자들조차 종종 다소 문학적·교훈적·정치적인 목적에서 이야기를 "늘렸다."[102]

7.6a. 정치적 목표와 민족적 목표

역사가들은 정치에 대한 역사적 담론의 가치를 인식했다.[103] 역사가들은 대개 다양한 정도로 친로마 성향,[104] 반아이톨리아 성향,[105] 친아테네 성향,[106] 또는 친유대인적 변증[107]과 같은 민족적이거나 인종적인 편향을 드러냈다. 대체로 사실에 기반한 정보를 확보한 역사가들도 처음에는 제국의 정치적 선전으로 유포된 이야기들을 끼워 넣을 수도 있었고[108] 그런 이

---

100 예를 들면 다음 참고문헌들을 자세히 보라. Hemer, *Acts*, 79-85; Byrskog, *Story*, 256-65; Penner, *Praise*, 129, 179; Mason, *Josephus and New Testament*, 63; Grant, "Introduction," 10, 13.

101 Byrskog, *Story*, 186-90.

102 특히 Lyons, *Autobiography*, 29-32을 보라(하지만 그는 그러한 문헌들의 역사적 가치를 전면적으로 거부하라고 조언하지는 않는다. 66). 참조. Rodríguez, "Jesus Tradition," 195: 복음서 저자는 "전승이 새로운 상황에 혁신적인 방식으로 영향을 끼치도록 전승 안에 이미 잠재한 자원"을 사용할 수 있었다.

103 예를 들면 Polybius, *Histories* 1.1.2; Fornara, *Nature*, 113; Penner, "Discourse," 73-77도 함께 보라.

104 예를 들면 Polybius, *Histories* 36.9.1-17(참조. Momigliano, *Historiography*, 71-73); Livy, *History* 1.pref.10.

105 Laistner, *Historians*, 6, 95; 논의와 미묘한 암시에 대해서는 Champion, "Aetolia," 특히 357-62을 보라.

106 예를 들면 Justin, *Epitome* 5.1.10-11; 9.3.10과 문헌 전체.

107 예를 들면 Mason, *Josephus and New Testament*, 60-71, 77-81; 참조. 196-98.

108 약 66년 앞선 어떤 추정상의 사건에 대해서는 예를 들면 Velleius Paterculus, *History* 2.80.3을 보라. 2.89.4-5에 나오는 정치적 선전은 최초의 사료들을 반영한다(예. *Res Gestae* 6.35).

야기에는 정치적 분위기에 영향을 받은 관점이 분명히 포함되었다.[109]

역사가들은 보통 인물을 공평무사하게 평가하려 노력했다.[110] 그래서 투키디데스는 펠로폰네소스 전쟁 참가자로서 가진 편견에도 불구하고 놀랍도록 공평하다.[111] 폴리비오스는 친로마 성향에도 불구하고, 비록 오로지 정치가들 앞에 올바른 행동의 모범을 제시하기 위해서이긴 하지만, 종종 로마인과 카르타고인을 함께 찬양한다.[112]

역사를 언제나 승리자들이 쓰는 것은 아니지만,[113] 승리는 일반적으로 역사의 장기적인 보존에 영향을 끼친다.[114] 그렇기는 하지만 역사가들은 종종 분쟁 관계에 있는 양편 모두에 대해 호의적으로 기록한다.[115] 루키아노스는 상대편은 비방하면서 자기 쪽 지도자들은 찬양하는 역사가들을

---

109 예. Velleius Paterculus, *History* 2.89.3.
110 예를 들면 다음 문헌들을 보라. Herodotus, *Histories* 2.4, 32, 50, 58, 77, 82(및 Meister, "Herodotus," 268의 논평); Dionysius of Halicarnassus, *Roman Antiquities* 3권; 9.39.1-6; Livy, *History* 21.1.3; Velleius Paterculus, *History* 2.18.1; 참조. Marincola, "Speeches," 119.
111 그들의 편견에 대해서는 "아마도 어떤 훌륭한 역사가도 불편부당하지는 않을 것"이라고 덧붙여 말하는 Wade-Gery, "Thucydides," 1519을 참고하라. 할리카르나소스의 디오니시오스는 *Letter to Gnaeus Pompeius* 3에서 투키디데스가 (그의 경우에는 자신을 추방한 아테네인들에 대해) 헤로도토스보다 더 편향적이었다고 생각한다. 그러나 디오니시오스는 투키디데스가 아테네의 실패를 날조한 것이 아니라 그 실패에 초점을 맞추었다는 이유로 그를 비판한다.
112 Polybius, *Histories* 9.9.9-10.
113 예를 들어 다음 문헌들을 주목해 보라. Josephus, *Jewish War*; Manetho, *Aegyptiaca*; Xenophon, *Anabasis*; 펠로폰네소스 전쟁 이후의 아테네 저술가들; 참조. Melchior, "Pompey"에 등장하는 폼페이인들(심지어 아우구스투스에 대해서도 로마 제국 초기의 모든 목소리가 다 긍정적이었던 것은 아니다; Davis, "Evaluations"를 보라).
114 로마 역사가들 사이에서의 "승자가 기록한" 역사에 대해서는 예를 들면 Feldherr, "Translation," 390을 보라.
115 예. Dionysius of Halicarnassus, *Roman Antiquities* 3권(Albans); 9.39.1-6; Livy, *History* 21.1.3; Velleius Paterculus, *History* 2.18.1; 참조. Marincola, "Speeches," 119에 언급된 연설들.

오로지 찬사에만 몰두하는 자들이라고 비판한다.[116] 최초의 역사가 중 한
명인 헤로도토스는 그리스의 실패를 비판하고 이집트인들을 찬양하며 스
파르타와 아테네의 미덕을 함께 숭상한다.[117]

등장인물들도 언제나 단순히 전형적이기만 한 것도 아니었다. 전기
작가들은 "평면적" 인물과 "입체적" 인물을 모두 포함시켰다.[118] 어떤 인
물에 관한 부정적인 면에만 초점을 맞추는 역사가는 이러한 접근법이 이
야기를 진술하는 데 필요하지 않으면 악의를 품고 있다는 비난을 받을 수
있다.[119] 반대로 칼리스테네스는 비록 목격자였지만 알렉산드로스의 영웅
적 행위만 기록했고 따라서 후세에 의해 아첨꾼이라는 이유로 무시당했
다.[120] 알렉산드로스의 다른 면도 이미 잘 알려져 있었기 때문이다.

낭파석인 복표는 정치에만 국한되지 않았고 사상적 학파들 가운데서
도 나타났다.[121] 전기 작가들도 때로는 변증적·논쟁적 목적을 위해 글을
썼다.[122] 마찬가지로 역사가들과 특히 예속되거나 멸시받는 민족에 속한
역사가들은 변증적 역사 기록을 집필했다.[123]

---

116 Lucian, *How to Write History* 7.
117 Meister, "Herodotus," 268. 이러한 접근법으로 인해 그가 모든 사람에게 호감을 얻은 것은
아니었다(예. Plutarch, *Malice of Herodotus*를 참고하라).
118 Burridge, *Gospels*, 177-79.
119 Plutarch, *Malice of Herodotus* 3, *Moralia* 855C.
120 Brown, *Historians*, 125.
121 소피스트들에 대한 전기에 관해서는 Eshleman, "Sophists"를 참고하라.
122 Burridge, *Gospels*, 147, 183; 변증적 자서전에 대해서는 예를 들면 Josephus, *Life* 336-67;
고후 11:8-33; 갈 1:11-24; Lyons, *Autobiography*의 논의를 참고하라.
123 Sterling, *Historiography*, 103-310. 다음 글들도 함께 보라. Sterling, "Appropriation," 234-
38; Wandrey, "Literature," 696; 참조. Meiser, "Gattung."

7.6b. 역사가의 도덕적 목표

고대 전기만이 도덕적 교훈을 제시했다는 가정 아래 고대 전기와 고대 역사 기록을 구별하는 이들은 고대 역사 기록에 대한 지식 부족을 드러낸다. 역사가들은 정치적 관심을 더 강조하는 경향이 있었을 것이고 전기 작가는 윤리적 관심을 더 강조하는 경향이 있었지만,[124] 그러한 관심은 필연적으로 중첩되었다.

도덕적 목표는 고대 역사 기록의 가장 중요한 요소를 구성했다. 사람들은 단순히 과거를 암기하기 위해서가 아니라 역사에서 교훈을 얻기 위해 역사를 가르쳤다.[125] 도덕적 목표는 많은 장르의 공통된 목표였지만,[126] 소설의 특징이 된 경우보다 고대 역사 기록의 특징이 된 경우가 훨씬 더 빈번했다.[127] 투키디데스와 같은 몇몇 역사가들은 도덕적 질문에 대답하는 일보다 그런 질문을 제기하는 일에 더 관심이 있었다.[128] 그러나 대다수 역사가는 그들의 역사적 기록을 통해 어떤 도덕적 교훈을 전달하고자 했다.[129]

---

124 Hägg, *Biography*, 273.

125 다음 책들을 보라. Fornara, *Nature*, 115-16; Lang, *Kunst*, 7-13, 97-167(특히 Sallust and Tacitus, 108-37의 문제 해결 전략을 주목해 보라). 고대 역사 기록의 교훈적 요소들과 관련해서 Marguerat는 *Histoire*, 28-29에서 디오니시오스, 리비우스, 살루스티우스, 플루타르코스의 글에 나오는 예들을 인용한다. 예를 들면 리비우스가 전설적인 로물루스를 한 예로 사용한 것을 보라(Stem, "Lessons").

126 Keener, *Acts*, 1:152-53의 상세한 논의를 보라.

127 도덕적 목표는 소설에서는 역사적 인물들을 모델로 한 소설 외에는 드물었다. 도덕적 목표에 대해서는 Karla, "Life of Aesop," 58-59; Chance, "Fiction," 138-39; Beck, "Demonax," 81을 보라.

128 Pelling, *Texts*, 100.

129 예를 들면 다음 참고문헌들을 참고하라. Chaplin, "Conversations"; Bosworth, *Arrian*, 155; McInerney, "Arrian and Romance"; Galinsky, "Introduction," 4, 21; Gowing, "Memory," 43-48, 특히(Livy, *History* pref.9-10과 Tacitus, *Agricola* 46.3-4에 관해서는) 46-47;

역사는 후세를 위한 명예롭거나 부끄러운 행위에 대한 기억과 도덕적 교훈을 보존한다고 고대인들은 생각했다.[130] 에드윈 저지(Edwin Judge)가 지적하듯이 "고대 역사가들은…타인의 선행과 악행을 기억하는 일을 당연히 도덕적으로 유익한 일로 여겼다."[131] 또는 외르크 뤼프케(Jörg Rüpke)가 강조하듯이 "모범적 특성이 반드시 역사와 반대되는 것은 결코 아니다." 역사는 단지 과거에서 "지속적인 규범성"에 부합된다고 여겨지는 가치를 지닌 교훈을 발견할 뿐이다.[132]

주의 깊은 고대 역사가인 폴리비오스는 역사의 실용적인 가치를 진술함으로써 그의 여러 권으로 된 역사서를 시작한다. 사람들에게 "행위에 대한 교정 수단으로 과거에 대한 지식보다 더 즉시 활용 가능한 것은 없다."[133] 그는 역사만으로도 우리가 위기를 직접 경험하지 않고도 위기에 대비하게 할 수 있다고 말한다.[134] 역사는 전략과 경고와 그 밖의 가르침을 제시한다.[135] 때때로 폴리비오스는 명백히 진술한 사건과 관련된 교훈을 주기 위해 주제에서 벗어난다.[136] 그는 "역사를 현재와 미래의 정치적 활

Becker, *Birth*, 23. 「마카베오상」과 「마카베오하」의 적용 위주의 차이점에 대해서는 Kelhoffer, "Maccabees at Prayer"를 주목해 보라.

130 예. Herodotus, *Histories* 1.1.pref.; Polybius, *Histories* 7.12; Diodorus Siculus, *Library of History* 10.3.1; 11.11.2, 6; 11.38.6; 15.1.1; 17.38.4; Justin, *Epitome* pref.4. 역사에서는 또한 특이한 것을 기록한다. 예를 들면 다음 문헌들을 보라. Thucydides, *History* 1.23.1-3; Polybius, *Histories* 1.1; 1.37; Diodorus Siculus, *Library of History* 11.11.2; 11.59.1; 11.61.7; 12.38.1; 참조. 11.89.8; 12.17.3.

131 Judge, *First Christians*, 249; 또한 250-51을 보라.

132 Rüpke, "Knowledge," 93-94, 여기서는 특히 94.

133 Polybius, *Histories* 1.1.1(LCL).

134 Polybius, *Histories* 1.1; 1.35.

135 Polybius, *Histories* 1.57.

136 Polybius, *Histories* 1.35.1-10.

동을 위한 건전한 추론의 기반으로서 소중히 여겼다."[137]

마찬가지로, 로마 제국 초기의 가장 신뢰할 만한 사료 중 하나인 타키투스는 악덕을 폭로하고 미덕을 찬양하는 것을 자신의 역사적 의무로 보았다.[138] 그는 명예로운 사람들에 관한 연구가 미덕을 촉진한다는 점을 강조한다.[139] 그는 역사의 도덕적 목표에 있어서 무가치한 내용을 생략하며 [140] 사견을 제시하는 것이 적절하다고 판단될 때는 자유롭게 사견을 제시한다.[141] 루키아노스는 역사적 정확성을 까다롭게 따지는데도 불구하고 도덕적 교훈이 진실에서 나온 것이라면 역사 기록에서 도덕적 교훈을 중시한다.[142]

과거에 관한 글을 쓴 다른 저자들에 대해서도 같은 말을 할 수 있다. 예를 들면 다음과 같다.

- 기독교 이전의 역사가인 할리카르나소스의 디오니시오스는 역사가들이 그들의 저작으로 정보를 제공할 뿐만 아니라 훌륭한 도덕적 인격에 이바지하도록 고결한 주제를 선택해야 한다고 생각했다.[143]

---

137 로마인들이 이러한 유익을 훨씬 더 강조했다고 지적하는(115-16) Fornara, *Nature*, 113.
138 Moore, "Introduction," xiii; Hadas, "Introduction," xvii-xix(리비우스의 인기 있는 모델을 언급함); Laistner, *Historians*, 113-14(*Annals* 2.65.1; 4.33.2을 인용함), 123, 131-39(그의 편향성을 비판함); Williams, "Germanicus"(한 저작에서 타키투스의 관점을 다룸).
139 Tacitus, *Agricola* 1.
140 Tacitus, *Annals* 3.65.
141 Tacitus, *Annals* 4.33. 다른 경우에는 명백한 여담뿐만 아니라 그가 이야기를 기록하는 방식도 그의 의견을 드러낸다(예. *Annals* 5.1-2; 14.39).
142 예. Lucian, *How to Write History* 59.
143 예. Dionysius of Halicarnassus, *Roman Antiquities* 1.2.1.

- 1세기의 역사적 일화 수집가인 발레리우스 막시무스는 역사가 "현대적 예의범절"을 가르치는 데 도움이 된다고 지적한다.[144]
- 1세기에 글을 쓴 벨레이우스 파테르쿨루스는 티베리우스의 치세를 묘사하기 위해 심지어 " '미덕과 가치의 추상적 목록' "까지 사용한다.[145]
- 2세기의 지적 웅변가인 티레의 막시무스는 역사는 인간에 대한 기억을 보존함으로써 "인간의 미덕을 보호한다"는 의견을 밝힌다.[146]

역사가들은 종종 예언적인 발언의 성취를 예시하거나 저자의 관점을 제시하기 위해 독자들에게 역사의 의미를 더 직접 해석해주는 교훈적인 곁가지 이야기까지 포함시켰다.[147] 유대인의 역사 기록도 확실히 그에 못지않게 해석적이었다.[148]

---

144 Valerius Maximus, *Memorable Doings and Sayings* 2.pref.(LCL); 추가로 Rüpke, "Knowledge," 89을 보라.

145 Becker는 *Birth*, 126에서 Velleius Paterculus, *History* 2.126.2-4을 인용한다.

146 Maximus of Tyre, *Philosophical Orations* 22.5(번역은 Trapp).

147 예를 들면 Polybius, *Histories* 1.35.1-10; Diodorus Siculus, *Library of History* 31.10.2; Dionysius of Halicarnassus, *Roman Antiquities* 7.65.2; Justin, *Epitome* 3.2.6; 12.3.12; 12.4.1; Velleius Paterculus, *History* 2.75.2; Cornelius Nepos, *On Great Generals* 16(Pelopidas), 3.1; Tacitus, *Annals* 16.15; Arrian, *Alexander* 4.10.8; Dio Cassius, *Roman History* 1.5.4; 벨레이우스 파테르쿨루스의 글 곳곳의 특징을 이루는 여담(예. *History* 2.41.1-2; 2.66.3-5; 2.72.1-2; 2.91.2-3; 2.98.2-3). 역사서와 전기에서의 곁가지 이야기에 대해서는 Sheeley, *Asides*, 56-93을 보라. 헤로도토스의 판단(예. *Histories* 1.34; 2.123.3; 4.205; 9.120)에 대해서는 Dewald, "Construction," 95을 보라. 크세노폰의 판단에 대해서는 Dewald, "Construction," 98을 보라. 타키투스의 판단에 대해서는 Laistner, *Historians*, 139(부적절하게)을 보라.

148 예를 들면 다음 참고문헌들을 보라. von Dobbeler, "Geschichte"; van der Kooij, "Death of Josiah"; Reinmuth, "Investitur"; Bergren, "Nehemiah"; Borgen, "Reviewing"; Derrenbacker, *Practices*, 93.

7.6c. 도덕적 모범의 가치

역사가들은 역사적 인물들의 행동이 긍정적이거나 부정적인 도덕적 본보 기를 제시하기 때문에 역사는 도덕적 가르침을 제시한다고 생각했다. 명 예에 대한 로마인들의 강조는 사후의 기억까지 이어져, 기억을 보존하고 영속화하는 수단으로서 역사의 중요성을 한층 더 고조시켰다. 전기의 요 점 못지않은 역사 서술의 요점 중 일부는 존경받을 만한 이들을 존경하고 이를 통해 칭찬할 만한 행동에 동기를 부여하는 것이었다.[149]

역사가들은 그리스와 로마를 막론하고 이처럼 인물들이 칭찬받아 마 땅한지 비난받아 마땅한지를 고려했다.[150] 어떤 역사가는 양자가 뒤섞인 것을 잘못 이해했다는 이유로 다른 역사가를 비판할 수도 있지만,[151] 역사 가 도덕적인 예를 제시하는지에 의문을 제기하는 사람은 없었다. 따라서 폴리비오스는 칭찬과 비난을 평가 절하하는 게 아니라 그 둘을 적절한 사 람들에게 적용하고[152] 그들의 행동을 서술할 때만 적용해야 한다고 주장 한다.[153] 루키아노스조차 조심스러운 범위 내에서 이를 허용했다.[154] 이런 문제들에 관한 역사가들의 관심은 고대에 도덕적 모범을 본받는 일에 부 여된 더 폭넓은 가치를 반영한다.[155]

---

149 Pliny, *Letters* 5.8.1-2.
150 예를 들면 다음 책을 보라. Trompf, *Historiography*, 51; 참조. Plümacher, *Geschichte*, 15-32; Plümacher, "Cicero und Lukas," 772-73.
151 Polybius, *Histories* 8.8.3-6, 8-9.
152 Polybius, *Histories* 3.4.1; 8.8.7. 예를 들면 Dio Cassius, *Roman History* 1.1.1-2; Pliny, *Letters* 5.8.9-11; Lucian, *How to Write History* 8-9, 39-40; Rolfe, "Introduction," xix에서 의 수에토니우스에 관한 논평도 함께 보라.
153 Polybius, *Histories* 10.26.9.
154 Lucian, *How to Write History* 9.
155 Lysias, *Orations* 2.61, §196; Aeschines, *Embassy* 75-76. 따라서 어떤 이들은 모방을 통해 잘 못된 가치를 가르칠 수도 있는 비도덕적인 무언극을 반대하거나(Dio Chrysostom, *Orations*

역사가들은 일반적으로 사건들이 일어난 이유를 이해하면[156] 역사가
뿐만 아니라 정치가[157]와 웅변가[158]도(어떤 이들은 정치가이자 웅변가였다) 이
런 사건들과 행동들을 미래의 결정을 위한 선례이자 지침으로 사용할 수
있다고 믿었다.[159]

할리카르나소스의 디오니시오스는 역사 서술의 세 가지 목적을 명시
적으로 표현한다. 첫째, 용기 있는 이들은 그들의 사후에도 지속되는 "불
멸의 영광"을 얻을 것이다. 둘째, 그들의 후손은 자신들의 뿌리를 인식하
고 그들의 미덕을 본받으려 애쓸 것이다. 그리고 마지막으로, 용기 있는
사람은 자신에게 훈련과 정보를 제공해준 이들에게 적절한 선의와 감사
를 나타낼 것이다.[160]

이와 비슷하게 그리스어를 구사하는 유대인 해석자들은 성경의 이야
기들을 도덕적 교훈을 제공하는 것으로 이해했다. 저자들은 그들의 계승
자들이 본받거나 피해야 할 미덕과 악덕의 예들을 기록했다.[161] 그들은 성

7.119; Philostratus, *Life of Apollonius* 4.2) 심지어 검열했다(Valerius Maximus, *Memorable Doings and Sayings* 2.6.7b). 사실 무언극은 대부분 저속했다(Friedländer, *Life*, 2:92).

156 예를 들어 Polybius, *Histories* 2.56.13; 3.32.2을 보라. 고대 역사가들은 어떤 이들이 주장하
듯이 원인과 결과의 흐름을 무시하지 않았다(Rajak, *Josephus*, 102).

157 Dionysius of Halicarnassus, *Roman Antiquities* 5.56.1; Polybius, *Histories* 3.31.11-13.

158 예를 들면 다음 참고문헌들을 보라. Dionysius of Halicarnassus, *Roman Antiquities* 6.80.1;
Rhetoric to Alexander 8.1429a.21-1430a.13; Cicero, *On Defense of Sestius* 48.102. 추가로
Kennedy, "Survey," 21을 참고하라.

159 그와 같은 역사적 "패러다임"에 대해서는 Diodorus Siculus, *Library of History* 37.4.1;
Herodian, *History* 3.13.3도 함께 보라. 과거와 현재의 패러다임에 관해서는 Velleius
Paterculus, *History* 2.92.5을 참고하라.

160 Dionysius of Halicarnassus, *Roman Antiquities* 1.6.3-5; 참조. Diodorus Siculus, *Library of
History* 15.1.1; 37.4.1. 참조. Petitfils, "Tale," 154-58에 나오는 로마인의 예들; Gunderson,
"Augustus."

161 Philo, *Abraham* 4; Josephus, *Against Apion* 2.204; 고전 10:11. 필론과 요세푸스의 글에 나
오는 본보기로서의 아브라함에 대해서는 Reed, "Construction"(*Testament of Abraham*과 대

경 시대 이후의 미덕의 본보기도 활용할 수 있었다.[162] 요세푸스는 「유대
고대사」에서 너무나 많은 성경의 이야기를 되풀이하므로 우리는 그가 성
경의 등장인물들이 지닌 도덕적 본보기로서의 가치를 강조하기 위해 그
들을 각색하는 방식을 자주 관찰할 수 있다.[163]

7.6d. 역사가들의 "신학"

많은 역사가가 신학적 관점을 보여주었다. 고대 역사 기록에 대한 몇몇 현
대적 해석과는 달리 그 모든 원인이 신적인 것은 아니었지만, 몇몇 고대
역사가들은 실제로 원인과 결과의 관점에서 생각했다.[164] 역사가들의 도
덕적 예화, 연설 속에서의 사회적 논평, 정치적 관심은 종종 그들의 독특
한 철학적·신학적 관점을 드러낸다.[165]

　　또한 고대 역사가들 대다수가 역사의 몇 가지 패턴에서 신의 뜻을 해
석하려고 했다는 점은 복음서를 이해하는 데 특히 중요하다.[166] 신탁과 징
조는 로마의 신적인 운명을 드러낸다고 여겨졌고,[167] 신탁은 플롯을 움직

조)을 참고하라.

162　예. 4 Macc 1:7-8.

163　Keener, *Acts*, 1:154-55, 특히 nn. 50-63에서의 광범위한 고증을 보라.

164　예. Polybius, *Histories* 2.56.13; 3.6.1-3.7.3; 3.31.11-13; 3.32.2. 많은 사건과 관련해서는
　　다양한 보완적 원인이 있을 수 있다(Pelling, *Texts*, 88).

165　참조. Nicolaus, *Augustus* 23(*FGrH* 130)에서의 운명의 신이나 신들에 의한 인과관계;
　　Annals 3.18에서의 타키투스; Hadas, "Introduction," xvi; Walbank, "Fortune"에 언급된 폴
　　리비오스의 글에서의 운명의 신. Polybius, *Histories* 1.4; Tacitus, *Annals* 6.22.1을 인용하는
　　Becker, *Birth*, 128도 함께 보라.

166　예를 들면 Justin, *Epitome* 24.3.10; Appian, *Roman History* 7.8.53; 특히 Squires, *Plan*;
　　Squires, "Plan"; Shauf, *Divine*을 보라. 물론 그들은 사제들이나 예언자들만큼 그렇게 하지
　　는 않았다. 참조. Balentine, "Future," 146-51.

167　예를 들면, 로마의 지하에서 발견된 한 두상에 대한 해석(Dionysius of Halicarnassus,
　　Roman Antiquities 4.59.2; 4.61.2; Plutarch, *Camillus* 31.4; Dio Cassius, frag., in Zonaras,

이는 장치 역할을 할 수 있었다.[168] 탈출은 신들로 인해 비롯된 일일 수도 있었고[169] 역사의 교훈에는 신들에 대한 경건의 필요성이 포함되었다.[170] 역사가들은 다른 곳에서 예를 들어 신전에 대한 모독을 벌하는 신들을 종종 강조한다.[171] 오늘날의 많은 독자에게는 이상해 보이지만 과거의 대부분 동안 사람들은 역사 속에 인식 가능한 패턴이 존재했다고 믿었다.[172] 헬레니즘 시대 역사가들은 역사에서[173] 요세푸스와 같이[174] 섭리를 인식했다. 초기 기독교 운동에 대한 하나님의 섭리를 통한 인도를 바라보는 누가의 이해는 다른 몇몇 헬레니즘 시대 역사가들에게서 발견되는 섭리의 계

Extracts of History 7.11).

168 예를 들면 Apollodorus, *Epitome* 5.10; Ps.-Callisthenes, *Alexander Romance* 1.30, 33; Xenophon, *Ephesiaca* 1.6-7; *Apollonius King of Tyre* 48; Bonz, *Past as Legacy*, 192; 역사 기록에서는 예를 들면 Justin, *Epitome* 6.2.4-5; 7.1.7-8; 7.6.1-2; 12.2.3; 20.3.2-3; Velleius Paterculus, *History* 2.24.3; 2.57.2; Suetonius, *Julius* 81; Squires, *Plan*, 121-29; Walbank, "Fortune," 350-54.

169 Xenophon, *Anabasis* 5.2.24.

170 Dionysius of Halicarnassus, *Roman Antiquities* 8.56.1.

171 예를 들면 Polybius, *Histories* 31.9.1-4; 32.15.14; Diodorus Siculus, *Library of History* 14.63.1; 14.69.4; 14.76.3; 16.58.6; 27.4.3; Cornelius Nepos, *On Great Generals* 17(Agesilaus), 4.8; Justin, *Epitome* 2.12.8-10; 24.6.4-5, 8-16; 28.3.5-8; Valerius Maximus, *Memorable Doings and Sayings* 1.1.18-21; 1.1.ext.3(사후 유작); 1.1.ext.5; Livy, *History* 42.28.12; Pliny, *Natural History* 33.24.83; Appian, *Roman History* 3.12.1-2; Babrius, *Fables* 78; Phaedrus, *Fables* 4.11.1-13; Lucian, *Zeus Rants* 24, 32; Pausanias, *Description of Greece* 3.23.5; 9.33.6; 9.39.12; Quintilian, *Declamations* 323 intro; Athenaeus, *The Learned Banqueters* 12.523ab; 참조. Cicero, *Against Verres* 2.5.72.184-89; 2 Macc 3:25-26; Josephus, *Jewish Antiquities* 12.358-59.

172 Frei, "Apologetics," 56은 이 견해가 18세기 영국에서도 영향력이 있었음을 지적한다.

173 Squires, "Plan," 38; Squires, *Plan*, 15-17, 38-46; Balch, "Genre," 10-11; Marguerat, *Histoire*, 36-37; 참조. Downing, "Theism"; Downing, "Common Ground"; 때로는 폴리비오스(Walbank, "Fortune"); Pervo, *Profit*, 83, 123, 129에는 실례지만. 로마의 그리스적인 역사가들은 로마의 운명에 대한 신적인 계획에 대해 일부 로마인들보다(Pelling, "Historians of Rome," 257-58) 덜 강조하는 것처럼 보였다(예. Justin, *Epitome* 43.2.5).

174 Squires, *Plan*, 18-20, 46-51; Derrenbacker, *Practices*, 93.

획에 따른 역할과 밀접하게 들어맞는다.[175]

초기 기독교인들은 추상적 개념보다는 역사에서 신학을 배우기를 기대했다. 그들은 유대인의 성경을 물려받았기 때문이다(롬 15:4; 고전 10:6, 11).[176] 대다수의 헬라파 유대인 지식인들조차 성경 대부분을 역사적으로나 신학적으로나 참된 것으로 간주했다.[177] 아풀레이우스의 2세기 저작인 「변신」(*Metamorphoses*)을 제외하면 대부분의 유대인 역사 기록에서 발견되는 종교적인 선전 기능을 공유한 소설은 거의 없었다. 이는 아마도 단지 다신교적인 환경이 다신교를 당연한 것으로 받아들일 수 있었기 때문일 것이다.[178] 역사에 관한 관심은 대다수 유대인과 1세기 기독교인을 신비 종교와 같은 집단들과 구별해주었다.[179]

---

175 Squires, *Plan*, 20-36, 52-77; Brawley, *Centering*, 86-106; Marguerat, *Histoire*, 59-61.

176 어떤 이들은 기독교의 역사 신학이 역사 기록에 대한 최초의 진지한 **철학**(과 목적론)을 제시했다고 주장한다(Nicolai, "Place," 17-18).

177 예. Philo, *Creation* 1-2.

178 어떤 이들은 심지어 아풀레이우스의 종교적인 선전 기능에도 의문을 제기하면서 그의 풍자적 강조를 지적한다(Hofmann, "Novels: Latin," 844; Murgatroyd, "Ending"; Libby, "Moons"). 나는 그런 소설들 속에 종교적인 내용이 있음을 부정하지 않는다. 그것은 문화적 풍경의 일부였고 때로는 절정에 이른 극적인 상황에서의 해결책(*deus ex machina*)을 위해서도 필요했다.

179 Metzger, "Considerations," 15, 19-20; 참조. Martin, "Mithraism"; Blomberg, "Mithras," 79.

7.7. 편집적 관점과 "참된" 역사

고대의 전기 작가와 역사가들은 같은 정보를 현저하게 다른 평가의 관점에서 제시할 수 있었다.[180] 예를 들면, 저자들의 서로 다른 강조점으로 인해 알렉산드로스의 성격에 대한 묘사는 현존하는 사료들 속에서 극명하게 차이를 보이는데, 이는 복음서에 나오는 예수의 본질적인 성격에 대한 좀 더 적당하게 다른 묘사를 훨씬 능가한다.[181]

그러나 다양한 해석상의 편차는 놀라운 일이 아니다. 오늘날까지도 각기 다른 전기 작가들이 그들의 선택적인 진술 속에서 대상에 대한 다양한 관점을 자주 제시한다.[182] 던은 윈스턴 처칠과 마거릿 대처에 대한 오늘날의 다양한 평가,[183] 또는 아돌프 히틀러의 악을 "실명"하려는 다양한 시도[184]를 예로 지적한다. 라이스트너(Laistner)는 영국과 미국의 역사가들이 "미국 독립 혁명"에 관해 "양쪽 모두에게 공평"해지는 데 아마도 한 세기가 걸렸을 것이라는 점을 지적한다.[185] 전기 작가들은 이전 시대에는 훨씬

---

180 예를 들면 Ytterbrink, *Gospel*, 89을 보라.
181 예를 들면, 알렉산드로스에 대한 주로 고결한 묘사와 주로 술에 취한 듯한 묘사를 대조하는 Lee, "Source Criticism," 209-10을 보라.
182 포스트모더니즘적인 역사가들은 역사가가 사실을 정확하게 포함시킬 수도 있지만, 그들의 자료에 대한 선택과 구성은 특정한 관점을 반영한다고 타당하게 지적한다. 복음서를 대할 때 비판적 실재론을 선호하는 포스트모더니즘의 역사 서술이 지닌 강점과 약점에 대한 한 가지 논의를 보려면 Licona, *Resurrection*, 71-89을 보라. 포스트모더니즘의 전환이 있기 전에 Caird는 이미 사건의 사실성과 그 의미를 구별하며 "어떤 역사적 진술도 순전히 지시적이지는 않다"고 지적한다(Caird, *Language*, 201-2).
183 Dunn, *Acts*, xvi.
184 Dunn, *Remembered*, 185.
185 Laistner, *Historians*, 95. Francis Asbury의 (어떤 것은 상당히 일방적인) 다양한 적용에 관해서는 Wigger, *Saint*, 405-18을 보라.

더 큰 편집과 구성의 자유를 행사했다.[186] 오늘날까지도 주관적 편견을 피할 수 있는 역사가는 아무도 없지만, 사건에 관한 관점은 역사가들이 포함시킨 사건에 관한 정보를 무시하지 않는다.[187]

마찬가지로, 심지어 각기 다른 나라의 언론 매체들도 (때로는 같은 나라에서도) 각기 매우 다른 방식으로 뉴스를 선별하고 "만들어"내지만,[188] 자유로운 매체의 절대다수는 여전히 진짜 자료를 사용한다. 저자들은 특정한 관점에서 글을 쓰고 독자들은 그들 나름의 관점(예. 계몽주의적 합리주의, 마르크스주의, 또는 민족주의)에서 저자의 관점(예. 신들에 관한 신정론, 자본주의, 또는 세계주의)을 평가한다. 그러나 우리가 저자의 관점을 인식하려면 그들이 자료를 조작했다고 가정해야 하는 것은 아니다. 예를 들어 누가복음-사도행전에서 스데반(행 7:2-50)이나 바울(행 13:17-37)이 성경적 역사를 근거로 설교할 때, 그들의 다시 말하기는 선별적이지만 실질적으로 그들이 진술하는 전승을 정확히 되풀이해 말한 것이다.

고대 역사가들은 그들이 진실이라고(또는 유서 깊다고) 믿는 이야기들을 근거로 도덕적이거나 정치적이거나 신학적인 요점을 전달했다. 역사 장르로 논고를 집필하지 않아도 추상적이거나 찬사 일색의 논고를 쓸 수는 있었다(비록 그런 논고조차 종종 역사적인 예들을 사용했지만).[189] 게자 버미스가 지적하듯이, "신학적 관심은 정치적이거나 철학적인 신념과 마찬가지

---

186 편집상의 구성에 대해서는 Tomkins, *Wilberforce*, 15-16, 포함된 기억의 진실성에 대해서는 16-17을 보라.
187 Marshall은 *Historian*, 47에서 Perrin이 역사 기록에 대한 시대에 뒤떨어진 이해를 하고 있다고 비판한다. Judge는 "Sources," 280-81에서 심지어 자유롭고 비인격화된 관점을 선호하는 현대(고대와 대비되는)의 많은 역사 기록은 비현실적이라며 이의를 제기한다.
188 "Did Not Know"에 담긴 나의 이의 제기를 보라.
189 「마카베오4서」는 「마카베오하」에 나오는 이야기를 도덕적 가르침과 뒤섞는다.

로 역사에 관한 관심과 양립할 수 있으며" 우리는 해석에 있어서 이런 관심사들을 고려할 수 있다.[190]

변증론적인 관심에 대해서도 마찬가지다.[191] 고대 근동의 다양한 민족들, 특히 그들의 신성한 전통을 지키는 제사장들은 헬레니즘의 문화적 제국주의에 대응할 필요성을 느끼고[192] 변증론적인 역사 기록을 통해 자주 그렇게 대응했다.[193] 따라서 헬라파 유대인 역사가들은 유대교의 위대함과 오래됨을 강조하기 위해 그들의 전통을 좀 더 헬레니즘적인 형태로 재구성했다.[194] 필론의 「플라쿠스」는 아마도 유대인의 변증론적 역사 기록의 한 짧은 예일 것이다.[195]

가장 완전한 예는 이스라엘 역사에서 하나님의 섭리를 강조하는 요세푸스의 「유대 고대사」나.[196] 요세푸스는 로마의 신들이나 운녕의 신에 맞서 유대인의 하나님을 변호하려 애쓰며, 기원후 70년의 패배 이후 그 패배가 하나님의 계획에 속한 것이었음을 보여준다.[197] 예를 들면, 요세푸스의 모세에 관한 이야기는 로마에서 영향력 있는 알렉산드리아의 반(反)유대적 선전에 도전하는 것일 수도 있다.[198]

---

190 Vermes, *Jesus and Judaism*, 19-20; 참조. Levinskaya, *Setting*, 2; Hemer, *Acts*, 79-90.
191 요세푸스와 마찬가지로; Sterling, *Historiography*, 103-310을 보라.
192 예를 들면 Berossus(참조. Kuhrt, "Mesopotamia," 62-63; Dillery, "Historians," 222-25)와 Manetho(Dillery, "Historians," 225-28); 추가로 Sterling, "Historians," 502을 보라.
193 Sterling, *Historiography*, 103-36(하지만 Dillery, "Historians," 228-30을 참고하라).
194 Sterling, *Historiography*, 137-225. 다음 글들도 함께 보라. Sterling, "Appropriation," 234-38; Harrington, "Bible," 245; Wandrey, "Literature," 696.
195 Meiser, "Gattung"을 보라. 이 글의 담론은 이러한 결론을 뒷받침하는 데 일조한다.
196 Sterling, *Historiography*, 226-310. 좀 더 일반적으로 말하면 다른 이들도 요세푸스의 변증론적인 목표를 강조한다(예. Feldman, "Apologist"; 자신을 변호하는 면에 관해서는, Vogel, "Vita"; Lamour, "Organisation").
197 예를 들면 Kelley, "Perspective"를 보라.
198 Hata, "Moses"를 보라.

7.8. 역사적 정보에 관한 관심

역사가들은 자료를 각색하고, 연설을 채워 넣고, 교훈을 심어주려 했지만, 보통 사료 속의 사건들을 지어내지는 않았다. 심지어 광범위한 윤색을 이유로 다른 역사가들을 비난한 이들조차 전투와 같은 사건들을 날조했다고 비난한 적은 드물었다.

7.8a. 정확성에 대한 역사가들의 관심?

어떤 이들이 주장했던 것과 달리, 고대 역사가들은 일반적으로 사건에 관한 정확성에 신경을 썼고 그에 따라 동료 역사가들을 평가했다.[199] 그들은 수사학이 적절한 범위 안에서 유지되는 한 사실에 관한 목표와 수사학적 목표는 양립할 수 없다고 생각하지 않았다.[200] 물론 어느 정도가 적절한지에 대해 모든 역사가가 다 동의하지도 않았고 그들 모두가 똑같이 세심하지도 않았다. 타키투스,[201] 헤로도토스, 투키디데스는 예컨대 스트라보나 플루타르코스보다 자료를 더 주의 깊게 따랐다.[202] 그러나 명백히 자기 나름의 명예에 굶주린 관점에서 글을 쓴 카이사르조차 의도적으로 증거를 조작했을 것 같지는 않다.[203]

---

199 예를 들면 Mosley, "Reporting," 26; Fornara, *Nature*, 61; Hemer, *Acts*, 63-70; Byrskog, *Story*, 179-84을 보라. 예를 들면 Josephus, *Jewish Antiquities* 20.156-57을 보라. 참조. *Life* 336-39. 역사가 기록된 방식에 관해서는 Keener, *John*, 17-25; Keener, *Acts*, 1:116-65도 함께 보라. 나는 이 책의 대부분을 본서의 더 긴 논의 속에 포함시켰다.

200 Byrskog, *Story*, 213, 223; 특히 Rothschild, *Rhetoric*, 곳곳.

201 Laistner, *Historians*, 121; Mosley, "Reporting," 20-22; Pelling, "Historiography," 716; Hadas, "Introduction," xviii.

202 Mosley, "Reporting," 12-14, 16; 일반적인 그리스의 역사가들에 대해서는 11-18을 보라.

203 Laistner, *Historians*, 36-38. 역사가들은 이전 역사가들의 글을 비판적으로 활용하되 대개

고대의 역사가들과 독자들은 수사학적 윤색에도 불구하고 역사 서술의 다음과 같은 특징들을 기대했다.

- 역사는 진실해야 한다.[204]
- 역사가는 순수한 진실을 제시해야 한다.[205]
- 따라서 역사가들은 거짓을 조장한다는 혐의를 그들이 제기한 다른 역사가들을, 특히 그들이 이기적인 의도를 드러냈다고 생각할 때, 혹독하게 비판했다.[206]
- 역사가들은 부지중에 사실을 잘못 이해한 이들을 좀 더 낮은 강도로 비판했다.[207]
- 실상사상으로 사료의 나양한 관점을 무시한 채 가장 마땅식하시 못한 해석을 일관되게 제시한 저자는 악의가 있다고 비난받을 수 있었다.[208]
- 신화와 달리 역사의 목표는 순전히 진실이다.[209]

그들이 역사적 사실을 기록했을 것이라는 기대를 품고 활용했고, 이것이 그들의 장르에 대한 이해였다(Lendon, "Historians," 54).

204 예. Josephus, *Against Apion* 1.26; *Jewish Antiquities* 20.156-57; Dionysius of Halicarnassus, *Thucydides* 8.

205 Josephus, *Jewish Antiquities* 8.56.

206 Josephus, *Life* 336-39; Diodorus Siculus, *Library of History* 21.17.1; Lucian, *How to Write History* 24-25; 특히 이하의 폴리비오스에 대한 논의를 보라. 그러나 자신의 저작이 우월하다고 주장한 이들은 비방하는 사람들에게 뻔뻔하다는 비난을 받을 위험을 초래할 수도 있었다(Josephus, *Life* 359). 거짓의 혐의는 논쟁적 의도에도 도움이 되었다.

207 Diodorus Siculus, *Library of History* 1.37.4, 6.

208 Plutarch, *Malice of Herodotus* 3-7, *Moralia* 855C-856B가 그렇다(하지만 여기서 정확히 Penner, *Praise*, 169을 보라). 아테네인들에 대한 투키디데스의 유감에 대해서는 Dionysius of Halicarnassus, *Letter to Gnaeus Pompeius* 3을 참고하라.

209 Polybius, *Histories* 34.4.2-3. Saïd는 "Myth," 85에서 폴리비오스가 신화를 이야기하기

- 특별히 수사학적인 면에 집중한 어느 기독교 이전의 역사가조차 이전 역사가들의 수사법에 관한 글을 쓰면서 진실을 말하는 일의 중요성을 강조하고,[210] 주의 깊은 역사가의 문학적 기교는 "역사에서 그와 같은 과장을 변명할 구실이 되지 않으며"[211] 역사는 전설이 아닌 진실을 수반하고 역사가는 사실을 추구하여 사실에서 "더하지도 빼지도" 말아야 한다고 주장한다.[212]
- 로마 제국 초기에 타키투스는 자신의 진지한 역사서를 믿기 어려운 소문이나 허구와 비교하지 말라고 경고한다.[213]

어떤 이들은 정확성을 추구한다는 역사가의 주장이 단지 역사가의 문학적 관습에 불과했다고 생각한다. 그러나 어떤 저자들은 이러한 관습을 패러디했고, 그 이전의 어떤 역사가들은 이야기를 자유롭게 윤색했으며, 심지어 로마 제국 초기의 어떤 역사가들은 그러한 주장 속에 표현된 열망에 어울리게 살지 않았지만,[214] 그럼에도 역사가들만 역사 기록에서 이렇게

를 거부한다는 점을 지적한다(예를 들어 Polybius, *Histories* 2.16.13-15; 4.40.2; 9.2.1; 12.24.5을 보라). 하지만 그는 신화와 관련된 지역적인 몇 가지 전설을 비판적으로 전해주며(4.43.6) 전설의 배후에 있는 몇 가지 역사적 근거를 받아들인다(34.2.4, 9-11). 폴리비오스의 높은 이상적 기준에 대한 논의를 보려면 Keener, *Acts*, 1:124-26을 보라.

210 Dionysius of Halicarnassus, *Thucydides* 55; 참조. Josephus, *Jewish Antiquities* 8.56; 20.156-57.
211 Dionysius of Halicarnassus, *Thucydides* 19(LCL 1:512-13). Thucydides, *History* 1.1.1-2; 1.21.2; 1.23.1-2을 보라. 역사 서술에 있어서 과장법의 다른 몇 가지 사례를 보려면 다음 문헌들을 보라. Thucydides 8.96.1(참조. 2.94.1); Polybius, *Histories* 1.4.5; Tacitus, *Histories* 1.2.
212 Dionysius of Halicarnassus, *Thucydides* 8(LCL 1:478-79); 이것은 저자의 예외 없는 관행이 아니라 하나의 이상이다.
213 Tacitus, *Annals* 4.11.
214 루키아노스의 원시 공상 과학/판타지인 「참된 이야기」(*True Story*)는 오늘날에도 여전히

정확한 정보를 요구한 것은 아니었다.[215]

- 지리학자 파우사니아스는 역사 연구를 합창과 비극에 대한 어린 시절의 지식과 명백히 구별한다.[216]
- 아리스토텔레스는 "역사"와 "시"를 문체로 구분하지 않는다. 원하면 헤로도토스의 글을 운문으로 표현할 수 있기 때문이다. 그러나 역사는 실제로 일어났던 일을 이야기하는 반면, 시(즉 서사시와 희곡)는 일어날 수 있을 만한 일을 이야기한다.[217]
- 따라서 아리스토텔레스에게 있어 시는 보다 철학적이며 일반적인 진리를 전달하는 반면, 역사는 구체적인 사실을 전달한다.[218]

익살스럽지만, 누구나 이 작품을 복음서보다 더 환상적인 작품이나 여기서 다룬 주류 전기에 대한 패러디로 인식했을 것이다(참조. Keener, *Acts*, 1:76-77의 논의). 참조. Tamiolaki, "Satire"의 논의. 루키아노스는 자신이 비판하는 이들의 (크테시아스와 같은) 가명까지 (그가 그 가명들을 전부 지어낸 것이 아니라면) 여러모로 활용한다. 참조. Ní-Mheallaigh, *Fiction*, 150 n. 27. 그러나 크테시아스는 인도와 아시리아에 대한 공상으로 가득한 것으로 보이지만, 그의 창의성조차 그중에 일부는 페르시아의 이야기에서 나온 것일지도 모르며 에포로스의 글에 폴리비오스에게서 얻을 수 있는 실체보다 더 많은 실체가 있었을지도 모른다(Schepens, "History," 50-51).

215 투키디데스(우리의 기준에 따르면 주의 깊은 역사가)는 여전히 주된 모범이었다 (Marincola, "Speeches," 123-27; Croke, "Historiography," 567-68; 수사적 이유에 대해서는 Kennedy, "Source Criticism," 145-46을 참고하라).

216 Pausanias, *Description of Greece* 1.3.3(LCL 1:15, 17).

217 Aristotle, *Poetics* 9.2, 1451b; 참조. Thucydides, *History* 1.21.1; Pliny, *Letters* 9.33.1; Lucian, *How to Write History* 8, 22; Menander Rhetor, *Epideictic Treatises* 1.1.333.31-1.1.334.5; Becker, *Birth*, 91(참조. 121); Adams, *Genre*, 47; 심지어 Isocrates, *Euagoras* 10, 21, 36, in Ytterbrink, *Gospel*, 76. 엔니우스의 *Annales*와 같이 서사시 형태로 서술된 역사에 대해서는 Cicero, *On the Laws* 1.2.5을 보라(Galinsky, "Introduction," 5). 헤로도토스는 "호메로스에게서 비롯된 서사시의 관습"을 어느 정도 떠올리게 한다(Bratt, "Monarchs"을 따르는 Knoppers, "Problem," 17); 호메로스는 그의 시대의 지배적인 서사 모델을 제시했다.

218 Aristotle, *Poetics* 9.3, 1451b. *Poetics* 9, 23을 인용하는 Momigliano, *Development*, 66도 함께 보라. 역사적 담론은 다른 담론들(예. 법정 수사학이나 철학. 예를 들면 [Philostratus]

- 기원전 1세기에 키케로는 역사가들이 거짓과 편파성을 피할 것이라는 표준적인 기대를 인식했다.[219]
- 기원후 1세기에 수사학자 퀸틸리아누스는 서사를 (1) 현재의 실재와는 다른 서사시와 비극,[220] (2) 현실주의를 소재로 한 희극, (3) "이루어진 일에 대한 설명"[221]인 역사로 구분한다.
- 마찬가지로 퀸틸리아누스는 역사에서나 시라는 허구의 장르에서나 실례를 제시하기를 마다하지 말 것을 제안한다.[222] 역사가들은 진정한 사실을 제시한다.[223]
- 2세기의 풍자 작가 루키아노스는 특히 다음과 같은 점들을 강조한다.
- 역사는 "운문과 시와는 다른" 규칙을 사용하며 이 규칙에 따르면 시가 너무 많은 이유를 영감 탓으로 돌릴 수 있다.[224]
- 참된 역사는 사소한 거짓도 포함해선 안 된다.[225] 역사의 유용성은 오직 진실에서만 나온다.[226]
- 나쁜 역사가만이 자료를 날조한다.[227]

Epistles of Apollonius 19을 보라)과 달랐다.

219 Cicero, *Letters to Friends* 5.12; *Letters to Atticus* 2.1.2을 인용하는 Laistner, *Historians*, 33-35; Cicero, *On the Orator* 2.15.62-63을 인용하는 Fornara, *Nature*, 138-39. 키케로는 자신에 대한 찬사를 요구할 때 이것이 역사 기록의 공평무사함의 관례를 따르는 것이 아님을 알고 있다.

220 대부분의 서사시와 비극은 신화적이거나 전설적인 먼 과거를 다루었다.

221 Quintilian, *Orator's Education* 2.4.2, in Collins, *Mark*, 35.

222 Quintilian, *Orator's Education* 12.4.1 in Becker, *Birth*, 62.

223 Quintilian, *Orator's Education* 10.1.34 in Becker, *Birth*, 62.

224 Lucian, *How to Write History* 8(번역. LCL 6:13).

225 Lucian, *How to Write History* 7.

226 Lucian, *How to Write History* 9.

227 예. Lucian, *How to Write History* 24-25.

- 역사가는 일어난 일만을 이야기하고 진실의 신 외에는 어떤 신에게도 제사 드리지 말아야 한다.[228]
- 그는 진실은 "역사만의 고유한 한 가지 것"이라고 지적했다. 역사를 쓰는 사람은 다른 모든 관심사를 무시해야 한다.[229]
- 역사가는 감언이설이 아니라 진리에 충실해야 한다.[230]

소(小)플리니우스(기원후 61-113년)의 관점은 교훈적이다. 그는 역사가가 아니었고 따라서 단순히 어떤 이들이 역사가들이 자신의 저작에 관해 주장하는 내용을 일축하기 위해 사용하는 개념인, 세련된 문학적 관례를 따르고 있는 것이 아니었다. 그는 역사의 이상적인 주제는 독창적이고 흥미로운 소재를 제공하지만, 그 소재가 진정한 사실에 기반한 한에서만 그렇다는 견해를 밝힌다.[231] 그는 역사의 일차적인 목표는 수사적 과시가 아니라 진실과 정확성이라고 인식한다.[232]

물론 고대의 역사적 기준은 다른 이들이 이러한 이상에 따라 역사가를 평가할 것이라는 사실만을 입증할 뿐 역사가들이 언제나 그 이상에 부합되게 살았다는 사실을 입증하는 것이 아니다.[233] 일어난 일을 알았어야 마땅한 역사가들은 때때로 그와는 사뭇 다른 기록을 제시했다.[234] 그렇지

---

228 Lucian, *How to Write History* 39.
229 Lucian, *How to Write History* 40(LCL 6:55).
230 Lucian, *How to Write History* 62.
231 Pliny, *Letters* 8.4.1. 고대 역사 기록에서의 사실에 대한 강조에 관해서는 Byrskog, *Story*, 179-84도 함께 보라.
232 Pliny, *Letters* 7.17.3. 정확성은 칭찬할 만한 것이었다(5.5.3; 5.8.5; 참조. 9.19.5).
233 타당하게도, Eve, *Behind Gospels*, 141.
234 예를 들어 그의 사료와 관련해서 Plutarch, *Artaxerxes* 1.4; 6.9; 19.2-6을 인용하는 Almagor, "Narratives," 70을 보라.

만 역사서의 목표는 그러한 목표가 전혀 없는 허구적인 작품과 극명하게 대조된다. 역사가들의 해석적 편견과 그 밖의 약점들은 우리가 역사서에 실제로 포함된 중요한 정보를 사용하는 것을 가로막지 않는다.[235]

역사가들의 저작은 공적인 저작이었으므로 역사적 기준은 불필요한 오류를 실제로 제한했다. 타당한 이유 없이 이미 알려진 사실에서 크게 벗어난 기록은 저자의 주장을 훼손할 것이다.[236] 연구가 불충분하거나 자신의 기록에 대한 직접적인 지식이 없다는 결점이 있다고 여겨지는 역사가들은 의심을 받을 가능성이 컸다.[237] 역사가들은 다른 역사가가 그와 같은 판단 기준에 미달하는 것으로 보일 때 그런 역사가를 비판했다.[238]

헬라파 유대인 역사가들도 역사적 정보를 중시했다. 요세푸스조차 연설 외에는 "일어난 일이나 사건을 자신만의 생각이나 미드라시적 설명을 따라 지어내지 않는다."[239] 심지어 많은 비난을 받은 「마카베오하」[240]에도 상당한 역사적 정보가 포함되어 있다. 퀴레네의 야손의 저작을 압축한 이 책의 저자는 다수의 새로운 장면을 지어내지는 않았을 것이다. 그가 말하는 야손이나 그 이전의 이야기꾼들이 몇몇 장면을 더했더라도 말이다.

---

235 특히 Grant, *Historians*; Johannes Fried의 의견을 수정하기 위해 Ricoeur의 말을 인용(53-55에서 다룸)하는 Schröter, *Jesus to New Testament*, 56-60을 보라.

236 Eve, *Behind Gospels*, 142.

237 Thucydides, *History* 1.20.3; Arrian, *Indica* 7.1.

238 예. Dio Cassius, *Roman History* 1.1.1-2; Herodian, *History* 1.1.1-2.

239 Derrenbacker, *Practices*, 93에서도 인용된 Downing, "Redaction Criticism 1", 55-56(참조. 60). 비록 많은 문서 보관소가 파괴됐지만, 요세푸스는 가끔 문서 보관소에 출입할 기회가 있었던 것으로 보인다(*Jewish War* 2.427; Yamauchi, "Archives," 80).

240 Penner는 *Praise*, 136-37에서 「마카베오상」은 모두가 역사로 인정하지만 「마카베오하」에서 역사와 허구의 분량은 논쟁거리라고 지적한다(이와 대조적으로 「마카베오3서」는 보편적으로 소설이라는 데 의견이 일치한다. 예를 들어 Johnson, "Fictions"; Hacham, "Polemic"; Mélèze-Modrzejewski, "Loi"를 보라).

「마카베오하」는「마카베오상」과는 독립적이겠지만,「마카베오상」과의 몇 가지 중요한 일치점을 보여준다.[241] 우리는 마카베오 관련 문헌[242]에서 몇 가지 개연성 있는 오류나 각색[243]뿐만 아니라 약간의 과장법도 고려해야 하지만 외적인 증거는「마카베오하」의 몇몇 주장을 확증해준다.[244]

역사는 진실해야 했지만, 이 사실은 우리에게 역사와 특히 어떤 역사 가가 어느 정도나 사전 정보의 제약을 받았는지 말해주지 않는다. 그러나 우리는 몇몇 복음서의 경우와 마찬가지로 몇몇 역사가들을 그들이 사용 한 사료와 그 사료가 현존하는 부분을 비교해 봄으로써 그들의 글에서 불 변성과 유연성의 정도를 시험해볼 수 있다. 정보의 내용과 유연성을 구체 적으로 파악하는 작업에 대해서는 이하의 10, 11장을 보라.

7.8b. 조사[245]

그리스 역사가들은 비록 약점이 있었지만 그럼에도 일차적인 연구는 그 들의 강점 중 하나였다.[246] 심지어 연구나 조사를 지칭하는 데 자주 사용되 는 그리스어 단어인 "히스토리아"(ἱστορία)조차 많은 이들이 초기부터 역

---

241 Reynolds, "Difference"를 보라. 어떤 학자들은「마카베오하」를「마카베오상」을 반박하는 책으로 간주한다. 그러나「마카베오하」는 단순히 같은 시기에 대한 디아스포라의 관점을 제시할 뿐일지도 모른다(Simkovich, "Influence"를 보라). 오늘날 어떤 학자들은「마카베오 상」의 대부분조차 허구로 여겨 거부하지만, 때로는 불필요하게 종교적인 이야기와 역사적 정보를 양립 불가능한 것으로 취급하여 거부하기도 한다.

242 Hilbert, "Enemies"와 Morrison, "Composition"에서 요약한 사람의 과장에 대한 논증을 보라.

243 2 Macc 3에서 한 가지 핵심뿐만 아니라 바뀐 부분도 발견하는 Rappaport, "Heliodoros"을 참고하라.

244 Gera, "Olympiodoros"; 참조. Jones, "Inscription"; Shanks, "Inscription."

245 나는 여기서 Keener, Acts, 1:183-88에 나오는 자료를 취했다.

246 Meister, "Historiography: Greece," 421.

사 기록의 핵심적인 특징으로 간주한 것, 즉 자신들의 반응을 응집력 있는 이야기로 엮어내기 전에 직접적인 지식을 가진 이들에게 질문하는 일을 가리킨다.[247] 그리스의 역사가들은 종종 사건이 벌어진 장소로 가서 자신이 믿을 만한 구전 자료로 간주한 이들에게 조언을 구했다.[248]

폭넓게 여행한 헤로도토스는 조사에 대한 이러한 강조를 처음 시작했다.[249] 사료를 교차 조사한 투키디데스는 이러한 접근법을 표준으로 생각한다.[250] 디오도로스 시켈리오테스는 기록을 참고했고[251] 관련된 장소 여러 곳을 방문했다고 주장한다.[252] 필로스트라토스의 소피스트에 관한 전기의 주인공들은 대부분 죽은 지 오래된 사람들이었지만, 필로스트라토스는 아직 살아 있는 몇몇 사람과 여러 번 면담하기도 했다.[253]

---

247 Fornara, *Nature*, 47. 목격자들과 대담하는 일(Polybius, *Histories* 4.2.2), 문제의 장면으로 여행할 때의 다른 사료들(Herodotus, *Histories* 2.52; Polybius, *Histories* 3.48.12; 4.38.11; 10.11.4), 목격자들의 기록을 읽는 일(Polybius, *Histories* 28.4.8; 38.4.8)을 언급하는 Aune, *Environment*, 81-82도 함께 보라. 이러한 관행은 전문 용어보다 더 중요하다. Schepens는 "History," 39-40에서 이러한 "히스토리아" 개념을 지적하지만(47도 함께 보라), 41-42에서 이 개념에 대한 오늘날의 의견 불일치를 언급한다.

248 Herodotus, *Histories* 2.52; Polybius, *Histories* 3.48.12; 4.38.11; 10.11.4을 인용하는 Aune, *Environment*, 81. Plutarch, *Demosthenes* 2.1-2; Appian, *Roman History* pref.12도 함께 보라. 고대인들은 심지어 먼 과거에 대해서도 때때로 몇백 년 동안 전해져 온다고 알려진 지역의 구전 자료를 발견했지만(예. Pausanias, *Description of Greece* 1.23.2) 그 자료들의 신뢰성은 훨씬 더 의문스럽다(Pretzler, "Pausanias and Tradition"). 지역적 전승의 끈질긴 보존에 대해 Aune는 "Prolegomena," 93에서 예를 들면 Pausanias, *Description of Greece* 8.26.6; 8.29.1; 8.38.2; 8.42.1-2을 인용한다.

249 Herodotus, *Histories* 1.1.

250 Thucydides, *History* 1.22.2; 5.26. Fornara, *Nature*, 47-48; Schepens, "History," 47-48.

251 Diodorus Siculus, *Library of History* 1.4.4-5.

252 Diodorus Siculus, *Library of History* 1.4.1(그러나 메소포타미아에 대해서는 Oldfather, "Introduction to Diodorus," xiii을 보라).

253 Philostratus, *Lives of the Sophists* 2.23.606. 다른 몇몇 경우에 그의 조사는 아무 성과가 없었지만, 그는 자신이 어느 정도 조사를 마쳤다는 사실을 우연히 확인한다(2.5.576).

폴리비오스는 다른 역사가들을 평가하기 위한 가장 엄격한 기준을 가장 완벽하게 표현한다. 그에게 있어서 조사는 역사 집필의 "가장 중요한 부분"이다.[254] 이러한 조사는 특히 사람들을 면담하고 기록들을 비판적으로 평가하며 가장 신뢰할 만한 자료로 입증된 것을 받아들이는 작업으로 이루어진다.[255] 폴리비오스는 현장으로 가서 목격자들을 면담하는[256] 대신 기록된 사료에만 의존하는 이들을 경멸한다.[257] 폴리비오스는 추측을 그럴듯하게 들리게 하려고 애쓰는 저자들을 비난하면서 또한 자신은 조사 과정에서 증거 문헌도 우연히 발견했다고 말한다.[258]

실제로 이 시대의 모든 역사가가 다 여행을 한 것은 아니다.[259] 로마 역사가들은 원로원의 기록으로 인해 보통 현장 조사를 수행할 필요 없이 자신의 관심사에 대한 충분한 정보를 얻었고,[260] 로마인들은 역사 그 자체를 위한 역사보다 본보기를 제시하는 일에 더 관심이 있었으므로 로마의 역사가들은 때때로 그리스인들보다 사실에 대해 덜 주의하는 것처럼 보

254 Polybius, *Histories* 12.4c.3(LCL 4:316-17). 조사에 대한 폴리비오스의 강조는 12.4c.1-5의 곳곳에서 나타난다.

255 Polybius, *Histories* 12.4c.4-5.

256 참조. Polybius, *Histories* 12.25e.7; 12.25i.2.

257 Polybius, *Histories* 12.9.2; 12.25e.1. 그는 티마이오스가 여행을 가서 목격자들의 조언을 구했을 때도 착각에 빠져 있다고 생각한다(*Histories* 12.4d.1-2). 이는 최소한 원리상으로는 법정 수사학에 관한 연구의 기준이기도 했다(예. Lysias, *Orations* 23.2-8, §§166-67).

258 Polybius, *Histories* 3.33.17-18(여기서 한니발의 동판을 인용함).

259 먼 곳에 있는 기록을 참고하는 일은 훨씬 더 어려울 것이다(참조. Ben Zeev, "Capitol").

260 Fornara, *Nature*, 56. 2세기의 사료들(Aulus Gellius, *Attic Nights* 11.17; 13.20.1; Fronto, *To Marcus Caesar* 4.5)은 도서관에서 노예들이 학자들에게 책을 가져다주었음을 암시할 수도 있다(Houston, "Library"). 그러나 아테네(Aulus Gellius, 7.17.1-2), 로마, (이후의) 에베소, (이전의) 알렉산드리아(예. Aulus Gellius 7.17.3)를 제외하면 대다수 도서관은 사적인 도서관이었다(Aune, *Dictionary*, 273-75).

인다.[261] 그러나 어쨌든 그리스의 관행은 지중해 동부를 지배했고 그곳에서 그리스어로 기록된 복음서가 태어났다.

7.8c. 동료 평가: 합의의 기준 개발하기

동료 역사가들의 동료 평가는 사실을 바로잡는 일을 명예의 문제로 만들었다.[262] (단순히 관련된 지엽적인 내용을 윤색하는 것이 아닌) 사건을 지어내는 행위는 논박과 심각한 비난의 위험을 초래하여 흠결이 있는 대부분의 저작이 그들의 후원자의 위신에 관한 관심을 지속시킬 가능성이 희박해지도록 만들었다. 역사가들은 다른 역사가가 어떤 인물의 나이에 대해 5년이나 차이가 난다는 이유로 비판했다.[263] 어떤 역사가들은 특히 수사적 구성을 정확한 정보보다 더 중시한 이전의 역사가들을 비판했다.[264] 어떤 이들은 좀 더 부드러운 태도로 자기보다 이전의 역사가들이 단지 충분한 정보가 부족해서 몇 가지 핵심적인 문제들을 윤색하거나 생략했다고 주장했다.[265] 왜곡된 관점에 대한 비난은 피하기가 더 어려웠다.[266] 비난하는 이들은 물론 그들만의 관점이 있었기 때문이다.

---

261 Cary and Haarhoff, *Life*, 263에서도 그런 견해를 밝힌다. 그들은 때때로 세부적인 내용보다 "경향"에 더 초점을 맞추었다(Fornara, *Nature*, 88-89). 그러나 심지어 로마인들 사이에서도 부정직함은 "역사적 책임이라는 규칙에 대한 역겨운 회피였다"(Fornara, *Nature*, 135; 참조. Laistner, *Historians*, 16).

262 Keener, *Acts*, 1:123-26의 더 자세한 논의를 보라. 참조. Thucydides, *History* 1.20.3; Arrian, *Indica* 7.1; Lucian, *How to Write History* 10; Becker, *Birth*, 117의 여러 사료. 고대의 명예를 얻기 위한 노력에 대해서는 예컨대 다음 참고문헌들을 보라. Williams, *Shame*; Barton, *Honor*(특히 29-130); Barton, "Moment"; Jewett, "Shame," 551-57; 유대인의 상황에서는 deSilva, "Honor"; deSilva, "Wisdom"을 보라.

263 Velleius Paterculus, *History* 2.53.4.

264 Dio Cassius, *Roman History* 1.1.1-2; Herodian, *History* 1.1.1-2.

265 Diodorus Siculus, *Library of History* 1.37.4, 6; Tacitus, *Agricola* 10.

266 예. Josephus, *Jewish War* 1.7.

비판적 역사 기록의 방법에 관한 고대의 모범은 폴리비오스다. 폴리비오스는 이야기를 좀 더 생생하게 만들고 응집력을 제공하기 위해 지나치게 선정적으로 표현하는 저자들을 맹비난한다.[267] 그는 검증할 수 없는 머나먼 땅에 대한 소문을 책 속에 포함시키는 사람들을 비난한다.[268] 그는 어떤 역사가의 종종 모순적인 기록과 "부주의한 진술"에 대한 불만을 제기한다.[269]

과장이 심한 역사가인 티마이오스에 대한 폴리비오스의 독설[270]은 부당하게 가혹하다.[271] 그렇기는 하지만 이는 정확성에 대한 요구를 잘 보여주는데, 고대 역사가들은 그들의 가장 가혹한 동료들에게 정확성에 대해 평가받을 수 있음을 예상했다. 폴리비오스는 티마이오스의 저작이 저자가 자신이 쓰고 있는 장소에 대해 잘 알지 못했고[272] 충분히 조사하지 않았으며[273] 제대로 조사했을 때조차 사실들을 뒤섞었음을[274] 보여준다고 불만을 제기한다. 비록 고대의 저자들 대다수가 사료들을 조금씩만 언급했지

---

267 Polybius, *Histories* 2.56.7, 10; 15.34.1. 폴리비오스 자신이 생생한 유혈 사태를 기록하지만 (15.33), 그는 그 사태를 과장하는 일을 피했다고 주장한다(15.34). 투키디데스는 때때로 전쟁의 공포를 충분히 불러일으키지 못했다는 Dionysius of Halicarnassus, *Thucydides* 15의 비판과 비교해 보라.

268 Polybius, *Histories* 3.38.3.

269 Polybius, *Histories* 2.56.1-3. Penner는 *Praise*, 153-55에서 폴리비오스의 민족적 타당성이라는 기준에 올바르게 이의를 제기한다.

270 Polybius, *Histories* 12.3.1-12.15.12.

271 폴리비오스는 티마이오스의 동기를 비난하고(*Histories* 12.7.6), 그의 편견을 비판하며 (12.7.1; 12.15.12), 폴리비오스 자신의 가혹함을 정당화한다(12.4a.1). 추가로 다음 참고문헌들을 보라. Penner, *Praise*, 118; Fornara, *Nature*, 48; Schepens, "History," 51-54; Vattuone, "Historiography," 196-99; 참조. Marincola, "Speeches," 124-26; Brown, *Historians*, 151, 164.

272 Polybius, *Histories* 12.3.1-2.

273 Polybius, *Histories* 12.4c.2-5.

274 Polybius, *Histories* 12.4d.1-2.

만, 폴리비오스는 티마이오스가 스스로 확인하지 않은 사료를 지어냈다며 그를 비난한다.[275]

그러나 가장 중요한 기준은 티마이오스 자신도 원칙적으로 공유하는 보다 폭넓은 역사 기록의 기준이다. 그는 거짓이 역사 서술에서 최악의 악덕이며 거짓을 기록하는 자들은 그들의 책에 대해 역사가 아닌 다른 이름을 붙여야 한다는 점을 인정한다.[276] 두 역사가는 모두 어떤 저작을 역사로 만드는 것이 저작의 형태가 아니라 내용의 진실성이라는 데 동의한다.[277] 로마 제국 초기에 역사가들은 최소한 다른 역사가들에 대해서는 그러한 기준을 계속해서 고수했다.[278]

헬레니즘 시대의 역사가들은 (아마도 종종 폴리비오스 자신을 포함해서)[279] 폴리비오스의 기준을 좀처럼 충족시키지 못했겠지만, 현존하는 예들은 대부분 여전히 실제 사건에 뿌리를 두고 있다. 게다가 (역시 우리의 기준에 따르면 주의 깊은 역사가인) 투키디데스도 여전히 주된 모범이었고[280] 때로는 심지어 수사학을 지향하는 역사가들에게도 그랬다.[281]

---

275 Polybius, *Histories* 12.9.1-12.11.7.
276 Polybius, *Histories* 12.11.7-8. 과거의 역사가들에 대한 티마이오스 자신의 독설에 관해서는 Marincola, *Authority*, 228-29을 보라.
277 Polybius, *Histories* 12.12.1-3.
278 Tacitus, *Histories* 1.1. 이와 유사하게 몇몇 동시대인들을 비판하는 Josephus, *Jewish Antiquities* 20.154을 참고하라.
279 Penner, *Praise*, 145, 157과 특히 118을 보라; *Acts*, 1:124 n. 69에 나오는 나의 논평을 보라.
280 다음 참고문헌들을 보라. Marincola, "Speeches," 123-27; Croke, "Historiography," 567-68; Lucian, *How to Write History* 2, 18-19, 39, 42(2, 18, 23, 39에서도 헤로도토스와 크세노폰을 언급함).
281 Josephus, *Jewish Antiquities*, 17-19권(Kennedy, "Source Criticism," 145-46). 하지만 그는 특히 수사적인 역사가인 할리카르나소스의 디오니시오스를 모방한다(145, 각각 20권의 책을 언급함; Downing, "Redaction Criticism 1", 47). 아리아노스의 글 속에 있는 헤로도토스의 흔적에 대해서는 Bosworth, "Pursuit," 447을 보라.

7.9. 사료를 사용한 역사가들

여러 학자가 고대 역사 기록의 수사학적 측면을 바르게 강조하지만, 불행하게도 그런 측면을 강조하는 어떤 학자들은 또한 이러한 표현 형식을 그 역사적 가치에 반하는 것으로 간주한다. 그러한 강조를 바탕으로 어떤 박학다식한 학자들은 마치 역사와 허구의 경계선이 매우 얇은 것처럼 글을 쓴다.[282] 그러나 관점도, 수사학적 전략도 고대 역사가들이 일차적으로 역사적인 정보를 사용하는 것을 가로막지는 않았다.[283] 고대 역사가들은 자신의 자료를 선택하고 각색하고 종종 윤색할 수 있는 자유를 발휘했지만, 자료 자체는 사실에 기반해야 한다는 취지의 분명한 주장을 펼쳤다.[284] 이러한 관행은 전형적인 고대 소설과는 확연히 다르다.

7.9a. 자료 사용의 예

훌륭한 역사가들은 다른 훌륭한 역사가들도 가급적 사료를 참고하기를 기대했고,[285] 이는 정보를 바탕으로 한 글쓰기에서만 의무적인 관행이었다. 역사가들에게는 대개 여러 가지 사료가 있었다.[286]

---

282 예를 들면 Penner, "Discourse," 72-73; Penner, *Praise*, 175(참조. 6)을 보라.

283 바른 균형에 대해서는 Rothschild, *Rhetoric*, 전체; Tucker, *Knowledge*, 254-62; Dewald, "Construction," 90-91, 101; Porciani, "Enigma," 333을 보라.

284 예. Aristotle, *Poetics* 9.2-3, 1451b; Dionysius of Halicarnassus, *Roman Antiquities* 1.1.2-4; 1.4.2; *Thucydides* 8; Pliny, *Letters*. 7.17.3; 8.4.1; 9.33.1; Tacitus, *Annals* 4.11; Lucian, *How to Write History* 12, 24-25; Josephus, *Against Apion* 1.26. 소(小)플리니우스는 수에토니우스와 타키투스를 둘 다 알았고 심지어 타키투스의 역사서에 손님으로 등장하려고까지 했다(*Letters* 7.33).

285 Polybius, *Histories* 12.25d.1(하지만 문헌은 [Rhodes, "Documents," 64-65에서처럼] 현장을 방문하고 역사적 배경을 검토하는 일보다 덜 중요했다; 12.25e.1, 25i.2).

286 예를 들면 Évrard, "Polybe"을 보라.

헤로도토스와 투키디데스는 아마도 고대에 가장 널리 읽힌 두 역사가였을 것이고[287] 둘 다 특히 그들이 이용할 수 있는 정보를 바탕으로 글을 썼다. 고대의 독자들은 헤로도토스가 투키디데스보다 더 독자들에게 즐거움을 주기 위해 글을 썼다는 점을 인정했다.[288] 헤로도토스의 매력은 특히 독자들에게 역사가 아닌 이야기를 읽고 있다는 느낌이 들게 만드는 데 있었다.[289] 그러나 투키디데스는 자신이 기록한 사건들을 접할 수 있는 더 나은 기회가 있었고 특히 정확한 역사 서술로 명성을 얻었다.[290]

헤로도토스가 이전의 정보에 의존한다는 것은 그 모든 정보가 정확하다는 의미도 아니고 그가 모든 정보를 정확하게 해석했다는 의미도 아니다. 헤로도토스는 여행 중에 때때로 구전 자료를 잘못 이해했고 다른 나라 언어로 기록된 자료를 읽을 수도 없었다.[291] 그러나 자신이 수행한 민족학 연구를 대부분 개척한[292] 헤로도토스조차 진정으로 사전 정보에 의존했다. 지중해 동부 연안 지역에 대한 그의 묘사는 다른 사료들이 이들 지

---

287 적어도 우리가 이집트에 보존된 사본의 수를 통해 추론할 수 있는 한 그렇다. Stephens, "Who Read Novels?", 411, 415-16을 보라. 요세푸스는 *Jewish Antiquities* 17-19권에서 투키디데스를 모방할 만큼 투키디데스에 대해 충분히 친숙했다(Kennedy, "Source Criticism," 145-46). 투키디데스에 대해서는 Lucian, *How to Write History* 2, 18-19, 39, 42을 보라. 헤로도토스에 대해서는 Lucian, *How to Write History* 2, 18, 42을 보라. 크세노폰에 대해서는 Lucian, *How to Write History* 2, 23, 39을 보라.

288 예를 들면 Cueva, "Longus"을 보라.

289 Dio Chrysostom, *Orations* 18.10.

290 Josephus, *Against Apion* 1.18.

291 그의 방법에 대해서는 예컨대 Meister, "Herodotus," 267(참조. 2.28.1; 4.76.6; 8.65.6; 125.6); West, "Rhampsinitos," 327; Brown, *Historians*, 40을 보라.

292 Cicero, *On the Laws* 1.1.5; Meister, "Herodotus," 269을 보라. 어떤 이들은 상당한 차이점에도 불구하고(Blenkinsopp, *Pentateuch*, 39-42) 헤로도토스를 모세 오경과 비교한다(Van Seters, "Primeval Histories"; 참조. Van Seters, *Search*).

역에 대해 밝힌 내용과 일치한다.[293] 헤로도토스의 저작 전체에 흩어져 있는 광범위한 인용문들은 좀 더 급진적인 비판자들과 달리 그의 진정한 여행과 연구를 입증한다.[294] 또한 헤로도토스는 그리스인의 편견을 우리가 예상할 수 있는 것보다 훨씬 적게 보여준다.[295]

수사학에 초점을 맞춘 기독교 이전의 역사가인 할리카르나소스의 디오니시오스도 역사적 탐구에는 수사학적 기교뿐만 아니라 조사도 필요하다는 점을 강조한다.[296] 고대 역사가들은 그들의 직업상 구두 대면이든 이전의 문헌이든 사료에 의존했다.[297] 사료가 기록된 것일 경우 그들은 대개 사료를 자신의 소유로 만들기 위해 각색하거나 최소한 달리 표현했다.[298]

고대의 역사가들과 전기 작가들이 사료를 인용하지 않을 경우 오늘날의 학자들은 그들이 현재는 단편적이거나 더는 현존하지 않는 많은 사료를 포함하여 어떤 사료를 사용했을지 논쟁한다.[299] 네포스의 테미스토

---

293 Rainey, "Herodotus' Description." 고고학은 종종 스키타이인과 페르시아인에 관한 헤로도토스의 주장을 놀랍도록 확증해 왔다(Yamauchi, *Persia*, 77-78, 96, 100, 141, 153, 160-61, 190).

294 헤로도토스는 일반적으로 사료를 평가하지 않지만, 사료를 지어내지도 않는다. Meister, "Herodotus," 267-68을 보라. 참조. Rhodes, "Documents," 57-58. 헤로도토스의 담론이 지닌 해석적 수준에 대해서는 (Thucydides, *History* 32과 대조하는) Darbo-Peschanski, "Origin," 30을 보라. 그러나 그가 가능한 한 정확하게 자료에 근거하고 있다는 점에 대해서는 Schepens, "History," 42을 보라. 그가 가장 많은 원자료를 추구한다는 점에 대해서는 Schepens, "History," 43-47을 보라. 그의 여러 구전 자료에 대해서는 Aune, "Prolegomena," 77-78을 참고하라.

295 Meister, "Herodotus," 268-69을 자세히 보라.

296 Dionysius of Halicarnassus, *Roman Antiquities* 1.1.2-4; 1.4.2.

297 Derrenbacker, *Practices*, 52; Becker, *Birth*, 92.

298 Derrenbacker, *Practices*, 44-46; 44쪽에서는 특히 Dionysius of Halicarnassus, *Letter to Gnaeus Pompeius* 6을 주목해 보라.

299 예를 들면, 다음 글들을 보라. Muntz, "Sources"; Muntz, "Diodorus Siculus"; Martin, "Tacitus," 1470; Rondholz, "Rubicon"; 고대 전기에서는, Buszard, "Parallel."

클레스에 대한 전기는 공교롭게도 오늘날까지도 여전히 남아 있는 몇몇 자료를 충실히 따른다.[300] 때로는 후대의 일부 역사가들도 그들보다 앞선 일부 역사가들이 부족했거나 생략한 정보를 접할 기회가 있었다.[301]

역사가들은 비록 문체상의 이유로 그들의 모든 사료를 다 인정하지는 않았지만,[302] 최상급 저자들은 종종 특히 그들의 최상급 독자들이 어쨌든 사료를 인식할 수 있다면 사료 중 일부를 나타내지 않을 수 없다고 생각했다.[303] 과거의 일부 역사가들이 사용할 수 있었던 정보를 생략한 역사가는 자신은 거의 모든 것을 읽었지만 그 모든 것이 책에 포함되기에 적절하다고 판단하지는 않았다고 설명할 수도 있다.[304]

정경 복음서는 복음 전승에 대해 구체적인 출처를 밝히지는 않지만, 복음서들을 비교해보면 최소한 몇몇 복음서는 일부 자료를 사용했음을 보여준다. 복음서 저자들이 사료를 언급하기를 삼가는 것은, 이 점에 대한 유대의 어떤 관습을 따르는 것일 수도 있다. 그와 같은 몇몇 저작에서 우리가 사료들을 발견할 수 있는 이유는 오로지 그 사료들이 현존하기 때문

---

300 Christian, "Themistocles."
301 참조. 예컨대, Dionysius of Halicarnassus, *Roman Antiquities* 1.6.1, 3; 랍비 문헌에서는 예를 들어 Keener, *John*, 189-90을 보라. (우리에게 남아 있는 고대 역사가들의 문헌도 의존했을지 모르는) 고대 역사서의 절대다수는 그 후로 사라졌다(참조. Laistner, *Historians*, 5-6; Brown, *Historians*, 107).
302 Laistner, *Historians*, 51, 86; 참조. Derrenbacker, *Practices*, 53.
303 Dionysius of Halicarnassus, *Roman Antiquities* 1.1.1; 1.6.1; Arrian, *Alexander* 6.2.4; Plutarch, *Alexander* 30.7; 31.2-3; 38.4. 추가로 Keener, *John*, 22-23; Marguerat, *Histoire*, 30을 참고하라. 플루타르코스의 글에서 제안된, 사료를 나타내는 문체상의 지표에 대해서는 Cook, "Use"를 참고하라. 플루타르코스가 사용한 사료의 범위에 대해서는 Rhodes, "Documents," 65-66을 보라. 성경과 초기 유대 문헌의 인용문에 대해서는 예를 들어 민 21:14; 수 10:13; 삼하 1:18; 왕상 14:19, 29; 15:7, 23, 31; 대상 27:24; 29:29; 대하 16:11; 20:34; 24:27; 2 Macc 2:24-25; Holland, "Written"의 한 가지 논의를 참고하라.
304 Dio Cassius, *Roman History* 1.1.1-2.

이다.[305] 좀 더 대중적인 독자들이 예상되는 것이 좀 더 중요한 요인일지도 모른다. 다양한 장르의 대중적인 저작들은 사료를 인용할 가능성이 더 적었기 때문이다.[306] 그 이전의 엘리트 문학과 대중 문학 사이의 과장된 대조를 제외하면,[307] 복음서는 엘리트 독자를 반영하지 않는다.[308]

아마도 가장 중요한 것은, 공유된 전승이 최근의 한 세대에 걸친 이런 사건들에 관해서 아직 폭넓게 갈라지지 않았기 때문에 복음서들이 출처를 밝히지 못할 수도 있다는 점일 것이다. 게다가 고대 역사가들은 사료들이 충돌하거나[309] 저자가 사료의 신뢰성에 동의하지 않거나 그에 대해 확신하지 못했을 때만 사료를 가장 자주 언급했다.[310] 저자들은 목격자들의 말을 인용하는 것이 자신의 주장에 권위를 더해줄 때 종종 목격자의 말을 인용했지만,[311] 최근의 증언이나 구두 자료에 언제나 증거 자료가 필요한

---

305 예를 들면, 「에스드라1서」는 역대기, 에스라, 느헤미야를 몇몇 미드라시와 (만일 미드라시라는 명칭이 너무 시대착오적이지 않다면) 뒤섞어 놓았다. 요세푸스는 성경 외 문헌을 대부분 진술하지 않는다(다마스쿠스의 니콜라우스는 중요한 한 가지 예외다). 리비우스조차 단 하나의 사료만 인용하면서도 많은 사료가 있다는 점을 언급할 수 있다(*History* 42.11.1).

306 가장 최상급 저자들도 언제나 사료를 인용하는 건 아니다. Laistner, *Historians*, 51, 86을 보라.

307 Schmidt, "Stellung"; Kümmel, *Introduction*, 37; 예를 들면 Keener, *Matthew*, 17의 논의를 보라. "고급" 문학은 "저급" 문학에 영향을 끼치며 서로 겹치는 문체를 만들어냈다(Burridge, *Gospels*, 11, 143; Aune, *Environment*, 12, 63; Downing, "Literature").

308 누가복음은 마가복음보다 더 수준이 높을지도 모르지만, 헌정을 받는 사람의 지위가 이상적인 독자의 지위를 암시하는 것은 아니다(Keener, *Acts*, 1:656-57).

309 예를 들면, 다음 문헌들을 보라. Valerius Maximus, *Memorable Doings and Sayings* 5.7.ext.1; 6.8.3; Tacitus, *Annals* 2.73, 88; 4.57; 13.20; Philostratus, *Lives of the Sophists* 2.4.570; 추가로 앞의 예들을 주목해 보라. 리비우스는 많은 사료를 인용하며(Laistner, *Historians*, 84) 중요한 사료인 콰드리가리우스를 특히 자신의 기록과 다른 대목에서 인용하므로(Forsythe, "Quadrigarius," 391) 다른 때에는 콰드리가리우스의 말을 인용하지 않고 그의 견해를 따를 수도 있다.

310 Hemer, *Acts*, 65을 보라; 참조. Laistner, *Historians*, 120, 127.

311 우리는 자신의 요점을 뒷받침하는 이전의 다양한 자료들을 언급함으로써 그 요점을 입증

것은 아니었다.[312] 당대의 역사 저술가들은 종종 "변형된 형태"[313]가 부족
했다. 역사가는 더 일반적으로 누가복음 1:1에 나오는 다른 저자들에 대
한 누가의 간접적인 언급(참조. 고전 15:6)과 다르지 않게 더 많은 세부적인
내용에 관심이 있는 독자들에게 "다른 역사가들"[314]을 참고하게 할 수도
있다.

오늘날 사용할 수 있는 현존하는 제한된 1세기의 사료들을 고대의 저
자들이 전형적으로 어떤 사료를 사용할 수 있었는지 판단하는 데 사용해
선 안 된다.[315] 고대의 저자들은 명백히 더는 현존하지 않는 다수의 사료를
접할 기회가 있었다.[316] 예를 들어 대(大)플리니우스는 자신이 모든 것을
다 조사할 수는 없었다고 설명하면서도[317] 약 2천 권의 책을 조사했고 다
른 자료로 이를 보충했다는 점을 언급한다. 그는 이런 사료들 가운데 다수
가 다른 사료를 공도 돌리지 않고 표절했다며 불만을 나타낸다.[318] 다른 사
례들은 표절은 아니었지만, 지시하는 대상을 간파할 만큼 영리한 이들에
게는 고전적인 저작을 의도적으로 가리키는 문헌적 표시였다.[319] 세네카
의 비서들은 이 철학자의 유언을 기록했는데 타키투스는 이를 전하지 않

할 수 있다(예. Suetonius, *Julius* 9.3).
312 예를 들어 Tacitus, *Agricola*에 나오는 더 적은 인용문을 주목해 보라.
313 Marincola, *Authority*, 262. Judith Odor는 내게 이 참고문헌을 알려주었다.
314 예. Velleius Paterculus, *History* 2.48.5.
315 이 단락은 Keener, *Acts*, 1:170-73에서 빌려와 각색한 것이다.
316 참조. Josephus, *Jewish Antiquities* 20.154에 언급된 네로에 관한 당대의 여러 역사서; 요약
     된 형태로만 현존하는 트로구스의 44권짜리 저서(Justin, *Epitome* pref.4를 보라). 참조. 크
     리시포스의 700권짜리 저서(Suetonius, *Life of Aulus Persius Flaccus* 7).
317 Pliny, *Natural History* pref.18.
318 Pliny, *Natural History* pref.17.
319 참조. Knoppers, "Problem," 27-30; Bing and Höschele, "Introduction," xxvi-xxxiv에서의
     문학적이고 종종 유희적인 상호텍스트성(intertextuality)에 대한 논의. 소설도 역사에 관한
     저작을 이용할 수 있었을 것이다. 참조. Trzaskoma, "Echoes"; Trzaskoma, "Miletus."

기로 한다. 그의 주장에 따르면 그 유언은 당대에 너무 잘 알려진 까닭에 그의 저작에서 되풀이할 가치가 없었기 때문이다.[320] 타키투스는 일반적으로 (때때로 악명이 높아질 때만 명시되는) 연대기와 그 이전의 역사서들을 따랐지만[321] 반세기 이전에 나왔을 개인적인 회고록도 참고했다.[322]

7.9b. 사료의 비판적 사용[323]

역사가들은 사료를 가지고 있었을 뿐만 아니라 때로는 사료에 대해 비판적이었다. 한 사람이 가진 사료의 정확성은 모든 장르에서 중요하지는 않았으나 역사가들에게는 중요했고,[324] 역사가들은 종종 사료의 정보를 확인하려 애썼다.[325] 마찬가지로 필로스트라토스는 그의 소피스트에 대한 전기에서 자신의 조사는 두 개의 서로 다른 자료 중 어느 쪽이 더 정확한지에 대해 아무런 명확한 해결책도 제공하지 않았다고 불평한다.[326] 이 문제를 해결하기를 원하는 그의 관심사는 이처럼 역사적 정확성이었다.

사료들은 특히 오직 먼 과거에만 국한되지는 않았지만 서로 달랐다. 고대의 저자들은 심지어 어떤 기록을 다른 기록보다 선호할 때도 종종 다

---

320 Tacitus, *Annals* 15.63. 타키투스가 자료를 사용하는 것(과 꽤 비판적으로 자료를 사용하는 것)에 대해서는 Laistner, *Historians*, 121을 보라. 역사가들의 문헌(법적 문서, 비문 등) 사용에 대해서는 Rhodes, "Documents"를 보라(그러나 그들이 언제나 문헌을 인용하지는 않았다; Laistner, *Historians*, 51).

321 예. Tacitus, *Annals* 4.34-35.

322 Tacitus, *Annals* 4.53. 참조. Syme, "Tacitus"의 구전 자료.

323 Keener, *Acts*, 1:122-24에서 각색함.

324 Pliny, *Letters* 9.33.1.

325 예를 들면 Suetonius, *Vespasian* 1.4. Herodian은 *History* 1.1.3에서 아마도 과장을 섞어서 자신은 확인되지 않은 정보에는 절대 의존하지 않았다고 주장한다(그는 연대기적 정확성을 위해 노력하지 않았다; Whittaker, "Introduction," xxxix-xl을 보라).

326 Philostratus, *Lives of the Sophists* 2.5.576.

양한 기록을 인용한다.[327] 아리아노스는 다른 사료들보다 종종 일치하는 최초의 두 사료를 선호하며 그 둘이 서로 다를 때는 둘 중 하나를 선택한다.[328] 사료들이 서로 너무 크게 다를 때, 그는 솔직하게 정확한 진실은 되찾을 수 없다고 불평한다.[329] 플루타르코스는 어느 시점에 "다수" 입장에 관한 다섯 개의 사료, 소수 입장에 관한 아홉 개의 사료,[330] 그리고 추가로 자기 글의 대상이 되는 인물이 쓴 것으로 여겨지는 한 편의 현존하는 편지를 언급한다. 다음으로 그는 독자들에게 사소한 차이는 그가 더 중요하다고 생각하는 것, 즉 주인공의 성격에 대한 우리의 관점에 영향을 끼치지 않는다는 점을 상기시킨다.[331]

역사적 경신(輕信)에 관한 사례는 수없이 많았고[332] 고대 역사가들은 오늘날의 역사가들보다 사료에 대해 덜 비판적이었지만,[333] 더 비판적인

---

327 예를 들면 Dionysius of Halicarnassus, *Roman Antiquities* 1.87.4; 3.35.1-4; 8.79.1; Livy, *History* 9.44.6; 23.19.17; 25.17.1-6; Nicolaus, *Augustus* 19, 21(*FGrH* 130); Appian, *Roman History* 11.9.56; 12.1.1; Plutarch, *Alexander* 31.3; 38.4; *Demosthenes* 5.5; 29.4-30.4; *Themistocles* 25.1-2; 27.1; 32.3-4; Apollodorus, *Library* 1.4.3; 1.5.2; 1.9.15, 19; 2.3.1; 2.5.11; Ovid, *Fasti* 6.1-2, 97-100; Philostratus, *Lives of the Sophists* 2.4.570; Pausanias, *Description of Greece* 2.5.5; 2.26.3-7; Arrian, *Alexander* 4.9.2-3; 4.14.1-4; 5.3.1; 5.14.4; 7.14.2; 7.27.1-3; Herodian, *History* 7.9.4, 9; Cornelius Nepos, *On Great Generals* 7(Alcibiades), 11.1; 9(Conon), 5.4; y. Soṭah 9:13, §2; 추가로 Livy, *History*(LCL 12:320 n. 2)에 나오는 E. T. Sage와 A. C. Schlesinger의 말을 보라.

328 Arrian, *Alexander* 1.pref.1-2.

329 Arrian, *Alexander* 3.3.6.

330 이를 통해 그는 다수 입장에 대해 언급한 다섯 가지 사료보다 훨씬 많은 사료가 있음을 암시한다. 알렉산드로스에 관한 현재는 유실된 1세대의 이야기들의 다양성에 대해서는 Zambrini, "Historians"를 보라.

331 Plutarch, *Alexander* 46.1-2.

332 예를 들면 Valerius Maximus, *Memorable Doings and Sayings* 1.8.7. 이른바 경신에 관한 몇 가지 사례에서는 역사가들이 때때로 사료를 인정하려는 의도도 없이 단순히 사료를 진술했다는 점을 인식하지 못한다(Schepens, "History," 46).

333 예를 들면 Meister, "Historiography: Greece," 421을 보라.

저자들은 가능하면 어떤 사료가 더 정확한 경향이 있는지 구분하거나 심지어 설명하려 했다.[334] 그들은 다음과 같은 요소들을 바탕으로 사료를 평가했다.

- 비문[335]
- 유형 유물[336]
- 다음과 같은 다른 외부적 증거와의 일관성[337]이라는 기준
- 기록 시대에 관한 알려진 관습[338]
- (연대기적 자료[339]를 포함한) 기타 역사적 상황[340]
- 문헌 자료와의 일관성[341]
- 보고된 행동과 한 사람의 다른 알려진 행동의 일관성(양식비평가들의 일관성 기준과 비슷한 것)[342]

---

334 예를 들면 Polybius, *Histories* 2.56.1-3을 보라.

335 Herodotus, *Histories* 9.85에 이의를 제기하는 Plutarch, *Aristides* 19.5-6.

336 앞에서 언급한 것처럼, 「일리아스」를 평가하는 Thucydides, *History* 1.10.1-2.

337 Polybius, *Histories* 3.32.4.

338 Dionysius of Halicarnassus, *Roman Antiquities* 9.22.1-5.

339 Plutarch, *Themistocles* 27.1. 그러나 그는 불확실성을 인정한다. 참조. Thucydides, *History* 1.3.2-3; Tacitus, *Dialogue on Oratory* 16.

340 Polybius, *Histories* 3.8.1-11; 3.20.1-5; 3.32.5. 폴리비오스는 초기(3.6.1-3.7.3, 예. 3.6.10)나 나중(9.2.5)에나 가능한 가장 긴 범위의 역사적 배경을 제공할 것을 주장했다.

341 Polybius, *Histories* 3.33.18; Plutarch, *Alexander* 46.2; *Demosthenes* 5.5; Philostratus, *Lives of the Sophists* 2.1.562-63.

342 Arrian, *Alexander* 7.14.4-6; Dio Cassius, *Roman History* 62.11.3-4; 참조. Athenaeus, *The Learned Banqueters* 5.215-16, 219ab. 그러나 같은 기준이 허구적인 작품이나 타당성에 바탕을 둔 역사적 재구성에도 적용될 수 있었던 반면(참조. Aristotle, *Poetics* 15.4-5, 1454a; Theon, *Progymnasmata* 1.46-52; 2.79-81; 8.2-3), 실제 인물들의 말이 언제나 일관되게 들리는 것은 아니다(참조. Allison, *Constructing Jesus*, 91-92, 103-4).

- 내적 일관성[343]

- 역사적 타당성[344]

- 이유[345]

- 역사가들이 일부 사료의 편견으로 간주한 내용의 제거[346]

- 이전 사료와의 비교[347]

- 인물의 성격과의 일관성[348]

- 때로는 심지어 진위성에 대한 문체적 기준[349]

수사학적 역사가인 할리카르나소스의 디오니시오스는 법정에서의 확률 논증의 기준에 따라[350] 기록의 본질적인 낮은 확률로 인해 이전의 역사서

---

343 Polybius, *Histories* 2.56.1-3, 특히 3.

344 Josephus, *Jewish Antiquities* 19.68, 106-7; Lucian, *How to Write History* 25; Aulus Gellius, *Attic Nights* 10.12.8-10; 참조. Sallust, *Catiline's War* 3.2에서의 경고; Plutarch, *Camillus* 6.4; Arrian, *Alexander* 5.2.7; 참조. Derrenbacker, *Practices*, 75.

345 Thucydides, *History* 1.10.1-2; Plutarch, *Themistocles* 25.1-2; Suetonius, *Nero* 6; Pausanias, *Description of Greece* 1.3.3; Philostratus, *Lives of the Sophists* 1.21.516; 참조. Alfred, "Valuation," 101. 따라서 타키투스는 다수와 가장 신뢰할 만한 역사가들의 관점을 이야기 하지만, 그다음에는 또 다른 관점을 언급하고(*Annals* 4.10) 그 관점이 자신의 관점에 있어 서 유용함에도 불구하고 계속해서 그 관점을 논리적으로 반박한다(4.11).

346 Christian은 "Themistocles," 139에서 네포스는 헤로도토스의 "투키디데스에 대한 편견"을 자주 "무시"한다고 지적한다.

347 Thucydides, *History* 1.3.3; Plutarch, *Alexander* 20.4-5; Velleius Paterculus, *History* 1.3.2-3; 참조. Theopompus in Rhodes, "Documents," 62; Plutarch, *Alcibiades* 32.2-3, in Alfred, "Valuation," 91; Suetonius, *Caligula* 19.3, in Alfred, "Valuation," 96; Dionysius of Halicarnassus, *Dinarchus* 11; Tacitus, *Annals* 4.43.

348 Suetonius, *Vespasian* 16.3에 대해서는 Alfred, "Valuation," 96.

349 Dionysius of Halicarnassus, *Lysias* 11; 참조. *Demosthenes* 57. 저자에 관한 주장을 비판적으 로 평가하는 일에 대해서는 Suetonius, *Caesar* 55-56도 함께 보라.

350 예를 들면 다음 문헌들을 보라. Isaeus, *Cleonymus* 12.36; 22.37; Demosthenes, *False Embassy* 120; *Against Pantaenetus* 23; Aristotle, *Rhetoric* 1.15.17, 1376a; *Rhetoric to Alexander* 7, 1428a.19-23; Dionysius of Halicarnassus, *Roman Antiquities* 11.34.1-6; Hermogenes,

에서 서술된 한 사건에 이의를 제기한다.[351] 아리아노스는 종종 (내가 10장에서 그렇게 하는 것처럼) 다양한 기록들을 비교해서 평가한다. 그는 무시하기에는 너무 두드러진 어떤 이야기가 목격자인 저자들 가운데 누구도 전해주지 않으므로 믿을 수 없는 이야기인 것 같다고 말한다.[352] 어떤 저자들은 그들 나름의 평가를 제시하지 않을 때는 단순히 독자들에게 분별력을 사용할 것을 촉구했다.[353]

전기 작가들은 단순히 어떤 저자들을 이유 없이 거부하기보다는, 대개 어떤 특정한 저자의 기록을 그들이 접할 수 있는 사실과 일관되게 일치하거나 일관되게 반대되는 것으로 판단하지 않으면, 그것들을 일관되게 받아들이거나 일관되게 거부하지 않았다.[354] 더욱더 눈에 띄는 것은 그들이 민봉분이 필요하다고 느낀 대목에서 사료를 자주 인봉했다는 점이다.[355]

Invention 3.5.142; 추가로 Keener, *Acts*, 4:3393-95, 3503-4의 논의를 보라.

351 Dionysius of Halicarnassus, *Roman Antiquities* 4.6.1. 참조. Tacitus, *Annals* 15.53; 16.6; Pausanias, *Description of Greece* 9.31.7; Plutarch, *Isis and Osiris* 8, *Moralia* 353F; 테온이 메데아가 그녀의 자식을 죽이는 이야기를 그럴듯하지 않다고 생각하는 이유들 (*Progymnasmata* 5.487-501; 참조. 3.241-76, 4.112-16, 126-34).

352 Arrian, *Alexander* 6.28.2; 참조. Arrian, *Indica* 15.7. 아리아노스는 비록 과장되게 표현될 수도 있지만(Bosworth, "Pursuit," 452-53) 친알렉산드로스적인 성향을 드러낸다(Bosworth, "Pursuit," 447; Baynham, "Quintus Curtius," 428).

353 예를 들면 Livy, *History* 4.29.5-6; 23.47.8; 참조. Josephus, *Jewish Antiquities* 19.61, 108; Herodotus, *Histories* 7.152에 관해서는 Meister, "Herodotus," 268; (좀 더 회의적으로는) Lucian, *How to Write History* 60.

354 Alfred, "Valuation"을 다시 보라. 역사 기록에서는 예컨대 Polybius, *Histories* 3.9.1-5을 참고하라. 파비우스의 말은 때때로 옳을 수도 있지만, 그의 주장은 언제나 비판적으로 평가해야 한다.

355 Alfred, "Valuation."

7.9c. 역사가와 비판적 사고

투키디데스는 때때로 목격자들의 상반된 주장을 평가해야 했다.[356] 리비
우스는 일관되게 비판적이지는 않았더라도[357] 때때로 꽤 비판적이었다.[358]
마찬가지로 아리아노스는 가장 좋은 사료도 비판적으로 평가했다.[359] 현
대의 몇몇 역사가들은 그가 사료 중 일부를 너무 엄격하게 평가했다고 생
각한다.[360] 전기 작가들 역시 사료나 목격자의 편견이나 동기를 평가했을
것이다.[361]

정확한 사료와 부정확한 사료의 구분이 불가능하다고 판명되었을
때, 저자들은 종종 일어난 일에 대해 단순히 당시의 각기 다른 몇 가지 의
견을 제시했다.[362] 저자는 단순히 어떤 일이 어떻게 일어났는지 몰랐다고
솔직하게 시인할 수도 있다.[363] 요세푸스는 때때로 인과관계에 대한 최종

---

356 Thucydides, *History* 1.22.2-3. 그러나 투키디데스는 대개 자신의 해석과 다른 해석은 생략
한다(Brown, *Historians*, 49).

357 Fornara, *Nature*, 116-19을 보라. 그는 비판적이지 않을 때도 때때로 우리의—사용 가능한
유일한 자료이기 때문에—가장 좋은 자료다(Foster, "Introduction," xxxi). 이는 다른 몇몇
역사적 이야기에도 수반되는 필수적인 미덕이다(예. Develin, "Introduction," 1).

358 예를 들어 Livy, *History* 8.40.4; 37.48.7을 인용하는 Laistner, *Historians*, 85-87.

359 Bosworth, *Arrian*, 38-39.

360 Bosworth, *Arrian*, 91-92.

361 예를 들면 Plutarch, *Alcibiades* 3.1; Suetonius, *Vitellius* 1.1을 인용하는 Alfred, "Valuation,"
96.

362 예를 들면 Diogenes Laertius, *Lives* 1.23: "그러나 다른 이들에 따르면"; 6.1.13; 8.2.67-72;
Velleius Paterculus, *History* 2.4.6; 2.27.5; 2.48.4; Plutarch, *Lycurgus* 1.1; Tacitus, *Annals*
2.67; 3.16, 18; 4.10; 14.51(하지만 그는 네로에 대한 부정적인 견해를 기꺼이 전해준다),
58-59; 15.38, 54; 16.3, 6(하지만 그는 자신의 견해를 표현한다); Philostratus, *Lives of the
Sophists* 1.21.516; 2.5.576; y. Soṭah 9:13, §2.

363 예를 들면 Sallust, *Jugurthine War* 67.3; Tacitus, *Annals* 4.57. 타키투스는 아그리콜라를 알았
지만 몇 가지 정보를 확인할 수 없을 때가 있음을 시인한다(*Agricola* 40을 인용하는 Alfred,
"Valuation," 85). 수에토니우스도 *Galba* 3.1에서 그와 마찬가지다(Alfred, "Valuation," 98).
Quintilian은 *Orator's Education* 2.4.19(LCL)에서 리비우스가 "무슨 일이 실제로 일어났는

결정을 독자의 재량에 맡긴다.[364] 그들은 이전의 연대기에서 이어받은 특정한 숫자들이 과장되었을 수도 있음을 공공연히 지적하지만, 과장은 어쨌든 엄청난 살육이 일어났다는 사실에 영향을 끼치지 않았다는 점을 강조한다.[365]

심지어 사료의 정확성을 평가하지 않고 다양한 사료를 알려주는 헤로도토스조차 사료의 완전한 정확성을 가정하지는 않는다. 그는 독자들이 그들 스스로 결정할 책임이 있다는 점을 이해하기를 분명히 기대한다.[366] 역사가는 자신의 사료를 받아들이는 데 충실하지 않은 채 사료 속의 신화를 기록했을 수도 있다.[367]

전기 작가들도 이러한 관심사를 공유했다. 이전 시대의 저자인 크세노폰과는 대조적으로, 로마 공화정 말기와 제국 초기에 등장한 전기 작가 대다수는 전기의 대상에 관한 참된 정보를 발견하기 위해 사료를 비판적으로 평가하려 노력했다.[368]

지" 정확히 몰랐음을 인정한다.

364 Josephus, *Jewish Antiquities* 19.60-61, 108.
365 Livy, *History* 3.8.10. 사료들의 과장된 숫자들과 그에 대한 논의를 보려면 추가로 예컨대 다음 참고문헌들을 보라. Xenophon, *Hiero* 2.16; Thucydides, *History* 5.68.2; Polybius, *Histories* 12.17.1-12.22.7; Tacitus, *Histories* 3.61; Lucian, *How to Write History* 20; Keener, *Acts*, 1:995-96.
366 Meister, "Herodotus," 268; Fowler, "History," 201-2을 보라; 참조. Schepens, "History," 46; Rhodes, "Documents," 56(3.115.2; 3.123.1; 4.195.2; 7.152.3을 인용함).
367 Herodotus, *Histories* 60.
368 Alfred, "Valuation," 77.

7.10. 결론

역사가들은 가능한 한 가장 그럴듯한 추측으로 일부 연설 사건을 재구성할 정도로 수사적 표현에 관심을 가졌다. 역사가들은 때때로 동기를 추론했다. 그들은 독자들이 그들의 이야기를 즐기기를 원했지만, 보통은 사건에 관한 진실을 유지하는 것을 강조했다. 편견은 불가피했으나 원칙적으로 이상은 객관성이었고, 이러한 이상은 종종 편견의 가장 불공평한 영향을 제한했다.

고대의 저자들은 종종 현대의 저자들보다 더 명백하게 정치적이든 도덕적이든 신학적이든 계획이 있었다. 그렇기는 하지만 역사가이든 아니든 모두 역사서와 전기에서 정확한 정보에 대한 이상을 반복해서 주장했다. 복음서와 관련된 지중해 동부의 역사적 관행에는 진술된 사건과 밀접한, 살아 있는 정보원과의 면담과 같은 조사가 포함되었다.

그러한 합의의 기준은 존경할 만한 역사가들의 윤색에 어느 정도의 비공식적인 제약을 가했다. 역사가들은 사건을 지어내는 대신 사료를 사용했고 흔히 비판적으로 사용했다. 고대 역사 기록에 대한 현대적 가정과 대조적으로 고대 역사 기록은 역사적 기억의 보존을 중시했다.

8장
전기적 역사로서 누가복음-사도행전

학자들 대다수는 누가의 첫 번째 책을 전기로 간주한다. 학자들 대다수는 누가의 두 번째 책을 역사서로 간주한다. 그리고 학자들 대다수는 이 두 책을 밀접하게 연결된 저작으로 간주한다. 많은 관찰자가 보기에 대체로 합의된 이 세 가지 관점은 서로 잘 들어맞지 않는다. 따라서 그들은 이 가운데 한 가지 이상의 관점에 대해 이의를 제기한다.

그러나 정교한 분류에도 불구하고 혼합된 장르는 로마 제국 초기에 흔히 나타났다.[1] 6장과 특히 7장에서 언급한 바와 같이 전기 장르와 역사 기록 장르(또는 전기라는 하위 장르와 나머지 역사 기록)는 로마 제국 초기에 상당히 중첩되었다.[2] 정경 복음서들 가운데 전기와 역사 기록의 경계선이 가장 흐릿한 복음서가 바로 누가복음이다.[3]

---

1 다음 참고문헌들을 보라. Aune, "Problem," 10-11, 48; Aune, *Dictionary*, 307; Burridge, *Comparison*, 33-34, 56-61; Smith and Kostopoulos, "Biography," 394; 참조. Selden, "Genre," 39-40; Fuller, "Classics," 189(G. Kennedy의 글을 요약함). 누가복음이나 사도행전이 혼합된 장르일 가능성에 대해서는 Spencer, *Acts*, 13-14; Barrett, *Acts*, lxxviii-lxxix; Smith and Kostopoulos, "Biography"를 참고하라.
2 특히 Pelling, "History"를 보라.
3 여기서는 Keener, *Acts*, 1:54-62; Keener, *Historical Jesus*, 85-94; Keener, "Luke-Acts"에 나오는 내용을 각색했다.

8.1. 한 특별한 사례: 누가복음은 역사서인가 역사적 전기인가?

나는 정경 복음서들을 일반적으로 전기로 접근해 왔지만 한 복음서는 그
와 약간 다른 접근법, 즉 흔히 정교한 전기와 역사의 경계선을 예시하는
접근법을 요구한다. 누가복음은 사실 전기적인 책이지만 전체적으로 볼
때 일반적으로 역사 기록으로서 더 쉽게 정의되는 두 권짜리 저작(누가복
음-사도행전)에 속한다. 누가의 두 권짜리 저작의 일부인 누가복음은 더 큰
범위의 역사 안에 있는 전기적 구성 요소가 된다. 고대의 청중이라면 그러
한 조합을 이해하기 어렵다고 생각하지 않을 것이다. 여러 권으로 된 역사
서의 저자들은 책 한 권 전체나 일부를 특별히 눈에 띄는 인물에 할애할
수 있었다.[4] 요세푸스의 자서전은 원래 그의 역사서인 「유대 고대사」의 일
부였던 것으로 보인다.[5]

8.1a. 장르의 혼합

다수의 입장은 때때로 변하지만, 현재 학자들의 다수는 복음서와 사도행
전을 각각 고대의 전기 장르와 역사 장르에 속하는 것으로 간주하고 누가
복음은 아마도 둘 다에 걸쳐 있는 것으로 간주한다.[6] 오늘날 대다수 학자

---

4   Burridge, *Gospels*, 239(Diodorus Siculus, *Library of History* 17을 인용함); Balch,
     "ΜΕΤΑΒΟΛΗ ΠΟΛΙΤΕΙΩΝ," 143(Dionysius of Halicarnassus, *Roman Antiquities* 4.41-
     85을 인용함). Talbert는 *Acts*, 251에서 다음 문헌들을 유용하게 인용한다. Polybius, *Histories*
     9.22; 10.2.2; Dionysius of Halicarnassus, *Roman Antiquities* 5.48.1; Diodorus Siculus,
     Library of History 17; Josephus, *Jewish Antiquities* 14-17권; Dio Cassius, *Roman History*
     45-56; 73.11.2-4; Eusebius, *Ecclesiastical History* 6.
5   Smith and Kostopoulos, "Biography," 404-5.
6   예를 들면 다음 참고문헌들을 참고하라. Keener, "Luke-Acts"; Barrett, *Acts*, 2:lxxviii-lxxix;
     Verheyden, "Unity," 47; Marshall, "Treatise," 180; Hemer, *Acts*, 33-43, 63-100; Dormeyer

들이 복음서를 전기로 인식하는 것처럼 이전에 마르틴 디벨리우스(Martin Dibelius)나 헨리 캐드버리(Henry Cadbury)[7] 같은 누가 문헌 학자들이 주장한 오늘날의 사도행전에 관한 지배적인 견해는, 사도행전이 고대의 역사 기록에 속한 저작이라는 것이다.[8] 루크 티모시 존슨(Luke Timothy Johnson)은 「앵커 성경 사전」(Anchor Bible Ditionary)을 집필하면서 오늘날 학자들 대다수가 누가복음-사도행전 전체에 대한 이러한 장르 분류를 받아들인다고 지적한다.[9] 실제로 헹엘(Hengel)과 슈베머(Schwemer)는 누가복음-사도

and Galindo, *Apostel geschichte*, 19; 혼합된 장르의 가능성에 관해서는 Spencer, *Acts*, 13-14; Barrett, *Acts*, 2:lxxviii-lxxix을 참고하라. 로마 제국 초기에 흔히 나타난 혼합된 장르에 대해 서는 Aune, "Problem," 10-11, 48; Aune, *Dictionary*, 307; Burridge, *Comparison*, 33-34, 56-61을 보라.

7 Dibelius, *Studies*, 123-37; Cadbury, *Acts in History*, 곳곳.

8 후자에 대해서는, Plümacher의 몇 편의 저작("Cicero und Lukas," 772-73; *Geschichte*, 1-32; "Historiker"; Lukas, 33-38[선교 강화들을 비교함], 137-39; "Luke as Historian," 398; "Monographie"); Palmer, "Monograph"(1992); Palmer, "Monograph"(1993); Schmidt, "Influences," 59; Fuller, "Classics," 189(G. Kennedy의 논평에 관한 글); Stagg, *Acts*, 17; Petersen, "Genre"; Bovon, *Theologian*, 5; Johnson, *Acts*, 3-7; Johnson, "Luke-Acts," 406; Fitzmyer, *Acts*, 127; Barnett, *Birth*, 195-96; Cross, "Genres," 404-6; Tuckett, *Luke*, 29; Ehrman, *Introduction*, 133-35; deSilva, *Introduction*, 349-51; Balch, "ΜΕΤΑΒΟΛΗ ΠΟΛΙΤΕΙΩΝ," 141-42, 149-54; Balch, "Genre," 곳곳, 특히 11-19; Balch, "Gospels (forms)", 948-49; Marguerat, *Histoire*, 49(하지만 그는 전기와의 중첩을 언급한다); Marguerat, "Pionnier"; Eckey, *Apostelgeschichte*, 20-31; Jervell, *Apostelgeschichte*, 77-78; Flichy, *Oeuvre*; Flichy, "État," 28-32(최근 연구에 대한 논평); Litwak, *Echoes*, 36; Kisau, "Acts," 1297; Rothschild, *Rhetoric*, 296; Guijarro Oporto, "Articulación literaria"; Riesner, "Zuverlässigkeit," 39을 보라; Sterling은 *Historiography*, 318 n. 39에서 다음 저자들도 지지자로 열거한다. Conzelmann, *Acts*, xl; Hengel, *Acts and History*, 14, 36-37; Schneider, *Apostelgeschichte*, 1:122; Pesch, *Apostelgeschichte*, 1:23; Uytanlet, *Historiography*; Odor, "Families"; Schnabel, *Jesus, Paul, and Church*, 290. 추가로 Keener, *Acts*, 1:90-115의 논의를 보라.

9 Johnson, "Luke-Acts," 406. Penner는 *Praise*, 4에서 마찬가지로 학자들 대다수가 사도행 전"에 대한 가장 분명한 식별 증표", 즉 사도행전은 "고대의 역사 기록적인 글"이라는 견해를 신봉한다고 요약적으로 말한다. 심지어 1985년에도 Callan은 이렇게 쓸 수 있었다. "누 가복음-사도행전이 역사에 관한 저작이라는 점은 오래전부터 거의 당연한 사실로 받아들

행전이 1세기에 수용될 수 있을 만한 역사 기록이었음을 부정하는 이들은 고대의 역사 기록을 더 많이 읽을 필요가 있다고 주장한다.[10]

곤란한 문제는 크리스 포브스(Chris Forbes)의 표현대로 "사도행전이 무엇이건 간에 그것은 누가복음의 속편"이라는 점이다.[11] 물론 누가복음과 사도행전이 같은 장르에 속할 필요는 없으나[12] 이 둘은 함께 읽도록 의도된 것이 거의 확실하다.[13] 어떤 학자들은 사도행전에서 전기적 요소를 발견하지만,[14] 6-7장에서 지적한 바와 같이 역사는 전기적인 초점을 가지고 쓸 수도 있다.[15] 누가복음-사도행전의 경우에는 많은 학자가 누가복음은 전기라는 관점을 유지하지만,[16] 이 저작들이 전기이면서 역사 기록인 이중적 저작이며[17] 그 속의 첫 번째 책은 전기지만 더 넓은 저작 전체는 역사 기록적인 저작이라고 말한다.[18] 이 사례가 연속물과는 다소 다른 장르의 기능을 충족시키는 더 넓은 범위의 연속물 안에 있는 개별적인 책들에

여겼다"("Preface," 576에서는 Talbert의 전기설이 이 질문을 다시 시작했다고 지적한다).

10 Hengel and Schwemer, *Damascus*, 11.

11 Forbes, "Acts as Source," 11, 장르에 관한 문맥에서.

12 참조. Palmer, "Monograph" (1993), 3; Parsons, "Unity," 특히 45-48; Pervo, "Same Genre?"; Parsons and Pervo, *Rethinking*, 20-44(하지만 그들은 사실을 과장한다).

13 행 1:1; 및 예를 들면 Goulder, *Type*; Talbert, *Patterns*; Tannehill, *Luke*; Tannehill, *Acts*; Verheyden, "Unity"; Verheyden, *Unity*; Verheyden, "Unity of Luke-Acts"; Bergholz, *Aufbau* 를 보라.

14 Taylor, "Acts as Biography," 특히 84; Alexander, "Biography," 56; 참조. Alexander, *Context*, 43-68; 특히 Adams, *Genre*, 116-71; 및 Keener, *Acts*, 1:54-62을 보라.

15 참조. Fornara, *Nature*, 29-46(특히 34-36), 116, 185; 누가복음-사도행전에 대해서는 예를 들면 Dormeyer, "Gattung," 461-65, 475; Barrett, *Acts*, 2:xxxv; Keener, *Acts*, 1:111-13을 보라. 사도행전을 전기 장르로 분류하는 것에 관한 어려운 문제에 대해서는 예를 들면 Plümacher, *Geschichte*, 1-4; Aune, *Environment*, 77; Keener, *Acts*, 1:59-60을 보라. 전기적 자료가 어떤 저작을 그 자체로 전기로 만드는 것은 아니다(Stadter, "Biography," 528-29).

16 Frickenschmidt, *Evangelium*, 478-97.

17 Frickenschmidt, *Evangelium*, 498-500.

18 Frickenschmidt, *Evangelium*, 500.

속하는 유일한 사례는 아닐 것이다.[19] 중첩되는 전기들은 플루타르코스의 「갈바」와 「오토」, 또는 크라테스의 두 제자에 대해 부연 설명하도록 확대된 크라테스에 관한 전기에 등장한다.[20] 어떤 이들은 모음집이나[21] 더 제한적으로는 평행 관계에 있는 전기들[22]과 구약에 이어지는 이야기들[23]에서 전기가 논란의 여지가 없을 만큼 편만하게 나타난다는 점을 지적한다.

자신이 수집한 정보를 직접 조사했다거나 잘 알고 있다는 누가의 주장(눅 1:3)은 역사서에 나오는 주장들과 일치하며,[24] 많은 학자는 누가가 다른 곳에서 1인칭(예. 행 16:10)을 가끔 사용하는 것은 헬레니즘 시대의 훌륭한 역사가에게 이상적이라고 여겨진 직접적인 관여와 일치할 수도 있다고 주장한다.[25] 역사서와 달리 전기는 연대기적 순서에 제한받지 않았다.[26] 누가가 보통 마가복음의 순서를 따른다는 점은, 누가가 예수에 대한 자신의 전기를 역사를 집필하려는 그의 더 큰 기획 가운데 일부로 간주했다는 주장을 꼭 필요로 하지 않고 오히려 뒷받침한다.

누가복음-사도행전의 다른 측면들은 역사 장르에 적합하다. 누가가 사도행전에서 공개적인 독백을 광범위하게 사용한다는 점은 전기나 소설

---

19 *Negotiating Genre*의 8장에서 Sean Adams는 상위 범주인 필론의 *Exposition* 속에 있는 전기적 구성 요소들(아브라함과 요셉)을 언급함으로써 전기적 관습을 사용하면서도 철학적 본문 주석을 제공하는 예를 보여준다.

20 Frickenschmidt, *Evangelium*, 500.

21 Adams, *Genre*, 92-109; 사도행전에 대해서는, 116-71.

22 이에 대해서는 예를 들어 Keener, *Acts*, 1:568, 571-73을 보라.

23 이에 대해서는 예를 들어 Keener, *Acts*, 1:712-13을 보라. 특히 일관된 신명기적 역사에 관심이 있는 Small, "Review"를 보라.

24 Thucydides, *History* 1.22.2; 7장을 보라.

25 특히 Plümacher, "Luke as Historian," 398을 보라; 7장; 추가로 Keener, *Acts*, 3:2353-55의 논의를 보라.

26 5장을 보라.

보다 고대 역사서의 관습에 더 잘 들어맞는다.[27] (누가의 말은 개별적으로는 여러 권으로 된 역사서에서보다 일반적으로 짧지만, 실제로 사도행전에서 이런 독백들을 전부 모으면, 투키디데스나 살루스티우스의 글에서보다 전체적으로 더 많은 부분을 차지할 수도 있다.)[28] 다른 몇 가지 역사 기록적인 특징들은 누가복음을 포함하거나 누가복음의 좀 더 구체적인 특징이다.

8.1b. 누가의 서문

두 권으로 된 책의 서문은 두 권을 다 포괄할 수 있으며,[29] 아마도 누가복음 1:1-4이 그런 경우일 것이다.[30] 소설과는 대조적으로[31] 누가복음은 역사서 속의 서문과 매우 비슷한 서문을 포함하고 있다.[32] 어떤 특징들은 고대 과학 논문의 서문에 나타나는 특징과 닮았을 수도 있지만,[33] 이것이 누

---

27 Plümacher, "Mission Speeches," 251-66; Plümacher, "Missionsreden"; Plümacher, "Luke as Historian," 398; Horsley, "Speeches," 613을 보라.

28 예를 들면 Horsley, "Speeches"에서의 논의; Soards, *Speeches*, 183; Aune, *Environment*, 124-25을 보라.

29 예. Philostratus, *Lives of the Sophists* pref.479.

30 행 1:1과 같은 이차적인 서문은 길이가 더 짧아질 수도 있다(예를 들면, Josephus, *Against Apion* 2.1; 및 Johnson, *Acts*, 28; Witherington, *Acts*, 105을 보라). 누가의 서문에 대한 나의 논평은 Keener, *Acts*, 1:93-96, 174-76, 658-60(보다 일반적으로는 649-60)에서 가져온 것이다.

31 하지만 가끔 소설에는 (Longus, *Daphnis and Chloe*. proem 1-2과 같이) 저자가 이야기를 어떻게 지어냈는지를 설명하는 서문이 포함될 수도 있다.

32 역사에 관한 저작에 알맞은 서언인 누가의 서언에 대해서는 예를 들어 다음 참고문헌들을 보라. Callan, "Preface"; van Unnik, "Once More Prologue"; Johnson, "Luke-Acts," 406, 407; Schmidt, "Influences"; Moessner, "Arrangement," 158-63; Moessner, "Synergy"; Porter, "We Narratives," 550; Aune, *Environment*, 80, 121(참조. 89-90, 120-21); Aune, "*Prooimion*"; Penner, *Praise*, 219-22; Rothschild, *Rhetoric*, 93-94. 역사 기록의 서문에 대해서는 Earl, "Prologue-form"도 함께 보라. 전기의 서문과 역사 기록의 서문을 비교한 글을 보려면 Smith, *βίος*, 231을 보라.

33 Alexander, *Preface*, 42-101(하지만 147을 참고하라); Alexander, "Preface." 하지만 Callan,

가복음-사도행전의 장르라고 주장하는 사람은 아무도 없다.[34] 오히려 이런 특징들은 누가의 역사서가 좀 더 수사적인 형식의 글보다 학문적인 글에 더 가깝다는 점을 암시할 수도 있다.[35] 진정한 전문적인 논문에서는 허구가 아닌 정보를 다루려고 했다.[36]

좋은 서론은 이어질 내용을 요약해야 하는데,[37] 이어질 내용에 대한 누가의 요약은 명백히 역사적인 요약, 즉 "우리 중에 이루어진 사실에 대하여…차례대로 써 보내는 것"(눅 1:1, 3)이다. 마찬가지로 누가의 명백한 목적은 데오빌로가 그런 사건들에 관해 배운 바를 확증하는 것이다(1:4). 테런스 캘런(Terrance Callan)은 이렇게 지적한다. "논의할 문제에 대한 이러한 진술을 고려하면 누가복음-사도행전 서문이 역사서의 서문과 가장 닮았다는 점은 서의 명백하다."[38] 누가는 "사건들에 관한 이야기"에 조점을 맞춘다.[39] 누가의 목적이 명백히 진실을 확증하는 것이라는 점(눅 1:4)

"Preface," 577; Aune, *Dictionary*, 371과 Aune, *"Prooimion"*; Adams, "Preface," 181-83을 참고하라.

34 Aune, *Dictionary*, 370. Alexander는 *Context*, 12-13에서 자신은 누가가 그의 저작을 "역사"로 의도했다는 점을 부인한 적이 없음을 분명히 밝히고 이 서문은 누가가 의도한 종류의 역사를 시사할지도 모른다고 주장한다(17-18).

35 Alexander도 *Context*, 16, 41-42에서 약간의 소설화에도 불구하고 누가의 "서문은 '신뢰성'과 신뢰할 수 있는 전승의 보존, 둘 다에 대해 강한 관심을 보여준다"고 주장한다(12-13).

36 참조. Alexander, "Formal Elements," 23-24.

37 이는 관습적인 기대다. 다음 문헌들을 보라. Quintilian, *Orator's Education* 4.1.34; 및 *Rhetoric to Alexander* 29, 1436a, 33-39행; Polybius, *Histories* 3.1.3-3.5.9(특히 3.1.7); 11.1.1-5; Dionysius of Halicarnassus, *Lysias* 24; *Thucydides* 19; Cicero, *Orator ad M. Brutum* 40.137; Virgil, *Aeneid* 1.1-6; Seneca the Elder, *Controversiae* 1.pref.21; Dio Chrysostom, *Orations* 38.8; Aulus Gellius, *Attic Nights* pref.25; Soranus, *Gynecology* 1.intro.2; 1.1.3; Philostratus, *Life of Apollonius* 7.1; 8.1.

38 Callan, "Preface," 577; 이와 비슷한 내용으로 Hemer, "Alexandria Troas," 98을 참고하라.

39 Callan은 "Preface," 577에서 Herodotus, *Histories* 1.1; Lucian, *How to Write History* 7-14 (및 39-40)을 인용한다.

은 역사 기록에 대한 기대와 어울린다.[40] 누가가 자신의 저작을 유용한 것
으로 간주한다는 점(눅 1:4)도 이 목표와 충돌하지 않을 것이다.[41]

누가의 언어도 여러 학자가 지적하는 대로 어휘의 긴밀한 일치와 같
은 다른 측면에서 알려진 역사 문헌의 서문들과 조화를 이룬다.[42] 누가복
음을 외적 자료와 대조할 수 있는 대목에서 누가는 역사적 인물에 관한 소
설이 아닌 역사서에 대한 기대에 부합한다.[43] 어떤 이들은 심지어 누가가
70인역뿐만 아니라 폴리비오스 이후의 지중해 동부 지역 역사가들의 문
체마저 모방하고 있다고 주장한다.[44]

구약의 역사 기록과 비교해 보아도 역사적 의도가 드러난다.[45] 어떤
학자들은 심지어 누가가 자신이 구약성경에서 알게 된 바대로 구원 역사
를 집필하려 했다고까지 주장하지만,[46] 동시대의 유대인 역사가들과 마찬
가지로 누가는 이러한 접근법을 헬레니즘의 관습들과 결합했다.[47] 누가

---

40 Callan, "Preface," 578; 참조. Aune, *Environment*, 136; Adams, "Preface," 186.

41 Lucian, *How to Write History* 9, 53을 보라. 다양한 목표에 대해서는 예를 들어 Josephus,
    Jewish Antiquities 1.4을 보라. 즐거움과 유익에 대해서는 2 Macc 2:24-25을 보라.

42 Downing, "Redaction Criticism 2", 30-31; Moessner, "Arrangement," 158; Rothschild,
    Rhetoric, 67-69; Penner, *Praise*, 219-21; Becker, *Birth*, 103-4.

43 예를 들면, 다음 참고문헌들을 보라. Talbert, *Mediterranean Milieu*, 203-8; Hemer, *Acts*,
    108-220(특히 108-58을 보라); Campbell, "Journeys"; Harnack, *Acts*, 264-74. 나는 본서
    에서보다 Keener, *Acts*, 1:62-83, 166-257에서 이 문제를 훨씬 더 철저하게 다루었다.

44 Mealand, "Historians"를 보라. 누가는 70인역의 몇몇 동사들을 똑같이 사용하지만, 그가
    사용한 동사들의 문체상의 수준은 높은 수준의 코이네 그리스어와 디오니시오스의 아테네
    식 그리스어 사이에 해당한다(Mealand, "Verbs").

45 Rosner는 "Biblical History," 65-81에서 일반적 특징들을 언급한 뒤에 81쪽에서 이렇게 주
    장한다. 추가로 Uytanlet, *Historiography*를 참고하라.

46 Jervell, "Future," 110-11; Johnson, *Acts*, 12; Smith, "Gospels," 8-14; Litwak, *Echoes*, 32,
    206. (투키디데스, 크세노폰과 같은) 이전의 몇몇 그리스 역사가들도 그들의 이야기를 그
    들보다 이전 역사가들이 중단한 지점부터 다시 시작하는 이야기라고 생각했다(Darbo-
    Peschanski, "Origin," 33-34; Brown, *Historians*, 91-92).

47 이 시기에 유대인이 쓴 역사에 관한 저작에서는 헬레니즘의 관습들을 적용했다(Cohen,

의 첫 번째 책에는 예수의 행동과 가르침이 포함되어 있고(행 1:1; 참조. 눅 24:19) 이는 전기적 관심사인 동시에 역사에 관한 관심사다.[48]

8.1c. "근원부터 자세히" 살폈다는 누가의 주장(눅 1:3)

모든 일을 "근원부터 자세히 미루어" 살폈다는 누가의 주장(눅 1:3)은 아마도 누가가 예수의 운동이나 심지어 그가 진술하는 몇몇 사건들에 직접 참여했음을 의미할 것이다. 번역본들은 흔히 1:3의 παρακολουθέω(parakoloutheō)를 "조사하다"(개역개정판에서는 "미루어 살피다"—역주)라고 번역해 놓았지만,[49] 이 단어는, 훨씬 더 적절히 표현하자면, "참여"를 가리킬 것이다. 이 동사는 철저한 지식[50] 또는 "지식에 근거한 친숙함"[51]을 가리킨다. 의미론적 영역에 의해 표현되는 종류의 친숙함은 종종 부분적으로 "개인적 참여를 통해" 나타나므로, 데이비드 모스너(David Moessner)는 이것이 단순히 이 운동에 대한 누가의 앎을 바탕으로 한 관여를 가리킬 수도 있지만, 누가의 "우리" 본문을 예고하는 것일지도 모른다고 결론짓는다.[52]

Maccabees, 194; 일반적으로 Attridge, "Historiography," 326; Eisman, "Dio and Josephus" 을 참고하라).

48 역사와 관련해서는 다음 문헌들을 보라. Polybius, *Histories* 2.56.11; Aristotle, *Rhetoric* 1.1360 a.35에 나오는 행적들; Valerius Maximus, *Memorable Doings and Sayings* 1.pref.; Quintilian, *Orator's Education* 2.4.2; Fornara, *Nature of History*, 1-2, 116, 185.

49 "전승 조사자로서의" 누가에 관해서는 Becker, *Birth*, 105을 참고하라.

50 Alexander, *Preface*, 128-30을 보라.

51 Moessner, *Historian*, 68-107.

52 Moessner, *Historian*, 106-7, 328. 지식을 바탕으로 어떤 운동에 참여하는 사람은 비록 지식의 종류가 다를지 모르지만, 보통 1년을 투자하여 그 운동에 관한 연구를 하는 외부인보다 그 운동을 더 잘 알 것이다. 이 원리는 오순절 교파, 모르몬교, 이슬람교 아흐마디야 교단 등에 관한 출판물에서 충분히 예시될 수 있다.

학자들은 누가의 "우리" 자료에 대해 다양한 해석을 내놓는다.[53] 어떤 이들은 "우리"를 허구적인 문학적 장치로 보지만, 이 장치는 고대의 역사 기록[54]이나 전기[55]에서는 그 존재가 입증되지 않는다. 나는 다른 곳에서 누 가의 "우리"(행 16:10-28:16)라는 표현이 고대의 다른 어떤 역사에 한 저작 에서든 실제로 나타났다면, 우리는 저자가 현장에 있었다는 점을 당연시 했을 것이라는 나 자신의 확신과 주장을 제시해 왔다. 학자들 대다수는 실

---

53 나의 더 자세한 논의를 보려면 Keener, *Acts*, 3:2350-74을 보라.
54 다음 참고문헌들을 보라. Nock, *Essays*, 828; Porter, *Paul in Acts*, 24-27; Keener, "Claims";
   참조. 예를 들면, Herodotus, *Histories* 1.20; 1.51.3-4; 1.92.2; 1.105.3; 2.29; 2.99.1;
   2.104.1; 2.127.1-2; 2.147.1; 2.148.1; 3.55.2; 4.81.2; 4.195.2; 5.59; 6.47.1; 7.114.2;
   Polybius, *Histories* 1.1.1-1.5.5; 36.11.1-4; 39.8.1; Diodorus Siculus, *Library of History*
   17.52.6; Dionysius of Halicarnassus, *Roman Antiquities* 1.7.3; 스 8:15-32; 9:3-5. 폴리
   비오스는 자신이 관찰자였을 때는 1인칭 주장을 사용하지만(예. 29.21.8), 자신이 이야기
   속에 능동적으로 참여할 때는 3인칭을 선호한다(31.23.1-31.24.12; 38.19.1; 38.21.1;
   38.22.3; 참조. 39.2.2). 이 점은 화자와 관련된 수준에서 특히 자주 나타난다. 예를 들
   면 Herodotus, *Histories* 1.5.3; 1.15; 1.18.2; 1.22.2; 1.57.1; 1.75.1, 3, 6; 1.92.1; 1.95.1;
   1.106.2; 1.130.3; 1.131.1; 1.137.1; 1.140.1-3; 1.169.2; 1.170.1; 1.171.2; 2.18.1;
   4.197.2; 5.4.1; 5.9.1, 3; 5.22.1; 5.35.3; 5.36.4; 5.54.1; 5.62.1; 5.65.5; 5.66.1; 5.86.3;
   6.19.2-3; 6.39.1; 6.43.3; 6.53.1-2; 6.55; 9.95; 9.101.1; Dionysius of Halicarnassus,
   Roman Antiquities 1.1; 1.5.1; 1.6.5; 1.7.1; 1.8.1; 1.90.2; 2.47.3; 9.60.1; 9.71.4; Josephus,
   Jewish War 2.114; Tacitus, *Histories* 1.51, 59; 2.8, 17, 27; 5.2, 10, 19. 다른 사실 지향적
   인 저작에 관해서는 예컨대 Aulus Gellius, *Attic Nights* 1.4, 11, 13, 15, 18, 21-23, 26; 2.2,
   6-7, 12-13, 15-16, 19-21; 8.sum. 10; 14.sum. 2; 15.sum.25을 보라.
55 예를 들면, 다음 문헌들을 보라. Josephus, *Life* 1-3, 5-6, 8-17, 19-21, 27, 30-31, 41,
   62-65, 68-70, 322, 329, 393; Suetonius, *Augustus* 7; *Caligula* 19.3; *Nero* 57.2; *Otho* 10.1;
   Vespasian 1; *Domitian* 12.2; Philostratus, *Lives of the Sophists* 2.21.602-4; 느 1:1-6, 11;
   2:17-20과 그 밖의 여러 구절; Baum, "Wir- und Er-Stellungen"; Keener, *John*, 918에 나
   오는 역사가들의 1인칭 및 3인칭 진술에 대한 논의를 보라. 허구적인 이야기들에서는 물
   론 가상적인 1인칭을 사용하지만(예를 들면, Pervo, "Losers," 130; Sigmon, "Brothers"를 보
   라), 이런 용법은 사도행전과 같은 역사에 관한 저작과는 관련이 없으며, 사도행전은 다른
   역사에 관한 저작들처럼 외적 정보와 훨씬 더 자주 일치한다(Talbert, *Mediterranean Milieu*,
   201-8; Keener, *Acts*, 1:166-250[특히 203-6, 237-50]; Hemer, *Acts*를 보라).

제로 "우리"라는 표현이 진정한 목격자의 자료를 나타낸다고 생각한다.[56] 적어도 과반수가 조금 넘는 사도행전 연구자들 역시 누가가 직접 "우리" 자료를 집필했다고 생각한다.[57] 만일 우리가 또 다른 역사에 관한 저작 에서 가정하듯이 1인칭의 언급 대상에 저자가 포함된다면 누가복음-사 도행전의 저자는 누가복음에서 묘사된 사건 대부분이 발생한 30년 안에 2년 정도의 시간을 유대 지방에서 지냈을 것이다(행 24:27과 21:15; 27:1).[58]

사도행전의 1인칭 서술은 저자의 참여와 일치한다. "우리"는 사도행 전에서 간헐적으로만 등장하는 반면 가상의 "우리"는 그런 표현을 사용 하는 고대 소설에서 일반적으로 흔하게 나타났다. 1인칭은 (마치 독자가 화 자의 정체를 알고 있는 것처럼) 아무런 언급 없이 드로아에서 우연히 등장하 고 빌립보에서 사라지며(행 16:10-16) 1년 뒤에 나시 빌립보에서 능상한 다(20:6-21:18; 27:1-28:16). 1인칭은 그것이 가장 유용했을 신학적으로 좀 더 의미심장한 대목에서는(가령 행 1-2장, 10장, 또는 10장이나 누가복음에서는) 나타나지 않는다.[59] 저자는 자신을 베드로나 바울처럼 묘사하기는커녕 자 신의 직접 참여에 대해 어떤 참여자라도 할 수 있을 만큼 최소한으로 진

---

56 예. Cadbury, "We"; Dibelius, *Studies*, 135-37; Dupont, *Sources*, 164-65; Packer, *Acts*, 3; Munck, *Acts*, xliii; Hanson, *Acts*, 21-24; Neil, *Acts*, 22-23; Dunn, *Acts*, x; Spencer, *Acts*, 12-13; Fitzmyer, *Acts*, 103; Pixner, *Paths*, 423-31; Wolter, *Luke*, 1:8-10.

57 예를 들면 Abbott, *Acts*, 131-4; Ramsay, *Luke the Physician*, 26; Rackham, *Acts*, xvi; C. Williams, *Acts*, 22-30; Spencer, *Acts*, 12-13; Dunn, *Acts*, x; Fitzmyer, *Acts*, 50; Le Cornu, *Acts*, xxvii-xxviii; Chance, *Acts*, 4; Parsons, *Luke*, 8; Fusco, "Sezioni-noi"; Botermann, "Heidenapostel"; Riesner, "Zuverlässigkeit," 38-39; Jervell, *Apostelgeschichte*, 66, 82; Wolter, *Luke*, 1:8-10. 그렇기는 하지만 여러 비판자도 중요하다(예. Barrett, "Acts and Corpus").

58 고대의 역사 기록에서 참여의 가치에 대해서는 예를 들면 Byrskog, *Story*, 58-64, 153-57을 보라.

59 예를 들어 Dibelius, *Studies*, 136; Fitzmyer, *Theologian*, 11-16; Kurz, *Reading Luke-Acts*, 112-13을 보라.

술한다. 우리가 목격자 자료에 대해 예상할 수 있는 바대로 "우리" 단락은
누가의 가장 자세한 자료에 속하는 경향이 있다.[60] (이런 견해를 비판하는 이
들은 종종 바울과의 차이점을 언급한다.[61] 그러나 이런 차이점 중에 좀 더 중요한 몇 가
지 차이는 바울에 대한 전통적인 개신교의 오해를 반영할지도 모른다.)[62]

누가는 또한 ἄνωθεν (anōthen, "맨 위부터, 처음부터")이라는 표현을 통해
자신의 지식은 글을 쓴 시기보다 훨씬 이전에 시작되었다고 주장한다.[63]
"자세히"(ἀκριβῶς[akribōs], 눅 1:3) 기록했다는 누가의 주장은 역사 기록에서
나타나며 보통 과거에 대한 글과 대비되는, 직접 경험에 의존하는 동시대
의 역사 서술을 지칭한다.[64] 요세푸스는 이 단어 및 그와 어원이 같은 단어
들을 「유대 고대사」에서는 드물게, 그러나 「유대 전쟁사」에서는 좀 더 일
관되게 그와 같이 사용한다.[65]

"우리" 자료의 목격담으로서의 특성에 대한 이러한 짧게 요약된 논
증에 동의하든 그렇지 않든, 누가의 표현은 같은 언어를 사용하는 고대의
다른 서언들을 볼 때 최소한 기록에 대한 철저한 지식과 자신이 그런 기록
들의 정확성을 평가할 수 있다는 그의 믿음을 암시한다.[66] 믿을 만한 글을

---

60 예를 들면 Hengel and Schwemer, *Damascus*, 7; Neil, *Acts*, 22-23의 견해와 같이.
61 특히 Vielhauer, "Paulinism"(특히 바울과 율법에 대한 그의 더 오래된 접근 방식을 주목해
    보라)을 보라.
62 Borgen, "Paul to Luke"; Donfried, *Thessalonica*, 90-96; Porter, *Paul in Acts*, 189-206;
    Thompson, "Paul in Acts"에 실린 비판을 보라.
63 Bauckham, *Eyewitnesses*, 119-23을 보라.
64 특히 Thucydides, *History* 1.22; Dionysius of Halicarnassus, *Roman Antiquities* 3.18.1;
    7.66.1-5; 11.1을 인용하는 Becker, *Birth*, 103-4.
65 Becker, *Birth*, 104은 *Jewish War* 1.9, 17, 22, 26; 7.454(및 3.138 참고); *Life* 412을 인용하면
    서도 그것들이 *Jewish Antiquities* 1.214; 9.208; 14.3; 19.15; 20.147, 260-62에서는 덜 빈
    번하게 사용된다는 점도 인정한다.
66 Moessner, "Poetics," 85-97. 추가로 Hemer, *Acts*, 322을 참고하라(그는 Cadbury가 이 표현
    은 참여와도 관련이 있지만, 이것을 누가복음이 아닌 사도행전에서만 합리적으로 추측할

쓸 수 있는 자신의 "흠잡을 데 없는 자격"을 보여주려는 사람이라면 그런 언어를 사용할 것이다.[67]

8.1d. 누가보다 먼저 붓을 든 사람들

누가는 자신의 직접적인 지식이, 퍼져나가고 있는 많은 구두 전승(눅 1:2), 즉 그의 독자들에게도 이미 알려진 전승(1:4)을 스스로 평가하고 확증할 수 있을 만큼 충분하다고 생각한다. 아마도 이러한 확증에는 최소한 디아스포라 기독교인들 사이에서 퍼져나가고 있는 이야기들을 확증하고 부연설명할 수 있는 예수의 유대인 추종자들을 인터뷰하는 일도 포함되었을 것이다.[68] 누가가 "목격자"(αὐτόπται, autoptai; 눅 1:2)에 호소하는 것은 그리스[69]와 로마[70]의 역사가들이 모두 강조한 목격자 자료에 호소하는 널리 퍼진 관습[71]에 들어맞는다.

　오늘날의 학자들과 마찬가지로 고대의 서문들은 과거의 학자들을 각

수 있다고 생각한다는 점을 지적한다).

67　Moessner, "Poetics," 97; Moessner, "Prologues," 413; 참조. Josephus, *Against Apion* 1.54, 213 이하.

68　Bruggen이 *Narratives*, 65-66에서 지적하듯이 누가가 누가복음의 사건들에 대해 목격자가 되어야 할 필요는 없다. "우리" 자료에 대한 나의 견해에 따르면 누가는 행 21:17; 24:27; 27:1에서 유대 지방에서 충분한 기회를 얻었다.

69　Byrskog는 *Story*, 49-53에서 헤라클레이토스와 기타 인물들; 53-57에서 헤로도토스, 58-59에서 투키디데스, 59-62에서 폴리비오스(특히 60에서 *Histories* 4.2.1-2을 주목해 보라), 62-63에서 요세푸스를 (*Against Apion* 1.47을 언급하며) 다룬다.

70　Byrskog는 *Story*, 63에서 대부분 그리스적인 기호를 따라 리비우스를 예외로 언급한다. 그는 할리카르나소스의 디오니시오스가 *Roman Antiquities* 1.6.2에서 "파비우스 픽토르와 킨키우스 알리멘투스가…그들 자신이 그 자리에 있었던 사건들만 아주 정확하게 이야기한다는 이유로…그들을 칭찬한다고 지적한다(63).

71　Alexander, *Preface*, 34-36.

기 다른 방식으로 다루었다. 어떤 이들은 과거의 학자들을 질책했지만[72] 어떤 이들은 더 자비로운 태도로 그들 각각의 활동 영역을 단순히 구분했다.[73] 전자의 접근 방식은 무례한 것으로 여겨질 수 있었으므로 어떤 저자들은 이러한 의도를 특별히 부인한다.[74] 누가가 이전 저자들의 저작에 대해 언급한 유일한 불만의 이유는 수사학적 배열의 문제이지(눅 1:3) 정보의 문제가 아니다. 누가는 "그들의 목격자적인 자료"[75]에 대한 감사를 이미 표현했다.

모스너가 지적하듯이 "전승의 내용과 그 결과로 나온 형식의 원인이된 목격자인 전승 전달자들과, 그들을 따른 이들과, 전승을 정리한 이들에 대한" 누가의 "언급"(1:2-4)은, "누가가 역사가로서 스스로 대체로 사실에 기반을 두고 있다고 믿는 일들—일어난 사건들—을 다루고 있다는 점을 분명히 한다."[76] 고대 역사가들에게 이상적인 것은 그들 스스로 사건

---

72 예를 들면 Rhetoric to Alexander, pref., opening, 1-12행; Artemidorus, Interpretation of Dreams 1.pref.; 3.pref.; Longinus, On the Sublime 1.1; 역사가 중에서는 (Dionysius of Halicarnassus, Roman Antiquities 1.1.1에 따르면) 아낙시메네스와 테오폼포스; Polybius, Histories 3.32.4-5; Josephus, Jewish War 1.1-2, 7(참조. Jewish Antiquities 20.154-57); (Josephus, Life 357-59에 따르면) 유스투스; Dio Cassius, Roman History 1.1.1-2; Herodian, History 1.1.1-2; 암묵적으로 Arrian, Alexander 1. pref.3을 보라. Wardle은 Valerius Maximus, 67에서 다음 문헌들을 인용한다. Livy, History pref.2; Sallust, Histories frag. 3, 7; Tacitus, Histories 1.1.2-3; Annals 1.1.2.
73 Diodorus Siculus, Library of History 1.3.1-2; Vitruvius, Architecture 7.pref.10-18; Quintilian, Orator's Education 1.pref.1-2, 4-5; Aelius Aristides, Panathenaic Oration 4, 152D.
74 Valerius Maximus, Memorable Doings and Sayings 1.pref.; 참조. Pliny, Natural History 3.1.1-2; Quintilian, Orator's Education 3.1.22.
75 Moessner, Historian, 109-23, 여기서는 특히 122.
76 Moessner, Historian, 317. 눅 1:2의 목격자들과 일꾼들은 (예를 들면 Green, Luke, 41; Culy, Parsons, and Stigall, Luke, 3; Ytterbrink, Gospel, 123의 견해와 마찬가지로) 아마도 같은 집단일 것이다.

을 목격하는 것이었다.[77] 고대 역사가들에게든 오늘날의 언론인에게든 그러한 사건에 대한 직접 경험이 언제나 가능하지는 않으므로 역사와 관련된 저자들은 종종 구전 자료에 의존해야 했다.[78] 역사가들은 폴리비오스로부터 1세기 저자들에 이르기까지 종종 자신이 구전 자료와 목격자들에 의존하고 있음을 강조함으로써 자신의 저작을 변호했다.[79] 고대 역사가들이 가끔 누가복음 1:2에서 목격자를 가리키는 누가의 용어와 어원이 같은 αὐτοψία(autopsia)라는 정확한 단어를 사용할 때는 일반적으로 "개인적/직접적인 경험을 가진 이들, 즉 사실을 직접적으로 알고 있는 이들"을 지칭한다.[80] 누가는 서문에서뿐만 아니라 서문의 주장을 뒷받침하기에 충분할 만큼 목격자의 증언을 강조한다.[81]

공석 인물들에 대한 전기를 쓴 삭가늘은 종종 다양한 술저에서 선기적 자료를 보충했으므로,[82] 마태와 누가가 마가복음의 개요를 다른 정보들로 보충했다는 사실은 놀랄 일이 아니다. 복음서 형성에 대한 지배적인 가설에 따르면, 이러한 정보에는 우리가 Q 자료라고 부르는 공유된 자료가 포함되어 있다. 그러나 우리가 예를 들어 누가복음의 독특한 비유에서 보듯이 누가에게는 이용 가능한 추가적인 전승 체계가 있다.[83] 우리는 누

---

77   Byrskog, *Story*, 93-94.
78   Byrskog, *Story*, 94-99, 특히 94(참조. 149-53). 추가로 9장을 보라.
79   Byrskog, *Story*, 122(리비우스는 제외함). 타키투스에 대해서는 63-64을 보라. (요세푸스의 글과 같은) 실지 검증의 변증적인 사용에 대해서는 Byrskog, *Story*, 214-22을 보라.
80   Alexander, *Preface*, 120. 역사가들은 직접 경험을 최고의 증거로 간주했다(Herodotus, *Histories* 2.99; Polybius, *Histories* 12.27.1-6; 20.12.8; Lucian, *How to Write History* 47을 인용하는 Aune, *Environment*, 81).
81   가장 광범위한 글로는, 진짜임을 증명하는 이러한 기법을 언급하는 Rothschild, *Rhetoric*, 213-90을 보라. 추가로 앞의 논평을 보라.
82   Frickenschmidt, *Evangelium*, 208-9.
83   참조. Tan-Gatue, "Coherence"; 그러나 이 자료의 일부가 Q 자료 안에 있었을 가능성에 대

가가 우리가 그를 검증할 수 없는 대목에서도 우리가 검증할 수 있는 대목과 대략 같은 방법을 따랐을 것으로 기대한다.

8.1e. 확증(눅 1:4)

누가가 말한 일차적인 목적은 이미 퍼져나가고 있는 지식을 확증하는 것이었고(1:4),[84] 이는 누가가 궁극적으로 그의 자료와 합리적으로 일치하는 결론에 도달했음을 암시한다. 따라서 누가가 복음서에 집어넣은 많은 이야기는 아마도 여러 교회 사이에 널리 유포되었을 것이다. 초기 교회들이 누가가 글을 쓰기 오래전에 이미 로마 제국 전역에 걸쳐 비공식적으로 그 물망처럼 연결되었다는 인식에 따르면 그러한 유포는 더욱더 개연성이 높다. 일반적으로 고대 지중해 세계에서 여행자들은 정기적으로 한 장소에서 다른 장소로 소식을 전달했다.[85] 사람들은 누군가가 자신의 친구가 있는 곳과 가까운 곳에 여행을 간다는 소식을 접할 때마다 편지를 준비해서 보낼 수 있었을 것이다.[86]

기독교 운동이 시작된 지 20년이 넘게 지났을 때 많은 교회가 다른 도시의 교회에서 어떤 일이 일어나고 있었는지 이미 분명하게 알고 있었고(롬 1:8; 고전 11:16; 14:33; 살전 1:7-9) 편지까지도 공유했다(골 4:16).[87] 선교사들은 어떤 교회들에 대해 다른 교회에게 말할 수 있었고(롬 15:26; 고

해서는 Sloan, "Similitudes"를 참고하라.
84 예를 들면 Maddox, *Purpose*, 21, 186의 견해와 마찬가지로.
85 예. Euripides, *Electra* 361-62; Demosthenes, *Letter* 5.1; Cicero, *Letters to Atticus* 2.11; Seneca, *To Lucilius* 47.1; P.Oxy. 32; Apuleius, *Metamorphoses* 1.26.
86 예. Cicero, *Letters to Atticus* 1.10, 13; 4.1; 8.14.
87 나는 여기서 Keener, *Acts*, 1:187-88의 내용을 가져왔다. Willis, "Networking"도 함께 주목해 보라.

후 8:1-5; 9:2-4; 빌 4:16; 살전 2:14-16) 다른 일꾼들을 통해 개인적인 소식을 전할 수 있었다(엡 6:21-22; 골 4:7-9). 몇몇 도시 기독교인들은 여행을 다니며(고전 16:10, 12, 17; 빌 2:30; 4:18) 편지를 전달했다(롬 16:1-2; 빌 2:25). 그들은 또 다른 장소로 이주했고(롬 16:3, 5; 아마도 16:6-15의 여러 곳) 다른 교회들에 안부 인사를 전했다(롬 16:21-23; 고전 16:19; 빌 4:22; 골 4:10-15). 서로 다른 장소마다 각기 나름의 갈등이나 신학적 강조점이 있었지만, 초기의 지리적으로 구별되는 기독교 공동체들은 신학적·사회적으로 서로 고립되어 있었다는 생각[88]은 단지 오늘날의 학자들이 만들어낸 허구일 뿐이다.

이러한 이전에 존재한 문헌들에 대한 해석은 아마도 여러 기사의 형태를 표준화했을 것이다. 공동체적 해석(또는 공동체에 따른 해석)은 회당과 교회와 더 범위가 넓은 문화 속에서 일반적으로 나타났다.[89] 그러한 "품질 관리"[90]는 마가복음의 집필 과정에서는 적절하지 않았을 수도 있겠지만 마가복음을 이용한 마태나 누가와 같은 마가의 계승자들에게는 아마도 적절했을 것이다.

---

88 아마도 가장 특이한 것은 메시아가 아닌 견유 학파적인 예수와 관련된 독특한 Q 자료 공동체일 것이다.

89 Wright, *Reading*, 특히 61-115에 나오는 비기독교 문헌에 대한 광범위한 논의를 보라(참조. 211-30).

90 나는 이 용어를 Wright, *Reading*, 예. 8, 169, 207-9에서 빌려왔다.

8.2. 누가의 역사와 수사학

누가는 이상적인 청중이 좋아하는 방식으로, 특히 이야기 속에서 인물들 사이에 유사점을 비교하면서 자료를 배열한다. 또한 그에게는 변증적인 목표와 그 밖의 목표가 있다. 그러나 이러한 관찰 결과는 역시 기록으로서의 누가의 저작에 대한 고대의 기대를 약화시키지 않는다. 그러한 특징들은 다른 고대 역사서들에서도 나타나며 반드시 역사적 정보와 양립할 수 없는 것만은 아니다.

8.2a. 누가의 수사학적 수준?

누가는 평균적인 도시 거주자의 문학적 기교를 훨씬 능가하는 문학적 기교를 보여주지만, 사회의 상류층에 순응하는 저작을 만들어내지는 않는다. 물론 누가는 마가보다는 더 세련되며[91] 수사학적 관습은 누가의 문학적 기법에 영향을 주었다(누가의 "차례대로" 쓴 기록에 대한 강조[눅 1:3]를 참고하라).[92] 그렇기는 하지만 누가복음-사도행전의 문학적 수준은 헬레니즘 시대의 최상급 역사서보다 훨씬 낮다.[93] 누가는 테오폼포스처럼 수사적인 역사가가 아니었다. 누가는 타키투스나 수에토니우스만큼 수사학적 훈련을 받은 것도 확실히 아니었다. 누가는 필요한 곳에서는 훌륭한 그리스어

---

91 예를 들면 Dibelius, *Tradition*, 161; Witherington, "Editing," 326, 328; Burridge, "Gospels and Acts," 526-27; Kilpatrick, "Style"을 보라. 그는 몇몇 고전적인 문헌들까지도 포함시킨다(Renehan, "Quotations," 22-23을 보라).

92 Satterthwaite, "Acts," 337; Penner, *Praise*, 220; 참조. Moessner, "Poetics," 97-112. 참조. Bultmann, *Tradition*, 366의 긍정적 평가; (누가의 말에 관해서는) Parsons, *Acts*, 9.

93 Julian, *Letter* 36.423d을 인용하는 Pervo, *Profit*, 6; 일반적으로 신약에 대해서는 Townsend, "Education," 148-49.

를 보여주지만(예. 눅 1:1-4)[94] 사도행전에 나오는 설교들조차 특별히 세련
되지는 않다.[95] 누가의 시대에 "전문적인 역사가"는 없었지만,[96] 누가는 대
부분의 최상급 역사가들보다는 더 대중적인 독자들을 위해 글을 쓴다.[97]

좀 더 수사적인 역사가들과 대조적으로 누가는 장면들을 수사적으로
정교하게 다듬기를 거부한다. 수사학의 한 가지 목표는 듣는 이들이 마치
그들 자신의 눈으로 사건을 목격한 것처럼 느끼게 만드는 것이었고[98] 역사
가들은 보통 이 목표를 달성하기 위해 애썼다.[99] 제2 소피스트 운동에 속한
웅변가들은 살루스티우스 같은 이전의 수사적 역사가들이 세부적인 내용
과 감정을 생생하게 묘사하는 모습을 높이 평가했고[100] 역사가는 시골 풍
경을 묘사해야 한다고 생각했다.[101] 자세한 묘사를 수반하는 "에크프라시
스"(ekphrasis, 시각적인 것을 언어로 표현하는 수사법—역주) 기법은 수에토니우
스의 전기와 같은 역사적 전기[102]를 포함한 서사체 작품에서 실제로 나타난

---

94 Blass, Debrunner, and Funk, *Grammar*, §464; Aune, *Dictionary*, 347을 보라.
95 예컨대 Keener, "Rhetorical Techniques"에 나오는 후대의 연설들의 좀 더 수사적인 전략을
    참고하라.
96 Rebenich, "Prose," 289.
97 이와 비슷하게 (Plümacher와 더불어) Barrett, *Acts*, xxxv을 참고하라.
98 예를 들면 다음 참고문헌들을 보라. Aristotle, *Rhetoric* 2.8.14, 1386a; 3.11.1-2, 1411b;
    Rhetorica ad Herennium 4.55.68; Cicero, *Orator ad M. Brutum* 40.139; Quintilian, *Orator's
    Education* 9.2.40; Theon, *Progymnasmata* 7.53-55; Longinus, *On the Sublime* 15.2;
    Keener, *Galatians* (Cambridge), 120의 추가적인 자료들; Keener, *Galatians* (Baker), 212-
    13; Keener, *Acts*, 1:135.
99 예. Dionysius of Halicarnassus, *On Literary Composition* 18; Velleius Paterculus, *History*
    2.89.5-6.
100 Fronto, *To Antoninus* 2.6.4-15.
101 Fronto, *To Antoninus* 2.6.6.
102 Quintilian, *Orator's Education* 4.2.123에서 언급된 종류의 기법을 주장하는 Edwards,
    "Introduction," xxvii.

다.[103] 수사학자들은 시각적 공포를 주는 더 생생한 장면을 요구했지만,[104] 어떤 역사가들은 그런 장면의 서술이 역사에서 필요한 정보를 초과하면 이의를 제기했다.[105]

그러나 누가는 "우리" 자료에서조차 결코 그런 자세한 서술에 근접하지 못한다. 누가의 글에는 심지어 (호메로스의 저작에 나오는 "발장다리에 한쪽 발을 저는" 테르시테스와 같은) "에크프라시스"의 가장 짧은 종류의 예조차 없다.[106] 누가는 순교를 이야기할 때도 피가 낭자한 장면은 피한다. 따라서 나는 사도행전을 그런 자세한 서술의 관점에서 "극적인" 역사로 보는 학자들과 견해를 달리한다.[107] 오니(Aune)는 다음과 같은 균형 잡힌 결론을 제시한다. "누가복음-사도행전은 그리스 수사학 분야에 자격을 갖춘 한 아마추어 헬라파 역사가가 쓴 대중적인 '통사'이다."[108]

---

103 Rusten, *"Ekphrasis"*; Bowie, "Second Sophistic," 1377.

104 Dionysius of Halicarnassus, *On Literary Composition* 18. Dionysius of Halicarnassus, *Thucydides* 15은 투키디데스가 종종 전쟁에 수반된 비열한 잔혹 행위와 고통을 성공적으로 묘사하지만 어떤 때는 관련된 적절한 공포를 불러일으키지 못한다는 불만을 제기한다. 예술에서는 예컨대 Martial, *Epigrams* 3.35를 참고하라.

105 Polybius, *Histories* 15.34.1.

106 Hermogenes, *Progymnasmata* 10. "에크프라시스"에 대해서는 22(번역. Kennedy, 86). Keener, *Acts*, 1:135-37의 더 자세한 논의를 보라.

107 이는 어떤 종류의 극적인 요소도 부정하는 것이 아니다. Plümacher, *Lukas*, 80-136을 보라. 극적인 요소는 기원전 3세기에도 정도의 문제다(Laistner, *Historians*, 14-16). 훗날 리비우스는 수사적으로 화려한 역사가의 현존하는 최고의 예가 된다(Byrskog, *Story*, 207; 참조. Quintilian, *Orator's Education* 10.1.32).

108 Aune, *Environment*, 77(하지만 나는 누가의 "자격"에 수사학 고등 교육이 포함되었는지 의심스럽다). 고등 교육은 그가 계속해서 지적하는 대로 역사보다 수사학에 초점이 맞춰졌으나, 이는 역사가들이 다른 역사가들의 글을 읽고 수사학 기법을 배우려 하지 않았다는 의미가 아니다. "대중적인" 역사서로서의 사도행전에 대해서는 다음 참고문헌들도 함께 보라. Barrett, *Acts*, xxxv; Verheyden, "Unity," 55(그도 역시 Barrett, "First Testament," 101; *Acts*, 2:li을 인용한다); Pervo, *Acts*, 18(하지만 그는 역사를 느슨하게 정의한다).

8.2b. 평행 관계

마태복음의 구성은 현대적인 위계적 개요와 꽤 잘 들어맞지만, 누가는 비슷한 인물들을 비교함으로써 배열 면에서 자신의 기교를 더 많이 보여주는 편을 선호한다. 누가는 이미 첫 장면에서 이런 전략을 도입하며 사가랴와 마리아 사이의 다양한 유사점을 제시한다(눅 1:5-25, 26-38).[109] 다음과 같은 주의 깊은 구성을 주목해 보라.

1:11　한 천사(가브리엘, 1:19)가 나타남	1:26　가브리엘 천사가 나타남
1:12　환상을 받은 자가 어려움을 당함	1:29　환상을 받은 자가 어려움을 당함
1:13　두려워하지 말라	1:30　두려워하지 말라
1:13　기적의 이유	1:30　기적의 이유
1:13　아이의 이름(요한)	1:31　아이의 이름(예수)
1:15　아이가 위대해질 것이다	1:32　아이가 위대하질 것이다
1:15　태중에서 성령으로 충만해짐	1:35　성령으로 잉태됨[110]
1:16-17　사명	1:32-33　사명
1:18　질문	1:34　질문
1:19-20　증거 또는 설명	1:35-37　증거 또는 설명
1:20　사가랴가 불신으로 인해 말을 못 하게 됨	1:38, 45　마리아가 믿음으로 인해 칭찬받음
1:80　아이가 성장함	2:40, 52　아이가 성장함[111]

109　Keener, *Acts*, 1:556-57; Edwards, *Luke*, 30, 41을 보라.

110　요한과 예수의 출생 이전의 경험에서 성령의 역할을 비교한 글을 보려면 Tatum, "Epoch," 188-89을 보라.

111　나는 할례(눅 1:59; 2:21에서는 암시적으로 나타남)나 엘리사벳(1:25)과 마리아(1:30)에 대한 "은총"과 같은 덜 명백한 유사점은 생략했다. Flender는 *Theologian*, 29에서 일련의 차이에 비추어 마리아와 스가랴의 차이를 종종 누가복음에 나오는 종교적 내부자와 그밖의 사람들의 차이로 간주한다(눅 7:36-50; 10:29-37; 14:15-24; 15:24-32; 18:9-14;

누가의 두 권의 책에서는 문학 평론가들이 충분히 입증했듯이 인물들을 자주 비교한다.[112] 어떤 학자들은 고대 문헌, 예컨대 플루타르코스의 아르타크세르크세스 전기에서의 그러한 내적 평행 관계를 소설화로 간주하지만,[113] 고대 전기 작가들은 흔히 그런 장치들을 단순히 정보를 좀 더 만족스럽게 제시하기 위한 수사적 배열로 취급했다. 저술가들은 때때로 정보가 부족한 장면에서 세부적인 내용을 채워 넣기 위해 이전의 줄거리와 모티프들을 재활용한다.[114]

유사점을 비교하는 이러한 관행은 반드시 해석을 수반했고 역사가들이 이런 목적에 유용하다고 생각한 어떤 이야기들은 믿을 수 없는 것이었을지도 모르지만, 그러한 병렬 구조가 역사가들에게 새로운 내용을 지어낼 것을 요구하지는 않았다.[115] 사실 오늘날 사실에 기반한 저술가들은 소재를 지어내지 않고도 이전의 기록들을 상기시킬 수 있다.[116] 고대 저자들이 새로운 인물들을 그 이전의 인물들과 비교하는 것은, 예를 들어 여러 황제를 로물루스와 비교하거나[117] 어떤 이들을 알렉산드로스와

20:45-21:4).

112 예를 들면 Goulder, *Type*; Talbert, *Patterns*; Tannehill, *Luke*; Tannehill, *Acts*; Edwards, "Parallels"; Keener, *Acts*, 1:550-74을 보라.

113 Almagor, "Narratives," 70-78. 어떤 저작의 다양한 부분에서 핵심 주제가 반복되는 것은 좋은 수사법이었다(예를 들면 *Rhetoric to Alexander* 22, 1434b.5-8; 36, 1444b.23; Menander Rhetor, *Epideictic Treatises* 2.3, 384.25-27을 보라).

114 De Temmerman, "Formalities," 24; Becker, *Birth*, 90.

115 추가로 Keener, *Acts*, 1:562-66을 보라.

116 Allison, *Constructing Jesus*, 389; Gray, *Letters*, 34; Keener, *Acts*, 1:566에 나오는 예들; 심지어 Keener and Keener, *Impossible Love*, 예. 73-74, 207에 나오는 사건들도 예로 사용할 수 있을 것이다(참조. 1:563).

117 Velleius Paterculus, *History* 2.60.1; Suetonius, *Augustus* 7.2; *Caligula* 16.4; 참조. Livy, *History* 5.49.7; Plutarch, *Camillus* 1.1; Haley, "Hadrian."

비교하거나[118] 후대의 어떤 황제들을 이전의 황제들과 비교하거나[119] 그 밖에 그런 식으로 비교하는 것은[120] 자연스럽게 보였고 따라서 흔한 일이었다. 어떤 인물들은 직접 자신을 다른 이들과 비교하거나 심지어 흉내까지 냈다.[121] 그리스 역사가 폴리비오스는 로마의 장군 스키피오의 성격을 좀 더 분명하게 밝히는 한 가지 방법으로 그를 스파르타의 법률 제정자 리쿠르고스와 비교했다.[122] 역사가들은 계속해서 고대 말기의 인물들을 서로 비교했다.[123]

어떤 저작들에서는 분명히 여러 이야기를 서로 일치시키기 위해 이야기를 왜곡했다. 키케로는 역사가들이 어떤 전승이 그가 표현하고자 하는 평행 관계에 가장 잘 어울리는지에 따라 전승을 선택하도록 허용했다(그러나 날조하는 것은 허용하지 않았다).[124] 위(僞)플루타르코스의 작품인 「그리스와 로마의 유사한 이야기들」(Greek and Roman Parallel Stories)에서는 짝을

---

118 Menander Rhetor, *Epideictic Treatises* 2.14, 426.23-24. 참조. Velleius Paterculus, *History* 2.41.1에서의 카이사르와 알렉산드로스의 비교; Appian, *Civil Wars* 2.21.149.

119 Pliny, *Letters* 1.5.1; Suetonius, *Titus* 7.

120 Cicero, *Against Piso* 17.39; Lucan, *Civil War* 9.15-18; 고전 15:45; 계 17:11.

121 예를 들면 알렉산드로스(Lucian, *Book Collector* 20), 필리포스(Polybius, *Histories* 36.10.1-7; Velleius Paterculus, *History* 1.11.1; Lucian, *Book Collector* 20), 또는 네로(Tacitus, *Histories* 1.2; 2.8-9; Suetonius, *Nero* 57.2; Lucian, *Book Collector* 20; Dio Cassius, *Roman History* 66.19.3; 참조. Dio Chrysostom, *Orations* 21.9-10; *Sib. Or.* 4.137-39; 5.33-34, 137-54, 361-85; 8.68-72, 139-50)의 권위를 스스로 칭하는 사기꾼들.

122 Polybius, *Histories* 10.2.8-13. 또한 그는 로마 이전에 그리스와 카르타고를 몰락시킨 각각의 지도자들을 비교한다(Polybius, *Histories* 38.8.14-15).

123 예를 들면 Ramelli, "Origen and Hypatia"; Pervo, "Introduction," 3-4를 보라. 인물들을 비교하는 일은 기본적인 초등 교육 과정(*progymnasmata*)에서 "쉥크리시스", 즉 비교를 배운 전기 작가라면 누구에게나 자연스러운 일이었을 것이다(Aletti, *Birth*, 20).

124 예를 들면, 테미스토클레스의 가장 개연성 큰 최후를 평가하기 위한 다른 기준과 관계없이 저자가 의도한 코리올라누스와의 비교에 가장 잘 어울리는 테미스토클레스의 죽음에 관한 이야기(Cicero, *Brutus* 11.42).

이루는 이야기들을 너무나 비슷하게 표현하기 때문에 이 이야기들은 같은 전승의 쌍을 이루는 이야기들이거나 저자가 의도적으로 동화시킨 것이 분명하다.[125] 플루타르코스는 어떤 저자들은 다른 곳에서는 없어진 정보를 덧붙여서 예를 들면 알렉산드로스의 전기에 적절한 비극적인 마지막 장면을 지어냈다는 불만을 제기한다.[126]

그러나 하위 장르의 현존하는 가장 강력한 예를 제시하는 플루타르코스는 일반적으로 좀 더 신중했다(하지만 오늘날의 역사 기록보다는 더 유연했다). 플루타르코스가 때때로 세부적인 내용과 관련해서 상상력에 의존했다고 주장하는 한 학자는 그가 연대별 순서를 재배열했고, 비교를 위해 몇 가지 자료를 선별하고 생략했으며, 때로는 다른 인물에게 행동을 전가하기도 했다는 점은 입증할 수 있는 사실이라고 지적한다.[127]

여기까지는 사실이지만, 플루타르코스는 서로 비교하기에 적절한 인물들을 열심히 찾았다고 주장한다.[128] 선별성을 중시한 이들에게는[129] 또

---

125 *Moralia* 305A-316B. 일종의 수사학적 연습으로서 이 방법은 한 인물에 대한 전승을 다른 인물에게 옮기는 관행을 촉진했을 것이다(예. Philostratus, *Lives of the Sophists* 1.485과 LCL 각주; Alexander, "IPSE DIXIT," 121).

126 Plutarch, *Alexander* 70.3. 다리우스의 죽음에 대한 그 자신의 낭만적인 묘사(Plutarch, *Alexander* 43.2)는 아리아노스의 글에는 빠져 있지만(*Alexander* 3.21-23), 분명히 그 자신이 지어낸 이야기는 아니었다(LCL 각주, 7:352 n. 1에서 P. A. Brunt는 Quintus Curtius Rufus, *History* 5.13, 28; *Diod.* 17.73을 인용한다).

127 Clark, *Parallel Lives*, 92-93; 11장과 Pelling, "Method"에서 플루타르코스의 방법에 대한 추가적인 논의를 보라. 미드라시에 이와 비슷한 전가가 나타난다.

128 Plutarch, *Cimon* 3.1-3.

129 예를 들면 Polybius, *Histories* 2.56.4; Plutarch, *Alexander* 1.1, 3; Aulus Gellius, *Attic Nights* pref.11-12; Menander Rhetor, *Epideictic Treatises* 2.4, 393.25-30; 참조. 2 Macc 2:24-25; 간결함에 대해서는 예를 들면 Dionysius of Halicarnassus, *Demosthenes* 18, 20, 46; *On Literary Composition* 11; Valerius Maximus, *Memorable Doings and Sayings* 1. pref.; 2.7.5; 3.7.ext.5; 3.8.ext.1; Velleius Paterculus, *History* 2.29.2; 2.46.1; 2.89.1, 5-6; Josephus, *Against Apion* 1.251; Tacitus, *Dialogue on Oratory* 23, 31; Philostratus, *Lives of the Sophists*

다른 주목할 만한 인물과의 유용한 비교가 단순히 기록할 만한 관련 있는 점들을 선택하는 기준을 제공해줄 수 있었다. 유사점을 발견하기 위해 유사점을 지어낼 필요는 없다. 거꾸로 해석하면 역사 속의 다양한 인물들 사이에(또는 대화하며 공통점을 찾는 두 사람 사이에) 몇 가지 "유사점"을 쉽게 찾을 수 있다. 현대의 독자들은 이런 유사점들을 여러 사건 가운데서 꾸며내고 선별한 것으로 간주할 수도 있다. 그런 유사점들은 관찰자의 눈 속에만 존재하는 것이다. 그렇기는 하지만 유사점들을 언급하는 저자는 사건들을 날조하는 것이 아니라 선별하기만 하면 된다.

따라서 플루타르코스는 관찰자들이 충분히 주의를 기울이기만 하면 자연 자체가 관찰자가 유사점을 발견하는 데 충분한 사건을 제공한다는 견해를 밝힌다. 그는 자연주의적인 관점에서는 비교를 위한 잠재적인 요소들이 무한하지만, 신의 섭리라는 관점에서는 같은 행위자가 종종 몇 가지 패턴을 반복할 것이라고 주장한다.[130] 다른 저자들은 심지어 계획된 것처럼 보이는 사건들에 대한 그와 같은 기록을 수집했고[131] 플루타르코스는 여기에 또 다른 기록들을 덧붙였다. 즉 가장 영리하고 노련하며 호전적인 장군들은 "외눈박이―필리포스, 안티고노스, 한니발, 그리고…세르토리우스―였다."[132] 플루타르코스는 그가 찾을 수 있었던 유사점들은 사람들을 여러 가지 면에서 똑같이 만드는 **신적인** 능력에서 비롯되었다고 믿었다.[133]

2.17.597; Keener, *Acts*, 4:3367-69을 보라.
130 Plutarch, *Sertorius* 1.1.
131 Plutarch, *Sertorius* 1.2.
132 Plutarch, *Sertorius* 1.4.
133 Plutarch, *Demosthenes* 3.2. 폴리비오스조차 역사가로서 자신의 임무는 단지 운명의 여신이 어떻게 역사를 계획했는지를 기록하고 운명의 여신의 흔적인 인과적 관련성을 관찰하는

396 〜〜〜 2부 전기와 역사

그러나 플루타르코스는 자신의 역사적 자료가 그것을 요구할 때는 때때로 전기의 대상들을 서로 일치시키기보다는 극명한 차이(일종의 대조적 평행 관계)를 강조했다.[134] 심지어 두 사람이 너무 많이 닮은 까닭에 그들 사이의 차이점을 분간하기 어렵다고 말할 때도[135] 그는 계속해서 차이점들을 지적한다.[136] (자연히 정치가들에 관한 전기는 다른 정치가와의 몇 가지 유사점과 극명한 차이를 제시할 것이고 현대의 독자들도, 플루타르코스만큼 많은 유사점을 발견하지는 못하겠지만, 그러한 비교 가능한 특징들을 사회적 실재의 본질 가운데 일부로 이해할 것이다.)

더구나 우리는 보통 누가의 두 번째 책의 사료들을 평가할 수단이 부족하지만, 그런 사료가 있을 때는 누가가―70인역과 같은―분명히 먼저 존재한 자료에 나오는 인물들 사이에서 유사점을 발견했다는 점을 보여 줄 수도 있다(행 7:9, 25, 35, 37을 보라).[137] 즉 정형화는 단순히 정보의 날조가 아니라 정보에 대한 해석적 구성을 반영할 수 있다.[138] 사회적 기억에서 신성한 문헌은 자주 당대의 사건을 바라보는 렌즈가 되며 그 역도 성립한다.[139] 사실 누가는 때때로 그의 사료 속에 이미 잠재해 있거나 명백히 드러난 해석적 구조를 받아들였을 것이고 사료 자체 안에 그 내용은 구조화되어 있었다. 현재의 문학적 형식에서 창세기-출애굽기의 이야기들은 그

것이라고 믿었다(참조. *Histories* 1.4.1-3).

134 *Comparison of Lysander and Sulla* 5.5; *Comparison of Alcibiades and Coriolanus* 3.1.

135 *Comparison of Aristides with Marcus Cato* 1.1.

136 *Comparison of Aristides with Marcus Cato* 5.1, 3-4; 6.1.

137 Keener, *Acts*, 1:573-74의 논의를 보라. 추가로 Hays, *Echoes*, 101; Kugel and Greer, *Interpretation*, 46-47; Satterthwaite, "Acts," 363을 보라.

138 더 이전 세대의 현대적 해석가들이 그랬듯이 역사와 모형론의 이분법을 단순하게 가정하는 것에 대한 반론으로는 예컨대 Le Donne, *Historiographical Jesus*, 2-5을 보라.

139 Le Donne, *Historiographical Jesus*, 58을 보라.

자체가 인물들 사이에 다소 눈에 띄는 몇 가지 유사점과 차이점을 내포하고 있다.[140] 한때는 사료 식별 표지로 여겨졌던 쌍을 이루는 많은 장면이 이제는 흔히 한 장면을 "다른 한 장면에 비추어" 해석하도록 요구하는 의도적인 정형화로 간주된다.[141] 예를 들면 요세푸스의 글에서 요단강 도하는 출애굽 때의 홍해 건너기를 의도적으로 상기시키며,[142] 새로운 출애굽에 대한 예언자들의 묘사는 출애굽의 원형을 떠올리게 했다.[143] 훗날 유대인 역사가들과 작가들 역시 그들의 이야기를 그 이전의 구원 역사에서 비롯된 유형을 따라 서술했고 하나님이 역사 속에서 이런 유형들을 객관적으로 만들어내셨다고 믿었다.[144] 유대인의 종말론적 문학에서는 태고 시대(특히 에덴)를 말세에 대한 원형으로도 사용한다.[145]

8.3. 변증론적 역사 기록

누가에게도 다른 저자들과 마찬가지로 목표가 있었다. 학자들 대다수는 누가복음-사도행전의 일차적 기능 가운데 하나가 변증론적 기능(즉 신앙

---

140 Keener, *Acts*, 2:1363-64의 논의를 보라.
141 Satterthwaite, "Acts," 363. 그와 같은 패턴에 대해서는 예를 들어 Keener, *Acts*, 1:557-58, 573-74; 2:1363-64을 보라.
142 Hays, *Echoes*, 101. 예컨대 당연히 스승의 모델과 그의 후계자 사이의 유사점인 엘리야와 엘리사 사이의 유사점도 함께 참고하라.
143 예. 사 12:2; 40:3; 렘 31:32-33; 호 2:15; 11:1, 5, 11; Kugel and Greer, *Interpretation*, 46-47.
144 Jacobson, "Visions."
145 Kugel and Greer, *Interpretation*, 47; 참조. 4 Ezra 8:52-54; 9:5-6; 계 22:1-3; T. Levi 18:10-12; T. Dan 5:12; 2 En. 8:3; m. 'Abot 5:20; Keener, *Acts*, 2:1111-12.

을 변호하는 일)이라는 데 동의하며, 많은 이들이 이 저작은 변증적 역사 기록이라는 실제 장르에 부합한다고 주장한다.[146] 이러한 목적은 고대 역사 기록의 잘 알려진 방향과 아주 잘 들어맞는다.

비록 변증적인 요소가 항상 지배적인 것은 아니지만, 현존하는 모든 고대의 유대인 역사 기록은 어느 정도까지는 이스라엘 종교의 고대성과 우월성을 강조했다.[147] 유대인의 변증적인 역사 기록의 가장 완전한 예는 요세푸스가 「유대 고대사」에서 20권 분량으로 신성한 유대 역사에 대해 다시 진술한 것이다. 거기서 요세푸스는 이스라엘 역사에서 드러난 하나님의 특별한 섭리를 강조한다.[148]

8.4. 결론

누가의 서문은 다른 특징들과 더불어 그가 자신의 저작을 역사서로 생각하고 있음을 시사한다. 누가는 자신의 주제를 속속들이 알고 있다고 주장하며 아마도 심지어 그 속에 어느 정도 참여했다고 주장하는 듯하다. 또한 그는 자신이 이전의 저자들에게서 넘겨받은 자료, 스스로 최초의 목격자들까지 거슬러 올라간다고 생각하는 자료를 확증했다고 주장한다. 누가는 역사

---

146 특히 Sterling, *Historiography*, 311-89을 보라. 예를 들어 다음 책들도 함께 참고하라. Mason, *Josephus and New Testament*, 196-97; Kee, *Every Nation*, 11-12; Johnson, *Acts*, xii; Keener, *Acts*, 1:161-66, 441-57의 논의.

147 Wandrey, "Literature," 696; 참조. Ferguson, *Backgrounds*, 349; 필론의 「플라쿠스」에 대해서는 Meiser, "Gattung"을 참고하라.

148 Sterling, *Historiography*, 226-310. 요세푸스의 변증론적인 목표에 대해서는 예를 들어 Feldman, "Apologist"을 보라. 자신을 변호하려는 목표에 대해서는 Vogel, "Vita"; Lamour, "Organisation"을 보라.

를 위해 그 이후에는 누구도 할 수 없었던 일을 해냈다. 즉 누가는 그의 시대에 여전히 생생한 기억으로 남아 있던 것을 참고하고 끌어들였다.

누가는 좀 더 수사적인 역사가들처럼 자세히 설명하지는 않지만, 자료를 독자들에게 더 적합하게 배열한다. 이러한 배열에는 인물들 사이의 유사점을 비교하는 일이 포함되며, 이는 고대 역사 기록에서 일반적인 관행이었다. 이러한 관행이 반드시 역사가들에게 이야기를 지어낼 것을 요구한 것은 아니었다. 누가는 그런 유사점들을 분명히 이전부터 존재한 성경 안에서도 발견했다. 그렇기는 하지만 누가는 이런 이야기의 패턴을 그의 자료 안에서, 특히 처음 몇 장에서 발전시킨다. 누가에게는 또 변증적인 목표와 그 밖의 목표가 있다. 앞 장에서 다룬 역사 저술가들처럼 누가는 오래된 이야기를 신선한 방식으로 서술한다.

마르틴 헹엘은 정보에 대한 누가의 각색과 사용이 모두 우리가 고대 역사 기록에 대해 기대하는 바와 일치한다고 바르게 지적했다. "그의 이야기는 언제나 고대의 기준에 따르면 신뢰할 만하다고 여겨진 이야기의 한계 안에 머물러 있다."[149]

---

149 Hengel, *Acts and History*, 61.

9장

사건에 가까운 사료

전통적인 전기의 모델은 전통적인 전기 작가들에게 몇 가지 제한을 가했다. 전기 작가들은 주요 등장인물들을 지어내거나 단순히 그들이 바라는 어떤 특성이나 사건을 만들어낼 수 없었다. 소설가와 대조적으로 그들은 물려받은 자료에 얽매였다.[1] 하지만 그들의 자료는 얼마나 정확했는가? 역사가들은 고대 역사에 대해서조차 역사적 사건을 지어내서는 안 되지만, 가설적인 수사학적 훈련에서는 때때로 그렇게 했다.[2] 시간이 지남에 따라 그와 같은 지어낸 이야기는 아마도 마치 진짜 정보인 것처럼 기억 속에 스며들었을 것이다. 이것이 어떤 사건과 그에 대한 최초의 기록 사이의 시간적 거리가 중요한 한 가지 이유다.

정경 복음서들은 좀 더 전문적인 전기보다는 더 대중적인 수준의 글쓰기를 반영하겠지만,[3] 대다수 고대 전기보다 시간상 그 대상에 더 가깝다는 점은 중요하다.[4] 모밀리아노가 다른 맥락에서 지적하듯이 "오래전에 살았던 사람들에 대해 글을 쓰는 일은 동시대인에 대해 글을 쓰는 일과 같

---

1 이 점은 De Temmerman, "Formalities," 9에도 언급되어 있다. 그는 소설화의 정도를 강조한다.
2 예를 들면 Hermogenes, *Invention* 2.1.108-9; 2.4.115을 보라.
3 Baum, "Biographien"에 의존하는 Aletti, *Birth*, 12-13, 28을 참고하라. 하지만 Aletti는 그들의 관심이 대중적인 전기에 있다기보다 역사 기록에 있었다고 결론짓는다(24).
4 참조. Fitzgerald, "Lives," 220.

은 일이 아니었다." 자신에 대해서는 거의 정보를 남기지 않은 "과거의 시인들"과 대조적으로 "철학자들은 제자들을 남겼고 그들의 의견은 고려되어야 했다."[5] 우리는 예수도 마찬가지였다는 점을 기억해야 한다.

9.1. 일찍 생겨나고 늦게 사라지는 전설

역사적 거리는 불필요한 오류의 가능성을 배가시킨다.[6] 로마 제국 초기의 전형적인 전기 작가 및 역사가들과 대조적으로, 그 이전의 몇몇 웅변가들은 생생한 기억 너머에 있는 역사를 둘러싼 중요한 정보를 날조했다.[7] 그 틴 이야기들은 일단 선해지면 우대의 저자들이 고의로, 또는 부지불식간에 의존할 수 있는 집단적 기억의 일부분이 되었다. 덜 보수적인 전승 전달자들과 저술가들에 의한 각색은 여러 세기에 걸쳐 상당히 축적되었다.

이런 일은 발생한 지 2세기가 채 지나지 않아 기록된 문헌에서도 일어날 수 있었다. 따라서 예를 들어 루비콘강을 건너는 카이사르에 대한 수에토니우스의 기록에서는 카이사르의 기록에는 빠져 있는 신의 출현을 덧붙인다.[8] 어떤 역사가들은 수사적인 목적으로 그런 특징을 덧붙였지만,[9]

---

5   Momigliano, *Development*, 88.
6   예를 들면 4 Macc 4:15의 한 가지 오류.
7   기원전 4세기의 한 정치가에 대해서는 Pelling, *Texts*, 67. 하지만 그 정치가 역시 추가적인 (아마도 훨씬 덜 신뢰할 만한) 자료를 갖고 있었을 수도 있다. 이와 비슷하게 개요의 이야기보다 연설에서 과거에 대해 더 큰 유연성을 가질 것을 제안하는 Justin, *Epitome* 38.4.5, 15을 참고하라.
8   Penner, *Praise*, 137을 보라.
9   예를 들면 Josephus, *Jewish Antiquities* 18.195; 19.346에 나오는 불길한 새를 보라.

수에토니우스는 자기 시대 이전의 전설도 사용할 수 있었다.[10] 그러나 수
에토니우스는 이 사건을 그것이 발생했을 것으로 추정되는 시점으로부터
(기원전 49년부터 기원후 2세기 초까지) 한 세기 반 뒤에 서술하고 있다. 비교
하자면 이 기간은 예수의 공적 사역과 마가복음의 집필 사이의 기간보다
네 배 이상 긴 기간일 수도 있다. 기원전 30년 무렵 생생한 기억의 가장자
리에 더 가까웠던 역사가인 벨레이우스 파테르쿨루스도 루비콘강을 건넌
사건을 언급하지만 이런 극적인 표징은 언급하지 않는다.[11]

더 긴 기간이 지나면 훨씬 더 많은 전설이 생겨날 수 있다. 따라서 오
늘날 학자들은 로마 제국 초기 역사에 대한 제국 시대 초기의 묘사보다 공
화정 초기에 대한 제국 시대 초기의 묘사에 대해 훨씬 더 신중하다.[12] "두
세대 안"이나 아무리 길어도 한 세기 안에 나온 기록이 보통 가장 신뢰할
만하다.[13]

---

10 Plutarch는 *Caesar* 32.9에서 카이사르가 루비콘강을 건너기 전에 특이한 꿈을 꾸었다고 말
   한다. 이 정보가 초기의 것이라면 아마도 이후의 진술에서 발전되었을 것이다.
11 Velleius Paterculus, *History* 2.49.4; 아마도 최초의 것인 듯한 기록에 대한 논의를 보려면
   Rondholz, "Rubicon"을 보라.
12 학자들은 대체로 "동시대나 동시대에 가까운 역사서의 저자들"에 대한 A. J. Woodman의
   회의론보다 공화정 초기에 대한 T. P. Wiseman의 회의론이 좀 더 타당하다고 생각해 왔다
   (Damon, "Rhetoric," 439). 때때로 Woodman 자신도 개연성은 근접성에 따라 증가한다는
   점을 인정한다. 예를 들면 Woodman, *Rhetoric*, 204를 보라.
13 Downing, *Cynics and Churches*, 52.

9.2. 먼 과거에 대한 불신?

고대의 저자들은 몇 세기 전의 자료는 불분명할 수도 있다는 점을 종종 언급했지만, 그들 자신의 시대와 더 가까운 기록들에 대해서는 훨씬 더 높은 정확성의 기준을 기대했다.[14] 따라서 예를 들어 아리아노스는 마케도니아의 알렉산드로스에 대한 글을 알렉산드로스가 죽은 지 거의 500년 뒤에 쓸 때 그의 시대에 널리 퍼져 있는 극히 다양한 견해들에 대한 불만을 토로한다.[15] 플루타르코스는 그보다 훨씬 이전의 한 왕에 관한 초기 사료들 사이에 있던 중요한 차이를 인정한다.[16]

이 문제는 가장 먼 과거, 저자의 시대보다 아마도 천년쯤 전의 과거에 대한 글을 쓸 때 훨씬 더 심각해진다. 서사를 내나누는 이런 가상 이른 시기는 일반적으로 신화 속에 감추어져 있다고[17] 인식했다(비록 그들이 때때로

---

14   예. Thucydides, *History* 1.21.1; Livy, *History* 6.1.2-3; 7.6.6; Diodorus Siculus, *Library of History* 1.6.2; 1.9.2; 4.1.1; 4.8.3-5; Dionysius of Halicarnassus, *Roman Antiquities* 1.12.3; *Thucydides* 5; Pausanias, *Description of Greece* 9.31.7; Josephus, *Against Apion* 1.15, 24-25, 58; 참조. Bowersock, *Fiction*, 1-2.

15   Arrian, *Alexander* 1.pref.1-2. 유스티누스는 *Epitome* 12.13.10에서 다양한 형태의 기록을 언급하지만, 어떤 기록이 정확한지에 대한 자신의 지식을 과도하게 신뢰한다. 하지만 이하에서 언급하는 바와 같이 어떤 서로 다른 기록들은 알렉산드로스의 시대와 너무나 가까운 시대의 저자들에게서 나왔다. 역사가들 사이의 의견 불일치에 대해서는 Quintilian, *Orator's Education* 2.4.19도 함께 보라. 알키비아데스의 죽음에 관한 다양한 형태의 기록을 보려면 예를 들어 다음 문헌들을 보라. Nepos, *On Great Generals* 7(Alcibiades), 10; Diodorus Siculus, *Library of History* 14.11; Justin, *Epitome* 5.8.14; Valerius Maximus, *Memorable Doings and Sayings* 1.7.ext.9; Plutarch, *Alcibiades* 38-39.

16   Plutarch, *Artaxerxes* 1.4; 6.9; 9.4; 10-11; 19.2-6을 언급하는 Almagor, "Narratives," 70-71.

17   Dionysius of Halicarnassus, *Thucydides* 5-7; Plutarch, *Theseus* 1.1; Justin, *Epitome* 2.6.7; 11.3.11(이보다는 덜 알려졌지만, 42.2.10-42.3.9; 44.4.12도 참고하라); Keener, *John*, 20. 추가로 Quintilian, *Orator's Education* 2.4.18-19과 리비우스의 처음 열 권의 책에서 반복적으로 등장하는 단서 조항을 인용하는 Kennedy, "Source Criticism," 139을 보라.

그 신화의 기본적인 개요를 받아들일 만하다고 생각하더라도).[18] 보편적인 역사가들은 흔히 그들의 저작 속에 고대 영웅들의 시대를 포함시켰지만, 많은 이들이 신화적인 시대를 좀 더 사실적인 "역사적" 시대와 구분했다.[19] 어떤 저자들은 이전 시대를 신적인 관여로 인해 질적으로 다른 시대로 간주했다.[20] 이와 대조적으로 어떤 저자들은 바로 그런 특이한 사건들 때문에 이전 시대의 기록들을 불신했다.[21]

먼 과거의 인물들에 대해 글을 쓸 때 역사가들은 실제적인 사료뿐만 아니라 전설적인 사료도 자세히 살펴봐야 했고[22] 아마도 어느 것이 어느 것인지 확인하는 데 어려움을 겪었을 것이다.[23] 따라서 고대의 역사 기록은 역사적으로 멀리 떨어진 사료에 의존할 때는 때때로 단순히 그럴듯한 정도에 만족해야 했다.[24] 때때로 역사가들은 "신화적 요소를 구별"하여 그런 이야기들의 배후에 있는 개연성 있는 역사적 핵심으로 되돌아가려 애

---

18   예를 들면 Thucydides, *History* 1.21.1(그는 1.21.2에서 사람들이 고대의 사건들을 실제보다 훨씬 더 큰 사건으로 만든다고 불만을 토로한다). 그의 모순에 관해서는 Marincola, *Authority*, 96을 보라.

19   Fornara, *Nature*, 4-12, 특히 9-10. Becker는 *Birth*, 121에서 창세기 1-11장과 그 이후의 구약 역사 기록 사이의 장르의 차이를 나란히 비교한다.

20   Hesiod, *Works and Days* 158-60, 165; Arrian, *Alexander* 5.1.2. 로마에 대해서는 공화정 초기의 몇몇 기록이 존재했다(Lintott, *Romans*, 15).

21   Thucydides, *History* 1.23.3. 그러나 더 작은 규모의 초자연적 기록에 대해서는 12장을 보라.

22   참조. Livy, *History* 1.1.1. 그러나 고고학에서는 한때는 신화적인 것으로 여겨졌던 원인론적 설명의 배후에 있는 약간의 정보를 확증하기도 한다. 예를 들면 Egelhaaf-Gaiser, "Sites," 212을 보라.

23   역사가들은 어떤 기록에 과장이 있음을 인정하면서도 그 배후에 진정한 역사적 전승이 있다고 단언할 수도 있었고(Livy, *History* 3.8.10) 어떤 기록을 전혀 타당하지 않은 기록으로 간주할 수도 있었다(Aulus Gellius, *Attic Nights* 10.12.8-10). 「아이소포스 전기」와 같은 일부 사료는 이용 가능한 인기 있는 전승을 모두 하나의 이야기 속에 함께 엮어 넣은 것일 수도 있다. 이런 전승들은 여섯 세기에 걸쳐 점점 늘어났다(Drury, *Design*, 28-29).

24   Dio Cassius, *Roman History* 62.11.3-4; Aune, *Environment*, 83; Fornara, *Nature*, 134-36을 보라.

썼지만,[25] 그런 핵심을 찾은 플루타르코스는[26] 자신의 사료 대부분이 확증할 수 없는 것이라는 점을 바르게 인식했다.[27] 때때로 역사 저술가들은 외견상 믿을 수 없는 정보를 단순히 되풀이해 말하면서도 독자들에게 분별력을 사용하라고 경고했다.[28] 때때로 그들은 그런 편법으로도 사료들이 너무 믿기 어렵다고 생각했다.[29]

　　믿을 수 있는 사료와 그렇지 않은 사료를 구별하는 그들의 기준은 종종 부적절했지만, 그들은 적어도 고대 지식인들의 문제에 대한 인식과 비판적 의도를 잘 보여준다. 7장에서 나는 고대 역사가들이 다른 증거와의 일관성을 포함해서 때때로 받아들인 다양한 기준을 언급했다. 한 가지 추가적이고 특히 중요한 관심사는 사료가 그것이 전해주는 사건과 얼마나 가까운가 하는 문제였다.

25　예를 들면 다음 문헌들을 보라. Thucydides, *History* 1.21.1-2; Dionysius of Halicarnassus, *Roman Antiquities* 1.39.1; 1.41.1(참조. 1.84.4); *Thucydides* 6; Justin, *Epitome* 4.1.13, 16-17(참조. 44.4.16); Livy, *History* 3.8.10; Arrian, *Alexander* 2.16.6; Philostratus, *Lives of the Sophists* 2.1.554. Saïd, "Myth," 81-88에 나오는 예들도 함께 보라. 더 간략한 글로는 Fowler, "History," 204을 보라.

26　Plutarch, *Theseus* 1.3.

27　Alfred, "Valuation," 87.

28　예를 들면, Livy, *History* 4.29.5-6; 23.47.8; (좀 더 회의적인 글로는) Lucian, *How to Write History* 60을 참고하라.

29　Aulus Gellius, *Attic Nights* 10.12.8-10.

9.3. 목격자에 관한 분별력

초기 사료에 대한 역사 저술가들의 종종 조심스러운 접근은 그들이 더 최근의 사료를 더욱 신뢰하는 모습과 대조된다.[30] 우리가 오늘날 먼 과거에 대한 지식을 얻기 위해 의존하고 있는 목격자 다음으로 좋은 사료는 목격자에 의존하고 있을지도 모르는 문헌에 남은 기억이다.[31] 그러나 역사가들은 종종 먼 과거에 대한 글을 쓰기 위해 기록을 사용했지만, 역사 기록의 이상은 직접적인 조사와 목격자들에게 조언을 구하는 일이었다.

물론 목격자들이 완벽한 사료는 아니다. 개별적인 목격자의 이점은 제한적이며 그가 모든 지엽적인 일을 다 기억하는 것도 아닐 것이다. 편견[32] 때문이든, 잘못된 기억[33] 때문이든, 때로는 심지어 무능력[34] 때문이든, 목격자들조차 세부적인 정보에 대해서는 언제나 의견이 일치한 것이 아니었고 이로 인해 개별적인 증언에 대한 어느 정도의 저울질이 필요했다.[35] 예를 들어 갈바가 죽은 지 불과 40년 뒤에 나온 사료들은 누가 그를

---

30 최근의 사건들을 기록한 역사가들에 대한 더 큰 신뢰에 관해서는 Marincola, *Authority*, 262을 보라.

31 참조. Becker, *Birth*, 28.

32 Byrskog는 *Story*, 176-79에서 고대 역사가들은 목격자들이 편견을 가질 수 있다는 점을 인식했고 (때로는 그들 자신의 편견의 틀을 통해) 이 점을 고려하려고 노력했다고 지적한다.

33 세부적인 내용은 믿을 만하지 않더라도 기억 속의 요지는 믿을 만한 경우에 대해서는 Bauckham, *Eyewitnesses*, 333-34를 보라. 역사가들은 종종 스스로 기억을 통해 사료를 인용했으므로 몇 가지 지엽적인 내용에 대해서는 혼동을 일으키면서도 요점은 정확히 제시할 수 있었다(Marincola, "Introduction," 2).

34 여행으로 알려진 일에서 정확히 배우지 못하는 것에 대해서는 Strabo, *Geography* 2.5.10; Hengel, "Geography," 31을 보라. 부정직하다고 의심받는 것에 대해서는 Lucian, *How to Write History* 25, 29을 보라.

35 Thucydides, *History* 1.22.3; Arrian, *Alexander* 4.14.3. 목격자 증언에 대한 논쟁에 관해서는 Becker, *Birth*, 27을 참고하라.

암살했는지에 대해 어떤 일치된 견해도 제시하지 않았다.[36]

저자가 곧 목격자인 사료 다음으로 좋은 사료는 저자가 다른 목격자들을 이용한 사료였다.[37] 전기 작가들은 목격자들에게서 나온 최근 구두 전승을 기꺼이 사용했다.[38] 오늘날 역사가들은 심지어 다른 면에서는 더 의심스러운 고대 역사가들의 글에서도 목격자의 지식은 신뢰하는 경향이 있다.[39] 더 이전의 몇몇 현대 역사가들은 개인적 관여가 편견을 허용하는 것이라고 여겼지만,[40] 오늘날의 구전 역사 기술은 참여에 대한 더 높은 평가를 가능케 한다.[41]

목격자의 의견을 묻는 일보다 훨씬 더 나은 것은 역사가의 개인적 경험이었다.[42] 자신이 목격자인 역사가와 전기 작가는 보통 이 사실을 기꺼

---

36 Ash는 "Assassinating Emperors," 202에서 Tacitus, *Histories* 1.41.3을 인용한다. 요세푸스의 글에 나오는 칼리굴라의 자객에 대한 논의를 보려면 Kavanagh, "Identity"를 참고하라.

37 Plutarch, *Lycurgus* 1(Woldemariam, "Comparison," 219); Lucian, *How to Write History* 47; Jervell, "Future," 118; Derrenbacker, *Practices*, 73, 75; Pitcher, "Story," 296-97(그는 예를 들어 다음 문헌들을 언급한다. Sallust, *Catiline's War* 48; Livy, *History* 21.38.3-5; Plutarch, *Marc Antony* 28.7).

38 예. Xenophon, *Apology* 2; *Agesilaus* 3.1; Dionysius of Halicarnassus, *Thucydides* 6-7; Cornelius Nepos, *On Great Generals* 23(Hannibal), 13.3; 25(Atticus), 13.7; 17.1; Plutarch, *Demosthenes* 11.1; *Otho* 14.1; Suetonius, *Otho* 10.1; *Vespasian* 1.4; Arrian, *Alexander* 1, pref.2-3; 6.11.8.

39 예. Brown, *Historians*, 142, 146. 보다 최근의 역사에서는 예를 들어 Wigger, *Saint*, 363을 보라.

40 Byrskog, *Story*, 19-22. 오늘날에는 그런 경우가 덜하다. 참조. 23-26.

41 Byrskog, Story, 153. 오늘날 구전 역사 기술이 더 널리 사용되는 것에 관해서는 예를 들어 Moniot, "Profile," 50을 보라. 인류학에서 참여자의 관찰에 대한 논의를 보려면 예를 들어 다음 참고문헌들을 보라. Tedlock, "Observation"; DeWalt and DeWalt, *Observation*; Jorgensen, "Observation"; Spradley, *Observation*.

42 예를 들면 다음 참고문헌들을 보라. Lucian, *How to Write History* 47; Josephus, *Life* 357; *Against Apion* 1.45-49, 56; *Jewish War* 1.2-3; Pitcher, "Story," 297(Thucydides, *History* 2.48.3; Tacitus, *Agricola* 24을 인용함); Aune, *Environment*, 81(Herodotus, *Histories* 2.99; Polybius, *Histories* 3.4.13; 12.25g.1; 12.27.1-6; 12.28.1-5; 20.12.8; Lucian, *How to Write*

이 언급했다.[43] 요세푸스는 자신이 현장에 있지도 않았고 직접적인 지식을 가진 사람들에 의존하지도 않은 사건들에 대해 기꺼이 글을 쓰는 그리스 역사가들을 비난한다.[44] 그는 어떤 이들은 현장에 있지도 않았으면서 전쟁에 대한 글을 썼는데 이는 적절한 역사서를 쓰기에는 불충분한 조사라며 이의를 제기한다.[45] 그와 대조적으로 요세푸스는 그가 진술한 사건들을 직접 겪었다.[46]

가장 좋은 것은 다른 권위 있는 목격자들이 아직 살아 있는 동안 글을 쓰는 목격자일 것이다. 요세푸스는 자신의 주장을 입증하거나 반증할 수 있는 목격자들이 아직 살아 있는 동안 자신의 기록을 집필했다는 점을 강조하며[47] 자신의 경쟁자 중 한 명인 유스투스는 목격자들이 죽은 뒤까지

   History 47을 인용함); Byrskog, *Story*, 153-57, 188; Meister, "Historiography: Greece," 421; 참조. Alexander, *Preface*, 34; Keener, "Claims."

43 예를 들면 Xenophon, *Symposium* 1.1; Polybius, *Histories* 29.21.8; Cornelius Nepos, *On Great Generals* 25 (Atticus), 13.7; 17.1; Josephus, *Against Apion* 1.45-47; Philostratus, *Lives of the Sophists* 2.21.602-4; Keener, *Acts*, 3:2353, 2362. 어떤 이들은 다음 문헌들과 같이 3인칭으로 그들의 존재를 글 속에 포함시키는 것을 선호했다. Xenophon, *Anabasis* 2.5.41; 3.1.4-6; Thucydides, *History* 1.1.1; 2.103.2; 5.26.1; Polybius, *Histories* 31.23.1-31.24.12; 38.19.1; 38.21.1; 38.22.3; Caesar, *Civil Wars*, 곳곳, 예를 들면 1.1; *Gallic Wars*, 곳곳, 1.7; 2.1; 3.28; 4.13; 5.9; 6.4; 7.17("우리 자신의"나 "우리 부하들"[2.9]과 같은 어구들에도 불구하고); Eunapius, *Lives* 494; Velleius Paterculus, *History* 2.101.2-3; 2.104.3; 2.106.1; 2.111.3-4; 2.114.1-3; 2.115.5; 2.121.3; 124.4에 나오는 1인칭(1인칭이 나타날 때는 전혀 중요하지 않은 대목에서 나타난다).

44 Josephus, *Against Apion* 1.45.

45 Josephus, *Against Apion* 1.46. 자연히 요세푸스는 그의 경쟁자들은 배제하지만 자기 자신은 배제하지 않는 기준을 기꺼이 강요하려 한다. 그러나 이 기준이 그의 경우에는 (그의 「유대 고대사」보다는 「유대 전쟁사」 및 「자서전」과 관련해서) 유용한 것으로 입증되었지만 요세푸스가 이 기준을 고안해낸 것은 아니다.

46 Josephus, *Against Apion* 1.47; 참조. 1.49, 56.

47 Josephus, *Jewish Antiquities* 20.266.

20년을 기다렸다가 책을 냈다고 비판한다.[48] 요세푸스는 유스투스가 자신보다 덜 믿을 만할 것이라고 주장한다. 목격자들은 요세푸스의 책을 알고 있었고 그 책의 주장에 한 번도 이의를 제기하지 않았기 때문이다.[49] 요세푸스와 달리 유스투스는 핵심적인 사건이 발생하는 동안 현장에 없었고, 유스투스에게 그런 정보를 제공해줄 수 있었을 만한 사람은 예루살렘이 포위 공격을 받을 때 다 죽었다.[50] 또한 이런 주장들은, 요세푸스의 세부 정보에 (실제로 분명히 그랬듯이) 어떤 윤색이든 포함되었다면, 목격자들이 비교적 사소한 세부 정보에 대한 그와 같은 윤색을 이 장르에서 일반적으로 인정된 부분으로 인식하고 불만을 제기하지 않았음을 암시한다.[51]

요세푸스 외에도 고대의 여러 역사가와 전기 작가들은 서술하는 대상들을 직접 접촉할 기회가 있었다. 따라서 예를 늘어 기원전 5세기의 한 유명한 역사가는 자신이 직접 조사로 알게 된 것과 직접 본 것을 기록했다고 주장한다.[52] 마찬가지로 크세노폰도 아게실라오스의 참모 중 한 사람으로서 이 왕을 직접 알고 있었고 자신의 기록에 있어서 자신의 직접 경험에 의존할 수 있었다.[53] 크세노폰은 또한 소크라테스를 비방하는 자들과 달리 아마도 소크라테스를 개인적으로 알았을 것이다.[54] 알렉산드로스의

---

48 Josephus, *Life* 359-60.
49 Josephus, *Life* 361-66.
50 Josephus, *Life* 357. 그렇기는 하지만 요세푸스는 잠재적 목격자가 없는 마사다에서의 자객들(Sicarii)의 자살 사건과 같은 장면을 기꺼이 묘사한다.
51 틀림없이 이러한 묘사 역시 그들에게 해가 되지는 않았을 것이다. 요세푸스는 아그립바나 플라비우스 왕조의 일원과 같은 생존해 있는 정치적 인물들을 찬양하는 데 신경을 썼다.
52 Herodotus, *Histories* 2.99.1.
53 Ytterbrink, *Gospel*, 85; Beck, "Demonax," 93(특히 Cartledge, *Agesilaus*를 언급함).
54 Votaw, "Biographies," 55, 224(56쪽에서 에픽테토스에 관한 아리아노스의 글과 비교하고 아폴로니우스에 관한 필로스트라토스의 글과 대조함).

핵심적 사가인 프톨레마이오스와 아리스토불로스는 알렉산드로스를 개인적으로 알았다. 그들의 저작은 지금까지 남아 있지 않지만, 아리아노스와 같은 후대의 저자들에 의해 철저하게 연구되었고 아리아노스는 그들이 알렉산드로스와 가까운 관계였다는 점을 중시했다.[55] 마찬가지로 에라토스테네스도 "개인적 지식"을 바탕으로 한 인물에 대한 글을 썼다.[56]

우리의 일차적 관심사인 시대와 더 가까운 아티쿠스는 네포스의 절친한 친구였다. 아티쿠스에 관한 네포스의 전기가 그의 다른 전기보다 분량이 더 많은 까닭은 바로 네포스에게 아티쿠스에 관해 이용할 수 있는 정보가 훨씬 많았기 때문이다.[57] (이 전기를 외부 자료에 비추어 검증할 수 있는 곳에서 이 전기는 대부분의 대목에서 외부 자료와 일치한다.)[58] 또한 네포스는 안토니우스가 살아 있는 동안 그에 대한 글을 썼을 것이고[59] 아마도 키케로가 죽은 지 몇 년 안에 키케로에 대한 몇 권짜리 책을 썼을 것이다.[60] 네포스는 외국의 장군들에 관한 사료를 비록 그 사료가 귀중한 것임에도 언제나 이해한 것은 아니지만, 그의 로마인에 관한 전기는 그와 사뭇 다르다. 이런 전기 중 어떤 것들에 있어서는 그 자신이 목격자였고 다른 많은 목격자를 접할 기회가 있었다.[61]

장인인 아그리콜라에 대한 타키투스의 상당히 사적인 지식은 그 전기를 타키투스의 편견의 위험성을 능가하는 특별한 가치를 지닌 전기가

55 Derrenbacker는 *Practices*, 54-55에서 Arrian, *Alexander* 1.pref를 언급한다.
56 Momigliano, *Development*, 84.
57 Geiger, *Nepos*, 28; 참조. Hägg, *Biography*, 188-97, 특히 189-90.
58 Wright, "Exploration," 246-49, 특히 그의 죽음과 관련해서는 249쪽.
59 Geiger, *Nepos*, 95.
60 Geiger, *Nepos*, 101.
61 Geiger, *Nepos*, 109.

되게 한다.[62] 갈바와 오토에 관한 전기를 쓴 플루타르코스는 그들이 통치할 때 아직 살아 있었다. 현자 데모낙스에 대한 루키아노스의 전기도 그가 알았고 존경했다고 주장하는 사람을 기념하며[63] 그 작품의 "감정적 친밀감"[64]을 설명하는 데 일조한다. 마찬가지로 포르피리오스도 그의 스승 플로티노스를 개인적으로 알고 있었고 그가 직접 알고 있었던 플로티노스의 생애 중 일부에 초점을 맞춘다.[65] 우리는 투키디데스와 폴리비오스, 그리고 (1세기의) 요세푸스를 그들이 기록한 내용의 많은 부분을 공유하는 동시대인으로서 존중한다.

9.4. 최근 역사에 관한 주론

방금 언급한 전기 작가들과 달리 대부분의 전기 작가들은 전기의 주인공이 죽은 후에 글을 썼다. 그렇지만 많은 이들이 당대와 가까운 인물에 대한 글을 썼고 역사 저술가들은 직접적인 자료 다음으로 기록하는 사건들과 시기 면에서 가장 가까운 사료를 가장 높이 평가했다.[66] 어떤 전기 작가들은 전기의 주인공이 죽은 직후에 그에 관한 글을 썼다.[67] 우리는 타키투

---

62 Alfred, "Valuation," 85을 보라.
63 Lucian, *Demonax* 1; Beck, "Demonax," 80, 95; 참조. Eunapius, *Lives* 454; Humble과 Sidwell도 "Dreams," 213에서 거짓 선지자 알렉산드로스(*Alexander* 53-57)와 페레그리누스의 자살 장면(*Peregrinus* 2.43-45)을 직접 목격했다는 그의 주장을 언급한다.
64 Beck, "Demonax," 96.
65 Dillon, "Interpretation," 158.
66 예. Livy, *History* 7.6.6; 25.11.20; Tacitus, *Annals* 15.73; Plutarch, *Malice of Herodotus* 20, *Moralia* 859B.
67 Smith는 "Genre," 212에서 네포스의 *On Great Generals* 24(Cato)과 수에토니우스의

스나 수에토니우스와 같은 로마 제국 초기의 불완전하지만 소중한 저자들에게 크게 의존하고 있고 그들은 비교적 당대와 가까운 사건들을 기록하고 있다.

구두 전승은 그들이 이야기한 세대에서 가장 신뢰할 만했기 때문에 이상적인 것은 각 세대의 그리스 역사가들이 "자기 시대의 기록을 확고히 하는 것"이었다.[68] 예를 들어 역사가 폴리비오스는 스키피오에 대한 생생한 기억이 남아 있을 때 글을 썼고 스키피오의 친척과 지인들을 접할 기회가 있었다.[69] 역사가는 자신이 확인할 수 없는 이야기라도 그 이야기를 이전 세대로부터 접했다면 언급할 수도 있었다.[70]

다수의 전기 작가들도 마찬가지로 "살아 있는 기억"에 근거한 유산을 남기려고 노력했다. 즉 그들에게 "1차 전달자 혹은 목격자의 이야기를 접할 기회"가 있었던 시기에 글을 썼다.[71] 이런 전기 작가들 가운데 다수는 전기 주인공의 "학생, 제자, 또는 친구"로서[72] (또는 어떤 경우에는 적으로서)[73] 글을 썼거나 그와 같은 지인들의 직접적인 이야기를 접할 기회가 있었다. 변증적인 전기에서는 전기의 주인공에 대한 비방을 반박하기 위해

---

*Caligula, Claudius, Nero*를 인용한다. 참조. Smith, βίος, 59-60.
68 Fornara, *Nature*, 48.
69 Bauckham, *Eyewitnesses*, 517. 좀 더 보편적인 역사를 열망한 폼페이우스 트로구스조차 최근 사건들과 관련해서 자신의 직접적인 가문과의 연관성을 언급하는 데 만족했다(Justin, *Epitome* 43.5.11-12).
70 Tacitus, *Annals* 3.16.
71 Smith, "Genre," 212 n. 128; 참조. 213-16; Smith, βίος, 57 n. 174, 60. 살아 있는 기억에 대해서는 16장을 보라. 근래의 역사에 관한 더 큰 신뢰성에 대해서는 특히 Peters, "Historiography," 특히 4-6장(47-184쪽)을 보라.
72 Smith, "Genre," 216; 참조. Smith, βίος, 61.
73 참조. 소크라테스에 대한 아리스토크세노스의 비판; 전기적인 성격은 덜하더라도 좀 더 공격적인 루키아노스의 *Alexander and Peregrinus*.

종종 직접 목격담을 사용한다.[74]

모든 "살아 있는 기억"이라는 문학적 유비가 다 똑같이 적절한 것은 아니다. 모든 것이 다 같은 문학 장르로 나타나는 것은 아니기 때문이다. 소크라테스의 가장 공적인 활동과 그에 관한 현존하는 문헌들 사이에는 대략 반세기 정도의 시간 간격이 발생했다. 어떤 이들이 지적하는 대로 이러한 간격은 대략 일반적으로 인정되는 예수와 공관복음서 사이의 간격에 필적한다.[75] 그러나 이러한 유사 관계는 소중하지만 어느 정도 한계가 있다. 플라톤과 크세노폰은 소크라테스를 개인적으로 알았으나, 우리가 가끔 원시 전기라고 부른 문헌의 형성기에 글을 썼다. 더구나 독자들은 대화편의 허구적인 요소를 인식하고 있었고 이런 요소는 전형적으로 로마 제국 초기에 나타나는 전기들의 특성이 아니었다.

복음서 저자들 모두가 예수의 사역을 개인적으로 목격했다고 주장하는 사람은 아무도 없지만, 복음서 저자들은 역사적 전기의 절정기에 글을 썼고 따라서 최소한 공관복음의 경우에는 충분한 추가적 해석으로 대화를 채우려는 경향이 덜할 것이다. 이런 이유로 10장에서 나는 복음서들을 특히 소크라테스에 관한 기록처럼 사건이 있은 지 대략 반세기 뒤에 나온 그들 시대의 몇몇 전기와 비교했다.

복음서들 가운데 누가복음은 분명히 어느 정도 수준의 참여를 주장한다. 네 번째 복음서는 증인인 제자의 증언을 서술하며(13장을 보라) 초기 전승에서는 마가가 베드로를 알고 있었다고(그리고 최소한 글을 읽고 쓸 줄 아는 제자인 마태와 관련된 무언가가 유포되었다고) 주장한다.

---

74   Isocrates, *Euagoras* 4-6을 인용하는 Smith, "Genre," 213(및 Smith, *βίος*, 60); Xenophon, *Agesilaus* 3.1; 10.3; Tacitus, *Agricola* 4.3; 24.3; 44.5.

75   Votaw, "Biographies," 223, 246.

9.5. 이전 인물들에 관한 격차 좁히기

복음서와 달리 저작의 내용이 수 세기 동안 전해져 왔더라도 그 저작들에 정확한 정보가 담겨 있었을까? 생생한 기억 다음으로는 기록된 사료가 중요했다. (보다 최근이 아닌) 이전의 사건들에 관한 역사적 글쓰기는 그 본질상 필연적으로 이전의 역사가들에게 의존했다.[76] 저자들은 보통 어떤 경우에도 특히 권위 있는 자료로서 기록된 사료를 따랐다.[77] 목격자조차 자신의 저작 이전에 출간된 또 다른 목격자의 사료를 인용할 수도 있었다.[78] 많은 이들이 구두 전승은 시간이 지남에 따라 수정될 수 있으나 기록된 사료는 고정된 것이라고 이해했다.[79]

최소한 가끔은 가장 빈약하고 목격자들과 거리가 먼 관계에 바탕을 둔 증거조차 정확한 것으로 밝혀진다. 따라서 예를 들어 많은 역사가가 사마천의 상 왕조부터 이어지는 통치자들의 계보를 의심했다. 사마천은 기원전 제2천년기의 왕조로부터 천 년이 지난 기원전 1세기 초에 글을 썼기

---

76   Pliny, *Letters* 5.8.12.

77   Eunapius, *Lives* 460. 수에토니우스는 좀 더 최근 인물들에 대한 인터뷰보다 더 오래된 글로 된 기록에 더 많이 의존한다(Rolfe, "Introduction," xviii). 그리스 방식은 인터뷰를 선호했으나 로마인들도 동시대 인물들에 관한 글을 쓸 수 있었다(예. Pliny, *Letters* 9.19.5). 비록 폴리비오스는 에포로스를 높이 평가하고 티마이오스를 비판했지만, 에포로스나 티마이오스 같은 몇몇 그리스 저자들도 기록된 사료를 비판적으로 강조했다(Schepens, "History," 50-51).

78   Xenophon, *Hellenica* 3.1.2. 마태복음을 열두 제자 중 한 사람의 저작으로 간주하지만, 마가복음에 대한 의존성을 인정하는 이들(예. Gundry, *Matthew*, 609-22)은 그 경우를 또 다른 한 예로 제시할 수 있었다.

79   Eunapius, *Lives* 453; 이러한 관행과 일치하는 인류학적 관찰은 Lord, *Singer*, 138을 보라. 그렇기는 하지만 구두 자료도 고정될 수 있으며 서기관들은 기록된 자료를 수정할 수 있다(Nagy, *Questions*, 68-69을 따르는 Niditch, "Hebrew Bible," 5. 그는 후자에 해당하는 중세의 예를 제시한다).

때문이다. 그러나 먼 과거에 대한 사마천의 기록이 지닌 여러 측면은 검증할 수 없거나 전설적이지만 상 왕조 통치자들의 이름은 대부분 현재 상 왕조의 마지막 수도에서 진행된 발굴을 통해 확인되고 있다.[80]

더 흔하게는 훨씬 더 이전의 사료들도 우리가 그 사료들이 그것이 기록하고 있는 사건이 속한 시대에 가까운 자료를 반영하고 있다고 확신할 수 있을 때는 귀중한 사료로 입증될 수 있다. 저자들의 의도 때문에 후대의 저술가들은 가끔 그런 이전 사료의 저자들보다 더 정확하게 이전 사료의 정보를 해석할 수도 있지만 우리는 대다수의 경우에 이런 우월한 해석을 기대해선 안 된다.[81]

현존하는 최초의 꽤 완전한 아리스토텔레스 전기는 이 철학자가 죽은 시 500년 이상 뒤에 디오게네스 라에르티오스에게서 나왔다. 그러나 디오게네스 라에르티오스가 훨씬 이전의 사료를 사용했다는 점은 이 간격을 다소 좁혀준다.[82] 아게실라오스의 경우에 플루타르코스의 전기는 크세노폰의 전기를 보완해주는 약간의 정보를 담고 있고, 더는 존재하지 않는 다른 매우 초기의 사료를 반영하고 있는 듯하다.[83]

현존하는 알렉산드로스에 관한 모든 완전한 저작들은 "알렉산드로스가 죽은 지 300년 이상 뒤"에 나온 것으로 추정된다.[84] 학자들은 일반적으로 현존하는 최상의 기록으로 여겨지는 아리아노스의 기록의 저작 시

---

80   David Marshall은 당시 곧 나올 예정이었던 그의 책인 *Jesus Is No Myth*, 72을 통해 이 사실에 나의 관심을 불러일으켰다.

81   Pelling, *Texts*, 54.

82   Fitzgerald, "Lives," 214-15, 220. 그러나 헤르미포스조차 아리스토텔레스가 죽은 지 거의 한 세기 뒤에 글을 썼다(216).

83   예를 들면 Plutarch, *Agesilaus* 10.5; 31.3; 32.8; 33.1에 나오는 테오폼포스, 19.6에 나오는 스파르타의 기록, 그리고 Woldemariam, "Comparison," 219을 보라.

84   Lee, "Source Criticism," 208.

기와 출처에 대해 특히 광범위하게 논평해왔다. 아리아노스는 알렉산드로스에 대한 그의 기념비적인 저술에 착수하기 전에 글쓰기 연습을 많이 했다. 그는 스승인 에픽테토스의 가르침을 통해 방대한 기록을 이미 얻었고 정치적 인물들에 대한 전기를 펴냈다.[85]

그러나 아리아노스는 자신이 알렉산드로스가 죽은 지 오랜 뒤에—그가 죽은 지 거의 500년이 다 되는 시점에—글을 쓰고 있다는 점을 충분히 의식했다. 아리아노스는 서로 모순되는 사료들을 언급하면서 모두가 수세기 동안 거짓된 정보를 전해주었다고 불평한다. 그는 모두가 동의하는 본질적인 사실의 핵심을 지적하고 목격자들의 공개된 증언을 다른 이들의 증언보다 선호함으로써 이러한 상황을 개선할 것을 제안한다.[86] 비록 오늘날 모든 학자가 아리아노스의 일부 선택에 동의하는 것은 아니지만 아리아노스는 비판적이었다.

플루타르코스는 그의 전기에 일화를 삽입하기 위해 알렉산드로스의 시종과 공식적인 (선전적인) 역사가의 말을 인용하지만, 아리아노스는 전쟁사를 쓰면서 특히 군사 자료에 의존한다.[87] 아리아노스의 역사적 이야기는 알렉산드로스에 대한 좀 더 칭찬 일색의 찬양을 위해 다른 사료들을 허용하면서도[88] 특별히 알렉산드로스의 무관 프톨레마이오스와 그의 공병 아리스토불로스에 의존하고 있다.[89] 둘째로 그는 알렉산드로스의 함대 사령관인 네아르코스를 포함해서 그가 믿을 만하다고 여긴 다른 자료들

85 Atkinson, "Introduction," xiv, xvii.
86 Arrian, *Alexander* 6.11.2-3, 8.
87 Atkinson, "Introduction," xxx.
88 Derrenbacker, *Practices*, 54-59의 논의를 보라.
89 Atkinson, "Introduction," xxvii.

과 이른바 "왕조 실록"에도 의존했다.[90] 다른 알렉산드로스 전기들은 아리아노스의 시대에 알렉산드로스에 관한 가장 인기 있는 이야기를 제공한 클레이타르코스에 크게 의존했지만, 아리아노스는 이 자료를 (아마도 전적으로 불신하지는 않았겠지만) 불신했다.[91]

아리아노스는 이전 역사가들의 글에서 발견한 몇 가지 전승을 기록하지만 이에 관해서는 예컨대 아마조네스에 관한 전승[92]이나 로마가 알렉산드로스에게 보낸 사절에 관한 전승[93]에 대해 개인적으로 의심을 표현한다.[94] 그는 사료에서 스스로 기록할 만한 가치가 없다고 생각하는 지엽적인 내용은 자주 생략하지만,[95] 독자들이 어떤 경우에든 이전 역사가들의 몇 가지 기록을 잘 알고 있을 것으로 명백히 기대한다.[96]

그러나 그의 비판적 노력에도 불구하고 알렉산드로스와 아리아노스 사이의 500년은 문제점을 초래했다. 아리아노스의 글에는 때때로 그의 가장 좋은 사료조차 조화시킬 수 없는[97] 모순되는 기록들이 포함되어 있

---

90 Atkinson, "Introduction," xxxi. 이러한 실록들에 관해서는 Hammond, *Sources*, 158, 162, 203, 331-32; Bosworth, *Arrian*, 157-84, 특히 183-84을 보라.

91 Atkinson은 "Introduction," xxxii-xxxiii에서 다음 문헌들의 접근법을 대조한다. Diodorus Siculus, *Library of History* 17권; Quintus Curtius Rufus; Trogus의 *Philippica* 11-12권; Plutarch. 참조. Bosworth, *Arrian*, 7, 9.

92 Arrian, *Alexander* 7.13.2-6(참조. 4.15.4); Atkinson, "Introduction," xxix; Bosworth, *Arrian*, 66; Keener, *Acts*, 2:1557-60, 1576의 추가적인 논의.

93 Bosworth, *Arrian*, 91; Arrian, *Alexander* 7.15.5-6을 인용하는 Atkinson, "Introduction," xxix. Bosworth는 *Arrian*, 92-93에서 클레이타르코스가 바로 다음 세대에서 다른 이들이 기록할 만큼 중요하다고 여기지 않은 그러한 사절을 바르게 기록했다고 주장한다.

94 예. Arrian, *Alexander* 2.12.8을 인용하는 Atkinson, "Introduction," xxix.

95 Arrian, *Alexander* 2.24.6을 보라.

96 Arrian, *Alexander* 7.3.6.

97 때때로 그는 예를 들면 Arrian, *Indica* 5.13과 같이 잠재적 해결책을 언급한다.

다.[98] 심지어 프톨레마이오스와 아리스토불로스의 말이 서로 다른 대목에서도 그는 둘 중 하나를 선택해야 한다.[99] 알렉산드로스가 어떻게 죽었는지와 같은 중요한 문제에 있어서 아리아노스 시대에 사용 가능했던 기록들은 편차가 매우 컸다.[100] (물론 두 관점 모두 최초의 세대에서 비롯된 것일 수도 있다. 알렉산드로스의 죽음에 대해 책임을 질 사람을 찾던 어떤 이들이 독에서 비롯된 것으로 보았던 열병으로 알렉산드로스가 죽었을지도 모른다. 약간의 독이 열병을 일으킬 수 있다.)

아리아노스는 가능하면 알렉산드로스에 대한 생생한 기억에, 그를 알고 있었던 이들의 시대에 나온 자료들에 의존한다. 불행하게도 이런 직접적인 자료들은 전기적 서술이 (비교해서 말하자면) 아직 아리아노스 자신의 시대만큼 (현대적 정의에 따르면) 엄격하게 역사적이지 않았던 시대의 문헌이기도 했다. 그러나 학자들은 아리아노스가 사용한 몇백 년 전의 사료 중 일부의 신뢰성에 관해 견해가 서로 다르며, 이는 아리아노스가 그의 시대에 더는 직접 평가할 수 없는 문제였다. 그가 사용한 사료 가운데 그의 시대에 살았던 사람들의 생전에 나온 것은 아무것도 없었기 때문이다.

예수에 관한 현존하는 유일한 사료가 알렉산드로스에서부터 아리아노스까지의 세월만큼 예수로부터 오랜 세월 뒤에 나온 것이라면, 우리는 아우구스티누스나 요안네스 카시아누스의 사후 한 세대 이상 뒤인 5세기 말에 나온 사료에 의존했을 것이다. 예수에 관한 최초의 현존하는 역사적

---

98 Atkinson, "Introduction," xxx.
99 "내가 좀 더 개연성이 있고 진술할 만한 가치도 더 높다고 느끼는 것"(*Alexander* 1.pref.; LCL); 참조. Derrenbacker, *Practices*, 54.
100 알렉산드로스의 죽음에 대한 서로 다른 견해들을 보려면 Lee, "Source Criticism," 209-14을 보라.

기록이 파울루스 오로시우스의 「이교도를 논박하는 역사」(*History against the Pagans*)나 소크라테스 스콜라스티쿠스의 「교회사」(*Eccelsiastical History*)나 (내용상으로는 유사하지 않지만, 연대순으로는 좀 더 유사한) 대교황 레오의 「토무스」(*Tome*) 같은 훨씬 후대의 사료에서 나왔다면 우리는 역사에 관한 회의론자들이 예수에 대해 어떻게 말했을지 상상할 수 있다.[101]

이와 대조적으로 정경 복음서는 그 자체가 예수에 대한 살아 있는 기억에서 비롯되었고 전기적 서술에 대한 기대 속에 더 큰 역사적 관심이 포함되었던 시기에 나왔다. 정경 복음서는 예수의 십자가형에 의한 죽음과 같은 핵심적인 요점에 있어서 훨씬 더 일관된 것으로 드러난다.[102] 예수의 공적 사역에서 마가복음의 간행까지의 기간은 알렉산드로스 사후부터 아리아노스의 저작이 나올 때까지의 기간의 10분의 1에 불과할 것이다. 따라서 왜 많은 신약 학자들이 복음서에 대해서 다른 역사가들이 아리아노스에 대해 회의적인 것보다 훨씬 더 회의적인지 의문이 들 수 있다.[103]

9.6. 동시대 역사에 대한 약간의 역사적 거리를 중요시하는 관행

살아 있는 기억 속에서 생겨난 사료는 일반적으로 가장 신뢰할 수 있지만, 고대 역사가들은 어떤 사료는 사건과 너무 가까워서 신뢰하기 어려울 수

---

101 오로시우스는 기원후 418년 이후에 죽은 것으로 보이며 콘스탄티노플의 소크라테스는 기원후 450년경, 레오는 461년에 죽었다.
102 Lee도 "Source Criticism," 214에서 Josephus, *Jewish Antiquities* 18.63-64; Lucian, *Peregrinus* 11; 및 Tacitus, *Annals* 15.44의 의미를 언급한다.
103 Lee, "Source Criticism," 208-9, 214-15에서 이 점을 강조한다.

도 있다고 생각했다. 엄밀하게 말해서 이는 기억의 문제가 아니라 (이에 관해서는 최초의 사료가 보통 가장 좋다) 편견과 사회적·정치적 압력과 (복음서와 관련해서는 더 적절한) 역사적 관점의 문제다.[104]

자서전이나 비문에서의 자화자찬[105]은 당대 역사에 대한 진술을 왜곡시킬 수 있었다. 그리고 그보다 더 큰 위협은 흔히 당대의 정치적인 긴급 사태에서 비롯되었다.[106] 힘을 가진 잠재적 독자들을 기쁘게 하는 일은 상당히 큰 유혹이었고 그들의 분노를 피하는 일은 때때로 필수적인 일이었다. 고대 역사에 관한 글을 쓰는 일의 이점은 단순히 이전의 역사가들이 한 말을 수집하기만 하면 된다는 점이지만, 근래의 사건들에 관한 글을 쓰면 곤란한 상황이 벌어질 수도 있다고 어떤 웅변가는 지적했다.[107] 로마 제국 초기의 정치적 분위기를 고려하면 다마스쿠스의 니콜라우스는 아우구스투스[108]와 헤롯 대왕[109]을 찬양하는 데 신중했다. 더욱 눈에 띄는 점은 역사가 벨레이우스 파테르쿨루스가 후대의 역사가들보다 티베리우스를 훨씬 더 거침없이 찬양한다는 점인데,[110] 이는 아마도 그가 글을 쓸 때 티베

---

104 참조. Velleius Paterculus, *History* 2.92.5; 2.126.1. 살아 있는 인물들에 대한 전기는, 비록 우리가 그들의 관점을 고려하기만 하면 그들도 귀중한 정보를 제공하지만, 지나치게 찬사 일색일 수도 있다(Laistner, *Historians*, 34-35). 참조. Marincola, *Authority*, 166.

105 리비우스는 근년에 만들어진 비문을 포함하여 글로 된 기록을 언제나 믿지는 않았다. 그런 기록들은 그 기록을 맡긴 자들의 자화자찬을 위해 의도된 경우가 너무 많았다(Small, *Wax Tablets*, 59).

106 추가로 Momigliano, *Development*, 99-100; Becker, *Birth*, 152-53을 참고하라.

107 Pliny, *Letters* 5.8.12-13(그는 이전 시대를 더 칭찬할 만한 시대로 간주한다); Tacitus, *Annals* 4.33; 참조. Becker, *Birth*, 149-50.

108 *FGrH* 90, F 125-30을 인용하는 Becker, *Birth*, 150(하지만 아우구스투스는 그 이후에도 여전히 인기가 있었다).

109 Josephus, *Jewish Antiquities* 16.184.

110 Velleius Paterculus, *History*, 곳곳, 예를 들면 2.94.2-3; 2.129.1-2.130.5. 추가로 Gowing, "Republic," 412-17을 보라.

리우스가 황제였다는 사실과 관련이 있을 것이다.[111] 근위대 사령관 세야
누스 아일리우스에 대한 벨레이우스의 찬양[112]은 세야누스가 수치스럽게
처형당한 뒤에는 생각하기 어려운 일이었을 것이다.[113] 벨레이우스의 편
견은 무차별적이지는 않았지만,[114] 비록 그가 공적으로 표현하기에는 위
험한 관점을 사적으로 지니고 있었더라도, 몇몇 주제는 언급이 금지되었
을 것이다. 현존하는 문헌을 남긴 2세기 초의 역사가들은 제약 조건에 대
해 별로 불평하지 않지만, 동시대의 황제들에 대해 많은 글을 쓰지도 않는
다.[115] 3세기에 정치적 압력은 역사가 디오 카시우스에게 명백히 영향을
끼쳤다.[116]

생사가 걸린 정치적 압력만이 당대 역사의 유일한 위험은 아니었다.
우정도 그와 종류가 나는 위험을 가져왔다.[117] 타키투스의 역사서에 등장
하기를 열망한 웅변가 소(小)플리니우스는 이 역사가에게 자신이 어떤 부
패한 총독을 고발했다는 점을 상기시킨다.[118] 역사는 오직 진실만 전해야

---

111 예. Velleius Paterculus, *History* 2.94.3.
112 예. Velleius Paterculus, *History* 2.127.3; 2.128.4.
113 훗날 역사의 평가를 보려면 예를 들어 다음 문헌들을 보라. Philo, *Flaccus* 1; *Embassy* 37,
    159-60; Josephus, *Jewish Antiquities* 18.181-82, 250; Tacitus, *Annals* 1.69; 3.16; 3.29;
    4.10-5.9; Suetonius, *Tiberius* 48, 55, 65; Juvenal, *Satires* 10.66, 76, 89-90, 104; Phaedrus,
    Fables 3, prol. 41-44.
114 벨레이우스는 다른 면에서는 강인한 인물들의 비극적인 약점, 오류, 또는 악행(*History*
    2.1.1-3; 2.3.1-2; 2.4.4; 2.6.1-2; 2.7.1; 2.33.2, 4; 2.46.2; 2.88.2; 2.91.2; 참조. 2.98.2-
    3)과 연약한 인물들의 종종 긍정적인 특성(2.24.2, 5), 또는 인물들의 변화(2.18.5; 2.25.3;
    2.28.2)를 꽤 일관되게 드러낸다.
115 타키투스는 명백히 자기 시대에 대한 글을 쓰려는 계획을 결코 이행한 적이 없다.
    Marincola, *Authority*, 167을 보라.
116 Hose, "Cassius Dio," 462-63.
117 가까운 친구들에 관한 글을 쓰는 사람은 편향적이라고 여겨질 수도 있다(Philostratus, *Lives
    of the Sophists* 2.33.628).
118 Pliny, *Letters* 7.33.1-9; 참조. 6.16, 20.

하므로 플리니우스는 타키투스가 사실에서 벗어나지 않을 것이라는 점을 기꺼이 인정한다.[119] 그러나 타키투스의 역사서가 주요 사건에 초점을 맞추고 있는 한 플리니우스의 행동은 거의 기록될 자격을 얻지 못한다. 우리는 타키투스가 그 기록을 자신의 책 속에 넣었는지 알 수 없지만(그의 저작 중 일부는 현존하지 않는다), 나는 친구가 너무 많은 가난하고 사면초가에 몰린 저자들에게 무슨 희망이 있는지 묻고 싶다. 플리니우스의 가문은 편향된 역사 서술의 고발이 지닌 위험성을 알고 있었다. 플리니우스와 이름이 같은 그의 삼촌은 한 상류층 가문의 역사를 쓰고 확인했으나 자신이 살아 있는 동안에는 야망으로 인해 그 책을 썼다는 비난을 받지 않도록 책의 출판을 보류했다.[120]

물론 이상적인 것은 찬반 의제를 피하는 것이었다. 한 역사가는 역사는 지도자들에게 아첨하거나 그들을 공격함으로써 그들에게 영합해선 안 된다고 분명히 말한다.[121] 루키아노스는 좀 더 광범위하게 통치자들과 장군들을 찬양하면서 상대편을 비방하는 저자들은 단지 찬사에 몰두할 뿐이라고 비판한다.[122] 아첨하는 자들은 현재를 위해 일하지만, 역사가는 미래를 위해 진실을 보존해야 한다.[123] 루키아노스는 좋은 역사가의 구체적인 모델로 크세노폰과 투키디데스(둘 다 그들이 기록한 사건들을 겪은 동시대인이다)를 제시한다. 그들은 개인적 편견으로 사실을 뒤바꾸려 하지 않았다.

---

119 Pliny, *Letters* 7.33.10.
120 Pliny, *Natural History* pref.
121 Tacitus, *Histories* 1.1.
122 Lucian, *How to Write History* 7.
123 Lucian, *How to Write History* 40. 그는 동시대인들에게 아무리 귀에 거슬리더라도 역사가는 진실을 말해야 하며 그러면—물론 역사가의 저작이 현존한다고 가정할 때—역사가는 미래 세대에 찬양을 받을 것이라는 점을 강조한다(61-62). 미래를 위해, 후세를 위해 글을 쓰는 일에 대해서는 42쪽도 함께 보라.

"공익"과 진실이 개인적인 원한이나 우정보다 우선해야 한다.[124] 마찬가지로 좋은 전기 작가는 사건을 왜곡하는 아첨을 피한다.[125] 그러나 이상을 성취하는 일은 보통 왜곡시키는 영향력이 사라진 뒤에 더 쉬워졌다.

눈에 띄는 아첨은 종종 독자들에게 혐오감을 주었다.[126] 독자들은 흔히 아첨을 명예로운 솔직함과 대조했고[127] 아첨을 일종의 비굴함으로 간주했다.[128] 따라서 예를 들어 알렉산드로스를 기쁘게 하고 싶었던 아리스토불로스는 그의 역사서 초안에 알렉산드로스와 인도 왕 포루스의 1대 1 결투에 관한 거짓된 이야기를 삽입했다고 한다. 알렉산드로스는 이에 대한 반응으로 화를 내며 지어낸 이야기를 버리고 아리스토불로스를 이전보다 덜 신뢰했다.[129] 알렉산드로스의 종군 역사가인 칼리스테네스는 알렉산드로스에 대한 과도하게 찬양 일색의 헌사를 지었고 후세는 이를 아첨이라며 비난했다.[130] 아리아노스는 그와 같은 선전은 전설을 만들어내

---

124 Lucian, *How to Write History* 39.
125 Lucian, *How to Write History* 12. 역사 기록을 왜곡시키는 아첨에 대한 비판을 보려면 추가로 Lucian, *How to Write History* 13, 17, 38-41, 61-62을 보라.
126 예를 들면 다음 문헌들을 보라. Isocrates, *To Nicocles* 28; Seneca, *Dialogues* 10.15.2; Plutarch, *How to Tell a Flatterer from a Friend* 17-37, *Moralia* 59A-74E; 참조. 살전 2:5; Plutarch, *On the Education of Children* 17, *Moralia* 13B.
127 Dionysius of Halicarnassus, *Roman Antiquities* 11.9.1; Tacitus, *Histories* 1.15; Plutarch, *Aemilius Paulus* 11.3; *How to Tell a Flatterer from a Friend* 1-37, *Moralia* 48E-74E; *How to Profit by One's Enemies* 6, *Moralia* 89B; Dio Chrysostom, *Orations* 4.15; Lucian, *Nigrinus* 15; *Demonax* 3; 참조. Kemp, "Flattery."
128 예를 들면 Velleius Paterculus, *History* 2.83.1; Musonius Rufus 7, p. 58.3; Dio Chrysostom, *Orations* 51.1; 66.13-14; Aelius Aristides, *Defense of Oratory* 309, §100D; Iamblichus, *Pythagorean Life* 32.226; Marshall, *Enmity*, 73-90, 256-57.
129 알렉산드로스를 칭찬하는 Lucian, *How to Write History* 12. 이 이야기 자체가 허구일 수도 있다.
130 Brown, *Historians*, 125. 위(僞)칼리스테네스의 알렉산드로스 무용담과 구별되는 그의 찬사는 현재 전해지지 않는다.

는 데 일조할 수 있다고 인식했다.[131] 아리아노스가 프톨레마이오스와 아리스토불로스를 선호한 이유는 그들이 역사서를 쓸 때 알렉산드로스는 죽었고 그들의 저술 동기가 아첨일 리는 없을 것이기 때문이었다.[132]

현존하지 않는 네로에 관한 몇몇 전기는 공관복음서와 대략 같은 시대에 나왔다.[133] 저자들은 직접 네로의 총애를 얻거나 탄압을 받았다. 네로는 68세에 죽었으므로 분명 다양한 관점을 가진 이 "많은"(πολλοί, polloi; 참조. 눅 1:1) 저자들은 늦어도 네로가 죽은 지 20년 안에 전기를 저술했다. 그러나 요세푸스는 이런 동시대의 여러 기록(그가 "히스토리아"[ἱστορία, historia]라고 부르는 장르)을 편향적이고 거짓을 포함한 기록이라고 비난하는데, 그 이유는 부분적으로 이들이 불편부당하게 글을 쓰기에는 사건들과 너무 가까운 시대에 살았기 때문이다.[134] 수에토니우스는 고증은 물론이고 어떤 황제의 혈통에 대한 어떤 기록이 편파성이나 적개심에서 비롯된 것일 수도 있다면 그런 기록에 기꺼이 의문을 제기한다.[135]

보통 아첨이나 정치적 압력에 대한 우려보다 복음서에 더 적절한 것은 역사적 거리의 문제다. 역사가들은 종종 어떤 사건이 결국에는 중요한 결과를 초래할지를 식별하기 위해 최소한 사건이 발생한 후 어느 정도의 시간적 간격이 필요하다.[136] 옥스퍼드 대학교의 마커스 보크뮤엘(Markus Bockmuehl)은 1940년 판 브리태니커 백과사전에서 아돌프 히틀러에게 겨

---

131 Arrian, *Alexander* 4.28.1-2.
132 Arrian, *Alexander* 1.pref.2. 그러나 Atkinson은 "Introduction," xxxi에서 아리스토불로스는 알렉산드로스가 죽은 지 **너무** 오랜 뒤에 글을 썼다고 주장한다.
133 Josephus, *Jewish Antiquities* 20.154.
134 그 사건들과 「생애」를 기록한 시점 사이에 간격이 비교적 작음에도 불구하고 말이다.
135 Suetonius, *Vitellius* 1.
136 이 점은 Polybius, *Histories* 9.2.5에 의해 이미 언급되었다. 참조. 3.31.11-13.

우 세로단 절반의 지면을 할애하며 거기서 "그의 '더 위대한 독일'이나 유대인에 대한 이데올로기적 관점보다 그의 채식주의 식단과 베르사유 조약에 대한 존중 부족"에 대해 더 많은 정보를 제시한다는 점을 지적한다. 마찬가지로 윈스턴 처칠에 대한 이 백과사전의 훨씬 더 긴 글은 제1차 세계대전에서의 그의 군사적 실패에 초점을 맞추며 그의 당시의 적합성을 "정치적으로 한물간 사람"이라며 일축한다.[137] 이 두 인물은 몇 년 뒤의 관점에서 볼 때 전혀 다른 의미를 지닌 역할을 떠맡는다.

역사 저술의 이상적 상황은 근시안적 시각을 피하는 데 충분할 만큼 시간적 거리가 있으면서도 생생한 기억이 남아 있는 시기에 글을 쓰는 것이다.[138]

9.7. 복음서와 최근 정보

디아스포라의 기독교인들은 예수에 대해 얼마나 많이 알았을까? 첫 번째 복음서가 집필되기 전에는 그들의 지식은 제한적이었을 것이다. 바울은 예수 전승을 간헐적으로만 언급하지만(예. 고전 9:14) 때때로 독자들이 자신의 이전의 가르침을 통해 예수 전승의 일부를 알고 있다고 전제하는 것처럼 보이기도 한다(고전 9:5; 11:23-26; 15:3-7; 참조. 행 18:11). 그러나 예수

---

137 Bockmuehl, *Seeing*, 167.
138 Bockmuehl, *Seeing*, 168. 우리의 개인적인 삶 속에서도 마찬가지다. 예를 들면 장기간의 추이는 내게 나의 학술지에 실린 옛 논문에서 궁극적으로 "중요한" 내용을 걸러내 준다. 이 점은 또한 어떤 이들이 (예를 들면 Belmonte, *Joy*의 부제에서) "영향"이라고 부르는 것과 상응할 수도 있다.

전승은 그것을 더 폭넓게 접할 수 있게 되었을 때 유대 지방뿐만 아니라 디아스포라에서도 틀림없이 빠르게 유포되었을 것이다.

전부는 아니라도 학자들 대다수는 누가가 1세기에 글을 썼다는 데 동의하며, 대개는 집필 시기를 70년에서 90년 사이로 제안한다.[139] 누가가 자신은 단지 데오빌로가 배운 일들을 확증하고 있을 뿐이라고 생각할 수 있었다는 점(눅 1:4)은 누가가 글을 쓸 무렵에는 예수에 관한 그의 기록의 상당 부분이 이미 디아스포라에서 널리 유포되고 있었음을 보여준다. 이는 아마도 예수에 관한 많은 회고록(참조. 1:1-2)이 여러 공동체에서 이미 읽히고 있었음을 암시하는 듯하다.

데오빌로의 시대에 누가가 언급한 최초의 증인들에게 의존하고 있다고 주장하는(1:2)[140] 이야기들(1:1) 가운데 어떤 것은, 마가복음은 거의 확실히 포함되어 있고 (다수설에 따르면) 아마도 Q 자료도 포함되어 있었을

---

139 Pervo, *Dating Acts*, 359-63에 나오는 여러 견해에 관한 광범위한 조사를 보라. 하지만 Pervo 자신은 2세기 초 저작설을 지지했다(*Dating Acts*, 곳곳; Pervo, "Dating Acts"). Tyson도 *Marcion*, ix에서 자신이 옹호하는 2세기 저작설은 소수설임을 인정한다. 늦은 시기 저작설은 누가복음과 사도행전 사이의 상당한 시간적 간격을 요구하지만, 학자들 대다수는 이 저작의 통일성을 인정한다(예를 들면 다음 참고문헌들을 보라. Pesch, *Apostelgeschichte*, 1:24-25; Schneider, "Zweck"; Marguerat, *Histoire*, 65-92; Marguerat, "Unité"; Marguerat, *Actes*, 17-18; Hemer, *Acts*, 3-33; Marshall, "Theme"; Marshall, "Reading"; Mekkattukunnel, "Proof"; Pate et al., *Story*, 177-87; Jervell, *Apostelgeschichte*, 91; Verheyden, *Unity*; Rothschild, *Rhetoric*, 115-16; Borgman, *Way*; Keener, *Acts*, 1:550-62, 특히 551). P[4](P. Paris 1120)는 아마도 2세기 전반기에 이미 존재한 듯한 누가복음의 단편들을 제시한다(Barnett, *Finding*, 35). 참조. *1 Clem.* 2.1; 13.1; 18.1; 46.7; *Magn.* 5.1; *Smyrn.* 3.3; Polycarp 1.2. 나는 학자들 다수와 마찬가지로(예. Jervell, *Apostelgeschichte*, 86; Fitzmyer, *Acts*, 54-55; Sterling, *Historiography*, 329-30; Zwiep, *Ascension*, 168; Powell, *Acts*, 37) 1세기 저작설을 옹호해 왔고 내 경우에는 70-80년을 다른 대안들보다 다소 더 개연성 있는 저작 시기로 생각했다(Keener, *Acts*, 1:383-401; Keener, "Apologetic"). 약간 더 최근의 연구로서 좀 더 이전 저작 시기(70년 이전)를 지지하는 글을 보려면 Armstrong, "Plea," 98-108을 보라.

140 이 구절들의 의미에 관한 논의를 보려면 Keener, *Acts*, 1:658-60을 보라.

표준적이고 중시되는 자료였다. 누가는 그 자료(아마도 특히 마가복음)의 수사학적 순서를 개선한 것처럼 보이지만,[141] 그 내용에 대해서는 불평하지 않는다. 오히려 그는 이 자료에 대한 자신의 지식[142]이 데오빌로가 배운 내용, 즉 궁극적으로 그 기원이 전승의 창시자들에게로 거슬러 올라가는 정보를 확증해 준다고 단언한다(1:2). Q 자료는 아마도 최초의 목격자들 가운데 어떤 이들이 교회에서 지도자의 자리에 머물러 있었던 동안에 퍼져 나갔을 것이다(참조. 갈 2:9). (Theissen은 심지어 Q 자료가 40년대에 생겨났다고 주장한다.)[143]

　1세기의 복음서들은 확실히 살아 있는 기억에 의존하고 있다. 복음서들은 역사적 거리를 확보하기에 충분할 만큼 최초의 사건들로부터 멀리 떨어져 있고 그 사건들의 선재 과정 중 일부를 증언하고 있다. 그와 동시에 복음서들은 연대학적으로 수에토니우스와 오토, 또는 플루타르코스와 갈바의 시간적 거리만큼 사건들과 가깝다. 플루타르코스와 수에토니우스가 그들이 묘사한 시대를 경험한 엘리트 계층에 속했고 특별히 구전 역사와 그에 의존하는 자료들을 사용했던 것처럼 복음서 저자들도 그들이 묘사한 시대에 놓였던 한 운동에 속했고 역시 구전 역사와 그에 의존하는 자료들을 사용했다. 실제로 복음서 저자들의 운동은 플루타르코스나 수에토니우스가 갈바나 오토에 대한 기억에 관심을 가졌던 것보다 예수에 대한 기억에 훨씬 더 많은 관심을 가졌다. 다음 장에서는 오토에 관한 2세기 초의 지식이라는 이러한 유사한 예를 더 자세히 살펴볼 것이다.

141　아마도 Papias, *fragment*, 3.15은 그가 말하는 τάξις, *taxis*("순서")가 어떤 의미인지에 따라 참고가 될 수도 있을 것이다.

142　Moessner, "Poetics," 85-97; Moessner, *Historian*, 68-107을 보라.

143　Theissen, *Gospels*, 220-21, 230-32.

9.8. 결론

고대의 저자들은 먼 과거에 대한 전기들이 종종 전설을 연구 대상으로 삼을 수밖에 없었다는 점을 인정했다. 현대의 역사가들은 집단적 기억이 일반적으로 그 사람에 대한 살아 있는 기억 속에서—즉 목격자들을 개인적으로 알고 있는 이들이 살아 있는 동안—여전히 가장 신뢰할 만하다는 점을 입증했다. (이러한 기간 내의 기억에 대한 논의를 보려면 16장을 보라.)

이와 반대로, 고대 역사가들은 종종 동시대의 기록들을 주로 (복음서와는 관련이 없는) 정치적 압력 때문에 편견에 빠지기가 너무 쉬운 것으로 간주했다. 더구나 먼지가 가라앉고 사람들이 이후의 기억에 있어서 어떤 종류의 세부 정보가 중요한지를 되돌아보며 결정하는 데는 종종 시간이 걸린다(따라서 오늘날까지도 동시대의 "역사"를 기록하는 일은 어렵다). 다시 말해 고대의 기준에 따르면 한 사람에 대한 가장 유용한 기억을 제공할 가능성이 가장 큰 세대는 그 사람이 죽은 직후의 세대일지도 모른다.

복음서 연구자들은 복음서가 살아 있는 기억 속의 사건들을 묘사한다는 점을 잊어선 안 된다(특히 14-16장의 논의를 보라). 대상에 대한 살아 있는 기억 속에서 기록된 로마 제국 초기의 전기에 대해 우리는 무엇을 말할 수 있는가?

3부 〰〰〰
편차 범위 검증하기

지금까지 우리는 정경 복음서가 고대 전기 장르와 잘 어울린다는 점을 살펴보았다. 물론 정경 복음서들은 그 자체 안에서도 서로 다르다. 예를 들면 마가복음의 수준은 좀 더 대중적이며 누가복음의 관심은 나머지 복음서보다 더 역사 기록에 관한 것이다(8장). 그러나 각 복음서는 전기류 저작의 범위 안에 속한다(네 번째 복음서에 대해서는 13장을 보라). 우리는 더 나아가 로마 제국 초기의 전기들은 역사적 논고와 상당히 중첩되며 일반적으로 실체적인 역사적 정보에 의존했다는 점을 (특히 6-7장에서) 살펴보았다. 또한 우리는 그러한 전기들이 역사적 자료를 유연한 방식으로 서술했다는 점을 지적했다(7장과 특히 5장). 어떤 이들은 다른 이들보다 더 스스럼없이 세부적인 내용을 채워 넣었으나 누구든 정확한 연대순 배열에 관한 관심 없이도 일화들을 자신의 틀 속에 끼워 맞출 수 있었다.

그러나 우리는 구체적인 사례연구를 더 길게 살펴보지는 않았다. 따라서 3부에서 나는 당시의 최근 인물들에 관한 로마 제국 초기 전기들이 사전 정보에 상당히 의존했다는 사실을 보여주는 몇 가지 사례연구를 살펴볼 것이다(10장). 또한 나는 전기 작가들이 일반적으로 누린 몇 가지 종류의 자유를 정량화하는 데 도움이 되는, 다른 학자들이 확인한 몇 가지 구체적인 문학적 기법에 주목할 것이다(11장).

그러한 관찰은 우리가 고대의 독자들이 복음서에 대해 어떤 종류의 기대를 품었을지를 인식하는 데 도움이 된다. 고대의 독자들은 본질적인 이야기가 진실이기를 기대했거나, 설령 복음서 저자들을 사기꾼으로 간주했더라도, 최소한 저자들이 그 이야기는 진실이라고 주장하기를 기대했을 것이다. "진실"이라는 것은 그들이 진짜 사건들을 이야기하고 있고 관련된 다양한 인물들을 공정하게 묘사하고 있음을 뜻했다(비록 인간적인 편견이 그들의 본모습이지만 다양한 관찰자들은 공정함을 서로 다른 방식으로 정의한다). "진실"이라는 것은 독자들이 연대기적 정확성이나 글자 그대로의 기억이나 사소한 점들에 관한 정확성을 기대했을 것이라는 의미가 아니었다.

전기 작가들은 얼마나 많은 유연성을 발휘했는가라는 점에서 제각기 달랐고 이 요소는 사례별로 밝혀내야 한다. 그렇기는 하지만 로마 제국 초기에 나온 당시의 최근 인물들에 관한 전기들을 연구해보면 고대 독자들이 보통 예상했을 편차의 범위에 대한 기본적인 기대치를 얻을 수 있다. 의미심장하게도 고대의 전기들에 관한 사례연구에서 마주치는 역사적 실체의 양은, 우리가 원시 전기나 전기의 대상이 죽은 지 수 세기가 지난 뒤에 집필된 전기에 대해 기대할 만한 양보다 많을 뿐만 아니라, 복음서에 대한 보다 회의적인 접근법이 우리에게 기대하게끔 할 만한 양보다도 상당히 많은 것으로 밝혀진다.

10장

사례연구: 사전 정보를 사용하는 최근 인물들에 관한 전기

공관복음서를 가르치는 이들은 종종 초심자들에게까지 각 복음서의 차이점과 특히 차이점의 패턴을 기록할 것을 요구한다. 이는 매우 기본적인 활동이므로 나는 여기서 복음서 비교에서 나오는 예들을 되풀이하지는 않을 것이다. 나는 독자들 대다수가 그러한 비교나 대조를 직접 해 본 적이 있거나 최소한 그러한 것을 알고 있고 따라서 내가 이 책에 불필요한 지면을 더하지 않아도 이 장에서 유추한 내용의 적절성을 파악할 수 있다는 것을 전제로 삼는다.

고대의 전기에 관한 연구에서 한 가지 당연한 결론은 정경 복음서에서 나타나는 종류의 차이점이 고대 전기에서는 특이한 게 아니라는 것이다. 여기서 나의 관심사는 우리가 이미 복음서에서 친숙한 본문 현상(평행 관계와 편차)이 그 시대의 비슷한 저작들에서 예상되는 본문 현상의 범위 안에 속하고, 따라서 우리가 시대착오적인 기대를 품고 복음서를 읽지 않는 한 이를 특이하거나 (신학적 관심을 가진 이들의 경우에) 문제가 있다고 생각해선 안 된다는 점을 보여주는 것이다.

이 장에서 나는 어느 정도 분량으로 일련의 유추, 즉 여기서는 짧게 다스린 황제인 오토라는 인물에 대한 내용이 반세기 뒤에 나온 저자들의 기록에서 서로 어떻게 중첩되는지에 초점을 맞출 것이다. 복음서와 마찬가지로 오토에 대한 몇 가지 기록들도 로마 제국 초기에 전기의 대상에 대한 살아 있는 기억 가운데서 나왔다. 이 기록들에 대한 상호 비교는 사전 정보에 대한 상당한 의존성을 드러낼 것이다. 다음으로 나는 사전 정보에 의존하는 전기들의 이러한 패턴이 더 폭넓게 존재했음을 시사하는 다른 몇 가지 가능성 있는 유추를 좀 더 짧게 다룰 것이다(또한 필론과 요세푸스라는 1세기 유대인의 예에 특별히 주목할 것이다).

10.1. 최소주의의 최소화?

여러 경우에 우리는 어떤 전기 작가나 역사가의 주장을 입증하거나 반증할 수 없지만,[1] 최소주의적인 방법론적 회의주의만이 모든 주장을 그것이 참이라고 입증되기 전까지는 명백히 거짓으로 간주한다. 자연히 모든 역사—기억에 대한 일체의 진술—는 관점에 바탕을 둔 해석과 선별을 수반한다. 이 문제는 여기서 다루는 주제가 아니므로 나는 어떤 사료에서 생략된 내용이 비록 해석의 문제와 관련이 있더라도 그것에 초점을 두지는 않을 것이다. (이하 10.5b "생략된 부분 생략하기"를 보라.) 여기서 나의 관심사는 다음과 같은 문제다. 저자는 포함된 정보의 얼마나 많은 부분을 정확하다고 믿어야 할 이유가 있는가?

최소주의는 다음과 같은 질문을 하는 경우 체험적으로 유용하다. 우리가 확신할 수 있는 정보의 최소한도는 무엇인가? 최대주의는 개연성이 있을 수 있는 정보의 최대한도에 대해 질문하는 비슷하게 유용한 기능을

---

[1]   예. Humble and Sidwell, "Dreams," 222; König, "Lives," 248.

제공한다.[2] 그러나 대부분의 역사적 재구성에서 우리의 더 큰 관심사는 **개연성 있는 것**이 무엇인가 하는 것이다.

심지어 우리가 검증할 수 있는 기록들의 정보가 일반적으로 신뢰할 만한 것으로 드러날 때도 최소주의의 기준에 따라 기록의 역사적 개연성을 평가하는 것은 곧 우리가 오늘날 비슷한 상황에 대해 흔히 상상하지 않을 법한 접근법을 택하는 것이다. 다른 회고록들이 더 나은 예를 제시할 수도 있겠지만 나는 바로 평가할 수 있는 한 가지 예를 들겠다. 내 아내와 나는 특별히 우리의 일기와 편지를 바탕으로 아내의 난민 체험과 우리의 연애담을 함께 썼다.[3] 목격자들도 많은 세부적인 내용을 확인해줄 수 있고 책에 관한 인터뷰도 널리 알려졌다. 그러나 만일 책만 남아 있다면 지금으로부터 몇 세기 뒤의 최소주의적인 비평가는 아내의 도시에서 살아남은 거의 모든 사람이 최소한 일시적으로라도 도망자로 살아남았다는 사실과 같은 몇 가지 기본적인 사건들만 받아들일지도 모른다. 그런 비평가는 우리의 증언에서 자신이 이미 알고 있는 내용과 일치하지 않는 것은 무엇이든 무시함으로써 직접적인 증거를 일축하게 될 것이다.[4]

우리가 쓴 책의 장르를 전기로 규정해도 모든 문제가 해결되지는 않을 것이다. 우리는 예를 들어 몇 가지 세부적인 부분에서 잘못 알고 있을 수도 있고 확실히 선별적이었으며 (특히 연애담에서는) 편견이 있었다. 우리

2　"확실한"과 "가능한"의 사이에는 꽤 넓은 범위가 존재하므로 법정에서 최소주의자와 최대주의자는 어떤 형사 사건에서 우리가 "합리적인 의심을 넘어서는"이라는 말을 무슨 의미로 사용**해야 하는지** 논쟁을 벌일 수 있다. 민사 사건에서는 개연성 있는 재구성에 더 가까운 증거의 우선성만을 요구한다.

3　Keener and Keener, *Impossible Love*.

4　나는 복음서 그 자체와의 직접적인 유사 관계를 암시하기 위해서가 아니라 극단적인 최소주의의 취약성을 예시하기 위해 일종의 귀류법으로 이 비유를 사용했다. 복음서는 누군가 매일 일기에 남긴 기록에 의존하고 있다고 주장하는 사람은 아무도 없다.

는 결과에 비추어 글을 쓴다. 이야기 속에서 나의 최초의 가정 중에 몇 가지는 틀린 것으로 입증되었다는 점은 그 책의 앞부분에서 화자로서의 나의 신뢰성에 미묘한 차이를 가져온다. 그 책은 분명 학문적인 교과서는 아니다. 그러나 대중적이고 영감을 주는 자서전이라는 그 책의 장르를 고려하면 사람들은 몇 개의 기억이 합쳐져 있고 화자의 말이 글자 그대로 똑같지는 않더라도 우리가 일어난 사건들만 기록했을 것으로 기대한다. 이 책의 장르를 소설로 잘못 규정한 25세기의 비평가가 있다면 그는 이 책을 잘못 이해하고 저자들의 동기도 잘못 이해한 것이다. 내가 소설을 썼다면 그 소설은 확실히 이 책처럼 보이지는 않았을 것이다!

고대 소설과 같은 몇몇 장르에 있어 우리는 비록 그 장르들이 우리에게 사상과 관습에 대해 알려주더라도 거기서 진정한 역사적 정보를 찾지는 않는다. 다른 몇몇 장르에 있어 우리는 적든 많든 진정으로 역사적인 정보를 기대한다. 고대 전기는 어떤가? 가장 일반적인 의미에서 고대 "전기"는, 특히 시인들의 전기와 역사적 인물들에 대한 소설을 공적 인물들에 대한 주류 전기와 똑같이 취급하는 이들에게는, 사료로서의 이러한 저작들에 대한 역사 기록과 관련된 우리의 기대를 형성하는 데 제한적인 도움만 줄 뿐이다. 어떻게 우리는 (한 장르 안에 있는 하위 장르 같은) 어떤 종류의 전기가 사료로서 더 믿을 만한 경향이 있다고 평가하는가? 다음 몇 가지 관찰 사실은 앞의 몇몇 장에서 이미 명백히 드러났을 것이다.

첫째, 시인들에 관한 짧은 "전기"는 공적 인물들에 관한 본격적인 "전기"와 상당히 다르며 우리는 후자로부터 훨씬 더 많은 역사적 실체를 기대할 수 있다. 둘째, 역사적 사실성에 관한 관심의 수준은 헬레니즘 시대나 고대 말기의 성인전보다 로마 제국 초기에 더 높았다. 셋째, 살아 있는 기억 속에서 나온 인물들에 관한 전기는 전형적으로 가장 신뢰할 만한 구전 자료를 사용할 수 있었다. 이와 같은 관찰 사실들은 우리가 고대 전기와 비교할 때 한 복음서들이 역사적으로 덜 귀중한 사료에 속하는 것이 아니라 더 귀중한 사료에 속할 것으로 기대해야 함을 시사한다.

10.2. 특정 전기를 평가하는 법

그렇기는 하지만 심지어 기원전 100년경부터 기원후 200년경까지 근래의 공적 인물들에 관한 전기를 쓴 저자들도 오늘날의 전기 작가들과는 다르게 글을 썼고 세부적인 내용에 관해서는 각자 다양하게 융통성을 발휘했다. 전기 장르나 심지어 로마 제국 조기의 인물들에 관한 전기에 대해 말한다고 해서 어떤 주어진 작품이 얼마나 융통성이 있는가 하는 문제가 해결되지는 않는다. 사실상 모든 작가가 무엇을 포함하고 생략하며 강조할지를 결정했고 대다수 작가는 또한 어느 정도 주관적으로 감탄하거나 경멸하는 태도로 대상에 접근했다. 모두가 사건을 재구성할 때 자료를 해석해야 했고 대다수는 또한 세부적인 내용을 어떻게 표현할지에 있어서 약간의 융통성을 발휘했다.

신뢰성이나 최소한 신뢰성에 대한 저자의 의도라는 스펙트럼 위에서 특정한 전기가 어디에 있는지를 우리가 어떻게 평가할 수 있는가? 평가를 하려면 우리는 특정한 저자들이 그들의 자료에 어떻게 관여했는지에 더욱 주의를 기울일 필요가 있다. 종종 우리는 그들을 검증할 수 있게 해줄 자료가 부족하다. (신약의 한 예를 들자면, 공관복음의 관계에 대한 일반적 관점을 따라 마가복음을 생각해 보라.)[5] 하지만 다른 경우에 우리는 다른 출처에서 이 질문에 대답하는 데 도움이 되기에 충분한 자료를 발견한다.

물론 다른 저작들이 의존하고 있는 원전(들)은 심각한 결함이 있거나 심지어 허구적일 수도 있다. 그러나 우리는 최소한 그러한 비교를 바탕으로 다음 두 가지 견해를 제시할 수 있다. 첫째로 우리는 다른 저작들이 원전을 가지고 무엇을 했는지를 평가할 수 있다. 둘째로 우리는 사료에 근거한 역사적 저작으로서 이런 저작의 저자들도 원전이 그 이후의 요점에 대한 타당한 정보를 제공한다고 믿었다고 결론지을 수 있다. 그들이 사료, 또는 심지어 사건에 대한 살아 있는 기억 속에서 글을 쓴다면 그들이 가진 사료의 건전함에 대한 그들의 믿음은 아마도 일반적으로 수백 년, 또는 수천 년 뒤에 있는 우리의 추측보다는 더 건전할 것이다.

만약 우리가 사료들을 검증할 수 있는 대목에서 특정한 전기 작가들이 사료를 사용하고 그 사료를 주의 깊게 다룬다면, 어떤 주어진 사례에서 (최소한 같은 문헌에서 우리가 사료를 검증할 수 없는 대목에서) 그들도 사료를 검증했을 가능성이 클 것이다. 즉 우리는 이 문헌에서 그들은 보통 자신들이 참이라고 믿는 내용을 전달하며 그들이 전하는 사건들은 대개 그들의 사료에서 나왔으리라고 기대한다. 신약의 예를 들면, 만일 마태와 누가가 마가복음과 다른 공유된 자료를 광범위하게 사용한다면, 그들은 분명 단순히 전적으로 자유롭게 글을 쓰고 있는 것이 아니다.

---

5   우리가 다른 초기 전승과 중첩되는 부분을 확인할 수 있는 대목을 제외하면 (예를 들면 예수가 하나님 나라에 대해 전파하거나 비유를 말씀하셨음을 보여주는) 일관성의 기준을 사용함.

10.3. 다른 비교

학자들은 종종 저자의 방법과 강조점을 확인하기 위해 문헌들을 비교한
다. 복음서 연구에서 우리는 이를 편집비평이라고 부르지만,[6] 편집비평의
유용함은 복음서에만 국한되지 않는다.[7] 학자들은 흔히 내가 이하에서 오
토에 관한 전기들을 비교하듯이 다른 저작들과의 비교를 통해 역사적 전
승을 평가한다. 마크 벡(Mark Beck)은 데모낙스에 대한 루키아노스의 묘사
를 다른 곳에 보존된 데모낙스에 대한 독립적인 짧은 인용문들을 가지고
검증한다.[8] 크리스토퍼 펠링(Christopher Pelling)은 역사가 투키디데스와 웅
변가 안도키데스를 독립적인 사료로 사용하여 이를 배경으로 그들 각각
의 성향을 연구하고,[9] 다음으로 아폴로도로스가 사료에서 수사적으로 벗
어난 부분을 평가하기 위해 그가 투키디데스의 글을 편집한 부분을 살펴
본다.[10]

평행 기사에서 편차는 일반적으로 나타난다. 예를 들면, 아게실라오
스에 대한 크세노폰의 송덕문에서 국가는 아게실라오스를 그의 경쟁자보

---

6 예를 들면 편집비평의 여러 측면을 조사하고 받아들이고 거기에 이의를 제기하는 다음 참
  고문헌들을 보라. Perrin, *Redaction Criticism*; Duling and Perrin, *New Testament*, 20-23;
  Spivey, Smith, and Black, *Anatomy*, 57-58; Güttgemanns, *Questions*, 399-400; Carson,
  Moo, and Morris, *Introduction*, 38-45; Osborne, "Redaction Criticism"; Goodacre,
  "Redaction Criticism." 고대 역사가들은 문체를 위한 편집이나 사실 그 자체에 의한 관념적
  강조가 그들의 정보의 정확성을 해친다고 믿지 않았다(Dio Cassius, *Roman History* 1.1.1-
  2).
7 다양한 고대 역사가들의 비교에 관해서는 예컨대 Laistner, *Historians*, 131을 보라.
8 Beck, "Demonax," 82. 하지만 Beck은 단순히 현자 데모낙스의 역사적 존재를 입증하려 애
  쓰고 있을 뿐이다.
9 Pelling, *Texts*, 21.
10 Pelling, *Texts*, 62-67.

다 더 나은 왕으로 선택한다. 네포스의 글에서 리산드로스는 아게실라오스를 왕으로 삼는다. 플루타르코스의 글에서 아게실라오스와 리산드로스는 함께 아게실라오스를 왕으로 만들고 백성들은 그런 결과에 대해 못마땅해한다.[11] 플루타르코스는 분명히 이전 사료에서는 접할 수 없는 아게실라오스의 연설을 덧붙이며 아게실라오스를 다른 현존하는 사료에서보다 더 "재치 있는" 인물로 묘사한다.[12] 그렇지만 플루타르코스는 오늘날 우리가 더 이상 접할 수 없는 아게실라오스에 관한 매우 초기 자료를 가지고 있는 것처럼 보인다.[13] 훗날 기원후 5세기에 오로시우스는 그가 자료로 사용한 폼페이우스 트로구스에 관한 유스티누스의 개요서에서 "언어적 표현을 압축하고 확대하고 변화시키는" 모습으로 보일 수 있다.[14] 우리는 차이점의 이유에 대해 추측할 수는 있겠지만 차이점은 분명히 존재한다.

한편 유사점도 흔하게 나타난다. 로버트 데런배커(Robert Derrenbacker)는 디오도로스 시켈리오테스와 스트라보와 아리아노스 사이의 유사점과 차이점을 도표로 나타내면서 그들이 공통된 자료를 어떻게 각색하는지를 검토한다. 데런배커는 그들이 특정한 주제를 다룰 때 어떻게 종종 같은 순서를 따르는지를 관찰한다.[15] 마찬가지로 비교가 가능한 경우, 디오도로스는 일화를 생략함으로써 에포로스의 글을 요약하지만 에포로스가 포함시킨 내용을 상당히 비슷하게 따른다.[16] (거기서 각색의 한 예는 뒤에 나올 묘사를

---

11 Xenophon, *Agesilaus* 1.5; Plutarch, *Agesilaus* 3.3-4.1과 30.1을 언급하는 Ytterbrink, *Gospel*, 93.
12 Ytterbrink도 *Gospel*, 93에서 Xenophon, *Agesilaus* 1.4, 17과 Plutarch, *Agesilaus* 9.2을 Nepos, *On Great Generals* 17(Agesilaus), 3.1, 5과 대조한다.
13 Xenophon의 *Agesilaus*에 관한 Wright, "Reliability," 2장.
14 특히 Steele, "Trogus," 27을 언급하는 Develin, "Introduction," 6.
15 Derrenbacker, *Practices*, 78-89.
16 Derrenbacker, *Practices*, 90-92.

준비하기 위해 형용사를 바꾸는 것이다.)[17] 이와 비슷한 차이점과 유사점은 구약과[18] 구약의 고대 근동 배경에서 나타나는 평행 자료 속에 존재한다. 따라서 구약 자체가 공관복음의 평행 본문과 편차를 이해할 수 있는 모델을 제공한다.[19]

10.4. 가장 유용한 유비?

9장에서 강조했듯이, 고대인들은 전설적이고 추측에 근거한 요소들이, 특히 목격자들의 살아 있는 기억이 사라진 뒤에, 목격자 자료와의 시간적 거리와 더불어 증가한다는 점을 종종 인식했다.[20] 학자들 대나수는 마가복음의 저작 시기를 예수의 십자가 사건 이후 대략 40년(약 한 세대) 이내로 추정한다. 대상에 대한 살아 있는 기억 속에서 기록된 로마 제국 초기에 나온 극히 소수의 현존하는 전기들 가운데는 니콜라우스의 단편으로 전해지는 「아우구스투스」, 요세푸스의 자서전(그의 「생애」), 타키투스의 「아그리콜라」, 루키아노스의 「데모낙스」 등이 있다. 비록 이 모든 저자가 그

---

17 Derrenbacker, *Practices*, 92.
18 Knoppers는 "Problem," 12에서 예를 들면 사무엘서-열왕기와 역대기; 왕하 18-20장//사 37-38장; 왕하 25장//렘 51-52장; 시 18:1-51//삼하 22:1-51; 스 1:1-4//5:13-15//6:3-5//대하 36:22-23; 대상 16:8-36과 시 105:1-15; 96:1b-13; 106:1, 47-48을 지적한다.
19 "미메시스"(*mimēsis*) 또는 "이미타티오"(*imitatio*)에 관한 그리스와 로마의 논의를 유용하게 사용하는 Knoppers, "Problem"을 보라.
20 예를 들어 다음 문헌들을 보라. Thucydides, *History* 1.21.1; Livy, *History* 6.1.2-3; 7.6.6; 25.11.20; Diodorus Siculus, *Library of History* 1.6.2; 1.9.2; 4.1.1; 4.8.3-5; Dionysius of Halicarnassus, *Roman Antiquities* 1.12.3; *Thucydides* 5; Pausanias, *Description of Greece* 9.31.7; Josephus, *Against Apion* 1.15, 24-25, 58; 추가로 Kennedy, "Source Criticism," 139.

들의 대상을 우상화했고 니콜라우스의 작품은 특히 지나치게 찬사 일색인 것으로 밝혀졌지만, 이 작품들은 각기 상당한 양의 신뢰할 만한 정보를 보존하고 있다.

정경 복음서들은 고대 전기에 가장 확실한 역사적 내용이 담긴 시기에 나왔고 그 대상에 대한 살아 있는 기억 속에서 기록되었다. 이러한 제약 조건에 맞지 않는 몇 가지 유비에서 여전히 많은 것을 배울 수 있겠지만, 가장 가깝고 가장 유용한 유비는 이런 기준에 들어맞을 것이고, 이 기준은 전기를 탐구할 수 있도록 전기의 범위를 좁혀주기도 한다.[21] 복음서 저자들이 대략 반세기 전의 예수에 관한 핵심적인 사건을 회고한 것처럼,[22] 2세기 초의 역사가들도 종종 로마의 귀족들이 그들보다 대략 반세기 전에 네로 치하에서 겪었던 충격적인 시대와 그 뒤에 이어진 그들 자신의 일부 친족과 연관된 왕위 계승 내전을 회상했다.

여기서 나는 오토가 죽은 지 대략 반세기 뒤 전기 작가들과 역사가들(수에토니우스, 플루타르코스, 타키투스)이 오토에 대해 서술한 내용에 먼저 가장 폭넓게 초점을 맞출 것이다.[23] 더 간단하게는, 갈바[24]와 같은 다른 몇몇 인물들에 관한 서술이나 네포스와 같은 다른 전기 작가들의 저작을 언급

---

21 물론 이런 저작들조차 제각기 다르다. 복음서들(특히 마가복음)은 좀 더 대중적인 독자와 (마가복음에서는 대중적인 이야기 서술 기법이 엘리트적인 수사학보다 더 중요할지 모른다) 좀 더 독특한 유대인의 하위문화를 대상으로 한다. 그러나 당대와 가까운 인물들에 대한 현존하는 "대중적인" 전기가 부족하기에, 당대와 가까운 공적인 인물들에 대한 이러한 전기들은 특별히 비슷한 예로 남아 있다.
22 Votaw는 "Biographies," 246에서 소크라테스에 관해 비슷한 기간 뒤에 나온 플라톤과 크세노폰의 기록을 비교한다. 그러나 앞에서 언급한 바와 같이 전기는 로마 제국 시기에 나온 것으로 확인할 수 있는 형태에 아직 도달하지 못했다.
23 나는 Keener, "Otho 1"과 "Otho 2"에 나오는 나 자신의 논의를 *BBR*의 양해를 얻어 각색했다.
24 Goh, "Galba"의 연구에 의존함.

할 것이다. 그리고 마지막으로 유대인의 몇몇 저작을 언급하며 특히 요세푸스가 그의 「유대 전쟁사」와 「생애」에서 같은 사건들을 어떻게 (덜 엄밀하게) 다루는지를 살펴볼 것이다.[25]

10.5. 오토 전기

수에토니우스, 플루타르코스와 역사가 타키투스의 오토에 대한 기록은 공관복음서 사이의 상응 관계와 유사한 방식으로 서로 상응한다.[26] 이러한 관찰 결과가 중요한 이유는 수에토니우스와 플루타르코스가 로마 제국 조기에 배출된 전기 작가들의 현존하는 핵심적인 예이기 때문이다.[27] 당대와 가까운 한 인물에 대한 수에토니우스의 전기와 그 인물에 대한 그와 동시대인들의 서술 속에 나오는 여러 요소에 대한 이러한 짧은 비교는, 전기 작가들이 그들이 접할 수 있는 역사적 정보의 보고를 이용했고 역사가들처럼 이를 각색했음을 잘 보여준다.

　이미 언급했듯이, 고대 전기와 관련된 전문가들은 종종 고대 전기를 역사와 관련된 유형, 또는 심지어 역사의 하위 유형으로 분류한다.[28] 이러한 관찰 결과가 일반적인 고대의 본격적인 전기들에 관해 사실이라면, 이

25　특히 Henderson, "Life and War"; Henderson, "Comparison"에 의존함.
26　복음서들과 복음서의 출처 간의 관계에 관한 나 자신의 주장을 보려면 *Historical Jesus*, 126-61을 보라.
27　Kennedy, "Source Criticism," 139. 다른 학자들, 예를 들면 Theissen and Merz, *Historical Jesus*, 114도 그들과의 비교를 제시한다.
28　Kennedy, "Source Criticism," 136; Aune, "Biography," 125; Burridge, *Comparison*, 63-67; Stadter, "Biography," 528; Hose, "Historiography: Rome," 6:422-26; Bravo, "Antiquarianism," 516; Pitts, "Citation," 377-78.

는 로마 제국 초기에 당시의 최근 인물들에 대한 전기에 관해서는 훨씬 더 타당하다.

10.5a. 목표와 방법

여기서 나는 수에토니우스의 전기를 타키투스의 역사서 및 플루타르코스의 전기와 비교하되 그들이 글을 쓰기 약 40-50년 전에 살았던 한 인물과 관련해서 비교할 것이다.[29] 오토는 32-69년경에 살았고 그와 관련된 사건들은 대부분 그의 마지막 10년 동안 발생했다. 한 세대 뒤에 그에 관한 글을 쓴 수에토니우스(기원후 70-130년경)는 121년 이전에 그의 황제 전기를 집필했다. 타키투스(기원후 56년경-최소 118년)는 아마도 그의 「역사」(*Histories*)를 109-10년경에 집필했을 것이다.[30] 플루타르코스(기원후 50년 이전-120년 이후)는 그의 생애의 마지막 20년 동안 가장 왕성한 저작 활동을 한 것으로 보인다.[31]

    단순한 논의를 위해 나는 여기서 플루타르코스보다 수에토니우스부터 먼저 다룰 것이다. 오토와 관련해서 서로 짝을 이루는 플루타르코스의 정보는 그의 「갈바」와 「오토」라는 두 전기에 나타난다. 수에토니우스는 전부 대략 28개의 단락으로 이루어진 열두 장에서 오토를 다룬다. 수에토

---

29 수에토니우스, 타키투스와 동시대인인 플리니우스가 쓴 대로 네로 시대는, 비록 보통은 연로했던 그 시대의 어떤 집정관도 살아 있지 않았으나, 역사에 가까워 보였다(*Letters* 3.7.11). 그 시대의 일부 젊은이들은 아마도 여전히 살아 있었을 것이다.

30 Bradley, "Suetonius," 1451; Martin, "Tacitus," 1469.

31 Russell, "Plutarch," 1200; 갈바와 오토에 대한 플루타르코스의 직접적인 지식에 관해서는 Alfred, "Valuation," 92-93을 보라. 연대학적으로 플루타르코스는 타키투스와 수에토니우스보다 먼저 글을 썼을 수도 있지만, 플루타르코스가 그들의(특히 타키투스의) 직접적인 출처일 것 같지는 않다. 현재는 저작이 남아 있지 않은 다른 많은 저자가 (본서의 서론에서 더 자세히 언급한 것처럼) 고대에 넘쳐났다.

니우스, 타키투스, 플루타르코스가 비록 동시대인이고 공히 상류층의 일원이지만 모든 역사적 인물에 대해 모두 같은 관점을 공유하지는 않는다는 점도 역사적 정보의 몇 가지 요소에 대한 그들의 독립적인 증언이 지닌 가치를 강화한다.

순수 소설가들과 달리 전기 작가들은 그들이 진술하는 사건들을 대체로 접할 수 있는 전승의 원자료로부터 구성했다. 그렇기는 하지만 전기 작가들은 이 원자료에서 그들의 묘사를 어떻게 구성하는지에 있어서는 어느 정도 자유를 누렸다. 따라서 나는 또한 그들이 그런 자유를 어느 정도나 사용했는지에 따라 몇 가지 비교를 제시할 것이다. 여기서 나의 관찰 사실은 증거의 제한적인 성격 때문에 좀 더 제한적일 것임이 분명하다. 따라서 나의 초점은 그들이 대체로 새로운 이야기를 지어내기보다는 역사적 정보를 편집하고 각색했다는 점을 입증하는 데 맞춰질 것이다.

10.5b. 생략된 부분 생략하기

자료를 비교할 때 나는 단 하나의 사료에 포함된 대목보다는 겹치는 대목에 초점을 맞출 것이다. 수에토니우스나 플루타르코스가 쓴 당대와 가까운 인물에 대한 전기가 다른 곳에서는 입증되지 않는 정보를 제시할 때, 우리는 단지 그 이유로 그 전기의 주장을 일축해선 안 된다(비록 의심할 만한 구체적인 이유가 있다면 의심해도 되겠지만). 다른 사료에 생략되어 있음을 근거로 한 부정적인 논증은 현존하는 증거의 극히 제한적인 성격을 고려하면 특히 위험한 논증인 침묵을 근거로 한 논증이 된다.[32] 앞에서 언급한

---

32 참조. Brown, *Death*, 7-8: "복음서 저자들은 분명 그들의 복음서에서 전달하기로 선택한 전승보다 예수에 대한 더 많은 기독교 전승을 알고 있었다. 요 21:25은 그 사실을 확언한다. 따라서 우리는 마치 글로 쓰지 않은 것이 곧 알지 못했음을 의미하는 것처럼 침묵을 근

것처럼 수에토니우스의 오토 전기는 매우 간략하며 이런 이유로 그의 전기는 플루타르코스나 (특히) 타키투스의 글에서 발견되는 모든 세부적인 정보를 다 수용할 수가 없었을 것이다. 이 작품은 특히 (본문과 관련된 이유에서든 수에토니우스의 관심사에 관한 이유에서든) 오토와 비텔리우스의 갈등에 관한 많은 정보가 부족하다.

생략은 자료를 버리는 것이지만 엄밀히 말해서 정보를 왜곡하는 것은 아니다.[33] 우리가 생략된 부분을 전반적인 상을 왜곡시키는 것으로 보더라도 생략된 부분이 사실 그 자체에 관한 오류는 아니다. 그러한 생략은 개인적인 기억,[34] 고대 전기,[35] 고대 역사 기록[36]에서 흔히 나타난다. 정보에 기반한 저자들은 그들의 정보에서 그들의 장르, 이야기, 의도와 가장 관련 있는 요소들을 선별해야 한다.[37] 할리카르나소스의 디오니시오스가 단순히 사실을 전하는 데 만족하는 역사가들과 달리 자신은 사건들의 원인도 조사하고 싶다고 말할 때,[38] 그는 역사가들이 전하는 사실들을 무시

거로 한 부정적 논증에 대한 확실한 불신을 유지해야 한다." 다음 글도 참고하라. McGrew, "Argument," 598: 어떤 저자가 무언가를 언급하지 않았다는 것은 그가 그것에 대해 무지했거나 그것을 거부했다는 뜻이라는 가정은 신약학에서 자주 등장하기는 하지만 본격적인 역사 기록에서는 성립될 수 없다.

33 Vansina, *Oral Tradition*, 172; 참조. 188.
34 McIver, *Memory*, 48.
35 Ytterbrink, *Gospel*, 94; McGing, "Adaptation," 120, 131-33; Licona, *Differences*, 2, 20, 51, 56, 72, 75, 77, 95, 109; 추가로 5, 11장을 보라.
36 다음 문헌들을 보라. Polybius, *Histories* 6.11.7-8; Bosworth, *Arrian*, 91, 211; Derrenbacker, *Practices*, 91, 93; Pelling, *Texts*, 100-101, 119; Keener, *Acts*, 194-96(Josephus, *Life* 339; *Against Apion* 1.60-66; Dio Cassius, *Roman History* 1.1.1-2을 포함); 참조. Stanley, *Language*, 323.
37 예를 들면 다음 문헌들을 보라. Polybius, *Histories* 15.36.10; Tacitus, *Annals* 3.65; Plutarch, *Aemilius Paulus* 1.2; *Alexander* 1.2; Justin, *Epitome* pref.4; 참조. Votaw, "Biographies," 231; De Pourcq and Roskam, "Virtues," 166-67, 176.
38 Dionysius of Halicarnassus, *Roman Antiquities* 5.56.1.

하고 있는 것이 아니다.

다시 말하지만, 적절한 선택성의 원리는 우리에게 이해가 되어야 한다. 법정에서 누군가가 "사실 전체"를 말하겠다고 약속할 때조차 변호사는 아마도 증인이 두 시간 동안 증언대에 서서 어떤 사건에 대해 당면한 문제와 직접 관련이 있든 없든 생각할 수 있는 모든 지엽적인 정보를 다 제시하도록 놔두지는 않을 것이다.[39]

정보가 넘쳐나는 최근 인물에 대해 저자들은 자연히, 한 저자가 다른 저자에게서 많은 정보를 베끼거나 두 저자 모두 같은 공통 자료를 베끼는 상황에서도, 어느 정도는 서로 다른 정보를 선택한다. 그렇기는 하지만 저자가 우리가 검증할 수 있는 대목에서 미리 존재한 참된 정보에 의존한다면, 저자는 독자들이 다른 여러 주제에 관해서 저자를 검증할 수 있었을 만한 시대에 대한 글을 쓰면서, 정보가 우연히 오늘날까지 남아 있는 경우보다 더 많은 경우에, 이전부터 존재한 정보에 의존하려 했을 거라고 추론하는 편이 합리적이다. 그러므로 다른 남아 있는 사료와의 현존하는 유사점들은 틀림없이 단지 많은 작품이 그것의 실제 사료와 더불어 가진 유사점의 한 표본일 뿐이다. 서로 다른 역사가들의 보고는 종종 보완적이어서 우리에게 상대편 저자가 편견이나 관심사로 인해 생략한 내용을 보게 해 줄 수도 있다.[40] 복음서에 있어서나 다른 고대 전기에 있어서나 다양한 증언은 유익하지만 우리는 (예를 들면 누가복음의 독특한 비유들과 같은)[41] 독특한

---

39 나는 이 예화를 2017년 11월 9일에 Terence Paige에게서 얻었다.
40 Laistner, *Historians*, 131.
41 이 비유들의 독특한 누가 문헌적인 형태와 강조점에도 불구하고 말이다. 이 점에 대해 좀 더 회의적인 견해로는 Meier, *Marginal Jew*, 5:210.

기록들조차 경멸적인 회의론적 태도로 접근할 필요는 없다.[42]

10.5c. 유사점과 몇 가지 차이점 나열하기

이하에서 다룬 저자들 사이의 유사점은 복음 전승에서 발견되는 차이와 같은 종류의 차이를 보여준다(그러나 엘리트 저자들의 글은 당연히 공관복음서에 나타나는 것보다 축자적으로 베낀 부분을 적게 포함하고 있다).[43] 다음과 같은 유사점과 차이점 각각을 주석가들이 복음서들의 편차를 논의하는 방식으로 논의하면 분량이 엄청나게 길어질 것이다. 그러한 길이는 또한 나의 일차적인 목표를 고려할 때 여러 가지 면에서 쓸모없는 것으로 드러날 것이다. 여기서 수에토니우스, 타키투스, 플루타르코스의 겹치는 영역을 언급하는 가장 간결하고 시각적으로 효과적인 방법은 그런 영역들을 단순히 열거하는 것이다.[44]

공통된 정보가 풍부하다는 점은 수에토니우스와 같은 전기 작가는 주로 자신이 가진 정보의 신뢰성은 고려하지 않고 자유로운 집필에 몰두했다는 어떤 주장도 잠재울 것이다.

---

42 이러한 논리에 관해서는 Allison, *Constructing Jesus*, 454을 보라. 저자는 그에게 이용할 수 있는 다른 자료가 있다면 그의 주요 자료 중 하나에 정보를 추가할 수도 있다.

43 Aune, *Environment*, 125; Downing, "Redaction Criticism 2", 33을 보라. 그러나 어떤 기록의 표현을 의도적으로 바꾸는 행위는 그 기록의 의미를 무심코 바꿔놓을 위험성을 증가시킨다(이하의 자료에 나타나는 차이점들에 대한 관찰 결과를 보라).

44 플루타르코스는 고대 전기의 범위를 예시할 때 이런 기록들에서 수에토니우스보다 훨씬 더 도덕주의적이지만 수에토니우스처럼 실제적인 정보를 보존한다. 플루타르코스의 짝을 이루는 전기들에 나타나는 윤리에 대한 강조에 관해서는 예를 들어 Hägg, *Biography*, 239-81을 보라.

10.5d. 차이점의 예

수에토니우스, 「오토」	타키투스, 「역사」	플루타르코스, 「갈바와 오토」
오토의 혈통과 조상(1.1-3).	오토의 혈통과 조상(2.50).	오토의 훌륭한 가계(*Galba* 19.2).
오토의 출생(2.1).	—	—
오토의 낭비적이고 방탕한 젊은 시절(2.1).	오토의 낭비적이고 방탕한 젊은 시절(1.13).	오토의 사치에 물든 젊은 시절 (*Galba* 19.2).
오토가 네로의 궁정에 접근하기 위해 황궁의 한 자유민 여자와의 정사를 이용함(2.2).	—	—
오토가 네로와 함께 악행을 저지름으로써 그와 친해짐(2.2).	오토가 네로와 함께 악행을 저지름으로써 그와 친해짐(1.13; 참조. *Annals* 13.12, 45).	함께 저지른 악행으로 인해 오토가 네로의 총애를 얻음(*Galba* 19.3).
네로가 포파이아 사비나를 남편에게서 빼앗아 오토와 결혼시킴(3.1).[45]	네로가 자신의 정부인 포파이아 사비나를 오토에게 선물로 줌(1:13); *Annals* 13.45에서는 오토가 그녀를 첫 남편에게서 유혹하고(그와 네로의 친분이 그의 영향력을 높임) 그 후에야 비로소(*Annals* 13.46) 그녀가 네로와 불륜을 저지르기 시작함.[46]	오토가 네로의 총애를 약속하며 포파이아를 남편에게서 유혹하여 아내로 얻음(*Galba* 19.4).

---

45 수에토니우스는 *Otho* 3.1에서 처음에는 이 결혼을 가짜로 묘사하지만, 이는 (Tacitus, *Annals* 13.45뿐만 아니라) 3.2에서도 분명히 나타나듯이 법적인 관점이라기보다 수에토니우스의 도덕적 관점을 반영한다.

46 타키투스의 냉소적인 문체를 고려하면 「역사」에 나오는 예는 단지 그녀가 네로의 정부가 될 예정이었고 네로의 권력이 그녀를 얻으려는 오토의 목표에 일조했음을 의미할 수도 있다. 또는 이 관점은 단순히 「역사」와 수에토니우스와 플루타르코스의 글에서 따른 사료의 관점과 다른 것일 수도 있다.

수에토니우스, 「오토」	타키투스, 「역사」	플루타르코스, 「갈바와 오토」
네로 자신이 이미 포파이아 사비나와 불륜을 저지르고 있었고 오토와의 경쟁 관계(3.1-2)로 인해 오토를 루시타니아에 장군으로 보내버림(3.2).	네로 자신이 이미 포파이아 사비나와 불륜을 저지르고 있었고 오토와의 경쟁 관계로 인해 오토를 루시타니아에 장군으로 보내버림(1:13; 참조. *Annals* 13.46).	포파이아가 오토와 네로의 경쟁 관계를 이용했으나 네로를 연인으로만 원함(*Galba* 19.4-5); 이로 인해 네로는 오토를 죽이려 했으나(19.5) 세네카가 오토를 살려내어 루시타니아로 보내지도록 주선함(20.1).
오토가 10년 동안 루시타니아를 잘 다스림(3.2).	오토가 그의 젊은 시절의 행동과 달리 루시타니아를 훌륭하게 다스림(「역사」에는 나오지 않지만 *Annals* 13.46을 참고하라).	오토가 루시타니아를 잘 다스림(*Galba* 20.1).
갈바가 반란을 일으키자 오토가 갈바를 지원함(4.1).	오토가 갈바의 주요 지원자가 됨(1.13).	오토가 갈바를 지원한 최초의 총독이 됨(*Galba* 20.2).
셀레우코스라는 한 점성술사가 오토가 네로보다 더 오래 살고 황제가 될 거라고 예언함(4.1; 참조. 6.1).	프톨레마이오스라는 한 점성술사가 오토가 네로보다 더 오래 살고 황제가 될 거라고 예언함(1.22).	프톨레마이오스라는 한 점성술사가 오토가 네로보다 더 오래 살고 황제가 될 거라고 예언함(*Galba* 23.4).
따라서 갈바가 귀족들에게 아첨하고 병사들에게 은덕을 베풀며(4.2) 나중에는 병사들에게 뇌물을 주어 자신의 음모에 동참하게 함으로써 야망을 추구함(5.2).	병사들 대다수가 오토를 선호함(1.13); 오토가 뇌물을 포함하여 오랫동안 병사들의 비위를 맞춤(1.24-25).	오토가 병사들을 돕고 그들의 비위를 맞추며(*Galba* 20.3-4) 병사들이 갈바의 후계자로 특별히 오토를 선호함(*Galba* 21.2). 오토의 친구들이 음모를 벌이기 이전부터 오토를 위해 병사들을 매수해 왔으나 음모의 와중에 돈과 약속으로 병사들을 더욱 매수함(*Galba* 24.1).
오토가 갈바의 양자가 되기를 열렬히 희망함; 갈바가 오토 대신 피소를 양자로 맞아 오토의 분노를 불러일으킴(5.1).	오토가 갈바의 양자가 되기를 열렬히 희망함(1.13); 갈바가 오토 대신 피소를 양자로 맞아(1.14-15) 오토의 갈바에 대한 분노와 피소에 대한 질투심을 불러일으킴(1.21).	갈바가 오토의 국가 재정에 관한 무책임으로 인해 오토를 양자로 삼지 않음(*Galba* 21.1-2); 피소의 입양에 대해서는 *Galba* 23.1을 보라; 갈바와 피소에 대한 오토의 분노에 대해서는 *Galba* 23.4을 보라.

수에토니우스, 「오토」	타키투스, 「역사」	플루타르코스, 「갈바와 오토」
따라서 오토가 제국을 장악해 야만 자신의 부채를 갚을 수 있 는 희망이 있음을 깨달음(5.1); 오토가 자신의 목표를 이룰 재 정을 충당하기 위해 왕실의 한 노예에게서 백만 세스테르티 우스를 갈취함(5.2).	오토가 전쟁이 갈바에게 불리 하게 돌아갈 수 있음을 깨닫 자 진영을 바꾸는 것을 고려함 (1.14); 오토의 막대한 빚이 갈 바를 배신하는 일에 관한 한 가 지 고려사항이 됨(1.21).	플루타르코스가 오토에게 5백 만 세스테르티우스의 빚이 있 었다는 사실을 기록함(Galba 21.2); 갈바는 그와 대조적으 로 독립적으로 부유했음(Galba 3.1; 29.1).
갈바의 입양 연설이 18.3에 (서 술되지는 않았으나) 언급됨.[47]	갈바의 입양 연설(1.15-16).	갈바의 입양 연설이 Galba 23.2에 (서술되지는 않았으나) 언 급됨.
며칠간의 지연(6.1)	암살 전 5일(1.29): 1월 10일 (1.18)부터 15일까지(1.27).	갈바가 입양한 지 6일째인 1월 15일에 암살됨(Galba 24.1).
오토가 갈바와 함께 제사를 지 내고 점쟁이의 예언을 들음 (6.2).[48]	예언자 움브리키우스가 불길 한 예언을 선포할 때 오토가 아 폴로 신전에서 갈바와 함께 제 사를 지냄(1.27).	예언하는 제사장 움브리키우스 가 불길한 예언을 선포할 때 오 토가 제사 지내는 자리에 참석 함(Galba 24.2; 25.4).
오토가 미리 준비한 대로 한 해 방 노예가 건축가들이 도착했 다고 알렸고, 이는 오토가 갈 바 곁을 떠나 구매할 집을 살펴 보러 가겠다는 변명거리의 역 할을 함; 수에토니우스는 이와 다른 대안적인 기록도 제시함 (6.2).	건축가와 계약자들이 오토를 기다리고 있다고 알려주는 오 토의 해방 노예인 오노마스투 스가 갈바 곁을 떠나 자신이 사 려는 부동산을 살펴보러 가겠 다는, 오토가 미리 준비한 변명 거리의 역할을 함(1.27).	오토의 해방 노예인 오노마스투 스가 이 시점에 미리 준비된 변 명거리, 즉 건축가들이 도착해 서 오토가 산 옛집에서 기다리 고 있으며 거기서 오토가 가격 흥정을 원한다는 전갈을 가지고 도착함(Galba 24.3-4).[49]

---

47 타키투스가 이 연설을 아무런 사전 지식 없이 지어냈든 그렇지 않든 당연히 이 경우에는 분 명 한 차례의 연설이 있었다.

48 수에토니우스(Galba 19.1)는 이미 한 점쟁이의 예언이 갈바의 목숨을 노리는 암살자들과 관련이 있음을 암시했다.

49 이 장면 이전부터 플루타르코스(Galba 24.1)는 오토의 해방 노예의 이름이 오노마스투스 였고 그가 오토의 음모에 가담했다는 데 동의한다.

수에토니우스, 「오토」	타키투스, 「역사」	플루타르코스, 「갈바와 오토」
오토의 공모자들이 사투르누스 신전 바로 옆에 있는 공공 광장의 황금색 마일 표지 앞에서 기다림(aede Saturni, 6.2).	오토의 공모자들(23명의 호위병)이 사투르누스 신전 바로 옆에 있는 공공 광장의 황금색 마일 표지 앞에서 기다림(aedem Saturni, 1.27).	오토가 이탈리아의 도로들이 서로 만나는 공공 광장에 있는 이 황금빛 원주에서(Galba 24.4) 처음으로 환호를 받음(25.1).
오토가 왕궁 문을 빠져나감 (6.2).[50]	오토가 왕궁을 걸어서 나감 (1.27).	오토가 공공 광장으로 가는 길에 티베리우스의 집을 통과하여 걸어감(Galba 24.4).
병사들이 오토를 어깨에 메고 황제로 환영하며 병사들을 만난 다른 이들이 대열에 동참함 (6.3).	오토가 처음에는 호위병 23명만 자신을 황제라고 부르며 맞이함으로 인해 두려워함; 호위병들이 좀 더 천천히, 그리고 종종 마지못해 다른 지지와 묵인을 얻어냄(1.27-28).	오토가 처음에는 호위병 23명만 자신을 황제로 환영함으로 인해 두려워했으나(Galba 25.1) 다른 이들이 재빨리 동참하여 오토를 맞이함(25.2).
—	당시 막사 책임자였던 호민관 마르티알리스는 음모에 가담하지는 않았으나 죽음이 두려워 오토의 음모를 받아들임 (1.28).[51]	당시 막사 책임자였던 호민관 마르티알리스는 음모에 가담하지는 않았으나 죽음이 두려워 오토의 음모를 받아들임(Galba 25.3).
—	피소의 연설(1.29-30).	—
오토가 갈바와 피소를 죽일 앞잡이들을 급파함(6.3).	갈등이 훨씬 더 자세히 묘사됨 (1.31-49); 막사의 병사들이 오토를 선호하고 오토가 병사들을 환영함(1.36); 갈바(1.41)와 피소(1.43)가 살해당함.[52]	플루타르코스의 글은 여기서 수에토니우스보다는 자세하지만 타키투스보다는 덜 자세함 (Galba 26.1-27.6); 그는 갈바와 피소의 암살도 서술함.

---

50 그들이 제사를 위해 왕궁이 아닌 아폴로 신전에 있었다면(Tacitus, *Histories* 1.27) 수에토니우스는 무언가를 자신이 압축했거나 무언가를 압축해놓은 사료에 의존하고 있다.

51 마르티알리스는 나중에 오토를 지키다가 상처를 입었다(Tacitus, *Histories* 1.82).

52 타키투스는 *Histories* 1.41에서 갈바가 남긴 다양한 형태의 마지막 말을 제시하지만(플루타르코스는 *Galba* 27.1에서 이 말들 가운데 가장 긍정적인 말만 선택한다), 살아서 그의 말을 전할 수 있었을 유일한 사람들인 암살자들은 그 말을 굳이 전하려 하지 않았을 것이라고 타당하게 지적한다.

수에토니우스, 「오토」	타키투스, 「역사」	플루타르코스, 「갈바와 오토」
—	갈바와 함께한 보병대의 기수 아틸리우스 베르길리오가 갈바의 초상을 땅바닥에 내던짐(1.41)	아틸리우스 베르길리오가 갈바의 "형상"(LCL은 이 단어를 너무 성급하게 "신상"으로 번역했다)을 내던짐(Galba 26.4).
—	갈바가 백부장 셈프로니우스 덴수스에게 피소를 지키는 임무를 맡기고 덴수스가 피소를 용감하게 보호함(1.43).	백부장 셈프로니우스 덴수스가 갈바를 용감하게 보호함(Galba 26.5).[53]
—	술피키우스 플로루스와 스타티우스 무르쿠스가 (상처 입은) 피소를 베스타 신전 밖으로 끌고 가 입구에서 죽임(1.43).	마르쿠스가 베스타 신전에서 상처 입은 피소를 죽임(Galba 27.4).
오토가 병사들에게 그들이 자신을 위해 무엇을 남기든 그것만 갖겠다고 약속함(6.3).	돈에 관한 약속(1.37)을 포함한 오토의 병사들을 향한 연설(1.37-38); 병사들이 전통적 통제를 벗어나 자치를 실행함(1.46).	오토의 앞잡이들이 병사들에게 돈과 약속을 숨(Galba 24.1).
오토가 원로원에 백성들이 자신에게 이 역할을 강요했다고 말함(7.1).	오토가 승리하자 원로원이 태도를 바꿔 오토에게 충성을 맹세하고(1.45) 예를 표함(1.47).	원로원이 즉시 소집되어 오토에게 충성을 맹세함(Galba 28.1).
오토가 네로에 대한 기억을 찬미하고 네로의 신상을 다시 세우며 네로의 후계자라는 칭송을 거부하지 않음(7.1).	오토가 네로에 대한 기억을 찬미하며 백성들이 네로의 신상을 세우는 것을 허락하고 네로의 후계자라는 칭송을 거부하지 않음(1.78).	오토가 네로에 대한 기억을 찬미하며 백성들이 네로의 신상을 세우는 것을 허락하고 네로의 후계자라는 칭송을 거부하지 않음(Otho 3.1; 참조. 3.2).

---

53 여기서 플루타르코스는 분명히 타키투스와 갈라진다. 플루타르코스가 기억을 되살려 집필하고 있다면, 비록 플루타르코스가 스스로 그토록 높이 평가하는 인물에 대해 좀 더 주의를 기울였기를 바랄 수도 있겠지만, 이러한 혼동은 이해할 만하다.

수에토니우스, 「오토」	타키투스, 「역사」	플루타르코스, 「갈바와 오토」
갈바가 티투스 비니우스와 이켈루스 마르키아누스에게 의존함(Galba 14.2; 22; 참조. Nero 49.4; Vitellius 7.1).	티투스 비니우스가 갈바의 정사를 (부패하게) 관리하고(1.6) 오토의 앞잡이들이 그를 죽임(1.42; 참조. 1.48); 오토가 마르키아누스를 처형시킴(1.46).	갈바가 이켈루스(Galba 20.4)와 특히 비니우스에게 의존함(예. Galba 4.4; 17.1-2; 20.3; 21.1-2; 25.4; 26.1; 27.4; 29.4).
—	타키투스는, 자신의 처형이 오토의 명령과 어긋난다는 비니우스의 항의가 단지 그의 생명을 연장하려는 행동이었을지도 모른다는 점을 인정하지만, 그가 음모에 가담했을 것으로 의심함(1.42).	플루타르코스는 자신의 처형이 오토의 명령과 어긋난다는 비니우스의 항의가 그가 음모에 가담했음을 확인시켜준다는 의견을 제시함(Galba 27.4; 그러나 25.4과 비교해 보라).
갈바가 비니우스와 이켈루스 마르키아누스뿐만 아니라 라코의 영향도 받음; 라코는 갈바의 근위대 사령관이었으나 교만하고 무능함(Galba 14.2).	갈바가 비니우스뿐만 아니라 라코에게도 의지함(1.6, 14); 라코는 갈바의 근위대 사령관이며(1.26) 충성스러웠으나 교만하고 부패하며 무능함(1.6, 26); 라코가 어느 섬으로 추방된 뒤 암살당함(1.46).	갈바가 라코를 근위대 사령관으로 임명함(Galba 13.1); 라코가 갈바에게 계속 충성했으나(Galba 26.1) 부패하여(Galba 29.4) 오토의 추종자들에게 살해당함.[54]
—	집정관 선출자 마리우스 켈수스가 갈바에게 충성했음에도 불구하고 오토는 켈수스를 살려주고(1.45, 71) 켈수스는 오토의 장군들 가운데 한 명이 됨(1.71, 87).	마리우스 켈수스가 갈바에게 충성했음에도 불구하고 오토는 켈수스를 살려주고(Otho 1.1) 켈수스는 오토의 장군들 가운데 한 명이 됨(Otho 5.3).

---

54 곧 살해당한 것으로 보인다. 하지만 플루타르코스는 요약적으로 진술하고 있다(Galba 27.5).

수에토니우스, 「오토」	타키투스, 「역사」	플루타르코스, 「갈바와 오토」
—	오토가 티겔리누스에게 자결을 명하여 백성들을 기쁘게 함; 시누에사(그곳의 유명한 목욕탕)에서 티겔리누스가 면도칼로 자기 목을 자름(1.72).	오토가 티겔리누스에게 자결을 명하여 백성들을 기쁘게 함(*Otho* 2.1-3);[55] 티겔리누스가 시누에사에 있는 그의 소유지에서 면도칼로 자기 목을 자름(*Otho* 2.3).
갈바가 돌라벨라를 싫어함; *Galba* 12.2.	오토가 돌라벨라를 아퀴눔으로 추방했으나 해치지는 않음(1.88).	오토가 돌라벨라를 아퀴눔으로 추방했으나 해치지는 않음(*Otho* 5.1).
꿈에 갈바의 복수의 그림자가 나타나 오토를 괴롭힘(7.2)	갈바의 죽음이 오토의 심경을 어지럽힘(44.1; "음울한 환상", LCL).	—
비텔리우스가 반란을 계획함 (8.1).	비텔리우스가 반란을 계획함 (1.50-70).	플루타르코스는 반감을 품은 게르만 병사들이 비텔리우스를 찾았고(*Galba* 22.5-6) 비텔리우스가 그들의 의견에 동의한 것 (*Galba* 22.7-23.1; *Otho* 4.1)에 대해 부연 설명한다.
오토가 비텔리우스에게 제국의 일정한 지분과 혼인을 통한 가문 사이의 결합을 제안함 (8.1).	오토가 비텔리우스에게 친목을 받아들이면 돈과 은총을 내려주겠다고 제안하고 비텔리우스도 오토에게 똑같이 제안함(1.74).	오토가 비텔리우스에게 큰 재산과 자신이 소유한 도시 하나를 주겠다고 제안함(*Otho* 4.2).
—	제안이 실패한 뒤 오토와 비텔리우스가 각기 서로를 비난함—둘 다 진실을 말함(1.74).	제안이 실패한 뒤 오토와 비텔리우스가 각기 서로를 비난함—둘 다 진실을 말함(*Otho* 4.3).

---

55   Plutarch, *Galba* 17.4-5에 따르면 비니우스는 이전에 이 인기 있는 결정을 가로막은 적이 있다.

수에토니우스, 「오토」	타키투스, 「역사」	플루타르코스, 「갈바와 오토」
—	오토가 비텔리우스의 형제 루키우스 비텔리우스를 친구로 자애롭게 대함(1.88).	오토가 비텔리우스의 형제 루키우스 비텔리우스를 친구로 자애롭게 대함(Otho 5.2).
해 질 무렵 일부 무기가 옮겨지고 있을 때, 병사들의 무리가 반역을 의심하여 왕궁으로 급히 달려가 원로원 의원들을 죽여 오토에게 경의를 표할 것을 요구함(8.1-2, 오토의 혁명에 대한 확고한 통제력 부족을 강조함).[56]	17보병대가 오스티아에서 로마로 옮겨지고 있을 때 크리스피누스가 이 보병대의 장비를 갖추기 위해 해 질 무렵 막사에서 일부 무기를 옮김. 그러나 병사들은 원로원 의원들의 노예들이 오토를 대적한다고 의심하고(1.80) 오토는 원로원을 보호하기 위해 병사들을 해산시키려 함(1.81).	크리스피누스가 17군단을 오스티아에서 데려오는 자신의 임무로 인해 밤에 막사에서 일부 무기를 싣게 했을 때 어떤 병사들이 원로원이 오토에 맞서 무장하고 있다고 주장함(Otho 3.3). 병사들이 오토와 함께 식사하고 있는 원로원 의원들을 죽이려 함(Otho 3.4); 오토가 손님들을 물러가게 함(3.6).
병사들이 오토의 연회장으로 난입하여(그들을 막으려는 이들을 해하고 죽이며) 진정되기 전까지 오토를 접견하기를 요구함(8.2).[57]	병사들이 오토의 연회장으로 난입하여(그들을 막으려는 이들을 해하고 죽이며) 오토를 접견하기를 요구하고 오토가 병사들을 진정시키기 위해 긴 의자 위에 설 수밖에 없게 됨(1.82).	병사들이 오토의 연회장으로 난입하여 경비대를 밀치고 들어가고 오토가 병사들을 진정시키지 않을 수 없어 그들을 진정시키기 위해 긴 의자 위에 섬(Otho 3.6-7).

---

56 세부적인 내용은 수에토니우스의 책에 나오는 Rolfe의 LCL 주석에서 지적하는 대로 기록마다 서로 다르다(LCL 2:238-39 n.d.): "타키투스(Hist. 1.80)와 플루타르코스(Otho, 3)는 같은 이야기를 하지만 이 세 기사는 서로 다른 것처럼 보인다. 수에토니우스에 따르면 무기는 (제17) 보병대의 군장을 갖추기 위해 근위대 막사에서 오스티아로 보내졌고 소요는 근위대 막사에서 시작되었다. 타키투스의 기사는 오토의 식당으로 난입한 이들이 (근위병들이 합세한) 오스티아에서 온 병사들이었음을 암시하는 것처럼 보인다.…문제가 된 무기는 보병대에 속한 무기의 일부인 것처럼 보인다." 수에토니우스는 이 무기가 오스티아에 있는 보병대로 보내진 뒤 보병대를 로마로 데려왔다고 추측했을지도 모른다. Laistner는 Historians, 129에서 수에토니우스의 정보가 타키투스의 기록을 알기 쉽게 만들어준다고 지적한다. (그보다 전에 복음서 연구는 복음서 안에 있는 그와 같은 서로 맞물려 있는 "의도되지 않은 우연의 일치"를 강조했는데, 이는 최근에 특히 McGrew, Hidden에서 부활한 접근 방법이다.)

57 어떤 이들은 여기서 수에토니우스의 글이 간결한 것은 본문 속에 무언가가 빠져 있기 때문이라고 생각한다.

수에토니우스, 「오토」	타키투스, 「역사」	플루타르코스, 「갈바와 오토」
—	군대의 행동에 대해 몇 사람을 처벌할 것을 병사들에게 요구하는 오토의 연설(1.83-84).	오토가 군대의 행동에 대해 몇 사람을 처벌할 것을 요구함 (Otho 3.8, 반면 연설 전문을 제시하지는 않음).
플라비우스 사비누스가 로마에서 중요한 역할을 맡음 (Vitellius 15.2-3; Vespasian 1.3; Domitian 1.2).	오토가 로마를 형제인 살비우스 티티아누스에게 관리하도록 맡김(1.90);[58] 그러나 오토가 곧 티티아누스를 데려와(2.23) 전쟁 수행을 돕게 함(2.33). 병사들이 베스파시아누스의 형제 플라비우스 사비누스를 로마의 장관으로 요구하고 받아들이며(1.46) 사비누스가 한동안 그 직책을 유지함(2.55, 63; 3.64).[59]	오토가 로마를 형제인 살비우스 티티아누스에게 관리하도록 맡김(Otho 5.2); 그러나 플루타르코스 역시 티티아누스가 오토 편에서 중요한 지위를 맡았고(Otho 8.1; 13.3) 오토의 형제였다는 사실을 알고 있다(Otho 7.4).
오토가 직접 전선으로 가는 대신 브릭셀룸으로 물러남(9.1).	오토가 직접 전선으로 가는 대신 브릭셀룸으로 물러남(2.33; 참조. 2.39); 이 결정이 병사들을 낙담시킴(2.33).	오토가 직접 전선으로 가는 대신 브릭셀룸으로 물러남(Otho 5.3; 10.1); 이 결정이 병사들을 낙담시킴(Otho 10.1).
오토가 비록 결정적인 전투는 아니었으나 (알프스 산맥, 플라켄티아 부근, 카스토르의 주둔지에서 벌어진) 처음 세 번의 전투에서 승리함(9.2).	전쟁이 처음에 오토에게 유리하게 전개되고(2.11-12, 14, 25-28, 그리고 대체로 2.15) 여기에는 플라켄티아(2.17-23)와 카스토르의 주둔지(2.24)에서 벌어진 전투가 포함됨.	전쟁이 플라켄티아를 장악한 오토의 병사들(Otho 6.1-7.1)을 포함해서 처음에 오토에게 유리하게 전개됨(Otho 6-7).

58 티티아누스는 그 전에 집정관이었지만(*Annals* 12.52) 이제 오토의 통치와 연결되었고 (*Histories* 1.75) 오토와 함께 집정관이 되었다(1.77). 티티아누스는 프로쿨루스처럼 능력이 모자랐다(2.39-40).

59 플라비우스 사비누스 역시 Tacitus, *Histories* 2.99; 3.59, 65, 69-70, 73-75에서 이러한 두드러진 역할로 나타난다. 그를 기원후 69년에 두 달 동안 보궐 집정관을 역임한 T. 플라비우스 사비누스와 혼동해선 안 된다(1.77; 2.36, 51).

수에토니우스, 「오토」	타키투스, 「역사」	플루타르코스, 「갈바와 오토」
—	프로쿨루스가 근위대 사령관이 되고(1.46, 82, 87; 2.33) 오토가 특히 그에게 의지함 (1.87).[60]	플루타르코스는 프로쿨루스가 오토의 근위대 사령관이었고 티티아누스(Otho 7.4), 켈수스, 파울리누스(Otho 7.5)보다 훨씬 많은 권력을 쥐고 있었다고 말한다.[61]
—	수에토니우스 파울리누스는 오토의 장군 중 한 명이었음 (1.87, 90; 2:25-26, 32; 참조. Annals 14.31-39).	수에토니우스 파울리누스는 오토의 장군 중 한 명이었음(Otho 5.3; 7.3-5; 8.2-3; 13.1).
—	마리우스 켈수스는 오토의 장군 중 한 명이었음(1.71, 87; 2.60).	켈수스는 오토의 장군 중 한 명이었음(Otho 5.3; 13.4-5).
—	파비우스 발렌스는 오토와 맞선 비텔리우스의 장군 중 한 명이었음(예. 1.74; 2.24, 27-31, 55).	파비우스 발렌스는 오토와 맞선 비텔리우스의 장군 중 한 명이었음(예. Galba 22.6; Otho 5.1; 6.4; 11.4).
—	카이키나는 비텔리우스의 장군 중 한 명이었음(예. 1.90; 2.21-27).	카이키나는 비텔리우스의 장군 중 한 명이었음(예. Otho 5.1; 6.3, 5; 7.1; 10.3; 13.5-6).
사람들 대다수가 오토에게 전쟁을 연장할 것을 조언했지만 오토는 속전속결을 고집함 (9.1)	최고의 조언자들(파울리누스—2.32; 켈수스와 갈루스—2.33)이 오토에게 전쟁을 연장할 것을 촉구했지만(2.32-33; 참조. 2.37) 오토는 티티아누스와 프로쿨루스의 미숙한 조언을 따라 속전속결을 고집함(2.33).[62]	파울리누스 장군이 오토에게 전투를 지연시킬 것을 촉구하고 (Otho 8.2-3) 켈수스가 여기에 동의했으나(8.4) 프로쿨루스와 티티아누스가 오토에게 신속히 싸울 것을 촉구함(Otho 8.1); 오토가 신속히 싸우는 편을 택함 (Otho 8.4-9.3).

---

60 오토가 근위대 사령관 프로쿨루스의 조언에 의지한 것은 Tacitus, *Histories* 2.33에 따르면 그의 파멸을 초래했다.
61 프로쿨루스는 Plutarch, *Otho* 13.1에서도 장군으로 등장한다.
62 타키투스는 전기 작가들과 달리 파울리누스에게 연설 전체를 덧붙인다(*Histories* 2.32).

수에토니우스, 「오토」	타키투스, 「역사」	플루타르코스, 「갈바와 오토」
—	비텔리우스의 병사들이 포 강에 다리를 건설하기 시작하자 오토의 병사들이 이 다리를 불태우려 함(2.34); 오토의 검투사들이 강 가운데 있는 한 섬에 이르려 했으나 비텔리우스의 게르만 병사들에게 패배함(2.35).	비텔리우스의 병사들이 포 강에 다리를 건설하기 시작하자 오토의 병사들이 이 다리를 불태우려 하고(Otho 10.2) 이것이 오토의 병사들에게 불리하게 작용함(10.2-3); 비텔리우스의 게르만 병사들이 강 가운데 있는 한 섬에서 오토의 검투사들을 물리침(10.3).
비텔리우스의 병사들이 베트리아쿰 근처에서 승리함(9.2).	비텔리우스의 병사들이 베드리아쿰 근처에서(2.44-45; 참조. 2.50, 57) 승리함(2.42-45).[63]	오토의 군대 막사가 베트리아쿰 근처에 설치되고(Otho 8.1; 9.1) 거기서 비텔리우스의 군대가 승리함(Otho 13.5; Vitellius 10.1; 15.2).
비텔리우스의 군대는 특히 오토의 병사들이 강화 조건을 기대하고 있을 때 공격해서 승리함(9.2).	오토의 군대가 비텔리우스의 군대가 떠나버렸다고 잘못 생각함; 오토의 군대가 비텔리우스 군대의 습격에 대비하지 않음(2.42); 지연으로 인해 혼란이 발생했으나 비텔리우스가 패배자들에게 협정을 허락함(2.45).	비텔리우스의 군대가 항복하고 있다는 소문이 나서 오토의 선봉대가 비텔리우스의 병사들을 동료 병사들처럼 친절하게 맞이했으나 비텔리우스 군대가 적대 행위로 대응하여 다른 오토의 병사들에게 오토의 선봉대가 반역을 저질렀다는 의심을 하게 함(Otho 12.1).
오토의 병사들이 전쟁을 포기할 준비가 되어 있지 않아(9.3) 처음에는 자신들이 패배했다는 소식을 믿기를 거부함(10.1).	오토의 병사들이 전쟁을 포기할 준비가 되어 있지 않음(2.46).	병사들이 오토에게 계속 충성하겠다고 맹세함(Otho 15.1-3).
오토가 자신의 추종자들이 자신을 위해 더 고생하기를 원하지 않음(9.3; 10.1; 참조. 10.2-11.1).	오토가 자신의 추종자들이 자신을 위해 더 고생하기를 원하지 않음(2.47).	오토가 자신의 추종자들이 자신을 위해 더 고생하기를 원하지 않음(Otho 15.3-6).

---

63 Salmon and Potter, "Bedriacum"에는 두 철자(베드리아쿰과 베트리아쿰)가 모두 나타난다.

수에토니우스, 「오토」	타키투스, 「역사」	플루타르코스, 「갈바와 오토」
오토의 마지막 지시사항이 요약됨(10.2)	오토의 마지막 연설과 지시사항(2.47-48)	오토의 마지막 연설과 지시사항 (Otho 15.3-17.2)
오토가 자신의 조카를 포함해서 자신이 상대한 몇몇 사람들의 안전을 위한 마지막 지시를 내림(10.2).	오토가 조카 살비우스 코케이아누스를 위로하면서 자신이 비텔리우스 가문을 살렸고 따라서 자비를 베풀 것을 기대해야 한다고 말하며 그에게 오토가 그의 삼촌이었다는 사실을 너무 많이도, 너무 적게도 기억하지 말라고 경고함(2.48).	오토가 조카 코케이아누스를 위로하면서 자신이 비텔리우스 가문을 살렸고 따라서 자비를 베풀 것을 기대해야 한다고 말하며 그에게 오토가 그의 삼촌이었다는 사실을 너무 많이도, 너무 적게도 기억하지 말라고 경고함(Otho 16.2).
오토가 그의 친구들을 비텔리우스에게 연루시킬 수 있는 일체의 편지를 없앰(10.2).	오토가 그의 친구들을 비텔리우스에게 연루시킬 수 있는 일체의 편지를 없앰(2.48).	—
오토가 그의 종들에게 돈을 나누어줌(11.1).	오토가 소박하기는 하지만 돈을 나누어줌(2.48).	오토가 종들에게 돈을 나누어주되 후하지 않고 조심스럽게 나누어줌(Otho 17.1).
막사를 떠나기 시작하는 이들이 탈영병으로 구금되었으나 오토가 그들을 해하는 일을 금지하고 늦게까지 친구들과 만남(11.1).	오토가 친구들에게 떠나라고 촉구하고 수단을 제공해줌(2.48); 병사들이 떠나는 그들을 막으려 하고 오토의 엄격한 개입을 요구하며 오토가 늦게까지 떠나는 이들과 만남(2.49).	오토가 친구들, 특히 지위가 높은 이들을 떠나도록 설득하며 (Otho 16.1-2) 그들이 떠날 수 있는 수단을 제공해줌(17.2); 병사들이 그들이 머물러 있지 않으면 그들을 죽이겠다고 위협하며 오토에게 엄격하게 개입하도록 강요함(16.3).
어느 늦은 시간에 오토가 냉수로 갈증을 해소함(gelidae aquae, 11.2).	거의 저녁 무렵 오토가 냉수로 갈증을 해소함(gelidae aquae, 2.49).	그날 저녁 오토가 약간의 물로 갈증을 해소함(Otho 17.1).
오토가 두 단도 중에 더 날카로운 것을 베개 밑에 둠(11.2).	오토가 두 단도 중에 더 날카로운 것을 머리 밑에 둠(2.49).	오토가 두 단도 중에 더 날카로운 것을 머리 밑에 둠(Otho 17.1).

수에토니우스, 「오토」	타키투스, 「역사」	플루타르코스, 「갈바와 오토」
오토가 당시에 하룻밤 더 푹 잠 (11.2).	오토가 당시에 조용한 밤을 보내며 전해지는 바로는 심지어 잠까지 약간 잤다고 함(2.49).	오토가 당시에 그 밤의 나머지 시간 동안 너무 깊이 잠을 자서 그의 종자들이 그의 숨소리를 들음(Otho 17.1).
새벽에 오토가 단도로 자결함 (11.2)	새벽에 오토가 무기로 자결함 (2.49)	새벽 직전에 오토가 칼로 자결함(Otho 17.3).
오토가 단 한 번 찔린 상처로 죽어가면서 신음할 때 사람들이 달려들어 옴(11.2).	오토가 단 한 번 찔린 상처로 죽어가면서 신음할 때 사람들이 달려들어 옴(2.49).	오토의 신음을 듣고 종들이 서둘러 들어옴(Otho 17.3, 단 한 번의 찔림이 그의 생명을 끝내기에 충분했다는 의미를 남김).
오토가 그의 요청으로 신속하게 매장됨(11.2).	오토가 적들에게 시신이 손상되는 것을 막기 위해 그의 요청으로 신속하게 매장됨(2.49).	플루타르코스는 오토가 신속하게 매장되었음을 암시한다(Otho 17.3-4).
많은 병사가 오토의 관 옆에서 애도하면서 자결함(12.2).	일부 병사들이 오토의 관 옆에서 애도하면서 자결함(2.49).	일부 병사들이 오토의 화장을 위한 장작더미에서 자결함(Otho 17.4).
오토가 38세에 죽음(11.2).[64]	오토가 37세에 죽음(2.49).	오토가 37년을 삶(Otho 18.2).

여기에 다른 몇 가지 비교를 덧붙일 수도 있겠지만, 이 목록이면 우리의 목적을 위해서는 충분할 것이다. 긍정적인 비교를 요약하기 전에 나는 몇 가지 표본적인 차이의 영역과 그에 대한 몇몇 가능한 이유를 지적할 것이다. 이러한 차이점들은 동시대의 전기들 사이에서 받아들여지는 편차의 잠재적 범위를 확립하도록 돕는 데 중요하며, 이러한 범위는 독자들이 복

---

64 여기서 수에토니우스와 다른 이들 사이의 차이점은 햇수를 계산하는 포함적 방법과 배제적 방법의 차이를 반영할 수도 있다. 포함적 계산법에 관해서는 Koester, *Introduction*, 2:102을 보라.

음서들의 편차를 시대착오적으로 평가하지 않도록 도울 수 있다.[65]

예를 들면 사료에 나오는 정보의 순서는 때때로 우리가 사건들을 이해하는 방식에 영향을 주는 식으로 서로 다르다. 이를테면 오토가 빠른 약혼을 재촉한 때는 최초의 승리 이전인가,[66] 이후인가?[67] 전자의 경우, 사건은 처음에는 그의 선택을 정당화하는 것으로 보였다. 후자의 경우, 그의 승리는 그의 경솔함으로 인해 신속히 박살이 난 잘못된 희망에 박차를 가했다. 두 저자 모두 그의 선택을 회고하며 경솔한 선택으로 간주하므로[68] 혹자는 타키투스가 이 점을 강조하기 위해 사건들을 재배열했다고 주장할 수도 있을 것이다. 그러나 타키투스의 엄청난 세부 정보와 자료의 배열, 그리고 수에토니우스는 단지 여기서 다양한 점들을 요약하고 있을 뿐이라는 사실을 고려하면, 타키투스는 원래의 순서를 분명히 보존하고 있다.[69]

순서상의 몇 가지 차이점은 아마도 의도적인 변경이라기보다는 지식의 부족이나 순서에 관한 관심을 반영할지 모른다.[70] 그러나 때때로 비슷한 사건들이 한 번 이상 일어났을 수도 있으므로 서로 다른 사료는 가끔 서로 다른 상황과 관련된 것일 수도 있다. 따라서 플루타르코스는 오토가

---

65 고대 역사 기록상의 차이는 보기 드물지 않다. 예를 들면 Beneker, "Crossing"에 나오는 사료에서 루비콘강 도하에 대한 다양한 접근법을 보라. 참조. Rondholz, "Rubicon." 그러나 수에토니우스에게 특별히 자유 재량권이 있었을 네로의 죽음에 관한 서술에서조차 Dio Cassius, *Roman History* 63.27.3-63.29.2에 나오는 평행 기사는 공통된 출처, 즉 아마도 네로의 비서를 암시할지도 모른다(Hägg, *Biography*, 226-27).

66 Suetonius, *Otho* 9.1-2.

67 Tacitus, *Histories* 2.11-33.

68 참조. Suetonius, *Otho* 8.3-9.1.

69 5장에서 언급했듯이, 전기는 전형적으로 역사보다 연대기에 관한 관심이 덜했다(예. Görgemanns, "Biography: Greek"; Stanton, *Preaching*, 119-21); 연속적인 것으로서의 역사에 대해서는 예를 들면 Pliny, *Letters* 1.1.1을 보라.

70 시간 순서상의 이동에 대해서는 6, 11장을 보라.

이전에 브릭셀룸에 있었을 뿐만 아니라[71] 베드리아쿰에 있는 막사를 방문한 뒤[72] 그곳으로 되돌아갔다고 이야기한다.[73] 때로는 세부적인 내용이 수에토니우스가 이야기를 압축함으로써 왜곡된 것처럼 보인다.[74] 수에토니우스는 상류층 독자들이 이미 그가 언급하고 있는 기본적인 이야기를 알고 있으므로 이런 식으로 이야기를 압축할 수도 있다.[75]

우리가 가진 사료들은 오토의 야망을 부추긴 점성술사의 이름 표기에 있어서 서로 모순된다. 수에토니우스는 그의 이름을 셀레우코스로 표기하는 반면,[76] 타키투스와 플루타르코스는 그를 프톨레마이오스로 표기한다.[77] 이 경우에 혹자는 수에토니우스가 기억을 되살려 집필하다가 단순히 그 이름을 알렉산드로스의 후계자들(그들 중에는 셀레우코스와 프톨레마이오스가 둘 다 포함되어 있다) 가운데 한 사람의 이름과 같은 이름으로 기억했다고 추측할 수도 있다. 그러나 이보다 훨씬 더 그럴듯한 것은 (또는 아마도 부분적으로 같은 이유에서) 수에토니우스가 프톨레마이오스를 베스파시아누스의 궁정 점성술사와 혼동했을 가능성이다.[78] 어쨌든 최상급 전기 작가들조차 때때로 약간의 세부적인 내용을 혼동했다. 이는 어떤 이념적인 목표를 따른 것이라기보다는 단순한 혼동의 사례처럼 보인다.

마찬가지로 플루타르코스는 백부장 셈프로니우스 덴수스가 갈바를

---

71 Plutarch, *Otho* 5.3.
72 Plutarch, *Otho* 8.1.
73 Plutarch, *Otho* 10.1.
74 Suetonius, *Otho* 6.2; 8.2-3.
75 참조. 예. Tacitus, *Annals* 15.63.
76 Suetonius, *Otho* 4.1.
77 Tacitus, *Histories* 1.22; Plutarch, *Galba* 23.4.
78 Tacitus, *Histories* 2.78.

용감하게 지킨 것으로 묘사했다는 점에서 타키투스와 상반된다.[79] 반면 타키투스는 덴수스가 갈바의 양자 피소를 보호한 것으로 묘사한다.[80] 이러한 차이는 아마도 플루타르코스의 실수를 반영하는 듯하며, 이는 저자들이 심지어 최초의 세대에서도 그들의 이야기를 잘 알고 있는 독자들로부터 실제적인 피드백을 받지 않으면 쉽게 혼동할 수 있는 종류의 지엽적인 내용이다.[81] 그러나 우리는 몇 가지 부차적인 세부사항의 혼동에도 불구하고 이 두 기록에서 상당히 중첩되는 사실과 본질적인 이야기에 주목해야 한다.

어떤 경우에는 차이가 누가 로마를 책임지게 되었는가와 같은 다소 의미론적인 차이일 수도 있다. 타키투스는 오토가 그의 형제 티티아누스에게 로마를 책임지게 했다고 주장한다.[82] 그러나 타키투스는 틀림없이 큰 영향력을 행사했으나 타키투스의 글에서조차 타티아누스가 로마에 머물러 있지 않았다는 점은 분명하다.[83] 반면 다른 사료들은 플라비우스 사비누스가 로마에 머물렀다는 점을 분명히 밝히는 것처럼 보인다.[84] 따라서 혹자는 티티아누스의 공식적인 호칭이 무엇이었든 오토가 플라비우스 사비누스에게 로마를 책임지게 했다는 플루타르코스의 견해를 선호하고

---

79 Plutarch, *Galba* 26.5.
80 Tacitus, *Histories* 1.43.
81 피드백은 여러 장르에서 구두 암송을 하는 동안 실제로 발생했다. 예를 들어 Suetonius, *Vergil* 33을 보라. Winterbottom, "Recitatio," 1296(Pliny, *Letters* 5.12.1-2을 인용함)도 함께 보라.
82 Tacitus, *Histories* 1.90.
83 Tacitus, *Histories* 2.33.
84 Suetonius, *Vitellius* 15.2-3; *Vespasian* 1.3; *Domitian* 1.2. 복음서 중에서는 꿈에 대한 마태의 특별한 관심을 참고하라(1:20; 2:12-13, 19, 22; 27:19).

싶을지도 모른다.[85] 타키투스 자신은 플라비우스 사비누스가 로마의 장관이었다고 말한다.[86]

비록 타키투스의 *Histories* 1.44.1에 포함된 표현은 타키투스가 오토가 꾼 꿈에 대해 알고 있었음을 암시할 수도 있지만, 수에토니우스만이 *Otho* 7.2에서 그 꿈을 기록하고 있다. 꿈은 수에토니우스의 관심사이며, 그는 갈바가 죽기 직전에 무섭고 불길한 꿈을 꾸었다고 이야기한다.[87] 그러나 타키투스도 그의 징조[88]와 신적인 표징[89]의 목록에 예언적인 꿈을 포함시킬 수 있었다. 이런 징조들은 다른 징조들처럼 역사서에 흔히 등장하지만,[90] 우리는 이런 징조들이 이를 전해주는 전승이나 문헌 속에 어느 시점에 들어왔는지 확신할 수 없다.[91] 장군들은 종종 전투 이전과 기타 상황, 즉 아마도 전투에 대한 후대의 윤색뿐만 아니라 현실과 선두 이우의 선전에서도 꿈에 의존했다.[92] 이 가운데 어느 것도 놀랍지 않다. 사람

---

85   Plutarch, *Otho* 5.2.

86   Tacitus, *Histories* 1.46.

87   Suetonius, *Galba* 18.2. 수에토니우스의 글 가운데 다른 곳을 보면 아우구스투스는 꿈을 진지하게 받아들였고(*Augustus* 91) 베스파시아누스는 황제가 되기 전에 긍정적인 꿈을 꾸었다(*Vespasian* 5.5).

88   Tacitus, *Annals* 2.14에 나오는 유리한 징조를 주목해 보라.

89   Tacitus, *Histories* 4.83.

90   예를 들면 Meister, "Herodotus," 269을 보라.

91   요세푸스는 *Jewish Antiquities* 5.193에서 성경의 이야기에 꿈에 관한 **거짓** 주장을 덧붙인다. 황실 사가들은 황제의 죽음을 예고하는 징조를 자주 포함시켰다. Vigourt, *Présages*의 방대한 연구를 보라.

92   예를 들면, 알렉산드로스(Quintus Curtius, *History* 4.2.17; Plutarch, *Alexander* 24.3; 41.3-4; 49.3; Arrian, *Alexander* 2.18.1; Ps.-Callisthenes, *Alexander Romance* 1.35; 참조. Hermogenes, *Issues* 33), 소(小) 스키피오(Polybius, *Histories* 10.4.5-10.5.5), 한니발(Valerius Maximus, *Memorable Doings and Sayings* 1.7.ext.1; Silius Italicus, *Punica* 3.168-71), 술라(Plutarch, *Sulla* 9.4; 28.6), 폼페이우스(Plutarch, *Caesar* 42.1), 카이사르(Valerius Maximus, *Memorable Doings and Sayings* 1.7.1) 및 기타 인물들(Valerius Maximus, *Memorable Doings and Sayings* 1.7.3).

들은 종종 꿈을 꾸며 고대의 독자들은 보통 꿈이 미래를 예시한다고 믿었기 때문이다.[93]

기록들이 분명히 같은 사건을 서술하는 대목에서조차 세부적인 내용의 문제, 예를 들면 일부 무기가 옮겨진 뒤 원로원 의원들을 거의 죽일 뻔했던 병사들에 관해서는 기록마다 각기 다르다. 이 경우에 우리의 세 가지 사료를 모두 비교해 보면 사소한 불일치는 여전히 남아 있어도 몇 가지 세부적인 내용을 이해할 수 있게 해주는 더 큰 배경을 더 잘 재구성할 수 있다. 7장에서 언급했듯이 충분한 정보가 부재한 상황에서 고대 역사가들은 때때로 일관된 이야기를 위해 장면들을 구체화하는 세부적인 내용이나 연설을 부연 설명했고 고대 독자들은 이런 관행을 예상한 것으로 보인다.

이하에서 지적하겠지만 요세푸스는 누군가가 「유대 고대사」의 많은 부분에 담긴 성경의 이야기들에 대한 그의 수사학적 각색을 알아채더라도 개의치 않는다. 타키투스는 극적인 장면들과 대화들을 전개하며,[94] 진술된 사건들이 이런 접근 방식을 요구하는 장면에 파토스를 불어넣는다.[95] 다양한 저자들이 직접 화법으로 사적인 대화를 전해준다.[96]

---

93   예를 들면 Valerius Maximus, *Memorable Doings and Sayings* 1.7.1-8; 1.7.ext.1-10; Velleius Paterculus, *History* 2.70.1; Plutarch, *Caesar* 42.1; 69.5; *Cicero* 44.2; *Sulla* 37.2. 예를 들어 남편인 율리우스 카이사르에 대한 칼푸르니아의 꿈을 주목해 보라(Valerius Maximus, *Memorable Doings and Sayings* 1.7.2; Velleius Paterculus, *History* 2.57.2; Suetonius, *Julius* 81; Plutarch, *Caesar* 63.5; 64.3; 참조. 68.2). 참조. Keener, *Miracles*, 2:870-84의 짧은 논의; Keener, *Acts*, 1:911-16; 3:2347-49.

94   Hadas, "Introduction," xx-xxi을 보라.

95   예. Tacitus, *Annals* 3.1; 4.62-63; 5.9; 16.30-32.

96   Josephus, *Jewish Antiquities* 19.78-83; 참조. 행 25:14-22; Tacitus, *Annals* 12.65. 공개되지 않은 장면들과 관련해서: De Temmerman은 "Formalities," 16에서 수에토니우스조차 「황제 열전」(*Caesars*)에서 때때로 실제적인 사료 부족을 보완하기 위해 사료들의 주장을 이용한다고 생각한다. 그러한 접근법은 입증이나 반증을 어렵게 만든다. 때때로 언급되는 수에토니우스의 비판적 안목 면에서의 약점을 고려하면, 접근 불가능한 세부적인 내용은 단순

그렇기는 하지만, 차이점들을 모두 이런 관점에서 설명할 필요는 없다. 예를 들면, 다양한 사료들은 이 시점에 이르러 그와 같은 몇 가지 세부적인 내용에 있어서 달라졌을 수도 있다. 또는 어떤 저자들이나 그들의 사료가 일부 정보를 잘못 해석했을 수도 있다(그럴 가능성이 매우 크다). 때로는 우리가 생각하는 것보다 더 진실한 정보가 기록들 속에 남아 있는데, 이는 단지 우리에게 더 많은 세부적인 정보들을 조화시킬 만한 추가적인 정보가 부족하기 때문이다.[97]

이들 저작에서 우리는 세부적인 정보 면에서의 차이 및 더 큰 이야기와 가장 관계있는 내용의 연속성을 함께 발견한다. 복음서 기록들 사이의 차이는 대략 같은 시기에 나온 고대 전기에서 허용될 수 있는 차이의 범위 안에 충분히 포함되는 것으로 보인다. 그런 차이점들로 인해 독자들이 복음서에 있는 예수에 관한 본질적인 역사적 정보를 발견하는 일을 단념할 필요는 없다.

10.5e. 장르로 인한 차이

6장에서 지적한 바와 같이 고대 역사서에는 많은 전기적 요소가 담겨 있

히 그의 사료 속에 들어 있지 않았다는 것을 우리가 어떻게 아는가?

97 예를 들면 Eddy and Boyd, *Legend*, 424도 함께 보라. 2001년 4월 23일의 사건에 대한 나의 일기는 같은 시간에 대한 내 아내의 일기와 모순되는 것처럼 보였다. 그러나 아내의 2001년 4월 19일의 일기 속의 정보는 그 모순을 조화시켰다. 우리는 어떤 프랑스어 번역의 다른 형태가 내 아내의 일기와 1997년 6월 14일의 한 지엽적인 정보에 관한 아내의 (3년 후의) 구두 설명의 차이점을 설명해준다는 사실을 발견했다. 서로 다른 설명에는 다른 것들이 서로 명백히 모순되지 않고 생략한 추가적인 세부 정보(예를 들면, 2010년 2월 20일의 Emmanuel Moussounga와의 전화 인터뷰; 1999년 3월 13일부터 기록된 아내의 일기; Keener and Keener, *Impossible Love*, 236을 보라)도 포함되었다. 주의 깊게 살펴본 뒤에는 소수의 차이점만 남았다.

었지만,[98] 전기는 좀 더 구체적으로 한 사람에게 초점을 맞추고 인물 묘사를 더 강조하는 경향이 있었다.[99] 장르의 차이는 한 사료에 다른 사료에는 빠져 있는 요소들이 포함되는 이유를 설명해준다.

최상급 역사 기록에서는 보통 단지 연설의 요점에 대한 짧은 요약이나 역사가의 추론에 관한 진술만이 아니라 연사가 했을 만한 연설도 기대했다. 따라서 당연하게도 타키투스는 수에토니우스가 짧은 전기를 쓰면서 생략했던 사전에 준비된 연설을 포함시킨다.[100] 수에토니우스는 오토가 지시를 내린 사실을 알고 있을 때조차 독자들을 위해 그 지시를 구체적으로 제시하는 일에는 훨씬 관심이 덜하다.[101] 타키투스와 플루타르코스는 오토의 마지막 연설을 (이야기상의 일치에도 불구하고) 각기 다른 형태로 제시한다.[102] 가끔 연설이 확실하게 제시되었을 때조차 독자들을 위해 연설을 제시하는 일은 여전히 수에토니우스의 관심사가 아니라 타키투스의 관심사다.[103]

때때로 여기서 타키투스의 연설은 아마도 그가 가진 사료를 각색한

---

98 Fornara, *Nature*, 34-36, 116.

99 Fornara, *Nature*, 185을 보라. 그러나 성격적 특성에 대한 구체화는 예컨대 연극(예. 호메로스의 등장인물들에 대해 부연 설명하는 비극 작가들), 실습 연설(예. 크리세이스에 관한 Dio Chrysostom, *Orations* 61) 및 역사서(Pitcher, "Characterization"; Ash, Mossman, and Titchener, *Fame*)에서 폭넓게 나타난다.

100 예를 들면 Tacitus, *Histories* 1.15-16, 29-30을 보라. 그러나 플루타르코스(*Galba* 22.4-5; *Otho* 15.3-6)도 여기서 몇 편의 연설을 제시한다.

101 Suetonius, *Otho* 6.3 및 10.2을 Tacitus, *Histories* 1.37-38 및 2.47-48과 각각 대비하여 참고하라.

102 Talbert는 *Mediterranean Milieu*, 211에서 Plutarch, *Otho* 15과 Tacitus, *Histories* 2.47을 인용한다.

103 Tacitus, *Histories* 1.83-84을 보라. 그러나 전기 작가들은 대화를 만들어낼 수 있었다. Hägg, *Biography*, 3을 보라.

것일 것이다.[104] 그렇기는 하지만 타키투스의 저작들은 사적인 대화를 포함해서[105] 우리가 그 정확한 말들이 보존되었을 것으로 기대할 수 없는 많은 연설을 포함하고 있다.[106] 우리가 필사자들이 기록을 보존했을 것이라고 확신할 수 없는 사건들에서는 간접 화법도 나타난다.[107]

연설은 장르에 근거한 차이를 나타내는 유일한 영역이 아니다. 타키투스는 갈바에 대한 음모에 협력한 자들의 이름을 더 많이 명시하면서[108] 장르적 기대 면에서의 차이를 또다시 반영하는 듯하다. 타키투스(와 플루타르코스)는 장군들을 언급한다. 수에토니우스는 전쟁을 요약하고 장군들의 역할을 포함시킨 대목에서조차 장군들의 이름을 생략함으로써 단순화한다.[109] 플루타르코스도 (타키투스의 저작처럼) 좀 더 전문적인 여러 권으로 된 역사서보다는 더 단순한 한 권으로 된 오토에 관한 전기를 쓰면서, 수에토니우스보다 덜하기는 하지만, 몇몇 이름들을 생략하며 내용을 압축한다.[110]

이와는 대조적으로 전기에 덜 초점을 맞추는 타키투스는 오토의 생애 말년에서야 비로소 오토의 몇 가지 배경을 이야기한다. 이와 달리 역사

---

104 타키투스는 수에토니우스와 플루타르코스가 연설을 생략하거나(*Histories* 1.29-30) 단지 언급만 하는 대목에서(1.15-16과 Suetonius, *Galba* 18.3; Plutarch, *Galba* 23.2) 연설 내용을 자세히 서술하지만 때때로 연설에 대한 요약에서도 나타나는 내용을 포함시킨다 (*Histories* 1.83-84과 Plutarch, *Otho* 3.8; Tacitus, *Histories* 2.47-48과 Suetonius, *Otho* 10.2; Plutarch, *Otho* 15.3-17.2; 참조. Tacitus, *Histories* 1.37-38과 Suetonius, *Otho* 6.3).

105 Tacitus, *Annals* 4.7, 52, 54, 68-69; 12.65.

106 예. Tacitus, *Annals* 2.71-72, 76-77; 6.48; 11.7; 12.48; 13.21; 16.22.

107 예. Tacitus, *Annals* 12.2; 14.53-56; 15.51.

108 Tacitus, *Histories* 1.24-25.

109 예. Suetonius, *Otho* 9.1에서 오토에게 조언하는 이들.

110 예. Plutarch, *Galba* 27.4; Tacitus, *Histories* 1.43.

가 타키투스는 오토의 음모[111]와 군사작전[112]이 지닌 여러 측면을 훨씬 더 자세히 부연 설명한다.

때때로 수에토니우스는 그의 다른 황제 전기의 다른 곳에서 이런 인물들에 대해 더 다루기 때문에 「오토」에서는 다른 인물들에 관한 지엽적인 내용은 버릴 수도 있다.[113]

10.5f. 접점

저자들끼리 상반되는 몇 가지 항목과 한 저자가 침묵하는 여러 항목이 있지만(후자의 경우가 모두 내 목록에 포함된 건 아니다) 앞에서 열거한 접점들은 무작위적인 우연의 일치일 가능성으로 보기에는 너무 많다. 상상력을 바탕으로 한 소설적 구성과 기존 정보에 크게 의존하며 이야기를 구성하는 전기적 또는 역사적 구성 사이의 경계선은 어떤 학자들이 주장하는 것만큼 결코 그렇게 흐릿하지 않다. 그 경계선이 어떤 종류의 사료에서는 흐릿해 보이더라도 당시의 최근 인물들에 관한 로마 제국 초기의 전기에서는 전혀 흐릿하지 않다.

어떤 요소를 계산에 포함하는지가 바로 그 계산을 주관적인 것으로 만들지만, 대략 말하자면 수에토니우스의 짧은 전기에서 나는 타키투스의 글과 밀접하게 상응하는 31가지 항목과 상당히 상응하는 18가지 추가

---

111 예. Tacitus, *Histories* 1.24-26.

112 Tacitus, *Histories* 2.11-45.

113 따라서 타키투스는 수에토니우스가 「오토」에서 설명하는 것보다 갈바의 죽음을 훨씬 더 자세히 부연 설명하지만, 수에토니우스는 (비록 이 문제를 거기서도 간략하게 다루지만; *Galba* 19-20) 갈바에 대한 별도의 전기가 있었다. 타키투스는 비텔리우스의 반란을 상세히 설명하고 수에토니우스는 그 전기를 위해 남겨둔 이 사건을 「비텔리우스」와 「베스파시아누스」(*Histories* 2.1-7)에서 다룬다. 플루타르코스는 중복을 피하고 싶었기 때문에 오토에 관한 그의 정보는 대부분 「갈바」에서만 나타난다.

항목을 발견했다. 나는 수에토니우스와 플루타르코스 사이에 30가지의 밀접한 접점과 18가지의 추가적인 중요한 일치점을 발견했다. 이 외에도 나는 플루타르코스와 타키투스 사이에 28가지의 추가적인 긴밀한 일치점을 발견했다.

오토에 대한 수에토니우스의 전기는 단어 수의 총합이 2천 개 미만으로 대략 28개 단락에 불과한 짧은 전기라는 점을 명심하기 바란다. 이 전기의 길이는 마가복음 길이의 5분의 1 미만이므로, 우리가 마가복음에서 이와 비슷한 양의 정보를 제시하기 위해 추정한다면 아마도 마가복음에 외적 실재와 상당히 일치하는 항목이 250개가 있다고 생각해야 할 것이고, 이는 평균적으로 장당 약 15-16개의 중요한 일치점이 존재하는 셈이다. 더구나 이러한 추정은 외적으로 확인할 수 있는 수에토니우스의 「오토」에 나오는 항목들에만 의존하고 있다. 훨씬 더 많은 정보가 여전히 남아 있었고 일부 목격자들은 찾아가 물어볼 수도 있었던 수에토니우스의 시대에 이 숫자는 틀림없이 훨씬 더 컸을 것이다. (사료들은 심지어 언급되지 않을 때도—사료들은 복음서에서 언급되지 않으며 심지어 수에토니우스의 「오토」에서도 보통은 언급되지 않으므로—존재하는 경우가 많았다는 사실에 관해서는 앞의 7.9에 나오는 논의를 보라.)

이와 비슷한 길이의 소설, 심지어 몇 가지 일치점이 있을 수 있는 가장 역사적인 종류의 소설(특히 필로스트라토스의 「아폴로니오스」)에서도 이런 수준의 일치와 같은 것을 기대하기는 어려울 것이다. 따라서 그러한 전기와 소설의 장르적 차이는 분명히 드러나야 한다. 최소한 우리가 살펴본 세 가지 사료 중에 두 가지나 아마도 셋 다 각자의 바탕이 된 사료에 긴밀하게 묶여 있다. 그와 같은 관찰 결과에 놀랄 필요는 없다. 고대 역사가들과 전기 작가들은 때때로 그들의 사료를 언급한다.[114] 그들은 시간이 지나면서 대안적인 이야기들이 퍼지게 되었을 때는 특히 사료를 밝히는 경향이 있었다.[115] 몇 가지 표본적인 사료에 대한 우리의 비교가 보여주는 건 바로 이 사료들이 그 바탕이 된 사료에 얼마나 긴밀하게 얽매여 있을 수 있는가 하는 점이다. 이 점은 오토의 마지막 순간들과 관련해서 특히 분명히 드러난다. 복음서의 수난 이야기에서와 마찬가지로 주요 인물들의 최후는 자세한 논평을 요구하는 관심사였다.

10.5g. 사료 사용

따라서 수에토니우스는 보통 사료를 언급하지는 않더라도 사료를 따른다. 오토의 음모와 죽음에 관한 일부 내용은 어떤 공통된 사료(들)를 가정해야 할 만큼 매우 가깝게 일치한다. 만일 수에토니우스가 타키투스에 의존해서 그들의 저작이 독립적이지 않았더라도[116] 이러한 의존 관계는 여

---

114 역사가의 경우에는 예컨대 Dionysius of Halicarnassus, *Roman Antiquities* 1.1.1; 1.6.1; Josephus, *Jewish Antiquities* 1.94, 159; 왕상 14:19, 29; 15:7, 23, 31; 전기 작가의 경우에는 Arrian, *Alexander* 6.2.4; Plutarch, *Alexander* 30.7; 31.2-3; 38.4.

115 역사가의 경우에는 Dionysius of Halicarnassus, *Roman Antiquities* 1.87.4; 3.35.1-4; 8.79.1; Livy, *History* 9.44.6; 23.19.17; 25.17.1-6; Valerius Maximus, *Memorable Doings and Sayings* 5.7.ext.1; 6.8.3; Herodian, *History* 7.9.4, 9; Appian, *Roman History* 11.9.56; 12.1.1; 전기 작가의 경우에는 Cornelius Nepos, *On Great Generals* 7 (Alcibiades), 11.1; 9 (Conon), 5.4; Arrian, *Alexander* 1.pref.1-2; 4.9.2-3; 4.14.1-4; 5.3.1; 5.14.4; 7.14.2; 7.27.1-3; Plutarch, *Alexander* 31.3; 38.4; 46.1-2; *Demosthenes* 5.5; 29.4-30.4; *Themistocles* 25.1-2; 27.1; 32.3-4; Philostratus, *Lives of the Sophists* 2.4.570; 2.5.576.

116 그럴 가능성도 있지만(참조. Wallace-Hadrill, *Suetonius*, 2, 9) 그들은 단지 공통 사료에 의존했을지도 모른다(Power, "Suetonius' Tacitus," 205). 의존 관계는 어떤 경우에는 다른 경우보다 더 쉽게 입증된다. 예를 들면 어떤 이들은 아리아노스가 플루타르코스에게 의존했다고 주장하지만(Buszard, "Parallel"), 어떤 이들은 그런 주장에 이의를 제기한다. Hägg는 *Biography*, 240-41에서 (나는 네포스의 글에 나오는 지도자들에 관한 전기를 고려하면 타당하지 않다고 생각하지만) 각자의 저작을 매우 다르게 구성한 수에토니우스와 플루타르

전히 전기 작가 수에토니우스에 관한 우리의 주된 요점, 즉 그는 순전히 자유로운 집필에 몰두했다기보다는 사료들을 발전시켰다는 점을 잘 보여 줄 것이다. (연대기적 순서를 고려하면 타키투스가 수에토니우스에게 의존했을 가능성은 작아진다. 그러나 타키투스가 수에토니우스에게 의존했다면 이 역사가는 수에토니우스의 전기를 타당한 사료로 받아들였을 것이다.)[117] 또한 그러한 의존 관계는 우리에게 이 사료가 그에게 사용 가능한 유일한 사료였다고 가정하도록 강요하지 않을 것이다. 그렇기는 하지만 이 저자들은 특정한 대목에서만은 순서에 있어서조차 너무나 가깝게 일치하는데, 이는 수에토니우스가 여기서 타키투스에게 의존했을 뿐만 아니라 타키투스가 사용한 사료(들)에도 의존했음을 암시할지 모른다.[118]

그들이 때때로 공유한 한 가지 사료는 지금은 남아 있지 않은 파비우스 루스티쿠스의 저작일지도 모른다.[119] 많은 다른 학자들은 대(大)플리니우스의 유실된 저작을 선호한다.[120] 그들의 사료(들)가 무엇이었든 그들이 그 사료들에 의존했다는 점은, (마가와 같이) 사건이 있은 지 한 세대 이내에 글을 쓴 이들도, 해당 사건이 일어난 기간에 살았고 그 사건의 몇몇 참

코스는 황제 전기를 독립적으로 창작했을지도 모른다고 주장한다.

117 타키투스는 고대 전기에 대한 동시대의 기대를 우리보다 훨씬 잘 알고 있었을 것이므로, 그의 판단도 마찬가지로 고대 전기의 역사적 구조에 대한 우리의 요점을 뒷받침해줄 것이다 (참조. Keener, *Historical Jesus*, 96-105). 이와 유사하게 우리보다 마가복음에 대해 훨씬 더 많은 것을 알고 있었던 마태와 누가는 마가복음을 그들의 전기에 관한 믿을 만한 자료로 간주했다.

118 권영주는 최근 논문에서 공통 사료설을 지지하는 다음 참고문헌들을 인용한다. Syme, *Tacitus*, 674-76; Fuhrmann, "Vierkaiserjahr," 264-69; Sage, "Works," 893-94; Damon, *Tacitus: Histories*, 291-302; Williams, "Embassies," 213. 많은 복음서 학자들이 그와 비슷하게 마태와 누가가 모두 상대방의 완전한 저작(특히 유아기 이야기와 유다의 죽음)을 알지 못했음을 암시하는 둘 사이의 차이점들을 근거로 Q 자료의 존재를 추론한다.

119 참조. Tacitus, *Annals* 13.20.2; 14.2; 15.61; 참조. Martin, "Tacitus," 1470.

120 권영주는 Georgiadou, "Lives," 254-55을 인용한다.

여자를 알고 있는 이들이 쓴 훨씬 이전의 사료에 충분히 의존할 수 있었음을 보여준다.[121]

타키투스는 다른 곳에서 "그 시대의 역사가들"[122]을 그의 시대로부터 한 세기 전의 사건들에 관한 사료로 인용한다.[123] 타키투스는 이전의 여러 역사가에 대해 알고 있고 때로는 그들 자신이 역사의 주체가 될 때만 그들을 언급하며,[124] 종종 언급한 이전 시대의 "다수" 역사가들의 의견과 그러한 일치된 의견에 반대하는 이들을 함께 언급한다.[125] 타키투스는 보통 연대기와 이전 역사서들을 따르지만, 반세기 전의 개인 회고록도 참고했다.[126]

전기 작가들도 마찬가지로 그들의 사료 중 일부를 밝힌다. 플루타르코스는 목격자들의 의견을 물었는데 목격자 중에는 플루타르코스와 함께 현장을 여행하는 동안 자신이 본 것을 그에게 설명해준 장교도 있었다.[127] 수에토니우스는 자신의 저작을 위해 약간의 지역 조사도 한 것으로 보이

---

121 예를 들면 Josephus, *Jewish Antiquities* 20.154에 이미 언급된 네로에 관한 동시대의 여러 역사서를 보라. 하지만 요세푸스는 자신이 동의하지 않는 관점을 가진 이들의 글은 좋아하지 않았다. 요세푸스는 아마도 네로가 죽은 지 27년 뒤에 「유대 고대사」를 펴냈을 것이다.

122 Tacitus, *Annals* 5.9.

123 역사가들은 독자들에게 좀 더 일반적으로 "다른 역사가들"을 참고하게 할 수도 있었다 (Velleius Paterculus, *History* 2.48.5); 참조. 눅 1:1. 이전에 폴리비오스는 이전 역사가들을 참고하지 않은 역사가들을 쉽게 비판했지만(*Histories* 12.25d.1) 훗날 디오 카시우스는 자신은 사실 거의 모든 것을 읽었으나 그 모든 것을 책에 포함시키는 것은 적합하지 않다고 판단했다고 설명함으로써 일부 자료의 누락을 변호해야 했다(*Roman History* 1.1.1-2).

124 예. Tacitus, *Annals* 4.34; 아직 남아 있는 그의 책들, 4.35.

125 예. Tacitus, *Annals* 4.57. 타키투스는 다수와 가장 신뢰할 만한 역사가들의 견해를 설명하되 그다음에는 또 다른 견해를 언급하며(4.10) 계속해서 그 다른 견해가 자신의 관점과 관련해서 유용한데도 불구하고 이를 논리적으로 반박한다(4.11).

126 Tacitus, *Annals* 4.53.

127 Plutarch, *Otho* 14.1-2. 플루타르코스(*Otho* 18.1)는 브릭셀룸에 있는 오토의 무덤도 방문했다.

며[128] 때로는 자신의 요점을 뒷받침하는 다양한 이전 사료들을 언급함으로써 그 요점을 입증할 수 있었다.[129] 수에토니우스의 사료에는 좀 더 일반적으로 그가 공식 기록 보관소와 도서관과 사설 기록 보관소에서 가져간 기록들도 포함된다(6장을 보라).

최근 역사에 관한 이 전기에서 수에토니우스의 사료 중 하나는 분명하다. 그의 아버지 수에토니우스 라이투스는 오토 밑에서 섬기던 호민관이었고 오토의 성격과 행동에 관한 정보를 그와 공유했다.[130] 주요 공적 사건의 관점에서 보면 한 세대는 결국 그리 오랜 시간이 아니다. 한 세대는 여전히 당연히 참고의 대상이 될 증인들과 참여자들의 생생한 기억 속에 머물러 있기 때문이다.

저자들이 사료를 사용했다고 해서 사료가 항상 정확하다는 점이 입증되는 것은 아니다. 목격자들조차 편견이 있고 수에토니우스가 묘사하는 배경 속에는 분명 쑥덕공론과 추측이 난무했다.[131] 그렇기는 하지만 한 세대나 두 세대 안에 글을 쓴 전기 작가들은 흔히 의존할 수 있는 상당한 역사적 정보를 가지고 있었던 것으로 보인다.

---

128 Suetonius, *Vespasian* 1.4.

129 Suetonius, *Julius* 9.3.

130 Suetonius, *Otho* 10.1. 그를 당대의 저명한 장군인 수에토니우스 파울리누스와 혼동해선 안된다.

131 고대인들 스스로 예컨대 음모에 대한 소문(Tacitus, *Annals* 14.58), 게르마니아에서의 재앙적인 손실에 대한 소문(Tacitus, *Histories* 4.12), 대규모 추방에 대한 소문(Tacitus, *Annals* 4.46), 적들의 숫자를 과장하는 소문(4.23), 어떤 지도자의 죽음(4.34)이나 생존에 대한 거짓된 소문(Josephus, *Jewish Antiquities* 19.134; Tacitus, *Annals* 2.82–83)이나 적들이 달아났다는 거짓 소문(*Histories* 2.42), 또는 심지어 의도적으로 거짓된 소문(가짜 정보; *Histories* 4.38, 54; *Annals* 4.24) 등 소문의 속도와 효율성에 주목했다(예. Nicolaus, *Augustus* 16, 20, 30, *FGrH* 130). 상반되는 보고들도 이런 식으로 출현했다(예. *Histories* 1.51). 물론 소문도 언제나 틀린 건 아니었다(Tacitus, *Agricola* 9).

복음서들의 관계에 관한 가장 일반적인 재구성에 따르면 마태와 누가는 그들의 자료에 크게 의존했고 마가복음을 허구적인 저작이 아니라 신뢰할 만한 정보를 얻을 수 있는 유효한 전기적 자료로 취급한다. 마태와 누가는 마가의 신원과 자격이 알려져 있었을 시절에 글을 썼다. 복음서들이 출간된 실제 순서가 어떻게 되든 복음서 저자들은 자료에 기반한 전기 작가처럼 글을 쓴다. 따라서 그들은 자신들이 정보에 의존하고 있다고 독자들이 가정하기를 기대한다.

몇몇 신약 학자들은 아무도 복음서와 다른 고대 전기들 간의 관련성을 생각하지 못하도록 복음서의 흠을 잡는다. 예를 들면 그들은 어떤 복음서는 "너는 내 아들이라"고 말하는 하늘의 음성을 기록하고 또 다른 복음서는 "이는 내 아들이라"고 말하는 음성을 기록한다며 비판한다.[132] 그러한 사소한 차이는 복음서뿐만 아니라 고대 전기와 역사 기록에도 전반적으로 만연해 있다. 최소한 이 정도의 유연성을 발휘하는 고대 사료들의 본질적인 정확성을 일축한다면 우리에게는 고대의 신뢰할 만한 사료가 아무것도 남아 있지 않을 것이다. 기억에 관한 장에서 분명히 밝혀지겠지만, 그와 같은 엄격한 기준은 고대 저작들을, 현대의 기록 이전에는 가능하거나 예상되지 않았으며 심지어 오늘날에도 일상적인 대화에서는 좀처럼 예상되지 않는 기준에 따라 판단하는 것이다.

10.5h. 오토와 관련된 자료에 대한 결론

수에토니우스의 글에서 각색의 정도는 논쟁의 여지가 있지만, 원자료에 대한 그의 의존은 논쟁의 여지가 없다. 28개 단락으로 구성된 듯한 한 저

---

132   Ehrman, *Before Gospels*, 212-13; Ehrman, *Interrupted*, 39-40.

작에서 우리는 그것과 다른 두 저작(하나는 역사서, 다른 하나는 전기)을 비교했고 각기 거의 50개의 일치점을 발견했다. 수에토니우스의 전기에 대한 관점은 자유로운 작문이 아니라 사전 정보에 대한 의존과 관련이 있었다. 이 전기 작가는 우리가 그를 검증할 수 있는 대목에서 대체로 새로운 이야기를 만들어내기보다는 역사적 정보를 편집하고 각색했다. 목격자 자료와의 시간적 근접성을 고려하면, 사건들(언제나 참여자의 동기가 아니라면)에 관한 수에토니우스의 다량의 정보는 아마도 정확할 것이다.

수에토니우스의 전기가 지닌 이런 특징들은 또한 마태와 누가가 사전 정보에 명백히 의존하고 있다는 복음서에 기반한 우리의 기대를 뒷받침한다. 공관복음 자료에 대한 이러한 배열이나 기타 어떤 구성에 따르더라도 공관복음서는 이전의 기록을 분명히 사용하고 있다. 다수설에 따르면 마태와 누가는 아마도 마가복음을 그들의 전기적 기획을 위해 사용했을 것이다. 그들은 마가도 마찬가지로 이전의 발표된 사료(참조. 아마도 눅 1:1)를 통해서든 (파피아스가 주장하는 대로; 참조. 눅 1:2) 목격자에게서 나온 구두 정보를 통해서든 정확한 정보를 전달한다고 믿었기 때문이다. 허구적인 이야기들은 일반적으로 사전 정보에 관심이 없었고 최근의 역사적 인물에 관해 기록하지도 않았다.

마가는 그의 전기를 예수로부터 한 세대 안에(사실 수에토니우스의 오토와 관련한 시간적 거리보다 예수의 시대와 더 가까운 때에) 썼으므로 우리는 그들 각각의 독자들의 부류에 대한 마가의(또는 수에토니우스의) 문학적 각색이 무엇이든 마가도 기존 정보에 상당히 의존했을 것으로 기대할 수 있을 것이다. 마가의 접근 방식이 수에토니우스의 접근 방식과 비슷한 것이라면 마가는 아마도 그의 저작의 모든 소단락에서 이전의 정보를 진술했을 것이다. 어쨌든 어쩌면 마가복음으로부터 두 세대 안에 전기를 썼을 마태와 누가는 마가를 신뢰할 만한 출처로 간주했고 우리보다 마가의 저작을 둘러싼 상황을 아는 데 있어 훨씬 더 나은 위치에 있었다.

10.6. 다른 그리스와 로마 전기들과의 비교

나는 이 장에서 오토에 관한 몇 가지 유사한 서술들만 길게 그대로 옮겼지만, 그 결과는 같은 시기의 또 다른 황제인 갈바에 대한 전기에 대해서도 상당히 유사할 것이다.[133] 벤슨 고(Benson Goh)는 수에토니우스의 대략 35개의 단락(약 3천 단어)을 플루타르코스의 대략 39개의 더 긴 단락(약 6천 5백 단어)과 비교한 뒤 이야기에 크게 영향을 주거나 전기 작가의 의도적인 날조를 암시하지 않는 몇몇 세부적인 내용상의 차이를 발견했다.[134]

그는 또한 "약 98개의 접점"을 발견했는데, "그 가운데 63개는 거의 똑같은 표현을 사용함으로써 서로 매우 긴밀한 유사성을 지니고 있다."[135] 마찬가지로 그는 "수에토니우스와 타키투스 사이에" 대략 "76개의 접점이 있고 그 가운데 53개(대략 70%)는 매우 유사하며, 플루타르코스와 타키투스 사이에는 131개의 접점이 있고 그 가운데 80개(대략 61%)는 중요한 것"임을 발견했다.[136] 분명히 수에토니우스는 사료 속에 존재하는 사건들을 기록하고 있고 사건들을 날조하거나 날조를 전기 작가인 자신의 적

---

133 Goh, "Galba," 특히 175-89의 표.
134 Goh, "Galba," 197-99. Nathan Brasfield는 2011년에 나와 함께 수행한 연구에서 이보다 약간만 적은 수의 차이를 발견했다.
135 Goh는 "Galba," 190에서 수에토니우스의 글에 단락마다 2개 반에서 3개의 접점이 있다고 추정한다.
136 Goh, "Galba," 190.

절한 역할로 보지 않는다.[137] 학자들 대다수는 타키투스를 그 시대에 관한 꽤 신뢰할 만한 역사가로 본다. 따라서 우리는 수에토니우스와 플루타르코스의 전기적 저작을 비슷하게 보아야 한다.[138] 마찬가지로, 수에토니우스와 요세푸스도 사료는 다를 수 있으나, 칼리굴라의 죽음 이전의 몇 가지 징조를 묘사할 때는 서로 중첩된다. 두 기록 사이의 명백하고 중요한 차이점은 각 저자의 저작에 대한 완전한 무시가 아닌 연구를 요구한다.[139]

다른 많은 잠재적인 시험적 사례들은 명백하다. 우리는 전기에서 허용 가능한 편차의 범위에 대해서도 다른 전기 작가들이 같은 인물을 어떻게 다루었는지, 예를 들면 네포스와 플루타르코스가 아게실라오스를 묘사할 때 이전의 목격자인 저자 크세노폰과 어떻게 다른지를 비교함으로써 배울 수 있을 것이다.[140] 후대의 두 서사 모두 크세노폰이 포함시킨 내용을 종종 생략하지만,[141] 언급된 사람들[142]과 장소들[143]은 상당히 겹치며 특히 크세노폰과 플루타르코스 사이에서 더욱 그렇다. 일치하지 않는 대목들도 비록 대부분은 꽤 쉽게 설명되긴 하지만 나타난다. 그런 대목들은 "다른 사료나 후대의 저자 중 한 사람에 의한 사소한 독창적 변형"[144]에서 비롯되었을 것이다.

---

137 Goh, "Galba," 190-92.

138 Goh, "Galba," 190.

139 나의 박사과정 학생 Kevin Burr로 인해 관심을 두게 된 글인 Woods, "Robe"를 참고하라.

140 Woldemariam, "Comparison"을 보라. 참조. Ytterbrink, *Gospel*, 93.

141 Woldemariam, "Comparison," 224. 플루타르코스는 추가적인 정보도 포함시켰지만, 그가 언급한 사료들에는 (약간 후대의 사료뿐만 아니라) 동시대의 다른 몇몇 사료도 포함되어 있다. 219쪽을 보라.

142 Woldemariam, "Comparison," 222-23의 도표를 보라.

143 Woldemariam, "Comparison," 225-26의 도표를 보라.

144 Woldemariam, "Comparison," 227-29(인용구는 229쪽); 참조. 224쪽.

마찬가지로, 네포스의 전기 중 하나는 헤로도토스와 투키디데스의 상응하는 자료를 자세히 따르면서 다수의 세부적인 내용을 생략하되 네포스가 포함시킨 요소들은 최소한만 바꾸어 놓았다(나는 32쪽에 이르는 비교 도표에서 이런 결론을 얻었다).[145] 문체와 세부적인 내용을 제외하면 네포스의 전기는 이런 사료들과 각기 단 세 차례만 크게 어긋나며 어떤 경우에는 장기적인 관점이나 기억 때문에 어긋나는 경우가 생겼지만,[146] 그는 이 사료들을 반복적으로 따르고 있다.[147]

10.7. 디아스포라 유대인 저작 비교

또 다른 사례는 필론이 1세기에 구약을 전기적으로 각색한 저작이다. 그는 때때로 무턱대고 비유적 의미로 해석하지만, 그의 「모세 전기」는 그리스-로마 전기에 대한 기대에 좀 더 가깝다. 필론은 모세를 현자에 대한 철학적 이상과 일치시키며 몇몇 시점에서는 그렇게 할 목적으로 성경의 묘사를 무시한다.[148] 그렇기는 하지만 필론은 부연 설명을 제시하고 수사적

---

145 Christian, "Themistocles," 특히 139쪽과 106-38쪽의 도표.

146 Nepos, *On Great Generals* 2(Themistocles), 2.5; 3.2; 5.2; 7.2; 8.3, 4에 관한 글인 Christian, "Themistocles," 139-40.

147 다시 Christian의 도표("Themistocles," 106-38)를 주목해 보라.

148 Petit, "Traversée exemplaire"(필론의 *Hypothetica*와 관련해서 아르타파누스, 요세푸스, 비극 작가 에제키엘의 비슷한 관행을 비교하는 글); Van Veldhuizen, "Moses"(스토아 학파의 "아파테이아"를 강조함). 총사령관으로서의 모세에 대한 필론의 묘사도 함께 참고하라 (Canevet, "Remarques").

으로 자료를 재배열하면서도[149] 보통 성경의 이야기를 충실하게 따른다.[150] 그의 모든 일화는 모세 오경에 의존하고 있다.[151] 따라서 우리는 필론이 성경에서나 전승에서도 발견하지 못한 사건 전체를 상상으로 지어냈을 것으로 기대해선 안 된다. 이와 대조적으로 필론은 독자들이 고대 역사 기록에서 예상할 만한 대로 몇몇 연설을 확대하고 지어낸다.[152]

공관복음서의 비교는 최소한 우리가 (가끔 자료를 글자 그대로 사용하는 경우를 포함하여) 마가복음에 대한 마태와 누가의 각색을 검증할 수 있는 대목에서는 그들이 일반적으로 자료를 필론이 성경에 나오는 모세의 일생을 다루는 것보다 좀 더 보수적으로(즉 필론보다는 수에토니우스와 더 비슷하게) 다룬다는 점을 시사한다. 이러한 보수주의는 그들의 덜 엘리트적인 독자들의 덜 수사적인 기대를 반영하는 것일 수도 있다. 그렇기는 하지만 복음서 저자들과 필론은 모두 비슷한 제약 조건과 자유를 반영하고 있다. 즉 그들은 이야기의 본질은 유지하면서 그것을 문맥적으로 타당한 형식으로 유연하게 재구성한다. 물론 마태와 누가가 말씀과 짧은 강론을 연설로 재배열한 것은 다른 경우와 비교해 보면 적당해 보인다. 필론이 요세푸스의 헬라파 유대인적 역사 기록처럼[153] 가끔 연설 전체를 덧붙이는 것은[154] 우

---

149 McGing, "Adaptation," 128.
150 McGing, "Adaptation," 121-23, 128; 특히 Feldman, *Portrayal*의 견해를 따르는 Hidalgo, "Study," 특히. 278-86. Hidalgo는 자신이 Feldman의 자세한 연구를 이용했음을 인정하지만, 그들의 의견 일치는 중요하다. Hidalgo는 *Life of Moses* 1의 자료를 처음으로 귀납적으로 도표로 작성했기 때문이다.
151 Hidalgo, "Study," 300.
152 Hidalgo, "Study," 294-300.
153 요세푸스와 연설들에 관해서는 Keener, *Acts*, 1:301-4의 자료들을 보라. 유대의 몇몇 하가다 문헌에서도 해석적인 연설을 덧붙였다(참조. Endres, *Interpretation*, 198-99).
154 Hidalgo, "Study," 291-300, 특히 297-300쪽의 추가된 네 가지 강론.

리가 공관복음 전승에서 명백히 입증할 수 있는 수준을 능가하지만, 어떤 이들은 이를 요한복음의 강론들에 필적한다고 생각할 수도 있다.[155]

「마카베오하」는 전기가 아니지만, 이전 자료에 관한 이 책의 각색은 필론의 시대보다 오래전에 디아스포라 유대인들이 헬레니즘 시대 역사 기록의 관습을 이용했음을 보여준다. 이 책은 퀴레네의 야손이 쓴 다섯 권으로 된 저작을 압축했으나, 이 책과 문헌상 독립적인 책으로 보이는 「마카베오상」과 비교해 보면 이 두 이야기의 범위가 중첩되는 수많은 일치점이 보인다.[156] 일반적인 구성상의 장치들과 사소한 세부 내용의 차이 외에도[157] 예를 들어 병력 추정치 등에서 몇 가지 모순이 나타난다.[158] 그렇기는 하지만 그러한 차이가 이 두 문헌이 소개하는 사건들의 핵심적인 특징을 훼손하지는 않는다.[159]

10.7a. 요세푸스 대 70인역

때때로 우리는 요세푸스의 사료를 검증할 수단이 부족하지만[160] 어떤 때는 그런 수단을 사용할 수 있는 기회가 있다. 우리는 요세푸스의 「유대 고대사」에서 70인역을 사용하는 경우 그를 가장 분명하게 검증할 수 있다.

---

155 참조. Bauckham, "Historiographical Characteristics." 요한복음의 강론에 대해서는 역시 유용한 Parsenios, "Rhetoric"을 참고하라.

156 Reynolds, "Difference," 304-8.

157 Reynolds, "Difference," 309-13을 보라.

158 Reynolds는 "Difference," 315에서 「마카베오하」에는 여기서 더 작고 더 개연성이 큰 수치가 나온다고 지적한다.

159 Reynolds, "Difference," 315.

160 예를 들면 칼리굴라의 살해에 대한 그의 설명은 수에토니우스의 매우 다른 설명과 공유하는 공통된 사료가 없는 것처럼 보인다(Scherberich, "Sueton und Josephus"). Woods, "Robe"에 나오는 그러한 암살에 선행한 징조들의 유사점과 차이점을 주목해 보라.

요세푸스의 「유대 고대사」를 그의 70인역에 나오는 자료와 비교해 보면 그의 수사적 각색의 정도가 드러난다. 요세푸스는 보통 성경의 줄거리를 유지하면서도 가끔 그것을 이후의 전승으로 보충하고 종종 변증론적인 목적으로 재구성한다. 3장의 논의도 함께 보라.

아무것도 덧붙이지 않았다는 요세푸스의 주장은 단순히 관습적인 주장일 수도 있다.[161] 요세푸스는 몇 가지 특징을, 비록 개인적으로는 이를 최소한의 특징으로 간주하더라도, 분명히 덧붙인다. 그는 또한 헬라화된 독자들을 위해 사료를 다양한 방식으로 해석한다.[162] 그는 모세 율법에 아무것도 더하지 않겠다고 약속한 뒤[163] 율법 속에서 이교도의 신전에서 훔치는 행위에 대한 구체적인 금지 명령, 도시당 재판관 7명이라는 조건, 여자의 증언을 받아들이는 행위에 대한 금지 명령을 어떻게든 찾아낸다.[164] 요세푸스는 자신의 "번역" 과제를 독자를 위한 해석과 각색을 포함한 일로 간주한 것으로 보인다. 플라톤과 키케로와 그 밖의 인물들도 "번역"의 과제를 그와 비슷하게 이해했다.[165]

요세푸스는 몇 가지 문헌적 자료를 따르되 명백하게 수정한다.[166] 그가 언제나 옳은 건 아니지만, 그는 일반적으로 자료를 의도적으로 잘못 표

---

161 Feldman은 "Abraham," 133에서 Dionysius of Halicarnassus, *Thucydides* 5, 8; Lucian, *How to Write History* 47을 인용한다.

162 모든 변화가 로마를 기쁘게 하려는 욕구에서 비롯된 것은 분명 아니다. 다른 곳에서의 회심에 대한 많은 기록을 고려하면 요세푸스가 로마의 반(反)개종주의적 관점으로 인해 니느웨의 회개에 대한 언급을 회피했을 가능성은 희박하며(Feldman, "Jonah") 요나 이야기와 아르고호 항해기 사이에 몇 가지 유사점이 도출될 가능성은 더 희박하다(Hamel, "Argo").

163 Josephus, *Jewish Antiquities* 4.196; 참조. 1.17.

164 Josephus, *Jewish Antiquities* 4.207, 214, 219.

165 Inowlocki, "Adding."

166 Pucci Ben Zeev, "Reliability"를 보라.

현하는 것처럼 보이지도 않는다.[167] 다른 몇몇 유대인 저술가들과 마찬가지로[168] 요세푸스는 극적으로 표현하고, 연설을 덧붙이며,[169] 역효과를 내는 것으로 보이는 내용을 생략하고, 자기만의 변증적인 관점을 삽입한다.[170] 때때로 요세푸스는 다른 성경 구절들을 바탕으로 성경의 기사들을 명백히 "교정"하거나 조절한다.[171] 요세푸스와 아르타파누스의 글에 나오는 모세에 대한 묘사에는 헬레니즘의 관습과 일치시키기 위한 상상적인 특징들도 포함되어 있다.[172]

이러한 관행이 어디서나 그의 방법을 대변하지는 않을 수도 있다. 그는 역사 기록 면에서 좀 더 세련된 이전의 「유대 전쟁사」에서보다 그의 대표작인 「유대 고대사」에서 더 수사적인 세련미를 위해 노력했을지도 모른다.[173] 「유대 고대사」에서조차 요세푸스는 이후의 책들(6-20권)보다 처음 다섯 권의 책에서 더 많은 자유를 발휘하고 더 많이 양식화된 표현을 사용했을 것이다.[174] 현재의 논의와 더 많은 관련이 있는 사실은 「유대 고

---

167 Pucci Ben Zeev, "Ambiguities."
168 때때로 LAB는 기록을 극적으로 개작하지만(예. Begg, "Ceremonies") 보통은 사건들에 대해 성경 본문에 의존한다. Feldman은 "Antiquities," 76에서 서사의 스타일에 있어서 LAB가 요세푸스보다 누가복음-사도행전에 더 가깝다고 주장한다.
169 예를 들면 Josephus, *Jewish Antiquities* 1.46; 4.25-34, 134-38; 참조. Cohen, "What Happened?"; 「마카베오상」에 나오는 연설들에 대한 요세푸스의 각색을 보라(Gafni, "Josephus and Maccabees," 특히 126-27).
170 예를 들면 Penner, *Praise*, 113을 보라.
171 Höffken, "Reichsteilung"을 보라.
172 Silver, "Moses and Birds"(Josephus, *Jewish Antiquities* 2.243-53; Eusebius의 *Preparation for the Gospel* 9.27에 나오는 아르타파누스에 관한 글).
173 예를 들면 Attridge, *Interpretation*, 44-50과 그의 견해를 따르는 Newell, "Forms," 285을 참고하라. 「유대 전쟁사」에서도 요세푸스는 로마의 상류 계층을 위해 글을 썼을 것이고, 그들은 1권에서 그리스의 비극적 암시를 인식했을지도 모른다(Forte, "Echoes Revisited"도 마찬가지 견해를 밝힌다).
174 Cohen, "Josephus and Scripture."

대사」에서조차 요세푸스는 사건들을 만들어내는 것이 아니라 사료 속의 사건들을 각색하는 경향이 있다는 점이다.[175] 요세푸스는 세부적인 내용과 관점을 덧붙이면서 비록—아마도 아피온의 자료와 같은 반유대주의적인 논쟁에 주목하면서—모세와 황금 송아지의 일화는 생략했으나,[176] 다윗이 밧세바와 저지른 죄[177]와 우리야를 살해한 사건[178]에 관한 이야기들까지 보존하고 있다.

요세푸스가 성경의 기록에 (모세가 이집트 왕자로서 세운 공적과 같은) 성경 밖의 사건들을 추가할 때조차[179] 우리가 가진 사료들은 때때로 그가 자신의 상상력으로 집필하는 것이라기보다는 좀 더 이전의 성경 외 전승을 따르고 있음을 확인시켜준다.[180] 따라서 예를 들어 요세푸스가 묘사한 모세는 아르타파누스의 글에서와 마찬가지로 에티오피아(누비아)를 평화롭게 이기지만,[181] 요세푸스는 변증적인 목적을 위해 자료를 수정했을지도

---

175 Downing, "Redaction Criticism 2", 33을 보라. 종종 이교도 전기 작가들의 각색을 닮은, 그의 여러 기록에 대한 표본 분석을 보려면 참고문헌 목록에서 이 주제에 관한 L. Feldman과 C. Begg의 여러 저작을 보라.

176 Josephus, *Jewish Antiquities* 3.95-99.

177 Josephus, *Jewish Antiquities* 7.130-31.

178 Josephus, *Jewish Antiquities* 7.131-46.

179 예. Petitfils, "Tale," 160-62(하지만 그는 161 n. 31에서 아마도 이전에 등장했을 줄거리를 언급한다).

180 누비아에서 모세가 거둔 평화로운 승리를 주목해 보라. Artapanus, *Concerning the Jews* frag. 3(Eusebius, *Preparation for the Gospel* 9.27.10); Josephus, *Jewish Antiquities* 2.238-57과 비교해 보라. 여기서 요세푸스의 역사 기록상의 관습과 변증론적 각색에 대해서는 Rajak, "Moses in Ethiopia"; Runnalls, "Ethiopian Campaign"을 보라.

181 Josephus, *Jewish Antiquities* 2.238-57, 특히 252-53; Artapanus, *Concerning the Jews* frag. 3(Eusebius, *Preparation for the Gospel* 9.27.10). 알렉산드로스의 외교에 대해서도 비슷한 이야기들이 진술된다(Ps.-Callisthenes, *Alexander Romance* 1.23). 그 이야기는 헬레니즘 시대의 역사 기록에 관한 관례를 따른다. Rajak, "Moses in Ethiopia"를 보라(그는 요세푸스의 사료와 아르타파누스가 공통된 사료를 공유했다고 생각한다).

모른다.[182] 요세푸스는 파라오의 딸을 테르무티스라고 부르는데, 이는 아르타파누스가 그녀를 부르는 이름과 다르다.[183] 그러나 그것은 그녀를 타르무트라고 부르는 기원전 2세기의 유대 사료와 상응한다.[184]

또한 요세푸스는 성경의 사건뿐만 아니라 다마스쿠스의 니콜라우스의 저작[185]과 같은 성경 시대 이후의 사건들[186]에 관한 사료도 분명히 의존하지만, 스스로 니콜라우스의 편견으로 간주하는 내용은 비판한다.[187] 요세푸스는 유대-로마 전쟁에 관한 얼마간의 정확한 정보를 얻기 위해 로마의 군사 기록을 사용했을지도 모른다.[188]

수많은 연구가 성경의 기사들에 대한 요세푸스의 각색을 추적해 왔고 각색의 정도는 이야기마다 다양하지만, 기본적인 성경의 기록에 대한 그의 전반적인 충실함으로 인해 균형 잡힌 상태로 남아 있다.[189] 일반적으

---

182 Josephus, *Jewish Antiquities* 2.238-57; Runnalls, "Ethiopian Campaign"(그는 요세푸스가 아르타파누스의 기록에 미묘하게 이의를 제기했다고 생각한다)을 보라.

183 Josephus, *Jewish Antiquities* 2.224-36; Artapanus, *Concerning the Jews* frag. 3.

184 Jub. 47:5. 훨씬 훗날 랍비들은 그녀를 비티아라고 불렀다(Pesiq. Rab Kah. 7:6/9; Pesiq. Rab. 17:5; Exod. Rab. 18:3).

185 예를 들면 Josephus, *Jewish Antiquities* 12.127. 아마도 요세푸스는 안티오코스 4세부터 헤롯 1세까지의 중요한 사료로 니콜라우스에 의존했을 것이다(Stern, *Authors*, 1:229).

186 Bellemore는 "Josephus, Pompey, and the Jews"에서 요세푸스가 「유대 전쟁사」에서보다 훗날의 「유대 고대사」에서 로마 사료에 더 많이 의존하고 유대 사료는 더 적게 의존했다고 주장한다. 그는 *Antiquities* 18.314-70에서 진짜로 이란 지역에서 온 자료(원래 정확하든 그렇지 않든)를 사용했을지도 모른다(참조. Herman, "Motifs").

187 Josephus, *Jewish Antiquities* 14.9; 16.183-84. 또한 요세푸스는 니콜라우스의 그리스-시리아적인 관점과 다른 유대인의 관점에서 글을 쓴다(Wacholder, "Nicolaus"). 요세푸스는 「유대 전쟁사」에서보다 「유대 고대사」에서 헤롯에게 덜 우호적으로 들리게 말한다.

188 Broshi, "Credibility"; 특히 381쪽에서 Josephus, *Life* 348, 352; *Against Apion* 56을 보라.

189 특히 Cohen, *Josephus*를 보라. 요세푸스의 각색의 구체적인 예를 보려면 예컨대 다음 글들을 보라. Begg, "Jotham"; "Fall"; "Putsch"; "Jehoahaz"(등장인물을 개선함); Feldman, "Elijah"(참고문헌 목록에 있는 Feldman의 다른 글들을 보라); Gafni, "Josephus and Maccabees," 126-27.

로 연설을 제외하면 요세푸스는 "상상을 통해서나 미드라시 식의 해설을 통해 일이나 사건을 지어내지 않으며",[190] 사건들을 자유롭게 지어낼 여지는 혹 있더라도 거의 없다.[191] 그는 어떤 소재를 포함하고 재배열하고 표현을 다듬을지를 자유롭게 선택하지만 그럼에도 소재를 지어내지는 않는다.[192] 다른 이들이 지적한 바와 같이, 마태와 누가는 그들의 자료에서 예수의 신성한 말씀을 다른 말로 바꾸어 표현하되, 요세푸스가 성경을 다른 말로 바꾸어 표현하는 것보다 더 보수적으로 그렇게 한다.[193]

10.7b. 요세푸스 대 요세푸스

요세푸스를 70인역과 비교하는 것은 요세푸스가 그의 자료들, 심지어 그가 신성하다고 여긴 자료들을 마음대로 수정한 자유의 범위를 남추하는 데 있어서 유익하다. 그러나 요세푸스의 경우에 우리는—요세푸스의 자전적인 「생애」를 「유대 전쟁사」와 「유대 고대사」의 일부에 나오는 비슷한 사건들과 비교하며—요세푸스를 그 자신과도 비교할 수 있다.[194] 그렇지만 서로 어긋나는 사료들 때문이든,[195] 부주의한 집필 때문이든, 긴장을 어느 정도 해소해줄 정보를 설명하는 일을 소홀히 했기 때문이든, 요세푸스는 수사적으로 가장 세련된 내용과 자신의 생애와 가장 가까운 내용 중 일부에 있어서도 스스로 모순된다.[196] 요세푸스는 때때로 약속된 정보를 포

---

190 Derrenbacker, *Practices*, 93에 인용된 Downing, "Redaction Criticism 1", 55-56.
191 Downing은 "Redaction Criticism 1", 60에서 "아마도 그럴 여지는 전혀 없을 것"이라고 주장한다.
192 Derrenbacker는 *Practices*, 94에서 Downing, "Redaction Criticism 1", 56의 견해를 따른다.
193 Evans, "Foreword," x.
194 Krieger, "Hauptquelle."
195 그러나 Mason, "Contradiction"을 참고하라.
196 Mason, *Life,* 213-22; Henderson, "*Life* and *War*"; Henderson, "Comparison"을 보라. 누가

함시키기를 잊어버린다.[197]

요세푸스가 자기 시대의 사건들과 관련해서 여러 대목에서 얼마나 자주 스스로와 모순되는지를 고려하여 혹자는 요세푸스와 그의 일부 독자들이 그 자신의 이야기보다 자주 다시 진술되는 성경의 이야기에 더 친숙하거나 성경 이야기의 불변성에 더 관심이 많지 않은가 생각한다. 요세푸스가 그의 독자들이 그러한 차이에 신경 쓰기를 기대하지 않았다는 점은 최소한 어떤 (그리고 아마도 더 많은) 1세기의 자전적이거나 역사적인 글에는 상당한 정도의 잠재적인 문학적 유연성이 있었음을 암시한다. 헨더슨(Henderson)이 지적하듯이 요세푸스의 불일치는 그의 상황에서 "허용되었을 만한 편차의 가능한 외적 범위"를 제시한다.[198]

요세푸스의 자서전에 담긴 정보는 연대기, 요세푸스의 갈릴리 선교, 그와 기스칼라의 요한의 관계와 관련해서 자기 민족에 대한 그의 역사서에 나오는 정보와 다르다.[199] 새로운 상황들이 요세푸스의 가장 두드러진 차이점을 결정한다. 즉 그는 이전에는 유스투스에 대한 언급을 생략했으나 이제는 그를 자기 백성에게 해로운 경쟁자로 추가한다.[200] 요세푸스가 전쟁에 관한 글을 쓴 뒤 유스투스도 자기 나름의 기록을 발표했는데, 그 기록은 요세푸스를 호의적이지 않은 방식으로 묘사하여[201] 요세푸스의 변

대제사장을 대체할 권리를 물려받았는지에 관한 각기 다른 견해들을 참고하라(Josephus, *Jewish Antiquities* 20.16; 참조. 20.103, 179, 196, 203). 물론 어떤 분명한 실수들은 그 대신 문헌상의 의도적인 관련성을 드러낼 수도 있다(Sievers, "Name"의 주장을 보라).

197 Josephus, *Jewish Antiquities* 20.53(그러나 20.101을 참고하라).

198 Henderson, "Comparison," 275.

199 Rodgers, "Justice," 170; Henderson, "Comparison," 269-74.

200 Josephus, *Life* 40-41, 338을 언급하는 Rodgers, "Justice," 170, 175, 182을 참고하라. 참조. 336, 340, 367; Henderson, "Comparison," 269.

201 특히 Josephus, *Life* 40, 338을 인용하는 Rodgers, "Justice," 182.

론적인 반응을 초래했다. 요세푸스에게는 일반적인 전기 작가보다 더 큰 개인적인 변론적 동기가 있었다. 그렇더라도 같은 사건에 대한 그의 다른 기록들은 그 사건들이 절대 발생하지 않았다는 점을 암시하는 것이 아니라 그가 그 사건들을 각기 다른 관점에서 제시한다는 점을 암시한다.[202]

10.8. 결론

나는 오토에 대한 전기 작가들의 서술과 부차적으로 갈바에 대한 그들의 서술 및 사료에 대한 요세푸스의 각색에 초점을 맞추었다. 다른 비교도 한데 모아 여기서 언급된 비교를 뒷받침할 수 있다. 몇몇 고대 전기와 인물들의 좀 더 동시대의 기록들을(예. 그들의 편지)의 비교는 세부적인 내용에 관한 전반적인 편차의 범위를 한층 더 암시한다.[203] 그러한 예들은 복음서에서, 이 장르의 좀 더 보수적인 측면에서는 예를 들면 마태복음이나 누가복음에서(최소한 그들이 마가복음을 어떻게 다루는지에 있어서), 그리고 좀 더 유연한 측면에서는 요한복음에서 1세기 청중들이 기대할 만한 내용의 대략적인 범위를 정해준다.

　　앞에서 살펴본 증거는 로마 제국 초기의 전기 작가들이 그들의 사건에 대해서, 그리고 종종 세부적인 내용에 대해서 정보에 기반했음을 암시한다. 수에토니우스나 심지어 타키투스도 칼리굴라나 네로나 도미티아누스에 대해 퍼져 있는 어떤 널리 알려진 적대적 소문이라도 기꺼이 기록했

202　Wright는 또한 *People*, 378에서 눅 24:51과 행 1:3을 비교한다. 요세푸스와 필론의 글에 담긴 같은 사건에 관한 서로 다른 세부적인 내용도 함께 참고하라(Theissen, *Gospels*, 149).
203　Hillard, Nobbs, and Winter, "Corpus"를 보라.

겠지만, 그들이 이런 소문을 지어낸 듯하지는 않다. 따라서 그들이 말하는 사건들이 허구적이라면 이는 아마도 그들의 사료 속에 있는 날조된 내용 때문일 것이다.

복음서의 경우 나는 예수 운동의 형성기에 증인들의 권위 있는 지위와 디아스포라 운동과 초기 갈릴리의 대중 영합주의적인 소문 사이의 거리는 전달상의 오류를 더 많이 암시하는 것이 아니라 더 적게 암시할 것이라고 믿는다. 제자들을 통한 전달은 특히 스승의 메시지에 관해서는 오래된 기억의 가장 주의 깊은 전달 형태의 하나였다. 그러나 나는 회고록 이전의 기억을 다루는 본서의 마지막 몇 장을 위해 복음서 이전의 전달에 관한 추가적인 질문은 남겨두지 않을 수 없다. 여기서 지적해야 할 요점은, 복음서들은 당대의 일반적인 전기를 닮은 정도만큼 전달받은 이야기들을 구성할 때 문학적 유연성을 사용하려 했지만 새로운 이야기, 즉 자료 안에 없는 사건들을 지어내려 하지는 않았다는 것이다.

11장
여분의 방: 고대 전기의 문학적 기법

고대 전기들은 오늘날의 전기에 영향을 끼쳤으나[1] 그럼에도 오늘날의 전기와 달랐다. 우리가 입증한 대로 전기 작가들은 보통 이상적으로 중요한 역사적 정보를 사용하기 위해 최선을 다했고 따라서 소설가들과 달랐지만 그럼에도 현대적 전기의 독자들 대다수의 기대와는 매우 다른 기대를 품은 독자들을 상대했다. 고대 전기의 관습들은 전기 작가들이 정보를 서술하는 방식에 있어서 상당한 자유를 허용했다. 어떤 복음서 저자들과 어떤 전기 작가들은 이러한 문학적 유연성을 다른 이들보다 더 많이 활용했다.

다양한 고대 전기 작가들이 발휘한 유연성의 범위를 이해하는 것은, 우리가 고대 독자들이 복음서에서 기대했을 정보의 내용과 그들이 복음 전승과 복음서 저자들이 발휘하기를 기대했을 문학적 유연성을 둘 다 더 잘 이해하는 데 도움이 된다.

여기서 나는 전기 작가들의 저작에서 분명히 드러나는 고대의 몇몇 문학적 기법, 즉 우리가 복음서에 접근할 때 가져야 할 기대와 관련 있는 기법들을 살펴볼 것이다. 나는 특히 최근에 플루타르코스의 저작에서 추려낸 문학적 기법들을 복음서에 적용한 마이클 리코나(Michael R. Licona)

---

1   예를 들면 Mossman, "Plutarch and Biography"를 보라. 좀 더 일반적으로 고전 문학이 영국 문학에 끼친 영향에 대해서는 특히 Copeland, *History*를 보라.

의 귀중한 저작을 다룰 것이다.[2] 이러한 기법들은 플루타르코스를 넘어 다른 많은 고대 전기 작가들에게로 확대된다.

11.1. 고대 전기의 유연성

역사가들과 전기 작가들은 모두 역사 기록적 특성에 있어서 제각기 달랐고 심지어 가장 신중한 저자라도 흥미있는 이야기를 들려줄 것으로 기대되었다.[3] 본질적인 역사적 실체는 남아 있어야 하지만 저자들이 새로운 저작을 집필하는 이유는 결국 사건에 대한 그들 자신의 문헌적 해석이나 구성을 제시하는 것이었다. 따라서 아리아노스에 관한 한 전문가는 이 저자가 "자신의 출처의 자료를 바꾼 것처럼 보이지는 않지만 원래의 순서와 강조점은 바뀌었고…그는 내용과 관련해서는 사료에 의존할지 모르지만 사료를 뛰어넘어 전적으로 자신의 고유한 문학적 작품을 창조한다"고 지적한다.[4]

---

2   나는 Licona를 비판하는 더 보수적인 비평가들 가운데 몇 사람은 잠재적으로 상호 보완적인 접근 방법을 성급하게 모순적인 것으로 취급했고 좀 더 회의적인 몇몇 비평가들은 그의 주장보다도 그의 신학적 배경에 더 집착한다고 생각한다(Baldwin, "Review"는 Licona가 그의 주장을 정확히 그가 하는 방식으로 표현하는 이유에 대한 배경을 제시한다). Licona의 자료와 접근 방식은 신약 학계의 논쟁에 아무런 이해관계가 없는 고전 학자들에게서 나왔다. 다른 학자의 주장을 주로 그의 배경에 근거하여 선험적으로 일축하는 것은 곧 인신공격성 주장을 제기하는 것이며—원리적으로 덜 예의 바른 사람들 사이에서—같은 종류의 취급을 초래하는 것이다.
3   여기서 고대 역사가들은 진리를 허구와 구별했을 뿐만 아니라, 이야기가 순조롭게 전개될 수 있도록 집필했다는 점을 인정하는 Sanders, *Paul*, 98도 함께 보라. 참조. Bauckham, *Eyewitnesses*, 595.
4   Bosworth, *Arrian*, 60.

저자들은 사실적 장르에서 어떤 종류의 자유를 누렸는가? 바꾸어 말하기는 전통적인 수사학적 훈련이었지만[5] 유연성은 바꾸어 말하기의 사용보다 훨씬 더 확대되었다. 몇몇 역사가들은 세부적인 내용에 대해 부주의했고 대다수 역사가는 사소한 차이에 대해 주의하지 않았다.[6] 따라서 예를 들어 고대의 두 역사가가 한 아들이 죽었다고 기록하고 또 다른 역사가가 그 죽음을 딸의 죽음으로 기록했다면, 다수의 역사가는 그러한 차이를 그들의 요점과 무관한 사소한 일로 여겼을 것이다.[7] 마찬가지로 요세푸스도 그의 서로 다른 저작에서 안티파스가 서로 다른 멀리 떨어진 장소로 추방된 것으로 묘사한다.[8] 그보다 더 가능성이 큰 경우는 (때로는 사료를 어떻게 마음속에 상상했는지에 근거한) 단순한 망각이 종종 차이의 원인이 된 경우, 그리고 수정하거나 관심을 가지기에는 문제가 너무 사소한 경우다.[9]

어떤 때는 저자들이 사건들을 변경하거나 거기에 설명하는 내용을 덧붙인다.[10] 수사적인 문체에서 생동감의 중요성을 고려하면[11] 어떤 저자들이 극적인 효과를 위해 세부적인 내용을 추가하는 것은 놀랄 일이 아니

---

5   예를 들면 다음 참고문헌들을 보라. Theon, *Progymnasmata* 1.93-171(Butts); Hermogenes, *Method in Forceful Speaking* 24.440; Libanius, *Anecdote* 1.4; 2.3; *Maxim* 1.2-5; 2.3; 3.2; 참조. Fronto, *On Eloquence* 3.5; Hock, "Paul and Education," 202-3; Licona, *Differences*, 10-13; 플루타르코스의 글에 대해서는 Licona, *Differences*, 34, 56, 100, 109을 보라. 요세푸스의 글에 대해서는 Downing("Redaction Criticism 1", 56, 62)의 견해를 따르는 Derrenbacker, *Practices*, 94-95, 116을 보라.

6   예. Licona, *Differences*, 32-33, 79-80. 마찬가지로 공관복음 전승에서 대다수의 차이는 비교적 사소한 것이다(Allison, *Constructing*, 454).

7   Massey, "Disagreement," 54-55.

8   Josephus, *Jewish Antiquities* 18.252(이것이 아마도 더 정확할 것이다); *Jewish War* 2.183(이것은 아마도 기억을 살려 집필했을 것이다).

9   예. Plutarch, *Galba* 26.5; Suetonius, *Otho* 4.1에 관한 10장에서 내가 논평한 내용을 보라.

10   Aune, *Environment*, 82; Small, *Wax Tablets*, 195, 199.

11   예. Cicero, *On the Orator* 2.45.189; Dionysius of Halicarnassus, *Lysias* 7.

다.[12] 결국, 인간의 기억이 지닌 한계를 고려하면(14장을 보라) 그들은 사료 속의 모든 세부적인 내용이 어떤 경우에도 정확하기를 기대하지는 않았을 것이다. 구술 지향적인 문화는 오늘날의 일부 서구 비평가들보다 차이에 덜 민감하다.[13] (그렇지만 복음서는 수사적으로 더 세련된 작품들에서 발견되는 종류의 광범위한 세부적인 내용을 제시하지는 않는다는 점에 주목해야 한다.)[14]

그러나 일부 저자들은 그들의 몇몇 동료 저자들이 도를 넘자 불만을 토로했다. 플루타르코스는 이전의 몇몇 저자들이 예를 들면 알렉산드로스의 생애에 적합한 비극적인 결말을 지어내는 등 다른 곳에는 빠져 있는 사건들을 덧붙였다고 불만을 제기한다.[15] 루키아노스는 역사 저술가들이 단지 문학적인 목적이나 찬양을 늘어놓기 위한 목적에서(즉 인물을 더 나아 보이게 만들기 위해) 과장하고 생략하는 것에 반대한다.[16] 다른 저자들도 이와 비슷한 비판의 목소리를 냈다.[17]

고대 전기에서는 어느 정도의 유연성이 인정되었는가? 그것은 개별 전기 작가에 따라, 또한 그들이 이용할 수 있는 사료에 따라 달랐다. 편차

---

12 Plutarch, *Alexander* 70.3에 나오는 불만 제기를 다시 보라.

13 Dunn, *Perspective*, 112; Eddy and Boyd, *Legend*, 429-30.

14 누가복음에 대해서는 Keener, *Acts*, 1:136을 보라. 추가된 세부사항의 개연성 있는 예들이 분명히 나타난다. 사소한 예를 보려면 눅 6:6의 δεξιός(*dexios*)와 대비되는 막 3:1, 3, 5의 χείρ(*cheir*)를 참고하라.

15 Plutarch, *Alexander* 70.3. 다리우스의 죽음에 대한 그 자신의 낭만적인 묘사(Plutarch, *Alexander* 43.2)는 아리아노스의 글(*Alexander* 3.21-23)에는 빠져 있지만, 분명히 그가 지어낸 이야기는 아니었다(B. Perrin의 LCL 각주 7:352 n. 1에서는 Quintus Curtius Rufus, *History* 5.13, 28; Diodorus Siculus, *Library of History* 17.73을 인용한다).

16 Shuler, *Genre*, 11-12; 참조. Bowersock, *Fiction*, 1-27. 특히 Lucian, *How to Write History* 7-13을 보라. 그는 *True Story* 1.4에서 소설을 지어내는 자들은 그들의 "거짓말"이 얼마나 명백한지를 깨닫지 못한다고 비판한다.

17 예를 들면 (그 자신의 수사적인 수정에도 불구하고) Herodian, *History* 1.1.1-2을 보라(참조. Whittaker, "Introduction," xxxviii-xxxix)!

는 일반적으로 먼 과거의 인물들과 관련해서 훨씬 더 컸고, 그들에 대해서는 서로 경쟁하는 기존의 전승들을 이용할 수 있는 경우가 더 흔했다. 이와 대조적으로, 묘사된 사건이 있은 지 반세기 뒤에 집필된 오토와 같은 인물에 대한 전기들을 비교해 보면 우리가 복음서를 비교할 때 목격하는 것과 비슷한 정보의 상당한 중첩이 나타난다(10장을 보라).

11.2. 복음서의 유연성

단순히 몇몇 전기 작가들이 그들의 사료를 특정한 방식으로 각색했다고 해서 그것이 곧 모든 전기 작가도 그렇게 했음을 의미하지는 않는다. 그렇기는 하지만, 고대 전기 작가들이 최소한 어느 정도의 유연성을 발휘할 수 있었다는 사실은 시간을 들여 평행 기사들을 비교해온 주의 깊은 복음서 독자를 놀라게 하지는 않을 것이다. 특별히 눈에 띄지만 간단한 몇 가지 예를 거듭 들자면, 예수는 마가복음과 누가복음에서처럼 하나님 나라에 대해 자주 말씀하셨는가? 아니면 마태복음에서 보통 그렇듯이 하늘나라에 대해 자주 말씀하셨는가? 백부장은 "이 사람은 진실로 하나님의 아들이었도다"(막 15:39)라고 외쳤는가? 아니면 (마가복음의 형태가 필연적으로 수반할 의미대로) "이 사람은 정녕 의인이었도다"(눅 23:47)라고 외쳤는가?

　　현대의 일부 독자들은 이런 표현상의 차이를 골칫거리로 생각하지만, 그러한 차이는 고대 독자들에게 거의 문제가 되지 않았다. 파피아스의 말에 동의하든 그렇지 않든, 마가복음에 관한 그의 2세기 초의 기록은 우리에게 그가 마가복음에 대해 무엇을 믿었는지를 알려준다.

마가는 베드로의 통역자가 된 뒤 그리스도가 말씀하시거나 행하신 일들에 대해 그[마가]가 기억하는 모든 것을 순서대로는 아니지만 정확하게 기록했다. 그[마가]는 주님의 말씀을 들었거나 주님을 따르지는 않았으나 나중에 내가 말한 대로 베드로를 따랐고 베드로는 그분의 가르침을 필요한 대로 각색했으나[18] 주님의 말씀에 대한 정돈된 기록을 제시할 의도는 없었다. 결과적으로 마가는 몇 가지 일들을 그가 기억하는 대로 아무 착오 없이 기록했다. 그는 자신이 들은 어떤 것이라도 빠뜨리거나 그에 대해 거짓 진술을 하지 않는 것을 자신의 유일한 관심사로 삼았기 때문이다.[19]

파피아스는 분명히 순서나 정확한 표현을 필수적인 것으로 여기지 않았다. 실제로 파피아스는 베드로 자신이 예수의 가르침을 각색했을 것으로 기대하는 것처럼 보이며, 이는 아마도 베드로가 메시지를 교훈적으로 맥락에 맞게 수정했거나 최소한 청중의 필요를 바탕으로 무엇을 강조할지

---

18 파피아스가 사용한 단어 "크레이아"(*chreia*)는 수사학적 문맥 밖에서는 이 단어의 일반적인 의미가 아니지만(참조. *Did.* 1.5; 11.5) 여기서는 수사학적 각색을 가리킬 수도 있다(5장을 보라).

19 Papias, frag. 3.15(Holmes). 많은 해석자가 파피아스는 여기서 마가복음의 연대기적 순서보다 요한복음의 연대기적 순서를 선호한다고 생각하지만, "순서"(*taxis*)는 마가복음의 줄거리에서는 불충분하다고 여겨진 수사적 배열을 가리킬 수도 있다(Moessner, "Voice"를 보라). 마찬가지로 파피아스는 (Eusebius, *Ecclesiastical History* 2.15.2에 따르면) 베드로의 청중들이 "마가가 베드로의 제자였으므로 마가(그의 복음서는 현존한다)에게 그들에게 말로 전달된 가르침을 글로 쓴 기록으로 남겨 달라고 간청했고 마가를 설득할 때까지 간청을 멈추지 않았다"고 전한다(Papias, frag. 21.1, Holmes). 파피아스는 마가가 베드로가 죽기 전에 복음서를 썼고 베드로가 그 뒤로 그 책을 승인했다고 믿고 있는 것으로 보인다(21.2). 이러한 시나리오는 일반적으로 제안되는 하나의 저작 시기, 즉 네로의 박해 기간과 잘 어울릴 수 있다. 기원후 180년경에 글을 쓴 이레나이우스는 마가가 베드로가 죽은 뒤에 복음서를 썼다고 믿지만(*Against Heresies* 3.1.1), 에우세비오스는 그보다 이후에 글을 쓰면서도 여기서 파피아스의 글에 의존하고 있는 것으로 보인다.

를 선택했음을 의미할 것이다. 그러한 유연성은 전기를 포함하여 사실에 기반한 고대의 기록들에서 너무나 자주 나타나므로, 그런 기록에 유연성이 내재해 있고 청중이 이를 기대한 것처럼 보인다.

11.3. 받아들일 만한 차이: 필론, 요세푸스, 플루타르코스

전기 작가들이 세부적인 내용상의 차이를 개의치 않았다는 점은 때때로 명약관화하다. 전기 작가는 심지어 같은 사건을 다루는 자신의 저작들 안에서도 그러한 세부적인 내용을 다르게 표현할 수도 있고 널리 알려진 사료에서 벗어날 수도 있다. 때때로 그런 차이는 심지어 한 명의 전기 작가가 거의 같은 시기에 쓴 전기들에서도 나타난다.[20] 때때로 이러한 불일치는 전기 작가가 선호한 원자료상의 차이를 반영할 수도 있지만,[21] 보통은 단순히 저자가 특정한 전기를 위해 자료를 어떻게 각색하는지를 반영할 것이다.[22]

11.3a. 필론의 수정

우리가 필론의 구약 자료와 비교할 수 있는 그의 「모세 전기」는 이하에 제시될 플루타르코스의 글과 복음서에서 관찰되는 것과 같은 기법을 따르

---

20 Pelling, *Texts*, 49; Pelling, "Method"; Licona, *Differences*, 67(참조. 22).
21 Suetonius의 *Claudius* 44과 *Nero* 33을 대조하는 Edwards, "Introduction"을 참고하라. 플루타르코스는 때때로 서로 다른 사료의 기록들과 씨름해야 했다(Almagor, "Narratives," 70-71).
22 Pelling, *Texts*, 51.

고 있다. 필론은 구약의 몇몇 일화들[23]과 구약의 수사적 반복[24]을 생략한다. 그는 종종 자료를 합침으로써[25] 자료를 축약한다.[26]

그렇기는 하지만 필론은 비록 "이야기를 따를 때는" 여러 부분을 잘라내더라도 "축약하기보다는 부연 설명할 가능성이 더 크다."[27] 오늘날 대다수의 주석가와 마찬가지로 필론은 보통 설명적인 세부 내용으로 이야기를 확대한다. 그는 이야기꾼처럼 극적인 세부 내용도 덧붙인다.[28] 가끔 그는 모세를 정당화하기 위해 그렇게 해야 하지만,[29] 그의 부연 설명은 보통 성경적 묘사의 "본질"을 바꾸지는 않는다.[30] 때때로 그는 자료를 연대순으로 옮겨놓고[31] 심지어 재앙들도 자신의 맥락에 맞춰진 설명에 맞도록 재배열한다.[32] 필론은 때때로 모세를 좀 더 분명하게 조명하기 위해 다른 인물들을 경시하는데[33] 이는 이하에서 더 자세히 언급할 일반적인 전기적 기법이다.

그러나 필론은 흔히 성경 본문을 충실히 따른다.[34] 플루타르코스의

---

23 McGing, "Adaptation," 120; Hidalgo, "Study," 287; Feldman, "Calf."
24 Philo, *Moses* 1.85-147에 관한 McGing, "Adaptation," 125.
25 McGing, "Adaptation," 124-25(모세의 약점을 강조하지 않기 위해), 128(간소화함).
26 Philo, *Moses* 1.220-38에서 민 13-14장, *Moses* 1.210-11에서 출 17:1-7, *Moses* 1.71-84에서 출 3:7-4:17을 언급하는 McGing, "Adaptation," 123-25.
27 McGing, "Adaptation," 125. 부연 설명에 대해서는 예컨대 Begg, "Moves"; Begg, "Rephidim Episode"도 함께 보라.
28 예. *Moses* 1.51-59에서 출 2:15-22를 언급하는 McGing, "Adaptation," 127-30, 133(참조. Josephus, *Jewish Antiquities* 2.258-63).
29 McGing, "Adaptation," 129-30.
30 *Moses* 1.96-139에 나오는 출 7:14-12:36에 대한 그의 논의에 대해서는 McGing, "Adaptation," 128.
31 McGing, "Adaptation," 125-26.
32 특히 *Moses* 1.96-97을 언급하는 McGing, "Adaptation," 128.
33 예를 들면 Feldman, "Interpretation of Joshua"; Feldman, "General"을 보라.
34 McGing은 "Adaptation," 121-23에서 *Moses* 1.278-79에 나오는 민 23:7-10의 예를 제시

글에서 확인되는 몇몇 특징은 여기서는 덜 빈번하게 나타난다. 따라서 예를 들어 필론은 어떤 문제를 다른 인물에게 전가하는 경우가 거의 없다.[35]

11.3b. 요세푸스의 수정

1세기의 유대인 역사가 요세푸스는 상당한 유연성을 발휘하지만, 자신의 기록에 아무것도 덧붙이지 않았다고 주장한다.[36] 제럴드 다우닝(Gerald Downing)이 지적하듯이 요세푸스를 그의 사료와 비교해 보면 요세푸스가 무엇을 그의 독자들이 기대하리라고 당연히 간주할 수 있는지를 알 수 있다. 즉 "무엇이 신성한. 본문의 정확한 재현으로 '간주'되는지, 어떤 해석이 아무런 변호도 필요 없을 만큼 분명하게 타당한지, 그뿐 아니라 그가 지켜야 할 의무감을 느끼는 것처럼 보이는 한계가 무엇인지"[37] 알 수 있다.

다우닝은 요세푸스가 성경의 자료를 어떻게 사용하는지 보여준다.[38] 요세푸스는 자료의 순서를 따르기보다는 일관성이나 이야기의 흐름을 위해 내용을 재배열한다.[39] 그는 반복되거나 다른 구절들과 상반되는 원자료를 선별적으로 생략한다. 그렇게 하지 않으면 그의 이야기는 일관성이 적어질 것이고 더 폭넓은 독자들에게 그의 변증론적 주장을 입증하기가

한다. 추가로 Hidalgo, "Study"를 보라.

35 McGing은 "Adaptation," 126-27에서 전반적으로 1.105, 112에서의 이집트인들을 향한 전가를 지적한다.

36 Downing, "Redaction Criticism 1", 47에서 언급된 Josephus, *Against Apion* 1.42; *Jewish Antiquities* 1.17; 14.1; 20.261.

37 Downing, "Redaction Criticism 1", 48.

38 Downing, "Redaction Criticism 1"; "Redaction Criticism 2"을 보라.

39 Downing, "Redaction Criticism 1", 56. 이러한 재배열은 관련된 기록들을 합칠 수 있다.

더 어려워질 것이다.[40] 마찬가지로 요세푸스는 이야기의 흐름과 관련해서 도덕적이거나 신학적이거나 변증론적인 요점을 분명히 하고 강조하기 위해 약간의 내용을 덧붙인다.[41] 그가 준 변화는 "새로운 색깔"[42]을 더해주지만, 대부분의 변화는 단지 성경 본문을 글자 그대로 베끼는 일을 피하는 역할을 하는 것처럼 보인다.[43] 그러나 연설 이외에 요세푸스는 새로운 사건들을 지어내지는 않는다.[44] 심지어 말을 바꾸어 표현하기보다 자료를 극히 자유롭게 각색할 때도 그는 완전히 새로운 이야기보다는 사료의 기록의 "한 형태"를 만들어낸다.[45] 요세푸스는 자료를 재배열하고, 바꾸어 표현하고, 합치고, 조화시키지만, 새로운 이야기를 만들어내기보다는 사료를 따른다. 그는 다른 엘리트 역사가들처럼 극적이고 서사적인 목적에서 연설과 대화를 더 자유롭게 각색한다.[46] 로버트 데런배커의 보다 최근의 책은 다우닝의 관찰 결과를 한층 더 확증하고 발전시킨다.[47]

존 조던 헨더슨(John Jordan Henderson)은 요세푸스의 변증론적인 자서전을 그의 역사 기록 전체에 포함된 유사한 (때로는 대조되는) 정보와 비교

---

40 Downing, "Redaction Criticism 1", 50-51.

41 Downing은 "Redaction Criticism 1", 51-54에서 특히 설명적이고 때때로 해석적인 추가 부분뿐만 아니라 약간의 고조된 수사학적 파토스도 언급한다.

42 Downing, "Redaction Criticism 1", 55.

43 위(僞)아리스테아스의 편지에 대한 요세푸스의 각색에 관해서 Pelletier, *Josèphe*, 특히 29, 222의 견해를 따르는 Downing, "Redaction Criticism 1", 49(참조. Downing, "Redaction Criticism 2", 33).

44 Downing, "Redaction Criticism 1", 55-56, 60. 성경 밖에서 모세 이야기에 추가된 중요한 내용은 아르타파누스의 글에서 그 존재가 입증된 요셉 이전의 전승이다(Eusebius, *Preparation for the Gospel* 9.27.432a을 인용하는 Downing, "Redaction Criticism 1", 55).

45 Downing, "Redaction Criticism 1", 64.

46 Downing, "Redaction Criticism 1", 62.

47 Derrenbacker는 *Practices*, 92-116에서, 특히 110-16쪽에서 Downing 이상으로 자세히 설명한다.

한다. 이 경우 차이점은 두 장르로 글을 쓰는 같은 저자에게서 비롯되었는데, 이는 요세푸스가 같은 이야기를 진술하는 방식에 있어 약간의 유연성(또는 때때로 부주의함이나 편향성)이 있었음을 암시한다. 다양한 이유에서 요세푸스는 상당한 자유를 누리면서[48] 세부적인 내용의 문제에 있어 저작들 사이에 어느 정도 명백한 모순과 심지어 자신의 갈릴리 선교의 특성에 대한 여러 묘사 사이의 긴장도 만들어낸다.[49] 요세푸스가 그러한 차이점들을 수정하거나 변호할 필요를 느끼지 않는다는 점은 그가 디아스포라 독자들이 전기 장르에서 어느 정도의 유연성을 확실히 오늘날의 전기 독자들이 예상하는 것보다 더 많이 인정해주기를 기대하고 있음을 암시할 수도 있다.

요세푸스에 관한 여러 평가 사이의 차이는 우리가 그런 차이를 비교하는 틀에 따른 강조의 문제와 상당히 관련이 있다. 요세푸스의 관행은 확실히 오늘날의 역사 기록보다 유연하지만 둘 다 고대 소설에 필적하지는 않는다. 요세푸스는 (최소한 일반적으로는) 사건들을 지어내기보다는 세부적인 내용을 고쳐 쓴다. 그는 자연히 자서전에서보다는 「유대 고대사」에서 잘 알려진 이전 문헌에 더 많이 구속되며, 차이점도 신성한 역사를 쓰는 일과 자신의 명예를 변호하는 자서전을 쓰는 일 사이의 차이와 관련이 있다. 복음서들은 틀림없이 변증론적인 요소를 가진 전기지만, 또한 신성한 이야기, 누가의 시대에는 최소한 이미 어느 정도 알려진 이야기를 진술한다(눅 1:4).

---

48   Henderson, *"Life* and *War"*; Henderson, "Comparison."
49   Henderson, "Comparison," 270을 보라.

11.3c. 플루타르코스의 수정

거의 모든 저자가 사료를 전부 그대로 베끼기보다는 수정했다. 사료를 충실히 따르는 저자들도 문화적으로 신성한 문헌의 경우에조차 사료를 편집한다.[50] 많은 차이점이 "다른 기록에는 포함되지 않은 사소한 정보를 전해주는" 어떤 기록[51]이나 약간의 표현상의 차이[52]와 같은 꽤 사소한 차이였다.

학자들은 특별히 플루타르코스가 사료를 어떻게 각색하는지를 연구해왔다. 플루타르코스의 유연성은 제한적이었다. "플루타르코스는 어떤 부차적인 장면은 자유롭게 지어냈으나 일화 전체를 지어내지는 않았다." 그는 "의도적인 거짓"을 만들어내지 않았다.[53] 그러나 플루타르코스는 자신의 진술을 구체화하거나 단순화하기 위해 다양한 문학적 기법을 따른다. 그는 요세푸스가 사무엘서-열왕기나 역대기와 같은 자료들을 융합하는 방식과 유사하게 할리카르나소스의 디오니시오스와 리비우스의 글을 융합한다.[54]

그는 그보다 먼저 사료들이 그렇게 했을 가능성과 일관되게 전기의 주인공을 "다소간 호감을 주는" 인물로 묘사하거나 "아이러니를 창조"하기 위해 이야기의 특징들을 강조하거나 수정한다. 플루타르코스는 자신이 인물의 특성에 관한 참된 사실을 전달하고 있다고 믿는다.[55]

---

50 예. (Homer, *Odyssey* 11.600 이하에 대해서는) Cicero, *On the Nature of the Gods* 3.16.42; (Homer, *Iliad* 2.557에 대해서는) Diogenes Laertius, *Lives* 1.48.

51 Licona, *Differences*, 31.

52 Licona, *Differences*, 32-33, 43, 79-80, 83.

53 Pelling, *Plutarch and History*, 156, 161을 따르는 Licona, *Differences*, 18; Edwards, *Plutarch*, 3; Jones, *Plutarch and Rome*, 85.

54 Downing, "Conventions"; Derrenbacker, *Practices*, 97.

55 Licona, *Differences*, 109.

플루타르코스는 사건에 대한 어떤 기록이든 그 기록이 자기 시대에 선행하는 한 언급할 수 있다. 그는 이전의 자료이긴 하지만 논란의 여지가 있는 자료도 만일 그것이 "그의 대상에 대한" 도덕적 진실을 잘 보여준다면 기꺼이 수록한다.[56] 그는 어떤 이야기가 "유명"하고 "충분히 증명되었으며, 더 중요하게도…그것이" 다른 사료를 통해 알려진 인물의 "성격과 너무나 잘 어울린다면" 그 이야기를 고려할 준비가 되어 있다.[57]

비록 장르는 다르지만, 설교자들과 우리 교수들 가운데 일부는 때때로 어떤 요점을 강조하기 위해 명백히 허구적이거나 전설적인 예화라도 사용하여 그와 비슷하게 말할 것이다. (예를 들면, 나는 때때로 "헤롯의 아들이 되느니 헤롯의 돼지가 되는 게 낫다"는 아우구스투스가 헤롯에 대해 했다는 말을 아마도 출처가 불분명한 말로라도 인용할 것이다.)[58]

마이클 리코나는 고전 방면의 최근 연구, 특히 옥스퍼드의 크리스토퍼 펠링의 통찰을 바탕으로 플루타르코스의 전기에서 드러나는 여러 공통된 문학적 기법들을 강조한다. 그는 다양한 다른 요인들이 "기억 착오, 다른 사료의 사용, 구두 전승의 탄력성"과 같은 몇 가지 차이점을 설명해준다는 점을 인정한다.[59] 그러나 그는 또한 약간의 각색은 기본적인 1세기의 교과서들 속에서 이미 분명히 표현된 문학적 관습을 따른다고 지적한

---

56 Pelling, *Plutarch and History*, 152-56을 따르는 Power, "Poetry," 238; Duff, "Childhood," 92-93; Duff, "How Lives Begin," 201-2; Stadter, "Anecdotes," 293; Moles, "Letters," 144-45, 161; 참조. Licona, *Differences*, 17.

57 Plutarch, *Solon* 27.1(번역. B. Perrin, LCL).

58 Macrobius는 *Saturnalia* 2.4.11에서(참조. 예. Van der Horst, "Macrobius," 222; Reinhold, *Diaspora*, 100에서) 아마도 복음서 자체에서 생겨난 전승을 반영하는 듯하지만(Smallwood, *Jews*, 104n156) 수사적 모욕의 표준적인 스타일을 따르고 있는지도 모른다(Diogenes Laertius, *Lives* 6.2.41).

59 Licona, *Differences*, 2.

다.[60] 예를 들어 누군가는 어떤 진술을 질문이나 명령이나 대화로 전환할 수 있다.[61] 이 점은 아마도 마태복음 8:7//누가복음 7:6a과 같은 복음서 내의 차이점들을 설명해주는 듯하다.[62]

어떤 구성적 기법은 거기에 붙여진 다양한 명칭에도 불구하고 고대 역사 기록 전체에 걸쳐 나타난다.[63] 리코나가 열거하는 장치들은 비록 그 가운데 어떤 것들은 (단순화처럼) 다른 것을 아우를 수도 있거나 서로 긴밀히 관련되어 있으나 다음과 같은 것들을 포함한다.[64]

1. 한 인물에 대한 정보를 다른 인물에게 전가함.
2. 어느 문맥에 나오는 한 사건의 위치를 다른 문맥으로 바꿈(플루타르 코스는 때때로 자신이 그렇게 했다고 언급하기까지 한다).[65]
3. 자료를 단순화하기 위한 자료의 융합.
4. 극적인 연속성을 유지하기 위한 시간적 순서의 압축.
5. 다른 사람들도 관련되었다는 사실을 알면서도 단 한 명의 인물에 계속해서 초점을 맞추는 집중 조명.[66]
6. 이야기가 어수선해지는 것을 방지하기 위해 지엽적인 내용을 없애

---

60 테온에 관해서는 Licona, *Differences*, 10-11.

61 Theon, *Progymnasmata* 87-90(36-38)을 언급하는 Licona, *Differences*, 12-13.

62 마 8:7의 강조형 대명사는 (예. Jeremias, *Promise*, 30; Martin, "Pericope," 15; France, "Exegesis," 257; Carson, "Matthew," 201; Talbert, *Matthew*, 113; Evans, *Matthew*, 187 등의 견해와 마찬가지로) 질문을 의미할 수도 있다.

63 Licona, *Differences*, 19.

64 Licona, *Differences*, 20. Pelling의 "구성상의 장치"와 복음서 간의 관련성에 대해서는 Bauckham, *Eyewitnesses*, 595-96도 참고하라.

65 Licona는 *Differences*, 20에서 소(小)카토의 말을 인용한다. 참조. 5장.

66 이것은 Licona, *Differences*, 21에서 다룬 "전기적 관련성의 법칙"에 관한 최적의 예다.

거나 바꾸는 단순화.

7. 이야기의 사실성을 유지하기 위해 그럴듯한 세부 정보를 알려지지
   않은 대목에 채워 넣기.

8. 다른 말로 바꾸어 표현하기.

리코나는 플루타르코스의 아홉 편의 전기 안에 있는 30개의 유사한 소단
락들을 비교함으로써 이런 장치들을 예증한다.[67]

   플루타르코스의 글에서 관찰할 수 있는 많은 기법은 이전의 다른 저
자들에게서도, 예를 들면 서로 다른 전기 작가들이 아게실라오스에 관하
여 그들의 자료를 편집하는 방식 속에서 나타난다.[68] 다양한 저자들이 갈
바와 오토에 관한 전기적 자료에서 같은 형태의 각색을 보여준다.[69] 오늘
날 주의 깊은 청중은 사건들을 진술할 때 그들 자신이나 다른 이들이 이와
같은 장치들 가운데 일부를 사용하는 모습을 발견하게 될 것이다. 어느 정
도의 단순화가 없으면 일반적인 대화에서 이야기를 이해하는 것이 불가
능해진다.

   이러한 기법들 외에 전기 작가들은 독자들에게 서로 비교할 것을 요
청하는 방식으로 등장인물들을 비교하는 수사적 비교법(synkrisis)도 종종

---

67 Licona, *Differences*, 23-111; 참조. Licona, "Viewing."

68 Kwon, "Reimagining," 144-219, 297-303, 특히 211-19, 299을 보라. 여기에는 바꾸어 표
    현하기(28회), 압축(13-17회), 단순화(13회), 집중 조명(8회), 이야기의 세부 정보 확대
    (8회), 전가(8회), 융합(6회), 위치 이동(3회) 등이 포함된다(212-13). 이런 기법들은 대부
    분 주인공에게 초점을 맞춘다(299).

69 Kwon, "Reimagining," 220-88을 보라. 이런 장치들에 대한 도표를 보려면 특히 255, 286-
    87을 보라. 이런 장치들의 종합과 그 기능에 대해서는 299, 303을 보라. 그보다 이전의
    Keener, "Otho"; Goh, "Galba"를 보라.

사용한다.[70] 예를 들면, 전기 주인공의 미덕을 그를 비난하는 자들의 악덕과 대조함으로써 강조할 수 있다.[71] 마찬가지로, 플루타르코스의 마무리 짓는 비교법은 때때로 전기 그 자체와 모순되며 도덕적 교훈을 고려할 수 있는 다른 각도를 제공하지만, 종종 그의 서언들이 그 유사점을 강조한 방식과 유사한 인물들 사이의 차이점을 강조한다.[72] 수에토니우스는 베스파시아누스를 방탕한 네로와 대조하며,[73] 아우구스투스를 이후의 황제들을 위한 기준으로 사용했을지도 모른다.[74]

11.4. 몇 가지 문학적 기법 살펴보기

이미 지적한 바와 같이 바꾸어 표현하기는 수사학과 작문의 표준적인 관행이었고,[75] 따라서 전기와 역사서에서 이전 자료를 각색할 때도 표준적인 관행이었다.[76] 사실 문학 작품들은 보통 마태복음이나 누가복음보다

---

70 Duff, *Lives*, 예. 243, 268을 보라.
71 특히 Xenophon, *Agesilaus* 8.6을 언급하는 Ytterbrink, *Gospel*, 84을 참고하라.
72 Duff, *Lives*, 257; 모순에 대해서는 278쪽도 함께 보라.
73 Luke, "Ideology."
74 Edwards, "Introduction," xix. 예를 들면 왕상 3:14; 11:33, 38; 15:3, 11; 왕하 14:3; 대하 21:12; 34:2에서 다윗의 역할, 또는 부정적으로는 왕상 15:34; 16:2, 19, 26; 22:52; 왕하 13:6, 11; 17:22에서 여로보암 1세의 역할을 참고하라.
75 예를 들면 다음 문헌들을 보라. Theon, *Progymnasmata* 1.93–171(Butts); Hermogenes, *Method in Forceful Speaking* 24.440; Libanius, *Anecdote* 1.4; 2.3; *Maxim* 1.2–5; 2.3; 3.2; 참조. Fronto, *Eloquence* 3.5; Hock, "Paul and Education," 202–3.
76 예를 들면 Licona, *Differences*, 10–13; 네포스에 대해서는 Christian, "Themistocles," 139을 보라. 플루타르코스에 대해서는 Pelling, "Adaptation," 127; Licona, *Differences*, 34, 56, 100, 109; Kwon, "Charting," 71–72을 보라. 필론에 대해서는 Hidalgo, "Study," 290, 300을 보라. 요세푸스에 대해서는 Downing, "Redaction Criticism 1", 56, 62의 견해를 따르는

훨씬 더 자유롭게 말을 바꾸어 표현한다. 마태복음 및 누가복음과 마가복음 간의 언어적 유사점은 고대의 기준에 따르면 특별하다.[77] 자료를 다르게 표현하지 않고 그대로 이어받는 것은 의도적인 암시의 역할을 할 수도 있었지만, 일반적으로는 단순히 문학적으로 부적절하다고 여겨졌다. 파이드로스는 미학적인 이유로 아이소포스를 자유롭게 각색하는 한편 아이소포스의 정신을 지키려고 애쓴다.[78] 어떤 이는 감정을 자극하기 위해 사건들을 다른 수사적 각도에서 표현할 수도 있다.[79]

압축은 이야기를 간소화하여 주인공에 맞춰진 초점을 유지한다.[80] 압축은 때로는 단순히 사건들 사이의 시간 간격을 없애거나 줄이지만 때로

Derrenbacker, *Practices*, 94-95, 116을 보라.

77   Downing, "Redaction Criticism 2", 33; Aune, *Environment*, 125; Downing, "Redaction Criticism 2", 33; Kirk, "Ehrman, Bauckham, and Bird," 105-6과 거기서 언급된 다른 저작들. 고대의 표절에 대한 견해에 대해서는 Seneca the Elder, *Controversiae* 1.pref.19; *Suasoriae* 2.19; 3.7; McGill, "Seneca on Plagiarizing," 337-46; Knoppers, "Problem," 27-30을 보라. 복음서 저자들은 몇 가지 엘리트적인 기준에 관한 관심 부족을 공유했거나(참조. Pliny, *Natural History* pref.17의 비판) 신성한 전승을 공동체의 재산으로 간주했다.

78   Phaedrus, *Fables* 2, prol. 8.

79   예를 들면 Quintilian, *Orator's Education* 4.2.113을 보라.

80   Pelling, "Adaptation," 127-28; Licona, *Differences*, 20, 36, 39, 72, 98; Kwon, "Charting," 73. 따라서 예를 들면 네포스는 사료에 나오는 내용을 압축한다(Christian, "Themistocles," 139). 특히 Lucian, *How to Write History* 56-57을 인용하는 Satterthwaite, "Acts," 345도 함께 보라. 참조. 27-28쪽; Cicero, *On the Orator* 3.27.104-5; 53.202-3; Quintilian, *Orator's Education* 8.4; Longinus, *On the Sublime* 11-12. Libanius, *Narration* 27의 간결한 요약은 신화적인 전설에서는 10년에 걸친 사건들을 눈에 띄게 연결해준다. Laistner는 *Historians*, 58-59에서 살루스티우스가 그의 역사적 논고에서 지면이 부족한 곳에서는 사건들을 압축했다고 지적한다. 예를 들면, 마 8:5-6과 눅 7:3-5; 마 9:18과 막 5:23, 35도 함께 참고하라. 행 7:15-16에서 압축으로 인해 있을 수 있는 짧아짐에 대해서는 예를 들어 다음 책들을 보라. Bruce, *Acts: Greek*, 165-66; Johnson, *Acts*, 119; 참조. Keener, *Acts*, 2:1371-72; 눅 24:1, 13, 28, 36, 50에서는 Keener, *Acts*, 1:648-49을 보라. 행 26:16에 대해서는 Keener, *Acts*, 4:3518.

는 사건들을 합칠 것을 요구하기도 한다.[81] 예를 들면, 플루타르코스는 그의 한 저작에서 세 개의 기간을 또 다른 저작에서 단일한 기간으로 압축한다.[82] 다른 저자들도 마찬가지로 그들 자신의 저작 안에 있는 같은 사건들에 관해서 시간 간격에 대한 설명을 달리하는데, 이는 할당된 지면과 같은 요소들에 따라 다양하다. 어떤 기록에서는 죽음이나 승천이 즉시 나타나고 또 다른 기록에서는 며칠 뒤에 나타날 수도 있다.[83]

융합은 기억을 통한 짧은 인용에서도,[84] 더 큰 단위의 자료를 따를 때도[85] 자료를 단순화하는 한 가지 일반적인 방법이었다. 그러한 혼합의 몇 가지 예는 기억 착오에서 비롯된 것일 수도 있지만,[86] 융합은 같은 저자의 서로 다른 기록 속에서도 나타난다.[87] 성경의 역사에서 관련된 사건들을 함께 진술하는 것이 불필요한 반복을 피하며 이야기를 단순화시킬 때 요세푸스는 그런 사건들을 융합한다.[88] 그는 또 가능하면 다양한 자료를 조화시키기 위해 그렇게 한다.[89] 이전의 몇몇 유대인[90]과 이후 기독교인들[91]

---

81 Licona, *Differences*, 52, 108.
82 여기서도 의도적인 축약이 더 가능성이 크지만, 망각을 암시하는 Small, *Wax Tablets*, 194.
83 예를 들면 Justin, *Epitome* 6.8.1과 6.8.13; 또는 눅 24:36-51과 행 1:3을 비교해 보라. 행 12:23과 Josephus, *Jewish Antiquities* 19.350도 함께 참고하라.
84 그리스와 로마의 저자들에 대해서는 예를 들면 Stanley, *Language*, 290-91; Hill, "Words," 271; Pelling, *Texts*, 45을 보라. 여러 유대인 저자들에 대해서는 Stanley, *Language*, 322-23을 보라.
85 Burridge, *Gospels*, 169; Derrenbacker, *Practices*, 94-95, 110-13, 115-16.
86 Small, *Wax Tablets*, 193을 보라.
87 Pelling, *Texts*, 45; Licona, *Differences*, 20, 48, 52, 56, 67, 91, 95, 108을 보라.
88 Downing, "Redaction Criticism 1", 56.
89 Downing, "Redaction Criticism 1", 61-62; 참조. 57-58.
90 Barker, "Reassessment," 113-15(112 n. 11에 나오는 훨씬 더 이전의 유대인들을 참고하라).
91 Barker, "Reassessment," 115-17.

의 필사 자료들은 그들의 본문에 대한 특별히 면밀한 관심, 곧 어떤 이들은 복음서에서도 발견하는 그 관심을 암시하는 미시 융합의 예들을 제공해줄 수도 있다.[92] 구전 단계에서도 전승들과 단일한 전승의 다양한 형태들은 서로 영향을 줄 수 있다.[93]

가장 극단적인 형태의 융합에서는 고대 저자들이 종종 일반적으로 신뢰할 만하다고 믿는 사료들을 조화시키려 노력했다.[94] 때때로 그들은 서로 다른 전승들을 조화시키기 위해 비슷하게 언급된 두 인물을 만들어냈다.[95] 조화는 어떤 때는 그럴듯하지 않지만,[96] 어떤 때는 지금까지 남아 있는 부족한 정보를 근거로 우리가 알고 있다고 생각하는 것보다 사료 중에 현존하는 것을 당연히 더 중시한다.[97] 따라서 예를 들면 학자들은 언젠가 1881년의 한 린치 사건에 대한 두 가지 "상반되는" 구두 보고를 언급했다. 즉 한 기록에서는 사람들이 "철도 건널목에" 매달려 있고 다른 한 기록에서는 소나무에 매달려 있다. 그러나 결과적으로 역사가들은 "서로 다른 때에 두 곳에 모두 매달려 있는 시체들을 보여주는 낡은 사진들"을

---

92 Kloppenborg, "Variation," 74도 바르게 언급하는 Barker, "Reassessment," 114, 117-19.

93 Vansina, *Oral Tradition*, 153; 참조. Small, *Wax Tablets*, 200.

94 예를 들면 Diodorus Siculus, *Library of History* 4.4.1-5; 요세푸스(Derrenbacker, *Practices*, 93, 95); "디아테사론"(Barker, "Reassessment," 116)도 함께 보라. 필사자들과 다른 형태의 본문들도 함께 참고하라(Barker, "Reassessment," 112; 참조. 115). 때때로 그들은 아마도 그들 자신의 개작으로 그들의 사료 속에 있는 모순을 완화했을 것이다. Damon은 "Source"에서 Livy, *History* 34.54.4-8과 Tacitus, *Annals* 1, 14권과 관련해서 이러한 방법을 제안한다.

95 Diodorus Siculus, *Library of History* 4.4.1-5; Arrian, *Alexander* 2.16.1-3; 4.28.2; *Indica* 5.13에서처럼.

96 예를 들면 기록들을 조화시키기 위해 오리게네스는 "저녁 식사 때 한 여자가 예수께 기름을 부은 각기 다른 세 번의 경우"를 제안했다(Origen, *Commentary on Matthew* 77; Wiles, *Gospel*, 16에서 언급됨).

97 Licona는 *Differences*, 91에서 고대 역사가들 사이의 어떤 차이점은 다른 것들보다 더 그럴듯하게 설명될 수 있다고 지적한다.

발견했다. 그들은 한 장소에서 린치를 당한 뒤 다른 장소에 또다시 매달렸다.[98] 처음에 오류를 가정하기보다는 먼저 사료들을 있는 그대로 설명하고 다른 그럴듯한 대안들이 고갈된 뒤에 비로소 마지막 수단으로 오류의 원인을 사료에서 찾으려 하는 것이 방법론적으로 가장 나아 보인다.[99]

전기 작가들은 이런 관행이 그들의 이야기에 약간의 수정을 요구할 때조차 관계없는 지엽적인 내용을 생략함으로써 줄거리를 자주 단순화했다.[100] 그런 예들은 필론, 요세푸스,[101] 플루타르코스[102]의 글에서 접할 수 있다.

전기 작가들은 그 당시의 일차적인 전기 주인공에게 초점을 맞추기 위해 종종 세부적인 내용을 생략하며[103] 때로는 그 인물의 관점에서 글을 쓰기까지 한다.[104] 마가복음에서 우리는 종종 예수를 돋보이게 하는 존재이기는 하지만 대표적 제자인 베드로에게 맞추어진 초점을 생각해 볼 수

---

98 Eddy and Boyd, *Legend*, 424(구두 역사 서술상의 방법에 관한 저작인 Bogart and Montell, *Memory*, 77을 인용함).

99 Brown, *Death*, 8을 보라. 고대사가 Alanna Nobbs의 2018년 8월 20일의 개인적 편지에 담긴 견해도 마찬가지다. 참조. Dillon and Finamore, "Introduction," 4. 그들은 자신들이 논평한 문제에 대한 다양한 해법을 제시한 뒤에 다음과 같이 썼다. "물론 또 다른 가능성은 에우나피우스가 심각하게 혼동했을 가능성이지만, 그런 결론은 궁여지책처럼 보인다." 저자들은 실수를 저지를 수 있지만, 이런 설명으로 모든 구멍을 메우는 것은 과학 연구에서 틈새의 신에게 호소하는 것과 닮았다. 그것은 다른 그럴듯한 설명을 위해 선행 연구를 회피하는 것이다. 일상생활에서 우리는 일반적으로 제한적이지만 신뢰받는 자원들을 조화시킨다.

100 Licona, *Differences*, 20을 보라.

101 특히 Josephus, *Jewish Antiquities* 2.176; 11.68을 언급하는 McGing, "Adaptation," 131-33; Downing, "Redaction Criticism 1", 57.

102 De Pourcq and Roskam, "Virtues," 176; Licona, *Differences*, 47-48, 77, 83, 109을 보라.

103 플루타르코스의 저작에서. Licona, *Differences*, 42, 46, 48, 50-52, 56, 72, 75, 77, 80, 83, 95, 97, 100, 108을 보라.

104 플루타르코스의 저작에서. Licona, *Differences*, 21, 39를 보라.

도 있다(참조. 막 8:29-33; 9:5; 10:28; 11:21; 14:29-31, 37, 54, 66-72; 16:7).[105] 주인공에게 맞춰진 초점을 유지하거나 어떤 기록을 단순화하고 간소화하기 위해 전기 작가들은 종종 특정한 인물을 "집중 조명"하고[106] 때로는 현장에 있었던 다른 인물들을 생략하기까지 했다. 이런 기법은 플루타르코스의 글에서 꽤 흔하게 등장한다.[107] 예를 들면 그는

- 브루투스에 대한 전기에서 브루투스의 상처만 언급하지만, 다른 곳에서는 동시에 상처를 입은 다른 이들에 대해서도 알고 있음을 보여준다.[108]
- 안토니우스의 역할을 강조하면서 키케로의 역할을 생략한다.[109]
- 키케로에 대한 전기에서 내전과 카이사르의 암살에 대한 독자들의 지식을 당연한 것으로 여기고 키케로에게 어떤 역할이 있을 때만 이런 세부적인 정보들을 다룬다.[110]

이러한 관행은 플루타르코스에게만 국한된 것이 아니다. 따라서 예를 들어 요세푸스는 어떤 때는 자신과 함께 머물며 자신을 깨우는 네 명의 경호원을 언급하는 반면, 또 다른 더 극화된 듯한 묘사에서는 경호원이 한 명

---

105 예수를 돋보이게 하는 존재인 다른 이들에 대해서는 예컨대 다음 참고문헌들을 보라. Wrede, *Messianic Secret*, 106; Tolbert, *Sowing*, 222; Malbon, *Company*, 91-93; Horsley, *Hearing*, 91; Bond, "Paragon," 29; 하지만 이는 Henderson, *Christology*, 13-14, 194에서는 자격 조건이 아니다.

106 De Pourcq and Roskam, "Virtues," 168에서의 관심 집중을 참고하라.

107 예를 들면 Licona, *Differences*, 20, 36, 39, 48, 61, 67, 69, 75, 103, 108-10을 보라.

108 Plutarch, *Brutus* 17.4에 대해서는 Licona, *Differences*, 97.

109 Licona, *Differences*, 95.

110 Hägg, *Biography*, 261.

밖에 없다.[111] 마찬가지로 수에토니우스도 클라우디우스에 관한 전기에서는 클라우디우스의 죽음에서 아그리피나의 역할에 초점을 맞추지만, 네로에 관한 전기에서는 네로를 그녀와 함께 연루된 것으로 묘사한다.[112] 복음서에서 우리는 마태가 마가복음과 아마도 Q 자료에서 사자들을 생략함으로써 이야기를 간소화했다고 생각할 수도 있다(마 8:5; 9:18; 막 5:35; 눅 7:3-5).[113]

앞서 지적했듯이, 전기들은 엄밀한 연대기에 몰두하지 않았고, 전기 작가들은 종종 인물들과 관련된 일화와 관련해서 어떤 순서에 대한 지식도 부족했다.[114] 일화의 원래 배경에 대해서 알지 못할 때조차 전기 작가들은 여전히 그 일화를 그들의 이야기 안에 어딘가에 배치해야 했고[115] 독자들이 기대하는 이야기의 응집력을 제공하는 방식으로 그렇게 하려 했다.[116] 장면들과 발언들에 대한 시간적 위치 이동은 이처럼 꽤 흔한 일이었

---

111 Josephus, *Jewish War* 2.600-601; *Life* 137(Henderson, "Comparison," 270). 좀 더 극적인 묘사에서는 도망이 아닌 자살을 촉구하기도 한다.

112 Suetonius, *Claudius* 44; *Nero* 33을 언급하는 Edwards, "Introduction," xxii.

113 참조. 예컨대 Ehrman, *Interrupted*, 41의 견해(하지만 아마도 그는 시대착오적으로 그것들을 모순으로 취급했을 것이다. 이는 논박하는 글을 쓸 때를 제외하면 저자들 대다수가 그런 차이점들을 다루는 방식이 아니었기 때문이다); (1999년 판에서 이미) 고대의 글쓰기 패턴을 고려하는 Keener, *Matthew*, 264 n. 14, 302. 그들이 그것을 어떻게 설명하든 모든 주의 깊은 독자들은 차이점을 발견할 것이고 복음서 저자들 자신도 그런 차이점을 숨기려 하지 않았다.

114 "자유롭게 부유하는" 자료를 재배열했을 가능성이 큰 예들을 보려면 Licona, *Differences*, 28, 32-33, 47-48, 89, 91을 보라.

115 Licona, *Differences*, 89, 91을 보라.

116 Quintilian, *Orator's Education* 9.5.129에 관한 Licona, *Differences*, 89-90; Lucian, *How to Write History* 55(참조. 50)을 보라. 더 광범위하게 보려면 Longenecker, *Rhetoric*, 4-5, 10-18, 21-23, 34-37, 41, 46, 62-66("사슬 고리 연쇄"에 대한 글); 및 Brack, *Historiography*, 8-14을 보라.

고[117] 때로는 저자가 어떤 사건이 다른 시간에 발생했음을 분명히 알고 있었을 때도 그랬다.[118] 그래서 플루타르코스는 때때로 그 자신이 쓴 전기들 가운데서도 이야기의 순서가 서로 다르다.[119]

한 저자의 저작들 가운데서도 숫자상의 모순은 흔히 나타난다.[120] 어떤 것은 잘못된 기억에서 비롯되고 어떤 것은 반올림 오차나 사본 오류에서 비롯되지만,[121] 어떤 것은 의도적인 변경을 반영할 수도 있다. (역사적 기록도 이를 비판하는 이들이 인식하듯이[122] 종종 숫자를 과장했다.[123] 가장 신중한 이들조차 자신들도 종종 인정하듯이 보통 근사치만 제시했다.)[124]

---

117 예를 들면 Pelling, "Adaptation," 128-29; McGing, "Adaptation," 125-26; Kwon, "Charting," 74; Henderson, "Comparison," 269, 272; Licona, *Differences*, 67, 72, 108; 이 책은 91, 108쪽에서 융합으로 이어진다. 「마카베오하」에 대해서는 Reynolds, "Difference," 309을 보라.

118 Licona, *Differences*, 20(분명한 Plutarch, *Cato the Younger* 25.5을 인용함).

119 Licona, *Differences*, 47, 50-51, 110; Licona, "Viewing," 326.

120 Henderson, "Comparison," 269에 나오는 요세푸스의 분명한 예(Cohen, *Josephus*, 7을 따름); Licona, *Differences*, 57, 73, 104, 110에 나오는 플루타르코스의 예. 참조. Henderson, "Comparison," 268, 271-72에 나오는 철자나 이름의 차이; Licona, *Differences*, 75, 109-10. 마태와 누가는 마가복음을 더 충실히 따르는 경향이 있다(예. 막 6:44; 마 14:21; 눅 9:14; 참조. 요 6:10).

121 후자에 대해서는 Polybius, *Histories* 12.4.4-6에 나오는 필사자에 대한 비난; Lake and Cadbury, *Commentary*, 277에 나오는 Josephus, *Jewish War* 2.261-63; *Jewish Antiquities* 20.169-72에 대한 논의; Conzelmann, *Acts*, 184; Lardner, *Works*, 1:436에 나오는 H. Aldrich의 글을 참고하라. 추가로 B. O. Foster, LCL 2:251 n. 1에 나오는 Livy, *History* 3.3.9을 참고하라.

122 Thucydides, *History* 5.68.2; Polybius, *Histories* 3.33.17-18; 12.17.1-12.22.7; Pliny, *Letters* 9.16.1; Lucian, *How to Write History* 20. 그러나 때때로 꼼꼼한 사료에서도 과장된 숫자가 나타난다(예. Polybius, *Histories* 1.63.6; 3.117.4).

123 다음 문헌들을 보라. Xenophon, *Hiero* 2.16; Livy, *History* 3.8.10; Tacitus, *Histories* 3.61. 요세푸스는 성경 본문에서도 숫자들을 부풀린다(참조. *Jewish Antiquities* 6.203 및 삼상 18:27 MT; LXX와 비교해 보라).

124 Rubincam, "Numbers"; 참조. Quintus Curtius Rufus, *History* 4.16.26에서의 경고. 예외는 예컨대 Dionysius of Halicarnassus, *Roman Antiquities* 5.20.1; 5.75.3; 6.96.4; 9.15.2;

전기 작가의 관행뿐만 아니라 작문 입문서들도 화자들이 어떤 행동의 주체를 한 사람에게서 더 많은 사람으로, 또는 여러 사람에게서 한 사람으로 자유롭게 바꿀 수 있었음을 보여준다.[125] 따라서 예를 들어 플루타르코스는 어떤 전기에서는 카토의 누이들의 반응을 묘사하는데 또 다른 전기에서는 그의 (한 명의) 누이의 같은 반응을 묘사한다.[126] 이러한 관행은 마가가 마태가 알고 있는 두 번째 인물을 생략하는 현상(막 5:2//마 8:28; 막 10:46-52//마 9:27-31; 20:29-34)이나 (내 생각에 아마도 더 가능성이 큰) 마태가 다른 곳에서 비슷하게 구원받거나 고침을 받은 인물들을 생략한 일을 간결하게 보충하기 위해 마가복음의 한 인물을 중복해서 표현하는 현상(막 1:23-26; 8:22-26)을 설명해 줄 수 있을 것이다.[127]

어떤 사람에 관한 내용을 다른 사람에게 전가하는 일은 전기보다 미드라시에서 더 흔하지만, 의도적으로든 기억의 혼란으로 인해서든 전기에서도 나타난다.[128] 특히 생생한 기억이 사라진 뒤에 전승 전달자들은 때때로 잠언들을 한 스승에게서 다른 스승에게로 전가하거나 여러 스승이 한 말로 간주한다.[129] (그러나 다른 경우에는 유명한 연사 자신이 다른 사람들이 한

9.36.3에 나오는 기록과 같은 인구 조사 기록일 것이다. 그런 경우에서조차 기록들이 언제나 신뢰할 만하지는 않다(참조. Suetonius, *Julius* 41과 Plutarch, *Caesar* 55.3; Josephus, *Jewish War* 6.423-25; t. Pesaḥ. 4:15도 주목해 보라. 참조. Byatt, "Numbers").

125 Licona, *Differences*, 11.
126 Plutarch의 *Cato the Younger* 30.3-4과 *Pompey* 44.3을 비교하는 Licona, *Differences*, 43. *Pompey* 67.3-4과 *Caesar* 41.1-2을 비교하는 109쪽도 함께 보라.
127 참조. Goulder, *Midrash*, 44-45; Gundry, *Matthew*, 158; Bruce, "Matthew," 145에 인용된 Holtzmann의 말. 여기서 마태복음의 문체에 대해서는 Meier, *Matthew*, 230; 아마도 막 11:2//마 21:2; 막 14:57//마 26:60을 참고하라.
128 필론이 묘사한 모세에 대해서는 McGing, "Adaptation," 126-27을 보라(아마도 드물게); 플루타르코스에 대해서는 Licona, *Differences*, 20, 34, 50, 61, 67, 72, 98, 108; Licona, "Viewing," 325을 보라.
129 여기서 예컨대 다음 문헌들을 보라. Diogenes Laertius, *Lives* 2.60; Ariston 1 in Plutarch,

말을 재활용할 수도 있다.)[130] 그러나 복음서에서는 이런 특수한 문제가 벌어
질 가능성이 별로 없다. 누군가가 초기 예수 운동에서 다른 사람들의 말을
예수의 말씀과 혼동할 것으로 예상하지는 않을 것이다. 제자들은 예수를
그들의 유일무이한 스승으로 여겼고 예수에게 유일무이한 권위를 부여했
다.[131] 우리의 남아 있는 증거는 예수가 랍비들이 최소한 공식적으로라도
학생들을 모세 오경과 가까워지게 하는 방식으로 제자들을 자신의 가르
침과 가까워지게 했음을 암시한다.[132]

생략은 흔한 일이지만,[133] 10장에서 언급한 것처럼 언제나 화자의 권
한에 속한 일이다.[134] 생략은 저자들이 자료를 축약할 때 자주 나타난다. 따

Sayings of Spartans, Moralia 218A; Themistocles 2 in Plutarch, Sayings of Kings and Commanders, Moralia 185A, Alexander in Dio Chrysostom, Orations 2; Alcibiades 1 in Plutarch, Sayings of Kings and Commanders, Moralia 186D와 Moralia 234E에서의 한 스파르타인; Plutarch, Marcus Cato 2.4; Philostratus, Lives of the Sophists 1.485에 나오는 이야기; Athenaeus, The Learned Banqueters 550; 및 Diogenes Laertius, Lives 4.37(Philostratus, Lives of the Sophists, LCL 14-15 n. 2에 나오는 W. C. Wright의 말); Musonius Rufus, frag. 51, p. 144.3-7, 10-19도 주목해 보라; Philostratus, Lives of the Sophists 1.485(및 LCL 14-15 n. 2의 주석); Alexander, "IPSE DIXIT," 121에서의 논의와 몇 가지 구체적인 한계. 구두 전승 에서 초기의 이름이 같은 이들의 융합에 대해서는 Barber and Barber, Severed, 115을 보라.
130 이렇게 해서 마르쿠스 카토의 금언 중 다수가 그리스어에서 번역되었다(Plutarch, Marcus Cato 2.4). 무소니우스와 카토, 둘 다의 말로 여겨진 한 격언(Musonius Rufus, frag. 51, p. 144.3-19)은 출처를 착각한 것일 수도 있고 (아마도 한 번 이상) 재활용된 말이었을 수도 있다.
131 Byrskog, Teacher, 237-308, 350-68과 특히 307-10을 전부 보라; Yieh, One Teacher도 함께 보라; Licona, Differences, 183; 참조. Riesner, Lehrer, 259-64. 어떤 이는 전승 과정에서 이 처럼 초기에는 그러한 혼동은 어쨌든 매우 드물 것이라고 예상한다(Keener, Historical Jesus, 142-44을 보라).
132 Riesner, Lehrer, 417을 보라. 참조. 마 7:24-27과 'Abot R. Nat. 24A; Jeremias, Parables, 194; Keener, Matthew, 254-56을 보라.
133 예를 들면 우리가 네포스나 필론을 그들의 자료에 비추어 검증할 수 있는 대목에서 (Christian, "Themistocles," 139; Hidalgo, "Study," 287, 289).
134 여기서는 Pelling, Texts, 119을 참고하라.

라서 예를 들어 역사가 폴리비오스는 이미 너무 잘 알려져 있거나 독자들에게 유익하지 않은 자료는 생략할 것을 추천한다.[135] 타키투스는 스스로 역사의 주된 도덕적 목표에 있어서 소중하지 않은 자료는 자유롭게 생략했다고 말한다.[136] 저자들은 가능한 모든 정보를 좀처럼 다 삽입하지 않는다. 고대 저자들은 그렇게 할 의도가 없었다.[137] 유다 지방 사람들을 포함한 초기 유대인의 다양한 저작들에서는 종종 골치 아픈 일화들을 생략한다.[138]

어떤 저자들은 다른 이들이 회피한 특성이나 일화를 다룬다.[139] 선택적일 필요가 있는 전기 작가들은 그들의 목적과 가장 관련 있는 대목에 초점을 맞추면서[140] 가장 관련 있는 자료는 천천히 더 자세히 다루었지만 덜 관련 있는 대목에서는 서술 속도를 높였다.[141] 그렇지만 복음서에 대한 편집비평과 같이 때때로 우리는 꽤 일관된 패턴이 나타나는 곳을 제외하면 생략의 이유에 관해서는 추측밖에 할 수 없다.[142]

---

135 Polybius, *Histories* 15.36.10; 참조. Tacitus, *Annals* 15.63.
136 Tacitus, *Annals* 3.65.
137 그러나 수에토니우스에 대한 비판은 사실에 관한 오류보다 그가 생략한 내용에 더 초점을 맞추었다(Hägg, *Biography*, 230).
138 예. Jub. 13:17-18; 29:13; T. Zeb. 1:5-7; 그 이전의 예로는 예컨대 Williamson, *Chronicles*, 236을 보라.
139 예를 들면 전기 작가들 가운데서 플루타르코스(*Agesilaus* 2.1; 14.1)와 네포스(*On Great Generals* 17 [Agesilaus], 8.1)는 둘 다 아게실라오스가 다리를 절었다는 사실을 언급하지만, 아게실라오스의 친구 크세노폰은 언급하지 않는다. 네포스와 플루타르코스는 마찬가지로 아게실라오스의 죽음을 다루지만, 크세노폰은 다루지 않는다(Ytterbrink, *Gospel*, 94). 전기의 다른 곳에 대해서는 McGing, "Adaptation," 120, 131-33; Licona, *Differences*, 2, 20, 51, 56, 72, 75, 77, 95, 109을 보라; 추가로 10장을 보라.
140 De Pourcq and Roskam, "Virtues," 166-67(특히 Plutarch, *Aemilius Paulus* 1.2을 언급함), 176; McGing, "Adaptation," 131-33; 참조. Votaw, "Biographies," 231. 역사서에 대해서는 다음 문헌들을 참고하라. Dionysius of Halicarnassus, *Thuc.* 13-17; Laistner, *Historians*, 132.
141 De Pourcq and Roskam, "Virtues," 167.
142 Pelling, *Texts*, 101.

11.5. 확대와 축약

전승의 경향은 언제나 팽창적이라고 가정한 복음서에 대한 초기의 양식 비평 연구와 대조적으로, 이후의 연구는 시간의 경과가 어떤 기록을 길어 지게 할지 짧아지게 할지를 예측하기란 불가능함을 입증했다.[143] 고대의 저자들은 사료를 어느 때는 확대하고 어느 때는 축약했다.

저자들이 사료에 가한 많은 변화는 단순히 배열의 문제였고, 이 문제 는 수사학적 훈련을 받은 이들에게는 매우 중요했다.[144] 시인들과 산문 작 가들은 단지 배열을 더 낫게 만들기 위해 때때로 의미상 비본질적인 구절 들을 추가하거나 본질적인 구절들을 없앴다.[145] 1세기의 한 수사학 입문서 는 부연 설명과 축약이 꽤 기초적인 훈련이었음을 보여준다.[146] 고대 작가 들은 발언들을 다른 기존의 서사적 배경으로 옮기는 것을 날조의 문제가 아닌 배열의 문제로 간주했다.[147] 예를 들어 화자에게 또 다른 문제를 상기

---

143 Sanders, *Tendencies*, 특히 19, 46-87, 88-189, 272에 나오는 증거를 보라; 참조. Stein, "Criteria," 238-40.

144 예를 들면 Dionysius of Halicarnassus, *On Literary Composition* 2-4을 참고하라. 수사학에 서 배열의 중요성에 대해서는 예를 들어 다음 참고문헌들을 보라. *Rhetorica ad Herennium* 1.1.1-3; Cicero, *On the Composition of Arguments* 1.6.8; Menander Rhetor, *Epideictic Treatises* 2.4, 392.14; Aune, *Dictionary*, 62-64; Wuellner, "Arrangement," 51-87. 복음서 에서 재배열의 한 가지 분명한 예를 보려면 마 21:12-13, 19-22; 막 11:13-25을 참고하 라. 미쉬나의 편찬에서 할라카 식의 이념적인 편집뿐만 아니라 문체상의 편집에 대해서는 Kulp, "Patterns"를 보라.

145 Dionysius of Halicarnassus, *On Literary Composition* 9.

146 테온에 관한 Licona, *Differences*, 13-14을 보라.

147 우화에 이야기를 더하거나 이야기에 우화를 더하는 것에 대한 Theon, *Progymnasmata* 4.73-79(하지만 이야기는 우화에 대해 배경이 아닌 유사물로 더해진다). 금언이 이야기에 더해질 수도 있고(5.388-425) 기존의 이야기가 둘 이상의 이야기를 한꺼번에 진술하도록 합쳐질 수도 있다(5.427-41).

시키는 한 가지 문제는 전환을 위한 일반적인 수사적 기법이었다.[148]

고대 저자들은 동시대인들이 이러한 관행을 불쾌하게 여길지도 모른다는 생각은 전혀 하지 않고 기록들을 자유롭게 확대하거나 축약했다. 플루타르코스는 종종 세부적인 부분을 채워 넣음으로써 내용을 확대한다.[149] 전기 작가들은 특히 고대 시인들에 대해,[150] 또는 어떤 영웅의 어린 시절의 특성에 대해 다른 사료가 부족할 때 "채워 넣을" 내용을 만들어내기가 더 쉬웠다.[151] 그들은 내용을 확대하기 위해 때때로 사용 가능한 내용으로부터 추론을 통해 작업한다. 그러한 추론은 원래의 세부적인 내용에 대한 확신 가능성을 희생한 대가로 그럴듯한 특성을 증가시킨다.[152]

그러나 역사서나 전기를 확대하는 일은 언제나 광범위한 추론을 요구한 것이 아니었고 보통 의도적인 의미상의 변화를 수반하지도 않았다. (아마도 1세기에 나온 듯한) 어느 입문서의 기본적인 수사학 연습에는 우화와 같은 이야기들을 "확대"하고 "압축"하는 연습이 포함되었다.[153] 그러나 저자는 또한, 때로는 단순히 다른 사료를 통해 알려진 지엽적인 내용을 덧붙이거나 이야기 속에 함축되어 있거나 본질상 그 자체로 그럴듯한 약간의

---

148 Quintilian, *Orator's Education* 9.2.60-61. 참조. Gerhardsson, *Memory*, 145-49, 153에 나오는 표어들에 대한 논의; 복음서에서는 Bultmann, *Tradition*, 325-26을 참고하라.

149 Pelling, "Adaptation," 129-31; Russell, "Coriolanus," 21-28; Small, *Wax Tablets*, 199 (Pelling, "Adaptation"을 따라); Kwon, "Charting," 73-74; Licona, *Differences*, 20.

150 Power, "Poetry," 237. 어떤 이들은 사도행전의 초반에 나오는 여러 연설을 비교하려 했다 (예. Johnson, *Acts*, 10).

151 (Pelling, *Plutarch and History*, 308-9을 따라) 루키아노스가 아닌 플루타르코스와 관련해서 Beck, "Demonax," 85.

152 예를 들어 Christian, "Themistocles," 114, 118, 130, 139; Hidalgo, "Study," 287, 291, 300을 보라.

153 Theon, *Progymnasmata* 4.37-42(Butts). 확대는 연설의 분량을 늘리거나 지형을 묘사하는 일과 같은 문제들을 수반했다(4.80-82). 신적인 발화로 여겨진 신탁조차 확대될 수 있었다. Aune, *Prophecy*, 58을 보라.

묘사를 덧붙임으로써, 좀 더 현실적인 종류의 이야기를 다룬다.[154] (그러나 어떤 역사가들은 그러한 묘사적 부연 설명을 너무 지나치게 했다.)[155]

수사학적 관행은 날조하지 않고 표현을 바꿈으로써 표본으로 삼은 이야기를 발전시킬 수 있었다.[156] 또 다른 저자는 부연(敷衍)을 요점을 점점 더 강력하게 각인시키기 위해 점점 더 많은 어구를 덧붙이는 일로 묘사한다.[157] 수사학적 관행에서는 어떤 인물에 대해 찬사를 바치고 다음에는 다른 말로 바꾸어 표현하고 그다음에는 설명하는 식으로 짧은 일화(chreia)를 부연 설명할 수 있다.[158]

디아스포라 유대인 저자들은 자료를 비슷하게 다루었다. 필론은 종종 설명적이고 극적인 세부 정보로 이야기를 확대한다.[159] 모세를 헬라화한 필론은 모세를 왕이자 대제사장으로 만든다. 필론은 모세의 "교육과 청소년기"를 강조한다.[160] 요세푸스는 종종 성경 기록의 순서와 내용을 정확히 따르면서도, 비록 덧붙인 내용이 많은 유대인 독자들에게 눈에 띄어

---

154 Theon, *Progymnasmata* 3.224-40. 2.115-23에서 테온은 이전 사료들 속에 있는 부연 설명을 서로 비교한다. 부연 설명(ἐργασίας, *ergasias*)은 특별히 반박에 있어서 유용했다(1.172-75).

155 Lucian, *How to Write History* 19, 57의 항의를 보라.

156 Hermogenes, *Invention* 2.7.120-21에 나오는 전형적인 예들; 발전에 대해 더 자세히 보려면 2.1.108-9; 2.7.120-24을 보라. 가설적인 연설은 역사 속의 새로운 상황을 지어낼 수 있었지만(예. Hermogenes, *Invention* 2.4.115), 복음서와 복음서의 자료들은 가설적인 수사적 연습을 수반하지 않는다.

157 Longinus, *On the Sublime* 11.1; 참조. Menander Rhetor, *Epideictic Treatises* 2.3, 379.2-4. 부연에 대한 더 자세한 논의를 보려면 (전적으로 사료와 관련하여) Anderson, *Glossary*, 26-29을 보라.

158 Hermogenes, *Progymnasmata* 3. "크레이아"에 대해서는 7; Aphthonius, *Progymnasmata* 3. "크레이아"에 대해서는 23S, 4R; 4. 금언에 대해서는 9-10.

159 Philo, *Moses* 1.51-59에서 예컨대 출 2:15-22을 언급하는 McGing, "Adaptation," 127-30, 133(참조. Josephus, *Jewish Antiquities* 2.258-63).

160 *Moses* 1.20-33, 148-62을 인용하는 McGing, "Adaptation," 134.

보이더라도, 성경의 몇 가지 이야기를 부연 설명한다.[161]

축약에 대해 불평한 문체 비평가는 거의 없었을 것이다. 그리스-로마의 저술가들과 수사학자들은 간결함이 명료함이나 타당성을 훼손하지 않는다면 이야기의 간결함을 높이 평가했다.[162] 아마도 많은 독자에게 더 중요한 것은, 분량이 긴 저작은 더 광범위할 뿐 아니라 가격이 더 비쌌다는 점이었을 것이다. 플루타르코스는 때때로 자료를 축약하며,[163] 투키디데스[164]나 디오도로스 시켈리오테스[165]와 같은 역사가들도 마찬가지다. 이전 자료를 인용하는 유대인 저자들도 여러 대목을 자유롭게 생략하고 문법적으로 수정했다.[166] 필론[167]과 요세푸스[168]는 때때로 자료를 압축하며, 「마카베오하」 전체는 더 긴 저작의 축약본이다.[169] 대다수의 공관복음 학자들도 마찬가지로 마태가(그리고 빈도는 덜하지만 누가도) 마가복음의 기사들을 축약했다는 점을 인정한다.[170]

고대 유대인의 하가다는 헬레니즘 시대의 역사 기록보다 더 많은 부

161　예. Josephus, Jewish Antiquities 9.29-43과 왕하 3:4-27에 관한 Begg, "Blanks."

162　Theon, Progymnasmata 5.39-43, 52-53; Lucian, How to Write History 56; Phaedrus, Fables 2, prol. 12-13; 3, epil. 8-9; 4, epil. 7-9; Philostratus, Heroicus 29.6; 연설에서는 예를 들면 Diogenes Laertius, Lives 7.1.20; Dionysius of Halicarnassus, Thucydides 55; Demosthenes 18, 20, 24; Lysias 5; Philostratus, Lives of the Sophists 2.4.569. 그러나 때로는 지나치게 간결해질 수도 있었다(Dionysius of Halicarnassus, 2 Letter to Ammaeus 2; Lucian, How to Write History 30).

163　Licona, Differences, 98, 100, 108.

164　Pelling, Texts, 119.

165　Derrenbacker, Practices, 91-92; 전반적으로 역사 저술가들에 대해서는 76쪽.

166　Stanley, Language, 323. 축약된 문헌들에 관해서는 Small, Wax Tablets, 177도 참고하라.

167　McGing, "Adaptation," 123-25; Hidalgo, "Study," 292-93.

168　Derrenbacker, Practices, 115.

169　2 Macc 2:23, 26, 28은 명백히 표준적인 축약의 관행을 따른다.

170　나는 마가도 Q 자료를 통해 알게 된 서문의 내용을 축약했을 것이라고 생각한다(Keener, Spirit, 60-61, 94-95).

연 설명을 허용했지만,[171] 하가다는 유대인의 전기보다 그리스 신화집과 더 비슷해 보인다.[172] (역사 기록과 신화적 기록 사이에서 인식된 차이의 한 가지 중요한 요소는 보통 최근의 역사적 인물과 신화적이거나 전설적인 과거의 머나먼 인물 사이의 차이였다.)[173] 그 과정은 아마도 보통은 이전의 전설적으로 덧붙여진 내용과 추측을 간직하고 있는 증가의 과정이었을 것이다.[174]

후대의 랍비들은 전기를 쓰지는 않았으나 추론을 통한 세부적인 내용의 장기적인 첨가의 가능성을 잘 보여준다. 그들은 자신들의 부연 설명이 맨 처음부터 시내산 율법 속에 함축되어 있었다고 이해했다.[175] 어떤 이들은 랍비들이 최소한 처음에는 미드라시의 첨가된 부분을 역사적 재구성과는 구별되는 교훈적인 것으로 인식했다고 주장한다.[176] 유대인 저자들은 어떤 이야기로 인해 제기된 질문에 대답하거나,[177] (때로는 공상적인 미드라시를 통해) 하나님이나 주인공[178]에 대한 찬양을 고조시키거나,[179] 이야

---

171 참조. Penner, *Praise*, 247-60. 그러한 하가다 식의 각색은 미드라시와 민간 문학에서 함께 나타난다(Wright, "Midrash," 129). 랍비들은 또 때때로 조롱하는 투의 설교를 목적으로 이전의 랍비들을 이용하는 이야기들을 창작했다.

172 Maclean and Aitken, *Heroikos*, li-lii에 나오는 신성한 이야기들에 대한 그리스어로 된 부연 설명을 참고하라.

173 9장의 논의를 보라.

174 어떤 이들은 서기관들조차 구술적인 사고방식을 가진 독자들의 필요를 고려하여 자신들이 베껴 쓴 본문을 각색했다고 주장한다(1QIsa*를 언급하는 Person, "Scribe").

175 Sifre Deut. 313.2.4; 참조. Urbach, *Sages*, 1:305, 376.

176 Milikowsky, "Midrash."

177 예를 들면 Demetrius the Chronographer(기원전 3세기), frag. 5(Eusebius, *Preparation for the Gospel* 9.29.16); Jub. 4:1, 9; 12:14; 13:11; 27:1, 4-5(에서와 야곱 대 이삭과 야곱); y. Ketub. 12:4, §8(공상적인 미드라시).

178 (예레미야의 사명을 확대하는) 2 Macc 2:1-8; Jub. 29:14-20(부모에 대한 야곱의 존경을 에서의 경멸과 수사적으로 대조함); T. Job 9-15(OTP 1:832을 보라); T. Jos. 3:1; 참조. Josephus, *Jewish Antiquities* 6.203; LAB 31(Burnette-Bletsch, "Jael").

179 Pesiq. Rab Kah. 4:3(솔로몬에 관한 "랍비들"); Gen. Rab. 43:3; Exod. Rab. 10:4; Pesiq. Rab. 49:5; 참조. Eusebius, *Preparation for the Gospel* 9.27.7에서의 아르타파누스(참조. 삼

기를 개선하기 위해[180] 부연 설명을 사용했다. 그들은 때로는 이름들을 덧붙였고[181] 때로는 미드라시 식으로, 또는 상징적 가치를 위해 부연 설명에 이르렀다.[182] 사료 속에 이미 존재하는 주제는 그것이 나타나는 곳에서 반복해서 말하고 다른 데서 가끔 그 주제를 덧붙임으로써 강조될 수 있다.[183] 마찬가지로 5장에서 지적한 바와 같이 부정적인 사건들은 등장 인물에게 유리하도록 완곡하게 표현하거나 생략하거나 정당화할 수 있었다. 그러나 그러한 전통적인 기법들은 유대인 역사가들이 사용한 일부 사료에 영향을 끼쳤을지도 모르지만, 그 자체로는 이 저자들 나름의 역사 기록 방법을 특징짓지는 못했다.

11.6. 작문 관행

일반적인 고대 역사 저술가들의 작문 관행은 몇몇 복음서 저자가 어떻게 글을 썼는지를 설명하는 데 도움이 될 수도 있다. 전기 작가는 기본적인 초고를 집필하고, 그 후에 초고를 좀 더 주제별로 배열하여 관련 있는 자

상 18:17, 21-25).
180 Jub. 11:14-15, 13:18, 22; 아마도 4Q160, frags. 3-5, 7; Tg. Ps.-Jon. on Gen. 50:26; Ps.Jon. on Exod. 13:19.
181 Jub. 11:14-15; Liv. Pro. 19(Joad)(Schermann의 그리스어 본문에서 §30); Josephus, *Jewish Antiquities* 8.231; LAB 40:1(일반적으로 LAB에서는 Bauckham, "Liber antiquitatum," 67; 더 일반적으로 유대 문헌에서는 Pilch, "Naming"을 참고하라); 참조. (Chares의 기록에 의문을 제기하는) Plutarch, *Alexander* 20.4-5.
182 「희년서」에 나오는 족장들의 아내들에 대해 Rook, "Names"를 보라. (그러나 이름은 때로는 전승 가운데 변화에 가장 많이 저항하는 요소다. 예를 들면, Bernal, *Athena*, 2:337의 견해를 참고하라.)
183 LAB가 우상숭배에 관한 반박에서 하듯이(Murphy, "Idolatry").

료들을 덧붙이고, 그 밖의 방법으로 청중의 피드백을 바탕으로 초고를 수 정할 수 있다.[184] 또한 저자는 새로운 저작을 집필할 때 그의 저작(또는 다른 누군가의 저작)에서 일부를 재활용할 수도 있다.[185]

사료에 대한 제한된 접근 가능성을 고려하여 역사가들은 종종 기억 을 통해 인용구나 시행을 인용했고, 따라서 때로는 어떤 세부사항에 관해 서는 혼동하면서도 요점은 정확하게 이야기할 수 있었다.[186] 기억을 살려 인용하는 이러한 관행은 신약의 구약 인용[187]뿐만 아니라 교부 문헌에서 일부 본문의 변화와 동화[188]도 설명해 줄 수 있을 것이다. 조셀린 페니 스 몰(Jocelyn Penny Small)이 고대의 기억 습관에 관한 저작에서 지적하듯이, 우리는 종종 "고대 저자들에게 우리 자신이 성취할 수 있는 기준보다 훨 씬 높은 기준을 요구한다." 우리는 일반적으로 우리가 몇 년 전에 쓴 책을 기억하지 못한다. 그러나 우리는 그 책을 쉽게 찾아서 확인할 수 있지만, 그러한 작업은 고대에는 일반적으로 훨씬 더 어려웠다.[189]

자료에 의존하는 저자들은 종종 원자료를 뭉텅이째로 인용했다. 예 를 들면 디오도로스는 여담을 제외하면 "여러 장에 걸쳐 하나의 자료를

---

184 Burridge, *Comparison*, 203; Aune, *Environment*, 82; 예를 들면 Josephus, *Against Apion* 1.49-50을 보라; 참조. Lucian, *How to Write History* 48; Small, *Wax Tablets*, 26-40의 더 자세한 내용; Derrenbacker, *Practices*, 39-44; Keener, *Acts*, 43-50. 원시 복음서들(참조. Streeter, *Gospels*, 199-222)은 이렇게―최소한 일시적으로라도―존재했을지도 모른다. 아 마도 원시 마태복음 Q 자료(참조. Filson, *History*, 83; Hill, *Matthew*, 23-27, 53)나 원시 Q 자료(Knight, "Problem")인 듯한 파피아스의 마태복음을 참고하라.
185 예를 들면, 요세푸스는 그의 「유대 전쟁사」를 「유대 고대사」의 비슷한 부분에 대한 주요 사 료로 사용한 것으로 보인다(Krieger, "Hauptquelle").
186 Marincola, "Introduction," 2; 참조. Small, *Wax Tablets*, 193.
187 예를 들면 Montanaro, "Use"를 참고하라. 다양한 고대 문헌에서는 Stanley, *Language*, 304, 322, 334을 참고하라. 의도적인 각색에 대해서는 290-91을 보라.
188 참조. Riesner, *Lehrer*, 452; Hill, "Words."
189 Small, *Wax Tablets*, 194; 참조. 188-90.

끝까지 인용했고, 주제의 끝부분에 이르렀을 때만 말머리를 돌렸다."[190]
어떤 이는 테미스토클레스에 대한 네포스의 전기에서 같은 패턴을 관찰
한다.[191] 책상은 아직 없었기 때문에[192] 작가는 한 번에 한 권 이상의 저작
을 직접 인용하기는 어려웠다.[193] 물론 종종 자신이 읽은 다른 사료에 대한
기억(또는 메모)을 바탕으로 보완하거나 각색했지만 말이다. 이러한 모델
에 따르면 마태와 누가는 Q 자료를 마가복음에서 물려받은 이야기의 줄
거리 속에 보통은 뭉텅이째로 삽입했다.[194]

그렇지만 앞에서 지적한 것처럼 유대인의 일부 필사 자료들은 하나
이상의 사료를 동시에 사용했을 수도 있으며, 이러한 관행은 복음서의 최
종 집필에도 영향을 끼쳤을지 모른다.[195] 복음서 저자들처럼 그러한 필사
자들에게는 사용할 수 있는 자료의 제한된 "정경"이 있었다.

---

190 Bosworth, *Arrian*, 9-10(9에서 인용).
191 Christian, "Themistocles," 139을 보라. Mattila, "Question"에서 타티아노스를 참고하라.
192 Small, *Wax Tablets*, 151, 155, 163-68, 176; Derrenbacker, *Practices*, 38.
193 Pelling, "Method," 91-92; Small, *Wax Tablets*, 151-55, 163-70, 176-81, 185-87(Luce,
     Livy, 144도 인용함); Derrenbacker, *Practices*, 38-39. 이러한 요소는 일반적인 구술의 관행
     에도 불구하고 여전히 존재했을 가능성이 크다(이에 대해서는 예를 들면 다음 문헌들을 보
     라. Cicero, *Letters to Atticus* 14.21; Dio Chrysostom, *Orations* 18.18; Galen, *Grief* 83).
194 Aune, *Environment*, 65, 139; Burridge, *Comparison*, 204-5; 특히 Downing, "Compositional
     Conventions"; Downing, "Actuality"; Small, *Wax Tablets*, 179-81; Derrenbacker, *Practices*,
     38-39, 47-49. 마태가 여러 대목에서 Q 자료를 편집하고 기억에 의존하는 것에 대해서는
     특히 Kirk, *Q in Matthew*를 보라(그러나 Tuckett, "Matthew and Problem"의 고려사항들도
     참고하라). Q 자료 재구성의 한계에 대해서는 특히 Weaks, "Problematizing"을 보라.
195 Barker, "Reassessment," 113-19을 보라.

11.7. 복음서에서 각색의 정도

전기는 역사적 정보에 확고히 뿌리를 두고 있었지만, 세부적인 내용에서는 상당한 유연성도 잠재적으로 허용했다. 일반적으로 인간의 기억은 모든 세부적인 내용보다는 주로 요지를 간직한다.[196] 따라서 고대의 전기 작가들과 역사가들은 세부적인 내용을 그들의 기록과 독자의 필요에 가장 적합한 방식으로 각색하는 것을 자신들의 권리에 속한 일이라고 생각했다.

이러한 관찰 사실은 당연히 우리가 복음서에 거는 장르적 기대에 영향을 끼친다. 복음서들 사이의 유사점과 차이점은 우리가 당시의 최근 인물들에 대한 고대 전기들을 비교할 때 발견되는 종류의 유사점과 차이점에 상응한다. 그러한 각색 가능성을 고려하면 예컨대 베드로의 부인에 관한 요지가 "비본질적인 세부사항에서의 차이"[197]에도 불구하고 다양한 복음서 기록들 사이에서 여전히 일관된 것은 놀랄 일이 아니다. 고대의 꼼꼼한 독자들도 사소한 세부사항에 관해서는 복음서들 사이에 차이가 있다는 점을 인식했다.[198] 꽤 보수적인 현대의 한 성서 해석학자가 지적한 대로 "각 공관복음 저자는 때때로 어떤 이야기를 자신의 계획과 일치시키기 위해 생략이나 첨가로 이야기를 바꾸었다."[199]

다른 이들도 마찬가지로 공관복음의 공통된 자료에 관한 서술상의 차이는 사료를 사용하는 다른 고대 저작에서 좀 더 일반적으로 나타나

---

196 예를 들면 Bauckham, *Eyewitnesses*, 333-34을 보라; 14장의 논의를 보라.

197 Bauckham, *Eyewitnesses*, 344-45.

198 Licona는 이 점과 관련해서 *Differences*, 1에서 John Chrysostom, *Homilies on Matthew* 1.6을 인용한다.

199 Ellis, "Making," 331.

는 종류의 차이보다 크지 않다고 지적한다.[200] 실제로 존 클로펜보그(John Kloppenborg)는 "마태와 누가는 Q 자료를 다른 저자들이 그들의 자료를 사용하는 것보다 훨씬 '경직되게' 사용했다"는 점을 강조한다.[201] 이 점은 또 다른 유대인 저자가 디아스포라 독자들을 위해 70인역에 나오는 하나님의 말씀을 서술할 때도 사실이다.[202] 쿰란 문헌에서 입증된 필사 관행에서는 그보다 더 경직된 인용도 나타나지만,[203] 마태와 누가는 "다른 역사가들이나 전기 작가들의 관행보다" 쿰란 문헌에 더 가까워 보이고 "그들의 자료에 대한 언어적 의존성은 어떤 경우에든 자료의 표현의 40%를 거의 넘지 않으며 그들에게 있어서 표현을 자유롭게 바꾸는 것은 좀 더 일반적으로 있을 수 있는 관행이었다."[204]

마태와 누가가 마가복음의 배후에 베드로의 권위가 있다고 믿었다면, 그들은 아마도 마가복음을 쿰란 문헌들이 성경을 다루는 식으로 거의 신성한 문헌처럼 다루었을 것이다. 그러나 그러한 주장을 확증하려면 더 많은 연구가 필요할 것이다. 마태와 누가는 자료를 자유롭게 각색한다. 어쨌든 그들의 각색은 많은 동시대인의 각색보다 보수적이다. 요세푸스는 디아스포라 독자들을 위해 글을 쓰면서 성경을 우리가 쿰란 문헌이나 복음서에서 보통 발견하는 것보다 더 자유롭게 다른 말로 바꾸어 표현한다.[205]

---

200 Kloppenborg, "Variation," 63-74.
201 Kloppenborg, "Variation," 63.
202 Josephus, *Jewish Antiquities* 3.91; 6.368-73을 언급하는 Kloppenborg, "Variation," 67-70.
203 Kloppenborg, "Variation," 74-77; Barker, "Reassessment," 113-14.
204 Kloppenborg, "Variation," 77. 그는 언어적 일치의 정도를 필사자들의 활동과 비교한다 (78-79).
205 쿰란 문헌에서 있을 수 있는 기억과 관련된 이문(異文)에 대해서는 Carr, *Writing*, 230을 참고하라. 쿰란에 존재했을 수도 있는 기록실과 관련된 논의에 대한 초기의 한 평가를 보려면 Culpepper, *School*, 156-68을 보라.

리코나가 플루타르코스의 글에서 내린 결론도 이와 일치한다. 즉 플루타르코스는 "마태와 누가가 매우 자주 사용한 '복사해 붙이기'와 거의 비슷한 방법에 가까운" 것은 아무것도 사용하지 않는다.[206] 실제로 리코나는 자료들을 자세히 검토한 뒤 플루타르코스의 경우와 마찬가지로 복음서의 평행 기사에서 나타나는 차이점들은 대부분 부차적인 세부사항의 문제라고 결론짓는다.[207] 학자들은 플루타르코스의 글에 대해서와 마찬가지로 복음서의 기본적인 사건들에 대해서도 의문을 제기하지 않는다.[208]

11.8. 결론

신중한 복음서 연구자라면 누구나 인정하듯이 복음서들은 같은 이야기를 진술할 때조차 몇 가지 세부사항에서는 차이를 보인다. 고대 독자들은 유대인이든 이방인이든 전기 장르에서 그러한 차이를 예상했고, 전기적 관습에 익숙하고 예민한 이들은 어느 대목에서 그런 차이를 가장 자주 예상할 수 있는지도 알았을 것이다. 고대 전기에서 그와 같은 차이에는 시간적 위치 이동과 자료의 융합, 예를 들어 비본질적인 특성의 생략을 통한 이야기의 단순화, 이야기를 이치에 맞게 만들거나 어떤 저자들의 글에서는 좀 더 호소력 있게 진술하는 데 필요할 경우 추론을 통한 세부적인 내용 채워 넣기 등이 포함된다.

그렇기는 하지만 고대 독자들은 역사 저술가들이 본질적인 이야기와

---

206 Licona, *Differences*, 20-21.
207 Licona, *Differences*, 200.
208 Licona, *Differences*, 201.

스스로 자료의 본질이라고 믿고 있는 것을 전달하기를 기대했다. 일반적으로 우리는 그러한 편차가 묘사된 본질적인 사건이 아닌 세부적인 내용에만 영향을 끼쳤을 것으로 예상해야 한다. 복음서들과 당시의 공적 인물들에 대한 다른 로마 제국 초기의 전기들은 모두 저자의 의도를 드러낼 뿐 아니라 대상에 대한 실제적인 정보를 제공한다.

4부

역사적 전기로서의 복음서에 대한 두 가지 반론

지금까지 제시된 증거는 복음서가 고대 전기였다는 점과 복음서 시대의 고대 전기들은 사전 정보를 사용했다는 점을 시사한다. 그렇기는 하지만 비평학자들은 때때로 복음서가 역사적 정보를 최근 인물들에 대한 다른 동시대의 전기들과 같은 방식으로 사용했다는 개념을 반박하기 위해 반론을 제기한다. 다음 두 가지 반론이 특히 자주 제기되는 것처럼 보인다.

첫째, 복음서들은 12장의 주제인 기적을 기록한다. 그러한 기록들은 원래의 목격자 증언을 진정으로 반영할 수 있는가? 아니면 긴 전설상의 첨가나 복음서 저자들의(특히 마가의) 독창성을 반영하는가? 그러나 오늘날 이용할 수 있는 충분한 정보는 예수의 동시대인들이 그러한 활동과 관련해서 예수를 알고 있었다는 점을 확증하는 한편, 많은 목격자가 실제로 그런 주장을 제기한다는 점을 입증한다. 이러한 관찰 결과가 우리에게 그런 주장들을 신적인 활동으로 해석하도록 요구하는 것은 아니지만, 관찰 결과 그 자체가 최상의 역사적 증거와 일치하며 그러한 주장의 원인을 전설이나 저자의 상상력에서 찾을 필요를 전반적으로 약화시킨다.

둘째, 요한복음은 공관복음의 이야기에서 너무 자주 벗어나서 요한

복음이나 공관복음 중에 어느 한쪽은 역사적 관심사로 인해 허용되었어야 할 수준보다 더 큰 융통성을 발휘했다는 비난을 받을 수도 있다(13장). 그러나 요한복음은 학자들이 때때로 인식하는 것보다 더 자주 공관복음과 중첩되며 아마도 공관복음에서 단순히 생략된 여러 경우를 다루고 있는 진정한 사료에 의존하고 있는 듯하다. 요한복음은 약간 자유로운 자세를 취하는 듯하며, 아마도 전통적인 수난 이야기를 그 이야기의 신학적 해석에 대한 암시로 살짝 비틀기까지 하는 것 같다. 그렇기는 하지만 요한복음이 세부적인 내용과 특히 강화(講話) 자료와 관련해서 취했을 수도 있는 자유로운 태도는 고대 전기와 좀 더 일반적으로는 고대 역사 기록에서 모두 융통성의 범위 안에 충분히 포함되는 것으로 보인다.

12장

기적은 어떻게 되는가?

일부 학자들이 복음서에 중요한 역사적 정보가 담겨 있다는 주장에 대해 제기하는 한 가지 반론은 복음서가 기적을 보고하고 있다는 것이다.[1] 만일 여러 번의 반복적인 입증이 의미가 있다면, 복음 전승의 모든 층위가 예수를 병을 고치고 귀신을 쫓는 자로 묘사한다는 것은 의미심장해 보인다.

이러한 특징은 분명 복음 전승 속에 널리 퍼진 변질을 나타내는가? 하지만 모든 일련의 증거들은 예수의 동시대인들이 예수를 병을 고치고 귀신을 쫓는 자로 경험했다는 점을 확증한다. 더구나 증거는 우리에게 원래의 목격자 자료에 대한 의존에서 그러한 보고들을 배제하도록 강요하지 않는다. 우리는 그런 보고들의 원인을 논할 수는 있겠지만, 목격자들은 오늘날까지도 심지어 극적인 방식으로, 대규모로, 치유와 축사의 경험을 실제로 보고한다는 사실은 이론의 여지가 없다. 이 장은 이 문제가 중요하지 않아서가 아니라 내가 다른 책들에서 이 문제를 광범위하게 (1,300페이지 이상) 다루었기 때문에 짧은 분량에 그칠 것이다. 관심 있는 독자들에게

---

1   여기서 나는 치유와 축사에 초점을 맞출 것이다. 기적에 대한 현대적 정의(종종 문제가 되는 이 정의의 성격에 대해서는 Horsley, *Magic*, 3-32; Johnson, *Miracles*, 21-43을 보라. 이 정의가 종종 의도하는 바를 가리키는 유익한 대안적 명칭은 "특별한 신적 행동"일 수도 있다. 예를 들면 Gwynne, *Action*을 보라)는 종종 그렇게 분류된 성경의 사례에 부합하지 않지만, 나는 일반적인 명료성을 위해 관습적인 현대적 명칭을 유지할 것이다.

추가적인 고증을 위해 그 책들을 언급해 둔다.[2]

12.1. 고대 사료 속의 불가사의한 경험들

이 저작들은 현재 남아 있지 않고 이러한 모델은 흔히 고대 말까지 다시 나타나지 않지만, 거룩한 사람들에 관한 피타고라스 학파의 초기 전기적 저작들(피타고라스와 엠페도클레스에 관한 일부 기록들)은 마술과 철학을 통합시켰다.[3] 이것이 전기적인 **유형**이었는지는 의심스러울 수도 있지만, 구약의 이야기들도 기적을 일으키는 몇몇 예언자들에 대해 말한 것처럼, 이 두 가지 특징 모두 때때로 같은 인물들의 특성으로 여겨졌다. 그러나 심지어 고대 말의 전기에서도 기적은 (중세 기독교의 성인전에서는 중요하지만) 신적 인간의 본질적인 모티프가 아니었다.[4] 중요한 신적인 특징은 고행에서도 종종 나타나는[5] 지혜였다.[6] 기적은 부분적으로 이교도 지식인들이 그들 자신의 기적으로 "기독교의 기적을 상쇄"하려 할 때 등장했다.[7]

여기서 주제에서 벗어난 이야기를 길게 할 수 있는 공간은 없지만, 복음서는 예수에 대해 과장된 관점을 갖고 있다는 이유로 복음서가 전기라

---

2 Keener, *Acts*, 1:320-82; "Comparisons"; "Miracle Reports and Argument"; "Miracle Reports: Perspectives"; *Miracles*; "Miracles (2017)"; "Possession"; "Raised"; "Reassessment"; "Spirits."

3 Cox, *Biography*, 31-33.

4 Cox, *Biography*, 48; 참조. Edwards, "Genre," 59.

5 Cox, *Biography*, 25-30.

6 Cox, *Biography*, 21-24.

7 Cox, *Biography*, 142; (그녀가 언급한) Dodds, *Pagan*, 109도 참고하라.

는 사실을 부정하는 반론들,[8] 또는 기적과 축사에 대한 복음서의 기록으로 인한 초점[9]은 여기서 간략하게 다루지 않을 수 없다. 그러한 반론들은 보통 최초의 목격자들이 그런 요소들을 보고하지 않았으리라는 전제에서 출발한 다음 복음 전승이 그런 요소들을 포함하고 있다는 이유로(또는 최소한 그런 대목에서) 이를 의심스럽다고 여긴다. 학자들은 때때로 더 고려해보지 않고 기적 기사나 그 밖의 이례적인 현상들의 배후에 있는 정보의 역사적 신뢰성을 일축하며 그 모든 것을 전부 신화나 성인전과 같은 것으로 뭉뚱그려 취급한다. 어떤 이들은 심지어 복음서와 복음서의 영향을 받았을 가능성이 있는 훨씬 후대의 문헌들에 대해 새롭고 포괄적이며 해석적인 기적 행함이라는 범주를 만들어내는 것처럼 보인다.[10] 어떤 초자연적인 주장들은 궁극적으로 일축할 만하지만, 모든 초자연적인 수상의 배후에 있는 기이한 현상과 관련된 정보에 대한 이런 선험적인 접근법은 그것이 입증하고자 하는 바를 너무 쉽게 가정한다.

대부분의 고대 역사가들은 몇몇 사건들의 원인을 신들이나 섭리에서 찾았다.[11] 많은 이들이 기이한 현상이나 징조를 기록했고[12] 심지어 일반적

8　이런 반론들에 대해서는 Keener, "Parallel Figures"에서 어느 정도 답변했다. 더 자세한 글로는 예를 들면 Hurtado, *Lord Jesus Christ*; Hays, *Reading Backwards*; Gathercole, *Son*; Tilling, *Christology*; Fletcher-Louis, *Christological Origins*; Loke, *Origin*을 보라.

9　이 주제는 Keener, "Comparisons"; *Miracles*; "Possession"; "Reassessment"에서 더 자세히 다루었다. 예수의 기적과 지위에 대한 일축은 이를 주장하는 복음서의 기록들을 거부하기 위해 자주 등장하는 근거였다(이 점은 예를 들면 Schnabel, *Jesus in Jerusalem*, 3에 언급되어 있다).

10　예를 들면 다음 글들을 보라. De Temmerman, "Formalities," 17; Konstan and Walsh, "Biography," 28; 참조. Becker, *Birth*, 120-21에 나오는 William Hansen의 말.

11　특히 Squires, *Plan*, 15-20, 38-51을 보라. 예를 들면 Josephus, *Jewish Antiquities* 1.209, 346; 2.174, 223, 236; 4.109; 17.353.

12　Tacitus, *Annals* 12.43, 64; 14.32; 15.22, 47; 16.13; Suetonius, *Julius* 81.3; Arrian, *Alexander* 4.15.7-8; Appian, *Civil Wars* 1.9.83; 2.5.36; 2.10.68; 4.1.4. 추가로 다음 참고문헌들을 보

으로 징조를 기록하기를 꺼리는 두 역사가마저 베스파시아누스와 관련된 두 번의 치유 사건에 관한 기록을 언급했다.[13] 복음서 저자들과 달리 많은 고대의 저술가들은 자신이 사료에서 발견한 어떤 종류의 사건들에 대한 초자연적 설명에 대해서 찬성이나 반대에 몰두하는 일을 피했다.[14] 복음서들은 이런 측면에서 신적인 행동을 기록하는 데 반대하지 않은 이스라엘의 역사 기록에 더 가깝다.[15]

리비우스는 해마다 여러 기이한 현상이나 징조에 대한 기록을 삽입한다.[16] 이런 기록들은 리비우스의 창작물이 아니다. 그는 그것들을 공식적인 기록에서 얻으며 그런 기록들의 기원은 다양한 사람들의 주장으로 거슬러 올라간다.[17] 제사장들이 이런 여러 주장을 그들의 기록 속에 무비판적으로 받아들인 이유는 이런 기록들이 비판적인 역사가가 아닌 징조를 수집하고 해석하는 이로서 자신들의 역할과 어울리기 때문이었을 것이다. 신전에 내리친 번개나 북극광과 같은 어떤 주장은 실제 현상이었

라. Keener, *Acts*, 1:344-50; Keener, *Miracles*, 37, 80-82, 87-96; Squires, *Plan*, 78-84, 102; Edwards, "Introduction," xviii- xix; Becker, *Birth*, 112.

13 Tacitus, *Histories* 4.81; Suetonius, *Vespasian* 7.3. 역사서에서의 "징조"에 대해서는 Plümacher, *Geschichte*, 33-84을 참고하라. 그러나 비극적이고 슬픈 역사와 관련된 그의 이해에 대한 반론으로는 Walbank, "Tragedy" = *Papers*, 241의 견해를 따르는 Rutherford, "Tragedy," 513-14를 보라.

14 예를 들면 다음 참고문헌들을 보라. Pliny, *Natural History* 28.5.29; Tacitus, *Histories* 2.50; Lucian, *How to Write History* 60; Aune, *Environment*, 134; McDonald, "Herodotus," 87; 추가로 Keener, *Acts*, 1:344-48의 논의를 보라.

15 참조. Dormeyer, "Historii."

16 예를 들면 Livy, *History* 21.62.1-5; 24.10.6-11; 24.44.8; 25.7.7-9; 26.23.4-5; 27.4.11-14; 27.11.2-5; 27.37.1-6; 29.14.2; 32.8.2; 33.26.7-8; 34.45.6-7; 35.9.2-4; 35.21.3-6; 36.37.2-3; 40.45.1-4; 41.13.1-2; 41.21.12-13; 42.2.4-5; 43.13.3-6; 45.16.5.

17 Livy, *History* 21.62.1; 24.10.6; 27.37.2; 29.14.2을 보라.

지만 이탈리아 전역에서 어디서든 수집되었다.[18] 이는 주요 증인들이 운동 전체에 알려진 한 인물과 관련된 복음서의 기록과 대조된다(참조. 14-16장).

기적 이야기 중 일부는 진짜 경험에 대한 전승이나 기록을 반영하는 이야기로 받아들일 수도 있고 그렇지 않을 수도 있겠지만, 합리주의의 전성기에 일반적으로 의지하는 수단으로서 이 이야기들을 단지 그것이 기적 이야기라는 이유로 거부하는 행위는 다문화적인 21세기의 세계에서는 보편적인 호소력이 떨어진다.

내가 이 책의 주장의 초기 형태를 제시한 어느 곳에서 한 대화 상대자는 복음서는 기적을 기록하고 있으므로 다른 전기와 비교가 되지 않는다고 대답했다. 황제들에 관한 전기는 공적인 정보에 의존하고 있고 현자들에 관한 전기는 그 현자의 학파 내의 전승에 의존하고 있다고 그는 주장했다. 그러나 예수는 병을 고치고 귀신을 쫓아내는 자였고 우리에게는 그런 인물에 관한 전기가 부족하다(고 그는 주장했다). 나는 부분적인 답변으로 예수는 당연히 제자들을 거느린 현자였다는 점을 지적하려 했고, 그는 이미 학파들은 보통 그 학파를 세운 현자들에 관한 정보를 보존했다는 점을 인정했다. 그러나 이것은 나중의 한 장(15장)을 위해 남겨둔 논의이므로 잠시 비슷한 예를 가지고 그의 핵심적인 문제점을 다루어 보겠다.

우리에게 기적을 일으키는 자에 대한 전기 스타일의 기록이 부족하다는 것은 사실이 아니지만, 예수 시대 이전의 기적을 일으키는 자에 대한 현존하는 전기적 저작이 부족하다는 것은 사실이다. 그러나 이는 장르

---

18   예를 들면 Livy, *History* 21.62.5; 27.11.2-3; 27.37.1-4; 29.14.3; 32.1.10-12; 32.8.2-3; 35.9.2-4; Appian, *Civil Wars* 2.5.36; 2.10.68; 4.1.4; Orlin, "Religion," 60을 보라.

가 다르기 때문이 아니다. 황제들과 현자들과 기적을 일으키는 자들에 관한—또는 이 문제에 관해서는 장군들이나 웅변가들에 관한—전기들은 전반적인 장르(어느 역사상의 인물에 관한 저작)에 있어서 다양한 것이 아니라, **대상**(제시된 기록의 종류에 영향을 끼치는 인물의 부류)에 있어서 다양하다.

즉 우리에게 예수와 같은 인물에 관한 전기가 부족한 것은 장르가 다르기 때문이 아니라, 예수 자신이 다른 인물이기 때문이다. 우리에게는 기적을 일으키는 자로도 알려진 현자들의 조합(즉 한때는 "신적인 인간"이라는 유형으로 일반화된 것)이라는 측면에서 예수 이전의 비교할 만한 **인물**이 부족하다.[19] 어떤 이들은 피타고라스와 엠페도클레스를 마술사 겸 스승으로 간주했으나[20] 최소한 피타고라스 학파 밖에서는 어떤 전기 유형도 이런 특징들을 결합하지 않았고 피타고라스 학파에서 그런 유형은 훗날 아폴로니오스에 관한 이야기와 더불어 출현한다. 심지어 몇백 년 뒤에도 기적은 "신적인 사람들"에 관한 성인전의 모티프가 아니었다.[21]

현자들에 관한 전기는 매우 흔했으나 기적을 일으키는 현자들에 관한 전기는 흔하지 않았다. 고전학자 마크 에드워즈(Mark Edwards)가 지적하듯이 마가는 "그의 책을 어떤 현존하는 이교도 문헌보다도 풍부하게 기적들로 가득 채운다."[22] 마술사로 추정되는 이들과 유대 문헌에 나오는 엘리야, 엘리사, 오니아스(랍비들이 말하는 "원을 그리는 호니")와 같은 예수와 더 비슷한 인물들은 있었다.[23] 엘리야와 엘리사의 이야기는 의심할 여지

---

19 예를 들면 Tiede, *Figure*; Holladay, *Theios aner*; Gallagher, *Divine Man*; Pilgaard, "Theios aner"; Keener, "Parallel Figures"를 보라.
20 Cox, *Biography*, 31-33.
21 Cox, *Biography*, 48.
22 Edwards, "Genre," 59.
23 특히 Eve, *Miracles*, 274-95; Theissen and Merz, *Guide*, 307-8의 우려를 보라.

없이 예수와 복음 전승과 복음서들에 강하게 영향을 끼쳤다.[24] 그러나 엘리야와 엘리사는 현존하는 전기들의 대상이 아니었고 그들에 관한 이야기도 대부분 그들에 대한 생생한 기억 속에서 비롯된 것이 아니다.

따라서 이 문제는 장르(전기)의 문제가 아니라 예수가 수행한 역할의 문제다. 앞에서 지적한 바와 같이 (다른 많은 전기도 서로 다른 것처럼) 복음서들은 다른 전기들과 몇 가지 면에서 다르다. 그러나 예수의 역할이 독특하다는 이유로 복음서와의 문헌적 유사성을 배제하는 것은 다른 이유로 너무나 적절한 종류의 증거를 배제하는 것이다. 복음서를 그 시대와 같은 시대의 전기 장르에서 배제하기 위해 예수의 기적을 사용하는 것은 예수가 독특한 인물이 되지 않도록 (예수의 기적에 관한 신속한 새로운 전설로) 복음서의 장르를 독특하게 만드는 것이다(기억 이론가 Barry Schwartz는 "만일 예수가 평범한 것에서 벗어난 일은 아무것도 행하지 않았다면 예수의 동시대인들은 도대체 왜 그를 기억했겠는가?"라고 지적한다).[25]

물론 기적은 가능하지 않다고 믿거나 최소한 예수와 관련되어 있으면 가능하지 않다고 믿는 이들은 자신에겐 그런 기록에 의문을 제기할 다른 이유가 있다고 믿을 수도 있다. 그러나 "기적"이라는 명칭은 같은 종류

---

24 예를 들면 Meier, *Marginal Jew*, 2:1044-45; Meier, "Project"; Frickenschmidt, *Evangelium*, 127-28; Collins, *Mark*, 29; Ytterbrink, *Gospel*, 39, 227-28; Edwards, "Genre," 59을 보라.

25 Schwartz, "Smoke," 30; 오늘날의 기억에 관한 연구에서 Schwartz가 끼친 영향에 대해서는 예를 들어 Thatcher, "Schwartz"를 보라. Halbwach, Assmann, Schwartz에 대해서는 Keith, "Social Memory Theory," 354-76을 보라. 복음 전승에 널리 퍼져 있는 예수의 독특한 성격에 대해 학자들은 종종 Dodd, *Founder*, 21-22을 인용한다; Dunn, *Tradition*, 200 n. 3, 213 n. 3; *Neither Jew nor Greek*, 213 n. 12; "Remembering Jesus," 204 n. 48; 및 McIver, *Memory*, 181; Bird, *Gospel*, 81 n. 23을 보라. 이 발언의 주관성을 지적하면서도 이에 동의하려는 경향을 보이는 글로는 Allison, *Jesus of Nazareth*, 75 n. 292; Allison, *Constructing Jesus*, 23을 보라.

의 사건이나 경험을 본 서로 다른 관찰자들이 기이한 현상으로 묘사하는 어떤 수준의 해석을 수반한다. 그리고 기이한 일들의 발생 여부에 대해서는 큰 논란이 없다. 역사적 예수 연구 학자들의 절대다수는 원인이 무엇이든(예컨대 심신 상관적인 원인이든, 초자연적인 원인이든) 예수는 기적을 일으키는 인물로 알려졌다고 단언한다. 나는 다른 곳에서 이 주제를 광범위하게 다루었으므로 이 장에서는 이 주제를 간략하게만 살펴볼 것이다.[26]

12.2. 초기의 기독교 세계관

최초의 기독교 문헌들은 결코 치유와 축사가 예수에게만 일어난 일이라고 주장하지 않는다. 사실 이런 문헌들은 기독교인이 아니지만 기적을 행하는 자들(예. 행 8:9-11)과 귀신 쫓는 자들(예. 마 12:27//눅 11:19; 행 19:13)뿐만 아니라 미래의 거짓된 예언적 징조나 귀신의 영감을 받은 징조에 대한 기대도 기록하고 있다(막 13:22; 살후 2:9; 계 13:13). 이 문헌들은 예수의 몇몇 제자들이 계속해서 그런 표적을 행할 것이라고 단언했고(예. 행 4:30; 6:8; 14:3; 고전 12:9-10, 28-29), 그 가운데 일부는 목격자들에 의해 보고되었으며(예. 롬 15:19), 그들은 심지어 다른 목격자들에게 그런 표적들을 상기시켰다(고후 12:12).

초자연적인 활동에 대한 그들의 믿음은 더 광범위한 고대 지중해 문화와 일치한다. 그들의 시대에 발생한 기이한 현상들에 관한 동시대의 기

---

26 Keener, *Acts*, 1:320-82; "Comparisons"; "Historicity of Nature Miracles"; "Miracle Reports and Argument"; "Miracle Reports: Perspectives"; Miracles; "Miracles (2015)"; "Miracles (2017)"; "Raised"; "Reassessment."

록들은 풍부하지만, 그 가운데 다수는 다양한 설명이 가능하다.[27] 우리는
이런 기록들을 완전히 무시하기보다는 한 번에 하나씩 평가하며 무작위
적이고 출처가 불분명한 유례 없는 기록(예. 인간의 머리를 달고 태어났다고 하
는 양)보다는 공적인 기록(예. 신상을 때린 번개)을 더 신뢰한다.[28] 로마 제국
초기에 나온 전기들은 가끔 최근의 공적 인물들과 관련된 치유 체험을 보
고하지만,[29] 이런 인물들은 일반적으로 기적을 일으키는 것으로 유명하지
않았다.

경험에 대한 그들의 믿음과 기록도 역사 전반과 오늘날의 대다수 문
화와 일치한다.[30] 보통 종교적이거나 영적인 활동과 관련된 기이한 경험
들은 그것을 어떻게 설명하기로 선택하든 널리 퍼져 있다.[31] 많은 전통적
인 종교적 상황에서, 특히 제의적 배경에서 치유가 있었다고 보고된다.[32]

---

27 천체 현상은 공개적이었지만 그에 대한 해석은 오늘날에도 여전히 그렇듯이 보통 주관적
    이었다(예를 들면, 나는 한 옛 친구의 페이스북 계정을 본 지 몇 시간 후에 이 글을 쓰고 있
    는데 그녀는 페이스북에 자신이 천사의 모습으로 해석한 구름 모양의 사진을 올렸지만 나
    는 그녀의 판단에 동의하지 않는다).
28 오늘날의 몇몇 타블로이드판 신문은 제외하고 그와 같은 잘못 짝지어진 머리 따위의 이
    야기(또는 실제 선천성 두족 기형에 대한 오해)에 관해서는 예컨대 다음 문헌들을 보
    라. Valerius Maximus, *Memorable Doings and Sayings* 1.6.5; Livy, *History* 32.8.3; Appian,
    Civil Wars 1.9.83; 가공의 이야기로는 Phaedrus, *Fables* 3.3.4-5. 참조. 리비우스의 *History*
    21.62.1; 24.10.6에 나오는 경고.
29 다음 문헌들에 나오는 베스파시아누스와 관련된 주장들. Tacitus, *Histories* 4.81; Suetonius,
    Vespasian 7.2-3; 그 이후에는 Dio Cassius, *Roman History* 65.8.1.
30 예를 들면 Pilch, *Visions*, 17; Pilch, *Dictionary*, 81-82에 나오는 논평들을 보라. 문화 내
    부적(emic) 설명은 문화 일반적(etic) 설명과 마찬가지로 편향적이다(참조. Vansina, *Oral
    Tradition*, 196-97); 문화 내부적 설명은 보통 지역 문화에 대해 더 잘 알고 있지만, 문화 일
    반적 설명은 더 많은 문화에 대해 잘 알고 있다.
31 예를 들면 다음 참고문헌들을 보라. Cardeña, Lynn, and Krippner, *Varieties*; McClenon,
    Events; McClenon, *Healing*; McClenon, "Shamanic Healing"; McClenon and Nooney,
    "Experiences."
32 예를 들면 다음 참고문헌들을 보라. Barnes and Sered, *Religion and Healing*; Barnes and

따라서 어떤 학자들은 예수를, 역사에 관한 기록이나 인류학적 현지 보고 에서 무당, 민간 치유자, 또는 다른 신비한 능력의 대리자에 관해 기록된 다양한 현대적 사례들과 비교한다.[33]

귀신 들림과 축사에 대한 복음서의 기록들에 대해서도 똑같이 말할 수 있겠지만 오늘날 대부분의 서양 독자들은 그러한 경험들에 대한 전형 적인 고대의 이해를 근거로 이의를 제기한다.[34] 인류학자들은 세계 문화 의 절대다수가 토착적으로 귀신 들림으로 이해된 경험들을 보고한다는 점을 문헌으로 입증했다.[35] 그러한 몇 가지 경험을 부정적으로 해석하는 문화에 대해 몇몇 서구 학자들은 혼령에 대한 토착적인 믿음을 받아들이 든 그렇지 않든 축사를 문화적으로 민감한 치료로 여긴다.[36]

마찬가지로 어떤 학자들은 여기서 신약 기록과의 비교를 위한 풍부 한 기초를 발견했다.[37] 실제로 이미 복음서의 많은 기적에 대한 기록을 훨

Talamantez, *Teaching Religion and Healing*; Turner, *Experiencing Ritual*; Turner, *Hands*; Turner, *Healers*, 39-50, 60-69, 76-82, 93-96, 96-100, 142-46; Scherberger, "Shaman," 59-64. 목차를 살펴보는 일을 소홀히 한 몇몇 비평가들이 간과하기는 했지만 Keener, *Miracles*, 242-49을 보라. 기독교적 배경 면에서는 예컨대 Brown, *Healing*을 보라.

33 예를 들면 다음 참고문헌들을 보라. MacMullen, *Christianizing*, 7; Ashton, *Religion*, 32-40; Eve, *Miracles*, 357-59; Craffert, "Healer"; Craffert, *Life*; Klutz, *Exorcism Stories*, 196-97; McClymond, *Stranger*, 83; Pilch, "Usefulness," 100.

34 고대의 기록과 개념화에 대해서는 특히 Ferguson, *Demonology*; Keener, *Miracles*, 769-87; Keener, *Acts*, 3:2429-41을 보라.

35 예를 들면 다음 글들을 보라. Bourguignon, "Spirit Possession Belief," 18-21; Bourguignon, "Introduction," 17-19; 추가로 다음 참고문헌들을 보라. Bourguignon, "Appendix"; Lewis, *Ecstatic Religion*; Zaretsky, *Bibliography*; Crapanzaro and Garrison, *Case Studies*; Ward, "Possession," 126; Boddy, "Spirit Possession," 428-34; Behrend and Luig, *Spirit Possession*; Keller, *Hammer*.

36 Martínez-Taboas, "Seizures"; Singleton, "Spirits," 478; Heinze, "Introduction," 14; Goodman, *Demons*, 125.

37 Borg, *Vision*, 62; Borg, *Jesus*, 149-50; Crossan, *Historical Jesus*, 315-17; Loubser, "Possession"; 더 광범위한 글로는 Davies, *Healer*, 22-42; Witmer, *Galilean Exorcist*, 22-

씬 후대의 전설로 간주한 19세기의 비평학자 다비드 프리드리히 슈트라우스(David Friedrich Strauss)는 자신이 복음서의 기록들을 이해하는 데 도움이 될 독일 시골의 귀신 들림에 관한 기록들을 탐구하고 물질주의적으로 재해석했다.[38] 우리가 어떤 복음서든 그 복음서의 자료와 (여기서는 마태복음과 누가복음을 마가복음과) 비교할 수 있는 한, 복음서 저자들은 그들이 받은 치유와 축사 이야기의 본질적인 내용을 크게 변형시킨 것처럼 보이지 않는다.[39] (예수는 당대에 기적을 일으키는 자로 여겨지지 않았으며 기적 이야기들은 단순히 "발전했다"는 주장[40]은 그 이야기가 무엇으로부터 발전했는가 하는 질문을 하게 만든다.)

12.3. 치유자 예수에 대한 증거

예수의 동시대인들이 예수를 치유자로 경험했다는 증거를 학자들이 일축하기는 어려울 것이다. 이 증거는 예수에 관한 자료 전반에 걸쳐 나타나며 예수를 비난한 것으로 알려진 최초의 사람들조차 (비록 마술로 인정하기는 했지만) 인정한 것이다.

60; Keener, "Possession"; Keener, *Miracles*, 788-856; 특히 Keener, *Acts*, 3:2441-56; Tibbs, "Possession"; Crooks, "Psychology"; Keener, "Spirits"; Vaughn, "Possession."

38 그의 기적에 대한 비판에 대해서는 Fabisiak, *Side*, 특히 69-102쪽, "자연이 지닌 밤의 측면"에 대해서는 103-39쪽을 보라. 나는 이 저작에 관해 관심을 품게 해준 Juan Hernandez 교수에게 감사의 뜻을 표한다.

39 McCasland, *Finger*, 51, 53; Williams, *Miracle Stories*, 53-54을 보라. 누가는 관찰자들의 반응을 덧붙일 수 있다. 플루타르코스도 명백히 투키디데스에 대해 같은 일을 한다(Pelling, *Texts*, 48).

40 자신의 견해는 "소수의 입장"이라는 점을 인정하는 Ehrman, *Before Gospels*, 221-22.

예수에 관한 최초의 자료들은 한결같이 예수를 병을 고치고 귀신을 쫓는 자로 묘사하지만, 예언자들에게 그렇게 행동하도록 요구하는 전승은 없었다. 다른 복음서들은 각기 몇 가지 추가적인 기록을 포함하고 있지만, 최초의 복음서인 마가복음은 병을 고치고 귀신을 쫓아내는 자로서의 예수에 대해 가장 많은 분량의 지면을 할애한다. 예수가 처형된 지 40년 이내에 글을 쓴 듯한 마가는 그의 이야기의 약 40%를 이런 장면들에 할애한다.[41] 흔히 회의적인 일부 학자들조차 예수는 사람들이 믿기를 거부한 어떤 곳에서는 병을 고치실 수 없었다는 마가의 "인정"(막 6:5)의 타당성을 지지한다.[42]

Q 자료는 많은 이야기를 포함하고 있지는 않지만, 마가복음에서 언급된 종류의 활동을 확증하는 예수의 몇 가지 요약적 진술을 포함하고 있다. Q 자료에서 예수는 치유 사건(마 11:5//눅 7:22)과 축사 사건(마 12:28//눅 11:20)을 하나님 나라의 표적으로 제시한다. 분명히 갈릴리에서 유래했고 아마도 예수의 공적 사역에서 유래했을 한 말씀에서[43] 예수는 하나님이 자신의 기적들을 더 전적으로 환영하지 않은 갈릴리의 마을들을 심판하실 것으로 기대한다(마 11:21//눅 10:13). 예수에 관한 모든 전승에서 치유는 예수의 가르침에서 하나님 나라만큼 예수의 활동에 있어서 핵심적이다.[44] 마태복음(8:5-13)과 누가복음(7:1-10)의 이야기에서 비슷한 위치

---

41 예를 들면 Placher, *Mark*, 76을 보라.

42 참조. Funk and Jesus Seminar, *The Acts of Jesus*, 85.

43 갈릴리 밖에서는 고라신을 아는 사람이 거의 없었고 복음서에서 벳새다의 일관된 이름은 아마도 대략 기원후 30년(벳새다가 율리아스라는 도시가 되었을 가능성이 가장 큰 시기)까지만 일관되게 그 이름이었을 것이다. 추가로 다음 참고문헌들을 보라. Theissen, *Gospels*, 49-52; Charlesworth, "Sketch," 97; 참조. Josephus, *Jewish Antiquities* 18.28; Adinolfi, "Lago"; Strickert, "Founding."

44 Betz, *Jesus*, 60; Theissen and Merz, *Guide*, 281(281-315쪽을 더 자세히 보라).

에 놓인 백부장의 종의 치유 사건도 아마 Q 자료 안에 있었을 것이다. 우리에게 예수의 사역이나 가르침에 할애된 최초의 자료, 즉 (지배적인 견해에 따르면) 마가복음과 Q 자료만 있었더라도 기적을 일으키는 자로서 예수의 역할은 여전히 가장 중요하고 복음서에 나오는 기적 이야기의 모든 주요 형태들을 포함했을 것이다.

예수의 사역이 지닌 이런 차원에 대한 기억은 너무나 널리 퍼져 있어서 고대의 어떤 저자도 그 기억을 부정하려 하지 않는다. 후대의 랍비들과 적대적 이방인 저자인 켈수스를 포함하여 훗날 예수를 비난한 자들은 예수의 치유와 축사를 인정했지만, 그것이 신적인 행위라는 점은 부정했다 (막 3:22을 보라).[45] (훗날의 랍비들도 사도행전[46]과 2세기의 기독교 문헌들[47]처럼 예수의 제자들을 치유 사건과 연관시켰다.)[48]

더 중요한(그리고 더 중립적인) 것은 요세푸스가 다른 곳에서 엘리사의 기적에 대해 사용하는 표현과 같은 표현을 사용하며 예수를 "놀라운 일을 행한" 현자로 간주한다는 점이다.[49] 그래서 대다수 학자는 요세푸스가 예수를 기적을 일으키는 현자로 묘사한다는, 고대 유대 문헌과 예수에 관한 연구로 유명한 옥스퍼드 대학교의 교수인 유대 전문가 게자 버미스의 견

---

45 예를 들면 Loos, *Miracles*, 156-67; Vermes, *Jesus the Jew*, 79을 보라.

46 Keener, *Acts*, 1:320-82의 논의를 보라.

47 예를 들면 Quadratus, *Apology* frag.; Keener, *Miracles*, 361-63, 543-44; Woolley, *Exorcism*, 13-25에 나오는 고대 기독교의 치유에 대한 더 자세한 연구; Frost, *Healing*, 61-110; Kelsey, *Healing*, 135-99; Young, "Miracles in History," 106-8; Kelhoffer, "Miracle Workers"를 보라. 고삐 풀린 성인전의 지배적인 위치는 4세기 이후에 나온 기독교의 많은 기록을, 그 기록들이 문헌으로 더 잘 입증된 곳(아우구스티누스의 주교 관구와 같이; *City of God* 22.8)을 제외하면, 덜 신뢰할 만하게 만든다. Knapp, *Dawn*이 다른 어떤 것에 대해 논쟁하든 간에 초기 기독교의 팽창 과정에서 기적에 관한 주장의 중심적 위치는 분명하다.

48 예를 들면 Herford, *Christianity*, 103-17; Pritz, *Nazarene Christianity*, 96-97을 보라.

49 Josephus, *Jewish Antiquities* 9.182; 18.63.

해에 동의한다.[50]

그러한 주장들은 우리보다 훨씬 더 초자연적인 주장에 개방적인 분위기에서 제기되었지만, 어떤 문화적 기대에 부응하기 위해 날조된 것은 아니었다. 요한과 같은 다른 잘 알려진 예언자적 인물에 대해서는 그와 같은 어떤 주장도 제기되지 않았다. 요세푸스는 공개적인 표적을 약속한 예수 직후의 몇몇 인물들을 언급하지만, 그들은 그런 표적을 행하지 못했고 그들의 표적은 치유나 축사를 수반하지 않았다.[51] 모든 증거도 그들의 운동이 예수의 운동과 달리 그들의 생애보다 지속되지 못했음을 시사한다.[52]

그러한 증거 때문에 역사적 예수 문제를 연구하는 대다수 학자는 예수의 동시대인들이 예수를 기적을 행하는 자로 경험했다는 데 동의한다.[53] 동의하지 않으면 예수에 관한 다른 주장을 평가하는 데 사용되는 모든 역사적 기준을 훼손하게 될 것이다. 예를 들어 E. P. 샌더스는 이런 견해를 "거의 논쟁의 여지가 없는" 것으로 간주하며,[54] 예수 전승 대부분에 대해 회의적인 모튼 스미스(Morton Smith)는 예수의 기적을 예수에 대한 가장

---

50 특히 Vermes, "Notice"; Vermes, *Jesus the Jew*, 79; Meier, *Marginal Jew*, 2:621; Theissen and Merz, *Guide*, 74을 보라.

51 표적을 일으키는 예언자들에 대해서는 예를 들어 다음 참고문헌들을 보라. Barnett, "Sign Prophets"; Gray, *Prophetic Figures*, 112-44; Eve, *Miracles*, 296-325. 예수와의 비교를 보려면 예를 들어 Theissen and Merz, *Guide*, 308-9을 보라.

52 예수의 제자들 사이에서 신적인 영과 기적의 예언적 체험에 관한 구약과 비슷한 주장이 독특하게 계속되는 현상도 참고하라. 참조. Keener, *Acts*, 1:519-28, 537-49.

53 이러한 일치된 의견에 대한 요약을 보려면 다음 참고문헌들도 함께 보라. Brown, *Death*, 143-44; Blackburn, "Miracles," 362; Eve, *Miracles*, 16-17; Welch, "Miracles," 360; Green, "Healing," 758; Dunn, *Remembered*, 670; Hultgren, "Stories," 134-35; Twelftree, "Message," 2518-19; Le Donne, *Historiographic Jesus*, 175-76.

54 Sanders, *Jesus and Judaism*, 11; 이와 비슷한 견해로 Betz, *Jesus*, 58을 참고하라; Meier, *Marginal Jew*, 2:617-45, 678-772의 자세한 연구를 보라.

확실한 기억으로 간주한다.[55] 이러한 평가는 그러한 경험의 원인에 대한 폭넓은 의견 차이에도 불구하고 여전히 일치된 의견이다.

12.4. 비(非) 전기적 대안?

신화 기록은 비록 전승을 재활용했으나 전기는 아니었고 역사가들과 전기 작가들은 수백 년 전의 전설적인 시대에 대해서는 의존할 수 있는 다른 자료가 때때로 부족했다.[56] (역사가들은 종종 그와 같은 원시 시대 자료의 이러한 질적 차이를 언급했다.)[57] 그러나 그러한 신화 기록은 최근의 역사적 인물들이 아닌 먼 과거를 다루었다.

초자연적인 활동을 믿든 안 믿든, 치유와 축사에 대한 복음서의 기록은 아폴로도로스나 오비디우스의 매력적인 신화 모음집에서 너무나 많은 신화의 특징인 여러 동물이 합쳐진 동물에 대한 묘사나 신들의 강간 이야기와는 뚜렷하게 다르다.[58] 그 둘은 온갖 문화와 시대에서 나온 모든 초자

---

55 Smith, *Magician*, 16.
56 많은 이들이 예를 들면 다음과 같은 문헌에서 "신화"(또는 특정한 신화들)에 대해 그것이 사실이 아니라는 이유로 부정적으로 말했다. Plato, *Republic* 2.377C-383C; Cicero, *On the Nature of the Gods* 2.28.70(스토아 학파); Valerius Maximus, *Memorable Doings and Sayings* 4.7.4; Lucian, *Amber* 3, 5-6; *Sacrifices* 5; Philostratus, *Lives of the Sophists* 2.1.554; *Heroicus* 34.4; 50.1-2; Iamblichus, *Pythagorean Life* 32.218; Libanius, *Anecdote* 3.27; Syncellus, *Chronography*, p. 73(Manetho, *Aegyptiaca* frag. 2.3에 대해 논함). 어떤 이들은 신화가 그 럴듯한 방식으로 진실을 전달한다고 주장했다(Diodorus Siculus, *Library of History* 1.2.2; Maximus of Tyre, *Philosophical Orations* 4.5-6); 참조. 7장의 시에 관한 논평.
57 예를 들면 다음 참고문헌들을 보라. Diodorus Siculus, *Library of History* 1.6.2; Quintilian, *Orator's Education* 2.4.18-19과 리비우스의 「역사」의 처음 열 권에서 반복적으로 나오는 경고를 언급하는 Kennedy, "Source Criticism," 139.
58 후대에 이르러서야 아마도 복음서에 대한 반응으로 신화적인 인물들이 (아마도 필로스트

연적 주장에 대한 모더니즘적인 서구적 융합이라는 렌즈를 통해서만 비슷하게 보인다. 복음서는 유신론적인 세계관을 당연하게 여기지만, 이러한 요소는 (때때로 신적인 심판으로 이해되는 장면들로 가득한) 고대의 다신론적인 역사가들의 저작[59]이 고대 역사 기록에서 제외되지 않는 것과 마찬가지로 고대 전기로서 복음서의 특성을 감소시키지 않는다. 오늘날 수백만 명의 사람들이 스스로 기적으로 간주하는 현상을 경험했다고 주장하지만, 이 사실로 인해 곧 그들의 주장, 또는 심지어 그들의 주장 전체의 **장르**가 신화 기록이 되는 것은 아니다.[60]

이러한 관찰 결과는 시간이 지남에 따라 이야기들 속에서 전설적인 요소들이 자라날 수도 있다는 관찰 결과를 배제하기 위한 것이 아니다. 그러한 요소들은 핵심 인물들에 관한 유아기 이야기[61]나 (150년 전의 카이사르 자신의 기록에는 빠져 있는) 카이사르가 루비콘강을 건넌 사건과 관련된 유령 사건[62] 속에서 나타날 수도 있다. 그러나 나는 두 세대 이내의 인물들에

라투스의 *Heroicus*에서) 전기적인 방식과 비슷하게 개인적으로 다루어지는 모습이 보인다.

59 예를 들면 다음 문헌들을 보라. Polybius, *Histories* 31.9.1-4; 32.15.3, 10-14; Diodorus Siculus, *Library of History* 14.63.1; 14.69.2; 27.4.3; Appian, *Roman History* 3.12.1-2; Josephus, *Jewish Antiquities* 12.358-59; 참조. Pausanias, *Description of Greece* 3.23.3-5; 9.33.6; 전기에서는 Cornelius Nepos, *On Great Generals* 17(Agesilaus), 4.8을 보라.

60 다음 참고문헌들을 보라. http://pewforum.org/surveys/pentecostal에서 볼 수 있는 231쪽짜리 보고서인 "Spirit and Power: A 10-Country Survey of Pentecostals," Pew Forum Survey (October 2006); Alexander, *Signs*, 17; Keener, *Miracles*, 237-39; 참조. Woodward, "Miracles"; Währisch-Oblau, "Healthy," 92-93; Oblau, "Healing," 313; Tang, "Healers," 481.

61 참조. 예. Suetonius, *Augustus* 94.4; Aulus Gellius, *Attic Nights* 6.1.2-4; Philostratus, *Life of Apollonius* 1.4-5; Menander Rhetor, *Epideictic Treatises* 2.1-2, 371.5-6; Hermogenes, *Progymnasmata* 7.15; Shuler, *Genre*, 94; Klauck, *Context*, 300; Keener, *Matthew*, xxix, 84-85.

62 Suetonius, *Julius* 32; 참조. Beneker, "Crossing"의 논의; Rondholz, "Rubicon." 이 유령은 카이사르의 파벌에서 나온 정치적 선전으로 탄생했겠지만, 이 도하 사건이 있은 지 대략 80년 뒤인 기원후 30년 무렵에 집필된 Velleius Paterculus, *History* 2.49.4에서도 나타나지 않는

관한 고대의 본격적인 신화 기록의 예는 어떤 것도 알지 못한다. 예외가 존재한다면 그것은 표준과는 거리가 멀다.[63]

예수는 여러 가지 면에서 독특했으나 치유 기록이 우리가 지적한 대로 예수에게만 국한된 건 아니다. 그러나 우리는 많은 현자와 철학 학파들에 대해 알고 있지만 순회하는 개인 치유자에 대한 기록은 거의 없다. 그대신 이 시기의 치유 기록은 대부분 아스클레피오스나 그와 비슷한 신들의 신전과 관련되어 있다. 그 자체로 전기의 대상은 아니지만, 예수와 좀 더 가까운 모델은 엘리야일 것이다. 엘리야는 종말론적인 예언자의 모델을 제시하기도 했다(참조. 말 4:5; Sir 48:10).[64]

이와 가장 가까운 그리스의 예는 아폴로니오스지만 아폴로니오스에 관한 주요 기록은 예수에 관한 복음서의 기록이 이미 영향력을 얻고 널리 퍼지고 있었던 시기인 3세기에 나온 것이다.[65] 영웅 숭배는 그것의 고대 말기 형태에 속하는 성인전과 그 이전 시기의 특징과 덜 비슷한 인물 중심의 전기적 형태에 속하는 신화 기록으로 이어졌다.[66] 그러나 이 진화하는 장르를 1세기의 전기로 소급해서 해석하는 것은 마치 예수를 헬레니즘 시대의 신적 인간으로 간주하는 것처럼 시대착오적이고 때로는 영향력의

다. 카이사르의 사후에 나타난 혜성은 실제로 있었던 천문학적 사건이었다.

63 좀 더 일반적으로 말해서 신화는 보통 어떤 경우에든 한 사람에 관한 저작이 아닌 다른 장르에서 나타나지만 역사가들과 전기 작가들은 비록 9장에서 지적한 의구심을 가지고 다루기는 했으나 분명 신화적인 인물들을 다루었다.

64 구약의 모델들에 대해서는 Koskenniemi, *Miracle-Workers*를 보라.

65 Keener, *Miracles*, 53-56의 논의; Keener, *Acts*, 1:330-33을 보라. 참조. Klauck, *Context*, 170; Cangh, "Miracles," 224-26.

66 예를 들면 (아폴로니오스에 관한) Philostratus, *Life of Apollonius*와 (프로테실라오스에 관한) *Heroicus*를 Apollodorus, *Library*나 Ovid, *Metamorphoses*와 같은 그 이전의 저작들과 비교해 보라. 아폴로니오스에 대해서는 예를 들면 Keener, *Acts*, 1:329-33을 보라.

방향에 역행하는 일이 될 것이다.[67]

어떤 학자들은 또한 (최소한 요세푸스가 언급한, 약속한 표적을 일으키지 못한 이후의 예언자들을 제외하면) 예수의 기적들만이 하나님 나라와 명시적으로 관련되며[68] 예수는 단지 신비로운 능력의 청원자가 아닌 전달자라고 지적한다.[69]

12.5. 기적 보고는 목격자에게서 나올 수 있다

예수의 기적과 유사한 제한적인 고대의 예들은 예수의 동시대인들이 예수를 어떻게 이해했는지를 예증하는 데 도움이 되지만, 오늘날의 비슷한 예들은 그와 다른 역할을 한다. 오늘날의 비슷한 예들은 사회학적 통제를 제공함으로써 기적 보고가 발전하는 데 얼마나 긴 시간이 걸리는지에 대한 전통적인 가설에 도전한다.[70] 즉 그런 예들은 기적 이야기가 복음서의 전설적인 성격을 두드러지게 한다는 다비드 프리드리히 슈트라우스의 19세기의 주장을 약화시킨다.[71] 슈트라우스는 자신이 알고 있는 경험들

---

67 다음 참고문헌들을 보라. Tiede, *Figure*; Holladay, *Theios aner*; Gallagher, *Divine Man*; Pilgaard, "Theios aner"; Koskenniemi, "Background," 105-7; Lane, "Christology"; Blackburn, "ΘΕΙΟΕ ΑΝΔΡΕΣ."

68 Theissen and Merz, *Guide*, 290.

69 Eve, *Miracles*, 289, 295, 378을 보라.

70 보고자가 살아 있는 동안에 나온 기적 보고에 대한 독립적인 이야기의 비슷한 예들에 대해서는 Derico, *Tradition*, 249-50을 참고하고 Keener, *Miracles*에 나오는 수많은 이야기를 보라.

71 많은 양식비평가들이 기적에 관한 슈트라우스의 접근법을 더 광범위한 공관복음 전승에 적용했다(Collins, *Mark*, 34).

을 적절히 고려하지 않았다는 자신의 철학적 가정에 너무 많이 사로잡혀 있었다.[72] 현대적 기억 이론도 슈트라우스의 접근 방식에 도전한다.[73] (기적 이야기의 긴 발전 과정에 대한 그의 주장은 여전히 그럴듯하지 않지만, 예수가 에세네파의 은밀한 약을 사용했다고 생각하는 그 시대의 몇몇 합리주의자들의 주장보다는 적어도 더 그럴듯하다!)[74]

관찰자들이 기적으로 해석하는 현상에 대한 기록은 단순히 전설적인 기록이기는커녕 목격자들에게서도 나올 수 있으며 심지어 경험한 당일에도 기록될 수 있다.[75] 물론 복음서가 그것이 기록하는 사건들이 발생한 직후에 집필되었다고 주장하는 사람은 아무도 없으며 사실상 모든 학자가 복음서 저자들(과 그 이전의 전승 전달자들)이 자신들이 접할 수 있는 전승을 편집했다는 점을 인정한다. 그러나 나의 요점은 단지 치유와 축사에 대한 그들의 기록이 반드시 마가나 다른 이들이 지어낸 것은 아니라는 것이다. 기적 이야기는 상상과 전설을 반영할 수 있지만, 특히 첫 세대에는 흔히 진정한 회복을 반영한다.

치유 기록은 이미 지적했듯이 기독교계를 포함한 다양한 종교적 상

---

72   Ising, *Blumhardt*, 92-94, 222-23을 보라. 그러나 Strauss는 귀신 들림 체험과 그와 비슷한 체험을 인정하지만, 그런 체험들을 다르게 해석한다. Fabisiak, *Side*를 보라. Blumhardt의 유산을 존중하는 신학자들에 대해서는 Barth, *Letters*, 251; Heim, *Transformation*, 173-74; Moltmann, "Blessing," 149을 보라.

73   Schwartz, "Smoke," 29-30을 보라.

74   Dunn, "Quest," 304에서도 지적했듯이. 그와 같은 18세기와 19세기 초의 주장들에 대한 설명을 보려면 Schweitzer, *Quest*, 39-45을 보라. 이런 비평학자들은 에세네파를 잘못 표현했을 뿐만 아니라 고대의 약의 효능을 지나치게 과대평가했다(이에 대해서는 예를 들면 Keener, *Acts*, 1:416-19을 보라).

75   예를 들면 나의 개인적인 일기는 어떤 심각한 폭풍이 한 대학생이 멈추기를 기도한 지 몇 초 안에 멈추는 모습을 목격한 1993년 11월 6일의 나의 경험을 기록하고 있다. 존 웨슬리의 1742년 12월 25일 일기에 나오는 명백한 의식 회복을 보라(참조. Kidd, "Healing," 159; Tomkins, *Wesley*, 106).

황에서 계속 이어진다. 2006년도 퓨 포럼(Pew Forum)의 조사 결과는 구체적인 수치로 추정하면 오늘날 전 세계적으로 수억 명의 기독교인이 신적인 치유를 직접 목격했다고 주장하고 있음을 시사하는 것처럼 보인다.[76] 이 모든 주장이 다 실제 일어난 기이한 현상을 대변한다고 생각하는 사람은 아무도 없지만, 이런 주장들은 기적에 관한 주장을 반박하는 전통적인 논증—어떤 존경할 만한 목격자도 그런 주장을 제기하지 않는다는 논증—에 분명히 도전한다.[77]

게다가 기독교의 기록들은 기독교적인 전제에서 출발하는 사람들만 포함하지 않는다. 전 세계에서 엄청난 수의 회심자들이 자신이나 자신과 가까운 이들이 목격한 치유로 인해서 기독교인이 되기 위해 사회적으로 비싼 대가를 치르며 수백 년에 이르는 전통을 포기했다고 보고한다.[78] 아마도 그들은 그와 같은 경험을 그들에게 친숙한 자연적 회복과는 종류가 다른 것으로 간주했을 것이다. 따라서 예를 들어 (앞의 연구에 포함되지 않은) 중국에서 발생한 수많은 회심은 한 공식 자료에서 "신앙 치유 체험"으로

---

76 미국은 조사 대상이 된 10개국에 포함되었다. 231쪽짜리 보고서인 "Spirit and Power"에는 (아마도 총 2억 명 이상인 듯한) 신적인 치유를 목격했다고 주장하는 10개국의 (직접적 조사 대상인) 오순절 교인들과 은사주의자들의 비율뿐만 아니라 다른 기독교인들의 3분의 1 이상의 평균도 포함되어 있다.

77 이전의 몇몇 이신론자들의 주장을 따른 Hume(*Miracles*)의 논증(Burns, *Debate*, 9-10, 70-95, 141). Hume은 철학적 변호자들을 보유하고 있지만(특히 Fogelin, *Defense*를 보라) 오늘날 철학자 대다수는 Hume의 논증을 거부하는 것처럼 보인다. 예를 들면 다음 참고문헌들을 보라. Swinburne, *Miracle*; Swinburne, "Evidence," 198; Ward, "Believing"; Evans, *Narrative*, 153-54; Parikh, "Argument"(Keener, *Miracles*, 107-70의 논의도 함께 참고하라); 특히 Houston, *Miracle*; Johnson, *Hume*; Earman, "Bayes"; Earman, *Failure*; Earman, "Hume."

78 예를 들면 Yung, "Integrity," 173-75; Bomann, *Faith*, 62; Knapstad, "Power," 78; Ma, "Encounter," 136을 보라; 그 이전의 특히 광범위한 글로는 De Wet, "Signs"를 보라.

간주한 체험에서 비롯된 것으로 여겨진다.[79] 인도의 많은 수의 비기독교인들은 기독교인의 기도를 통해서도 치유되었다고 보고한다.[80] 예일 대학교의 역사학자 램지 맥뮬런(Ramsey MacMullen)이 지적하듯이, 축사와 기적은 4세기에도 기독교인들이 언급한 회심의 주된 이유가 되었다.[81]

그러한 회복에 대한 학자들의 설명은 다양하다. 위약(僞藥) 효과,[82] 오진(誤診),[83] 오해는 아마도 많은 예상치 못한 회복의 원인일 것이다. 어떤 연구자들은 특이한 치료법과 의식 변용(變容) 상태 체험 사이의 연관성을 발견하기도 한다.[84] 어떤 기록들은 확실히 사기와 관련이 있고,[85] 한 사람의 생애에서 이른 시기와 관련된 어떤 기록은 기억의 왜곡을 수반할 수도 있다.[86] 의료 인류학과 정신 면역학에 의존하는 존 필치(John Pilch)는 복음서를 고려하면서 질병에 대한 문화적인 틀과 믿음이 병의 만응에 어떻게 영향을 끼치는지를 유익하게 강조한다.[87] 정신과 의사인 도널드 캡스(Donald Capps) 역시 예수는 정신신체장애뿐만 아니라 심인성 장애도 정신적으로 치료했을 것이라는 유익한 제안을 한다.[88]

---

79   모든 회심 사건의 절반에 대한 추정치를 언급하는 Währisch-Oblau, "Healthy," 92-93; Tang, "Healers," 481에 제시된 추정치는 90%이다.

80   Bergunder, *Movement*, 233; 참조. Bergunder, "Miracle Healing," 298.

81   MacMullen, *Christianizing*, 61-62.

82   다음 책들을 보라. Droege, *Faith Factor*, 15-33; Matthews and Clark, *Faith Factor*, 179-81; Benson, *Healing*, 34, 36-37, 45, 107-10, 117; Remus, *Healer*, 109-13; Davies, *Healer*, 77.

83   참조. Remus, *Healer*, 109; Downing, *Death*, 61.

84   McClenon, *Healing*, 67에 나오는 자료들을 보라.

85   예를 들면 Frost, *Healing*, 183; Naswem, "Healing," 30-31을 보라.

86   Pekala and Cardeña, "Issues," 52-53; Slade, "Reports." 기억의 약점과 강점에 대해서는 14장을 보라.

87   예를 들면 Pilch, *Healing*을 보라; 참조. Craffert, *Life*, 260-80.

88   Capps, *Village Psychiatrist*를 보라; 참조. Davies, *Healer*, 70-72, 76; Gaztambide, "Psychoimmunology"; Gaztambide, "Role," 특히 303-6.

그러나 이와 같은 설명조차 사망한 것으로 발표된 유아나 성인의 입증된 이례적인 회복은 쉽게 해명하지 못한다.[89] 그런 설명은 아마 시각장애의 가장 즉각적인 치료도 해명하지 못할 것이다.[90] 서구의 기도 연구는 여전히 결론을 내리지 못하거나 심지어 부정적이었지만, 명백히 유기적인 어떤 기도 치료는 토착적인 상황에서 연구되어 놀라운 결과를 얻었다.[91] 비록 이러한 관찰 역시 해석의 문제를 해결해주지는 않지만, 나나 내 아내는 이런 몇 가지 특별한 주장과 관련해서 개인적으로 몇몇 친척을 포함하여 내가 인터뷰한 많은 증인을 알고 있고 신뢰한다. 이른바 자연의 기적은, 비록 목격자들이 오늘날 그러한 사건으로 해석하는 경험들이 보고되고 있으나, 훨씬 더 논란의 대상이고 복음서에서나 오늘날의 보고서에서나 빈도가 더 낮다.[92]

"기적"에 대해 내가 일부 공감하는 전 지구적 관점 역시 전통적인 현대의 서구적 접근 방식보다 초자연적 설명에 대해 훨씬 더 개방적이었다.[93] 종교 철학도 과거보다 유신론적 설명에 더 개방적으로 변했다.[94] 어

---

89 참조. McNamara and Szent-Imrey, "Learn," 213.
90 제기되는 주장들에 대해서는 예를 들면 다음 참고문헌들을 보라. Jenkins, *New Faces*, 114; Miller and Yamamori, *Pentecostalism*, 151–52; Ma, "Encounter," 137; Gaztambide, "Mission," 31; Sánchez Walsh, *Identity*, 43–44; Bomann, "Salve," 195–96; Chesnut, *Born Again in Brazil*, 86; Keener, *Miracles*, 545–79에 나오는 보고와 인터뷰; Keener, "Raised." 시각장애 치유에 관한 보고에 대해서는 예를 들면 다음 참고문헌들을 보라. Ramirez, "Faiths," 94–95; Ma, "Vanderbout," 130, 132; Ma, "Encounter," 137; Wiyono, "Timor Revival," 286; De Wet, "Signs," 103–4, 121–23; Castleberry, "Impact," 108, 112; Keener, *Miracles*, 512–22.
91 특히 Brown et al., "Effects"; 더 이전의 글로는 Gardner, "Miracles"를 보라.
92 나 자신의 견해를 포함한 다양한 견해에 대해서는 Twelftree, *Nature Miracles*를 보라.
93 예를 들면 González, *Acts*, 84–85; Martell-Otero, "Satos," 31–32; Yung, *Quest*, 7.
94 본인은 유신론자가 아닌 Quentin Smith는 "Metaphilosophy," 197에서 이러한 변화를 지적한다. 추가로 (Deines, *Acts of God*, 9 n. 20에서 언급된) Quinn, "Epistemology"를 보라.

쨌든 설명은 사람들이 보고된 경험과 같은 경험을 했는지와 별개로 다루어질 수 있다. 종교적 치유를 다루는 역사가들은 그것을 그 원인에 관해서는 판단하지 않은 채 기록하며[95] 때로는 그 문제를 신학자들이나 철학자들에게 맡길 수도 있다.[96]

12.6. 결론

다시 말하자면, 이 장이 짧은 이유는 내가 다른 데서 이 주제를 자세히 다루었기 때문이다. 그렇기는 하지만 역사적 예수 학자들의 절대다수는, 이 사실을 어떻게 설명하든, 예수의 많은 동시대인이 예수를 병을 고치고 귀신을 쫓는 자로 경험했다고 단언한다. 그것은 1차 사료 전체에 걸쳐 예수의 사역에서 가장 널리 입증된 특징 중 하나다. 마찬가지로 우리가 이를 어떻게 설명하든 목격자들이 극적인 치유와 축사를 보고한다는 증거는 차고 넘친다. 예수의 동시대인들이 예수를 병을 고치고 귀신을 쫓아내는 자로 경험했다면 사람들은 오늘날의 치유자들에 대한 현대의 전기에서 그렇듯이 예수에 대한 전기에서도 이런 요소가 등장할 것으로 기대할 것이다. 따라서 이러한 초점은 복음서의 전기적 특성에 불리하게 작용하지 않는다.

---

95 예. Porterfield, *Healing*; Opp, *Lord for Body*; Twelftree, "Historian"의 논의.
96 MacMullen, Christianizing, 24.

13장

요한복음은 어떻게 되는가?

마가복음이 고대 전기이고 누가복음이 대중적인 두 권짜리 역사서로 된 일종의 전기적인 책이라면 요한복음은 무엇인가? 네 번째 복음서의 분명한 목적 진술(20:31)은 몇몇 고대 전기, 특히 현자들에 관한 전기의 목적과 일치한다.[1] 그렇지만 요한복음은 공관복음과 같은 종류의 전기인가? 마태와 마찬가지로 요한은 유대/갈릴리인의 사고방식에 더 많은 영향을 받는다. 그러나 마태는 언제나 (현재 형태에서) 마가복음의 이야기를 중심으로 끼워 맞춰진 예수의 가르침을 수집하고 배열한 인물로 보이지만, 요한은 현자 예수의 다소 다른 측면을 밝힌다. 마가복음에서는 종종 비유를 공개적으로 해석하지 않은 채로 제시하시는 예수는 요한복음에서는 종류가 다른 수수께끼로 말씀하신다.[2]

『복음서의 역사적 예수』(*Historical Jesus of the Gospels*)에서 나는 네 번째 복음서를 그것을 둘러싼 특별한 문제들 때문에 대체로 무시했다. 요한 문헌에 호의적인 몇몇 평론가들에게 나의 실수에 관해서 깨우침을 받은 나

---

1   Burridge, *Gospels*, 229을 보라. Burridge는 요한복음을 고대 전기로 다룬다(Burridge, *Gospels*, 213-32).

2   Witherington은 *Sage*, 336-38에서 이를 지혜 전승의 비교(秘教)적 측면이라고 부른다. 역사서와 복음서에서 수수께끼를 내는 자로서의 예수에 대해서는 특히 Thatcher, *Riddler*를 보라. 소통 과정에서의 수수께끼에 대해서는 Thatcher, "Riddles"도 함께 보라.

는 여기서 요한복음을 최소한 간략하게라도 고려하기로 결심했다. 그렇기는 하지만 나는 요한복음의 자료를 훨씬 더 자세히 다루는 1,600페이지 분량의 주석서를 썼으므로 이 네 번째 복음서의 문제는 여기서 간략하게만 살펴볼 것이다. 이 장에 설득되지 않은 독자들은 마가복음과 누가복음이 역사적으로 유용하고 전기적인 성격을 갖는다는 본서의 주장에 만족해야 할 것이다.

13.1. 요한복음의 독특함

만약 네 번째 복음서가 1세기 말에 나온 전기라면, 어떻게 우리는 이 복음서가 이토록 특이한데도 여전히 최근 인물에 관한 전기는 대체로 믿을 만하다고 가정할 수 있는가? 어느 주의 깊은 학자가 경고하듯이 마가복음과 요한복음이 둘 다 사실에 근거하고 있다면, "역사적 사실이라는 개념은 과도한 조건으로 인해 치명적인 위험에 처해 있다."[3] 첫째, 요한이 했을 가능성이 있는 전기 장르에 대한 어떤 각색이든 반드시 마가의 전기적 접근법에 관한 주장에 영향을 끼치는 것은 아니다. 요한은 마가로부터 (소수 의견인 나 자신이 추정한 마가복음 저작 시기에 따르면 약간 더 긴) 약 25년쯤 뒤에 복음서를 썼기 때문이다. 둘째, 나는 예외가 없어서가 아니라 **가장** 비교될 만한

---

3   Eve, *Behind Gospels*, 149; 그가 초점을 맞춘 차이점은 주로 생략된 부분(특히 요한복음에서 하나님 나라와 축사)이지만, 그것들은 확실히 예수의 사역에서 서로 다른 측면을 강조한다. Ehrman은 *Interrupted*, 21-28에서 차이점들을 지적한다. 나도 때때로 다르게 설명하기는 하지만 나의 요한복음 주석에서 이런 차이점들을 지적한다. 고대에 어떤 이들은 요한복음을 공관복음을 의도적으로 보충하는 책으로 간주했다(Eusebius, *Ecclesiastical History* 3.24.7-13; Smith, *John among Gospels*, 8).

전기들에 근거하여 공관복음에 대해 가장 개연성 있는 견해를 주장했다. 다시 말하자면, 장르들의 혼합적인 요소는 흔히 나타났고 요한은 제국 초기의 일반적인 그리스-로마 전기 전통의 제약을 덜 받은 것처럼 보인다.[4]

그러나 셋째로, 이 장의 초점은 요한복음이 우리가 처음에 생각하는 정도보다 덜 특이할지도 모른다는 것이다. 고대 전기들은 연대순 배열에 얽매이지 않았으므로 요한은 마태와 누가가 따르는 마가복음의 개요를 따를 필요가 없다. 사실, 본질적인 주장에 따르면 이 복음서는 마가복음보다 더 명백하게 목격자 전승에 근거를 두고 있다. 따라서—나는 요한의 중요한 이야기상의 차이에 대한 좀 더 신학적이고 상징적인 설명을 선호하지만—이 복음서는 요한보다 연대순 배열에 관심이 덜한 전승을 의도적으로 수정할 수 있었다.[5] 시간순을 초월하여 요한복음에서 특이하게 보이는 것은 특히 (공관복음에 나오는 흔히 덜 일관된, 말씀이나 그보다 짧은 대화 모음집과는 다른) 연설이다.

누가복음이 전기에서 좀 더 역사 기록에 가까운 쪽에 속한다면, 요한복음은 전기 장르의 유연성을 더 충분히, 아마도 더 찬사 위주로 받아들인 것으로 보인다고만 말해 두자.[6] (전기와 역사에서 더 유연한 쪽에 속하는 글에 대

---

4 Attridge, "Genre Matters?"에서 더욱 발전된 Attridge, "Genre Bending"; 내가 이런 참고문헌들을 알게 된 것은 잠정적으로 *Negotiating Genre*라는 제목이 달린 Sean Adams의 곧 나올 책 덕분이다.

5 어떤 이들은 디아스포라 유대인 저자인 필론의 글에서의 서술 범위와 비교하려 한다. 필론의 「모세 전기」제1권은 보다 일반적으로 그리스-로마 전기와 닮았으나, 그의 아브라함과 요셉에 관한 전기는 알렉산드리아 철학 전통에서 교훈적인 주석으로서 풍유법적으로 해석하려는 경향으로 되돌아간다. 요한과 필론에 대해서는 예를 들면 다음 참고문헌들을 참고하라. Dodd, *Interpretation*, 54-73; Borgen, *John*; Attridge, "Philo and John"; Attridge, "Creation"; Attridge, "Name." 그러나 요한의 독자는 필론이 미리 가정한 헬라화된 상류층 독자층과는 거리가 멀다.

6 Dunn, *Tradition*, 163, 195도 함께 참고하라. 어떤 이들은 요한복음을 웅장한 수사에 비유

해서는 요세푸스가 그의 두 편의 저서에서 자신의 갈릴리 선교의 본질을 서로 다르게 취급한 일을 떠올릴 수 있을 것이다.)[7] 요한의 메시아적 비밀은 마가복음보다는 훨씬 덜 미묘하지만, 제자들은 비교적 똑같이 아무것도 모른다. 모든 것이 요한 문헌의 관용어로 표현되며 심지어 말씀은 공관복음의 말씀과 평행을 이룬다. 좀 더 보수적인 학자들을 포함하여 거의 모든 요한 문헌 학자들이 요한은 모든 것을 자기 나름의 방식으로 구성했다는 점을 인정한다.[8] 우리는 요한이 그의 자료를 해석적·교훈적으로 발전시켰다고 말할 수 있을 것이다.[9] 어떤 종류의 고대 전기처럼 요한의 초점은 예수의 성품과 사명을 강조한다.[10]

그러나 네 번째 복음서의 강론들은 이 복음서의 이야기들보다 공관복음서와 더 뚜렷하게 다르다. 요한복음의 여러 이야기는 공관복음과 너무 비슷하다. 즉 더 일화적이다. 나의 논문 지도교수이자 요한복음과 공관복음의 관계에 대한 저명한 전문가인 무디 스미스(D. Moody Smith)[11]는 예수의 체포와 재판에 관한 몇 가지 세부사항과 같이 요한복음의 이야기가 공관복음을 벗어나는 대목에서 요한복음은 때때로 우리가 믿을 만한 전승으로 간주해야 할 내용에 대해 공관복음보다 훨씬 더 나은 주장을 한다고

한다. 그러나 그러한 수사는 요한의 단순한 산문보다 훨씬 더 호화롭고 증언부언하는 경향이 있었고, 요한의 산문은 일반적인 역사적 담론에 더 적합했다.

7   Henderson, "Comparison," 270, 273-74을 보라. Henderson이 지적하듯이 요세푸스는 우리에게 어떤 저작이 1세기의 상황에서 어느 정도까지 변화를 주면서도 여전히 수용될 수 있는지 감을 잡게 해준다(275).

8   예를 들면 다음 참고문헌들을 보라. Lindars, *John*, 25; Bruce, *John*, 6, 16; Thompson, "Historical Jesus"; Dunn, "John and Tradition"(특히 377쪽의 본질적인 결론을 보라).

9   Bruce, *John*, 16을 다시 보라.

10   Licona는 *Differences*, 115에서 요한이 "정확한 보고라는 기본적인 수준"보다 "더 높은 수준의 관점"에 더 초점을 맞추었을지도 모른다고 주장한다.

11   예를 들면 Smith, "John and Synoptics"; Smith, *John among Gospels*를 보라.

주장했다.[12]

　어떤 이들은 마가도 예수의 이야기에 기준을 부과했을 것이므로 요한의 접근법이 지닌 신뢰성을 배제하기 위해 그 기준을 선험적으로 사용해선 안 된다고 지적한다.[13] 이야기들은 서로 다른 맥락에서 나타나지만, 요한은 공관복음에서도 나타나는 몇 가지 말씀을 수록하며(예. 12:25, 48; 13:16, 20)[14] 공관복음 말씀들과의 일치로 논의의 범위를 넓히면 그물은 훨씬 더 넓어진다.[15] 요한복음의 강론에 나오는 기독론조차 그 이전의 선례가 있다.[16]

　필론의 「모세 전기」는 모세 오경에 나오는 몇 가지 연설을 각색하고 확대할 뿐만 아니라[17] 모세 오경에서 도출해낸 모세와 관련된 세 편의 연설 전문을 포함한 네 편의 새로운 연설을 추가한다.[18] 심지어 역사가들도

12　Smith, "Historical Issues," 263-67.

13　Moloney, "Jesus of History."

14　참조. 마 10:24, 39; 막 9:41; 눅 10:16; 17:33; 아마도 요 14:13-14과 마 7:7//눅 11:9; 요 16:2과 막 13:9; (박해의 문맥 속에 있는) 요 15:26-27과 막 13:11; 요 16:24과 마 7:7//눅 11:9; 요 17:2과 마 11:27//눅 10:22; Aland의 개관에 나오는 여러 추가적인 예를 보라. 참조. Howard, Gospel, 267-78에 나오는 훨씬 더 광범위한 평행 본문 목록; Anderson, Quest, 131-32. 요한복음의 경구에 대해서는 Quest, 60-61을 보라.

15　참조. 예. Ensor, "John 4.35." 나는 주석에서는 가끔 이런 것들을 지적했지만 보통은 그러지 않았다. 장르의 역사성보다도 역사적 배경이 주석의 일차적인 초점이었기 때문이다.

16　Keener, John, 297-310에 나오는 더 자세한 논의를 보라. 선례가 얼마나 많은지는 물론 논쟁해야 할 문제다. 상당히 많은 선례가 있다고 주장하는 글로는 예컨대 다음 참고문헌들을 보라. Hurtado, Lord Jesus Christ; Hays, Reading Backwards; Gathercole, Son; Tilling, Christology; Loke, Origins; Bauckham, "Christology"; Capes, Texts; Capes, Christ; 앞의 주장에 대한 반론으로는 예를 들면 다음 책들을 보라. Ehrman, How Jesus Became God; Kirk, Man Attested by God.

17　확대된 강론에는 민 23:1-10을 확대한 Philo, Moses 1.50.278-79; 출 14:11-12을 확대한 Moses 1.31.171-72; 출 14:13-14을 확대한 Moses 1.31.173-75; 특히 민 13:18-21을 확대한 Moses 1.40.222-26이 포함된다; Hidalgo, "Study," 293-97을 보라.

18　Hidalgo, "Study," 300, 291-300, 특히 297-300쪽에 나오는 추가된 네 개의 강론(출

요세푸스의 헬라파 유대인 역사 기록[19]을 포함해서 그들의 자료에 대한 관점과 해석을 제공하기 위해 종종 연설을 사용했다.[20] 크세노폰의 소크라테스 회상록은 요한에게 심지어 스승의 가르침을 "독립적인 경구뿐만 아니라 질문을 통해 대화를 유도하는 한 명의 대화 상대와의 대화로도" 구성하는 직접 증인의 잠재적 선례를 제공한다.[21] 비록 전기가 아니며 이전의 문헌적 분위기를 반영하기는 하지만 플라톤은 소크라테스의 가르침을 자신이 그 가르침과 일치한다고 믿는 방식으로 발전시켰다.[22]

그러나 훌륭한 역사가들은 이상적으로 화자와 비슷해 보이는 연설을 제시하려 노력해야 했지만, 이 복음서에서는 등장인물이 모두 요한 문헌의 관용어로 말한다.[23] (하지만 필론과 요세푸스는 모세의 말을 그들의 독자들에게 알맞은 그리스의 웅변가처럼 들리게 만들 수 있었다.) 엘리트 전기 작가들

7:11을 발전시킨 Philo, *Moses* 1.16.92; 출 2:17을 발전시킨 *Moses* 1.10.54-56; 민 20:21을 발전시킨 *Moses* 1.44.244-46; 민 25:1-3을 발전시킨 *Moses* 1.53.295-99); *Moses* 1.54-57에 관한 Petitfils, "Tale," 163도 참고하라.

19 요세푸스는 심지어 같은 경우에 대한 연설들도 다른 저작에서 서로 다르게 쓴다(*Jewish Antiquities* 15.127-46 대 *Jewish War* 1.373-79; Talbert, *Mediterranean Milieu*, 211)! 요세푸스와 연설에 대해서는 Keener, *Acts*, 1:301-4에 나오는 자료들을 보라. 일부 유대 하가다 문헌에서도 해석적인 연설을 덧붙였다(참조. Endres, *Interpretation*, 198-99).

20 Cadbury, *Making*, 185; Lindner, "Geschichtsauffassung"; Attridge, "Historiography," 326; Satterthwaite, "Acts," 355-56; Marincola, "Speeches," 119; 요한복음과 관련해서는 Bauckham, "Historiographical Characteristics"; 각색에 대해서는 특히 유익한 Parsenios, "Rhetoric"도 함께 보라.

21 Edwards, "Genre," 55-56, 여기서는 55쪽.

22 Kennedy, "Source Criticism," 129-30, 133은 (W. K. C. Guthrie를 언급하며) 요한복음을 공관복음과 대비하여 비교하는데, Black, "Kennedy," 64-65에서 높은 평가를 받으며 언급된다. 다음 참고문헌들도 참고하라. Votaw, "Biographies," 249; Dodd, *Tradition*, 17; Keener, *John*, 50; 특히 Parsenios, "Rhetoric." 때때로 혼동된 소크라테스의 대화 상대자들의 질문은 플라톤의 대화편을 형성하는 데 도움이 된다.

23 예를 들면 Burridge, "Gospels and Acts," 527을 보라.

과 역사가들은 공관복음보다 훨씬 많이 다른 말로 바꾸어 표현했다.[24] 최소한 요한이 자료에 나오는 내용을 글자 그대로 베꼈다고 비난할 수는 없다. 즉 내용을 자기 나름의 말로 표현하는 것은 문학적 미덕으로 여겨질 수 있다.[25]

13.2. 요한 대(對) 마가

세부적인 내용의 문제와 관련해서 요한복음과 마가복음의 이야기 가운데 하나를 선택해야 할 때 나는 요한복음의 명백한 해석상의 자유와 더 늦은 집필 시기 때문에 (나의 요한복음 주석에서도) 일반적으로 마가복음을 선호했다. 어떤 이들은 요한복음의 연대순 배열을 공관복음의 배열보다 더 선호하고 요한복음에 나오는 마지막 만찬의 시기를 마가복음의 시기보다 더 선호한다. 그들이 옳을 수도 있지만(어떤 주장은 이제 내가 예상한 정도보다 더 강력하다)[26] 나는 보통 마가복음의 진영에 (마태, 누가와 더불어) 더 많이 기울었다.[27]

---

24 예를 들면, 글자 그대로 베끼는 행위에 대한 필론의 반대에 대해서는 Hidalgo, "Study," 300을 보라.

25 어떤 사람들은 기존의 글귀를 사용하는 것을 표절로 간주했고(참조. *Seneca the Elder*, *Controversiae* 1.pref.19; *Suasoriae* 2.19; McGill, "Seneca on Plagiarizing"), 어떤 이들은 (삽입이 분명할 때) 사료를 돋보이게 하는 행위로 간주했다(*Suasoriae* 3.7); 그 둘의 경계선에 대해서는 어떤 합의된 견해도 존재하지 않았다(Knoppers, "Problem," 28-29, 33).

26 Anderson, *Quest*, 158-66; 더 짧은 글로는 Bernier, *Quest*, 82; 더 이전 글로는 예를 들면, Oesterley, *Liturgy*, 158-67; Grappe, "Essai"; Meier, *Marginal Jew*, 1:395-401; Brown, *Death*, 1351-73을 보라. 그러나 이제는 Pitre, *Last Supper*, 251-373을 보라.

27 하지만 이는 3대 1의 싸움이 아니다. 마태와 누가는 단순히 마가복음을 따르고 있을 수도 있기 때문이다. Smith, "Criticism," 628-29을 주목해 보라.

네 번째 복음서에 대한 내 나름의 탐구에서 나는 뜻밖에도 수난 이야기에서 대체로 요한이 종종 상징적으로 의미심장하게[28] 마가복음(막 14-15장)을 통해서, 그리고 바울 문헌에서는 아마도 매우 응축된 형태로(참조. 고전 11:23-26; 15:3) 우리에게 알려진 좀 더 널리 퍼진 수난 이야기를 의도적으로 수정했다고 결론지었다.[29] 요한복음은 자료를 수정한 유일한 복음서(참조. 마 27:34와 막 15:23; 눅 23:47과 막 15:39)[30]나 고대 전기는 아니지만, 수난 이야기에서 요한의 수정이 지닌 일관성은 간과하기에는 너무 두드러져 보인다.[31] 친숙한 이야기의 몇 가지 예상되는 특징에 변화를 줌으로써 청중을 놀라게 하고 몰두하게 하는 음유 시인처럼 요한은 친숙한 이야기를 다른 방식으로 진술함으로써 독자들을 몰두하게 한다.

예수는 사건들을 더 잘 통제하고 있는 것처럼 보이며, 특정한 행위의 상징적 의미(예. 유월절 식사로서의 마지막 만찬)는 이야기 속에 직접 함축된 것처럼 보인다. 따라서 예를 들면,

---

28   부분적으로 변증론적인 관심사로 인해 교부들은 종종 요한복음을 공관복음과 조화시켰다 (이는 요한이 분명히 하지 않은 일이다). 그러나 어떤 이들은 요한이 때때로 영적인 요점을 강조하기 위해 공관복음에서 벗어났다고 지적했다(Origen, *Commentary on John* 10.2, 13-15; 그러나 이는 내가 오리게네스가 종종 너무 지나치게 적용했다고 생각하는 접근 방식이다). Wiles, *Gospel*, 14-24.

29   참조. 여기서는 Allison, *Constructing Jesus*, 392-403; Eve, *Behind Gospels*, 163-67. Theissen 은 *Gospels*, 166-99에서 매우 초기의 연속적인 수난 이야기가 있었다고 주장한다. Soards는 "Passion Narrative"에서 마가는 어떤 자료를 사용하고 있고 우리는 (최소한 마가복음과 어긋나는 다른 복음서들의 일치가 예컨대 막 14:72과 같은 마가복음 이전의 전승을 암시하는 경우를 제외하면; Dewey, "Curse," 102-3; 조금 더 대담한 글로는 Dunn, *Tradition*, 109-19을 참고하라; 추가로 Soards, "Tradition"을 참고하라) 전승과 편집을 분리할 수 없을 것이라고 주장한다.

30   마태는 자신이 마 2:11에서 몰약을 언급했던 것으로 이미 충분하다고 느꼈을지도 모른다. 그가 "쓸개즙"이라는 단어를 사용한 것은 시 69:21을 상기시킨다. 예수의 "결백"은, 그가 하나님의 아들이라는 사실의 분명한 논리적 귀결이지만, 누가의 변증과 잘 어울린다.

31   고대 수사학에서 편집을 포함한 변화의 패턴에 관해서는 Pelling, *Texts*, 65을 보라.

- 요한복음에서는 마지막 만찬보다 예수의 십자가 사건 그 자체가 유월절에 상응하는 것으로 보인다(참조. 요 13:1; 18:28; 19:14).[32]
- 요한은 (막 14:3과 같이) 예수의 머리가 아닌 발(요 12:3; 참조. 눅 7:38)에 기름을 부어서 예수가 요한복음 13:3-5에서 십자가를 예고하는 희생적인 섬김의 행위로 제자들의 발을 씻으시는 모습을 예상하게 하는 베다니의 여인을 강조한다.[33]
- 요한복음에서는 마치 제자들이 아닌 예수가 나귀를 찾는 것처럼 보인다(막 11:2; 요 12:14).
- 요한복음에서는 유다 자신이 빵을 찍어 먹는(막 14:20) 것이 아니라 예수가 유다에게 찍은 빵 조각을 주신다(요 13:26).
- 요한은 성부가 예수를 버리시는 것(참조. 막 15:34)이 아니라 예수와 함께 계시는 것을 강조한다(요 16:32).
- 요한은 겟세마네에서의 구슬픈 기도(막 14:36; 그러나 요 12:27-28을 막 14:34, 36; 히 5:7과 비교해 보라)가 아니라 제자들을 위한 예수의 기도를 강조한다(요 17:1-26).
- 요한은 아버지의 잔을 옮겨 달라는 예수의 앞선 간구(막 14:36; 참조. 10:39)보다 아버지의 잔을 마시려는 예수의 열심(요 18:11)을 강조한다(요 18:11).

---

32 이러한 결론은 아마도 막 11:20의 날이 마 21:19로 변하는 것보다 더 의도적인 이유 때문이겠지만, 최소한 분명한 날의 변화로 귀결된다. 여기서 그 차이에 대한 학문적인 설명을 서술하면 주제에서 너무 멀리 벗어나게 되겠지만 거의 누구나 이 기록들 사이의 차이점을 인식하고 있다.

33 예수가 비스듬히 기대어 있는 상태에서 베다니의 마리아는 예수의 머리에 붓고 남은 것으로 예수의 발에 기름을 부을 수 있었을 것이고, 더 잘 알려진 전승에서는 더 중요한 머리 부분에 초점을 맞추었을 것이다. 그러나 우리가 사건 자체에 대한 이러한 지엽적인 내용에 관해서 어떻게 가정하든 요한에게는 자신이 강조하는 측면을 강조할 이유가 있다.

- 요한복음에서만 예수가 동산에서 체포되고 그곳에서 십자가에 달린다(요 18:1; 19:41, 지형적으로 수난 이야기의 틀을 구성함).
- 요한복음에서는 유다가 입맞춤으로 예수의 신원을 확인시키는 것이 아니라(막 14:44-45) 예수가 자신과 대면한 자들에게 누구를 찾는지 묻는다(요 18:4, 7; 참조. 막 14:48).
- 요한복음에서는 시몬이 아닌 예수가 자신의 십자가를 지고 간다 (막 15:21, 요 19:17).
- 요한복음에 기록된 마지막 외침은 측은하다기보다는 의기양양하게 들린다(막 15:34; 요 19:30).[34]
- 요한복음에서 예수는 여전히 상황을 통제하면서 자기 목숨을 내어 놓는다(10:17-18).[35]

이 모든 점이 다 마가복음 전승의 방향과 양립할 수 없는 것은 아니다. 저자들은 기억하고 있는 내용이 충분하다면 같은 사건의 다른 특징을 강조하는 편을 택할 수 있다. 전달에 대한 가장 기본적인 이해는 아무도 모든 세부사항을 언급하지는 않으며 어떤 세부사항을 생략하는 것은 효과적이고 적절한 전달을 위해 필요하다는 점을 인정하는 것이다. 더구나 이런 몇 가지 세부사항은 신뢰할 만한 기억을 반영할 것이다. 예를 들어 죄수들은 일반적으로 자신의 십자가를 지고 갔고, 고고학은 무덤 가까이에 동산이

---

34 나는 여기서 요한이 한 말씀을 다른 말씀으로 변형시키고 있다고 주장하는 것이 아니라 서로 다른 강조점에 대해 말하고 있다. 요한복음이 막 15:34에 대해 대답해 준다면, 그 대답은 요 19:30보다는 요 16:32에 있을 가능성이 더 크다.

35 참조. Keener, *John*, 1133-34; Keener, "Genre," 323. 요 6:11에 중보 기도에 대한 분명한 진술이 없다는 점을 주목해 보라(막 6:41과 비교해 보라). 요한은 그와 같은 중보 기도를 부정하는 것은 아니지만 확실히 예수를 집중 조명한다.

있었음을 시사한다.[36]

그러나 요한은 마가복음의 이야기를 따르지 않고 눈에 띄게 자신의 이야기를 하고 있다.[37] 이는 단순한 관찰의 문제인 반면, 학자들은 제안된 설명과 관련해서 각자 의견이 다르겠지만 다음과 같은 가능한 대안들 가운데서 나는 가장 가능성이 큰 해법이라고 생각하는 대안을 제시할 것이다. 한편으로 제자들은 각기 아마도 이야기의 요소들을 다르게 기억했을 것이므로 요한은 이전의 기록들에 논쟁적으로 도전하거나 단순히 그 기록들을 보완할 수 있었다. 보완은 가능한 동기이고 최소한 때로는 사실이겠지만, 만일 그가 단지 보완하기만 했다면 사람들은 그가 자신의 이야기가 다른 이야기들과 가장 긴장 관계에 있어 보이는 경우, 예를 들어 예수가 십자가를 지고 가는 경우 그 이야기가 다른 이야기들과 어떻게 일치하는지를 더 자주 보여주기를 기대할 것이다. 논쟁의 징후는 빠져 있지만, 요한은 역사와 관련된 수정을 의도할 수도 있었다. 하지만 역시 요한이 (전기 작가들과 역사가들이 때때로 그렇게 했듯이) 먼저 복음서를 쓴 이들의 줄거리와 대비해서 더 분명하게 차이를 보이지 않은 이유가 궁금하다.[38]

다른 한편으로 앞에서 말한 여러 변화의 일관된 방향은 그런 차이점

---

36   Artemidorus, *Interpretation of Dreams* 2.56; Plutarch, *Delays of Divine Vengeance* 9, *Moralia* 554AB; Chariton, *Chaereas and Callirhoe* 4.2.7; 4.3.10; 또한 Brown, *Death*, 913; Smith, "Historical Issues," 263-65을 보라. 요 20:25의 못은 골 2:14에서 가정되었을 수도 있다.

37   (예컨대 Esler, "Memory," 156-57; 특히 Foucault, *Language*를 적절하게 인용하는 Odor, "Countermemory"에 나오는) 반기억(反記憶)의 개념을 참고하라. 하지만 이야기 진술에서는 놀라게 하기와 같은 세속적인 목적에서 변화를 이용할 수도 있다. 나는 네 번째 복음서를 요한이 마가복음을 따르지 않는다는 의미에서 독립적인 복음서로 간주하지만, 요한은 마가복음에 대해 분명히 알고 있었고, 초기 교회가 얼마나 폭넓게 그물처럼 연결되어 있었는지를 고려하면, 아마 다른 복음서들도 알고 있었을 것이라고 믿는다(참조. Willis, "Networking"; Keener, *Acts*, 187-88).

38   예. Polybius, *Histories* 3.32.4-5; Josephus, *Jewish War* 1.1-2,7.

들이 우연한 것도 아니고 단순히 역사적인 세부적 정보에 대한 교정도 아니님을 암시하는 듯하다. 그런 차이점들은 오히려 의도적으로 수사적이고 특별히 신학적인 차이로 보인다. 좋은 이야기꾼은 때때로 친숙한 이야기를 다시 말하는 방식에 있어 약간의 변화를 줌으로써 청중의 긴장감을 유지한다.[39]

여기서 더 중요한 것은, 요한이 이런 놀라운 변형을 통해 몇 가지 신학적 요점을 강조한다는 점이다(하지만 또다시 이런 특징들이 역사적 세부 정보와도 조화되지 않을 필요는 없다). 즉 우리는 여기서 무작위적인 사건이나 실수가 아닌 일관되고 따라서 아마도 의도적인 듯한 각색의 패턴을 발견한다.[40] 그러한 각색은 부활 이야기에서 계속 이어질 수도 있다. 우리가 살펴본 것처럼, 고대의 청중은 그러한 편차를 문제가 있다고 간수하지는 않았겠지만 (이후 대다수 교부의 발언이 잘 보여주듯이) 종종 그것을 조화시키려 했을 것이다.

실제로 어떤 이들이 마가복음을 "긴 서론을 동반한 수난 이야기"로 요약했다면[41] 요한은 마가가 수난 주간의 거의 첫머리에 기록한 성전 정화 사건(막 11:15-17)을 예수의 공적 사역의 첫머리로 옮김으로써(요 2:13-

---

39 참조. Ong, *Orality*, 41; 추가적인 논평은 이하 14.4a과 16.6에 나온다. 요한복음의 예수는 청중들을 계속 긴장하게 하면서 심지어 의도적인 역설로 "자가당착"에 빠진다(Williams, *Trust*, 123-27).

40 참조. Gundry, "Memories"의 이와 비슷한 의견.

41 이는 Kähler가 제시했지만(*Historical Jesus*, 80 n. 11) 그 이후로 자주 되풀이된 표현이다. 예를 들어 Marxsen, *Mark*, 30; Best, *Mark*, 44; Bruce, "Date of Mark," 83을 보라. 이 표현은 물론 과장된 것이다. Burridge의 추정치에 따르면 마가의 수난 이야기는 단지 마가복음의 19.1%를 구성하고 있다(Aletti, *Birth*, 26-27). 이 표현을 요한복음에 적용하는 것에 대해서는 Collins, *Written*, 87-93을 보라. Hägg는 *Biography*, 293에서 이 표현을 수난에 대한 묘사를 비중있게 담은 루키아노스의 *Passing of Peregrinus*에 농담조로 적용한다.

22) 예수의 사역을 둘러싼 테두리를 훨씬 더 분명하게 수난으로 구성했을 지도 모른다. 우리가 지적한 대로 고대 전기들은 연대별 순서를 요구하지 않았고 (고문서 보관서와 대비되는) 일화적인 기억도 보통 그러한 순서를 제 시할 수 없다. 그렇기는 하지만 요한의 재배열은 마가복음에 이미 친숙한 어떤 독자에게든 요한이 이 이야기를 자기 방식대로 들려줄 것이라는 점 을 곧바로 암시한다.

고대의 비평가들은 다른 역사가들이 그들 각자의 강조점에 따라 사 건들을 기록할 것으로 인식했지만,[42] 최소한 다른 이들의 저작을 비판할 때는 참된 저작들은 서로 모순되어선 안 된다고 주장했다.[43] 하지만 비평 가들은 제자들이 종종 그들 스승의 가르침이 지닌 다양한 측면들을 발전 시켰다고 이해하려 했다.[44] 더욱이 주관적인 개인의 기억이나 문화적인 기억이 서로 다를 때 우리는 종종 그 기억을 서로 변증법적인 긴장 관계 속에서 해석함으로써 가장 많은 것을 배우며 특히 그 기억의 공통된 핵심 을 발견할 수 있다.[45] 다른 전기 작가들도 한 스승의 가르침이 지닌 서로 다른 측면들을 종종 강조했다. 그래서 루키아노스는 다른 전승에는 대체 로 빠져 있는 데모낙스의 한 측면을 강조한다.[46]

---

42   Dionysius of Halicarnassus, *Roman Antiquities* 5.56.1.
43   Josephus, *Against Apion* 1.15, 37-38. 그러나 우리가 지적한 대로 요세푸스는 때때로 자기 모순에 빠진다.
44   예컨대 비록 더 이른 시대이긴 하지만 소크라테스와 관련해서 플라톤과 크세노폰(참 조. Votaw, "Biographies," 249; Dodd, *Tradition*, 17; Keener, *John*, 50; 특히 Parsenios, "Rhetoric"), 또는 루키우스와 폴리오의 모음집에서 무소니우스 루푸스에 대한 서로 다른 묘사를 생각해 보라(Lutz, "Musonius," 12-13). 요한도 공관복음이 오경에서 출애굽기가 맡은 역할을 수행한 것처럼 신명기 역할을 하려 했을지도 모른다(Keener, *John*, 51).
45   Bockmuehl, *Seeing*, 172.
46   Beck, "Demonax," 89-90.

13.3. 마가복음과 크게 다르지 않은 요한복음

그렇기는 하지만 내 생각에 요한이 그리 눈에 띄도록 의도하지 않은 이러한 각색에 초점을 맞춘 나머지 그 이면을 무시해선 안 된다. 요한복음의 줄거리가 공관복음의 마가복음식 개요와는 다르지만 이를 다른 고대 문헌, 즉 예수에 대한 훨씬 후대의 기독교적인 이야기들과 비교하면 요한복음과 공관복음의 밀접한 관계는 더 분명해진다.

나는 요한복음에서 사랑하는 제자의 증언을 발견하는 요한복음 연구의 중요한 흐름에 동의한다(참조. 요 19:35; 21:24; 요일 1:1-3).[47] 파피아스는 "요한복음"의 말씀에 의존하거나[48] 파피아스에 대한 에우세비오스의 해석에 따르면 두 요한에 의존한다.[49] 파피아스가 요한1서의 저자로 본 요한은[50] 아마도 요한복음의 저자와 밀접한 관련이 있을 것이다.[51] (다시 말하지만 내가 이 문제를 여기서 더 깊이 다루지 않는 이유는 다른 책에서 이 문제를 광범위하게 다루었기 때문이다. 그 책에는 다양한 견해와 반론 및 더 자세한 논증이 수록되었다.)[52]

---

47 예를 들면 Braun, *Jean*, 301-30의 다양한 해법; Ridderbos, *John*, 3, 680-82; Kysar, *John*, 12; O'Day, "John," 500; Hengel, *Question*; Dunn, "John," 299; Smith, *John* (1999), 400; Painter, *John*, 4; Bauckham, *Eyewitnesses*, 550-51.

48 하지만 Papias, frag. 3.1과 5.1(Holmes)은 간접적 의존을 의미할 수도 있다. frag. 3.4-5; 7.3을 보라.

49 파피아스는 frag. 3.5-6에서 요한복음을 사도의 저작으로 간주한다.

50 Papias, frag. 3.17에서 그렇게 말한다.

51 2세기의 요한 문헌에 대한 수용에 관해서는 특히 Hill, *Corpus*를 보라.

52 Keener, *John*, 1:81-115. 그곳에서 다루지는 않았지만 Litwa, "Eyewitnesses"와 비교해 보라 (이 글은 반대되는 관점을 가진 몇몇 학자들의 학식을 너무 무시한다). Litwa의 주의 깊은 학식에도 불구하고 나는 필로스트라토스를 그다지 "동시대인"으로 간주하지 않을 것이며 아마도 안토니우스 디오게네스도 그렇게 간주하지 않았을 것이다(반드시 루키아노스 이전은 아니지만, Morgan, "Histories and Wonders"를 참고하라. 그러나 Ní-Mheallaigh, *Fiction*, 71, 144, 150, 181과 비교해 보라; 그래도 확실히 3세기 이전이다[Sandy, "Introduction,"

무디 스미스(Moody Smith)는 또다시 요한복음이 복음서 중에서는 독특하지만 다른 어떤 문헌보다도 공관복음서와 더 비슷하다고 지적한다.[53] 요한은 예수의 이야기를 공관복음과 상당히 다른 방식으로 진술하지만, 요한복음 내의 역사적 전승에 관한 최근 연구[54]는 이 복음서가 일반적으로 유대/갈릴리의 뿌리와 거리가 먼 예수에 관한 2세기와 3세기의 이야기들과 전혀 다르다는 점도 보여준다. (「도마복음」은 비록 1세기 복음서들과 같은 전기의 특징인 이야기 형식이 없으며 도마복음서의 현재 형태는 분명 예수에 대한 생생한 기억보다 늦은 시기에 나타났지만, 그 안에 몇 가지 진짜 예수 전승이 존재한다.)[55]

요한복음에 나오는 지형은 흔히 공관복음에는 나타나지 않는 이야기

775]). 더 중요한 것은, 허구적인 작품들도 때때로 목격자의 주장을 사용하는 데 있어서 역사 관련 저작을 패러디했지만, 이런 작품들은 그것이 패러디한 형태보다 드물었고 요 21:24(참조. 19:26-27; 20:2-4; 21:20-23)의 진지함과 대조적으로 종종 조롱하는 것처럼 보인다는 점이다.

53 다음 책들을 보라. Smith, *John* (1999), 21-22; Schnelle, *Christology*, 229. 참조. Wright, *People*, 410-11.

54 예를 들면 다음 참고문헌들을 보라. Anderson, *Quest*; Anderson, "Project"; Anderson, Just, and Thatcher, *John, Jesus, and History* (3 vols.); Charlesworth, "Shift"; Charlesworth, *Mirrored in John*(특히 1장); Charlesworth, *Symposium*. 그보다 이전의 글로는 예를 들면 다음 참고문헌들을 보라. Robinson, *Historical Character*; Hunter, "Trends"; Higgins, *Historicity*; Albright, "Discoveries," 170-71; Dodd, "Portrait"; Brown, *Essays*, 187-90; Robinson, *Priority*; 가장 광범위한 글로는 Dodd, *Tradition*. 하지만 그의 저작은 모든 점에서 설득력이 있는 것은 아니다(Carson, "Tradition"의 경고도 주목해 보라). 또한 요한 문헌의 관용구와 요한의 디아스포라 저작 안에 있는 유대/갈릴리적 요소에도 불구하고 공관복음과의 풍부한 평행 본문들에 관해서는 Blomberg, *Reliability of John's Gospel*을 보라.

55 다음 참고문헌들의 논의를 보라. Tuckett, "Thomas and Synoptics"; Tuckett, "Thomas: Evidence"; Tuckett, "Sources and Methods," 130; Charlesworth and Evans, "Agrapha," 498-502; Stanton, *Gospel Truth?*, 87; Wright, *People*, 437-43; Meier, *Marginal Jew*, 1:123-39; Perrin, *Thomas and Tatian*, 185-88; Gathercole, *Composition*; 추정상의, 좀 더 묵시적인 이전 단계들에 대해서는 DeConick, *Recovering*, 15-24; DeConick, "Reading." Puig i Tàrrech는 *Jesus*, 31-32에서 「도마복음」에서 정경 외의 믿을 만한 예수의 말씀을 단지 7개만 발견했다.

에서 70년 이전의 유대 교외 지방에 대한 정확한 지식을 반영한다(예. 5:2; 9:7).[56] 이러한 지형은 고대의 기억을 돕는 관행과 일치하게[57] 그와 관련된 이야기에 대한 기억 촉진 장치의 역할을 했을지도 모른다.[58] 70년 이전의 일부 유대 관습도 90년대 요한의 디아스포라 독자들에게는 친숙하지 않음에도 불구하고 나타난다.[59] 문학적 분석도 요한이 공관복음에는 나타나지 않는 몇 가지 정보들을 포함한 일부 정보에 대한 독자들의 지식을 전제하는 것처럼 보인다는 점을 보여준다.[60]

13.3a. 겹치는 부분

더구나 요한은 사건들을 자기 나름의 방식으로 배열하고 표현하지만, 요한복음이 공관복음에 나오는 사건들과 겹치는 부분이 상당히 많다는 점을 부인하는 사람은 아무도 없을 것이다. 이런 사건들은 특히 수난 이야기에서 나타난다. 그 이야기는 네 권의 서사적 복음서가 모두 다루어야 했던 내용이기 때문이다.[61] 반면 부분적으로나 전체적으로 독립적인 전승이나 증언은 복음서의 나머지 부분에서 다루기 위해 다양한 자료 가운데서 선

---

56 예를 들면 Charlesworth and Aviam, "Galilee," 특히 122, 132-36; Burge, "Siloam"; Bauckham, "Historiographical Characteristics," 19-24; 특히 철저한 글로 Wahlde, "Archaeology"를 보라.

57 Small, *Wax Tablets*, 95-101, 109-11; 다른 이미지들에 대해서는 111-16; Rubin, *Memory*, 46-47을 보라. 개인적인 기억이 연대순 배열보다 장소들을 더 잘 상기시킨다(어떤 이들은 심지어 인위적인 장소들을 기억을 돕는 장치로 사용했다. 예를 들면 Vatri, "Writing," 752을 참고하라).

58 Thatcher, "Shape," 특히 233-34. 지리적 배경은 공관복음에 나오는 일화의 약 76.7%에서도 나타난다(Ellis, "Making," 329).

59 요 2:6에 대해서는 예를 들면 Keener, *John*, 509-13을 보라. 요 7:37-39에 대해서는 Keener, *John*, 721-30, 특히 722-24을 보라.

60 요 11:2; Culpepper, *Anatomy*, 222-23; Davies, *Rhetoric*, 255-59을 보라.

61 예를 들면 Smith, "Criticism," 626을 보라.

택할 수 있었을 것이다. 예를 들면 다음과 같다.[62]

- 예수는 갈릴리 나사렛 출신이다(막 1:9; 요 1:45-46).
- 예수는 요셉의 아들로 알려져 있으나(마 1:16; 눅 1:27; 요 1:45) 요셉은 예수의 어머니와 달리 예수의 사역에 관한 이야기가 진행되는 동안 어디서도 나타나지 않는다.
- 요한의 선포:[63]
  - 요한은 자신이 메시아가 아님을 보여준다(눅 3:15-16; 요 1:20).
  - 요한은 이사야서의 언어로 광야에서 주님의 길을 예비한다(막 1:3; 요 1:23).[64]
  - 요한은 자기 뒤에 오시는 이를 선포한다. 요한은 그의 신발 끈을 풀기에도 합당하지 않다(막 1:7; 요 1:26-27).
  - 요한은 단지 물로 세례를 베풀 뿐이지만 그분은 성령으로 세례를 베푸실 것이다(막 1:8; 요 1:26, 33; 참조. 마 3:11//눅 3:16).
  - 요한은 성령이 예수 위에 비둘기처럼 임하시는 것을 인식한다 (막 1:10; 요 1:32-33).
  - 다른 배경에서는 하늘의 음성이 예수를 증언한다(막 1:11; 요 12:28).
  - 따라서 예수는 하나님의 아들(막 1:11; 요 1:34)로 나타난다.

---

62 더 광범위한 글로는 Anderson, *Quest*, 128-45을 보라.
63 더 자세한 내용은 Keener, "Baptizer"를 보라.
64 이는 유대 광야의 한 분파도 자신들의 정체성을 묘사하기 위해 사용한 본문과 같은 본문이다. 1QS 8.13-14을 보라. 참조. 4Q176 frag. 1-2, 2i.7; 4Q259 3.4-5; 참조. Brownlee, "Comparison," 71; Brown, "Scrolls," 4.

- 당연시되는 핵심 제자들로는 시몬과 안드레(막 1:16; 요 1:40),[65] 빌립(막 3:18; 요 1:43), 도마(막 3:18; 요 11:16), 가룟 유다(막 3:19; 요 6:71)와 또 다른 유다(눅 6:13; 요 14:22)가 있다.
- 예수는 시몬을 "베드로"라고 이름 짓는다(막 3:16; 요 1:42).
- 예수는 성전에서 상을 뒤엎고 돈 바꾸는 자들과 비둘기 파는 자들을 쫓아낸다(막 11:15-17; 요 2:14-15).
- 비록 몇 가지 면에서 친구와 적에 의해 상당히 다르게 해석되기는 했지만, 예수는 성전이 파괴된 지 사흘 후에 성전을 세우겠다고 말한 것으로 알려진다(막 14:58; 요 2:19).
- 예수가 시골에서 오천 명을 먹인다.
  - 떡 다섯 개와 물고기 두 마리만 있다(막 6:38; 요 6:9).
  - 예수가 사람들을 앉게 한다(막 6:39; 요 6:10).
  - 약 오천 명의 사람들이 있다(막 6:44; 요 6:10).
  - 예수가 감사 기도를 드린 다음 모두에게 음식을 나누어 준다(막 6:41; 요 6:11).
  - 기적이 일어난 후, 사람들은 남은 음식 열두 광주리를 모았다(막 6:43; 요 6:13).
- 예수가 갈릴리 호수에 있는 제자들에게 온다.[66]
  - 제자들이 호수를 건너 서쪽으로(벳새다로, 막 6:45; 가버나움으로,

---

65 비록 많은 비평학자들은 여전히 이 장을 요한 문헌 이후의 부록으로 간주하지만, 그들도 세베대의 아들들(요 21:2)과 더불어 분명히 어업에 경험이 있었다(요 21:3).

66 외부인들이 "호수"라고 부른 이 호수는 복음 전승에서는 "바다"라는 갈릴리 지방의 명칭을 간직하고 있고 이는 디아스포라 독자들에게는 쉽게 알려지지 않은 벳새다와 가버나움과 그 밖의 마을들에 대한 언급과 마찬가지로 그 전승의 초기적 관점을 반영한다(Theissen, *Gospels*, 105-8).

요 6:17) 가고 있다.

- 바람이 호수를 휘저으며 제자들이 호수를 건너는 속도를 늦춘
다(막 6:48; 요 6:18).

- 예수가 호수 위를 걸어 제자들에게 온다(막 6:48; 요 6:19).

- 제자들이 두려워한다(막 6:49-50; 요 6:19).

- 예수가 제자들에게 "나다"라며 안심시키고 두려워하지 말라고
말한다(막 6:50; 요 6:20).

- 예수가 배에서 제자들과 합류한다(막 6:51; 요 6:21).

• 베드로가 예수의 정체가 메시아(막 8:29) 또는 하나님의 거룩한 자
(존 6:69)임을 고백한다.

• 안나스와 가야바는 대제사장에 속한다(마 26:3; 눅 3:2; 요 18:13; 행
4:6보다도 더 정확하게, 가야바는 당시의 대제사장이고 따라서 아마도 요한이
말하는 "그해의 대제사장"[요 18:13]일 것이다).

• 몇몇 주요 귀족 제사장들과 그 밖의 사람들이 공공질서를 우려하
여 예수를 체포하여 죽일 음모를 꾸민다(막 14:1-2; 요 11:50, 53).[67]

• 예수가 예루살렘에서 보낸 마지막 때는 유월절이다(막 14:1; 요
12:1).

• 예루살렘 근처에서 예수가 베다니에 머문다(막 11:11-12; 요 12:1).

• 예수의 친구로는 마르다, 마리아 자매(눅 10:38-39; 요 11:1)가 있다.

• 수난 이야기 초반부의 예수에 대한 기름 부음:[68]

---

67   이에 대해 요한은 그럴듯한 동기를 부여한다(한 장면과 신학적 아이러니와 더불어; 요
11:45-53); 참조. 예컨대, Vermes, *Jesus the Jew*, 50; Vermes, *Jesus and Judaism*, 12; Keener,
"Truth," 81; Keener, *John*, 851-52; 심지어 Winter, *Trial*, 37도 참고하라.

68   요한은 아마도 머리카락과 발을 포함해서 복음 전승 속의 또 다른 기름 부음 사건에서 나

-예수가 베다니에서 식사를 한다(막 14:3; 요 12:2).

-한 여자가 예수에게 향유를 붓는다(막 14:3; 요 12:3).

-한 명 이상의 구경꾼이 이 향유를 3백 데나리온에 팔아 그 돈을 가난한 자들에게 나누어줄 수도 있었다고 불평한다(막 14:5; 요 12:5).

-예수가 그녀를 변호한다. "가만두라.…가난한 자들은 항상 너희 와 함께 있으니…나는 너희와 항상 함께 있지 아니하리라"(막 14:7; 요 12:7-8).[69]

-예수는 이 기름 부음을 자신의 장사와 연관시킨다(막 14:8; 요 12:7).

• 승리의 입성

-예수가 나귀 새끼 한 마리를 얻는다(막 11:1-7; 요 12:14).

-예수가 오는 길에 많은 사람이 나뭇가지를 던진다(막 11:8; 요 12:13).

-그들은 유월절 기도문으로 시편 118편의 한 시구를 외친다. "호산나 찬송하리로다. 주의 이름으로 오시는 이여"(막 11:9; 요 12:13).

• 예수가 마지막 만찬의 상황에서 자신을 주된 본보기로 삼아 섬김 에 대해 가르친다(눅 22:26-27;[70] 요 13:4-5, 14).

타나는 몇 가지 내용을 이 기름 부음 사건과 융합시키고(눅 7:38; 요 12:3) 이를 통해 요 13:4-5에 나오는 제자들의 발을 씻는 예수에 대한 모델을 제시하는 듯하다. 구두 전승이 발전하는 과정에서는 이야기들이 서로 융합될 수도 있다(Vansina, *Oral Tradition*, 153).

69 요한은 마가의 모든 말을 다 수록하지는 않고 장사와 관련된 기름 부음에 관한 표현을 바꾸 었지만, 여기에 나오는 표현은 두 복음서에서 모두 약간의 어순 변화를 제외하면 똑같다.

70 수난 이야기에서 누가복음과 요한복음의 평행 본문들은 요한이 누가의 이야기를 알고 있

- 예수가 배신과 베드로의 부인을 예언한다.
  - 예수가 배신을 예언한다(막 14:18; 요 13:21).
  - 제자들이 예수가 누구를 가리켜 말했는지 궁금해한다(막 14:19; 요 13:22).
  - 예수가 제자들이 자신을 버리고 흩어질 것이라고 예언한다(막 14:27; 요 16:32).
  - 베드로가 자신은 어떤 일이 있더라도 예수를 따를 것이라고 주장한다(막 14:29, 31; 요 13:37).
  - 예수가 베드로의 부인을 예언한다(막 14:30; 요 13:38).
- 예수와 제자들이 함께 식사한 장소에서 한적한 곳으로 떠난다(막 14:26; 요 18:1).
- 사탄이 금전적 동기를 가진(눅 22:3; 요 13:27) 가룟 유다에게로 들어간다(막 14:11; 요 12:6).
- 유다가 예수를 배신한다(막 14:43; 요 18:2-3).
  - 한 제자가 대제사장의 종의 귀를 칼로 내려친다(막 14:47; 요 18:10).
  - 이 행동은 예수의 책망(눅 22:51), 더 구체적으로 말하면 "네 칼을 도로 칼집에 꽂으라"는 책망을 듣는다(마 26:52; 요 18:11).
- 예수는 아버지의 잔을 마셔야 한다(막 14:36; 요 18:11).
- 대제사장과 그의 무리 앞에 선 예수:
  - 대제사장이 예수에게 질문한다(막 14:60-61; 요 18:19).

었음을 암시할 수도 있지만, 누가가 사랑받은 제자에 관한 전승에서 나온 이야기를 알고 있었음을 암시할 수도 있다(참조. 눅 1:1-4; Anderson, *Quest*, 112-16; Matson은 *Dialogue*에서 이 문제를 더 깊이 논의한다).

-예수가 침묵하거나 애매하게 답변한다(막 14:61; 요 18:20-21).

-하지만 그들은 어떤 식으로든 자신은 하나님의 아들이라는 예
수의 주장을 알고 있다(마 26:63//눅 22:70; 요 19:7; 참조. 10:36).[71]

-최소한 한 명의 유대인 장교 또는 종이 대제사장 앞처럼 보이는
곳에서 예수를 때린다(막 14:65; 요 18:22).

• 베드로가 예수를 부인한다.

-베드로가 멀리서 예수를 따라간다(막 14:54; 요 18:15).

-베드로가 대제사장의 집 뜰 안으로 들어간다(막 14:54; 요 18:15-
16).[72]

-베드로가 대제사장의 집 뜰에서 몸을 녹인다(막 14:54, 67a; 요
18:25).

-베드로가 하녀와 마주치자 예수를 부인한다(막 14:67-68; 요
18:17).

-다른 이들과 마주친 베드로가 예수를 총 세 번 부인한다(막
14:69-71; 요 18:25-27).

-베드로가 마지막으로 부인할 때 닭이 운다(막 14:72; 요 18:27; 참
조. 막 14:30; 요 13:38).[73]

---

71 요한은 예수가 대제사장에게 자신의 정체에 대해 제시한 답변(막 14:62)을 기록하지 않았
지만, 그 대신 요 18:5-6에서 예수가 자신을 체포하러 온 이들에게 "내가 그니라"라고 대
답한 데서 마가복음의 "내가 그니라"라는 표현이 나타난(또는 대구를 이루는?) 것일지도
모른다.

72 요세푸스처럼 "대제사장"을 종종 복수형으로 사용하는 마가는 대제사장들을 서로 구분
하지 않는다. 이 또한 이야기를 진술할 때 압축적으로 전달될 수도 있는 특징이지만, 요
18:15의 제자는 (비록 이 제자가 그 사랑받은 제자인지는 논쟁거리지만) 더 많은 것을 알
고 있었을 것이다.

73 나머지 복음서들은 마가복음에 기록된 두 번의 닭 우는 소리(막 14:30, 72)를 따르지 않는

- 고위층 제사장들이 민중 선동죄로 보이는 혐의로 예수를 빌라도에게 넘긴다("유대인의 왕"; 막 15:1; 요 18:31, 33-35).
- 빌라도 총독이 예수가 위협적인 존재라는 주장에 설득되지 않는다(막 15:14; 요 18:38).[74]
- 예수가 빌라도에게 다소 양면적인 대답을 한 뒤 더 대답하기를 거부한다(막 15:2, 5; 요 18:36; 19:9).[75]
- 빌라도가 예수를 풀어주겠다고 제안하지만, 군중들이 바라바를 선택한다.
    - 유대 지방에는 유월절에 죄수를 풀어주는 관행이 있다(막 15:6, 8; 요 18:39).
    - 빌라도가 예수를 풀어주겠다고 제안한다(막 15:9; 요 18:39).
    - 고위층 제사장들이 바라바를 풀어주라고 요구하거나 군중들에게 그렇게 요구하도록 촉구한다(막 15:7-15, 특히 11절; 요 18:40).
- 빌라도가 예수를 매질하게 한다(막 15:15; 요 19:1).
- 이방인 병사들이 예수를 조롱한다.
    - 병사들이 예수의 머리에 가시관을 씌운다(막 15:17; 요 19:2).
    - 병사들이 예수에게 자주색 옷을 입힌다(막 15:17; 요 19:2).
    - 병사들이 "유대인의 왕이여, 평안할지어다"라며 조롱 섞인 환호를 보낸다(막 15:18; 요 19:3).

다. 이야기가 발전해가는 과정에서는 비본질적인 세부 정보가 종종 점진적으로 생략된다.

74 나는 빌라도의 이중적인 태도에 대한 요한의 해석이 마가복음의 한 수수께끼에 대한 타당한 접근법을 제시한다고 주장해 왔다. Keener, "Truth"를 보라. 참조. Licona, *Differences*, 116. 빌라도가 예수에게서 아무 죄도 찾지 못하는 모습에 대해서는 눅 23:4, 14을 요 18:38; 19:4, 6과 비교해 보라.

75 하지만 요한은 더 많은 대화를 제시한다. 앞에서 언급한 Keener, "Truth"를 보라.

- 십자가 처형:
  - 예수가 "해골의 곳"인 골고다로 끌려간다(막 15:22; 요 19:17).
  - 예수가 다른 두 사람 사이에서 십자가에 달린다(막 15:24, 27; 요 19:18).
  - 예수의 십자가 위에 달린 패에 "유대인의 왕"(요 19:19; 막 15:26) 이라고 쓰여 있다.
  - 사형을 집행하는 병사들이 예수의 옷을 나누어 갖는다(막 15:24; 요 19:23).
  - 한 병사가 신 포도주로 적신 해면을 들어 올려 예수의 입에 갖다 댄다(막 15:36; 요 19:29).
  - 막달라 마리아와 또 다른 마리아, 그 밖의 여인들이 십자가 앞에 있었다(막 15:40, 47; 요 19:25).
  - 예수가 죽는다(막 15:37; 요 19:30).
  - 예수가 일반적인 죄수보다 더 빨리 죽는다(막 15:44-45; 요 19:33).
- 아리마대 요셉:
  - 요셉이 빌라도에게 예수의 시신을 달라고 요청한다(막 15:43; 요 19:38).
  - 그 후 요셉이 예수의 시신을 무덤에 안치한다(막 15:46; 요 19:41-42).
- 그날은 안식일 전 준비일이었기 때문에 시신에 기름을 바를 수 없었다(막 15:42; 16:1; 요 19:31, 42).[76]

---

76   그러나 예수는 막 14:8에서 땅에 묻히기 전에 기름 부음을 경험했다. 참조. 요 12:7.

- 제자들이 빈 무덤과 부활한 그리스도를 경험한다.
  - 막달라 마리아와 다른 이들이 안식일 일찍/직후에 예루살렘 인근에 있는 이 무덤으로 온다(막 16:1; 눅 24:1, 22; 요 20:1-2).
  - 어느 순간 그들이 천사를 보고(마 28:5; 눅 24:4, 23; 요 20:12) 그들(마 28:9-10) 또는 적어도 마리아(요 20:16)가 예수를 본다.
  - 마리아나 여인들이 전갈을 받고/받거나(막 16:7; 마 28:7, 10; 요 20:17) 그들의 경험을 전해준다(눅 24:10, 23).
  - 베드로가 달려가 빈 무덤을 발견하지만 아직 예수를 보지 못한다(눅 24:12, 24; 요 20:3-5).
- 예수가 갑자기 제자들 가운데 서서 평안의 축복으로 그들에게 문안한다(눅 24:36, 초기 사본 대부분; 요 20:19).
- 어떤 이들은 믿지 않지만(마 28:17; 눅 24:11, 37, 41; 요 20:25, 27), 어떤 이들은 (또는 불신자들은, 예수를 본 뒤) 예수께 경배한다(마 28:17; 눅 24:52; 요 20:28-29).
- 예수가 제자들에게 자신을 만져 자기 손을 확인해 보라고 권유한다(눅 24:39; 요 20:27).
- 제자들이 기뻐한다(눅 24:41; 요 20:20).
- 예수의 부활이 성경을 성취한다(눅 24:44-46; 고전 15:4; 요 20:9).
- 예수가 성령의 약속(눅 24:49; 행 1:8; 요 15:26-27, 20:22; 참조. 막 13:11; 마 28:20)과 관련하여 제자들에게 사명을 위임한다(마 28:18-20; 눅 24:48; 요 20:22; 참조. 15:27).
- 예수는 궁극적으로 승천할 것이다(눅 24:51; 롬 8:34; 히 1:3; 요 20:17).

13.3b. 차이점

같은 이야기에서 우리는 유사점 못지않게 광범위한 차이점들의 목록을 만들 수 있을 것이다. 이러한 기록들에서 나타나는 (예컨대, 무덤에서의 만남의 배열 순서와 같은) 여러 편차는 다른 고대의 전기들에서 나타나는 편차의 범위에 들어맞는다.[77] 예를 들면, 만일 요한이(또는 이 점에 있어서 마가가) 어떤 요점을 강조하기 위해 시간상 유월절의 위치를 바꾸어 놓았다면, 이는 플루타르코스가 어떤 상관관계를 분명히 하기 위해 한 이야기의 시점을 7년을 옮긴 것처럼 다른 고대 전기들에서도 관찰되는 관행과 잘 어울린다.[78] 요한은 자신이 접할 수 있는 정보의 핵심에서 몇 가지 장면을 발전시켰을(또는 서로 다른 기억에 의존했을) 수도 있지만, 고대에 역사가들은 일관된 이야기를 구성하면서 장면과 대화들을 발전시킬 수 있었다.[79]

더 많은 차이점은 단순히 생략(목격자나 전승 전달자나 저자가 자료를 선별하거나 압축할 때 흔히 나타나는 일)을 반영하며 때때로 (특히 마지막 이야기들에서) 청중이 이야기 중 일부를 이미 알고 있음을 전제로 한다(예. 요 11:1-2).[80] 구두 전승과 스토리텔링은 서사체 이야기를 단순화하는 경향이 있

---

77 "편차의 미묘한 범위"라는 표현은 기억의 서사화에 대해서도 적절하다. Welzer et al., "*Opa*," 12을 번역한 Kirk, *Memory*, 220을 보라.

78 Licona, *Differences*, 163.

79 Hadas, "Introduction," xx-xxi을 보라. 발언을 포함한 역사가들의 사건에 대한 추론에 관해서는 다음 문헌들을 보라. Tacitus, *Annals* 14.57; 15.59; Quintus Curtius, *History* 3.2.11-16; 1 Macc 6:10-13; 2 Macc 3:37-39; Josephus, *Jewish War* 2.319. 심지어 마음속 생각까지 전달하는 것에 관해서는 예를 들어 다음 문헌들을 보라. Tacitus, *Histories* 2.74; *Annals* 4.38-39; 12.4. 그러나 이러한 제한적인 정보의 발전은 소설, 특히 대부분의 소설과 뚜렷하게 달랐다. 다음 책들을 보라. Fornara, *Nature*, 134-36; Marguerat, *Histoire*, 19-20, 25; Marguerat, *Historian*, 12-13; Keener, *Acts*, 72-77의 논의.

80 예를 들면 유다의 죽음에 대한 기록은 마태복음, 누가복음, 파피아스의 글에서 다 다르지만, 요한은 유다가 어떻게 되었는지에 대해서 독자들에게 알려주지 않으며 마가도 유다의 운명을 생략한다. 사전 지식에 대한 비슷한 가정은 크세노폰의 「헬레니카」와 같은 다른

고, 종종 관계없는 세부사항을 생략하며,[81] 고대 전기[82]와 기억 그 자체[83]도 마찬가지로 그렇다. 요한은 자신이 예수에 관한 이야기들의 표본만을 제시하고 있다고 인식한다(20:30). 그는 공관복음서가 선택한 이야기들에 제한받지 않는다.

다른 다양한 서사적 사건들이 다음과 같이 공관복음에 나오는 사건들과 몇 가지 면에서 일치한다.

- 예수가 몇 가지 표적을 보여주었음에도 예수에게 표적을 요구하는 사람들(막 8:11; 요 6:30; 참조. 고전 1:22)
- 안식일 논쟁(막 2:24, 3:2; 요 5:10, 16, 9:14, 16)
- 상을 가지고 가라는 명령으로 걸을 수 없는 사람을 고치시는 예수 (막 2:11-12; 요 5:8-9)
- 한 시각장애인을 위한 치유(막 8:23; 요 9:6-7)를 포함하여 치유할 때 침을 사용함(막 7:33).
- 죽은 자를 일으킴(마 11:5//눅 7:22; 막 5:41-42; 눅 7:14-15; 요 11:43-44)
- 유명한 청원자의 식솔을 멀리서 치유함(마 8:8-13//눅 7:7-10; 요 4:50-51)
- 기적적인 음식 제공(요 2:9; 막 8:7-8; 요 21:3, 6과 눅 5:4-7도 비교해 보라)

역사서에서도 나타난다(Brownson, "Introduction to *Hellenica*," x). 참조. P.Mich. 202.3; Xenophon, *Cyropaedia* 7.2.15; Phaedrus, *Fables* 3.17; 5.10.10; Dio Chrysostom, *Orations* 34.3; Josephus, *Jewish Antiquities* 18.54; *Life* 412; 살후 2:5.

81   Vansina, *Oral Tradition*, 172; Eve, *Behind Gospels*, 72, 97; Barber and Barber, *Severed*, 91.
82   Small, *Wax Tablets*, 194; Licona, *Differences*, 47-48, 77, 83, 109.
83   Kirk, "Nexus," 146.

• 사마리아인과의 만남(요 4:4-42; 눅 9:52, 17:16)과 그 밖의 만남

공관복음에는 빠져 있는, 요한이 진술하는 많은 이야기는 명절을 보내기 위한 예루살렘 방문과도 관련이 있고 우리에게는 알려졌지만 90년대에 요한의 디아스포라 독자들 대다수에게는 아마도 알려지지 않았을 유대 지방의 생활에 관한 세부적인 정보들과 일치한다.[84]

혹자는 요한복음과 공관복음의 평행 본문들은 공관복음에 대한 요한의 의존성을 반영한다고 주장할 수도 있다. 이는 논쟁이 많은 문제지만,[85] 현재의 논의를 위해 몇 가지 경우에 직접적으로든 단순히든 요한이 사람들에게 들은 내용에서 비롯된 (나는 이 경우가 훨씬 더 가능성이 크다고 생각한다) 그러한 의존 관계가 존재한다고 인정해 보자. 요한복음이 우리가 검증할 수 있는 대목에서 자료들에 의존하고 있거나 그런 자료들과 상당히 중첩된다면, 요한복음은 다른 곳의 사전 정보, 특히 사랑하는 제자의 회상 (요 21:24)에도 의존하고 있을지 모른다고 가정하는 편이 합리적이지 않은가? 요한은 우리가 그를 검증할 수 있는 대목에서 정보를 재가공하고 있고, 사용할 수 있는 자료가 많았던 것으로 보이므로 어떤 자료가 훗날 살아남아 검증의 대상이 될지 알 도리가 없었다(눅 1:1; 요 21:25).[86] 만일 요한이 상당한 정도로 역사적 전승에 의존하고 있다면 아마도 그는 자신의 저

---

84 관련 구절들에 관해서는 Keener, *John*을 보라.
85 특히 Smith, *John among Gospels*을 보라.
86 요 21:25에 나오는 종류의 과장법은 고대 문헌에서(특히 찬사 위주의 선언에서) 흔히 나타난다. 예를 들면 다음 문헌들을 보라. Homer, *Odyssey* 3.113-17; Lysias, *Orations* 2.1, §190; Diodorus Siculus, *Library of History* 16.95.5; 1 Macc 9:22; Philo, *Abraham* 1; *Special Laws* 4.238; *Moses* 1.213; *Dreams* 2.63; Plutarch, *Malice of Herodotus* 1, *Moralia* 854F; Song Rab. 1:3, §1; Pesiq. Rab. 3:2.

작을 자유로운 창작의 기회로 보기보다는 어떤 식으로든 정보에 충실해야 하는 저작으로 간주했을 것이다.[87]

공관복음의 이야기들과 비교해 보면 그러한 기억들은 이 복음서에서 신선한 신학적 통찰로 가득 차 있으나, 또한 이 복음서는 단순히 공상이 아닌 기억을 해석하는 경향이 있음을 알 수 있다.[88] 요한은 이야기를 다르게 말하지만, 소설을 쓰고 있는 것은 아니다. 요한은 실체적인 정보에 여전히 의존하는데, 그중 상당 부분은 공관복음에 평행 본문이 존재하며 또 상당 부분은 우리가 현재 확인할 수 없는 출처 속에 있었던 내용일 것이다. 실제로, 현존하는 증거 덕분에, 어떤 인물을 알고 있는 이들이 쓴 대부분의 전기에 나오는 내용은 대부분 크세노폰의 「아게실라오스」에서부터 네포스의 「아티쿠스」, 타키투스의 「아그리콜라」에 이르기까지 개별적으로 입증된다.[89]

13.4. 결론

요한복음은 "개성이 강한 복음서"다.[90] 요한은 그보다 앞선 복음서 저자들보다 전통적인 전기적 관습에는 관심이 덜한 것처럼 보인다. 학자들은 현재 이해를 더욱 도울 생산적인 방식으로 요한복음의 신비를 탐구하고 있

---

87 요한1서의 표현을 빌리자면 그의 관심은 특히 "육체로 오신" 예수에 있다(요일 4:2; 요이 7).

88 예를 들면 Keener, "Beheld," 특히 25을 참고하라.

89 여러 기록이 다양하게 입증될 가능성은 5% 이하이다. Wright, "Reliability"를 보라.

90 Kysar, *Maverick Gospel*을 보라.

다. 그러나 이 책의 목적상 이 장은 약간의 짧은 논평으로 마무리하는 것으로도 충분해 보인다.

현존하는 어떤 1세기 복음서가 앞의 여러 장에서 추적한 윤곽을 넘어서 로마 제국 시대 전기의 범위를 확대했다면 그것이 곧 요한복음일 것이다. 어떤 이들은 요한의 유연성을 (크세노폰은 한술 더 떴을 수도 있지만) 크세노폰의 모델과 같은 이전의 몇몇 전기적 모델과 비교할지도 모른다(이에 대해서는 확신할 수 있는 근거가 더 적다).

그와 동시에 요한은 위(僞)칼리스테네스나 외경 복음서의 저자가 아니다. 우리가 살펴본 어떤 기준으로 보더라도 그의 저작은 여전히 소설보다는 전기에 훨씬 더 가깝다. 앞에서 언급한 다른 전기들과 온갖 종류의 유사성을 보여주는 소설은 설령 있더라도 거의 없을 것이다. 요한복음이 가령 누가복음과 다른 범위의 역사적 전기에 속하더라도 이 복음서는 그러한 더 폭넓은 범주에 속하는 1세기의 복음서에서 예외가 아니라고 볼 충분한 이유가 있다.

5부

예수에 대한 기억: 회고록 이전의 기억

고대의 많은 전기는 진술된 사건들의 시대에 더 가까운 이전의 전기나 다른 기록된 문헌에 의존하고 있다. 그러나 공적인 연대기를 제외하면 최초의 전기들은 불가피하게 기억—전기 작가, 목격자인 인터뷰 대상자, 또는 이야기를 들었던 이들의 기억—에 의존한다. 나는 주류 고대 전기 작가들이 역사 기록적인 의도를 지니고 있었음을 앞서 말한 연구가 입증한다고 믿는다. 즉 그들은 역사 기록에 대한 고대의 기대를 따르려 했다. 그들은 유연성 있게 이야기를 진술했지만, 소설과는 다르게 사건에 대한 정보에 의존했다. 나는 지금까지 광범위한 증거—즉 첫 세대의 기억은 얼마나 믿을 만했는지에 관한 증거—가 없으면 대답하기가 훨씬 어려운 질문은 다루려 하지 않았다.

회고록보다 먼저 기억이 있어야 하고 회고록은 전기 작가들이 의존하는 기억만큼만 역사적 재구성에 있어서 소중하다.[1] 일관성 있는 기록을

---

[1]   5부의 여러 장은 (일종의 서론에 대한 서론 격으로 본서를 염두에 두고 쓴) Keener, "Before Biographies"에서 각색한 글이다. 나는 "회고록"이라는 말을 한 사람의 자전적 "회고록"이 아닌 개인적인 지식이나 자료에 바탕을 둔 기록이라는 일반적인 의미로 사용한다.

만들어내려고 노력한 고대 전기 작가들은 때때로 그들의 정보 속에 있는 공백을 그럴듯한 추측, 추론, 근거가 가장 미약한 문헌들을 가지고 상상력으로 메우려 했다. 그러나 주류 전기 작가들이 선호한 것은 진짜 정보를 이용할 수 있을 때 각색하는 것이었다. 이러한 상황은 정경 복음서에 대해 의문을 불러일으킨다. 복음서 저자들은 그들이 진술하는 사건들이 있은 지 수십 년 뒤에 글을 쓰면서 신뢰할 만한 많은 정보를 접할 기회가 있었을까?

이 책의 초점은 전기의 대상에 대한 기억이 아직 생생할 때 기록된 고대 전기들에 맞추어져 있다. 목격자 자신이 그런 전기를 쓸 필요는 없지만, 목격자는 보통 어느 정도 거리를 두고 실존했던 이들에 대한 회고록이나 기억에 의존했다(9장을 보라). 수십 년이 지나는 동안 기억은 어떻게 되었을까?

기억 연구는 인간의 기억이 지닌 약점을 강조하지만, 목격자들은 보통 경험을 한 지 수십 년 뒤에도 인생의 전성기에 있었던 많은 중요한 일화들을 이야기할 수 있다(14장). 예수는 선생이었고, 이는 예수가 제자들을 가르쳤음을 의미한다. 예수가 제자들을 가르친 뒤 적어도 30년 동안 이 제자들은 교회에서 여전히 중요한 역할을 맡았고 디아스포라에서도 존경을 받았다.[2] 그들은 전승을 공식적으로 "통제"하지 않았지만 다른 이들이 예수 이야기와 관련해서 인용하는 가장 권위 있는 출처였고 여전히 예수에 관해 어떤 이야기가 가장 믿을 만한지를 평가하는 데 의존할 수 있는 출처였다(15장).

---

2   고전 1:12; 3:22; 9:5; 15:5; 갈 1:17-19; 2:9을 보라. 참조. Josephus, *Jewish Antiquities* 20.200.

그들의 이야기 가운데 일부는 한두 사람을 거쳐 다시 말해질 때 왜곡될 수도 있었을까? 우리는 일상적인 경험에서도 그런 왜곡이 때때로 일어난다는 것을 알고 있지만, 왜곡의 가능성을 인정한다면 어느 정도의 왜곡을 예상해야 하는가? 그것이 기억에 관한 마지막 장(16장)의 주제이며, 이장에서는 구두 전승과 구술 역사를 다룬다. 구두 전승에 관한 연구는 여러 세대를 거치면서 집단적 기억이 기억의 내용을 압축하고 합치며 각색하지만, 이야기의 핵심은 보통 보존한다는 점을 암시한다. 더 나아가 증거는 그러한 구두 전승의 기준에 따르면 예수의 사역과 1세기 복음서 사이의 시간 간격이 상당히 짧다는 점을 시사한다.

즉 이 장들은 기억에 관한 연구가 복음서들이 고대 전기로서 예수에 관한 실체적인 정보를 보존하고 있다는 우리의 앞선 결론을 무시할 어떤 이유도 제시하지 않는다는 것을 보여준다. 전기의 대상에 대한 생생한 기억 속에서 나온 전기들은 보통 최초의 기억으로 거슬러 올라가는 전기 주인공의 생애에서 비롯된 이야기들을 포함하고 있다. 일반적으로 생생한 기억 속에서 나온 어떤 주어진 이야기의 핵심은 그 대상의 생애에서 있었던 어떤 실제 사건을 진술할 가능성이 더 크다. 스승들의 경우에는 그들의 메시지와 심지어 그들이 남긴 여러 말의 요지도 정확할 가능성이 크다.

내가 말하고자 하는 바는 핵심적으로 다음과 같다. 제자들이 나인 성 과부의 아들이 되살아난 일을 목격했다면(눅 7:11-17) 그들이 기억했을 만한 특징에는 장소(나인)[3]와 과부의 아들이 운구 행렬 와중에 되살아난 일

---

3 이곳은 디아스포라에서는 알려지지 않았을 것이고 갈릴리에서도 거의 안 알려졌을 것이다. 요세푸스의 글은 이두매 지역에 나인이라는 이름이 존재했음을 입증하기는 하지만, 이두매 지역에만 있는 나인만 언급한다(Josephus, *Jewish War* 4.511, 517). 누가는 갈릴리 사람이 아니었고 그의 자료에 나오는 지리를 알고 있을 것으로 기대할 수 없지만, 주석가들

이 포함되었을 것이다. 누가는 비록 이런 특징들이 그가 가진 구두 자료나 기록된 자료 속에 없었더라도(아마도 있었겠지만), 역사가로서 당연히 예수의 표현을 재구성하고, (그의 다른 지식을 바탕으로) 군중과 예수의 긍휼을 암시하며, 성문(7:12)을 언급할 권리가 있었을 것이다.

마가는 (예를 들면, 막 1:40, 2:3, 3:1, 5:2에 나오는 다른 여러 등장인물의 이름과는 대조적으로) 야이로의 이름을 알고 있으므로, 이 이야기의 궁극적인 정보원은 그 지역에서 유명한 이 가문을 잘 알고 있었을 것이다(참조. 5:22). 예수의 직계 제자들(5:37)은 조문객들의 비웃음(5:40), 분명히 죽었던 소녀가 예수께 대답하고 걷고 먹는 모습(5:41-43), 예수가 죽은 것으로 여겨지는 사람에게 손을 대시는 모습과 같은 인상적인 특징(5:41)을 잘 기억할 수 있었을 것이다. 우리는 보통 직접 화법에 대한 회상이 나올 것이라고는 예상하지 않지만, 아람어로 된 명령인 "달리다굼"(5:41)이 보존되어 있다는 점은 아마도 마가의 설명보다는 회상을 반영하는 결과일 것이다. 마가가 이 말을 독자들을 위해 번역해야 했기 때문이다.[4] 목격자들의 놀람과 같은 지엽적인 내용은 마가의 자료 속에 충분히 있었을 수도 있으나, 우리 중에 마가가 이런 추론을 했다고 해서 못마땅해하는 이도 아마 없을 것이다.

다른 이들은 이러한 예들에 더 크거나 작은 핵심이 있다고 주장하겠

은 보통 이 이야기의 나인을 수넴 근처에 있는 것으로 보거나(Bovon, *Luke*, 1:268; Carroll, *Luke*, 164-65) 심지어 "수넴"의 약어일지도 모르는(Liefeld and Pao, "Luke," 144; 그러나 LXX 왕하 4:8의 Σουμαν["수만"] 대 수 19:18; 삼상 28:4; Josephus, *Jewish Antiquities* 6.327을 참고하라) 오늘날의 넨(Nen)이나 네인(Nein)과 동일시한다(예. Leaney, *Luke*, 142; Marshall, *Luke*, 284). 이러한 특징들은 수넴에서 죽은 자가 살아난 사건에 대한 암시를 강화했을 것이다(왕하 4:8, 34-36). 누가가 이 점을 설명하지 않는 것은 그가 이미 자신의 자료 안에 있는 이러한 뉘앙스를 알지 못했음을 암시할 수도 있다.

4   참조. Lane, *Mark*, 198; Garland, *Mark*, 223.

지만, 요점은 복음서 저자들이 일반적으로 기본적인 추정상의 사건들을 그들의 자료에서 얻는다는 점이다. 이러한 예들의 경우에 나는 전기라는 장르로 인해 누가와 마가가 예수가 이 젊은 남자와 여자를 살려냈다는 이야기를 지어내지는 않았을 것으로 예상하게 된다. 그렇기는 하지만 내가 거듭 언급한 것처럼 이러한 접근 방법이 모든 역사적 문제를 해결해주는 것은 아니다. 개별적인 자료들은 여전히, 예를 들어 수에토니우스는 네로나 도미티아누스에 대해 접할 수 있는 어떤 부정적인 이야기라도 기꺼이 전해주며 복음서 저자들은 예수를 숭배했다는 점을 염두에 두고, 그 나름의 방식으로 비판적으로 평가해야 한다. 어떤 고대의 이야기들은 다른 이야기들보다 더 잘 입증되며 어떤 이야기들은 비록 서로 핵심을 공유하기는 하지만 다른 이야기들의 왜곡된 형태인 것처럼 보인다.

복음서의 장르도, 구두 전승의 패턴도, 특정한 본문에 관해 확실성을 제공하지는 않는다. 그러나 이 둘은 다른 증거가 다른 방향을 암시하지 않을 때는 특정한 복음서가 우리가 그것을 검증할 수 있는 대목에서 복음서의 자료와 일치하는 정도까지는 분명 따라야 할 일반적인 기대치를 제시한다. 일반적인 기본 설정도 때때로 나타나는 역사적 예수 연구의 수렁에서 잠재적으로 중요한 나아갈 길을 제시해준다.[5] 이 경우에 나는 기본 설정이 학계의 일부 연구자들이 받아들인 기본적인 회의주의보다 상당히 더 (그리고 인기 있는 예수 신화론자들보다는 훨씬 더) 긍정적이어야 한다고 믿는다. 즉 대상에 대한 생생한 기억 속에서 나온 본격적인 1세기의 전기에서는 어느 쪽으로든 다른 설득력 있는 논거가 부족한 경우, 심지어 개별적

---

5   이미 25년 전에 나타난 이 수렁에 대한 진지한 평가를 보려면 다음 책을 보라. Crossan, *Historical Jesus*, xxviii.

으로 입증된 사건들이나 예수의 메시지 안에 있는 주제들이라도 그 핵심
을 거부하기보다는 신뢰할 이유가 더 많다.

14장

기억 연구

거의 모든 학자가 예수는 스승이었다는 점에 동의하고 따라서 예수에게
제자들이 있었을 가능성도 인정한다. 모든 학자가 고대 교육학의 거의 보
편적인 관행을 바탕으로 예수의 제자들이 무엇을 어떻게 배웠어야 하는
지와 관련해서 이 역할의 의미를 인식한 것은 아니다. 그러나 고대 교육
학은 우리에게 제자들이 무엇을 배웠어야 하는지를 말해주지는 않겠지만
(15장), 제자들의 증언에 담긴 요소들이 오늘날 현존하는 문헌들 속에 기
록되기 시작했을 때까지, 또는 최소한 그것이 공동체의 전통 속에서 표준
화되었을 때까지 그들이 예수에 대해 무엇을 기억하려 했는지에 관한 질
문은 여전히 남아 있다.

14.1. 고정성과 유동성

예수의 제자들이 무엇을 기억했겠는가 하는 문제는 우리에게 개인적·심
리적 기억에 관한 최근의 몇몇 연구를 살펴볼 것을 요구한다. (그러한 심리
적 기억은 구두 전승과 문화적 기억의 더 긴 과정, 즉 목격자 이후에 기억을 다시 떠올

릴 때 일어나는 일과는 다르며, 이는 16장에서 더 자세히 다루는 주제다.)[1]

　　다양한 학자들이 예수의 제자들이 얼마나 많은 것을 기억할 "수 있었을지"에 관한 의견들을 제시해 왔지만, 심리적 기억에 관한 연구들은 그러한 추측들에 대한 유용한 통제 수단을 제공한다. 학자들은 우리가 가장 좋은 상태—와 가장 나쁜 상태—에서의 기억에서 무엇을 기대할 수 있는지를 제안한다. 이러한 연구 영역은 계속해서 발전하고 있으므로 이번 장에서는 서론적인 논평만 가능하다. 그렇기는 하지만 이런 연구는 증언에 바탕을 둔 역사적 재구성에 대한 통찰을 제공한다.

　　지금까지의 대부분의 심리적 기억 연구가 지닌 한 가지 한계는 이 연구들이 현대 서구의 기억에 초점을 맞추고 있다는 것인데, 학자들 대다수는 현대 서구의 기억을 고대 지중해의 기억보다 일반적으로 덜 훈련된 기억으로 인식한다는 점이다.[2] 수십 년간 학생들을 가르치고 평가해온 우리 교수들은 심지어 우리 자신의 교직 생활 중에도 암기 능력이 변했음을 인식할 것이다. 유선 인터넷이 갖추어진 서구에서 따로따로 떨어진 정보들을 쉽게 접할 수 있는 환경은, 종종 계산기가 우리의 계산 능력을 위축시키는 과정과 비슷한 방식으로, 우리가 기억을 철저히 활용할 수 있는 능력을 앗아간다.

　　나는 15-16장에서 고대 지중해의 기억과 다른 문화권에서의 구두 전승의 몇 가지 예를 언급하겠지만, 여기서 언급하는 서구의 연구조차 기

1　"예수의 목격자들"을 고려하는 이들은 (Person and Keith, "Media Studies," 5과 같이) "인지적이고 자전적인 접근 방식"을 다루지만, 그러한 기억에 대한 이후의 수용과 구성은 집단적·문화적 기억에 관한 접근 방식에 의존한다.

2　참조. Galinsky, "Introduction," 17: "고대 로마는 탁월한 기억 문화였다"; Rhoads, "Events," 173. 참조. Redman, "Eyewitnesses," 179, 192-93의 인정.

억의 특성에 관한 몇 가지 중요한 통찰을 제공한다. 내가 여기서 인용하는 학자들은 다양한 관점을 반영하지만, 그들은 모두 한 가지 핵심적인(그리고 직관에 별로 반하지 않는) 요점, 즉 기억은 고정성과 유동성을 함께 포함한다는 점에 동의한다.

몇몇 학자들은 기억의 약점을 언급하면서 복음서들이 예수에 관한 신뢰할 만한 기억을 많이 보존했을 것이라는 생각을 받아들이기 어렵다며 일축한다. 자료가 지닌 그러한 측면은 전승 전달자들이 정확한 표현과 세부 정보를 보존했을 것이라는 우리의 가정에 정면으로 도전하며, 이는 구전 문화에서는 어쨌든 일반적으로 관심이 덜한 문제다. 우리의 장기 기억은 우리의 경험을 대부분 간직하고 있지 않다.

하지만 자료의 또 다른 측면은 사람들이 사건이 있은 지 수십 년 뒤에도 기억하는 일의 내용은 대부분 여전히 실제로 일어난 일과 강한 유사성을 지니고 있다는 점을 시사한다. 기억이 지닌 여러 약점에도 불구하고 예수의 제자들이 예수의 사역 속에서의 여러 주목할 만한 사건들과 확실히 몇몇 복음서를 가득 채우기에 충분할 만큼 예수의 인상적인 다수의 가르침의 핵심을 정확히 기억했을 가능성이 전혀 타당하지 않은 것은 아니다. 그 사역과 최초의 기록된 문헌 사이의 기간은 단 몇십 년에 불과한 것으로 보인다.

기억에 대한 일상적인 가정은 보통 일상적인 목적에 대해서는 충분하지만, 그러한 가정의 정확성은 피암시성, 편향에 대한 민감성, 연대적 독립성의 제약을 받는다. 회상은 경구의 경우를 제외하면 글자 그대로인 경우가 드물다. 하지만 기억은 개인적으로 중요하고 보통은 여러 감각이 관여하는 사건들과 자주 반복된 사건들에 대해서는 일반적으로 효과적이다. 5년 동안 남아 있을 만큼 중요한 기억은 아마도 수십 년 동안 남아 있을 것이다.

14.2. 장기 기억에 대한 일상적인 가정

우리 대다수는 기억 상실증, 조현병, 또는 치매와 같은 특이한 상황을 제외하면[3] 유아기 이후 평생 일어난 핵심적인 사건들을 기억해낼 수 있다는 점을 당연하게 받아들인다. 우리는 그러한 가정을 바탕으로 삶을 영위한다.[4]

대다수의 다른 사람들처럼 나도 보통 그런 가정을 하며 살아간다. 물론 때때로 나는 이 장에서 언급한 기억의 모든 약점을 경험했다. 내가 사용하지 않은 많은 기억이 시간이 흐르면서 서서히 사라졌다. 나는 40년 전의 가까운 몇몇 친구들은 마치 어제 함께 있었던 것처럼 기억하지만, 나와 별로 가깝지 않은 지인들은 대부분 잊어버렸다. 주의력 결핍 및 과잉행동 장애(ADHD)를 겪으며 성장해온 나는 건망증 심한 교수의 전형을 쉽게 보여주기도 한다.[5]

하지만 나는 기억할 만한 사건들, 내가 알게 된 정보, 대략 40년 전에 들었던 몇 가지 설교 예화도 기억해낼 수 있다. 나는 아직도 그 당시에 들었던 몇 가지 농담을 재활용한다. 고등학교 40주년 동창회에서 한 친구가 우연히 우리가 초등학교 3학년(대략 50년 전, 내 나이 여덟 살)이었을 때 있었던 나와 관련된 구체적인 사건을 내게 이야기해 주었다. 그녀는 그 일을

---

3   예를 들면 다음 글들을 보라. Larsen, Thompson, and Hansen, "Time," 153; Baddeley et al., "Delusions," 384, 423-24(그러나 427쪽을 참고하라); Schacter, "Memory, Amnesia, and Dysfunction"; Koutstaal, Verfaellie, and Schacter, "Objects"; Simons et al., "Gist"; Pierce et al., "Effects"; Budson et al., "Memory."

4   Bockmuehl은 *Seeing*, 170-71에서 자신이 증조할머니의 제1차 세계대전 이전 어린 시절에 관한 이야기를 자녀들에게 들려주었다고 말한다.

5   건망증이 심한 교수들은 "건망증은 한 개인의 기억 용량이 압도당하는 것을 방지하는 데 도움이 된다"는 견해에서 위로를 얻을 수도 있을 것이다(McIver, "Personal Memory," 54).

분명히 기억하고 있었고 그녀의 남편 역시 그녀가 자기에게도 그 이야기를 들려주었다고 말했다. 나는 "길리건의 섬"이라는 노래를 흥얼거리고 있었다. 그러자 선생님은 내게 그 노래를 누구나 들을 수 있을 만큼 크게 흥얼거리고 싶으면 큰 소리로 부르라고 요구하셨다. 그녀는 그때 내가 그 노래를 완벽하게 불렀다고 이야기했다. 나는 그 노래의 가사는 오래전에 잊어버렸지만 (당황스러웠던) 그 사건은 나도 기억하고 있다고 고백했다.[6]

　비전문적이지만 의도적인 한 가지 기억 실험으로서[7] 나는 내가 일곱 살 때인 50년 전에 가족과 장거리 자동차 여행을 하며 겪었던 25가지 이상의 사소한 일들을 회상하여 나열해 보았다. 다음으로 나는 다른 살아 있는 증인들의 말을 참고했고 그들의 증언은 이런 여러 기억이 50년 동안 독립적으로 이어져 왔다는 사실을 확인시켜 주었다.[8] 나의 일곱 살 때의 기억은 꽤 제한적이지만 열일곱 살 때의 기억은 풍부하다. 내 인생의 어떤 기간에 대해서, 나는 심지어 대화까지 포함해서 그러한 경험의 내용에 관해 나의 기억의 정확성을 확증할 수 있다. 내게는 그런 기간에 쓴 개인적

6　2018년 8월 25일에 Cindy Johnson Meyerson이 한 말이다. 나는 초등학교 몇 학년 때 그 일이 있었는지도 잊어버렸다. 그러나 기억의 또 다른 측면도 눈에 띈다. 우리 중에 그곳에서 이야기를 주고받은 친구들 대다수는 그곳에 있었던 다른 친구들이 잊어버린 사소한 일을 기억하거나 다른 친구들이 기억하는 사소한 일을 잊어버렸고, 나는 몇몇 친구들의 기억을 다른 기억과 혼동했다.

7　연구자들이 자신의 자전적인 기억에 대해 수행한 자주 언급되는 몇몇 실험은 나의 실험보다 훨씬 더 주의 깊게 통제되었지만, 나는 다소 우스꽝스럽기는 해도 그들의 실험을 고려하여 이 실험을 수행했다. 예를 들면 다음 글들을 보라. Linton, "Memory"; (다른 많은 책 중에서도 특히 McIver, *Memory*, 30-34에 인용된) Wagenaar, "My Memory".

8　특히 2017년 6월 30일에 오하이오주 마실론에서 Gail Keener와 나눈 대화. 당연하게도 우리가 언제나 똑같은 지엽적인 내용을 기억한 것은 아니다. 어린 시절에 나는 예를 들면 냉장고 안에 있는 빙과류나 "허시퍼피"(미국 남부의 옥수숫가루로 만든 둥근 튀김 과자—역주)와 관련된 무서운 첫 경험을 더 잘 기억하는 경향이 있었지만, 우리의 기억은 상당히 겹쳤고 모순되지 않았다.

인 일기나 편지가 있기 때문이다.[9] 마찬가지로 나는 내가 아내에 대해 아내와 말로 나눈 인터뷰를 아내의 일기와 주의 깊게 비교했다.

당연히 나는 나 자신의 기억을 가장 잘 떠올리지만 몇 가지 전해 들은 이야기가 나의 뇌리를 떠나지 않았다. 무디 스미스(Moody Smith), E. P. 샌더스, 댄 비아(Dan Via)와 같은 듀크 대학교의 스승들은 우리에게 그들 자신의 스승들과 나도 여럿 기억하고 있는 다른 더 연로한 학자들에 관한 이야기를 들려주었다.[10]

나는 기억을 통해 내게 더 먼 과거를 상기시켜 준 또 다른 이들을 통해서도 배웠다. 나는 대공황에 관한 내 조부모의 이야기 중 일부를 기억한다. 내 아버지는 내게 옛날 사진 속 사람들과 사건들에 대해서 보통은 그 사진의 대상에 관해 확신 있게 설명해 주셨다. 한 사진은 단순히 2층 창문에서 내려다 보이는 지루한 장면이어서 나는 누군가가 이 사진을 찍은 이유가 궁금했다. 아버지는 이렇게 설명하셨다. "바로 여기서 내가 전쟁[제2차 세계대전]이 끝났다고 소리쳤었지."[11]

---

9   내가 심지어 수십 년 뒤의 기록이라도 상세한 기록을 참고할 때 그 기록들은 내가 잊어버린 세부적인 정보를 필연적으로 보존하고 있다. 그러나 절대다수의 경우에 내가 기억하는 것은 기록과 전적으로 일치한다. 대중적인 수준의 회고록은 순수한 소설과는 명백히 무관한 방식으로 기억에 대한 의존성을 보여줄 수 있다. Keener and Keener, *Impossible Love*에 나오는 많은 정보는 우리의 일기에서 나온 것이다. 편집상의 제약으로 인해 나는 원래 초고의 대략 45%를 삭제하고 우리가 강조하기로 한 이야기의 기본적인 줄거리에 있어서 가장 유용해 보이는 내용을 남겨놓았다. 몇몇 경우에는 삭제를 위해 비슷한 장면들을 합칠 필요가 있었다. 그러나 그 내용은 전적으로 실제 사건들로 구성되어 있다. 우리의 원자료는 소설에는 필요하지 않은 방식으로 우리의 진술을 제약했다. 실제로, 잘 써진 소설은 활동적인 등장인물의 수를 줄이고 독자들에게 친숙하지 않은 지명들과 이름들을 훨씬 적게 포함함으로써 우리의 실제 이야기보다 대중적 관심에 더 잘 호소할 수 있을 것이다.
10   나만 그런 것은 아니다. 예를 들면 2002년에 학자들은 Adolf Schlatter(1938년 사망; Bockmuehl, *Seeing*, 170-71 n. 13)와 관련된 그들의 초기 경험을 이야기했다.
11   나의 아버지 John W. Keener가 그의 유년기에 관한 많은 이야기를 들려줄 때 나누었던 대

나는 한 훌륭한 삼촌에 관해 더 많은 것을 알고 싶어서 대략 70년 전인 1940년대의 여러 구체적인 사실들에 대해 내게 알려준 어떤 80대 할머니에게 물어보았다.[12] 90대인 이웃의 한 할머니는 미국에서도 가족 이야기를 하는 것이 한때는 흔한 취미였다고 말하면서 1700년대로 거슬러 올라가는 가족 이야기에 대한 기억을 말해주었고 그중 일부는 나도 그 이후에 독립적으로 확인할 수 있었다.[13] 여성사 분야에서 박사 학위를 받은 내 아내는 학생들에게 구전 역사 과제를 위해 노인들과 인터뷰를 해서 한두 세대 전의 삶은 어떠했는지에 대한 표본을 얻는 숙제를 내주었다.

서구인들이 심지어 주의력 결핍을 동반한 건망증이 있는 사람들이라도 많은 경험을 기억하고 있다면 확실히 우리는 기억을 소중히 여기고 자주 이야기하는 문화에 속한 사람들에게서 (비록 그런 문화들이 종종 더 흥미로운 이야기의 틀을 제공하는 것을 가치 있게 여기더라도) 더 적은 것을 기대해선 안 된다.

간단하지 않은가? 꼭 그렇지만은 않다.

화(2014년 8월 2-10일).

12　Mary Jane Bogg, 2017년 7월 12일 전화 인터뷰.

13　그녀는 또 Gulick, *Windows*, 6-8에서 이런 이야기 몇 가지를 들려주었다. 현대 지중해 세계에서 가족 이야기를 전해주는 관행에 대해서는 예를 들면 Pizzuto-Pomaco, "Shame," 38, 42; Pizzuto-Pomaco, *Shame*, 35을 보라.

14.3. 재구성된 기억

기억에 대한 일상적인 가정은 보통 일상적인 목적에 관해서는 충분하지만, 기억의 한계에 비추어 수정될 필요가 있다. 우리가 사건들을 기억할 때 우리의 정신은 다양한 하위 체계에서 비롯된 기억을 재구성하며 때로는 우리의 기억에 주입된 정신적 부연 설명을 포함한 추론으로 기억의 공백을 메운다.[14] 이 과정은 오류로 귀결될 수 있지만, 전반적으로 "최선의 추측으로 공백을 메울 수 있는 건설적인 기억을 가지는 것의 대가다."[15] 본서의 앞부분에서 언급한 몇몇 고대 전기에 나오는 일화들처럼 우리의 단편적인 기억들은 시간순으로 연결되어 있다기보다는 주제별로 연결되어 있다. 심지어 놀라운 기억력을 가진 고대의 웅변가들조차 일반적인 기억의 시간적 무작위성을 인식했다.[16]

우리의 뇌가 쓸모없는 자극으로 과부하가 걸리는 일을 방지하기 위해 우리는 뇌로 입력되는 정보량 중에 우리가 기억하는 양보다 더 많은 양을 잊어버린다. 우리는 기억을 다양한 방식으로 정리하고 진술할 수 있지만, 우리의 뇌는 기억을 구성하고 그렇게 해서 이해하는 데 도움을 주는[17] 학습된 이야기의 각본이나 패턴에 따라 기억을 배열함으로써[18] 효

---

14 Barber and Barber, *Severed*, 33.
15 Cohen, "Overview," 389.
16 Seneca the Elder, *Controversiae* 1.pref.4.
17 그러한 해석적인 각본과 도식에 대해서는 예를 들면 다음 참고문헌들을 보라. Rubin, *Memory*, 21-28, 63; Rubin, "Introduction," 4; Small, *Wax Tablets*, 196-97; (Bonanno, "Remembering," 177에 나오는 정보를 포함하고 있는) Kirk, "Memory Theory," 824-26; (잠재 기억으로의 신경학적 부호화를 언급하는) Kirk, "Nexus," 146; Eve, *Behind Gospels*, 89-91; Nikulin, "Introduction," 9, 27; Kesteren et al., "Schema and Novelty."
18 도식은 "그러한 경우에 보통 일어나는 일의 패턴"이 될 수 있다(Bauckham, "Psychology of

율을 극대화한다. 그러한 구성은 기억을 절약함으로써 각본에 따라 강점이 될 수도 있고[19] 약점이 될 수도 있다.[20] 기억 이론가인 배리 슈워츠(Barry Schwartz)가 지적하듯이, "어떤 장르와 각본은 다른 것보다 더 자세하고 정확한 정보를 바탕으로 한다."[21] 이처럼 각본을 따르는 현상은 종종 최초의 기억이나 심지어 직접적인 모방에서 비롯되며, 따라서 언제나 이전의 전승에 이후의 문헌을 부과하는 것은 아니다.[22]

오늘날의 비디오 압축 알고리즘은 군더더기를 줄임으로써 비디오를 압축할 수 있다. 기억은 외견상 그보다 덜 효과적으로 그에 관한 틀이 제공된다기보다는 추정되는 부분들을 포함한다. 우리는 기억을 재구성할 때마다 이후의 기억에 영향을 끼칠 수 있는 기억의 새로운 재구성을 만들어내며, 이는 기억을 고정하는 동시에 그 기억에 새로운 연상을 덧붙일 수도 있는 과정이다.[23] 앞 절에서 일상적인 기억에 관해 내가 당연한 것으로 받아들인 요점들 못지않게 나는 나 자신의 경험도 이러한 관찰 사실과 합치한다고 생각한다.

요컨대 우리의 기억은 비디오카메라가 아니다. 우리의 기억은 일반적이고 일상적인 목적과 관련해서는 제대로 기능하지만 일어난 일에 관

Memory"[나의 예비적 고찰에서는 3쪽]의 견해가 이와 같다). 도식의 사회적 차원에 대해서는 다음 참고문헌들을 보라. Eve, *Behind Gospels*, 91, 96; Schwartz, "Smoke," 24; Kirk, *Memory*, 193, 199-200, 218-19; 기억과 도식의 상호작용에 대해서는 예를 들면 Schwartz, "Harvest," 322-23을 보라.

19 학자들은 타당한 배경을 제시할 수 있다(예. Larsen, Thompson, and Hansen, "Time," 153).

20 그러한 도식은 틀리기 쉬우므로 때때로 오류를 낳는다(Brewer, "Recollective Memory," 41, 44-45; Eve, *Behind Gospels*, 90).

21 참조. Schwartz, "Harvest," 321. 기억력이 좋지 않은 더 연로한 사람들은 젊은 사람들보다 정형화된 틀에 더 의존한다(Mather, Johnson, De Leonardis, "Reliance").

22 Le Donne, *Historiographic Jesus*, 77.

23 Eve, *Behind Gospels*, 90-91; 참조. Small, *Wax Tablets*, 199.

한 똑바르고 객관적인 기록은 아니다.[24] 그 대신 우리가 주어진 방식으로 기억을 배우고 연습할 때 기억은 성장하여 우리가 기억에 대해 구성하는 틀에 유기적으로 적응한다. 이 모든 말이 학문적으로 들린다면 한 가지 구체적인 예가 이 문제를 분명히 보여줄 수 있을 것이다.

14.3a. 딘의 지적 능력 무시하기? 나이서 식의 해석

1981년에 발표된 한 연구에서 율릭 나이서(Ulric Neisser)는 존 딘(John Dean)과 리처드 닉슨(Richard Nixon) 사이의 녹음된 대화를 그 대화에 대해 딘이 증언한 기억과 비교했다.[25] 딘의 편견은 그의 증언에서 그가 자신의 역할을 부풀리고 가능한 대목에서는 닉슨에게 해를 끼치며 자신을 정당화할 때 표면화된다.[26] 이하에서 보게 되겠지만 딘만 그런 것은 아니다. 편견은 기억에 일반적으로 영향을 끼친다.

더 중요한 것은 딘의 기억이 다양한 대화의 요소들을 뒤섞어 구체적인 상황에서 다루어진 구체적인 주제보다는 그와 대통령의 대화에서 전형적으로 나타난 내용을 기억하고 있다는 점이다.[27] 바트 어만(Bart Ehrman)이 정확히 지적하듯이 이러한 오류 가능성은 별로 놀라운 것이 아니다. 우리 중에 과거의 대화를 글자 그대로 기억한다고 주장하는 사람은 거의 없을 것이다.[28] 대화에 대한 기억은 삶의 경험에 대한 일화적인 기억

---

24 과도한 비관주의에 대한 반론으로는 예컨대 Schwartz, "Smoke," 31; Schwartz, "Harvest," 313을 보라.

25 Neisser, "Dean's Memory."

26 McIver, *Memory*, 19(Edwards and Potter, "Memory," 193의 견해를 따름); 참조. Brewer, "Recollective Memory," 45.

27 Ehrman, *Before Gospels*, 144-48, 특히 146.

28 Ehrman, *Before Gospels*, 146-47.

²⁹이나 최소한 비상한 삶의 경험과는 다르다. 딘의 가장 잦은 실수는 시간 상의 오류였다. 맥아이버(McIver)가 지적하듯이 딘은 "실제로 발생했으나 그가 전해주고 있는 상황과는 다른 상황에서 발생한 일들을 전해준다."[30]

그러한 관찰 사실은 딘을 놀라게 했을지도 모르지만 21세기의 심리 학자들을 놀라게 하지는 않을 것이다. 여러 상황을 융합하는 시분할(時分割) 오류는 기억의 가장 흔한 약점에 속한다.[31] 오늘날 이것이 사실이라면 우리는 저자들마저 다양한 저작을 동시에 접할 수 없었으므로 자신의 기 억에 의존해야 했던 고대에는 그와 같은 융합이 훨씬 더 많이 발생했을 것 으로 예상할 수도 있다.[32] 고대에는 세부 정보의 정확성에 대한 기대가 이 처럼 오늘날의 기대와는 달랐다.[33] 어떤 이야기를 압축하기 위한 사건들 의 융합은 일반적이고 외견상 받아들여진 관행이었다.[34]

그러나 나이서는 그런 문제들을 지적하면서도 딘의 증언이 "비록 어 떤 특정한 상황에도 문자적으로 충실하지는 않으나 본질상 정확하며, 그 가 단 하나의 일화의 '요지'를 그 자체로 기억하고 있는 것이 아니라 일련

---

29 Brewer, "Recollective Memory," 40-41(그는 Neisser의 견해에 도전한다).

30 McIver, *Memory*, 19.

31 Rubin, "Introduction," 4; Brewer, "Recollective Memory," 41-42; McIver, *Memory*, 47과 거기서 언급된 문헌들. McIver와 Rubin, "Introduction," 4은 둘 다 Brewer, "Memory for Events"에 나오는 시분할 오류를 언급한다.

32 Pelling, "Method," 91-92; Small, *Wax Tablets*, 81, 151-53, 160-68, 176, 181-82, 185-87, 201; Derrenbacker, *Practices*, 38-39, 46-47, 54. 유대인과 기독교인의 초기 필사 관행 면에 서의 가능한 대조를 보려면 Barker, "Reassessment"을 참고하라.

33 Small, *Wax Tablets*, 4-7, 194-95, 223; 구두 전승에 대해서는 Rosenberg, "Complexity," 78을 보라.

34 예를 들면, (비록 원자료의 번갈아 나오는 덩어리들을 동일시하기는 하지만) 특히 Downing, "Redaction Criticism 1", 56을 따르고 있는 Derrenbacker, *Practices*, 94, 100-113을 보라. Licona, *Differences*, 20, 48, 52, 56, 67, 91, 95, 109도 함께 보라.

의 사건들 전체의 일반적인 특징을 기억하고 있다"고 결론짓는다.[35] 닉슨은 테이프의 녹취록이 딘의 증언의 신빙성을 떨어뜨리기를 기대했으나 오히려 녹취록은 중요한 내용에 관해서, 즉 증언의 기본적인 내용에 관해서 그 증언을 확증해 주었다.[36]

딘의 증언에서 표현된 종류의 증언과 전형적인 구두 전승에서 발견되는 증언 사이에는 물론 중요한 차이점이 있다.[37] 법적 증언의 요구는 일반적인 기억에 대한 요구와 다르다.[38] 그러나 딘의 시간적 혼동에 대해서는 이하에서 더 자세히 언급하겠지만, 다양한 갈래의 증거는 개별적인 증인들뿐만 아니라 구두 전승에 대해서도 우리에게 예상하게 하는 바로 그것이다. 이야기의 단순화는 일반적으로 문화적 기억 속에서의 융합을 초래하며[39] 때때로 "구별되는 사람들과 사건들을 전형적인 경계표로" 융합시킨다.[40]

14.3b. 기억의 약점들

어떤 학자들은 복음 전승 속의 차이점들을 다루기 위해 현대 서구의 심리학적 기억 연구를 언급하는데, 그런 차이점 중 일부는 기억상의 차이를 반

---

35 Neisser, "Dean's Memory," 19-20을 인용하는 McIver, *Memory*, 18. Neisser에 대한 Ehrman 의 표현은 선별적이라며 이의를 제기하는 Bock, "Note," 특히 22쪽과도 비교해 보라.
36 Neisser의 말을 인용하며 그의 견해에 동의하는 Small, *Wax Tablets*, 193.
37 예를 들면 Rubin, *Memory*, 23을 보라.
38 Bauckham, *Eyewitnesses*, 355-57.
39 Vansina, *Oral Tradition*, 171; Small, *Wax Tablets*, 200; Kirk, "Memory Theory," 825; Thatcher, *Why John Wrote*, 122; Barber and Barber, *Severed*, 115-18; Kloppenborg, "Memory," 289.
40 Thatcher, *Why John Wrote*, 118.

영할 수도 있다.[41] 그러나 약점과 차이점을 대규모 왜곡으로 부풀려선 안 된다. 대부분의 기억 연구는 기억의 보다 전형적인 충족성보다는 기억의 약점을 표적으로 삼으며 때로는 불균형하게 부정적인 관점을 지닌 비전 문적인 자료 해석자들을 그냥 내버려 둔다.[42]

그러나 기억 연구가 일반적으로 오류에 초점을 맞추는 이유는 모든 기억이 잘못되었기 때문이 아니라, 기억 연구자 질리언 코언(Gillian Cohen)이 지적하듯이, "실험에서는 과제 난이도를 오류의 성격과 오류를 유발하는 조건이 파악될 수 있도록 사람들이 오류를 저지르는 수준으로 설정하는 것이 일반적으로 더 유용한 정보를 주기" 때문이다.[43] 윌리엄 브루어(William Brewer)도 그와 비슷하게 "기억에 관한 실험실 연구"가 언제나 일반적인 회상적 기억과 양립될 수 있는 것은 아니라고 지적한다.[44] 이러한 대조는 더 오래 이어지는 집단적 기억에도 적용된다.

실험실 상황에서도 자료에 대한 해석상의 차이는 결론에 영향을 미친다.[45] 예를 들면 우리가 (10장에서) 고대 전기에 대해 지적한 대로 생략은 실제적인 오류가 아니다.[46] 듀크 대학교 심리학과 학과장인 데이비드 루

---

41   예. Ehrman, *Before Gospels*.
42   Schwartz, "Smoke," 22; Schwartz, "Harvest," 313; Cohen, "Overview," 389; Kirk, *Memory*, 212; Pillemer, *Momentous Events*, 55을 인용하는 Bauckham, "Psychology of Memory"; 참조. 둘 다 Schacter, "Distortions," 25을 인용하는 McIver, *Memory*, 22과 Kirk, *Memory*, 212.
43   Cohen은 "Overview," 389에서 "실험실의 실험 조건은 오류를 유발하고 오류의 중요성을 확대시킨다"고 덧붙여 말한다. 참조. Rubin, "Introduction," 4. 일상적인 상황에서의 실험은 보정에 도움이 되고 따라서 실험적 상황을 보완해준다(Cohen, "Everyday Memory," 16-17).
44   Brewer, "Recollective Memory," 53-60. 몇몇 실험적 상황과 관련된 다른 한계에 대해서는 Goody, *Interface*, 253을 참고하라.
45   Brewer, "Recollective Memory," 41.
46   Brewer, "Recollective Memory," 42.

빈(David Rubin)도 마찬가지로 구두 전승의 안정성을 실험실 상황에서의 기억과 심지어 "대부분의 일상적인 활동"과도 비교한다.[47]

그렇기는 하지만 우리는 이러한 기억의 약점들이 무엇인지를 탐구해야 한다. 이 절과 이 마지막 몇 장의 다른 몇몇 대목에서 나는 로버트 맥아이버(Robert McIver)의 광범위한 저작에 배타적으로 의존하지는 않겠지만 자주 의존할 것이다. 실험적 상황에서 확인되는 제일 일반적인 기억의 약점 중에서 목격자들과 가장 관련 있는 약점은 "무상함, 피암시성, 편견"이다.[48] 무상함이란 우리가 접하는 것을 대부분 잊어버린다는 사실을 의미한다. 이러한 약점은―내가 가르치는 학생들이 시험을 준비할 때를 제외하면―일반적인 뇌에 과부하가 걸리는 것을 편리하게 막아주는 생존의 힘이다. 나는 무상함의 약점이라는 첫 번째 주제를 이 장에서 나중에 별도로 더 광범위하게 다룰 것이다. 여기서 나는 기억의 다른 약점들로 화제를 돌리겠다.

14.3c. 피암시성

이 경우와 잠재적으로 관련된 기억의 두 번째 주요 약점은 피암시성이다. 잘못된 기억은 왜곡과 관련이 있거나 "극단적인 경우에는 전혀 발생한 적이 없는 사건들을 기억하는 일과 관련이 있을" 수도 있다.[49] 잘못된 기억

---

47 Rubin, *Memory*, 7-8; 참조. 28쪽. 구두 전승의 상황은 이처럼 그가 지적하는 대로 Bartlett 의 독창적인 실험실 연구와 대조된다(Rubin, *Memory*, 130-32, 특히 131쪽. Horsley, "Patterns," 64-65; Derico, *Tradition*, 174-82; Kirk, *Memory*, 190도 함께 참고하라). 이야기의 구술조차 이야기의 자연적이고 자생적인 구술적 배경과 다르다(Goody, *Interface*, 94-95, 172).

48 McIver, *Memory*, 21.

49 Schacter, "Neuropsychology," 193; 참조. Spanos, *Multiple Identities*. 심각한 경우는 Dab, Claes, Morais, and Shallice, "Confabulation"; Ward et al., "Recognition"에서 연구된 경우

602 ～～ 5부 예수에 대한 기억: 회고록 이전의 기억

은 피암시성으로 인해 집단적 기억 속에 주입될 수 있다.[50]

그렇지만 묘사된 사건들은 보통 여전히 신뢰할 만하다. 기억 실험에 서조차 주입된 기억은 "지각상의 세부 내용"이 부족한 경향이 있고, 나중에 기억하기가 훨씬 더 어려우며, "건강한 성인에게는 더 쉽게 교정이나 억압의 대상이 된다."[51]

이러한 약점은 보통 암시되는 내용이 그럴듯해 보이고 기존의 기억과 일치할 때만 작동하게 되기 때문에[52] 특정한 점들에 관해 의도적으로 잘못된 방향으로 이끌려 하는 피암시성에 관한 대부분의 전형적인 기억 실험은 복음 전승에 대해서는 관련성이 제한적이다.[53] 학자들은 참인 만큼 자주 거짓으로 발견되는 실험의 예까지 제시하는데, 이는 평범한 삶 속에서 기억의 존속(과 우리의 생존)을 설명하기 어렵게 만들 만큼 기억을 부적응 상태로 만들 상황이다.[54]

인지 과학자들과 실험 심리학자들은 왜곡 실험을 마치 그러한 왜곡이 기억의 일반적인 상황을 대변하는 것처럼 남용하는 것을 함께 비판해왔다. 앨런 커크(Alan Kirk)의 말을 빌리면 "기억의 왜곡을 연구하는 실험들은 어떻게든 왜곡을 만들어내며 기만과 미끼와 오해의 소지가 있는 질

와 같이 뇌 손상과 관련이 있을 수도 있다.

50 참조. Redman, "Eyewitnesses," 185-88; Stock, Gajsar, and Güntürkün, "Neuroscience," 386-88; 예를 들면 Schacter, "Sins," 192을 따르는 Kloppenborg, "Memory," 290.

51 Loftus et al., "Manufacturing Memory"를 인용하는 Bockmuehl, Seeing, 174; Kensinger and Schacter, "Memories."

52 McIver, Memory, 60-61, 156; 참조. Brewer, "Recollective Memory," 41.

53 McIver, Memory, 153-56.

54 Koriat, Goldsmith, and Pansky, "Psychology"의 다음과 같은 경고를 인용하는 Kirk, Memory, 212: "만일 생각해낸 정보가 정확할 가능성이 잘못될 가능성만큼 된다면 기억은 전적으로 쓸모없을 것이다."

문…등등을 이용한다."⁵⁵ 따라서 맥아이버는 이렇게 질문한다. "조작된 사진들, 오해의 소지가 있는 질문들, 거짓된 기억을 만들어내기 위해 나타난 말의 목록과 그 밖의 모든 다양한 방식들을 기억하는 일은 어떤 공통점이 있는가? 답은 이것들이 모두 그럴듯함이라는 같은 특징을 공유하고 있기 때문에 거짓된 기억을 유발할 수 있다는 것이다."⁵⁶ 예를 들면 잠과 관련된 단어들의 목록을 받으면 참여자들은 흔히 "잠"이라는 단어를 떠올린다. 그러한 결과는 축자적인 기억의 효능에 이의를 제기하지만, 요지는 기억될 것이라는 기대에는 부합된다. 즉 우리는 표현보다는 의미를 더 잘 기억한다.⁵⁷

기억의 오류는 일관된 요지를 재구성하는 과정에서 종종 발생한다.⁵⁸ 따라서 맥아이버는 예수 전승에서 살아남은 어떤 거짓된 집단적 기억이라도 예수의 사역의 전반적인 요지와 일치했을 것이라고 주장한다.⁵⁹ 학자들이 자주 지적하듯이 우리가 보통 어떤 경우에든 기대해야 하는 것은 요지이지 글자 그대로의 기억이 아니다. 복음 전승에서 요지에 대한 기억은 예수에 대한 오늘날의 많은 설교보다 예수에 대한 더 정확한 표현일 가

---

55   Kirk, "Ehrman, Bauckham, and Bird," 91-92(92쪽에서 인용-); Kirk, *Memory*, 211-16. Kirk는 Campbell, "Memory"; Harris, Paterson, and Kemp, "Recall"; Koriat, Goldsmith, and Pansky, "Psychology"; 및 Kirk, "Cognition"에 나오는 문헌들과 주제에 대한 Kirk 자신의 더 자세한 논의를 인용한다.
56   McIver, *Memory*, 154-55.
57   McIver, *Memory*, 60; McIver, "Personal Memory," 54; 이미 Rosenberg, "Complexity," 83에 있는 내용을 참고하라.
58   McIver, *Memory*, 79. 기억은 종종 세부적인 내용을 한 사람의 삶의 이야기가 지닌 더 폭넓은 요지와 일치시킨다(Barclay, "Truth," 291을 인용하는 Small, *Wax Tablets*, 192).
59   McIver, *Memory*, 154-56. McIver는 *Memory*, 181에서 예수의 "일관되고" "독특한" 특성에 관하여 여기서 Dodd, *Founder*, 33(나의 1971년 판에서는 21-22쪽)을 인용한다. Dunn, *Tradition*, 200, 213 n. 3도 함께 보라. 장기적인 구두 전승이 언제나 내적 일관성과 관련이 있는 것은 아니다(Anderson, "Oral Tradition," 23).

능성이 더 크다. 어떤 학자들은 우리의 모든 자료에서 요지와 각색이 결합한 점을 고려하여 "확실한" 요소를 "확실하지 않은" 요소와 구별하는 전통적인 학문적 접근은 최선의 범주조차 반영하지 않을지도 모른다고 주장한다.[60]

전적으로 만들어진 이야기들은 집단적 기억 속에서 때때로 나타나지만 매우 드문 것처럼 보인다.[61] 오늘날 그런 만들어진 이야기들은 때때로 치료를 받아 "회복된" 의도적이지 않게 날조된 기억을 포함하지만[62] 이런 현상은 고대에 기억을 수정하는 데 이용될 수는 없었다.[63]

집단적 기억은 새로운 이야기를 만들어내는 것이 아니라 보통 현재의 관심사를 다루기 위해 기존의 전승을 구체화할 뿐이다. 따라서 맥아이버는 초기의 어떤 "확실하지 않은 예수 전승"도 "예수가 실제로 행동하고 말한 내용과 상당히 일치"하기만 하면 아마도 계속 이어졌을 것이라고 결론짓는다.[64] 어떤 주어진 상황에서 기억이 실제 사건에 의존할 가능성은 훨씬 더 크다.

기억이 제한적이라는 점은 모두가 인식하고 있지만, 그 점을 강조하

---

60 Tonkin, *Narrating*, 6의 견해를 따르는 Rodríguez, "Authenticating Criteria," 162-64; 참조. Rodríguez, *Structuring*, 51. 최초의 기독교인들은 현대의 탁상공론을 일삼는 학자들보다 그들의 초기 환경과 예수 전승의 전체적인 배경에 비추어 예수가 의도한 바를 이해하기에 훨씬 더 나은 위치에 있었다(Rodríguez, "Authenticating Criteria," 164을 보라).

61 McIver, *Memory*, 157.

62 Loftus, "Reality"; Belli and Loftus, "Pliability," 특히 172-76을 보라. Wagenaar, "Memory"에 나오는 한 분명한 사례를 보라.

63 이런 이유로 Bernier, *Quest*, 66과 Bauckham, "Psychology of Memory"는 Crook이 예수 전승에서의 잘못된 기억과 유사한 예로 사탄적인 의식의 남용에 관한 이야기를 사용하는 것이 타당하지 않다고 비판한다(Crook, "Distortion." 하지만 Crook은 더 전통적인 많은 예수 학자들과 달리 적어도 기억의 문제를 탐구한다).

64 Bultmann과 Dibelius의 견해에 반대하는 McIver, *Memory*, 157.

는 모든 학자가 다 기억을 같은 정도로 제한하는 것은 아니다. 예를 들면 데일 앨리슨(Dale Allison)은 기억의 한계를 강조하지만,[65] 그렇다 하더라도 요지에 대한 기억을 긍정하며,[66] 동기가 부여된 전승 전달자는 누가복음 6:27-42의 배후에 있는 Q 자료의 형태와 같은 본문조차 당연히 기억할 수 있었을 것이라고 믿는다.[67]

14.3d. 편견

기억의 왜곡에 있어서 잠재적으로 관련 있는 세 번째 주요 요소는 편견이다. (이 요소는 5장과 7장에서 지적한 것처럼 고대의 전기와 역사에 나타난 집단적 기억에도 적용된다.) 개인적 기억과 집단적 기억 모두에서 **"사람들은 그들 자신을 가장 좋아 보이게 하는—그리고 적들은 가장 나빠 보이게 하는—사건들에 대한 관점이나 형태를 선별하여 전해주는 경향이 있다."**[68] 구성된 개인적인 정체성과 편향은 우리의 기억에 대한 보관과 상기 및 (그 과정에서의) 재구성에 형태를 제공하며,[69] 또한 그 같은 성향은 사람들이 그들의

---

65 Allison, *Constructing Jesus*, 1-7; 그러나 8-9쪽을 참고하라. Bauckham은 "General"에서 Allison의 제약 조건을 비판하며 Allison은 "Memory"에서 이에 대해 답변한다. 다른 차이 가운데서 특히 두드러진 차이는 그들이 서로 다른 수준의 확실성에 관해 연구하고 있다는 점이다.

66 Allison, *Constructing Jesus*, 11-13, 28.

67 Allison, *Constructing Jesus*, 374.

68 Barber and Barber, *Severed*, 89; 사회적 기억 면에서는 Barber and Barber, *Severed*, 89-95; Rodríguez, *Structuring*, 75-76을 보라.

69 McIver, *Memory*, 21; Barber and Barber, *Severed*, 89-95, 특히 89; 예를 들면 Campbell, *Faithfulness*, 25-26에 나오는 향수와 관련한 왜곡의 예를 주목해 보라. 구성된 개인적인 정체성에 대해서는 Bruner and Fleisher Feldman, "Narrative," 292을 보라. McIver는 *Memory*, 71-75에서 사후 과잉 확신 편향에 초점을 맞춘다(이에 대해서는 Barber and Barber, *Severed*, 13도 함께 보라).

상황이 바뀔 때 대처하고 적응하도록 도와주기도 하는 반면,[70] 오류를 낳을 수도 있다. 이상적으로 말하면 공정함의 가치는 편향된 경향이 의도적인 왜곡을 낳는 것을 억제해야 하지만,[71] 오늘날조차 논란이 되는 지위와 선택과 종교적 선호는 해석상의 주관성을 피하기가 어려움을 시사한다. 고대의 법정에서 충성이라는 편견은 목격자 증언을 왜곡하고 때때로 조작했다.[72]

이데올로기도 기억에 영향을 끼친다.[73] 우리는 일반적으로 우리가 핵심으로 간주하는 사건들을 기억하지만 그런 사건들을 우리 자신의 관점에서 기억한다.[74] 기억 연구는 해석의 틀이 기억되는 내용과 그것이 기억되는 방식에 영향을 끼친다는 점을 보여준다.[75] 해석학적 구조가 존재한다는 사실이 반드시 늦은 시기의 표지는 아니다. 그런 구조는 기억의 과정에서 일찍 발생하기 때문이다. 그러나 이러한 관찰 사실은 어떤 기록도, 심지어 사건 직후에 목격자들에게서 나온 기록도 전적으로 해석되지 않은 형태의 기록을 제공하지는 않는다는 뜻이기도 하다.[76]

---

70 McIver, *Memory*, 75.

71 참조. Bernier, *Quest*, 29.

72 Pelling, *Texts*, 26. 의도적인 경우들에 관해서는 *Rhetoric to Alexander* 15, 1432a.3-11; Dionysius of Halicarnassus, *Isaeus* 16; Keener, *Acts*, 2:1313-15을 보라.

73 Rodríguez, *Structuring*, 47-51. "편견과 고정 관념"은 기억에 영향을 끼칠 수 있다(Stock, Gajsar, and Güntürkün, "Neuroscience," 388).

74 따라서 "사건들은 질적으로 다른 방식으로 경험될 수 있다"(Robinson, "Perspective," 199).

75 Redman, "Eyewitnesses," 180-82; Corbin, Crawford, and Vavra, "Misremembering Emotion."

76 Bauckham, *Eyewitnesses*, 330, 334-38, 350; 참조. Elder, "Narrativity," 242. Redman은 "Eyewitnesses"에서 비록 매우 유익하기는 하지만 Bauckham을 그가 실제로 주장하는 것보다 더 많은 것을 주장하는 인물로 간주하는 것처럼 보인다. Keener, *Acts*, 1:299 n. 357을 간략하게 보되 특히 McIver, "Eyewitnesses"의 균형 잡힌 결론을 보라(특히 535, 540-41, 545-46쪽을 보라).

따라서 예를 들면 성인이 된 형제자매는 과거 사건들에 대해 의논하면서 같은 사건을 기억할 때조차 세부사항에 대해 서로의 기억을 보충하거나 바로잡을 수도 있을 것이다.[77] 더욱 눈에 띄는 것은 남편과 아내도 아마도 최근의 어떤 논쟁을 서로 매우 다른 관점에서 기억할 것이라는 점이다.[78] (그들은 약간 덜 최근의 논쟁들은 잊어버렸을 것이다.) 둘 다 그 논쟁(사건)을 기억하고 아마도 그 논쟁의 중첩되는 요소들도 기억하겠지만, 그들은 아마 논쟁의 서로 다른 요소들도 기억할 것이고 말한 내용의 배후에 있는 서로 다른 동기나 의미도 인식할 것이다. 그들은 심지어 이 상황에서 한 말을 이전 상황에서 한 말과 결합할 수도 있고 분명 그 말을 이전의 상황에 비추어 들었을 것이다.

물론 그들이 문제를 끝까지 이야기하여 어떤 이해에 도달했다면, 그들의 인식은 매우 유사할 수도 있다. 그들의 최종적 인식이 원래의 사건을 그것이 실제로 발생한 형태보다 덜 대립적인 형태로 재구성하더라도 말이다. 의논은 더 충분한 세부 내용과 더 충분한 표준화로 공유된 기억을 재구성할 수 있다. 기억을 반복해서 말하면 기억이 더욱 표준화될 것이다. 마찬가지로 1세기 목격자들의 서로 간의 대화는 분명 예수에 대한 그들의 기억에 영향을 주고 그 기억을 조화시켰다.

사후 과잉 확신 편향은 예를 들어 "나는 그 후보가 처음부터 부정직한 걸 알고 있었어"라는 말처럼 이전의 관점을 현재의 정보에 비추어 재구성한다. 사후 과잉 확신 편향은 그와 반대되는 경우와 마찬가지로 인지

---

77 예를 들면 내 아내의 어머니와 형제자매(2008년 7월 16일)와 Aimé Moussounga(2013년 1월 21일)는 콩고 전쟁에서 겪은 그들의 경험에 대한 내 아내의 이야기를 보충하고 확인해 주었다.

78 예를 들면 Baucom and Adams, "Communication," 170을 참고하라.

를 형성하는 기억으로 사람들이 새로운 상황에 적응하도록 돕는다.[79] 흥미롭게도 복음서들은, 아마도 사랑받은 제자를 제외하면(참조. 요 19:26; 20:8-9), 제자들이 부활 이후에 가졌던 통찰을 부활 이전에는 대부분 가지고 있지 않았음을 말한다(예. 막 8:32; 9:10; 10:37, 41; 요 11:12, 16). 그러나 예수의 높아진 지위에 대한 확신이, 우리가 그 확신을 복음서에서 발견할 때, 복음의 배후에 있음을 의심할 사람은 아무도 없을 것이다. 복음서 저자들은 예를 들어 복음서 집필을 시작하기 전부터 예수의 부활을 믿었다.

편향은 전승을 날조하기보다는 이전의 전승에 영향을 끼칠 가능성이 더 크다.[80] 그러한 편향은 고대 역사가들이 어떤 사건을 진술할지에 영향을 끼칠 수는 있겠지만, 보통 역사가들이 스스로 사건들을 날조했음을 의미하지는 않는다. 역사가들은 물론 자기 나름의 편향도 있었지만, 흔히 목격자들의 잠재적인 편향을 교정하려 애썼다.[81] 투키디데스는 일부 기억의 편파적인 특성에 대해 이의를 제기했지만, 여전히 스스로 문헌들 사이의 공통된 요소들을 기반으로 삼음으로써 합리적으로 정확한 기록을 제시할 수 있다고 믿었다.[82]

우리는 "편향"이라는 용어를 보통 경멸적으로 사용하지만, 더 넓은 용법에서 이 말은 단순히 모든 해석자에게 있는 어떤 관점을 의미한다. 기억은 그 본질상 선별적이고 관점에 근거해야 한다. 따라서 우리가 기억의

---

79 McIver, *Memory*, 75; 사후 과잉 확신 편향에 대한 더 자세한 글을 보려면 71-75쪽을 보라; Barber and Barber, *Severed*, 13.

80 McIver, *Memory*, 158-60. 그는 거기서 Schwartz, *Forge*, 293-312; Schwartz, *Post-heroic Era*, 219-68을 인용한다.

81 Byrskog, *Story*, 176-79. 어떤 문제를 이미 교정된 것으로 간주하는 행위에 대한 반론으로는 예를 들어 Breggen, "Scale"을 보라.

82 Thucydides, *History* 1.22.2-3.

"왜곡"이라고 부르는 것마저도 언제나 부정적인 것은 아니며 좀 더 극단 적인 형태에서만 역사적 환원주의를 낳는다.[83]

14.3e. 생략된 시간대: 시간적 융합

앞의 존 딘의 사례에서 강조된 또 다른 기억의 약점은 여러 기억의 정확한 시간적 연관성이 부족하다는 점이다. 개인적 기억은 보통 개인적 사건의 기억을 위한 친숙한 기억 형태인 일화를 단편적으로 보존하며 기억을 시 간순으로 구성하기보다는 해석적으로 구성한다.[84] 일화적 기억은 장소와 그 밖의 요소들을 간직할 수도 있지만, 사건의 시기는 일반적으로 단순히 기억에서 찾아내는 것이 아니라 다른 기억의 단서에서 재구성해야 한다.[85] 따라서 기억은 종종 비슷한 경험을 융합시킨다.[86]

16장에서 논의하겠지만 장기적인 문화적 기억도 보통 연대순 배열 을 무너뜨린다.[87] 그러한 정확한 연대순 배열의 결여와 "관련된" 사건들의 융합은 아마도 고대 독자들보다 현대 독자들을 더 혼란스럽게 하는 듯하 다. 5장에서 언급한 것처럼 복음 전승의 동시대인들은 대부분의 전기에서

---

83   Le Donne, *Historiographical Jesus*, 50-52(그는 "왜곡"이라는 말보다 좀 더 중립적인 "굴절" 이라는 명칭을 선호한다).

84   Thatcher, *Why John Wrote*, 113-15; Bauckham, *Eyewitnesses*, 326, 333, 344; 참조. Brewer, "Recollective Memory," 52; Allison, *Constructing Jesus*, 5. 주제별 연상, 의미론적 대체, 관련 성에 따른 도식화 등에 대해서는 Kloppenborg, "Memory," 289을 보라(그는 여기서 다음 글들의 견해를 따른다. Schacter, Norman, and Koutstaal, "Neuroscience," 294; Schacter and Addis, "Neuroscience," 778).

85   Larsen, Thompson, and Hansen, "Time," 특히 153-54; Wagenaar, "Memory," 187을 보라.

86   Kirk, "Memory," 166; Kloppenborg, "Memory," 289.

87   예를 들어 유동적인 간격 이전의 시기에서는 Vansina, *Oral Tradition*, 24, 122, 173-88, 특 히 176쪽; Bailey, "Tradition" (*ExpT*), 365; Barber and Barber, *Severed*, 115-17.

일화들에 대한 연대순 배열을 기대하지 않았다.[88]

당연하게도 같은 패턴이 복음 전승 전달자들과 복음서 저자들에게도 광범위하게 적용되는 것처럼 보인다. 복음서들을 비교해 보면 누구나 분명히 알게 되듯이 복음서 저자들이 언제나 일화들의 정해진 순서를 따르거나 예수의 말씀을 그들이 받아들인 틀 안에서 간직하고 있는 것은 아니다. (예컨대 임의로 몇 가지 예를 들자면 우리는 마 6:9-13//눅 11:2-4; 마 7:7//눅 11:9; 마 7:13-14//눅 13:24; 마 8:11//눅 13:29의 다양한 맥락을 비교할 수 있다.)[89]

예를 들어, 말씀을 새로운 문맥 속에 배치함으로써 자료를 재배열하면 말씀의 적용을 바꿀 수 있지만,[90] 그러한 관행은 결코 복음서에만 국한된 것이 아니었다. 고대의 작문 관행에서는 그러한 재배열을 당연한 것으로 여겼다. 수사학 입문서들은 저자들이 배열의 문제로 기존의 어록을 자유롭게 기존의 이야기 속에 삽입하며 이를 날조의 문제로 간주하지 않았음을 보여준다.[91] 연대기나 역사서의 자료 대부분과 달리 고대 전기들은 또한 특히 그렇게 해야 할 문헌적인 이유가 있을 때 연대기적 순서에서 종종 벗어났다.[92] 실제로 고대 전기는 일화적 기억에 빈번이 의존했기 때문에 정확한 연대기는 가능하지도 않고 예상되지도 않았다.

---

88 예를 들면 Stanton, *Preaching*, 119-21; Aune, *Environment*, 31-34, 63-64; 복음서에 대해서는 Augustine, *Harmony of the Gospels* 21.51을 참고하라.

89 주석가들은 예수가 아마도 같은 말씀을 다양한 상황에서 재사용했을 것이라고 바르게 지적하지만(참조. Dunn, *Tradition*, 56, 281), 그러한 설명은 공관복음의 제한된 범위의 자료를 고려하여 그 정도까지만 한 것이다.

90 예. Kloppenborg, "Memory," 304. 그러나 많은 잠언을 포함하는 몇 가지 종류의 가르침은 다양한 상황에서 적용되도록 의도되었다.

91 Theon, *Progymnasmata* 4.73-79을 보라; 참조. 5.388-441.

92 예를 들면 Aune, *Environment*, 31-34, 63-64; Stanton, *Preaching*, 119-21; Thorburn, "Tiberius"; 특히 Licona, *Differences*, 32-33, 47, 50-51, 89-91, 110의 구체적인 사례들(복음서와 관련해서는 136, 163, 185-96쪽)을 보라.

14.3f. 그러한 한계가 의미하는 것

우리는 개인적으로든 공동체로서든 우리 자신의 관점이라는 틀 안에서 기억하며, 이는 기억의 한계 중 하나를 시사한다. 이것을 인정하는 것은 그렇게 논쟁적인 문제가 아니다. 복음서 저자들의 관점을 신적인 영감에서 비롯된 것으로 간주하는 이들을 포함해서, 복음서 저자들(또는 그들에게 전승을 전달한 이들)이 그들 자신의 특정한 관점에서 글을 썼다는 점을 의심하는 사람은 아무도 없다.

우리가 이를 근거로 어떻게 주장하는지는 대체로 우리의 목표에 달려 있다. 우리의 목표가 기억이 사람들이 일반적으로 일상생활에서 가정하는 수준보다 훨씬 덜 의존할 만하다는 점을 보여주는 것이라면, 우리는 기억의 한계를 입증하기 위해 심리적 기억에 대한 서구의 많은 연구에 호소할 수 있다. 만일 반대로 우리가 초기의 집단적 기억에서 역사적 사건들의 실제 모습을 가능한 한 가장 개연성 있는 정도로 재구성하려 한다면, 우리는 사람들이 실제로 기억했어야 할 종류의 문제들에 대한 기억의 증거를 선별하려고 노력할 것이다.

전자의 목표는 복음서 연구에서, 비록 학자들 사이에서 (간결한 잠언과 같은 특정한 문학적 형태의 경우를 제외하면) 그런 가정은 드물긴 하지만, 축자적인 기억 따위에 대한 가정에 도전할 때 유용하다. 후자의 목표는 역사적 재구성을 위해 애쓰고 불행하게도 일부 학계에서 번성하고 있는 극단적인 역사적 회의주의와 싸울 때 유용하다. 학자들 대다수는 이 두 극단 사이에 속한다.

어떤 이들은 개별적인 말씀에 대한 다양한 입증의 가치를 의심하지만, 대다수는 주요 주제나 사건에 대한 ("반복적인 입증"이라는 형태의) 이런 기준의 가치를 받아들인다.[93] 역사적 예수 학자들은 예수에 대한 몇 가지 기본적인 사실에 대해 폭넓게 동의한다. 예를 들면 예수에게는 아마도 하나님 백성의 왕국을 갱신하겠다는 예수의 뜻과 관련된 열두 명의 핵심 제자가 있었다. 예수는 예루살렘의 상류층과 갈등을 빚은 뒤 십자가에서 로마인들에게 처형당했다. 그리고 예수의 많은 추종자는 예수가 처형된 지며칠 뒤에 죽은 자들 가운데서 살아난 것을 직접 보았다고 믿었다. (1장의 추가적인 예들을 보라.)

즉 복음서의 기본적인 강조점들은 대부분 크게 논쟁거리가 되지 않는다. 질문은 주로 이 그림을 채우는 세부 내용과 관련해서 발생한다. 역사적 방법의 한계는 학자들이 전반적인 그림과 같은 수준의 확신으로 그러한 구체적인 세부 내용을 단언하도록 허락하지 않지만, 많은 특정한 사건이나 주제에 대한 그림조차 예수와 예수의 직계 제자 집단에게로 거슬러 올라간다고 믿을 만한 타당한 역사적 이유가 있다. 제자들의 기억은 예수의 승천 직후 예수 운동에 속한 나머지 사람들이 제자들에게 예수의 이름으로 지도력을 발휘하기를 기대했을 때 그들이 다시 말하기 시작한 핵심적인 사건과 가르침의 내용을 완벽하게 상기시킬 필요는 없었을 것이다.

---

93   예를 들면 다음 참고문헌들을 보라. Tuckett, "Sources and Methods," 134; Holmén, *Covenant Thinking*, 33-34; Allison, *Constructing Jesus*, 16-23; Allison, "Criteria," 22-26; Keener, "Epitome," 10-11.

14.4. 말한 그대로 옮기는 것은 금기다

정치가들만 자신을 비판하는 이들의 입장을 때때로 왜곡해서 표현하는 것이 아니다. 그런 이유로 가장 자주 비판받는 학자들을 포함해서, 복음서에 나오는 예수의 가르침에 대한 기억이 축자적인 기억이라고 주장하는 사람은 거의 없다.[94] 11장에서 지적했듯이 복음서 저자들이 예수의 말씀을 글자 그대로 표현하는 척하지 않았다는 점은 명백하다. 예를 들면 "천국"에 대한 마태의 매우 빈번한 언급을 마가가 자주 언급한 "하나님 나라"와 비교해 보기만 하면 된다.[95] 또는 누가가 되풀이해 언급하는 장면에서 나오는 말씀에 대한 누가의 다양한 표현을 비교해 볼 수도 있다.[96] 초기 기독교인들은 스스로 구약의 메시지로 이해한 내용을 자유롭게 전달하기 위해 구약을 종종 다른 말로 바꾸어 표현한다(참조. 예. 행 2:17에서의 욜 2:28).[97] 우리는 왜 예수의 말씀에 대한 축자적인 인용을 기대해야 하는가?

물론 가장 엄밀한 의미에서는 아람어로 된 예수의 말씀에 대한 마가의 짧은 인용구를 제외하면 복음서에 나오는 예수의 말씀 중에 어느 것도

---

94 다음 참고문헌들을 보라. Luther (in Kolb, *Word*, 87); Bock, "Words," 75-77; Bock, "Note," 21(축자적인 말씀을 주장하고 차이를 요약하고 고려함); Bauckham, "Response," 229, 245; Eve, *Behind Gospels*, 38-39(Gerhardsson에 관하여), 88-89(Bauckham에 관하여), 115(Dunn에 관하여); 사도행전의 연설들과 관련해서는 예를 들면 다음 책을 보라. Bruce, *Speeches in Acts*, 전체; 참조. Bruce, "Speeches Thirty Years After"; 일반적으로 구두 전승과 관련해서는 Finnegan, *Oral Poetry*, 139-40. 인용 부호는 오늘날의 것이다(Williams는 *Trust*, 98에서 Houston, *Characters*, 197-200을 인용한다).

95 11장에 나오는 다른 고대 전기들의 비슷한 예를 참고하라.

96 눅 24:47-49과 행 1:4-8을 비교하고, 행 9:5-6과 22:8, 10과 비교하고, 9:15-16, 22:10과 26:16-18을 비교하고, 10:4-6을 31-32과 11:13-14와 비교하고, 10:14과 11:8을 비교해 보라. 추가로 요 13:10-11을 참고하라.

97 실제로 동시대의 많은 유대인은 십계명을 글자 그대로 암송하기보다는 십계명의 말을 바꾸어 표현하는 것을 요구한 것으로 보인다(Josephus, *Jewish Antiquities* 3.90).

정확히 예수가 한 말 그대로라고 주장하지는 않는다.[98] (아마도 검증되지 않은 신학적 가정으로서) 복음서들이 예수의 말씀을 일관되게 글자 그대로 제시한다고 주장하는 사람은 누구든 정작 한 번도 복음서를 면밀하게 읽어보지 않은 것이다.[99] 정직한 사람이라면 복음서의 여러 평행 기사들을 나란히 놓고 읽은 뒤 그 모든 기사가 축자적으로 똑같다고 결론을 내리기란 도무지 불가능하다. (복음서들이 다 똑같아야 했다면 서로 다른 복음서들이 존재한다는 것은 별로 이치에 합당하지 않은 일일 것이다.)

복음서의 평행 기사들이 각기 다른 표현을 사용하고 이야기의 세부적인 내용에 있어서 때때로 서로 다를 수도 있는 이유는 바로 고대 기독교인들이 보통 예수의 정확한 말씀은 존재하지 않으며 그럴 필요도 없다는 점을 때때로 융통성이 없는 후대 기독교인들보다 훨씬 더 잘 이해하고 있었기 때문이다. 그보다 더 중요한 것은 예수의 행적과 가르침의 내용—요지, 의미—이다. 우리에게는 이것이 바로 복음서들이 우리에게 제공하는 것이라고 믿을 만한 매우 타당한 이유가 있다. 비록 (요한과 같은) 몇몇 복음서 저자들은 다른 이들보다 더 광범위하게 그 요지에 대한 자신의 이해를 밝힐 수도 있지만 말이다.

14.4a. 축자적 회상은 매우 드물다

우리는 복음서나 고대의 관행에서만 약간의 유연성을 기대해야 하는 것

---

98 막 5:41; 7:34; 14:36과 같이. 또한 언어들 사이의 번역에 대한 기본적인 이해라도 있는 사람이라면 누구든 완전한 축자적 번역을 기대할 수는 없다. 번역은 요점을 요구하는 반면, 원문에 대한 강조는 종종 의미 파악보다도 축자적인 낭송에 적합하며, 뜻이 같은 말에 대한 강조는 뜻이 같지 않은 표현을 낳고 의미론적 단위를 불분명하게 만든다.

99 나는 예를 들면 Sanders, *Paul*, 211 n. 22의 견해와 Kelber, *Gospel*, 27, 67 등 다른 많은 이들의 견해에 동의한다.

이 아니다. 유연성은 일반적인 인간의 기억이 지닌 특징이다. 축약과 해석의 틀에 따른 순응뿐만 아니라 바꾸어 표현하기와 동의어로 대체하는 것 역시 특히 이야기와 관련해서는 축자적 회상보다 훨씬 더 일반적이다.[100] 표현이 글자 그대로 보존되는 경우는 거의 없으며 장기 기억에 있어서는 특히 더 그렇지만, 핵심적인 이미지와 개념은 좀 더 안정적이다.[101] 기억은 보통 거기에 포함되는 사건들의 요지를 보존하고 있고[102] 그것이 곧 고대의 전기 독자들이 요구한 것이다.[103]

　뇌 속의 서로 다른 하위 체계들은 서로 다른 유형의 기억을 처리한다. 의미를 암호화하는 요점 기억은 축자적 기억보다 겨우 1초의 몇 분의 1 정도 빠르게 형성되기 시작하지만, 축자적 기억은 훨씬 더 빨리 감퇴한다.[104] 요점 기억은 정확한 표현보다는 의미에 더 초점을 맞춘다. 따라서 예를 늘어 자료에 대한 이해도가 높은 이들은 축자적 기억 면에서는 이해도가 낮은 이들보다 나을 게 없으나 요점 기억 면에서는 더 낫다.[105]

　연설은 특별한 경우지만 고대 역사가들이 문헌에 더 이상의 내용이

100　여기서 DeConick, "Memory"의 견해를 따르는 Kloppenborg, "Memory," 291을 보라; 참조. Carr, *Formation*, 33의 견해를 따르는 Person and Keith, "Media Studies," 11. 다시 참조. Kloppenborg, "Memory," 318: "예수 전승은 [아마도] 전달 과정에서 압축되고, 도식화되고, 다른 말로 표현되고, 가끔 부연 설명되었다."

101　Kloppenborg, "Memory," 291을 보라(그는 DeConick, "Memory"를 또다시 요약한다).

102　Bauckham, *Eyewitnesses*, 327, 333-34, 345; Allison, *Constructing Jesus*, 11-13; Kloppenborg, "Memory," 289, 293-94.

103　Vatri는 "Writing," 770-71에서 고대 저자들은 본문의 주제를 포함한 본문의 요점에 대한 기억을 본문의 정확한 표현에 대한 축자적인 암기와 구별할 수 있었음을 보여준다(그는 Aristophanes, *Knights* 346-50; Plato, *Menexenus* 236b7-c1; Alcidamas, *Sophists* 18-19; Cicero, *On the Orator* 2.359; Quintilian, *Orator's Education* 11.2.8을 인용한다).

104　예. Brainerd, "Theory," 220을 언급하는 McIver, *Memory*, 61-62; McIver, "Gist Memory," 157.

105　Baddely, *Memory*, 138-39의 견해를 따르는 Small, *Wax Tablets*, 195.

없는 경우에는 화자 및 상황과 가능한 한 매우 그럴듯한 연설문을 작성했다는 점은 주목할 만하다.[106] 그들이 그렇게 한 이유는 부분적으로 고대 역사 서술의 서사적 요구 때문이지만, 고대 역사가들은 그들 자신이나 그들에게 정보를 제공한 이들도 연설을 글자 그대로 기억하지는 못할 것이라는 점을 인식했다는 사실도 관련이 있다.[107] (당신이 한 번 듣고 나서 말한 그대로 똑같이 기억하는 연설이 몇 편이나 되는지 생각해 보라.)[108] 역사가들 자신도 때때로 축자적인 기록을 명백히 부정했다.[109] 고대 저자들은 또한 담화나 대화를 정확한 표현을 전달하려 하기보다 요지에 따라 기록했다.[110]

역사가들이 과거로부터 재구성한 연설과는 대조적으로 가르침에 대한 기억은 아마도 스승이 가르친 내용과 심지어 스타일까지 더 주의 깊게 간직했을 것이다.[111] 스승이 전달한 메시지의 내용이 보통 모음집의 요점이었기 때문이다. 이 후자의 관찰 사실은 공관복음 전승과 관련이 있지만 가르침은 여전히 축자적 기억의 일반적 한계의 영향을 받는다.

고대의 모든 역사 관련 저작에서 일차적인 관심사는 정확한 표현이

---

106 예를 들면 Horsley, "Speeches," 609과 같이; Ehrman, Introduction, 133-34; Balch, "Ἀκριβῶς," 244; Small, Wax Tablets, 191-92, 206-9.

107 Thucydides, History 1.22.1-2; Walbank, Speeches, 4; 후대의 철학에 관한 전기에서는 Eunapius, Lives 484. 예외라고 주장되는 경우(Pliny, Letters 2.3.3)는 보기 드물었다.

108 고대의 청중들은 아마도 우리보다 더 많이 기억했을 것이다. 연설은 그 자체가 주목할 만한 사건이었고(Gempf, "Speaking," 261) 보통 기존의 수사적 틀과 잘 들어맞았기 때문이다.

109 예를 들면 Polybius, Histories 18.11; Sallust, Catiline's War 50.5; Livy, History 37.45.11; Arrian, Alexander 5.27.1; Tacitus, Histories 1.15-16(LCL 1:27, 33의 "이런 취지로"라는 말을 주목해 보라); Agricola 29.4 등을 인용하는 Marincola, "Speeches," 120.

110 Small, Wax Tablets, 202-6.

111 예를 들면 Epictetus, Discourses 1.pref을 보라. 이를 Encheiridion에 나오는 에픽테토스의 더 자유로운 각색과 비교해 보라. 스승의 스타일에 대한 기억과 관련해서는 Porphyry, Life of Plotinus 3도 참고하라.

라기보다는 요지였다.[112] 역사가들은 반드시 기록보다는 기억에 적합한 정확성의 기준을 사용했다.[113] 19세기까지 역사가들 대다수는 모든 고대 역사가를 포함하여 이야기를 전달하는 방식으로 독자들을 사로잡고 싶어 하는 이야기꾼이었다.[114] 따라서 복음서 저자들과 그 밖의 고대 전기 작가나 역사가가 정보를 바탕으로 글을 썼다는 주장은 그들이 축자적인 인용에 스스로 엄격하게 얽매였음을 암시하려는 것이 아니다.

보통 기존 문헌을 가지고 있었던 고대 저자들은 기록된 문헌을 말을 바꾸어 표현할지, 아니면 자료를 글자 그대로 반복할지 선택해야 했다.[115] 그러나 그들은 필사본을 찾는 데 한계가 있어 기억에 의존할 필요가 있었기 때문에 기껏해야 한 번에 하나의 기록된 문헌 외에는 보통 자료의 요지만 뽑아낼 수 있었다.[116] 그들 이전의 고대 근동의 저자들도 문헌을 글자 그대로 재현하는 것을 기대하지는 않았다. "비슷한 표현으로 의미를 재현하는 것이 그들이 목표로 삼은 전부였다."[117] 변형도 보통 의도적이었다.[118]

---

112 Small, *Wax Tablets*, 192, 195, 202. 그는 205쪽에서 플라톤의 예를 제시하며 311 n. 94에서 Pelling, "Truth," 36을 인용한다.

113 Small, *Wax Tablets*, 223.

114 Bauckham, "Response," 247.

115 Derrenbacker, *Practices*, 44, 52(그는 Dionysius of Halicarnassus, *On Literary Composition* 6을 언급한다).

116 Pelling, "Method," 92; Small, *Wax Tablets*, 81, 129, 151-55, 167-68, 176, 181-82, 185-87, 223; Derrenbacker, *Practices*, 38-39, 47, 96-97을 보라. 유대인의 필사 전통에서 제안된 예외에 대해서는 Barker, "Reassessment"를 보라. 그보다 이전의 Cadbury, Foakes-Jackson, and Lake, "Writing History"를 참고하라.

117 Gordon, *Near East*, 107.

118 역사가들이 변형을 자주 선호한 것에 대해서는 Aune, *Environment*, 125을 보라. 변형에 대한 문제적 선호는 다음 문헌들에서 찾아보라. Aulus Gellius, *Attic Nights* 1.4; 2.5.1; Cicero, *On the Orator* 46.156-57; *Letters to Friends* 13.27.1; Nock, "Vocabulary," 137; Anderson, *Glossary*, 53-54, 114; 예를 들면 Xenophon, *Anabasis* 5.1.8-10의 예들; *Cyropedia* 3.1.36, 41; Lee, "Translations: Greek," 776-77.

따라서 예를 들면 파이드로스는 심미적인 이유에서 아이소포스 우화를 거리낌 없이 각색하면서도 아이소포스의 정신에서 벗어나지 않으려 애쓴다.[119] 짧은 대화들은 모음집에 맞추어 좀 더 깔끔하게 편집할 수 있었다.[120]

14.4b. 예외를 제외하면…

기록된 본문이 없으면 어떤 실질적인 자료라도 완전히 글자 그대로 기억하기는 거의 불가능하며(학자들은 몇 가지 예외를 지적하지만)[121] 이로 인해 완전한 축자적 기억은 매우 드물어진다.[122] 축자적 기억은 문해력을 요구하는 사회에서,[123] 때로는 심지어 스스로 문맹인 사람들 사이에서도[124] 발생할 수 있고 입증된다. 초기 기독교는 글쓰기를 포함하는 문화 속에서 번성했다.[125] 그러나 그러한 배경도 목격자들이 정보를 글자 그대로 보존하기를 요구하지는 않는다.

이미 언급한 복음서 자체 내의 차이는 예수의 제자들이 예수의 모든

---

119 Phaedrus, *Fables* 2, prol. 8.

120 예를 들어 m. ʾAbot 2:9의 편집적 구조를 참고하라.

121 Finnegan, *Oral Poetry*, 73-86, 142; Finnegan, *Literacy*, 90, 158, 166-67, 172-73(하지만 그녀는 그녀를 비판하는 이들보다 정확성을 더 일반적으로 정의한다); Ong, *Orality*, 61-63; Byrskog, *Teacher*, 323-24; Goody, *Interface*, 176; Anderson, "Oral Tradition," 40을 보라. Ong에 대해서는 예를 들면 Lumpp, "Ong"을 보라; Goody에 대해서는 Person, "Goody"를 보라; Finnegan에 대해서는 Eve, "Finnegan"을 보라.

122 Finnegan, *Oral Poetry*, 140; Ong, *Orality*, 56-57; Goody, *Interface*, 86-91, 168, 180; Rubin, *Memory*, 7, 319; Small, *Wax Tablets*, 7, 192; McIver, *Memory*, 120; 추가로 Hunter, "Recall"을 보라.

123 Ong, *Orality*, 56-57; 참조. Goody, *Interface*, 189.

124 참조. Lord, *Singer*, 137. 그리스-로마의 고대 문화에 대해서는 Byrskog, *Teacher*, 324과 거기서 언급된 문헌들을 보라.

125 Byrskog, *Teacher*, 324. Byrskog는 마가복음과 최소한 Q 자료의 일부를 마태가 사용한 기록된 자료로 인식한다(337-38).

가르침을 글자 그대로 보존할 것을 주장하지는 않았음을 보여준다. 그러한 요구 조건은 더 폭넓은 문해력을 갖춘 사회에서도 어려운 일이었을 것이다. 기억은 글자 그대로인 경우가 매우 드물다. 제자들의 역할은 암기보다는 기억과 더 관련이 있었다.[126]

그러나 축자적 기억의 결여에는 몇 가지 예외가 있다. 경구(잠언과 같은 짧고 함축성 있는 말)는 전형적으로 축자적 기억으로 보존된다.[127] (영어에서는 예를 들면 "Haste makes waste"["급할수록 돌아가라"], "Silence is golden"["침묵은 금이다"], 또는 "Crap, my screen just froze!"["제기랄, 화면이 방금 먹통이 됐어!"] 같은 표현을 떠올릴 수 있을 것이다.) 경구는 장기적인 구두 전승에서도 꽤 오래 이어진다. 잠언은 기억하기가 쉬워 1세기의 복음서들과 관련 있는 생생한 기억의 지속 기간을 훨씬 뛰어넘어 광범위하게 이어질 수 있다.[128] (따라서 학자들은 2세기에 예수의 말씀으로 여겨진 성경 밖의 몇몇 말씀은 진짜일 수도 있다고 종종 주장하지만, 우리는 그런 말씀 중에 어느 것이 진짜로 간주될 수 있는지 거의 알지 못한다.)[129] 부차적인 기록 문헌들은 어떤 잠언들은 천 년 이상 넓은 지역에 걸쳐 구전으로 보존되었음을 입증한다.[130] 마찬가지로 중동 문화에서는 오늘날까지도 서구의 대다수 신약학자가 접근할 수 없는 많

---

126 막 8:18을 강조하는 Kelber, *Gospel*, 59, 197.
127 McIver, *Memory*, 176-80, 여기서는 176, 180; McIver, "Gist Memory," 157; 더 광범위한 글로는 McIver and Carroll, "Experiments"; McIver and Carroll, "Characteristics."
128 예를 들어 Vansina, *Oral Tradition*, 51을 인용하는 Bauckham, *Eyewitnesses*, 284의 견해도 그와 같다.
129 예를 들면 Jeremias, *Unknown Sayings*; Hofius, "Sayings," 336-60을 보라; 참조. Charlesworth and Evans, "Agrapha," 483-91.
130 기원전 5세기 이집트, 기원후 1127년에 나온 아랍의 한 필사본, "1885년 세르비아, 1920년 인도, 1937년 쿠르디스탄에서" 독립적으로 입증된 잠언인 Dundes, *Writ*, 9-10을 인용하는 McIver, *Memory*, 176-77 n. 12. Dundes에 대해서는 Mieder, "Dundes"를 참고하라.

은 아랍어 저작들이 수천 개의 잠언이 당시에 널리 퍼져 있었음을 입증한다.[131] 예수의 잠언과 같은 말씀들을 생생한 기억 속에 보존하는 일이 엄청나게 힘든 일은 아니었을 것이다.

경구는 "가장 빈번하게 예수의 말씀으로 여겨진 문학적 형식"을 이룬다.[132] 예수가 실제로 자주 가르치지 않은 것이 아니라면, 복음서의 간결성은 예수의 제자들이 점증적으로라도 예수의 모든 경구를 기억하지는 않았음을 의미한다. 그렇기는 하지만 우리가 경구에 대해 알고 있는 바는 그들이 기억한 경구가 아마도 꽤 정확하게 기억되었을 것임을 암시한다.[133]

자료를 글자 그대로 보존하려면 그것이 장기 기억의 일부가 될 때까지 의도적으로 암송해야 한다.[134] 그러나 그와 같은 말씀에 대한 암기 학습이라는 고대에 만연한 관행을 고려하면(9장을 보라) 예수의 제자들은 아마도 예수의 많은 경구를 예수가 제자들에게 말한 것과 비슷한 형태로 기억할 수 있었을 것이다.[135] 경구는 유대인 현자들이 사용한 일반적인 수사적 형태였고, 이는 예수의 몇몇 말씀이 그러한 형태로 기억되고 널리 퍼졌을 것이라는 주장을 뒷받침한다.[136]

---

131 Bailey, "Tradition" (*Themelios*), 6-7; Bailey, "Tradition" (*ExpT*), 365; 참조. Bailey, "Oral Tradition," 41. 6천 개의 잠언을 수집해 놓은, 그가 언급한 한 저작은 'Isa 'Atallah의 책인 *Qalu fi al-Mathal: Mowsu'ah fi al-Amthal wa al-Hikam al-Sa'ira (The Proverb Says: Encyclopedia of Current Proverbs and Wisdom Sayings)*이다(Bethlehem, 1985).

132 Justin, *1 Apology* 14.5에 이미 있는 비슷한 견해를 언급하는 Aune, "Aphorisms," 211.

133 경구는 일반적으로 "정확하게" 기억되거나 "**전혀**" 기억되지 않는다(McIver, *Memory*, 176).

134 McIver, *Memory*, 167.

135 McIver, *Memory*, 180. 고대에 비슷한 형태로 보존된 몇몇 자료와 관련해서 Byrskog는 *Teacher*, 324에서 다음 책들을 인용한다. Gerhardsson, *Memory*, 123-30; Riesner, *Lehrer*, 441-43; Harris, *Literacy*, 30-33.

136 예를 들면 잠언, 집회서, Pirke Aboth와 같이; 참조. Vermes, *Jesus the Jew*, 27.

복음서 저자들은 자신들이 집필 대상으로 삼은 자료의 형태를 잘 이해했던 것으로 보이며 어떤 종류의 자료에 대해서는 다른 자료에 대해서보다 각색할 자유를 더 많이 발휘했다. 따라서 예를 들어 특정한 비유들에 대한 복음서 저자 각각의 표현법을 비교해 보면, 이야기에서 예상되는 것처럼, 요점 관계를 발견할 수 있다.[137] 요점은 보통 변함이 없지만, 표현은 서로 다를 수 있다.[138] 복음서들을 비교해 보면 복음서 저자들은 종종 경구를 다른 자료의 경우보다 축자적 형태에 더 가까운 형태로 보존했다는 사실이 분명히 드러나며, 이는 아마도 경구에 관한 더 폭넓은 관행을 반영하는 듯하다.[139]

14.5. 틀릴 수도 있으나 기능적인 기억

우리의 기억이 틀릴 수도 있으나, 이는 기억이 비기능적임을 뜻하는 것은 아니다. 해체주의자들이 강조하는 언어의 한계가 언어를 일상적인 의사소통에 부적절하게 만들지 않는 것과 마찬가지로 어느 정도의 오류 가능성도 반드시 전반적인 신뢰 불가능성과 동일시되지는 않는다. 이러한 기능성은 흔히 각 개인을 능가한다. 현재의 필요는 집단적 기억을 형성하지

---

137 McIver, *Memory*, 171-76(특히 171).
138 McIver, *Memory*, 174. 물론 이야기에 대한 직접적인 지식이 부족한 이들에게 있어서 배열은 예상되는 요점에 영향을 끼칠 수 있지만(예를 들면, 막 4:21과 마 5:15; 막 4:22과 마 10:26//눅 12:2를 비교해 보라) 보통은 유동적인 어록이라도 전반적으로 같은 효과를 전달할 수 있다(막 9:43과 마 5:30; 18:8을 비교해 보라).
139 McIver, *Memory*, 177.

만, 그 기억은 보통 순전한 날조가 아닌 진정한 경험에 의존한다.[140]

14.5a. 기억은 보통 무언가를 가리킨다

역사적 자료는 과도한 편향을 억제할 수 있다.[141] 슈워츠의 표현대로 "실재는 대개 대부분 사건에 대한 기억에 있어서 편향보다 중요하다."[142] 따라서 실제 세계에서의 기억은 일상적인 과제와 관련해서[143] 특히 "기억에 얼마나 심하게 과부하가 걸리는지를 고려하면"[144] 일반적으로 성공적이다. 현대 서구에서조차 우리의 기억은 대부분 상당히 실제와 관련이 있다.

어떤 학자들은 현재의 연구가 구두 전승에서의 기억은 주의 깊은 기억이라고 주장하는 이들과 재창조라고 주장하는 이들 사이의 오래된 논쟁을 불필요하게 만들기까지 한다고 주장한다. "제약을 동반한 암기와 제약 안에서의 재창조는 훨씬 더 비슷한 결과를 낳는다."[145]

우리의 상상력은 우리가 기억을 재구성하는 방식에 영향을 끼치지만,[146] 일반적인 인간의 기억은 보통 우리 자신의 경험을 허구적인 경험과 혼동하지 않는다. 예를 들면, 나는 생생한 총천연색 꿈을 꽤 자주 꾸고 이런 꿈들을 내 일기장에 기록하지만,[147] 보통은 그런 꿈을 내가 실생활에서

---

140 McIver, *Memory*, 158-60, 특히 여기서 Schwartz, *Forge*, 293-312; Schwartz, *Post-heroic Era*, 219-68의 견해를 따르는 160쪽.

141 Bosworth, *Arrian*, 63-64; Larsen, Thompson, and Hansen, "Time," 153.

142 Schwartz, "Smoke," 21. 강조는 원저자의 것임.

143 Neisser and Libby, "Remembering Experiences," 318; Pillemer, *Momentous Events*, 55; Hoffman and Hoffman, "Memory Theory," 282을 인용하는 Bauckham, "Psychology of Memory."

144 Bauckham, "Psychology of Memory"에서 인용된 Cohen, "Overview," 389.

145 민요에 관한 Rubin, *Memory*, 293의 견해.

146 Ehrman, *Before Gospels*, 89-94에서 증거에 대한 유용한 개관을 보라.

147 Hume의 견해와 달리 상상은 때때로 실제보다 더 생생하게 나타날 수도 있다. Brewer,

경험한 사건들과 혼동하지 않는다.

맥아이버는 기억 연구로 인해 우리는 부정확한 내용은 복음 전승의 배후에 있는 목격자 보고의 "세부 내용 중에 20%"를 넘지 않을 것이라고 예상해야 하며, 또한 그러한 오류는 실체적인 기억을 무효화하지 못할 것이라고 주장한다.[148] 게다가 이런 세부 내용조차 "설령 엄밀히 말해서 세부 내용의 오류라 하더라도 실제 일어난 일의 더 큰 그림과 거의 언제나 일치한다."[149] 20%라는 추정치는 (대체로 단 하나의 연구에 의존하고 있어) 논란의 여지가 있을 수 있으나 학자들 대다수는 일반적으로, 그리고 당면한 목적과 관련해서 기억은 신뢰할 수 없다기보다는 신뢰할 만하다는 데 동의한다.[150]

기억이 전혀 의존할 수 없는 것이라면 우리는 회고록의 내용을 전혀 신뢰할 수 없을 것이다. 이미 2세기에 복음서는 사도들의 회고록(ἀπομνημονεύματα, apomnēmoneumata)으로 여겨졌다.[151] 우리는 회고록의 편향

"Recollective Memory," 27을 보라; 참조. Rubin, "Introduction," 5.

148 McIver, "Eyewitnesses," 545. 20%라는 수치는 단 하나의 연구에 근거한 낮은 수치일지도 모른다.

149 McIver, "Eyewitnesses," 545-56.

150 Allison, *Constructing Jesus*, 8 n. 46을 보라.

151 예를 들면 Justin, *1 Apology* 66; 67; *Dialogue with Trypho* 100-107, 특히 103.8; 106.3(과 Stanton, *New People*, 62-63; Abramowski, "Memoirs"; Kennedy, "Source Criticism," 136; Bockmuehl, *Seeing*, 185; Bird, *Gospel*, 250-53, 280; 참조. Robbins, *Teacher*, 62-67의 논의)을 보라. 만일 파피아스가 말한 "마태복음"이 우리가 말하는 Q 자료라면 아마도 Papias, frag. 3.16(Holmes; Eusebius, *Ecclesiastical History* 3.39.1)을 참고해야 할 것이다(예. Filson, *History*, 83; Hill, *Matthew*, 23-27, 53; Bruce, *Documents*, 40; Trevijano Etcheverría, "Obra"; Edwards, "Genre," 55; 참조. Hagner, *Matthew*, xliv. 그는 Schleiermacher, T. W. Manson과 M. Black의 글도 인용하며 예컨대 Jeremias, *Theology*, 38은 그의 견해를 거부한다). 파피아스의 어록은 (Q 자료와 같은) 말씀이 지배적이고 일반적인 용법과 어울리며(예를 들면 BDF를 보라) 만일 그의 마태에 대한 표현이 원문을 따른 것이라면(파피아스에 대한 에우세비오스의 선별적 태도는 이 점을 불확실하게 만들지만) 마가복음과의 맥락적 대조를

과 불완전성에도 불구하고 현대의 회고록에서 자주 배우는데 반해 고대의 회고록은 왜 무시해야 하는가? N. T. 라이트의 표현대로 예수는 다른 중요한 인물들 못지않게 사람들의 기억에 영향을 끼쳤다. "마치 C. S. 루이스의 친구들이 그가 죽은 지 4-50년이 지난 뒤에도 여전히 이 위대한 인물을 회고하는 책들을 내놓고 전쟁 중에 윈스턴 처칠과 함께 일했던 사람들이 아직도 그의 기질, 그의 재치, 그의 엄청난 알코올 섭취에 관한 이야기를 들려주는 것처럼 말이다."[152]

물론 학자들은 복음서들이 사도들의 증언과 얼마나 가까운지를 놓고 논쟁하며 이로 인해 "회고록"의 개념에 하나의 단계가 추가된다(따라서 15장의 논의가 필요하다). 그러나 기억이 후세에 전해지려면 그 전에 우선 기억되어야 한다. 목격자들은 보통 어떤 종류의 기억을 간직하는가?

설명해 주는 무언가를 가리킬 수도 있다(Papias, frag. 3.14-16; 그러나 Kok, "Papias"를 참고하라). 하지만 이 용어는 Papias, frag. 3.1, 15; 5.1; 6.3에서 그처럼 좁은 뜻으로 사용되지 않았을 수도 있다. 참조. Stanton, *New People*, 117 n. 1. 그러한 "회고록"을 예수 전승에 대한 신선한 해석인 후대(특히 5세기와 6세기)의 사도 회고록이라는 장르와 혼동해선 안 된다. 예를 들면, (Niklas, "Gospel of Peter," 4의 인용문에서), Suciu, *Apocryphon*; Broek, *Apocryphon*을 보라.

152 Wright, *Faithfulness*, 649. 고대의 역사 서술 지향적인 저자들도 회고록을 참고했다. 예. Polybius, *Histories* 12.25e.1; Plutarch, *Demosthenes* 5.5; Laistner, *Historians*, 35. 보다 이전 문헌으로는 크세노폰의 「소크라테스 회고록」에 대해서는 한계에도 불구하고 Kennedy, "Source Criticism," 137; Hägg, *Biography*, 23-30을 참고하라. 키케로의 회고록에 대해서는 Cicero, *Letters to Atticus* 2.1을 보라. 오늘날 역사는 영향과 "효과의 역사"를 고려하며 "효과의 역사"는 흔히 효과를 가져오는 사건들을 통해서만 설명될 수 있다(Le Donne, *Historiographic Jesus*, 75). 이는 Dunn이 발전시킨 개념이다(*Perspective*, 15-34, 특히 29; 참조. Piovanelli, "Authority"; Wright, *Faithfulness*, 649; 이런 접근 방식의 한계에 대해서는 Schröter, "Begründer"를 참고하라). 예수 없이는 초기 기독교를 설명할 수 없다.

14.5b. 보존되는 기억의 종류

우리는 일반적으로 기억할 만한 추억—즉 우리가 다른 이들과 공유했고 우리에게 매우 흥미로운 일인 특이하고 감정이 북받친 개인적 경험—을 기억한다.[153] 사람들은 장기적 중요성이 없는 대화와 같은 일상적인 사건들은 기억하지 않는 경향이 있다. 기억은 자주 발생하는 일들을 동화시키며 그 대신 좀 더 독특한 경험에 초점을 맞춘다.[154] 따라서 우리는 중요하거나 특이한 경험을 기억할 가능성이 더 크다.[155] 나는 지난 화요일에 점심으로 무엇을 먹었는지는 기억나지 않지만, 나의 박사 학위 지도 교수였던 무디 스미스와 선친 존 키너가 서로 몇 시간 간격으로 돌아가신 일은 기억한다.[156] 나는 한 달 전에 어느 페이지를 타자로 치고 있었는지는 기억나지 않지만, 2008년에 킨샤샤에서 한 미국 영사관 직원과 대면했던 불쾌한 일은 기억한다. 데일 앨리슨이 지적하듯이 기억은 사람이 개인적으로 참여했고, 정신적으로 흥미롭다고 생각했으며, 정서적으로 강렬하게 경험했고, 그 뒤로 나중에 자세히 말한, 전형적이지 않은 사건들을 다룰 때는 특히 신뢰할 만한 것이 될 수 있다.[157]

---

153 여기서도 Bauckham, *Eyewitnesses*, 330-35을 보라.
154 특이한 사건들의 기억할 만한 특성에 대해서는 Brewer, "Recollective Memory," 50을 보라. 책의 편집자가 지적하는 대로(Rubin, "Introduction," 6) 비록 매우 구성주의적인 접근법을 취하기는 하지만 Conway, "Autobiographical Knowledge," 81도 함께 보라(참조. 67, 76, 90). 구성적 특징 자체는 왜곡과 같은 것은 아니다(Kirk, *Memory*, 213을 보라).
155 Bauckham, *Eyewitnesses*, 331; 참조. Redman, "Eyewitnesses," 182-83; Galinsky, "Introduction," 18. 기억 형성 방면에서의 새로운 신경과학에 대해서는 Kesteren et al., "Schema and Novelty"; Otmakhova et al., "Loop"을 참고하라.
156 2016년 5월 10일.
157 Allison, *Constructing Jesus*, 9 n. 46. Allison은 "과잉 회의주의"가 아닌 주의를 촉구한다. 그는 제자들이 "기억 상실증 환자"였을 것이라는 주장에 회의적이다(9 n. 47).

우리는 개인적으로 관련 있고 감정이 북받친 기억은,[158] 비록 감정이 사건을 기억 속에 중요한 사건으로 각인시킬 뿐만 아니라 사건에 대한 기억을 왜곡시킬 수도 있지만,[159] 가장 많이 기억하는 경향이 있다. 감정은 복합적인 연상을 창출함으로써 기억을 각인하는 데 일조한다.[160] 고대 수사학자들은 이러한 기억의 특징을 인식하고 심지어 이용했다.[161] (우리는 사건 중에 경험한 감정보다 감정적 사건 그 자체를 더 잘 기억한다.)[162] 매체를 통해 간접적으로 알게 된 사건과 종종 관련된 "섬광 기억"의 진실성은 더 큰 비판을 낳았지만,[163] (특히 좀 더 공적인 사건이나 그 밖의 사건에 대해 알게 된 배경에 초점이 맞춰진) 그러한 경험은 전형적인 개인적 경험과는 다르다.[164]

---

158 감정이 북받친 사건들에 대해서는 Rubin, "Introduction," 3; Christianson and Safer, "Emotional Events," 219, 237-38; Pillemer et al., "Memories of College," 336; Bauckham, *Eyewitnesses*, 331-32, 492-505; Redman, "Eyewitnesses," 184; Kirk, *Memory*, 218-19; Hulse et al., "Arousal," 73-90을 인용하는 McIver, *Memory*, 33; Otani et al., "Memory," 23-42을 보라.

159 Eve, *Behind Gospels*, 155. 우울증은 기억을 부정적인 사건에 집중시킬 수 있고(Williams, "Depression," 244), 정신적 충격은 관련 없는 사건들의 세부사항에 관해서도(Williams, "Depression," 245) 기억에 간섭할 수 있으며(Christianson and Safer, "Emotional Events," 219), 감정은 다른 세부사항에 대한 기억에서 주의를 딴 데로 돌리면서 어떤 사건의 특정한 요소에 집중할 수 있다(Rubin, "Introduction," 3). 예를 들면 McIver, *Memory*, 11에 나오는 집중을 방해하는 무기의 존재를 참고하라.

160 Stock, Gajsar, and Güntürkün, "Neuroscience," 379-80; 참조. Harkins, *Reading*, 183-84, 187.

161 *Rhetorica ad Herennium* 3.22; Galinsky, "Introduction," 17을 보라.

162 Christianson and Safer, "Emotional Events," 238.

163 Allison, *Constructing Jesus*, 7 n. 40; Redman, "Eyewitnesses," 184; Slade, "Reports"를 보라. 그러나 Brewer, "Recollective Memory," 39-43, 47-51; Hirst et al., "Follow-Up"; (부정적인 감정을 언급하는) Gandolphe and El Haj, "Memories"; Lanciano, Curci, and Semin, "Determinants"에서 나의 이목을 집중시킨 Christopher Chandler의 최근 저작; Kraha and Boals, "Negative"를 참고하라. 정신적 외상의 경우에는 Stock, Gajsar, and Güntürkün, "Neuroscience," 384을 참고하라. 강렬한 감정의 자극을 받은 암송은 분명한 섬광 기억에서 직접적인 역할을 할 수도 있다(Tinti et al., "Processes").

164 Brewer, "Recollective Memory," 50; Tinti et al., "Processes."

개인적 사건에 대한 기억에는 한 사람의 삶에 중대한 영향을 끼친 존경받는 정신적 스승의 말도 포함될 수 있다.[165] 기억 이론가 데이비드 필레머(David Pillemer)는 기억할 만한 "개인적인 삶의 일화들은, 비록 구체적인 세부 내용은 생략되거나 잘못 기억될 수도 있고 실질적인 왜곡도 가끔 발생하지만, 일반적으로는 원래의 기억에 충실하다"고 지적한다.[166]

서사적·감각적 기억은 구별되는 하위 체계들을 대변하므로 다양한 감각(예. 시각, 청각, 후각)에 새겨진 경험들도 더 기억하기 좋다.[167] 이러한 여러 감각이 관여하는 기억의 강화는 우리가 단순히 다른 사람에게서 들은 경험보다 우리 자신의 경험을 더 잘 기억하는 경향이 있는 한 가지 이유다. 우리는 뇌의 여러 부분에 분포된[168] 다양한 기억의 하위 체계들[169]을 바탕으로 기억을 재구성한다. 이러한 여러 위치에 걸친 분포는 뇌가 필수적인 것으로 여기는 기억을 강화한다. 서로 다른 하위 체계들이 어떤 경험의 여러 측면을 보존할 때 기억은 특히 복원력을 가질 수 있다.[170]

---

165 McIver, *Memory*, 52. 예를 들면 Pillemer et al., "Memories of College," 319도 함께 참고하라.
166 Bauckham, "Psychology of Memory"에서 인용된 Pillemer, *Momentous Events*, 59.
167 충격적인 경험을 종종 고려하는 Pillemer, *Momentous Events*, 53, 99, 100-102, 138, 147, 164(비록 어떤 이들은 충격적인 경험을 다른 감정적 경험과 구별하지만; Sotgiu and Rusconi, "Memories"의 논의를 보라); Pillemer, *Momentous Events*, 50-51의 견해를 따르는 McIver, *Memory*, 49-50을 보라; 참조. Rubin, *Memory*, 46, 54-56; Rubin, "Introduction," 3; Small, *Wax Tablets*, 105-6, 119-22. Bauckham도 "Psychology of Memory"에서 Pillemer의 "중대한 사건"과 Schmidt의 "예외적인 사건"(Schmidt, *Memories*)을 비교한다. Rubin, *Memory*, 39-64과 65-89에 각각 나오는 시각적 이미지와 소리에 대한 논의를 주목해 보라. Rubin, "Introduction," 3에서의 이미지; Brewer, "Recollective Memory," 35-36. 다양한 감각적 자극은 모의실험과 재현 속에서도 기억에 강하게 남는다(Harkins, *Reading*, 189).
168 McIver, *Memory*, 79.
169 McIver, *Memory*, 60; 더 자세하게는 76-80쪽.
170 참조. McIver, *Memory*, 79; Barber and Barber, *Severed*, 11.

복음서들은 예수의 가장 가까운 제자들이 그와 같은 뚜렷하고 감정을 자극하는 경험을 했음을 암시한다(예. 막 4:38-41; 6:49-51; 8:17-21, 33; 9:32; 10:13-14, 24, 26, 32; 14:18, 22-25, 29-31, 37, 43-52, 72). 예수의 가르침도 듣는 이들의 상상력을 통해 다양한 하위 체계 속에 새겨질 수 있는 그림 같고 종종 생생하기도 한 시각적 이미지를 포함하고 있다(예. 마 5:34-36, 39-41, 45; 6:2, 26-30; 막 9:42-43; 눅 12:6-7). 도덕적으로 중요한 정보도 "평가적 관심"을 불러일으키고, 따라서 기억을 강화한다.[171] 평가적 관심은 예수의 윤리적인 말씀 선포와 수수께끼가 요구하는 숙고와 관련이 있다.

개인들의 경우 서로 다른 기억 체계는 서로 다른 결과를 산출한다. 예를 들면 개인적 사건/일화에 관한 기억은 인지적/의미론적 기억과 다르며 둘 다 절차 기억과도 다르다.[172] 실제로 일화적인 개인적 기억은 자전적 기억의 개념적 측면들과는 다른 뇌의 영역에서 처리될 수 있다.[173] 전승은 본질적이고 의미 있는 요점에 이르는 강화 과정으로 인해 일화적인 세부 정보보다 공동체의 기억이 지닌 의미론적인 요소를 더 많이 보존하는 경향이 있다.[174] 예수의 제자들과 공동체의 재진술 속에서 형성된 이야기들은 둘 다 복음서 이야기들 속의 의미의 패턴이 암시하듯이 틀림없이 많은 요점을 의미 있는 것으로 여겼다(예. 마 8:10//눅 7:9; 막 2:5; 4:40; 5:34, 36;

---

171 특히 DiMaggio, "Culture"를 언급하는 Kirk, *Memory*, 219.
172 Eve, *Behind Gospels*, 88. 그러나 일화적인 기억과 의미론적인 기억은 상호 의존적이며 전자는 각본, 후자는 일반화를 수반한다(Williams, Conway, and Cohen, "Autobiographical Memory," 22; Cohen, "Memory for Knowledge," 207도 함께 참고하라). Tulving은 일화적 기억을 뚜렷하게 "자기 인식적인" 기억으로 보았다(O'Connor, Moulin, and Cohen, "Memory and Consciousness," 343).
173 Williams, Conway, and Cohen, "Autobiographical Memory," 39.
174 Kirk, *Memory*, 227, 230.

9:23; 10:52; 11:22-24; 요 11:40에서의 믿음).[175]

가르침의 내용에 관한 관심도 동기를 제공한다.[176] 따라서 데이비드 루빈(David Rubin)이 지적하는 대로 의미가 소중하게 여겨지는 대목에서 "구두 전승에 참여함으로써 환기되는 관심"은 전형적인 실험실 상황에서 "무의미한 음절 목록의 학습에 관한 실험에 참여함으로써 환기되는 관심을 훨씬 능가한다."[177] 또는 커크가 지적하듯이 "피실험자들은 자신들에게 가장 두드러진—중요한—정보를 부호화하려는 동기를 더 크게 부여받는다."[178]

관심은 읽고 쓸 줄 아는 사람들[179]과 모르는 사람들에게서 모두 기억의 동기를 부여한다. 예를 들면 다른 문제에 대해서는 일반적인 기억력을 가진 스와지족 목동들도 단지 1년 전에 목격한 새로 산 소들에 관한 확인할 수 있는 세부 정보들을 손쉽고 거의 정확하게 열거할 수 있었다.[180] 문맹인 !쿵족 부시먼들과 그들과 인터뷰하는 박사 수준의 민족지 학자들은

---

175 πιστ-(pist-)로 시작되는 단어들과 σωζ-(sōz-)로 시작되는 단어들의 연계성(막 5:34; 10:52; 눅 7:50; 17:19; 행 14:9; 약 5:15; 아마도 딤전 2:15; 참조. Josephus, *Jewish Antiquities* 10.167)은 비록 물리적 회복을 지칭하는 데 적합하지만, 초기 기독교의 다른 사상과도 잘 어울린다(눅 8:12; 행 15:11; 16:31; 롬 1:16; 10:9-10; 고전 1:21; 15:2; 엡 2:8; 살후 2:13; 딤후 3:15; 벧전 1:5, 9; 1 Clem. 12.1; Ignatius, *Philadelphians* 5.2; 참조. 유 5; 이 단어들은 예컨대 에픽테토스의 글에서는 함께 나타나지 않는다).

176 Rubin, *Memory*, 129, 157; 참조. 319.

177 Rubin, *Memory*, 122, 125, 129, 155; 참조. 157; Schwartz, "Smoke," 24.

178 Kirk, *Memory*, 218; 참조. 214. "두드러진"(salient)과 "두드러짐"(salience)이라는 단어는 Kirk의 책에서 60회 이상 나타난다.

179 Rubin, *Memory*, 319.

180 Bartlett의 견해를 따르는 Rubin, *Memory*, 132. (2018년 5월에 역사적 예수에 관한 나의 세미나를 위해 Jerry Breen이 제출한 박사 학위 논문에서 언급한) Lévy-Bruhl, *Natives*, 111-13은 그의 거만한 태도에도 불구하고 각 사람의 독특한 발자국을 인식할 수 있는 호주 원주민과 같은 전통 사회의 몇 가지 정신적 재주를 존중했다.

각기 상대방이 무엇을 기억하기가 불가능하다고 생각하는지 기억할 수 있을 것이다. 서로 다른 문화는 서로 다른 대상에 대한 기억 능력을 가치 있게 여기고 발전시킨다.[181]

예수의 메시지에 자신의 생명을 건 사도들과 전승 전달자들은 분명히 그 메시지에 깊은 관심이 있었다.[182] 이러한 장기 기억은 단순히 무작위적인 기억의 문제가 아니었다.[183] 사무엘 뷔시코그(Samuel Byrskog)가 지적하듯이 **"예수는 질적으로 독특한 스승이었으므로 그의 말과 행동을 전달하는 것은 일반적으로 필수적인 일이었을 것임이 분명하다"**(강조는 원저자의 것임).[184] 15장에서 나는 그들을 다른 고대의 제자들과 비교하겠지만, 궁극적으로 그들에게는 다른 스승의 제자들이 스승의 말과 행동을 주의 깊게 전달해야 할 이유보다 적지 않은 이유, 더 많은 이유가 있었다.[185] 앞에서 언급했듯이 관점은 불가피하며,[186] 이 경우에는 예수가 주님이라는 그들의 믿음이 그들의 관점을 무력하게 만들기는커녕 제자들이 엄청난 대가에도 불구하고 우선 폭넓게 예수의 가르침을 보존하고 전파했다는 바로 그 이유로 인해 그들의 관점을 형성했다.[187] 다른 스승의 제자들도 보통

---

181 Cole and Scribner, *Culture*, 138을 인용하는 Small, *Wax Tablets*, 4; 참조. Rubin, *Memory*, 169, 317.
182 Schwartz, "Smoke," 24-25과 마찬가지로; Byrskog, *Teacher*, 400.
183 Dunn, *Tradition*, 238.
184 Byrskog, *Teacher*, 307. 다른 유대인들은 독특한 스승을 떠올릴 때 아마도 모세를 떠올렸을 것이다. 예를 들면 Philo, *Cherubim* 49; *The Worse Attack the Better* 86; *Studies* 177; *Names* 42; *Moses* 2.205; *Special Laws* 1.319, 345; 2.88, 256; *Contemplative Life* 63; 'Abot R. Nat. 1A; Pesiq. Rab. 31:3을 보라.
185 Byrskog, *Teacher*, 308.
186 참조. Bruner and Fleisher Feldman, "Narrative," 291: "이야기의 정형화"는 정보의 전달을 억제하기는커녕 "진술과 이해 둘 다를 위한 틀을 제공한다."
187 참조. 예수의 영향에 관한 Dunn, *Tradition*, 270-71.

자기 스승의 메시지를 보존했다. 그러나 그들은 예수의 제자들 대다수가 궁극적으로 기꺼이 그렇게 했듯이 그 메시지의 전파에 언제나 자신들의 생명을 걸지는 않았다.

14.5c. 자세한 이야기

우리는 또한 다른 이들에게 이야기한 사건들은 가장 쉽게 기억한다. 이러한 활동은 서사적 기억을 강화하기 때문이다.[188] (우리 자신에게 기억을 진술하는 것도 회상을 강화한다.)[189] 자전적 기억은 보통 처음부터 재빨리 서사적 형태를 취한다.[190] 다음 장(15장)에서 언급하겠지만, 예수의 제자들은 아마도 예수의 행동과 가르침을 처음에는 그들 사이에서만이라도 처음부터 이야기했을 것이다.

빈번한 반복이나 자세한 이야기는 기억에 도움이 된다.[191] 건망증이 심한 교수들조차 종종 자신이 오랫동안 반복적으로 가르쳐온 강좌의 내용은 기억한다. 루빈은 기억 연구가 "시험 시도와 공부 시도의 혼합을 가리키는 전문 용어인 **암송**이 학습을 돕는다"는 점을 처음부터 인식해 왔다고 지적한다.[192] 물론 기억을 강화하는 반복은 기억을 오염시킬 수도 있다.[193] 잦은 반복은 기억 속에 이야기 자체보다 이야기하는 것에 더 익숙해

---

188 McIver, *Memory*, 50-51; 참조. Pillemer, *Momentous Events*, 48, 53-54, 99, 101; Rubin, "Introduction," 2.

189 Small, *Wax Tablets*, 118-20(그는 현대의 연구들과 Quintilian, *Orator's Education* 11.2.33에서 모두 반복을 크게 강조하는 것을 지적한다).

190 Rubin, "Introduction," 2; 참조. Elder, "Narrativity," 242.

191 Bauckham, *Eyewitnesses*, 334; Goody, *Interface*, 177을 보라; Rubin, *Memory*, 129.

192 Thompson, Wenger, and Bartling, "Recall"을 인용하는 Rubin, *Memory*, 129.

193 Stock, Gajsar, and Güntürkün, "Neuroscience," 385.

지는 형태를 고착시킬 수도 있다.[194] 그러나 전반적으로 그 효과는 보통 기억을 강화한다. 다른 사람들에게 전달하기 위한 반복은 특히 반복의 일반적인 형태이며 (부정적인 사건과 대비되는) 긍정적인 사건에 대해서는 정서적 감퇴의 감소와 연관성이 있다.[195]

다른 이들과 마찬가지로 나는 나 자신의 경험에서 이 점을 예증할 수 있다. 예를 들면, 나는 종종 나 자신이 무신론으로부터 회심한 이야기를 압축된 형태로 들려주면서 이야기를 반복해서 하는 동안 나나 다른 이들이 가장 흥미롭다고 생각한 특징들을 강조한다.[196] 습관을 바탕으로 이런 형식으로 다시 말하는 것은 세부적인 내용을 다시 더욱 경험하는 것보다는 덜 생생하다. 그렇기는 하지만 이 고정된 형식이 반드시 기억의 다른 모든 요소를 없애버리는 것은 아니다. 수십 년 뒤에도 나는 여전히 (유신론자들과 대면하는 동안 그 자리에 있었던 다른 이들의 이름을 포함해서) 거의 이야기할 이유가 없는 다른 요소들도 기억한다.

예수에 대한 선포자로서 제자들의 역할을 제외하더라도 제자들의 청중은 제자들이 예수에 관한 이야기를 거듭해서 해주기를 요청했을 것이다.[197] 개인적 기억 속에 있는 그러한 요소들은 예수의 제자들이 예수의 사역에서 발생한 많은 사건과 예수의 많은 가르침을 기억했으리라는 점을 의미할 것이다. 그러나 얼마나 오랫동안 기억했을까?

---

194 Eve, *Behind Gospels*, 156, 180.
195 Walker et al., "Why People Rehearse."
196 예를 들면 Keener and Keener, *Impossible Love*, 17-20을 보라.
197 McIver, "Memory, Persistence," 223. 중동의 관습 속에 있는 좀 더 최근의 비슷한 예에 관해서는 Derico, *Tradition*, 208을 보라.

14.6. 기억의 무상함과 수명

개인적 기억은 복음서의 자료가 되기에 충분할 만큼 오래 이어질 수 있는
가? 고대의 사상가들은 현대의 사상가들처럼 사건들이 아직 꽤 생생했을
때 목격자들의 기억이 가장 완벽하고 신뢰할 만하다고 인식했다.[198] 예수
의 주요 제자들은 아마도 예수가 그들에게 말씀하셨거나 그들 가운데서
행하신 모든 것을 기억하지는 못했을 것이다.[199]

한 연구에 따르면 감정적 기억이라도 첫해가 지나면 빠르게 줄어들
었으나 그 이후에는 망각 곡선이 수평에 가까워졌고, 따라서 여전히 기억
된 내용은 10년 뒤에도 계속 남아 있는 경향이 있었다.[200] 맥아이버는 여
러 기억 연구를 인용하면서 5년 뒤에는 목격자들이 아마도 "독특한 일화
들"과 특별히 중요한 개인적 기억을 절반 정도 기억할 것이라고 말한다.[201]
기억 연구는 또한 5년 뒤에도 남아 있는 기억은 전형적으로 최소한 25년
뒤에도 안정적으로 남아 있음을 시사한다.[202] 제자들에게 중요한 개인적
사건에 관한 기억에는 그들의 소명(막 1:16-20; 2:14)과 특별한 치유가 포

198　Lysias, *Orations* 20.22, §160.
199　McIver는 *Memory*, 143-61에서 기억의 약점과 복음 전승을 다룬다.
200　Hirst et al., "Follow-Up." 이러한 기억에는 모순되는 부분들이 포함되었으나 다른 이들과
　　　의 접촉이 종종 모순되는 부분들을 바로잡아 주었다.
201　McIver, *Memory*, 144.
202　McIver, "Memory, Persistence," 223; McIver, *Memory*, 23, 35-39, 144; 참조. 183; Rubin,
　　　Memory, 147; Brewer, "Recollective Memory," 49-50. McIver의 자료에는 다음 글들이
　　　포함된다. Bahrick, "Memory Content"; Bahrick, "Maintenance"; Bahrick, Bahrick, and
　　　Wittlinger, "Fifty Years"; Conway, Cohen, and Stanhope, "Retention." 이런 자료들에서
　　　서로 다른 형태의 기억을 구별하는 것이 중요하다. 일화적인 개인적 기억은 (예를 들면,
　　　Bahrick, "Memory Content"에서) 언어 학습, 이름 인식 등보다 더 관련성이 있다. Offer et
　　　al., "Altering," 737에서 그가 언급하는 경우들은 모두 정보보다는 주관적 판단을 반영한다.

함되었을 것이다.[203]

그러나 그들이 몇 년 뒤에 실제로 기억한 내용은 복음서 한 권 분량에 못 미치는 것이 아니라 그 이상의 분량을 쉽게 채웠을 것이다.[204] 실제로 우리가 복음서 네 권 전체에 기록된 모든 일화가 발생하는 데 필요한 시간을 전부 더해보면 그 시간은 1년간의 사역 중에서도 일부밖에 대변하지 못할 것이다. 마가복음의 만 천 개의 단어는 약 10만 단어로 된 아일랜드 음유 시인의 전승에 비하면 짧은 편이다.[205] 어떤 이들은 사실 목격자 증언이 어떻게 그렇게 짧을 수가 있는지 의아해할 수도 있겠지만, 전기 작가들은 전기의 대상을 직접적으로 알고 있을 때도[206] 보통 그들의 목적과 관련해서 가치 있는 표본만 제시하는 편을 택했다.[207]

장기 기억의 형태 중에서도 일화적 기억은 유사한 사건들의 혼합에 매우 취약하다.[208] 그렇기는 하지만 일화적 기억은 중요한 정보를 간직할 수 있다. 실험실 연구들은 단기 기억을 가장 쉽게 검증할 수 있지만, 어떤 연구들은 기억할 만한 개인적인 사건들을 심지어 60년이나 기억하는 경향을 확인했다.[209] 따라서 예를 들어 연구자들은 독일의 침공 시점(1940년

---

203 McIver, *Memory*, 146. 소명 이야기에서 진정한 역사적 기억에 관한 다른 갈래의 증거에 관해서는 Witherington, *Christology*, 129-30; Davies and Allison, *Matthew*, 2:393-94; Sanders, *Figure*, 119을 보라.

204 이와 다른 상황에서 Ehrman은 *Before Gospels*, 116에서 마가복음을 "통독하는 데는 겨우 두 시간밖에" 걸리지 않는다고 계산한다.

205 Gaechter, *Gedächtniskultur*, 49-53을 인용하는 Riesner, *Lehrer*, 451. Crossan은 *Birth*, 51-53에서 아일랜드 구두 전승으로부터 복음 전승에 대한 교훈을 도출한다. Derico는 *Tradition*, 60-63에서 복음 전승과 고대 갈릴리 문화 간의 거리에 대한 유추에(그리고 129-42쪽에서 Crossan이 시도한 현대 그리스 애가와의 유비 관계에) 의문을 제기한다.

206 특히 Lucian, *Demonax* 67을 언급하는 Beck, "Demonax," 83-84, 87.

207 예를 들면 플루타르코스에 관한 De Pourcq and Roskam, "Virtues," 167.

208 Steussy, "Memory," 211; 참조. Kirk, *Memory*, 217.

209 많은 조사 연구가 예를 들면 Bekinschtein et al., "BDNF"; Rossato et al., "Dopamine"과 같

4월 9일)과 그 이후의 독일 항복(1945년 5월 4일) 시점을 경험한 덴마크인들을 이 사실을 단지 학교에서 배운 다른 이들과 비교해 보았다. 독일 침공을 겪은 이들의 3분의 2 이상은 침공 기간의 날씨를 정확히 기억했는데, 이는 통제 집단의 약 20분의 1이 정확히 기억한 것과 대조를 이룬다. 생존자의 대략 6분의 1은 독일의 항복 시점까지 5분 안에 기억해낼 수 있었는데 이는 통제 집단의 어떤 사람도 흉내 낼 수 없는 (그리고 우리 중에 많은 이들도 상상하기 어려운) 놀라운 기억력이었다. 정확한 대답을 생각해내지 못한 이들도 보통 부정확한 대답을 대신 말하지 않았다.[210]

마찬가지로 네덜란드의 포로수용소인 에리카 수용소가 폐쇄된 지 40년이 넘어서도 인터뷰한 거의 모든 생존자가 그곳을 생생하게 기억했다. 절반 이상의 생존자는 자신의 정확한 수감 날짜까지 기억해낼 수 있었고 마찬가지로 절반이 넘는 이들이 자신의 등록 번호를 기억했다.[211] 맥아이버는 기억이 모든 세부적인 내용을 정확하게 보존하는 것은 아니지만 핵심적인 개인적 사건에 대한 기억의 요지는 보통 수십 년 동안 그대로 간직된다고 결론짓는다.[212]

따라서 목격자들이 자신이 이야기한 내용을 기억할 수 있는 능력과 관련해서 결정적인 시기는 "복음서가 기록되기 전…30년에서 60년까지"가 아니라 예수가 십자가에 달린 뒤 "처음 3년에서 6년까지"이다.[213] 그 시

이 장기 기억의 분자 신경 화학에 초점을 맞추어 왔다.

210 Bernsten and Thomsen, "Memories," 특히 245, 248-49의 연구를 언급하는 McIver, *Memory*, 54-55.
211 Wagenaar and Groeneweg, "Memory," 특히 84쪽의 견해를 따르는 McIver, *Memory*, 56.
212 McIver, *Memory*, 58(그는 개인적 사건에 대한 기억과 다른 종류에 속한 몇 가지 기억을 구별한다); 참조. Schwartz, "Smoke," 21.
213 McIver, *Memory*, 144.

점에 제자들이 기억한 내용은 대부분 이후 수십 년 내내, 특히 그 기억이 다시 말하기를 통해 강화되었을 때 그대로 남았을 것이다.

14.7. 결론

기억에 대한 일상적인 가정은 보통 일상적인 목적과 관련해서는 충분하지만, 기억의 한계를 고려하여 한정할 필요가 있다. 우리의 기억은 경험을 재구성하는 것이 분명하며, 존 딘의 경우와 같이 그러한 재구성은 순서나 축자적인 표현보다는 전반적인 요지와 관련해서 가장 유용한 근사치다. 전형적인 기억의 약점은 피암시성, 편향에 대한 민감성, 시간적 위치 이동, 심지어 기억의 융합까지 포함한다. 기억은 경구의 경우를 제외하면 축자적인 경우가 거의 없다.

그러나 기억은 보통 실제 경험이나 학습에 의존하며 개인적으로 중요하고 흔히 여러 감각이 관여하는 사건에 관해서는 특별히 효과적이다. 이야기의 반복은 기억을 더 철저하게 깊이 간직하게 한다. 5년 동안 이어질 만큼 중요한 기억은 아마도 수십 년 동안 이어질 것이다. 이러한 요소들은 제자들의 경험과 관련이 있었을 것이다.

15장
예수는 스승이었다

예수가 제자들을 거느린 스승이었다는 점에는 거의 모든 학자가 동의한다. 고대의 교육학적 관행에 비추어 보면 이러한 일치된 견해는 복음 전승에 대해 어떤 함의를 갖는가? 제자들과 그들의 말을 들은 사람들이 마가복음이나 Q 자료와 같은 초기 문헌들을 십중팔구 남겨진 수많은 기억으로 가득 채우기 위해 예수에 대한 충분하고도 남는 신뢰할 만한 기억을 보존하고 전달해 왔을 가능성은 다양한 고려 사항들로 뒷받침된다. 이러한 관찰 사실이 자신이 들은 것을 잘못 기억한 사람은 아무도 없음을 의미하는 것은 아니다. 그러나 이는 일반적으로 우리가 최소한 복음서에서 예수에 대한 꽤 신뢰할 만한 전반적인 묘사를 기대해야 한다는 점을 의미한다.

14장에서 주장한 대로 예수에 관한 이야기의 거듭된 되풀이는 결국 암송의 패턴을 낳았을 것이다. 제자들은 아마도 덜 유용한 요소들은 생략하고 유용한 요소들에 초점을 맞추며 자신들의 해석을 제시했을 것이다. 하지만 그러한 정형화가 그러한 이야기에 담긴 정보의 단편들을 자동으로 믿을 만하지 않게 만들지는 않았을 것이다. 이야기 전달을 목적으로 몇 가지 내용을 강조하거나 아마도 심지어 덧붙임으로 인해 그러한 이야기의 핵심 요소들이 바뀌지는 않았을 것이다.

예수의 원래 비유적 표현의 몇 가지 흔적이 복음서에 나타나는 것처럼 보이지만, 다시 말하기가 표현을 글자 그대로 보존할 것으로 기대한 사람은 아무도 없었다. 복음서에는 변형이 나타나지만, 12장에서 지적했듯이 말을 바꾸어 표현하는 것은 심지어 엘리트 수사학 훈련에서도 표준적인 관행이었다.[1] 그러나 예수 전승에서 중요한 것은 일관된 주제, 이야기, 가장 중요한 핵심적인 말씀의 내용 등을 포함한 예수 전승의 원래 내용의 많은 부분을 보존하는 것이다.[2]

15.1. 목격자들

어떤 사람이 권위 있는 저작을 집필하려 한다면 누구의 의견을 묻겠는가? 우리가 교회에서 핵심적인 지도자의 위치를 차지하는 예수의 직계 제자들을 무시하더라도(갈 1:18-19; 2:9; 참조. 고전 15:5-7), 고대에 나온 명백한 다수의 증거는 고대인들이 목격자들을 자주 선호했음을 입증한다. 자신이 목격자가 아니라면 고대인들은 목격자에게서 나온 것으로 생각되는 자료에 호소하곤 했다. 따라서 고대인들은 가능한 한 목격자와 가까운 문헌에서 나온 정보를 찾았다.

15.1a. 복음서 저자들은 목격자들에게 주의를 기울이곤 했다

고대에는 단지 이웃에게 이야기를 전하려는 것이 아니라 권위 있는 저작

---

1   예를 들면 Theon, *Progymnasmata* 1.93-171; 그 이후의 글로는 Hermogenes, *Method in Forceful Speaking* 24.440; Libanius, *Anecdote* 1.4; 2.3; *Maxim* 1.2-5; 2.3; 3.2을 보라.
2   다음 참고문헌들의 다양한 논의를 보라. Allison, *Constructing Jesus*; Bauckham, "Eyewitnesses"; Bauckham, *Eyewitnesses*, 325-41(특히 333-34의 요지에 관한 글); Redman, "Eyewitnesses"; McIver, "Eyewitnesses."

을 집필하려 애쓰는 사람은 일반적으로 우리가 참고하는 것과 같은 종류의 출처, 특히 목격자를 참고하려 했다.[3] 이는 고대에 어디서든 선호되는 역사적·전기적 관행이었다.[4] 고대 역사가들과 전기 작가들은 가능하다면 언제든 목격자들이 말로 전하는 최근 기억에 의존했다.[5] 이러한 역사 기록상의 관행은 최소한 헤로도토스 시대에 이미 나타나며[6] 유대인 역사가 요세푸스도 같은 이상을 공유하고 있다.[7] (추가로 9장을 보라.)

전기라는 매체를 선택하고 예수의 모범과 가르침을 명백히 소중히 여긴 복음서 저자들이 그들의 자료를 그들의 동시대인들이 그보다 덜 필수적인 자료를 다루는 것보다 더 무신경하게 다루었을 것이라고 예상하는 사람은 없을 것이다. 복음서 저자들은 최소한 그들의 자료가 기본적인 내용과 정신 면에서 그들이 기술하는 사건들의 현장에 있었던 목격자들의 증언과 일치한다고 믿었던 것이 분명하다. 실제로 누가는 자신이 가진

---

3 Kloppenborg, "Memory," 296에는 미안한 말이지만.
4 예를 들면 Byrskog, *Story,* 153-57; Bauckham, "Response," 237을 보라; 9장을 보라. 만일 누군가가 현존하지 않는 대중적인 역사 기록은 현존하는 증거와 달랐을 것이 분명하다고 주장하고 싶다면 그는 자신이 현존하는 제한된 증거를 근거로 주장하고 있는 것이 아니라 침묵 논법을 사용하고 있음을 인정해야 한다.
5 예를 들면 Xenophon, *Apology* 2; *Agesilaus* 3.1; Dionysius of Halicarnassus, *Thucydides* 7; Plutarch, *Demosthenes* 11.1; Arrian, *Alexander* 1.pref.2-3; 6.11.8; Cornelius Nepos, *On Great Generals* 23(Hannibal), 13.3; 25(Atticus), 13.7; 17.1; 참조. Xenophon, *Hellenica* 6.2.31(목격자를 접할 수 있을 때까지 보고를 믿기를 거부함); Tacitus, *Annals* 3.16(그가 그럴듯하지 않은 이야기를 자신은 믿지 않는데도 기록한 것은 그 이야기를 이전 세대로부터 전수받았기 때문이다). 다음 책들도 함께 보라. Aune, *Environment,* 81; Alexander, *Preface,* 34. 오늘날 역사가들은 다른 면에서는 미심쩍은 고대 역사가의 문헌에서도 목격자의 지식은 신뢰하는 경향이 있다(예를 들면, Brown, *Historians,* 142, 146; 좀 더 최근 역사에서는 예를 들면 Wigger, *Saint,* 363을 보라).
6 Meister, "Herodotus," 267-68; Byrskog, "History," 279을 보라. 예를 들면 Herodotus, *Histories* 3.55를 참고하라. 2.99-101, 109, 111-13, 116, 118-24에 보면 이전에는 이집트의 제사장들에게 정확한 정보가 있었지만 언제나 그랬던 것은 아니다.
7 Josephus, *Life* 357; *Against Apion* 1.45-49, 56; *Jewish War* 1.2-3을 보라.

자료의 기원이 목격자들에게로 거슬러 올라간다고 명시적으로 주장한다 (눅 1:2).[8]

교회에서 가장 권위 있는 대변자들—장로와 같은 지도자들—은 아마도 최초의 가장 눈에 띄는 지도자들과 가장 많이 접촉했을 것이고, 그 지도자들은 개인적으로 예수를 알고 있었다(참조. 행 6:6; 14:23; 15:6). 기간을 고려하면 복음서 저자들 몇 명 혹은 대부분도 목격자들과 직접적인 접촉이 있었을 것이다.

2세기 기독교인들이 복음서를 사도들의 회고록으로 간주한 데는 이유가 있다.[9] 복음 전승은 최초의 교회에 널리 퍼졌지만, 가장 직접적인 경험이 있는 이들은 전형적으로 가장 많고 일반적으로 가장 분명한 기억을 지니고 있었을 것이고 예수가 사도이자 어떤 의미에서는 계승자로 임명한 지도자급 인물들은 가장 큰 존경을 받았을 것이다. 목격자들 외에도 많은 이들이 예수에 관한 이야기를 했겠지만, 목격자들의 주장은 분명 권위 있는 표준이 되고 다른 이들에게 가장 권위 있는 출처로 여겨졌을 것이다.

15.1b. 사도와의 관련성?

오늘날 학자들 대다수는 목격자들이 과연 직접 복음서를 집필했는지 의심한다. 이에 대해 (나 자신을 포함하여) 이의를 제기하는 소수의 학자는 기껏해야 한두 가지 예외는 인정하지만 언제나 완전한 원저자라는 의미에서 인정하는 것은 아니다. (아마도 다수의 요한 문헌 학자들은 나 자신을 포함해서 네 번째 복음서의 배후에 있는 주요 출처인 사랑받은 제자를 개인적으로 예수를 알고

---

8   예를 들면 Keener, *Acts*, 1:185-87의 논의를 보라.

9   예를 들면 Justin, *Dialogue with Trypho* 103.8; 106.3; 14장의 논평을 보라.

있는 한 목격자로 간주할 것이다.[10] 이 복음서는 여러 가지 측면에서 공관복음과 다르지만 13장을 보라). 그런데 교회 전승에서조차 모든 복음서를 목격자들의 저작으로 간주하지는 않는다. 2세기 말과 3세기 초에 일부 기독교인들은 마태와 요한의 권위를 마가나 누가의 권위보다 더 설득력 있는 것으로 간주했는데, 이는 마태와 요한이 사도로서 복음서를 저술했다는 평판 때문이었다.[11]

어떤 복음서든 사도가 집필했다고 주장하려면 그 나름의 중요한 연구가 필요할 것이고 학자들 대다수를 설득하지는 못할 것이다. 그리고 이는 이 책의 범위와 요점에서 벗어난 일이다. 내가 아는 한 첫 번째 복음서로 널리 여겨지는 마가복음이 목격자에게서 나온 것이라고 주장하는 사람은 아무도 없다. (많은 학자는 적어도 마가가 유대 지역 출신이었다고 믿는다.)[12]

여기서 더 중요한 것은 복음서 저자들이 의존한 정보의 기원이 궁극적으로 목격자들에게로 거슬러 올라가는가 하는 것이다. 고대 역사의 다른 질문들처럼 이 질문도 수학적으로 확실하게 입증될 수는 없다. 역사적 탐구에서는 우세한 증거를 찾는다. 그러나 이 경우에는 복음서처럼 사건이 있고 나서 곧 집필된 저작은 일반적으로 복음서 저자들이 목격자들에

---

10 예를 들어 Kysar, *John*, 12; O'Day, "John," 500; Smith, *John* (1999), 400; Hengel, *Question*; Bauckham, *Testimony*; Bauckham, *Eyewitnesses*, 550-51(예들이 나열됨); Keener, *John*, 1:81-139을 보라.

11 그러나 Tertullian, *Against Marcion* 4.2, 5; Eusebius, *Ecclesiastical History* 6.25.3-6에서 오리게네스의 말을 참고하라.

12 Collins, *Mark*, 2-6; 참조. Hengel, "Geography," 33 n. 19. 요한 마가의 친척들도 포함될 수 있는 예루살렘에 정착한 디아스포라 유대인들(참조. 행 4:36; 골 4:10)은 분명히 그리스어를 알았을 것이다(예를 들면 Keener, *Acts*, 2:1253-59을 보라; 참조. 바울의 예). 추모비의 비문들도 예루살렘의 상류층 가운데 많은 이들이 그리스어를 잘 알고 있었음을 보여준다. 마가복음과 같은 그리스어로 된 유대인의 저작들은 대부분 디아스포라에서 보존되었다. 그러나 나의 주장에서 마가가 유대 출신이었다는 사실에 의존하는 내용은 결코 없다.

게로 거슬러 올라간다고 믿었고 그렇게 믿을 타당한 이유가 있었던 자료에 특별히 의존했을 가능성을 이미 조사된 증거가 뒷받침한다.

2세기 초에 글을 쓴 (명백히 불완전한 출처인) 파피아스는 아마도 예수의 사역에 대한 가장 생생한 기억은 없었겠지만, 마가복음에 대한 생생한 기억은 있었다.[13] 파피아스는 마가가 베드로에게서 정보를 얻었다고 주장한다.[14] (다른 고대 문헌들도 이 주장을 되풀이한다.)[15] 파피아스는 마가 자신이 주님을 "가까이 따른"(παρακολουθέω, parakoloutheō) 것은 아니라는 점을 인정한다. 파피아스는 이러한 견해를 모든 일을 처음부터 자세히 추적한

---

13   비록 내가 여기서 합의된 견해에 호소하거나 모든 독자를 설득하기를 바랄 수는 없지만, 나는 다른 고대 문헌에 대해 사용된 외적 입증의 기준에 따르면 생생한 기억 속에서 나온 복음서에 관한 현존하는 기록에는 한 주요 목격자의 기억을 기록하고 있는 마가복음, 목격자로서 자신의 기억을 기록하고 있는 마태복음(하지만 나는 이러한 원래 유대인의 말씀 기록이 그 자료를 마가복음의 이야기와 결합한 완성된 마태복음보다는 Q 자료와 더 비슷하다고 생각한다), 한 목격자에게서 나온 요한복음도 포함된다고 믿는다. 나는 또한 현재의 마태복음과 누가복음은 이런 목격자 자료 중에 두 자료에 의존하고 있고, 누가는 아마도 후대에 네 번째 복음서에 포함된 몇 가지 구전 자료를 알고 있었을 것이고 바울의 여행 동료였다고 믿는다. 우리는 복음서의 저작 시기를 학자들의 의견이 일치하는 시기보다 훨씬 앞당기거나, 2세기 초 문헌들이 현재 지배적인 학문적 도식에 맞지 않는다고 그 문헌들의 진실성을 무시해야만, 사도 교부들이 복음서에 대한 보고를 생생한 기억에서 비롯된 보고로 간주하는 일을 피할 수 있다. 따라서 나의 재구성에 따르면 복음서들은 최소한 예수에 대한 대체로 독립적인 세 명의 주요 **목격자**를 반영하고 있다. 다른 이들도 지적하듯이(예. Puig i Tàrrech, Jesus, 2), 기록된 인물과 매우 밀접한 수많은 현존하는 자료는 고대 문헌에서는 매우 드물다(하지만 소크라테스의 경우와 같은 예도 있다). 나는 신약학자들이 진정으로 접할 수 있는 풍부한 초기 자료를 일반적으로 과소평가한다고 생각한다. (수난과 부활 같은 대목들에 대해서는 바울을 덧붙일 수도 있을 것이다. 야고보서가 초기 자료를 반영하고 있다면 마태복음에 있는 예수의 몇몇 말씀도 야고보서에 나타나 있다.)

14   참조. Bockmuehl, Seeing, 186; Thornton, "Justin und Markusevangelium"; Trevijano Etcheverría, "Obra"; Keener, "Ehrman vs. McIver," 300-301의 논의.

15   예. Irenaeus, Against Heresies 3.1.1; 3.10.5; Clement of Alexandria의 단편적인 글들 (Eusebius, Ecclesiastical History 2.15; 6.14; Cassiodorus의 글에 나오는 베드로전서에 대한 해설). 어떤 이들은 Justin, Dialogue with Trypho 106도 그렇게 해석한다(Kruger, Crossroads, 215을 보라).

(*parakoloutheo*) 누가(눅 1:3)와 대비되도록 배치하며[16] 일종의 개인적 참여를 암시했을 것이다(8장을 보라). 누가와 달리 마가는 베드로를 "따르고" 설명을 통해 형성된 베드로의 이야기를 배웠다.[17] 이런 관점에 따르면 마가복음은 베드로의 생생한 목소리를 정확히 보존하고 있지만(Papias, frag. 7.3-4) 적절한 배치는 부족하다.

베드로가 50년대에 누린 명성(고전 1:12; 3:22; 갈 1:18; 2:9-14)과 예수의 제자로서 수행한 역할(고전 9:5; 15:5), 마가복음의 일반적인 추정 연대를 고려하면 마가가 베드로의 가르침을 알고 있었고 그 가르침에 대해 알고 있는 바를 기록했을 것이라는 믿음은 불합리하지 않다.[18] 확실히 마가는 베드로와 관련되었을 법한 인상적인 장면들을 많이 기록한다(막 1:16, 29, 36; 3:16; 5:37; 8:29-33; 9:2, 5; 10:28; 11:21; 13:3; 14:29-31, 33-37, 54, 66-72).[19]

파피아스가 베드로와의 허구적인 연관성을 날조하고 싶었다면 단순

---

16 Eusebius, *Ecclesiastical History* 3.36.1에서 역시 파피아스(frag., 3.36.2)를 논하는 문맥 속에 나오는 눅 1:2에 대한 분명한 암시를 참고하라. 그러나 그 글의 표현은 에우세비오스의 표현이다(참조. 3.4.6).

17 Papias, frag., 3.15(Holmes). 파피아스는 다른 곳에 나오는 이 동사를 사도들을 "따른" 이들에게 적용한다(3.4-5). 3.15에서 나는 "개작된"의 주어, "기억된" 첫 번째 인물, "기억된"(앞의 단어와 다른 단어) 두 번째 인물을 베드로로 해석한다. 그러나 기억에 대한 언급은 마가의 기억에 대한 언급일 수도 있다(Barnett, *Finding*, 79를 보라). 어떤 이들은 마가복음에서 구전 형성의 내적 증거를 발견한다. 예를 들면 (Elia Mesrico Abdi Kasih가 나에게 주목하게 한) Dewey, "Methods"; Zwiep, "Orality"를 보라. 파피아스가 말한 마가는 구술이 아닌 자연스러운 설교의 상황에서 베드로의 사역을 기억한 것으로 보인다.

18 Eve, *Behind Gospels*, 143의 견해와 마찬가지로.

19 Bauckham은 *Eyewitnesses*, 509-49(특히 510-20)에서 한 걸음 더 나아가 베드로가 마가복음에서 언급된 첫 제자이자 마지막 제자임을 강조하며(막 1:16; 16:7) 다른 고대 저작에 나오는 목격자에 대한 외견상의 암묵적 암시와 비교하는데, 이는 더 깊이 탐구할 만한 비교다.

히 마가복음을 직접적으로 마가의 저작으로 간주할 수도 있었을 것이다.[20] 이야기 속에 참여한 화자는 때때로 자신을 3인칭으로 묘사했기 때문이다.[21] 파피아스는 그렇게 하지 않고 한 저자를 밝히는데, 이는 그가 이 복음서의 저자는 이미 알려진 인물이라고 믿었음을 암시한다. 그 저자가 베드로의 증언에 의존한 사실도 알려졌을 것이다.[22] 이와 대조적으로 파피아스는 마가복음의 배열에는 불만족했던 것으로 보이므로 다른 경우라면 마가와 사도 간의 연관성을 강조하기보다는 경시하고 싶은 유혹을 받았을지도 모른다.[23] 마가가 베드로와 동역했다면(참조. 벧전 5:13) 그는 베드로가 다양한 모임에서 설교할 때 자기가 좋아하는 이야기를 한 번 이상 하는 것을 들었을 것이다.

에릭 이브(Eric Eve)는 베드로가 마가에게 끼친 영향은 입증되지 않았다고 지적하지만, "지상의 예수를 목격한 것으로 알려진 그와 같은 권위 있는 인물의 설교에는 아마도 상당한 비중이 주어졌을 것"이며, 이 점은 마태와 누가가 "외견상 마가복음을 기꺼이 받아들인 사실"을 설명해 줄 수도 있다고 덧붙여 말한다.[24]

리처드 보컴은 목격자에 대한 명제를 특별히 광범위하게 발전시켰

---

20 참조. 베드로의 복음서라는 명칭이 붙은 1886년에 발견된 필사본과 일반적으로 동일시된(*Gospel of Peter* 14.60을 보라; 참조. 7.26) 후대의 외경인 「베드로복음」(Origen, *Commentary on Matthew* 10:17; Eusebius, *Ecclesiastical History* 3.3, 25; 6.12).
21 예를 들면 다음 문헌들을 보라. Xenophon, *Anabasis* 2.5.41; 3.1.4-6; Thucydides, *History* 1.1.1; 2.103.2; 5.26.1; Polybius, *Histories* 31.23.1-31.24.12; 38.19.1; 38.21.1; 38.22.3; Caesar, *Civil Wars*, 곳곳, 예. 1.1; *Gallic Wars*, 곳곳, 예. 1.7; 2.1; 3.28; 4.13; 5.9; 6.4; 7.17; Campbell, "Narrator"; Jackson, "Conventions"; Keener, *John,* 105; Keener, "Claims."
22 파피아스는 자신보다 이전의 "장로"에게서 얻은 정보에 의존한 것으로 보인다. France, *Mark,* 7-8; Bauckham, *World,* 114-20, 153-64. 참조. 벧전 5:13.
23 참조. Collins, *Mark,* 4.
24 Eve, *Behind Gospels,* 143.

다. 그의 몇몇 비판자들은 그의 명제를 실제보다 더 많은 것을 주장하는 명제로 잘못 표현해 왔다(보컴은 어디서도 축자적인 기억을 암시하지 않았다).[25] 에릭 이브와 같은 다른 학자들은 더 합리적으로 보컴이 복음서의 모든 내용이 목격자들에게서 비롯되었거나 목격자들이 모든 것을 정확히 기억한 것이 분명하다는 점을 입증한 것은 아니라고 지적한다.[26] 그렇기는 하지만 이브는 보컴이 복음서에 나타나는 내용은 꽤 정확한 목격자 증언에서 비롯되었을 수도 있다는 점과[27] 그가 다음과 같은 귀중한 질문을 제기했다는 점은 인정한다. "전승은 단순히 작자 미상의 집단적 산물을 유포시켰다기보다는 권위 있는 스승과 같은 특정한 인물들이 전달하고 통제했을 가능성이 더 컸다는 지적은 완전히 타당하며, 알려진 목격자들은 살아 있는 한 이 과정에서 지속적인 역할을 했을 것이라고 주장하는 것은 전적으로 합리적이다."[28]

---

25 예를 들면 Redman, "Eyewitnesses." 하지만 그는 유익한 통찰을 덧붙인다. Ehrman은 *Before Gospels*, 101에서 "Bauckham의 주장이 설득력 있다고 생각한" 학자는 거의 없다고 이의를 제기하지만, 이러한 평가는 "설득력 있는"이라는 말을 무슨 뜻으로 사용하며 그의 주장의 어떤 요소를 언급하는지에 달려 있다. 꽤 긍정적인 평가를 하는 학자들로는 Anthony Harvey(*Times Literary Supplement*), 케임브리지 대학교의 James Carleton Paget(*Journal of Ecclesiastical History*), 노트르담 대학교의 Gary A. Anderson(*First Things*) 등이 있다. Byrskog는 "Eyewitnesses"에서 Bauckham의 저작을 대체로 인정해온 다른 몇몇 학자들(Dunn, "Eyewitnesses," 105; Keener, "Review of Bauckham," 132)처럼 대체로 긍정적이었지만, 복음 전승은 때때로 목격자들을 구체적으로 밝히고 있다는 Bauckham의 주장은 가장 설득력이 없다고 생각했다(158-59). (그러나 Bauckham의 답변을 "Response," 226-28에 나오는 추가적인 증거와 함께 참고하라; Bauckham, *Eyewitnesses*, 510-36); 처음의 몇 가지 정중한 반론을 보려면 Kirk, "Ehrman, Bauckham, and Bird," 104-6을 보라.
26 Eve, *Behind Gospels*, 156, 158.
27 Eve, *Behind Gospels*, 156.
28 Eve, *Behind Gospels*, 158; 참조. 180. Eve가 지적하듯이, Patterson조차 "Review," 197-98에서 Bauckham의 더 강한 확신에 이의를 제기하면서도 일부 복음 전승에 관한 이러한 접근 방식에서 일반적인 의미를 인정한다. 이는 많은 학자처럼 복음서들은 원래 작자 미상이었다고 주장하는 것이 아니다. 복음서의 최초의 수신자들은 아마도 저자들의 정체를 알고 있

그러한 가능성이 사회적 기억의 문제를 미해결 문제로 만드는 것은 아니다. 마가가 베드로에게서 직접 자료를 얻었더라도(이러한 관련성에 관해 나의 일부 독자들은 나보다 그럴 가능성이 더 적다고 생각할 수도 있을 것이다) 베드로가 다시 말한 이야기는 더 큰 공동체 안에서 형성되었고, 최소한 대부분의 수난 이야기에서는 더 큰 공동체에 의존했을 것이 분명하다.[29] 즉 목격자들과 복음서 저자들 사이의 단계들이 많았든 적었든, 심리적 기억(14장)과 사회적 기억(16장; 및 이하 15.2)에 관한 문제는 둘 다 초기 기독교 운동에서 역사적 뿌리와 그 이후의 예수에 대한 기억의 형성을 고려할 때 여전히 적절하다.

15.1c. 목격자의 기억은 얼마나 정확한가?

복음 전승이 목격자들에게 의존했는지가 과연 중요한가? 목격자의 기억

있을 것이다(참조. 눅 1:3-4). 고대의 저작들은 종종 독자들의 저자에 대한 지식을 당연한 것으로 여기고 문헌 그 자체 안에서는 저자의 이름을 생략했다. 예를 들면 1인칭 단수로만 진술함으로써 저자를 밝히는 역사서의 서문들을 참고하라(Livy 1.pref.; Arrian, *Alexander* pref.; Tacitus, *Annals* 1.1; *Histories* 1.1; Herodian, *History* 1.1.1-6). 아피아노스의 저작으로 간주된 해외 전쟁사에 관한 글은 그를 저자로 밝히고 있으나(pref.15) 그의 「내란기」(*Civil Wars*)는 그렇지 않다. 타키투스는 *Germania* 1에서는 저자를 언급하지 않지만, 예컨대 *Germania* 2, 46에 나오는 1인칭 단수형은 그가 알려져 있었음을 암시한다. 요세푸스는 한 번도 자신을 「유대 고대사」의 저자로 언급하지 않지만, 그가 그 책에서 자신을 「유대 전쟁사」의 저자로 밝히고 있다는 점(참조. Campbell, "Narrator," 400)은 요세푸스의 독자들이 그의 정체를 알고 있었다는 점을 확인시켜 준다. 전기 서문 중에서도 디오게네스 라에르티오스는 자신을 언급하지 않으며 Tacitus, *Agricola* 1-3도 마찬가지다(하지만 *Agricola* 1, 3에서 그가 1인칭 단수를 사용한 용례와 *Agricola* 2에서 아그리콜라를 그의 장인으로 언급한 것은 충분히 명백하다). 수에토니우스는 그의 아버지의 증언을 인용하며, 자신의 정체를 밝히지 않고 시작하는 한 전기(*Otho* 1)에서 아버지를 언급한다(*Otho* 10). 이제 Gathercole, "Anonymity"를 보라.

29 경험적 연구에 따르면 기념된 공동체의 전승들은 너무나 친숙해져서 개별적인 기억을 재구성한다(Harris, Paterson, and Kemp, "Recall"을 언급하는 Kirk, *Memory*, 224).

은 언제나 정확한 것이 아니며 그 정확성은 목격한 일의 종류에 따라 다양하다(14장도 함께 보라).

예를 들면 1993년 9월 22일에 나는 내 아파트에 침입한 한 강도와 대면했다. 그러나 강도와 대면한 직후에도 나는 그의 얼굴이나 그가 무슨 색의 옷을 입고 있었는지에 대해 많은 것을 기억해낼 수 없었다. 그 대신 나의 관심은 상황(과 그 강도가 칼을 들고 내 아파트에 침입했다는 자명한 사실)에 집중되어 있었다.[30] 그러나 만일 당신이 내게 그가 어떻게 침입했고 무엇을 마셨으며 무엇을 남겨놓았는지 묻거나 그 사건을 둘러싼 다른 다양한 정보를 묻는다면 나는 오늘 그런 세부적인 정보를 분명하고 정확하게 이야기할 수 있지만, 그 이야기를 기억하거나 다시 해야 할 상황은 거의 없었다.[31]

목격자들은 매우 중요하지만 오류를 저지를 수도 있다. 증거가 암시하는 바에 따르면 "잘못된 목격자 증언은 잘못된 확신의 주된 원인이다."[32] 종종 목격자들은 우선 그들의 기억이 결코 포착하지 못한 세부사항들을 기억하라는 압력을 받는다. 그러나 이런 기준은 일반적인 기억과 다르며[33] 그와 같은 법정 상황에서도 목격자들은 때때로 더 잘 기억한다. 한

---

30 얼굴에 대한 기억이 없는 것은 흔치 않은 일은 아니며(Hanley and Cohen, "Memory for People," 108) 무기의 존재는 종종 얼굴에서 관심이 멀어지게 한다(McIver, *Memory,* 11). 나는 그 강도의 얼굴에 떠오른 놀란 표정과 내 목소리의 성난 어조를 기억한다. 둘 다 예상되는 바와 정반대였다. 사건에 노출된 시간도 기억에 영향을 끼친다(Wright and Loftus, "Eyewitness Memory," 97).
31 내가 쓴 그날의 일기장 내용은 이런 기억을 검증해 줄 수 있다.
32 Wright and Loftus, "Eyewitness Memory," 93.
33 Bauckham, *Eyewitnesses,* 355-57; Bauckham, "Psychology of Memory"(그는 또한 이 글에서도 한 사례 연구가 실험실 상황보다 더 낙관적일 수도 있다고 지적한다. 그는 Yuille and Cutshall, "Case Study"를 인용한다); Kirk, *Memory,* 213-14.

연구에 따르면 목격자들은 범죄의 요점을 잘 기억했고—"신장과 나이의 추정치는 상하 폭 2(인치/년) 이내, 몸무게는 5파운드 이내여야 하고 총격 횟수에 대해서는 어떤 편차의 여지도 주어지지 않는다"는 대단히 엄격한 측정 기준에도 불구하고—세부 정보에 대한 정확도도 80%였다.[34]

내가 이 연구를 놀랍다고 생각하는 이유는 아마도 나는 어떤 사람이 내 앞에 있을 때조차 좀처럼 그런 요소들을 그토록 면밀하게 추정할 수가 없기 때문일 것이다. 우리가 이 연구를 특이하게 예민한 목격자들이 등장하는 특이한 연구로 간주하더라도, 이 연구는 사람들이 종종 인상적인 사건의 요점과 최소한 몇 가지 내용은 분명히 기억한다는 점을 생생하게 보여준다. 그러나 그러한 연구를 사용할 때 더 중요한 단서는 대부분의 기억과 관련해서는 어렵고 정량적인 법정적 표준이 기준이 아니라는 점이다.[35] 기억에 있어서는 사건과 관련하여 특징적인 사항이 가장 유의미하다.

소수의 다른 증언에 있어서 어떤 세부 정보가 정확한지를 파악하는 데는 보통 독립적인 여러 증언의 경중을 따지는 일이 요구된다.[36] 우리는 오늘날 바로 이런 식으로 복음 전승의 경중을 따질 수가 없다. (마가복음이나 Q 자료와 같은 서로 다른 독립된 자료들에서의 중복 입증은 귀중하지만, 그런 자료들 이전의 독립적인 구두 전승을 파악하는 일은 거의 불가능에 가깝다.)[37] 그렇기는 하지만 초기 기독교 공동체들은 최초의 목격자들이 살아 있는 동안 이러

---

34 McIver, *Memory,* 12-16, 특히 13-14; McIver, "Eyewitnesses," 535, 545. 역사에서 예를 인용할 수도 있을 것이다. 최근의 한 예는 1838년의 한 조난 사고의 시점을 목격자들이 추정한 것에 대한 고고학적인 확인이다(참조. Price, "Shipwreck").

35 Kirk, *Memory,* 214.

36 중첩되는 자료를 확인하면서; 참조. Robinson, "Perspective," 214.

37 Vansina는 *Oral Tradition,* 159에서 공관복음 자체를 중복 입증을 위해 사용하는 것을 거부하는데 그 이유는 그가 공관복음을 독립적이기보다는 상호 의존적인 책들로 보기 때문이다. 그러나 이러한 접근법은 최초 출처의 문제를 일으킬 수 있다.

한 평가의 과정에 이미 착수했을 수도 있으며,[38] 어쨌든 자료 대부분은 여전히 신뢰할 만했을 것이다. 몇몇 목격자들은 아마도 최소한 1세기 후반 수십 년까지 살아 있었겠지만, 더 많은 수의 생존자들은 물론 그보다 이른 시기에 몰려 있었다.[39] 다른 이들보다 오래 산 사람들은 흔히 상대적 중요성이 커진다.

예수 운동에 참여한 이들 대다수는 분명 교회를 이끌기도 했던(예컨대 고전 9:5; 갈 2:9을 보라) 예수의 직계 제자들이 출처로서 다른 이들보다 더 권위 있다고 인식했다.[40] 바울의 편지들은 이 제자들이 여전히 지도자의 위치에 있었고 50년대 중반까지 디아스포라의 교회들에서 여전히 존경받고 있었음을 보여준다.[41] 요세푸스의 글에 나오는 증거는 예수의 형제 야고보가 대략 60년까지 예루살렘에서 중요한 지도자로 남아 있었음을 시사한다.[42] 누가복음-사도행전은 이런 인물들이 죽은 뒤에도 누가 자신의 시대까지 디아스포라에서 계속해서 존경을 받았다는 점을 의심할 어떤 이유도 제시하지 않는다(참조. 계 21:14). 나 자신과 달리 사도행전을 바울 계열과 예루살렘 계열이 2세기에 합쳐진 산물로 보는 이들은 그들의 견해에 따르면 사도들이 2세기까지 계속 존경을 받았다는 점을 인정해야 한다.

---

38 McIver, *Memory,* 16, 186.
39 예를 들면 Quadratus, frag. 2을 참고하라(Holmes; Eusebius, *Ecclesiastical History* 4.3.2). 추정치들은 논란의 여지가 있지만 많은 이들이 늦게까지 생존했을 가능성에 대해 Kirk는 "Nexus," 144에서 Os, *Analyses,* 57, 83을 인용한다; Bockmuehl, *Seeing,* 178-79도 함께 보라. 폐 소수의 생존 가능성에 대해서는 McIver, *Memory,* 189-209, 특히 208-9을 보라.
40 Schwartz, "Smoke," 17도 함께 보라.
41 게바의 정체가 베드로라는 점에 대해서는, Ehrman, "Cephas"에는 미안한 말이지만, 예컨대 절대다수의 학자들과 의견을 같이하는 Allison, "Peter"를 보라.
42 Josephus, *Jewish Antiquities* 20.200.

15.2. 목격자들의 집단적 기억

목격자들은 배타적으로 그리고 서로 무관하게 증언하려 하지 않았다. 그들의 기억과 특히 예수와 가장 가까운 제자들의 기억은 상호 작용했고 생존한 사도들의 지속적인 가르침과 더불어 공동체의 공유된 기억 속에 모여들었다.

15.2a. 실험과 경험

앞 장에서 기억 연구에 관해 언급한 것처럼 공동체적 기억은 그 집단의 의지가 강하거나 설득력 있는 구성원의 잘못된 기억에 영향을 받기 쉽다. 그러나 전반적으로 공동체적 기억은 개인적 기억보다 더 안정적인 경향이 있다.[43]

간격을 둔 반복 학습과 두드러진 개인적 경험의 핵심은 학생이나 목격자의 심리적 기억 속에 수년 동안 남아 있을 수 있지만, 간접적으로 퍼져나간 말은 어떤가? 목격자들은 초기 기독교 운동에서 1세기 50년대까지 핵심적인 지도자의 위치에 머물러 있었지만(갈 1:18-19; 2:9; 참조. 고전 1:12; 3:22; 9:5; 15:5), 예수에 관한 이야기들은 궁극적으로 폭넓게 퍼져나갔다. 폭넓게 퍼져나간 말은 엉뚱하게 퍼져나갈 수도 있는가?

빠른 검증을 위해 실험실 실험에서는 종종 단일한 연쇄적 전달을 사용하며, 이는 물론 "전승"을 빠르게 왜곡시킨다. 오류에 빠질 수 있는 어떤 연결 고리라도 상당한 변화를 가져올 수 있기 때문이다.[44] 그러나 문화

43　Redman, "Eyewitnesses," 186-87.

44　예를 들어 Bartlett, *Remembering*과 그의 견해를 따른 Crossan, *Birth*, 79-83을 보라. 그러나 이러한 실험실 연구는 의미론적 기억을 주로 다루며 좀 더 최근의 연구는 그러한 이전 연

적 기억 전문가 데이비드 루빈은 이러한 상황은 구전(口傳)이 발생하는 실제 상황과는 확연히 다르다고 지적한다.[45] "어떤 구절이 이 사람에게서 저 사람에게로 전달될 때 발생하는 변화는 구전의 상황보다 심리학 실험의 상황에서 훨씬 더 크다."[46] 구전은 전형적인 실험에서 가능한 수준보다 훨씬 많은 과잉 학습과 분산 학습을 제공한다.[47] 예를 들면, "좋아하는 노래는 수백 번도 부를 수 있다."[48]

구두 전승은 구체적으로 실험실 연구에서 제안된 약점과 같은 기억이 지닌 약점들을 상쇄하도록 설계되어 있다.[49] 구두 전승은 전형적으로 운율과 같은 제약뿐만 아니라 다양한 단서에 의존한다.[50] 전체적으로 의미, 이미지, 소리는 "기억을 자극하고 선택을 제한하는" 제약 조건을 제공

구의 일반적 조건이 공동체적 기억과 어떻게 다른지를 강조한다. 다음 참고문헌들을 보라. Schwartz, "Smoke," 24-25; Rubin, *Memory*, 130-32, 144; Kirk and Thatcher, "Tradition," 37; Kirk, "Memory Theory," 822-24. Bartlett의 주된 실험들은 자료가 문화적으로 이질적으로 느껴지는 학생들을 대상으로 한 실험이기도 했다(Horsley, "Patterns," 64-65; Rosenberg, "Complexity," 85. 그는 민속학자들이 Bartlett의 고전적인 연구에 일정하게 단서를 다는 이유를 지적한다).

45   Rubin, *Memory*, 7-8, 133-35.
46   Rubin, *Memory*, 122.
47   Rubin, *Memory*, 124, 144, 154-55, 228; 과잉 학습에 대해서는 Rubin, *Memory*, 123-24; 분산 학습에 대해서는 124-27쪽을 보라.
48   Rubin, *Memory*, 155.
49   Rubin, *Memory*, 144.
50   Ong, *Orality*, 22; Rosenberg, "Complexity," 82-83; Rubin, *Memory*, 8, 63, 87, 146, 155, 306; Kirk, "Memory Theory," 829-30(그는 예컨대 Rubin, *Memory*, 90, 101, 293의 견해를 따른다); Kirk, *Memory*, 75, 87, 105, 195-99; Nikulin, "Introduction," 8-9(하지만 Goody 는 *Interface*, 98에서 몇 가지 운율 형식을 문자 문화와 결부시킨다); 좀 더 일반적인 단서 제공에 대해서는 특히 Rubin, *Memory*, 161-67, 175, 304-5을 보라. 그러한 특징들은 현대적인 구전 연구 이전에 예수 전승에서 눈에 띄었다. 예를 들어 Jeremias, *Theology*, 곳곳; Burney, *Poetry*를 보라. 단서에 대해서는 Kirk, *Memory*, 198에 나오는 Bultmann과 Dibelius 의 논의를 보라. 마가복음은 운율은 부족하지만 많은 형식 어구를 포함하고 있다(Wire, "Mark," 53).

하며[51] 구전에 안정성을 가져다준다.[52]

15.2b. 전화 놀이?

신약학자 바트 어만은 때때로 구전을 매우 짧은 시간 안에 여러 세대에 걸친 연쇄적 전달을 재현하려 하는 이른바 전화 놀이와 비교했다.[53] 그러나 이 비교는 연쇄적인 (단 한 가지 계통의) 전달이 아닌 연결망 (집단) 전달과 관련 있는 복음 전승에 대해서는 문제가 있다.[54]

제자 집단을 포함한 공동체는 "연결망" 전달을 더 자주 실행한다. 그들의 기억은 처음에는 집단 전체에 속해 있었기 때문이다.[55] 고대의 제자들은 때때로 함께 모여 스승의 가르침에 대한 기억을 수집했다.[56] 예수의 제자들의 집단적 기억은 예수의 승천을 기다릴 필요조차 없었을 것이다. 그 기억은 제자들이 예수의 사역 기간에 그들 사이에서 대화를 나눌 때 이미 시작되었을 것이다.[57]

더구나 예수의 제자들은 아마도 그들의 메시지를 고립된 개인들에게만 맡겨 두거나 (후대의 영지주의자들처럼) 소위 은밀한 가르침을 전해주기보다는 **많은** 사람에게 **공개적으로** 가르쳤을 것이다. 이야기를 잘못 이해

---

51 Rubin, *Memory,* 88.

52 Rubin, *Memory,* 90; 추가로 90-121쪽을 보라. 기억에서 의미 형성의 역할에 대해서는 Zimmermann, "Memory," 135-36을 참고하라.

53 Ehrman, *Introduction,* 52-53; 연쇄적 전달에 대해서는 Ehrman, *Before Gospels,* 190-91을 참고하라. 기억에 관한 Ehrman의 현재 저작이 더 세련되며, 나는 "Ehrman vs. McIver"에서 그 책을 다루었다. Gundry, "Memories"에 나오는 더 강한 비판도 주목해 보라.

54 Kirk, "Memory Theory," 823-24; Kirk, *Memory,* 189-91을 보라. Bockmuehl은 *Seeing,* 180, 184-85에서 다른 의미에서의 연쇄적인 연결에 의존한다.

55 Dunn, *Perspective,* 43, 114-15.

56 예. Philostratus, *Lives of the Sophists* 1.22.524.

57 Dunn, *Tradition,* 242; 참조. 막 8:16; 9:10, 34; 눅 24:15-17.

한 청중은 그 후에 공동체 지도자의 역할을 겸한 예수의 제자들의 말을 듣거나 그들이 사명을 위임하거나 인정한 이들의 말을 들었다면 분명 오해를 바로잡았을 것이다.[58]

따라서 몇몇 기억 이론가들은 복음 전승에 대한 어만의 "전화 놀이" 접근법에 명시적으로 도전했다. 예를 들어 어만이 다른 곳에서 전문 지식과 관련하여 의존하는[59] 배리 슈워츠는 소문이 기하급수적으로 늘어날 수 있는 방식,[60] 다양한 원문 형태의 가능성, 네트워크 이론[61]에 호소함으로써 어만의 전화 놀이의 실례를 반박한다. 앨런 커크(Alan Kirk)는 어만의 "전화 놀이"의 유비를 일부 구식이 된 신약 연구의 기억에 대한 결함 있는 이해를 보여주는 한 중요한 예로 인용한다.[62] 좀 더 일반적으로 어느 복음서 연구 개론에서는 전화 놀이의 유비는 "매우 큰 결함이 있다"고 비판한다.[63]

심지어 연쇄적(개인적) 전달의 신뢰성에 관해서도 문화마다 사정이 다르다. 중동에서 40년간 지낸 경험이 있는 신약학자인 케네스 베일리(Kenneth Bailey)는 중동 지역 학생들과 함께한 전화 놀이를 관찰한 이야기

---

58 적어도 초기 기독교 공동체 안에 있었던 일부 대표단에 대해서는 예를 들면 행 6:6; 14:23; 딤후 2:2; 딛 1:5; 약 5:14을 보라; 참조. 갈 6:6; 살전 5:12-13; 벧전 5:5; 요삼 9.

59 Ehrman, *Before Gospels*, 5-8.

60 Ehrman 자신이 그러한 성장을 인정한다; *Before Gospels*, 80-81을 보라.

61 Schwartz, "Smoke," 12. 다양한 원문 형태에 대해서는 다음 참고문헌들도 함께 보라. Dunn, *Tradition*, 56, 281; Aune, "Aphorisms," 225. 화자가 다양한 문맥 속에 있는 기본적인 말씀을 재사용하고 각색하는 것을 그가 그것을 처음 사용한 시점의 "간접적인 형태"로 간주한 사람은 아무도 없다(Kelber, "Works," 236-37). 축자적인 보존은 구두로 전해진 기억에서 기대되지 않으므로 같은 이야기라 하더라도 그 "원래" 형태에 대해 말하기는 어렵다(Anderson, "Oral Tradition," 29; 참조. Mournet, "Original," 263).

62 Kirk, "Memory Theory," 822; Kirk, "Ehrman, Bauckham, and Bird," 89-101(이 점에 대해서는 94-98쪽에 매우 훌륭하게 설명되어 있다); Kirk, *Memory*, 50-51 n. 8, 189.

63 Murphy, *Introduction*, 22(더 자세한 논의는 22-23쪽); 나는 Blomberg, *Reliability*, 61로 인해 이 책에 관심을 가지게 되었다; 참조. Williams, *Trust*, 77-78.

를 들려주는데, 그들은 "서구의 손님이 보기에 놀랍고 당황스럽게도" 이야기를 "거의 그대로" 전달했다.[64]

내용도 중요하다. 우리에게 중요한 사건에 대한 경험은 전화 놀이에서 전달되는 전형적으로 사소하고 관련성이 덜한 내용과는 다르다. 공동체는 공동체의 정체성과 관련 있는 그들의 이야기를 단순한 소문 전달과는 확연히 다른 방식으로 보존한다. 전화 놀이를 닮은 것은 바로 소문 전달이다.[65]

15.2c. 집단적 기억의 강점과 약점

개인적 기억과 집단적 기억은 언제나 상호작용한다.[66] 실제로 추억에 잠기거나 기억을 함께 공유하면 한 가족이라는 배경 안에서도 자녀와 부모가 상호작용할 때 종종 서사적 패턴이 생겨난다.[67] 일단의 목격자들이 서로 의논할 때 확신에 차 있지만 착각하고 있는 한 목격자가 그 집단의 집단적 기억에 오류를 초래할 수 있다.[68] 이는 한편으로 목격자들을 집단으

---

64 Bailey, "Tradition" (*ExpT*), 366. 중동의 전통적인 시골 배경에서 이야기의 줄거리는 여러 사람을 통해서도 그대로 전달될 수 있다(Bailey, "Tradition" [*Themelios*], 7-8).

65 Byrskog, *Teacher*, 308 n. 2; Rubin, *Memory*, 130; Kirk, "Memory Theory," 822-23; Kirk, "Ehrman, Bauckham, and Bird," 93.

66 Rodríguez, *Structuring*, 42-45. 그는 (45쪽에서) Halbwachs의 명백히 배타적인 사회적 차원에 대한 강조에 도전한다(참조. Le Donne, *Historiographical Jesus*, 49). Halbwachs의 저작은 모든 기억의 사회적 배경에 대한 그의 열정으로 인해 그가 개인적 기억의 어떤 역할도 배제했다는 잘못된 해석에 일조했으나, 그는 단지 개인적 기억의 사회적 배경을 강조했을 뿐이다(Person and Keith, "Media Studies," 9; Le Donne, "Presentism," 307; Hubenthal, "Social Memory"; 참조. Kirk, "Collective Memory," 59; Kirk, "Social and Cultural Memory," 2). Halbwachs는 자전적 기억과 그런 이야기들을 알고 있는 이들의 기억에 대한 해석을 강조했다(Esler, "Memory," 156).

67 Fivush, Haden, and Reese, "Reminiscing," 341-42, 357-58.

68 Ehrman, *Before Gospels*, 76을 보라. 하지만 "사회적 전염"의 보다 일반적인 효과는 개인

로 면담하는 것이 그들을 개별적으로 면담하는 것보다 더 적은 정보를 제공해준다는 뜻이다.[69] 개인적인 기억을 한데 모으는 것이 단순히 집단에 의존하는 것보다 더 많은 것을 가져다준다.[70] 그러나 다른 한편으로 집단은 여전히 단 한 명의 개인이 제공할 수 있는 정보보다 더 많은 정보를 제공한다. 모든 개별적인 목격자에게서 나온 정보의 총합은 단지 한 사람의 목격자에게서 나온 정보를 훨씬 능가한다.[71] 이 원리의 한 예로, 나는 아내의 가족들과의 면담을 통해 아내가 겪은 전쟁 체험에 관한 이야기를 확인하고 보충할 수 있었다.[72]

집단들이 중요한 기억을 공유할 때 이 기억은 재빨리 표준화된 이야기 형태를 취한다. 따라서 예를 들어 난민들이 1972년에 브룬디에서 발생한 집단 학살에서 피신한 지 며칠 안에 그들의 서사적 세계는 점점 더 공식화되고 교훈적으로 변했고 그들의 경험은 "도덕적 질서의 이야기"로 정리되었다.[73]

집단적 기억은 더 오래된 중동 문화에서 일반적이며[74] 예수 운동과 관련이 있었을 것이다. 예수는 보통 제자들을 일대일이 아닌 집단으로 가

들에게 새로운 세부 정보들을 통합함으로써 배울 수 있게 하는 긍정적인 효과다(McIver, *Memory*, 70). 잘못된 확신은 거짓된 기억을 부추길 수 있지만(Barclay, "Autobiographical Remembering," 121-22) 어떤 이들은 확신이 대개 정확성과 상호 관련성이 있다고 주장한다(Brewer, "Recollective Memory," 46; 그러나 49쪽을 참고하라).

69 Ehrman, *Before Gospels*, 75.
70 McIver, *Memory*, 70. 참조. Redman, "Eyewitnesses," 186-87
71 참조. Redman, "Eyewitnesses," 186-87.
72 그 이야기는 Keener and Keener, *Impossible Love*, 235-36에 간략하게 언급되어 있다.
73 Kirk, "Nexus," 148. Malkki, *Purity and Exile*, 56, 106, 244의 견해를 따르는 Kirk, "Memory Theory," 835과 Kirk, *Memory*, 81.
74 Dunn, *Perspective*, 45-46.

르쳤고(참조. 예. 막 3:14; 4:10) 많은 무리도 가르쳤다(예. 막 3:9; 4:1 및 곳곳).[75]
최초의 신약 저자에 따르면 적어도 목격자인 5백 명의 제자는 몇 가지 핵
심 사건에 포함되었다(고전 15:6-7). 열두 제자(고전 15:5)는 물론 예수의 사
역 기간에 예수와 가장 가까운 이들 속에 포함되었고 가장 권위 있는 목격
자 역할을 했다(막 3:14-16; 행 1:21-22).[76]

이미 언급했듯이 예수의 제자들의 집단적 기억은 제자들이 예수의
사역 기간에 그들 사이에서 서로 대화를 나눌 때 이미 시작되었다.[77] 더 나
아가 예수가 그의 사역 기간에 제자들을 보내어 자신의 사역을 이어가게
한 적이 있다면 "제자들이 전파해야 할 메시지와 따라야 할 생활 방식과
관련해서 예수와 이 제자들 사이에 합의가 있었음이 분명하다."[78] 이후에
도 중요한 전승은 보통 집단적 상황에서 전달되거나 시연되었다.[79]

예수의 초기 운동에 참여한 이들의 숫자를 고려하면 아마도 최소한
몇 사람은 뛰어난 기억력을 갖고 있었을 것이다(하지만 자신은 방금 알게 된
2천 명의 이름을 한 번에 차례대로 다시 읊을 수 있다고 주장한 동시대인인 대[大]세
네카와 같은 비상한 수준의 암기력은 아니었을 것이다). 그러나 그들 중 누구에게

---

75 좀 더 구체적인 본문의 증거에 대해 회의적인 이들은 대중적인 영향력이 없는 스승은 아마
    도 상류 계층에게 별다른 위협이 되지 못했을 것이라는 점을 고려해야 한다.
76 고전 15장에서 바울이 특히 부활의 목격자들(15:15)에 대해 말하는 이유는 그것이 그의 주
    제이며 아마도 그의 가장 논쟁적인 요점일 것이기 때문이다. 열두 제자에 관한 전승의 신뢰
    성에 대해서는 예컨대 Sanders, *Jesus and Judaism*, 11, 98-101; Meier, "Circle"을 보라.
77 Dunn, *Tradition*, 242; 참조. 막 8:16; 9:10, 34; 눅 24:15-17.
78 Dunn, *Tradition*, 242; 참조. 마 10:40; 막 9:37; 눅 10:16; 요 13:20; 및 Schürmann,
    "Anfänge"를 인용하는 Bauckham, *Eyewitnesses*, 284-85. (복음서에서는 한두 가지로 압축
    되어 있지만) 그러한 사명이 있었을 가능성에 대해서는 Bernier, *Quest*, 62을 보라. 스승들
    은 일반적으로 학생들에게 실습의 기회를 주었다(예. Pliny, *Letters* 2.3.5-6). 기적을 일으
    키는 예언자들도 예언자 생도들을 훈련시켰다(삼상 3:1; 19:20-24; 참조. 왕하 2:3-18; y.
    Ta'an. 3:8, §2; Pesiq. Rab. Kah. 24:18).
79 Horsley, "Patterns," 61-62.

도 비상한 기억력이 없었더라도 그들의 모든 기억의 총합은 개인적인 기억의 공백을 메울 수 있었을 것이다.

스승의 메시지를 보존하는 일은 현대적인 관심사는 아니다. 고대에 스승 문하의 제자들은 때때로 스승이 죽은 뒤 모여 스승의 가르침에 대한 기억을 함께 하나로 엮곤 했다.[80] 예수의 제자들은 예수의 사역 기간에 그들 사이에서 예수의 말씀을 놓고 토론했고(막 8:16; 9:10) 이후에도 분명히 더 많이 토론했다.

15.2d. 집단적 기억과 예수에 대한 전반적인 묘사

앞 장에서 언급한 기억의 약점은 예수의 비유로 된 가르침이나 병자를 고친 사건 등과 같은 예수의 사역의 전반적인 요지보다는 세부적인 내용과 더 관련이 있다. 지적한 바와 같이 피암시성은 암시가 타당할 때, 즉 암시가 진실한 기억과 일치할 때 대체로 기억을 혼란스럽게 만든다. 이러한 관찰 사실은 전승 전달자들 사이의 잘못된 집단적 기억이라도 예수의 사역의 전반적인 요지와 일치할 가능성이 크다는 점을 시사한다.[81]

따라서 맥아이버는 예수의 말씀을 전하는 공관복음 전승이 지닌 "한결같고…일관성 있고…독특한" 특징에 대한 C. H. 도드의 견해에 동의한다. 예수의 말씀은 그 배후에 있는 "단 한 명의 독특한 스승의 생각"을 반영한다는 것이다.[82]

사실 어떻게 생략하고 각색하든 복음서의 이야기에 나오는 예수에

---

80   Philostratus, *Lives of the Sophists* 1.22.524.
81   McIver, *Memory*, 154-56.
82   Dodd, *Founder*, 33(1971년판에서는 21-22)을 인용하는 McIver, *Memory*, 181. 참조.
      Dodd, *Parables*, 1. 독특한 사건들은 더 기억하기 쉽다(Brewer, "Recollective Memory," 50).

대한 전반적인 묘사가 제자들이 경험한 예수의 전반적인 성품과 크게 다를 가능성은 매우 희박하다. 배리 슈워츠는 집단적 기억이 때때로 개인적 증언의 한계를 능가할 수 있는 복합적인 묘사를 제공한다는 점을 시사한다. 그는 남북전쟁으로부터 70년 뒤의 인터뷰[83]와 1937-38년의 난징 대학살에 관한 카츠이치 혼다의 1999년도 인터뷰[84]에서 수집된 노예 이야기의 예를 제시한다. 역사 기록은 증언을 제외하면 과거에 대해 많은 말을 할 수 없다.[85]

집단적 기억은 가끔 완전히 지어낸 이야기를 포함하지만, 그러한 날조는 보통 "매우 드물다."[86] (고대에는 그렇지 않지만,[87] 오늘날 그와 같은 지어낸 이야기에는 때때로 "회복된 기억"으로 인해 의도하지 않게 만들어진 이야기가 포함된다.)[88] 더 빈번한 경우는 집단적 기억이 단순히 기존의 전승을 현재의 관심사에 맞게끔 재구성하는 경우다. 따라서 맥아이버는 이렇게 주장한다. "만일 예수의 초기 제자들의 집단적 기억 속에 퍼져 있는 불확실한 예수 전승이 있었다면 그것은 예수가 실제로 행하고 말한 것과 상당히 일치했을 것이 분명하다.…디벨리우스와 불트만이 상상한 예수 전승에 대한 전면적인 날조의 과정은 가능성이 매우 희박하다."[89]

---

83 몇 가지 인터뷰를 보려면 *Unchained Memories*; Taylor, *Born a Slave*; Bland, *Slave Narratives*를 보라.

84 Schwartz, "Smoke," 8.

85 예를 들면 Provan, Long, and Longman, *History*, 47-58과 Schnabel, *Jesus in Jerusalem*, 7을 보라. 둘 다 특히 Coady, Testimony(특히 46-47)의 견해를 따른다.

86 McIver, *Memory*, 157; McIver, "Eyewitnesses," 545-46.

87 참조. Bernier, *Quest*, 66. 고대의 지어낸 이야기에 대해서는 Ehrman, *Forgery*; Baum, "Content"를 보라.

88 Belli and Loftus, "Pliability," 특히 172-76을 보라.

89 McIver, *Memory*, 157. Dibelius는 *Tradition*, 62에서 Bultmann보다는 전반적으로 덜 급진적이었다. 선구자지만 미묘한 표현이 부족했던 Dibelius에 대해서는 Thatcher, "Dibelius," 특

15.3. 현자와 그의 제자들

그러한 증거는 단지 우리에게 사건들과 한 인물의 관점에 담긴 전반적 기조나 주제가 보존되어 있기를 기대하도록 격려할 뿐이지만, 예수의 경우에는 더 구체적인 가르침의 보존을 고려해야 할 중요한 이유도 있다.[90] 예수가 어떤 존재였든 간에 그가 제자들을 거느린 스승이었다는 점에는 거의 모든 학자가 동의한다.[91] 그러나 내용 없는 민간전승에 대한 대중적인 19세기의 낭만주의적 접근 방식과 반대로 스승으로서의 예수의 역할은 예수가 분명 내용을 전달했음을 의미한다.[92]

이런 일반적으로 일치하는 자료는 이 논의에서 보통은 무시되지만 매우 적절한 차원을 더해준다. 고대 지중해 지역에서 기억 훈련이 지닌 가치는 현대 서구에서의 평균적인 암기 능력보다 높을 가능성을 암시하지만(16장을 보라), 우리에게 예수의 제자들이 예수에게서 배운 것의 요지나 내용을 전해주었을 것으로 기대하게 만드는 것은 바로 그들의 제자로서의 구체적인 역할이다. 현자의 전기와 관련해서 일반적인 인간의 기억에 대한 견해들은 제자들에게 기대된 구체적인 기억의 관행보다 덜 유의미하다.

이 점은 고대 독자들에게 분명하게 이해되었을 것이다. 예수의 제자

히 83을 참고하라.

90 McIver, *Memory*, 163-82.

91 McIver, *Memory*, 163. Dunn은 *Tradition*, 237에서 *Remembered*에서는 이 점을 불충분하게 밝혔음을 인정한다. 제자를 가리키는 단어는 "추종자" 또는 더 일반적으로는 "신봉자"를 의미할 수 있지만, 복음 전승 속에 널리 퍼져 있는 이미지는 예수의 학생이라는 이미지다 (Wilkins, *Discipleship*을 보라; Byrskog, *Teacher*, 221-28도 함께 보라).

92 Riesner, "Teacher," 938.

들은 제자로서 예수의 가르침을 배우고 전수해줄 것이라는 기대를 받았을 것이다. 2세기의 비평가 켈수스는 기독교의 이야기에 도전할 때 예수에게 제자들이 있었다는 사실을 부정하는 것이 아니라, 그들이 평판이 나쁜 뱃사람과 세리였다고 주장함으로써 그들의 신뢰성을 떨어뜨리려 한다.[93] 이는 오늘날 우리가 인신공격성 논증(ad hominem argument)이라고 부르는 것으로, 우리는 종교적 성향이 어떻든 간에 일반적으로 이 시기의 다른 전기에 이런 논증을 적용하지는 않는다.[94] 스승의 가르침을 배우는 일은 제자의 본질적인 역할이다. 예수와 예수 운동 사이에 있는 메시지의 연속성은 이처럼 고대의 비평가들이 문제를 제기하기 어려운 것이었지만, 예수를 마술사라고 부른 이들은 예수의 계승자들을 더 너그럽게 대할 동기가 거의 없었다.[95]

예수가 제자들을 거느린 스승이었다는 점에 거의 모든 학자가 동의할 뿐만 아니라 바울이 고린도전서와 갈라디아서를 썼다는 점에도 거의 모든 학자가 동의한다. 논란의 여지가 없는 이 편지들은 결과적으로 예수의 가장 가까운 몇몇 제자들이 계속된 예수가 운동에서 예수의 형제들과 더불어 가장 존경받는 지도자의 역할을 계속해서 수행했음을 입증한다. 그들은 마가가(그리고 아마도 다른 이들도, 눅 1:1을 보라) 복음서를 쓴 시점에서 몇 년 이내에도 여전히 이런 지위를 차지하고 있었다(갈 1:17-19; 2:1-

---

93　Origen, *Against Celsus* 1.63, 65.
94　이 대목에서 몇몇 비판자들은 기적에 관한 주장으로 되돌아갔을지도 모른다: Hume(*Miracles*, 27, 29, 32, 34, 38-39, 43, 52)은 본질적으로 기적을 주장하는 이들을 바보나 거짓말쟁이로 일축했지만, 이러한 편견은 단지 Hume의 숨겨진 종교적 의도를 드러낼 뿐이다(Cramer, "Miracles," 136-37; 참조. Weintraub, "Credibility," 371). 그의 주장은 오늘날 순환 논법으로 널리 받아들여진다(12장을 보라; Houston, *Miracle*; Johnson, *Hume*; Earman, "Bayes"; Earman, *Failure*).
95　참조. 요 15:20; Origen, *Against Celsus* 1.68, 71; 특히, 막 3:22; 마 10:25.

2, 7-10; 참조. 고전 1:1:12; 3:22; 9:5; 15:5-7). 그들은 아마도 그들 중 한 사람 이 상의 감독 아래 Q 자료가 만들어졌을 때 지도자의 자리에 있었을 것이다.

고대의 청중들은 오늘날의 대다수 청중과 대조적으로 이런 사실들이 복음 전승의 특징과 관련해서 분명한 의미를 지닌다고 인식했을 것이다. 일반적으로 이 시기의 제자들은 그들의 스승의 여러 일화와 가르침뿐만 아니라 스승의 메시지에 담긴 정신도 정확히 표현했다.

15.3a. 가르침의 전수

가르치는 방법에 대한 확신은 "내용과 교육학적 방법이 모두 로마 제국 시대 전체에 걸쳐 놀라운 균일성을 보여주었기 때문에 가능하다"고 맥아 이버는 지적한다.[96] 제자들은 보통 한 학파,[97] 또는 처음에는 그 학파의 창 시자의 지지자들이었다.[98] 따라서 예를 들어 테오프라스토스는 스승 아리 스토텔레스를 본받고 그의 삶과 가르침을 전해줌으로써 위대한 철학자가 되었다.[99] 마찬가지로 이미 언급했듯이 역사가들은 보통 목격자들을 접할 수 있을 때는 목격자들의 말을 참고했다.

당연히 스승들은 그들의 가르침을 다른 이들에게 전수했다. 초보적 인 수준에서는 배움이 단순히 표준적인 교육 과정에서 비롯된 것일 수도 있지만, 현자는 제자들이 자신의 가르침을 배우기를 기대했다. 이러한 관

---

96 McIver는 *Memory,* 164-65(참조. 167-68, 180)에서 예를 들어 Morgan, *Literate Education,* 3; Atherton, "Children," 217을 인용한다. 나는 다른 곳, 예를 들어 Keener, "Assumptions" 에서 이 점을 더 자세히 다루었다.

97 참조. Wilkins, *Discipleship.*

98 Bailey의 중동 지역 전승에 대한 접근법과 같이 강조점은 여전히 고정성과 유동성을 함께 지닌 기억을 전수하는 요점에 있었다. Alexander, "Memory," 143을 보라.

99 예를 들면 Libanius, *Anecdote* 4.1을 보라. 마찬가지로 이소크라테스의 가르침은 그의 역할 을 크게 증가시켰다(Libanius, *Anecdote* 3.2).

행을 가리키는 친숙한 단어인 "파라디도미"(παραδίδωμι, paradidōmi)[100]는 창시자의 가르침[101]이나 실천[102]을 전해주는 일, 조상의 전통적인 관습을 전해주는 일,[103] 역사가의 글에서 정보를 전해주는 일[104]에도 적용될 수 있었다. 제자들의 상황에서는 이 단어와 어원이 같은 명사가 꼼꼼하게 전승된 것으로 믿어진 바리새인 전승에 명시적으로 적용되며,[105] 궁극적으로 이 명사와 동사는 이미 1세기 문헌에서부터 복음 전승에도 적용된다.[106]

실제로 러브데이 알렉산더(Loveday Alexander)가 지적하듯이 모든 학파에서 "가르침은 스승에게서 제자에게로 전수되었고 제자들은 차례로 그 가르침을 그들의 제자들에게 전해주었다."[107] 창시자의 가르침은 흔히 제자들의 공동체에 있어서 경전과 같은 역할을 했다.[108] 그리스의 학파들은 학파의 창시자가 한 말로 여겨지는 말을 대대로 전달했다.[109] 종종 창시자

---

100 예. Lucian, *Alexander* 61; Socratics, *Letters* 20; Philostratus, *Lives of the Sophists* 2.29.621; Iamblichus, *Pythagorean Life* 28.148-49; 32.226; 참조. Seneca, *To Lucilius* 40.3. 추가로 다음 참고문헌들을 보라. Eve, *Behind Gospels*, 179; Klauck, "Presence," 61-62; Alexander, "IPSE DIXIT," 120; van der Horst, "Cornutus," 168-69; Metzger, "Considerations," 17-18 n. 84; BDAG.

101 Lucian, *Alexander* 61; Iamblichus, *Pythagorean Life* 28.148. 때때로 유대인 스승들은 스스로 전승의 원자료라고 믿은 것만 언급했다(m. 'Ed. 8:7; 'Abot 1:1; 참조. 고전 11:23).

102 Iamblichus, *Pythagorean Life* 28.149.

103 Thucydides, *History* 1.85.1.

104 Dio Chrysostom, *Orations* 18.10.

105 마 15:2; 막 7:3, 5; 갈 1:14; Josephus, *Jewish Antiquities* 13.297, 408을 보라.

106 눅 1:2; 고전 11:23; 15:3; 살후 2:15; 참조. 행 16:4; Papias, frag. 3.7-8, 11, 14; 20.1; 21.1; 아마도 Diogn. 11.1, 6; 1 Clem. 7.2.

107 Alexander, "IPSE DIXIT," 112. 에피쿠로스 학파에 대해 Riesner는 *Lehrer,* 441-42에서 다음 문헌들을 인용한다. Cicero, *On the Ends of Good and Evil* 2.20; Diogenes Laertius, *Lives* 10.12, 139-54; Culpepper, *School,* 109.

108 Alexander, "IPSE DIXIT," 112-13; Sedley, "Debate," 149.

109 Culpepper, *School,* 193; Alexander, "Memory," 141; Aulus Gellius, *Attic Nights* 7.10.1; Socrates, *Letters* 20.

자신이 이런 전달의 관행을 장려했다.[110] 또한 스승들은 종종 자신의 가르침을 널리 알리는 일을 학생들에게 맡겼다.[111] 제자들이 문맹이면 물론 이런 차원의 활동을 다른 이들에게 맡길 수도 있었다. 그러나 제자들의 읽고 쓰는 능력의 문제는 어쨌든 부차적인 문제다. 구술은 유복한 제자에게나 문맹인 제자에게나 어느 경우에든 지배적인 관행이었기 때문이다.[112]

과거의 한 접근법[113]은 제자들이 동의한 것으로 알려진 예수의 어떤 가르침에 대해서도 의심을 불러일으켰다. 그러나 고대의(그리고 현대의) 추종자들은 보통 그들의 스승에게 동의했다. 그리고 예수의 제자들이 설령 예수에게 동의하지 않았더라도, 그들이 예수의 관점을 왜곡하는 편을 택했을까? 그럴 가능성은 희박하다. 고대의 제자들 가운데 소수는 실제로 스승의 관점을 버렸지만, 그들이 그렇게 할 때는 보통 스승도 자신들에게 동의했을 것이라고 주장하지 않고 자신들이 동의하지 않는 점을 분명히

---

110 Diogenes Laertius, *Lives* 10.1.12; Culpepper, *School,* 50을 보라.

111 Kennedy, "Source Criticism," 129.

112 예를 들면 다음 문헌들을 보라. Cicero, *Letters to Atticus* 14.21; Dio Chrysostom, *Orations* 18.18; Suetonius, *Vergil* 22; Galen, *Grief* 83; P.Tebt. 104.40; P.Lond. 1164h.30; P.Oxy. 269.17-18; 1636.45-46; 추가로 다음 책들을 참고하라. Stambaugh and Balch, *Environment,* 40; Harvey, *Listening,* 54 n. 129; Richards, *Letter Writing,* 64-80, 143.

113 즉 차이점이라는 기준의 부정적 사용; 예를 들어 다음 참고문헌에 나오는 비판을 보라. Borg, *Conflict,* 20-23; Sanders, *Jesus and Judaism,* 16, 145; Sanders, "Know," 60 n. 12; Wright, *People,* 106; Meier, *Marginal Jew,* 1:173; Brown, *Death,* 19; Theissen and Merz, *Guide,* 11, 115; Theissen and Winter, *Quest*(그러한 기준에 대한 Winter의 논문을 사용함); Ehrman, *Prophet,* 92(신중하게); Holmén, "Doubts"; Holmén, *Covenant Thinking,* 20-31(특히 29-30); Tuckett, "Sources and Methods," 133; Dunn, *Perspective,* 57-78, 특히 58; Levine, "Introduction," 10-11; Kazen, "Imagery," 87; Broadhead, "Priests," 125; Neufeld, *Recovering Jesus,* 46; Deines, *Acts of God,* 60; Puig i Tàrrech, *Jesus,* 58-59; Keith, *Scribal Elite,* 79. Stein은 *Messiah,* 48에서 우리가 이 접근법을 루터에게 적용한다면 어떤 일이 일어날지 비교하면서 그것이 "16세기 로마 가톨릭과 루터파" 둘 다와 달랐던 것만 받아들인다. 참조. Wright, *Victory,* 339 n. 88: "혹자는 똑같이 마르틴 루터가 갈라디아서를 썼다고 주장할지도 모른다."

밝혔다.[114] 누군가가 예수의 제자들이 예수의 높아진 지위를 고려할 때 과거의 스승에게 감히 공개적으로 이견을 드러내지는 않았을 것이라고 주장한다면, 그는 예수의 높아진 지위에 대한 진정한 믿음이 예수가 가진 스승이라는 지위보다 훨씬 더 예수의 가르침에 대한 개인적인 경의를 불러일으켰을 것이라는 점도 인식해야 한다. 제자들은 분명 예수에 대한 그들의 표현이 그들이 예수에게서 경험한 것과 일치한다고 믿었다.

유대인이든[115] 이방인이든[116] 다른 스승의 대다수 제자처럼, 예수의 제자들도 대부분 아마도 10대였을 것이고 소수는 어쩌면 (아마도 결혼한 베드로처럼)[117] 20대 초반이었을 것이다. 최소한 오늘날 서구의 연구에 따르면 이후의 기억은 바로 이 감수성이 예민한 연령대에 관해서 가장 완벽하

---

114 예를 들면 다음 문헌들을 보라. Valerius Maximus, *Memorable Doings and Sayings* 8.15.ext.1; Seneca, *To Lucilius* 108.17, 20, 22; 110.14, 20; *Musonius Rufus* 1, 36.6-7; Philostratus, *Life of Apollonius* 7.22; 자신이 속한 학파의 지배적인 견해에 동의하지 않는 것에 관해서는 예를 들면 Seneca, *To Lucilius* 117.6; 한 학파의 창시자에 대한 부동의에 관해서는 예를 들면 Reydams-Schils, "Authority"를 보라. 스승에 대한 존경에 관해서는 예를 들면 'Abot R. Nathan 1A; 25A; Sipra Shemini Mekhilta deMiluim 99.5.6; Fronto, *To Verus* 2.3; Philostratus, *Life of Apollonius* 5.38을 보라. 어떤 제자는 스승의 일부 말씀을 수사학적으로 부적절하다는 이유로 생략했다고 전해진다(Philostratus, *Lives of the Sophists* 2.29.621).

115 예를 들면 다음 문헌들을 보라. Josephus, *Life* 10; m. 'Abot 5:21; 'Abot R. Nat. 23A; Safrai, "Education," 953; Keener, *Acts*, 3:3210-12의 논의; 참조. 2:1387, 1447-49.

116 Quintilian, *Orator's Education* 2.2.3; Lucian, *Career* 1; Philostratus, *Life of Apollonius* 1.7; Eunapius, *Lives* 493; Hock, "Paul and Education," 204; Hock, "Curriculum," 23; Heath, *Hermogenes*, 11-12; Stowers, *Letter Writing*, 32; Kaster, "Grammaticus"; Beck and Thomas, "Education," 508; Stamps, "Children," 198에 나오는 키케로의 말; 참조. Pliny, *Letters* 5.8.8; Marrou, *History*, 82-83; Cribiore, *Gymnastics*, 70; Keener, "Rhetoric," 337. 어떤 이들은 그 후 오랫동안 계속 공부하거나(Seneca, *To Lucilius* 108.5; Porphyry, *Life of Plotinus* 3; *Lives* 461) 심지어 나중에 공부를 시작했지만(*b*. Pesaḥ 49b; Lucian, *Hermotimus* 2, 13의 풍자), 고등 교육은 대체로 10대에 시작되었다.

117 막 1:30; 후대의 랍비들은 최소한 18-20세 무렵에 결혼하는 것을 가치 있게 여겼다(m. 'Abot 5:21, 32).

다.[118] 슈워츠는 심지어 이러한 정보를 예수의 제자들에게 직접 적용하면서 "각 사람은 청소년기 말과 청년기 초에 발생하는 중요한 사건들을 기억할 가능성이 가장 크다"고 지적한다.[119]

앞 장에서 지적한 것처럼 개인적 기억에 관한 연구는 개인적으로 중요한 사건들과 정서적인 경험들이 기억을 강화한다는 점을 입증한다.[120] 이러한 요인들은 분명 예수의 제자들에게 유의미하다.[121]

15.3b. 고대의 놀라운 기억

내가 여기서 일부를 살펴볼 고대의 놀라운 기억 능력은, 그것으로 일반적인 고대의 기억을 대표하려는 것은 아니지만, 오늘날 서구에서는 좀처럼 고려되지 않는 방식으로 기억을 소중히 여기는 문화를 생생하게 보여준다. 고대의 암기 능력은 기억을 덜 중시하는 오늘날의 서구 문화에 속한 독자들을 종종 놀라게 한다.[122] 고대의 기억에 대한 몇 가지 보고는 과장된 것처럼 보이지만,[123] 고대의 암기 관행은 좀 더 놀라운 일부 능력마저도

---

118 Rubin, "Introduction," 13; Fitzgerald, "Meanings," 372-74; 또한 Schuman and Scott, "Generations"를 인용하는 McIver, *Memory*, 85-86. 서구에서 우리 대다수는 청년기에 좀 더 독특한 사건들을 경험하는 반면, 그 이후의 삶은 사별과 건강 악화를 경험할 때까지 흔히 좀 더 예측 가능한 패턴을 따른다.

119 Schwartz, "Smoke," 17.

120 예. Rubin, "Introduction," 3; Christianson and Safer, "Emotional Events," 219, 237-38; Pillemer et al., "Memories of College," 336.

121 Bauckham, *Eyewitnesses*, 341-46; 참조. Allison, *Constructing Jesus*, 9 n. 46; Redman, "Eyewitnesses," 183-84; Elliott, *Feelings*, 44-45; 그러나 Woodman, *Rhetoric*, 18-22에 제시된 한계; Allison, *Constructing Jesus*, 7 n. 40을 참고하라.

122 Small은 *Wax Tablets*, 126-31에서 다음 문헌들에 나오는 예를 인용한다. Vitruvius 7.intro.6-7; Seneca the Elder, *Controversiae* 1.pref.2; Pliny the Elder, *Natural History* 7.24.88; Quintilian, *Orator's Education* 11.2.51; Plutarch, *Themistocles* 5.4.

123 예. Valerius Maximus, *Memorable Doings and Sayings* 8.7.ext.16; Pliny the Elder, *Natural*

그럴듯하게 보이게 만든다.[124] 대(大)세네카는 2천 명의 이름을 한 번 듣고

나서 순서대로 정확하게 되풀이해 말하는 것과 같은 젊은 시절의 솜씨를

노년에 더는 보여줄 수 없음을 한탄한다.[125] (그러나 그 당시에도 이름 50개만

듣고 나서 그대로 반복하는 것도 인상적인 일로 여겨졌다.)[126] 세네카는 기억력 감

퇴를 한탄한 뒤[127] 계속해서 그가 젊은 시절에 들은 100회 이상의 연설의

긴 단락들을 기억을 되살려 들려준다![128]

　　세네카는 극단적인 예지만 상당한 기억력을 가진 사람이 세네카만

있었던 것은 아니다. 또 다른 사람은 시 한 편을 한 번 듣자마자 암송할 수

있었다. 또 다른 사람은 온종일 경매에 참여한 뒤 모든 팔린 물건과 그 물

건이 팔린 가격과 그 물건을 산 사람을 전부 줄줄 외웠다.[129] 그와 같은 암

기 능력은 때때로 기억을 소중히 여기는 다른 문화권에서도 나타난다. 예

를 들면 19세기 인도의 한 소녀인 판디타 라마바이(Pandita Ramabai)는 "한

시간 또는 그 이상" 기억을 되살려 암송할 수 있었고 마침내 힌두교 문헌

History 7.24.88.

124 Kennedy, "Source Criticism," 143; Kennedy, *Art of Rhetoric*, 123-25; Small, "Memory,"
204; 좀 더 광범위하게는, Blum, *Mnemoteknik*.

125 Seneca the Elder, *Controversiae* 1.pref.2. 그의 그 당시의 요점 기억은 그 이전의 축자적 기억
의 정확성을 과장한 것인가?

126 Philostratus, *Lives of the Sophists* 1.11.495.

127 기대치를 낮추는 것은 하나의 일반적인 수사적 전략이었다. 예를 들면 다음 문헌들을 보
라. Isocrates, *Panathenaicus* 3; Lysias, *Orations* 2.1, §190; 12.3, §120; 19.1-2, §152; Isaeus,
Astyphilus 35; *Aristarchus* 1; Cicero, *In Defense of Quinctius* 1.1-4; Dio Chrysostom,
Orations 1.9; 12.16; 32.39; 46.7; 47.1, 8; Pliny, *Letters* 8.3.3; Tacitus, *Histories* 4.73;
Josephus, *Against Apion* 1.27; 특히 Quintilian, *Orator's Education* 4.1.8-9, 11을 보라.

128 Seneca, *Controversiae*, 곳곳(아마도 요점만).

129 Seneca, *Controversiae* 1.pref.19. 비범한 기억에 대해서는 Suetonius, *Grammarians* 23도 함
께 보라.

"만 8천 구절을 암송할 수 있었다."[130]

이런 정도의 암기 능력이 오늘날 기록된 것이 아니라면 혹자는 이런 모든 이야기를 일축할지도 모른다. 따라서 예를 들면 현대의 분석가들은 두 명의 기억술사를 연구했는데, 그중에 한 명은 원주율(π)을 31,811번째 자리까지 암기한 것으로 전해지고, 다른 한 명은 속도는 조금 느렸지만 4만 번째 자리까지 암기했다.[131] 영국의 한 수학자는 원주율을 소수점 이하 천 번째 자리까지 암기하면서 이 일이 그렇게 간단한 일이 아니었다면 시간 낭비였을 것이라고 불평했다.[132] 동시에 여러 판을 두는 한 체스의 달인은 여러 판을 각기 자세히 기억해야 하는데, 이는 다른 학문 분야에 집중한 이들에게는 불가능해 보이는 능력이다.[133]

조셀린 페니 스몰(Jocelyn Penny Small)은 기네스북(*The Guiness Book of World Record*)에 오른 예들을 인용하면서 이 책의 검증 조건을 강조한다. 1974년에 한 미얀마 주민은 "불경 만 6천 페이지를 암송했다." 중국의 한 통신사는 한 주민이 "만 5천 개 이상의 전화번호를 암기했다"고 보도했다. 1989년에는 텍사스주의 한 주민이 "전부 뒤섞은 서로 다른 카드 30벌 (1,560개)의 무작위적인 순서를 한 번 보고 전부 외웠는데 틀린 곳이 두 군데에 불과했다."[134]

스몰은 암기력에 대한 마지막 예를 2천 개의 이름을 기억한 대(大)세

---

130 Noll and Nystrom, *Clouds*, 127, 129. 라마바이에 대해서는 추가로 다음 문헌들도 참고하라. Burgess, "Pandita Ramabai"; Arles, "Study"; Arles, "Appraisal"; Frykenberg, *Christianity in India*, 382–410.

131 Small, *Wax Tablets*, 110–12.

132 Small, *Wax Tablets*, 111; 참조. 114.

133 Alfeyev는 *Beginning*, 67에서 이 점을 지적한다.

134 McFarlin, *Book of Records*, 16을 인용한 Small, *Wax Tablets*, 128.

네카와 비교하면서 이렇게 결론짓는다. "기억 훈련은 효과가 있고 기억술사에게 그보다 능력이 떨어지는 사람들은 할 수 없는 놀라운 묘기를 성취할 수 있게 해준다." 그녀는 신중한 태도로 다음과 같이 덧붙인다. "진짜 문제는 당신이 단지 과시하기 위해 1560개의 카드나 2천 개의 이름을 암기하는 법을 배우는 데 시간을 할애하기를 원하는가 하는 것이다."[135] 심지어 고대에도 그런 능력은 전형적인 능력은 아니었지만, 고대 지중해 문화에서 기억 능력을 얼마나 가치 있게 여겼고 기억을 가장 소중히 여기는 이들이 어떻게 종종 탁월함을 위해 기억을 훈련할 수 있는지를 잘 보여준다.[136]

수사학 입문서들은 독자들에게 "기억술"을 가르쳤고 기억술은 자연적인(훈련되지 않은) 기억 능력을 능가할 수 있었다.[137] 기억술은 구글에 의존하는 현대의 독자들에게는 놀랍게 느껴지는, 자료의 덩어리들을 기억하기 위한 기술과 관련이 있었다.[138] 특별한 암기 관행은 그리스인들 사이에서 일찍이 기원전 5세기에 나타나며,[139] 이집트인들 사이에서는 그보

135 Small, *Wax Tablets*, 129.
136 고대에 기억의 중요성과 본질에 대해서는 Byrskog, *Story*, 160-65도 함께 보라. 고대의 기억 이론에 대해서는 예를 들면 Farrell, "Phenomenology"; Bloch, *Aristotle on Memory*; Sorabji, *Aristotle on Memory*; Thatcher, "Theories"; Gibbons, "Plato"를 보라. 밀랍 서판 개념에 대해서는 Brickle, "Wax Tablet"을 보라.
137 *Rhetorica ad Herennium* 3.16.28-40.
138 참조. Cicero, *On the Orator* 2.351(및 Olbricht, "Delivery and Memory," 163); *Rhetorica ad Herennium* 3.22.35; Byrskog, *Story*, 82-83, 110-11, 163-65; Walde, "Mnemonics"; Gaines, "Handbooks," 167; Galinsky, "Introduction," 17; 특히 Small, *Wax Tablets*, 81-94; Small, "Memory," 196을 보라.
139 Kennedy, "Source Criticism," 98; Kennedy, *Classical Rhetoric*, 98; Cicero, *On the Orator* 2.351-354; Quintilian, *Orator's Education* 11.2.16; Nikulin, "Memory," 36, 74을 인용하는 Small, *Wax Tablets*, 82-86. Joyal, McDougall, and Yardley, *Education*, 66에 인용된 Plato, *Lesser Hippias* 368d2-7에 나오는 히피아스의 말; Xenophon, *Symposium* 4.62도 함께 보라.

다 훨씬 이전에 나타난다.[140] 1세기의 한 로마 수사학 교수는 그보다 덜 인위적으로 어떤 작품을 외울 때 한 번에 한 부분씩 외우면 된다고 조언했다.[141] 연습한 다음 스스로 테스트해 보고[142] 그 부분을 큰 소리로 반복해서 읊으라는 것이다.[143] 문해력이 늘어나면 기억에 대한 의존도가 줄어드는 것이 아니라 **늘어났다.** 읽고 쓸 줄 아는 사람에게는 다른 적절한 정보 검색 시스템이 없었기 때문이다.[144]

웅변가들은—연설에 두세 시간이 걸리더라도[145]—자신의 연설을 암기해야 했다.[146] 이러한 관행은 웅변가들의 기본적인 훈련이었다.[147] 웅변을 배우는 학생들은 기억을 통해 모범적인 연설을 암송하는 방식으로 배울 수 있었다.[148] 게다가 그들은 "기억을 되살려" 연설 실습을 하도록 요구

참조. Marrou, *History,* 55.

140 Riesner, *Lehrer,* 195.

141 Quintilian, *Orator's Education* 11.2.27.

142 Quintilian, *Orator's Education* 11.2.34-35. 분산 학습의 가치에 대해서는 예를 들면 Rubin, *Memory,* 124-27을 보라.

143 Quintilian, *Orator's Education* 11.2.33; Small, "Memory," 202-3에서 언급된 것처럼. Sorabji, *Emotion,* 211-27에 나오는 다른 종류의 정신적 훈련을 참고하라. 아이들이 어떻게 배우는지에 대한 퀸틸리아누스의 관점에 관해서는 Bloomer, "Quintilian"을 참고하라.

144 Small, *Wax Tablets,* 83.

145 예. Cicero, *Brutus* 93.324; Tacitus, *Dialogue on Oratory* 38.

146 Quintilian, *Orator's Education* 11.2.1-51. 추가로 다음 참고문헌들을 보라. Kennedy, *Art of Rhetoric,* 403; Satterthwaite, "Acts," 344; 참조. Aeschines, *Embassy* 48, 112; Olbricht, "Delivery," 159, 163.

147 웅변에서의 암기에 대해서는 다음 참고문헌들도 함께 보라. Marrou, *History,* 55, 199, 286; Nikulin, "Memory," 72-78; 예. Aeschines, *Embassy* 48, 112; Eunapius, *Lives* 502. 연설을 암기하는 일의 기원은 고르기아스 시대까지 거슬러 올라간다(Riesner는 *Lehrer,* 441에서 Aristotle, *Sophistical Refutations* 183b-184a을 인용한다; Heath, *Menander,* 266-67의 견해를 따르는 Vatri, "Writing," 770-71도 참고하라).

148 Dio Chrysostom, *Orations* 18.19.

받았다.[149] 특히 인상적인 것은 자신이 즉흥적으로 행한 연설까지도 글자 그대로 되풀이할 수 있을 만큼 숙련된 한 수사학자였다.[150] 또 다른 웅변가 는 자신이 지금껏 전한 모든 연설을 말한 그대로 기억해낼 수 있었다고 전 해진다.[151] 좀 더 일반적으로 말하면, 수사학적으로 민감한 청중들도 그들 이 들은 연설의 여러 요소를 기억해낼 수 있었고 그들의 기억은 기록된 문 헌까지도 보충해 주었다.[152]

이 중에 어떤 내용도 예수의 최초의 제자들이 수사학이나 기억술 분 야에서 정식 훈련을 받았다는 의미는 아니다. 이는 단지 기억이 소중히 여 겨지는 곳에서 기억이 발전될 수 있고 종종 발전된 정도와 고대 지중해 세 계가 바로 그런 분위기였다는 점을 강조하려는 것이다. 정보가 과잉된 오 늘날의 세계에서는 보기 드물게 예수의 제자들은 기억을 소중히 여기는 세계에 속해 있었다.[153]

15.3c. 고대 교육에서의 기억

고대의 교육학을 논할 때 나는 (모두가 필연적으로 완벽하게 문맹이었다고 단순 하게 가정할 필요도 없지만) 예수의 제자들이 표준적인 교육을 받았다고 가 정하지 않는다. 나의 목적은 두 가지다. 첫째는 고대 지중해 문화에서 기

---

149 Watson, "Education," 310.
150 Pliny, *Letters* 2.3.3(고대의 기준에 따른 "글자 그대로"를 의미함).
151 Seneca the Elder, *Controversiae* 1.pref.18.
152 Lucian, *Peregrinus* 3; Eunapius, *Lives* 494. 어떤 이들은 웅변가의 지식 없이 웅변가의 연설 을 널리 퍼뜨린 것으로 보인다(Botha, "Publishing," 347, Philostratus *Vit. soph.* 579-80에 관해서).
153 고대에 기억이 차지한 핵심적 위치에 대해서는 예컨대 다음 글들을 보라. Rhoads, "Events," 173; Rhoads, "Performance Criticism," 285; Boomershine, "Performance," 290; Galinsky, "Introduction," 17.

억을 매우 강조한 사실을 계속해서 강조하는 것이고, 둘째는 공식적이든 비공식적이든, 문맹이든 문맹이 아니든, 그리스의 초보적인 학교에서의 교육이든 순회하는 스승을 따르는 제자들을 위한 교육이든, 고대의 모든 학습에서 기억의 필요성을 지적하는 것이다.

기억에 초점을 맞추지 않은 고대의 교육학은 존재하지 않았다.[154] 따라서 예를 들면 1세기의 교사인 테온은 어떤 본문을 읽고 학생들에게 "그 것을 외워서 써 본" 다음 말을 바꾸어 표현하고 더욱 다듬게 하는 방식으로 가르쳤다.[155] "구전적 요소"가 "고대의 학습"에 만연해 있었다.[156] 이러한 강조점은 그리스인들에게서 시작된 것이 아니다. 예를 들어 이집트 신왕국 시대의 학생들은 "너희는 책을 담은 그릇이 되어야 한다!"는 말을 자주 들었다.[157]

문맹 계층이 널리 퍼져 있었고 심지어 읽고 쓸 줄 아는 이들도 비교적 드물게 책을 소유했다는 사실은 고대 교육학에서 기억을 전면에 드러나게 했다.[158] 기록된 자료는 접하기가 더 어려웠으므로 고대 교육의 초점은 내용의 기억에 있었지만, 그러한 기억은 현대적인 의미에서의 축자적인

---

154 고대 교육에서의 기억에 대해서 Riesner는 *Lehrer*, 442-43에서 예를 들어 다음 문헌들을 인용한다. *Rhetorica ad Herennium* 3.28-40, 특히 3.39; Quintilian, *Orator's Education* 11.2.1; 11.2.27-11.35.40; Cicero, *On the Orator* 1.157a; Epictetus, *Encheiridion* 49.3; Philostratus, *Lives of the Sophists* 523; Longinus, *De memoria* 202.21-203.3; 204.21-23; Plotinus, *Enneades* 4.6.3; 간결한 글로는 Riesner, "Preacher," 203을 참고하라.

155 Kennedy, *Classical Rhetoric* (2), 27.

156 Cribiore, *Gymnastics*, 181.

157 Riesner는 *Lehrer*, 452에서 Brunner, *Erziehung*, 179을 인용하고 통기누스를 "살아 있는 도서관"으로 비유한다(Eunapius, *Lives* 456). 구약에서의 구두 전승에 대해서는 Rüger, "Tradition"의 논의를 보라.

158 Small, *Wax Tablets*, 129; 읽고 쓰는 능력을 고도로 갖춘 이들에 대해서도 81, 188쪽을 보라.

암기는 아니었다.[159] 고대 교육의 요점은 "내용 숙달"이었고[160] 그것이 없이는 역사적·문학적 암시를 이해하기가 불가능했을 것이다.[161]

예를 들면 니코라토스라는 어떤 사람은 호메로스의 모든 글을 암기했다고 자랑했을지도 모르지만 그만 그런 것이 아니다. 더 많은 학식 있는 사람들이 "어리석은" 음유 시인들도 그들이 암송하고 있는 내용의 참된 의미를 이해하지 못한 채 모두 똑같이 할 수 있다고 불평했다.[162] 소년들은 「일리아스」의 다양한 부분들을 암기했지만, 처음 두 권과 다른 권의 첫 부분을 가장 성공적으로 암기했던 것으로 보인다.[163] 그리스인들은 호메로스의 글 일부를 암기하는 일을 그리스 문화의 정수로 여겼고,[164] 호메로스의 글은 중세까지 계속해서 암기되었다.[165]

기계적 암기에 대한 강조는 가장 기초적인 교육 수준에 만연해 있었

---

159 McIver, *Memory*, 165; Dunn, *Tradition*, 237. McIver는 포괄적인 유대 지방에서 나온 문헌들은 이러한 묘사와 일치한다고 지적한다(*Memory*, 166-67).

160 McIver, *Memory*, 165. 엘리트 계층에게 그러한 내용 숙달은 오래도록 구전 시연을 위한 학습에 맞게 준비되어 왔다(Carr, *Writing*, 27; 참조. 278; Niditch, *World*).

161 Small, *Wax Tablets*, 129, 179-81; Derrenbacker, *Practices*, 46; McIver, *Memory*, 165.

162 Xenophon, *Symposium* 3.5-6. 이 본문에서의 니코라토스에 대해서는 다음 책들도 함께 보라. Riesner, *Lehrer*, 451; Small, *Wax Tablets*, 129-30; Joyal, McDougall, and Yardley, *Education*, 41-42.

163 Cribiore, *Gymnastics*, 197; 참조. Puig i Tàrrech, *Jesus*, 20. 좀 더 유동적으로 달라지는 시와 대조적으로 「일리아스」는 그리스인들에게 경전적인 역할을 했으므로 좀 더 일관된 형태로 유지되었다(Finkelberg, "Cypria"를 보라). 다양한 반복 장치는 기억에 일조했다(Harvey, *Listening*, 45, 56).

164 Cribiore, *Gymnastics*, 248.

165 Browning, "Homer," 특히 15-21 (Joyal, McDougall, and Yardley, *Education*, 266에서 언급됨). 참조. Browning, "Homer," 15: "언제나⋯대대로 이를 통해 이해하며 읽는 법을 배운 교과서."

고[166] 종종 훈련을 통해 검증되었다.[167] 어린이에게서 가장 높이 평가받는 학습 능력은 암기와 배운 내용에 대한 모방이었다.[168] 심지어 읽고 쓸 줄 아는 환경에서도 구두 암기는 학습을 강화했다.[169]

10대 중반에 시작되는 고등 교육은 기계적 암기에 초점을 맞추지는 않았지만,[170] 기억은 예를 들어 모범적인 연설을 암기하는 데 있어서 여전히 중요했다.[171] 본문에 대한 세심한 주의와 본문 암송은 본문을 암기하는 과정을 단순화했다.[172] 학생들은 본문에 대해서만이 아니라 강의 중에도 주의 집중을 유지해야 했다.[173] 수사학 훈련을 받은 이들은 자신이 기억하는 이야기를 조절할 수 있었으나, 이 단계에서 그러한 조절은 보통 어떤 실질적인 방식으로도 내용을 첨가하거나 바꾸어선 안 되었다.[174]

---

166 예를 들면 다음 문헌들을 보라. Quintilian, *Orator's Education* 2.4.15; Plutarch, *On the Education of Children* 13, *Moralia* 9E; Musonius Rufus, frag. 51, p. 144.3-7; Diogenes Laertius, *Lives* 6.2.31; Eunapius, *Lives* 481; Marrou, *History*, 154, 279; Cribiore, *Gymnastics*, 49, 138, 144, 191, 194; Watson, "Education," 310, 312; Heath, *Hermogenes*, 11; Moeser, *Anecdote*, 54; Aune, *Dictionary*, 143; Eve, *Behind Gospels*, 39; Keener, "Before Biographies," 338-41; Kwon, "Reimagining," 128-37, 293; Boomershine, "Performance," 290; Gorman, "Education," 112.

167 Joyal, McDougall, and Yardley, *Education*, 198.

168 Quintilian, *Orator's Education* 1.1.36; 1.3.1.

169 Carr, *Writing*, 111-73(나는 Ehrensperger, *Paul*, 119로 인해 이 책에 관심을 가지게 되었다); 특히 72-73, 106, 128, 181쪽; 유대인의 상황에서는 160쪽을 보라.

170 Morgan, *Literate Education*, 208; Joyal, McDougall, and Yardley, *Education*, 199에 나오는 Epictetus, *Discourses* 2.19.6-7을 보라; 10대 중반에 대해서는 267쪽을 보라; Keener, *Acts*, 3:3209-10에 나오는 문헌들; 특히 Josephus, *Life* 10; Pliny, *Letters* 5.8.8; Watson, "Education," 312; Stamps, "Children," 198을 보라.

171 Quintilian, *Orator's Education* 11.2.1-51; Dio Chrysostom, *Orations* 18.19; 참조. Cribiore, *Gymnastics*, 200, 231(Theon, *Progymnasmata* 137.18-21을 인용함); Morgan, *Literate Education*, 90.

172 Marrou, *History*, 166.

173 예. Aulus Gellius, *Attic Nights* 8.3; Philostratus, *Lives of the Sophists* 2.8.578.

174 앞에서 언급된 다음 문헌들을 보라. Theon, *Progymnasmata* 3.224-40; 참조. 2.115-23; 또

출처가 있는 격언과 출처가 모호한 격언 모두 초보적인 교육 상황에
서도 수 세기 동안 암기되고 전수되었다.[175] 학생들은 이런 격언들을 "한
글자 한 글자씩" 암기하고 베껴 썼다.[176] 그러한 격언들은 두 가지 역할을
소화해냈다. 그런 격언은 쓰고 읽고 기억할 거리를 제공해줄 뿐만 아니라
학생들에게 평생 남을 것으로 믿어진 도덕적 원리를 제시해주었다.[177] 더
광범위하게 퍼진 그리스-로마의 격언처럼 유대의 구전 훈련은 예수도 분
명히 사용한 수사적 형식인 다양한 종류의 지혜의 말들(잠언, 비유 등)을 널
리 퍼뜨렸다.[178] 널리 알려진 기독교 이전 시대의 한 현자는 지혜로운 비유
를 보존하고 이해하기 힘든 잠언이나 격언을 찾아내며 율법을 공부하는
이들에 대해 말한다.[179]

앞 장에서 언급한 대로 그러한 경구나 간결하고 흔히 재치가 있는 진
술은 보통 기억하기 쉽고 처음에는 꽤 정확하게 기억되었다.[180] 대다수의

한 Longinus, *On the Sublime* 11.1; Hermogenes, *Invention* 2.7.120-21(참조. 2.1.108-9; 2.7.120-24); Hermogenes, *Progymnasmata* 3. "크레이아"에 대해서는 7; 우화에 대해서는 Theon, *Progymnasmata* 4.37-42, 80-82을 참고하라(Butts).

175 참조. Musonius Rufus, frag. 51, p. 144.3-7; Hermogenes, *Progymnasmata* 4. On Maxim, 8-10; Moeser, *Anecdote*, 54-55. (가장 엄밀한 정의에 따르면 "격언"은 출처가 불분명할 수
도 있다; 참조. 후대의 Nicolaus of Myra, *Progymnasmata* 5, On Maxim, 25.) 이런 격언들과
"크레이아"를 배우는 소년들에 대해서는 (Seneca, *To Lucilius* 33.7을 인용하는) Anderson,
Glossary, 126-27도 함께 보라. 역사가들은 연설을 글자 그대로 재현하지는 않았지만 때로
는 이렇게 짧은 말을 재현했다(Marincola, "Speeches," 120을 보라).

176 Cribiore, *Gymnastics*, 167; 격언 배우기에 대해서는 Morgan, *Literate Education*, 71; Moeser,
Anecdote, 54; Joyal, McDougall, and Yardley, *Education*, 167, 170도 참고하라; 이집트의 경
우에는 Doran, "Paideia," 136을 참고하라.

177 Joyal, McDougall, and Yardley, *Education*, 172에 나오는 Quintilian, *Orator's Education*
1.1.35-36; 그 이후로는 Proclus, *Poetics* 5, K58.6-14을 참고하라.

178 참조. Pirke Aboth; Vermes, *Jesus the Jew*, 27.

179 Sir 38:34; 39:2-3, 9.

180 McIver, *Memory*, 176; 더 광범위하게는 McIver and Carroll, "Experiments"; McIver and
Carroll, "Characteristics."

현자처럼 예수는 아마도 일부 말씀을 다양한 상황에서 사용하셨을 것이다.[181] 그렇기는 하지만 이러한 관행은 우리가 발견하는 상황 면에서의 모든 차이를 설명해주지는 않는 것 같다. 그러한 말씀들은 모음집으로도, 독립적으로도 유포되었고 논의되고 있는 스승에 관한 이야기들과 결합될 수도 있었다.[182] 말씀은 독립적으로 유포될 수도 있었으나,[183] 주인공의 경구에서 절정에 이르는 짧은 이야기와 같이 배경이 필요한 말씀은[184] 종종 그 의미에 활기를 불어넣는 기본적인 이야기의 요지나 배경과 함께 전달되었다.[185] 전기 작가들은 때때로 전기 주인공의 삶 속에서 특별한 말이 제시된 사건들에 관하여 확신을 표현했다.[186] 따라서 복음서에 나오는 예수의 어떤 말씀은 아마도 원래의 본질적인 배경에서 나온 말씀이겠지만 어떤 말씀들은 분명 구별되는 배경에서 나타난다(예. 마 7:13-14//눅 13:24; 마 8:11//눅 13:29).

말씀에 대한 어떤 기억은 꽤 의미심장할 수도 있다. 축자적인 기억은 자료의 암송을 요구하지만, 거의 보편적인 고대의 교육학적 관행에 따르면 학생들은 규칙적으로 그런 말씀들을 암송했으므로 예수는 스승으로

---

181 Frye, "Synoptic Problems," 291; Aune, "Aphorisms," 225; Dunn, *Tradition*, 281. 루키아노스와 같은 고대 연설가들도 그렇게 했을 것이다. 루키아노스도 다양한 장소에서 연설을 했다(Harmon, "Introduction"); 디온 크리소스토모스 역시 자신의 연설을 재사용했다(참조. H. L. Crosby, "Introduction to Discourse 66", LCL 5:86).

182 예를 들면 Theon, *Progymnasmata* 4.73-79을 보라; 참조. 5.388-441.

183 예. Seneca, *To Lucilius* 94.27-28.

184 예. Diogenes Laertius, *Lives* 2.72, 6.2.51; Plutarch, *Agesilaus* 21.4-5.

185 참조. Hermogenes, *Progymnasmata* 3. "크레이아"에 대해서는 6-7; Aphthonius, *Progymnasmata*, 3. "크레이아"에 대해서는 23S, 4R; Nicolaus, *Progymnasmata* 4. "크레이아"에 대해서는 19-20; 5. "격언"에 대해서는 26.

186 Plutarch, *Themistocles* 11.2.

서 제자들도 그와 똑같이 하기를 기대했을 것이다.[187] 이는 예수의 모든 경구가 기억되었을 것이라는 뜻이 아니라 기억된 경구는 아마도 꽤 정확하게 기억되었을 것이라는 뜻이다. 맥아이버는 심리학적 연구를 언급하면서 다음과 같은 점을 강조한다. "과거에는 장기 기억에서 경구가 보통 정확하게 기억되거나—이것이 중요한 요점이다—**아예 기억되지 않았을** 것이다."[188] 예수의 알려진 경구들은 간결하고 생생하여 기억하기 쉬운 경향이 있다.[189] 따라서 당연하게도 복음서 저자들은 비유에서 발견되는 것보다 축자적 일치에 더 가까운 내용으로 경구를 전해주는 경향이 있다.[190] 장르는 여기서 중요한 역할을 한다. 역사가들이 드물게 인용하는 축자적인 인용구는 일반적으로 짧은 글귀들로 이루어져 있었지만,[191] 가르침은 현자에 관한 전기에 종종 등장한다.[192]

전승 속에 있는 예수의 가르침은 던(Dunn)이 지적하듯이 "쉽게 기억되도록" 구성되어 있다. 다수의 현대 학자들이 열거하듯이 "눈에 띄는 특징은 다양한 종류의 대구법, 두운법, 음의 유사성, 언어유희"이다.[193] 던은 이런 기억과 사실에 대한 무작위적인 장기 기억의 차이를 지적한다. "우리가 상상하는 것은 한번 들어 봤고 그 이후에는 거의 생각해 본 적 없는 어떤 일에 대한 수십 년 뒤의 우연한 기억이 아니다.…우리가 염두에 두

---

187 McIver, *Memory,* 167, 176, 180, 184.
188 McIver, *Memory,* 176.
189 McIver, *Memory,* 176.
190 McIver, *Memory,* 177.
191 Marincola, "Speeches," 120, Tacitus, *Annals* 14.59.4; 15.67.4을 인용함.
192 예를 들면 Diogenes Laertius, *Lives,* 곳곳을 보라.
193 특히 Burney, *Poetry*를 인용하는 Dunn, *Tradition,* 238; Manson, *Teaching*; Black, *Aramaic Approach*; Jeremias, *Theology*; Riesner, *Lehrer,* 392-404; Riesner, "Preacher," 201-8, 특히 202-4도 함께 보라.

고 있는 것은 제자도에서 그 가치로 인해 간직되어야 할 의도적인 가르침이다."[194]

고대 교육에서 말씀은 두드러졌지만, 학생들은 역사적인 예도 주의 깊게 배웠다.[195] 스승들은 종종 그들의 가르침을 배우는 일을 강조했지만, 학생들은 스승의 행동도 공부하고 본받았다.[196] 따라서 당연하게도 학생들은 스승의 행동도 전달했다.[197] 그리스[198]와 유대[199]의 제자들은 모두 스승을 본받으려 노력했고, 후대의 유대인 제자들은 심지어 이전 랍비들의 행동을 율법적인 선례로 인용했다.[200]

스승들은 제자들이 가르침을 배우도록 기억력을 발달시키기를 기대했다. 모든 철학 학파는 기억을 모두 똑같은 정도로 강조한 것은 아니지만 강조했고[201] 기억에 관한 다양한 이론을 제시했다.[202] 어떤 학파는 본문 암기를 강조했고 어떤 학파는 스승의 말을 강조했다.[203] 예수의 제자들 사이

---

194 Dunn, *Tradition*, 238. 그러나 그는 예수가 제자들에게 끼친 개인적인 영향을 강조하는 편을 선호하며 이는 단순히 구구단을 암기하는 것과 비슷한 일을 초월하는 것이다(240). 참조. Bird, *Gospel*, 42.

195 Theon, *Progymnasmata* 2.5-8.

196 예. Philostratus, *Life of Apollonius* 5.21; Liefeld, "Preacher," 223; Robbins, *Teacher*, 64을 보라; 참조. Tieleman, "Orality," 23, 28.

197 예. Philostratus, *Lives of the Sophists* 1.22.524; Eunapius, *Lives* 458.

198 Xenophon, *Memorabilia* 1.2.3; Seneca, *To Lucilius* 108.4.

199 Josephus, *Life* 11.

200 예. t. Pesaḥ. 2:15-16; Sipre Deut. 221.1.1.

201 Alexander, "Memory," 133, 138.

202 플라톤주의자들에 대해서는 Nikulin, "Memory," 44-60을 보라; 참조. Philo, *Immutable* 43; Maximus of Tyre, *Philosophical Orations* 10.6-9; Iamblichus, *Soul* 2.14, §609; 견유 학파에 대해서는 Aristotle, *Memory*; Nikulin, "Memory," 60-69; 스토아 학파에 대해서는 좀 더 모호하기는 하지만 Nikulin, "Memory," 69-71을 보라; 참조. Arius Didymus, *Epitome* 2.7.7b, p. 44.25-26; 일반적인 글로는 Sorabji, *Emotion*, 231-33; Farrell, "Phenomenology."

203 Culpepper, *School*, 177. 본문에 집중하는 것은 주로 후대에 지배적으로 드러난다. Blyth, "Cicero," 71-98을 보라.

에서 스승의 말은 필연적으로 초점이 되었을 것이다(몇몇 학자들이 주장하듯이 제자들이 문맹이었다면 더더욱 그렇다).

이러한 관행은 과거의 스승에 대한 제자의 회고록에 영향을 끼쳤을 것이다. 예를 들어 루키아노스의 「데모낙스」는 그의 스승 데모낙스에 대한 52개의 일화를 담고 있다. 한 주석가는 이렇게 말한다. "일화와 어록을 암기하는 고대의 관행을 고려하면 루키아노스는 아마도 일련의 일화들을 기억을 되살려 썼을 것이다."[204]

15.3d. 고대 유대인의 기억

우리의 모든 자료는 유대인 가족들이 어떤 사회적 계층에 속해 있든지 유대인의 율법과 관습에 대한 지식으로 자녀를 양육했음을 보여준다.[205] 필론은 유대인의 미덕을 변증론적으로 강조하면서 유대인은 처음부터 그들의 영혼 속에 계명의 형상을 지니도록 훈련받는다고 단언한다.[206] 유대 문헌들은 랍비 시대 훨씬 이전부터 제자들이 스승에게서 배우는 것에 대해 많은 것을 알려준다.[207] 그러나 랍비 문헌은 복음서보다 후대에 등장하지만 유대인 교육의 가장 충분한 구체적인 예를 제공하는데, 이런 예들은 거

---

204 Moeser, *Anecdote*, 92.
205 예를 들면, 신 4:10; 6:7; 11:19; 26:5-10; 시 78:5; 잠 6:20; Riesner, *Lehrer*, 115-17, 440을 보라. Riesner의 책 117쪽 본문은 특히 징계를 다루고 있는지도 모르지만 Hogan, "Musar," 특히 82, 92-93, 98을 참고하라. 70인역 번역자들은 이 후대의 본문들에 대한 접근 방식이 서로 다르며 일부 쿰란 문헌만이 "야사르"(*ysr*)의 율법 교육이라는 의미를 발전시킨다. Pouchelle, *Dieu éducateur*; Pouchelle, *"Kyropaideia"*를 보라.
206 Philo, *Embassy* 210.
207 Byrskog, *Teacher*, 35-75, 88, 특히 Sir 51:23, 29(Cairo Geniza B; 구약의 증거는 중요한 구약 연구에 의존하지만 나는 그 모든 것이 똑같이 설득력 있다고 생각하지는 않는다); m. 'Abot 1:4에 나오는 초기 전승을 보라. CD 8.20-21; Mek. Pesaḥ. 1.150-53에 나오는 구약의 제자도에 대한 초기의 해석도 참고하라.

의 모든 다른 고대 지중해의 증거와 부합된다.[208]

어떤 학자들[209]은 주의 깊은 전승 전달에 대한 랍비들의 강조를 강조했다.[210] 언뜻 보기에 후대 랍비들의 방법이 단지 기원후 70년 이후에 갑자기 생겨나지는 않았을 가능성이 커 보인다.[211] 랍비들은 자신들이 훨씬 이전의 제자도의 관행을 이어간다고 믿었고, 이는 아마도 최소한 당시의 최근 세대들에게는 타당한 믿음이었을 것이다.[212]

고대에 "상세한 서술"과 "혁신"도 발생했다는 데 이의를 제기하는 학자는 오늘날 거의 없을 것이다.[213] 그러나 초기의 연구들은 때때로 예수의 제자들과 후대 랍비들의 제자들 사이의 유사성을 지나치게 중시함으로써 비판을 초래했지만,[214] 그 이후의 개선된 연구는 오늘날 학자들이 초기 연구의 핵심적인 요점을 기반으로 삼을 수 있게 했다.[215] 과거에 초기 연구를 비판한 일부 학자들조차 이제는 그 접근 방식에서 약간의 가치를 발견한

---

208 앞의 논평과 특히 Riesner, *Lehrer*를 보라.
209 처음에는 특히 Gerhardsson, *Memory*, 122-70을 보라; Gerhardsson, *Origins*, 19-24; Gerhardsson, "Path"; Riesenfeld, *Tradition*, 14-17; 좀 더 최근의, 좀 더 세련된 글로는 Gerhardsson, *Gospel Tradition*. 이전의 몇몇 독일 양식비평가들은 그보다 이전에 복음 전승과 랍비 전승의 유사성을 도출했다(Dibelius, *Tradition*, 39).
210 예. t. Yebam. 3:1; Mek. Pesaḥ. 1.135-36; Sipre Deut. 48.2.6.
211 Hagner, *Matthew*, xlix을 보라.
212 Mek. Pesaḥ. 1.150-53. 참조. 아마도 잠 3:1; Sir 28:7; 특히 Sir 51:23-25(Riesner, *Lehrer*, 166-67).
213 Byrskog, *Teacher*, 160, 397; Alexander, "Orality," 182; Hezser, "Randomness," 50-51; 특히 다음 책들을 보라. Neusner, *Traditions*; Instone-Brewer, *Traditions*; 참조. Keener, *John*, 1:185-94의 논의와 추가적인 문헌들.
214 Gerhardsson은 *Memory*에서 Smith("Comparison")에 대해 유달리 혹독한 비판을 끌어냈다. Byrskog는 *Teacher*, 337에서 Smith의 응답을 좀 더 최근의 연구, 특히 Zimmermann, *Lehrer*에 의해 반박된 "낡고 논쟁적인 글"이라며 일축했다. 좀 더 최근의 기억 연구를 고려한 정중하고 유익한 글을 보려면 Kirk, *Memory*, 93-113을 보라. Gerhardsson이 희화화되었다고 지적하는 94쪽을 보라.
215 특히 Riesner, *Lehrer*를 보라.

다.[216] 최초의 연구들은 예수의 제자들을 보다 공식적인 고대의 학파들과 너무 긴밀하게 비교했지만,[217] 외부인들은 교회를 회당[218]처럼 학교[219]와 비교했다는 점은 주목할 만한 사실일 것이다. 이러한 비교는 2세기에 꽤 흔해졌다.[220]

그러나 논증을 위해 나는 여기서 랍비 문헌의 증거는 고려하지 않을 것이다. 어떤 비평학자들은 70년 이후의 어떤 증거에도(70년 이후의 복음서에 대해서조차) 이의를 제기하기 때문이다. 70년보다 훨씬 이전부터 바리새인들은 그들의 구두 전승을 전수하는 것으로 유명했다.[221] 더 일반적으로 말하면, 유대 사람들과 갈릴리 사람들은 소년들에게 율법을 특히 (십중팔

---

216 Kelber는 "Work," 194에서 문학적 초점에 바탕을 둔 Neusner의 이전의 비판은 Gerhardsson 의 구전적 초점을 오해한 것이라고 주장한다. Neusner는 그 이후로 비록 과장해서 진술 하긴 했지만 Gerhardsson의 저작은 귀중한 요소들을 포함하고 있다는 점을 인정했다 (Neusner, "Foreword"). 많은 랍비 문헌 학자가 인정한 Gerhardsson의 저작은 전승의 "보 존"과 "변동성"을 함께 인식했지만(Kelber, "Work," 191-92; Kelber, Gospel, 8-15, 23, 28에서는 이전보다 더 세심하고 안목이 높다), 그는 이전의 양식비평가들이 이후의 사회적 실재가 기억을 침해하는 현상을 과대평가한 것과 마찬가지로 이 현상을 과소평가했다(Kirk and Thatcher, "Tradition," 35). 예컨대 다음 참고문헌들에 나오는 Gerhardsson의 많은 핵심 명제와 기본적 통찰에 대한 인정과 그 이후의 다듬어진 논리를 참고하라. Kelber, "Works," 232-34; Talmon, "Tradition," 123; Meyer, "Consequences," 440; Person and Keith, "Media Studies," 12; Kirk, "Collective Memory," 61; Kirk, Memory, 93-113; Byrskog, "Form Criticism," 144; Byrskog, "Gerhardsson."
217 Smith, "Comparison," 174의 비판을 주목해 보라.
218 참조. Alexander, "IPSE DIXIT," 105.
219 Judge, "Scholastic Community," 137; Wilken, "Christians," 107-10; Wilken, "Interpretation"; Aune, Prophecy, 229; Meeks, Moral World, 114; Stowers, "Resemble Philosophy?" 81-102.
220 Schmeller, "Gegenwelten"; Wilken, "Interpretation," 444-48; Wilken, "Collegia," 277; Alexander, "IPSE DIXIT," 107.
221 막 7:3, 8-9; Josephus, Jewish Antiquities 13.297, 408. 구두 전승은 일부 묵시 문학에도 영 향을 주었을 것이다. 참조. Henze, "Composition."

구 말로) 꼼꼼하게 가르치는 것으로 유명했고[222] 따라서 아마도 소년들에게 구전에 대한 기억 능력을 계발하도록 요구했을 것이다.[223] 일찍이 「마카베오하」 시대의 많은 유대인이 유대 역사의 세부적인 내용을 암기하는 것을 좋아한 것으로 보인다.[224] 디아스포라 유대인들은 기억 연습을 소중히 여겼다. 어느 헬레니즘 시대 유대인 전승에서는 되새김질을 기억 연습으로 풍유적으로 해석했다.[225] 스승들은 기독교 이전의 다양한 유대인 집단에서 핵심적인 역할을 유지했다.[226]

누군가가 유대인의 기억에 관한 그런 모든 기록을 단순히 선전으로 치부하여 무시하는 편을 택한다면, 그는 자신이 무슨 일을 하고 있는지를 분명히 알아야 한다. 그는 사실상 모든 현존하는 증거를 버리고 나서 실제적인 증거가 하나라도 있는 유일한 입장, 즉 이 시기의 제자들은 보통 스승의 메시지를 기억하려 노력했다는 입장을 어떤 증거도 뒷받침하지 않

---

222 Josephus, *Jewish Antiquities* 4.211; *Against Apion* 1.60; 2.204; 참조. *Life* 8; *Against Apion* 2.171-73; m. 'Abot 6:6. 쿰란에서는 이것이 특별한 경우지만 Carr, *Writing*, 228-30을 참고하라. 쿰란에서 밤에 구두 암송이 있었음을 암시하는 글로 (1QS 6.5-8을 해석하는) Horsley, "Mark," 146을 참고하라. 나중에 어쩌면 지식 계급과 가장 관련 있는 문헌으로 m. 'Abot 5:21을 참고하라.

223 회당에서는 모두가 구두로 배울 수 있었다(예. Josephus, *Against Apion* 2.173, 175; Philo, *Hypothetica* 7.12-13; Sanders, *Judaism*, 199; Gorman, "Education," 113). 소년들은 또한 모세 오경을 암송하도록 교육받았다(참조. Josephus, *Jewish Antiquities* 20.264-65; *Life* 9-12; m. 'Abot 5:21; Riesner, "Education élémentaire"; Riesner, *Lehrer*).

224 2 Macc 2:25.

225 Let. Aris. 154; Philo, *Special Laws* 4.107. 헬레니즘 시대의 교육학적 접근이 유대 교육에 미친 초기의 영향에 대해서는 Clark, "Education"; Doran, "Paideia"(하지만 그는 안티오코스가 성전을 더럽힌 뒤의 반응도 147-48에서 언급한다)를 보라. 참조. Koskenniemi, "Moses." 「솔로몬의 지혜서」에서도 고전적 교육 이념은 헬레니즘 시대 교육을 포함할 수도 있지만, 거기에 국한되지는 않는다(Zurawski, "Paideia"를 보라).

226 Sir 6:34-38; 8:8-9; 51:23을 보라(참조. 50:27);「집회서」와 일부 쿰란 두루마리에서는 예를 들어 Goff, "Gardens," 171-72을 보라. 참조. 시 119:99; 잠 5:13에 나오는 왕실의 교사.

는다고 불평하고 있다. 스스로 스승이 되었고 같은 사상적 학파 안에 머물러 있었던 이들은 그들 학파의 가르침을 전수할 것으로 기대되었다. 이는 현자가 철학자든 유대인의 지혜의 스승이든 사실이었다.

제자들의 말을 들은 이들이 모두 스스로 제자가 되려 하지는 않았지만, 그들은 아마도 자신들이 배운 것을 소중히 여겼을 것이다. 매주 모이는 회당 모임에는 모세 율법을 배우는 일이 포함되었으므로[227] 많은 이방인이 유대인을 "철학자의 민족"으로 간주했다.[228] 회당 예배에는 결국 암송이 포함되었다.[229] 그런 모든 관행은 이 시기 동안 논란의 대상이 되지만[230] 유대인들이 십계명, "쉐마",[231] 여러 시편과 찬송시[232]를 정기적으로 암송한 것은 분명하다.

초기 기독교인들은 가르치는 역할을 강조했고 이는 그들도 회당 공동체와 같이 전파하는 내용에 관심을 가졌음을 암시한다.[233] 이러한 관심

---

227 Philo, *Hypothetica* 7.12-13; *Special Laws* 2.62-63; *Free* 81; Josephus, *Against Apion* 2.175; *Jewish Antiquities* 16.43; *CIJ* 2:333, §1404.

228 Stern, *Authors*, 1:8-11, 46-50; Gager, *Anti-Semitism*, 39; 참조. Mayer, "Abrahambildes," 125-26; Satlow, "Philosophers"; Bosch-Veciana, "Filosofia."

229 Riesner, *Lehrer*, 139; 참조. 440. 영창(詠唱)에 대해서는 141-42쪽을 보라. 이는 옛 이집트와 그리스와 로마의 학교에 있었던 더 폭넓은 관행을 반영한다(Riesner, *Lehrer*, 196; 참조. 448).

230 공통된 예전을 암시하지 않는 증거에 관해서는 다음 글들을 참고하라. Levine, "Synagogue," 19-20; Cohen, "Evidence," 175; 몇 가지 공통된 유대인의 예전을 뒷받침할 수 있는 증거에 관해서는 다음 글들을 참고하라. Schiffman, "Scrolls"; Maier, "Kult"; Goodman, *State*, 86. 쿰란 초기의 관례적 기도(1QS 9.26-10.3; 4Q504; 4Q507-9)는 특이해 보인다(Talmon, "Institutionalized Prayer," 273-74). Keener, *Acts*, 2:1045-46의 논의를 보라.

231 Riesner, *Lehrer*, 139. (예를 들면 Bright, *History*, 415; McNamara, *Targum*, 39에서 언급된) 기원전 2세기의 "나쉬" 파피루스를 보라.

232 Philo, *Special Laws* 2.145; Riesner, *Lehrer*, 140-41. 특히 레위인들과 제사장들은 특정한 노래들을 철저히 배웠다(Josephus, *Jewish Antiquities* 20.216-18).

233 Dunn은 *Tradition*, 281에서 가르침(행 2:42; 13:1; 롬 12:7; 고전 12:28-29; 갈 6:6;

15장 예수는 스승이었다   683

은 계속 이어졌다. 이레나이우스는 2세기 말에 신앙을 고전적인 그리스-로마의 교육 과정과 통합하며[234] 4세기에 기독교인들은 이교도들과 같은 학교에서 교육받았다.[235] 4세기의 파코미우스의 계율에 따르면, 이상적으로 말해서 수도원에 있는 모든 사람은 "최소한 시편과 신약을 암기"해야 한다.[236] 시편 전체를 암기하는 데는 2-3년이 걸릴 수도 있지만 "재능 있는 사람들은 6개월에 외울 수도 있었다."[237] 수도원에 들어온 수련 수사가 문맹이라면 그는 "스승이 성경 본문을 큰 소리로 읽는 것을 외울 때까지" 들어야 했다.[238] 후대의 한 콥트교회 주교는 아마도 필사본이 부족한 것을 고려하여 예비 부제에게 최소한 복음서 한 권을 외우거나 필사할 것을 요구했다.[239]

마찬가지로 중세 유럽의 많은 사상가들도 성경의 많은 부분을 암기했다.[240] 예를 들면 12세기에 성 빅토르의 후고는—성경 역사에 대한 그의 2절판으로 된 70여 쪽짜리 서론뿐만 아니라—시편을 암기할 것을 규정했

약 3:1)과 전승(빌 4:9; 골 2:6-8; 살전 4:1; 살후 3:6)의 중요성을 함께 언급한다. 참조. Manson, "Review of Jeremias": "초기 교회는 이해보다 기억을 더 잘 했다." 이 말은 Gerhardsson, *Memory*, 129 n. 2; Riesner, *Lehrer*, 453에 인용되어 있다.

234 Bingham, "Paideia," 특히 353을 보라.

235 Cribiore, "Compete," 359, 361-62, 369-72.

236 *Rule of Pachomius* 139-40을 인용하는 Marrou, *History*, 330-31; 시편을 알고 있는 5세기부터 7세기까지의 성직자에 대해서는 Marrou, *History*, 337을 보라; 참조. Riesner, "Preacher," 206.

237 Carruthers, *Book of Memory*, 112.

238 Cribiore, *Gymnastics*, 177. 하지만 그는 대다수 학생은 읽기 전에 쓰는 법을 배웠다고 지적한다.

239 Deissmann, *Light*, 223; 이 글은 Riesner, *Lehrer*, 452에도 언급되어 있다. 그는 추가적인 예들도 인용한다.

240 Kelber, "History," 87; 참조. Kelber, "Works," 224-25.

다.[241] 본문을 암기하는 기술은 서구에서 우리가 생생하게 기억하는 시대에 이르기까지 계속되었다.[242] 연기 비평가들은 구두 연기자가 어떻게 성경의 본문들이나 책들을 종종 글자 그대로 외우는지를 언급한다.[243] 이런 것들은 순수하게 구두 전승이라기보다는 문헌이지만(즉 그에게 영향을 준 구두 보고보다는 마가복음과 더 비슷하다) 이런 경우들은 우리 세대가 언제나 상상하지는 않는 인간의 기억이 지닌 가능성을 잘 보여준다.

15.3e. 반복, 반복, 또 반복

고대 사상가들은 청중의 기억에 있어서 반복이 지닌 가치를 널리 인식했다.[244] 고등 교육을 받는 학생들도 종종 그들이 배운 것을 암송했다.[245] 이러한 관행에는 자신을 반복적으로 테스트하는 일도 포함될 수 있었다.[246] 연구 결과는 반복이 개인적인 기억[247]과 구두 전승[248]에 있어서 모두 주된 요점

---

241 Carruthers, *Book of Memory*, 100.

242 예를 들면 Alanna Nobbs는 그녀의 어머니가 1920년대의 한 영국 기숙학교에서 견뎌낸 벌을 말해주었다: "어머니는 롱펠로가 쓴 하이어워사의 [100행에 이르는] 시를 밤새" 익혀서 아침에 선생님 앞에서 암송해야 했다"(2018년 8월 22일의 개인적 편지).

243 Boomershine, "Research Unit," 39; 참조. Rhoads, "Events," 166; Boomershine, "Performance," 290.

244 예를 들면 Aristotle, *Rhetoric* 1414a4-7; 1419b10-13, 28-32; *Rhetorica ad Alexandrum* 21.2; 22.4; 32.6; 36.45; 37.7; Anonymous Seguerianus, *Art of Political Speech* 10.211-13을 인용하는 Vatri, "Writing," 759-61. 신 6:7; Montefusco, "Exercitatio," 265도 참고하라.

245 다음 문헌들을 보라. Diodorus Siculus, *Library of History* 10.5.1; Lucian, *Hermotimus* 1; Iamblichus, *Pythagorean Life* 29.164-65; 35.256; Philostratus, *Life of Apollonius* 1.14; 2.30; 3.16; Small, *Wax Tablets*, 118; 참조. Sipre Deut. 48.1.1-4; Goodman, *State*, 79.

246 Quintilian, *Orator's Education* 11.2.34-35, 44을 인용하는 Small, *Wax Tablets*, 118.

247 예를 들면 Small, *Wax Tablets*, 117-21; Rubin, *Memory*, 129; Stock, Gajsar, and Güntürkün, "Neuroscience," 375, 385.

248 예를 들면 다음 참고문헌들을 보라. Assmann, *Cultural Memory*, 3-4, 81; Assmann, "Memory and Culture," 341; Finnegan, *Oral Poetry*, 78; Barber and Barber, *Severed*, 10; Kirk, "Memory Theory," 823; Eve, *Behind Gospels*, 92; Rubin, *Memory*, 72-75, 124-

을 밝히면서도 요점을 압축하여 전체적인 도식과 더 부합되게 하고[249] 기억
과 새로운 상황을 결부시킴으로써 기억을 수정한다는 것을 보여준다.[250]

루키아노스는 어느 철학도를 전날 들은 강의의 요점을 각각 염두에
두고 암송하는 모습으로 묘사한다.[251] 역시 반복을 이용하여 암기를 강화
한 피타고라스 학파[252]는 특정 학파의 가르침을 배우는 일을 잘 보여주는
극단적이지만 매우 생생한 실례를 제시한다.[253] 제자들은 아침에 전날 배
운 것을 다 암송하기 전에는 침대에서 나올 수 없었다고 한다![254] 남아 있
는 문헌들은 유대인 제자들도 반복을 통해 배웠음을 보여준다.[255]

이러한 널리 퍼진 교육학적 패턴은 예수의 제자들에게도 유지되었을

29, 144, 155, 170, 228; Byrskog, *Teacher*, 397; Mournet, *Oral Tradition*, 174-79, 190; Schwartz, "Smoke," 14.

249 Vansina, *Oral Tradition*, 171; Small, *Wax Tablets*, 200; Rubin, "Introduction," 4; Bauckham, *Eyewitnesses*, 346-47, 350; Redman, "Eyewitnesses," 189; Schwartz, "Smoke," 23; Eve, *Behind Gospels*, 156; Kirk, "Nexus," 148; Kirk, "Jesus Tradition"; Kirk, "Ehrman, Bauckham, and Bird," 92; Kirk, *Memory,* 191-93, 216-18; McIver, "Personal Memory," 54; 좀 더 이전 의 글로는 Mandler, *Stories*를 참고하라. 이 책을 편집하던 도중에 있었던 개인적인 예를 하 나 들자면(2018년 8월 25일), 고등학교 졸업 40주년 동창회에서 한 오랜 친구가 나의 반기 독교적인 무신론과 교회에 다니지 않는 배경에서의 갑작스러운 회심을, 바울이 다메섹 도 상에서 겪은 체험에서 빌려온 표현으로 묘사했다. 비록 (내가 설명한 대로) 확실히 느닷없 는 나의 체험은 바울의 체험보다는 훨씬 덜 극적이었지만 말이다.

250 Stock, Gajsar, and Güntürkün, "Neuroscience," 385.

251 Lucian, *Hermotimus* 1.

252 Iamblichus, *Pythagorean Life* 31.188.

253 예를 들면 Quintilian, *Orator's Education* 11.2.27; Iamblichus, *Pythagorean Life* 20.94; 29.164; 35.256; Philostratus, *Life of Apollonius* 1.14, 19; 2.30; 3.16. 이암블리코스와 필로 스트라토스는 이 시대 이후에 글을 썼으나 디오도로스 시켈리오테스(이하)는 기원전 1세 기에 글을 썼다.

254 Diodorus Siculus, *Library of History* 10.5.1; Iamblichus, *Pythagorean Life* 29.165.

255 다음 참고문헌들을 보라. m. 'Abot 2:8; Sipre Deut. 48.1.1-4; 48.2.6; Goodman, *State,* 79; Byrskog, *Teacher,* 136-96, 특히 158-60(특히 m. 'Abot 2:8; 'Ed. 1:3; Yad. 4:3; Neg. 9:3; t. Yebam. 3:4; 참조. Zlotnick, "Memory," 229-41).

것이다. 그들 역시 **제자**였기 때문이다.[256] 예수는 심지어 사역 중에도 때때로 제자들이 자신의 가르침을 전파하는 것을 감독했을 것이다.[257] 어쨌든 제자들은 이후에 분명 예수의 메시지를 전파했다. 아마도 예수 운동의 지지자들은 제자들에게 예수에 관한 이야기를 반복해서 들려 달라고 요구했을 것이다. 예수의 행동과 가르침을 반복해서 전달하는 과정은 그것에 대한 그들의 기억을 형성하고 강화했을 것이다.[258] (오늘날에도 어떤 강좌를 반복해서 가르치는 교수들은 흔히 그 강좌의 내용을 대부분 기억을 되살려 이야기할 수 있다.)

연구에 따르면 (휴식이 있는) 분산 학습은 기억과 회상에 상당히 큰 도움을 주며[259] 심지어 8년 뒤에도 장기적인 효과가 입증되었다.[260] 제자들은 긴 기간(아마도 1년 이상) 동안 예수와 함께 있었다는 사실로 인해 자연히 예수의 성품과 가르침에 상당히 친숙해졌을 것이다.

15.3f. 필기

예수의 제자들 가운데 누군가가 예수의 사역 기간에 필기를 남겼는지는 전혀 분명치 않지만, 고대의 관행에 따르면 최소한 그럴 가능성은 있다.[261]

---

256 McIver, *Memory,* 184; Bauckham, *Eyewitnesses,* 341-46; 참조. Allison, *Constructing Jesus,* 9 n. 46.

257 Bernier, *Quest,* 62을 보라; 참조. Dunn, *Tradition,* 242. 제자들에 대한 그와 같은 도제식 교육은 보기 드문 일이 아니었다.

258 McIver, *Memory,* 130; 167, 176, 180, 184쪽도 함께 보라.

259 Small, *Wax Tablets,* 122; Rubin, *Memory,* 125-27, 144, 154.

260 Rubin, *Memory,* 127.

261 예를 들면 Kennedy, "Source Criticism," 136-37을 보라. Black, "Kennedy," 65-66에서도 그럴 가능성에 동의하며 주목했다.

기억의 보조 수단으로서의 필기[262]는 필기를 사용하기에 충분한 읽고 쓰는 능력을 갖춘 이들 사이에서는 일반적인 일이었다. 지중해 북부 지역에서 연설을 들은 일부 청중은 연설의 요지를 포착하기 위해 내용을 기록했고,[263] 때로는 학교 웅변 시간에도 그렇게 했다.[264]

그리스의 철학과 수사학 방면의 고급 과정 선생의 제자들은 스승의 강의 시간에 강의 내용을 필기했다.[265] 이미 예수의 제자들이 활동한 시대보다 500년 전에 그와 같은 필기의 내용이 때때로 출판되었고,[266] 이는 복음서가 간행된 시대에도 계속된 관행이었다.[267]

그러나 특히 도시의 학문적 배경에서는 필기가 지배적이었다. 이러한 배경은 보통 전원적인 예수의 갈릴리 지방의 교육 분위기와는 다르다. 더구나 일부 유대 교육학에서는 대부분의 그리스 교육학보다 구술성을 더 강조했다.[268] 그렇기는 하지만 어떤 이들은 일부 유대인 제자들도 더 많은 자료를 기억하기 위한 초기의 기억술로 사용할 목적으로 기본적인 필

---

262 참조. Montanari, "Hypomnema"; Small, *Wax Tablets*, 179; Wright, *Reading*, 119-20; Odor, "Enchiridion," 118; 참조. Cicero, *On the Ends of Good and Evil* 3.3.10; 5.5.12; Aulus Gellius, *Attic Nights* pref.2, 22.

263 Gempf, "Speaking," 299.

264 Seneca the Elder, *Suasoriae* 3.2.

265 참조. Quintilian, *Orator's Education* 11.2.2, 25; Seneca, *To Lucilius* 108.6; Epictetus, *Discourses* pref.2; Arius Didymus, *Epitome* 2.7.11k, p. 80.36-82.1; Lucian, *Hermotimus* 2; 다음 글들도 함께 보라. Votaw, "Biographies," 53, 56; Lutz, "Musonius," 7, 10; Kennedy, "Source Criticism," 131; Gempf, "Speaking," 299; 참조. Hippolytus, *Refutation of All Heresies* 1.15.

266 Kennedy, *Classical Rhetoric*, 19.

267 Quintilian, *Orator's Education* 1.pref.7-8; Epictetus, *Discourses* 1.pref. 고대 출판물의 성격에 대해서는 Keener, *Acts*, 1:43-50의 논의를 참고하라.

268 예를 들면 Hezser, *Literacy*, 98을 보라.

기를 했다고 주장한다.[269] 기억술은 그보다 이전에 이집트에서 나타나며 구약과 사해 두루마리 사본에서 분명히 나타난다.[270] 초보적인 필기의 잠재적 사용은 주로 구두를 통한 전달의 모델과 조화를 이룰 수 있다.[271]

어떤 학자들은 최소한 우리가 고대의 세금 기록에서 무언가를 유추할 수 있다면[272] 예수의 제자들 가운데 최소한 한 사람, 즉 세리(막 2:14)가 그와 같은 기록 능력이 있었을 것이라고 주장한다.[273] 이는 일반적인 세리들도 복음서와 같은 문학적 저작을 집필할 수 있었다고 가정하는 것이 아니다. 필기는 투표용 도편(陶片)에 이름을 써넣는 일처럼 문학적 집필보다 훨씬 더 초보적인 활동이었다.[274]

예수가 제자들을 가르쳤을 때 제자들이 그 내용을 기록했든 기록하지 않았든, 기록을 할 수 있는 많은 고대의 학생들은 기록을 남겼고, 이 점

---

269 참조. Gerhardsson, *Memory*, 160-62; Safrai, "Education," 966.

270 두루마리 사본에 대해 Slomovic, "Understanding"을 인용하는 Riesner, *Lehrer*, 195-96; Talmon, "Tradition," 157-58에 나오는 쿰란 공동체에서의 구전을 통한 기억을 참고하라.

271 Kelber, *Gospel*, 23.

272 예를 들면 다음 참고문헌들을 보라. Day and Keyes, *Documents*, 114; Harris, *Literacy*, 143; Bagnall, *Reading Papyri*, 16, 32-33; Cuvigny, "Finds of Papyri," 43, 48; Johnson and Goodrich, *Papyri* 3. 유대 지역은 이집트보다 적은 세금 관련 서류 작업을 요구했을지도 모르지만, 서류 작업에는 여전히 어느 정도의 글쓰기가 요구되었다(Hezser, *Literacy*, 499-500을 보라).

273 예를 들면 Gundry, *Use*, xii; Eddy and Boyd, *Legend*, 250; 참조. Papias, frag. 3.16. 하지만 정확성과 의미는 많은 논란이 되고 있다.

274 산문 작문에는 불충분해도 기본적인 필요에는 충분한 상업적인 읽고 쓰는 능력에 대해서는 Thomas, "Writing," 25-28을 보라(37-41쪽에 나오는 관리의 읽고 쓰는 능력과 작문에 필요한 읽고 쓰는 능력을 비교한 부분도 참고하라). 다른 증거는 작문에 필요한 읽고 쓰는 능력은 없는 기본적인 읽고 쓰는 능력이 존재했음을 암시한다. 특히 Woolf, "Literacy"; Hurtado, "Fixation," 330-33, 339; Evans, "Graffiti," 161; Keith, "Literacy," 207; Longenecker, "Pompeii," 305; Rhoads, "Performance Criticism," 283을 보라; 참조. Milnor, "Literacy"; Morgan, *Literate Education*, 260-61; Cribiore, *Gymnastics*, 163에서 문맹자와 읽고 쓰는 능력의 관계; Carr, *Writing*, 4-6에서 친숙한 본문을 읽는 능력.

은 고대의 학생들이 스승의 가르침을 보존하는 일을 소중하게 여겼다는 나의 더 일반적인 요점을 뒷받침한다.

15.3g. 그렇다면 예수와 그의 제자들은 어떤가?

예수가 제자들을 거느린 현자였다면 우리는 합리적으로 예수의 제자들이 예수의 가르침에 주의를 기울였을 것이라고 예상할 수 있다. 예수의 제자들이 예수의 가르침을 배우지 않았다면 우리는 왜 애초에 그들을 제자로 상상했을까?[275] 실제로 다른 모든 곳에서 학습 속에 만연한 기억의 관행을 고려할 때, 예수는 그의 제자들이 자신의 가르침을 배우지 않기를 기대했다면 제자들에게 암기하지 말라고 분명히 경고해야 했을지도 모른다![276] 그리고 그들이 예수 운동의 지도자들로서 예수의 역할을 물려받았다면, 그들은 예수의 운동에서 무엇을 예수의 가르침보다 더 많이 가르쳤겠는가? 이러한 결론은 만일 그들이 어떤 이들이 주장하는 대로 예수에게서 배운 것 말고는 교육받지 못한 이들이었다면 더욱더 사실일 것이다.

기억은 고대에 순수하게 구두로 이루어지는 교육을 포함해서 우리가 알고 있는 모든 형태의 교육에서 핵심적이었다. 예수가 제자들에게 기대되는 기본적인 역할과 달리 제자들에게 자신의 가르침을 기억하라고 가르치려 하지 않았다고 가정하는 것은 곧 예수의 교육학을 고대에 완전히 특이한 교육학으로 만드는 것이다. 이는 또한 접할 수 있는 사실상 모든 구체적인 증거를 거부하고 남아 있는 침묵을 근거로 정반대되는 상황을

---

275 예수의 삶을 알려주고 예수의 복음 전파를 뒷받침하는 제자들의 역할에 대해서는 Riesner, *Lehrer*, 426, 440을 보라. 자신의 가르침에 주의하고 순종할 것이라는 예수의 기대에 대해서는 (예를 들어 마 8:22//눅 9:60; 눅 9:44; 11:1을 인용하는) 427, 444-46쪽을 보라.

276 참조. Riesner, *Lehrer*, 440.

구성하는 것이다.[277] 불행하게도 이는 신약학계 일각의 유서 깊은 접근 방식이다.[278] 예수의 제자들이 로마 제국 초기 시대의 다른 제자들과 달랐다고 주장하는 것은 곧 역사적 배경 속에 있는 정보를 이해하는 우리의 일반적인 학문적 접근 방식을 일축하는 것이다. 어떤 이들은 예수에 대한 복음서들의 묘사를 약화하려는 시도로 그렇게 할 수도 있겠지만, 이러한 시도는 예수를 덜 특이하고 덜 난해하게 만들려다가 제자들을 문화적으로 특이하고 난해한 존재로 만든다.

물론 플라톤은 소크라테스의 대화들을 재구성하고 요한은 예수의 담화를 재구성하지만, (플라톤이 3백 년 이상 앞서 보여준) 로마 제국 초기의 기준은 스승들의 가르침을 좀 더 보수적으로 다루었다. 이는 긴 대화와 달리 공관복음을 지배하는 개인적인 말(경구)과 이야기의 경우에 특히 사실이다.

그러나 예수의 제자들은 여러 면에서 다른 제자들과 같았지만, 전승은 그들을 다른 부류의 제자들과 차별화하는 한 가지 핵심적인 특징을 강조한다. 예수에 대한 그들의 지지는 랍비들의 운동이나 여러 인기 있는 철학자들 가운데서의 지지와 같은 여럿 가운데 한 스승에 대한 지지가 아니었다.[279] 그것은 새로운 학파나 운동을 창시한 스승에 대한 제자들의 지지에 더 가깝고 예를 들면 피타고라스의 제자들이나 쿰란 공동체의 의의 스승의 추종자들에 더 가깝다. 쿰란 공동체 창시자의 가르침 가운데 어떤 것은 익명으로 공동체 규칙의 일부가 되었을 수도 있지만, 복음 전승은 어김없이 오직 예수만을 모든 권위 있는 가르침의 원천으로 간주한다.[280]

---

277 McIver, *Memory*, 165.
278 불행하게도 이는 Keener, "Assumptions"에 대한 몇몇 공개적인 응답에서 사용된 논증이다.
279 Byrskog, *Teacher*, 곳곳, 특히 307-8을 보라.
280 Byrskog, *Teacher*, 310. 이러한 요소가 예수에 대한 가르침을 지어낼 동기를 제공한다는 주

15.4. 목격자들의 문맹은 어떻게 되는가?

어떤 비평학자들은 이 모든 증거의 관련성을 일축하며 증거는 대체로 엘리트 계층에게서 나온 것이라고 주장한다. 그러나 엘리트적이지 않은 어떤 문헌적 증거도 거의 남아 있지 않으므로 이러한 주장은 비평학자들이 침묵을 근거로 한 논증을 제시할 수 있도록 모든 문헌적 증거에 대한 일축을 가능케 하려고 효율적으로 활용된 것일 수도 있다.

현대 서구 학자들은 우리에게는 열려 있는 문예 교육의 기회가 부족한 이들을 향해 엘리트주의적인 자세를 때때로 취한다. 학습자는 다른 방면에서 필요한 전문 지식을 계발할 수 있다. 예를 들면 변기에 새는 곳이 있을 때 배관공의 기술과 기계에 관한 지식은 나의 인문학 박사 학위를 쉽게 능가한다. 마찬가지로 나는 북미의 몇몇 신학교 졸업생들보다 아프리카 일부 지역의 여러 고등학교 학생들 사이에서 성경의 내용에 대한 더 훌륭한 지식을 접했다(물론 여기서 학구적인 졸업생들은 제외한다).

엄밀한 의미의 문맹과 관련해서 더 중요한 것은 구두 작문 능력의 몇 가지 눈에 띄는 본보기가 되는 이들이 문맹이라는 점이다.[281] 문맹인 음유시인들은 글자 그대로 정확하게 기억하지는 못하더라도 여러 사회에서 가려 뽑은 다수의 전승을 암송할 수 있었다.[282] 기원전 3세기에 헤로다스의 「선생」(*Didaskalos*)은 과부가 된 할머니를 문맹이지만 "적어도 비극에 나

장에 대한 반론으로 고전 7:10-12에 대한 우리의 논의를 보라.

281 Bailey, "Tradition" (*Themelios*), 7.

282 예를 들면 Lord, *Singer*; Eve, *Behind Gospels*, 5; 고대에는 예를 들면 Xenophon, *Symposium* 3.6을 보라.

오는 연설을 암송할 수 있는" 인물로 묘사한다.[283] 이러한 묘사는 헤로다스의 재미있는 시적 자유를 반영할 수도 있으나, 그 유머는 실생활의 모순을 반영할지도 모른다.[284]

예수의 제자들이 복음 전승의 출처라는 주장에 대해 제기된 한 가지 핵심적인 반론은, 그들은 문맹이었고 하층 계급이었으며, 따라서 기록을 할 수 없었다는 것이다.[285] 어떤 학자들은 유대와 갈릴리에서는 식자력(識字力)이 높았다는 주장을 반박하지만,[286] 어떤 이들은 이 문제에 대해 좀 더 낙관적이었다.[287] 대다수 갈릴리 사람은 문맹이었다는 일반론을 제외하면 예수의 제자들이 서기관들이 존중하는 "전문적인" 훈련을 받았다고 주장하는 사람은 거의 없을 것이다. 그들의 스승은 예수였고 예수는 엘리트 계층에 속해 있지 않았다(요 7:15; 행 4:13).[288]

15.4a. 예수 운동의 첫 세대에 속한 모든 사람이 문맹이었는가?

전반적인 식자력과 무관하게 나는 앞에서 최소한 예수의 사역 기간의 한 제자와 관련 있는 세리들(막 2:14)은 기본적인 필기를 할 수 있었다고 지적했다. 파피아스는 2세기 초에 글을 쓰면서 이 세리가 자료를 제공하고 다

---

283 Cribiore, *Gymnastics,* 163.
284 참조. 옛 로마에서는 주민들이 (로마 시민의 권리와 의무를 요약해놓은) 12표법을 암기했다고 주장하는 Marrou, *History,* 241. 그러나 이런 글들을 "읽는 일"에 관해서는 Livy, *History* 3.34.2도 주목해 보라.
285 Ehrman, *Before Gospels,* 197.
286 특히 Hezser, *Literacy*를 보라.
287 Millard, *Reading*; Millard, "Literacy"; Head, "Note"; Evans, *World,* 63-88; 참조. 1 Enoch 83:2; Beard, *Literacy*에 나오는 중요한 글들을 인용하는 Porter, "Reconstructing," 45. Wright, *Reading*의 가능한 함의도 함께 참고하라.
288 추가로 Keith, *Scribal Elite*를 보라.

른 제자들이 그 뒤를 따랐다고 생각한다.[289] 나의 논증은 어느 것도 필기나 문맹인 제자들에 의존하지 않지만, 나는 앞에서 최소한 몇 가지 기본적인 기록의 가능성을 고려했다.

더 중요한 것은 빠르게 성장하는 예루살렘 교회 내의 어떤 이들은 가장 이른 시기에도 기록을 (그와 같은 기록이 관심사였다면) 남길 수 있으리라고 기대할 수 있었다는 점이다.[290] 읽고 쓰는 능력은 도시 지역에서 더 일반적이었다.[291] 빈곤한 이집트에서조차 대다수 대도시 주민들(그리스어를 사용하는 주요 도시의 시민들)은 전형적인 시골의 농업 종사자들과 대조적으로 읽고 쓸 수 있었다.[292] 쓸 줄 아는 몇몇 추종자들은 사도들이 예수의 생애와 가르침을 이야기하는 것을 듣고 아마도 그 내용을 기록했을 것이다. 비록 예수 운동에 가담한 사람들이 수백 명에 불과하다 해도, 평균 3%의 낮은 식자율(識字率)로도 읽고 쓸 줄 아는 사람이 몇 사람은 나왔을 것이다.[293] 스승들은 종종 출판 문제를 그들의 추종자들에게 맡겼다.[294] 예수의

---

289 Papias, frag. 3.16. 하지만 이 증언은 논란거리다(그리고 나는 이 증언이 완성된 마태복음을 가리킨다고 생각한다). 마태복음만이 우리에게 사도 마태가 이 세리였다는 사실을 알려준다(마 9:9; 10:3; 막 2:14; 3:18과 비교해 보라). 그러나 파피아스는 마 9:9의 이러한 신원 확인이 정확하다고 생각했을 것이다. 아마도 세리가 아닌 제자들이 지어내지는 않은 예수의 명성을 고려하면, 한 세리를 부르는 장면이 특히 눈에 띄더라도, 여러 세리가 실제로 예수를 따랐을 가능성이 크다(막 2:15-16; 마 11:19//눅 7:34을 보라; 참조. 마 21:31; 눅 15:1).

290 Bernier, *Quest*, 136-37과 마찬가지로.

291 Curchin, "Literacy"; 참조. Dewey, "Event," 146-47. 사회적 계층은 더 구체적인 결정 요소일 수도 있다. Keith, "Urbanization"을 보라.

292 Lewis, *Life*, 61-62.

293 이는 매우 최소한의 추정치다(고전 15:6, 하지만 이 숫자는 아마도 일차적으로 예수 운동이 시작될 때의 갈릴리인들을 반영한 숫자일 것이다).

294 Kennedy, "Source Criticism," 129; Tieleman, "Orality," 28, 32; 참조. Dio Chrysostom, *Oration* 54.3-4. 학생들은 이미 예수보다 5백 년 전부터 선생의 강의를 필기한 것을 출판하고 있었고(Kennedy, *Classical Rhetoric*, 19) 이 관행은 로마 제국 초기까지 계속되었다

직계 제자들이 글을 쓸 수 없었다면, 제자들의 추종자들 가운데 일부는 틀림없이 쓸 수 있었을 것이다.[295]

실제로 우리는 1세기에 예수에 대한 약간의 정보를 보존한 예수 운동의 한 외부자—요세푸스—에 대해서도 알고 있다.[296] 바울은 요세푸스의 수준에서 글을 쓴 것은 아니지만 분명 읽고 쓸 줄 알았고, 아마도 예수가 죽은 뒤 기껏해야 단 몇 년 안에 회심했을 것이며(고전 15:8),[297] 바울만 혼자 읽고 쓸 줄 알았을 가능성은 매우 희박하다.[298] 유대 지방에서 새로운 사도 운동에 참여한 이들이 단 1%만 읽고 쓸 줄 알았더라도 누군가가 그 당시에 예수에 관한 기록을 남기려 했다면 기록할 수 있는 사람이 수십 명은 되었을 것이다.[299]

15.4b. 그들은 읽고 쓸 줄 알아야만 정보를 전달할 수 있었는가?

그러나 제자들의 읽고 쓰는 능력은 어쨌든 논쟁거리다. 수사학자들이 기억술이라고 부르는 정교한 기억 방법을 사용하는 기술을 제외하면, 고대의 제자들 사이에서 주목받은 기억의 관행은 오로지 읽고 쓸 줄 아는 사람에게만 적용되는 것이 아니라 제자들 전체에 적용된다. 현자의 모든 제자

(Quintilian, *Orator's Education* 1.pref.7-8; Epictetus, *Discourses* 1.pref.).

295 Bernier, *Quest*, 136-37을 보라. Eve가 지적하듯이 원칙적으로 초기에 필기가 있었다면 40년에 걸친 구두 전달이 필요하지 않을 수도 있었겠지만, 우리는 그런 필기가 있었는지 알 수 없다(*Behind Gospels*, 14).

296 Josephus, *Jewish Antiquities* 18.63-64; 20.200.

297 Jewett는 *Chronology*, 99에서 기원후 34년을 제안하고 Riesner는 *Early Period*, 64-74에서 기원후 31/32년을 제안한다.

298 참조. 행 4:36-37; 6:7, 9-10; 15:22-29; 16:37; 18:24(이런 여러 구절에 대해서는 Keener, *Acts*를 보라); 롬 16:7, 22-23; 고후 1:19; 살전 1:1; 딛 3:13; 벧전 5:12.

299 참조. Keener, "Plausibility."

가 다 교육받은 계층 출신은 아니었다.[300] 루키아노스는 많은 제자뿐만 아니라 그들의 스승들조차 노동 계급의 교육받지 못한 사람들이었다고 불평한다.[301] 그리스의 학교들은 제각기 구전을 통한 기억을 강조하거나 아니면 문헌을 배우는 일을 강조했다.[302] 읽고 쓸 줄 아는 능력은 배운 내용을 말로 전달하는 데는 필요하지 않다. 대(大)세네카의 기억력과 같은 앞에서 언급한 모든 놀라운 기억력이 다 중급 단계의 글쓰기를 요구하는 것도 아니다 (하지만 세네카는 읽고 쓸 줄 아는 사람이 아니었다면 아무것도 아닌 존재였을 것이다).

읽고 쓸 줄 알든지 모르든지 제자들은 당연히 스승의 가르침을 글로든 말로든 배워야 했다. 후대의 랍비들조차, 비록 모세 오경에 대한 그들의 강조는 비교적 고정된 본문과 관련이 있었지만,[303] 그들의 율법에 관한 전승을 글보다 말로 전달하는 일을 강조했다.[304] 아마도 가장 중요한 것은, 누군가가 제자들이 문맹이었다고 주장하기 위해 갈릴리 지역의 낮은 식자율에 호소한다면 그는 같은 고대의 증거에서 도출되는 필연적 결과, 즉 유대인 제자들은 특히 구두로 배웠다는 사실 역시 고려해야 한다는 점일 것이다.[305] 예수의 제자들이 구두로 배웠다면 그들의 읽고 쓰는 능력은 엄

300　그리스인들 가운데서는 예컨대 Alciphron, *Letters of Farmers* 11(시탈케스가 그의 아들 오이노피온에게 보낸 편지) 3.14; 38(에우튀디코스가 필리스코스에게 보낸 편지), 3.40, ¶3에 나오는 교육받지 않은 농부들을 참고하라. 유대인들 가운데서는 힐렐과 아키바의 배경에 관한 기록, 예컨대 b. Ned. 50a; Pesaḥ. 49b을 참고하라.

301　Lucian, *Runaways* 12, 14; *Philosophies for Sale* 11.

302　Culpepper, *School*, 177; 구전 교육에 대해서는 예를 들면 Hezser, *Literacy*, 99을 보라; 참조. Carr, *Writing*, 28.

303　예를 들면 Sipra Behuq. pq. 8.269.2.14; Sipre Deut. 306.25.1; 351.1.2-3에 나오는 구전 율법에 관한 1세기 말에 나온 것으로 알려진 전승; Sipra Behuq. par. 2.264.1.1; Sipre Deut. 115.1.1-2; 161.1.3; 'Abot R. Nat. 15A; 29, §§61-62 B에 나오는 아마도 초기의 자료를 보라.

304　Eve, *Behind Gospels*, 40을 보라; 참조. Sipre Deut. 154.2.1.

305　이 점은 「집회서」를 제외하고 스승들이나 그들의 제자들에게서 나온 그리스와 로마의 많은

밀히 말해 관련성이 없다.

축자적인 기억은 읽고 쓰는 능력이 존재하는 사회에서 더 강하지만, 대부분의 예수 전승과 더 관련이 있는 요점 기억은 읽고 쓰는 능력이 있든지 없든지 활성화될 수 있다.[306] 그러나 우리가 축자적인 기억을 언급하고 있다 하더라도 고대 지중해 사회는 읽고 쓰는 능력이 존재한 사회였다. 구술성(orality)과 문자성(literacy)은 지중해 세계의 대부분 지역에서 공존했다.[307] 이 상황은 꼭 모든 전승 전달자가 다 읽고 쓸 줄 아는 것이 아니라 문자성이 하나의 대조군으로 존재하는 상황이다.[308]

그러나 예수의 모든 제자, 심지어 (놀랍게도) 세리조차 문맹이었다고 잠시만 가정해 보자. 그런 경우 그들은 가르칠 때 자신들이 예수에게서 배운 것에 더욱더 의존해야 했을 것이다. 물론 이미 지적했듯이 모든 사회적 계층의 저자들은 대부분 그들의 저작을 말로 구술했으므로 제자들의 쓸 줄 아는 능력에 대한 반론은 어쨌든 이 문제와 무관하다.[309]

문헌과 비교해 보면 제2성전기의 현자들에게서 나온 문헌이 매우 적은 이유를 설명하는 데 도움이 될 수도 있다. 후대 랍비들의 제자들은 대부분 모세 오경을 읽을 수 있었으나, 그것이 그들의 교육의 초점은 아니었고 어떤 이들은 자기 이름 이상은 쓸 수 없었을지도 모른다 (Hezser, *Literacy*, 98).

306 Kloppenborg, "Memory," 293-94을 보라.

307 예를 들면 다음 참고문헌들을 보라. Talbert, "Response"; Aune, *Dictionary*, 325; Gamble, "Literacy," 646; Byrskog, *Story*, 107-44; Goldhill, "Anecdote"; Habinek, "Literacy"; 대다수 사회에 대해서는 Goody, *Interface*, 78; Rosenberg, "Complexity," 특히 74, 88을 보라. 오늘날의 거의 모든 미디어학자는 구술성과 문자성을 확실히 구별하는 과거의 명제를 거부한다. 예를 들면 다음 참고문헌들을 보라. Niditch, "Hebrew Bible," 6-7; Person and Keith, "Media Studies," 2, 8, 13; Rodríguez, "Great Divide"; Person, "Goody"; Person, "Havelock"; Eve, "Kelber"; 그리고 특히 Foley, *Theory*; Foley, "Plenitude"; 참조. Kirk, *Memory*, 139-41.

308 참조. Lord, *Singer*, 137; Byrskog, *Teacher*, 324.

309 예를 들면 Cicero, *Letters to Atticus* 14.21; Richards, *Letter Writing*, 64-80, 143을 보라.

15.4c. 엘리트 계층이 아닌 이들의 기억: 일반 고려 사항

다른 몇몇 구두 사회에서는 엘리트뿐만 아니라 상당한 비율의 사람들이 엄청난 양의 공유된 전승을 기억할 수 있다.[310] 문맹과 최소한만 읽고 쓸 줄 아는 이들도 정확한 표현은 기억하지 못해도 보통 주제와 요지는 기억한다. 그러나 그들의 문화적 기억 전문가들은 현대 서구인들이 경악할 정도로 서사시를 기억해낼 수 있다.[311]

변형은 구술에서 일반적으로 치르는 대가다. 오늘날 훌륭한 설교자나 교수가 설교나 강의를 할 때 암묵적인 청중의 반응을 고려할 수 있듯이, 구술자도 청중을 위해 설명을 변형시킨다.[312] 구술자는 전형적으로 "새로운 이야기를 만들어내는" 것이 아니라 현재의 청중을 위해 이야기를 맥락화하는 방식으로 독창성을 드러낸다.[313]

이런 일반적인 변형의 관행은 예수의 사역을 직접 목격한 이들도 같은 이야기를 다양한 방식으로 다시 말했을 것이라는 점을 암시한다. 따라서 복음서 저자들도 축자적인 재현을 위해 노력할 이유가 별로 없었다. 그러니 어떤 학자들이 구두 전승의 대다수 형태에서 이러한 관행은 복음서 안의 다양한 차이점 중 일부를 설명하는 데 도움이 되며 이런 변형은 그래

---

310 오늘날 모든 "진짜" 두룽족(獨龍族; 중국의 한 소수 민족—역주)은 그들의 서사시를 (비록 전부 읊으려면 며칠이 걸리더라도) 다 기억할 수 있다고 한다(Yamamori and Chan, *Witnesses,* 22).

311 Harvey, *Listening,* 41; Noll and Nystrom, *Clouds,* 129.

312 Bazin, "Past," 70-71; Rosenberg, "Complexity," 80, 85; 참조. Goody, *Interface,* 81; Anderson, "Oral Tradition," 19-20.

313 Ong, *Orality,* 41; 참조. 59, 157쪽의 같은 요점. Ong은 현대 서양의 독창성에 대한 이상들을 독특한 저작의 관점에서 대조한다(23, 131). 오늘날 공연에서의 청중 맥락화에 대해서는 Rhoads, "Events," 18-88을 보라. 우리는 제작자들과 시나리오 작가들이 서로 다른 청중을 위해 이야기를 어떻게 각색하는지도 생각해볼 수 있을 것이다(가령, 과거의 마초형 벤허[1959년 판]와 좀 더 감수성 있는 최신판 벤허[2016년 판] 같은 다양한 형태의 벤허).

도 구체적인 전승 속에 본질적인 요지를 남겨놓는다고 주장하는 것은 당연한 일이다.[314] 그렇지만 이러한 변형 중에 다수는 바꾸어 표현하기라는 고대의 수사학적 관행[315]과 요점 기억을 자료 각색에 문학적으로 사용하는 일[316]을 반영할 수도 있다.

그러나 대부분의 공관복음 기사들은 실제로 여러 구두 전승과 고대의 문학적 의존 관계의 여러 사례에서 접할 수 있는 수준보다 훨씬 더 서로 다르다.[317] 공관복음서들의 눈에 띄는 유사성은 공관복음 자료의 권위 있는 지위에 대한 공관복음의 존중, 바꾸어 말하기에 대한 공관복음의 적은 수사학적 관심, 그리고 여기서 가장 관련 있는 요인으로 공관복음과 그 자료의 짧은 시간적 거리를 반영할 수도 있다. 다시 말해 예수의 처형 시점부터 널리 퍼진 최초의 복음서가 나올 때까지 복음이 오로지 말로만 전달된 기간은 약 40년, 즉 생생한 기억이 아직 남아 있는 기간 이상일 수가 없다.

15.4d. 엘리트 계층이 아닌 이들의 기억: 고대의 기록들

그러나 고대의 기억에 관해서 우리는 오늘날의 다양한 문화권의 구두 전승에 관한 일반화된 유추에 만족할 필요가 없다. 자연히 고대에 나온 현존하는 증거는 대부분 엘리트 계층에서 나왔다. 엘리트 계층은 (업무상의 서

---

314 Dunn, *Perspective*, 110, 112, 118, 122; Dunn, *Tradition*, 301. 신약학계에서 다루는 구전사에 대해서는 Byrskog, *Story*, 33-40; Eddy and Boyd, *Legend*, 239-68, 특히 252-59를 보라.
315 예를 들면 Theon, *Progymnasmata* 1.93-171을 보라.
316 Small, *Wax Tablets*, 192.
317 후자에 대해서는 (Downing, "Redaction Criticism 1", 62과 "Redaction Criticism 2", 42을 인용하는) Derrenbacker, *Practices*, 95-96 ; Kloppenborg, "Variation"; (추가로 Downing, "Use," 529, 531을 인용하는) Licona, *Differences*, 199을 보라.

류, 낙서, 특별한 경우에 쓴 편지 이외의) 문헌을 가장 광범위하게 유포했기 때문이다. 그렇기는 하지만 일부 구체적인 증거는 엘리트 계층이 아닌 이들도 기억을 소중히 여겼다는 사실을 확인시켜준다.

예를 들면, 많은 음유 시인은 아마도 노래 부를 때 약간의 변형의 여지를 남기며 교육받은 이들이 종종 그들을 비판적인 능력이 없다고 무시하더라도 「일리아스」와 「오디세이아」 전체를 암송할 수 있었다.[318] (노래는 아이들의 학습에도 사용되었지만 가장 높은 수준의 교육을 받은 이들만이 암기술을 사용했다.)[319] 오늘날 아랍어에 문맹인 어떤 사람들은 쿠란을 암기하는데,[320] 이 사실은 고대의 어떤 민족은 훌륭한 그리스어를 더는 구사하지 못했는데도 「일리아스」를 암기했다는 고대의 주장마저 그럴듯하게 만든다.[321]

고대에 평범한 사람들은 비공식적으로 그들이 오래된 것이라고 믿었던 이야기와 노래를 전해주었다.[322] 고대의 연구자들은 지역적인 구두 전승을 충분히 신뢰하여 구두 전승이 수백 년 지난 것일 때도 종종 구두 전

---

318 Xenophon, *Symposium* 3.6; 참조. West, "Rhapsodes"; Boomershine, "Research Unit," 39. 후대의 랍비들이 모세 오경 필사자들을 어떻게 깔보았는지를 참고하라(Hezser, "Scribes," 357-58). 시와 노래는 암기를 수반했고(Apollodorus, *Library* 1.3.1; Seneca the Elder, *Controversiae* 1.pref.2, 19), 이는 산문을 암기하는 것보다 쉬운 일이었다(Ong, *Orality,* 22, 57; Rubin, *Memory,* 8, 75-77, 87, 107-8, 155, 227-56; McIver, *Memory,* 167).

319 Small, *Wax Tablets,* 123.

320 이하 16.7을 보라.

321 Dio Chrysostom, *Orations* 36.9. 온 민족이 「일리아스」 전체를 암기했다고 가정할 필요는 없으나 외부 문헌은 최소한 디온의 기록 가운데 일부를 입증해준다(참조. Loeb 역자 주에 있는 *CIG* 2.2077).

322 예를 들면 Xenophon, *Cyropaedia* 1.2.1을 참고하라. *Cyropaedia*는 대체로 허구적인 이야기지만 그는 이 이야기가 그럴듯하게 들리기를 기대한다. 교육받은 계층에만 국한되지 않은 고대의 기억 능력에 대한 광범위한 높은 평가와 연습에 대해 권영주는 "Reimagining," 138-39에서 Shiner, "Technology," 150-56을 인용한다.

승에 의존했고,[323] 이는 (기억을 중요하게 여긴 현지인들과 같은) 기억에 관심이 있는 이들이 기억을 보존했을 것이라는 기대를 잘 보여준다. 그러한 수백 년 된 사례들에 대한 의존은 아마도 때때로 무분별했겠지만,[324] 우리는 모든 정경 복음서가 이와 대조적으로 복음서가 진술하는 사건들로부터 최대 65년 안에 집필되었을 가능성이 크다는 점을 명심해야 한다.[325] 하지만 복음서도 더 넓은 구두 전승이라는 바다에 흩어져 있는 섬과 비슷할 수도 있다.[326]

유대인들은 또한 비공식적으로 다양한 이야기를 전해주었다.[327] 가장 관련성 있는 사실로, 유대인 소년들은 반드시 기억 능력을 계발했다. 유대인 소년들은 읽고 (그보다 훨씬 더 드물게) 쓰는 능력이 있든 없든, 모세 오경을 암송하는 법을 배웠다.[328] 따라서 읽고 쓰지 못하는 이들은 모세 오경을 구두로 배웠다.[329] 가족이나 이웃에게 이야기를 전해준 평범한 갈릴리 사람들은 아마도 읽고 쓰는 능력이 뛰어난 현대 서구 비평가들의 기억 능력보다 더 발달된 기억 능력이 있었을 것이다.[330] 예수의 제자들처럼, 유대와 갈릴리의 평범한 소년들은 어떤 "전문적인" 훈련도 받지 못했지만 그들

---

323 예를 들면 Pausanias, *Description of Greece* 1.23.2. 필로스트라토스가 아폴로니오스에 관한 백 년이 지난 특정 지역의 이야기들을 접할 기회가 있었을 가능성을 참고하라(Bowie, "Portrait," 142).
324 참조. Pretzler, "Pausanias and Tradition."
325 나는 다른 곳에서 마태복음, 요한복음, 누가복음-사도행전의 저작 시기를 다루면서 다수파에 속하는 중간값 범위의 학문적 견해를 때때로 앞뒤 10년 범위 안에서 잠정적으로 옹호했다(Keener, *Matthew*, 42-44; Keener, *John*, 1:140-42; Keener, *Acts*, 1:383-401).
326 자료의 복합적인 잠재적 관계를 강조하는 McGrath, "Islands"를 보라.
327 Charlesworth, *Pseudepigrapha*, 1-3; 참조. Bailey, "Oral Tradition."
328 참조. Riesner, "Education élémentaire"; Riesner, *Lehrer*.
329 Kirk, "Memory," 157-58.
330 예를 들면 Redman, "Eyewitnesses," 192-93에서의 인정을 주목해 보라; 참조. 179쪽.

조상의 율법을 알고 순종하도록 양육되었고 그 율법을 또한 그들의 자녀에게 가르쳤다.[331] 다른 문맹인 사람들은 예수에 관해 반복해서 들은 이야기들을 자연스럽게 배웠을 것이다.[332]

목격자들 사이에서는 어떤 종류의 기억이 우세했을까? 가르침을 제외하면 목격자들은 그들이 경험한 특별한 경우들을 기억했을 것이다.

15.5. 진실한 기억은 어떠해야 하는가?

과학은 종종 가설을 바탕으로 예측을 하고 그 결과를 관찰함으로써 가설을 검증한다. 로버트 맥아이버는 기억 연구의 결과를 철저히 조사한 뒤 복음 전승이 "목격자의 기억에서 비롯되었다면" 어떤 형태를 취할지에 대한 몇 가지 기본적인 예측을 제시한다.[333] 그는 목격자의 기억에 대한 이전의 자세한 논의를 바탕으로 원래 목격자들이 전파한 어떤 전승이든 일화적 기억을 상당히 반영해야 한다고 결론짓는다.[334] 데이비드 루빈도 지적하듯이 자전적 기억은 보통 처음부터 이야기의 형태를 취한다.[335]

---

331 참조. Josephus, *Jewish Antiquities* 4.211; *Against Apion* 1.60; 2.178, 204에서는 아마도 과장법인 듯한 몇 가지 표현까지 고려한다; 신 6:7; 11:19; 시 78(LXX 77):4-8을 보라. 참조. Freyne, *Galilee*, 208.

332 Dunn, *Perspective*, 119; 참조. Byrskog, *Story*, 110. 반복적인 듣기를 통한 배움에 대해 Riesner는 *Lehrer*, 441에서 Plato, *Parmenides* 126c을 인용한다.

333 McIver, *Memory*, 123. 그의 연구인 "Eyewitness Memory and the Gospel Traditions"는 McIver, *Memory*, 123-61에 나온다.

334 McIver, *Memory*, 123. 그는 일화적 진술은 목격자의 기억에 국한된다고 주장하지 않는다 (124-25을 보라).

335 Rubin, "Introduction," 2; 참조. Elder, "Narrativity," 242.

예수에게서 배우는 일의 몇 가지 요소는 더 오래된 연구에서 검증된 주된 종류의 기억인 의미론적 기억에 의존했겠지만, 예수의 제자들과 가장 관련 있는 종류는 개인적 사건에 대한 기억일 것이다. 사람들은 자신이 단순히 듣기만 한 경험보다는 개인적 경험을 더 쉽게 기억하는 경향이 있다.[336] 아마도 제자들은 이런 경험을 꽤 많이 기억했을 것이다. (개인적으로 나는 그들이 시각 상실과 죽음에서 회복된 것으로 추정되는 사건과 같은 특별히 극적인 사건에, 최소한 이런 종류의 경험이 기억하기에는 너무 흔해질 때까지는, 어느 정도 주의를 기울였을 것으로 예상한다!)

나는 여기서 목격자들에 의해 형성된 전승에 대한 예측을 맥아이버가 다음과 같이 열거한 것을 인용한다.

1. 그 전승은 사건, 장소, 사람들에 대한 이야기로 이루어져 있다.
2. 이런 이야기들은 시간과 관련해서, 그리고 장소와 관련해서 종종 특히 모호하다.
3. 이 이야기들은 보통 추가적인 이야기의 배경이 없다.
4. 이 이야기들은 보통 짧은 기간 동안 일어난 사건들을 묘사한다.
5. 이 이야기들은 감각과 관련된 정보로 가득하고 종종 관계없는 세부 정보를 포함할 수 있다.[337]

장기적인 구두 전승은 일화적이기보다는 흔히 선형적이지만, 개인적 기

---

336 예. Neisser et al., "Earthquake"을 인용하는 Small, *Wax Tablets*, 194-95.
337 McIver, *Memory*, 124. 하지만 그는 그런 특징들을 목격자 증언에만 국한하지 않는다. 추가로 Rubin, "Introduction," 3; Brewer, "Recollective Memory," 35-39을 참고하라.

억의 경우에는 그렇지 않다.[338] 구약의 몇몇 전승과 달리 복음서들은 확대된 구두 전승이 아닌 구전 역사의 시기(생생한 기억)에서 비롯되었다. 따라서 일화적 기억은 복음서의 적절한 형태다.

일화적 형태는 분명 사실인 이야기에만 국한된 것은 아니지만,[339] 맥아이버가 인정하는 대로 그것은 사실인 이야기에 적합하다. 이 형태는 목격자의 근거에 국한되지 않고 따라서 그 근거를 입증하지는 않지만,[340] 그 근거에 반하는 전통적 주장을 약화시킨다. 따라서 맥아이버는 이전의 여러 양식비평가의 가정과 달리 수난 이야기 이외에 공관복음 본문들(단락들)의 대체로 일화적인 형태가 목격자에게서 유래한 이야기와 부합된다고 결론짓는다.[341] 기억 연구로 인해 우리는 목격자들이 보기 드문 기적과 같은 예수를 둘러싼 놀라운 사건들을 정확히 표현된 말씀보다 더 잘 기억할 것으로 기대하게 된다.[342] 제자들은 또한 몇몇 사건들을 특별한 장소와 관련지어 기억했을지도 모른다.[343]

---

338 예. Rubin, *Memory*, 317
339 예를 들면 Karla, "Life of Aesop," 56을 보라.
340 Kirk("Collective Memory," 62; Kirk, "Ehrman, Bauckham, and Bird," 106; Kirk, *Memory*, 54)는 McIver의 결과를 매우 제한적인 것으로 간주하며 그 결과를 공동체 전승에서 보존된 좀 더 두드러진 정보와 대조한다. 그는 이렇게 지적한다. "특별한 목적을 위한 개인적인 이야기는…문화적 가치가 거의 없다"(*Memory*, 85; 그러나 공동체들은 종종 주요 인물들에 대한 어떤 기억이든 소중하게 여긴다). 전승은 개인적인 기억을 재구성한다(Kirk, *Memory*, 224). 사회적 기억에 대한 논의를 보려면 특히 16장을 보라.
341 McIver, *Memory*, 125; "Personal Memory," 55; "Flashbulb Memory," 135. 목격자 전승에 대한 Nineham의 더 오래된 가정은 현재의 심리학적 지식과 모순된다(McIver, *Memory*, 126-27).
342 특히 Winger, "Word and Deed," 683, 685을 언급하는 McIver, *Memory*, 131.
343 Brewer, "Recollective Memory," 52; Wagenaar, "Memory," 187을 보라. 장기적인 전승에서 장소와 관련된 기억을 돕는 연상에 대해서는 Rubin, *Memory*, 39, 47, 51; 로마의 기억술 분야에서는 Small, *Wax Tablets*, 98-101, 109-11; Vatri, "Writing," 751(그는 *Rhetorica ad Herennium* 3.28-37; Cicero, *On the Orator* 2.351-54; *Marmor Parium* 54.70; Quintilian,

그러나 목격자들의 일화적 기억도 일화적 형식으로 전달되었을까? 반드시 그런 것은 아니지만 평균적으로 생생한 기억을 되살린 전기 속의 일화는 대부분 일화의 이야기들을 반영할 가능성이 그렇지 않을 가능성보다 크다. 일화는 단절된 자료나 더 긴 이야기가 일화가 **되는 것**보다 더 쉽게 일화로 **남는다**. 일화는 고대의 수사적 형태의 "크레이아"(chreia) 속에 자연스럽게 부합될 수 있다. "크레이아"는 의미 있는 배경을 지닌 격언이다. "크레이아"는 진정으로 사실과 합치하는 경험이나 날조된 경험을 똑같이 반영할 수 있으나, 전반적인 묘사는 분명 더 쉽게 기억될 종류의 자료에 적합하다.[344] (그러나 고대의 "크레이아"의 길이와 형태는 상당히 다양했다.)[345] 초보적인 학생들은 읽고 쓰는 연습의 일부로 "크레이아"를 규칙적으로 베껴 쓰고, 암기하고, 마침내 발전시켰다.[346]

파피아스의 꽤 논란이 된 한 가지 관점에 따르면 베드로는 "자신의

Institutes 11.2; 좀 더 이전 문헌으로는, *Dialexis,* frag. 9; Aristotle, *Topics* 163b28-32; *Soul* 427b18-20; *On Dreams* 458b20-22을 언급한다); Thatcher, "Memory Theatre"; 요한복음에 대해서는, Thatcher, "Shape," 232-34을 보라; (Pierre Nora의 논지를 발전시킨) Jantsch, "Jerusalem"에 나오는 "기억의 영역"에 관한 접근 방식(이에 대한 논의로는 예를 들어 Le Donne, *Historiographical Jesus*, 43-45을 보라); Nicklas, "Literature," 97; Nicklas, "Landscapes," 9-18; Williams, *Trust,* 52-63에 나오는 복음서의 장소들을 참고하라. 최근의 몇몇 연구는 시간적 뼈대가 공간적 기억술처럼 효과적일 수도 있음을 시사한다(Bouffard et al., "Strategies"). "시간과 장소"는 그와 관련된 기억을 촉발한다(Kirk, "Social and Cultural Memory," 2); 사람이 무언가를 배운 상황을 기억하고 이를 통해 그 상황을 의미론적 기억뿐만 아니라 일화적 기억 속에 통합시키는 것에 대해서는 예를 들어 Carruthers, *Book of Memory*, 100에 나오는 성 빅토르의 후고의 말을 보라.

344 McIver, *Memory,* 132. 형식은 주로 헬레니즘 시대의 형식이지만(Aune, "Aphorisms," 220), 이야기꾼들은 그러한 형식과 일화적 기억의 양립 가능성을 고려할 때 일찍 그러한 형식의 도움을 얻었을 것이다. 몇몇 고대 역사가들은 독립적인 일화들이 기억하기가 더 쉽다고 인식했다(Diodorus Siculus, *Library of History* 16.1.1을 인용하는 Vatri, "Writing," 766).

345 참조. Theon, *Progymnasmata* 3.22-23, 27-28(Butts); Robbins, "Chreia," 3; Mack and Robbins, *Patterns*, 196-97.

346 Marrou, *History*, 172-75; Cribiore, *Gymnastics*, 224.

가르침을 '크레이아'의 형태로 제시하곤 했다."[347] 파피아스가 이런 수사적인 의미를 염두에 두었든 그렇지 않든 간에, "크레이아"는 고대의 전기 문헌에서 종종 나타나지만,[348] 저자와 시대적으로 더 가까운 "크레이아"가 그보다 이른 시기의 "크레이아"보다 더 신뢰할 만한 경향이 있다. 그러한 이야기들과 일화, (특히 현자의 이야기 속에 나오는) 교육 자료, 주인공의 목표에 대한 긴 설명과의 조합은 일반적인 고대 전기에서 흔히 나타났다.[349] 그것은 공관복음의 이야기 대부분의 일화적 특성과 잘 어울린다.[350]

앞 장에서 지적했듯이 핵심적인 목격자들은 아마도 예수와 함께한 가장 중요한 경험의 거의 절반을 그 이후 수십 년 동안 기억했을 것이다.[351] 맥아이버는 제자들이 모든 세부사항을 정확하게 기억할 것으로 기대해선 안 되지만 그들이 직접 본 일화들에 대해 기억한 요지는 대체로 정확했을 것이고, 그들이 무작위적인 여러 세부사항도 정확히 기억했을 가능성이 크다고 추론한다.[352] 우리가 공관복음에서 예수 전승의 모든 세부사항을 다 재구성할 수 없다는 사실은 해체주의자들이 강조하는 언어의 불완전성이 모든 의사소통을 쓸모없게 만들지는 않는 것과 마찬가지로

---

347 Papias, frag. 3.15(Eusebius, *Ecclesiastical History* 3.39.15; Holmes는 "필요한 대로"라고 번역한다). McIver는 *Memory*, 134 n. 10에서 수사적 해석의 근거로 Bauckham, *Eyewitnesses*, 203, 214-17을 인용한다. 참조. Byrskog, "Eyewitnesses," 162-65; Byrskog, "Church." 그러나 이제 Moessner, "Papian Fragments"와 더 자세히 비교해 보라.
348 5장을 보라. 고대 문헌을 직접 통독하는 일 다음으로 지금까지 이 연구에 있어서 가장 유용한 자원은 Robins, *Quotes*일 것이다.
349 Burridge, *Comparison*, 203.
350 예를 들어 Hezser, "Verwendung"; Byrskog, "Church"; Byrskog, "Teacher," 43-44에도 나오는 논의를 보라.
351 McIver, *Memory*, 23, 35-39, 144.
352 McIver는 *Memory*, 147에서 "매우 엄격한 기준에 따라 평가하면 80%까지 정확하다"고 주장한다. "~까지"라는 조건은 물론 여러 연구의 편차를 고려하면 중요한 조건이다.

예수에 대한 공관복음의 전반적인 묘사를 훼손하지 않는다.[353]

목격자 증언은 특히 요점에 있어서 대체로 신뢰할 만하며 그 증언이
보존한 핵심적인 세부사항에 관해서도 대개 신뢰할 만하다.[354] 따라서 우
리의 기본적인 접근 방식은, 우리에게 반대되는 증거가 없을 때는 생생한
기억에서 비롯된 전기의 일화들은 실제 사건을 표현할 가능성이 그렇지
않을 가능성보다 더 크다고 가정하는 것이어야 한다.[355] 이러한 관찰 결과
는 로마 제국 초기의 당대 인물들에 대한 전기와 관련해서 일반적으로 유
효했을 것이다.

물론 어떤 이는 제자들이 예수의 가르침을 의도적으로 왜곡했다고
주장할 수도 있었다. 그러나 이러한 주장 역시 그들을 이 시기의 거의 모
든 다른 제자들과 다르게 만들 것이다. 이러한 비난은 고대의 이야기나 전
기에서 특징적으로 나타나는 종류의 "소설화"나 각색(2장, 11장)이 아닌
노골적인 거짓말과 음모를 가리켜 한 말일 것이다.[356]

그러나 그들의 전언이 이처럼 널리 퍼진 음모였다면 우리는 박해[357]
가 어느 정도의 사람들로 하여금 신앙을 포기하도록 했을 것이고 비판자
들은 그러한 신앙 철회를 언급했을 것이라고 예상할 수 있을 것이다. 하지
만 그런 증거는 부족하다. 또한 우리는 초기 기독교인들의 변증론적인 문
제들 가운데서 그들이 목격자들이 신앙을 포기했다는 비난에 맞서 자신

---

353 후자의 요점에 관해서는 다음 책들을 참고하라. Vanhoozer, *Meaning*, 211-12; Keener,
    Hermeneutics, 86, 333 nn. 50-51.
354 McIver, *Memory*, 160.
355 McIver, *Memory*, 186-87.
356 참조. Clifford Geertz의 견해를 따르는 Schwartz, "Origins," 50: "모두가 거짓말쟁이는 아니
    며 무언가를 알기 위해 모든 것을 알 필요는 없다."
357 예를 들면 고전 4:12; 15:9; 고후 4:9; 갈 1:23; 빌 3:6; Tacitus, *Annals* 15.44.

을 변호할 필요를 느끼는 모습도 발견할 수 없다. 왜 비판자들은 구체적으로 대다수의 다른 사람들이 아닌 **예수의** 제자들에 대해 그토록 평범한 것과 거리가 먼 내용을 가정하려 하는가?[358] 아마도 어떤 이는 예수에 대한 종교적 반론이 다른 고대의 스승들에 대한 반론보다 더 설득력 있다고 느낄지도 모르겠지만, 그런 반론은 예수의 최초의 제자들에 대한 그처럼 특이한 관점을 방법론적으로 정당화하지 않는다. 다른 비판자들은 단순히 모든 구전 역사에 대해 회의적일지도 모른다. 이런 접근 방식은 최소한 방법론적으로는 일관성이 있다. 비록 나와 많은 구전 역사가들은 (16장을 보라) 이의를 제기하겠지만 말이다.

15.6. 결론

예수의 제자들은 예수가 말한 모든 것을 기억하려 하지도 않았을 것이고, 예수의 여러 경구나 끊임없는 비유적 표현 외에는 가르침을 축자적인 형태와 가까운 형태로 기억하려 하지도 않았을 것이다. 그렇기는 하지만 어떤 일반적인 역사 기록의 기준에 따르더라도 우리는 핵심적인 가르침의 내용 중에 많은 부분이 남아 있을 것을 기대해야 한다.

고대 지중해 문화에서는 현대 서구 문화보다 더 기억을 소중히 여겼고 따라서 기억을 훈련했다. 고대의 기억은 웅변, 이야기, 기본적인 교육, 고등 교육에서 잘 나타나듯이 고도로 계발될 수 있었다. 가장 중요한 것은

---

358 이 장에서 기적에 관해 앞서 논의한 내용과 거기서 언급한 Cramer, "Miracles," 136-37의 논의를 보라.

제자들이 읽고 쓸 줄 알든 모르든 일반적으로 스승의 가르침의 내용과 적절한 대목에서는 스승의 행동에 관한 이야기를 보존했다는 점이다.

앞서 말한 논의에 비추어 보면 가장 적절한 첫 번째 가정은 고대의 다른 제자들이 대부분 그들의 스승의 지혜를 주의 깊게 전달한 것 못지않게 예수의 제자들도 예수의 가르침을 주의 깊게 배우고 전달했을 것이라는 가정이다.[359]

예수의 제자들이 스승의 사상을 전달하는 일과 관련해서 (예수에 관한 문헌의 비교적 이른 발간에도 불구하고) 다른 제자들과 완전히 다르게 행동했다고 가정하는 것은 곧 예수에 대한 자신의 의구심을 구체적인 비교 증거보다 더 높이 평가하는 것이다. 어떤 학자들은 불공평한 정경적 편향을 드러낼 수도 있겠지만, 복음 전승을 고대의 유사한 전승보다 훨씬 덜 신뢰할 만한 것으로 취급하는 학자들은 반(反)정경적 편향을 반영하거나, 아마도 더 흔하게는, 비교할 수 있는 비슷한 고대 문헌에 대한 직접적 지식이 부족함을 반영한다.

물론 이 제자들의 말을 들은 사람들 대다수가 제자들의 메시지를 실질적으로 왜곡하지 않았다면 그렇다. 나는 이 문제를 다음 장에서 다룰 것이다.

---

359 이와 비슷한 글로 Eddy and Boyd, *Legend*, 269-306을 참고하라.

16장
구두 전승, 구전 역사

예수의 제자들은 분명히 목격자들이었고 아마도 첫 복음서가 기록된 지
몇 년 이내까지 예루살렘 교회에서 눈에 띄는 위치에 남아 있었을 것이다.
그러나 이 사실이 복음서에 어떤 영향을 끼쳤겠는가? 복음서 저자들이 목
격자 외에도 다른 덜 신뢰할 만한 문헌에 의존했다면 어떻게 되는가?

　　제자들은 초기 교회에서 매우 두드러졌으므로 이 다른 문헌들도 그
들의 증언에 근거했을 것이다. 하지만 그사이에 증언은 어떻게 되었을까?
우리는 루돌프 불트만이 생각한 대로 증언이 근본적으로 변형되었을 것
으로 예상해야 하는가?

16.1. 양식 비평의 비판적 개혁?

그러나 좀 더 최근의 학계에서는 불트만의 급진적인 접근 방식을 다시 논
의했다. 불트만의 접근 방식은 완전한 암기라는 정반대되는 접근 방식 못
지않게 "집단적 기억에 대해 알려진 것"[1]과 대체로 부합하지 않는다. 옥스

1　McIver, *Memory,* 120; 참조. Byrskog, "Century," 12, 14, 19; Keith, *Scribal Elite,* 77 ("신약
　　학계는 마침내 Bultmann과 기타 학자들의 양식비평을 버렸다"); Kirk, *Memory,* 179, 187,
　　199.

퍼드 대학교의 학자 에릭 이브가 지적하듯이 "구두 전승에 관한 연구는 양식비평이 신약 학계의 최첨단을 대표한 이래로 크게 발전했다."[2]

실제로 여러 가지 면에서 전통적인 양식비평은 심각하게 시대에 뒤떨어졌다.[3] 따라서 예를 들면 민간전승에 관한 디벨리우스의 모델은, 이후의 경험적 연구를 통해 반박되었고 순전히 이상에 불과한, 구술성에 대한 J. G. 헤르더의 "낭만적인" 관점을 따랐다.[4] 다른 학문 분야에서의 기억과 구두 전승에 관한 연구는 이제 초기 양식비평가들이 의존한 개념들을 넘어 대략 100년간 진전되었다.

예수 전승에 대한 불트만의 좀 더 회의적인 접근법은 구약 전승에 바탕을 둔 양식비평 모델을 따랐고, 양식비평 모델은 다시 유럽의 민담이 수세기에 걸쳐 전달된 과정을 설명하기 위해 사용된 모델을 따랐다.[5] 불트만의 몇몇 동시대인까지도 지적했듯이, 이러한 접근법은 예수와 복음서 사이의 훨씬 짧은 기간을 무시했다.[6]

---

2 Eve, *Behind Gospels*, xiii. 어떤 이들은 현재의 기억 연구는 기준 접근법보다 양식비평에 더 가깝다고 불평한다(Eck, "Memory," 특히 1, 9). 다른 많은 이들은 고전적인 양식비평이 그 발전에도 불구하고 여전히 본문과 관련된 패러다임에 속박되어 있고(Boomershine, "Research Unit," 37) 사회적 기억 접근 방식에 저항한다고 주장한다(Kirk, "Social and Cultural Memory," 1; Kirk, "Ehrman, Bauckham, and Bird," 113-14; Kirk and Thatcher, "Tradition," 29-33; Horsley, "Patterns," 62-64; Kelber, "Works," 230-31). Kirk, "Ehrman, Bauckham, and Bird," 90; Kirk는 *Memory*, 135-36에서 Ehrman의 "전화 놀이"를 그의 본문비평적인 틀을 반영하는 것으로 간주한다.

3 예를 들어 이미 나온 Güttgemanns, *Candid Questions*, 335-36을 보라.

4 Güttgemanns, *Questions*, 127, 184-93의 견해를 따르는 Eve, *Behind Gospels*, 20-21. 오늘날 민간전승 연구는 더 균형 잡혀 있고 역사성에 대한 미리 결정된 평가를 요구하지 않는다(Dundes, *Writ*, 5, 10-11을 언급하면서 미묘한 차이를 두는 Mournet, *Oral Tradition*, 166-72; 참조. Park, "Folklore," 140).

5 Bultmann, *Tradition*을 보라. 여기서 내가 한 말은 예컨대 Taylor, *Formation*이나 Jeremias, *Theology*의 덜 포괄적인 접근법과 같은 모든 양식 비평에 적용되지는 않는다.

6 예. Davies, *Invitation*, 116. 오늘날에는 예컨대 Bauckham, *World*, 91을 주목해 보라.

불트만이 상정한 경향들(예. 확대, 이름 추가)은 대부분 나중에 E. P. 샌더스에 의해 반박되었고, 샌더스는 고대 문헌을 근거로 전승이 언제나 불트만의 가설 속의 경향을 따른 것은 아님을 입증했다.[7] 실제로 케임브리지 대학교의 학자 리처드 보컴이 지적하는 대로 "우리가 플루타르코스와 그의 자료들 사이에서 발견하는 종류의 차이점은 복음서들 사이의 차이점과 꽤 비슷하며 플루타르코스 전문가들은 양식 비평과 최소한이라도 비슷한 어떤 것도 가정하지 않는다."[8]

불트만의 시대에 이미 최초의 기고문이 출판된[9] 현대의 기억 연구는 불트만이 집단적 기억에 대해 지나치게 회의적이었다는 점을 더욱 잘 보여준다.[10] 이 장에서 나는 로버트 맥아이버의 평가 절하된 저작과 그보다 정도는 덜하지만 에릭 이브, 앨런 커크, 톰 대처(Tom Thatcher)와 기억 연구 및 구두 역사 기록에 가장 친숙한 그 밖의 신약학자들에게 많이 의존했다.[11]

---

7   Sanders, *Tendencies*를 보라. 사실 구두 전승은 Bultmann의 가정과 반대로 (예를 들면 Rubin, *Memory*, 36; Small, *Wax Tablets*, 200의 견해와 마찬가지로) 부차적인 인물들을 압축하고 합치고 제거하는 경향이 있다. 예를 들면 사도행전에서 누가는 몇몇 백부장(행 10:1; 27:1)과 한 천부장(23:26)의 이름을 수록하지만, 그렇다고 해서 눅 7:2에서 그의 전승에 덧붙일 이름을 지어내지는 않는다(참조. 마 8:5). 마태는 야이로의 이름을 생략한다(마 9:18; 비교. 막 5:22; 눅 8:41).

8   Pelling, "Adaptation"의 견해를 따르는 Bauckham, "Response," 237; Bauckham, *World*, 187.

9   Kirk, "Memory Theory," 809; Kirk, *Memory*, 179.

10 McIver, *Memory*, 120, 184, 186; Kirk, "Memory Theory," 809-15(특히 813), 833. 한편 철학적으로 볼 때, 기억에 대한 급진적 회의주의는 논리적으로 자멸적이다(Bernier, *Quest*, 65).

11 구전에 대해서는 좀 더 일반적으로 예컨대 다음 참고문헌들도 참고하라. Dunn, *Perspective*, 45-46, 110-22; Bauckham, *Eyewitnesses*, 325-50; Keener, *Historical Jesus*, 139-61; Keener, "Assumptions," 39-53. Dunn의 *Jesus Remembered*는 사회적 기억 이론과 다른 접근법을 사용했지만, 그 책의 전승에 대한 모델은 그 이론과 조화를 이룰 수 있어 보인다(Kirk and Thatcher, "Tradition," 39 n. 4의 견해도 마찬가지다).

구전 역사와 구두 전승 분야의 몇몇 최근 연구에서는 현대적이고 "객관적인" 의미에서 전승의 확실한 요소와 확실치 않은 요소를 구분하려 하면 일반적으로 이용 가능한 도구들을 뛰어넘게 된다고 주장한다. 그런 학자들이 보기에 현대의 기억 연구는 확실성이라는 유서 깊은 학문적 기준의 일부에 의문을 제기한다.[12] 학문적 진자의 주기적 왕복을 너무 자주 본 나는 이 기준을 단지 신중하게 사용하는 것이 아니라 일축하는 것은 과잉 반응이라고 생각한다. 그러나 나는 그런 기준들은 대부분 여전히 가치가 있을 수 있다고 단언하지만(그리고 이전의 몇몇 저작에서 그런 기준들을 적용했지만) 이 책에서 반복하기에는 이미 너무 잘 알려져 있고 그런 기준을 적용하는 것도 이런 종류의 서론보다는 역사적 예수에 대한 실제적 재구성에 더 적합할 것이다. 따라서 여기서 나의 초점은 어떻게 구두 전승이 일반적으로 정보를 전달하고 그 과정에서 정보를 형성하는지에 머물러 있다.

16.2. 구두 전승: 과거와 현재 연결하기

어떤 학자들은 구두 전승을 오로지 그 자체로만 고찰하고, 어떤 학자들은 구두 전승을 과거에 대한 단서로 사용하려 한다.[13] 사회적 기억 접근법은 진술된 경험의 역사적 신뢰성을 다루기 위해서가 아니라, 집단들이 그들 나름의 상황과 관련해서 기억을 어떻게 재사용하는지를 고찰하기 위해

---

12 예를 들면 Rodríguez, "Authenticating Criteria"; Keith and Le Donne, *Criteria*; 그보다 이전 글로는 Porter, *Criteria*; 이 두 접근법에 모두 의문을 제기하는 글로는 Downing, "Researches"를 보라.

13 Kelber, "Oral Tradition," 257의 요약을 주목해 보라.

고안되었다.[14] 사회적 기억 연구의 초점은 역사 서술적이라기보다는 문화적이다.[15] 그렇기는 하지만 오늘날 역사적 문제를 탐구하는 이들은 개인과 특히 집단적 기억에 관한 현대적 질문을 무시할 수 없다. 역사적 방법은 어떤 주어진 기억이나 전승도 그 기원이 예수까지 거슬러 올라간다고 보장할 수는 없지만, 과거에 직접적으로 접근할 기회나 우리가 의존할 수 있는 연속된 기억은 존재하지 않으므로[16] 현대의 역사가들은 기억의 문제를 인정하지 않고는 예수(또는 다른 인물들)에 관한 역사적으로 신뢰할 만한 정보에 대해 말할 수 없다. 어떤 학자들은 기억의 오류 가능성을 근거로 역사적 예수에 대한 지식의 가능성에 이의를 제기하기 때문에 역사적 예수 연구에 종사하는 이들은 이 문제를 피할 수 없다. 기억의 한계는 우리가 역사적 정보에 접근할 기회를 제한하지만, 역사적 정보에 관심이 있는 이들은 기억이 우리가 과거에 접근할 수 있는 유일한 방법인 한 그것을 소홀히 할 수 없다.

구전 자료는 고대 전기 작가들도 인정한 대로 기록된 문헌이 제공할

---

14 Keith, *Scribal Elite*, 83; Kirk, "Ehrman, Bauckham, and Bird," 100-101, 113-14; Kirk, *Memory*, 206(그는 207-8에서 "역사 기록 방법에 관한 함의"를 역사성에 관한 손쉬운 주장과 구별한다)을 보라. Jens Schröter와 Samuel Byrskog가 2018년 8월 10일에 아테네의 SNTS에서 열린 기억 세미나에서 나눈 대화에서 분명히 말한 대로, 사회적 기억 접근법은 순진한 역사적 실증주의를 교정하면서 (역사적 예수 학자들의 연대기적 연구마저도 보여주듯이) 우리는 언제나 우리 자신의 관점에서 과거를 재구성한다는 점을 인정한다.

15 Kirk, *Memory*, 226. 어떤 학자들은 사회적 기억 이론이 역사적 예수 연구에 대해 갖는 가치에 의문을 제기한다. 예를 들면 Porter and Ong, "Memory," 147-54에서 그 가치를 변호하는 것에 대해 답변하는 글인 Foster, "Memory," 173-75을 보라. 2015년 시점에서 이 문제의 상황에 대한 개관을 보려면 Keith, "Social Memory Theory"를 보라.

16 예를 들면 Le Donne, *Historiographical Jesus*, 13, 17, 38-39(특히 39: "역사가는 해석되지 않은 과거는 결코 해석할 수 없다"). 따라서 Halbwachs가 객관적 역사 서술을 집단적 기억이 사라진 출발점으로 상상한 것은 잘못된 것이다(Le Donne, *Historiographical Jesus*, 44-45).

수 있는 안정성이 부족하다.[17] 그렇기는 하지만 구전 역사는 문서 기록을 보충하는 데 사용될 수 있고 종종 사용되어야 한다.[18] 기록된 문헌이 제한적인 곳에서 우리가 소유한 것은 때때로 구전 역사—어쨌든 종종 가장 잘 집필된 연구의 배후에 있는 자료—밖에 없다. 거짓된 정보는 매우 오래된 것이라도 (고대 역사가들과 전기 작가들의 때때로 반대되는 문학적 접근법에도 불구하고) 우리의 역사적 지식의 빈틈을 정확히 메워줄 수 없지만, 구전 역사는 종종 진정으로 소중한 정보를 제공해준다.[19]

서양인들이 이전에 그런 자료들을 경시한 것은 때때로 자민족 중심주의적인 편견을 반영한 것이었다.[20] 기억은 물론 공동체의 관점에서 보존된다.[21] 모든 기억은 개인적이든 집단적이든 가정이나 편향 등의 영향을 받지만, 사람들과 사건들에 관한 그러한 기억은 일반적으로 순수한 경험에 의존하기도 한다.[22]

문화는 일반적으로 공통된 문화적 기억에 뿌리박은 공통된 문화적 정체성에 의해 정의된다.[23] 공통된 기억의 반복은 공통된 문화를 강화하

---

17 Eunapius, *Lives* 453.

18 예. Aron-Schnapper and Hanet, "Archives orales"; Hoeree and Hoogbergen, "History."

19 참조. Byrskog, *Story,* 26-40; 아프리카에 대해서는 예컨대 다음 글들을 보라. Horton, "Types," 14; Moniot, "Profile," 50. 콩고 출신이고 프랑스에서 역사 분야의 박사 학위를 받은 나의 아내는 이러한 관찰 결과를 확증해 주었다.

20 Chrétien, "Exchange," 77. 일부 토착적인/원주민의 관점에 의한 주변화에 대해서는 Campbell, *Faithfulness,* 193-203을 참고하라.

21 공동체적 기억은 포괄적인 것이 아니라 스스로 타당하다고 여기는 것을 선별한다(Kirk, "Memory," 168).

22 참조. 예. Thatcher, "Cold Memory," 58. 2009년까지의 구술성에 관한 연구와 복음서 연구에 대한 개관을 보려면 Iverson, "Orality"; 그 이전의 글로는, Byrskog, *Story,* 33-40; 고전학 분야에서의 읽고 쓰는 능력에 관한 연구를 개관한 글로는 Werner, "Studies"를 보라.

23 Assmann, *Cultural Memory,* 2-3을 보라. 따라서 논란이 있는 문화적 기억들은 종종 파당적이거나 분파적인 논쟁을 낳는다.

지만, 이런 기억들은 다양한 새로운 방식으로 제시될 수도 있다.[24] 공동체들은 어떤 기억을 그들의 집단적 정체성에 있어서 중요한 것으로 여길 때 보통 이런 기억을 반복하는 좀 더 공식적이고 계획적인 몇 가지 방식을 발전시킨다.[25]

공동체들은 그들의 이야기를 전해줄 뿐만 아니라 재구성하기도 한다. 구전 문화는 정체성 형성을 위해 집단적 기억을 사용하기 때문에[26] 그들의 현재의 필요에 가장 적합한 특징들에 초점을 맞춘다.[27] 따라서 집단적 기억은 기분 좋은 요소들을 미화하거나 과장하고, 불편한 정보를 생략하며, 어떤 인과 관계를 다른 인과 관계보다 선호할 수도 있다.[28] (고대와 현대를 막론하고 개인 화자조차 그와 똑같이 행동하는 경향이 있다.)[29]

구두 전승은 종종 이야기를 문화적으로 의도된 기대나 각본에 부합되게 구성하고,[30] 따라서 복음서들이 예수의 이야기를 구약에 비추어 자주 해석하는 것처럼 어떤 이야기를 다른 이야기에 비추어 해석한다.[31] 그러나 구

---

24 Assmann, *Cultural Memory*, 3-4.
25 Eve, *Behind Gospels*, 92(그는 제의를 하나의 예로 제시한다; 92-93); Assmann, *Cultural Memory*, 40(제의에 대해서는 41-44; 예컨대 Kirk, *Memory*, 185-87, 221-22에 나오는 기념하는 관습들; Keightley, "Memory," 144-47에 나오는 제의; Fernandez, "Memory"에 나오는 성만찬을 참고하라).
26 McIver, *Memory*, 88.
27 선별적인 "구조적 기억 상실증"을 지적하는 McIver, *Memory*, 91; 참조. 184쪽; Vansina, *Oral Tradition*, 108, 118, 172-73.
28 McIver, *Memory*, 106. 그는 미국 남북전쟁의 원인에 대한 북부와 남부의 강조점이 서로 다른 예를 제시한다. 참조. Eve, *Behind Gospels*, 181. Bailey는 "Tradition" (*Themelios*), 8에서 농담, 소식, 잔혹 행위에 대한 이야기와 같은 가장 심하게 과장될 수 있는 요소들은 보통 공동체 전승에서 계속 이어지지 않는다고 주장한다.
29 Pelling, *Texts*, 6의 견해와 마찬가지로.
30 참조. Schwartz, *Forge*, 231; Schwartz, "Harvest," 321; Rodríguez, *Structuring*, 57-63; Eve, *Behind Gospels*, 99.
31 그러한 "조정"(또는 "모형")에 대해서는 예를 들면 다음 참고문헌들을 보라. Vansina, *Oral*

데이커, 앨리슨 및 기타 학자들이 성경적 암시가 복음서에서 허구를 수반할 필요가 없는 것은 존 번연이 자신의 회심 이야기를 바울의 회심 이야기를 고려하여 구성한 것이 그 이야기 속의 정보를 헛되게 만들지는 않는다는 사실과 마찬가지라는 점을 강조한 것은 옳다.[32] 우리는 예수 자신이 이러한 연상 가운데 일부를 제시했을지도 모르고(참조. 예. 막 9:13)[33] 심지어 매우 진지한 역사가들도 종종 그 이전의 역사적,[34] 문학적[35] 모델을 따랐다는 점을 명심해야 한다.

개인들과 집단들은 현재의 필요를 충족시키기 위해 과거에 대한 기억을 재구성한다. 최초의 목격자들로부터 시작해서 이후 세대에서 계속 이어지는 관심사들은 중요하다고 여겨지는 요소들을 형성하고, 따라서 보존할 가치가 있는 것을 생략해도 되는 것으로부터 걸러낸다.[36] 전해오는 이야기를 들려주는 이들은 또한 청중을 집중시키고 즐겁게 하기를 원하는데 이는 이야기의 어떤 요소가 들려지는지에 영향을 끼치는 관심사다. 따라서 공동체의 이상은 전승의 전달에 영향을 끼친다.[37] 예를 들면,

---

Tradition, 107; Eve, *Behind Gospels*, 97, 106, 125, 175, 178; Schwartz, "Smoke," 15-16; Rodríguez, *Structuring*, 57; Rodríguez, "Suffering." 그와 유사하게 다음 책들에 나오는 누가 문헌의 모형론 사용을 참고하라. Aletti, *Birth*, 89-106; Keener, *Acts*, 1:573-74; 2:1363-64.

32 Allison, *Constructing Jesus*, 389. 그는 마태가 마가복음에 있는 그러한 암시를 서로 뒤섞고 막 15:40에서 LXX 시 37:12의 표현을 사용한 것을 예로 제시하지만, 여성들의 존재는 역사적으로 거의 논란이 되지 않았다. 번연에 대해서는 Le Donne, *Historiographical Jesus*, 56도 함께 보라.

33 참조. Le Donne, *Historiographical Jesus*, 4-5.

34 예를 들면 Kennedy, "Source Criticism," 145-46; Bosworth, "Pursuit," 447; Croke, "Historiography," 567-68을 보라.

35 예. Pelling, *Texts*, 45.

36 Vansina, *Oral Tradition*, 118; Rubin, *Memory*, 36, 157.

37 Vansina, *Oral Tradition*, 108-14, 특히 108; 참조. 190-92; Kirk, "Memory," 168. 이야기는

이미 네 번째 복음서는 공관복음서에서 개별적인 축귀 사건과 같은 몇 가지 핵심적인 요소를 생략한다.[38] 교부들도 대부분 이와 비슷하게 선별적인 태도로 예수의 기적 이야기보다 예수의 가르침에 훨씬 많은 관심을 보인다.

장기적인 문화적 기억도 개인적 기억(15장)처럼 보통 연대순 배열을 무너뜨린다. 이는 문화적 기억의 더 오래된 기억들, 구전 역사가들이 문화의 "유동적 공백기" 이전의 시기로 간주하는 시기에 관해서는 특히 더 사실이다.[39] (유동적 공백기는 그 이전에는 기억이 서로 뒤섞이고 그에 대한 상대적 연대기가 존재하지 않는 시기다.) 과거의 인물들이 뒤섞이고 이상화될 수도 있고 한 인물의 특징이 다른 인물의 특징으로 여겨질 수도 있으나,[40] 이는 생생한 기억 속에서 나온 이야기와 "역사적 기록 속에 있는" 이야기의 경우에는 별로 보이지 않는다.[41]

이처럼 특히 다른 가치나 우월한 지식을 지니고 있다고 여겨질 때 외부인들에게 다르게 진술될 수도 있다(Vansina, *Oral Tradition*, 111). Kirk는 *Memory*, 80에서 청중은 반응을 국지적인 장르에 들어맞도록 조절할 수도 있으며 모든 다시 말하기는 이야기를 단지 자의적인 자료보다는 수용될 만한 이야기에 더 잘 들어맞게 한다고 지적한다.

38 이는 요한복음에 일종의 귀신론이 있다는 점을 부정하려는 것이 아니다. 요 6:70; 8:44; 13:2, 27을 보라; 참조. 7:20; 8:48-49, 52; 10:20-21.

39 예를 들면, 유동적 공백기 이전의 시기에 대해서는 Vansina, *Oral Tradition*, 24, 122, 173-88, 특히 176; Bailey, "Tradition" (*Exp*T), 365; Barber and Barber, *Severed*, 115-17; Assmann, "Memory and Culture," 333-34.

40 Vansina, *Oral Tradition*, 105-6. 이러한 특징은 예수 전승에서 덜 눈에 띄었을 것이다. 예수 전승에는 단 한 명의 핵심적인 인물만 담겨 있기 때문이다.

41 Vansina, *Oral Tradition*, 105.

16.3. 그러나 과거는 실제로 발생했다

그러나 어떤 공동체의 기억에 대한 복원적 강화가 공동체들이 일반적으로 단순히 과거를 날조한다는 것을 의미하지는 않는다.[42] 전승을 각본에 비추어 해석하는 과정은 과거를 현재에 비추어 볼 뿐만 아니라 현재를 과거에 비추어 재해석한다.[43] 집단적 기억을 상당히 자세하게 다루는 맥아이버는[44] 기억의 왜곡에 관한 연구자들의 경고를 인용한다. "대체로 집단적 기억에 대한 노골적인 날조는 드문 것처럼 보인다." 사실은 집단적 기억을 부분적으로 제약한다.[45] 심지어 오랜 기간에 걸쳐서도 "과거의 사건들과 인물들에 대한 전승은 일반적으로 중요한 방식으로 실제 일어난 일과 일치"하고[46] 가장 "본질적인 집단적 기억의 요소들은 변화에 저항한다."[47]

---

42 Eve, *Behind Gospels*, 93-95. 그는 Halbwachs에 대한 이전의 잘못된 해석을 바로잡는 문헌들을 인용한다. 참조. Vansina, *Oral Tradition*, 122; Rodríguez, *Structuring*, 45; Halbwachs에 대한 추가적인 논의를 보려면 예를 들어 Assmann, *Cultural Memory*, 21-33; Le Donne, *Historiographical Jesus*, 41-45; Schwartz, "Halbwachs"를 보라. Vansina는 *Oral Tradition*, 107에서 부동성이라는 일종의 적극적인 기준을 사용하면서 우리는 전승이 인물들을 이상적인 유형과 일치시키는 대목에서는 분명 전승을 평가절하할 수 없지만 그런 유형에 역행하는 이야기들의 배후에 있는 전승은 분명 신뢰할 수 있다고 주장한다.

43 예를 들면 Schudson, "Present," 113의 견해를 따르는 Rodríguez, *Structuring*, 59; 참조. Kirk, "Memory Theory," 819-20; Kirk, "Nexus," 152(구두 전승에 관하여); Le Donne, *Historiographic Jesus*, 58; Thatcher, "Cold Memory," 58. 개인적 기억과 관련해서 과거가 현재에 미치는 영향은 심리 치료의 주요 전제다.

44 McIver, *Memory*, 81-121. 참조. Dunn, *Perspective*, 43-46, 114-15.

45 Baumeister and Hastings, "Distortions," 282을 인용하는 McIver, *Memory*, 106.

46 McIver, *Memory*, 109. 왜곡은 이야기가 새로운 틀에 재적용될 때 증가하지만 "그 사건에 대한 최초의 해석"은 그러한 왜곡을 억제한다(Le Donne, *Historiographic Jesus*, 63). 기억의 연속성은 발전된 궤적을 처음의 문맥과 연결하는 것을 가능케 한다(73).

47 McIver, *Memory*, 184.

수백 년 동안 사실이 무엇이든 간에 생생한 기억은 기만이나 심각한 기억 장애를 제외하면 전면적 날조인 경우는 거의 없다. 우리가 그 기억에 접근할 기회가 해석적 구조를 통해 매개되더라도 "실제 과거"는 존재했다.[48] 극단적인 "연속론자"는 역사적 기록을 순수하고 해석되지 않은 자료로 해석하고, 극단적인 "현재론자"는 모든 기억을 현재의 관심사를 위한 순수한 구성물로 취급하지만, 절대다수의 사회적 기억 이론가들은 과거와 현재의 관련성을 모두 고려한다.[49]

기억 전문가 배리 슈워츠가 지적하듯이, "과거"는 단순히 현재의 "억지로 동원된 환영"이 아니다.[50] 개인적 기억과 집단적 기억은 둘 다 불편한 내용을 종종 생략하지만,[51] 기억의 한계를 고려할 때 어떤 경우에든 기억되는 내용보다 생략되는 내용이 언제나 더 많다. 그러한 생략은 정보를 폐기하지만 남아 있는 정보를 날조하지는 않는다.[52] 우리는 그러한 생략이 더 큰 그림을 왜곡한다고 생각하겠지만 생략은 잘못된 정보와 같은 것이 아니다. 슈워츠가 지적하듯이 "부분적인 지식은 잘못된 지식과 동의어가 아니다."[53] 고대의 청중도 그와 다르게 예상하지 않았을 것이다. 우리가

48　Thatcher, "Actual Past"를 보라; 참조. Person and Keith, "Media Studies," 11에서 인용된 Pioske, "Retracing."

49　Le Donne, "Presentism," 307; Le Donne, "Traditionalism," 428; 참조. Kirk, "Social and Cultural Memory," 14-15; Kirk, "Collective Memory," 61-62; Schwartz, "Origins," 53; Baker, "Identity," 189; Thatcher, "Actual Past." Schwartz는 "Origins," 47-49, 특히 47에서 Bultmann과 그의 양식비평 학파를 비현실적인 "현재론자"로 분류한다(과도한 구성주의자로서의 Bultmann에 대해서는 Schwartz, "Jesus in Memory," 258을 참고하라).

50　Schwartz, "Smoke," 19. 그는 Collective Memory, 35-235에서 고대의 기독교적 기억에 대한 Halbwachs의 논의에 도전한다. 참조. Nikulin, "Introduction," 16, 18, 24-27.

51　개인적 기억 속에서의 생략에 대해서는 예를 들면 McIver, Memory, 48을 보라. 공동체적 기억에 대해서는 McIver, Memory, 91, 106; Vansina, Oral Tradition, 122를 보라.

52　Vansina, Oral Tradition, 172; 참조. 122, 188, 190-92.

53　Schwartz, "Smoke," 18; 개인의 기억에 관해서는 Brewer, "Recollective Memory," 42.

지적했듯이 생략은 고대 문헌에서도 예상되었다.[54]

예를 들면, 슈워츠는 각기 다른 집단이 각기 다른 시기에 어떻게 에이브러햄 링컨에 대한 문화적 기억을 재구성했는지를 문헌으로 입증했지만,[55] 이런 차이점들은 대부분 조작된 정보가 아닌 해석적 관점을 반영한다고 지적한다.[56] 따라서 그는 "이런 기억들은 전해지면서 수정되었지만, 이 기억들이 가리키는 사건들의 본질은 여전히 변하지 않았다"[57]는 점을 강조한다. 우리는 또한 모든 해석적 관점을 전적으로 부적절한 것으로 일축해서도 안 된다. 따라서 어떤 이들은 링컨을 해방자로, 어떤 이들은 연방의 수호자로, 어떤 이들은 위업을 성취한 개척자로 이해했지만, 이러한 묘사는 어떤 것도 반드시 틀렸거나 나머지 묘사와 모순되는 것이 아니다.[58]

그리고 어쨌든 링컨에 대한 장기적이고 여러 세대에 걸친 문화적 기억은 예수에 대한 생생한 기억 속에서 집필된 마가복음보다는 이후의 여러 세대의 역사를 통한 예수에 대한 장기적인 문화적 기억과 더 잘 비교된다.[59]

---

54 10장을 보라. 고대 전기에 관해서는 Bosworth, *Arrian,* 211; Licona, *Differences,* 2, 20, 51, 56, 72, 75, 77, 95, 109을 보라; 고대 역사 기록에 관해서는 Polybius, *Histories* 6.11.7-8; Derrenbacker, *Practices,* 91, 93; (Josephus, *Life* 339; *Against Apion* 1.60-66; Dio Cassius, *Roman History* 1.1.1-2을 포함하는) Keener, *Acts,* 194-96을 보라.

55 Ehrman, *Before Gospels,* 5-7. 재구성된 전승에 대한 Ehrman의 비교는 대부분 문화적 기억을 이해하는 데는 유용하지만, 1세기 이후의 시기에서 비롯된 것이고(Keener, "Ehrman vs, McIver," 272-73, 293-97을 보라) 생생한 기억 이후의 과정을 나타낸다.

56 문화적 기억을 다루는 McIver(*Memory,* 89-91)도 링컨에 관한 Barry Schwartz의 연구를 언급하면서 Schwartz, *Forge,* 293-312; Schwartz, *Post-heroic Era,* 219-68의 견해를 따라 현재의 필요는 대체로 링컨에 대한 기억을 날조하는 것이 아니라 재구성한다고 논평한다(160).

57 Schwartz, "Smoke," 9; 추가로 7-9을 보라; 참조. Schwartz, "Harvest," 322, 327-28; Schwartz, "Origins," 49.

58 Schwartz, "Harvest," 327-28.

59 Rodríguez, "Suffering," 241의 내용과 같이.

링컨이 암살된 지 거의 25년쯤 뒤인 1889년에 링컨의 과거 법률 파트너는 링컨에 대한 전기를 출판했다. 그의 조사에는 1830년대에 링컨을 알았던 많은 이들을 포함하여 링컨을 알았던 사람들 250명과 접촉하는 일도 포함되었다. 슈워츠는 "이 사람들이 마지막으로 링컨을 본 이래 35년에서 40년이 지났으므로(이는 마가복음과 예수의 십자가형 사이의 간격과 똑같은 시간 간격이다)" 이 전기 작가는 잘못된 정보를 배제하려고 열심히 노력했다고 지적한다.[60]

링컨이 죽은 지 거의 30년 뒤에 또 다른 전기 작가는 비슷한 인터뷰를 진행했으나, 링컨에 대한 좀 더 긍정적인 묘사를 내놓으며 과거의 대통령에 대한 대중적인 기억을 바꾸어 놓았다.[61] 슈워츠는 링컨에 대한 이 후대의 전기 작가의 다른 해석을 마가복음과 다른 요한복음의 예수 해석과 비교한다.[62] 예수의 제자들은 예수가 죽었을 때 사라지지 않았다. 이와 비슷하게 링컨의 말년을 알고 있었던 많은 이들은 그 후에도 자신의 기억을 진술할 수 있을 만큼 오래 살아남았다. "'실제 링컨'에 대한 공정한 평가가 나타나기 위해 각 목격자가 똑같은 이야기를 할 필요는 없다.…과거에 대한 모든 타당한 이야기가 다 단일한 발생 지점을 갖는 것은 아니다."[63]

---

60 Schwartz, "Smoke," 7.

61 Schwartz, "Smoke," 7-8.

62 Schwartz, "Smoke," 8. 이 유사 관계에서 한 가지 차이점은 링컨의 첫 번째 전기 작가는 링컨을 알고 있었던 반면, 예수를 알고 있었다고 주장하는 이는 바로 나중의 네 번째 복음서의 사랑받은 제자라는 점이다. Schwartz는 "Smoke," 8-9에서 복음서들을 링컨에 대한 Sandburg와 같은 역사소설가들의 작품과 비교한다. 그들은 등장인물의 "인격, 동기, 성품, 목적, 우선순위"를 극화함으로써 그 인물을 되살리기 때문이다. 그러나 복음서들은 그런 일을 많이 하지 않는 것으로 악명이 높고(참조. Keener, *Acts*, 1:135-37), 이는 (오늘날의 문학적 기준에 따르면) 예수에 관한 다양한 영화들이 매우 다양한 방식으로 벌충하려 애쓴 "결함"이었다.

63 Schwartz, "Smoke," 13.

조지 워싱턴에 대한 견해들은 더 큰 이야기의 전설적인 부가물과 연속적인 정보 사이의 필수적인 균형을 잘 보여줄지 모른다. 대다수 역사가는 워싱턴이 벚나무를 베어낸 이야기를 허구적인 이야기로 간주한다.[64] 그와 대조적으로 (1755년의 처참한 브래독 원정대와 같은) 워싱턴의 군사적 경력의 주요 요소들, 곧 그가 식민지 군대를 지휘했고 1789년부터 1797년까지 미국 대통령으로 봉직했다는 사실 등을 의심하는 사람은 아무도 없다. 슈워츠가 지적하듯이 "우리가 1800년에 기록된 전기에서 발견하는 조지 워싱턴은 2000년에 출간된 책에서 쉽게 알아볼 수 있다. 전문적인 관찰자들이 워싱턴 전기가 과도하게 수정되는 것을 막아주기 때문이다."[65]

양자택일적인 주장은 전제가 상호 배타적일 때 가장 효력이 있다. 그런 주장은 전제가 상호 보완적인 것으로 드러날 때는 논리적으로 모순된다. 가장 극단적인 포스트모더니즘적 해석자들은 역사 전체를 수사학으로 환원할 수도 있겠지만, 대다수 역사가는 역사가 아무리 수사학의 영향을 받더라도 여전히 수사학 못지않은 유효한 학문 분야로 남아 있다고 단언한다.[66] 수용의 역사는 전승의 발전을 보여주지만, 최초의 사건들을 부정하지는 않는다.

따라서 앨런 커크는 목격자의 기억 뒤에 있는 어떤 역사도 부정하는

---

64 Ehrman, *Introduction*, 53의 견해도 이와 같다.
65 참조. Schwartz, "Harvest," 322.
66 참조. Schwartz, "Smoke," 23. 그는 또한 여기서 White, *Content*의 급진적 구성주의에 맞서 Ricoeur, *Memory*, 21(참조. 257, 278)을 인용한다(Ricoeur도 *Memory*, 257-58, 556 n. 34에서 White에 대한 반론으로 여러 역사가의 비판을 인용한다). 기억의 약점에서 역사의 부조리로 이어지는 추론은 "개념적·절차적 막다른 골목"을 낳는 경향이 있다(Bernier, *Quest*, 67). 아이러니하게도 어떤 이들은 (예. 논쟁적인 Sardar, *Postmodernism*) 그러한 극단적인 포스트모더니즘은 문화적으로 둔감해질 수 있다고 주장한다.

행위를 "워싱턴 D.C.에 있는 베트남 전쟁 기념관은 정치적으로 격앙된 1980년대의 기념적인 논쟁의 산물이므로 베트남 전쟁과 아무런 역사적 관계가 없다고 주장하는 것"과 비교한다.[67] 기억의 부호화는 정보를 도식으로 효율적으로 압축하지만, 이는 순전한 날조가 아니라 "발생하는 사건들을 요약하는 것과 마찬가지"이다.[68] 대학살에 대한 유대인 생존자들의 생생한 기억이 그들의 기억의 배후에 있는 사건들이 거짓임을 입증한다고 주장할 사람은 아무도 없을 것이다.[69] 마찬가지로 복음 전승 속에서의 해석은 해석된 진짜 정보를 부정하지 않는다.

슈워츠는 이렇게 말한다. "해석은 관찰자의 세계관과 관심사에 의해 부과되는 경우보다 사건의 본질적인 특성에 의해 관찰자에게 강요되는 경우가 더 많다. 달리 표현하자면, 사건 대부분은 기억할 때 대개 실재가 편견보다 중요하다."[70] "중요한 왜곡"은 분명 발생하지만, 여전히 예외적이다.[71]

---

67 Kirk, "Memory Theory," 837; Kirk, *Memory,* 202.
68 Kirk, *Memory,* 217; (거기서 인용된) Koriat, Goldsmith, and Pansky, "Psychology," 489도 함께 보라. Kirk는 *Memory,* 8 n. 30, 69과 다른 곳에서 Ruben Zimmermann(Zimmermann, "Formen," 164; Zimmermann, "Gleichnisse," 113-14)의 유익한 견해들을 인용한다.
69 참조. Bauckham, *Eyewitnesses,* 493-505.
70 앞에서도 언급한 것처럼 Schwartz, "Smoke," 20-21.
71 Schwartz, "Smoke," 21.

16.4. 왜곡된 구두 전승의 예

읽고 쓰는 능력이 존재하지 않는 일부 문화권에서는 어떤 신화의 몇 가지 중심적인 특징조차 단 20년이면 사라질 수 있지만,[72] 그런 변화는 전승의 여러 측면을 덜 알기 쉽게 만드는 주된 사회적 변화로 인해 종종 나타나는 유동적 공백기 이후에 훨씬 더 일반적이다.[73]

시간이 지날수록 분명히 중요한 변화가 구두 전승 속에 축적된다.[74] 예를 들면, 「롤랑의 노래」는 대학살을 간직하고 있으면서도 시적으로 3세기 전에 지역 목동들이 샤를마뉴의 소규모 후위 부대를 몰살한 사건을 10만 명의 이슬람 용사들에 맞선 용맹한 저항으로 변형시킨다.[75]

---

72 Ehrman, *Before Gospels*, 188.

73 유동적 공백기에 관해서는 다음 참고문헌들을 보라. Vansina, *Oral Tradition*, 23-24, 168-69, 226 n. 10(참조. 122, 177); (고대 그리스의 "암흑기"인 기원전 1100년경부터 800년경까지를 적절히 비교하는) Assmann, *Cultural Memory*, 34-35; King, *Kurdistan*, 94-96(참조. 66, 68, 187-88); King and Stone, "Lineal Masculinity," 328-29; Barber and Barber, *Severed*, 115-18, 139. 명료한 이해를 위해 필요한 원래의 도식에 대해서는 예를 들어 Schwartz, "Smoke," 23-24을 보라. 3-4세기 무렵의 종교적 운동(과 흔히 제도적인 해석자들이나 성직자들)에 대한 새로운 이해를 필연적으로 요구하는 사회적 변화에 대해 Assmann은 *Cultural Memory*, 49에서 Halbwachs의 말을 인용한다. 유동적 공백기 이후에도 더는 이해할 수 없는 일부 자료는 적절한 제약이 존재한다면 글자 그대로 보존될 수도 있다 (Ong, *Orality*, 62-63).

74 예를 들면 다음 글들을 보라. Kloppenborg, "Memory," 296-97(그는 Goody and Watt, "Consequences," 310; Goody, *Logic*, 9의 한계를 지적하지만, Rodriguez, *Structuring*, 41-80의 균형 잡힌 접근법은 인정한다); Harms, "Tradition"; Raphael, "Travail"; Iglesias, "Reflexoes"; Henige, "History," 103; 그러나 Eddy and Boyd, *Legend*, 260-64을 참고하라. 넓은 편차에 대한 Goody의 예는 그가 심지어 호메로스의 시대에도 고대 지중해 문화와 명시적으로 **구별하는** 순전한 구전 문화에서 의도적으로 비롯된 예다(Goody, *Interface*, 78-79, 98, 107).

75 Barber and Barber, *Severed*, 90을 보라.

중세 성인전[76]이나 바알 셈 토브(Baal Shem Tov)에 대한 이야기[77]와 같은 일부 경우에는 중요한 왜곡이 한두 세대 안에 발생할 수 있다. 바알 셈 토브의 이야기는 그가 죽은 지 54년 뒤에 기록되었지만, 대개는 그 죽음보다 여러 해 앞선 것으로 알려진 사건들을 가리킨다. 공관복음은 예수의 처형 이전의 마지막 한 해 또는 몇 해를 다루고 있으므로 유아기 이야기 (마 1-2장; 눅 1-2장)만이 이 사건들과 비슷한 시간적 거리가 있는 이야기일 것이다. 전문가들은 환상적인 이야기가 바알 셈 토브를 숭배한 초기 하시디즘의 일반적인 특징이었다고 지적한다.[78] 고대 말기의 성인전과 신화집에 대한 나의 짧은 논의에서 지적한 대로 이런 패턴들은 1세기의 전기에서 지배적인 관습에 부합되지 않는다.

기독교적인 모델이 끼쳤을 가능성이 있는 영향도 다른 몇몇 제안을 (비록 그 제안들이 어느 정도의 사회적 유사성을 보이기는 하지만) 시대착오적인 것으로 만든다. 17세기에 한 유대인 메시아 운동에서는 사바타이 세비(Sabbatai Sevi)를 추종했다.[79] 그의 일부 추종자들은 그가 이슬람으로 변절했는데도 단념하지 않았고[80] 심지어 그가 죽었는데도 단념하지 않았지

---

76 대부분 수 세기에 걸쳐 발전했으나 어떤 것은 더 빨리 발전한 대체로 기독교적인 예는 Keener, *Miracles*, 857-66; 예컨대, Budge, *Takla Hâymânôt*를 보라. 참조. Aune, "Aphorisms," 224(Thomas Becket의 죽음 이후).

77 Ehrman, *Before Gospels*, 95-100을 보라. 나는 이전에 바알 셈 토브의 이야기에 나오는 패턴을 동시대의 성인전 전승과 결부시켰다(Keener, *Miracles*, 205 n. 213). 이제 훨씬 더 자세한 글로 Keener, "Ehrman vs. McIver," 293-97을 보라. 전승 속에 있을 수 있는 약간의 역사적 가치에 대해서는 Kirk, "Ehrman, Bauckham, and Bird," 98 n. 38에 인용된 Etkes, "Besht," 300-301을 보되 이제는 특히 Dynner, "Tale"의 균형잡힌 견해를 보라.

78 Ben-Amos and Mintz, "Introduction," xxiii. Kirk는 그 대신 "Ehrman, Bauckham, and Bird," 98-99에서 베쉬트는 예수와 달리 직접적인 제자 공동체가 없었다고 지적함으로써 베쉬트와의 유사성을 반박한다.

79 Price, *Shrinking*, 29.

80 Grayzel, *History*, 516; Bamberger, *Story*, 240.

만,[81] 영국의 기독교 천년왕국설, 카발라, 이슬람교는 그들에게 1세기에는 존재했을 것처럼 보이지 않는 다양한 개념적 선택지를 제공해주었다.[82]

어떤 이들은 약간 더 비슷하게 예수의 초기 운동을 시몬 킴방구 (Simon Kimbangu)의 운동과 비교하지만,[83] 이 경우에는 직접적인 기독교적 영향이 분명히 존재한다. 침례교인인 킴방구 자신이 자연스럽게 예수를 모델로 삼았다. 그는 예수처럼 그의 운동을 확대시킨 치유 사역을 수행했다.[84] 예수처럼 그도 식민지 엘리트 계층의 탄압에 직면했다.[85] 과거 콩고의 몇몇 예언자 모델도 있었고[86] 이 시기에 매우 효과적인 아프리카 기독교 예언자들의 동시대적 부흥도 있었다.[87]

그러나 예수와 달리 킴방구는 그리 대단한 현자가 아니었고 두 사람이 속한 기억에 관한 문화는 각기 달랐다. 킴방구는 제자들, 즉 당시에 운동을 이끌고 그의 가르침을 언급했던 제자들을 쉽게 기억할 만한 말씀을 전달함으로써 훈련하지 않았다. 실제로 킴방구의 여러 "가장 가까운 제자들도 체포되어"[88] 운동의 여러 핵심적인 지도자들이 활동하지 못하게 되었다.[89] 킴방구의 추종자들 가운데서 그들의 운동의 창시자에 대한 견해

---

81   Scholem, *Sabbatai Sevi*, 920; Greenstone, *Messiah*, 225-30.

82   그것의 (서로 다른) 메시아적 선택지의 범위에도 불구하고; Keener, *Historical Jesus*, 153, 256-67의 논의; Keener, "Parallel Figures"를 보라.

83   Price, *Shrinking*, 29.

84   Koschorke, Ludwig, and Delgado, *History*, 260.

85   예를 들면 McClenon, "Miracles," 188을 보라.

86   McClenon, "Miracles," 185-86; Hanciles, *Beyond Christendom*, 103.

87   Hanciles, "Conversion," 169-70; Sanneh, *West African Christianity*, 123-25, 181-83; Yates, *Expansion*, 170, 172; Kalu, *African Pentecostalism*, 31, 36, 38-39를 보라.

88   Gray, "Christianity," 158.

89   덜 직접적이긴 하지만 킴방구는 콩고 브라자빌의 부흥 운동 지도자인 다니엘 은둔두 (Keener, "Ndoundou")와 콩고 사람인 나의 장인의 한 친구에게도 영향을 끼쳤다(Keener, "Moussounga").

는 예수에 관한 1세기 문헌에서 나타난 차이보다[90] 훨씬 더 광범위하게 갈라졌고 특히 킴방구의 아들이 약 40년 뒤에 죽고 나서는 더 그랬다.[91]

킴방구주의와 대조적으로 예수의 초기 갈릴리 유대인 제자들은 신속한 신격화를 위한 가까운 모델이 없었다. 나중에 디아스포라 지역에서 생겨난 예수의 이방인 제자들은 "메시아"라는 범주를 거의 마음에 떠올리지 않았을 것이다.[92] 다양한 강조점에도 불구하고 고상한 핵심적 기독론은 예수가 미심쩍은 왕위 요구자로 처형된 지 약 20년 뒤부터 시작해서 바울이 쓴 최초의 편지들에도 가득 차 있다. 바울은 다른 문제들에 대한 심각한 의견 불일치에도 불구하고 예수의 부활과 높아진 지위에 관한 공유된 의견 일치를 전제하는 것처럼 보인다(고전 8:6; 15:1-8; 갈 2:7-9).

앞에서 언급한 약간 단기적인 왜곡의 예조차 모두 예수의 상황과는 거리가 멀다. 그러나 시대착오에 빠질 수 있는 유비의 위험성은 차치하더라도 그런 확연한 왜곡은 공동체의 기원에 대한 집단적 기억에서, 특히 생생한 기억 속에서 표준을 벗어나는 이상치(異常值)다.[93]

---

90 어떤 초기 기독교 문헌들은 다른 문헌에서 강조된 문제에 관해 거의 말하지 않지만, 이러한 침묵은 킴방구주의자들 사이에서 발견되는 것과 같은 폭넓게 상충하는 견해들과는 다르다. 예수의 메시아 되심이나 부활을 부인한 예수의 제자 공동체에 대해 말하는 이들은 언제나 침묵 논법을 사용해야 한다.

91 Gondola, "Kimbangu," 767; Kalu, *African Pentecostalism*, 70, 78-79. 최초의 기독교 신학의 기본적인 윤곽은 예수 운동이 시작된 지 40년 안에 바울과 마가의 글에서 이미 나타난다는 점을 명심하라.

92 Keener, "Parallel Figures"를 보라.

93 McIver, *Memory*, 109, 157을 보라.

물론 나는 거의 즉각적이고[94] 최소한 때로는 고의적인[95] 소문에 관한 고대의 많은 예를 언급할 수 있다. 그러나 고대 문헌들을 선별적으로 읽기 보다는 통독해본 나는 이런 예들이 대상에 대한 생생한 기억 속에서 나온 고대 전기에서 전형적으로 받아들여진 정보의 일반적인 핵심과는 다르다는 점도 확증할 수 있다. 단기적인 소문은 그 이후의 더 제대로 된 소식으로 인해 종종 거짓임이 드러나기도 한다.[96]

일반적으로 구두 전승에서 소문의 전달은 공동체의 정체성에 있어서 핵심적인 이야기의 전달과는 다르다.[97] 소문 실험은 분명 구두 전승의 일반적 조건과 확연히 다르다.[98] 여기서 왜곡된 구두 전승은 생생한 기억 속에 있는 표준과 거리가 멀다. 이와 반대되는 중요한 논증이 없다면 우리는 복음 전승에 대한 좀 더 주류적인 유비를 선호해야 한다.

---

94 예를 들면, 음모(Tacitus, *Annals* 14.58), 전투 결과(Plutarch, *Camillus* 24.1; Tacitus, *Histories* 4.12), 대규모 추방(*Annals* 4.46)에 대한 소문들; 적의 숫자를 과장하는 소문들(*Annals* 4.23); 지도자가 죽었다거나(*Histories* 1.34; 4.34) 살아 있다거나(Josephus, *Jewish Antiquities* 19.134; Tacitus, *Annals* 2.82-83) 적들이 달아났다는 거짓 소문(Tacitus, *Histories* 2.42); 또는 심지어 의도적인 거짓 소문(역정보; Justin, *Epitome* 31.1.7; Tacitus, *Histories* 4.38, 54; *Annals* 4.24). 추가로 Keener, *Acts*, 3:2836의 논의를 보라.

95 나는 나의 인용구인 Lucian, *Peregrinus* 39-40을 빌린 이들(LCL 5:45에 나오는 A. M. Harmon의 말을 보라; König, "Lives," 241도 함께 보라)이 이 경우가 표준을 반영하지 않는다는 나의 더 폭넓은 견해도 빌릴 만큼 공평하게 되기를 바란다.

96 그러나 빠르게 전파된 몇몇 소문도 참인 것으로 드러났다; 예를 들면 Pindar, *Nemean Odes* 5.2-3; Justin, *Epitome* 2.14.8-9; 20.3.9; Cicero, *Letter to Brother Quintus* 1.1.1; Tacitus, *Agricola* 9을 보라.

97 Byrskog, *Teacher*, 308 n. 2; Rubin, *Memory*, 130; Kirk, "Memory Theory," 822-23; Kirk, "Ehrman, Bauckham, and Bird," 93을 보라. 잔혹 행위에 대한 경험은 빠르게 퍼지지만(Bailey, "Tradition"[*Themelios*], 8) 종종 처음의 적절한 이야기의 도식이 없다(참조. Barclay, "Autobiographical Remembering," 94). McGrath는 "Islands," 8에서 소문의 전달을 비교하지만 그러한 전달은, 얼토당토않은 부가설명과는 거리가 멀게, "최소 공통분모, 기본적인 개요"를 가장 널리 유포한다고 지적한다.

98 예를 들면 Rubin, *Memory*, 130을 보라.

16.5. 끈질긴 구두 전승의 예

구두 전승에서 왜곡의 예가 가능하다면 반례도 그에 못지않게 가능하다. 오늘날 전 세계의 인종 갈등은 공동체들이 스스로 중요하다고 생각하는 사건들을 여러 세대에 걸쳐 기억할 수 있다는 점을 입증한다. 이는 고대에도 오늘날 못지않게 사실이었다. 예를 들면 메가라와 아테네 사이의 갈등이 있은 지 7백 년 뒤에도 메가라 사람들은 아테네 사람들을 계속 미워했다.[99]

불변하며 보편적인 전승의 법칙에 대해 쉽게 말할 수는 없다.[100] 그러나 기억의 약점이 과거로부터 말로 전달된 이야기들에 대한 완전한 불가지론을 불가피하게 초래한다는 일부 과도한 회의주의자들의 가정과 반대로, 많은 사회는 언어와 세부 정보의 유동성에도 불구하고 수백 년 동안 핵심적인 이야기들과 지혜를 전수한다.[101] 에릭 이브가 지적하듯이 공동체들은 "일반적으로 스스로 중요하다고 여기는 집단적 기억을 반복하는 보다 공식적인 수단을 고안해낸다."[102]

우리는 보통 전승이 얼마나 오래 이어졌는지를 평가할 외적인 수단이 부족하지만 때로는 그런 자료를 가지고 있다. 따라서 예를 들어 아르헨

---

99 Philostratus, *Lives of the Sophists* 1.24.529; 다음 문헌들에 나오는 자주 언급된 그 이전의 기록들을 참고하라. Aristophanes, *Acharnians* 530-40; Thucydides, *History* 1.139.

100 Eve, "Orality," 261; Ruth Finnegan의 경고에 대해서는 Kelber, "Oral Tradition," 257을 참고하라.

101 참조. Lord, *Singer*, 138; Lewis, *History*, 43; Vansina, "Afterthoughts," 110; Yamauchi, "Historic Homer"; 예를 들어 Eddy and Boyd, *Legend*, 260-64을 보라. 하지만 그와 같은 몇몇 경우에는 시적이거나 음악적인 형태가 기억에 도움을 준다(Redman, "Eyewitnesses," 191-92; 참조. Kennedy, "Source Criticism," 143).

102 Eve, *Behind the Gospels*, 92.

티나의 과라니 인디언들은 두 세기 전인 1700년대에 복음이 퍼져나가기 전부터 예수회 선교사들에게 배운 복음 전승을 구전으로 보존했다.[103] 문화적 접촉에 대한 정보는 성경에 근거한 몇 가지 이야기들이 그에 대한 다음 증거가 나오기 3백 년 전에 아프리카의 몇몇 구두 사회의 지역 전승 속에 명백히 유입되었다는 점을 시사한다.[104] 우리는 에티오피아의 한 오래된 연대기에 우연히 보존된 내용 때문에 어떤 하디야 족 지도자에 대한 구두 전승이 5백 년 동안 꽤 정확하게 보존되었음을 확인할 수 있다.[105] 지리학은 어떤 화산 폭발에 대한 뉴기니 고지의 전승이 수 세기에 걸쳐 전달된 사실을 확인시켜준다.[106]

마찬가지로 반시나(Vansina)는 아베나키 인디언들의 구두 전승이 "1869년 이전에는 기록되지 않았지만" 1759년의 분쟁에 대한 "프랑스와 영국의 설명을 둘 다 확증해 주고" "그에 대한 기록들 사이의 모순을 최소한 한 가지는 해결해준다"는 점을 지적한다.[107] 중동 지역의 많은 이야기는 공동체에 속하지 않은 연구원들이 5백 년, 천 년, 심지어 천 5백 년 이전의 사건으로 추정할 수 있는 사건들을 언급한다.[108]

어떤 학자들은 훨씬 더 오래된 전승에 관한 주장을 언급한다. 그러한 주장들은 이 책의 명제와 직접적으로 관련되지는 않지만, 그중에 정확한

---

103 Riesner, *Lehrer*, 451.

104 Vansina, *Oral Tradition*, 155. 참조. Lewis, *History*, 43에서 언급된 아프리카의 전승들.

105 Vansina, *Oral Tradition*, 188.

106 Vansina, *Oral Tradition*, 188-89(전달 기간은 대략 180-340년이다).

107 Vansina, Oral Tradition, 189. 그는 또 다른 예를 통해 때로는 구전 형태가 기록된 형태보다 훨씬 우월하다는 점을 지적한다.

108 예를 들면 Bailey, "Tradition" (*ExpT*), 365; Bailey, "Tradition" (*Themelios*), 6-8을 보라. Bailey와 그의 비판자들에 대한 나의 더 자세한 논의를 보려면 다시 Keener, "Weeden's Critique"를 보라.

주장이 있다면, 그런 주장들은 구두 전승의 기간이 더 짧아질 가능성을 좀 더 생생하게 예시한다. 1865년에 외부인들은 화구호(Crater Lake)를 형성한 인근 지역의 화산 폭발을 정확히 묘사하는, 클래머스 족으로부터 들은 이야기를 전해주었다. 비록 화구호가 근처에서 눈에 띄는 시각적 보조 수단 역할을 하지만, 이 특별한 전승은 분명히 수천 년 동안 구전으로 전달되었다. 빙하 연대 추정은 이 폭발이 거의 7천 7백 년 전에 발생했음을 입증한다.[109]

하와이인들의 몇 가지 전승 역시 매우 오래된 것처럼 보인다. 그곳의 전승에는 언급된 장소에서 특정한 세대에 특정한 용암류를 형성한 화산의 여신들의 신화적 전투뿐만 아니라 95세대 위까지 거슬러 올라간다는 족보도 포함되어 있다. 연구자들이 보기에 놀랍게도 "이 용암류에 대한 방사성 탄소 연대 측정은 족보 기록에서 언급된 족장들의 상대적 순서와 일치할 뿐만 아니라, 22년을 족장 가문의 각 세대의 기간으로 사용할 경우, 절대 연대 측정과도 거의 일치했다."[110] 또 어떤 전승은 최대 만 년 동안 구전으로 전달되었다는 정보를 이야기한다.[111]

그처럼 과도하게 긴 연속된 전승의 사슬은 기껏해야 명백히 예외적

---

109 Zdanowicz, Zielinski, and Germani, "Eruption"을 인용하는 Barber and Barber, *Severed*, 7-8.
110 Barber and Barber, *Severed*, 9에 인용된 Masse, "Earth," 55의 내용. 이보다 설득력은 덜하지만, Barber and Barber, *Severed*, 144, 217은 또한 10세기의 천체 현상과 관련지을 수 있는 하와이의 한 이야기와 관련해서 Masse("Basis," 466-67)의 견해를 따른다.
111 Barber and Barber, *Severed*, 9. 그들은 Dixon, *Searching*, 153-55, 295에 나오는 오스트레일리아의 어떤 긴 구두 전승을 추가로 언급한다. 참조. Lulu Morris, "7,000 Year Old Indigenous Story Proved True," *National Geographic*, May 1, 2017, http://www.nationalgeographic.com.au/australia/7000-year-old-indigenous-story-proved-true.aspx.

이지만,[112] 때때로 전승이 수 세기 동안 구전으로 보존될 수 있다는 점을 분명히 시사한다. 오로지 구두로만 수천 년 동안 전달될 가능성은 무시하더라도 여러 세대에 걸친 유의미한 구전의 가능성은 분명히 입증된다. 이하에서 언급하겠지만 생생한 기억에서 비롯된 구전은 특별히 정확할 수 있다.

전승은 축자적인 경우가 드물지만 때때로 그 핵심은 축자적인 내용에 꽤 가까울 수 있다.[113] 예를 들면 루스 피네건(Ruth Finnegan)은 서아프리카 전승 시인 한 사람이 녹음한 두 번의 공연이 꽤 가깝게 일치한다는(그러나 축자적으로 일치하지는 않는다는) 점을 지적한다.[114] 여러 세대에 걸친 전달과 관련해서 좀 더 유의미한 것은, 그녀가 대략 두 세기의 간격을 두고 각기 그 존재가 입증되었고 구전으로 전달되었으나 눈에 띄는 유사성을 지닌 민요 '바바라 앨런'의 서로 다른 형태를 언급하고 있다는 점이다.[115] 월터 옹(Walter Ong)은 때로는 오로지 "구술 문화에만 속한 민족들" 사이에 전해지는 "더 정확한 축자적 기억"의 몇 가지 사례를 언급하기도 하는

---

112 Barber and Barber는 *Severed*, 9-10에서 전승의 장기적 존속을 위해 필요한 종류의 요인들을 강조한다.

113 Byrskog, *Teacher*, 324 n. 2. 그는 이 책에서 Finnegan, *Oral Poetry*, 73-86, 142; Finnegan, *Literacy*, 90, 158, 166-67, 172-73을 인용한다. Baum, *Faktor*의 견해를 따르고 이를 평가하는 Derico, *Tradition*, 156, 170에 나오는 대략 50%의 언어적 일치(그러나 예컨대 160쪽에 나오는 다른 몇몇 사례에서는 일치율이 그 이하다)의 사례들을 참고하라(Derico는 *Tradition*, 142-71에서 다양한 문화권에서 얻은 Baum의 광범위한 증거를 끌어들인다). 서아프리카의 전승 시인에 대해서는 Goody, *Interface*, 101-3을 참고하라.

114 Finnegan, *Oral Poetry*, 76-78. 그녀는 구성상의 편차는 보통 짧은 공연의 경우보다 장편 서사시의 경우에 더 크다고 지적한 다음(78) 다양한 문화권에서 (축자적이지 않은) 암기의 사례들을 언급한다(79-80).

115 Finnegan, *Oral Poetry*, 136-37. 하지만 그는 이것은 표준이 아니며(139) 여러 판들이 똑같지 않다는 점을 강조한다(140). Rubin, *Memory*, 5-6에 나오는 예들도 함께 보라. 민요에 대한 더 자세한 글을 보려면 257-98쪽을 보라.

데,[116] 이런 사례들은 역시 예외적이다. 그렇기는 하지만 표현상의 유사성은 보통 현대 서양 독자가 우리 자신의 기억에 대한 경험에서 추측할 만한 정도보다 훨씬 더 크다.[117]

구두 전승을 기억하기 쉽게 함으로써 전승을 번성하게 하는 요인들은 다음과 같은데, 이 가운데 대부분은 개인적·심리적 기억에서의 기억의 요인들과 유사하다.

1. 정보는 공동체에 있어서 중요하다.[118]
2. 이야기는 독자의 감각을 사로잡는 생생한 이미지를 포함한다.[119]
3. 핵심은 중복과 반복을 통해 강화된다.[120]
4. 이야기는 단순화되며 여러 요소가 융합되어 문화적 기억 속에 남을 공간을 보존한다.[121]

---

116 Ong, *Orality*, 61.
117 Rubin, *Memory*, 37. (Bauckham, *Eyewitnesses*, 597에서 언급된) Finnegan, *Beyond*, 220도 함께 보라.
118 예컨대, Vansina, *Oral Tradition*, 118; Barber and Barber, *Earth Severed*, 9; Bailey, "Tradition" (*ExpT*), 365 등의 견해와 마찬가지로.
119 예컨대, Rubin, *Memory*, 11, 39-64, 305(고대에 대해서는, 39, 46); Barber and Barber, *Earth Severed*, 10-11, 156 등의 견해와 마찬가지로. 참조. Rubin, *Memory*, 282에 나오는 열차 사고.
120 예를 들면 다음 참고문헌을 보라. Assmann, *Cultural Memory*, 3-4, 81; Finnegan, *Oral Poetry*, 78; Barber and Barber, *Severed*, 10; Kirk, "Memory Theory," 823; Eve, *Behind Gospels*, 92; Rubin, *Memory*, 72-75, 124-29, 144, 155, 170, 228; Byrskog, *Teacher*, 397; Mournet, *Oral Tradition*, 174-79, 190; Schwartz, "Smoke," 14; 중복에 대해서는 Anderson, "Oral Tradition," 32도 함께 보라.
121 Vansina, *Oral Tradition*, 171; Rubin, *Memory*, 36; Kirk, "Memory Theory," 825; Barber and Barber, *Severed*, 115-18; Kloppenborg, "Memory," 289. 비주류 인물들은 핵심적인 주인공들 속으로 합쳐진다(Barber and Barber, *Severed*, 115, 124).

구두 전승은 또한 일반적으로 추상적이기보다는 구체적이다.[122] 암송이라는 고대의 제자도 관행과 예수 운동에서 예수에게 부여된 특별한 역할을 고려할 때 그와 같은 요인들은 복음 전승에서 작용했을 가능성이 크다.

16.6. 딱 요점만

구두 전승은 일반적으로 안정성과 유연성을 함께 나타낸다.[123] 이브가 요약한 기억에 관한 다음과 같은 일반 견해는 상식인 만큼 논박하기 어렵다. "(1) 구두 전승은 전형적으로 안정성과 변화를 함께 나타낸다. (2) 집단적 기억은 과거의 영향과 우리의 현재의 필요를 함께 반영한다. (3) 개인적 기억은 (기억의 사회적 측면들과 구별될 수 있는 한) 일반적으로 신뢰할 만한 동시에 심각하게 오해의 소지가 있을 수도 있다."[124]

순수한 구술 문화에서도 보통 요점은 간직하지만,[125] 흔히 요점만 간직한다. 구두 전승은 주로 축자적인 기계적 암기에 의존하지 않으며 그런 암기는 인간의 기억이 주로 적용하는 과정이 아니다.[126] 요지는 보통 일반적인 기억이 제공할 수 있는 최선의 것이지만 기억은 대개 기억하고 있는 사건의 요지를 보존한다.[127] 바꾸어 표현하기와 해석상의 도식에 따르는

---

122 Rubin, *Memory,* 60-61.
123 예를 들면 Mournet, *Oral Tradition,* 174-90, 292의 견해가 이와 같다.
124 Eve, *Behind Gospels,* 178.
125 Kloppenborg, "Memory," 293-94을 보라.
126 Ong, *Orality,* 22; Rosenberg, "Complexity," 82; Kirk, "Memory Theory," 829. 참조. Kirk, *Memory,* 111: "구술 장르는 비슷한 복제를 자주 가능하게" 하지만, 그것은 기록 매체와 더 많이 관련된 기술인 축자적인 복제는 아니다.
127 다음 참고문헌들을 보라. Bauckham, *Eyewitnesses,* 327, 333-34, 345; Allison, *Constructing*

것은 특히 이야기와 관련해서는 축자적 기억보다 훨씬 더 일반적이다.[128]
(속담과 같은 자주 등장하는 예외는 이하에 언급되어 있다.)

구전 문화에서 자신의 기억은 글자 그대로라는 암송자의 주장은 사실 "인간이 다른 도움을 받지 않고 기억할 수 있는 최대치까지 글자 그대로"라는 뜻일 뿐이다. 발칸 지역의 서사시 가수들은 자신들의 노래는 여전히 변하지 않았다고 주장할지 모르지만 이런 주장은 요지에 대해서만 사실로 밝혀진다. 공연할 때마다 서사시의 몇 가지 요소, 특히 몇 가지 표현과 비본질적인 요점들은 재구성된다.[129] 그러한 구전 공연에 관한 한 연구에 따르면, 단어들의 60%만이 똑같았다.[130] 이는 서양인들 대다수가 도달할 만한 수준보다 훨씬 높은 수준이지만, 그렇다 하더라도 현대적 기준에 따르면 거의 축자적이지 않다.

그런데 왜 대부분의 문화권에서 누군가는 그와 다르게 기대하려 할까? 서양에서는 우리 성인들 가운데 다수가 "금발 미녀와 곰 세 마리" 이야기를 할 수 있고, 우리는 그 이야기를 정확하게 했다고 주장할 수도 있을 것이다. 그러나 우리는 그 이야기를 어떤 가설적인 원본에서 글자 그대로 암송하고 있는 것이 아니다.[131] 설령 이야기할 "원본" 형태에 대해 합의

Jesus, 11-13; Eddy and Boyd, *Legend*, 275-85; Kloppenborg, "Memory," 289, 293-94.

128 여기서 DeConick, "Memory"의 견해를 유익하게 따르는 Kloppenborg, "Memory," 291을 보라. 참조. Kloppenborg, "Memory," 318: "예수 전승은" 아마도 "전달 과정에서 압축되고, 도식화되고, 달리 표현되고, 때때로 자세히 설명"되었을 것이다.

129 Ong, *Orality*, 60, 64-65; Rubin, *Memory*, 7-8, 137-39; Small, *Wax Tablets*, 5-7; Kirk, "Memory Theory," 832; Ehrman, *Before Gospels*, 185-86, 192; 참조. Kwon, "Reimagining," 137-38. 마찬가지로 Allison, *Constructing Jesus*, 29을 참고하라: "전승 전달자들은 언제나 변화를 가져온다."

130 Ong, *Orality*, 60.

131 Small, *Wax Tablets*, 4의 견해와 마찬가지로.

할 수 있다 하더라도 우리는 60%에 근접한 수치에 도달하지 못할 가능성
이 클 것이다.

더구나 모든 전승이 다 동등한 것은 아니다. 어떤 전승은 공동체의 정
체성과 더 관련이 있고 따라서 더 많이 주목받고 집단적 관심을 받으며 보
존되기 쉽다.[132] 시간이 흐르면서 이전의 모든 구술 행위는 새로운 구술 행
위를 매번 제약하기 때문에 그러한 전승의 핵심은 비교적 고정된 형태를
취하는 경향이 있다.[133] 여러 사회에서 구두 전승은 심지어 이야기의 핵심
에 관한 "혁신의 가능성"까지 제한한다. 전승은 "친숙한 것을 표현하는 경
우에만 문화적 기억 속에 남아 있다."[134] 공동체 전승에서 벗어나거나 공
동체의 과거를 공공연히 날조하는 행위는 보통 노골적으로 거부당할 것
이다.[135] 마찬가지로 어떤 이야기의 다양한 형태가 유포되어 서로 영향을
주고[136] 그 과정에서 핵심을 강화할 수도 있다.[137]

예수에 관한 초기 이야기들의 경우와 마찬가지로 전승 전달자들도
자신들이 사실이라고 믿는 이야기를 전할 때 더 주의를 기울였을 것이
다.[138] 그들도 "신성한" 이야기와 관련해서 공동체에 더 주의를 기울인 것

---

132 "어떤 사람이나 사건에 대한 기억이 유지되는 것에 이해관계가 있는" 이들은 "전달자 집
단"을 형성하는데(Schwartz, "Smoke," 11), 이는 신성한 역사와 특별히 관련이 있는 이해관
계다(11-12). 참조. Bailey, "Tradition" (Themelios), 7. 어떤 각본은 다른 각본보다 더 정확
하다는 점에 대해서는 Schwartz, "Harvest," 323을 보라.

133 Rodríguez, Structuring, 87.

134 Assmann, Cultural Memory, 81; Rubin, Memory, 135도 함께 보라: "전승에 대한 지식이 있
는 청중은 가수를 전승의 경계 안에 묶어 두는 강력한 보수적인 힘이다." 마찬가지로 Dunn,
Tradition, 54; 기록된 자료에 관해서는 Eve, Behind Gospels, 142을 참고하라.

135 Le Donne, Historiographical Jesus, 58.

136 Vansina, Oral Tradition, 153; 참조. 158-60.

137 Kirk, "Memory Theory," 823.

138 참조. Rubin, Memory, 141.

처럼 보인다.[139] 명예와 수치심이 가장 중요한 사회에서는 공적인 공동체적 교정도, 설령 세부 내용을 바꾸는 일에 오락적인 가치가 있더라도, 줄거리를 바꾸는 것을 막는 억제책 역할을 한다.[140]

이야기는 자연히 자유롭게 할 수 있는 여지가 있고 구두 전승 전달자는 이야기를 들려줄 때마다 종종 유연성을 보인다. 유연성은 전승을 통해 "두드러진 과거의 도덕적 권위를 되살리는 일"을 억제하지 않고 "신선한 방식으로" 현재의 공동체를 다룰 수 있게 한다.[141] 그러나 사소한 세부 내용이 이야기를 약간 다른 방식으로 전함으로써 달라질 때도 일반적으로 핵심은 안정되게 유지할 것을 요구하는 공인된 한계가 있다.[142] ("금발 미녀"를 기억해 보라. 내가 그 이야기를 내 자녀에게 들려주었다면, 죽이 일시적으로 매우 영양가 있는 브로콜리 수프로 바뀌었을지도 모르지만, 그런 음식은 곰들이 비록 잡식성이긴 해도 일반적으로 요리하는 음식은 아니다.)[143] 전통적인 이야기꾼들은 창의성을 발휘하지만 "규칙을 어겨가면서 그렇게 하지는 않는다." 그들은 예상되는 도식을 따른다.[144] 슈워츠는 다양한 형태의 설화에서도 이러한 단단한 핵심의 패턴을 발견하고 "여러 세대에 걸친 안정적

---

139 Anderson은 "Oral Tradition," 35에서 Kiparsky, "Oral Poetry"의 견해를 따르지만 둘 다 예외가 있다는 점을 지적한다. 실제 정보를 접할 기회가 더 많은 초기 세대들도 대개 주인공들에 관한 허구적인 민담을 만들어내는 경향이 덜하다. 요세푸스의 「유대 전쟁사」를 「열두 족장의 유언」과 비교해 보라.
140 Rubin, *Memory*, 135(참조. 228); Bailey, "Tradition" (*Themelios*), 7; Bailey, "Tradition" (*ExpT*), 365-66; Bird, *Gospel*, 96, 110; David Instone-Brewer, 2017년 5월 22일의 개인적 편지; Arkan Al Amin, 2017년 7월 4일의 개인적 편지(그는 Bailey의 견해를 뛰어넘어 농담까지도 교정했다고 말한다).
141 Kirk, *Memory*, 199.
142 Bailey, "Tradition" (*Themelios*), 7-8; Arkan Al Amin, 2017년 7월 4일의 개인적 편지.
143 전통적인 민속학자들과 달리 나는 좀 더 자유분방한 디즈니와 슈렉의 시대에 속해 있다.
144 Rubin, *Memory*, 36.

인 구두 전승을 대표하는 거의 만 개의 인기 있는 이야기들"에 대한 증거 자료를 언급한다.[145]

　공동체의 정체성에 있어서 핵심적인 이야기들은 수없이 거듭 말해지기 때문에 좋은 이야기꾼은 이야기를 들려줄 때마다 세부 내용에 변화를 준다. 그러나 이러한 "생생함은 핵심적이지 않은 세부 내용 속에 스며들어야 한다." "핵심적인 정보를 건드리는 일은 허용되지 않기" 때문이다.[146] 이야기가 이미 공동체의 재산인 한, 청중들은 잘못된 부분을 바로잡아 줄 수 있다.[147] (대개 잘못의 결과는 단순히 수치이며, 수치는 여러 문화권에서 충분히 견디기 어려운 벌이다. 그러나 르완다의 한 민족 안에서는 죽음이 전통적인 벌이었고,[148] 이는 분명 똑바로 가르쳐야 할 심각한 동기였다!)

　이야기에 대한 더 폭넓은 지식은 왜곡을 증가시키는 대신 이후의 진술을 제약할 수도 있다.[149] 이러한 제약은 최소한 몇몇 복음서의 경우에는 꽤 개연성이 있어 보인다. 누가는 예수에 대한 자신의 기록이 이 운동의 시초로 거슬러 올라가는 정보에 의존하고 있다고 단언할 뿐만 아니라(눅 1:1-2) 데오빌로가 그 기록이 그가 이미 배운 바와 일치한다는 것을 발견하기를 기대한다(1:3-4). 누가가 글을 쓸 무렵에는 머나먼 로마에도 수백 명 혹은 어쩌면 수천 명의 기독교인이 있었다.[150] 누가의 독자들이 누가가 글을 쓰던 당시에 예수에 관한 많은 이야기를 잘 알고 있었다는 점(눅 1:4)은 아마도 누가의 진술에 제약 조건이 되었을 것이다.

145　Schwartz, "Smoke," 13-14.
146　Barber and Barber, *Severed*, 11; 참조. 156.
147　앞에서 언급한 대로 예컨대 Rubin, *Memory*, 135; Rosenberg, "Complexity," 83, 85-86.
148　문화에 관해서 Borgeaud, "Approche," 13을 인용하는 Assmann, *Cultural Memory*, 40.
149　Rodríguez, *Structuring*, 87을 보라.
150　Tacitus, *Annals* 15.44를 보라. 참조. 롬 1:8.

복음 전승과 관련해서 학자들은 보통 요지만 강조하며 요지는 복음서들 사이의 차이를 고려하면 복음서 저자들 자신이 기대한 전부이기도 한 것처럼 보인다. 그들이 처음에 예상했던 청중도 그 점에 이의를 제기하지 않을 것이다. 15장에서 지적한 대로 고대의 기억과 관련된 정확성의 기준은 요지였다.[151] 리코나(Licona)가 플루타르코스의 글에 나오는 다양한 예들을 수집한 뒤에 지적한 대로 "고대 문헌에서 진술된 거의 모든 대화는 만일 그것이 역사상의 대화라면" 보통은 요지나 바꾸어 말하기로서 "저자와(또는) 그의 자료에 의해 기억된 내용에 대한 요약[일 뿐]이라고 가정해도 무방하다."[152]

16.7. 전통적인 중동 지역의 기억

기억을 중시하고 전통적으로 기억에 필요한 문학적 자원이나 전자적인 자원 정보가 부족한 사회들은 기억 능력을 발휘할 가능성이 더 크다.[153] 현대적 기술의 여파로 그런 능력은 쇠퇴하고 있다. 오늘날 서양에서 「아이네이드」나 탈무드를 암송(이미 문헌에 기반을 둔 능력)할 수 있는 사람은 과거보다 훨씬 드물다.[154] 콩고 출신으로 프랑스에서 역사학 박사 학위를 받

---

151 Small, "Artificial Memory"; Rhoads, "Performance Events," 175. 바꾸어 말하기에 대해서는 예를 들면 Theon, *Progymnasmata* 1.93-171을 보라.

152 Licona, *Differences,* 117.

153 참조. Thatcher, *Why John Wrote,* 132: "역사적 문헌들은…우리에게 기억을 불필요하게 만든다." 그러나 Byrskog, *Story as History,* 110-11에는 미안한 말이지만 구술 문화는 축자적 기억 면에서는 우월하지 않다. 구술 문화는 축자적 기억을 검증하는 데 필요한 자원이 부족하기 때문이다. Kloppenborg, "Memory," 293-94을 보라.

154 특히 Jousse, *Style,* 167을 언급하고 Neusner, *Memorized Torah*도 언급하는 Small, *Wax*

은 내 아내는 젊은 세대 아프리카인들 사이에서 전자 매체가 그런 능력과 관심을 사실상 대체했다고 지적한다. 심지어 전통적인 중동의 기억 문화도 지금은 기억에 대한 더 강력한 전통적 강조의 흔적이 남아 있긴 하지만 전자 매체에 빠르게 자리를 내주고 있다.[155]

케네스 베일리는 불트만주의적인 회의론과 예르하르손(Gerhardsson)의 통제된 전승 사이의 넓은 간격 속에 포함된 구두 전승의 한 모델을 제시한다.[156] 케네스 베일리는 공관복음서들이 순전한 허구에 비해서는 서로 너무 비슷하고 경직된 전달에 비해서는 서로 너무 다르다고 주장하면서 전통적인 중동 사회에서 발견되는 종류의 구전을 선택한다.

베일리의 접근법은 환호와 비난을 동시에 받았다. 영국 학자들인 던과 라이트는 그의 모델을 발전시켰다.[157] 대서양 서편에서는 위든(Weeden)과 어만이 그의 모델에 이의를 제기했다.[158] 베일리의 몇 가지 주장은 부정확했지만, 그의 몇몇 비판자들은 부정확한 점들을 과장했고 결론적으로는 꽤 주류에 속하는 그의 입장을 희화화했다. 불트만과 예르하르손 사이의 간격은 매우 넓고 베일리는 자신의 입장이 저명한 영국 신약학자 C.

Tablets, 287 n. 76.

155 Bailey, "Tradition" (Themelios), 9; Bailey, "Tradition" (ExpT) 363-64; 참조. Hamilton, "Story-Tellers"; Hamilton, "Storytelling"; Davies, "Storytellers"; Dunn, "Theory," 46, 62; McIver, Memory, 115, 121.

156 Bailey, "Oral Tradition"; Bailey, "Tradition" (Themelios); Bailey, "Tradition" (ExpT). 그와 같은 중도주의적인 입장에 대해서는 Chance, "Fiction," 126에서 언급된 Chilton, Study, 21-50도 함께 참고하라.

157 Wright, Victory, 133-37; Dunn, Tradition, 2, 52-53, 59, 205, 219, 239, 279, 320, 322; Mournet, Oral Tradition, 187-90, 292. 균형 잡힌 평가로는 다음 참고문헌들이 있다. McIver, Memory, 115; Kloppenborg, "Memory," 300-303; Eve, Behind Gospels, 66-85.

158 Weeden, "Theory"; Ehrman, Before Gospels, 71.

H. 도드의 입장에 가깝다고 밝힌다.[159] (나는 별도의 논문에서 베일리의 주장이 지닌 강점과 약점을 더 자세하게 다루었다.)[160]

베일리는 신약학자들의 견해에 관한 최신 2차 문헌에 대해서는 항상 빠르지는 않았지만 그를 비판하는 이들과는 달리 중동의 관점에 대한 수십 년에 걸친 경험이 있었다. 전통적인 중동의 구두 전승에 대한 전문지식이 있는 켄터키 대학교 인류학 교수 다이앤 킹(Diane King)은, 베일리는 자기 주변에서 본 것을 묘사할 때 가장 탁월했다고 내게 말했다. 그것이 곧 민족지학자가 사용하는 접근법이다.[161] 민족지학자와 인류학자에게 일반적인 현장 연구 기간은 1년에서 3년 사이다.[162] 베일리는 민족지학에 대한 교육을 받지 않았고 아마도 민족지학적인 현장 메모를 하지도 않았겠지만, 중동의 문화와 언어에 깊이 몰두한 그의 40년간의 경험은 그에게 그를 가장 격렬하게 비판하는 이들이 지금까지 제시한 어떤 견해보다도 중동 문화에 대한 더 온전한 견해를 제시할 수 있는 자격을 부여해줄 것이다.[163]

---

159 Bailey, "Tradition" (*Themelios*), 5; Bailey, "Oral Tradition," 36-37; Bailey, "Tradition" (*ExpT*), 353-54. McIver는 *Memory*, 120에서 같은 갈라진 틈에 양다리를 걸친다.

160 Keener, "Weeden's Critique"를 보라. (비록 이 글을 나 자신의 논문에 싣기에는 너무 늦게 발견했지만) Derico, *Tradition*, 63-101도 89-114쪽에 나오는 Weeden의 비판에 대한 그의 비판까지 포함해서 꽤 자세하게 함께 보라.

161 2017년 3월 14일에 켄터키주 윌모어에서 이 주제에 관해 Diane King과 함께 한 개인적인 토론.

162 예를 들면 Bronisław Malinowski는 트로브리안드 섬 주민들과 2-3년간 함께 지냈다.

163 Derico는 *Tradition*, 79에서 Bailey에게는 공식적인 현장 메모가 없다고 지적하지만, 90쪽에서 Bailey의 가장 혹독한 비판자가 "그에게서 어떤 전문적인 민족지학자나 민속학자도 결코 충족시키려 하지 않는 수준의 서술적 정확성을 요구한다"고 일침을 가한다. Turner는 *Experiencing Ritual*, 4에서 자신들이 받은 교육이 자신들에게 "한 문화의 여러 측면을 현지인들보다 더 잘 이해할 수 있는" 자격을 부여한다고 민족중심주의적으로 가정하는 몇몇 동료 인류학자들에 대해 불만을 토로한다.

베일리의 몇 가지 예시는 유감스럽지만, 이야기의 본질적인 핵심이 중동 지역의 기억 속에 전반적으로 남아 있다는 그의 전체적인 취지는 확실히 생생한 기억 내에서는 진실인 것처럼 보인다.[164] 베일리는 자신의 경험 외에도 중동 문화에서 현재 통용되는 수천 가지 잠언에 대해 여러 저작에서 얻은 증거 자료를 언급한다.[165] 그의 몇몇 학문적 비판자들은 아마도 아랍어를 비교적 잘 알지 못해서 이런 자료들을 경시했을 것이다.[166]

16.7a. 몇 가지 예

또한 베일리는 중농의 문헌에 기록되어 있거나 예컨대 중동의 한 정교회 신학교에서 쉽게 관찰할 수 있는 표준적인 관습이었던 중동의 기억에 관한 관습의 이슬람교적인 예와 기독교적인 예를 함께 제시한다.[167]

베일리만 그런 것이 아니다. 예를 들면 데리코(T. M. Derico)는 최근의 한 역사적 인물을 알고 있었던 중동의 세 지도자와 좀 더 공식적으로 인터뷰했다. 각 지도자는 자연히 나머지 사람들이 언급하지 않은 몇 가지 이야기를 했지만, 그 이야기들 속에는 그 인물에 대한 그들의 직접적인 지식에 근거하고 있으나 서로 독립적인 여러 유사한 이야기들도 포함되어 있었다. 그들은 그런 이야기들을 그 인물을 창시자로 여기는 영적인 공동체들

---

164 이 점 역시 다음 글에서 길게 주장한 바 있다. Keener, "Weeden's Critique." King 교수는 (역시 2017년 3월 14일의 우리의 토론에서) 쿠르디스탄에서의 구전 기억과 관련한 자신의 25년간의 경험을 언급한다.

165 Bailey, "Tradition" (*Themelios*), 6-7; Bailey, "Tradition" (*ExpT*), 365; 참조. Bailey, "Oral Tradition," 41.

166 한 온라인 강의에서 Bailey는 "지중해의 농부들"을 한 번도 만나본 적 없으면서도 그들에 대해 글을 쓰는 이들의 견해를 일축한다.

167 Bailey, "Tradition" (*Themelios*), 5-6; Bailey, "Oral Tradition," 39.

사이에서 반복적으로 들려주었다.[168] 그 형식에는 여행 이야기, 기적 이야기, 격언 등이 포함되었다.[169]

마찬가지로 심리학과 성경을 함께 배운 레바논인 목사인 아르칸 알-아민도 자신이 거의 30년 전인 열두 살 때 단 한 번 들은 이야기의 핵심을 내게 말해주었다. 그는 그때 나를 위해 그 이야기 전체의 출처를 찾아주었다. 그 이야기가 과거에 구전 기억에 부여된 가치를 잘 보여주기 때문이다. 나는 여기서 그가 번역한 아랍어 시를 다음과 같이 의역했다.

이야기는 다아드라는 이름의 공주인 시인과 더불어 시작된다. 그녀는 자기보다 나은 시인이 있으면 그와 결혼하겠다고 제안한다. 그녀와 결혼하는 사람은 작은 왕국[아랍어로 "이마라"]도 함께 받을 것이다. 티하마 출신의 한 시인이 그 소식을 듣고 뛰어난 시 한 편을 지은 다음 공주를 만나러 갔다. 긴 여행 중에 히자즈 출신의 한 남자가 시인과 함께 머물며 시인에게 여행하는 이유를 물었다. 시인은 그를 믿고 순진하게 자신이 지은 시를 암송했다. 그러자 히자즈 사람은 시인이 고대한 신부를 자기가 차지할 욕심에 시인이 자는 동안 시인을 죽였다. 히자즈 사람은 다아드 공주에게 나아가 그 시를 외워서 낭송하다가 다음과 같은 구절에 이르렀다. "그대가 티하마로 가면 티하마는 내 나라요, 그대가 나지드로 가면 내 사랑은 나지드에 있으리라." 그래서 공주는 그 히자즈 사람에게 어느 고장에서 왔는지 물었다. 그가 히자즈라고 대답하자 공주는 이렇게 외쳤다. "내 남편을 죽인 자를 붙잡아라!"

---

168 Derico, *Tradition*, 205–11; 그 내용을 글로 옮긴 것을 보려면 267–90쪽; 그들이 그 이야기를 반복적으로 진술한 것에 대해서는 208쪽을 보라. 나는 Keener, "Weeden's Critique"와 관련해서 이 책을 너무 늦게 발견한 것이 유감스럽다. 나는 Zwiep, "Review of Derico"를 통해서만 이 책에 대해 알게 되었다.

169 Derico, *Tradition*, 207.

나는 구두 전승에는 종종 세부 내용상의 차이점이 포함된다는 점을 이미 지적한 바 있다. 알-아민은 한 변형된 형태의 이야기를 들었고 그 출처도 밝힐 수 있었으며 그 이야기에서는 히자즈 출신 여행자의 억양이 그의 정체를 폭로했다는 점을 명시했다(이 형태의 이야기에서도 믿기 어려운 추측은 아니다). 이 두 형태의 이야기 모두 어떤 시를 들으면서 암기할 수 있는 능력을 가정하고 있다. 알-아민은 중동 문화에서의 기억에 대한 이런 전통적인 강조를 지적하면서 이렇게 결론지었다. "이런 유형의 이야기는 우리를 전혀 동조시키지 않습니다."[170]

학자들은 종종 그 존재가 널리 입증된 쿠란 암기를 언급함으로써 기억의 잠재력을 강조한다. 쿠란 암기는 확정된 본문을 따르지만[171] 기억에 대한 강조를 잘 보여주며, 쿠란을 암기하기 위해 아랍어를 읽고 쓸 줄 알아야 할 필요도 없고 심지어 이해할 필요도 없다.[172] 베일리는 "샤이크"(이슬람 사회의 지도자—역주)라면 "쿠란 전체를 암기"할 것이라는 전통적인 중동 지방의 기대를 언급한다.[173] 그는 심지어 "수백 페이지"에 이르는 기도

---

170 Arkan Al Amin, 2017년 7월 4일과 26일의 개인적 편지.
171 어떤 이들은 더 이전의 이문들이 있었다고 주장하지만, 쿠란 본문은 전통적으로 칼리프 우트만 시대에 확립되었다. 다음 참고문헌들을 보라. Wansbrough, *Quranic Studies*, 44; Cook, *Muhammad*, 67-69, 74; Koren and Nevo, "Approaches," 104-5; Peters, *Muhammad*, 257.
172 참조. Wagner, *Literacy*, 47, 269(그는 최근의 쇠퇴를 지적한다, 48쪽); Zubaida, *Law and Power*, 27-28; Touati, *Literacy*, 12; Goody, *Interface*, 194, 234-35(어느 정도까지는); Rosenberg, "Complexity," 81(그는 Clark and Clark, *Psycholinguistics*, 136의 견해를 따른다); Anderson, "Oral Tradition," 34; Graham, *Beyond*, 79-80, 101-2, 105(성경을 수도원에 들어가기 위한 전제조건으로 암기하는 문맹인 기독교인에 대해서는 131쪽을 참고하라; 참조. 43, 124); Johnson and Musser, *Story*, 101; Janin, *Pursuit*, 49의 옛 아랍어 시. 쿠란 암기에 대해서는 다음 참고문헌들도 함께 보라. Small, *Wax Tablets*, 287 n. 76; Eickelman, *Middle East*, 41, 50, 63-65, 70(시대가 새로워질수록 점점 사라짐, 171); Bailey, "Tradition" (*Themelios*), 5-6(그러한 암송자들과의 개인적인 친분을 포함함); McIver, *Memory*, 115.
173 그러나 쿠란의 길이가 히브리어 성경 길이의 3분의 2라는 추정은 잘못된 것이다. 쿠란은 명

서를 몇 시간 동안 암송하는 동방 정교회 성직자들을 만나본 경험까지 언급한다. 그는 더 나아가 "시편 전체를 암기한" 어느 택시 운전사와 최근에 만난 일을 언급하며 자신의 요점을 예증한다.[174] 그러한 관습은 19세기에도 만연해 있었고[175] 기계적 암기는 오늘날 중동의 일부 지역에서도 교육의 한 부분으로 남아 있다.[176]

그와 같은 암송은 물론 공동체의 이야기들에 대한 기억과는 다르다. 본문으로 제한된 암기는 보통 축자적인 암기에 더 가깝지만, 구전되는 이야기들은 요점 기억에만 의존하기 때문이다.[177] 구두 전승은 더 단순하게 기계적 암기가 아닌 "제약과 단서의 체계"에 의존할 수 있다.[178] 그러나 구두 전승은 중동의 배경이 전통적으로 공동체의 정체성에 있어서 핵심적인 문제들에 대한 기억에 부여한 가치를 잘 보여준다.

전통적인 중동의 기억은 오늘날의 구글 중심적인 서양인들보다 격언과 이야기를 중시했고 따라서 이를 구두로 전달했다는 점은 보통 논란의 여지가 없다.[179] 2천 년이 지난 뒤 문화는 분명히 바뀌었으나 전체적으로, 특히 도시적 배경 밖에서, 그 기억은 많은 독자가 당연하게 여기는 서

백히 신약의 단어 수의 절반이 조금 넘는 단어 수를 포함하고 있고(구절 수는 4분의 3이 넘는다) 대략 모세 오경과 글자 수가 같다.

174 Bailey, "Tradition" (*ExpT*), 364.
175 Hogg, *Master-Builder*, 156.
176 Arkan Al Amin도 2017년 7월 4일에 보낸 개인적인 편지에서 1800년대 중반까지는 이야기꾼들이 전형적인 레바논의 마을 어린이들을 위해 대부분의 교육을 제공해야 했다고 지적한다.
177 McIver, *Memory*, 61-62에 나오는 연구들을 주목해 보라; 참조. Bailey, "Tradition" (*ExpT*), 364; Kelber, *Gospel*, 9.
178 Kirk, *Memory*, 111, 196, 199.
179 다음 참고문헌들을 보라. Redman, "Eyewitnesses," 192-93; Dunn, *Tradition*, 305; Dunn, *Perspective*, 45-46; Mournet, *Oral Tradition*, 190; Eve, *Behind Gospels*, 84-85.

구적 접근법보다는 아마도 예수가 처했던 환경과 여전히 훨씬 더 가까울 것이다.

베일리의 방법론과 예시 속의 몇 가지 약점에도 불구하고 베일리의 저작이 다른 이들이 이론적으로 설명한 종류의 "구두 전승"을 구체적으로 예시한다는 에릭 이브의 주장은 아마도 옳을 것이다.[180] 그러나 베일리의 접근법은 예루살렘보다 갈릴리와 관련해서 더 유익할 것이다. 디아스포라 교회는 대부분 그 기원이 안디옥과 특히 예루살렘으로 거슬러 올라갔고, 열두 제자는 갈릴리가 아닌 예루살렘에서 지도자의 자리에 있었다.[181]

16.7b. 눈에 띄는 전승 전달자들의 역할

사회들은 일반적으로 좀 더 자격 있는 전승의 대리자들을 강조한다. 베일리는 자신이 방문한 중동의 어느 공동체에서 어떻게 "가장 높은 족장이 새내기[베일리]에게 이야기를 들려주는 영예를 얻었는지" 이야기한다.[182] 족장의 가르침에 일화로 생기를 불어넣는 일은 중동의 배경에 잘 어울리지만, 베일리의 일화에 관한 관찰은 유례가 없는 것이 아니다. 그것은 좀 더 눈에 띄는 사람이 등장하는[183] 베일리의 다른 예시들 및 중동의 다른 이

---

180 Eve, *Behind Gospels*, 83-84; 참조. Mournet, *Oral Tradition*, 187-90, 292; Dunn, *Tradition*, 305.

181 롬 15:19; 갈 1:17-19; 2:1-2(그리고 이런 본문들을 고려하여, 고전 9:5; 15:5); 참조. 행 11:19 (그러나 행 13:1의 마나엔은 열두 제자들과 마찬가지로 갈릴리 출신이었을지도 모른다). 그것은 그렇다 치고, 행 9:2은 이것이 다메섹에서도 사실이었음을 암시한다. 갈릴리의 두 작은 도시는 "실제적인 국제 무역을 끌어들일 만큼 크지 않았다"(Reed, *Archaeology*, 96).

182 Bailey, "Tradition" (*Themelios*), 6-7; Bailey, "Oral Tradition," 43. 고대에 한 공동체의 최고 연장자는 보통 그곳에서 살았던 사람들에 대해 가장 많은 것을 알고 있었다(Lysias, *Orations* 23.5, §167).

183 예를 들면 Bailey는 "Tradition" (*Themelios*), 6에서 (선생들과 제자들이 있는 상황과 같

야기들과 일치할 뿐만 아니라,[184] 고대를 포함해서[185] 집단 전승을 중시하
는 다른 사회와[186] 일치한다. 어떤 전승들은 공동체의 재산이며 어떤 전승
들은 엘리트 계층에 의해 알려지거나 가장 잘 알려진다.[187]

많은 전통적인 사회에는 공동체 전승의 보고로 알려진 특별한 사람
들도 있다.[188] 심지어 현대 서구의 민간전승에서도 때때로 특별한 전문 지
식을 가진 이들을 강조한다. 예를 들면 전통적인 노스캐롤라이나 민요를
부르는 많은 가수가 "다른 가수들에게서 구두로 배웠다."[189] 루빈이 지적
하듯이 구두 전승에서 그러한 선별된 전승 전달자들의 역할은 다른 "무작
위로 선택된 사람들"에게 전승을 전달하는 "무작위로 선택된 사람들"과
관련된 실험과는 다르다.[190]

은) 공식적인 상황과 그가 초점을 맞추는 비공식적인 상황을 함께 언급한다; Bailey,
   "Tradition" (*ExpT*), 364.
184 Derico, *Tradition*, 206을 보라. Bailey와 달리 Derico는 자신의 정보를 민족지학의 현장 연
   구를 위해 널리 인정된 형태로 기록하고 보관했다.
185 Bockmuehl, *Seeing*, 176; 교회에 대해서는 Byrskog, "Century," 21을 참고하라.
186 그와 같은 정보에 대한 사회적 통제에 대해서는 Vansina, *Oral Tradition*, 96-97; Assmann,
   Memory and Civilization, 39을 보라. 여기서 특히 Katz and Lazarsfeld, *Influence*를 인용하
   는 Schwartz, "Smoke," 17을 보라. 비록 베다가 전승 전달자들이 생각한 것보다는 덜 정확
   하게 전달되었음을 이문들이 보여주며(Ong, *Orality*, 64-65) 어떤 이들은 베다의 전달에
   관한 순수한 구술성에 이의를 제기하지만(Goody, *Interface*, 110-22, 특히 122), 브라만 계
   급만 베다를 암송하는 것에 관해서는 Finnegan, *Oral Poetry*, 234을 보라. 참조. Rosenberg,
   "Complexity," 81. 그는 Finnegan이 아프리카를 다룰 때 더 정확하다고 지적한다(Finnegan
   의 책이 지닌 정확성은 아프리카에서 존중받는다; 예를 들면 Mburu, *Hermeneutics*에 나오
   는 많은 언급을 보라).
187 Anderson, "Oral Tradition," 37.
188 Vansina, *Oral Tradition*, 36-39; Assmann, *Cultural Memory*, 38-39(의사소통적인 기억
   이 아닌 문화적 기억에 대한 글); Havelock, *Muse*, 57-58을 인용하는 Dunn, *Tradition*, 55,
   279-80.
189 Rubin, *Memory*, 265.
190 Rubin, *Memory*, 132.

중동과 지중해 전원 지역 문화에서 권위와 전통에 대한 존중은 양쪽 방면 모두에서 예수가 임명한 사도들의 역할을 강화했을 것이다. 사도들은 주요 증인들인 동시에 예루살렘 기독교 공동체의 주요 지도자들이었고(참조. 갈 1:18-19; 2:7-9), 예루살렘 공동체는 디아스포라의 기독교인들도 모교회로 바라본 공동체였다(롬 15:25-27; 갈 1:17-18; 2:1-2; 참조. 고전 16:3). (유대인의 관행은 특별한 전문 지식보다는 광범위한 유대인의 지식에 의존했지만, 이는 이 문제가 모든 유대인이 기억에 관한 전문 지식을 가져야 할 문제에 속했기 때문이었다.)[191]

예수와 관련된 주요 인물들은 주요 증인이자 초기 기독교 운동의 지도자로서 예수의 말과 행동에 관한 주된 권위의 원천으로 받아들여졌을 것이다. 그들의 증언은 그들이 속한 운동의 다른 구성원들이 순응하고 싶어 했을 표준적인 형태의 증언이었을 것이다. 그들의 직접적인 영향력은 바울이 사역한 지중해 북부의 여러 도시 중심지에서는 덜했겠지만, 그런 곳에서도 바울은 회중들에게 게바, 열두 사도와 다른 사도들, 주의 형제들에 대해 알려주었던 것으로 보인다(고전 1:12; 3:22; 9:5; 15:5-7; 갈 1:18-19; 2:7-9; 참조. 롬 15:26-27).

복음서 이후의 기독교 전승도 권위 있는 증인들과의 연관성에 대한 강조를 유지했다.[192] 따라서 예를 들면 이레나이우스는 젊은 시절에 폴리카르포스를 보았고 폴리카르포스는 사도들에게서 배웠으며 주님을 본 이들

---

191 Josephus, *Against Apion* 2.188-89을 (인용문 없이) 언급하는 Assmann, "Memory and Culture," 341을 보라.

192 Bockmuehl, *Seeing*, 180-89, 특히 파피아스에 관한 내용(Eusebius, *Ecclesiastical History* 3.39.3-4; p. 186)과 184-85의 Irenaeus, *Against Heresies*. 3.1-5과 Eusebius, *Ecclesiastical History* 5.20.5-7에 나오는 폴리카르포스에 대한 이레나이우스의 기억(아마도 그 중요성 때문에 깊은 인상을 남겼을 진술된 요소)에 관한 내용을 보라.

과 어울렸다는 점을 강조했다.[193] 생생한 기억이 사라져갈 무렵 전승의 기원을 유명한 예수의 증인들에게로 소급하는 일은 중요해졌고 이미 파피아스의 글에서 분명히 드러났다.[194] 유명하고 권위 있는 과거의 스승들과의 관련성에 대한 그와 같은 호소는 랍비들, 그리스 철학 학파의 스승들 사이에서 나타나는 호소와 닮았고, 그 점에 대해서는 현대의 몇몇 독일 학자들과 닮았다. 그 사실은 모든 기억이나 귀속이 정확하다고 보장할 수는 없지만,[195] 기억에 부여된 높은 가치와 아마도 기억에 대한 갈망을 강조한다.

16.7c. 고대 지중해의 기억

나는 여기서 고대 지중해의 기억이 지닌 성격을 보여주는 약간의 증거를 짧게 살펴볼 것이다. 나는 다른 곳에서 더 자세한 내용을 제시했고[196] 앞장에서 고대 지중해 교육을 다루었다.

다양한 기록 자료에 의존한 저자들은 기억에 크게 의존해야 했다. 필사자들도 보통 기껏해야 한 번에 한 가지 자료만 자기 앞에 펼쳐놓을 수 있었을 것이기 때문이다.[197] 최소한 초고는 보통 글을 쓰기 전에 그들의 머릿속에서 구성되고 배열되었다.[198]

고대의 스승들은 기억을 매우 소중히 여겼다. 예를 들면, 어느 철학

---

193 Irenaeus, *Against Heresies* 3.3.4(나는 συναναστρέφω[*synanastrephō*]를 "~와 사귀다"로 번역했다).
194 Bauckham, *Eyewitnesses*, 294-95을 보라. 파피아스는 구두 전승이 사라지고 있기 때문에 자료를 기록했을지도 모른다(Nicklas, "Literature," 94).
195 예를 들면 Neusner, *Traditions*를 보라.
196 Keener, *Historical Jesus*, 139-64; Keener, "Assumptions"; Keener, "Biographies of a Sage." 나는 여기서 특히 Keener, *Historical Jesus*에 수록된 나의 연구에 의존했다.
197 Small, *Wax Tablets*, 151-55, 163-70, 176, 185-87, 189, 201.
198 Small, *Wax Tablets*, 180-87.

자는 기록한 것을 잃어버린 한 동료에게 이렇게 대답한 것으로 전해진다. "그 내용을 종이 대신 마음에 기록했어야지."[199] 기억하라는 충고는 고대 도덕주의자들의 글에 자주 등장한다.[200] 고대의 유대 문헌[201]과 초기 기독교[202] 문헌들도 같은 가치를 강조한다.

2세기 초에는 기록된 자료를 사용할 수 있는 읽고 쓸 줄 아는 한 기독교인 지도자도 여전히 예수에 관한 구두로 전해진 기억과 직접 접촉하는 것을 선호했다. 예컨대 파피아스는 "책에 기록된 일들"이 증인들이나 증인들의 말을 들은 사람들의 "남아 있는 생생한 목소리에서 배운 일들만큼 자신에게 유익이 될 것으로 생각하지 않는다"고 주장했다.[203] 더 일반적으로 말해서 저자들은 보통 구전 자료를 기록 자료와 함께 사용했다.[204] 확실

---

199 Diogenes Laertius, *Lives* 6.1.5 (LCL 2:7).
200 예를 들면 Epictetus, *Discourses* 4.13.23; Marcus Aurelius, *Meditations* 8.36; Porphyry, *Letter to Marcella* 8.139–41; 10.187–89; Hansen, *Abraham*, 28에서 P.Mich. 202.3도 주목해 보라; Aune, *Environment*, 191도 함께 보라.
201 참조. 예. 출 12:14; 13:3, 9; 신 7:18; 8:2; Jub. 36:6; 49:1; Let. Aris. 154; 2 Macc 2:25; 4 Macc 17:8; Philo, *Studies* 170; Josephus, *Jewish War* 5.377; 4 Ezra 2:8; 2 Bar. 20:3; 84:2.
202 막 8:18; 눅 17:32; 22:19; 요 14:26; 15:20; 16:4; 살후 2:5; 딤후 2:8; 유 5, 17을 보라; 여기서는 특히 행 20:35; 롬 15:15; 고전 11:24–25; 15:1; 벧후 1:15; 3:2; Papias, frag. 3.3, 15(참조. 3.7, 9); 1 Clem. 53.1; 2 Clem. 17.3; Pol. *Phil.* 2.3을 보라.
203 Papias, frag. 3.4. 3.4에서 파피아스가 말한 "장로들"은 특별히 과거의 사도들과 (아리스톤과 요한에 관해서는) 자기 시대까지 여전히 살아 있는 사도들을 가리키는 것으로 보인다 (3.3에 나오는 "장로들"에 대한 그의 지식을 간접적인 지식으로 해석한다면; 그러나 "장로들"은 14.1에서 요한을 알고 있었던 이들에게 적용되는 말이다). 대다수 학자와 달리 나는 3.5-6에 나오는 두 명의 요한을 이후의 전승에 기초한 파피아스에 대한 에우세비오스의 해석과 요한계시록에 대한 에우세비오스의 부정적인 견해 사이의 차이로 받아들인다. 구전 교육에 대한 플라톤의 선호는 로마 제국 초기까지 계속 이어졌다(참조. Alexander, "Voice"; Tieleman, "Orality," 35); 참조. Zadorojnyi, "Ethico-Politics"에서의 플루타르코스의 중기 플라톤주의적인 각색. 파피아스는 구술성에 대한 선호에도 불구하고 구두로 전해지는 음성은 사라진다는 점을 인식했거나(Nicklas, "Literature," 94) 마가복음보다 더 포괄적이고자 했기 때문에(Carlson, "Papias," 269) 전승을 글로 썼을지도 모른다.
204 Derrenbacker, *Practices*, 75. 양립 불가능성에 대한 반론으로는 예를 들어 Henderson,

히 1세기에 유포된 예수에 관한 전승이 현존하는 전승보다 훨씬 더 많았다(참조. 행 20:35; 요 20:30; 21:23).[205]

16.8. 살아 있는 기억

예수의 사역과 최초의 복음서들 사이의 짧은 기간과 기억에 대한 고대의 관심과 의존에 대해 우리가 알고 있는 바를 고려하면 중요한 증언이 현존할 가능성은 일반적으로 그렇지 않은 경우보다 훨씬 높다고 간주해야 한다.

학자들은 대개 마가복음의 연대를 기원후 64년에서 75년 사이(예수의 사역 이후 약 34년에서 45년 사이)로 추정하고,[206] 따라서 생생한 기억이 남아 있는 기간 안에 충분히 속해 있는 시점으로 추정한다. 누가복음 1:1에서 언급된 듯한 다른 기록 자료들도 같은 기간에 널리 유포되었을 것이다. 현존하는 고대의 몇몇 전기만이, 마가복음이 아마도 그런 것처럼, 전기의 주요 인물로부터 대략 40년 안에 나왔다. (나는 Q 자료의 연대를 마가복음보다 이른 시기로 추정하지만, Q 자료의 연대와 심지어 존재 자체도 계속해서 논쟁거리임

"Didache," 306을 참고하라.

205 어떤 목격자들은 오랜 세월 동안 생존했다. Eusebius, *Ecclesiastical History* 4.3.1-2에 나오는 콰드라투스의 말; Evans, *World*, 7-8을 보라. Kee는 *Origins*, 134에서 행 11:16; 20:35; 1 Clem. 13.1; 46.7; Pol. *Phil*. 2.3에 나오는 예수의 말씀을 "기억하라"는 권유를 언급한다. 참조. Papias, frag. 3.3; 2 Clem. 17.3.

206 65-70년 저작설에 대해서는 예를 들어 다음 책들을 보라. Ehrman, *Introduction*, 82; Collins, *Mark*, 11-14; Spivey, Smith, and Black, *Anatomy*, 60-61; 70년 직후 저작설에 대해서는 예를 들어 Marcus, "War," 460을 보라; 60년대 중반 저작설(나 자신의 잠정적 관점이다)에 대해서는 Lane, *Mark*, 17-18; Bock, *Mark*, 21을 보라; 그보다 이른 시기인 베드로가 여전히 살아 있었을 때 저작되었다는 설에 대해서는 France, *Mark*, 37-38을 보라.

을 인정한다.) 우리가 고대의 어떤 전기든 신뢰할 만한 기억을 보존하고 있을 것으로 기대할 수 있다면, 여기에는 분명 마가복음이 포함되어야 한다.

그러나 누군가는 어떤 고대 전기도, 심지어 전기의 대상과 시간상 가까운 전기라도, 최소한 목격자가 쓴 것이 아니라면 정확한 기억을 보존하지는 않았다고 이의를 제기할지도 모른다. 이러한 비판에 대답하려면 한 장은 고사하고 책 한 권 이상이 필요할 수도 있다. 기억과 구전 역사에 관한 문헌은 오늘날 놀라운 속도로 쏟아지고 있기 때문이다.[207] 그렇기는 하지만 이 질문은 최소한 어느 정도 토론할 만한 가치는 있다. 나는 다른 곳에서 이와 관련된 몇 가지 점에 대해 더 자세히 답변한 적이 있다.[208]

16.8a. 약 80년간의 살아 있는 기억

고대의 기억과 구두 전승은 그러한 기간 동안 어느 정도까지 사건과 개념의 내용을 보존할 수 있었는가? 고대 역사 서술은 거의 정의상 구두 보고를 수집하는 일을 포함했다. 각 세대의 역사가들은 자기 세대에 대한 역사 기록을 확립했다.[209] 이러한 과정은 로마인들이 더는 구두 전승이 없는 고대 역사를 쓰려고 할 때만 문제가 되었지만,[210] 로마인들조차 구두 전승이 생생한 기억 속에 남아 있을 때는 구두 전승에 의존하는 것을 높이 평가했다. 따라서 예를 들어 수에토니우스는 자신이 이전 세대에게서 들은 내용을 전해준다.[211]

---

207 역사 기록에서 구전 역사의 사용 및 그 방법론에 대해서는 Byrskog, *Story*, 26-33을 보라; 신약학에서 구전 역사의 사용에 대해서는 33-40을 보라.
208 Keener, "Before Biographies"; "Ehrman vs. McIver," 273-93; 및 "Weeden's Critique."
209 Fornara, *Nature*, 48.
210 Fornara, *Nature*, 166-67.
211 Suetonius, *Vergil* 42; *Grammarians* 4. 그러한 기억들은 심지어 수사학교에서의 논쟁을 위해

나는 사도들의 증언이 복음서 저자들의 이상적인 자료였을 것이라고 주장해 왔지만, 그 자료가 언제나 직접적인 자료였다고 주장하지는 않았다. 많은 이야기가 40년 전의 사건을 목격한 이들의 입에서 나온 것이 아니라 그 사이에, 가령 20년 전에 목격자나 목격자에게서 들은 다른 스승의 말을 들은 이들의 입에서 나온 이야기라고 가정해 보자. 심지어 서구에서도 많은 사람이 어린 시절, 또는 역사 수업 등에서 배운 많은 이야기를 기억한다. 일화의 형태로 핵심을 기억한다는 것은 사건을 경험한 이들이 이를 좀 더 조심스럽게 전달했음을 암시할 수도 있지만, 어떤 경우에든 우리는 긴 기간에 대해 말하고 있는 것이 아니다. 이 점은 우리에게 중요한 일들에 대해서는 더욱더 사실이다. 나는 예를 들어 40년 전인 1970년대 말에 무신론에서 새롭게 기독교로 회심했을 때 들었던 많은 종말론적인 소문들을 여전히 기억한다. 비록 몇 년 안에 나는 그 소문들이 거의 전적으로 무의미하다는 사실을 발견했지만, 그 당시 그 소문들은 내게 매우 중요했기 때문이다. 우리는 스스로 계속해서 소중히 여기고 우리의 활동의 토대를 이루는 것으로서 거듭 말하는 이야기들을 얼마나 더 기억하는가?

생생한 기억이 남아 있는 기간—몇몇 목격자들이나 목격자들에게서 들은 사람들이 아직 살아 있는 기간—은 그 이후의 전승과는 종류가 다르다. 이는 이야기들이 좋은 진술이나 도덕적 교훈을 위해 재구성되지 않는다는 의미가 아니다. 분명히 목격자의 증언을 물려받는 세대는 사건을 경험한 목격자들만큼 많이 기억하지는 못할 것이다. 그 세대는 알고 있는 세부 정보와 일화도 훨씬 적고 요점에 더 많이 초점을 맞출 필요가 있을 것이다. 연구 결과들은 변증론적인 관심과 그 밖의 관심으로 인해 이미 세

서도 종종 보존되었다(Suetonius, *Rhetoricians* 1).

번째 세대에서 이야기에 대한 도덕적 관점이 상당히 재구성될 수도 있음을 보여준다.[212]

그렇기는 하지만 원래 목격자의 생존은 종종 기억에 대한 통제 수단 역할을 한다. 오늘날 "살아 있는 기억"에는 나치 강제 수용소 이전의 삶[213]이나 남아프리카에서 있었던 아파르트헤이트 시대의 강제 이주[214]에 대한 생존자들의 증언과 같은 기억이 포함될 수 있다. 대다수 학자는 그러한 기억을 살아 있는 기억 속에 있는 꽤 안정되고 신뢰할 만한 기억으로 간주한다.[215]

서로 다른 분야들은 때때로 "기억"에 대해 서로 다른 방식으로 말한다.[216] 현대의 사회적 기억 연구는 "집단적"이거나 "의사 전달적인 기억"을 "문화적 기억"과 자주 구별한다.[217] 의사 전달적 기억은 흔히 세 세대나

---

212 Bockmuehl, *Seeing*, 179-80. 그는 "나치 시대 독일인들의 손주들"을 포함한 유럽의 여러 예를 언급한다. Bird, *Gospel*, 53.

213 예를 들면 Schwartz, *Living Memory*; Jilovsky, *Remembering Holocaust*, 103. 그러한 이야기들은 특히 유대인 대학살이 있은 지 40년 뒤에 그 세대가 사라지기 시작하면서 급증하기 시작했다(Assmann, *Cultural Memory*, 36).

214 Field, *Communities*; Field, *Oral History*.

215 Vansina, *Oral Tradition*, 192-93, 197; 참조. 158-59; Bockmuehl, *Seeing*, 161-88; Kirk, "Nexus," 144. 우리에게는 기록된 자료들이 있으므로 우리의 문화는 종종 구전 자료를 무시하지만, 잠재적 연관성은 존재한다. 예를 들면, 나는 일부 사람들이 노예 상태에서 태어난 (즉 1865년 이전에 태어난) 사람들을 알고 있었던 노스캐롤라이나주의 한 아프리카계 미국인 교회에 소속되어 있었고 때때로 노예제 시대부터 내려온 몇몇 흑인 영가를 부르는 또 다른 교회에 출석했다.

216 Nikulin, "Introduction," 4.

217 Assmann은 나중에 이 표현을 "의사 전달적" 기억에서 "집단적" 기억으로 바꾸었지만 (Hubenthal, "Communicative Memory," 65), 후자의 표현은 영어에서 심지어 예수의 말씀을 들은 이들 가운데서도 "공동체적" 기억과 혼동될 수 있으므로(나는 때때로 그 둘을 상호 교환적으로 사용한다) 나는 더 오래된 표현을 유지했다. 독일어 명칭에 대해서는 현재 정확하고 표준화된 영어 동의어가 없다(Hubenthal, "Cultural Memory," 70; Hubenthal, "Social Memory," 369). 문화적 기억은 "먼 과거에 대한 한 공동체의 공인된 기억"을 가리킨다

"네 세대, 또는 약 80에서 100년"으로 이해되는 직접적인 의사 전달이 가능한 기간 안에 발생한다.[218] (고대 지중해의 일부 배경을 포함한 좀 더 의도적인 배경에서는 어떤 학자들은 심지어 150년도 제안한다.)[219]

사실 생생한(즉 의사 전달적인) 기억이 남아 있는 시기에는 학자들은 보통 "구두 전승"에 대해서는 전혀 말하지 않고 오히려 "구전 역사", 즉 원리상 목격자들에게서 수집할 수 있는(그리고 이상적으로는 실제로 그렇게 해야 하는) 종류의 정보에 대해 말한다.[220] 구전 역사는 말로 전달된 사람들의 기억에 의존한다. 사실상 어떤 종류의 사회에서든 구전 역사는 80년에서 100년 이상은 이어지지 않는다.[221] 커크(Kirk)는 이렇게 설명한다. "전승은 기억의 계승자다. 전승은 살아 있는 기억이 현존하지 않을 때 나타난다."[222]

(Hubenthal, "Cultural Memory," 69).

218 Galinsky, "Introduction," 12. Assmann, *Cultural Memory*, 6, 19, 35-38(특히 36)을 보라; Assmann, *Religion and Memory*, 3-30; Assmann, "Memory and Culture," 331, 338; Keith, "Prolegomena," 170; Kirk, "Social and Cultural Memory," 5-6; Kirk, "Memory Theory," 840-41(Thomas, *Oral Tradition*, 125-29에 나오는 고대의 예를 언급함); Kirk, *Memory*, 16; Dunn, *Tradition*, 236; Hubenthal, "Communicative Memory," 65. 이미 1936년에 나온 Raglan, *Hero*, 27-28을 참고하라.

219 Bockmuehl, *Seeing*, 169-72(헤로도토스와 구전 역사에 대해 Murray, "Herodotus," 19, 21을 언급함); Kirk, "Nexus," 144. Bockmuehl은 *Seeing*, 178에서 Irenaeus, *Against Heresies* 3.3.4과 Eusebius, *Ecclesiastical History* 5.20.6을 인용하면서 이레나이우스는 최초의 사도들을 알고 있었던 사람들을 알고 있었다고 주장한다. 180-89쪽에서의 추가적인 관련성을 참고하라. Raglan은 *Hero*, 13에서 구두로 전해진 기억에 대해 150년만 인정했으나, Barber와 Barber는 *Severed*, 244에서 이 기간 이후 구두 전승의 회복력을 언급한다.

220 예를 들면 Morrison, "Perspective," 2; Hamilton and Shopes, *Oral History*, xi; Field, "Dialogues," 269; Sheppard, "Historiography," 176을 보라. 의학의 역사조차 이제는 구전 자료가 생생한 기억 속에 깔려있다면 구전 자료를 고려한다. Winslow and Smith, "Challenges," 372을 보라. 그러나 어떤 학자들은 구전 역사와 구두 전승은 중첩되며 전자의 사회적 배경 속에서 더 많이 고려할 것을 요구한다고 주장한다(Byrskog, "Eyewitnesses," 159); 참조. Eve, *Behind Gospels*, 1의 미묘한 입장.

221 Assmann, *Cultural Memory*, 37; and "Memory and Culture," 334, 338.

222 Kirk, *Memory*, 56.

"의사 전달적 기억"은 사회적 배경 속에 있는 개인을 포함하는 반면 "문화적 기억"은 공동체의 합의된 이해를 전수한다.[223] 유동적 간격보다 더 최근의 (즉 살아 있는 기억에 속하는) 기억은 성격상 전기적인 기억일 것이다. 유동적 간격 이전의 시기에 관한 문화적 기억은 제도적으로 보존된 기원에 관한 신화를 포함할 수 있다.[224] 그 이전의 시기에 관한 문화적 기억은 역사로 기억되는 것이지만 그 기억과 실제 사실 간의 일치는 보통 입증될 수 없다.[225]

구전 역사가 얀 반시나(Jan Vansina)는 구두 전승의 중요한 약점들이 "몇 세대도 지나지 않은 자료와는" 관련성이 훨씬 적다고 지적한다.[226] 구두 전승에 관한 이전의 몇 가지 일반화와는 반대로 최근의 구두 전승은 독립적인 증거가 있고 재해석은 더 적으며 더 온전한 연대순 배열을 지닌 다양한 정보를 포함한다.[227] 그와 같은 "구전 자료는 구두 전승의 한계를 공유하지 않으며 최근—공동체의 살아 있는 가장 연로한 구성원들로부터 한두 세대 이후—의 구두 전승은 적은 피해밖에 보지 않는다"고 그는 말한다.[228] 처음 두 세대 안에 어떤 사건을 그 사건의 영향과 분리하기는 어렵다.[229]

---

223 Assmann, *Cultural Memory*, 6. 정치적, 권력적인 차원에 대해서는 예를 들면 Kirk, "Social and Cultural Memory," 11-14을 보라.

224 Assmann, *Cultural Memory*, 37과 "Memory and Culture," 338.

225 Assmann은 *Cultural Memory*, 37-38에서 실제에 관한 정보라도 공동체의 신화가 될 수 있다고 지적한다. "신화는 토대를 이루는 이야기로 압축된 과거다"(61).

226 Vansina, *Oral Tradition*, 173.

227 Vansina, *Oral Tradition*, 192, 197.

228 Vansina, *Oral Tradition*, 192-93.

229 Le Donne, *Historiographical Jesus*, 61.

16.8b. 생생한 기억이 남아 있는 기간에 나온 마가복음

이런 기준들에 따르면, 복음서 집필 이전의 구두 전달 기간은 비교적 짧다.[230] 복음서는 이후의 구두 전승보다는 구전 역사의 시기에서 비롯되었다.[231] (그렇기는 하지만 이 책에서 나는 "전승"이라는 명칭을 유지하고 있고 이 명칭은 우리의 학문 분야에서 여전히 표준이다.) 어떤 학자들의 견해와는 달리 겨우 몇십 년 동안 "극단적인 기억 상실"이 발생했을 가능성은 매우 희박하다.[232] 예수에 관한 정확한 기억과 관련된 몇몇 초기 양식비평가들의 회의론은 그들이 복음 전승을 여러 세기 동안 발전한 유럽의 민간전승처럼 취급했다는 사실을 반영했다. 고대에도 관찰자들은 몇 세기에 걸친 구두 전승이 시에서도 변화를 일으켰을 것으로 예상했다.[233] 그러나 복음 전승은 복음서에 이르는 데 수백 년이 아닌 수십 년이 걸렸다. W. D. 데이비스가 지적하듯이 "예수와 마지막 신약 문서 사이의 시간적 간격은" 아마도 한 사람의 수명에 불과할 것이다.[234] 이는 마가복음에는 더더욱 유력하게 적용될 수 있는 견해다. 슈워츠도 구전 역사의 성격을 고려하여 이 견해에 동의한다. 즉 복음서는 "실제 역사적 인물과 관련 있고" "그[예수]의 죽음

---

230 투키디데스는 일부 사건들에 대한 목격자들의 보고가 지닌 잠재적 편향성과 다양성에 대해 불만을 토로했지만(*History* 1.22.2-3), 그래도 자신이 이런 이야기들 사이의 공통된 특징을 확인함으로써 꽤 신뢰할 만한 이야기를 제시할 수 있었음을 인정했다.

231 Bauckham, *World*, 95. 그 또한 Byrskog, *Story*; Hengel, "Memory," 87의 견해를 따른다.

232 이 개념에 대해서는 이미 나와 있는 Taylor, *Formation*, 41을 보라; "기억 상실"에 대해서는 Witherington, *Christology*, 14; Keener, *Matthew*, 29; Bird, *Gospel*, 111을 보라. Bird는 Meier, *Marginal Jew*, 1:169-70을 덧붙인다.

233 호메로스에 대해서는 Josephus, *Against Apion* 1.12; Diogenes Laertius, *Lives* 9.12.113을 보라.

234 Davies, *Invitation*, 116; 이와 비슷한 글로 Benoit, *Gospel*, 33을 참고하라; Sanders, *Tendencies*, 28; Dunn, *Tradition*, 234-35, 314; Bauckham, *World*, 93.

이후 곧(몇십 년 뒤) 기록되었다."[235]

복음서의 경우에 66년부터 73년까지 유대 속주에서 (많은 생존자가 디 아스포라로 이주하는 결과를 가져온) 신자들에게 일어난 중요한 격변[236]은 전 승의 몇 가지 요소에 대해 변화를 가져올 수 있었다. 복음 전승의 원래 배 경은 디아스포라에서 태어난 청중에게는 이해가 잘 안 됐을 것이기 때문 이다.[237] 그렇기는 하지만 구두 전승에 있어서 주된 영향은 대체로 아마도 1세기 말에 마지막으로 생존한 거의 모든 유대인 전승 전달자들이 죽은 뒤에 느껴졌을 것이다.[238] 유동적 간격의 거리 이전에는 과거 전체가 함께 뒤섞이며, 그러한 간격은 과거의 문화에 따라 다양할 수 있지만 지적한 대 로 때때로 약 80년이다.[239]

이 시간 전에 공동체들은 종종 목격자들의 세대가 사라져가기 시작 할 때, 흔히 토대가 되는 경험이 있은 지 약 40년 뒤에 시작되는 전승의 위 기를 경험한다. 이 결정적인 시기에 공동체들은 종종 그들의 전승을 영속 화할 다른 형태를 추구한다.[240] (로마 역사가 타키투스는 일례로 로마 공화정 시기

---

235 Schwartz, "Smoke," 14.
236 Josephus, *Jewish Antiquities* 20.256; Eusebius, *Ecclesiastical History* 3.5.3을 보라; 참조. Pritz, *Nazarene Christianity*, 122-27; Aune, *Revelation*, 164; 아마도 Smith, "Sarcophagus."
237 마가복음에 나오는 갈릴리 지방의 지붕에 대한 누가의 상황화를 주목해 보라(막 2:4; 눅 5:19).
238 이러한 결론은 80년에 이르는 살아 있는 기억에 종종 뒤따르는 유동적 간격과 부합된다 (Assmann, *Cultural Memory*, 37).
239 Vansina는 *Oral Tradition*, 24에서 콩고의 티오 전승을 예로 언급한다.
240 Assmann, *Cultural Memory*, 36; 참조. 85, 187, 206; 많은 이들이 그 이전의 독일어 전승 형 태의 언어를 인용한다. Assmann, *Gedächtnis*, 11, 218-21; Kirk, "Memory Theory," 824, 840-41을 보라; Dunn, *Tradition*, 236-37; Keith, "Prolegomena," 170-71; Schwartz, "Jesus in Memory," 249(19세기 초의 미국 역사 기록과 비교); Kelber, "Works," 244; Hubenthal, "Communicative Memory," 65; Kirk, "Traditionsbruch."

의 알려진 마지막 생존자의 죽음을 특별히 기록한다.)[241] 고대인들도 기억은 노년에 희미해질 수 있다는 점을 인식했지만,[242] 그럴 때도 날카로운 기억의 사례들이 있다는 점 또한 인식했고,[243] 기억이 사라져가는 스승들은 자신의 가르침을 새로운 세대에게 더 열심히 전달할 수도 있다고 지적했다.[244]

얀 아스만(Jan Assmann)은 죽음이 "어제와 오늘 사이의" 관계를 갈라 놓는다고 지적한다. 한 개인에 대한 "사후의 기념"은 그 자신의 자전적인 기억과 다르다.[245] 아스만은 개인들의 기억이 대략 80년까지 서너 세대 동안 구두로 이어질 수 있지만, 중간에 대략 40년쯤에 위기가 종종 발생한다고 주장한다.[246] 이러한 상황은 저자들이 대체로 이 기간 안에 예수에 관한 기록을 내놓기 시작한 이유를 설명하는 데 도움이 될 수 있을 것이다

---

241 Assmann은 *Cultural Memory*, 36에서 공화국 말기로부터 대략 50년 뒤인 22년에 대해 Tacitus, *Annals* 3.75을 인용한다.

242 예. Theophrastus, *Characters* 27.2; Cicero, *Letters to Atticus* 12.1; Iamblichus, *Pythagorean Life* 5.21; Philo, *Creation* 103; Jub. 23:11.

243 예. Xenophon, *Agesilaus* 2.28; 11.14-15; Polybius, *Histories* 36.16.1-5, 11; Diodorus Siculus, *Library of History* 32.16.1; Cicero, *Brutus* 20.80; 64.229; Livy, *History* 4.14.2; Valerius Maximus, *Memorable Doings and Sayings* 8.7.1; 8.7.ext.5, 8-13; 8.13.2-3; 8.13. ext.1; Plutarch, *Marcus Cato* 15.4; Philostratus, *Lives of the Sophists* 1.11.495; Eunapius, *Lives* 482.

244 Iamblichus, *Pythagorean Life* 5.21.

245 Assmann, *Cultural Memory*, 19; 참조. Kirk, *Memory*, 204에도 나오는 *Traditionsbruch*를 참고하라. Assmann의 영향력에 대해서는 Keith, "Assmann"을 보라.

246 Assmann, *Cultural Memory*, 36. Kirk, *Memory*, 205. Hubenthal은 "Communicative Memory," 65에서 이 기간을 더 정확하게 30-50년으로 정의한다. Kirk는 *Memory*, 205 n. 141에서 고대 아테네인들의 가풍이 어떻게 3-4대 모델과 잘 들어맞는지를 지적하며 Thomas, *Oral Tradition*, 125-29을 인용한다. 많은 저자가 세대를 생식 기간(오늘날 서양에서는 흔히 30-35년; Assmann과 그 밖의 학자들은 20년으로 이루어진 세대를 좀 더 흔한 고대의 패턴으로 사용한다)으로 언급하는 것을 주목해 보라. 일반적으로 영어 성경 번역본에서 "generation"(세대; 예. 마 23:36; 24:34)으로 번역되는 그리스어 단어는 때때로 성인 한 사람의 수명을 떠올리게 하며(민 32:13; 시 95:10; 참조. Philo, *Moses* 1.238) 성경의 어법에서는 대략 40년을 나타낸다.

(참조. 눅 1:1).[247]

학자들 대다수가 Q 자료라고 부르는 자료는 아마도 마가복음보다 훨씬 이른 시기의 자료일 것이다.[248] 우리는 알 수 없으나 마가복음이 예수에 관한 최초의 완성된 이야기라도, 마가복음은 약 40년 이내에 나왔다.[249] 나는 다른 곳에서 대다수 학자가 주장하듯이 나머지 복음서들도 예수의 공적 사역 이후 약 65년 이내에 나왔다고 주장했다.[250]

이 점은 본질적이다. 사복음서와 아마도 파피아스 시대까지도 보존된 일부 전승은 생생한 기억이 남아 있는 기간 내에—예수의 사역에 관한 경우에는 80년에서 100년 사이에—유래했을 것이고, 이 경우 그 기간이 끝나는 시점은 기원후 110년에서 130년까지가 될 것이다.[251] 그에 비해 고대 역사의 대다수 사건에 대해 우리가 아는 것은 대부분 문헌에서 진술하는 사건이 있은 지 40년에서 70년이 훨씬 지나 기록된 남아 있는 역사적·전기적 자료에서 유래했다. 이 점은 아마도 도마 복음을 포함하는 외경 복음서들에 대해서도 사실이다. 외경 복음서들이 역사가들에게 문제가 되

---

247 마가복음에 관하여 교부 문헌을 언급하는 Keith, "Prolegomena"를 보라(특히 174, 179-80); 참조. Schwartz, "Smoke," 17; Kirk, "Traditionsbruch," 429.

248 아마도 이르면 40년대에 나왔을 것이다; Theissen, *Gospels*, 220-21, 230-32을 보라. 다른 이들은 Q 자료의 대부분이 나온 시기에 대해 50년대 말이나 60년대 초를 제안한다(하나의 가능한 대안으로서 Kloppenborg, *Excavating Q*, 87).

249 심지어 파피아스의 글에 나오는 전승 외에도 학자들이 마가복음의 저작 시기를 이렇게 이른 시기로(때로는 더 이른 시기로) 추정하는 이유는, 부분적으로 마태와 누가가 마가복음에 의존했을 가능성이 가장 크고 마태복음은 최소한 가장 이른 시기의 사도 교부들의 글에서 널리 사용될 만큼 충분히 이른 시기의 저작임이 분명하기 때문이다.

250 오늘날 사도행전의 저작 시기를 2세기로 추정하는 학자들은 점점 줄어들고 있다. 나는 여기서 주제에서 벗어날 수는 없지만, 이 문제를 Keener, *Acts,* 1:383-401; 참조. 1:402-22; 3:2350-74에서 더 자세히 다루었다.

251 파피아스의 말이 정확하든 그렇지 않든, 그 자신이 복음서의 집필에 대한 생생한 기억이 남아 있는 시기에 글을 썼다는 점은 주목할 만한 사실로 보인다.

는 이유는 이 복음서들이 정경에 포함되지 않기 때문이 아니라 의사 전달적 기억 이후의 시대에 유래했기 때문이다.

마가복음이나 Q 자료가 생생한 기억이 남아 있는 기간에 유래했다는 점이 이 두 자료의 기록들이 사실임을 아무런 의심의 여지 없이 보증하는 것은 아니다. 그러한 보증은 어떤 경우에든 역사 기술적 인식론의 범위를 벗어난다.[252] 그러나 역사적 개연성의 일반적인 기준에 따르면 우리는 이 자료들이 예수에 관한 특별히 귀중한 사료로서 갖는 유용성을 매우 호의적으로 평가해야 한다.

대략 기원후 65-75년부터 예수의 사역 시기까지 역산하면 그 기간은 35년에서 45년 사이가 된다. 구전 역사의 기준에 따르면 이는 현저히 짧은 시간이다. 이 책이 집필되기 전 미국 역사의 비슷한 기간 동안 우리는 닉슨, 카터, 레이건이 미국 대통령이었던 시절을 떠올릴 수 있다. 50대 이상인 우리 교수들은 그 기간에 우리의 학문 분야와 관련하여 배운 정보를 여전히 알고 있고, 그 시기에 우리 자신과 우리 주변에서 일어난 많은 사건과 경험을 여전히 이야기할 수 있을 것이다.

1세기의 사도들을 알고 있었던 목격자들에 근거하고 있다고 공언하는 고대의 일부 증거는 이러한 전반적인 상황을 뒷받침한다. 나는 이미 파피아스의 증언을 언급했고, 더 중요하고 논란의 여지가 적은 사실은, 마가복음의 기원을 아마도 알고 있었을 마태와 누가가 마가복음이 그들의 정보에 기반한 저작의 귀중한 자료임을 확신했다는 점이다.

---

252 실증주의적 역사 서술과 대조적으로 오늘날 역사가들은 역사적 재구성의 잠정적이고 확률적인 성격을 인식하고 있다. Schröter, *Jesus to New Testament*, 9-27에 나오는 최근의 사고에 대한 철저한 개관을 보라.

16.9. 차이점 예상하기

나는 예수에 관한 몇 가지 다양한 전승이 1세기의 마지막 수십 년에 생겨났다는 점을 부정하지 않는다. 우리가 요한복음이 공관복음과 다른 여러 차이점을 고대 기독교인 청중들이 그렇게 인식했을 법한 교훈적이고 신학적인 추론으로 설명하더라도, 우리가 가진 자료에서 특히 분명한 차이점은 유다의 처참한 죽음[253]이나 예수의 족보에 관한 구체적인 내용에서 겉으로 드러난다(마 1:2-16; 눅 3:24-38).[254]

그렇기는 하지만 그러한 예들과 대조적으로 1세기 문헌에 반영된 복음 전승의 절대다수는 눈에 띄게 안정적인 것처럼 보인다. 이는 아마도 부분적으로 기록된 문헌들이 예수에 대한 생생한 기억이 남아 있는 시기에 유래되었기 때문일 것이다.

우리가 복음 전승을 전해준 이들에 대해 기대하는 바는 그들의 동시대인들에 대한 기대와 일치해야 한다. 마치 후대의 장르적 기대를 모든 문학적 시도를 그에 따라 판단해야 할 영감 있는 규범인 것처럼 여겨, 그들이 아직 존재하지도 않는 역사 서술의 기준에 따라 글을 썼을 것으로 기대하는 것은 시대착오적이다. 5, 7, 10, 11장에서 입증한 것처럼 고대의 기준은 어느 정도의 융통성,[255] 복음 자체 안에서 분명히 드러나는 종류의 융통

---

253 마 27:5; 행 1:18; Papias, frag. 18.1-7 Holmes; 참조. Mart. Pol. 6.2. Keener, *Matthew*, 657-60과 *Acts*, 1:760-65의 논의를 보라. 거기서 나는 기록들 사이의 유사점을 지적했고 (현대적인 역사적 방법의 관점에서) 세부사항에 대해서는 두 경우 모두 누가의 기록을 선호했다.

254 Keener, *Matthew*, 73, 75-77의 논의를 보라; Ehrman, *Introduction*, 94-95; Ehrman, *Interrupted*, 35-39, 특히 39쪽.

255 예를 들면 몇몇 Q 자료 소단락은 80% 이상의 언어적 일치를 보여주지만 3분의 1 이상은 "40% 이하"의 일치를 보여준다(Dunn, *Perspective*, 110). (긴밀한 언어적 일치가 존재하는

성을 허용한다. 예를 들어 초기 랍비들은 이전의 전승을 보존했을 뿐만 아니라 각색했다.[256] 때때로 그들은 가르침을 압축하거나[257] 겉보기에 비슷한 격언을 다른 말로 표현했다.[258]

그리스 전승도 비슷한 융통성을 보여준다.[259] 11장에서 지적했듯이 기본적인 수사학 훈련에는 격언을 다른 말로 바꾸어 표현하는 연습이 포함되었고,[260] 격언을 새로운 문맥 속에 재배치하거나 수사학적으로 개선하는 일에 반대하는 사람은 아무도 없었다. 예를 들어 어떤 전기 작가는 제자 교육을 정확하게 "받았을" 뿐만 아니라 자신이 받은 것을 더 유려하게 "전달한" 어느 연설가를 칭찬한다.[261] 저자들은 새로운 정보를 소개하지 않고도 이야기를 확대할 수 있었지만, 또 다른 자료에서 정보를 얻지 못하면[262] 때로는 극적인 효과를 위해 세부사항을 추가했다.[263] 철학 학파

대목은 전형적으로 기록 문헌을 암시하는 듯하며, 차이가 나는 곳들조차 단순히 문헌 참고가 아닌 기억을 반영할 수도 있다. DeConick의 연구를 따르는 Kloppenborg, "Memory," 292, 304을 보라.)

256 Davies, "Reflexions," 156.
257 Gerhardsson, *Memory*, 136-48, 173-74; Goulder, *Midrash*, 64-65. 그들과 그들의 자료는 기껏해야 선별된 어록을 제시한 것일 수도 있다는 점은 모두가 인식했다(행 2:40; Xenophon, *Apology* 22; Musonius Rufus 7, p. 58.29-30; Gen. Rab. 55:7; 93:8; Exod. Rab. 44:5; Van der Horst, "Parallels," 57; Kennedy, "Survey," 15).
258 예. m. Šabb. 9:1; 'Abod. Zar. 3:6.
259 Kennedy, "Source Criticism," 132-33.
260 Theon, *Progymnasmata* 1.93-171; 참조. Libanius, *Anecdote* 1.4; 2.3; *Maxim* 1.2-5; 2.3; 3.2; Hermogenes, *Method in Forceful Speaking* 24.440.
261 Philostratus, *Lives of the Sophists* 2.29.621.
262 내용을 수사적으로 확대하는 일에 대해서는 다음 문헌들을 보라. Theon, *Progymnasmata* 3.224-40; 4.80-82; Longinus, *On the Sublime* 11.1; Hermogenes, *Invention* 2.7.120; 참조. Theon, *Progymnasmata* 2.115-23; Hermogenes, *Progymnasmata* 3. 일화(chreia)에 대해서는 7; Menander Rhetor, *Epideictic Treatises* 2.3, 379.2-4; Aphthonius, *Progymnasmata* 3. 일화(chreia)에 대해서는 23S, 4R; 4. 격언에 대해서는 9-10.
263 Plutarch, *Alexander* 70.3. 그와 같은 확대조차 약간의 항의를 초래했다; Lucian, *How to*

들은 그들의 전승을 "바꾸고 확대함으로써" 많은 변화를 주어 전수할 수 있었다.[264] 따라서 마태복음부터 누가복음, 「12사도의 교훈」에 이르기까지 예수의 말씀 중 일부에서 표현상의 변화는 의외의 현상이 아니다.[265]

그 문제에 있어서 이전 문헌을 새로운 문맥에서 인용하는 그리스와 로마의 저자들은 종종 단어를 대체하고 다른 말로 바꾸어 표현하고 때로는 심지어 인용구를 문맥에서 벗어나게 인용함으로써 의미를 바꾸기까지 했다.[266] 예를 들면, 그들은 헤로도토스의 말을 좀처럼 글자 그대로 인용하는 법이 없다.[267] 필론[268]과 요세푸스,[269] 심지어 유대 문헌들[270]도 그들의 신성한 성경을 다른 말로 바꾸어 표현한다. 복음서들은 반드시 원자료를 글자 그대로 따를 것이라는 어떤 기대도 순진한 기대일 뿐이다.

16.10. 예수 전승을 지어내는 일에 대한 신중한 태도

E. P. 샌더스의 결론처럼 "복음서 저자들은…[그들의 자료를] 그들이 희망하는 방식으로 발전시키고 구체화하고 통제"했지만, "아무렇게나 지어

Write History 7-13; Shuler, *Genre,* 11-12을 보라.

264 Seneca, *To Lucilius* 33.4을 인용하는 Riesner, "Preacher," 203.

265 Draper, "Tradition"을 보라. 그가 「12사도의 교훈」의 원문 일부로 간주한 내용 속에 있는 아마도 독립적인 듯한 예수 전승에 대해서는 Rordorf, "Didache"를 보라; 참조. Janicki, *Way,* 9.

266 Stanley, *Language,* 267-91, 특히 290-91; Hill, "Words," 268-73, 280-81. 그는 특히 Turner, *Greek Papyri,* 106-7도 언급한다.

267 Lenfant, "Fragments," 119을 인용하는 Hill, "Words," 269.

268 Stanley, *Language,* 334-36; Hill, "Words," 274-75.

269 특히 Inowlocki, "Adding"을 따르는 Hill, "Words," 275-76.

270 Stanley, *Language,* 292-323, 336-37, 특히 304-6, 322-23.

내지는 않았다."[271] 최초의 기독교 대변자들이 그들의 각기 다른 지리적 공동체 속에서 자유로운 날조에 탐닉했다면 우리는 복음서들이—그와 같은 조건 아래 형성된 후대의 영지주의 문헌들과 더 비슷하게—현재의 공관복음서보다 훨씬 더 다양할 것으로 기대했을 것이다.[272] 즉 기억 이론가 베리 슈워츠가 강조하듯이 "예수의 추종자들은 예수의 메시지를 바르게 이해하기로 결심했다"고 예상하는 것이 합리적이다.[273] 이러한 서론은 예수의 초기 운동이 예수 전승을 지어내는 일에 신중한 태도를 보였다는 주제로 우리를 인도한다.

오늘날 거의 모든 학자는 바울의 편지들이 신약에서 최초의 문헌들을 대변한다고 믿는다. 바울의 편지들은 때때로 예수의 생애와 가르침에 관한 초기 전승들을 증언하며(예. 고전 7:10-12; 9:14; 11:23; 15:3; 살전 4:15) 그와 같은 몇 가지 경우에 바울은 자신의 가르침을 예수의 가르침과 명백히 구별한다(고전 7:10, 12, 25).[274]

어떤 이들은 바울이 예수 전승을 현재 바울 서신에 있는 것보다 더 자주 인용하지 않는 이유를 질문한다. 바울은 고린도전서 11:23, 15:1-3과 아마도 7:10, 9:14, 데살로니가전서 4:15에서 그와 같은 전승에 대한 독

---

271 Sanders, *Figure*, 193.
272 참조. Hill, *Prophecy*, 163, 172; Sanders, *Figure*, 193.
273 Schwartz, "Origins," 55.
274 바울과 예수 전승에 대해서는 예를 들면 다음 참고문헌들을 보라. Allison, "Parallels";
     Allison, *Constructing Jesus*, 346-48; Wenham, *Rediscovery*; Wenham, "Story"; Richardson
     and Gooch, "Logia," 52; Sauer, "Erwägungen"; Holtz, "Paul and Tradition"; Dunn, "Jesus
     Tradition"; Dunn, *Theology of Paul*, 189-95; Taylor, "Quest"; Eddy and Boyd, *Legend*,
     216-28; Kim, *New Perspective*, 259-90; Keener, *Historical Jesus*, 361-71; Blomberg,
     "Quotations"; Fee, *Jesus the Lord*, 64-73; Sumney, *Steward*, 4, 137-56; 특히 Dungan,
     Sayings(예를 들면 예수의 이혼에 관한 말씀을 다룬 83-131쪽)를 보라; Hiestermann,
     Tradition(그는 자주 등장하는 마태복음의 형태를 지적한다).

자들의 사전 지식에 호소하지 않는다.[275] 바울은 기존 전승, 전형적으로 다른 사람들에게서 받은 전승을 전달하기 위해 공식적인 언어를 사용한다.[276] 다른 곳에서도 예수의 가르침의 흔적을 발견하는 데는 타당한 이유가 있다.[277] 이처럼 바울은 그의 교회들에 몇 가지 예수 전승을 가르쳤다.

그러나 바울은 아마도 모든 교회에 똑같이 가르치지는 않았을 것이다. 바울 서신에서 바울이 성경에 호소한 내용조차 다 똑같지는 않으며, 일부는 주제에 따라, 일부는 각각의 회중들의 성경에 대한 문해력에 따라다를 것이다. 마찬가지로 바울이 예수 전승에 호소하는 부분도 교회에 따라 다양하다. 바울은 특히 오랫동안 머물렀던 고린도에서 예수 전승에 대한 청중들의 지식을 가장 빈번하게 환기시킨다(참조. 행 18:11; 고전 2:3; 고후 11:9).

그러나 바울은 아마도 구약을 예수 전승보다 더 철저하게 알았을 것이다. 그 이유는 부분적으로 구약은 본문이 있었기 때문이고 또 다른 이유로는 그가 구약 분야에서 교육을 더 잘 받았기 때문이다. 복음서는 바울이 글을 쓸 때는 접할 수 없었고 예수 전승에 대한 바울 자신의 지식은 아마도 열두 사도의 지식보다는 덜 완전했을 것이다. 그리고 앞에서 언급한 고린도전서 7:10-12이 암시하듯이 바울은 예수의 가르침이 없는 대목에서는 주제넘게 예수를 위해 가르침을 지어내지 않았다.

어떤 이들은 초기 기독교 예언이 예수 전승의 요소들을 만들어냈다고

---

275 살후 2:5, 15도 함께 보라. Keener, *Historical Jesus*, 361-71의 논의; 아마도 특히 최소한 구두로라도 이미 널리 퍼져 있었던 것으로 보이는 Q 자료를 포함하고 있는 갈라디아서도 보라. Keener, *Galatians* (Baker), 538-39을 보라.

276 예. Josephus, *Jewish Antiquities* 13.297, 408; 참조. Eve, *Behind Gospels*, 179.

277 예를 들면 Thompson, *Clothed*를 보라.

주장해 왔지만,[278] 또 다른 이들은 이 주장에 이의를 제기하거나 최소한 그런 일은 매우 드물다고 생각한다.[279] 예수 전승이 예언에 나오는 표현의 출처였을 가능성이 그 반대의 가능성보다 더 크다. 그렇지 않다면 예수나 예수의 최초 제자들의 예언이 아닌 한 어떤 예언이 처음에 권위 있는 것으로 인정되었을까? 기원후 70년 이전 세대에 매주 로마 제국의 100곳의 가정 교회 각각에서 평균 두 개의 예언이 나왔다면(참조. 고전 14:29-31) 우리는 그 기간에 40만 개 이상의 예언이 나왔을 것으로 예상해야 한다.[280] 어떤 특정한 예언이 어떻게 역사적 예수 전승에 부합되는 영향력을 얻었을까?

예언에 대한 가장 명백한 신약의 기록(행 11:28; 21:11; 계 2-3장)[281]은, 역사적 예수 자신이 말씀하신 예언들을 제외하면, 사역 기간에 예수가 하신 말씀과 구별된다(참조. 예. 마 11:21-24//눅 10:13-15; 막 13:2). 예수 운동에서 토대를 이루게 될 예언은 특히 예수 자신의 예언이었을 것이고,[282] 그 이후의 예언들은 마치 구약을 모방한 것처럼 복음 전승의 언어를 종종 모

---

278 Beare, "Sayings," 181; Bultmann, *Tradition*, 163; Boring, "Oracles," 501-2; Boring, *Sayings*; Miller, "Rejection."
279 다음 참고문헌들을 보라. Aune, *Prophecy*; Hill, "Evidence"; Hill, *Prophecy*; Bauckham, "Parables"; Dunn, "Sayings"; Byrskog, *Teacher*, 350-68; 가끔 드물게, Sanders, *Figure*, 62-63.
280 나는 100을 중간치로 받아들이고 교회 숫자가 이 기간의 초기에는 이보다 적고 나중에는 이보다 많다고 본다.
281 신약에 나오는 예언의 몇 가지 분명한 예들은 언제나 분명하게 예언으로 확인된다(예를 들면, Hill, *Prophecy*, 160-70; Aune, *Prophecy*, 243-44; Stanton, *Gospel Truth?*, 97을 참고하라).
282 Hill, *Prophecy*, 180-81을 보라; 심지어 Boring, *Sayings*, 138-39도 참고하라. 종말론적인 예언자들과 그런 예언자로서의 예수에 대해서는 예를 들면 Barnett, "Sign Prophets"; Gray, *Prophetic Figures*; Sanders, *Jesus and Judaism*, 173, 238-39; Ehrman, *Prophet*; Keener, *Historical Jesus*, 238-55을 보라.

768 〜〜〜 5부 예수에 대한 기억: 회고록 이전의 기억

방했을 것이다.[283] 전승은 예언을 평가하는 데도 사용되었다.[284] 나는 이 문제를 다른 곳에서 더 자세히 다루었다.[285]

누군가가 예수의 말씀을 간접적으로 듣고 기독교의 예언을 예수의 사역에서 나온 그 이전의 가르침과 혼동할 수도 있었을까? 그럴 수도 있다. 그러나 이런 혼동이 매우 자주 일어났다는 증거는 부족하지만, 현존하는 증거는 최초의 기독교인들이 그런 혼동을 의도적으로 피했음을 시사한다.[286]

16.11. 초기 유대/갈릴리 지방의 특성을 보여주는 예들

오늘날 대중적인 영역, 특히 인터넷에서의 유사성 집착증(parallelomania)은 종종 예수 이야기의 줄거리를 예수 자신이 속한 시대와 장소가 가장 분명히 보여주는 고대 유대 문화는 물론이고 가능한 모든 문화적 표현(그리스 신화, 페르시아 신화, 이집트 신화, 그리고 아마 언젠가는 엘비스나 고질라)에서 끌어

---

283 예를 들면, 계 1:7(및 마 24:30); 계 1:13(아마도 복음 전승에 자주 등장하는 호칭을 환기시키는 듯한 "인자 같은 이"); 계 2:7a과 13:9(막 4:9, 23; 참조. 8:18); 계 3:3과 16:15(마 24:43//눅 12:39); 계 3:5(마 10:32//눅 12:8); 계 13:13(막 13:22); 계 18:21(마 18:6//눅 17:2).

284 Dunn, *Tradition*, 323.

285 Keener, *Historical Jesus*, 364-65; *Matthew*, 57; *Acts*, 2:1851-52.

286 요한은 아마도 예언을 삽입하지는 않았겠지만, 예수의 메시지를 설명할 때 아마도 그리스의 서사시 시인들이나 이스라엘의 예언자-역사가들(이 시기에는 Hall, "History," 13-46; Hall, *Histories*를 참고하라)과 다르지 않게 성령의 영감을 틀림없이 신뢰한다(요 14:26; 15:26; 16:7-15). 그러나 일반적인 고대의 역사 서술상의 연설 기록 관행 역시 영감에 대한 주장이 없더라도 그러한 설명을 논쟁의 여지가 없게 했을 것이다. 추가로 예를 들어 Keener, *John*, 60-62; Bauckham, "Historiographical Characteristics," 30-36을 보라; 참조. Keener, *Acts*, 258-319, 특히 271-82.

내려 한다.

19세기 말과 20세기 초에 그러한 접근방식의 동력은 나치 정권 시대의 친(親)나치적인 "독일 기독교" 운동이 촉진한 혼합주의적인 아리아인 예수와 더불어 절정에 이른 반유대주의적인 경향이었다.[287] 기독교의 비유대인적인 배경을 찾으려는 탐구는 이른바 종교사학파의 상당 부분을 부채질했다.[288] "예수의 종교적 가르침은 헬레니즘, 불교, 힌두교, 또는 이란 문화에서 유래했으나 유대교에서는 절대로 유래하지 않았다"는 그들의 주장에 수잔나 헤셸(Susannah Heschel)은 개탄한다.[289] 그녀는 그들이 예수를 유대인과 멀리 떼어놓으려고 예수의 갈릴리 종교가 민족적으로 이방인의 종교였다는 주장을 했다고 지적하는데,[290] 이런 주장은 오늘날의 고고학적 지식에 따르면 터무니없는 명제다.[291]

반면에 종종 역사적 예수에 대한 세 번째 탐구라고 불리는 연구의 대변자들은 대부분 예수는 갈릴리 지방의 유대인이었다는 점을 인식하고 예수를 그러한 배경에서 이해하려 한다.[292] 복음서들은 그리스어로 기록

---

287 Heschel, *Aryan Jesus*, 8, 16, 19, 24, 26-66, 191, 285-86; 참조. Head, "Nazi Quest"; Poewe, *Religions*; Theissen and Merz, *Guide*, 163. 그 이전에 대해서는 심지어 Schweitzer도 독특한 "독일인 기질"을 찬양했지만(*Quest*, 1) 그래도 그는 아리아인 예수는 인정하지 않았다(이는 그가 329쪽에서 거부하는 명제다).

288 Heschel, *Aryan Jesus*, 58-60, 202, 225, 227, 272.

289 Heschel, *Aryan Jesus*, 27; 참조. 29-30, 33, 40-41, 64, 59-60. 이교적인 게르만 민족의 종교적 이데올로기가 그 압력의 일부를 추동했다(Poewe, *Religions*, 예. 5, 11-14, 112-13을 보라).

290 Heschel, *Aryan Jesus*, 32, 35, 60-63, 286. 특히 Grundmann, *Jesus der Galiläer*를 보라.

291 갈릴리 대부분 지역의 철저히 유대적인 특성에 대해서는 예를 들어 다음 참고문헌들을 보라. Chancey and Meyers, "Sepphoris"; Reed, *Archaeology*, 43-51; Reed, "Contributions," 53; Dunn, "Synagogue," 207-12; Chancey, *Galilee*; Chancey, "Jewish"; Deines, *Acts of God*, 53-93; Keener, *Acts*, 2:1697-1701.

292 이는 다음 참고문헌들의 견해와 같다. Meier, *Marginal Jew*, 3:3; Charlesworth, "Theology";

되었고 (최소한 대개는) 디아스포라 독자들의 상황과 관련되어 있는데, 이 점은 자주 등장하는 디아스포라와 다른 남아 있는 요소들을 더욱더 분명하게 강조할 뿐이다. 예를 들면, 복음서에는 신약의 나머지 부분과 대조적으로 어부 이야기나 어업의 이미지가 상당히 많이 등장한다는 점을 주목해 보라.

더 중요한 것은, 복음서에 나오는 이름이 대부분 후대의 디아스포라 출신 저자가 등장인물들을 위해 지어냈을 법한 이름이 아니라는 점이다. 이 이름들은 비록 고대의 어떤 참고문헌도 이러한 정보를 수집하지는 않았으나 정확히 고고학을 통해 복음서의 시대 및 장소와 연관되는 이름들이다. 일반적으로 복음서에서 가장 흔한 이름들은 그 시기에 가장 인기 있는 유대/갈릴리 지방의 이름들이었다.[293] 후대의 디아스포라 출신 기독교인들이 성경 지식을 바탕으로 유대인의 이름을 지어내려 했다면 마리아나 살로메보다는 룻이나 에스더, 시몬과 유다보다는 모세나 다윗과 같은 이름들이 등장했을 것이다. 반면에 이 이름들이 유대 지방에서 유래했다면 그 이름들은 자연스럽게 목격자들의 집단과 더 가까운 곳에서 유래했을 가능성이 더 크다.

많은 학자가 Q 자료의 갈릴리 지역적인 특성을 인식한다. 어떤 이들은 이런 특성을 예수의 부활 뒤에 표현된 갈릴리 지방의 기억이 빚은 결

Holmén, "Introduction," 4, 8; Tuckett, "Sources and Methods," 133; Bird, "Quest." 예를 들어 다음 참고문헌들을 보라. Sanders, *Jesus and Judaism*; *Figure*; "Know," 57; Kee, "Century of Quests"; Meier, "Project"; Theissen and Merz, *Guide*, 240-80; Allison, "Eschatological Jesus"; Allison, *Jesus of Nazareth*(특히 96-171); McKnight, *Vision*; Ehrman, *Prophet*, 125-39; Chilton, *Rabbi Jesus*; Charlesworth, *Jesus within Judaism*; Levine, *Misunderstood Jew*; Evans, "Context"; Tomson, "Jesus and Judaism," 25-40; Deines, *Acts of God*, 95-102.

293 Williams, "Names"; Ilan, *Lexicon*에 나오는 2,826명의 데이터베이스를 사용하는 Bauckham, *Eyewitnesses*, 39-92; Bauckham, *World*, 97-98을 보라.

과로 설명한다. 또 어떤 이들은 이런 특성이 부활 이전에 갈릴리에서 비롯된 기억을 반영한다고 주장한다.[294] 우리가 가진 최초의 문헌적 증거는 갈릴리 지방의[295] 제자들이 예루살렘에서 교회를 이끌었음을 보여주며(갈 1:18-19; 2:1, 9) 예루살렘 교회는 또한 여러 이야기가 디아스포라에 복음서들로 전달된 주된 통로였다. (고대 지중해 세계의 연결망은 대체로 도시였고 갈릴리 지방의 이야기들은 대체로 유대 지방의 도시 예루살렘과 해변의 가이사랴를 통해 디아스포라 도시들에 전달되었다.)

이러한 정보는 그 후 갈릴리에서 운동이 성장했을 가능성과 모순되지 않지만(참조. 행 9:31), 갈릴리 지역의 특징이 예수에 대한 참된 기억, 즉 예루살렘 모교회를 통해 디아스포라에 전달된 기억을 반영한다는 생각과 부합된다. 우리가 확실히 말할 수 있는 것은 그러한 특징이 디아스포라에서 유래된 것이 아닌 초기의 특징이고, 따라서 목격자들이 이 운동의 두드러진 지도자였던 시대로부터 유래된 예수에 대한 최초의 기억을 반영한다는 사실이다.

---

294 Dunn, *Perspective*, 27; Dunn은 *Tradition*, 272에서 후자의 견해를 선호한다. 특별한 갈릴리 지방의 "Q 자료 공동체"에 대한 반론으로는 예를 들어 Taylor, "Q and Galilee?"; Pearson, "Community"를 보라. Q 자료 속의 최초의 자료에 대해 갈릴리 지방의 배경을 주장하는 글을 보려면 Kloppenborg, *Excavating Q*, 255-61을 보라. 갈릴리 벽지에서 유래한 이 운동의 기원은 금방 잊히지 않았다(참조. 예컨대, Epictetus, *Discourses* 4.7.6; 훗날의 배교자 율리아누스에 대해서는 Judge, *Jerusalem and Athens*, 222; 및 *Peregrinus* 11에서 루키아노스가 기독교인들을 팔레스타인과 관련짓는 것을 보라. 하지만 그는 또한 *Peregrinus* 13에서 다른 곳에도 기독교인들이 존재했다는 점을 인정한다).

295 사람이 무언가를 처음 경험한 상황을 재구성하는 일은 기억에 도움이 되기 때문에(Small, *Wax Tablets*, 121) 갈릴리와 관련된 제자들 자신의 배경은 그곳에서 그들이 예수와 함께 한 경험에 대한 기억에 도움이 되었을 것이다.

16.12. 기억하기 쉬운 형태들

보존된 자료 대부분이 글자 그대로 보존되었을 것으로 기대할 수는 없지만, 어떤 종류의 자료는 다른 자료보다 글자 그대로에 더 가까운 형태로 보존될 수 있다. 기억은 종종 운율과 구조를 간직하기 때문에 시와 노래는 산문체 이야기보다 축자적인 형태에 더 가깝게 기억되는 경향이 있다.[296] (고대에 노래와 운율 있는 시구는 가장 초보적인 기억 연습의 일부였다.[297] 심지어 산문에서도 기억을 돕기 위해 운율이 사용되었다.)[298]

그리스와 로마의 교사들은 보통은 산문으로 가르쳤지만[299] 때로는 쉽게 기억할 수 있는 형식으로 말했다.[300] 이러한 관행은 예수를 포함한 유대인 스승들 사이에서 전통적인 관행이었다.[301] 복음서들은 분명 산문체 이야기지만 예수의 많은 말씀의 밑바탕에 깔린 아람어 구두 전승은 자주 운

---

296 Rubin, *Memory*, 65-121의 견해를 따르는 McIver, *Memory*, 167; 참조. Ong, *Orality*, 22, 62에서의 운율; 및 Rubin, *Memory*, 199-200, 301에 나오는 (호메로스에 대한) 별명; 참조. Nikulin, "Introduction," 8-9에 나오는 호메로스의 글; Nikulin, "Memory," 39-41; Carr, *Writing*, 128, 152에 나오는 구약 본문들.

297 Small, *Wax Tablets*, 123. 고전적인 아테네 교육에서의 시 암기에 관해서는 Joyal, McDougall, and Yardley, *Education*, 31을 보라.

298 특히 다음 문헌들을 언급하는 Vatri, "Writing," 752-56을 보라. Plato, *Phaedrus* 267a2-5; Aristotle, *Rhetoric* 1409a35-b8; Ps.-Scymnus, *Ad Nicomedem regem* 33-35; Ps.-Longinus, *Rh.* 310.20-25 (Spengel = *Concerning Memory* 122-26 Patillon-Brisson); Galen, *On Antidotes* 14.32.5-9 Kuhn; 14.89.10-17; 14.191.2-3; *De compositione medicamentorum per genera* 13.455.7-9. 이것은 축자적인 암기를 직접적으로 뒷받침하는 유일한 기억술이었다(Vatri, "Writing," 771).

299 어떤 이들은 초보적인 학생들을 위한 교육을 강화하기 위해 시를 사용했다(Seneca, *To Lucilius* 108.9-10).

300 Philostratus, *Lives of the Sophists* 1.22.523.

301 Allison, *Constructing Jesus*, 375-77; Keener, *Matthew*, 25-29.

율적인 특징을 드러내는 것처럼 보인다.[302] 복음서들은 그리스어로 되어 있지만 셈어의 비유적 표현(가장 일관된 것으로는 "인자")도 남아 있다. 따라서 (단지 개연성이 있는 몇몇 표현과 대비되는) 그러한 입증할 수 있는 아람어 숙어 등은 예수의 가르침이 이른 시기의 것임을 암시하고 따라서 아마도 그 가르침의 요점이 보존되었을 것임을 암시한다. 물론 전승을 전달한 최초의 공동체는 예수 못지않게 아람어를 사용했지만,[303] 우리가 예수의 가르침을 보존했을 것으로 가장 기대할 만한 공동체는 바로 그 최초의 공동체다.

더 일반적으로 말하면 구두 전승(과 아마도 그러한 전달을 가능케 하도록 의도된 교육 방식)의 특징인 몇 가지 문체적 특성은 복음서에 기록된 예수의 가르침에 가득 차 있는 것처럼 보인다.[304] 중동의 전원 지역 구두 전승은 소식과 농담을 비유나 공동체 서사보다 더 융통성 있게 전달할 수 있지만, 속담과 시는 훨씬 더 엄격하게 전달한다.[305] 따라서 소식도 아니고

---

302 Jeremias, *Theology*, 곳곳을 보라; 참조. Dunn, *Tradition*, 238. 그는 추가로 다음 책들을 인용한다. Burney, *Poetry*; Manson, *Teaching*; Black, *Aramaic Approach*; Riesner, *Lehrer*, 392-404.

303 Meier, *Marginal Jew*, 1:178-80. 언어학적 영향도 일방통행적인 것이 아니었다(Keith, *Scribal Elite*, 79에서 인용된 Stuckenbruck, "Influence"를 보라; 참조. Porter, *Criteria*); 아마도 1세기 말에 유래했을 요한계시록의 저자는 셈어의 언어적 분위기에서 편안함을 느꼈을 것이다.

304 예를 들면 Dunn, *Perspective*, 115를 보라. Pryke는 *Style*에서 문체상의 이유로 마가복음 이전의 자료를 찾았다. Zwiep는 "Orality"에서 마가복음 이전 자료를 암시하는 구술성의 표지를 구별하려는 최초의 시도를 제시한다(Hearon, "Mapping"과 같은 다른 학자들의 글도 참고하라). 이러한 시도는 유용하지만 필연적으로 가설적이다. 비슷한 표지들이 구전 자료와 기록 자료에서 모두 나타날 수 있기 때문이다(Mournet, *Oral Tradition*, 153-54; 참조. Rosenberg, "Complexity," 74; Wansbrough, "Introduction," 12; Tate, "Formulas," 147; Niditch, "Hebrew Bible," 6-7).

305 Bailey, "Oral Tradition"(참조. Bailey, "Tradition" [*Themelios*], 7; Bailey, "Oral Tradition," 42); Aune, *Dictionary*, 326에서도 언급됨; 참조. Bauckham, *World*, 93. Bailey의 논증에 대한 Weeden의 비판("Theory")은 중요한 연속성에 대한 그 논증의 본질적인 통찰을 위태롭

농담도 아닌[306] 예수의 말씀은 대부분 상당히 연속성 있게 전달되었을 것이다. 어떤 스승의 말을 축자적으로 기억하려고 한 사람은 아무도 없었지만, 유대[307] 문헌과 그리스[308] 문헌은 둘 다 때때로 스승의 독특한 스타일이 지닌 요소들을 보존했다.[309]

16.13. 예수가 처한 환경을 반영하는 말씀

고대 소설들은 보통 소설의 저자들이 처한 환경을 이야기의 배경이 되는 환경보다 훨씬 잘 반영한다. 이러한 경향은 후대의 많은 외경 복음서에 대해서도 사실이다. 예를 들면 매장지에서 기다리고 있는 「베드로 복음」의 유대인 제사장들은 예수의 원래 환경에서는 말이 되지 않는다.[310] 한 여자가 남자로 변하여 구원을 받는 「도마 복음」의 마지막 이미지[311]는 예수가

게 하는 것은 아니지만(Dunn, "Critiquing"을 보라) 통제된 전달보다는 소문을 예시하는 Bailey의 핵심적인 몇 가지 예를 약화시킨다(또한 Kloppenborg, "Memory," 300-3을 보라); 참조. Keener, "Weeden's Critique."

306 예수 전승에는 고대의 논쟁에서 종종 그렇듯이(참조. Rabbie, "Wit," 207, 213) 때로는 대적들을 비웃는 유머(예. 마 7:3-5//눅 6:41-42)가 포함되지만, 농담을 위한 농담은 포함되지 않는다. 소식도 마찬가지다(참조. 눅 13:2, 4).

307 Keener, *Historical Jesus*, 187-88; m. ʿEd. 1:3을 보라.

308 Xenophon, *Apology* 1; Epictetus, *Discourses* 1.pref.

309 격언은 구두 사회에서 흔히 그렇듯이(Bauckham, *World*, 92) 종종 이야기보다 표현을 보존하는 일에 더 주의하여 전달되었을 것이다(Witherington, *Christology*, 28-29; Theissen, *Gospels*, 60).

310 Evans, *Fabricating Jesus*, 79-85, 특히 83쪽(Gos. Pet. 8.31; 10.38을 인용함); 참조. Brown, *Death*, 1317-49의 논의; Wright, "Apologetic." 그러나 2세기 시리아의 유대 기독교적 기원을 옹호하는 주장도 제기될 수 있다(Marcus, "Gospel of Peter"를 보라).

311 Gos. Thom. 114.2-3.

처한 환경보다 필론의 플라톤주의적인 알렉산드리아의 상황과 훨씬 더 잘 어울린다.[312]

그와 달리 공관복음에서 보고된 예수의 많은 말씀[313](과 이 문제와 관련해서 요한복음에 있는 몇몇 말씀)[314]은 예수의 특정한 지리적 분위기나 시간적 분위기와 어울리는 배경을 다루지만, 이 복음서들은 또한 후대의 독자를 위해 기록되었다. 물론 예수가 처한 환경은 예수의 제자들이 처한 환경이기도 하지만, 중요한 점은 그러한 말씀들이 대부분 초기 환경을 반영한다는 점이다. 예수의 제자들은 예수의 사역에 대한 가장 직접적이고 완전한 기억을 지닌 전승 전달자들이었고 그들의 기억은 참으로 정확할 가능성이 가장 큰 기억이다. 이러한 특징들은 아마도 예수가 지상에 계시 지 대략 40년 뒤인 마가복음의 기원보다 훨씬 더 이른 기원을 반영할 것이다. 다음은 이 점을 예증하는 몇 가지 예에 불과하다.[315]

- 이혼에 관한 바리새인들의 질문(막 10:2; 마 19:3)은 현존하는 자료들이 예수 시대의 바리새파에서 기원한 것으로 간주하는 한 논쟁을 반영한다.[316]
- 예수는 잔의 안팎과 관련된 정결에 관한 당대 바리새파의 논쟁을 이용한다(마 23:25-26//눅 11:39-41).[317]

---

312 예를 들면 Baer, *Categories*, 특히 45-49, 55-64, 69; 짧은 글로는 Meeks, "Androgyne,"
176-77을 참고하라.
313 Theissen, *Gospels*, 25-59을 보라.
314 예를 들면 요 7:37-38; Keener, *John*, 722-30과 그곳에 인용된 문헌들을 보라.
315 나는 이런 예들을 Keener, "Suggestions"와 "Assumptions," 49-52에 나오는 조금 더 자세한
논의에서 빌려왔다. Williams, *Trust*, 51-86을 더 자세히 참고하라.
316 m. Giṭ. 9:10; Sipre Deut. 269.1.1을 보라.
317 다양한 접근법에 대해서는 다음 문헌들을 참고하라. Neusner, "Cleanse," 492-94;

- 사람이 다른 이들을 헤아리는 것처럼 자기도 "헤아림"을 받을 것이라는 예수의 경고는 구체적으로 유대의 한 전승을 떠올리게 한다(마 7:2//눅 6:38).[318]

- 유대인 선생들은 특히 비유를 소개하기 위해 "내가/우리가 무엇으로 비유할까?"라는 표현을 자주 사용했다(마 11:16//눅 7:31).[319]

- 이른바 주기도문의 전반부(마 6:9-10//눅 11:2)는 초기 유대 지방의 일부 기도문과 거의 일치한다.[320]

- 아마도 예수의 영향을 받지 않았을 후대의 유대인 선생들은 거의 불가능한 일을 커다란 동물이 바늘귀를 통과하는 일로 묘사할 수 있었다(막 10:25).[321]

- 복음 전승에서 벳새다는 언제나 기원후 30년 이후에 흔히 사용된 새로운 도시 이름(율리아스)이 아닌 기원후 30년 이전의 이름을 간직하고 있다(마 11:21//눅 10:13; 막 6:45; 8:22; 요 1:44; 12:21).[322]

이야기식 비유,[323] "진실로", "인자"와 같은 예수의 표현법에 담긴 많은 독

McNamara, *Judaism*, 197; Sanders, *Jesus to Mishnah*, 39. 마태복음과 누가복음의 차이의 배경에 있는 아람어의 언어유희나 혼동에 대해서는 Black, *Aramaic Approach*, 2; Burney, *Aramaic Origin*, 9을 보라.

318 Smith, *Parallels*, 135.

319 예. m. 'Abot 3:17; Sukkah 2:10; t. Ber. 1:11; 6:18; Sanh. 1:2; 8:9.

320 Vermes, *Jesus and Judaism*, 43. 예전적 반복 역시 주의 기도에 대한 기억을 보존했을 것이다. 참조. Le Donne, *Historiographical Jesus*, 229.

321 Abrahams, *Studies*, 2:208; Dalman, *Jesus-Jeshua*, 230; Jeremias, *Parables*, 195.

322 Charlesworth, "Sketch," 97-98.

323 예를 들면 다음 참고문헌들을 보라. Johnston, "Observations," 355; Johnston, "Interpretations," 특히 43, 628-35; Abrahams, *Studies* 1:106; Young, *Parables*, 1, 317-18; Stewart, "Parable Form"; Cave, "Parables," 387; Barth, "Ethik"; Maisonneuve, "Parables"; Goulder, *Midrash*, 47-69; Scott, *Parable*, 14; D'Angelo, "Background"; Gerhardsson,

특한 특징들도 확연히 유대인적인 특징이다.[324] 한편 현존하는 예수의 비유 가운데 다수의 배경은 많은 후대 랍비들의 비유 속 배경보다 더 많이[325] 농업적 환경을 반영한다.[326] (후대의 기독교인들은 랍비들의 표현법을 받아들이지 않았으므로 예수의 비유는 예수 전승의 몇 가지 다른 특징보다 더 자주 믿을 만한 것으로 받아들여진다.)[327]

더구나 공관복음은 비록 예수의 사역과 가르침을 (편집비평가들이 바르게 강조한 대로) 공관복음의 독자들의 배경에 적용하지만, 공관복음도 그리고 아마도 공관복음의 전승 전달자들도 그 당시의 가장 논란이 많은 쟁점을 해결하기 위해 예수에 대한 새로운 이야기를 지어내지는 않았다. 그렇

"Illuminating"; Stern, *Parables in Midrash*와 비교해 보라. (그리스인들은 우화와 같은 다른 종류의 도덕적인 이야기들을 사용했다; 예를 들면 Phaedrus and Babrius, *Fables*를 보라.) 예수 이전에는 예를 들면 삼하 12:1-7; 사 5:1-7; 1 En. 1:2-3; 37-71; 4Q302 f2ii.2-9; Sir 1:24; 3:29; 20:20; 39:2; 47:17을 보라.

324 Dunn, *Tradition*, 286.

325 밭은 랍비들의 비유에서 배경으로 두드러지게 등장하는데, 그 의미는 표준적인 것이 아니라 임시변통적이다(Johnston, "Interpretations," 596). 그러나 왕궁은 예수의 비유로 여겨지는 몇몇 비유에서만 나타나지만(마 18:23; 22:2; 참조. 마 25:34; 눅 14:31; 19:12), 왕이 하나님을 상징하는 탄나임의 비유에서는 흔하게 나타난다: 예를 들면 t. Ber. 6:18; Sukkah 2:6; Mek. Beshallaḥ 6.8-9; Shirata 2.131 이하; 3.30, 65; 4.54 이하; Amalek 2.22-23; Bahodesh 5.2-3, 82-83; 6.114 이하; 8.72 이하; Sipra Shemini Mekhilta deMiluim 99.2.2, 5; Behuq. pq. 2.262.1.9; pq. 3.263.1.5; Sipre Num. 84.2.1; 86.1.1; Sipre Deut. 3.1.1; 8.1.2; 11.1.2; 28.1.1; 29.4.1; 36.4.5; 43.8.1; 43.16.1; 45.1.2; 48.1.3; 312.1.1; 313.1.1; 343.5.2.

326 그 이전의 성경의 예언자들도 심판, 특히 말세의 심판을 농업적인 표현으로 묘사했다(사 32:13-17; 35:1-2; 44:3-4; 렘 31:28; 51:33; 욜 3:13; 암 8:1-2; Riesenfeld, *Tradition*, 150).

327 예를 들면 Dodd, *Parables*, 1; Jeremias, *Parables*, 11; Stein, *Method*, 44-45; Vermes, *Religion*, 90-91; Snodgrass, *Stories*, 31; 다음 글들을 더 자세히 보라. Payne, "Authenticity of Parables"; Payne, "Sower." Meier, *Marginal Jew*, 5과 비교해 보라. 그의 엄격하지만 좀 더 제한적인 기준은 이러한 언뜻 보기에 그럴듯한 형식적 고려사항들을 고려하지 않는다. Q 자료에서 예를 들어 마 7:24-27//눅 6:47-49을 보라. "신뢰성"은 물론 각색을 배제하지 않는다(Jeremias, *Parables*, 곳곳; Johnston, "Interpretations," 621-24, 639).

지 않았다면 공관복음은 분명 이방인의 할례를 다루었을 것이다(참조. 갈 2:3-4, 12; 5:11).[328] 마가는 (일반적인 해석에 따르면) 율법에 규정된 정결한 음식의 문제를 다룰 때 해석적인 개인적 논평으로 다루며(막 7:14), 한 간청하는 이방인에 관한 마가복음의 이야기에서 예수는 처음에 그 이방인을 모욕한다(7:27).[329] 이런 측면에서 복음서들은 플루타르코스의 전기들과 닮았다. 플루타르코스는 원전에서 자기 시대와 여전히 관련이 있는 주제들을 강조했지만, 자기 시대의 문제들을 그런 문제가 없었던 원전 속에 억지로 집어넣는 일은 좀처럼 하지 않았다.[330]

전통적인 역사비평적 접근법은 모든 소단락을 다룰 수는 없지만, 내가 여기서 구체적으로 다루는 범위를 넘어 예수에 관한 많은 전승의 고대적 특성에 종종 독립적으로 신빙성을 더해준다.[331] 나는 다른 곳에서 다른 관련 견해들을 더 자세히 다루었다.[332]

그러나 구체적인 소단락들을 다루는 그러한 논증들 외에 기본적인 최초의 가정은 학자들이 요구하는 증거의 기준을 형성한다. 이러한 더 많은 고려사항은 무엇을 의미하는가? 개인적 기억과 집단적 기억이 40년 이상 이어질 수 있다는 점을 인식한다면, 보존된 기억에 대해 매우 회의적

---

328 Theissen and Merz, *Guide*, 105; Wright, *People*, 421; Stanton, *Gospel Truth?*, 60-61.
329 한 가지 해석을 보려면 Cotter, *Miracle Stories*, 148-54을 보라. 모욕하는 말로 사용되는 개에 대해서는 예를 들어 Homer, *Iliad* 8.527; 11.362; 20.449; 22.345(참조. 9.373; 21.394, 421); *Odyssey* 17.248; 22.35; Callimachus, *Hymn* 6 (to Demeter), 63을 보라; 이 말을 여자에게 사용했을 때의 가혹함에 대해서는 예를 들어 Homer, *Odyssey* 11.424; 18.338; 19.91을 참고하라.
330 Pelling, *Texts*, 58.
331 다음 책들의 역사적 예수 연구에 관한 더 자세한 최근의 논의를 보라. Porter and Holmén, *Handbook*; Charlesworth, Rhea, and Pokorný, *Jesus Research*.
332 특히 Keener, *Historical Jesus*, 곳곳에.

인 학자들 속에서 나타나는 수준보다 복음서 증거에 대한 더 큰 존중을 고려해야 한다.[333] 이는 크리스 키스(Chris Keith)가 경고하듯이 "남겨진 부분들"에 의한 "과거의 재구성"을 의미하는 것이 아니다. 오히려 "역사가의 임무"는 "과거에 대한 **표현**, 남아 있는 자료들"과 그 자료들의 환경을 "고려한, 과거가 어떤 모습이었을지에 관한 정보에 근거한 가설"이다.[334] 과거에 접근할 수 있는 모든 수단은 간접적이므로, 기억을 통한 접근은 연구자들을 본문이 제공하는 자료로 되돌아가게 한다.[335]

또는 앤서니 레돈(Anthony Le Donne)이 그의 영향력 있는 연구서인 『역사적 예수』의 명제를 다음과 같이 요약한 것과 같다.

> 역사적 예수는 기억할 만한 예수다. 그는 굴절의 궤적이 활기를 띠게 하고 그에 대한 기억을 동시대인들이 어떻게 해석해야 하는지에 관한 최초의 한계를 설정한 인물이다. 이것이 사실이라면 역사가는 복음서 저자들의 굴절에도 불구하고 예수를 "발견"하는 것이 아니다. 오히려 역사가는 그러한 굴절을 기반으로 예수의 역사적 존재와 영향을 파악한다. 우리가 예수에 대한 기억이 위치한 기억의 영역을 확신 있게 가정할 수 있는 것은 바로 이러한 굴절이 존재하기 때문이다.[336]

333 Keener, "Assumptions."
334 Keith, *Scribal Elite*, 82.
335 Keith, *Scribal Elite*, 81, 83.
336 Le Donne, *Historiographical Jesus*, 268.

16.14. 의미

어떤 복음서가 유연성과 안정성의 연속체 위에서 어디에 위치하는지 실제로 자세히 검증하는 것은 이 책에서 명시한 한계를 벗어나는 일이 될 것이다. 나는 독자들에게 나 자신이 이전에 밝힌 (분명히 덜 성숙한) 약간의 편집비평적 견해에 관해서는 나의 마태복음 주석을 참고하고, 기타 관점에 관해서는 다른 이들의 연구서를 참고할 것을 권한다.

최초의 복음서인 마가복음을 검증하는 일은 마태복음이나 누가복음을 검증하는 일보다 어렵다. 우리에게는 마가복음의 원자료가 없기 때문이다. 그렇기는 하지만 마가복음의 일부 정보는 독립적으로 입증된다. 현존하는 최초의 기독교적 출처인 바울은 예수의 사역을 목격한 사람이 아니며, 전기가 아닌 목회적인 편지들을 썼으므로 복음서들처럼 예수의 생애 속 일화들에 초점을 맞추지 않는다. 그렇기는 하지만 바울은 때때로 자신이 몇몇 예수 전승을 전해주었다는 점을 분명히 밝히며(고전 11:23; 15:1-7) 바울과 마가가 같은 내용을 독립적으로 다루는 대목(고전 7:10-11; 11:23-26; 막 10:9-12; 14:22-25)에서 요지는 둘 다 여전히 같지만 둘 다 또한 (각각의 독립성을 뒷받침하며) 몇 가지 다른 요소들을 포함하고 있다.[337]

복음서의 장르와 1세기라는 저작 연대가 제시하는 기본 설정은 이용 가능한 제한적인 다른 증거를 뒷받침한다. 즉 우리는 예수의 사역과 가르

---

337 예를 들면 Eve, *Behind Gospels*, 166-67을 보라. 그는 169-75에서 (둘 다 각자의 관심사를 반영하고 있다는 점을 인정하면서도) 마가보다 요세푸스를 선호하지만, 둘의 차이점은 대부분은 각자 상대방의 글 속에 있는 몇 가지 요소를 생략한 것과 관련이 있으며 마가복음이 더 이른 시기의 자료라는 데 있다. 다음 참고문헌 속의 견해들도 함께 참고하라. Meier, "John the Baptist"; Sumney, *Steward*, 137-56; Jensen, "Josephus."

침에 대해 많은 것을 실제로 알고 있다. 전기의 대상으로부터 한두 세대 안에 나온 전기들은 전기에서 생략된 세부적인 정보가 무엇이든 최소한 전기가 전해주는 대부분 사건의 요지를 보존했을 것으로 기대할 수 있다.

이 책에서 앞서 지적한 바와 같이 누가복음의 서문은 누가가 자신과 자신의 독자들이 알고 있다고 생각하는 내용에 대해 꽤 많은 것을 알려준다(눅 1:1-2). 누가는 그들이 예수와 관련된 이야기들과 최초의 목격자들로 거슬러 올라가는 구전 자료에 대한 지식을 공유하고 있다고 생각한다. 또한 누가는 자신의 이야기가 최소한 그의 독자들 일부가 이미 알고 있는 기본적인 가장 중요한 이야기와 아마도 많은 개별적인 이야기를 확증해준다고 생각한다(1:3-4). 누가가 그러한 정보를 접할 수 있는 시내에 글을 썼다는 점을 고려하면(눅 1:2-3; 참조. 행 21:8, 17-18),[338] 누가의 주장은 (나 자신을 포함해서) 현대 서구의 관념적인 비평학자들의 추측보다 더 가치가 있는 것이 분명하다. 누가의 주장에 대한 무시는 너무나 흔하게도 우리가 가진 모든 구체적인 증거를 무시하고 남아 있는 침묵에 근거하여 그와 반대되는 주장을 하는 것에 의존하고 있으며, 이는 신약학계 일각에서 너무나 흔한 관행이다.

16.15. 결론

구두 전승은 때때로 수 세기 동안 핵심 정보를 정확하게 보존한다. 그러나 보존은 생생한 기억이 남아 있는 기간 이내에 가장 일관된다. 이 기간은

---

338 Keener, *Acts*, 1:51-422; 3:2350-74을 보라.

복음서 저자들이 복음서를 집필한 기간으로, 목격자들과 그들의 말을 들은 사람들이 복음서 저자들의 주장에 이의를 제기할 수 있었던 때다.

예수의 많은 가르침은 현자들이 종종 편하게 기억할 수 있도록 제시한, 쉽게 기억할 수 있는 형식에 속하는 가르침이다. 게다가 예수의 많은 말씀은 그 말씀이 복음서에서 새롭게 제시되고 있었던 교회들의 상황보다 예수의 갈릴리 사역 속의 원래 상황을 훨씬 더 잘 반영하고 있다. 복음서들은 예수와 그가 자신이 창시한 운동에 끼친 영향에 대한 집단적 기억을 기념한다.

더욱이 우리는 예수의 공적인 사역과 최초의 복음서들 사이의 비교적 짧은 기간을 명심해야 한다. 우리는 그 간격을 우리가 속한 서구권의 과거에서 비슷한 시간적 간격이 있는 핵심적인 사건들에 대해 우리와 가까운 시대의 서구인들에 대한 기억을 바탕으로 우리가 오늘날 배울 수 있는 내용과 비교해 볼 수 있을 것이다. 그렇게 한다면 나는 최초의 복음서들에 제시된 증언들이 실제로, 우리가 예수의 첫 제자들이 경험한 많은 핵심적 특징들을 접할 수 있는, 예수의 인격과 메시지와 행동에 대한 묘사를 제공할 가능성을 피할 수 없다고 믿는다.

17장
이 연구의 함의

전통적으로 복음서들을 해석해온 두 가지 대표적인 방식, 요컨대 회의적인 접근법과 근본주의적인 접근법은 공히 같은 오류를 범했다. 즉 복음서들을 원래의 장르와 이질적인 기준에 따라 판단한 것이다. 이 책에서 나는 좀 더 역사적이고 문화적으로 민감한 접근법을 지지하려고 했다.

이미 언급한 많은 변수는 우리가 선험적으로 복음서의 모든 기록의 역사적 신뢰성에 관한 판단을 내리기 위해 복음서의 장르를 사용하는 것을 불가능하게 한다. 그러한 접근법은 증거를 크게 벗어날 것이다. 따라서 앞에서 말한 어떤 논의도 그 자체로는 복음서의 어떤 주어진 소단락이 진정한 역사적 정보를 전해준다는 점을 입증하지 못한다. 비록 역사적·문헌적 유사점들이 증거를 제시하더라도 그러한 유사점은 그 제한적인 성격으로 인해 증거에 미치지 못한다. 오로지 역사적이기만 한 인식론은 개연성에 국한되며, 장르는 규범적이기보다는 서술적이고(기대를 암시하되 통제하지는 않는다), 유사점은 항상 불충분하고 불완전하다. 따라서 오늘날의 역사 서술은 개연성의 정도만을 나타낼 수 있다.

그러나 이는 역사적 증거가 복음서에서 가르치는 주제와 진술하는 사건들에 대해 일각에서 가정하는 것보다 더 높은 수준의 사전적인 개연성이 있음을 암시하는 사례 가운데 하나다. 복음서들은 십중팔구 적어도 여러 면에서 살아 있는 기억 속의 인물들에 대한 로마 제국 초기의 다른 전기들의 기능과 유사한 기능을 한다. 이러한 꽤 자명한 유사점은 최소한 복음서의 평균적인 기록 뒤에 있는 진정한 역사적 정보의 핵심을 뒷받침하는 상당한 선험적 개연성을 암시한다. 거증 책임이 복음서의 주장에 있다는 급진적인 회의론자들의 입장과는 대조적으로, 역사적으로 좀 더 개연성 있는 출발점은 예수에 대한 생생한 기억 속에서 기록된 이러한 전기들이 실제로 다양한 문헌에서 독립적으로 입증되지 않은 많은 사건에 대해서까지 예수의 여러 행적과 가르침을 보존하는 데 성공하고 있다는 사실이다.[1]

역사적 방법은 그것이 우리에게 과거에 대해서, 그리고 확실히 2천 년 전의 사건에 대해서 말해줄 수 있는 것에 한정되어 있다. 그러나 실제적인 의미에서 우리가 다루는 사례에서의 간격은 2천 년이 아니라 30-70년이다. 우리에게는 생생한 기억 속에서 나온 예수에 대한 기록들이 있기 때문이다. 만약 링컨에 대해 우리가 이용할 수 있는 최초의 전기적 자료가 링컨이 죽고 나서 비슷한 기간 뒤에 나온 것이라면, 우리는 기억의 편향된 구성물을 다루어야 했겠지만 그럼에도 실제 역사상의 인물에 대한 매우 실제적인 정보를 얻었을 것이다. 복음서에 있는 자료에 기초한 역사적 예수에 관한 연구는 몇 가지 추가적으로 복잡한 문제를 제기하지만, 시간적 거리의 측면에서 이 문헌들은 여기서 예시의 목적을 위해 제시한 링컨에 관한 가상적인 자료와 다르지 않다.

---

1   즉 중복 입증이라는 기준은 진정한 전승을 부정할 때보다는 뒷받침할 때 더 효과적이다. 내가 여기서 또 다른 극단(축자적 인용과 엄격한 시간순 배열을 기대하는 극단)에 대해 덜 논평한 이유는 그런 견해를 주장하는 이들이 복음서 자체에는 관심조차 기울이지 않기 때문이다. 따라서 나는 그들이 어쨌든 이 책을 읽을 것이라고 가정하는 착각에 빠지지 않을 것이다.

어떤 고대 전기 작가에게 전기의 주인공에 대해 우리에게 가르쳐줄 많은 역사적 정보가 있다면 복음서는 분명 그 가운데 속한다. 다음과 같은 다양한 요인들이 이러한 인식을 뒷받침한다.

1. 복음서들은 시인에 대한 짧은 전기가 아니라 대중적으로 잘 알려진 한 인물에 대한 본격적인 전기다.
2. 복음서들은 고대 전기의 발전 과정에서 가장 정보에 기반한 시대, 즉 로마 제국 초기 시대에 나왔다. 이 시대의 전기들은 일반적으로 역사적 사고가 부족했던 그 이전의 송덕문을 뛰어넘어 발전했으나 또한 후대의 성인전보다 시간상 앞선다. 이 시기에 나온 같은 인물에 관한 여러 전기를 서로 비교해 보면 이러한 전기들이 정보에 근거하고 있다는 사실이 잘 드러난다.
3. 복음서들은 그 대상에 대한 생생한 기억 속에서 집필되어 실질적인 정확한 정보를 가능케 했다.
4. 전승을 전하는 공동체에서 가장 존경받는 지도자들은 목격자였다.
5. 전승을 전하는 공동체에서 가장 존경받는 지도자들은 목격자일 뿐만 아니라 **제자**였으며, 그들은 모든 사람 중에서 그들의 스승의 유산과 가르침을 보존하기 위해 처음부터 가장 열심히 노력했다.
6. 이 책에서 자세히 살펴보지는 않았으나 복음서들을 잘 비교해 보면 쉽게 확인되는 점은 공관복음서의 내용이 상당 부분 중첩된다는 사실이다. 이러한 중첩은 이 저작들이 소설적인 저작이 아니라 정보에 근거한 저작이며, 복음서의 저자들은 그들 자신이 가진 자료를 정보에 근거한 집필을 위해 충분히 신뢰할 만한 자료로 간주했다는 점을 확증한다.

7. 자료들을 사용한, 정보에 기반한 1세기 복음서들은 사용된 자료들보다 상당히 (몇십 년 이상) 늦은 시기에 나왔을 리가 없으며 복음서 자료의 신뢰성을 복음서가 평가한 방식으로 평가할 만한 충분한 이유가 있었을 것이다.

8. 논리적 추론은 그 이상의 결론을 암시한다. 복음서의 시대에는 남아 있는 것보다 더 많은 자료가 유포되었고(눅 1:1) 복음서 저자들은 이후 시대에 어떤 정보가 남아 있을지 알 수 없었다. 따라서 우리는 우리가 검증할 수 있는 대목과 비슷한 방식으로 검증할 수 없는 대목에서는 그들이 자료를 각색했을 것으로 예상해야 한다. 마태와 누가가 (표준적인 관점에 따르면) 마가복음을 매우 비슷하게, 때로는 거의 글자 그대로 따를 때 우리가 검증할 수 없는 대목에서 종종 단순히 이야기 전체를 처음부터 전부 지어냈다고 가정하는 것은, 우리가 검증할 수 없는 대목에서 출처를 따르는 다른 고대 작가들에게서 그러한 날조를 예상하지 않는 것과 마찬가지로 믿을 수 없어 보인다.[2] 요컨대, 단순히 "이러이러한 점 때문에 복음서 외에는 아무런 증거가 없고 **따라서 증거가 부족하다**"고 말하는 것은 공평하지 않다. 복음서의 이야기들은 **그 자체가 증거다**.

필연적으로, 전제와 목표는 비교에 영향을 준다. 따라서 예를 들어 누군가는 나보다 오토나 갈바의 전기에서 더 많은 차이점을 강조하거나, 나보다 요세푸스의 여러 저작에서 더 많은 공통된 특징을 강조할 수도 있을 것이

---

2   유사한 종류의 부조화가 지닌 기괴함에 대해서는 Downing, "Redaction Criticism 2", 47을 참고하라.

다. 또 이보다 개연성이 적기는 하지만, 누군가는 예를 들어 예수의 제자들이 전형적인 제자들과 비슷했다거나 복음서 저자들이 정보의 보존이라는 측면에서 그 시대의 일반적인 전기 작가들과 비슷했다는 점을 부정함으로써 어떤 고대 문헌들을 비교하는 일의 가치도 약화시킬 수 있을 것이다. 그러나 일반적인 역사적 방법은 동시대의 유사점들을 받아들일 때보다 그것을 거부할 때 더 많은 실제적 증거를 요구한다.

어쨌든, 나는 다음과 같은 나의 본질적인 두 가지 주된 요점은 논박하기 어렵다고 믿는다. 즉 로마 제국 초기에 최근 인물들에 대한 본격적인 전기를 쓴 일반적인 전기 작가들은 일반적으로 교화의 목적을 위해 스스로 역사적 정보(또는 아마도 어떤 경우에는, 저서도 어쩌면 역사적이었을 듯한 전승)라고 믿었던 내용을 진술하거나 재구성하려 했다. 그리고 전기 작가들은 그 정보를 진술하는 방식에 있어서 어느 정도 융통성을 발휘할 수 있었다.

더 정확히 말하면, 복음서 시대의 청중들은 전기 작가들이 사건을 자유롭게 지어낼 것으로 기대하지는 않았으나 전기 작가들 스스로 서사적 신빙성이라고 여긴 특질을 성취할 목적으로 장면들과 담화에 살을 붙이는 것은 허용했다. 전기 작가들은 어떤 스승의 메시지를 지어내선 안 되지만 그들 자신의 관점에서 그 메시지를 해석하여 전달할 수는 있었다. 로마 제국 초기의 최근 인물들에 대한 전기를 쓴 작가들이 일반적으로 진정한 역사적 사건을 서술한다면, 이러한 기대는 복음서에 대해서도 상당한 정도의 확률로 적용된다. 로마 제국 초기의 최근 인물들에 대한 전기를 쓴 작가들이 표현, 연대순 배열 등을 마음대로 각색했다면, 이러한 기대는 복음서에 대해서도 마찬가지로 상당한 정도의 확률로 적용된다. 즉 복음서들의 유사점이나 차이점도 우리를 놀라게 하지는 않을 것이다.

이러한 유연성의 범위에 주목하는 것은 어떤 주어진 전기나 복음서가 연속체에서 어느 위치에 속하는지를 선험적으로 주장하는 것이 아니지만, 관찰된 내용은, 예상할 수 있고 그 안에서 역사가들이 살펴볼 수 있는 개연성 있는 범위를 분명히 제시한다.

전기 작가들은 서로 달랐고, 때때로 그들 자신의 저작 속에서 자료를 다룰 때의 충실성과 융통성의 정도에 있어서 각기 달랐다. 복음서들, 또는 더 구체적으로 개별적인 복음서들은 이러한 연속체 위의 어느 곳에 적합한가? 이 질문에 대해 학자들은 여전히 복음서에 대한 자료비평, 편집비평, 서사비평적 분석에 의존할 수 있고 그러한 분석은 이 연구에서 진술한 한계 너머에 있는 분석이다. 더구나 학자들이 점점 더 많이 인식하듯이, 증거의 제한적 성격은 많은 본문의 경우 좀 더 구체적인 결론이 우리의 최선의 역사 서술 방법을 계속해서 벗어날 것임을 의미하며 학자들에게 철학적인 근거로 논쟁하거나 우리의 불확실한 상황들을 실토하게 한다.

유익한 추가 연구에는, 이상적으로 말하자면, 우리가 다양한 전기에서 그 자료를 확인하고 평가할 수 있는 차이의 범위를 더 정확하게 수량화하는 작업이 포함될 것이다. 사전 정보는 얼마나 되는가? 편집은 얼마나 되는가? 그러한 수량화는 고려해야 할 불확실성과 변수들을 감안하면 엄밀한 과학이 될 수는 없으나, 최소한 학자들이 개별적인 복음서를 포함한 개별적인 저작을 스펙트럼 위에 나타내는 데 도움이 될 규모의 체계를 제시할 수는 있을 것이다. (그럴 가능성을 가정하는 것은 주제넘은 일이 될 수도 있지만, 그것이 사도행전에서 연설에 할애된 부분을 수량화하는 더 간단해 보이는 일보다 더 많은 합의를 끌어낼 수 있다면 이는 이상적인 일일 것이다.) 그러면 그 대략적인 결과는 각각의 복음서가 스펙트럼 위의 어느 위치에 있는지를 평가하기 위해 각 복음서(또는 최소한 가장 일반적인 구성에 따라 마태와 누가의 마가복음 사용)에 적용될 수 있다.

이미 내릴 수 있는 결론은 공관복음과 아마도 사복음서 전체가 일반적으로 고대 역사 문헌에서 발견되는 편차의 범위 안에 속해 있다는 점이다. 이러한 문헌들은 사전 정보의 중요한 핵심과 그 핵심을 서술할 때의 어느 정도의 융통성을 반영한다. 다시 말해 고대 역사 문헌은 대부분 역사인 동시에 문학이었고, 정보인 동시에 정보의 수사적 구성이었다.

따라서 이 연구의 결론은 복음서의 대조를 통한 연구로 기대할 수 있는 것과 일치한다. 잘못된 패러다임으로 인해 때때로 일각에서 그러한 대조가 우리에게 보여주는 것에 주목하지 못하게 된 경우를 제외하면 말이다. 어떤 이들은 불트만을 따라 오래된 민간전승을 가정하고 초기 기독교인들이 예수에 관한 훨씬 더 믿을 만한 역사적 정보에 관심을 두었다는 것을 의심했다. 학자들 사이에서는 덜 일반적이었지만 대중적인 수준에서는 드물지 않게 또 다른 일각에서는 복음서들의 연대기와 때로는 복음서의 표현까지 조화시키기 위해 대단한 묘기를 보여주었다.

오늘날 학자들 대다수는 구체적인 내용에 관한 다양성에도 불구하고 이 두 극단 사이에 있다. 이 연구는 역사적 예수 연구자들이 전승에 발생했을 법한 일에 관한 추측을 줄이고 복음서 자체가 전승에 실제로 발생했다고 시사하는 일에 관한 기본적인 요소들에 더 많이 집중하도록 장려할 것이다.

Abbott, *Acts.* Abbott, Lyman. *The Acts of the Apostles: With Notes, Comments, Maps, and Illustrations.* New York: A. S. Barnes, 1876.

Abrahams, *Studies* 1. Abrahams, I. *Studies in Pharisaism and the Gospels.* 1st ser. Cambridge: Cambridge University Press, 1917. Repr., Library of Biblical Studies. New York: Ktav, 1967.

Abrahams, *Studies* 2. Abrahams, I. *Studies in Pharisaism and the Gospels.* 2nd ser. Cambridge: Cambridge University Press, 1924.

Abramowski, "Memoirs." Abramowski, Luise. "The 'Memoirs of the Apostles' in Justin." Pages 323-35 in *The Gospel and the Gospels.* Edited by Peter Stuhlmacher. Grand Rapids: Eerdmans, 1991.

Achtemeier, *Miracle Tradition.* Achtemeier, Paul J. *Jesus and the Miracle Tradition.* Eugene, OR: Cascade, 2008.

Adams, *Genre.* Adams, Sean A. *The Genre of Acts and Collected Biography.* SNTSMS 156. Cambridge: Cambridge University Press, 2013.

Adams, *Negotiating Genre.* Adams, Sean A. *Negotiating Genre: Jewish Authors and Greek Literary Forms.* Waco, TX: Baylor University Press, Forthcoming.

Adams, "Preface." Adams, Sean A. "Luke's Preface and Its Relationship to Greek Historiography: A Response to Loveday Alexander." *JGRCJ* 3 (2006): 177-91.

Adinolfi, "Lago." Adinolfi, Marco. "Il lago di Tiberiade e le sue città nella letteratura greco-romana." *SBFLA* 44 (1994): 375-80.

Albright, "Discoveries." Albright, William Foxwell. "Recent Discoveries in Palestine and the Gospel of St John." Pages 153-71 in *The Background of the New Testament and Its Eschatology: Essays in Honour of Charles Harold Dodd.* Edited by W. D. Davies and D. Daube. Cambridge: Cambridge University Press, 1964.

Aletti, *Birth.* Aletti, Jean-Noel. *The Birth of the Gospels as Biographies: With Analyses of Two Challenging Pericopae.* Translated by Peggy Manning Meyer. Analecta Biblica Studia 10. Rome: Gregorian & Biblical Press, Pontificia Universita Gregoriana, 2017.

Alexander, "Biography." Alexander, Loveday C. A. "Acts and Ancient Intellectual

Biography." Pages 31-63 in *The Book of Acts in Its Ancient Literary Setting*. Edited by Bruce W. Winter and Andrew D. Clarke. Vol. 1 of *The Book of Acts in Its First Century Setting*. Edited by Bruce W. Winter. Grand Rapids: Eerdmans, 1993.

Alexander, *Context*.   Alexander, Loveday C. A. *Acts in Its Ancient Literary Context: A Classicist Looks at the Acts of the Apostles*. Early Christianity in Context. LNTS 298. London: T&T Clark, 2005.

Alexander, "Formal Elements."   Alexander, Loveday C. A. "Formal Elements and Genre: Which Greco-Roman Prologues Most Closely Parallel the Lukan Prologues?" Pages 9-26 in *Jesus and the Heritage of Israel: Luke's Narrative Claim upon Israel's Legacy*. Edited by David P. Moessner. Luke the Interpreter of Israel 1. Harrisburg, PA: Trinity Press International, 1999.

Alexander, "IPSE DIXIT."   Alexander, Loveday C. A. "IPSE DIXIT: Citation of Authority in Paul and in the Jewish Hellenistic Schools." Pages 103-27 in *Paul beyond the Judaism/Hellenism Divide*. Edited by Troels Engberg-Pedersen. Louisville: Westminster John Knox, 2001.

Alexander, "Memory."   Alexander, Loveday. "Memory and Tradition in the Hellenistic Schools." Pages 113-53 in *Jesus in Memory: Traditions in Oral and Scribal Perspectives*. Edited by Werner H. Kelber and Samuel Byrskog. Waco, TX: Baylor University Press, 2009.

Alexander, "Orality."   Alexander, Philip S. "Orality in Pharisaic-Rabbinic Judaism at the Turn of the Eras." Pages 159-84 in *Jesus and the Oral Gospel Tradition*. Edited by Henry Wansbrough. JSNTSup 64. Sheffield: Sheffield Academic Press, 1991.

Alexander, *Preface*.   Alexander, Loveday C. A. *The Preface to Luke's Gospel: Literary Convention and Social Context in Luke 1.1-4 and Acts 1.1*. SNTSMS 78. Cambridge: Cambridge University Press, 1993.

Alexander, "Preface."   Alexander, Loveday C. A. "The Preface to Acts and the Historians." Pages 73-103 in *History, Literature, and Society in the Book of Acts*. Edited by Ben Witherington III. Cambridge: Cambridge University Press, 1996.

Alexander, "Rabbinic Biography."   Alexander, Philip S. "Rabbinic Biography and the Biography of Jesus: A Survey of the Evidence." Pages 19-50 in *Synoptic Studies: The Ampleforth Conferences of 1982 and 1983*. Edited by Christopher M. Tuckett. JSNTSup 7. Sheffield: JSOT, 1984.

Alexander, *Signs*.   Alexander, Paul. *Signs and Wonders: Why Pentecostalism Is the World's Fastest Growing Faith*. San Francisco: Jossey-Bass, 2009.

Alexander, "Voice."   Alexander, Loveday C. A. "The Living Voice: Scepticism towards the Written Word in Early Christian and in Graeco-Roman Texts." Pages 221-47 in *The Bible in Three Dimensions: Essays in Celebration of Forty Years of Biblical Studies in the University of Sheffield*. Edited by David J. A. Clines, Stephen E. Fowl, and Stanley E. Porter. JSOTSup 87. Sheffield: JSOT Press, 1990.

Alfeyev, *Beginning*.   Alfeyev, Metropolitan Hilarion. *The Beginning of the Gospel*. Vol. 1 of *Jesus Christ: His Life and Teaching*. 6 vols. Yonkers, NY: St. Vladimir's Seminary Press, 2017.

Alfred, "Source Valuation."   Alfred, Chris. "Source Valuation in Greek and Roman

Biography." PhD diss., Asbury Theological Seminary, in process.

Alfred, "Valuation."   Alfred, Chris. "Source Valuation in Greek and Roman Biography: From Xenophon to Suetonius." Pages 77-102 in Keener and Wright, *Biographies and Jesus*.

Allen, "Epicurus."   Allen, James. "Epicurus in Diogenes Laertius." Pages 614-18 in *Diogenes Laertius "Lives of the Eminent Philosophers."* Edited by James Miller. Translated by Pamela Mensch. New York: Oxford University Press, 2018.

Allen, "Skeptics."   Allen, James. "Skeptics in Diogenes Laertius." Pages 610-14 in *Diogenes Laertius "Lives of the Eminent Philosophers."* Edited by James Miller. Translated by Pamela Mensch. New York: Oxford University Press, 2018.

Allison, *Constructing Jesus*.   Allison, Dale C., Jr. *Constructing Jesus: Memory, Imagination, and History*. Grand Rapids: Baker Academic, 2010.

Allison, "Criteria."   Allison, Dale C., Jr. "How to Marginalize the Traditional Criteria of Authenticity." Pages 3-30 in *How to Study the Historical Jesus*. Vol. 1 of *Handbook for the Study of the Historical Jesus*. 4 vols. Edited by Tom Holmén and Stanley E. Porter. Leiden: Brill, 2011.

Allison, "Eschatological Jesus."   Allison, Dale C. "The Eschatological Jesus: Did He Believe the End Was Near?" *BRev* 12 (5, 1996): 34-41, 54-55.

Allison, *Jesus of Nazareth*.   Allison, Dale C. *Jesus of Nazareth: Millenarian Prophet*. Minneapolis: Fortress, 1998.

Allison, "Memory."   Allison, Dale C. "Memory, Methodology, and the Historical Jesus: A Response to Richard Bauckham." *JSHJ* 14 (1, 2016): 13-27.

Allison, "Parallels."   Allison, Dale C., Jr. "The Pauline Epistles and the Synoptic Gospels: The Pattern of the Parallels." *NTS* 28 (1, January 1982): 1-32.

Allison, "Peter."   Allison, Dale C. "Peter and Cephas: One and the Same." *JBL* 111 (3, 1992): 489-95.

Allison, *Studies*.   Allison, Dale C. *Studies in Matthew: Interpretation Past and Present*. Grand Rapids: Baker Academic, 2005.

Almagor, "Narratives."   Almagor, Eran. "Parallel Narratives and Possible Worlds in Plutarch's *Life of Artaxerxes*." Pages 65-79 in *Writing Biography in Greece and Rome: Narrative Technique and Fictionalization*. Edited by Koen De Temmerman and Kristoffel Demoen. Cambridge: Cambridge University Press, 2016.

Alsup, "Function."   Alsup, John E. "Type, Placement, and Function of the Pronouncement Story in Plutarch's *Moralia*." *Semeia* 20 (1981): 15-27.

Anderson, *Glossary*.   Anderson, R. Dean, Jr. *Glossary of Greek Rhetorical Terms Connected to Methods of Argumentation, Figures, and Tropes from Anaximenes to Quintilian*. Leuven: Peeters, 2000.

Anderson, "Oral Tradition."   Anderson, Øivind. "Oral Tradition." Pages 17-58 in *Jesus and the Oral Gospel Tradition*. Edited by Henry Wansbrough. JSNTSup 64. Sheffield: Sheffield Academic Press, 1991.

Anderson, *Philostratus*.   Anderson, Graham. *Philostratus: Biography and Belles Lettres in the Third Century A.D.* Routledge Revivals. New York: Routledge, 2014.

Anderson, "Project."   Anderson, Paul. "The John, Jesus, and History Project and a Fourth Quest for Jesus." Paper presented in the "Memory, Narrative, and Christology in the Synoptic Gospels" Seminar at the Annual Meeting of the Society for New Testament Studies. Athens, Greece, August 10, 2018.

Anderson, *Quest*.   Anderson, Paul N. *The Fourth Gospel and the Quest for Jesus: Modern Foundations Reconsidered*. LNTS 321. London: T&T Clark, 2006.

Anderson, Just, and Thatcher, *John, Jesus, and History*.   Anderson, Paul N., Felix Just, and Tom Thatcher. *John, Jesus, and History*. 3 vols. SBLSymS 44. ECL 2.18. Atlanta: SBL Press, 2007-16.

Aragione, "Justin."   Aragione, Gabriella. "Justin, 'philosophe' chrétien et les 'Mémoires des Apôtres qui sont appelés Évangiles.'" *Apocrypha (Turnhout)* 15 (2004): 41-56.

Arles, "Appraisal."   Arles, Nalini. "Pandita Ramabai—an Appraisal from Feminist Perspective." *BangTF* 31 (1, July 1999): 64-86.

Arles, "Study."   Arles, Nalini. "Pandita Ramabai and Amy Carmichael: A Study of Their Contributions toward Transforming the Position of Indian Women." MTh thesis, University of Aberdeen, 1985.

Armstrong, "Plea."   Armstrong, Karl L. "A New Plea for an Early Date of Acts." *JGRCJ* 13 (2017): 79-110.

Arnott, "Realism."   Arnott, W. Geoffrey. "Longus, Natural History, and Realism." Pages 199-215 in *The Search for the Ancient Novel*. Edited by James Tatum. Baltimore: Johns Hopkins University Press, 1994.

Aron-Schnapper and Hanet, "Archives orales."   Aron-Schnapper, Dominique, and Daniele Hanet. "Archives orales et histoire des institutions sociales." *Revue française de sociologie* 19 (2, 1978): 261-75.

Ash, "Assassinating Emperors."   Ash, Rhiannon. "Never Say Die! Assassinating Emperors in Suetonius' *Lives of the Caesars*." Pages 200-216 in *Writing Biography in Greece and Rome: Narrative Technique and Fictionalization*. Edited by Koen De Temmerman and Kristoffel Demoen. Cambridge: Cambridge University Press, 2016.

Ash, Mossman, and Titchener, *Fame*.   Ash, Rhiannon, Judith Mossman, and Frances B. Titchener, eds. *Fame and Infamy: Essays for Christopher Pelling on Characterization in Greek and Roman Biography and Historiography*. Oxford: Oxford University Press, 2015.

Ashton, *Religion*.   Ashton, John. *The Religion of Paul the Apostle*. New Haven: Yale University Press, 2000.

Assmann, *Cultural Memory*.   Assmann, Jan. *Cultural Memory and Early Civilization: Writing, Remembrance, and Political Imagination*. Cambridge: Cambridge University Press, 2011.

Assmann, *Gedächtnis*.   Assmann, Jan. *Das kulturelle Gedächtnis: Schrift, Erinnerung und politische Identität in frühen Hochkulturen*. 6th ed. Munich: Beck, 1992.

Assmann, *Memory and Civilization*.   Assmann, Aleida. *Cultural Memory and Western Civilization: Functions, Media, Archives*. New York: Cambridge University Press, 2013.

Assmann, "Memory and Culture."   Assmann, Jan. "Memory and Culture." Pages 325-49 in *Memory: A History*. Edited by Dmitri V. Nikulin. New York: Oxford University Press, 2015.

Assmann, *Religion and Memory*.   Assmann, Jan. *Religion and Cultural Memory: Ten Studies*. Translated by Rodney Livingstone. Stanford, CA: Stanford University Press, 2006.

Atherton, "Children."   Atherton, Catherine. "Children, Animals, Slaves, and Grammar." Pages 214-44 in *Pedagogy and Power: Rhetorics of Classical Learning*. Edited by Yun Lee Too and Niall Livingstone. Cambridge: Cambridge University Press, 1998.

Atkinson, "Introduction."   Atkinson, John. "Introduction." Pages xi-xxxix in *Arrian— Alexander the Great: The Anabasis and the Indica*. Translated by Martin Hammond. New York: Oxford University Press, 2013.

Attridge, "Creation."   Attridge, Harold W. "Creation and Sacred Space: The Reuse of Key Pentateuchal Themes in Philo, the Fourth Evangelist, and the Epistle to the Hebrews." Pages 243-58 in *Pentateuchal Traditions in the Late Second Temple Period: Proceedings of the International Workshop in Tokyo, August 28-31, 2007*. Edited by Akio Moriya and Gohei Hata. SJSJ 158. Leiden: Brill, 2012.

Attridge, "Genre Bending."   Attridge, Harold W. "Genre Bending in the Fourth Gospel." *JBL* 121 (2002): 3-21.

Attridge, "Genre Matters."   Attridge, Harold W. "The Gospel of John: Genre Matters?" Pages 27-45 in *The Gospel of John as Genre Mosaic*. Edited by K. Bro Larsen. SANt 3. Göttingen: Vandenhoeck & Ruprecht, 2015.

Attridge, "Historiography."   Attridge, Harold W. "Jewish Historiography." Pages 311-43 in *Early Judaism and Its Modern Interpreters*. Edited by Robert A. Kraft and George W. E. Nickelsburg. SBLBMI 2. Atlanta: Scholars Press, 1986.

Attridge, *Interpretation*.   Attridge, Harold W. *The Interpretation of Biblical History in the Antiquitates judaicae of Flavius Josephus*. HDR 7. Missoula, MT: Scholars Press, 1976.

Attridge, "Name."   Attridge, Harold W. "What's in a Name: Naming the Unnameable in Philo and John." Pages 85-94 in *Sybils, Scriptures, and Scrolls: John Collins at Seventy*. Edited by Joel Baden, Hindy Najman, and Eibert Tigchelaar. Leiden: Brill, 2016.

Attridge, "Philo and John."   Attridge, Harold W. "Philo and John: Two Riffs on One Logos." *SPhiloA* 17 (2005): 103-17.

Aubin, "Reversing Romance."   Aubin, Melissa. "Reversing Romance? The *Acts of Thecla* and the Ancient Novel." Pages 257-72 in *Ancient Fiction and Early Christian Narrative*. Edited by Ronald F. Hock, J. Bradley Chance, and Judith Perkins. SBLSymS 6. Atlanta: SBL, 1998.

Aune, "Aphorisms."   Aune, David E. "Oral Tradition and the Aphorisms of Jesus." Pages 211-65 in *Jesus and the Oral Gospel Tradition*. Edited by Henry Wansbrough. JSNTSup 64. Sheffield: Sheffield Academic Press, 1991.

Aune, "Biography."   Aune, David E. "Greco-Roman Biography." Pages 107-26 in *Greco-Roman Literature and the New Testament: Selected Forms and Genres*. Edited by David E. Aune. SBLSBS 21. Atlanta: Scholars Press, 1988.

Aune, "Biography or Theology."   Aune, David E. "The Gospels: Biography or Theology?" *BRev* 6 (1, 1990): 14-21, 37.

Aune, *Dictionary*.   Aune, David E. *The Westminster Dictionary of New Testament and Early Christian Literature and Rhetoric*. Louisville: Westminster John Knox, 2003.

Aune, *Environment*.   Aune, David E. *The New Testament in Its Literary Environment*. LEC

8. Philadelphia: Westminster, 1987.

Aune, "Hellenistic Biography."   Aune, David E. "The Gospels as Hellenistic Biography." *Mosaic* 20 (4, Fall 1987): 1-10.

Aune, "Problem."   Aune, David E. "The Problem of the Genre of the Gospels. A Critique of C. H. Talbert's *What Is a Gospel?*" Pages 9-60 in *Studies of History and Tradition in the Four Gospels*. Vol. 2 of *Gospel Perspectives*. Edited by R. T. France and David Wenham. Sheffield: JSOT Press, 1981.

Aune, "Prolegomena."   Aune, David E. "Prolegomena to the Study of Oral Tradition in the Hellenistic World." Pages 59-106 in *Jesus and the Oral Gospel Tradition*. Edited by Henry Wansbrough. JSNTSup 64. Sheffield: Sheffield Academic Press, 1991.

Aune, "*Prooimion.*"   Aune, David E. "Luke 1.1-4: Historical or Scientific *prooimion?*" Pages 138-48 in *Paul, Luke, and the Graeco-Roman World*. Edited by Alf Christophersen et al. JSNTSup 217. Sheffield: Sheffield Academic, 2002; London: T&T Clark, 2003.

Aune, *Prophecy.*   Aune, David E. *Prophecy in Early Christianity and the Ancient Mediterranean World*. Grand Rapids: Eerdmans, 1983.

Aune, *Revelation.*   Aune, David E. *Revelation*. 3 vols. WBC 52, 52B, 52C. Dallas: Word, 1997.

Back and Bennett, *Sociology.*   Back, Les, and Andy Bennett. *Cultural Sociology. An Introduction*. New York: Wiley & Sons, 2012.

Baddeley, *Memory.*   Baddeley, Alan D. *Human Memory: Theory and Practice*. Boston: Allyn & Bacon, 1990.

Baddeley et al., "Delusions."   Baddeley, Alan, Andrew Thornton, Siew Eng Chua, and Peter McKenna, "Schizophrenic Delusions and the Construction of Autobiographical Memory." Pages 384-428 in *Remembering Our Past: Studies in Autobiographical Memory*. Edited by David C. Rubin. Cambridge: Cambridge University Press, 1996.

Badian, "Skill."   Badian, Ernst. "Plutarch's Unconfessed Skill: The Biographer as a Critical Historian." Pages 26-44 in *Laurea internationalis. Festschrift für Jochen Bleicken zum 75. Geburtstag*. Edited by Theodora Hantos. Stuttgart: Franz Steiner, 2003.

Baer, *Categories.*   Baer, Richard A., Jr. *Philo's Use of the Categories Male and Female*. ALGHJ 3. Leiden: Brill, 1970.

Bagnall, *Reading Papyri.*   Bagnall, Roger S. *Reading Papyri, Writing Ancient History*. New York: Routledge, 2003.

Bahrick, "Maintenance."   Bahrick, Harry P. "Long Term Maintenance of Knowledge." Pages 247-362 in *The Oxford Handbook of Memory*. Edited by Endel Tulving and Furgus I. M. Craik. Oxford: Oxford University Press, 2000.

Bahrick, "Memory Content."   Bahrick, Harry P. "Semantic Memory Content in Permastore: Fifty Years of Memory for Spanish Learned in School." *JExpPsyc: General* 113 (1984): 1-29.

Bahrick, Bahrick, and Wittlinger, "Fifty Years."   Bahrick, Harry P., P. O. Bahrick, and R. P. Wittlinger. "Fifty Years of Memory for Names and Faces: A Cross-Sectional Approach." *JExpPsyc: General* 104 (1975): 54-75.

Bailey, "Oral Tradition."   Bailey, Kenneth Ewing. "Informal Controlled Oral Tradition and the Synoptic Gospels." *AsJT* 5 (1, 1991): 34-54.

Bailey, "Tradition" (*ExpT*).   Bailey, Kenneth E. "Middle Eastern Oral Tradition and the Synoptic Gospels." *ExpT* 106 (1995): 363-67.

Bailey, "Tradition" (*Themelios*).   Bailey, Kenneth E. "Informal Controlled Oral Tradition and the Synoptic Gospels." *Themelios* 20 (2, January 1995): 4-11.

Baker, "Identity."   Baker, Coleman A. "Identity." *DBAM* 188-90.

Balch, "ἀκριβῶς."   Balch, David L. "Ἀκριβῶς . . . γράψαι(Luke 1:3): To Write the *Full History of God's Receiving All Nations*." Pages 229-50 in *Jesus and the Heritage of Israel: Luke's Narrative Claim upon Israel's Legacy*. Edited by David P. Moessner. Luke the Interpreter of Israel 1. Harrisburg, PA: Trinity Press International, 1999.

Balch, "Genre."   Balch, David L. "The Genre of Luke-Acts: Individual Biography, Adventure Novel, or Political History?" *SWJT* 33 (1990): 5-19.

Balch, "Gospels: Forms."   Balch, David L. "Gospels (Literary Forms)." *BNP* 5:947-49.

Balch, "ΜΕΤΑΒΟΛΗ ΠΟΛΙΤΕΙΩΝ."   Balch, David L. "ΜΕΤΑΒΟΛΗ ΠΟΛΙΤΕΙΩΝ— Jesus as Founder of the Church in Luke-Acts: Form and Function." Pages 139-88 in *Contextualizing Acts: Lukan Narrative and Greco-Roman Discourse*. Edited by Todd Penner and Caroline Vander Stichele. SBLSymS 20. Atlanta: SBL, 2003.

Baldwin, "Review."   Baldwin, Matthew C. Review of *Why Are There Differences in the Gospels?*, by Michael R. Licona. *RBL*, May 17, 2018, 8 pages.

Balentine, "Future."   Balentine, Samuel. "The Future beyond the End: Lessons from History by Herodotus and Daniel." *PRSt* 43 (2, 2016): 145-59.

Bamberger, *Story*.   Bamberger, Bernard J. *The Story of Judaism*. New York: Union of American Hebrew Congregations, 1962.

Barber and Barber, *Severed*.   Barber, Elizabeth Wayland, and Paul T. Barber. *When They Severed Earth from Sky: How the Human Mind Shapes Myth*. Princeton: Princeton University Press, 2004.

Barclay, "Autobiographical Remembering."   Barclay, Craig R. "Autobiographical Remembering: Narrative Constraints on Objectified Selves." Pages 94-125 in *Remembering Our Past: Studies in Autobiographical Memory*. Edited by David C. Rubin. Cambridge: Cambridge University Press, 1996.

Barclay, "Truth."   Barclay, Craig R. "Truth and Accuracy in Autobiographical Memory." Pages 289-93 in *Practical Aspects of Memory*. Edited by M. M. Gruneberg, P. E. Morris, and R. N. Sykes. Chichester: Wiley, 1988.

Barker, "Reassessment."   Barker, James W. "Ancient Compositional Practices and the Gospels: A Reassessment." *JBL* 135 (1, 2016): 109-21.

Barnes and Sered, *Religion and Healing*.   Barnes, Linda L., and Susan S. Sered, eds. *Religion and Healing in America*. New York: Oxford University Press, 2005.

Barnes and Talamantez, *Teaching Religion and Healing*.   Barnes, Linda L., and Ines Talamantez. *Teaching Religion and Healing*. AARTRSS. Oxford: Oxford University Press, 2006.

Barnett, *Birth*.   Barnett, Paul W. *The Birth of Christianity: The First Twenty Years*. Grand Rapids: Eerdmans, 2005.

Barnett, *Finding.*   Barnett, Paul. *Finding the Historical Christ.* Grand Rapids: Eerdmans, 2009.

Barnett, "Sign Prophets."   Barnett, Paul W. "The Jewish Sign Prophets—A.D. 40-70—Their Intentions and Origin." *NTS* 27 (5, October 1981): 679-97.

Barr and Wentling, "Biography."   Barr, David I., and Judith L. Wentling. "The Conventions of Classical Biography and the Genre of Luke-Acts: A Preliminary Study." Pages 63-88 in *Luke-Acts: New Perspectives from the Society of Biblical Literature Seminar.* Edited by Charles H. Talbert. New York: Crossroad, 1984.

Barrett, *Acts.*   Barrett, C. K. *A Critical and Exegetical Commentary on the Acts of the Apostles.* 2 vols. ICC. Edinburgh: T&T Clark, 1994-98.

Barrett, "Acts and Corpus."   Barrett, C. K. "Acts and the Pauline Corpus." *ExpT* 88 (1, 1976): 2-5.

Barrett, "First Testament."   Barrett, C. K. "The First Testament?" *NovT* 38 (1996): 94-104.

Barth, "Ethik."   Barth, M. "Autonome statt messianische Ethik?" Review of *Die rabbinischen Gleichnisse und der Gleichniserzähler Jesus. 1. Teil,* by David Flusser. *Judaica* 37 (1981): 220-33.

Barth, *Letters.*   Barth, Karl. *Letters 1961-1968.* Translated and edited by Geoffrey W. Bromiley. Grand Rapids: Eerdmans, 1981.

Bartlett, *Remembering.*   Bartlett, Frederic C. *Remembering: A Study in Experimental Social Psychology.* Cambridge: Cambridge University Press, 2003. Orig., 1932.

Barton, *Honor.*   Barton, Carlin A. *Roman Honor: The Fire in the Bones.* Berkeley: University of California Press, 2001.

Barton, "Moment."   Barton, Carlin A. "The 'Moment of Truth' in Ancient Rome: Honor and Embodiment in a Contest Culture." *Stanford Humanities Review* 6 (2, 1998): 16-30.

Baslez, "Polémique."   Baslez, Marie-Francoise. "Polémique et histoire dans le Livre de Judith." *RB* 111 (3, 2004): 362-76.

Bauckham, "Acts of Paul."   Bauckham, Richard. "The Acts of Paul as a Sequel to Acts." Pages 105-52 in *The Book of Acts in Its Ancient Literary Setting.* Edited by Bruce W. Winter and Andrew D. Clark. Vol. 1 of *The Book of Acts in Its First Century Setting.* Edited by Bruce W. Winter. Grand Rapids: Eerdmans, 1993.

Bauckham, "Christology."   Bauckham, Richard. "Is 'High Human Christology' Sufficient? A Critical Response to J. R. Daniel Kirk's *A Man Attested by God.*" *BBR* 27 (4, 2017): 503-25.

Bauckham, *Eyewitnesses.*   Bauckham, Richard. *Jesus and the Eyewitnesses: The Gospels as Eyewitness Testimony.* 2nd ed. Grand Rapids: Eerdmans, 2017.

Bauckham, "Eyewitnesses."   Bauckham, Richard. "The Eyewitnesses and the Gospel Traditions." *JSHJ* 1 (1, 2003): 28-60.

Bauckham, "General."   Bauckham, Richard. "The General and the Particular in Memory: A Critique of Dale Allison's Approach to the Historical Jesus." *JSHJ* 14 (1, 2016): 28-51.

Bauckham, "Historiographical Characteristics."   Bauckham, Richard. "Historiographical Characteristics of the Gospel of John." *NTS* 53 (1, 2007): 17-36.

Bauckham, "Liber antiquitatum."   Bauckham, Richard. "The Liber antiquitatum biblicarum of Pseudo-Philo and the Gospels as 'Midrash.'" Pages 33-76 in *Studies in Midrash and Historiography*. Vol. 3 of *Gospel Perspectives*. Edited by R. T. France and David Wenham. Sheffield: JSOT Press, 1983.

Bauckham, "Parables."   Bauckham, Richard. "Synoptic Parousia Parables and the Apocalypse." *NTS* 23 (1976/77): 162-76.

Bauckham, "Psychology of Memory."   Bauckham, Richard. "The Psychology of Memory and the Study of the Gospels." *JSHJ* 16 (2018): 1-21.

Bauckham, "Response."   Bauckham, Richard. "In Response to My Respondents: *Jesus and the Eyewitnesses* in Review." *JSHJ* 6 (2008): 225-53.

Bauckham, *Testimony*.   Bauckham, Richard. *The Testimony of the Beloved Disciple: Narrative, History, and Theology in the Gospel of John*. Grand Rapids: Baker Academic, 2007.

Bauckham, *World*.   Bauckham, Richard. *The Christian World around the New Testament: Collected Essays*. Vol. 2. WUNT 386. Tübingen: Mohr Siebeck, 2017.

Bauckham and Porter, "Apocryphal Gospels."   Bauckham, Richard, and Stanley E. Porter. "Apocryphal Gospels." *DNTB* 71-79.

Baucom and Adams, "Communication."   Baucom, Donald H., and Alexandra N. Adams. "Assessing Communication in Marital Interaction." In *Assessment of Marital Discord (Psychology Revivals): An Integration for Research and Clinical Practice*. Edited by K. Daniel O'Leary. New York: Routledge, 2013.

Bauernfeind and Michel, "Beiden Eleazarreden."   Bauernfeind, Otto, and Otto Michel. "Die beiden Eleazarreden in Jos. bell. 7,323-36; 7,341-88." *ZNW* 58 (3-4, 1967): 267-72.

Baum, "Biographien."   Baum, Armin D. "Biographien im alttestamentlich-rabbinischen Stil. Zur Gattung der neu-testamentlichen Evangelien." *Bib* 94 (4, 2013): 534-64.

Baum, "Content."   Baum, Armin D. "Content and Form: Authorship Attribution and Pseudonymity in Ancient Speeches, Letters, Lectures, and Translations—A Rejoinder to Bart Ehrman." *JBL* 136 (2, 2017): 381-403.

Baum, *Faktor*.   Baum, Armin D. *Der mundliche Faktor und seine Bedeutung für die synoptische Frage. Analogien aus der antiken Literatur, der Experimentalpsychologie, der Oral Poetry-Forschung und dem rabbinischen Traditionswesen*. Tübingen: Francke, 2008.

Baum, "Wir- und Er-Stellungen."   Baum, Armin D. "Autobiografische Wir- und Er-Stellungen in den neutestamentlichen Geschichtsbuchern im Kontext der antiken Literaturgeschichte." *Bib* 88 (4, 2007): 473-95.

Baumeister and Hastings, "Distortions."   Baumeister, Roy F., and Stephen Hastings. "Distortions of Collective Memory: How Groups Flatter and Deceive Themselves." Pages 277-93 in *Collective Memory of Political Events: Social Psychological Perspectives*. Edited by James W. Pennebaker, Dario Paez, and Bernand Rime. Mahwah, NJ: Erlbaum, 1997.

Baynham, "Quintus Curtius."   Baynham, Elizabeth J. "Quintus Curtius Rufus on the 'Good King': The Dioxippus Episode in Book 9.7.16-6." Pages 427-33 in *A Companion to Greek and Roman Historiography.* Edited by John Marincola. 2 vols. Oxford: Blackwell, 2007.

Bazin, "Past."   Bazin, Jean. "The Past in the Present: Notes on Oral Archaeology." Pages 59-74 in *African Historiographies: What History for Which Africa?* Edited by Bogumil Jewsiewicki and David Newbury. SSAMD 12. London: Sage, 1986.

Beard, *Literacy.*   Beard, Mary, ed. *Literacy in the Roman World.* JRASup 3. Ann Arbor: University of Michigan, 1991.

Beare, "Sayings."   Beare, Francis Wright. "Sayings of the Risen Jesus in the Synoptic Tradition: An Inquiry into Their Origin and Significance." Pages 161-81 in *Christian History and Interpretation: Studies Presented to John Knox.* Edited by William R. Farmer, C. F. D. Moule, and R. R. Niebuhr. Cambridge: Cambridge University Press, 1967.

Beck, "Demonax."   Beck, Mark. "Lucian's *Life of Demonax*: The Socratic Paradigm, Individuality, and Personality." Pages 80-96 in *Writing Biography in Greece and Rome: Narrative Technique and Fictionalization.* Edited by Koen De Temmerman and Kristoffel Demoen. Cambridge: Cambridge University Press, 2016.

Beck, "Plutarch."   Beck, Mark. "Plutarch." Pages 397-411 in *Time in Ancient Greek Literature.* Edited by I. J. F. de Jong and R. Nunlist. Studies in Ancient Greek Narrative 2. Leiden: Brill, 2007.

Beck and Thomas, "Education."   Beck, Frederick Arthur George, and Rosalind Thomas. "Education, Greek." *OCD3* 506-10.

Becker, *Birth.*   Becker, Eve-Marie. *The Birth of Christian History: Memory and Time from Mark to Luke-Acts.* ABRL. New Haven: Yale University Press, 2017.

Begg, "Abigail."   Begg, Christopher T. "The Abigail Story (1 Samuel 25) according to Josephus." *EstBib* 54 (1, 1996): 5-34.

Begg, "Abimelech."   Begg, Christopher T. "Abimelech, King of Shechem according to Josephus." *ETL* 72 (1, 1996): 146-64.

Begg, "Ahab."   Begg, Christopher. "The Death of King Ahab according to Josephus." *Anton* 64 (2-3, 1989): 225-45.

Begg, "Amaziah."   Begg, Christopher T. "Amaziah of Judah according to Josephus (*Ant.* 9.186-204)." *Anton* 70 (1, 1995): 3-30.

Begg, "Blanks."   Begg, Christopher T. "Filling in the Blanks: Josephus' Version of the Campaign of the Three Kings, 2 Kings 3." *HUCA* 64 (1993): 89-109.

Begg, "Ceremonies."   Begg, Christopher T. "The Ceremonies at Gilgal/Ebal according to Pseudo-Philo: *LAB* 21,7-10." *ETL* 73 (1, 1997): 72-83.

Begg, "Deeds."   Begg, Christopher T. "Elisha's Great Deeds according to Josephus (*AJ* 9,47-94)." *Hen* 18 (1-2, 1996): 69-110.

Begg, "Disappearance."   Begg, Christopher T. "'Josephus's Portrayal of the Disappearances of Enoch, Elijah, and Moses': Some Observations." *JBL* 109 (4, 1990): 691-93.

Begg, "Doves."   Begg, Christopher. "Doves and Treaty-Making: Another Possible Reference." *BN* 48 (1989): 8-11.

Begg, "Elisha's Deeds."   Begg, Christopher T. "Elisha's Great Deeds according to Josephus (*AJ* 9,47-94)." *Hen* 18 (1-2, 1996): 69-110.

Begg, "Fall."   Begg, Christopher T. "Ahaziah's Fall (2 Kings 1): The Version of Josephus." *Sef* 55 (1, 1995): 25-40.

Begg, "Gedaliah."   Begg, Christopher T. "The Gedaliah Episode and Its Sequels in Josephus." *JSP* 12 (1994): 21-46.

Begg, "Illness."   Begg, Christopher T. "Hezekiah's Illness and Visit according to Josephus." *EstBib* 53 (3, 1995): 365-85.

Begg, "Jehoahaz."   Begg, Christopher T. "Jehoahaz, King of Israel, according to Josephus." *Sef* 55 (2, 1995): 227-37.

Begg, "Jehoshaphat."   Begg, Christopher T. "Jehoshaphat at Mid-Career according to *AJ* 9,1-17." *RB* 102 (3, 1995): 379-402.

Begg, "Josiah."   Begg, Christopher T. "The Death of Josiah: Josephus and the Bible." *ETL* 64 (1, 1988): 157-63.

Begg, "Jotham."   Begg, Christopher T. "Jotham and Amon: Two Minor Kings of Judah according to Josephus." *BBR* 6 (1996): 1-13.

Begg, "Marah Incident."   Begg, Christopher T. "The Marah Incident according to Josephus and Philo." *Laur* 49 (2-3, 2008): 321-33.

Begg, "Moves."   Begg, Christopher T. "Moses' First Moves (Exod 2:11-2) as Retold by Josephus and Philo." *Polish Journal of Biblical Research* 9 (1-2, 2010): 67-93.

Begg, "Nahum."   Begg, Christopher T. "Josephus and Nahum Revisited." *REJ* 154 (1-2, 1995): 5-22.

Begg, "Portrait."   Begg, Christopher T. "Josephus' Portrait of Jehoshaphat Compared with the Biblical and Rabbinic Portrayals." *BN* 78 (1995): 39-48.

Begg, "Putsch."   Begg, Christopher T. "Josephus's Version of Jehu's Putsch (2 Kgs 8,25-10,36)." *Anton* 68 (4, 1993): 450-84.

Begg, "Rape of Tamar."   Begg, Christopher T. "The Rape of Tamar (2 Samuel 13) according to Josephus." *EstBib* 54 (4, 1996): 465-500.

Begg, "Rephidim Episode."   Begg, Christopher T. "The Rephidim Episode according to Josephus and Philo." *ETL* 83 (4, 2007): 367-83.

Begg, "Retelling."   Begg, Christopher T. "Josephus' and Philo's Retelling of Numbers 31 Compared." *ETL* 83 (1, 2007): 81-106.

Begg, "Sheep."   Begg, Christopher T. "The Identity of the Three Building Sheep in 1 Enoch 89,72-73." *ETL* 64 (1, 1988): 152-56.

Begg, "Uzziah."   Begg, Christopher T. "Uzziah (Azariah) of Judah according to Josephus." *EstBib* 53 (1, 1995): 5-24.

Begg, "Zedekiah."   Begg, Christopher T. "Josephus's Zedekiah." *ETL* 65 (1, 1989): 96-104.

Behrend and Luig, *Spirit Possession*.   Behrend, Heike, and Ute Luig. *Spirit Possession: Modernity and Power in Africa*. Madison: University of Wisconsin Press, 1999.

Bekinschtein et al., "BDNF."   Bekinschtein, Pedro, et al. "BDNF Is Essential to Promote Persistence of Long-Term Memory Storage." *Proceedings of the Natural Academy of Sciences* 105 (7, February 19, 2008): 2711-16.

Bellemore, "Josephus, Pompey, and Jews."   Bellemore, Jane. "Josephus, Pompey, and the Jews." *Historia* 48 (1, 1999): 94-118.

Bellemore, *Nicolaus.*   Bellemore, Jane. *Nicolaus of Damascus "Life of Augustus."* Edited and translated by Jane Bellemore. Bristol, UK: Bristol Classical, 1984.

Belli and Loftus, "Pliability."   Belli, Robert F., and Elizabeth F. Loftus. "The Pliability of Autobiographical Memory: Misinformation and the False Memory Problem." Pages 157-79 in *Remembering Our Past: Studies in Autobiographical Memory.* Edited by David C. Rubin. Cambridge: Cambridge University Press, 1996.

Belmonte, *Joy.*   Belmont, Kevin. *Defiant Joy: The Remarkable Life and Impact of G. K. Chesterton.* Nashville: Thomas Nelson, 2011.

Ben-Amos and Mintz, "Introduction."   Ben-Amos, Dan, and Jerome R. Mintz. "Introduction." Pages xi-xxx in *In Praise of the Baal Shem Tov [Shivhei ha-Besht]: The Earliest Collection of Legends about the Founder of Hasidism.* Edited and translated by Dan Ben-Amos and Jerome R. Mintz. New York: Schocken, 1984. Orig., Bloomington: Indiana University Press, 1970.

Benediktson, "Structure."   Benediktson, D. Thomas. "Structure and Fate in Suetonius' Life of Galba." *CJ* 92 (2, 1997): 167-73.

Benediktson, "Survey."   Benediktson, D. Thomas. "A Survey of Suetonius Scholarship, 1938-1987." *CW* 86 (5, May 1993): 377-447.

Beneker, "Chaste Caesar."   Beneker, Jeffrey. "No Time for Love: Plutarch's Chaste Caesar." *GRBS* 43 (1, 2002-3): 13-29.

Beneker, "Crossing."   Beneker, Jeffrey. "The Crossing of the Rubicon and the Outbreak of Civil War in Cicero, Lucan, Plutarch, and Suetonius." *Phoenix* 65 (1-2, 2011): 74-99.

Beneker, "Method."   Beneker, Jeffrey. "Nepos' Biographical Method in the *Lives of Foreign Generals.*" *CJ* 105 (2, 2009): 109-21.

Beneker, *Statesman.*   Beneker, Jeffrey. *The Passionate Statesman: Eros and Politics in Plutarch's Lives.* New York: Oxford University Press, 2012.

Benoit, *Gospel.*   Benoit, Pierre. *Jesus and the Gospel.* Translated by Benet Weatherhead. 2 vols. London: Darton, Longman & Todd, 1973-74.

Benson, *Healing.*   Benson, Herbert, with Marg Stark. *Timeless Healing: The Power and Biology of Belief.* New York: Scribner, 1996.

Ben Zeev, "Ambiguities."   Ben Zeev, Miriam Pucci. "Josephus' Ambiguities: His Comments on Cited Documents." *JJS* 57 (1, 2006): 1-10.

Ben Zeev, "Capitol."   Ben Zeev, Miriam Pucci. "Polybius, Josephus, and the Capitol in Rome." *JSJ* 27 (1, 1996): 21-30.

Ben Zeev, "Reliability."   Ben Zeev, Miriam Pucci. "The Reliability of Josephus Flavius: The Case of Hecataeus' and Manetho's Accounts of Jews and Judaism; Fifteen Years of Contemporary Research (1974-1990)." *JSJ* 24 (2, 1993): 215-34.

Berchmann, "Arcana Mundi."   Berchmann, Robert M. "Arcana Mundi: Prophecy and Divination in the *Vita Mosis* of Philo of Alexandria." Pages 385-423 in *SBL Seminary Papers, 1988.* Edited by David J. Lull. SBLSP 27. Atlanta: SBL, 1988.

Berger, *Canopy.*   Berger, Peter L. *The Sacred Canopy: Elements of a Sociological Theory of*

Religion. Garden City, NY: Doubleday, 1967.

Berger, "Gattungen." Berger, Klaus. "Hellenistische Gattungen im Neuen Testament." *ANRW* 2.25.2 (1984): 1031-1432.

Bergholz, *Aufbau.* Bergholz, Thomas. *Der Aufbau des lukanischen Doppelwerkes. Untersuchungen zum formalliterarischen Charakter von Lukas-Evangelium und Apostelgeschichte.* EurH, Series 23, Theologie 545. Frankfurt: Peter Lang, 1995.

Bergren, "Nehemiah." Bergren, Theodore A. "Nehemiah in 2 Maccabees 1:10-2:18." *JSJ* 28 (3, 1997): 249-70.

Bergunder, "Miracle Healing." Bergunder, Michael. "Miracle Healing and Exorcism in South Indian Pentecostalism." Pages 287-305 in *Global Pentecostal and Charismatic Healing.* Edited by Candy Gunther Brown. Oxford: Oxford University Press, 2011.

Bergunder, *Movement.* Bergunder, Michael. *The South Indian Pentecostal Movement in the Twentieth Century.* SHCM. Grand Rapids: Eerdmans, 2008.

Bernal, *Athena.* Bernal, Martin. *Black Athena: The Afroasiatic Roots of Classical Civilization.* 3 vols. London: Free Association; New Brunswick, NJ: Rutgers University Press, 1987-2006.

Bernier, *Quest.* Bernier, Jonathan. *The Quest for the Historical Jesus after the Demise of Authenticity: Toward a Critical Realist Philosophy of History in Jesus Studies.* LNTS 540. New York: Bloomsbury, 2016.

Bernsten and Thomsen, "Memories." Bernsten, Dorthe, and Dorthe K. Thomsen. "Personal Memories for Remote Historical Events: Accuracy and Clarity of Flashbulb Memories Related to World War II." *JExpPsyc: General* 134 (2005): 242-57.

Berschin, "Biography." Berschin, Walter. "Biography: Late Antiquity." *BNP* 2:653-55.

Berthelot, "Conquest." Berthelot, Katell. "Philo of Alexandria and the Conquest of Canaan." *JSJ* 38 (1, 2007): 39-56.

Best, *Mark.* Best, Ernest. *Mark: The Gospel as Story.* SNTW. Edinburgh: T&T Clark, 1983.

Betori, "Strutturazione." Betori, Giuseppe. "Strutturazione degli Atti e storiografia antica." *CNS* 12 (2, 1991): 251-63.

Betz, "Gospel." Betz, Otto. "Jesus' Gospel of the Kingdom." Pages 53-74 in *The Gospel and the Gospels.* Edited by Peter Stuhlmacher. Grand Rapids: Eerdmans, 1991.

Betz, *Jesus.* Betz, Otto. *What Do We Know about Jesus?* Philadelphia: Westminster; London: SCM, 1968.

Bhatt, "Rhetoric." Bhatt, Shreyaa. "Rhetoric and Truth: Tacitus's Percennius and Democratic Historiography." *Helios* 43 (2, 2016): 163-89.

Bing and Höschele, "Introduction." Bing, Peter, and Regina Höschele. "Introduction." Pages xi-xxxvi in *Aristaenetus "Erotic Letters."* Translated by Peter Bing and Regina Hoschele. SBLWGRW 32. Atlanta: Scholars Press, 2014.

Bingham, "Paideia." Bingham, D. Jeffrey. "Paideia and Polemic in Second-Century Lyons: Irenaeus on Education." Pages 323-57 in *Pedagogy in Ancient Judaism and Early Christianity.* Edited by Karina Martin Hogan, Matthew Goff, and Emma Wasserman. EJL 41. Atlanta: SBL Press, 2017.

Bird, *Gospel.*   Bird, Michael F. *The Gospel of the Lord: How the Early Church Wrote the Story of Jesus.* Grand Rapids: Eerdmans, 2014.

Bird, "Quest."   Bird, Michael F. "Is There Really a 'Third Quest' for the Historical Jesus?" *SBET* 24 (2, 2006): 195-219.

Bishop, "Historiography."   Bishop, Paul Bernard. "Historiography in *Lives*: Plutarch's Use of Thucydides in the Lives of *Pericles* and *Nicias.*" MA thesis, Department of Classics and Ancient History, University of Durham, 2015.

Black, *Aramaic Approach.*   Black, Matthew. *An Aramaic Approach to the Gospels and Acts.* Oxford: Clarendon, 1967.

Black, "Kennedy."   Black, C. Clifton. "Kennedy and the Gospels: An Ambiguous Legacy, A Promising Bequest." Pages 63-80 in *Words Well Spoken: George Kennedy's Rhetoric of the New Testament.* Edited by C. Clifton Black and Duane F. Watson. Waco, TX: Baylor University Press, 2008.

Blackburn, "Miracles."   Blackburn, Barry L. "The Miracles of Jesus." Pages 353-94 in *Studying the Historical Jesus: Evaluations of the State of Current Research.* Edited by Bruce Chilton and Craig A. Evans. NTTS 19. Leiden: Brill, 1994.

Blackburn, "ΘΕΙΟΙ ΑΝΔΡΕΣ."   Blackburn, Barry L. "'Miracle Working ΘΕΙΟΙ ΑΝΔΡΕΣ' in Hellenism (and Hellenistic Judaism)." Pages 185-218 in *The Miracles of Jesus.* Vol. 6 of *Gospel Perspectives.* Edited by David Wenham and Craig Blomberg. Sheffield: JSOT, 1986.

Bland, *Slave Narratives.*   Bland, Sterling Lecater. *African American Slave Narratives: An Anthology.* 3 vols. Westport, CT: Greenwood, 2001.

Blenkinsopp, *Judaism.*   Blenkinsopp, Joseph. *Judaism: The First Phase; The Place of Ezra and Nehemiah in the Origins of Judaism.* Grand Rapids: Eerdmans, 2009.

Blenkinsopp, *Pentateuch.*   Blenkinsopp, Joseph. *The Pentateuch: An Introduction to the First Five Books of the Bible.* ABRL. New York: Doubleday, 1992.

Bloch, "Alexandria."   Bloch, Rene. "Alexandria in Pharaonic Egypt: Projections in De Vita Mosis." *SPhiloA* 24 (2012): 69-84.

Bloch, *Aristotle on Memory.*   Bloch, David. *Aristotle on Memory and Recollection: Text, Translation, Interpretation, and Reception in Western Scholasticism.* Boston: Brill, 2007.

Blomberg, "Mithras."   Blomberg, Craig L. "Matthew, Mithras, and Midrash." Pages 76-92 in *Treasures New and Old: Essays in Honor of Donald A. Hagner.* Edited by Carl S. Sweatman and Clifford B. Kvidahl. GlossaHouse Festschrift Series 1. Wilmore, KY: Glossa-House, 2017.

Blomberg, "Quotations."   Blomberg, Craig L. "Quotations, Allusions, and Echoes of Jesus in Paul." Pages 129-43 in *Studies in the Pauline Epistles: Essays in Honor of Douglas J. Moo.* Edited by Matthew S. Harmon and Jay E. Smith. Grand Rapids: Zondervan, 2014.

Blomberg, *Reliability.*   Blomberg, Craig L. *The Historical Reliability of the Gospels.* 2nd ed. Downers Grove, IL: InterVarsity, 2007.

Blomberg, *Reliability of John's Gospel.*   Blomberg, Craig L. *The Historical Reliability of John's Gospel: Issues and Commentary.* Downers Grove, IL: InterVarsity, 2001.

Bloomer, "Quintilian."   Bloomer, W. Martin. "Quintilian on the Child as a Learning Subject." *CW* 105 (1, 2011): 109-37.

Blum, *Mnemoteknik.*   Blum, Herwig. *Die antike Mnemoteknik.* Hildesheim: George Olms, 1969.

Blyth, "Cicero."   Blyth, Dougal. "Cicero and Philosophy as Text." *CJ* 106 (1, 2010): 71-98.

Bock, *Luke.*   Bock, Darrell L. *Luke.* IVP New Testament Commentary. Downers Grove, IL: InterVarsity, 1994.

Bock, *Mark.*   Bock, Darrell L. *Mark.* NCamBC. New York: Cambridge University Press, 2015.

Bock, "Note."   Bock, Darrell L. "A Note on the Gospels' Jesus Tradition, Memory, and Issues Raised by Bart Ehrman." *Journal of Gospels and Acts Research* 1 (September 2017): 18-22.

Bock, "Words."   Bock, Darrell L. "The Words of Jesus in the Gospels: Live, Jive, or Memorex?" Pages 73-79 in *Jesus under Fire.* Edited by Michael J. Wilkins and J. P. Moreland. Grand Rapids: Zondervan, 1995.

Bockmuehl, *Seeing.*   Bockmuehl, Markus. *Seeing the Word: Refocusing New Testament Study.* Grand Rapids: Baker Academic, 2006.

Boddy, "Spirit Possession."   Boddy, Janice. "Spirit Possession Revisited: Beyond Instrumentality." *ARAnth* 23 (1994): 407-34.

Bogart and Montell, *Memory.*   Bogart, Barbara Allen, and William Lynwood Montell. *From Memory to History: Using Oral Sources in Local History.* Nashville: American Association for State and Local History, 1981.

Bomann, *Faith.*   Bomann, Rebecca Pierce. *Faith in the Barrios: The Pentecostal Poor in Bogota.* Boulder, CO: Lynn Rienner, 1999.

Bomann, "Salve."   Bomann, Rebecca Pierce. "The Salve of Divine Healing: Essential Rituals for Survival among Working-Class Pentecostals in Bogota, Colombia." Pages 187-205 in *Global Pentecostal and Charismatic Healing.* Edited by Candy Gunther Brown. Oxford: Oxford University Press, 2011.

Bonanno, "Remembering."   Bonanno, George A. "Remembering and Psychotherapy." *Psychotherapy* 27 (1990): 175-86.

Bond, "Fitting End."   Bond, Helen K. "A Fitting End? Self-Denial and a Slave's Death in Mark's *Life of Jesus.*" Paper presented in the "Memory, Narrative, and Christology in the Synoptic Gospels" Seminar at the Annual Meeting of the Society for New Testament Studies. Athens, Greece, August 8, 2018.

Bond, *Mark.*   Bond, Helen K. *Mark: The First Biography of Jesus.* Grand Rapids: Eerdmans, forthcoming.

Bond, "Paragon."   Bond, Helen K. "Paragon of Discipleship? Simon of Cyrene in the Markan Passion Narrative." Pages 18-35 in *Matthew and Mark across Perspectives: Essays in Honour of Stephen C. Barton and William R Telford.* Edited by Kristian A. Bendoraitis and Nijay K. Gupta. LNTS 538. London: Bloomsbury T&T Clark, 2016.

Bonz, *Past as Legacy.*   Bonz, Marianne Palmer. *The Past as Legacy: Luke-Acts and Ancient*

Epic. Minneapolis: Fortress, 2000.

Boomershine, "Performance."   Boomershine, Thomas E. "Performance of the Gospels (in Antiquity)." *DBAM* 289-91.

Boomershine, "Research Unit."   Boomershine, Thomas E. "Bible in Ancient and Modern Media Research Unit (Society of Biblical Literature)." *DBAM* 36-40.

Borg, *Conflict.*   Borg, Marcus J. *Conflict, Holiness, and Politics in the Teachings of Jesus.* Studies in the Bible and Early Christianity 5. New York: Edwin Mellen, 1984.

Borg, *Jesus.*   Borg, Marcus J. *Jesus: Uncovering the Life, Teachings, and Relevance of a Religious Revolutionary.* New York: HarperOne, 2006.

Borg, *Vision.*   Borg, Marcus J. *Jesus, a New Vision: Spirit, Culture, and the Life of Discipleship.* San Francisco: Harper & Row, 1987.

Borgeaud, "Approche."   Borgeaud, Philippe. "Pour une approche anthropologique de la memoire religieuse." Pages 7-20 in *La mémoire des religions.* Edited by J. C. Basset et al. Geneva: Labor et Fides, 1988.

Borgen, *John.*   Borgen, Peder. *The Gospel of John: More Light from Philo, Paul, and Archaeology.* NovTSup 154. Leiden: Brill, 2014.

Borgen, "Paul to Luke."   Borgen, Peder. "From Paul to Luke: Observations toward Clarification of the Theology of Luke-Acts." *CBQ* 31 (1969): 168-82.

Borgen, "Reviewing."   Borgen, Peder. "Philo of Alexandria: Reviewing and Rewriting Biblical Material." *SPhiloA* 9 (1997): 37-53.

Borgman, *Way.*   Borgman, Paul. *The Way according to Luke: Hearing the Whole Story of Luke-Acts.* Grand Rapids: Eerdmans, 2006.

Boring, "Oracles."   Boring, M. Eugene. "How May We Identify Oracles of Christian Prophets in the Synoptic Tradition? Mark 3:28-29 as a Test Case." *JBL* 91 (4, 1972): 501-21.

Boring, *Sayings.*   Boring, M. Eugene. *Sayings of the Risen Jesus: Christian Prophecy in the Synoptic Tradition.* SNTSMS 46. Cambridge: Cambridge University Press, 1982.

Boring, Berger, and Colpe, *Commentary.*   Boring, M. Eugene, Klaus Berger, and Carsten Colpe, eds. *Hellenistic Commentary to the New Testament.* Nashville: Abingdon, 1995.

Bosch-Veciana, "Filosofia."   Bosch-Veciana, Antoni. "La 'filosofia' del judaisme alexandrí com a 'manera de viure.'" *RCT* 34 (2, 2009): 503-21.

Bosworth, *Arrian.*   Bosworth, A. B. *From Arrian to Alexander: Studies in Historical Interpretation.* Oxford: Clarendon Press, 1988.

Bosworth, "Pseudo-Callisthenes."   Bosworth, A. B. "Pseudo-Callisthenes." *OCD3* 1270.

Bosworth, "Pursuit."   Bosworth, A. B. "Arrian, Alexander, and the Pursuit of Glory." Pages 447-53 in *A Companion to Greek and Roman Historiography.* Edited by John Marincola. 2 vols. Oxford: Blackwell, 2007.

Botermann, "Heidenapostel."   Botermann, Helga. "Der Heiden apostel und sein Historiker. Zur historischen Kritik der Apostelgeschichte." *TBei* 24 (2, 1993): 62-84.

Botha, "Publishing."   Botha, Pieter J. J. "'Publishing' a Gospel: Notes on Historical Constraints to Gospel Criticism." Pages 335-52 in *The Interface of Orality and Writing:*

Speaking, Seeing, Writing in the Shaping of New Genres. Edited by Annette Weissenrieder and Robert B. Coote. WUNT 260. Tübingen: Mohr Siebeck, 2010. Repr. in BPC 11. Eugene, OR: Wipf & Stock, 2015.

Botha, "Rhetoric and Josephus." Botha, Pieter J. J. "History, Rhetoric, and the Writings of Josephus." *Neot* 31 (1, 1997): 1-20.

Bouffard et al., "Strategies." Bouffard, Nichole, et al. "Temporal Encoding Strategies Result in Boosts to Final Free Recall Performance Comparable to Spatial Ones." *Memory and Cognition* 46 (1, January 2018): 17-31.

Bourguignon, "Appendix." Bourguignon, Erika. "Appendix." Pages 359-76 in *Religion, Altered States of Consciousness, and Social Change*. Edited by Erika Bourguignon. Columbus: Ohio State University Press, 1973.

Bourguignon, "Introduction." Bourguignon, Erika. "Introduction: A Framework for the Comparative Study of Altered States of Consciousness." Pages 3-35 in *Religion, Altered States of Consciousness, and Social Change*. Edited by Erika Bourguignon. Columbus: Ohio State University Press, 1973.

Bourguignon, "Spirit Possession Belief." Bourguignon, Erika. "Spirit Possession Belief and Social Structure." Pages 17-26 in *The Realm of the Extra-Human: Ideas and Actions*. Edited by Agehananda Bharati. The Hague: Mouton, 1976.

Bovon, *Luke*. Bovon, Francois. *Luke 1: A Commentary on the Gospel of Luke 1:1-9:50*. Edited by Helmut Koester. Translated by Christine M. Thomas. Hermeneia. Minneapolis: Fortress, 2002.

Bovon, *Theologian*. Bovon, Francois. *Luke the Theologian: Thirty-Three Years of Research (1950-1983)*. Translated by Ken McKinney. Allison Park, PA: Pickwick, 1987.

Bowersock, *Fiction*. Bowersock, G. W. *Fiction as History: Nero to Julian*. Berkeley: University of California Press, 1994.

Bowie, "Apollonius." Bowie, Ewen. "Apollonius of Tyana: Tradition and Reality." *ANRW* 2.16.2 (1978): 1652-99.

Bowie, "Philostratus." Bowie, Ewen Lyall. "Philostratus: Writer of Fiction." Pages 181-99 in *Greek Fiction: The Greek Novel in Context*. Edited by J. R. Morgan and Richard Stoneman. London: Routledge, 1994.

Bowie, "Portrait." Bowie, Ewen. "Portrait of the Sophist as a Young Man." Pages 141-53 in *The Limits of Ancient Biography*. Edited by Brian McGing and Judith Mossman. Swansea, Wales: Classical Press of Wales, 2006.

Bowie, "Readership." Bowie, Ewen L. "The Readership of Greek Novels in the Ancient World." Pages 435-59 in *The Search for the Ancient Novel*. Edited by James Tatum. Baltimore: Johns Hopkins University Press, 1994.

Bowie, "Second Sophistic." Bowie, Ewen L. "Second Sophistic." *OCD3* 1377-78.

Bowman, "Prophets." Bowman, John. "Prophets and Prophecy in Talmud and Midrash." *EvQ* 22 (2, 1950): 107-14; (3, 1950): 205-20; (4, 1950): 255-75.

Brack, *Historiography*. Brack, David. *Luke's Legato Historiography: Remembering the Continuity of Salvation History through Rhetorical Transitions*. Eugene, OR: Pickwick, 2017.

Bradley, "Suetonius."   Bradley, Keith R. "Suetonius (Gaius Suetonius Tranquillus)."
OCD3 1451-52.

Brainerd, "Theory."   Brainerd, C. J. "Fuzzy-Trace Theory: Memory." Pages 219-38 in
Human Learning and Memory: Advances in Theory and Application. Edited by Chizuko
Izawa and Nobuo Ohta. Mahwah, NJ: Erlbaum, 2005.

Branch, *Parting.*   Branch, Taylor. *Parting the Waters: America in the King Years, 1954-63.*
New York: Simon & Schuster, 1988.

Branham, "Cynicism."   Branham, R. Bracht. "Cynicism: Ancient and Modern." Pages
597-603 in *Diogenes Laertius "Lives of the Eminent Philosophers."* Edited by James Miller.
Translated by Pamela Mensch. New York: Oxford University Press, 2018.

Branham, *Eloquence.*   Branham, R. Bracht. *Unruly Eloquence: Lucian and the Comedy of
Traditions.* Cambridge, MA: Harvard University Press, 1989.

Bratt, "Monarchs."   Bratt, Kenneth L. "Herodotus' Oriental Monarchs and Their
Counsellors: A Study in Typical Narration." PhD diss., Princeton University, 1985.

Braun, *Jean.*   Braun, Francois-M. *Jean le théologien et son Evangile dans l'Église ancienne.*
Paris: Librairie Lecoffre, 1959.

Bravo, "Antiquarianism."   Bravo, Benedetto. "Antiquarianism and History." Pages 515-27
in *A Companion to Greek and Roman Historiography.* Edited by John Marincola. 2 vols
Oxford: Blackwell, 2007.

Brawley, *Centering.*   Brawley, Robert L. *Centering on God: Method and Message in Luke-
Acts.* Louisville: Westminster John Knox, 1990.

Breggen, "Scale."   Breggen, Hendrik van der. "Hume's Scale: How Hume Counts a
Miracle's Improbability Twice." *PhilChr* 4 (2, 2002): 443-53.

Brewer, "Memory for Events."   Brewer, William F. "Memory for Randomly Sampled
Autobiographical Events." Pages 21-90 in *Remembering Reconsidered: Ecological and
Traditional Approaches to the Study of Memory.* Edited by U. Neisser and E. Winograd.
Cambridge: Cambridge University Press, 1988.

Brewer, "Recollective Memory."   Brewer, William F. "What Is Recollective Memory?"
Pages 19-66 in *Remembering Our Past: Studies in Autobiographical Memory.* Edited by
David C. Rubin; Cambridge: Cambridge University Press, 1996.

Brickle, "Wax Tablet."   Brickle, Jeffrey E. "Wax Tablet." *DBAM* 454.

Bright, *History.*   Bright, John. *A History of Israel.* 3rd ed. Philadelphia: Westminster, 1981.

Broadhead, "Priests."   Broadhead, Edwin K. "Jesus and the Priests of Israel." Pages 125-44
in *Jesus from Judaism to Christianity: Continuum Approaches to the Historical Jesus.* Edited
by Tom Holmén. European Studies on Christian Origins. LNTS 352. London: T&T
Clark, 2007.

Broek, *Apocryphon.*   Broek, R. van den. *Pseudo-Cyril of Jerusalem "On the Life and the
Passion of Christ": A Coptic Apocryphon.* Supplements to Vigiliae Christianae 118.
Leiden: Brill, 2013.

Broggiato, "Artemon."   Broggiato, Maria. "Artemon of Pergamum (*FGrH* 569): A
Historian in Context." *ClQ* 61 (2, 2011): 545-52.

Broshi, "Credibility."   Broshi, Magen. "The Credibility of Josephus." *JJS* 33 (1-2, 1982):

379-84.

Brown, *Death*.　　Brown, Raymond E. *The Death of the Messiah—from Gethsemane to Grave: A Commentary on the Passion Narratives in the Four Gospels*. 2 vols. New York: Doubleday, 1994.

Brown, *Essays*.　　Brown, Raymond E. *New Testament Essays*. Garden City, NY: Doubleday, 1968.

Brown, *Healing*.　　Brown, Candy Gunther. *Global Pentecostal and Charismatic Healing*. Oxford: Oxford University Press, 2011.

Brown, *Historians*.　　Brown, Truesdell S. *The Greek Historians*. Lexington, MA: D. C. Heath, 1973.

Brown, "Scrolls."　　Brown, Raymond E. "The Dead Sea Scrolls and the New Testament." Pages 1-8 in *John and Qumran*. Edited by James H. Charlesworth. London: Geoffrey Chapman, 1972.

Brown et al., "Effects."　　Brown, Candy Gunther, Stephen C. Mory, Rebecca Williams, and Michael J. McClymond. "Study of the Therapeutic Effects of Proximal Intercessory Prayer (STEPP) on Auditory and Visual Impairments in Rural Mozambique." *SMedJ* 103 (9, September 2010): 864-69.

Browning, "Homer."　　Browning, Robert. "Homer in Byzantium." *Viator* 6 (1975): 15-33.

Brownlee, "Comparison."　　Brownlee, William H. "A Comparison of the Covenanters of the Dead Sea Scrolls with Pre-Christian Jewish Sects." *BA* 13 (3, September 1950): 49-72.

Brownson, "Introduction to *Anabasis*."　　Brownson, Carleton L. Introduction to *Anabasis*. Pages 231-38 in vol. 2 of *Xenophon*. Translated by Carleton L. Brownson, O. J. Todd, and E. C. Marchant. 4 vols. LCL. New York: G. P. Putnam's Sons, 1918-23.

Brownson, "Introduction to *Hellenica*."　　Brownson, Carleton L. "Introduction to *Hellenica*." Pages vii-xi in vol. 1 of *Xenophon*. Translated by Carleton L. Brownson, O. J. Todd, and E. C. Marchant. 4 vols. LCL. New York: G. P. Putnam's Sons, 1918-23.

Bruce, *Acts*.　　Bruce, F. F. *The Acts of the Apostles: The Greek Text, with Introduction and Commentary*. Grand Rapids: Eerdmans, 1951.

Bruce, "Date of Mark."　　Bruce, F. F. "The Date and Character of Mark." Pages 69-89 in *Jesus and the Politics of His Day*. Edited by Ernst Bammel and C. F. D. Moule. Cambridge: Cambridge University Press, 1984.

Bruce, *Documents*.　　Bruce, F. F. *The New Testament Documents: Are They Reliable?* 5th ed. Grand Rapids: Eerdmans; Leicester, UK: Inter-Varsity, 1981.

Bruce, *John*.　　Bruce, F. F. *The Gospel of John: Introduction, Exposition, and Notes*. Grand Rapids: Eerdmans, 1983.

Bruce, "Matthew."　　Bruce, Alexander Balmain. "Matthew." Pages 61-340 in vol. 1 of *The Expositor's Greek Testament*. Edited by W. Robertson Nicoll. 5 vols. New York: Hodder & Stoughton, 1897-1910. Repr., Grand Rapids: Eerdmans, 1979.

Bruce, "Name of Felix."　　Bruce, F. F. "The Full Name of the Procurator Felix." *JSNT* 1 (1978): 33-36.

Bruce, *Speeches in Acts*.　　Bruce, F. F. *The Speeches in the Acts of the Apostles*. London:

Tyndale, 1942.

Bruce, "Speeches Thirty Years After."   Bruce, F. F. "The Speeches in Acts—Thirty Years After." Pages 53-68 in *Reconciliation and Hope*. Edited by Robert Banks. Grand Rapids: Eerdmans, 1974.

Bruggen, *Narratives*.   Bruggen, Jakob van. *Christ on Earth: The Gospel Narratives as History*. Translated by Nancy Forest-Flier. Grand Rapids: Baker, 1998. Original Dutch ed., Kampen: J. H. Kok, 1987.

Bruner and Fleisher Feldman, "Narrative."   Bruner, Jerome, and Carol Fleisher Feldman. "Group Narrative as a Cultural Context of Autobiography." Pages 291-317 in *Remembering Our Past: Studies in Autobiographical Memory*. Edited by David C. Rubin. Cambridge: Cambridge University Press, 1996.

Brunner, *Erziehung*.   Brunner, Helmut. *Altagyptische Erziehung*. Wiesbaden: Harrassowitz, 1957.

Bucher, "Evaluation."   Bucher, Gregory S. "Toward a Literary Evaluation of Appian's *Civil Wars*, Book 1." Pages 454-60 in *A Companion to Greek and Roman Historiography*. Edited by John Marincola. 2 vols. Oxford: Blackwell, 2007.

Budge, *Takla Haymanot*.   Budge, E. A. Wallis. *The Life of Takla Haymanot in the Version of Dabra Libanos, and, The Miracles of Takla Haymanot in the Version of Dabra Libanos; and, The Book of the Riches of Kings: The Ethiopic Texts, from the British Museum Ms. Oriental 723, Edited with English Translations, to Which Is Added an English Translation of the Waldebban Version*. London: privately printed for Lady Meux, 1906.

Budson et al., "Memory."   Budson, A. E., J. S. Simons, J. D. Waring, A. L. Sullivan, T. Hussoin, and D. L. Schacter. "Memory for the September 11, 2001, Terrorist Attacks One Year Later in Patients with Alzheimer's Disease, Patients with Mild Cognitive Impairment, and Healthy Older Adults." *Cortex* 43 (2007): 875-88.

Bultmann, *Jesus and Word*.   Bultmann, Rudolf. *Jesus and the Word*. Translated by Louise Pettibone Smith and Erminie Huntress Lantero. New York: Scribner's, 1958.

Bultmann, *Tradition*.   Bultmann, Rudolf. *The History of the Synoptic Tradition*. Translated by John Marsh. 2nd ed. Oxford: Blackwell, 1968.

Bunker, "Disposition der Eleazarreden."   Bunker, Michael. "Die rhetorische Disposition der Eleazarreden (Josephus, *Bell.* 7,323-388)." *Kairos* 23 (1-2, 1981): 100-107.

Burge, "Siloam."   Burge, Gary M. "Siloam, Bethesda, and the Johannine Water Motif." Pages 259-69 in *Glimpses of Jesus through the Johannine Lens*. Vol. 3 of *John, Jesus, and History*. Edited by Paul N. Anderson, Felix Just, and Tim Thatcher. SBLSymS 44. ECL 18. Atlanta: SBL Press, 2016.

Burgersdijk, "Implications."   Burgersdijk, Diederik. "*Qui vitas aliorum scribere orditur.* Narratological Implications of Fictional Authors in the *Historia Augusta*." Pages 240-56 in *Writing Biography in Greece and Rome: Narrative Technique and Fictionalization*. Edited by Koen De Temmerman and Kristoffel Demoen. Cambridge: Cambridge University Press, 2016.

Burgess, "Pandita Ramabai."   Burgess, Ruth Vassar. "Pandita Ramabai: A Woman for All Seasons; Pandita Ramabai Saraswati Mary Dongre Medhavi (1858-1922)." *AJPS* 9 (2, 2006): 183-98.

Burkett, *Case.* Burkett, Delbert. *The Case for Proto-Mark: A Study in the Synoptic Problem.* WUNT 399. Tübingen: Mohr Siebeck, 2018.

Burney, *Aramaic Origin.* Burney, C. F. *The Aramaic Origin of the Fourth Gospel.* Oxford: Clarendon, 1922.

Burney, *Poetry.* Burney, C. F. *The Poetry of Our Lord.* Oxford: Clarendon, 1925.

Burns, *Debate.* Burns, Robert M. *The Great Debate on Miracles: From Joseph Glanvill to David Hume.* Lewisburg, PA: Bucknell University Press, 1981.

Burridge, "Biography." Burridge, Richard A. "Biography." Pages 371-91 in *Handbook of Classical Rhetoric in the Hellenistic Period, 330 B.C.-A.D. 400.* Edited by Stanley E. Porter. Leiden: Brill, 1997.

Burridge, "Biography, Ancient." Burridge, Richard A. "Biography, Ancient." *DNTB* 167-70.

Burridge, *Comparison.* Burridge, Richard A. *What Are the Gospels? A Comparison with Graeco-Roman Biography.* SNTSMS 70. Cambridge: Cambridge University Press, 1992.

Burridge, "Genre." Burridge, Richard A. "Biography as the Gospels' Literary Genre." *RCL* 38 (1, 2013): 9-30.

Burridge, "Genre of Acts." Burridge, Richard A. "The Genre of Acts—Revisited." Pages 3-28 in *Reading Acts Today: Essays in Honour of Loveday C. A. Alexander.* Edited by Steve Walton et al. LNTS 427. London: T&T Clark, 2011.

Burridge, *Gospels.* Burridge, Richard A. *What Are the Gospels? A Comparison with Graeco-Roman Biography.* 2nd ed. Grand Rapids: Eerdmans, 2004.

Burridge, "Gospels and Acts." Burridge, Richard A. "The Gospels and Acts." Pages 507-32 in *Handbook of Classical Rhetoric in the Hellenistic Period, 330 B.C.-A.D. 400.* Edited by Stanley E. Porter. Leiden: Brill, 1997.

Burridge, "Gospels and Biography." Burridge, Richard A. "Gospels and Biography, 2000-2018: A Critical Review and Implications for Future Research." Pages 1-113 in *What Are the Gospels? A Comparison with Graeco-Roman Biography.* 25th ann. ed. Waco, TX: Baylor University Press, 2018.

Burridge, "People." Burridge, Richard A. "About People, by People, for People: Gospel Genre and Audiences." Pages 113-46 in *The Gospels for All Christians: Rethinking the Gospel Audiences.* Edited by Richard Bauckham. Grand Rapids: Eerdmans, 1998.

Burridge, "Reading." Burridge, Richard A. "Reading the Gospels as Biography." Pages 31-49 in *The Limits of Ancient Biography.* Edited by Brian McGing and Judith Mossman. Swansea, Wales: Classical Press of Wales, 2006.

Burridge, "Review." Burridge, Richard A. "*The Art of Biography in Antiquity*: A Review." *JSNT* 37 (4, June 2015): 474-79.

Burrus, "Desiring." Burrus, Virginia. "Desiring Women: Xanthippe, Polyxena, Rebecca." Pages 9-27 in *Reading and Teaching Ancient Fiction: Jewish, Christian, and Greco-Roman Narratives.* Edited by Sara R. Johnson, Ruben R. Dupertuis, and Christine Shea. WGRWSup 11. Atlanta: SBL Press, 2018.

Buster, "Genre." Buster, Aubrey E. "Genre." Pages 152-55 in *The Dictionary of the Bible and Ancient Media.* Edited by Tom Thatcher, Chris Keith, Raymond F. Person Jr., and

Elsie R. Stern. New York: Bloomsbury T&T Clark, 2017.

Buszard, "Parallel."   Buszard, Bradley. "A Plutarchan Parallel to Arrian *Anabasis* 7.1." *GRBS* 50 (4, 2010): 565-85.

Byatt, "Numbers."   Byatt, Anthony. "Josephus and Population Numbers in First Century Palestine." *PEQ* 105 (1, 1973): 51-60.

Byrskog, "Century."   Byrskog, Samuel. "A Century with the *Sitz im Leben*: From Form-Critical Setting to Gospel Community and Beyond." *ZNW* 98 (2007): 1-27.

Byrskog, "Church."   Byrskog, Samuel. "The Early Church as a Narrative Fellowship: An Exploratory Study of the Performance of the *Chreia*." *TTKi* 78 (3-4, 2007): 207-26.

Byrskog, "Eyewitnesses."   Byrskog, Samuel. "The Eyewitnesses as Interpreters of the Past: Reflections on Richard Bauckham's *Jesus and the Eyewitnesses*." *JSNT* 6 (2008): 157-68.

Byrskog, "Form Criticism."   Byrskog, Samuel. "Form Criticism." *DBAM* 142-46.

Byrskog, "Gerhardsson."   Byrskog, Samuel. "Gerhardsson, Birger." *DBAM* 155-56.

Byrskog, "Hermeneutics."   Byrskog, Samuel. "Towards a Hermeneutics of Memory: Suggestions for Future Research." Paper presented to "Memory, Narrative, and Christology in the Synoptic Gospels" Seminar at the Annual Meeting of the Society for New Testament Studies. Athens, Greece, August 10, 2018.

Byrskog, "History."   Byrskog, Samuel. "History or Story in Acts—a Middle Way? The "We" Passages, Historical Intertexture, and Oral History." Pages 257-83 in *Contextualizing Acts: Lukan Narrative and Greco-Roman Discourse*. Edited by Todd Penner and Caroline Vander Stichele. SBLSymS 20. Atlanta: SBL, 2003.

Byrskog, *Story*.   Byrskog, Samuel. *Story as History, History as Story: The Gospel Tradition in the Context of Ancient Oral History*. Tübingen: Mohr Siebeck, 2000. Repr., Leiden: Brill, 2002.

Byrskog, *Teacher*.   Byrskog, Samuel. *Jesus the Only Teacher: Didactic Authority and Transmission in Ancient Israel, Ancient Judaism, and the Matthean Community*. ConBNT 24. Stockholm: Almqvist & Wiksell International, 1994.

Byrskog, "Teacher."   Byrskog, Samuel. "Jesus the Only Teacher: Further Thoughts." Pages 36-46 in *Treasures New and Old: Essays in Honor of Donald A. Hagner*. Edited by Carl S. Sweatman and Clifford B. Kvidahl. GlossaHouse Festschrift Series 1. Wilmore, KY: GlossaHouse, 2017.

Cadbury, *Acts in History*.   Cadbury, Henry J. *The Book of Acts in History*. London: Adam & Charles Black, 1955.

Cadbury, *Making*.   Cadbury, Henry J. *The Making of Luke-Acts*. London: SPCK, 1968.

Cadbury, "We."   Cadbury, Henry J. "'We' and 'I' Passages in Luke-Acts." *NTS* 3 (2, 1957): 128-32.

Cadbury, Foakes-Jackson, and Lake, "Writing History."   Cadbury, Henry J., F. J. Foakes-Jackson, and Kirsopp Lake. "The Greek and Jewish Traditions of Writing History." *BegC* 2:7-29.

Caird, *Language*.   Caird, G. B. *The Language and Imagery of the Bible*. Philadelphia: Westminster, 1980.

Callan, "Preface."   Callan, Terrance. "The Preface of Luke-Acts and Historiography." *NTS*

31 (4, 1985): 576-81.

Cambiano, "Diogenes Laertius."   Cambiano, Giuseppe. "Diogenes Laertius and Philosophical Lives in Antiquity." Pages 574-77 in *Diogenes Laertius "Lives of the Eminent Philosophers."* Edited by James Miller. Translated by Pamela Mensch. New York: Oxford University Press, 2018.

Campbell, *Faithfulness.*   Campbell, Sue. *Our Faithfulness to the Past: The Ethics and Politics of Memory.* Oxford: Oxford University Press, 2014.

Campbell, "Journeys."   Campbell, Thomas H. "Paul's 'Missionary Journeys' as Reflected in His Letters." *JBL* 74 (2, 1955): 80-87.

Campbell, "Memory."   Campbell, Sue. "Memory, Truth, and the Search for an Authentic Past." Pages 175-95 in *Memory Matters: Contexts for Understanding Sexual Abuse Recollections.* Edited by Janice Haaken and Paula Reavey. New York: Routledge, 2010.

Campbell, "Narrator."   Campbell, William Sanger. "The Narrator as 'He,' 'Me,' and 'We': Grammatical Person in Ancient Histories and in the Acts of the Apostles." *JBL* 129 (2, 2010): 385-407.

Cancik, "Bios."   Cancik, Hubert. "Bios und Logos. Formengeschichtliche Untersuchungen zu Lukians 'Leben des Demonax.'" Pages 115-30 in *Markus-Philologie. Historische, literargeschichtliche und stilistische Untersuchungen zum zweiten Evangelium.* Edited by H. Cancik. WUNT 33. Tübingen: Mohr Siebeck, 1984.

Cancik, "Gattung."   Cancik, Hubert. "Die Gattung Evangelium. Das Evangelium Markus im Rahmen der antiken Historiographie." Pages 85-113 in *Markus-Philologie. Historische, literargeschichtliche und stilistische Untersuchungen zum zweiten Evangelium.* Edited by Hubert Cancik. WUNT 33. Tübingen: Mohr Siebeck, 1984.

Canevet, "Remarques."   Canevet, Mariette. "Remarques sur l'utilisation du genre littéraire historique par Philon d'Alexandrie dans la *Vita Moysis,* ou Moïse général en chef-prophète." *RevScRel* 60 (3-4, 1986): 189-206.

Cangh, "Miracles."   Cangh, Jean-Marie Van. "Miracles grecs, rabbiniques et évangéliques." Pages 213-36 in *Miracles and Imagery in Luke and John: Festschrift Ulrich Busse.* Edited by J. Verheyden, G. van Belle, and J. G. van der Watt. BETL 218. Leuven: Uitgeverij Peeters, 2008.

Capes, *Christ.*   Capes, David B. *The Divine Christ: Paul, the Lord Jesus, and the Scriptures of Israel.* Grand Rapids: Baker Academic, 2018.

Capes, *Texts.*   Capes, David B. *Old Testament Yahweh Texts in Paul's Christology.* WUNT 2.47. Tübingen: Mohr, 1992.

Capps, *Village Psychiatrist.*   Capps, Donald. *Jesus the Village Psychiatrist.* Louisville: Westminster John Knox, 2008.

Capra, "Detour."   Capra, Andrea. "Detour en Route in the Aegean Sea? Xenophon of Ephesus 5.10.2." *CP* 107 (1, 2012): 70-74.

Cardena, Lynn, and Krippner, *Varieties.*   Cardena, Etzel, Steven Jay Lynn, and Stanley Krippner, eds. *Varieties of Anomalous Experience: Examining the Scientific Evidence.* Washington, DC: American Psychological Association, 2000.

Carey, "Importance."   Carey, Holly J. "The Importance of the 'How' and 'Why' in Ancient Biographies." Pages 319-22 in Keener and Wright, *Biographies and Jesus.*

Carlson, "Papias." Carlson, Stephen C. "Papias (on Writing)." *DBAM* 269-70.

Carr, *Formation.* Carr, David M. *The Formation of the Hebrew Bible: A New Reconstruction.* New York: Oxford University Press, 2011.

Carr, *Writing.* Carr, David M. *Writing on the Tablet of the Heart: Origins of Scripture and Literature.* New York: Oxford, 2005.

Carroll, *Luke.* Carroll, John T. *Luke: A Commentary.* Louisville: Westminster John Knox, 2002.

Carruthers, *Book of Memory.* Carruthers, Mary J. *The Book of Memory: A Study of Memory in Medieval Culture.* 2nd ed. Cambridge: Cambridge University Press, 2008.

Carson, "Matthew." Carson, D. A. "Matthew." Pages 3-599 in vol. 8 of *The Expositor's Bible Commentary.* Edited by Frank Gaebelein. Grand Rapids: Zondervan, 1984.

Carson, "Tradition." Carson, D. A. "Historical Tradition in the Fourth Gospel: After Dodd, What?" Pages 83-145 in *Studies of History and Tradition in the Four Gospels.* Vol. 2 of *Gospel Perspectives.* Edited by R. T. France and David Wenham. Sheffield: JSOT Press, 1981.

Carson, Moo, and Morris, *Introduction.* Carson, D. A., Douglas J. Moo, and Leon Morris. *An Introduction to the New Testament.* Grand Rapids: Zondervan, 1992.

Cartledge, *Agesilaos.* Cartledge, Paul. *Agesilaos and the Crisis of Sparta.* London: Duckworth, 1987.

Cary and Haarhoff, *Life.* Cary, M., and T. J. Haarhoff. *Life and Thought in the Greek and Roman World.* 4th ed. London: Methuen, 1946.

Casey, *Evidence.* Casey, Maurice. *Jesus: Evidence and Arguments or Mythicist Myths?* London: A&C Black, 2014.

Casey, *Sources.* Casey, Maurice. *Aramaic Sources of Mark's Gospel.* SNTSMS 102. New York: Cambridge University Press, 1999.

Castleberry, "Impact." Castleberry, Joseph Lee. "It's Not Just for Ignorant People Anymore: The Future Impact of University Graduates on the Development of the Ecuadorian Assemblies of God." EdD diss., Teachers College, Columbia University, 1999.

Cave, "Parables." Cave, Cyril H. "The Parables and the Scriptures." *NTS* 11 (1965): 374-87.

Champion, "Aetolia." Champion, Craige B. "Polybius and Aetolia: A Historiographical Approach." Pages 356-62 in *A Companion to Greek and Roman Historiography.* Edited by John Marincola. 2 vols. Oxford: Blackwell, 2007.

Champlin, "Tiberius." Champlin, Edward. "Tiberius the Wise." *Historia* 57 (4, 2008): 408-25.

Chance, *Acts.* Chance, J. Bradley. *Acts.* SHBC. Macon, GA: Smyth & Helwys, 2007.

Chance, "Fiction." Chance, J. Bradley. "Fiction in Ancient Biography: An Approach to a Sensitive Issue in Gospel Interpretation." *PRSt* 18 (2, 1991): 125-42.

Chance, "Perspectives." Chance, J. Bradley. "Talbert's New Perspectives on Luke-Acts: The ABC's of Ancient Lives." Pages 181-201 in *Cadbury, Knox, and Talbert: American Contributions to the Study of Acts.* Edited by Mikeal C. Parsons and Joseph B. Tyson.

SBLBSNA 18. SBLCP. Atlanta: Scholars Press, 1992.

Chance, "Prognostications." Chance, J. Bradley. "Divine Prognostications and the Movement of Story: An Intertextual Exploration of Xenophon's *Ephesian Tale* and the Acts of the Apostles." Pages 219-34 in *Ancient Fiction and Early Christian Narrative*. Edited by Ronald F. Hock, J. Bradley Chance, and Judith Perkins. SBLSymS 6. Atlanta: SBL, 1998.

Chancey, *Galilee.* Chancey, Mark. *Greco-Roman Culture and the Galilee of Jesus.* SNTSMS 134. New York: Cambridge University Press, 2006.

Chancey, "Jewish." Chancey, Mark A. "How Jewish Was Jesus' Galilee?" *BAR* 33 (4, 2007): 42-50, 76.

Chancey and Meyers, "Sepphoris." Chancey, Mark, and Eric M. Meyers, "How Jewish Was Sepphoris in Jesus' Time?" *BAR* 26 (4, 2000): 18-33, 61.

Chang, *Rape.* Chang, Iris. *The Rape of Nanking: The Forgotten Holocaust of World War II.* London: Hachette UK, 2014.

Chaplin, "Conversations." Chaplin, Jane D. "Conversations in History: Arrian and Herodotus, Parmenio and Alexander." *GRBS* 51 (4, 2011): 613-33.

Chapman, "Cannibalism." Chapman, Honora Howell. "Josephus and the Cannibalism of Mary (*BJ* 6.199-219)." Pages 419-26 in *A Companion to Greek and Roman Historiography*. Edited by John Marincola. 2 vols. Oxford: Blackwell, 2007.

Charlesworth, "Jesus, Literature, and Archaeology." Charlesworth, James H. "Jesus, Early Jewish Literature, and Archaeology." Pages 177-98 in *Jesus' Jewishness: Exploring the Place of Jesus within Early Judaism*. Edited by James H. Charlesworth. Philadelphia: American Interfaith Institute. New York: Crossroad, 1991.

Charlesworth, *Jesus within Judaism.* Charlesworth, James H. *Jesus within Judaism: New Light from Exciting Archaeological Discoveries.* ABRL. New York: Doubleday, 1988.

Charlesworth, *Mirrored in John.* Charlesworth, James H. *Jesus as Mirrored in John: The Genius in the New Testament.* New York: T&T Clark, 2018.

Charlesworth, *Pseudepigrapha.* Charlesworth, James H. *The Old Testament Pseudepigrapha and the New Testament: Prolegomena for the Study of Christian Origins.* SNTSMS 54. Cambridge: Cambridge University Press, 1985.

Charlesworth, "Shift." Charlesworth, James H. "The Historical Jesus in the Fourth Gospel: A Paradigm Shift?" *JSHJ* 8 (1, 2010): 3-46.

Charlesworth, "Sketch." Charlesworth, James H. "The Historical Jesus: Sources and a Sketch." Pages 84-128 in *Jesus Two Thousand Years Later*. Edited by James H. Charlesworth and Walter P. Weaver. FSCS. Harrisburg, PA: Trinity Press International, 2000.

Charlesworth, *Symposium.* Charlesworth, James H., with Jolyon G. R. Pruszinski, eds. *Jesus Research: The Gospel of John in Historical Inquiry; The Third Princeton-Prague Symposium on Jesus Research, Princeton 2016.* New York: Bloomsbury T&T Clark, forthcoming.

Charlesworth, "Theology." Charlesworth, James H. "The Historical Jesus and Exegetical Theology." *PSB* 22 (1, 2001): 45-63.

Charlesworth and Aviam, "Galilee." Charlesworth, James H., and Mordechai Aviam.

"Reconstructing First-Century Galilee: Reflections on Ten Major Problems." Pages 103-37 in *Jesus Research: New Methodologies and Perceptions; The Second Princeton-Prague Symposium on Jesus Research*. Edited by James Charlesworth, with Brian Rhea and Petr Pokorny. Grand Rapids: Eerdmans, 2014.

Charlesworth and Evans, "Agrapha."   Charlesworth, James H., and Craig A. Evans. "Jesus in the Agrapha and Apocryphal Gospels." Pages 479-533 in *Studying the Historical Jesus: Evaluations of the State of Current Research*. Edited by Bruce Chilton and Craig A. Evans. NTTS 19. Leiden: Brill, 1994.

Charlesworth, Rhea, and Pokorny, *Jesus Research*.   Charlesworth, James H., Brian Rhea, and Petr Pokorny, eds. *Jesus Research: New Methodologies and Perceptions; The Second Princeton-Prague Symposium on Jesus Research*. Grand Rapids: Eerdmans, 2014.

Chen, *Luke*.   Chen, Diane G. *Luke*. New Covenant Commentary. Eugene, OR: Cascade, 2017.

Cheon, "Plagues."   Cheon, Samuel. "Josephus and the Story of the Plagues: An Appraisal of a Moralising Interpretation." *AJT* 18 (1, 2004): 220-30.

Chesnut, *Born Again in Brazil*.   Chesnut, R. Andrew. *Born Again in Brazil: The Pentecostal Boom and the Pathogens of Poverty*. New Brunswick, NJ: Rutgers University Press, 1997.

Chilton, "Announcement."   Chilton, Bruce. "Announcement in Nazara: An Analysis of Luke 4:16-21." Pages 147-72 in *Studies of History and Tradition in the Four Gospels*. Vol. 2 of *Gospel Perspectives*. Edited by R. T. France and David Wenham. Sheffield: JSOT Press, 1981.

Chilton, *Rabbi Jesus*.   Chilton, Bruce. *Rabbi Jesus: An Intimate Biography*. New York: Doubleday, 2000.

Chilton, *Study*.   Chilton, Bruce. *Beginning New Testament Study*. Grand Rapids: Eerdmans, 1986.

Chitwood, *Death*.   Chitwood, Ava. *Death by Philosophy: The Biographical Tradition in the Life and Death of the Archaic Philosophers Empedocles, Heraclitus, and Democritus*. Ann Arbor: University of Michigan Press, 2004.

Chiu, "Importance."   Chiu, Angeline. "The Importance of Being Julia: Civil War, Historical Revision, and the Mutable Past in Lucan's Pharsalia." *CJ* 105 (4, 2010): 343-60.

Chretien, "Exchange."   Chretien, Jean-Pierre. "Confronting the Unequal Exchange of the Oral and the Written." Pages 75-90 in *African Historiographies: What History for Which Africa?* Edited by Bogumil Jewsiewicki and David Newbury. SSAMD 12. Beverly Hills, CA: Sage, 1986.

Christian, "Themistocles."   Christian, Timothy J. "Cornelius Nepos's *Themistocles*: A Targeted Comparison with the Histories of Herodotus and Thucydides, with Implications for the Historical Reliability of the Gospels." Pages 103-41 in Keener and Wright, *Biographies and Jesus*.

Christianson and Safer, "Emotional Events."   Christianson, Sven-Ake, and Martin A. Safer. "Emotional Events and Emotions in Autobiographical Memories." Pages 218-43 in *Remembering Our Past: Studies in Autobiographical Memory*. Edited by David C. Rubin. Cambridge: Cambridge University Press, 1996.

Clark, "Education."   Clark, Timothy. "Jewish Education in the Hellenistic Period and the Old Testament." *St. Vladimir's Theological Quarterly* 54 (3-4, 2010): 281-301.

Clark, *Parallel Lives*.   Clark, Andrew C. *Parallel Lives: The Relation of Paul to the Apostles in the Lucan Perspective*. Carlisle, UK: Paternoster, 2001.

Clark and Clark, *Psycholinguistics*.   Clark, Herbert H., and Eve V. Clark. *Psychology and Language: An Introduction to Psycholinguistics*. New York: Harcourt Brace Jovanovich, 1971.

Clay, "Lucian."   Clay, Diskin. "Lucian of Samosata: Four Philosophical Lives (Nigrinus, Demonax, Peregrinus, Alexander Pseudomantis)." *ANRW* 2.36.5 (1992): 3406-50.

Clifford, "Moses."   Clifford, Hywel. "Moses as Philosopher-Sage in Philo." Pages 151-67 in *Moses in Biblical and Extra-biblical Traditions*. Edited by Axel Graupner and Michael Wolter. BZAW 372. Berlin: de Gruyter, 2007.

Coady, *Testimony*.   Coady, C. A. J. *Testimony: A Philosophical Study*. Oxford: Clarendon, 1992.

Cohen, "Everyday Memory."   Cohen, Gillian. "Everyday Memory." Pages 1-20 in *Memory in the Real World*. Edited by Gillian Cohen and Martin A. Conway. Hove, East Sussex: Psychology Press, 2007.

Cohen, "Evidence."   Cohen, Shaye J. D. "Pagan and Christian Evidence on the Ancient Synagogue." Pages 159-81 in *The Synagogue in Late Antiquity*. Edited by Lee I. Levine. Philadelphia: ASOR, 1986.

Cohen, *Josephus*.   Cohen, Shaye J. D. *Josephus in Galilee and Rome: His Vita and Development as a Historian*. Edited by William V. Harris. Vol. 3. Columbia Studies in the Classical Tradition. Leiden: Brill, 1979.

Cohen, "Josephus and Scripture."   Cohen, Naomi G. "Josephus and Scripture: Is Josephus' Treatment of the Scriptural Narrative Similar throughout the *Antiquities* I-XI?" *JQR* 54 (4, 1964): 311-32.

Cohen, *Maccabees*.   Cohen, Shaye J. D. *From the Maccabees to the Mishnah*. LEC 7. Philadelphia: Westminster, 1987.

Cohen, "Masada."   Cohen, Shaye J. D. "Masada: Literary Tradition, Archaeological Remains, and the Credibility of Josephus." *JJS* 33 (1982): 385-405.

Cohen, "Memory for Knowledge."   Cohen, Gillian. "Memory for Knowledge: General Knowledge and Expert Knowledge." Pages 207-26 in *Memory in the Real World*. Edited by Gillian Cohen and Martin A. Conway. Hove, East Sussex: Psychology Press, 2007.

Cohen, "Overview."   Cohen, Gillian. "Overview: Conclusions and Speculations." Pages 381-90 in *Memory in the Real World*. Edited by Gillian Cohen and Martin A. Conway. Hove, East Sussex: Psychology Press, 2007.

Cohen, "What Happened?"   Cohen, Shaye J. D. "What Really Happened at Masada?" *Moment* 13 (5, 1988): 28-35.

Cohn, *Distinction*.   Cohn, Dorrit. *The Distinction of Fiction*. Baltimore: Johns Hopkins University Press, 1999.

Cohn, "Lives."   Cohn, Dorrit. "Fictional versus Historical Lives: Borderlines and Borderline Cases." *Journal of Narrative Technique* 19 (1, 1989): 3-24.

Cole and Scribner, *Culture.*   Cole, Michael, and Sylvia Scribner, *Culture and Thought: A Psychological Introduction.* New York: Wiley & Sons, 1974.

Collins, *Mark.*   Collins, Adela Yarbro. *Mark: A Commentary.* Minneapolis: Fortress, 2007.

Collins, *Written.*   Collins, Raymond F. *These Things Have Been Written: Studies on the Fourth Gospel.* Louvain Theological and Pastoral Monographs 2. Louvain: Peeters, 1990.

Conway, "Autobiographical Knowledge."   Conway, Martin A. "Autobiographical Knowledge and Autobiographical Memories." Pages 67-93 in *Remembering Our Past: Studies in Autobiographical Memory.* Edited by David C. Rubin. Cambridge: Cambridge University Press, 1996.

Conway, Cohen, and Stanhope, "Retention."   Conway, Martin A., Gillian Cohen, and Nicola Stanhope. "On the Very Long-Term Retention of Knowledge Acquired through Formal Education: Twelve Years of Cognitive Psychology." *JExpPscy: General* 120 (1991): 395-409.

Conybeare, "Introduction."   Conybeare, F. C. "Introduction." Pages v-xv in vol. 1 of Philostratus, *The Life of Apollonius of Tyana.* Translated by F. C. Conybeare. 2 vols. LCL. Cambridge, MA: Harvard University Press, 1912.

Conzelmann, *Acts.*   Conzelmann, Hans. *A Commentary on the Acts of the Apostles.* Edited by Eldon Jay Epp, with Christopher R. Matthews. Translated by James Limburg, A. Thomas Kraabel, and Donald H. Juel. Hermeneia. Philadelphia: Fortress, 1987.

Cook, *Interpretation.*   Cook, John Granger. *The Interpretation of the New Testament in Greco-Roman Paganism.* Peabody, MA: Hendrickson, 2002. Orig., Tübingen: J. C. B. Mohr, 2000.

Cook, *Muhammad.*   Cook, Michael. *Muhammad.* New York: Oxford University Press, 1983.

Cook, "Use."   Cook, Brad L. "Plutarch's Use of *legetai*: Narrative Design and Source in *Alexander.*" *GRBS* 42 (4, 2001): 329-60.

Copeland, *History.*   Copeland, Rita, ed. *The Oxford History of Classical Reception.* Vol. 1:*800-1558.* Oxford: Oxford University Press, 2016.

Corbin, Crawford, and Vavra, "Misremembering Emotion."   Corbin, Jonathan C., L. Elizabeth Crawford, and Dylan T. Vavra. "Misremembering Emotion: Inductive Category Effects for Complex Emotional Stimuli." *Memory and Cognition* 45 (5, July 2017): 691-98.

Cotter, "Miracle."   Cotter, Wendy. "Miracle." *NIDB* 4:99-106.

Cotter, *Miracle Stories.*   Cotter, Wendy J. *The Christ of the Miracle Stories: Portrait through Encounter.* Grand Rapids: Baker Academic, 2010.

Cotton and Geiger, "Yyn."   Cotton, Hannah M., and Joseph Geiger. "Yyn lhwrdws hmlk." *Cathedra* 53 (1989): 3-12.

Cox, *Biography.*   Cox, Patricia. *Biography in Late Antiquity: A Quest for the Holy Man.* Transformation of the Classical Heritage 5. Berkeley: University of California Press, 1983.

Craffert, "Healer."   Craffert, Pieter F. "Crossan's Historical Jesus as Healer, Exorcist, and Miracle Worker." *R&T* 10 (3-4, 2003): 243-66.

Craffert, *Life*.   Craffert, Pieter F. *The Life of a Galilean Shaman: Jesus of Nazareth in Anthropological-Historical Perspective*. Matrix: The Bible in Mediterranean Context. Eugene, OR: Cascade, 2008.

Cramer, "Miracles."   Cramer, John A. "Miracles and David Hume." *Perspectives on Science and Christian Faith* 40 (3, September 1988): 129-37.

Crapanzaro and Garrison, *Case Studies*.   Crapanzaro, Vincent, and Vivian Garrison. *Case Studies in Spirit Possession*. New York: Wiley & Sons, 1977.

Cribiore, *Gymnastics*.   Cribiore, Raffaella. *Gymnastics of the Mind: Greek Education in Hellenistic and Roman Egypt*. Princeton: Princeton University Press, 2001.

Croke, "Historiography."   Croke, Brian. "Late Antique Historiography, 250-50 CE." Pages 567-81 in *A Companion to Greek and Roman Historiography*. Edited by John Marincola. 2 vols. Oxford: Blackwell, 2007.

Crook, "Distortion."   Crook, Zeba. "Collective Memory Distortion and the Quest for the Historical Jesus." *JSHJ* 11 (3, 2013): 53-76.

Crook, "Memory Theory."   Crook, Zeba. "Matthew, Memory Theory, and the New No Quest." *HTS/TS* 70 (1, 2014), 11 pages.

Crooks, "Psychology."   Crooks, *Mark*. "The Psychology of Demon Possession: The Occult Personality." *Journal of Mind and Behavior* 39 (2018): forthcoming.

Cross, "Genres."   Cross, Anthony R. "Genres of the New Testament." *DNTB* 402-11.

Crossan, *Birth*.   Crossan, John Dominic. *The Birth of Christianity: Discovering What Happened in the Years Immediately after the Execution of Jesus*. San Francisco: Harper, 1999.

Crossan, *Historical Jesus*.   Crossan, John Dominic. *The Historical Jesus: The Life of a Mediterranean Jewish Peasant*. San Francisco: HarperSanFrancisco, 1991.

Crossan, "Necessary."   Crossan, John Dominic. "Why Is Historical Jesus Research Necessary?" Pages 7-37 in *Jesus Two Thousand Years Later*. Edited by James H. Charlesworth and Walter P. Weaver. FSCS. Harrisburg, PA: Trinity Press International, 2000.

Crossley, *Date*.   Crossley, James G. *The Date of Mark's Gospel: Insight from the Law in Earliest Christianity*. JSNTSup 266. New York: T&T Clark, 2004.

Cueva, "Longus."   Cueva, Edmund P. "Longus and Thucydides: A New Interpretation." *GRBS* 39 (4, 1998): 429-40.

Culpepper, *Anatomy*.   Culpepper, R. Alan. *Anatomy of the Fourth Gospel: A Study in Literary Design*. Philadelphia: Fortress, 1983.

Culpepper, *Gospel and Letters*.   Culpepper, R. Alan. *The Gospel and Letters of John*. IBT. Nashville: Abingdon, 1998.

Culpepper, *School*.   Culpepper, R. Alan. *The Johannine School: An Evaluation of the Johannine-School Hypothesis Based on an Investigation of the Nature of Ancient Schools*. SBLDS 26. Missoula, MT: Scholars Press, 1975.

Culy, Parsons, and Stigall, *Luke*.   Culy, Martin M., Mikeal C. Parsons, and Joshua J. Stigall. *Luke: A Handbook on the Greek Text*. Waco, TX: Baylor University Press, 2010.

Curchin, "Literacy."   Curchin, Leonard A. "Literacy in the Roman Provinces: Qualitative and Quantitative Data from Central Spain." *AJP* 116 (3, 1995): 461-76

Curran, "War." Curran, John R. "The Jewish War: Some Neglected Regional Factors." *CW* 101 (1, 2007): 75-91.

Cuvigny, "Finds of Papyri." Cuvigny, Helene. "The Finds of Papyri: The Archaeology of Papyri." Pages 30-58 in *The Oxford Handbook of Papyrology*. Edited by Roger S. Bagnall. Oxford: Oxford University Press, 2011.

Dab, Claes, Morais, and Shallice, "Confabulation." Dab, Saskia, Thierry Claes, Jose Morais, and Tim Shallice. "Confabulation with a Selective Descriptor Process Impairment." *Cognitive Neuropsychology* 16 (3-5, 1999): 215-42.

Dalman, *Jesus-Jeshua*. Dalman, Gustaf. *Jesus-Jeshua: Studies in the Gospels*. New York: Macmillan, 1929.

Damgaard, *Recasting Moses*. Damgaard, Finn. *Recasting Moses: The Memory of Moses in Biographical and Autobiographical Narratives in Ancient Judaism and Fourth-Century Christianity*. Early Christianity in the Context of Antiquity 13. Frankfurt: Lang, 2013.

Damon, "Rhetoric." Damon, Cynthia. "Rhetoric and Historiography." Pages 439-50 in *A Companon to Roman Rhetoric*. Edited by William Dominik and Jon Hall. BCAW. Oxford: Blackwell, 2007.

Damon, "Source." Damon, Cynthia. "From Source to *sermo*: Narrative Technique in Livy 34.54.4-8." *AJP* 118 (2, 1997): 251-66.

Damon, *Tacitus: Histories*. Damon, Cynthia. *Tacitus: Histories Book I*. Cambridge: Cambridge University Press, 2003.

D'Angelo, "Background." D'Angelo, Thomas P. "The Rabbinic Background of the Parables of Jesus." *CathW* 235 (1992): 63-67.

Dann, "Conclusion." Dann, G. Elijah. "Conclusion." Pages 27-76 in Richard Rorty. *An Ethics for Today: Finding Common Ground between Philosophy and Religion*. New York: Columbia University Press, 2011.

Darbo-Peschanski, "Origin." Darbo-Peschanski, Catherine. "The Origin of Greek Historiography." Pages 27-38 in *A Companion to Greek and Roman Historiography*. Edited by John Marincola. 2 vols. Oxford: Blackwell, 2007.

Daube, *New Testament and Judaism*. Daube, David. *The New Testament and Rabbinic Judaism*. London: University of London, Athlone Press, 1956. Repr., Peabody, MA: Hendrickson, 1996.

Davies, *Healer*. Davies, Stevan L. *Jesus the Healer: Possession, Trance, and the Origins of Christianity*. New York: Continuum, 1995.

Davies, *Invitation*. Davies, W. D. *Invitation to the New Testament: A Guide to Its Main Witnesses*. Garden City, NY: Doubleday, 1966.

Davies, "Reflexions." Davies, W. D. "Reflexions on Tradition: The Aboth Revisited." Pages 129-37 in *Christian History and Interpretation: Studies Presented to John Knox*. Edited by W. R. Farmer, C. F. D. Moule, and R. R. Niebuhr. Cambridge: Cambridge University Press, 1967.

Davies, *Rhetoric*. Davies, Margaret. *Rhetoric and Reference in the Fourth Gospel*. JSNTSup 69. Sheffield: JSOT Press, 1992.

Davies, "Storytellers."   Davies, Rhiannon J. "The Middle East's Travelling Storytellers." BBC News, Nov. 20, 2018. http://www.bbc.com/travel/story/20181119-the-middle-easts-travelling-storytellers.

Davies and Allison, *Matthew*.   Davies, W. D., and Dale C. Allison. *A Critical and Exegetical Commentary on the Gospel according to Saint Matthew*. 3 vols. ICC. Edinburgh: T&T Clark, 1988-97.

Davis, "Evaluations."   Davis, Peter J. "'Since My Part Has Been Well Played': Conflicting Evaluations of Augustus." *Ramus* 28 (1, 1999): 1-15.

Davis, "Terence Interrupted."   Davis, Josiah E. "Terence Interrupted: Literary Biography and the Reception of the Terentian Canon." *AJP* 135 (3, 2014): 387-409.

Day, *Believing*.   Day, Abby. *Believing in Belonging: Belief and Social Identity in the Modern World*. Oxford: Oxford University Press, 2011.

Day and Keyes, *Documents*.   Day, John, and Clinton Walker Keyes. *Tax Documents from Theadelphia: Papyri of the Second Century A.D.* New York: Columbia University Press, 1956.

DeConick, "Memory."   DeConick, April D. "Human Memory and the Sayings of Jesus: Contemporary Exercises in the Transmission of Jesus Tradition." Pages 135-79 in *Jesus, the Voice, and the Text: Beyond the Oral and the Written Gospel*. Edited by Tom Thatcher. Waco, TX: Baylor University Press, 2008.

DeConick, "Reading."   DeConick, April D. "Reading the *Gospel of Thomas* as a Repository of Early Christian Communal Memory." Pages 207-20 in *Memory, Tradition, and Text: Uses of the Past in Early Christianity*. Edited by A. Kirk and Tom Thatcher. Semeia 52. Atlanta: SBL, 2005.

DeConick, *Recovering*.   DeConick, April D. *Recovering the Original Gospel of Thomas: A History of the Gospel and Its Growth*. LNTS 286. London: T&T Clark, 2005.

Deines, *Acts of God*.   Deines, Roland. *Acts of God in History*. Edited by Christoph Ochs and Peter Watts. WUNT 317. Tübingen: Mohr Siebeck, 2013.

Deines, "Jesus and Torah."   Deines, Roland. "Jesus and the Torah according to the Gospel of Matthew." Paper presented at the International Conference on the Gospel of Matthew in Its Historical and Theological Context. Moscow, September 28, 2018.

Deissmann, *Light*.   Deissmann, G. Adolf. *Light from the Ancient East*. Grand Rapids: Baker, 1978.

De Pourcq and Roskam, "Virtues."   De Pourcq, Maarten, and Geert Roskam. "Mirroring Virtues in Plutarch's Lives of Agis, Cleomenes, and the Gracchi." Pages 163-80 in *Writing Biography in Greece and Rome: Narrative Technique and Fictionalization*. Edited by Koen De Temmerman and Kristoffel Demoen. Cambridge: Cambridge University Press, 2016.

Derico, *Tradition*.   Derico, Travis M. *Oral Tradition and Synoptic Verbal Agreement: Evaluating the Empirical Evidence for Literary Dependence*. Eugene, OR: Pickwick, 2016.

Derrenbacker, *Practices*.   Derrenbacker, R. A., Jr. *Ancient Compositional Practices and the Synoptic Problem*. BETL 186. Leuven: Leuven University Press, 2005.

deSilva, "Honor."   deSilva, David A. "Honor and Shame." Pages 431-36 in *Dictionary of the Old Testament: Pentateuch*. Edited by T. Desmond Alexander and David W. Baker.

Downers Grove, IL: InterVarsity, 2003.

deSilva, *Introduction.*   deSilva, David A. *An Introduction to the New Testament: Contexts, Methods, and Ministry Formation.* Downers Grove, IL: InterVarsity, 2004.

deSilva, "Wisdom."   deSilva, David A. "The Wisdom of Ben Sira: Honor, Shame, and the Maintenance of the Values of a Minority Culture." *CBQ* 58 (3, 1996): 433-55.

De Temmerman, "Beauty."   De Temmerman, Koen. "Blushing Beauty: Characterizing Blushes in Chariton's *Callirhoe.*" *Mnemosyne* 60 (2, 2007): 235-52.

De Temmerman, "Formalities."   De Temmerman, Koen. "Ancient Biography and Formalities of Fiction." Pages 3-25 in *Writing Biography in Greece and Rome: Narrative Technique and Fictionalization.* Edited by Koen De Temmerman and Kristoffel Demoen. Cambridge: Cambridge University Press, 2016.

De Temmerman and Demoen, "Preface."   De Temmerman, Koen, and Kristoffel Demoen. "Preface." Pages xi-xiii in *Writing Biography in Greece and Rome: Narrative Technique and Fictionalization.* Edited by Koen De Temmerman and Kristoffel Demoen. Cambridge: Cambridge University Press, 2016.

Develin, "Introduction."   Develin, Robert. "Introduction." Pages 1-11 in *Justin: Epitome of the Philippic History of Pompeius Trogus.* Translated by J. C. Yardley. American Philological Association Classical Resources Series 3. Atlanta: Scholars Press, 1994.

Dewald, "Construction."   Dewald, Carolyn. "The Construction of Meaning in the First Three Historians." Pages 89-101 in *A Companion to Greek and Roman Historiography.* Edited by John Marincola. 2 vols. Oxford: Blackwell, 2007.

DeWalt and DeWalt, *Observation.*   DeWalt, Kathleen M., and Billie R. DeWalt. *Participant Observation: A Guide for Fieldworkers.* Lanham, MD: Rowman & Littlefield, 2011.

De Wet, "Signs."   De Wet, Christiaan Rudolph. "Signs and Wonders in Church Growth." MA thesis, Fuller Theological Seminary, 1981.

Dewey, "Curse."   Dewey, Kim E. "Peter's Curse and Cursed Peter (Mark 14:53-4, 66-2)." Pages 96-114 in *The Passion in Mark: Studies in Mark 14-16.* Edited by Werner H. Kelber. Philadelphia: Fortress Press, 1976.

Dewey, "Event."   Dewey, Joanna. "The Gospel of Mark as an Oral-Aural Event: Implications for Interpretation." Pages 145-63 in *The New Literary Criticism and the New Testament.* Edited by Edgar V. McKnight and Elizabeth Struthers Malbon. Valley Forge, PA: Trinity Press International, 1994.

Dewey, "Methods."   Dewey, Joanna. "Oral Methods of Structuring Narrative in Mark." *Interpretation* 43 (1, January 1989): 32-44.

Dibelius, *Studies.*   Dibelius, Martin. *Studies in the Acts of the Apostles.* Edited by H. Greeven. Translated by M. Ling. New York: Scribner's, 1956.

Dibelius, *Tradition.*   Dibelius, Martin. *From Tradition to Gospel.* Translated by Bertram Lee Woolf. Cambridge: James Clarke, 1971.

Dihle, "Biography."   Dihle, Albrecht. "The Gospels and Greek Biography." Pages 361-86 in *The Gospel and the Gospels.* Edited by Peter Stuhlmacher. Grand Rapids: Eerdmans, 1991.

Dihle, *Studien.* Dihle, Albrecht. *Studien zur griechischen Biographie.* Göttingen: Vandenhoeck & Ruprecht, 1956.

Dillery, "Historians." Dillery, John. "Greek Historians of the Near East: Clio's 'Other' Sons." Pages 221-30 in *A Companion to Greek and Roman Historiography.* Edited by John Marincola. 2 vols. Oxford: Blackwell, 2007.

Dillon, "Doctrines." Dillon, John. "Plato's Doctrines in Diogenes Laertius." Pages 592-97 in *Diogenes Laertius "Lives of the Eminent Philosophers."* Edited by James Miller. Translated by Pamela Mensch. New York: Oxford University Press, 2018.

Dillon, "Interpretation." Dillon, John. "Holy and Not So Holy: On the Interpretation of Late Antique Biography." Pages 155-67 in *The Limits of Ancient Biography.* Edited by Brian McGing and Judith Mossman. Swansea, Wales: Classical Press of Wales, 2006.

Dillon and Finamore, "Introduction." Dillon, John M., and John F. Finamore, "Introduction." Pages 1-25 in John F. Finamore and John M. Dillon. *Iamblichus "De Anima": Text, Translation, and Commentary.* Philosophia Antiqua 42. Leiden: Brill, 2002. Repr., Atlanta: SBL, 2010.

Dillon and Hershbell, "Introduction." Dillon, John M., and Jackson Hershbell. "Introduction." Pages 1-29 in *Iamblichus "On the Pythagorean Way of Life": Text, Translation, and Notes.* Edited and translated by John M. Dillon and Jackson Hershbell. SBLTT 29. Graeco-Roman Religion Series 11. Atlanta: Scholars Press, 1991.

DiMaggio, "Culture." DiMaggio, Paul. "Culture and Cognition." *Annual Review of Sociology* 23 (1997): 263-87.

Dixon, *Searching.* Dixon, Robert M. W. *Searching for Aboriginal Languages: Memoirs of a Field Worker.* Chicago: University of Chicago Press, 1984.

Dobbeler, "Geschichte." Dobbeler, Stephanie von. "Geschichte und Geschichten. Der theologische Gehalt und die politische Problematik von 1 und 2 Makkabaer." *BK* 57 (2, 2002): 62-67.

Dodd, *Founder.* Dodd, C. H. *The Founder of Christianity.* London: Collins, 1971.

Dodd, *Interpretation.* Dodd, C. H. *The Interpretation of the Fourth Gospel.* Cambridge: Cambridge University Press, 1965.

Dodd, *Parables.* Dodd, C. H. *The Parables of the Kingdom.* London: Nisbet, 1936.

Dodd, "Portrait." Dodd, C. H. "The Portrait of Jesus in John and in the Synoptics." Pages 183-98 in *Christian History and Interpretation: Studies Presented to John Knox.* Edited by W. R. Farmer, C. F. D. Moule, and R. R. Niebuhr. Cambridge: Cambridge University Press, 1967.

Dodd, *Tradition.* Dodd, C. H. *Historical Tradition in the Fourth Gospel.* Cambridge: Cambridge University Press, 1965.

Dodds, *Pagan.* Dodds, E. R. *Pagan and Christian in an Age of Anxiety: Some Aspects of Religious Experience from Marcus Aurelius to Constantine.* Cambridge: Cambridge University Press, 1996.

Donahue, "Redaction Criticism." Donahue, John R. "Redaction Criticism: Has the *Hauptstrasse* Become a *Sackgasse?*" Pages 27-57 in *The New Literary Criticism and the New Testament.* Edited by Edgar V. McKnight and Elizabeth Struthers Malbon. Valley Forge, PA: Trinity Press International, 1994.

Donfried, *Thessalonica.*   Donfried, Karl P. *Paul, Thessalonica, and Early Christianity.* Grand Rapids: Eerdmans, 2002.

Doran, "Narrative Literature."   Doran, Robert. "Narrative Literature." Pages 287-310 in *Early Judaism and Its Modern Interpreters.* Edited by Robert A. Kraft and George W. E. Nickelsburg. SBLBMI 2. Atlanta: Scholars Press, 1986.

Doran, "Paideia."   Doran, Robert. "Paideia and the Gymnasium." Pages 135-51 in *Pedagogy in Ancient Judaism and Early Christianity.* Edited by Karina Martin Hogan, Matthew Goff, and Emma Wasserman. EJL 41. Atlanta: SBL Press, 2017.

Dorandi, "Diogenes Laertius."   Dorandi, Tiziano. "Diogenes Laertius in Byzantium." Pages 582-85 in *Diogenes Laertius "Lives of the Eminent Philosophers."* Edited by James Miller. Translated by Pamela Mensch. New York: Oxford University Press, 2018.

Dormeyer, "Ewangelie Marka."   Dormeyer, Detlev. "Ewangelie Marka jako dawna biografia." *Su* 36 (1, 1998): 11-30.

Dormeyer, "Gattung."   Dormeyer, Detlev. "Die Gattung der Apostelgeschichte." Pages 437-75 in *Die Apostelgeschichte im Kontext antiker und frühchristlicher Historiographie* Edited by Jorg Frey, Clare K. Rothschild, and Jens Schröter, with Bettina Rost. BZNW 162. Berlin: de Gruyter, 2009.

Dormeyer, "Historii."   Dormeyer, Detlev. "Pragmatyczne i patetyczne pisanie historii w historiografii greckiej, we wczesnym judaizmie i w Nowym Testamencie." *ColT* 78 (2, 2008): 81-94.

Dormeyer, *Markus-Evangelium.*   Dormeyer, Detlev. *Das Markus-Evangelium.* Darmstadt: Wissenschaftliche Buchgesellschaft, 2005.

Dormeyer and Frankemolle, "Evangelium."   Dormeyer, Detlev, and Hubert Frankemolle. "Evangelium als literarische Gattung und als theologischer Begriff. Tendenzen und Aufgaben der Evangelienforschung im 20. Jahrhundert, mit einer Untersuchung des Markusevangeliums in seinem Verhaltnis zur antiken Biographie." *ANRW* 2.25.2 (1984): 1543-1704.

Dormeyer and Galindo, *Apostelgeschichte.*   Dormeyer, Detlev, and Florencio Galindo. *Die Apostelgeschichte. Ein Kommentar für die Praxis.* Stuttgart: Katholisches Bibelwerk, 2003.

Doulamis, "Storytelling."   Doulamis, Konstantin. "All's Well That Ends Well: Storytelling, Predictive Signs, and the Voice of the Author in Chariton's Callirhoe." *Mnemosyne* 65 (1, 2012): 18-39.

Dowden, "Apuleius."   Dowden, Ken. "Apuleius and the Art of Narration." *ClQ* 32 (2, 1982): 419-35.

Downing, "Actuality."   Downing, F. Gerald. "Actuality versus Abstraction: The Synoptic Gospel Model." *Cont* 1 (3, 1991): 104-20.

Downing, "Common Ground."   Downing, F. Gerald. "Common Ground with Paganism in Luke and in Josephus." *NTS* 28 (4, October 1982): 546-59.

Downing, "Conventions."   Downing, F. Gerald. "Compositional Conventions and the Synoptic Problem." *JBL* 107 (1988): 69-85.

Downing, *Cynics.*   Downing, F. Gerald. *Cynics, Paul, and the Pauline Churches: Cynics and Christian Origins II.* London: Routledge, 1998.

Downing, *Death.*   Downing, Raymond. *Death and Life in America: Biblical Healing and Biomedicine.* Scottsdale, PA: Herald, 2008.

Downing, "Literature."   Downing, F. Gerald. "A bas les aristos: The Relevance of Higher Literature for the Understanding of the Earliest Christian Writings." *NovT* 30 (3, 1988): 212-30.

Downing, "Redaction Criticism 1."   Downing, F. Gerald. "Redaction Criticism: Josephus' *Antiquities* and the Synoptic Gospels (I)." *JSNT* 8 (1980): 46-65.

Downing, "Redaction Criticism 2."   Downing, F. Gerald. "Redaction Criticism: Josephus' *Antiquities* and the Synoptic Gospels (II)." *JSNT* 9 (1980): 29-48.

Downing, "Researches."   Downing, F. Gerald. "Feasible Researches in Historical Jesus Tradition: A Critical Response to Chris Keith." *JSNT* 40 (1, 2017): 51-61.

Downing, "Theism."   Downing, F. Gerald. "Ethical Pagan Theism and the Speeches in Acts." *NTS* 27 (4, July 1981): 544-63.

Downing, "Use."   Downing, F. Gerald. "Writers' Use or Abuse of Written Sources." Pages 523-45 in *New Studies in the Synoptic Problem: Oxford Conference, April 2008; Essays in Honour of Christopher M. Tuckett.* Edited by P. Foster, A. Gregory, J. S. Kloppenborg, and J. Verheyden. BETS 239. Leuven: Peeters, 2011.

Draper, "Tradition."   Draper, Jonathan. "The Jesus Tradition in the Didache." Pages 269-87 in *The Jesus Tradition outside the Gospels.* Vol. 5 of *Gospel Perspectives.* Edited by David Wenham. Sheffield: JSOT Press, 1984.

Droege, *Faith Factor.*   Droege, Thomas A. *The Faith Factor in Healing.* Philadelphia: Trinity Press International, 1991.

Droge, "Anonymously."   Droge, A. J. "Did 'Luke' Write Anonymously? Lingering at the Threshold." Pages 495-518 in *Die Apostelgeschichte im Kontext antiker und frühchristlicher Historiographie.* Edited by Jorg Frey, Clare K. Rothschild, and Jens Schröter, with Bettina Rost. BZNW 162. Berlin: de Gruyter, 2009.

Drury, *Design.*   Drury, John. *Tradition and Design in Luke's Gospel: A Study in Early Christian Historiography.* London: Darton, Longman & Todd, 1976.

Dubarle, "Témoignage."   Dubarle, André-Marie. "Le témoignage de Josèphe sur Jésus d'après la tradition indirecte." *RB* 80 (4, 1973): 481-513.

Dubrow, *Genre.*   Dubrow, Heather. *Genre.* New York: Methuen, 1982.

Duff, "Ambiguity."   Duff, Tim E. "Moral Ambiguity in Plutarch's *Lysander-Sulla.*" Pages 169-88 in *Plutarch and His Intellectual World: Essays on Plutarch.* Edited by Judith Mossman. London: Duckworth, with Classical Press of Wales, 1997.

Duff, "Childhood."   Duff, Tim E. "Plutarch on the Childhood of Alkibiades (*Alk.* 2-3)." *Proceedings of the Cambridge Philological Society* 49 (2003): 89-117.

Duff, "How *Lives* Begin."   Duff, Tim E. "How *Lives* Begin." Pages 187-207 in *The Unity of Plutarch's Work: "Moralia" Themes in the "Lives," Features of the "Lives" in the "Moralia."* Edited by Anastasios G. Nikolaidis. Millennium Studies in the Culture and History of the First Millennium C.E. 19. New York: de Gruyter, 2008.

Duff, *Lives.*   Duff, Tim E. *Plutarch's Lives: Exploring Virtue and Vice.* Rev. ed. New York: Oxford University Press, 2002.

Duff, "Models." Duff, Timothy E. "Models of Education in Plutarch." *JHS* 128 (2008): 1-26.

Duling and Perrin, *New Testament.* Duling, Dennis C., and Norman Perrin. *The New Testament: Proclamation and Parenesis, Myth and History.* 3rd ed. Fort Worth, TX: Harcourt Brace College Publishers, 1994.

Dundes, *Writ.* Dundes, Alan. *Holy Writ as Oral Lit: The Bible as Folklore.* Lanham, MD: Rowman & Littlefield, 1999.

Dungan, *Sayings.* Dungan, David L. *The Sayings of Jesus in the Churches of Paul: The Use of the Synoptic Tradition in the Regulation of Early Church Life.* Philadelphia: Fortress, 1971.

Dunn, *Acts.* Dunn, James D. G. *The Acts of the Apostles.* Narrative Commentaries. Valley Forge, PA: Trinity Press International, 1996.

Dunn, "Eyewitnesses." Dunn, James D. G. "Eyewitnesses and the Oral Jesus Tradition." *JSHJ* 6 (2008): 85-105.

Dunn, "Jesus Tradition." Dunn, James D. G. "Jesus Tradition and Paul." Pages 155-78 in *Studying the Historical Jesus: Evaluations of the State of Current Research.* Edited by Bruce Chilton and Craig A. Evans. NTTS 19. Leiden: Brill, 1994.

Dunn, "John." Dunn, James D. G. "Let John Be John. A Gospel for Its Time." Pages 293-322 in *The Gospel and the Gospels.* Edited by Peter Stuhlmacher. Grand Rapids: Eerdmans, 1991.

Dunn, "John and Tradition." Dunn, James D. G. "John and the Oral Gospel Tradition." Pages 351-79 in *Jesus and the Oral Gospel Tradition.* Edited by Henry Wansbrough. JSNTSup 64. Sheffield: Sheffield Academic Press, 1991.

Dunn, *Neither Jew nor Greek.* Dunn, James D. G. *Neither Jew nor Greek.* Vol. 3 of *Christianity in the Making.* Grand Rapids: Eerdmans, 2015.

Dunn, *Perspective.* Dunn, James D. G. *A New Perspective on Jesus: What the Quest for the Historical Jesus Missed.* Grand Rapids: Baker, 2005.

Dunn, "Quest." Dunn, James D. G. "The Quest for the Historical Jesus and Its Implications for Biblical Interpretation." Pages 300-318 in *The Enlightenment through the Nineteenth Century.* Edited by Alan J. Hauser and Duane F. Watson. Vol. 3 of *A History of Biblical Interpretation.* Grand Rapids: Eerdmans, 2017.

Dunn, *Remembered.* Dunn, James D. G. *Jesus Remembered.* Vol. 1 of *Christianity in the Making.* Grand Rapids: Eerdmans, 2003.

Dunn, "Remembering Jesus." Dunn, James D. G. "Remembering Jesus." Pages 183-205 in *How to Study the Historical Jesus.* Vol. 1 of *Handbook for the Study of the Historical Jesus.* 4 vols. Edited by Tom Holmén and Stanley E. Porter. Leiden: Brill, 2011.

Dunn, "Sayings." Dunn, James D. G. "Prophetic 'I'-Sayings and the Jesus Tradition: The Importance of Testing Prophetic Utterances within Early Christianity." *NTS* 24 (1978): 175-98.

Dunn, "Synagogue." Dunn, James D. G. "Did Jesus Attend the Synagogue?" Pages 206-22 in *Jesus and Archaeology.* Edited by James H. Charlesworth. Grand Rapids: Eerdmans, 2006.

Dunn, *Theology of Paul.*   Dunn, James D. G. *The Theology of Paul the Apostle.* Grand Rapids: Eerdmans, 1998.

Dunn, "Theory."   Dunn, James D. G. "Kenneth Bailey's Theory of Oral Tradition: Critiquing Theodore Weeden's Critique." *JSHJ* 7 (1, 2009): 44-62.

Dunn, "The Tradition."   Dunn, James D. G. "The Tradition." Pages 167-84 in *The Historical Jesus in Recent Research.* Edited by James D. G. Dunn and Scot McKnight. Winona Lake, IN: Eisenbrauns, 2005.

Dunn, *Tradition.*   Dunn, James D. G. *The Oral Gospel Tradition.* Grand Rapids: Eerdmans, 2013.

Dupont, "Question du plan."   Dupont, Jacques. "La question du plan des Actes des apôtres à la lumière d'un texte de Lucien de Samosate." *NovT* 21 (3, 1979): 220-31.

Dupont, *Sources.*   Dupont, Jacques. *The Sources of the Acts: The Present Position.* Translated by Kathleen Pond. New York: Herder & Herder, 1964.

Dynner, "Tale."   Dynner, Glenn. "The Hasidic Tale as a Historical Source: Historiography and Methodology." *RC* 3-4 (2009): 655-75.

Earl, "Prologue-Form."   Earl, Donald. "Prologue-Form in Ancient Historiography." *ANRW* 1.2 (1972): 842-56.

Earman, "Bayes."   Earman, John. "Bayes, Hume, and Miracles." *FPhil* 10 (3, 1993): 293-310.

Earman, *Failure.*   Earman, John. *Hume's Abject Failure: The Argument against Miracles.* Oxford: Oxford University Press, 2000.

Earman, "Hume."   Earman, John. "Bayes, Hume, Price, and Miracles." Pages 91-109 in *Bayes's Theorem.* Edited by Richard Swinburne. Oxford: Oxford University Press, 2005.

Eck, "Memory."   Eck, Ernest Van. "Memory and Historical Jesus Studies: Formgeschichte in a New Dress?" *HTS/TS* 71(1, 2015), 10 pages.

Eckey, *Apostelgeschichte.*   Eckey, Wilfried. *Die Apostelgeschichte. Der Weg des Evangeliums von Jerusalem nach Rom.* 2 vols. Neukirchen-Vluyn: Neukirchener Verlag, 2000.

Eddy and Boyd, *Legend.*   Eddy, Paul Rhodes, and Gregory A. Boyd. *The Jesus Legend: A Case for the Historical Reliability of the Synoptic Jesus Tradition.* Grand Rapids: Baker Academic, 2007.

Edwards, "Damis."   Edwards, M. J. "Damis the Epicurean." *ClQ* 41 (2, 1991): 563-66.

Edwards, *Death.*   Edwards, Catharine. *Death in Ancient Rome.* New Haven: Yale University Press, 2007.

Edwards, "Genre."   Edwards, Mark. "Gospel and Genre: Some Reservations." Pages 51-62 in *The Limits of Ancient Biography.* Edited by Brian McGing and Judith Mossman. Swansea, Wales: Classical Press of Wales, 2006.

Edwards, "Introduction."   Edwards, Catharine. "Introduction." Pages vii-xxx in *Suetonius: Lives of the Caesars.* Translated by Catharine Edwards. New York: Oxford University Press, 2000.

Edwards, *Luke.*   Edwards, James R. *The Gospel according to Luke.* PNTC. Grand Rapids: Eerdmans, 2015.

Edwards, "Parallels." Edwards, James R. "Parallels and Patterns between Luke and Acts." *BBR* 27 (4, 2017): 485-501.

Edwards, *Plutarch.* Edwards, Michael J. *Plutarch: The Lives of Pompey, Caesar, and Cicero.* London: Bristol Classical Press, 1991.

Edwards and Potter, "Memory." Edwards, Derek, and Jonathon Potter. "The Chancellor's Memory: Rhetoric and Truth in Discursive Remembering." *Applied Cognitive Psychology* 6 (1992): 187-215.

Egelhaaf-Gaiser, "Sites." Egelhaaf-Gaiser, Ulrike. "Roman Cult Sites: A Pragmatic Approach." Pages 205-21 in *A Companion to Roman Religion.* Edited by Jörg Rüpke. BCAW. Oxford: Blackwell, 2011.

Ehrensperger, *Dynamics.* Ehrensperger, Kathy. *Paul and the Dynamics of Power: Communication and Interaction in the Early Christ-Movement.* LNTS 325. New York: T&T Clark, 2007.

Ehrman, *Before Gospels.* Ehrman, Bart D. *Jesus before the Gospels: How the Earliest Christians Remembered, Changed, and Invented Their Stories of the Savior.* New York: HarperOne, 2016.

Ehrman, "Cephas." Ehrman, Bart D. "Cephas and Peter." *JBL* 109 (3, 1990): 463-74.

Ehrman, *Did Jesus Exist?* Ehrman, Bart D. *Did Jesus Exist? The Historical Argument for Jesus of Nazareth.* New York: HarperOne, 2012.

Ehrman, *Forgery.* Ehrman, Bart D. *Forgery and Counterforgery: The Use of Literary Deceit in Early Christian Polemics.* Oxford: Oxford University Press, 2012.

Ehrman, *How Jesus Became God.* Ehrman, Bart D. *How Jesus Became God: The Exaltation of a Jewish Preacher from Galilee.* New York: HarperOne, 2015.

Ehrman, *Interrupted.* Ehrman, Bart D. *Jesus Interrupted: Revealing the Hidden Contradictions in the Bible (and Why We Don't Know about Them).* New York: HarperCollins, 2009.

Ehrman, *Introduction.* Ehrman, Bart D. *The New Testament: A Historical Introduction to the Early Christian Writings.* 3rd ed. New York: Oxford University Press, 2004.

Ehrman, *Prophet.* Ehrman, Bart D. *Jesus: Apocalyptic Prophet of the New Millennium.* Oxford: Oxford University Press, 1999.

Eickelman, *Middle East.* Eickelman, Dale F. *The Middle East: An Anthropological Approach.* 2nd ed. Englewood Cliffs, NJ: Prentice Hall, 1989.

Eigler, "Excursus." Eigler, Ulrich. "Excursus." *BNP* 5:258-59.

Eisman, "Dio and Josephus." Eisman, Michael M. "Dio and Josephus: Parallel Analyses." *Latomus* 36 (3, 1977): 657-73.

Elder, "Narrativity." Elder, Nicholas A. "Narrativity." *DBAM* 242-43.

Elliott, *Feelings.* Elliott, Matthew. *Faithful Feelings: Emotion in the New Testament.* Leicester, UK: Inter-Varsity, 2005.

Elliott, "Pseudo-Scholarship." Elliott, Susan M. "Pseudo-Scholarship Illustrated: Was the 'Original Jesus' a Pagan God?" *FourR* 24 (3, 2011): 9-14.

Ellis, "Making." Ellis, E. Earle. "The Making of Narratives in the Synoptic Gospels."

Pages 310-33 in *Jesus and the Oral Gospel Tradition*. Edited by Henry Wansbrough. JSNTSup 64. Sheffield: Sheffield Academic Press, 1991.

Endres, *Interpretation*.   Endres, John C. *Biblical Interpretation in the Book of Jubilees*. CBQMS 18. Washington, DC: Catholic Biblical Association of America, 1987.

Enns, *Problem*.   Enns, Peter. *Inspiration and Incarnation: Evangelicals and the Problem of the Old Testament*. Grand Rapids: Baker Academic, 2005.

Ensor, "John 4.35."   Ensor, Peter W. "The Authenticity of John 4.35." *EQ* 72 (1, 2000): 13-21.

Eshleman, "Sophists."   Eshleman, Kendra. "Defining the Circle of Sophists: Philostratus and the Construction of the Second Sophistic." *CP* 103 (4, 2008): 395-413.

Esler, "Memory."   Esler, Philip F. "Collective Memory and Hebrews 11: Outlining a New Investigative Framework." Pages 151-71 in *Memory, Tradition, and Text: Uses of the Past in Early Christianity*. Edited by A. Kirk and Tom Thatcher. SemeiaSt 52. Atlanta, SBL, 2005.

Etkes, "Besht."   Etkes, Immanuel. "The Historical Besht: Reconstruction or Deconstruction?" *Polin* 12 (1999): 297-306.

Evans, "Context."   Evans, Craig A. "Context, Family, and Formation." Pages 11-24 in *The Cambridge Companion to Jesus*. Edited by Markus Bockmuehl. Cambridge: Cambridge University, 2001.

Evans, *Fabricating Jesus*.   Evans, Craig A. *Fabricating Jesus: How Modern Scholars Distort the Gospels*. Downers Grove, IL: InterVarsity, 2006.

Evans, "Foreword."   Evans, Craig A. "Foreword." Pages ix-xi in Michael R. Licona. *Why Are There Differences in the Gospels? What We Can Learn from Ancient Biography*. New York: Oxford University Press, 2017.

Evans, "Gospel of Judas."   Evans, Craig A. "Understanding the Gospel of Judas." *BBR* 20 (4, 2010): 561-74.

Evans, "Graffiti."   Evans, Craig A. "Graffiti." *DBAM* 160-61.

Evans, "Longevity."   Evans, Craig A. "Longevity of Late Antique Autographs and First Copies: A Postscriptum." In *Scribes and Their Remains*. Edited by P. Arzt-Grabner, C. A. Evans, and J. J. Johnston. SSEJC 21. New York: Bloomsbury T&T Clark, forthcoming.

Evans, *Matthew*.   Evans, Craig A. *Matthew*. NCamBC. New York: Cambridge University Press, 2012.

Evans, *Narrative*.   Evans, C. Stephen. *The Historical Christ and the Jesus of Faith: The Incarnational Narrative as History*. Oxford: Clarendon, 1996.

Evans, *World*.   Evans, Craig A. *Jesus and His World: The Archaeological Evidence*. Louisville: Westminster John Knox, 2012.

Eve, *Behind Gospels*.   Eve, Eric. *Behind the Gospels: Understanding the Oral Tradition*. London: SPCK, 2013.

Eve, "Finnegan."   Eve, Eric. "Finnegan, Ruth." *DBAM* 134-35.

Eve, "Kelber."   Eve, Eric. "Kelber, Werner." *DBAM* 202.

Eve, *Miracles*.   Eve, Eric. *The Jewish Context of Jesus' Miracles*. JSNTSup 231. London:

Sheffield Academic Press, 2002.

Eve, "Orality."   Eve, Eric. "Orality." *DBAM* 260-61.

Évrard, "Polybe."   Évrard, Étienne. "Polybe et Tite-Live, à propos d'Antiochus IV." *Latomus* 70 (4, 2011): 977-82.

Fabisiak, *Side.*   Fabisiak, Thomas. *The "Nocturnal Side of Science" in David Friedrich Strauss's* Life of Jesus Critically Examined. ESEC 17. Atlanta: SBL, 2015.

Fantuzzi, "Historical Epic."   Fantuzzi, Marco. "Historical Epic." *BNP* 6:409-11.

Farrell, "Phenomenology."   Farrell, Joseph. "The Phenomenology of Memory in Roman Culture." *CJ* 92 (4, 1997): 373-83.

Farrington, "Action."   Farrington, Scott. "Action and Reason: Polybius and the Gap between Encomium and History." *CP* 106 (4, 2011): 324-42.

Fee, *Jesus the Lord.*   Fee, Gordon D. *Jesus the Lord according to Paul the Apostle: A Concise Introduction.* Grand Rapids: Baker Academic, 2018.

Feldherr, "Translation."   Feldherr, Andrew. "The Translation of Catiline." Pages 385-90 in *A Companion to Greek and Roman Historiography.* Edited by John Marincola. 2 vols. Oxford: Blackwell, 2007.

Feldman, "Abraham."   Feldman, Louis H. "Hellenizations in Josephus' *Jewish Antiquities*: The Portrait of Abraham." Pages 133-53 in *Josephus, Judaism, and Christianity.* Edited by Louis H. Feldman and Gohei Hata. Detroit: Wayne State University Press, 1987.

Feldman, "Ahab."   Feldman, Louis H. "Josephus' Portrait of Ahab." *ETL* 68 (4, 1992): 368-84.

Feldman, "Ahasuerus."   Feldman, Louis H. "Josephus' Portrait of Ahasuerus." *ABR* 42 (1994): 17-38.

Feldman, "*Antiquities.*"   Feldman, Louis H. "Josephus' *Jewish Antiquities* and Pseudo-Philo's *Biblical Antiquities.*" Pages 59-80 in *Josephus, the Bible, and History.* Edited by Louis H. Feldman and Gohei Hata. Detroit: Wayne State University Press, 1989.

Feldman, "Apologist."   Feldman, Louis H. "Josephus as an Apologist of the Greco-Roman World: His Portrait of Solomon." Pages 69-98 in *Aspects of Religious Propaganda in Judaism and Early Christianity.* Edited by Elisabeth Schüssler Fiorenza. UNDCSJCA 2. Notre Dame, IN: University of Notre Dame Press, 1976.

Feldman, "*Aqedah.*"   Feldman, Louis H. "Josephus as a Biblical Interpreter: The '*Aqedah.*'" *JQR* 75 (3, 1985): 212-52.

Feldman, "Asa."   Feldman, Louis H. "Josephus' Portrait of Asa." *BBR* 4 (1994): 41-59.

Feldman, "Balaam."   Feldman, Louis H. "Philo's Version of Balaam." *Hen* 25 (3, 2003): 301-19.

Feldman, "Birth."   Feldman, Louis H. "Philo's View of Moses' Birth and Upbringing." *CBQ* 64 (2, 2002): 258-81.

Feldman, "Calf."   Feldman, Louis H. "Philo's Account of the Golden Calf Incident." *JJS* 56 (2, 2005): 245-64.

Feldman, "Command."   Feldman, Louis H. "The Command, according to Philo, Pseudo-Philo, and Josephus, to Annihilate the Seven Nations of Canaan." *AUSS* 41 (1, 2003):

13-29.

Feldman, "Concubine."   Feldman, Louis H. "Josephus' Portrayal (*Antiquities* 5.136-74) of the Benjaminite Affair of the Concubine and Its Repercussions (Judges 19-21)." *JQR* 90 (3-4, 2000): 255-92.

Feldman, "Daniel."   Feldman, Louis H. "Josephus' Portrait of Daniel." *Hen* 14 (1-2, 1992): 37-96.

Feldman, "David."   Feldman, Louis H. "Josephus' Portrait of David." *HUCA* 60 (1989): 129-74.

Feldman, "Elijah."   Feldman, Louis H. "Josephus' Portrait of Elijah." *SJOT* 8 (1, 1994): 61-86.

Feldman, "Ezra."   Feldman, Louis H. "Josephus' Portrait of Ezra." *VT* 43 (2, 1993): 190-214.

Feldman, "General."   Feldman, Louis H. "Moses the General and the Battle against Midian in Philo." *JSQ* 14 (1, 2007): 1-17.

Feldman, "Hezekiah."   Feldman, Louis H. "Josephus's Portrait of Hezekiah." *JBL* 111 (4, 1992): 597-610.

Feldman, "Interpretation of Joshua."   Feldman, Louis H. "Philo's Interpretation of Joshua." *JSP* 12 (2, 2001): 165-78.

Feldman, "Introduction."   Feldman, Louis H. "Introduction." Pages 17-49 in *Josephus, the Bible, and History*. Edited by Louis H. Feldman and Gohei Hata. Detroit: Wayne State University Press, 1989.

Feldman, "Isaac."   Feldman, Louis H. "Josephus' Portrait of Isaac." *RSLR* 29 (1, 1993): 3-33.

Feldman, "Jacob."   Feldman, Louis H. "Josephus' Portrait of Jacob." *JQR* 79 (2-3, 1988-89): 101-51.

Feldman, "Jehoram."   Feldman, Louis H. "Josephus's Portrait of Jehoram, King of Israel." *BJRL* 76 (1, 1994): 3-20.

Feldman, "Jehoshaphat."   Feldman, Louis H. "Josephus' Portrait of Jehoshaphat." *SCI* 12 (1993): 159-75.

Feldman, "Jeroboam."   Feldman, Louis H. "Josephus' Portrait of Jeroboam." *AUSS* 31 (1, 1993): 29-51.

Feldman, "Jonah."   Feldman, Louis H. "Josephus' Interpretation of Jonah." *AJSR* 17 (1, 1992): 1-29.

Feldman, "Joseph."   Feldman, Louis H. "Josephus' Portrait of Joseph." *RB* 99 (2, 1992): 397-417; (3, 1992): 504-28.

Feldman, "Joshua."   Feldman, Louis H. "Josephus's Portrait of Joshua." *HTR* 82 (4, 1989): 351-76.

Feldman, "Josiah."   Feldman, Louis H. "Josephus' Portrait of Josiah." *LS* 18 (2, 1993): 110-30.

Feldman, "Korah."   Feldman, Louis H. "Philo's Interpretation of Korah." *REJ* 162 (1-2, 2003): 1-15.

Feldman, "Manasseh."   Feldman, Louis H. "Josephus' Portrait of Manasseh." *JSP* 9 (1991): 3-20.

Feldman, "Moses."   Feldman, Louis H. "Josephus' Portrait of Moses." *JQR* 82 (3-4, 1992): 285-328; 83 (1-2, 1992): 7-50.

Feldman, "Nehemiah."   Feldman, Louis H. "Josephus' Portrait of Nehemiah." *JJS* 43 (2, 1992): 187-202.

Feldman, "Noah."   Feldman, Louis H. "Josephus' Portrait of Noah and Its Parallels in Philo, Pseudo-Philo's *Biblical Antiquities*, and Rabbinic Midrashim." *PAAJR* 55 (1988): 31-57.

Feldman, "Pharaohs."   Feldman, Louis H. "Josephus' Portraits of the Pharaohs." *Syllecta Classica* 4 (1993): 49-63.

Feldman, *Portrayal.*   Feldman, Louis H. *Philo's Portrayal of Moses in the Context of Ancient Judaism.* Christianity and Judaism in Antiquity 15. Notre Dame, IN: University of Notre Dame, 2007.

Feldman, "Roncace's Portraits."   Feldman, Louis H. "On Professor Mark Roncace's Portraits of Deborah and Gideon in Josephus." *JSJ* 32 (2, 2001): 193-220.

Feldman, "Samson."   Feldman, Louis H. "Josephus' Version of Samson." *JSJ* 19 (2, 1988): 171-214.

Feldman, "Samuel."   Feldman, Louis H. "Josephus' Portrait of Samuel." *AbrN* 30 (1992): 103-45.

Feldman, "Saul."   Feldman, Louis H. "Josephus' Portrait of Saul." *HUCA* 53 (1982): 45-99.

Feldman, "Solomon."   Feldman, Louis H. "Josephus as an Apologist of the Greco-Roman World: His Portrait of Solomon." Pages 69-80 in *Aspects of Religious Propaganda in Judaism and Early Christianity.* Edited by Elisabeth Schüssler Fiorenza. UNDCSJCA 2. Notre Dame, IN: University of Notre Dame Press, 1976.

Feldman, "Spies."   Feldman, Louis H. "Philo's Version of the Biblical Episode of the Spies." *HUCA* 73 (2002): 29-48.

Ferguson, *Backgrounds.*   Ferguson, Everett. *Backgrounds of Early Christianity.* Grand Rapids: Eerdmans, 1987.

Ferguson, *Demonology.*   Ferguson, Everett. *Demonology of the Early Christian World.* SymS 12. New York: Edwin Mellen, 1984.

Fernandez, "Memory."   Fernandez, Cyprian E. "Memory and Its Social Vitality: A Biblical Understanding." *LW* 121 (1, 2015): 8-28.

Field, *Communities.*   Field, Sean. *Lost Communities, Living Memories: Remembering Forced Removals in Capetown.* Center for Popular Memory, University of Capetown. Cape Town: David Philip, 2002.

Field, "Dialogues."   Field, S. P. "Developing Dialogues: The Value of Oral History." Pages 268-78 in *World Civilizations and History of Human Development.* Edited by Robert Holton and William Richard Nasson. Encyclopedia of Life Support Systems. Ramsey, Isle of Man: Eolss Publishers, 2010.

Field, *Oral History.*   Field, Sean. *Oral History, Community, and Displacement: Imagining*

Memories in Post-Apartheid South Africa. New York: Palgrave Macmillan, 2012.

Filson, *History.*   Filson, Floyd V. *A New Testament History.* Philadelphia: Westminster Press, 1964.

Finkelberg, "*Cypria.*"   Finkelberg, Margalit. "The *Cypria,* the *Iliad,* and the Problem of Multiformity in Oral and Written Tradition." *CP* 95 (1, 2000): 1-11.

Finnegan, *Beyond.*   Finnegan, Ruth H. *The Oral and Beyond: Doing Things with Words in Africa.* Chicago: University of Chicago Press, 2007.

Finnegan, *Literacy.*   Finnegan, Ruth H. *Literacy and Orality.* Oxford: Oxford University Press, 1988.

Finnegan, *Oral Poetry.*   Finnegan, Ruth H. *Oral Poetry: Its Nature, Significance, and Social Context.* Bloomington: Indiana University Press, 1992.

Fischer and Stein, "Marble."   Fischer, Moshe L., and Alla Stein. "Josephus on the Use of Marble in Building Projects of Herod the Great." *JJS* 45 (1, 1994): 79-85.

Fisk, "Bible."   Fisk, Bruce N. "Rewritten Bible in Pseudepigrapha and Qumran." *DNTB* 947-53.

Fitzgerald, "Lives."   Fitzgerald, John. "The Ancient Lives of Aristotle and the Modern Debate about the Genre of the Gospels." *ResQ* 36 (4, 1994): 209-21.

Fitzgerald, "Meanings."   Fitzgerald, Joseph M. "Intersecting Meanings of Reminiscence in Adult Development and Aging." Pages 360-83 in *Remembering Our Past: Studies in Autobiographical Memory.* Edited by David C. Rubin. Cambridge: Cambridge University Press, 1996.

Fitzmyer, *Acts.*   Fitzmyer, Joseph A. *The Acts of the Apostles: A New Translation, with Introduction and Commentary.* AB 31. New York: Doubleday, 1998.

Fitzmyer, *Theologian.*   Fitzmyer, Joseph A. *Luke the Theologian: Aspects of His Teaching.* New York: Paulist, 1989.

Fivush, Haden, and Reese, "Reminiscing."   Fivush, Robyn, Catherine Haden, and Elaine Reese. "Remembering, Recounting, and Reminiscing: The Development of Autobiographical Memory in Social Context." Pages 341-59 in *Remembering Our Past: Studies in Autobiographical Memory.* Edited by David C. Rubin. Cambridge: Cambridge University Press, 1996.

Fletcher-Louis, *Origins.*   Fletcher-Louis, Crispin. *Christological Origins: The Emerging Consensus and Beyond.* Vol. 1 of *Jesus Monotheism.* Eugene, OR: Cascade, 2015.

Flichy, "État."   Flichy, Odile. "État des recherches actuelles sur les Actes des apôtres." Pages 13-42 in *Les Actes des apôtres—histoire, récit, théologie. XXe congrès de l'Association catholique française pour l'étude de la Bible (Angers, 2003).* Edited by Michel Berder. LD 199. Paris: Cerf, 2005.

Flichy, *Oeuvre.*   Flichy, Odile. *L'oeuvre de Luc. L'Évangile et les Actes des apôtres.* CaE 114. Paris: Cerf, 2000.

Flusser, "Ancestry."   Flusser, David. "Jesus, His Ancestry, and the Commandment of Love." Pages 153-76 in *Jesus' Jewishness: Exploring the Place of Jesus within Early Judaism.* Edited by James H. Charlesworth. New York: American Interfaith Institute, Crossroad, 1991.

Flusser, *Judaism.*   Flusser, David. *Judaism and the Origins of Christianity.* Jerusalem: Magnes, 1988.

Flusser, *Sage.*   Flusser, David, with R. Steven Notley. *The Sage from Galilee: Rediscovering Jesus' Genius.* 4th ed. Grand Rapids: Eerdmans, 2007.

Fogelin, *Defense.*   Fogelin, Robert J. *A Defense of Hume on Miracles.* Princeton Monographs in Philosophy. Princeton: Princeton University Press, 2003.

Foley, "Plenitude."   Foley, John Miles. "Plenitude and Diversity: Interactions between Orality and Writing." Pages 103-18 in *The Interface of Orality and Writing: Speaking, Seeing, Writing in the Shaping of New Genres.* Edited by Annette Weissenrieder and Robert B. Coote. WUNT 260. Tübingen: Mohr Siebeck, 2010. Repr., BPC 11. Eugene, OR: Wipf & Stock, 2015.

Foley, *Theory.*   Foley, John Miles. *The Theory of Oral Composition: History and Methodology.* Bloomington: Indiana University Press, 1988.

Foner, *Reconstruction.*   Foner, Eric. *Reconstruction: America's Unfinished Revolution, 1863-1877.* New York: Harper & Row, 1988.

Forbes, "Acts."   Forbes, Christopher. "The Acts of the Apostles as a Source for Studying Early Christianity." Pages 5-36 in *Into All the World: Emergent Christianity in Its Jewish and Greco-Roman Context.* Edited by Mark Harding and Alanna Nobbs. Grand Rapids: Eerdmans, 2017.

Forbes, "Self-Praise."   Forbes, Christopher. "Comparison, Self-Praise, and Irony: Paul's Boasting and the Conventions of Hellenistic Rhetoric." *NTS* 32 (1, 1986): 1-30.

Fornara, *Nature.*   Fornara, C. W. *The Nature of History in Ancient Greece and Rome.* Berkeley: University of California Press, 1983.

Forsythe, "Quadrigarius."   Forsythe, Gary. "Claudius Quadrigarius and Livy's Second Pentad." Pages 391-96 in *A Companion to Greek and Roman Historiography.* Edited by John Marincola. 2 vols. Oxford: Blackwell, 2007.

Forte, "Echoes Revisited."   Forte, Anthony J. "Book I of Josephus' 'Bellum iudaicum': Sources and Classical Echoes Revisited." *Did* 36 (2, 2006): 31-52.

Foster, "Introduction."   Foster, B. O. "Introduction." Pages ix-xxxv in vol. 1 of Livy, *Ab urbe condita.* Translated by B. O. Foster et al. 14 vols. LCL. Cambridge, MA.: Harvard University Press, 1919-59.

Foster, "Memory."   Foster, Paul. "Memory, Orality, and the Fourth Gospel: An Ongoing Conversation with Stan Porter and Hughson T. Ong." *JSHJ* 12 (1-2, 2014): 165-83.

Foucault, *Language.*   Foucault, Michel. *Language, Counter-memory, Practice: Selected Essays and Interviews.* Edited by Donald F. Bouchard. Translated by Donald F. Bouchard and Sherry Simon. Ithaca, NY: Cornell University Press, 1977.

Fowler, "History."   Fowler, Robert. "History." Pages 195-209 in *The Oxford Handbook of Ancient Greek Religion.* Edited by Esther Eidinow and Julia Kindt. Oxford: Oxford University Press, 2015.

Fowler, *Kinds of Literature.*   Fowler, Alastair. *Kinds of Literature: An Introduction to the Theory of Genre and Modes.* Oxford: Clarendon, 1982.

Fox, "Dionysius."   Fox, Matthew. "Dionysius, Lucian, and the Prejudice against Rhetoric in History." *JRS* 91 (2001): 76-93.

Frahm, Jansen-Winkeln, and Wiesehöfer, "Historiography." Frahm, Eckart, Karl Jansen-Winkeln, and Josef Wiesehöfer. "Historiography: Ancient Orient." *BNP* 6:415-18.

France, "Exegesis." France, R. T. "Exegesis in Practice: Two Examples." Pages 252-81 in *New Testament Interpretation: Essays on Principles and Methods*. Edited by I. Howard Marshall. Grand Rapids: Eerdmans, 1977.

France, *Mark*. France, R. T. *The Gospel of Mark: A Commentary on the Greek Text*. NIGTC. Grand Rapids: Eerdmans, 2002.

Frei, "Apologetics." Frei, Hans. "Apologetics, Criticism, and the Loss of Narrative Interpretation." Pages 45-64 in *Why Narrative? Readings in Narrative Theology*. Edited by Stanley Hauerwas and L. Gregory Jones. Grand Rapids: Eerdmans, 1989.

Freyne, *Galilee*. Freyne, Sean. *Galilee, Jesus, and the Gospels: Literary Approaches and Historical Investigations*. Philadelphia: Fortress, 1988.

Freyne, "Gospel." Freyne, Sean. "Mark's Gospel and Ancient Biography." Pages 63-75 in *The Limits of Ancient Biography*. Edited by Brian McGing and Judith Mossman. Swansea, Wales: Classical Press of Wales, 2006.

Freyne, "Imagination." Freyne, Sean. "Early Christian Imagination and the Gospels." Pages 2-12 in *The Earliest Gospels: The Origins and Transmission of the Earliest Christian Gospels*. Edited by Charles Horton. London: T&T Clark, 2010.

Frickenschmidt, *Evangelium*. Frickenschmidt, Dirk. *Evangelium als Biographie. Die vier Evangelien im Rahmen antiker Erzählkunst*. TANZ 22. Tübingen: Francke, 1997.

Frickenschmidt, "Evangelium." Frickenschmidt, Dirk. "Evangelium als antike Biographie." *ZNT* 1 (2, 1998): 29-39.

Frost, *Healing*. Frost, Evelyn. *Christian Healing: A Consideration of the Place of Spiritual Healing in the Church of Today in the Light of the Doctrine and Practice of the Ante-Nicene Church*. London: A. R. Mowbray, 1940.

Frow, *Genre*. Frow, John. *Genre*. 2nd ed. The New Critical Idiom. New York: Routledge, Taylor & Francis, 2015.

Frye, "Synoptic Problems." Frye, Roland Mushat. "The Synoptic Problems and Analogies in Other Literatures." Pages 261-302 in *The Relationships among the Gospels: An Interdisciplinary Dialogue*. Edited by William O. Walker Jr. San Antonio: Trinity University Press, 1978.

Frykenberg, *Christianity in India*. Frykenberg, Robert Eric. *Christianity in India: From Beginnings to the Present*. Oxford History of the Christian Church. New York: Oxford University Press, 2010.

Fuhrmann, "Vierkaiserjahr." Fuhrmann, Manfred. "Das Vierkaiserjahr bei Tacitus. Über den Aufbau der Historien Buch I-III." *Phil* 104 (1960): 250-78.

Fuller, "Classics." Fuller, Reginald H. "Classics and the Gospels: The Seminar." Pages 173-92 in *The Relationships among the Gospels: An Interdisciplinary Dialogue*. Edited by William O. Walker Jr. San Antonio: Trinity University Press, 1978.

Fullmer, *Resurrection*. Fullmer, Paul M. *Resurrection in Mark's Literary-Historical Perspective*. LNTS 360. New York: T&T Clark, 2007.

Funk, Hoover, and Jesus Seminar, *Five Gospels*.   Funk, Robert, Roy Hoover, and the Jesus Seminar. *The Five Gospels: The Search for the Authentic Words of Jesus*. New York: Macmillan, 1993.

Funk and Jesus Seminar, *The Acts of Jesus*.   Funk, Robert W., and the Jesus Seminar. *The Acts of Jesus: The Search for the Authentic Deeds of Jesus*. San Francisco: HarperSanFrancisco, 1998.

Fusco, "Sezioni-noi."   Fusco, Vittorio. "Le sezioni-noi degli Atti nella discussione recente." *BeO* 25 (2, 1983): 73-86.

Fusillo, "Novel."   Fusillo, Massimo. "Novel: Greek." *BNP* 9:837-42.

Fusillo, "Pseudo-Callisthenes."   Fusillo, Massimo. "Pseudo-Callisthenes." *BNP* 12:114.

Gaechter, *Gedächtniskultur*. Gaechter, Paul. *Die Gedächtniskultur in Irland*. Innsbruck: Innsbrucker Beiträge zur Sprachwissenschaft der Universität Innsbruck, 1970.

Gafni, "Josephus and Maccabees."   Gafni, Isaiah M. "Josephus and 1 Maccabees." Pages 116-31 in *Josephus, the Bible, and History*. Edited by Louis H. Feldman and Gohei Hata. Detroit: Wayne State University Press, 1989.

Gager, *Anti-Semitism*.   Gager, John G. *The Origins of Anti-Semitism: Attitudes toward Judaism in Pagan and Christian Antiquity*. New York: Oxford University Press, 1983.

Gaines, "Handbooks."   Gaines, Robert N. "Roman Rhetorical Handbooks." Pages 163-80 in *A Companion to Roman Rhetoric*. Edited by William Dominik and Jon Hall. Oxford: Blackwell, 2007.

Galinsky, "Introduction."   Galinsky, Karl. "Introduction." Pages 1-39 in *Memory in Ancient Rome and Early Christianity*. Edited by Karl Galinsky. Oxford: Oxford University Press, 2016.

Gallagher, *Divine Man*.   Gallagher, Eugene V. *Divine Man or Magician? Celsus and Origen on Jesus*. SBLDS 64. Chico, CA: Scholars Press, 1982.

Gamble, "Literacy."   Gamble, Harry. "Literacy and Book Culture." *DNTB* 644-48.

Gandolphe and El Haj, "Memories."   Gandolphe, Marie-Charlotte, and Mohamad El Haj. "Flashbulb Memories of the Paris Attacks." *Scandinavian Journal of Psychology* 58 (3, June 2017): 199-204.

Gardner, "Miracles."   Gardner, Rex. "Miracles of Healing in Anglo-Celtic Northumbria as Recorded by the Venerable Bede and His Contemporaries: A Reappraisal in the Light of Twentieth-Century Experience." *British Medical Journal* 287 (December 24-31, 1983): 1927-33.

Garland, *Mark*.   Garland, David E. *Mark*. NIVAC. Grand Rapids: Zondervan, 1996.

Gathercole, *Composition*.   Gathercole, Simon J. *The Composition of the Gospel of Thomas: Original Language and Influences*. SNTSMS 151. New York: Cambridge University Press, 2014.

Gathercole, "Foreword."   Gathercole, Simon J. "Foreword." Pages xi-xvii in Richard Bauckham. *Jesus and the Eyewitnesses: The Gospels as Eyewitness Testimony*. Grand Rapids: Eerdmans, 2017.

Gathercole, *Son*.   Gathercole, Simon J. *The Pre-existent Son: Recovering the Christologies of Matthew, Mark, and Luke*. Grand Rapids: Eerdmans, 2006.

Gaztambide, "Psychoimmunology." Gaztambide, Daniel J. "Psychoimmunology and Jesus' Healing Miracles." Pages 94-113 in *Medical and Therapeutic Events*. Vol. 2 of *Miracles: God, Science, and Psychology in the Paranormal*. Edited by J. Harold Ellens. Westport, CT: Praeger, 2008.

Gaztambide, "Role." Gaztambide, Daniel J. "The Role of the Placebo Effect, Individual Psychology, and Immune Response in Regulating the Effects of Religion on Health." Pages 302-24 in *Psychodynamics*. Vol. 3 of *The Healing Power of Spirituality: How Faith Helps Humans Thrive*. Edited by J. Harold Ellens. Santa Barbara, CA: Praeger, 2010.

Geiger, *Nepos*. Geiger, Joseph. *Cornelius Nepos and Ancient Political Biography*. Historia Einzelschriften 47. Stuttgart: Steiner Verlag Wiesbaden, 1985.

Geljon, *Exegesis*. Geljon, Albert C. *Philonic Exegesis in Gregory of Nyssa's De vita Moysis*. BJS 333. SPhiloMon 5. Providence, RI: BJS, 2002.

Gempf, "Speaking." Gempf, Conrad. "Public Speaking and Published Accounts." Pages 259-303 in *The Book of Acts in Its Ancient Literary Setting*. Edited by Bruce W. Winter and Andrew D. Clarke. Vol. 1 of *The Book of Acts in Its First Century Setting*. Edited by Bruce W. Winter. Grand Rapids: Eerdmans, 1993.

Genette, *Palimpsestes*. Genette, Gérard. *Palimpsestes. La littérature au second degré*. Paris: Éd. du Seuil, 1982.

Genette, *Palimpsests* (1997). Genette, Gérard. *Palimpsests: Literature in the Second Degree*. Translated by Channa Newman. Lincoln: University of Nebraska Press, 1997.

George, *Philippians*. George, Roji T. *Philippians*. Carlisle, UK: Langham, 2019.

Georgiadou, "Lives." Georgiadou, Aristoula. "The Lives of the Caesars." Pages 249-66 in *A Companion to Plutarch*. Edited by Mark Beck. Malden, MA: Wiley-Blackwell, 2014.

Gera, *Cyropaedia*. Gera, Deborah Levine. *Xenophon's Cyropaedia: Style, Genre, and Literary Technique*. Oxford: Clarendon, 1993.

Gera, "Olympiodoros." Gera, Dov. "Olympiodoros, Heliodoros, and the Temples of Koile Syria and Phoinike." *ZPE* 169 (2009): 125-55.

Gerhardsson, "Illuminating." Gerhardsson, Birger. "Illuminating the Kingdom: Narrative Meshalim in the Synoptic Gospels." Pages 266-309 in *Jesus and the Oral Gospel Tradition*. Edited by Henry Wansbrough. JSNTSup 64. Sheffield: Sheffield Academic Press, 1991.

Gerhardsson, *Memory*. Gerhardsson, Birger. *Memory and Manuscript: Oral Tradition and Written Transmission in Rabbinic Judaism and Early Christianity*. ASNU 22. Uppsala: C. W. K. Gleerup, 1961.

Gerhardsson, *Origins*. Gerhardsson, Birger. *The Origins of the Gospel Traditions*. Philadelphia: Fortress, 1979.

Gerhardsson, "Path." Gerhardsson, Birger. "The Path of the Gospel Tradition." Pages 75-96 in *The Gospel and the Gospels*. Edited by Peter Stuhlmacher. Grand Rapids: Eerdmans, 1991.

Gerhardsson, *Reliability*. Gerhardsson, Birger. *The Reliability of the Gospel Tradition*. Grand Rapids: Baker Academic, 2001.

Gibbons, "Plato." Gibbons, Kathleen. "Plato (on Writing and Memory)." *DBAM* 297-98.

Gill, "Distinction."   Gill, Christopher. "The Character-Personality Distinction." Pages 1-31 in *Characterization and Individuality in Greek Literature*. Edited by C. B. R. Pelling. Oxford: Clarendon, 1990.

Gillet-Didier, "*Paradosis*."   Gillet-Didier, Veronique. "*Paradosis:* Flavius Josèphe et la fabrique de la tradition." *REJ* 158 (1-2, 1999): 7-49.

Goetz and Blomberg, "Burden of Proof."   Goetz, Stewart C., and Craig L. Blomberg, "The Burden of Proof." *JSNT* 11 (1981): 39-63.

Goff, "Gardens."   Goff, Matthew. "Gardens of Knowledge: Teachers in Ben Sira, 4QInstruction, and the Hodayot." Pages 171-93 in *Pedagogy in Ancient Judaism and Early Christianity*. Edited by Karina Martin Hogan, Matthew Goff, and Emma Wasserman. EJL 41. Atlanta: SBL Press, 2017.

Goh, "Galba."   Goh, Benson. "Galba: A Comparison of Suetonius's and Plutarch's Biographies and Tacitus's *Histories*, with Implications for the Historical Reliability of the Gospels." Pages 173-200 in Keener and Wright, *Biographies and Jesus*.

Goldhill, "Anecdote."   Goldhill, Simon. "The Anecdote: Exploring the Boundaries between Oral and Literate Performance in the Second Sophistic." Pages 96-113 in *Ancient Literacies: The Culture of Reading in Greece and Rome*. Edited by William A. Johnson and Holt N. Parker. New York: Oxford University Press, 2009.

Gondola, "Kimbangu."   Gondola, Charles Didier. "Kimbangu, Simon, and Kimbanguism." Pages 766-67 in vol. 2 of *Encyclopedia of African History*. Edited by Kevin Shillington. 3 vols. New York: Fitzroy Dearborn, 2005.

Gonzalez, *Acts*.   Gonzalez, Justo L. *Acts: The Gospel of the Spirit*. Maryknoll, NY: Orbis Books, 2001.

Goodacre, *Case*.   Goodacre, Mark S. *The Case against Q: Studies in Markan Priority and the Synoptic Problem*. Harrisburg, PA: Trinity Press International, 2002.

Goodacre, "Redaction Criticism."   Goodacre, Mark S. "Redaction Criticism." *DJG2* 767-71.

Goodacre, *Synoptic Problem*.   Goodacre, Mark S. *The Synoptic Problem: A Way through the Maze*. New York: Sheffield Academic Press, 2001.

Goodenough, "Exposition."   Goodenough, E. R. "Philo's Exposition of the Law and His *De Vita Mosis*." *HTR* 27 (2, April 1933): 109-25.

Goodenough, *Symbols*.   Goodenough, Erwin R. *Jewish Symbols in the Greco-Roman Period*. 13 vols. Bollingen Series 37. Vols. 1-12: New York: Pantheon, 1953-65. Vol. 13: Princeton: Princeton University Press, 1968.

Goodman, *Demons*.   Goodman, Felicitas D. *How about Demons? Possession and Exorcism in the Modern World*. Bloomington: Indiana University Press, 1988.

Goodman, *State*.   Goodman, Martin. *State and Society in Roman Galilee, A.D. 132-212*. Oxford Centre for Postgraduate Hebrew Studies. Totowa, NJ: Rowman & Allanheld, 1983.

Goody, *Interface*.   Goody, Jack. *The Interface between the Written and the Oral*. Cambridge: Cambridge University Press, 1987.

Goody, *Logic*.   Goody, Jack. *The Logic of Writing and the Organization of Society*. Studies in

Literacy, Family, Culture, and the State. Cambridge: Cambridge University Press, 1986.

Goody and Watt, "Consequences." Goody, Jack, and I. Watt. "The Consequences of Literacy." *Comparative Studies in Society and History* 5 (1963): 304-45.

Gordon, *Near East.* Gordon, Cyrus H. *The Ancient Near East.* New York: W. W. Norton, 1965.

Gorgemanns, "Biography." Gorgemanns, Herwig. "Biography: Greek." *BNP* 2:648-51.

Gorman, "Education." Gorman, Heather. "Greco-Roman Education." *DBAM* 111-13.

Goshen Gottstein, "Jesus and Hillel." Goshen Gottstein, A. "Jesus and Hillel: Are Comparisons Possible?" Pages 31-55 in *Hillel and Jesus: Comparative Studies of Two Major Religious Leaders.* Minneapolis: Fortress, 1997.

Goulder, *Midrash.* Goulder, Michael D. *Midrash and Lection in Matthew.* Speaker's Lectures in Biblical Studies, 1969-71. London: SPCK, 1974.

Goulder, *Type and History.* Goulder, Michael D. *Type and History in Acts.* London: SPCK, 1964.

Gowing, "Memory." Gowing, Alain M. "Memory as Motive in Tacitus." Pages 43-64 in *Memory in Ancient Rome and Early Christianity.* Edited by Karl Galinsky. Oxford: Oxford University Press, 2016.

Gowing, "Republic." Gowing, Alain M. "The Imperial Republic of Velleius Paterculus." Pages 411-18 in *A Companion to Greek and Roman Historiography.* Edited by John Marincola. 2 vols. Oxford: Blackwell, 2007.

Grafton, "Inspiration." Grafton, Anthony. "Diogenes Laertius from Inspiration to Annoyance (and Back)." Pages 546-54 in *Diogenes Laertius "Lives of the Eminent Philosophers."* Edited by James Miller. Translated by Pamela Mensch. New York: Oxford University Press, 2018.

Graham, *Beyond.* Graham, William Albert. *Beyond the Written Word: Oral Aspects of Scripture in the History of Religion.* Cambridge: Cambridge University Press, 1993.

Gramaglia, "*Testimonium.*" Gramaglia, Pier Angelo. "Il *Testimonium Flavianum.* Analisi linguistica." *Hen* 20 (2, 1998): 153-77.

Granata, "Introduzione." Granata, Giovanna. "Introduzione allo studio del *De Vita Mosis* di Filone Alessandrino." PhD diss., Piso, 1995.

Grant, *Historians.* Grant, Michael. *Greek and Roman Historians: Information and Misinformation.* New York: Routledge, 1995.

Grant, "Introduction." Grant, Michael. "Introduction." Pages 7-26 in Tacitus, *The Annals of Imperial Rome.* Translated by Michael Grant. Rev. ed. Baltimore: Penguin, 1959.

Grappe, "Essai." Grappe, Christian. "Essai sur l'arrière-plan pascal des récrits de la dernière nuit de Jésus." *RHPR* 65 (2, 1985): 105-25.

Gray, "Christianity." Gray, Richard. "Christianity." Pages 140-90 in *From 1905-1940.* Edited by A. D. Roberts. Vol. 7 of *The Cambridge History of Africa.* Edited by J. D. Fage and Roland Oliver. 8 vols. Cambridge: Cambridge University Press, 1986.

Gray, *Letters.* Gray, Patrick. *Opening Paul's Letters: A Reader's Guide to Genre and Interpretation.* Grand Rapids: Baker Academic, 2012.

Gray, "Monk."   Gray, Christa. "The Emended Monk: The Greek Translation of Jerome's *Vita Malchi.*" Pages 117-32 in *Writing Biography in Greece and Rome: Narrative Technique and Fictionalization.* Edited by Koen De Temmerman and Kristoffel Demoen. Cambridge: Cambridge University Press, 2016.

Gray, *Prophetic Figures.*   Gray, Rebecca. *Prophetic Figures in Late Second Temple Jewish Palestine: The Evidence from Josephus.* New York: Oxford University Press, 1993.

Grayzel, *History.*   Grayzel, Solomon. *A History of the Jews.* Philadelphia: Jewish Publication Society of America, 1961.

Green, "Healing."   Green, Joel B. "Healing." Pages 755-59 in vol. 2 of *The New Interpreter's Dictionary of the Bible.* 5 vols. Nashville: Abingdon, 2007.

Green, *Luke.*   Green, Joel B. *The Gospel of Luke.* NICNT. Grand Rapids: Eerdmans, 1997.

Greenspoon, "Pronouncement Story."   Greenspoon, Leonard. "The Pronouncement Story in Philo and Josephus." *Semeia* 20 (1981): 73-80.

Greenstone, *Messiah.*   Greenstone, Julius H. *The Messiah Idea in Jewish History.* Philadelphia: Jewish Publication Society of America, 1906.

Griffin, "Philosophy."   Griffin, Miriam. "Philosophy, Cato, and Roman Suicide I." *GR* 33 (1, 1986): 64-77.

Grillo, "Reflections."   Grillo, Luca. "Leaving Troy and Creusa: Reflections on Aeneas' Flight." *CJ* 106 (1, October 2010): 43-68.

Grillo, "Scribam."   Grillo, Luca. "Scribam ipse de me: The Personality of the Narrator in Caesar's Bellum Civile." *AJP* 132 (2, 2011): 243-71.

Grundmann, *Jesus der Galiläer.*   Grundmann, Walter. *Jesus der Galiläer und das Judentum.* Leipzig: G. Wigand, 1941.

Guelich, "Genre."   Guelich, Robert. "The Gospel Genre." Pages 173-208 in *The Gospel and the Gospels.* Edited by Peter Stuhlmacher. Grand Rapids: Eerdmans, 1991.

Guijarro Oporto, "Articulación literaria."   Guijarro Oporto, Santiago. "La articulación literaria del libro de los Hechos." *EstBib* 62 (2, 2004): 185-204.

Gulick, *Windows.*   Gulick, Anna. *Windows on a Different World.* Lexington, KY: Emeth, 2014.

Gunderson, "Augustus."   Gunderson, Erik. "Augustus: *exemplum* in the *Augustus* and *Tiberius.*" Pages 130-45 in *Suetonius the Biographer: Studies in Roman Lives.* Edited by Tristan Power and Roy K. Gibson. Oxford: Oxford University Press, 2013.

Gundry, *Matthew.*   Gundry, Robert H. *Matthew: A Commentary on His Literary and Theological Art.* Grand Rapids: Eerdmans, 1982.

Gundry, "Memories."   Gundry, Robert H. "Messed-Up Memories of Jesus?" *Books and Culture* 22 (4, November 2016): 14-16.

Gundry, *Use.*   Gundry, Robert H. *The Use of the Old Testament in St. Matthew's Gospel, with Special Reference to the Messianic Hope.* NovTSup 18. Leiden: Brill, 1975.

Güttgemanns, *Questions.*   Guttgemanns, Erhardt. *Candid Questions concerning Gospel Form Criticism: A Methodological Sketch of the Fundamental Problems of Form and Redaction Criticism.* PTMS 26. Pittsburgh: Pickwick, 1979.

Gutzwiller, "Epigrams."   Gutzwiller, Kathryn. "Diogenes' Epigrams." Pages 561-67 in *Diogenes Laertius "Lives of the Eminent Philosophers."* Edited by James Miller. Translated by Pamela Mensch. New York: Oxford University Press, 2018.

Gwynne, *Action.*   Gwynne, Paul. *Special Divine Action: Key Issues in the Contemporary Debate (1965-1995).* TGST 12. Rome: Gregorian University Press, 1996.

Gyselinck and Demoen, "Author."   Gyselinck, Wannes, and Kristoffel Demoen. "Author and Narrator: Fiction and Metafiction in Philostratus' *Vita Apollonii.*" Pages 95-127 in *Theios Sophistes: Essays on Flavius Philostratus' Vita Apollonii.* Edited by Kristoffel Demoen and Danny Praet. Mnemosyne Supplements 305. Leiden: Brill, 2009.

Habinek, "Literacy."   Habinek, Thomas. "Situating Literacy at Rome." Pages 114-40 in *Ancient Literacies: The Culture of Reading in Greece and Rome.* Edited by William A. Johnson and Holt N. Parker. New York: Oxford University Press, 2009.

Hacham, "Polemic."   Hacham, Noah. "3 Maccabees: An Anti-Dionysian Polemic." Pages 167-83 in *Ancient Fiction: The Matrix of Early Christian and Jewish Narrative.* Edited by Jo-Ann A. Brant, Charles W. Hedrick, and Chris Shea. SBLSymS 32. Atlanta: SBL, 2005.

Hadas, "Introduction."   Hadas, Moses. "Introduction." Pages ix-xxiii in *The Complete Works of Tacitus.* Edited by Moses Hadas. Translated by Alfred John Church and William Jackson Brodribb. New York: Random House, 1942.

Hadas and Smith, *Heroes.*   Hadas, Moses, and Morton Smith. *Heroes and Gods: Spiritual Biographies in Antiquity.* Religious Perspectives 13. New York: Harper & Row, 1965.

Hagg, *Biography.*   Hagg, Tomas. *The Art of Biography in Antiquity.* Cambridge: Cambridge University Press, 2012.

Hagner, *Matthew.*   Hagner, Donald A. *Matthew.* 2 vols. WBC 33A, 33B. Dallas: Word, 1993-95.

Halbwachs, *Collective Memory.*   Halbwachs, Maurice. *On Collective Memory.* Edited and translated by Lewis A. Coser. Chicago: University of Chicago Press, 1992.

Haley, "Hadrian."   Haley, Evan. "Hadrian as Romulus; or, the Self-Representation of a Roman Emperor." *Latomus* 64 (4, 2005): 969-80.

Hall, "Delivery."   Hall, Jon. "Oratorical Delivery and the Emotions: Theory and Practice." Pages 218-34 in *A Companion to Roman Rhetoric.* Edited by William Dominik and Jon Hall. Oxford: Blackwell, 2007.

Hall, *Histories.*   Hall, Robert G. *Revealed Histories: Techniques from Ancient Jewish and Christian Historiography.* JSPSup 6. Sheffield: JSOT Press, 1991.

Hall, "History."   Hall, Robert Givin. "Revealed History: A Jewish and Christian Technique of Interpreting the Past." PhD diss., Duke University, 1986.

Hamel, "Argo."   Hamel, Gildas. "Taking the Argo to Nineveh: Jonah and Jason in a Mediterranean Context." *Judaism* 44 (3, 1995): 341-59.

Hamilton, *Plutarch.*   Hamilton, James R. *Plutarch: Alexander.* 2nd ed. Classical Commentaries on Latin and Greek Texts. London: Bristol Classical Press, 1999.

Hamilton, *Sociology.*   Hamilton, Malcolm B. *The Sociology of Religion: Theoretical and Comparative Perspectives.* London: Routledge, 2012.

Hamilton, "Story-Tellers." Hamilton, Richard. "The Story-Tellers of Marrakesh." BBC News, February 19, 2007, http://news.bbc.co.uk/2/mobile/programmes/from_our_own_correspondent/6368057.stm.

Hamilton, "Storytelling." Hamilton, Richard. "Can the Art of Storytelling Be Preserved?" BBC News, October 5, 2011, https://www.bbc.com/news/world-middle-east-15091860.

Hamilton and Shopes, Oral History. Hamilton, Paula, and Linda Shopes, Oral History and Public Memories. Philadelphia: Temple University Press, 2009.

Hammond, Sources. Hammond, N. G. L. Sources for Alexander the Great: An Analysis of Plutarch's Life and Arrian's Anabasis Alexandrou. New York: Cambridge University Press, 2007.

Hammond, "Speeches." Hammond, Nigel G. L. "The Speeches in Arrian's Indica and Anabasis." ClQ 49 (1, 1999): 238-53.

Hanciles, Beyond Christendom. Hanciles, Jehu J. Beyond Christendom: Globalization, African Migration, and the Transformation of the West. Maryknoll, NY: Orbis Books, 2008.

Hanciles, "Conversion." Hanciles, Jehu J. "Conversion and Social Change: A Review of the 'Unfinished Task' in West Africa." Pages 157-80 in Christianity Reborn: The Global Expansion of Evangelicalism in the Twentieth Century. Edited by Donald M. Lewis. SHCM. Grand Rapids: Eerdmans, 2004.

Hanley and Cohen, "Memory for People." Hanley, Richard, and Gillian Cohen. "Memory for People: Faces, Names, and Voices." Pages 107-40 in Memory in the Real World. Edited by Gillian Cohen and Martin A. Conway. Hove, East Sussex: Psychology Press, 2007.

Hansen, Abraham. Hansen, G. Walter. Abraham in Galatians—Epistolary and Rhetorical Contexts. JSNTSup 29. Sheffield: Sheffield Academic Press, 1989.

Hanson, Acts. Hanson, R. P. C. The Acts in the Revised Standard Version, with Introduction and Commentary. Oxford: Clarendon, 1967.

Hanson, "Agricola." Hanson, William S. "Tacitus' 'Agricola': An Archaeological and Historical Study." ANRW 2.33.3 (1991):1741-84.

Hare, "Introduction." Hare, D. R. A. "The Lives of the Prophets: A New Translation and Introduction." OTP 2:379-84.

Harkins, Reading. Harkins, Angela Kim. Reading with an "I" to the Heavens: Looking at the Qumran Hodayot through the Lens of Visionary Traditions. Ekstasis: Religious Experience from Antiquity to the Middle Ages 3. Boston: de Gruyter, 2018.

Harmon, "Introduction." Harmon, A. M. "Introduction to Charon." Page 395 in vol. 2 of Lucian. Edited by A. M. Harmon, K. Kilburn, and M. D. Macleod. 8 vols. LCL. Cambridge, MA: Harvard University Press, 1913-67.

Harms, "Tradition." Harms, Robert. "Oral Tradition and Ethnicity." Journal of Interdisciplinary History 10 (1, summer 1979): 61-85.

Harnack, Acts. Harnack, Adolf von. The Acts of the Apostles. Translated by J. R. Wilkinson. New Testament Studies 3. London: Williams & Norgate, 1909.

Harrington, "Bible." Harrington, Daniel J. "The Bible Rewritten (Narratives)." Pages 239-47 in Early Judaism and Its Modern Interpreters. Edited by Robert A. Kraft and

George W. E. Nickelsburg. SBLBMI 2. Atlanta: Scholars Press, 1986.

Harris, *Literacy.* Harris, William V. *Ancient Literacy.* Cambridge, MA: Harvard University Press, 2009.

Harris, Paterson, and Kemp, "Recall." Harris, Celia B., Helen M. Paterson, and Richard I. Kemp. "Collaborative Recall and Collective Memory: What Happens When We Remember Together?" *Memory* 16 (2008): 213-30.

Hartman, "Reflections." Hartman, Lars. "Some Reflections on the Problem of the Literary Genre of the Gospels." Pages 3-23 in Lars Hartman, *Text-Centered New Testament Studies.* Edited by David Hellholm. WUNT 102. Tübingen: Mohr Siebeck, 1997.

Harvey, *Listening.* Harvey, John D. *Listening to the Text: Oral Patterning in Paul's Letters.* Grand Rapids: Baker, 1998.

Hata, "Moses." Hata, Gohei. "The Story of Moses Interpreted within the Context of Anti-Semitism." Pages 180-97 in *Josephus, Judaism, and Christianity.* Edited by Louis H. Feldman and Gohei Hata. Detroit: Wayne State University Press, 1987.

Havelock, *Muse.* Havelock, Eric Alfred. *The Muse Learns to Write.* New Haven: Yale University Press, 1986.

Hays, *Echoes.* Hays, Richard B. *Echoes of Scripture in the Letters of Paul.* New Haven: Yale University Press, 1989.

Hays, *Reading Backwards.* Hays, Richard B. *Reading Backwards: Figural Christology and the Fourfold Gospel Witness.* Waco, TX: Baylor University Press, 2014.

Head, "Nazi Quest." Head, Peter M. "The Nazi Quest for an Aryan Jesus." *JSHJ* 2 (1, 2004): 55-89.

Head, "Note." Head, Peter M. "A Further Note on *Reading and Writing in the Time of Jesus.*" *EQ* 75 (4, 2003): 343-45.

Hearon, "Mapping." Hearon, Holly. "Mapping Written and Spoken Word in the Gospel of Mark." Pages 379-92 in *The Interface of Orality and Writing: Speaking, Seeing, Writing in the Shaping of New Genres.* Edited by Annette Weissenrieder and Robert B. Coote. WUNT 260. Tübingen: Mohr Siebeck, 2010. Repr., BPC 11. Eugene, OR: Wipf & Stock, 2015.

Heath, *Hermogenes.* Heath, Malcolm, ed. and trans. *Hermogenes on Issues: Strategies of Argument in Later Greek Rhetoric.* Oxford: Clarendon, 1995.

Heath, *Menander.* Heath, Malcolm. *Menander: A Rhetor in Context.* New York: Oxford University Press, 2004.

Heever, "Tales." Heever, Gerhard van den. "Grotesque and Strange Tales of the Beyond: Truth, Fiction, and Social Discourse." Pages 179-95 in *Reading and Teaching Ancient Fiction: Jewish, Christian, and Greco-Roman Narratives.* Edited by Sara R. Johnson, Ruben R. Dupertuis, and Christine Shea. WGRWSup 11. Atlanta: SBL Press, 2018.

Heim, *Transformation.* Heim, Karl. *The Transformation of the Scientific World View.* New York: Harper & Brothers, 1953.

Heinze, "Introduction." Heinze, Ruth-Inge. "Introduction." Pages 1-18 in *Proceedings of the Fourth International Conference on the Study of Shamanism and Alternate Modes*

of Healing, Held at the St. Sabina Center, San Rafael, California, September 5-7, 1987.
Edited by Ruth-Inge Heinze. Madison, WI: A-R Editions, 1988.

Helms, *Fictions.*   Helms, Randel. *Gospel Fictions.* Amherst, NY: Prometheus, 1988.

Hemer, *Acts.*   Hemer, Colin J. *The Book of Acts in the Setting of Hellenistic History.* Edited by Conrad H. Gempf. WUNT 49. Tübingen: Mohr Siebeck, 1989.

Hemer, "Alexandria Troas."   Hemer, Colin J. "Alexandria Troas." *TynBul* 26 (1975): 79-112.

Hemer, "Name of Felix."   Hemer, Colin J. "The Name of Felix Again." *JSNT* 31 (1987): 45-49. Henderson, *Christology.* Henderson, Suzanne Watts. *Christology and Discipleship in the Gospel of Mark.* SNTSMS 135. New York: Cambridge University Press, 2006.

Henderson, "Comparison."   Henderson, Jordan. "A Comparison of Josephus' *Life* and *Jewish War*: An Attempt at Establishing the Acceptable Outer Limits of Biographies' Historical Reliability." Pages 261-75 in Keener and Wright, *Biographies and Jesus.*

Henderson, *"Didache."*   Henderson, Ian H. *"Didache* and Orality in Synoptic Comparison." *JBL* 111 (2, 1992): 283-306.

Henderson, *"Life* and *War."*   Henderson, Jordan. "Josephus's *Life* and *Jewish War* Compared to the Synoptic Gospels." *JGRCJ* 10 (2014): 113-31.

Hengel, *Acts and History.*   Hengel, Martin. *Acts and the History of Earliest Christianity.* Translated by John Bowden. London: SCM, 1979; Philadelphia: Fortress, 1980.

Hengel, "Geography."   Hengel, Martin. "The Geography of Palestine in Acts." Pages 27-78 in *The Book of Acts in Its Palestinian Setting.* Edited by Richard Bauckham. Vol. 4 of *The Book of Acts in Its First Century Setting.* Grand Rapids: Eerdmans, 1995.

Hengel, "Memory."   Hengel, Martin. "Eye-Witness Memory and the Writing of the Gospels." Pages 70-96 in *The Written Gospel.* Edited by Markus Bockmuehl and Donald A. Hagner. Cambridge: Cambridge University Press, 2005.

Hengel, *Question.*   Hengel, Martin. *The Johannine Question.* Translated by John Bowden. Philadelphia: Trinity Press International, 1989.

Hengel and Schwemer, *Damascus.*   Hengel, Martin, and Anna Maria Schwemer. *Paul between Damascus and Antioch: The Unknown Years.* Translated by John Bowden. London: SCM, 1997.

Henige, "History."   Henige, David. "African History and the Rule of Evidence: Is Declaring Victory Enough?" Pages 91-104 in *African Historiographies: What History for Which Africa?* Edited by Bogumil Jewsiewicki and David Newbury. SSAMD 12. Beverly Hills, CA: Sage, 1986.

Henze, "Composition."   Henze, Matthias. "4 Ezra and 2 Baruch: Literary Composition and Oral Performance in First-Century Apocalyptic Literature." *JBL* 131 (1, 2012): 181-200.

Herford, *Christianity.*   Herford, R. Travers. *Christianity in Talmud and Midrash.* London: Williams & Norgate, 1903.

Herman, "Motifs."   Herman, Geoffrey. "Iranian Epic Motifs in Josephus' Antiquities (XVIII, 314-370)." *JJS* 57 (2, 2006): 245-68.

Heschel, *Aryan Jesus.*   Heschel, Susannah. *The Aryan Jesus: Christian Theologians and the*

Bible in Nazi Germany. Princeton: Princeton University Press, 2008.

Heschel, *Geiger*.   Heschel, Susannah. *Abraham Geiger and the Jewish Jesus*. Chicago: University of Chicago Press, 1998.

Hester, "Blame."   Hester, James D. "Placing the Blame: The Presence of Epideictic in Galatians 1 and 2." Pages 281-307 in *Persuasive Artistry: Studies in New Testament Rhetoric in Honor of George A. Kennedy*. Edited by Duane F. Watson. JSNTSup 50. Sheffield: Sheffield Academic Press, 1991.

Heyer, *Jesus Matters*.   Heyer, C. J. den. *Jesus Matters: 150 Years of Research*. Valley Forge, PA: Trinity Press International, 1997.

Hezser, *Literacy*.   Hezser, Catherine. *Jewish Literacy in Roman Palestine*. TSAJ 81. Tübingen: Mohr-Siebeck, 2001.

Hezser, "Randomness."   Hezser, Catherine. "From Oral Conversation to Written Texts: Randomness in the Transmission of Rabbinic Traditions." Pages 36-51 in *Interface of Orality and Writing: Speaking, Seeing, Writing in the Shaping of New Genres*. Edited by Annette Weissenrieder and Robert B. Coote. BPC 11. Eugene, OR: Wipf & Stock, 2015.

Hezser, "Scribes."   Hezser, Catherine. "Scribes/Scribality." *DBAM* 355-59.

Hezser, "Verwendung."   Hezser, Catherine. "Die Verwendung der hellenistischen Gattung Chrie im fruhen Christentum und Judentum." *JSJ* 27 (4, 1996): 371-439.

Hidalgo, "Study."   Hidalgo, Esteban. "A Redaction-Critical Study on Philo's *On the Life of Moses*, Book One." Pages 277-300 in Keener and Wright, *Biographies and Jesus*.

Hiestermann, *Tradition*.   Hiestermann, Heinz. *Paul and the Synoptic Jesus Tradition*. Arbeiten zur Bibel und ihrer Geschichte 58. Leipzig: Evangelische Verlagsanstalt, 2017.

Higgins, *Historicity*. Higgins, A. J. B. *The Historicity of the Fourth Gospel*. London: Lutterworth Press, 1960.

Hilbert, "Enemies."   Hilbert, Benjamin D. H. "185,000 Slain Maccabean Enemies (Times Two): Hyperbole in the Books of Maccabees." *ZAW* 122 (1, 2010): 102-6.

Hill, *Corpus*.   Hill, Charles E. *The Johannine Corpus in the Early Church*. Oxford: Oxford University Press, 2004.

Hill, "Evidence."   Hill, David. "On the Evidence for the Creative Role of Christian Prophets." *NTS* 20 (1974): 262-74.

Hill, *Matthew*.   Hill, David. *The Gospel of Matthew*. NCBC. Grand Rapids: Eerdmans, 1972.

Hill, *Prophecy*.   Hill, David. *New Testament Prophecy*. NFTL. Atlanta: John Knox, 1979.

Hill, "Words."   Hill, Charles E. "'In These Very Words': Methods and Standards of Literary Borrowing in the Second Century." Pages 261-81 in *The Early Text of the New Testament*. Edited by Charles E. Hill and Michael J. Kruger. Oxford: Oxford University Press, 2012.

Hillard, Nobbs, and Winter, "Corpus."   Hillard, T., A. Nobbs, and B. Winter. "Acts and the Pauline Corpus I: Ancient Literary Parallels." Pages 183-213 in *The Book of Acts in Its Ancient Literary Setting*. Edited by Bruce W. Winter and Andrew D. Clarke. Vol. 1 of *The Book of Acts in Its First Century Setting*. Edited by Bruce W. Winter. Grand Rapids:

Eerdmans, 1993.

Hillman, "Statements."   Hillman, Thomas P. "Authorial Statements, Narrative, and Character in Plutarch's Agesilaus-Pompeius." *GRBS* 35 (3, 1994): 255-80.

Hirst et al., "Follow-Up."   Hirst, W. "A Ten-Year Follow-Up of a Study of Memory for the Attack of September 11, 2001: Flashbulb Memories and Memories for Flashbulb Events." *JExpPscy: General* 144 (3, June 2015): 604-23.

Hock, "Curriculum."   Hock, Ronald F. "The Educational Curriculum in Chariton's *Callirhoe*." Pages 15-36 in *Ancient Fiction: The Matrix of Early Christian and Jewish Narrative*. Edited by Jo-Ann A. Brant, Charles W. Hedrick, and Chris Shea. SBLSymS 32. Atlanta: SBL, 2005.

Hock, "Paul and Education."   Hock, Ronald F. "Paul and Greco-Roman Education." Pages 198-227 in *Paul in the Greco-Roman World: A Handbook*. Edited by J. Paul Sampley. Harrisburg, PA: Trinity Press International, 2003.

Hodkinson, "Features."   Hodkinson, Owen. "Distinguishing Features of Deliberate Fictionality in Greek Biographical Narratives." *Phrasis* 51 (2010): 11-35.

Hoeree and Hoogbergen, "History."   Hoeree, Joris, and Wim Hoogbergen. "Oral History and Archival Data Combined: The Removal of the Saramakan Granman Kofi Bosuman as an Epistemological Problem." *Communication and Cognition* 17 (2-3, 1984): 245-89.

Höffken, "Hiskija."   Höffken, Peter. "Hiskija und Jesaja bei Josephus." *JSJ* 29 (1, 1998): 37-48.

Höffken, "Reichsteilung."   Höffken, Peter. "Eine Reichsteilung bei Josephus Flavius. Beobachtungen zu seiner Auffassung von Daniel 5." *JSJ* 36 (2, 2005): 197-205.

Hoffman and Hoffman, "Memory Theory."   Hoffman, Alice M., and Howard S. Hoffman. "Memory Theory: Personal and Social." Pages 275-96 in *Handbook of Oral History*. Edited by Thomas L. Charlton, Lois E. Myers, and Rebecca Sharpless; Lanham, MD: AltaMira Press, 2006.

Hofius, "Sayings."   Hofius, Otfried. "Unknown Sayings of Jesus." Pages 336-60 in *The Gospel and the Gospels*. Edited by Peter Stuhlmacher. Grand Rapids: Eerdmans, 1991.

Hofmann, "Novels: Christian."   Hofmann, Heinz. "Novels: Christian." *BNP* 9:846-49.

Hofmann, "Novels: Latin."   Hofmann, Heinz. "Novels: Latin." *BNP* 9:843-46.

Hogan, "*Musar*."   Hogan, Karina Martin. "Would Philo Have Recognized Qumran *Musar* as Paideia?" Pages 81-98 in *Pedagogy in Ancient Judaism and Early Christianity*. Edited by Karina Martin Hogan, Matthew Goff, and Emma Wasserman. EJL 41. Atlanta: SBL Press, 2017.

Hogg, *Master-Builder*.   Hogg, Rena L. *A Master-Builder on the Nile: Being a Record of the Life and Aims of John Hogg, Christian Missionary*. Pittsbugh: United Presbyterian Board of Education; New York: Fleming H. Revell, 1914.

Holladay, "Matthew."   Holladay, Carl R. "The Gospel of Matthew within the Context ofSecond Temple Judaism." Paper presented at the International Conference on the Gospel of Matthew in Its Historical and Theological Context. Moscow, September 26, 2018.

Holladay, *Theios aner*.   Holladay, Carl R. *"Theios aner" in Hellenistic Judaism: A Critique of the Use of This Category in New Testament Christology*. SBLDS 40. Missoula, MT: Scholars Press, 1977.

Holland, "Written."   Holland, Drew S. "They Are Written Right There: An Investigation of Royal Chronicles as Sources in 1-2 Kings." PhD diss., Asbury Theological Seminary, 2018.

Holmberg, "Questions."   Holmberg, Bengt. "Questions of Method in James Dunn's *Jesus Remembered*." *JSNT* 26 (2004): 445-57.

Holmén, *Covenant Thinking*.   Holmén, Tom. *Jesus and Jewish Covenant Thinking*. BIS 55. Leiden: Brill, 2001.

Holmén, "Doubts."   Holmén, Tom. "Doubts about Double Dissimilarity: Restructuring the Main Criterion of Jesus-of-History Research." Pages 47-80 in *Authenticating the Words of Jesus*. Edited by Bruce Chilton and Craig A. Evans. NTTS 28.1. Leiden: Brill, 1999.

Holmén, "Introduction."   Holmén, Tom. "An Introduction to the Continuum Approach." Pages 1-16 in *Jesus from Judaism to Christianity: Continuum Approaches to the Historical Jesus*. Edited by Tom Holmén. European Studies on Christian Origins. LNTS 352. London, New York: T&T Clark, 2007.

Holtz, "Paul and Tradition."   Holtz, Traugott. "Paul and the Oral Gospel Tradition." Pages 380-93 in *Jesus and the Oral Gospel Tradition*. Edited by Henry Wansbrough. JSNTSup 64. Sheffield: Sheffield Academic Press, 1991.

Hope, *Book*.   Hope, Richard. *The Book of Diogenes Laertius: Its Spirit and Its Method*. New York: Columbia University Press, 1930.

Hornblower, "Thucydides."   Hornblower, Simon. "Thucydides." *BNP* 14:631-37.

Horsfall, "Ephemeris."   Horsfall, Nicholas. "Dictys' Ephemeris and the Parody of Scholarship." *Illinois Classical Studies* 33-34 (2008-9): 41-63.

Horsley, *Hearing*.   Horsley, Richard A. *Hearing the Whole Story: The Politics of Plot in Mark's Gospel*. Louisville: Westminster John Knox, 2001.

Horsley, *Magic*.   Horsley, Richard A. *Jesus and Magic: Freeing the Gospel Stories from Modern Misconceptions*. Eugene, OR: Cascade, 2014.

Horsley, "Mark."   Horsley, Richard A. "The Gospel of Mark in the Interface of Orality and Writing." Pages 144-65 in *The Interface of Orality and Writing: Speaking, Seeing, Writing in the Shaping of New Genres*. Edited by Annette Weissenrieder and Robert B. Coote. WUNT 260. Tübingen: Mohr Siebeck, 2010. Repr., BPC 11. Eugene, OR: Wipf & Stock, 2015.

Horsley, "Patterns."   Horsley, Richard A. "Prominent Patterns in the Social Memory of Jesus and Friends." Pages 57-78 in *Memory, Tradition, and Text: Uses of the Past in Early Christianity*. Edited by A. Kirk and Tom Thatcher. Semeia 52. Atlanta: SBL, 2005.

Horsley, "Speeches."   Horsley, G. H. R. "Speeches and Dialogue in Acts." *NTS* 32 (4, 1986): 609-14.

Horton, "Types."   Horton, Robin. "Types of Spirit Possession in Kalabari Religion." Pages 14-49 in *Spirit Mediumship and Society in Africa*. Edited by John Beattie and John Middleton. New York: Africana, 1969.

Hose, "Cassius Dio."   Hose, Martin. "Cassius Dio: A Senator and Historian in the Age of Anxiety." Pages 461-67 in *A Companion to Greek and Roman Historiography*. Edited by John Marincola. 2 vols. Oxford: Blackwell, 2007.

Hose, "Historiography: Rome."   Hose, Martin. "Historiography: Rome." *BNP* 6:422-26.

Houston, *Characters*.   Houston, Keith. *Shady Characters: The Secret Life of Punctuation, Symbols and Other Typographical Marks*. London: Norton, 2013.

Houston, "Evidence."   Houston, George W. "Papyrological Evidence for Book Collections and Libraries in the Roman Empire." Pages 233-67 in *Ancient Literacies: The Culture of Reading in Greece and Rome*. Edited by William A. Johnson and Holt N. Parker. New York: Oxford University Press, 2009.

Houston, "Library."   Houston, George W. "How Did You Get Hold of a Book in a Roman Library? Three Second-Century Scenarios." *CBull* 80 (1, 2004): 5-13.

Houston, *Miracles*.   Houston, J. *Reported Miracles: A Critique of Hume*. Cambridge: Cambridge University Press, 1994.

Howard, *Gospel*.   Howard, Wilbert Francis. *The Fourth Gospel in Recent Criticism and Interpretation*. 3rd ed. London: Epworth Press, 1945.

Hubenthal, "Communicative Memory."   Hubenthal, Sandra. "Communicative Memory." *DBAM* 65-66.

Hubenthal, "Cultural Memory."   Hubenthal, Sandra. "Cultural Memory." *DBAM* 69-70.

Hubenthal, "Social Memory."   Hubenthal, Sandra. "Social Memory." *DBAM* 368-69.

Hulse et al., "Arousal."   Hulse, Lynn M., Kevin Allan, Amina Memon, and J. Don Read. "Emotional Arousal and Memory: A Test of the Poststimulus Processing Hypothesis." *American Journal of Psychology* 120 (2007): 73-90.

Hultgren, "Stories."   Hultgren, Arland J. "The Miracle Stories in the Gospels: The Continuing Challenge for Interpreters." *WW* 29 (2, Spring 2009): 129-35.

Humble and Sidwell, "Dreams."   Humble, Noreen, and Keith Sidwell, "Dreams of Glory: Lucian as Autobiographer." Pages 213-25 in *The Limits of Ancient Biography*. Edited by Brian McGing and Judith Mossman. Swansea, Wales: Classical Press of Wales, 2006.

Hume, *Miracles*.   Hume, David. *Of Miracles*. La Salle, IL: Open Court, 1985.

Hunt, *History*.   Hunt, Rosalie Hall. *Bless God and Take Courage: The Judson History and Legacy*. Valley Forge, PA: Judson, 2005.

Hunter, "Recall."   Hunter, Ian M. L. "Lengthy Verbatim Recall: The Role of Text." Pages 207-35 in *Progress in the Psychology of Language*. Edited by Andrew W. Ellis. London: Erlbaum, 1985.

Hunter, "Trends."   Hunter, Archibald M. "Recent Trends in Johannine Studies." *ExpT* 71 (6, March 1960): 164-67; (7, April 1960): 219-22.

Hurley, "Rhetorics."   Hurley, Donna W. "Rhetorics of Assassination: Ironic Reversal and the Emperor Gaius." Pages 146-58 in *Suetonius the Biographer: Studies in Roman Lives*. Edited by Tristan Power and Roy K. Gibson. Oxford: Oxford University Press, 2013.

Hurley, "Rubric Sandwich."   Hurley, Donna W. "Suetonius' Rubric Sandwich." Pages 21-37 in *Suetonius the Biographer: Studies in Roman Lives*. Edited by Tristan Power and Roy K. Gibson. Oxford: Oxford University Press, 2013.

Hurtado, "Fixation."   Hurtado, Larry W. "Oral Fixation and New Testament Studies? 'Orality,' 'Performance,' and Reading Texts in Early Christianity." *NTS* 60 (3, July 2014): 321-40.

Hurtado, *Lord Jesus Christ*.   Hurtado, Larry W. *Lord Jesus Christ: Devotion to Jesus in Earliest Christianity*. Grand Rapids: Eerdmans, 2003.

Iglesias, "Reflexoes."   Iglesias, Esther. "Reflexoes sobre o quefazer da historia oral no mundo rural." *Dados* 27 (1, 1984): 59-70.

Ilan, *Lexicon*.   Ilan, Tal. *Lexicon of Jewish Names in Late Antiquity. Part I: Palestine 330 BCE-200 CE*. TSAJ 91. Tübingen: Mohr Siebeck, 2002.

Inowlocki, "Adding."   Inowlocki, Sabrina. "'Neither Adding nor Omitting Anything': Josephus' Promise Not to Modify the Scriptures in Greek and Latin Context." *JJS* 56 (2005): 48-65.

Instone-Brewer, *Traditions*.   Instone-Brewer, David. *Traditions of the Rabbis from the Era of the New Testament*. Vol. 1. Grand Rapids: Eerdmans, 2004.

Irwin, "Biographies."   Irwin, Elizabeth. "The Biographies of Poets: The Case of Solon." Pages 13-30 in *The Limits of Ancient Biography*. Edited by Brian McGing and Judith Mossman. Swansea, Wales: Classical Press of Wales, 2006.

Ising, *Blumhardt*.   Ising, Dieter. *Johann Christoph Blumhardt, Life and Work: A New Biography*. Translated by Monty Ledford. Eugene, OR: Cascade, 2009. Translated from *Johann Christoph Blumhardt: Leben und Werk*. Göttingen: Vandenhoeck & Ruprecht, 2002.

Iverson, "Orality."   Iverson, Kelly R. "Orality and the Gospels: A Survey of Recent Research." *CurBR* 8 (1, 2009): 71-106.

Jackson, "Conventions."   Jackson, Howard M. "Ancient Self-Referential Conventions and Their Implications for the Authorship and Integrity of the Gospel of John." *JTS* 50 (1, 1999): 1-34.

Jacobson, "Visions."   Jacobson, Howard. "Visions of the Past: Jews and Greeks." *Judaism* 35 (4, 1986): 467-82.

Jáger, "Evanjelium."   Jáger, Róbert. "Evanjelium ako anticky bios. Definovanie literárneho zanru." *Studia Biblica Slovaca* 1 (2, 2009): 146-65.

Janácek, "Diogenes Laertius."   Janácek, Karel. "Diogenes Laertius and Sextus Empiricus (1959)." Pages 93-104 in *Studien zu Sextus Empiricus, Diogenes Laertius und zur pyrrhonischen Skepsis*. Edited by Filip Karfik and Jan Janda. Beiträge zur Altertumskunde 249. New York: de Gruyter, 2008.

Janácek, "Diogenes Laertius IX."   Janácek, Karel. "Diogenes Laertius IX 101 and Sextus Empiricus M XI 69-75 (-78) (1962)." Pages 110-15 in *Studien zu Sextus Empiricus, Diogenes Laertius und zur pyrrhonischen Skepsis*. Edited by Filip Karfik and Jan Janda. Beiträge zur Altertumskunde 249. New York: de Gruyter, 2008.

Janicki, *Way*.   Janicki, Toby. *The Way of Life: The Rediscovered Teachings of the Twelve Apostles to the Gentiles. Didache: A New Translation and Messianic Jewish Commentary*. Jerusalem: Vine of David, 2017.

Janin, *Pursuit*.   Janin, Hunt. *The Pursuit of Learning in the Islamic World*. Jefferson, NC: McFarland, 2005.

Jantsch, "Jerusalem."   Jantsch, Torsten. "Jerusalem as 'Realm of Memory' (lieu de mémoire) in the Gospel of Luke." Paper presented in the "Memory, Narrative, and Christology in the Synoptic Gospels" Seminar at the Annual Meeting of the Society for New Testament Studies. Athens, Greece, August 9, 2018.

Jenkins, New Faces.   Jenkins, Philip. The New Faces of Christianity: Believing the Bible in the Global South. New York: Oxford University Press, 2006.

Jenkinson, "Nepos."   Jenkinson, Edna. "Genus scripturae leve: Cornelius Nepos and the Early History of Biography at Rome." ANRW 1.3 (1973): 703-19.

Jensen, "Josephus."   Jensen, Morten Hørning. "Josephus and Mark 6:6b-9: Herod Antipas's Execution of John the Baptist." Pages 92-99 in Reading Mark in Context: Jesus and Second Temple Judaism. Edited by Ben C. Blackwell, John K. Goodrich, and Jason Maston. Grand Rapids: Zondervan, 2018.

Jeremias, Parables.   Jeremias, Joachim. The Parables of Jesus. 2nd rev. ed. New York: Scribner's, 1972.

Jeremias, Promise.   Jeremias, Joachim. Jesus' Promise to the Nations. Translated by S. H. Hooke. SBT 24. London: SCM, 1958.

Jeremias, Theology.   Jeremias, Joachim. New Testament Theology. New York: Scribner's, 1971,

Jeremias, Unknown Sayings.   Jeremias, Joachim. Unknown Sayings of Jesus. Translated by Reginald H. Fuller. 2nd ed. London: SPCK, 1964.

Jervell, Apostelgeschichte.   Jervell, Jacob. Die Apostelgeschichte. 17th ed. KEKNT 3. Göttingen: Vandenhoeck & Ruprecht, 1998.

Jervell, "Future."   Jervell, Jacob. "The Future of the Past: Luke's Vision of Salvation History and Its Bearing on His Writing of History." Pages 104-26 in History, Literature, and Society in the Book of Acts. Edited by Ben Witherington III. Cambridge: Cambridge University Press, 1996.

Jewett, Chronology.   Jewett, Robert. A Chronology of Paul's Life. Philadelphia: Fortress, 1979.

Jewett, "Shame."   Jewett, Robert. "Paul, Shame, and Honor." Pages 551-74 in Paul in the Greco-Roman World: A Handbook. Edited by J. Paul Sampley. Harrisburg, PA: Trinity Press International, 2003.

Jilovsky, Remembering Holocaust.   Jilovsky, Esther. Remembering the Holocaust: Generations, Witnessing, and Place. New York: Bloomsbury, 2015.

Johnson, Acts.   Johnson, Luke Timothy. The Acts of the Apostles. SP 5. Collegeville, MN: Liturgical Press, 1992.

Johnson, "Fictions."   Johnson, Sara. "Third Maccabees: Historical Fictions and the Shaping of Jewish Identity in the Hellenistic Period." Pages 185-97 in Ancient Fiction: The Matrix of Early Christian and Jewish Narrative. Edited by Jo-Ann A. Brant, Charles W. Hedrick, and Chris Shea. SBLSymS 32. Atlanta: SBL, 2005.

Johnson, Hume.   Johnson, David. Hume, Holism, and Miracles. CSPhilRel. Ithaca, NY: Cornell University Press, 1999.

Johnson, "Imitate."   Johnson, Luke Timothy. "Does the New Testament Imitate Homer?

Four Cases from the Acts of the Apostles." *TS* 66 (3, 2005): 489-90.

Johnson, "Luke-Acts." Johnson, Luke Timothy. "Luke-Acts, Book of." *ABD* 4:403-20.

Johnson, *Miracles.* Johnson, Luke Timothy. *Miracles: God's Presence and Power in Creation.* Louisville: Westminster John Knox, 2018.

Johnson and Goodrich, *Papyri* 3. Johnson, Allan Chester, and Sidney Pullman Goodrich, eds. *Papyri in the Princeton University Collections.* Vol. 3: *Taxation in Egypt from Augustus to Hadrian.* Princeton: Princeton University Press, 2017.

Johnson and Musser, *Story.* Johnson, Dennis, and Joe Musser. *Tell Me a Story: Orality; How the World Learns.* Colorado Springs, CO: David C. Cook, 2012.

Johnston, "Interpretations." Johnston, Robert Morris. "Parabolic Interpretations Attributed to Tannaim." PhD diss., Hartford Seminary Foundation, 1977.

Johnston, "Observations." Johnston, Robert Morris. "The Study of Rabbinic Parables: Some Preliminary Observations." Pages 337-57 in *SBL Seminar Papers, 1976.* Edited by George MacRae. SBLSP 1976. Missoula, MT: Scholars Press, 1976.

Jones, "Apollonius Passage." Jones, C. P. "Apollonius of Tyana's Passage to India." *GRBS* 42 (2, 2001): 185-99.

Jones, "Inscription." Jones, C. P. "The Inscription from Tel Maresha for Olympiodoros." *ZPE* 171 (2009): 100-104.

Jones, *Lucian.* Jones, C. P. *Culture and Society in Lucian.* Cambridge, MA: Harvard University Press, 1986.

Jones, *Plutarch and Rome.* Jones, C. P. *Plutarch and Rome.* Oxford: Oxford University Press, 1971.

Jones, "Reliability." Jones, C. P. "The Reliability of Philostratus." Pages 11-16 in *Approaches to the Second Sophistic: Papers Presented to the American Philological Association.* Edited by Glen W. Bowersock. University Park, PA: American Philological Association, 1974.

Jones and Milns, *Commentary.* Jones, Brian W., and Robert D. Milns. *Suetonius: The Flavian Emperors; A Historical Commentary.* Bristol: Bristol Classical Press, 2003.

Jonge, "Syntax." Jonge, Casper C. de. "Dionysius of Halicarnassus on Thucydides' Syntax." In *Ancient Scholarship and Grammar: Archetypes, Concepts, and Contexts.* Edited by Stephanos Matthaios, Franco Montanari, and Antonios Rengakos. Berlin: de Gruyter, 2011.

Jorgensen, "Observation." Jorgensen, Danny L. "Participant Observation." Pages 1-15 in *Emerging Trends in the Social and Behavioral Sciences: An Interdisciplinary, Searchable and Linkable Resource.* New York: Wiley & Sons, 2015.

Jousse, *Style.* Jousse, Marcel. *The Oral Style.* Translated by Edgard Sienart and Richard Whitaker. New York: Garland, 1990.

Joyal, McDougall, and Yardley, *Education.* Joyal, Mark, Iain McDougall, and J. C. Yardley. *Greek and Roman Education: A Sourcebook.* New York: Routledge, 2009.

Judge, *First Christians.* Judge, Edwin A. *The First Christians in the Roman World: Augustan and New Testament Essays.* Edited by James R. Harrison. WUNT 229. Tübingen: Mohr Siebeck, 2008.

Judge, *Jerusalem and Athens*.   Judge, Edwin A. *Jerusalem and Athens: Cultural Transformation in Late Antiquity*. Edited by Alanna Nobbs. Tübingen: Mohr Siebeck, 2010.

Judge, "Scholastic Community."   Judge, Edwin A. "The Early Christians as a Scholastic Community." *JRH* 1 (1, 1960): 4-15; (3): 125-37. Reprinted in Judge, *First Christians*, 526-52.

Judge, "Sources."   Judge, Edwin A. "Biblical Sources of Historical Method." Pages 276-81 in *Jerusalem and Athens: Cultural Transformation in Late Antiquity*. Edited by Alanna Nobbs. Tübingen: Mohr Siebeck, 2010.

Kaesser, "Tweaking."   Kaesser, Christian. "Tweaking the Real: Art Theory and the Borderline between History and Morality in Plutarch's *Lives*." *GRBS* 44 (4, 2004): 361-74.

Kähler, *Historical Jesus*.   Kähler, Martin. *The So-Called Historical Jesus and Historic, Biblical Christ*. Philadelphia: Fortress, 1964.

Kalu, *African Pentecostalism*.   Kalu, Ogbu. *African Pentecostalism: An Introduction*. Oxford: Oxford University Press, 2008.

Kany, "Bericht."   Kany, Roland. "Der lukanische Bericht von Tod und Auferstehung Jesu aus der Sicht eines hellenistichen Romanlesers." *NovT* 28 (1, 1986): 75-90.

Karla, "*Life of Aesop*."   Karla, Grammatiki A. "*Life of Aesop*: Fictional Biography as Popular Literature?" Pages 47-64 in *Writing Biography in Greece and Rome: Narrative Technique and Fictionalization*. Edited by Koen De Temmerman and Kristoffel Demoen. Cambridge: Cambridge University Press, 2016.

Kaster, "*Grammaticus*."   Kaster, Robert A. "*Grammaticus*." *OCD3* 646.

Katz and Lazarsfeld, *Influence*.   Katz, Elihu, and Paul Lazarsfeld. *Personal Influence: The Part Played by People in the Flow of Mass Communications*. Glencoe, IL: Free Press, 1955.

Kavanagh, "Identity."   Kavanagh, Bernard J. "The Identity and Fate of Caligula's Assassin, Aquila." *Latomus* 69 (4, 2010): 1007-17.

Kazen, "Imagery."   Kazen, Thomas. "Son of Man as Kingdom Imagery: Jesus between Corporate Symbol and Individual Redeemer Figure." Pages 87-108 in *Jesus from Judaism to Christianity: Continuum Approaches to the Historical Jesus*. Edited by Tom Holmén. European Studies on Christian Origins. LNTS 352. London: T&T Clark, 2007.

Keaney and Lamberton, *Essay*.   Keaney, John J., and Robert Lamberton. *Essay on the Life and Poetry of Homer*. American Classical Studies 40. Atlanta: Scholars Press, 1996.

Kechagia, "Philosophers."   Kechagia, Eleni. "Dying Philosophers in Ancient Biography: Zeno the Stoic and Epicurus." Pages 181-99 in *Writing Biography in Greece and Rome: Narrative Technique and Fictionalization*. Edited by Koen De Temmerman and Kristoffel Demoen. Cambridge: Cambridge University Press, 2016.

Kee, *Aretalogies*.   Kee, Howard Clark. *Aretalogies, Hellenistic "Lives," and the Sources of Mark: Protocol of the Twelfth Colloquy, 8 December 1974*. Berkeley, CA: Center for Hermeneutical Studies in Hellenistic and Modern Culture, 1975.

Kee, "Aretalogy."   Kee, Howard Clark. "Aretalogy and Gospel." *JBL* 92 (3, September 1973): 402-22.

Kee, "Century of Quests."   Kee, Howard Clark. "A Century of Quests for the Culturally Compatible Jesus." *ThTo* 52 (1, 1995): 17-28.

Kee, *Every Nation.*   Kee, Howard Clark. *To Every Nation under Heaven: The Acts of the Apostles.* Harrisburg, PA: Trinity Press International, 1997.

Kee, *Origins.*   Kee, Howard Clark. *Christian Origins in Sociological Perspective: Methods and Resources.* Philadelphia: Westminster, 1980.

Keener, *Acts.*   Keener, Craig S. *Acts: An Exegetical Commentary.* 4 vols. Grand Rapids: Baker Academic, 2012-15.

Keener, "Ancient Biography and Gospels."   Keener, Craig S. "Ancient Biography and the Gospels: Introduction." Pages 1-45 in Keener and Wright, *Biographies and Jesus.*

Keener, "Apologetic."   Keener, Craig S. "Paul and Sedition: Pauline Apologetic in Acts." *BBR* 22 (2, 2012): 201-24.

Keener, "Assumptions."   Keener, Craig S. "Assumptions in Historical Jesus Research: Using Ancient Biographies and Disciples' Traditioning as a Control." *JSHJ* 9 (1, 2011): 26-58.

Keener, "Baptizer."   Keener, Craig S. "The Baptizer: Jesus' Teacher according to John." Paper presented at the Third Princeton-Prague Symposium on the Historical Jesus, Princeton, NJ, March 18, 2016. In *Jesus Research: The Gospel of John in Historical Inquiry; The Third Princeton-Prague Symposium on Jesus Research; Princeton 2016.* Edited by James H. Charlesworth, with Jolyon G. R. Pruszinski. New York: Bloomsbury T&T Clark, forthcoming.

Keener, "Before Biographies."   Keener, Craig S. "Appendix: Before Biographies; Memory and Oral Tradition." Pages 329-54 in Keener and Wright, *Biographies and Jesus.*

Keener, "Beheld."   Keener, Craig S. "'We Beheld His Glory': John 1:14." Pages 15-25 in *Aspects of Historicity in the Fourth Gospel.* Edited by Paul N. Anderson, Felix Just, and Tom Thatcher. Vol. 2 of *John, Jesus, and History.* SBL Early Christianity and Its Literature 2. Atlanta: SBL, 2009.

Keener, "Biographies of a Sage."   Keener, Craig S. "Reading the Gospels as Biographies of a Sage." *Buried History* 47 (2011): 59-66.

Keener, "Claims."   Keener, Craig S. "First-Person Claims in Some Ancient Historians and Acts." *JGRCJ* 10 (2014): 9-23.

Keener, "Comparisons."   Keener, Craig S. "Cultural Comparisons for Healing and Exorcism Narratives in Matthew's Gospel." *HTS/TS* 66 (1, 2010), art. 808, 7 pages.

Keener, *Corinthians.*   Keener, Craig S. *1-2 Corinthians.* NCamBC. New York: Cambridge University Press, 2005.

Keener, "Did Not Know."   Keener, Craig S. "We Cannot Say We Did Not Know." *Prism* 11 (2, March 2004): 14-15.

Keener, "Edict."   Keener, Craig S. "Edict of Claudius." In *Brill Encyclopedia of Early Christianity.* Leiden: Brill, forthcoming.

Keener, "Ehrman vs. McIver."   Keener, Craig S. "Bart Ehrman vs. Robert McIver on Oral Tradition." Pages 271-318 in *Treasures New and Old: Essays in Honor of Donald A. Hagner.* Edited by Carl S. Sweatman and Clifford B. Kvidahl. GlossaHouse Festschrift

Series 1. Wilmore, KY: GlossaHouse, 2017.

Keener, "Epitome."   Keener, Craig S. "An Epitome of Matthean Themes: Matthew 28:18-20." Paper presented at the SNTS International Conference on the Gospel of Matthew in Its Historical and Theological Context. Moscow, September 28, 2018.

Keener, *Galatians* (Baker).   Keener, Craig S. *Galatians*. Grand Rapids: Baker Academic, 2019.

Keener, *Galatians* (Cambridge).   Keener, Craig S. *Galatians*. NCamBC. New York: Cambridge University Press, 2018.

Keener, "Genre."   Keener, Craig S. "Genre, Sources, and History: Response to D. Moody Smith." Pages 321-23 in *What We Have Heard from the Beginning: The Past, Present, and Future of Johannine Studies*. Edited by Tom Thatcher. Waco, TX: Baylor University Press, 2007.

Keener, "Gospels as Historically Reliable Biography."   Keener, Craig S. "The Gospels as Historically Reliable Biography." *The A.M.E. Zion Quarterly Review* 105 (4, October 1993): 12-23.

Keener, *Hermeneutics*.   Keener, Craig S. *Spirit Hermeneutics: Reading Scripture in Light of Pentecost*. Grand Rapids: Eerdmans, 2016.

Keener, *Historical Jesus*.   Keener, Craig S. *The Historical Jesus of the Gospels*. Grand Rapids: Eerdmans, 2009.

Keener, "Historicity of Nature Miracles."   Keener, Craig S. "The Historicity of the Nature Miracles." Pages 41-65 in *The Nature Miracles of Jesus: Problems, Perspectives, and Prospects*. Edited by Graham Twelftree. Eugene, OR: Cascade, 2017.

Keener, *John*.   Keener, Craig S. *The Gospel of John: A Commentary*. 2 vols. Peabody, MA: Hendrickson, 2003.

Keener, "Luke-Acts."   Keener, Craig S. "Luke-Acts and the Historical Jesus." Pages 600-623 in *Jesus Research: New Methodologies and Perceptions; The Second Princeton-Prague Symposium on Jesus Research*. Edited by James Charlesworth, with Brian Rhea and Petr Pokorny. Grand Rapids: Eerdmans, 2014.

Keener, *Matthew*.   Keener, Craig S. *The Gospel of Matthew: A Socio-rhetorical Commentary*. Grand Rapids: Eerdmans, 2009. Rev. version of *A Commentary on the Gospel of Matthew*. Grand Rapids: Eerdmans, 1999.

Keener, "Miracle Reports and Argument."   Keener, Craig S. "Miracle Reports and the Argument from Analogy." *BBR* 25 (4, 2015): 475-95.

Keener, "Miracle Reports: Perspectives."   Keener, Craig S. "Miracle Reports: Perspectives, Analogies, Explanations." Pages 53-65 in *Hermeneutik der frühchristlichen Wundererzählungen. Historiche, literarische und rezeptionsasthetische Aspekte*. Edited by Bernd Kollmann and Ruben Zimmermann. WUNT 339. Tübingen: Mohr Siebeck, 2014.

Keener, *Miracles*.   Keener, Craig S. *Miracles: The Credibility of the New Testament Accounts*. Grand Rapids: Baker Academic, 2011.

Keener, "Miracles (2015)."   Keener, Craig S. "Miracles." Pages 101-7 in vol. 2 of *The Oxford Encyclopedia of Bible and Theology*. Edited by Samuel E. Balentine. 2 vols. New York: Oxford University Press, 2015.

Keener, "Miracles (2017)." Keener, Craig S. "Miracles." Pages 443-49 in *Dictionary of Christianity and Science*. Edited by Paul Copan, Tremper Longman III, Christopher L. Reese, and Michael G. Strauss. Grand Rapids: Zondervan, 2017.

Keener, "Moussounga." Keener, Medine Moussounga. "Jacques Moussounga." *DACB*. Online: https://dacb.org/stories/congo/moussounga-jacques/.

Keener, "Ndoundou." Keener, Medine Moussounga. "Daniel Ndoundou." *DACB*. Online: https://dacb.org/stories/congo/ndoundou-daniel/.

Keener, "Otho 1." Keener, Craig S. "Otho: A Targeted Comparison of Suetonius' Biography and Tacitus' History, with Implications for the Gospels' Historical Reliability." *BBR* 21 (3, 2011): 331-55.

Keener, "Otho 2." Keener, Craig S. "Otho: A Targeted Comparison of Suetonius' Biography and Tacitus' History, with Implications for the Gospels' Historical Reliability." Pages 143-71 in Keener and Wright, *Biographies and Jesus*.

Keener, "Parallel Figures." Keener, Craig S. "Jesus and Parallel Jewish and Greco-Roman Figures." Pages 85-111 in *Christian Origins and Greco-Roman Culture: Social and Literary Contexts for the New Testament*. Edited by Stanley Porter and Andrew W. Pitts. Vol. 1 of *Early Christianity in Its Hellenistic Context*. TENTS 9. Leiden: Brill, 2013.

Keener, "Plausibility." Keener, Craig S. "The Plausibility of Luke's Growth Figures in Acts 2.41; 4.4; 21.20." *JGRCJ* 7 (2010): 140-63.

Keener, "Possession." Keener, Craig S. "Spirit Possession as a Cross-Cultural Experience." *BBR* 20 (2, 2010): 215-36.

Keener, "Raised." Keener, Craig S. "'The Dead Are Raised' (Matthew 11:5//Luke 7:22): Resuscitation Accounts in the Gospels and Eyewitness Testimony." *BBR* 25 (1, 2015): 55-79.

Keener, "Reassessment." Keener, Craig S. "A Reassessment of Hume's Case against Miracles in Light of Testimony from the Majority World Today." *PRSt* 38 (3, Fall 2011): 289-310.

Keener, "Review of Bauckham." Keener, Craig S. Review of *Jesus and the Eyewitnesses*, by Richard Bauckham. *BBR* 19 (2009): 130-32.

Keener, "Review of Bernier." Keener, Craig S. Review of *The Quest for the Historical Jesus after the Demise of Authenticity*, by Jonathan Bernier. *BibInt* 26 (2018): 428-31.

Keener, "Review of Malina." Keener, Craig S. Review of *Windows on the World of the New Testament*, by Bruce Malina. *CRBR* 7 (1994): 225-27.

Keener, "Rhetoric." Keener, Craig S. "Rhetoric in Antiquity." *DBAM* 337-42.

Keener, "Rhetorical Techniques." Keener, Craig S. "Some Rhetorical Techniques in Acts 24:2-21." Pages 221-51 in *Paul's World*. Edited by Stanley E. Porter. PAST 4. Leiden: Brill, 2008.

Keener, *Spirit*. Keener, Craig S. *The Spirit in the Gospels and Acts: Divine Purity and Power*. Peabody, MA: Hendrickson, 1997. Repr., Grand Rapids: Baker Academic, 2010.

Keener, "Spirits." Keener, Craig S. "Crooked Spirits and Spiritual Identity Theft: A Keener Response to Crooks?" *Journal of Mind and Behavior* 39 (2018).

Keener, "Suggestions." Keener, Craig S. "Suggestions for Future Study of Rhetoric and

Matthew's Gospel." *HTS/TS* 66 (1, 2010), art. 812, 6 pages.

Keener, "Truth."   Keener, Craig S. "'What Is Truth?': Pilate's Perspective on Jesus in John 18:33-38." Pages 77-94 in *Glimpses of Jesus through the Johannine Lens*. Vol. 3 of *John, Jesus, and History*. Edited by Paul N. Anderson, Felix Just, and Tom Thatcher. SBL Early Christianity and Its Literature 18. Atlanta: Scholars Press, 2016.

Keener, "Weeden's Critique."   Keener, Craig S. "Weighing T. J. Weeden's Critique of Kenneth Bailey's Approach to Oral Tradition in the Gospels." *JGRCJ* 13 (2017): 41-78.

Keener and Keener, *Impossible Love*.   Keener, Craig S., and Medine Moussounga Keener. *Impossible Love: The True Story of an African Civil War, Miracles, and Hope against All Odds*. Grand Rapids: Chosen, 2016.

Keener and Wright, *Biographies and Jesus*.   Keener, Craig S., and Edward T. Wright, eds. *Biographies and Jesus: What Does It Mean for the Gospels to Be Biographies?* Lexington, KY: Emeth, 2016.

Keightley, "Memory."   Keightley, Georgia Masters. "Christian Collective Memory and Paul's Knowledge of Jesus." Pages 129-50 in *Memory, Tradition, and Text: Uses of the Past in Early Christianity*. Edited by A. Kirk and Tom Thatcher. Semeia 52. Atlanta: SBL, 2005.

Keith, "Assmann."   Keith, Chris. "Assmann, Jan." *DBAM* 26-27.

Keith, "Literacy."   Keith, Chris. "Literacy." *DBAM* 206-10.

Keith, "Prolegomena."   Keith, Chris. "Prolegomena on the Textualization of Mark's Gospel: Manuscript Culture, the Extended Situation, and the Emergence of the Written Gospel." Pages 161-86 in *Memory and Identity in Ancient Judaism and Early Christianity: A Conversation with Barry Schwartz*. Edited by Tom Thatcher. SemeiaSt 78. Atlanta: SBL, 2014.

Keith, *Scribal Elite*.   Keith, Chris. *Jesus against the Scribal Elite: The Origins of the Conflict*. Grand Rapids: Baker Academic, 2014.

Keith, "Social Memory Theory."   Keith, Chris. "Social Memory Theory and Gospels Research: The First Decade." *Early Christianity* 6 (3, 2015): 354-76 and (4, 2015): 517-42.

Keith, "Urbanization."   Keith, Chris. "Urbanization and Literate Status in Early Christian Rome: Hermas and Justin Martyr as Examples." Pages 187-204 in *The Urban World and the First Christians*. Edited by Steve Walton, Paul R. Trebilco, and David W. J. Gill. Grand Rapids: Eerdmans, 2017.

Keith and Hurtado, *Friends and Enemies*.   Keith, Chris, and Larry W. Hurtado, eds. *Jesus among Friends and Enemies: A Historical and Literary Introduction to Jesus in the Gospels*. Grand Rapids: Baker Academic, 2011.

Keith and Le Donne, *Criteria*.   Keith, Chris, and Anthony Le Donne. *Jesus, Criteria, and the Demise of Authenticity*. New York: T&T Clark, 2012.

Kelber, *Gospel*.   Kelber, Werner H. *The Oral and the Written Gospel: The Hermeneutics of Speaking and Writing in the Synoptic Tradition, Mark, Paul, and Q*. Bloomington: Indiana University Press, 1997.

Kelber, "History."   Kelber, Werner H. "The History of the Closure of Biblical Texts." Pages 71-99 in *The Interface of Orality and Writing: Speaking, Seeing, Writing in the*

Shaping of New Genres. Edited by Annette Weissenrieder and Robert B. Coote. WUNT 260. Tübingen: Mohr Siebeck, 2010. Repr., BPC 11. Eugene, OR: Wipf & Stock, 2015.

Kelber, "Oral Tradition."   Kelber, Werner H. "Oral Tradition, the Comparative Study of." *DBAM* 252-59.

Kelber, *Story*.   Kelber, Werner H. *Mark's Story of Jesus*. Philadelphia: Fortress, 1979.

Kelber, "Work."   Kelber, Werner H. "The Work of Birger Gerhardsson in Perspective." Pages 173-206 in *Jesus in Memory: Traditions in Oral and Scribal Perspectives*. Edited by Werner H. Kelber and Samuel Byrskog. Waco, TX: Baylor University Press, 2009.

Kelber, "Works."   Kelber, Werner H. "The Works of Memory: Christian Origins as MnemoHistory—a Response." Pages 221-48 in *Memory, Tradition, and Text: Uses of the Past in Early Christianity*. Edited by A. Kirk and Tom Thatcher. Semeia 52. Atlanta: SBL, 2005.

Kelhoffer, "Book."   Kelhoffer, James A. "'How Soon a Book' Revisited: ΕΥΑΓΓΕΛΙΟΝ as a Reference to 'Gospel' Materials in the First Half of the Second Century." *ZNW* 95 (2004): 1-34.

Kelhoffer, "Maccabees at Prayer."   Kelhoffer, James A. "The Maccabees at Prayer: Pro- and Anti-Hasmonean Tendencies in the Prayers of First and Second Maccabees." *Early Christianity* 2 (2, 2011): 198-218.

Kelhoffer, "Miracle Workers."   Kelhoffer, James A. "Ordinary Christians as Miracle Workers in the New Testament and the Second and Third Century Christian Apologists." *BR* 44 (1999): 23-34.

Keller, *Hammer*.   Keller, Mary. *The Hammer and the Flute: Women, Power, and Spirit Possession*. Baltimore: Johns Hopkins University Press, 2002.

Kelley, "Perspective."   Kelley, Nicole. "The Cosmopolitan Expression of Josephus' Prophetic Perspective in the *Jewish War*." *HTR* 97 (3, 2004): 257-74.

Kelly, "Forge Tongues."   Kelly, Gavin. "'To Forge Their Tongues to Grander Styles': Ammianus' Epilogue." Pages 474-80 in *A Companion to Greek and Roman Historiography*. Edited by John Marincola. 2 vols. Oxford: Blackwell, 2007.

Kelsey, *Healing*.   Kelsey, Morton T. *Healing and Christianity in Ancient Thought and Modern Times*. New York: Harper & Row, 1973.

Kemp, "Flattery."   Kemp, Jerome. "Flattery and Frankness in Horace and Philodemus." *GR* 57 (1, 2010): 65-76.

Kennedy, *Art of Rhetoric*.   Kennedy, George A. *The Art of Rhetoric in the Roman World: 300 B.C.-A.D. 300*. Princeton: Princeton University Press, 1972.

Kennedy, *Classical Rhetoric*.   Kennedy, George A. *Classical Rhetoric and Its Christian and Secular Tradition from Ancient to Modern Times*. Chapel Hill: University of North Carolina Press, 1980.

Kennedy, *Classical Rhetoric* (2).   Kennedy, George A. *Classical Rhetoric and Its Christian and Secular Tradition from Ancient to Modern Times*. 2nd ed. Chapel Hill: University of North Carolina Press, 2003.

Kennedy, "Source Criticism."   Kennedy, George A. "Classical and Christian Source Criticism." Pages 125-55 in *The Relationships among the Gospels: An Interdisciplinary*

Dialogue. Edited by William O. Walker Jr. San Antonio: Trinity University Press, 1978.

Kennedy, "Survey."   Kennedy, George A. "Historical Survey of Rhetoric." Pages 3-41 in *Handbook of Classical Rhetoric in the Hellenistic Period, 330 B.C.-A.D. 400*. Edited by Stanley E. Porter. Leiden: Brill, 1997.

Kensinger and Schacter, "Memories."   Kensinger, E. A., and Daniel L. Schacter. "When True Memories Suppress False Memories: Effects of Ageing." *Cognitive Neuropsychology* 16 (1999): 399-415.

Kesteren et al., "Schema and Novelty."   Kesteren, Marlieke T. R. van, et al. "How Schema and Novelty Augment Memory Formation." *Trends in Neurosciences* 35 (4, April 2012): 211-19.

Keylock, "Distinctness."   Keylock, Leslie R. "Bultmann's Law of Increasing Distinctness." Pages 193-210 in *Current Issues in Biblical and Patristic Interpretation: Studies in Honor of Merrill C. Tenney Presented by His Former Students*. Edited by Gerald F. Hawthorne. Grand Rapids: Eerdmans, 1975.

Kidd, "Healing."   Kidd, Thomas S. "The Healing of Mercy Wheeler: Illness and Miracles among Early American Evangelicals." *WMQ* 63 (1, January 2006): 149-70.

Kilpatrick, "Style."   Kilpatrick, G. D. "Two Studies of Style and Text in the Greek New Testament." *JTS* 41 (1, 1990): 94-98.

Kim, *New Perspective*.   Kim, Seyoon. *Paul and the New Perspective: Second Thoughts on the Origin of Paul's Gospel*. Grand Rapids: Eerdmans, 2002.

King, *Kurdistan*.   King, Diane E. *Kurdistan on the Global Stage: Kinship, Land, and Community in Iraq*. New Brunswick, NJ: Rutgers University Press, 2014.

King and Stone, "Lineal Masculinity."   King, Diane E., and Linda Stone. "Lineal Masculinity: Gendered Memory within Patriliny." *American Ethnologist* 37 (2, 2010): 323-36.

Kiparsky, "Oral Poetry."   Kiparsky, Paul. "Oral Poetry: Some Linguistic and Typological Considerations." Pages 73-106 in *Oral Literature and the Formula*. Edited by Benjamin A. Stolz and Richard S. Shannon, III. Ann Arbor: Center for the Coordination of Ancient and Modern Studies, University of Michigan, 1976.

Kirk, "Cognition."   Kirk, Alan. "Cognition, Commemoration, and Tradition: Memory and the Historiography of Jesus Research." *Early Christianity* 6 (3, Sept. 2015): 285-310.

Kirk, "Collective Memory."   Kirk, Alan. "Collective Memory/Social Memory." *DBAM* 59-62.

Kirk, "Ehrman, Bauckham, and Bird."   Kirk, Alan. "Ehrman, Bauckham, and Bird on Memory and the Jesus Tradition." *JSHJ* 15 (1, 2017): 88-114.

Kirk, "Elements."   Kirk, Alan. "Bios Elements in the Q Tradition." Paper presented in the "Memory, Narrative, and Christology in the Synoptic Gospels" Seminar at the Annual Meeting of the Society for New Testament Studies. Athens, Greece, August 8, 2018.

Kirk, "Jesus Tradition."   Kirk, Alan. "Jesus Tradition and Memory." *DBAM* 196-97.

Kirk, *Man Attested by God*.   Kirk, J. R. Daniel. *A Man Attested by God: The Human Jesus of the Synoptic Gospels*. Grand Rapids: Eerdmans, 2016.

Kirk, *Memory*.   Kirk, Alan. *Memory and the Jesus Tradition*. New York: Bloomsbury: T&T

Clark, 2018.

Kirk, "Memory."   Kirk, Alan. "Memory." Pages 155-72 in *Jesus in Memory: Traditions in Oral and Scribal Perspectives*. Edited by Werner H. Kelber and Samuel Byrskog. Waco, TX: Baylor University Press, 2009.

Kirk, "Memory of Violence."   Kirk, Alan. "The Memory of Violence and the Death of Jesus in Q." Pages 191-206 in *Memory, Tradition, and Text: Uses of the Past in Early Christianity*. Edited by A. Kirk and Tom Thatcher. Semeia 52. Atlanta: SBL, 2005.

Kirk, "Memory Theory."   Alan Kirk, "Memory Theory and Jesus Research." Pages 809-42 in *How to Study the Historical Jesus*. Vol. 1 of *Handbook for the Study of the Historical Jesus*. 4 vols. Edited by Tom Holmén and Stanley E. Porter. Leiden: Brill, 2011.

Kirk, "Nexus."   Kirk, Alan. "The Memory-Tradition Nexus in the Synoptic Tradition: Memory, Media, and Symbolic Representation." Pages 131-59 in *Memory and Identity in Ancient Judaism and Early Christianity: A Conversation with Barry Schwartz*. Edited by Tom Thatcher. Semeia Studies 78. Atlanta: SBL, 2014.

Kirk, *Q in Matthew*.   Kirk, Alan. *Q in Matthew: Ancient Media, Memory, and Early Scribal Transmission of the Jesus Tradition*. LNTS 564. New York: Bloomsbury, 2016.

Kirk, "Social and Cultural Memory."   Kirk, Alan. "Social and Cultural Memory." Pages 1-24 in *Memory, Tradition, and Text: Uses of the Past in Early Christianity*. Edited by A. Kirk and Tom Thatcher. Semeia 52. Atlanta: SBL, 2005.

Kirk, "Traditionsbruch."   Kirk, Alan. "Traditionsbruch." *DBAM* 429-30.

Kirk and Thatcher, "Tradition."   Kirk, Alan, and Tom Thatcher. "Jesus Tradition as Social Memory." Pages 25-42 in *Memory, Tradition, and Text: Uses of the Past in Early Christianity*. Edited by A. Kirk and Tom Thatcher. Semeia 52. Atlanta: SBL, 2005.

Kisau, "Acts."   Kisau, Paul Mumo. "Acts of the Apostles." Pages 1297-1348 in *Africa Bible Commentary*. Edited by Tokunboh Adeyemo. Grand Rapids: Zondervan; Nairobi: WordAlive, 2006.

Klassen, *Contribution*.   Klassen, William. *The Contribution of Jewish Scholars to the Quest for the Historical Jesus*. Cambridge: Centre for Jewish-Christian Relations, 2000.

Klauck, *Context*.   Klauck, Hans-Josef. *The Religious Context of Early Christianity: A Guide to Graeco-Roman Religions*. Translated by Brian McNeil. Minneapolis: Fortress, 2003.

Klauck, "Presence."   Klauck, Hans-Josef. "Presence in the Lord's Supper: 1 Corinthians 11:23-26 in the Context of Hellenistic Religious History." Pages 57-74 in *One Loaf, One Cup—Ecumenical Studies of 1 Cor 11 and Other Eucharistic Texts: The Cambridge Conference on the Eucharist, August 1988*. Edited by Ben F. Meyer. New Gospel Studies 6. Macon, GA: Mercer University Press, 1993.

Kloppenborg, *Excavating Q*.   Kloppenborg, John S. *Excavating Q: The History and Setting of the Sayings Gospel*. Minneapolis: Fortress, 2000.

Kloppenborg, "Memory."   Kloppenborg, John S. "Memory, Performance, and the Sayings of Jesus." Pages 286-323 in *Memory in Ancient Rome and Early Christianity*. Edited by Karl Galinsky. Oxford: Oxford University Press, 2016.

Kloppenborg, "Variation."   Kloppenborg, John S. "Variation in the Reproduction of the Double Tradition and an Oral Q?" *ETL* 83 (2007): 53-80.

Klutz, *Exorcism Stories.*   Klutz, Todd. *The Exorcism Stories in Luke-Acts: A Sociostylistic Reading.* SNTSMS 129. Cambridge: Cambridge University Press, 2004.

Knapp, *Dawn.*   Knapp, Robert. *The Dawn of Christianity: People and Gods in a Time of Magic and Miracles.* Cambridge, MA: Harvard University Press, 2017.

Knapstad, "Power."   Knapstad, Bard Løkken. "Show Us the Power! A Study of the Influence of Miracles on the Conversion Process from Islam to Christianity in an Indonesian Context." ThM thesis, Norwegian Lutheran School of Theology, 2005.

Knight, "Problem."   Knight, Christopher C. "The Synoptic Problem: Some Methodological Considerations and a New Hypothesis." *Heythrop Journal* 58 (2, 2017): 247-61.

Knoppers, "Problem."   Knoppers, Gary N. "The Synoptic Problem? An Old Testament Perspective." *BBR* 19 (1, 2009): 11-34.

Kodell, *Luke.*   Kodell, Jerome. *The Gospel according to Luke.* Collegeville Bible Commentary. Collegeville, MN: Liturgical Press, 1983.

Koester, *Introduction.*   Koester, Helmut. *Introduction to the New Testament.* 2 vols. Philadelphia: Fortress, 1982.

Kok, "Papias."   Kok, Michael J. "Did Papias of Hierapolis Use the Gospel according to the Hebrews as a Source?" *Journal of Early Christian Studies* 25 (1, Spring 2017): 29-53.

Kokkinos, "*Gentilicium.*"   Kokkinos, Nikos. "A Fresh Look at the *gentilicium* of Felix, Procurator of Judaea." *Latomus* 49 (1, 1990): 126-41.

Kolb, *Word.*   Kolb, Robert. *Martin Luther and the Enduring Word of God: The Wittenberg School and Its Scripture-Centered Proclamation.* Grand Rapids: Baker Academic, 2016.

Konig, "Lives."   Konig, Jason. "The Cynic and Christian Lives of Lucian's *Peregrinus.*" Pages 227-54 in *The Limits of Ancient Biography.* Edited by Brian McGing and Judith Mossman. Swansea, Wales: Classical Press of Wales, 2006.

Konstan, "*Apollonius* and Novel."   Konstan, David. "*Apollonius, King of Tyre*, and the Greek Novel." Pages 173-82 in *The Search for the Ancient Novel.* Edited by James Tatum. Baltimore: Johns Hopkins University Press, 1994.

Konstan, "Invention."   Konstan, David. "The Invention of Fiction." Pages 3-17 in *Ancient Fiction and Early Christian Narrative.* Edited by Ronald F. Hock, J. Bradley Chance, and Judith Perkins. SBLSymS 6. Atlanta: SBL, 1998.

Konstan, "Subjectivity."   Konstan, David. "A New Subjectivity? Teaching Ἔρως through the Greek Novel and Early Christian Texts." Pages 251-60 in *Reading and Teaching Ancient Fiction: Jewish, Christian, and Greco-Roman Narratives.* Edited by Sara R. Johnson, Ruben R. Dupertuis, and Christine Shea. WGRWSup 11. Atlanta: SBL Press, 2018.

Konstan, *Symmetry.*   Konstan, David. *Sexual Symmetry: Love in the Ancient Novel and Related Genres.* Princeton: Princeton University Press, 1994.

Konstan and Walsh, "Biography."   Konstan, David, and Robyn Walsh. "Civic and Subversive Biography in Antiquity." Pages 26-43 in *Writing Biography in Greece and Rome: Narrative Technique and Fictionalization.* Edited by Koen De Temmerman and Kristoffel Demoen. Cambridge: Cambridge University Press, 2016.

Koren and Nevo, "Approaches."   Koren, J., and Y. D. Nevo. "Methodological Approaches to Islamic Studies." *Der Islam* 68 (1991): 87-107.

Koriat, Goldsmith, and Pansky, "Psychology."   Koriat, Asher, Morris Goldsmith, and Ainat Pansky. "Toward a Psychology of Memory Accuracy." *Annual Review of Psychology* 51 (2000): 481-537.

Koschorke, Ludwig, and Delgado, *History.*   Koschorke, Klaus, Frieder Ludwig, and Mariano Delgado, eds., with Roland Spliesgart. *A History of Christianity in Asia, Africa, and Latin America, 1450-1990: A Documentary Sourcebook.* Grand Rapids: Eerdmans, 2007.

Koskenniemi, "Apollonius."   Koskenniemi, Erkki. "Apollonius of Tyana: A Typical θεῖος ἀνήρ?" *JBL* 117 (3, 1998): 455-67.

Koskenniemi, "Background."   Koskenniemi, Erkki. "The Religious-Historical Background of the New Testament Miracles." Pages 103-16 in *Religious and Spiritual Events.* Vol. 1 of *Miracles: God, Science, and Psychology in the Paranormal.* Edited by J. Harold Ellens. 3 vols. Westport, CT; London: Praeger, 2008.

Koskenniemi, *Miracle-Workers.* Koskenniemi, Erkki. *The Old Testament Miracle-Workers in Early Judaism.* WUNT 2.206. Tübingen: Mohr Siebeck, 2005.

Koskenniemi, "Moses."   Koskenniemi, E. "Moses—a Well-Educated Man: A Look at the Educational Idea in Early Judaism." *JSP* 17 (4, 2008): 281-96.

Koutstaal, Verfaellie, and Schacter, "Objects."   Koutstaal, W., M. Verfaellie, and D. L. Schacter. "Recognizing Identical vs. Similar Categorically Related Common Objects: Further Evidence for Degraded Gist-Representations in Amnesia." *Neuropsychology* 15 (2001): 268-89.

Kraha and Boals, "Negative."   Kraha, Amanda, and Adriel Boals, "Why So Negative? Positive Flashbulb Memories for a Personal Event." *Memory* 22 (4, May 2014): 442-49.

Krasser, "Reading."   Krasser, Helmut. "Light Reading." *BNP* 7:553-55.

Krieger, "Hauptquelle."   Krieger, Klaus-Stefan. "Zur Frage nach der Hauptquelle über die Geschichte der Provinz Judäa in den Antiquitates judaicae des Flavius Josephus." *BN* 63 (1992): 37-41.

Krieger, "Verwandter."   Krieger, Klaus-Stefan. "War Flavius Josephus ein Verwandter des hasmonäischen Königshauses?" *BN* 73 (1994): 58-65.

Kruger, *Crossroads.*   Kruger, Michael J. *Christianity at the Crossroads: How the Second Century Shaped the Future of the Church.* Downers Grove, IL: IVP Academic, 2018.

Kugel and Greer, *Interpretation.*   Kugel, James L., and Rowan A. Greer. *Early Biblical Interpretation.* LEC 3. Philadelphia: Westminster, 1986.

Kuhrt, "Mesopotamia."   Kuhrt, Amélie. "Ancient Mesopotamia in Classical Greek and Hellenistic Thought." Pages 55-66 in vol. 1 of *Civilizations of the Ancient Near East.* Edited by Jack M. Sasson. 4 vols. New York: Scribner's, 1995.

Kulp, "Patterns."   Kulp, Joshua. "Organisational Patterns in the Mishnah in Light of Their Toseftan Parallels." *JJS* 58 (1, 2007): 52-78.

Kümmel, *Introduction.*   Kümmel, Werner George. *Introduction to the New Testament.* London: SCM, 1965.

Kurz, "Models." Kurz, William S. "Narrative Models for Imitation in Luke-Acts." Pages 171-89 in *Greeks, Romans, and Christians: Essays in Honor of Abraham J. Malherbe*. Edited by David L. Balch, Everett Ferguson, and Wayne A. Meeks. Minneapolis: Fortress, 1990.

Kurz, *Reading Luke-Acts*. Kurz, William S. *Reading Luke-Acts: Dynamics of Biblical Narrative*. Louisville: Westminster John Knox, 1993.

Kwon, "Charting." Kwon, Youngju. "Charting the (Un)charted: Gospels as Ancient Biographies and Their (Un)explored Implications." Pages 59-76 in Keener and Wright, *Biographies and Jesus*.

Kwon, "Reimagining." Kwon, Youngju. "Reimagining the Jesus Tradition: Orality, Memory, and Ancient Biography." PhD diss., Asbury Theological Seminary, 2018.

Kysar, *John*. Kysar, Robert. *John*. ACNT. Minneapolis: Augsburg Publishing House, 1986.

Kysar, *Maverick Gospel*. Kysar, Robert. *John, the Maverick Gospel*. Atlanta: John Knox Press, 1976.

Labahn, "Secondary Orality." Labahn, Michael. "Secondary Orality." *DBAM* 362-64.

Ladouceur, "Josephus and Masada." Ladouceur, David J. "Josephus and Masada." Pages 95-113 in *Josephus, Judaism, and Christianity*. Edited by Louis H. Feldman and Gohei Hata. Detroit: Wayne State University Press, 1987.

Ladouceur, "Masada: Consideration." Ladouceur, David J. "Masada: A Consideration of the Literary Evidence." *GRBS* 21 (3, 1980): 245-60.

Laistner, *Historians*. Laistner, M. L. W. *The Greater Roman Historians*. Berkeley: University of California Press, 1947.

Lake and Cadbury, *Commentary*. Lake, Kirsopp, and Henry J. Cadbury. *English Translation and Commentary*. Vol. 4 of *The Beginnings of Christianity: The Acts of the Apostles*. Edited by F. J. Foakes-Jackson and Kirsopp Lake. London: Macmillan, 1933. Repr., Grand Rapids: Baker Book House, 1979.

Laks, "Diogenes Laertius." Laks, Andre. "Diogenes Laertius and the Pre-Socratics." Pages 588-92 in *Diogenes Laertius "Lives of the Eminent Philosophers."* Edited by James Miller. Translated by Pamela Mensch. New York: Oxford University Press, 2018.

Lalleman, "Apocryphal Acts." Lalleman, Pieter J. "Apocryphal Acts and Epistles." *DNTB* 66-69.

Lamour, "Organisation." Lamour, Denis. "L'organisation du récit dans l'*Autobiographie* de Flavius Joséphe." *BAGB* 55 (2, 1996): 141-50.

Lanciano, Curci, and Semin, "Determinants." Lanciano, Tiziana, Antonietta Curci, and Gun R. Semin. "The Emotional and Reconstructive Determinants of Emotional Memories: An Experimental Approach to Flashbulb Memory Investigation." *Memory* 18 (5, 2010): 473-85.

Lane, "Christology." Lane, William L. "*Theios Anēr* Christology and the Gospel of Mark." Pages 144-61 in *New Dimensions in New Testament Study*. Edited by Richard N. Longenecker and Merrill C. Tenney. Grand Rapids: Zondervan Publishing House, 1974.

Lane, *Mark*. Lane, William L. *The Gospel of Mark*. NICNT. Grand Rapids: Eerdmans,

1974.

Lanfranchi, "Reminiscences."   Lanfranchi, Pierluigi. "Reminiscences of Ezekiel's *Exagoge* in Philo's *De Vita Mosis*." Pages 144-50 in *Moses in Biblical and Extra-biblical Traditions*. Edited by Axel Graupner and Michael Wolter. BZAW 372. Berlin: de Gruyter, 2007.

Lang, *Kunst*.   Lang, Manfred. *Die Kunst des christlichen Lebens. Rezeptionsästhetische Studien zum lukanischen Paulusbild*. ABIG 29. Leipzig: Evangelische Verlagsanstalt, 2008.

Lapide, *Hebrew*.   Lapide, Pinchas E. *Hebrew in the Church: The Foundations of Jewish-Christian Dialogue*. Translated by Erroll F. Rhodes. Grand Rapids: Eerdmans, 1984.

Lapide and Luz, *Jezus*.   Lapide, Pinchas, and Ulrich Luz. *A Zsidó Jezus. Zsidó tézisek, Kereszteny válaszok*. Budapest: Logos Kiado, 1994.

Lardner, *Works*.   Lardner, Nathaniel. *Works of Nathaniel Lardner, D.D., with a Life by Dr. Kippis*. 10 vols. London: William Ball, 1838. Orig. pub., 1788.

Larsen, Thompson, and Hansen, "Time."   Larsen, Steen F., Charles P. Thompson, and Tia Hansen. "Time in Autobiographical Memory." Pages 129-56 in *Remembering Our Past: Studies in Autobiographical Memory*. Edited by David C. Rubin. Cambridge: Cambridge University Press, 1996.

Lavery, "Lucullus."   Lavery, Gerald B. "Plutarch's Lucullus and the Living Bond of Biography." *CJ* 89 (3, 1994): 261-73.

Leaney, *Luke*.   Leaney, A. R. C. *A Commentary on the Gospel according to St. Luke*. BNTC. London: Black, 1958.

Le Cornu, *Acts*.   Le Cornu, Hilary, with Joseph Shulam. *A Commentary on the Jewish Roots of Acts*. 2 vols. Jerusalem: Academon, 2003.

Le Donne, *Historiographical Jesus*.   Le Donne, Anthony. *The Historiographical Jesus: Memory, Typology, and the Son of David*. Waco, TX: Baylor University Press, 2009.

Le Donne, "Presentism."   Le Donne, Anthony. "Presentism/Constructionism." *DBAM* 307-8.

Le Donne, "Traditionalism."   Le Donne, Anthony. "Traditionalism/Continuitism." *DBAM* 428-29.

Lee, "Source Criticism."   Lee, Soo Kwang. "Source Criticism of Accounts of Alexander's Life, with Implications for the Gospels' Historical Reliability." Pages 201-15 in Keener and Wright, *Biographies and Jesus*.

Lee, "Translations: Greek."   Lee, John A. L. "Translations of the Old Testament: I. Greek." Pages 775-83 in *Handbook of Classical Rhetoric in the Hellenistic Period, 330 B.C.-A.D. 400*. Edited by Stanley E. Porter. Leiden: Brill, 1997.

Lefkowitz, *Lives*.   Lefkowitz, Mary R. *Lives of the Greek Poets*. 2nd ed. Baltimore: Johns Hopkins University Press, 2012.

Lefkowitz, "Poet."   Lefkowitz, Mary R. "The Poet as Hero: Fifth-Century Autobiography and Subsequent Biographical Fiction." *ClQ* 28 (1978): 459-69.

Lendon, "Historians."   Lendon, J. E. "Historians without History: Against Roman Historiography." Pages 41-61 in *The Cambridge Companion to the Roman Historians*. Edited by Andrew Feldherr. Cambridge: Cambridge University Press, 2009.

Lenfant, "Fragments." Lenfant, Dominique. "'Peut-on se fier aux 'fragments' d'historiens? L'Example des citations d'Hérodote." *Ktèma* 24 (1999): 103-21.

Leo, *Biographie.* Leo, Friedrich. *Die griechisch-römische Biographie nach ihrer literarischen Form.* Leipzig: Teubner, 1901.

Levene, "Historiography." Levene, D. S. "Roman Historiography in the Late Republic." Pages 275-89 in *A Companion to Greek and Roman Historiography.* Edited by John Marincola. 2 vols. Oxford: Blackwell, 2007.

Levine, "Christian Faith." Levine, Amy-Jill. "Christian Faith and the Study of the Historical Jesus: A Response to Bock, Keener, and Webb." *JSHJ* 9 (1, 2011): 96-106.

Levine, "Introduction." Levine, Amy-Jill. "Introduction." Pages 1-39 in *The Historical Jesus in Context.* Edited by Amy-Jill Levine, Dale C. Allison Jr., and John Dominic Crossan. PrRR. Princeton: Princeton University Press, 2006.

Levine, *Misunderstood Jew.* Levine, Amy-Jill. *The Misunderstood Jew: The Church and the Scandal of the Jewish Jesus.* San Francisco: HarperSanFrancisco, 2006.

Levine, "Synagogue." Levine, Lee I. "The Second Temple Synagogue: The Formative Years." Pages 7-31 in *The Synagogue in Late Antiquity.* Edited by Lee I. Levine. Philadelphia: ASOR, 1986.

Levine, "Twice." Levine, Nachman. "Twice as Much of Your Spirit: Pattern, Parallel, and Paronomasia in the Miracles of Elijah and Elisha." *JSOT* 85 (1999): 25-46.

Levine and Witherington, *Luke.* Levine, Amy-Jill, and Ben Witherington III. *The Gospel of Luke.* NCamBC. New York: Cambridge University Press, 2018.

Levinskaya, *Setting.* Levinskaya, Irina. *The Book of Acts in Its Diaspora Setting.* Vol. 5 of *The Book of Acts in Its First Century Setting.* Edited by Bruce W. Winter. Grand Rapids: Eerdmans, 1996.

Levy-Bruhl, *Natives.* Levy-Bruhl, Lucien. *How Natives Think.* Translated by Lilian A. Clare. London: Allen & Unwin, 1926.

Lewis, *Ecstatic Religion.* Lewis, I. M. *Ecstatic Religion: An Anthropological Study of Spirit Possession and Shamanism.* Pelican Anthropology Library. Middlesex: Penguin, 1971.

Lewis, *History.* Lewis, Bernard. *History Remembered, Recovered, Invented.* New York: Simon & Schuster, 1975.

Lewis, *Life.* Lewis, Naphtali. *Life in Egypt under Roman Rule.* Oxford: Clarendon, 1983.

Libby, "Moons." Libby, Brigitte B. "Moons, Smoke, and Mirrors in Apuleius' Portrayal of Isis." *AJP* 132 (2, 2011): 301-22.

Licona, *Differences.* Licona, Michael R. *Why Are There Differences in the Gospels? What We Can Learn from Ancient Biography.* New York: Oxford University Press, 2017.

Licona, *Resurrection.* Licona, Michael R. *The Resurrection of Jesus: A New Historiographical Approach.* Downers Grove, IL: InterVarsity, 2010.

Licona, "Sky Falling." Licona, Michael. "Is the Sky Falling in the World of Historical Jesus Research?" *BBR* 26 (3, 2016): 353-68.

Licona, "Viewing." Licona, Michael R. "Viewing the Gospels as Ancient Biographies Resolves Many Contradictions." Pages 323-28 in Keener and Wright, *Biographies and Jesus.*

Liefeld, "Preacher."   Liefeld, Walter Lewis. "The Wandering Preacher as a Social Figure in the Roman Empire." PhD diss., Columbia University, 1967.

Liefeld and Pao, "Luke."   Liefeld, Walter L., and David W. Pao. "Luke." Pages 19-355 in *The Expositor's Bible Commentary: Luke-Acts*. Vol. 10 of *The Expositor's Bible Commentary*. Rev. ed. Grand Rapids: Zondervan, 2007.

Lindars, *John*.   Lindars, Barnabas. *John*. NTG. Sheffield: Sheffield Academic Press, 1990.

Lindenberger, "Ahiqar."   Lindenberger, J. M. "Ahiqar: A New Translation and Introduction." *OTP* 2:479-93.

Lindner, "Geschichtsauffassung."   Lindner, Helgo. "Die Geschichtsauffassung des Flavius Josephus im Bellum judaicum. Gleichzeitig ein Beitrag zur Quellenfrage, Diss., Tübingen 1970." *TLZ* 96 (12, 1971): 953-54.

Linton, "Memory."   Linton, Marigold. "Memory for Real World Events." Pages 376-404 in *Explorations in Cognition*. Edited by Donald A. Norman and David E. Rumelhart. SanFrancisco: W. H. Freeman, 1975.

Lintott, *Romans*.   Lintott, Andrew. *The Romans in the Age of Augustus*. Malden, MA: Wiley-Blackwell, 2010.

Litwa, "Eyewitnesses."   Litwa, M. David. "Literary Eyewitnesses: The Appeal to an Eyewitness in John and Contemporaneous Literature." *NTS* 64 (3, July 2018): 343-61.

Litwak, *Echoes*.   Litwak, Kenneth Duncan. *Echoes of Scripture in Luke-Acts: Telling the History of God's People Intertextually*. JSNTSup 282. London: T&T Clark, 2005.

Loftus, "Reality."   Loftus, Elizabeth F. "The Reality of Repressed Memories." *American Psychologist* 48 (1993): 518-37.

Loftus et al., "Manufacturing Memory."   Loftus, Elizabeth F., Mary Nucci, and Hunter G. Hoffman. "Manufacturing Memory." *American Journal of Forensic Psychology* 16 (1998): 63-76.

Loke, *Origin*.   Loke, Andrew Ter Ern. *The Origin of Divine Christology*. SNTSMS 169. Cambridge: Cambridge University Press, 2017.

Long, "Introduction."   Long, Herbert S. "Introduction." Pages xv-xxvi in *Diogenes Laertius "Lives of Eminent Philosophers."* Translated by R. D. Hicks. Rev. ed. 2 vols. LCL. Cambridge, MA: Harvard University Press, 1972.

Long, "Samuel."   Long, V. Phillips. "1 Samuel." Pages 267-411 in vol. 2 of *Zondervan Illustrated Bible Backgrounds Commentary: Old Testament*. Edited by John Walton. 5 vols. Grand Rapids: Zondervan, 2009.

Long, "Zeno."   Long, A. A. "Zeno of Citium: Cynic Founder of the Stoic Tradition." Pages 603-10 in *Diogenes Laertius "Lives of the Eminent Philosophers."* Edited by James Miller. Translated by Pamela Mensch. New York: Oxford University Press, 2018.

Long and Sharples, "Diogenes Laertius."   Long, Herbert S., and Robert W. Sharples. "Diogenes Laertius." *OCD3* 474-75.

Longenecker, "Pompeii."   Longenecker, Bruce W. "Pompeii (Writing/Literacy in)." *DBAM* 303-5.

Longenecker, *Rhetoric*.   Longenecker, Bruce W. *Rhetoric at the Boundaries: The Art and Theology of New Testament Chain-Link Transitions*. Waco, TX: Baylor University Press,

2005.

Loos, *Miracles.* Loos, Hendrik van der. *The Miracles of Jesus.* NovTSup 9. Leiden: Brill, 1965.

Lord, *Singer.* Lord, Albert B. *The Singer of Tales.* New York: Atheneum, 1965.

Lorsch, "Conception." Lorsch, Robin S. "Augustus' Conception and the Heroic Tradition." *Latomus* 56 (4, 1997): 790-99.

Loubser, "Possession." Loubser, J. A. "Possession and Sacrifice in the New Testament and African Traditional Religion: The Oral Forms and Conventions behind the Literary Genres." *Neot* 37 (2, 2003): 221-45.

Luce, *Livy.* Luce, Torrey J. *Livy: The Composition of His History.* Princeton: Princeton University Press, 1977.

Luijk, *Children.* Luijk, Ruben van. *Children of Lucifer: The Origins of Modern Religious Satanism.* New York: Oxford University Press, 2016.

Luke, "Ideology." Luke, Trevor. "Ideology and Humor in Suetonius' *Life of Vespasian* 8." *CW* 103 (4, 2010): 511-27.

Lumpp, "Ong." Lumpp, Randy F. "Ong, Walter J." *DBAM* 250-52.

Lutz, "Musonius." Lutz, Cora E. "Musonius Rufus: The Roman Socrates." *YCS* 10 (1947): 3-147.

Luz, "Masada." Luz, Menahem. "Eleazar's Second Speech on Masada and Its Literary Precedents." *RMPhil* 126 (1, 1983): 25-43.

Luz, *Matthew.* Luz, Ulrich. *Matthew 1-7: A Commentary.* Translated by Wilhelm C. Linss. Minneapolis: Fortress, 1989.

Lyons, *Autobiography.* Lyons, George. *Pauline Autobiography: Toward a New Understanding.* SBLDS 73. Atlanta: Scholars Press, 1985.

Ma, "Encounter." Ma, Julie C. "'A Close Encounter with the Transcendental': Proclamation and Manifestation in Pentecostal Worship in Asian Context." Pages 127-45 in *Asian Church and God's Mission: Studies Presented in the International Symposium on Asian Mission in Manila, January 2002.* Edited by Wonsuk Ma and Julie C. Ma. Manila: OMF Literature; West Caldwell, NJ: Mountain World Mission, 2003.

Ma, "Mission." Ma, Julie C. "Pentecostalism and Asian Mission." *Missiology* 35 (1, January 2007): 23-37.

Ma, "Vanderbout." Ma, Julie C. "Elva Vanderbout: A Woman Pioneer of Pentecostal Mission among Igorots." *JAM* 3 (1, 2001): 121-40.

MacDonald, *Epics.* MacDonald, Dennis R. *The Homeric Epics and the Gospel of Mark.* New Haven: Yale University Press, 2000.

MacDonald, *Imitate Homer.* MacDonald, Dennis R. *Does the New Testament Imitate Homer? Four Cases from the Acts of the Apostles.* New Haven: Yale University Press, 2003.

Mack, *Myth.* Mack, Burton L. *A Myth of Innocence: Mark and Christian Origins.* Philadelphia: Fortress, 1988.

Mack and Robbins, *Patterns.* Mack, Burton L., and Vernon K. Robbins. *Patterns of Persuasion in the Gospels.* Sonoma, CA: Polebridge, 1989.

Maclean and Aitken, *Heroikos.*   Maclean, Jennifer K. Berenson, and Ellen Bradshaw Aitken, eds. and trans. *Flavius Philostratus: Heroikos.* SBLWGRW 1. Atlanta: SBL, 2001.

MacMullen, *Christianizing.*   MacMullen, Ramsay. *Christianizing the Roman Empire.* New Haven: Yale University Press, 1984.

Maddox, *Purpose.*   Maddox, Robert. *The Purpose of Luke-Acts.* SNTW. Edinburgh: T&T Clark, 1982. FRLANT. Göttingen: Vandenhoeck & Ruprecht, 1982.

Maier, "Kult."   Maier, Johann. "Zu Kult und Liturgie der Qumrangemeinde." *RevQ* 14 (4, 1990): 543-86.

Maisonneuve, "Parables."   Maisonneuve, Dominique de la. "The Parables of Jesus and the Rabbinic Parables." *SIDIC* 20 (1987): 8-15.

Malbon, *Company.*   Malbon, Elizabeth Struthers. *In the Company of Jesus: Characters in Mark's Gospel.* Louiville: Westminster John Knox, 2000.

Malherbe, "Theorists."   Malherbe, Abraham J. "Ancient Epistolary Theorists." *OJRS* 5 (2, 1977): 3-77.

Malherbe and Ferguson, *Gregory of Nyssa.*   Malherbe, Abraham J., and Everett Ferguson. *Gregory of Nyssa "The Life of Moses."* New York: Paulist Press, 1978.

Malina and Neyrey, *Portraits.*   Malina, Bruce J., and Jerome H. Neyrey. *Portraits of Paul: An Archaeology of Ancient Personality.* Louisville: Westminster John Knox, 1996.

Malkki, *Purity and Exile.*   Malkki, Liisa H. *Purity and Exile: Violence, Memory, and National Cosmology among Hutu Refugees in Tanzania.* Chicago: University of Chicago Press, 1995.

Mandler, *Stories.*   Mandler, Jean Matter. *Stories, Scripts, and Scenes: Aspects of Schema Theory.* John M. MacEachran Memorial Lecture Series, 1983. Hillsdale, NJ: L. Erlbaum Associates, 1984.

Manson, "Review of Jeremias."   Manson, T. W. Review of *Die Gleichnisse Jesu*, by Joachim Jeremias. *NTS* 1 (1954-55): 58.

Manson, *Teaching.*   Manson, T. W. *The Teaching of Jesus*, Cambridge: Cambridge University Press, 1931.

Marchant, "Introduction."   Marchant, E. C. "Introduction to *Memorabilia* and *Oeconomicus.*" Pages vii-xxvii in vol. 4 of *Xenophon.* Translated by Carleton L. Brownson, O. J. Todd, and E. C. Marchant. 4 vols. LCL. New York: G. P. Putnam's Sons, 1918-3.

Marcus, "Gospel of Peter."   Marcus, Joel. "The Gospel of Peter as a Jewish Christian Document." *NTS* 64 (4, October 2018): 473-94.

Marcus, *Mark.* Marcus,   Joel. *Mark.* 2 vols. AB 27, 27A. New Haven: Yale University Press, 1999, 2009.

Marcus, "War."   Marcus, Joel. "The Jewish War and the Sitz im Leben of Mark." *JBL* 111 (3, 1992): 441-62.

Marguerat, *Actes.*   Marguerat, Daniel. *Les Actes des apôtres (1-12).* CNT, 2nd ser., 5A. Geneva: Labor et Fides, 2007.

Marguerat, *Histoire.*   Marguerat, Daniel. *La première histoire du christianisme (les Actes des apôtres).* LD 180. Paris: Cerf, 1999.

Marguerat, *Historian.*   Marguerat, Daniel. *The First Christian Historian: Writing the "Acts of the Apostles."* Translated by Ken McKinney, Gregory J. Laughery, and Richard Bauckham. SNTSMS 121. Cambridge: Cambridge University Press, 2002.

Marguerat, "Pionnier."   Marguerat, Daniel. "Luc, pionnier de l'historiographie chrétienne." *RSR* 92 (4, 2004): 513-38.

Marguerat, "Unite."   Marguerat, Daniel. "Luc-Actes. Une unité à construire." Pages 57-81 in *The Unity of Luke-Acts.* Edited by Joseph Verheyden. BETL 142. Leuven: Leuven University Press, 1999.

Marincola, *Authority.*   Marincola, John. *Authority and Tradition in Ancient Historiography.* Cambridge: Cambridge University Press, 1997.

Marincola, "Introduction."   Marincola, John. "Introduction." Pages 1-9 in *A Companion to Greek and Roman Historiography.* Edited by John Marincola. 2 vols. Oxford: Blackwell, 2007.

Marincola, "Speeches."   Marincola, John. "Speeches in Classical Historiography." Pages 118-32 in *A Companion to Greek and Roman Historiography.* Edited by John Marincola. 2 vols. Oxford: Blackwell, 2007.

Marincola, "Tacitus' Prefaces."   Marincola, John. "Tacitus' Prefaces and the Decline of Imperial Historiography." *Latomus* 58 (2, 1999): 391-404.

Marrou, *History.*   Marrou, H. I. *A History of Education in Antiquity.* Translated by George Lamb. Madison: University of Wisconsin Press, 1956.

Marshall, *Enmity.*   Marshall, Peter. *Enmity in Corinth: Social Conventions in Paul's Relations with the Corinthians.* WUNT 2.23. Tübingen: Mohr Siebeck, 1987.

Marshall, *Historian.*   Marshall, I. Howard. *Luke: Historian and Theologian.* Exeter, UK: Paternoster, 1970.

Marshall, *Luke.*   Marshall, I. Howard. *The Gospel of Luke: A Commentary on the Greek Text.* NIGTC. Grand Rapids: Eerdmans, 1978.

Marshall, *No Myth.*   Marshall, David. *Jesus Is No Myth: The Fingerprints of God on the Gospels.* Fall City, WA: Kuai Mu Press, 2016.

Marshall, "Reading."   Marshall, I. Howard. "Reading the Book, 7: Luke-Acts." *ExpT* 108 (7, 1997): 196-200.

Marshall, "Theme."   Marshall, I. Howard. "'Israel' and the Story of Salvation: One Theme in Two Parts." Pages 340-57 in *Jesus and the Heritage of Israel: Luke's Narrative Claim upon Israel's Legacy.* Edited by David P. Moessner. Luke the Interpreter of Israel 1. Harrisburg, PA: Trinity Press International, 1999.

Marshall, "Treatise."   Marshall, I. Howard. "Acts and the 'Former Treatise.'" Pages 163-82 in *The Book of Acts in Its Ancient Literary Setting.* Edited by Bruce W. Winter and Andrew D. Clarke. Vol. 1 of *The Book of Acts in Its First Century Setting.* Edited by Bruce W. Winter. Grand Rapids: Eerdmans, 1993.

Martell-Otero, "Satos."   Martell-Otero, Loida I. "Of Satos and Saints: Salvation from the Periphery." Edited by Renata Furst-Lambert. *Perspectivas: Hispanic Theological Initiative Occasional Paper Series* 4 (Summer 2001): 7-33.

Martin, "Mithraism."   Martin, Luther H. "Roman Mithraism and Christianity." *Numen*

36 (1, 1989): 2-15.

Martin, "Pericope."   Martin, Ralph P. "The Pericope of the Healing of the Centurion's Servant/Son (Matt 8:5-13 par. Luke 7:1-10): Some Exegetical Notes." Pages 14-22 in *Unity and Diversity in New Testament Theology: Essays in Honor of George E. Ladd*. Edited by Robert A. Guelich. Grand Rapids: Eerdmans, 1978.

Martin, "Tacitus."   Martin, Ronald Haithwaite. "Tacitus." *OCD3* 1469-71.

Martin, "Tacitus on Agricola."   Martin, Ronald H. "Tacitus on Agricola: Truth and Stereotype." Pages 9-12 in *Form and Fabric: Studies in Rome's Material Past in Honour of B. R. Hartley*. Edited by Joanna Bird. Oxbow Monograph 80. Oxford: Oxbow, 1998.

Martin, "Topic Lists."   Martin, Michael W. "Progymnastic Topic Lists: A Compositional Template for Luke and Other Bioi?" *NTS* 54 (1, 2008): 18-41.

Martínez-Taboas, "Seizures."   Martínez-Taboas, Alfonso. "Psychogenic Seizures in an Espiritismo Context: The Role of Culturally Sensitive Psychotherapy." *PsycTRPT* 42 (1, Spring 2005): 6-13.

Marxsen, *Mark*.   Marxsen, Willi. *Mark the Evangelist: Studies on the Redaction History of the Gospel*. Translated by James Boyce, Donald Juel, and William Poehlmann, with Roy A. Harrisville. Nashville: Abingdon, 1969.

Mason, "Contradiction."   Mason, Steven. "Contradiction or Counterpoint? Josephus and Historical Method." *Review of Rabbinic Judaism* 6 (2-3, 2003): 145-88.

Mason, *Josephus and New Testament*.   Mason, Steven. *Josephus and the New Testament*. Peabody, MA: Hendrickson, 1992.

Mason, *Life*.   Mason, Steve, trans. *Life of Josephus*. Vol. 9 of *Flavius Josephus: Translation and Commentary*. Edited by Steve Mason. Leiden: Brill, 2001.

Mason, "Pharisee?"   Mason, Steven. "Was Josephus a Pharisee? A Re-examination of Life 10-12." *JJS* 40 (1, 1989): 31-45.

Masse, "Basis."   Masse, W. Bruce. "The Celestial Basis of Civilization." *Vistas in Astronomy* 39 (1995): 463-77.

Masse, "Earth."   Masse, W. Bruce. "Earth, Air, Fire, and Water: The Archaeology of Bronze Age Cosmic Catastrophes." Pages 53-92 in *Natural Catastrophes during Bronze Age Civilisations*. Edited by Benny Peiser, Trevor Palmer, and Mark Bailey. BAR International Series S728. Oxford: Archaeopress, 1998.

Massey, "Disagreement."   Massey, Preston T. "Disagreement in the Greco-Roman Literary Tradition and the Implications for Gospel Research." *BBR* 22 (1, 2012): 51-80.

Mather, Johnson, De Leonardis, "Reliance."   Mather, Mara, Marcia K. Johnson, and Doreen M. De Leonardis. "Stereotype Reliance in Source Monitoring: Age Differences and Neuropsychological Test Correlates." *Cognitive Neuropsychology* 16 (3-5, 1999): 437-58.

Matijasik, *Canons*.   Matijasik, Ivan. *Shaping the Canons of Ancient Greek Historiography: Imitation, Classicism, and Literary Criticism*. Beiträge zur Altertumskunde 359. Boston: de Gruyter, 2018.

Matson, *Dialogue*.   Matson, Mark A. *In Dialogue with Another Gospel: The Influence of the Fourth Gospel on the Passion Narrative of the Gospel of Luke*. SBLDS 178. Atlanta: SBL,

2001.

Matthews, "Review."   Matthews, Christopher R. Review of *Story as History—History as Story*, by Samuel Byrskog. *RBL*, July 17, 2001.

Matthews, "Teaching Fiction."   Matthews, Shelly. "Teaching Fiction, Teaching Acts: Introducing the Linguistic Turn in the Biblical Studies Classroom." Pages 213-31 in *Reading and Teaching Ancient Fiction: Jewish, Christian, and Greco-Roman Narratives*. Edited by Sara R. Johnson, Ruben R. Dupertuis, and Christine Shea. WGRWSup 11. Atlanta: SBL Press, 2018.

Matthews and Clark, *Faith Factor*.   Matthews, Dale A., with Connie Clark. *The Faith Factor: Proof of the Healing Power of Prayer*. New York: Viking Penguin, 1998.

Mattila, "Question."   Mattila, Sharon Lea. "A Question Too Often Neglected." *NTS* 41 (1995): 199-217.

Mayer, "Abrahambildes."   Mayer, Günter. "Aspekte des Abrahambildes in der hellenistisch-jüdischen Literatur." *EvT* 32 (2, 1972): 118-27.

Mayes, "Biography."   Mayes, Andrew D. H. "Biography in the Ancient World: The Story of the Rise of David." Pages 1-12 in *The Limits of Ancient Biography*. Edited by Brian McGing and Judith Mossman. Swansea, Wales: Classical Press of Wales, 2006.

Mazar, "Josephus and Excavations."   Mazar, Benjamin. "Josephus Flavius and the Archaeological Excavations in Jerusalem." Pages 325-29 in *Josephus, the Bible, and History*. Edited by Louis H. Feldman and Gohei Hata. Detroit: Wayne State University Press, 1989.

Mburu, *Hermeneutics*.   Mburu, Elizabeth. *African Hermeneutics*. Carlisle, UK: Langham, Hippobooks, 2019.

McCasland, *Finger*.   McCasland, S. Vernon. *By the Finger of God: Demon Possession and Exorcism in Early Christianity in the Light of Modern Views of Mental Illness*. New York: Macmillan, 1951.

McClenon, *Events*.   McClenon, James. *Wondrous Events: Foundations of Religious Belief*. Philadelphia: University of Pennsylvania Press, 1994.

McClenon, *Healing*.   McClenon, James. *Wondrous Healing: Shamanism, Human Evolution, and the Origin of Religion*. DeKalb, IL: Northern Illinois University Press, 2002.

McClenon, "Miracles."   McClenon, James. "Miracles in Kongo Religious History: Evaluating the Ritual Healing Theory." Pages 176-97 in *Medical and Therapeutic Events*. Vol. 2 of *Miracles: God, Science, and Psychology in the Paranormal*. Edited by J. Harold Ellens. Westport, CT: Praeger, 2008.

McClenon, "Shamanic Healing."   McClenon, James. "Shamanic Healing, Human Evolution, and the Origin of Religion." *JSSR* 36 (1997): 323-37.

McClenon and Nooney, "Experiences."   McClenon, James, and Jennifer Nooney. "Anomalous Experiences Reported by Field Anthropologists: Evaluating Theories Regarding Religion." *AnthCons* 13 (2, 2002): 46-60.

McClymond, *Redemption*.   McClymond, Michael J. *The Devil's Redemption: A New History and Interpretation of Christian Universalism*. 2 vols. Grand Rapids: Baker Academic, 2018.

McClymond, *Stranger*.　　McClymond, Michael J. *Familiar Stranger: An Introduction to Jesus of Nazareth*. Grand Rapids: Eerdmans, 2004.

McDonald, "Herodotus."　　McDonald, A. H. "Herodotus on the Miraculous." Pages 81-92 in *Miracles: Cambridge Studies in Their Philosophy and History*. Edited by C. F. D. Moule. London: Mowbray, 1965.

McFarlin, *Book of Records*.　　McFarlin, Donald, ed. *The Guinness Book of Records 1991*. New York: Facts on File, 1991.

McGill, "Seneca on Plagiarizing."　　McGill, Scott. "Seneca the Elder on Plagiarizing Cicero's *Verrines*." *Rhetorica* 23 (4, 2005): 337-46.

McGing, "Adaptation."　　McGing, Brian. "Philo's Adaptation of the Bible in his *Life of Moses*." Pages 117-40 in *The Limits of Ancient Biography*. Edited by Brian McGing and Judith Mossman. Swansea, Wales: Classical Press of Wales, 2006.

McGrath, "Islands."　　McGrath, James F. "Written Islands in an Oral Stream: Gospel and Oral Traditions." Pages 3-12 in *Jesus and Paul: Global Perspectives in Honor of James D. G. Dunn for His Seventieth Birthday*. Edited by B. J. Oropeza, C. K. Robertson, and Douglas C. Mohrmann. LNTS 414. New York: T&T Clark, 2009.

McGrew, "Argument."　　McGrew, Timothy. "The Argument from Miracles: A Cumulative Case for the Resurrection of Jesus of Nazareth." Pages 593-662 in *The Blackwell Companion to Natural Theology*. Edited by J. P. Moreland and William Lane Craig. Malden, MA: Blackwell, 2009.

McGrew, *Hidden*.　　McGrew, Lydia. *Hidden in Plain View: Undesigned Coincidence in the Gospels and Acts*. Chilicothe, OH: DeWard, 2017.

McInerney, "Arrian and Romance."　　McInerney, Jeremy. "Arrian and the Greek Alexander Romance." *CW* 100 (4, 2007): 424-30.

McIver, "Eyewitnesses."　　McIver, Robert K. "Eyewitnesses as Guarantors of the Accuracy of the Gospel Traditions in the Light of Psychological Research." *JBL* 131 (3, 2012): 529-46.

McIver, "Flashbulb Memory."　　McIver, Robert K. "Flashbulb Memory." *DBAM* 135-36.

McIver, "Gist Memory."　　McIver, Robert K. "Gist Memory." *DBAM* 156-57.

McIver, *Memory*.　　McIver, Robert K. *Memory, Jesus, and the Synoptic Gospels*. SBLSBS 59. Atlanta: SBL, 2011.

McIver, "Memory, Persistence."　　McIver, Robert K. "Memory, Persistence and Decay of." *DBAM* 222-24.

McIver, "Personal Memory."　　McIver, Robert K. "Cognitive Personal Memory." *DBAM* 53-55.

McIver and Carroll, "Characteristics."　　McIver, Robert K., and Marie Carroll, "Distinguishing Characteristics of Orally Transmitted Material Compared to Material Transmitted by Literary Means." *Applied Cognitive Psychology* 18 (2004): 1251-69.

McIver and Carroll, "Experiments."　　McIver, Robert K., and Marie Carroll. "Experiments to Develop Criteria for Determining the Existence of Written Sources, and Their Potential Implications for the Synoptic Problem." *JBL* 121 (2002): 667-87.

McKnight, "Lion Proselytes."　　McKnight, Scot. "*De Vita Mosis* 1.147: Lion Proselytes in

Philo?" *SPhiloA* 1 (1989): 58-62.

McKnight, *Vision*.   McKnight, Scot. *A New Vision for Israel: The Teachings of Jesus in National Context*. Grand Rapids: Eerdmans, 1999.

McKnight and Malbon, "Introduction."   McKnight, Edgar V., and Elizabeth Struthers Malbon. "Introduction." Pages 15-26 in *The New Literary Criticism and the New Testament*. Edited by Edgar V. McKnight and Elizabeth Struthers Malbon. Valley Forge, PA: Trinity Press International, 1994.

McLaren, "Josephus' Summary Statements."   McLaren, James S. "Josephus' Summary Statements Regarding the Essenes, Pharisees, and Sadducees." *ABR* 48 (2000): 31-46.

McNamara, *Judaism*.   McNamara, Martin. *Palestinian Judaism and the New Testament*. GNS 4. Wilmington, DE: Michael Glazier, 1983.

McNamara, *Targum*.   McNamara, Martin. *Targum and Testament*. Grand Rapids: Eerdmans, 1972.

McNamara and Szent-Imrey, "Learn."   McNamara, Patrick, and Reka Szent-Imrey. "What We Can Learn from Miraculous Healings and Cures." Pages 208-20 in *Religious and Spiritual Events*. Vol. 1 of *Miracles: God, Science, and Psychology in the Paranormal*. Edited by J. Harold Ellens. Westport, CT: Praeger, 2008.

McRay, *Archaeology*.   McRay, John R. *Archaeology and the New Testament*. Grand Rapids: Baker, 1991.

Mealand, "Historians."   Mealand, David L. "Hellenistic Historians and the Style of Acts." *ZNW* 82 (1-2, 1991): 42-66.

Mealand, "Verbs."   Mealand, David L. "Luke-Acts and the Verbs of Dionysius of Halicarnassus." *JSNT* 63 (1996): 63-86.

Meeks, "Androgyne."   Meeks, Wayne A. "The Image of the Androgyne: Some Uses of a Symbol in Earliest Christianity." *HR* 13 (3, 1974): 165-208.

Meeks, *Moral World*.   Meeks, Wayne A. *The Moral World of the First Christians*. LEC 6. Philadelphia: Westminster, 1986.

Meeks, *Prophet-King*.   Meeks, Wayne A. *The Prophet-King: Moses Traditions and the Johannine Christology*. NovTSup 14. Leiden: Brill, 1967.

Meier, "Circle."   Meier, John P. "The Circle of the Twelve: Did It Exist during Jesus' Public Ministry?" *JBL* 116 (3, 1997): 635-72.

Meier, "Jesus in Josephus."   Meier, John P. "Jesus in Josephus: A Modest Proposal." *CBQ* 52 (1, 1990): 76-103.

Meier, "John the Baptist."   Meier, John P. "John the Baptist in Josephus: Philology and Exegesis." *JBL* 111 (2, 1992): 225-37.

Meier, *Marginal Jew*.   Meier, John P. *A Marginal Jew: Rethinking the Historical Jesus*. 5 vols. ABRL. New York: Doubleday, 1991-2016.

Meier, *Matthew*.   Meier, John P. *Matthew*. NTM 3. Wilmington, DE: Michael Glazier, 1980.

Meier, "Project."   Meier, John P. "The Quest for the Historical Jesus as a Truly Historical Project." *Grail* 12 (3, 1996): 43-52.

Meier, "Testimonium."   Meier, John P. "The Testimonium, Evidence for Jesus outside the Bible." *BRev* 7 (3, 1991): 20-25, 45.

Meiser, "Gattung."   Meiser, Martin. "Gattung, Adressaten und Intention von Philos 'In Flaccum.'" *JSJ* 30 (4, 1999): 418-30.

Meister, "Herodotus."   Meister, Klaus. "Herodotus." *BNP* 6:265-71.

Meister, "Historiography: Greece."   Meister, Klaus. "Historiography: Greece." *BNP* 6:418-21.

Meister, "Theopompus."   Meister, Klaus. "Theopompus." *OCD3* 1505-6.

Mejer, "Biography."   Mejer, Jørgen. "Biography and Doxography: Four Crucial Questions Raised by Diogenes Laertius." Pages 431-41 in *Die Griechische Biographie in hellenistischer Zeit. Akten des internationalen Kongresses vom 26.-29. Juli 2006 in Würzburg.* Edited by Michael Erler and Stefan Schorn. Berlin: de Gruyter, 2007.

Mekkattukunnel, "Proof."   Mekkattukunnel, Andrews George. "Further Proof for the Unity of Luke-Acts." *BiBh* 29 (3, 2003): 221-29.

Melchior, "Pompey."   Melchior, Aislinn. "What Would Pompey Do? *Exempla* and Pompeian Failure in the *Bellum Africum.*" *CJ* 104 (3, 2009): 241-57.

Mélèze-Modrzejewski, "Loi."   Mélèze-Modrzejewski, Joseph. "Loi du Seigneur et loi duroi. Le Troisième livre des Maccabées: un drame judiciaire judéo-alexandrin." *FoiVie* 107 (4, 2008): 47-62.

Mellor, *Historians.*   Mellor, Ronald. *The Roman Historians.* London: Routledge, 1999.

Mellor, *Tacitus.*   Mellor, Ronald. *Tacitus.* New York: Routledge, 1993.

Merkelbach, "Novel and Aretalogy."   Merkelbach, Reinhold. "Novel and Aretalogy." Pages 283-95 in *The Search for the Ancient Novel.* Edited by James Tatum. Baltimore: Johns Hopkins University Press, 1994.

Merkle, "True Story."   Merkle, Stefan. "Telling the True Story of the Trojan War: The Eyewitness Account of Dictys of Crete." Pages 183-96 in *The Search for the Ancient Novel.* Edited by James Tatum. Baltimore: Johns Hopkins University Press, 1994.

Metzger, "Considerations."   Metzger, Bruce M. "Considerations of Methodology in the Study of the Mystery Religions and Early Christianity." *HTR* 48 (1, 1955): 1-20.

Meyer, *Aims of Jesus.*   Meyer, Ben F. *The Aims of Jesus.* London: SCM, 1979.

Meyer, "Consequences."   Meyer, Ben F. "Some Consequences of Birger Gerhardsson's Account of the Origins of the Gospel Tradition." Pages 424-40 in *Jesus and the Oral Gospel Tradition.* Edited by Henry Wansbrough. JSNTSup 64. Sheffield: Sheffield Academic Press, 1991.

Mieder, "Dundes."   Mieder, Wolfgang. "Dundes, Alan." *DBAM* 90-91.

Milikowsky, "Midrash."   Milikowsky, Chaim. "Midrash as Fiction and Midrash as History: What Did the Rabbis Mean?" Pages 117-27 in *Ancient Fiction: The Matrix of Early Christian and Jewish Narrative.* Edited by Jo-Ann A. Brant, Charles W. Hedrick, and Chris Shea. SBLSymS 32. Atlanta: SBL, 2005.

Millard, "Literacy."   Millard, Alan. "Literacy in the Time of Jesus." *BAR* 29 (4, 2003): 36-45.

Millard, *Reading.* Millard, Alan. *Reading and Writing in the Time of Jesus.* BibSem 69. Sheffield: Sheffield Academic Press, 2000.

Millard, Hoffmeier, and Baker, *Historiography.* Millard, Alan, James K. Hoffmeier, and David W. Baker, eds. *Faith, Tradition, and History: Old Testament Historiography in Its Near Eastern Context.* Winona Lake, IN: Eisenbrauns, 1994.

Miller, "Introduction." Miller, Walter. "Introduction." Pages vii–xiii in vol. 1 of *Xenophon "Cyropaedia."* Translated by Walter Miller. 2 vols. LCL. Cambridge, MA: Harvard University Press, 1914.

Miller, "Introduction (Diogenes)." Miller, James. "Introduction." Pages vii–xviii in *Diogenes Laertius "Lives of the Eminent Philosophers."* Edited by James Miller. Translated by Pamela Mensch. New York: Oxford University Press, 2018.

Miller, "Rejection." Miller, Robert J. "The Rejection of the Prophets in Q." *JBL* 107 (1988): 225-40.

Miller and Yamamori, *Pentecostalism.* Miller, Donald E., and Tetsunao Yamamori. *Global Pentecostalism: The New Face of Christian Social Engagement.* Berkeley: University of California Press, 2007.

Milnor, "Literacy." Milnor, Kristina. "Literary Literacy in Roman Pompeii: The Case of Vergil's *Aeneid.*" Pages 288–319 in *Ancient Literacies: The Culture of Reading in Greece and Rome.* Edited by William A. Johnson and Holt N. Parker. New York: Oxford University Press, 2009.

Mitchell, "Homer." Mitchell, Margaret M. "Homer in the New Testament?" *JR* 83 (2, 2003): 244-60.

Moeser, *Anecdote.* Moeser, Marion C. *The Anecdote in Mark, the Classical World, and the Rabbis.* JSNTSup 227. Sheffield: Sheffield Academic Press, 2002.

Moessner, "Arrangement." Moessner, David P. "Dionysius's Narrative 'Arrangement' (οἰκονομία) as the Hermeneutical Key to Luke's Re-vision of the 'Many.'" Pages 149-64 in *Paul, Luke, and the Graeco-Roman World.* Edited by Alf Christophersen et al. JSNTSup 217. Sheffield: Sheffield Academic, 2002; London: T&T Clark, 2003.

Moessner, *Historian.* Moessner, David Paul. *Luke the Historian of Israel's Legacy, Theologian of Israel's 'Christ': A New Reading of the 'Gospel Acts' of Luke.* BZNW 182. Berlin: de Gruyter, 2016.

Moessner, "Papian Fragments." Moessner, David P. "The Papian Fragments." In *The Second Century.* Vol. 2 of *The Reception of Jesus in the First Three Centuries.* Edited by Jens Schröter, Helen Bond, et al. London: Bloomsbury T&T Clark, forthcoming.

Moessner, "Poetics." Moessner, David P. "The Appeal and Power of Poetics (Luke 1:1-4): Luke's Superior Credentials (παρηκολουθηκότι), Narrative Sequence (καθεξῆς), and Firmness of Understanding (ἡ ἀσφάλεια) for the Reader." Pages 84-123 in *Jesus and the Heritage of Israel: Luke's Narrative Claim upon Israel's Legacy.* Edited by David P. Moessner. Luke the Interpreter of Israel 1. Harrisburg, PA: Trinity Press International, 1999.

Moessner, "Prologues." Moessner, David P. "The Lukan Prologues in the Light of Ancient Narrative Hermeneutics: Παρηκολουθηκότι and the Credentialed Author." Pages 399-417 in *The Unity of Luke-Acts.* Edited by Joseph Verheyden. BETL 142. Leuven: Leuven

University Press, 1999.

Moessner, "Synergy."   Moessner, David P. "The Triadic Synergy of Hellenistic Poetics in the Narrative Epistemology of Dionysius of Halicarnassus and the Authorial Intent of the Evangelist Luke (Luke 1:1-4; Acts 1:1-8)." *Neot* 42 (2, 2008): 289-303.

Moessner, "Voice."   Moessner, David P. "The Living and Enduring Voice of Papias." Paper presented in "Memory, Narrative, and Christology in the Synoptic Gospels" Seminar at the Annual Meeting of the Society for New Testament Studies. Montreal, Canada, 2016.

Moles, "Influence."   Moles, John. "Cynic Influence upon First-Century Judaism and Early Christianity?" Pages 89-116 in *The Limits of Ancient Biography*. Edited by Brian McGing and Judith Mossman. Swansea, Wales: Classical Press of Wales, 2006.

Moles, "Letters."   Moles, John. "Plutarch, Brutus, and Brutus' Greek and Latin Letters." Pages 141-68 in *Plutarch and His Intellectual World: Essays on Plutarch*. Edited by Judith Mossman. London: Duckworth, with Classical Press of Wales, 1997.

Moloney, "Jesus of History."   Moloney, Francis J. "The Fourth Gospel and the Jesus of History." *NTS* 46 (1, 2000): 42-58.

Moltmann, "Blessing."   Moltmann, Jurgen. "The Blessing of Hope: The Theology of Hope and the Full Gospel of Life." *JPT* 13 (2, 2005): 147-61.

Momigliano, *Development*.   Momigliano, Arnaldo. *The Development of Greek Biography: Four Lectures*. Cambridge, MA: Harvard University Press, 1971.

Momigliano, *Historiography*.   Momigliano, Arnaldo. *Essays in Ancient and Modern Historiography*. Middletown, CT: Wesleyan University Press, 1977.

Moniot, "Profile."   Moniot, Henri. "Profile of a Historiography: Oral Tradition and Historical Research in Africa." Pages 50-58 in *African Historiographies: What History for Which Africa?* Edited by Bogumil Jewsiewicki and David Newbury. SSAMD 12. Beverly Hills, CA: Sage, 1986.

Montanari, "Hypomnema."   Montanari, Franco. "Hypomnema." *BNP* 6:641-43.

Montanaro, "Use."   Montanaro, Andrew. "The Use of Memory in the Old Testament Quotations in John's Gospel." *NovT* 59 (2, 2017): 147-70.

Montefusco, "Exercitatio."   Montefusco, Lucia Calboli. "Exercitatio." *BNP* 5:265-66.

Moore, "Introduction."   Moore, Clifford H. "Introduction: Life and Works of Tacitus." Pages vii-xiii in vol. 1 of *Tacitus*. Translated by Clifford H. Moore and John Jackson. 4 vols. LCL. Cambridge, MA: Harvard University Press, 1931-37.

Moore, *Judaism*.   Moore, George Foot. *Judaism in the First Centuries of the Christian Era*. 3 vols. Cambridge, MA: Harvard University Press, 1927-30. Repr., 3 vols. in 2. New York: Schocken, 1971.

Morgan, "Fiction."   Morgan, J. R. "Fiction and History: Historiography and the Novel." Pages 553-64 in *A Companion to Greek and Roman Historiography*. Edited by John Marincola. 2 vols. Oxford: Blackwell, 2007.

Morgan, "Histories and Wonders."   Morgan, J. R. "Lucian's *True Histories* and the *Wonders beyond Thule* of Antonius Diogenes." *ClQ* 35 (2, December 1985): 475-90.

Morgan, *Literate Education*.   Morgan, Teresa. *Literate Education in the Hellenistic and Roman World*. Cambridge: Cambridge University Press, 1998.

Morrison, "Composition."   Morrison, Gary. "The Composition of II Maccabees: Insights Provided by a Literary *topos*." *Bib* 90 (4, 2009): 564-72.

Morrison, "Perspective."   Morrison, James H. "A Global Perspective of Oral History in Southeast Asia." Pages 1-16 in *Oral History in Southeast Asia: Theory and Method*. Edited by Patricia Pui Huen Lim, Chong Guan Kwa, and James H. Morrison. Singapore: Institute of Southeast Asian Studies, 1998.

Mosley, "Reporting."   Mosley, A. W. "Historical Reporting in the Ancient World." *NTS* 12 (1, 1965): 10-26.

Mossman, "Plutarch and Biography."   Mossman, Judith. "Plutarch and English Biography." *Herm* 183 (2007): 75-100.

Mossman, "Travel Writing."   Mossman, Judith. "Travel Writing, History, and Biography." Pages 281-303 in *The Limits of Ancient Biography*. Edited by Brian McGing and Judith Mossman. Swansea, Wales: Classical Press of Wales, 2006.

Most, "Diogenes Laertius and Nietzsche."   Most, Glenn W. "Diogenes Laertius and Nietzsche." Pages 619-22 in *Diogenes Laertius "Lives of the Eminent Philosophers."* Edited by James Miller. Translated by Pamela Mensch. New York: Oxford University Press, 2018.

Mournet, *Oral Tradition*   Mournet, Terence C. *Oral Tradition and Literary Dependency: Variability and Stability in the Synoptic Tradition and Q*. WUNT 2.195. Tübingen: Mohr Siebeck, 2005.

Mournet, "Original."   Mournet, Terence C. "Original." *DBAM* 262-63.

Mournet, "Sayings Gospels."   Mournet, Terence C. "Sayings and Dialogue Gospels." *DBAM* 348-50.

Munck, *Acts*.   Munck, Johannes. *The Acts of the Apostles*. Revised by W. F. Albright and C. S. Mann. AB 31. Garden City, NY: Doubleday, 1967.

Muntz, "Diodorus Siculus."   Muntz, Charles E. "Diodorus Siculus and Megasthenes: A Reappraisal." *CP* 107 (1, 2012): 21-37.

Muntz, "Sources."   Muntz, Charles E. "The Sources of Diodorus Siculus, Book 1." *ClQ* 61 (2, 2011): 574-94.

Murgatroyd, "Ending."   Murgatroyd, P. "The Ending of Apuleius' *Metamorphoses*." *ClQ* 54 (1, 2004): 319-21.

Murphy, "Idolatry."   Murphy, Frederick J. "Retelling the Bible: Idolatry in Pseudo-Philo." *JBL* 107 (2, 1988): 275-87.

Murphy, *Introduction*.   Murphy, Frederick James. *An Introduction to Jesus and the Gospels*. Nashville: Abingdon, 2005.

Murray, "Herodotus."   Murray, Oswyn. "Herodotus and Oral History." Pages 16-44 in *The Historian's Craft in the Age of Herodotus*. Edited by Nino Luraghi. Oxford: Oxford University Press, 2001.

Musnick, "Historical Commentary."   Musnick, Larry Jason. "A Historical Commentary on Cornelius Nepos' *Life of Themistocles*." MA diss., University of Cape Town, 2008.

Nagy, *Questions*.   Nagy, Gregory. *Homeric Questions*. Austin: University of Texas Press, 1996.

Naswem, "Healing." Naswem, R. A. "Healing in Twentieth-Century Christian Churches: Gimmicks, Reality, or Abuses?" Pages 26-32 in *Religion, Medicine, and Healing*. Edited by Gbola Aderibigbe and Deji Ayegboyin. Lagos: Nigerian Association for the Study of Religions and Education, 1995.

Neil, *Acts*. Neil, William. *The Acts of the Apostles*. NCBC. London: Marshall, Morgan & Scott, 1973.

Neisser, "Dean's Memory." Neisser, Ulric. "John Dean's Memory: A Case Study." *Cognition* 9 (1981): 1-22.

Neisser et al., "Earthquake." Neisser, Ulric, et al. "Remembering the Earthquake: Direct Experience vs. Hearing the News." *Memory* 4 (1996): 337-57.

Neisser and Libby, "Remembering Experiences." Neisser, Ulric, and Lisa K. Libby. "Remembering Life Experiences." Pages 315-32 in *The Oxford Handbok of Memory*. Edited by Endel Tulving and Fergus I. M. Craik. Oxford: Oxford University Press, 2000.

Nelson, "Value." Nelson, Narka. "The Value of Epigraphic Evidence in the Interpretation of Latin Historical Literature." *CJ* 37 (5, Februry 1942): 281-90.

Neufeld, *Recovering Jesus*. Neufeld, Thomas R. Yoder. *Recovering Jesus: The Witness of the New Testament*. Grand Rapids: Brazos, 2007.

Neusner, *Beginning*. Neusner, Jacob. *Judaism in the Beginning of Christianity*. Philadelphia: Fortress, 1984.

Neusner, *Biography*. Neusner, Jacob. *In Search of Talmudic Biography: The Problem of the Attributed Saying*. BJS 70. Chico, CA: Scholars Press, 1984.

Neusner, "Cleanse." Neusner, Jacob. "First Cleanse the Inside." *NTS* 22 (1976): 486-95.

Neusner, "Foreword." Neusner, Jacob. "Foreword." Pages xxv-xlvi in Birger Gerhardsson, *Memory and Manuscript: Oral Tradition and Written Transmission in Rabbinic Judaism and Early Christianity; Tradition and Transmission in Early Christianity*. Grand Rapids: Eerdmans, 1998.

Neusner, *Gospels*. Neusner, Jacob. *Why No Gospels in Talmudic Judaism?* BJS 135. Atlanta: Scholars Press, 1988.

Neusner, "Idea of History." Neusner, Jacob. "The Idea of History in Rabbinic Judaism: What Kinds of Questions Did the Ancient Rabbis Answer?" *NBf* 90 (1027, 2009): 277-94.

Neusner, *Incarnation*. Neusner, Jacob. *The Incarnation of God: The Character of Divinity in Formative Judaism*. Philadelphia: Fortress, 1988.

Neusner, *Legend*. Neusner, Jacob. *Development of a Legend: Studies on the Traditions concerning Yohanan ben Zakkai*. StPB 16. Leiden: Brill, 1970.

Neusner, *Memorized Torah*. Neusner, Jacob. *The Memorized Torah: The Mnemonic System of the Torah*. Chico, CA: Scholars Press, 1985.

Neusner, *Politics to Piety*. Neusner, Jacob. *From Politics to Piety: The Emergence of Pharisaic Judaism*. 2nd ed. New York: Ktav, 1979.

Neusner, *Traditions*. Neusner, Jacob. *The Rabbinic Traditions about the Pharisees before 70*. 3 vols. Leiden: Brill, 1971.

Newell, "Forms."   Newell, Raymond R. "The Forms and Historical Value of Josephus' Suicide Accounts." Pages 278-94 in *Josephus, the Bible, and History*. Edited by Louis H. Feldman and Gohei Hata. Detroit: Wayne State University Press, 1989.

Newsom, "Spying."   Newsom, Carol A. "Spying Out the Land: A Report from Genealogy." Pages 437-50 in *Seeking Out the Wisdom of the Ancients: Essays Offered to Honor Michael V. Fox on the Occasion of His Sixty-Fifth Birthday*. Edited by Ronald L. Troxel, Kelvin G. Friebel, and Dennis R. Magary. Winona Lake, IN: Eisenbrauns, 2005.

Nickelsburg, *Literature*.   Nickelsburg, George W. E. *Jewish Literature between the Bible and the Mishnah*. Philadelphia: Fortress, 1981.

Nicklas, "Gospel of Peter."   Nicklas, Tobias. "The Gospel of Peter between the Synoptics and Late Antique 'Apostolic Memoirs.'" Paper presented to "Memory, Narrative, and Christology in the Synoptic Gospels" Seminar at the Annual Meeting of the Society for New Testament Studies. Pretoria, South Africa, August 10, 2017.

Nicklas, "Landscapes."   Nicklas, Tobias. "New Testament Canon and Ancient 'Landscapes of Memory.'" *Early Christianity* 7 (2016): 5-23.

Nicklas, "Literature."   Nicklas, Tobias. "Early Christian Literature." *DBAM* 94-99.

Nicolai, "Place."   Nicolai, Roberto. "The Place of History in the Ancient World." Pages 13-26 in *A Companion to Greek and Roman Historiography*. Edited by John Marincola. 2 vols. Oxford: Blackwell, 2007.

Niditch, "Hebrew Bible."   Niditch, Susan. "Hebrew Bible and Oral Literature: Misconceptions and New Directions." Pages 3-18 in *The Interface of Orality and Writing: Speaking, Seeing, Writing in the Shaping of New Genres*. Edited by Annette Weissenrieder and Robert B. Coote. WUNT 260. Tübingen: Mohr Siebeck, 2010. Repr., BPC 11. Eugene, OR: Wipf & Stock, 2015.

Niditch, *World*.   Niditch, Susan. *Oral World and Written Word: Ancient Israelite Literature*. Louisville: Westminster John Knox, 1996.

Niebuhr, "Idea."   Niebuhr, Karl-Wilhelm. "Matthew's Idea of Being Human: God's Righteousness and Human Responsibilities according to the Gospel of Matthew." Paper presented at the International Conference on the Gospel of Matthew in Its Historical and Theological Context. Moscow, September 28, 2018.

Niehoff, "Technique."   Niehoff, Maren R. "Two Examples of Josephus' Narrative Technique in His 'Rewritten Bible.'" *JSJ* 27 (1996): 31-45.

Niehoff, "Philo."   Niehoff, Maren R. "Philo and Plutarch as Biographers: Parallel Responses to Roman Stoicism." *GRBS* 52 (3, 2012): 361-92.

Niemand, "Testimonium."   Niemand, Christoph. "Das Testimonium Flavianum. Befunde, Diskussionsstand, Perspektiven." *PzB* 17 (1, 2008): 45-71.

Nikolaidis, "Introduction."   Nikolaidis, Anastasios G. "Introduction." Pages xiii-xviii in *The Unity of Plutarch's Work: "Moralia" Themes in the "Lives," Features of the "Lives" in the "Moralia."* Edited by Anastasios G. Nikolaidis. Millennium Studies in the Culture and History of the First Millennium C.E., 19. New York: de Gruyter, 2008.

Nikolaidis, *Unity*.   Nikolaidis, Anastasios G., ed. *The Unity of Plutarch's Work: "Moralia" Themes in the "Lives," Features of the "Lives" in the "Moralia."* Millennium Studies in the Culture and History of the First Millennium C.E., 19. New York: de Gruyter, 2008.

Nikulin, "Introduction." Nikulin, Dmitri. "Introduction: Memory in Recollection of Itself." Pages 3-34 in *Memory: A History*. Edited by Dmitri V. Nikulin. New York: Oxford University Press, 2015.

Nikulin, "Memory." Nikulin, Dmitri. "Memory in Ancient Philosophy." Pages 35-84 in *Memory: A History*. Edited by Dmitri V. Nikulin. New York: Oxford University Press, 2015.

Ní-Mheallaigh, *Fiction*. Ní-Mheallaigh, Karen. *Reading Fiction with Lucian: Fakes, Freaks and Hyperreality*. Cambridge: Cambridge University Press, 2014.

Ní-Mheallaigh, "Pseudo-Documentarism." Ní-Mheallaigh, Karen. "Pseudo-Documentarism and the Limits of Ancient Fiction." *AJP* 129 (3, 2008): 403-31.

Nobbs, "Historians." Nobbs, Alanna. "What Do Ancient Historians Make of the New Testament?" *TynBul* 57 (2, 2006): 285-90.

Nock, *Essays*. Nock, Arthur Darby. *Essays on Religion and the Ancient World*. Edited by Zeph Stewart. 2 vols. Cambridge, MA: Harvard University Press, 1972.

Nock, "Vocabulary." Nock, Arthur Darby. "The Vocabulary of the New Testament." *JBL* 52 (2-3, 1933): 131-39.

Noll and Nystrom, *Clouds*. Noll, Mark A., and Carolyn Nystrom. *Clouds of Witnesses: Christian Voices from Africa and Asia*. Downers Grove, IL: InterVarsity, 2011.

Oblau, "Healing." Oblau, Gotthard. "Divine Healing and the Growth of Practical Christianity in China." Pages 307-27 in *Global Pentecostal and Charismatic Healing*. Edited by Candy Gunther Brown. Oxford: Oxford University Press, 2011.

O'Connor, Moulin, and Cohen, "Memory and Consciousness." O'Connor, Akira, Chris J. A. Moulin, and Gillian Cohen. "Memory and Consciousness." Pages 327-56 in *Memory in the Real World*. Edited by Gillian Cohen and Martin A. Conway. Hove, East Sussex: Psychology Press, 2007.

O'Day, "John." O'Day, Gail R. "The Gospel of John: Introduction, Commentary, and Reflections." Pages 491-865 in vol. 9 of *The New Interpreter's Bible*. Edited by Leander E. Keck. 12 vols. Nashville: Abingdon, 1995.

Odor, "Countermemory." Odor, Judith. "Countermemory." *DBAM* 67-68.

Odor, "Enchiridion." Odor, Judith. "Enchiridion." *DBAM* 117-18.

Odor, "Families." Odor, Judith. "Literary Families and Ancient Hermeneutics: Acts and Greco-Roman Contemporary Historiography." PhD diss., Asbury Theological Seminary, 2018.

Oesterley, *Liturgy*. Oesterley, William Oscar Emil. *The Jewish Background of the Christian Liturgy*. Oxford: Clarendon, 1925.

Offer et al., "Altering." Offer, Daniel, Marjorie Kaiz, Kenneth I. Howard, and Emily S. Bennett. "The Altering of Reported Experiences." *Journal of the American Academy of Child and Adolescent Psychiatry* 39 (2000): 735-42.

Olbricht, "Delivery." Olbricht, Thomas H. "Delivery and Memory." Pages 159-67 in *Handbook of Classical Rhetoric in the Hellenistic Period, 330 B.C.-A.D. 400*. Edited by Stanley E. Porter. Leiden: Brill, 1997.

Oldfather, "Introduction to Diodorus." Oldfather, C. H. "Introduction." Pages vii-xxvii in vol. 1 of *Diodorus Siculus*. Translated by C. H. Oldfather et al. 12 vols. LCL. Cambridge, MA: Harvard University Press, 1933-67.

Ong, *Orality*.   Ong, Walter J. *Orality and Literacy: The Technologizing of the Word*. New York: Routledge, 1982.

Opp, *Lord for Body*.   Opp, James. *The Lord for the Body: Religion, Medicine, and Protestant Faith Healing in Canada, 1880-1930*. Montreal: McGill-Queen's University Press, 2005.

Orlin, "Religion."   Orlin, Eric. "Urban Religion in the Middle and Late Republic." Pages 58-70 in *A Companion to Roman Religion*. Edited by Jörg Rüpke. BCAW. Oxford: Blackwell, 2011.

Os, *Analyses*.   Os, Bas van. *Psychological Analyses and the Historical Jesus: New Ways to Explore Christian Origins*. LNTS 432. London: T&T Clark, 2011.

Osborne, "Redaction Criticism."   Osborne, Grant R. "Redaction Criticism." *DJG1* 662-69.

Otani et al., "Memory."   Otani, Hajime, Terry M. Libkuman, Robert L. Widner Jr., and Emily I. Graves. "Memory for Emotionally Arousing Stimuli: A Comparison of Younger and Older Adults." *Journal of General Psychology* 134 (2007): 23-42.

Otmakhova et al., "Loop."   Otmakhova, Nonna, et al, "The Hippocampal VTA Loop. The Role of Novelty and Motivation in Controlling the Entry of Information into Long-Term Memory." Pages 235-54 in *Intrinsically Motivated Learning in Natural and Artificial Systems*. Edited by Gianluca Baldassarre and Marco Mirolli. Berlin: Springer, 2013.

Packer, *Acts*.   Packer, J. W. *Acts of the Apostles*. CBC. Cambridge: Cambridge University Press, 1966.

Padilla, *Acts*.   Padilla, Osvaldo. *The Acts of the Apostles: Interpretation, History, and Theology*. Downers Grove, IL: IVP Academic, 2016.

Padilla, *Speeches*.   Padilla, Osvaldo. *The Speeches of Outsiders in Acts: Poetics, Theology, and Historiography*. SNTSMS 144. Cambridge: Cambridge University Press, 2008.

Paget, "Observations."   Paget, James Carleton. "Some Observations on Josephus and Christianity." *JTS* 52 (2, 2001): 539-624.

Painter, *John*.   Painter, John. *John: Witness and Theologian*. London: SPCK, 1975.

Palmer, "Monograph (1992)."   Palmer, Darryl W. "Acts and the Historical Monograph." *TynBul* 43 (2, 1992): 373-88.

Palmer, "Monograph (1993)."   Palmer, Darryl W. "Acts and the Ancient Historical Monograph." Pages 1-29 in *The Book of Acts in Its Ancient Literary Setting*. Edited by Bruce W. Winter and Andrew D. Clarke. Vol. 1 of *The Book of Acts in Its First Century Setting*. Edited by Bruce W. Winter. Grand Rapids: Eerdmans, 1993.

Parikh, "Argument."   Parikh, Joshua. "Is There a Defensible Argument from Contemporary Miracles in Natural Theology?" Master of studies in philosophical theology, Oxford University, 2018.

Park, *Conflict*.   Park, Andrew Sung. *Racial Conflict and Healing: An Asian-American Theological Perspective*. Maryknoll, NY: Orbis Books, 1996.

Park, "Folklore."   Park, Suzie. "Folklore/Folkloristics." *DBAM* 137-41.

Parker, "Swiftly Runs the Word." Parker, Emily. "Swiftly Runs the Word: Philo's Doctrine of Mediation in De Vita Mosis." MA thesis, Dalhousie University, 2010.

Parsenios, "Rhetoric." Parsenios, George. "How and in What Ways Does John's Rhetoric Reflect Jesus' Rhetoric?" Paper presented at the Third Princeton-Prague Symposium on the Historical Jesus, Princeton, NJ, March 18, 2016. In *Jesus Research: The Gospel of John in Historical Inquiry; The Third Princeton-Prague Symposium on Jesus Research; Princeton 2016*. Edited by James H. Charlesworth, with Jolyon G. R. Pruszinski. New York: Bloomsbury T&T Clark, forthcoming.

Parsons, *Acts*. Parsons, Mikeal C. *Acts*. PCNT. Grand Rapids: Baker Academic, 2008.

Parsons, *Luke*. Parsons, Mikeal C. *Luke: Storyteller, Interpreter, Evangelist*. Peabody, MA: Hendrickson, 2007.

Parsons, "Unity: Rethinking." Parsons, Mikeal C. "The Unity of Luke-Acts: Rethinking the *opinio communis*." Pages 29-53 in *With Steadfast Purpose: Essays on Acts in Honor of Henry Jackson Flanders Jr*. Edited by N. H. Keathley. Waco, TX: Baylor University Press, 1990.

Parsons and Pervo, *Rethinking*. Parsons, Mikeal C., and Richard I. Pervo. *Rethinking the Unity of Luke and Acts*. Minneapolis: Fortress, 1993.

Pastor, "Strata." Pastor, Jack. "Josephus and Social Strata: An Analysis of Social Attitudes." *Hen* 19 (3, 1997): 295-312.

Pate et al., *Story*. Pate, C. Marvin, et al. *The Story of Israel: A Biblical Theology*. Downers Grove, IL: InterVarsity, 2004.

Patterson, "Review." Patterson, Stephen J. "Can You Trust a Gospel? A Review of Richard Bauckham's *Jesus and the Eyewitnesses*." *JSHJ* 6 (2008): 194-210.

Payne, "Authenticity of Parables." Payne, Philip Barton. "The Authenticity of the Parables of Jesus." Pages 329-44 in *Studies of History and Tradition in the Four Gospels*. Vol. 2 of *Gospel Perspectives*. Edited by R. T. France and David Wenham. Sheffield: JSOT Press, 1981.

Payne, "Sower." Payne, Philip Barton. "The Authenticity of the Parable of the Sower and Its Interpretation." Pages 163-207 in *Studies of History and Tradition in the Four Gospels*. Vol. 1 of *Gospel Perspectives*. Edited by R. T. France and David Wenham. Sheffield: JSOT Press, 1980.

Pearson, "Community." Pearson, Birger A. "A Q Community in Galilee?" *NTS* 50 (4, October 2004): 476-94.

Pekala and Cardena, "Issues." Pekala, Ronald J., and Etzel Cardena. "Methodological Issues in the Study of Altered States of Consciousness and Anomalous Experiences." Pages 47-82 in *Varieties of Anomalous Experience: Examining the Scientific Evidence*. Edited by Etzel Cardena, Steven Jay Lynn, and Stanley Krippner. Washington, DC: American Psychological Association, 2000.

Pelletier, *Josèphe*. Pelletier, André. *Flavius Josèphe, adaptateur de la lettre d'Aristée. Une réaction atticisante contre la Koiné*. Études et commentaires 45. Paris: Klincksieck, Université de Paris, 1962.

Pelling, "Adaptation." Pelling, C. B. R. "Plutarch's Adaptation of His Source-Material." *JHS* 100 (1980): 127-40.

Pelling, *Antony.*   Pelling, C. B. R. *Life of Antony.* New York: Cambridge University Press, 1988.

Pelling, "Biography, Greek."   Pelling, C. B. R. "Biography, Greek." *OCD3* 241-42.

Pelling, "Biography, Roman."   Pelling, C. B. R. "Biography, Roman." *OCD3* 242-43.

Pelling, "Bounds."   Pelling, Christopher. "Breaking the Bounds: Writing about Julius Caesar." Pages 255-60 in *The Limits of Ancient Biography.* Edited by Brian McGing and Judith Mossman. Swansea, Wales: Classical Press of Wales, 2006.

Pelling, "Epilogue."   C. B. R. Pelling, "Epilogue." Pages 325-60 in *The Limits of Historiography: Genre and Narrative in Ancient Historical Texts.* Edited by Christina Shuttleworth Kraus. Leiden: Brill, 1999.

Pelling, "Historians of Rome."   Pelling, Christopher. "The Greek Historians of Rome." Pages 244-58 in *A Companion to Greek and Roman Historiography.* Edited by John Marincola. 2 vols. Oxford: Blackwell, 2007.

Pelling, "Historiography."   Pelling, C. B. R. "Historiography, Roman." *OCD3* 716-17.

Pelling, "History."   Pelling, C. B. R. "Biographical History? Cassius Dio on the Early Principate." Pages 117-44 in *Portraits: Biographical Representations in the Greek and Latin Literature of the Roman Empire.* Edited by M. J. Edwards and Simon Swain. Oxford: Clarendon, 1997.

Pelling, "Method."   Pelling, C. B. R. "Plutarch's Method of Work in the Roman Lives." *JHS* 99 (1979): 74-96.

Pelling, *Plutarch and History.*   Pelling, C. B. R. *Plutarch and History: Eighteen Studies.* Swansea, Wales: Classical Press of Wales, 2002.

Pelling, "Socrates."   Pelling, C. B. R. "Plutarch's Socrates." *Herm* 179 (2005): 105-39.

Pelling, *Texts.*   Pelling, Christopher. *Literary Texts and the Greek Historian.* New York: Routledge, 2000.

Pelling, "Truth."   Pelling, C. B. R. "Truth and Fiction in Plutarch's *Lives.*" Pages 19-52 in *Antonine Literature.* Edited by D. A. Russell. New York: Oxford, 1990.

Penner, "Discourse."   Penner, Todd. "Civilizing Discourse: Acts, Declamation, and the Rhetoric of the *polis.*" Pages 65-104 in *Contextualizing Acts: Lukan Narrative and Greco-Roman Discourse.* Edited by Todd Penner and Caroline Vander Stichele. SBLSymS 20. Atlanta: SBL, 2003.

Penner, *Praise.*   Penner, Todd. *In Praise of Christian Origins: Stephen and the Hellenists in Lukan Apologetic Historiography.* New York: T&T Clark, 2004.

Pennington, *Reading Wisely.*   Pennington, Jonathan T. *Reading the Gospels Wisely: A Narrative and Theological Introduction.* Grand Rapids: Baker Academic, 2012.

Perkins, *Introduction to Gospels.*   Perkins, Pheme. *Introduction to the Synoptic Gospels.* Grand Rapids: Eerdmans, 2007.

Perkins, "World of *Acts of Peter.*"   Perkins, Judith. "The Social World of the *Acts of Peter.*" Pages 296-307 in *The Search for the Ancient Novel.* Edited by James Tatum. Baltimore: Johns Hopkins University Press, 1994.

Pernot, *Rhétorique.*   Pernot, Laurent. *La rhétorique de l'éloge dans le monde gréco-romain.* Paris: Institut d'Études Augustiniennes, 1993.

Perrin, "Overlooked Evidence."   Perrin, Nicholas. "NHC II,2 and the Oxyrhynchus Fragments (P.Oxy 1, 654, 655): Overlooked Evidence for a Syriac *Gospel of Thomas*." *VC* 58 (2004): 138-51.

Perrin, *Redaction Criticism*.   Perrin, Norman. *What Is Redaction Criticism?* Philadelphia: Fortress, 1984.

Perrin, *Thomas and Tatian*.   Perrin, Nicholas. *Thomas and Tatian: The Relationship between the* Gospel of Thomas *and the* Diatessaron. SBLAcBib 5. Atlanta: SBL, 2002.

Perry, *Sources*.   Perry, Alfred Morris. *The Sources of Luke's Passion Narrative*. Chicago: University of Chicago Press, 1920.

Person, "Goody."   Person, Raymond F. "Goody, Jack." *DBAM* 159-60.

Person, "Havelock."   Person, Raymond F. "Havelock, Eric Alfred." *DBAM* 170.

Person, "Scribe."   Person, Raymond F. "The Ancient Israelite Scribe as Performer." *JBL* 117 (4, 1998): 601-9.

Person, "Storytelling."   Person, Raymond F. "Storytelling." *DBAM* 385-88.

Person and Keith, "Media Studies."   Person, Raymond F., and Chris Keith. "Media Studies and Biblical Studies: An Introduction." *DBAM* 1-15.

Pervo, *Acts*.   Pervo, Richard I. *Acts: A Commentary*. Minneapolis: Fortress, 2009.

Pervo, *Dating Acts*.   Pervo, Richard I. *Dating Acts: Between the Evangelists and the Apologists*. Santa Rosa, CA: Polebridge, 2006.

Pervo, "Dating Acts."   Pervo, Richard I. "Dating Acts." *Forum* 5 (1, 2002): 53-72.

Pervo, "Fabula."   Pervo, Richard I. "A Nihilist Fabula: Introducing *The Life of Aesop*." Pages 77-120 in *Ancient Fiction and Early Christian Narrative*. Edited by Ronald F. Hock, J. Bradley Chance, and Judith Perkins. SBLSymS 6. Atlanta: SBL, 1998.

Pervo, "Introduction."   Pervo, Richard I. "Introduction." Pages 1-6 in *Reading and Teaching Ancient Fiction: Jewish, Christian, and Greco-Roman Narratives*. Edited by Sara R. Johnson, Ruben R. Dupertuis, and Christine Shea. WGRWSup 11. Atlanta: SBL Press, 2018.

Pervo, "Losers."   Pervo, Richard I. "History Told by Losers: Dictys and Dares on the Trojan War." Pages 123-36 in *Reading and Teaching Ancient Fiction: Jewish, Christian, and Greco-Roman Narratives*. Edited by Sara R. Johnson, Ruben R. Dupertuis, and Christine Shea. WGRWSup 11. Atlanta: SBL Press, 2018.

Pervo, *Profit*.   Pervo, Richard I. *Profit with Delight: The Literary Genre of the Acts of the Apostles*. Philadelphia: Fortress, 1987.

Pervo, "Same Genre?"   Pervo, Richard I. "Must Luke and Acts Belong to the Same Genre?" Pages 309-16 in *SBL Seminar Papers, 1989*. Edited by D. J. Lull. SBLSP 28. Atlanta: Scholars Press, 1989.

Pesch, *Apostelgeschichte*.   Pesch, Rudolf. *Die Apostelgeschichte*. 2 vols. EKKNT 5. Zurich: Benziger, 1986.

Peters, "Historiography."   Peters, John J. "Ancient Historiography and Jesus Research: Reassessing Luke's Preface and Historical Narrative." PhD dissertation, Regent University, 2018.

Peters, *Muhammad*.   Peters, F. E. *Muhammad and the Origins of Islam*. Albany: State University of New York Press, 1994.

Petersen, "Genre."   Petersen, Norman R. "Can One Speak of a Gospel Genre?" *Neot* 28 (3, 1994): 137-58.

Petit, "Traversée exemplaire."   Petit, Madeleine. "À propos d'une traversée exemplaire du désert du Sinaï selon Philon (*Hypothetica* VI, 2-3.8). Texte biblique et apologétique concernant Moïse chez quelques écrivains juifs." *Sem* 26 (1976): 137-42.

Petitfils, "Tale."   Petitfils, James M. "A Tale of Two Moseses: Philo's *On the Life of Moses* and Josephus's *Jewish Antiquities* 2-4 in Light of the Roman Discourse of Exemplarity." Pages 153-64 in *Reading and Teaching Ancient Fiction: Jewish, Christian, and Greco-Roman Narratives*. Edited by Sara R. Johnson, Ruben R. Dupertuis, and Christine Shea. WGRWSup 11. Atlanta: SBL Press, 2018.

Phillips et al., *Memory*.   Phillips, Kendall R., et al., eds. *Framing Public Memory*. Tuscaloosa: University of Alabama Press, 2004.

Piccione, "Παιδεία."   Piccione, Rosa Maria. "De vita Mosis 1.60-2. Philon und die griechische παιδεία." Pages 345-57 in *Philo und das Neue Testament. Wechselseitige Wahrnehmungen. I. Internationales Symposium zum Corpus Judaeo-Hellenisticum(Eisenach/Jena, Mai 2003)*. Edited by Roland Deines and Karl-Wilhelm Niebuhr. WUNT 172. Tübingen: Mohr Siebeck, 2004.

Pierce et al., "Effects."   Pierce, B. H., J. D. Waring, D. L. Schacter, and A. E. Budson. "Effects of Distinctive Encoding on Source-Based False Recognition: Further Examination of Recall-to-Reject Processing in Aging and Alzheimer's Disease." *Cognitive and Behavioral Neurology* 21 (2008): 179-86.

Pilch, *Dictionary*.   Pilch, John J. *The Cultural Dictionary of the Bible*. Collegeville, MN: Liturgical Press, 1999.

Pilch, *Healing*.   Pilch, John J. *Healing in the New Testament: Insights from Medical and Mediterranean Anthropology*. Minneapolis: Fortress, 2000.

Pilch, "Naming."   Pilch, John J. "Naming the Nameless in the Bible." *BibT* 44 (5, 2006): 315-20.

Pilch, "Usefulness."   Pilch, John J. "The Usefulness of the Meaning Response Concept for Interpreting Translations of Healing Accounts in Matthew's Gospel." Pages 97-108 in *The Social Sciences of Biblical Translation*. Edited by Dietmar Neufeld. SBLSymS 41. Atlanta: SBL, 2008.

Pilch, *Visions*.   Pilch, John J. *Visions and Healing in the Acts of the Apostles: How the Early Believers Experienced God*. Collegeville, MN: Liturgical Press, 2004.

Pilgaard, "*Theios aner*."   Pilgaard, Aage. "The Hellenistic *theios aner*—a Model for Early Christian Christology?" Pages 101-22 in *The New Testament and Hellenistic Judaism*. Edited by Peder Borgen and Søren Giversen. Peabody, MA: Hendrickson, 1997.

Pillemer, *Momentous Events*.   Pillemer, David. *Momentous Events, Vivid Memories*. Cambridge, MA: Harvard University Press, 1998.

Pillemer et al., "Memories of College."   Pillemer, David B., Martha L. Picariello, Anneliesa Beebe Law, and Jill S. Reichman. "Memories of College: The Importance of Specific Educational Episodes." Pages 318-37 in *Remembering Our Past: Studies in*

Autobiographical Memory. Edited by David C. Rubin. Cambridge: Cambridge University Press, 1996.

Pines, *Version*. Pines, Shlomo. *An Arabic Version of the Testimonium Flavianum and Its Implications*. Jerusalem: Israel Academy of Sciences and Humanities, 1971.

Pioske, "Retracing." Pioske, Daniel D. "Retracing a Remembered Past: Methodological Remarks on Memory, History, and the Hebrew Bible." *BibInt* 23 (2015): 291-315.

Piovanelli, "Authority." Piovanelli, Pierluigi. "Jesus' Charismatic Authority: On the Historical Applicability of a Sociological Model." *JAAR* 73 (2, 2005): 395-427.

Pitcher, "Characterization." Pitcher, L. V. "Characterization in Ancient Historiography." Pages 102-17 in *A Companion to Greek and Roman Historiography*. Edited by John Marincola. Malden, MA: Wiley-Blackwell, 2011.

Pitcher, "Story." Pitcher, Luke V. "A Shaggy Thigh Story: Kalasiris on the *Life of Homer*." Pages 293-305 in *Writing Biography in Greece and Rome: Narrative Technique and Fictionalization*. Edited by Koen De Temmerman and Kristoffel Demoen. Cambridge: Cambridge University Press, 2016.

Pitre, *Case*. Pitre, Brant, *The Case for Jesus: The Biblical and Historical Evidence for Christ*. New York: Image, 2016.

Pitre, *Last Supper*. Pitre, Brant. *Jesus and the Last Supper*. Grand Rapids: Eerdmans, 2015.

Pitts, "Citation." Pitts, Andrew W. "Source Citation in Greek Historiography and in Luke(-Acts)." Pages 349-88 in *Christian Origins and Greco-Roman Culture: Social and Literary Contexts for the New Testament*. Edited by Stanley Porter and Andrew W. Pitts. Vol. 1 of *Early Christianity in Its Hellenistic Context*. TENTS 9. Leiden: Brill, 2013.

Pixner, "Gate." Pixner, Bargil. "The History of the 'Essene Gate' Area." *ZDPV* 105 (1989): 96-104 and plates 8-16a.

Pixner, *Paths*. Pixner, Bargil. *Paths of the Messiah and Sites of the Early Church from Galilee to Jerusalem: Jesus and Jewish Christianity in Light of Archaeological Discoveries*. Edited by Rainer Riesner. Translated by Keith Myrick, Sam Randall, and Miriam Randall. SanFrancisco: Ignatius Press, 2010.

Pixner, Chen, and Margalit, "Zion." Pixner, Bargil, Doron Chen, and Shlomo Margalit. "Mount Zion: The 'Gate of the Essenes' Reexcavated." *ZDPV* 105 (1989): 85-95 and plates 8-16a.

Pizzuto-Pomaco, *Shame*. Pizzuto-Pomaco, Julia. *From Shame to Honour: Mediterranean Women in Romans 16*. Lexington, KY: Emeth, 2017.

Pizzuto-Pomaco, "Shame." Pizzuto-Pomaco, Julia. "From Shame to Honour: Mediterranean Women in Romans 16." PhD diss., University of St. Andrews, 2003.

Placher, *Mark*. Placher, William C. *Mark*. Louisville: Westminster John Knox, 2010.

Plümacher, "Cicero und Lukas." Plümacher, Eckhard. "Cicero und Lukas. Bemerkungen zu Stil und Zweck der historischen Monographie." Pages 759-75 in *The Unity of Luke-Acts*. Edited by Joseph Verheyden. BETL 142. Leuven: Leuven University Press, 1999.

Plümacher, "Fiktion." Plümacher, Eckhard. "ΤΕΡΑΤΕΙΑ. Fiktion und Wunder in der hellenistisch-römischen Geschichtsschreibung und in der Apostelgeschichte." *ZNW* 89 (1-2, 1998): 66-90.

Plümacher, *Geschichte*.   Plümacher, Eckhard. *Geschichte und Geschichten. Aufsatze zur Apostelgeschichte und zu den Johannesakten*. Edited by Jens Schröter and Ralph Brucker. WUNT 170. Tübingen: Mohr Siebeck, 2004.

Plümacher, "Historiker."   Plümacher, Eckhard. "Stichwort: Lukas, Historiker." *ZNT* 9 (18, 2006): 2-8.

Plümacher, *Lukas*.   Plümacher, Eckhard. *Lukas als hellenisticher Schriftsteller. Studien zur Apostelgeschichte*. SUNT 9. Göttingen: Vandenhoeck & Ruprecht, 1972.

Plümacher, "Luke as Historian."   Plümacher, Eckhard. "Luke as Historian." Translated by Dennis Martin. *ABD* 4:398-402.

Plümacher, "Mission Speeches."   Plümacher, Eckhard. "The Mission Speeches in Acts and Dionysius of Halicarnassus." Pages 251-66 in *Jesus and the Heritage of Israel: Luke's Narrative Claim upon Israel's Legacy*. Edited by David P. Moessner. Luke the Interpreter of Israel 1. Harrisburg, PA: Trinity Press International, 1999.

Plümacher, "Missionsreden."   Plümacher, Eckhard. "Die Missionsreden der Apostelgeschichte und Dionys von Halikarnass." *NTS* 39 (2, 1993): 161-77.

Plümacher, "Monographie."   Plümacher, Eckhard. "Die Apostelgeschichte als historiche Monographie." Pages 457-66 in *Les Actes des apôtres. Traditions, rédaction, théologie*. Edited by Jacob Kremer. BETL 48. Gembloux, Belgium. J. Duculot, 1979.

Poewe, *Religions*.   Poewe, Karla. *New Religions and the Nazis*. New York: Routledge, 2006.

Porciani, "Enigma."   Porciani, Leone. "The Enigma of Discourse: A View of Thucydides." Pages 328-35 in *A Companion to Greek and Roman Historiography*. Edited by John Marincola. 2 vols. Oxford: Blackwell, 2007.

Porter, *Criteria*.   Porter, Stanley E. *The Criteria for Authenticity in Historical-Jesus Research: Previous Discussion and New Proposals*. New York: T&T Clark, 2004.

Porter, *Paul in Acts*.   Porter, Stanley E. *Paul in Acts*. LPSt. Peabody, MA: Hendrickson, 2001. Repr. of *The Paul of Acts: Essays in Literary Criticism, Rhetoric, and Theology*. WUNT 115. Tübingen: Mohr Siebeck, 1999.

Porter, "Reconstructing."   Porter, Stanley E. "What Do We Know and How Do We Know It? Reconstructing Early Christianity from Its Manuscripts." Pages 41-70 in *Christian Origins and Greco-Roman Culture: Social and Literary Contexts for the New Testament*. Edited by Stanley Porter and Andrew W. Pitts. Vol. 1 of *Early Christianity in Its Hellenistic Context*. TENTS 9. Leiden: Brill, 2013.

Porter, "Thucydidean View?"   Porter, Stanley E. "Thucydides 1.22.1 and Speeches in Acts: Is There a Thucydidean View?" *NovT* 32 (2, 1990): 121-42.

Porter, "We Passages."   Porter, Stanley E. "Excursus: The 'We' Passages." Pages 545-74 in *The Book of Acts in Its Graeco-Roman Setting*. Edited by David W. J. Gill and Conrad Gempf. Vol. 2 of *The Book of Acts in Its First Century Setting*. Edited by Bruce W. Winter. Grand Rapids: Eerdmans, 1994.

Porter and Dyer, *Synoptic Problem*.   Porter, Stanley E., and Bryan R. Dyer, eds. *The Synoptic Problem: Four Views*. Grand Rapids: Baker Academic, 2016.

Porter and Holmén, *Handbook*.   Porter, Stanley E., and Tom Holmén, eds. *Handbook for the Study of the Historical Jesus*. 4 vols. Leiden: Brill, 2011.

Porter and Ong, "Memory."   Porter, Stanley E., and Hughson T. Ong. "Memory, Orality, and the Fourth Gospel: A Response to Paul Foster, with Further Comments for Future Discussion." *JSHJ* 12 (1-2, 2014): 143-64.

Porterfield, *Healing*.   Porterfield, Amanda. *Healing in the History of Christianity*. New York: Oxford University Press, 2005.

Porton, "Pronouncement Story."   Porton, Gary G. "The Pronouncement Story in Tannaitic Literature: A Review of Bultmann's Theory." *Semeia* 20 (1981): 81-99.

Pouchelle, *Dieu éducateur*.   Pouchelle, Patrick. *Dieu éducateur. Une nouvelle approche d'un concept de la théologie biblique entre Bible Hébraïque, Septante et littérature grecque classique*. FAT 2/77. Tübingen: Mohr Siebeck, 2015.

Pouchelle, "*Kyropaideia*."   Pouchelle, Patrick. "*Kyropaideia* versus *Paideia Kyriou*: The Semantic Transformation of Paideia and Cognates in the Translated Books of the Septuagint." Pages 101-34 in *Pedagogy in Ancient Judaism and Early Christianity*. Edited by Karina Martin Hogan, Matthew Goff, and Emma Wasserman. EJL 41. Atlanta: SBL Press, 2017.

Poulos, "Pronouncement Story."   Poulos, Paula Nassen. "Form and Function of the Pronouncement Story in Diogenes Laertius' *Lives*." *Semeia* 20 (1981): 53-63.

Powell, *Acts*.   Powell, Mark Allan. *What Are They Saying about Acts?* New York: Paulist, 1991.

Powell, *Figure*.   Powell, Mark Allan. *Jesus as a Figure in History: How Modern Historians View the Man from Galilee*. 2nd ed. Louisville: Westminster John Knox, 2013.

Powell, *Introduction*.   Powell, Mark Allan. *Fortress Introduction to the Gospels*. Minneapolis: Fortress, 1998.

Power, "Ending."   Power, Tristan. "The Endings of Suetonius' *Caesars*." Pages 58-78 in *Suetonius the Biographer: Studies in Roman Lives*. Edited by Tristan Power and Roy K. Gibson. Oxford: Oxford University Press, 2013.

Power, "Poetry."   Power, Tristan. "Poetry and Fiction in Suetonius's *Illustrious Men*." Pages 217-39 in *Writing Biography in Greece and Rome: Narrative Technique and Fictionalization*. Edited by Koen De Temmerman and Kristoffel Demoen. Cambridge: Cambridge University Press, 2016.

Power, "Priscus."   Power, Tristan J. "Helvidius Priscus in Suetonius *Domitian* 10.3." *CP* 109 (1, January 2014): 79-82.

Power, "Suetonius' Tacitus."   Power, Tristan. "Suetonius' Tacitus." *JRS* 104 (2014): 205-25.

Power, "Taunt."   Power, Tristan J. "The Servants' Taunt: Homer and Suetonius' Galba." *Historia* 58 (2, 2009): 242-45.

Praet, "Cloak."   Praet, Danny. "The Divided Cloak as *redemptio militiae*: Biblical Stylization and Hagiographical Intertextuality in Sulpicius Severus' *Vita Martini*." Pages 133-59 in *Writing Biography in Greece and Rome: Narrative Technique and Fictionalization*. Edited by Koen De Temmerman and Kristoffel Demoen. Cambridge: Cambridge University Press, 2016.

Pretzler, "Pausanias and Tradition."   Pretzler, Maria. "Pausanias and Oral Tradition." *ClQ* 55 (1, 2005): 235-49.

Price, "Shipwreck." Price, Mark S. "Gold Watch Found at 1838 Shipwreck Stuns Recovery Experts." *Charlotte Observer*, June 17, 2018, https://www.charlotteobserver.com/news/local/article213337689.html.

Price, *Shrinking*. Price, Robert M. *The Incredible Shrinking Son of Man: How Reliable Is the Gospel Tradition?* Amherst, NY: Prometheus, 2003.

Pritz, *Nazarene Christianity*. Pritz, Ray A. *Nazarene Jewish Christianity: From the End of the New Testament Period until Its Disappearance in the Fourth Century*. StPB 37. Jerusalem: Magnes, 1988.

Provan, Long, and Longman, *History*. Provan, Iain, V. Philips Long, and Tremper Longman. *A Biblical History of Israel*. 2nd ed. Westminster John Knox, 2015.

Pryke, *Style*. Pryke, E. J. *Redactional Style in the Marcan Gospel: A Study of Syntax and Vocabulary as Guides to Redaction in Mark*. Cambridge: Cambridge University Press, 1978.

Pryzwansky, "Nepos." Pryzwansky, Molly M. "Cornelius Nepos: Key Issues and Critical Approaches. " *CJ* 105 (2009): 97-108.

Puig i Tàrrech, *Jesus*. Puig i Tàrrech, Armand. *Jesus: A Biography*. Waco, TX: Baylor University Press, 2011.

Quinn, "Epistemology." Quinn, Philip L. "Epistemology in Philosophy of Religion." Pages 513-38 in *The Oxford Handbook of Epistemology*. Edited by Paul K. Moser. Oxford: Oxford University Press, 2002.

Rabbie, "Wit." Rabbie, Edwin. "Wit and Humor in Roman Rhetoric." Pages 207-17 in *A Companion to Roman Rhetoric*. Edited by William Dominik and Jon Hall. Oxford: Blackwell, 2007.

Race, "Introduction." Race, William H. "Introduction." Pages 1-41 in vol. 1 of Pindar, *Odes*. Translated by William H. Race. 2 vols. LCL. Cambridge, MA: Harvard University Press, 1997.

Rackham, *Acts*. Rackham, Richard Belward. *The Acts of the Apostles*. 14th ed. London: Methuen, 1951. Repr., Grand Rapids: Baker, 1964.

Raglan, *Hero*. Raglan, FitzRoy Richard Somerset, Baron. *The Hero: A Study in Tradition, Myth, and Drama*. Mineola, NY: Dover, 2003. Orig., London: Methuen, 1936.

Rainey, "Herodotus' Description." Rainey, Anson F. "Herodotus' Description of the East Mediterranean Coast." *BASOR* 321 (February 2001): 57-63.

Rajak, *Josephus*. Rajak, Tessa. *Josephus: The Historian and His Society*. London: Gerald Duckworth, 1983; Philadelphia: Fortress, 1984.

Rajak, "Justus of Tiberias." Rajak, Tessa. "Josephus and Justus of Tiberias." Pages 81-94 in *Josephus, Judaism, and Christianity*. Edited by Louis H. Feldman and Gohei Hata. Detroit: Wayne State University Press, 1987.

Rajak, "Moses in Ethiopia." Rajak, Tessa. "Moses in Ethiopia: Legend and Literature." *JJS* 29 (2, 1978): 111-22.

Ramelli, "Origen and Hypatia." Ramelli, Ilaria. "Origen and Hypatia: Parallel Portraits of Platonist Educators." Pages 199-212 in *Reading and Teaching Ancient Fiction: Jewish, Christian, and Greco-Roman Narratives*. Edited by Sara R. Johnson, Ruben R. Dupertuis, and Christine Shea. WGRWSup 11. Atlanta: SBL Press, 2018.

Ramirez, "Faiths."   Ramirez, Daniel. "Migrating Faiths: A Social and Cultural History of Pentecostalism in the U.S.-Mexico Borderlands." PhD diss., Duke University, 2005.

Ramsay, *Luke the Physician.*   Ramsay, William M. *Luke the Physician and Other Studies in the History of Religion.* London: Hodder & Stoughton, 1908. Repr., Grand Rapids: Baker, 1979.

Raphael, "Travail."   Raphael, Freddy. "Le travail de la memoire et les limites de l'histoire orale." *Annales* 35 (1, January 1980): 127-45.

Rappaport, "Heliodoros."   Rappaport, Uriel. "Did Heliodoros Try to Rob the Treasures of the Jerusalem Temple? Date and Probability of the Story in II Maccabees, 3." *REJ* 170 (1-2, 2011): 3-19.

Raynor, "Moeragenes."   Raynor, D. H. "Moeragenes and Philostratus: Two Views of Apollonius of Tyana." *ClQ* 34 (1, 1984): 222-26.

Rebenich, "Prose."   Rebenich, Stefan. "Historical Prose." Pages 265-337 in *Handbook of Classical Rhetoric in the Hellenistic Period, 330 B.C.-A.D. 400.* Edited by Stanley E. Porter. Leiden: Brill, 1997.

Redman, "Eyewitnesses."   Redman, Judith C. S. "How Accurate Are Eyewitnesses? Bauckham and the Eyewitnesses in the Light of Psychological Research." *JBL* 129 (1, 2010): 177-97.

Reed, *Archaeology.*   Reed, Jonathan L. *Archaeology and the Galilean Jesus: A Re-examination of the Evidence.* Harrisburg, PA: Trinity Press International, 2000.

Reed, "Construction."   Reed, Annette Yoshiko. "The Construction and Subversion of Patriarchal Perfection: Abraham and Exemplarity in Philo, Josephus, and the *Testament of Abraham.*" *JSJ* 40 (2, 2009): 185-212.

Reed, "Contributions."   Reed, Jonathan L. "Archaeological Contributions to the Study of Jesus and the Gospels." Pages 40-54 in *The Historical Jesus in Context.* Edited by Amy-Jill Levine, Dale C. Allison Jr., and John Dominic Crossan. PrRR. Princeton: Princeton University Press, 2006.

Reinhold, *Diaspora.*   Reinhold, Meyer. *Diaspora: The Jews among the Greeks and Romans.* Sarasota, FL: Samuel Stevens, 1983.

Reinmuth, "Investitur."   Reinmuth, Eckart. "Zwischen Investitur und Testament. Beobachtungen zur Rezeption des Josuabuches im Liber antiquitatum biblicarum." *JSP* 16 (1, 2002): 24-43.

Reiser, "Alexanderroman."   Reiser, Marius. "Der Alexanderroman und das Markusevangelium." Pages 131-63 in *Markus-Philologie. Historische, literargeschichtliche und stilistische Untersuchungen zum zweiten Evangelium.* Edited by H Cancik. WUNT 33. Tübingen: Mohr Siebeck, 1984.

Reiser, *Sprache.*   Reiser, Marius. *Sprache und literarische Formen des Neuen Testaments. Eine Einführung.* UTB 2197. Paderborn: Schoningh, 2001.

Remus, *Healer.*   Remus, Harold. *Jesus as Healer.* UJT. Cambridge: Cambridge University Press, 1997.

Remus, "Thaumaturges."   Remus, Harold. "Moses and the Thaumaturges: Philo's De Vita

Mosis as a Rescue Operation." *LTP* 52 (3, 1996): 665-80.

Renehan, "Quotations."   Renehan, Robert. "Classical Greek Quotations in the New Testament." Pages 17-46 in *The Heritage of the Early Church: Essays in Honor of the Very Reverend Georges Vasilievich Florovsky*. OrChrAn 195. Rome: Pontificium Institutum Studiorum Orientalium, 1973.

Reydams-Schils, "Authority."   Reydams-Schils, Gretchen. "Authority and Agency in Stoicism." *GRBS* 51 (2, 2011): 296-322.

Reynolds, "Difference."   Reynolds, Adrian. "Comparing First and Second Maccabees: Do Their Differences Make Them Unreliable?" Pages 301-18 in Keener and Wright, *Biographies and Jesus*. Rhoads, "Performance Criticism." Rhoads, David. "Performance Criticism (Biblical)." *DBAM* 281-89.

Rhoads, "Performance Events."   Rhoads, David. "Performance Events in Early Christianity: New Testament Writings in an Oral Context." Pages 166-93 in *The Interface of Orality and Writing: Speaking, Seeing, Writing in the Shaping of New Genres*. Edited by Annette Weissenrieder and Robert B. Coote. WUNT 260. Tübingen: Mohr Siebeck, 2010. Repr., BPC 11. Eugene, OR: Wipf & Stock, 2015.

Rhodes, "Documents."   Rhodes, P. J. "Documents and the Greek Historians." Pages 56-66 in *A Companion to Greek and Roman Historiography*. Edited by John Marincola. 2 vols. Oxford: Blackwell, 2007.

Riaud, "Réflexions."   Riaud, J. "Quelques réflexions sur les Thérapeutes d'Alexandre à la lumière de *De vita Mosis* II, 67." Pages 184-91 in *Heirs of the Septuagint: Philo, Hellenistic Judaism, and Early Christianity; Festschrift for Earle Hilgert*. Edited by David T. Runia, David M. Hay, and David Winston. BJS 230. SPhiloA 3. Atlanta: Scholars Press, 1991.

Richards, *Letter Writing*.   Richards, E. Randolph. *Paul and First-Century Letter Writing: Secretaries, Composition, and Collection*. Downers Grove, IL: InterVarsity, 2004.

Richardson and Gooch, "Logia."   Richardson, Peter, and Peter Gooch, "Logia of Jesus in 1 Corinthians." Pages 39-62 in *The Jesus Tradition outside the Gospels*. Vol. 5 of *Gospel Perspectives*. Edited by David Wenham. Sheffield: JSOT Press, 1984.

Ricoeur, *Memory*.   Ricoeur, Paul. *Memory, History, Forgetting*. Translated by Kathleen Blamey and David Pellauer. Chicago: University of Chicago Press, 2004.

Ricoeur, *Time*.   Ricoeur, Paul. *Time and Narrative*. Translated by Kathleen Blamey and David Pellauer. Chicago: University of Chicago Press, 1990.

Ridderbos, *John*.   Ridderbos, Herman N. *The Gospel according to John: A Theological Commentary*. Translated by John Vriend. Grand Rapids: Eerdmans, 1997.

Riesenfeld, *Tradition*.   Riesenfeld, Harald. *The Gospel Tradition*. Philadelphia: Fortress, 1970.

Riesner, *Early Period*.   Riesner, Rainer. *Paul's Early Period: Chronology, Mission Strategy, Theology*. Translated by Doug Stott. Grand Rapids: Eerdmans, 1998.

Riesner, "Education élémentaire."   Riesner, Rainer. "Education élémentaire juive et tradition évangélique." *Hok* 21 (1982): 51-64.

Riesner, "Gate."   Riesner, Rainer. "Josephus' 'Gate of the Essenes' in Modern Discussion." *ZDPV* 105 (1989): 105-9 and plates 8-16a.

Riesner, *Lehrer*.   Riesner, Rainer. *Jesus als Lehrer. Eine Untersuchung zum Ursprung der Evangelien-Überlieferung*. 2nd ed. WUNT 2.7. Tübingen: J. C. B. Mohr, 1984.

Riesner, "Preacher."   Riesner, Rainer. "Jesus as Preacher and Teacher." Pages 185-210 in *Jesus and the Oral Gospel Tradition*. Edited by Henry Wansbrough. JSNTSup 64. Sheffield: Sheffield Academic Press, 1991.

Riesner, "Teacher."   Riesner, Rainer. "Teacher." *DJG2* 934-39.

Riesner, "Zuverlässigkeit."   Riesner, Rainer. "Die historische Zuverlässigkeit der Apostelgeschichte." *ZNT* 9 (18, 2006): 38-43.

Robbins, "Chreia."   Robbins, Vernon K. "The Chreia." Pages 1-23 in *Greco-Roman Literature and the New Testament: Selected Forms and Genres*. Edited by David E. Aune. SBLSBS 21. Atlanta: Scholars Press, 1988.

Robbins, "Pronouncement Stories."   Robbins, Vernon K. "Classifying Pronouncement Stories in Plutarch's *Parallel Lives*." *Semeia* 20 (1981): 29-52.

Robbins, *Quotes*.   Robbins, Vernon K. *Ancient Quotes and Anecdotes: From Crib to Crypt*. Sonoma, FL: Polebridge, 1989.

Robbins, *Study*.   Robbins, William Joseph. "A Study in Jewish and Hellenistic Legend, with Special Reference to Philo's *Life of Moses*." PhD diss., Brown University, 1947.

Robbins, *Teacher*.   Robbins, Vernon K. *Jesus the Teacher: A Socio-rhetorical Interpretation of Mark*. Minneapolis: Augsburg Fortress, 1992.

Robertson, "Account."   Robertson, Stuart D. "The Account of the Ancient Israelite Tabernacle and First Priesthood in the 'Jewish Antiquities' of Flavius Josephus." PhD diss., Annenberg Research Institute, Philadelphia, 1991.

Robiano, "*Apologia*."   Robiano, Patrick. "The *Apologia* as a *mise-en-abyme* in Philostratus' *Life of Apollonius of Tyana*." Pages 97-116 in *Writing Biography in Greece and Rome: Narrative Technique and Fictionalization*. Edited by Koen De Temmerman and Kristoffel Demoen. Cambridge: Cambridge University Press, 2016.

Robinson, *Historical Character*.   Robinson, J. Armitage. *The Historical Character of St John's Gospel*. 2nd ed. New York: Longmans, Green, 1929.

Robinson, "Perspective."   Robinson, John A. "Perspective, Meaning, and Remembering." Pages 199-217 in *Remembering Our Past: Studies in Autobiographical Memory*. Edited by David C. Rubin. Cambridge: Cambridge University Press, 1996.

Robinson, *Priority*.   Robinson, John A. T. *The Priority of John*. Edited by J. F. Coakley. London: SCM Press, 1985.

Robinson, *Problem*.   Robinson, James M. *The Problem of History in Mark and Other Marcan Studies*. Philadelphia: Fortress, 1982.

Rodgers, "Justice."   Rodgers, Zuleika. "Justice for Justus: A Re-examination of Justus of Tiberias' Role in Josephus' *Autobiography*." Pages 169-92 in *The Limits of Ancient Biography*. Edited by Brian McGing and Judith Mossman. Swansea, Wales: Classical Press of Wales, 2006.

Rodríguez, "Authenticating Criteria."   Rodríguez, Rafael. "Authenticating Criteria: The Use and Misuse of a Critical Method." *JSHJ* 7 (2009): 152-67.

Rodríguez, "Great Divide."   Rodríguez, Rafael. "Great Divide." *DBAM* 163-64.

Rodríguez, "Jesus Tradition." Rodríguez, Rafael. "Jesus Tradition." *DBAM* 194-95.

Rodríguez, "Narrative Gospels." Rodríguez, Rafael. "Narrative Gospels." *DBAM* 240-42.

Rodríguez, *Structuring*. Rodríguez, Rafael. *Structuring Early Christian Memory: Jesus in Tradition, Performance, and Text*. LNTS 407. New York: T&T Clark, 2010.

Rodríguez, "Suffering." Rodríguez, Rafael. "'According to the Scriptures': Suffering and the Psalms in the Speeches in Acts." Pages 241-62 in *Memory and Identity in Ancient Judaism and Early Christianity: A Conversation with Barry Schwartz*. Edited by Tom Thatcher. Semeia Studies 78. Atlanta: SBL, 2014.

Rogers, "Baptism." Rogers, Trent A. "The Baptism and Temptation in Matthew: Transition Narratives in a Graeco-Roman Biography?" *Hen* 35 (2, 2013): 252-72.

Rolfe, "Introduction." Rolfe, J. C. "Introduction to *The Lives of the Caesars*." Pages xvii-xxxi in vol. 1 of *Suetonius*. Translated by J. C. Rolfe. 2 vols. LCL. Cambridge, MA: Harvard University Press, 1914.

Römer, "Vie de Moïse." Römer, Thomas C. "La construction d'une 'vie de Moïse' dans la Bible hébraïque et chez quelques auteurs hellénistiques." *Transversalités* 85 (2003): 13-30.

Romm, "Humor." Romm, James. "Corporeal Humor in Diogenes Laertius." Pages 567-70 in *Diogenes Laertius "Lives of the Eminent Philosophers."* Edited by James Miller. Translated by Pamela Mensch. New York: Oxford University Press, 2018.

Roncace, "Portraits." Roncace, Mark. "Josephus' (Real) Portraits of Deborah and Gideon: A Reading of *Antiquities* 5.198-232." *JSJ* 31 (3, 2000): 247-74.

Roncace, "Samson." Roncace, Mark. "Another Portrait of Josephus' Portrait of Samson." *JSJ* 35 (2, 2004): 185-207.

Rondholz, "Rubicon." Rondholz, Anke. "Crossing the Rubicon. A Historiographical Study." *Mnemosyne* 62 (3, 2009): 432-50.

Rood, "Cato." Rood, Tim. "Cato the Elder, Livy, and Xenophon's *Anabasis*." *Mnemosyne* 70 (2017): 1-27.

Rood, "Development." Rood, Tim. "The Development of the War Monograph." Pages 147-58 in *A Companion to Greek and Roman Historiography*. Edited by John Marincola. 2 vols. Oxford: Blackwell, 2007.

Rook, "Names." Rook, John T. "The Names of the Wives from Adam to Abraham in the Book of *Jubilees*." *JSP* 7 (1990): 105-17.

Rordorf, "Didache." Rordorf, Willy. "Does the Didache Contain Jesus Tradition Independently of the Synoptic Gospels?" Pages 394-423 in *Jesus and the Oral Gospel Tradition*. Edited by Henry Wansbrough. JSNTSup 64. Sheffield: Sheffield Academic Press, 1991.

Rosenberg, "Complexity." Rosenberg, Bruce A. "The Complexity of Oral Tradition." *Oral Tradition* 2 (1, 1987): 73-90.

Rosner, "Biblical History." Rosner, Brian S. "Acts and Biblical History." Pages 65-82 in *The Book of Acts in Its Ancient Literary Setting*. Edited by Bruce W. Winter and Andrew D. Clark. Vol. 1 of *The Book of Acts in Its First Century Setting*. Edited by Bruce W. Winter. Grand Rapids: Eerdmans, 1993.

Rossato et al., "Dopamine."   Rossato, Janine I., et al. "Dopamine Controls Persistence of Long-Term Memory Storage." *Science* 325 (5943, August 21, 2009): 1017-20.

Rost, *Judaism.*   Rost, Leonhard. *Judaism outside the Hebrew Canon: An Introduction to the Documents.* Translated by David E. Green. Nashville: Abingdon, 1976.

Rothschild, "Irony."   Rothschild, Clare K. "Irony and Truth: The Value of *De Historia Conscribenda* for Understanding Hellenistic and Early Roman Period Historiographical Method." Pages 277-91 in *Die Apostelgeschichte im Kontext antiker und frühchristlicher Historiographie.* Edited by Jorg Frey, Clare K. Rothschild, and Jens Schröter, with Bettina Rost. BZNW 162. Berlin: de Gruyter, 2009.

Rothschild, *Rhetoric.*   Rothschild, Clare K. *Luke-Acts and the Rhetoric of History: An Investigation of Early Christian Historiography.* WUNT 2.175. Tübingen: Mohr Siebeck, 2004.

Rowe, "Style."   Rowe, Galen O. "Style." Pages 121-57 in *Handbook of Classical Rhetoric in the Hellenistic Period, 330 B.C.-A.D. 400.* Edited by Stanley E. Porter. Leiden: Brill, 1997.

Rubin, "Introduction."   Rubin, David C. "Introduction." Pages 1-15 in *Remembering Our Past: Studies in Autobiographical Memory.* Edited by David C. Rubin. Cambridge: Cambridge University Press, 1996.

Rubin, *Memory.*   Rubin, David. *Memory in Oral Traditions: The Cognitive Psychology of Epic, Ballads, and Counting-Out Rhymes.* New York: Oxford, 1995.

Rubincam, "Numbers."   Rubincam, Catherine. "Numbers in Greek Poetry and Historiography: Quantifying Fehling." *ClQ* 53 (2, 2003): 448-63.

Ruger, "Tradition."   Ruger, Hans-Peter. "Oral Tradition in the Old Testament." Pages 107-20 in *Jesus and the Oral Gospel Tradition.* Edited by Henry Wansbrough. JSNTSup 64. Sheffield: Sheffield Academic Press, 1991.

Runnalls, "Ethiopian Campaign."   Runnalls, Donna. "Moses' Ethiopian Campaign." *JSJ* 14 (2, 1983): 135-56.

Rüpke, "Knowledge."   Rüpke, Jörg. "Knowledge of Religion in Valerius Maximus' *Exempla*: Roman Historiography and Tiberian Memory Culture." Pages 89-111 in *Memory in Ancient Rome and Early Christianity.* Edited by Karl Galinsky. Oxford: Oxford University Press, 2016.

Rüpke, *Religion.*   Rüpke, Jörg. *Religion: Antiquity and Its Legacy.* Ancients and Moderns. New York: Oxford University Press, 2013.

Russell, "Coriolanus."   Russell, D. A. "Plutarch's Life of Coriolanus." *JRS* 53 (1963): 21-28.

Russell, "Plutarch."   Russell, Donald A. F. M. "Plutarch." *OCD3* 1200-1201.

Rusten, "*Ekphrasis.*"   Rusten, Jeffrey Stuart. "*Ekphrasis.*" *OCD3* 515.

Rutherford, "Tragedy."   Rutherford, Richard. "Tragedy and History." Pages 504-14 in *A Companion to Greek and Roman Historiography.* Edited by John Marincola. 2 vols. Oxford: Blackwell, 2007.

Safrai, "Description in Works."   Safrai, Zeev. "The Description of the Land of Israel in Josephus' Works." Pages 295-324 in *Josephus, the Bible, and History.* Edited by Louis H.

Feldman and Gohei Hata. Detroit: Wayne State University Press, 1989.

Safrai, "Education."   Safrai, Shemuel. "Education and the Study of the Torah." *JPFC* 945-70.

Sage, "Works."   Sage, Michael M. "Tacitus' Historical Works: A Survey and Appraisal." *ANRW* 2.33.2 (1990): 851-1030.

Saïd, "City."   Saïd, Suzanne. "The City in the Greek Novel." Pages 216-36 in *The Search for the Ancient Novel*. Edited by James Tatum. Baltimore: Johns Hopkins University Press, 1994.

Saïd, "Myth."   Saïd, Suzanne. "Myth and Historiography." Pages 76-88 in *A Companion to Greek and Roman Historiography*. Edited by John Marincola. 2 vols. Oxford: Blackwell, 2007.

Sánchez Walsh, *Identity*.   Sanchez Walsh, Arlene M. *Latino Pentecostal Identity: Evangelical Faith, Self, and Society*. New York: Columbia University Press, 2003.

Sanders, *Figure*.   Sanders, E. P. *The Historical Figure of Jesus*. New York: Penguin, 1993.

Sanders, *Jesus and Judaism*.   Sanders, E. P. *Jesus and Judaism*. Philadelphia: Fortress, 1985.

Sanders, *Jesus to Mishnah*.   Sanders, E. P. *Jewish Law from Jesus to the Mishnah: Five Studies*. London: SCM, 1990.

Sanders, *Judaism*.   Sanders, E. P. *Judaism: Practice and Belief, 63 BCE-66 CE*. London: SCM, 1992.

Sanders, "Know."   Sanders, E. P. "How Do We Know What We Know about Jesus?" Pages 38-61 in *Jesus Two Thousand Years Later*. Edited by James H. Charlesworth and Walter P. Weaver. FSCS. Harrisburg, PA: Trinity Press International, 2000.

Sanders, *Paul*.   Sanders, E. P. *Paul: The Apostle's Life, Letters, and Thought*. Minneapolis: Fortress, 2015.

Sanders, *Paul and Judaism*.   Sanders, E. P. *Paul and Palestinian Judaism: A Comparison of Patterns of Religion*. Philadelphia: Fortress, 1977.

Sanders, *Tendencies*.   Sanders, E. P. *The Tendencies of the Synoptic Tradition*. SNTSMS 9. Cambridge: Cambridge University Press, 1969.

Sandnes, *Challenge*.   Sandnes, Karl Olav. *The Challenge of Homer: School, Pagan Poets, and Early Christianity*. LNTS 400. New York: T&T Clark, 2009.

Sandnes, "Imitatio."   Sandnes, Karl O. "Imitatio Homeri? An Appraisal of Dennis R. Mac-Donald's 'Mimesis Criticism.'" *JBL* 124 (4, 2005): 715-32.

Sandnes, "Markus."   Sandnes, K. O. "Markus—en allegorisk biografi?" *DTT* 69 (4, 2006): 275-97.

Sandy, "Introduction."   Sandy, Gerald N. "Introduction to Antonius Diogenes, *The Wonders Beyond Thule*." Pages 775-77 in *Collected Ancient Greek Novels*. Edited by B. P. Reardon. Berkeley: University of California Press, 1989.

Sanneh, *West African Christianity*.   Sanneh, Lamin. *West African Christianity: The Religious Impact*. Maryknoll, NY: Orbis Books, 1983.

Sardar, *Postmodernism*.   Sardar, Ziauddin. *Postmodernism and the Other: New Imperialism of Western Culture*. London: Pluto Press, 1998.

Satlow, "Philosophers."   Satlow, Michael L. "Theophrastus's Jewish Philosophers." *JJS* 59 (1, 2008): 1-20.

Satran, *Prophets.*   Satran, David. *Biblical Prophets in Byzantine Palestine: Reassessing the Lives of the Prophets.* SVTP 11. Leiden: Brill, 1995.

Satterthwaite, "Acts."   Satterthwaite, Philip E. "Acts against the Background of Classical Rhetoric." Pages 337-79 in *The Book of Acts in Its Ancient Literary Setting.* Edited by Bruce W. Winter and Andrew D. Clark. Vol. 1 of *The Book of Acts in Its First Century Setting.* Edited by Bruce W. Winter. Grand Rapids: Eerdmans, 1993.

Sauer, "Erwägungen."   Sauer, Jurgen. "Traditionsgeschichtliche Erwägungen zu den synoptischen und paulinischen Aussagen über Feindesliebe und Wiedervergeltungsverzicht." *ZNW* 76 (1-2, 1985): 1-28.

Schacter, "Distortions."   Schacter, Daniel L. "Memory Distortions: History and Current Status." Pages 1-43 in *Memory Distortion: How Minds, Brains, and Societies Reconstruct the Past.* Edited by Daniel L. Schacter. Cambridge, MA: Harvard University Press, 1995.

Schacter, "Memory, Amnesia, and Dysfunction."   Schacter, Daniel L. "Memory, Amnesia, and Frontal Lobe Dysfunction." *Psychobiology* 15 (1987): 21-36.

Schacter, "Neuropsychology."   Schacter, Daniel L. "The Cognitive Neuropsychology of False Memories: Introduction." *Cognitive Neuropsychology* 16 (3-5, 1999): 193-95.

Schacter, "Sins."   Schacter, Daniel L. "The Seven Sins of Memory: Insights from Psychology and Cognitive Neuroscience." *American Psychologist* 54 (1999): 182-203.

Schacter and Addis, "Neuroscience."   Schacter, Daniel L., and Donna Rose Addis. "The Cognitive Neuroscience of Constructive Memory: Remembering the Past and Imagining the Future." *Philosophical Transactions of the Royal Society* B362 (1481, May 29, 2007): 773-86.

Schacter, Norman, and Koutstaal, "Neuroscience."   Schacter, Daniel L., Kenneth A. Norman, and Wilma Koutstaal. "The Cognitive Neuroscience of Constructive Memory." *Annual Review of Psychology* 49 (1998): 289-318.

Schenkeveld, "Prose."   Schenkeveld, Dirk M. "Philosophical Prose." Pages 195-264 in *Handbook of Classical Rhetoric in the Hellenistic Period, 330 B.C.-A.D. 400.* Edited by Stanley E. Porter. Leiden: Brill, 1997.

Schepens, "History."   Schepens, Guido. "History and *Historia*: Inquiry in the Greek Historians." Pages 39-55 in *A Companion to Greek and Roman Historiography.* Edited by John Marincola. 2 vols. Oxford: Blackwell, 2007.

Scherberger, "Shaman."   Scherberger, Laura. "The Janus-Faced Shaman: The Role of Laughter in Sickness and Healing among the Makushi." *AnthHum* 30 (1, 2005): 55-69.

Scherberich, "Sueton und Josephus."   Scherberich, Klaus. "Sueton und Josephus über die Ermorderung des Caligula." *RMPhil* 142 (1, 1999): 74-83.

Schiffman, "Scrolls."   Schiffman, Lawrence H. "The Dead Sea Scrolls and the Early History of Jewish Liturgy." Pages 33-48 in *The Synagogue in Late Antiquity.* Edited by Lee I. Levine. Philadelphia: ASOR, 1986.

Schmeling, "Spectrum."   Schmeling, Gareth. "The Spectrum of Narrative: Authority of the Author." Pages 19-29 in *Ancient Fiction and Early Christian Narrative.* Edited by Ronald F. Hock, J. Bradley Chance, and Judith Perkins. SBLSymS 6. Atlanta: SBL,

1998.

Schmeller, "Gegenwelten." Schmeller, Thomas. "Gegenwelten. Zum Vergleich zwischen paulinischen Gemeinden und nichtchristlichen Gruppen." *BZ* 47 (2, 2003): 167-85.

Schmidt, "Influences." Schmidt, Daryl D. "Rhetorical Influences and Genre: Luke's Preface and the Rhetoric of Hellenistic Historiography." Pages 27-60 in *Jesus and the Heritage of Israel: Luke's Narrative Claim upon Israel's Legacy*. Edited by David P. Moessner. Luke the Interpreter of Israel 1. Harrisburg, PA: Trinity Press International, 1999.

Schmidt, *Memories*. Schmidt, Stephen R. *Extraordinary Memories for Exceptional Events*. New York: Psychology Press, 2012.

Schmidt, "Stellung." Schmidt, K. L. "Die Stellung der Evangelien in der allgemeinen Literaturgeschichte." Pages 59-60 in vol. 1 of *EYXAPIΣTHPION. Studien zur Religion und Literatur des Alten und Neuen Testaments: Festschrift für Hermann Gunkel*. Edited by Hans Schmidt. 2 vols. in 1. FRLANT 19. Göttingen: Vandenhoeck & Ruprecht, 1923.

Schnabel, *Jesus in Jerusalem*. Schnabel, Eckhard J. *Jesus in Jerusalem in the Last Days*. Grand Rapids: Eerdmans, 2018.

Schnabel, *Jesus, Paul, and Church*. Schnabel, Eckhard J. *Jesus, Paul, and the Early Church: Missionary Realities in Historical Contexts*. WUNT 406. Tübingen: Mohr Siebeck, 2018.

Schnabel, *Mark*. Schnabel, Eckhard J. *Mark*. TNTC. Downers Grove, IL: IVP Academic, 2017.

Schneider, *Apostelgeschichte*. Schneider, Gerhard. *Die Apostelgeschichte*. HThKNT 5. Freiburg im Breisgau: Herder, 1980-82.

Schneider, "Zweck." Schneider, Gerhard. "Der Zweck des Lukanischen Doppelwerks." *BZ* 21 (1, 1977): 45-66.

Schnelle, *Christology*. Schnelle, Udo. *Antidocetic Christology in the Gospel of John: An Investigation of the Place of the Fourth Gospel in the Johannine School*. Translated by Linda M. Maloney. Minneapolis: Fortress Press, 1992.

Schofield, "Philosophers." Schofield, Malcolm. "Philosophers and Politics in Diogenes Laertius." Pages 570-73 in *Diogenes Laertius "Lives of the Eminent Philosophers."* Edited by James Miller. Translated by Pamela Mensch. New York: Oxford University Press, 2018.

Scholem, *Sabbatai Sevi*. Scholem, Gershom. *Sabbatai Sevi: The Mystical Messiah*. Princeton: Princeton University Press, 1973.

Schröter, "Begrunder." Schröter, Jens. "Der erinnerte Jesus als Begründer des Christentums? Bemerkungen zu James D. G. Dunns Ansatz in der Jesusforschung." *ZNT* 10 (20, 2007): 47-53.

Schröter, "Contribution." Schröter, Jens. "The Contribution of Non-canonical Gospels to the Memory of Jesus: The Gospel of Thomas and the Gospel of Peter as Test Cases." *NTS* 64 (4, October 2018): 435-54.

Schröter, *Jesus to New Testament*. Schröter, Jens. *From Jesus to the New Testament: Early Christian Theology and the Origin of the New Testament Canon*. Translated by Wayne Coppins. Waco, TX: Baylor University Press, 2013.

Schudson, "Present."   Schudson, Michael. "The Present in the Past versus the Past in the Present." *Communication* 11 (1989): 105-13.

Schuman and Scott, "Generations."   Schuman, Howard, and Jacqueline Scott. "Generations and Collective Memories." *American Sociological Review* 54 (1989): 359-81.

Schürmann, "Anfänge."   Schürmann, Heinz. "Die vorösterlichen Anfänge der Logientradition. Versuch eines formgeschichtlichen Zugangs zum Leben Jesu." Pages 342-70 in *Der Historische Jesus und der Kerygmatische Christus*. Edited by H. Ristow and K. Matthiae. Berlin: Evangelische, 1962.

Schwartz, *Forge*.   Schwartz, Barry. *Abraham Lincoln and the Forge of National Memory*. Chicago: University of Chicago Press, 2000.

Schwartz, "Halbwachs."   Schwartz, Barry. "Halbwachs, Maurice." *DBAM* 168-69.

Schwartz, "Harvest."   Schwartz, Barry. "Harvest." Pages 313-37 in *Memory and Identity in Ancient Judaism and Early Christianity: A Conversation with Barry Schwartz*. Edited by Tom Thatcher. SemeiaSt 78. Atlanta: SBL, 2014.

Schwartz, "Jesus in Memory."   Schwartz, Barry. "Jesus in First-Century Memory—a Response." Pages 249-61 in *Memory, Tradition, and Text: Uses of the Past in Early Christianity*. Edited by A. Kirk and Tom Thatcher. Semeia 52. Atlanta: SBL, 2005.

Schwartz, *Living Memory*.   Schwartz, Andor. *Living Memory*. Melbourne, Vic.: Black, 2010.

Schwartz, "Origins."   Schwartz, Barry. "Christian Origins: Historical Truth and Social Memory." Pages 43-56 in *Memory, Tradition, and Text: Uses of the Past in Early Christianity*. Edited by A. Kirk and Tom Thatcher. Semeia 52. Atlanta: SBL, 2005.

Schwartz, *Post-heroic Era*.   Schwartz, Barry. *Abraham Lincoln in the Post-heroic Era: History and Memory in Late Twentieth-Century America*. Chicago: University of Chicago Press, 2008.

Schwartz, "Smoke."   Schwartz, Barry. "Where There's Smoke, There's Fire: Memory and History." Pages 7-37 in *Memory and Identity in Ancient Judaism and Early Christianity: A Conversation with Barry Schwartz*. Edited by Tom Thatcher. SemeiaSt 78. Atlanta: SBL, 2014.

Schweitzer, *Quest*.   Schweitzer, Albert. *The Quest of the Historical Jesus*. Translated by W. Montgomery. New York: Macmillan, 1968.

Scott, "Divine Man."   Scott, Ian W. "Is Philo's Moses a Divine Man?" *SPhiloA* 14 (2002): 87-111.

Scott, *Parable*.   Scott, Bernard Brandon. *Hear Then the Parable: A Commentary on the Parables of Jesus*. Minneapolis: Augsburg Fortress, 1989.

Sedley, "Debate."   Sedley, David. "The Stoic-Platonist Debate on *kathêkonta*." Pages 128-52 in *Topics in Stoic Philosophy*. Edited by Katerina Ierodiakonou. Oxford: Oxford University Press, 1999.

Selden, "Genre."   Selden, Daniel L. "Genre of Genre." Pages 39-64 in *The Search for the Ancient Novel*. Edited by James Tatum. Baltimore: Johns Hopkins University Press, 1994.

Shanks, "*BAR* Interviews Yadin."   Shanks, Hershel. "*BAR* Interviews Yigael Yadin." *BAR* 9 (1, 1983): 16-23.

Shanks, "Inscription."   Shanks, Hershel. "Inscription Reveals Roots of Maccabean Revolt." *BAR* 34 (6, 2008): 56-59.

Shanks, *Papias.*   Shanks, Monte A. *Papias and the New Testament.* Eugene, OR: Wipf & Stock, 2013.

Shauf, *Divine.*   Shauf, Scott. *The Divine in Acts and in Ancient Historiography.* Minneapolis: Fortress, 2015.

Sheeley, *Asides.*   Sheeley, Steven M. *Narrative Asides in Luke-Acts.* JSNTSup 72. Sheffield: Sheffield Academic, 1992.

Sheppard, *Craft.*   Sheppard, Beth M. *The Craft of History and the Study of the New Testament.* SBLSBS 60. Atlanta: SBL, 2012.

Sheppard, "Historiography."   Sheppard, Beth M. "Historiography, Ancient." *DBAM* 172-76.

Shim, "Suggestion."   Shim, Ezra S. B. "A Suggestion about the Genre or Text-Type of Mark." *Scriptura* 50 (1994): 69-89.

Shinan, "Wyhlm."   Shinan, Avigdor. "'Wyhlm ywsp hhwm' (brayt ḥ. 5). Ilwmwt ywsp bry lsprwt hyhwdyt hqdwmh." *Beit Mikra* 55 (1, 2010): 138-50 (NTA).

Shiner, "Technology."   Shiner, Whitney. "Memory Technology and the Composition of Mark." Pages 147-65 in *Performing the Gospel: Orality, Memory, and Mark.* Edited by Richard A. Horsley, Jonathan A. Draper, and John Miles Foley. Minneapolis: Fortress, 2006.

Shively, "Penguins."   Shively, Elizabeth. "Recognizing Penguins: Audience Expectation, Cognitive Genre Theory, and the Ending of Mark's Gospel." *CBQ* 80 (2018): 273-92.

Shively, "Recognizing."   Shively, Elizabeth. "Recognizing Mark and Matthew: How to Extend Burridge's Contribution to the Gospels' Genre with a Cognitive Model." Paper presented in the Synoptic Gospels section, Society of Biblical Literature Annual Meeting, Denver, November. 17, 2018.

Shuler, *Genre.*   Shuler, Philip L. *A Genre for the Gospels: The Biographical Character of Matthew.* Philadelphia: Fortress, 1982.

Shuler, "Moses."   Shuler, Philip L. "Philo's Moses and Matthew's Jesus: A Comparative Study in Ancient Literature." *SPhiloA* 2 (1990): 86-103.

Sievers, "Name."   Sievers, Joseph. "What's in a Name? Antiochus in Josephus' '*Bellum judaicum.*'" *JJS* 56 (1, 2005): 34-47.

Sigmon, "Brothers."   Sigmon, Brian O. "According to the Brothers: First-Person Narration in the Testaments of the Twelve Patriarchs." Pages 137-52 in *Reading and Teaching Ancient Fiction: Jewish, Christian, and Greco-Roman Narratives.* Edited by Sara R. Johnson, Ruben R. Dupertuis, and Christine Shea. WGRWSup 11. Atlanta: SBL Press, 2018.

Silver, "Moses and Birds."   Silver, Daniel J. "Moses and the Hungry Birds." *JQR* 64 (2, 1973): 123-53.

Simkovich, "Influence."   Simkovich, Malka Zeiger. "Greek Influence on the Composition of 2 Maccabees." *JSJ* 42 (3, 2011): 293-310.

Simons et al., "Gist."   Simons, J. S., A. C. H. Lee, K. S. Graham, M. Verfaellie, W. Koutstaal, J. R. Hodges, D. L. Schacter, and A. E. Budson. "Failing to Get the Gist: Reduced False Recognition of Semantic Associates in Semantic Dementia." *Neuropsychology* 19 (2005): 353-61.

Simpson, *Literature*.   Simpson, William Kelly, ed. *The Literature of Ancient Egypt: An Anthology of Stories, Instructions, Stelae, Autobiographies, and Poetry*. 3rd ed. New Haven: Yale University Press, 2003.

Singleton, "Spirits."   Singleton, Michael. "Spirits and 'Spiritual Direction': The Pastoral Counseling of the Possessed." Pages 471-78 in *Christianity in Independent Africa*. Edited by Edward Fashole-Luke, Richard Gray, Adrian Hastings, and Godwin Tasie. Bloomington: Indiana University Press, 1978.

Slade, "Reports."   Slade, Darren M. "Miracle Eyewitness Reports." *Encyclopedia of Psychology and Religion*. 3rd ed. Edited by David A. Leeming. Berlin: Springer, 2018. http://dx.doi.org/10.1007/978-3-642-27771-9_200227-1.

Sloan, "Similitudes."   Sloan, David B. "The τίς ἐξ ὑμῶν Similitudes and the Extent of Q." *JSNT* 38 (3, 2016): 339-55.

Slomovic, "Understanding."   Slomovic, Elieser. "Toward an Understanding of the Exegesis in the Dead Sea Scrolls." *RevQ* 7 (1969): 3-15.

Small, "Artificial Memory."   Small, Jocelyn Penny. "Artificial Memory and the Writing Habits of the Literate." *Helios* 22 (2, 1995): 159-66.

Small, "Memory."   Small, Jocelyn Penny. "Memory and the Roman Orator." Pages 195-206 in *A Companion to Roman Rhetoric*. Edited by William Dominik and Jon Hall. Oxford: Blackwell, 2007.

Small, "Review."   Small, Brian C. Review of *The Genre of Acts and Collected Biography*, by Sean A. Adams. *RBL*, October 26, 2017, 6 pages, www.bookreviews.org/pdf/10406_11553.pdf.

Small, *Wax Tablets*.   Small, Jocelyn Penny. *Wax Tablets of the Mind: Cognitive Studies of Memory and Literacy in Classical Antiquity*. London: Routledge, 1997.

Smallwood, "Historians."   Smallwood, E. Mary. "Philo and Josephus as Historians of the Same Events." Pages 114-29 in *Josephus, Judaism, and Christianity*. Edited by Louis H. Feldman and Gohei Hata. Detroit: Wayne State University Press, 1987.

Smallwood, *Jews*.   Smallwood, E. Mary. *The Jews under Roman Rule: From Pompey to Diocletian*. SJLA 20. Leiden: Brill, 1976.

Smit, "Practice."   Smit, Peter-Ben. "Paul, Plutarch, and the Problematic Practice of Self-Praise (περιαυτολογία): The Case of Phil 3.2-21." *NTS* 60 (3, July 2014): 341-59.

Smith, Βίος.   Smith, Justin Marc. *Why Βίος On the Relationship between Gospel Genre and Implied Audience*. LNTS 518. New York: Bloomsbury, 2015.

Smith, "Comparison."   Smith, Morton. "A Comparison of Early Christian and Early Rabbinic Tradition." *JBL* 82 (2, 1963): 169-76.

Smith, "Criticism."   Smith, D. Moody. "Redaction Criticism, Genre, Narrative Criticism, and the Historical Jesus in the Gospel of John." Pages 624-33 in *Jesus Research: New*

Methodologies and Perceptions; The Second Princeton-Prague Symposium on Jesus Research. Edited by James Charlesworth, with Brian Rhea and Petr Pokorny. Grand Rapids: Eerdmans, 2014.

Smith, "Genre."   Smith, Justin M. "Genre, Sub-Genre, and Questions of Audience: A Proposed Typology for Greco-Roman Biography." *JGRCJ* 4 (2007): 184-216.

Smith, "Gospels."   Smith, D. Moody. "When Did the Gospels Become Scripture?" *JBL* 119 (1, 2000): 3-20.

Smith, "Historical Issues."   Smith, D. Moody. "Historical Issues and the Problem of John and the Synoptics." Pages 252-67 in *From Jesus to John: Essays on Jesus and NT Christology in Honour of Marinus de Jonge.* Edited by Martinus C. De Boer. JSNTSup 84. Sheffield: JSOT Press, 1993.

Smith, *John* (1999).   Smith, D. Moody. *John.* ANTC. Nashville: Abingdon, 1999.

Smith, *John among Gospels.*   Smith, D. Moody. *John among the Gospels.* 2nd ed. Columbia: University of South Carolina Press, 2001.

Smith, "John and Synoptics."   Smith, D. Moody. "John and the Synoptics: Some Dimensions of the Problem." *NTS* 26 (4, July 1980): 425-44.

Smith, *Magician.*   Smith, Morton. *Jesus the Magician.* San Francisco: Harper & Row, 1978,

Smith, "Metaphilosophy."   Smith, Quentin. "The Metaphilosophy of Naturalism." *Philo* 4 (2, 2001): 195-215.

Smith, *Parallels.*   Smith, Morton. *Tannaitic Parallels to the Gospels.* Philadelphia: SBL, 1951.

Smith, "Sarcophagus."   Smith, Robert Houston. "A Sarcophagus from Pella: New Light on Earliest Christianity." *Archaeology* 26 (1973): 250-56.

Smith, "Understand."   Smith, Abraham. "'Do You Understand What You Are Reading?': A Literary Critical Reading of the Ethiopian (Kushite) Episode (Acts 8:26-40)." *JITC* 22 (1, 1994): 48-70.

Smith and Kostopoulos, "Biography."   Smith, Daniel Lynwood, and Zachary Lundin Kostopoulos. "Biography, History, and the Genre of Luke-Acts." *NTS* 63 (2017): 390-410.

Smith and Temmerman, "Ideal."   Smith, S. D., and K. De Temmerman. "How Ideal Is the Oldest Greek Novel?" *Mnemosyne* 63 (3, 2010): 465-78.

Snodgrass, *Stories.*   Snodgrass, Klyne R. *Stories with Intent: A Comprehensive Guide to the Parables of Jesus.* Grand Rapids: Eerdmans, 2008.

Snyder, "Review."   Snyder, Glenn E. Review of *Mythologizing Jesus: From Jewish Teacher to Epic Hero,* by Dennis R. MacDonald. *RBL,* October 25, 2018, 3 pages.

Soards, "Passion Narrative."   Soards, Marion L. "Appendix IX: The Question of a Premarcan Passion Narrative." Pages 1492-1524 in *The Death of the Messiah: From Gethsemane to Grave; A Commentary on the Passion Narratives in the Four Gospels.* 2 vols. New York: Doubleday, 1994.

Soards, "Review."   Soards, Marion L. Review of *Profit with Delight,* by Richard Pervo. *JAAR* 58 (2, 1990): 307-10.

Soards, *Speeches.*   Soards, Marion L. *The Speeches in Acts: Their Content, Context, and Concerns.* Louisville: Westminster John Knox, 1994.

Soards, "Tradition."   Soards, Marion L. "Oral Tradition before, in, and outside the Canonical Passion Narrative." Pages 334-50 in *Jesus and the Oral Gospel Tradition.* Edited by Henry Wansbrough. JSNTSup 64. Sheffield: Sheffield Academic Press, 1991.

Sollenberger, "Lives of Peripatetics."   Sollenberger, Michael G. "The Lives of the Peripatetics: The Analysis of the Contents and Structure of Diogenes Laertius' 'Vitae Philosophorum' Book 5." *ANRW* 2.36.6 (1992): 3793-879.

Sorabji, *Aristotle on Memory.*   Sorabji, Richard. *Aristotle on Memory.* 2nd ed. Chicago: University of Chicago Press, 2006.

Sorabji, *Emotion.*   Sorabji, Richard. *Emotion and Peace of Mind: From Stoic Agitation to Christian Temptation.* Gifford Lectures. New York: Oxford University Press, 2000.

Sotgiu and Rusconi, "Memories."   Sotgiu, Igor, and Maria Luisa Rusconi. "Why Autobiographical Memories for Traumatic and Emotional Events Might Differ: Theoretical Arguments and Empirical Evidence." *Journal of Psychology: Interdisciplinary and Applied* 148 (5, September 2014): 523-47.

Southerland, "Valuation."   Southerland, Kevin. "Source Valuation and Use in Book Nine of Diogenes Laertius's *Lives of Eminent Philosophers.*" Research paper for the doctoral Seminar on the Historical Jesus, Asbury Theological Seminary, May 8, 2018.

Spanos, *Multiple Identities.*   Spanos, Nicholas P. *Multiple Identities and False Memories.* Washington, DC: American Psychological Association, 1996.

Spencer, *Acts.*   Spencer, F. Scott. *Acts.* Sheffield: Sheffield Academic, 1997.

Spivey, Smith, and Black, *Anatomy.*   Spivey, Robert A., D. Moody Smith, and C. Clifton Black. *Anatomy of the New Testament.* 6th ed. Upper Saddle River, NJ: Pearson Prentice Hall, 2007.

Spradley, *Observation.*   Spradley, James P. *Participant Observation.* Long Grove, IL: Waveland Press, 2016.

Squires, *Plan.*   Squires, John T. *The Plan of God in Luke-Acts.* SNTSMS 76. Cambridge: Cambridge University Press, 1993.

Squires, "Plan."   Squires, John T. "The Plan of God." Pages 19-39 in *Witness to the Gospel: The Theology of Acts.* Edited by I. Howard Marshall and David Peterson. Grand Rapids: Eerdmans, 1998.

Stadter, "Anecdotes."   Stadter, Philip A. "Anecdotes and the Thematic Structure of Plutarchean Biography." Pages 291-303 in *Estudios sobre Plutarco. Aspectos formales.* Edited by J. A. Fernandez Delgado, J. Antonio, and F. Pordomingo Pardo. Madrid: Ediciones Clasicas, 1996.

Stadter, "Biography."   Stadter, Philip. "Biography and History." Pages 528-40 in *A Companion to Greek and Roman Historiography.* Edited by John Marincola. 2 vols. Oxford: Blackwell, 2007.

Stadter, "Narrative."   Stadter, Philip A. "Fictional Narrative in the *Cyropaideia.*" *AJP* 112 (1991): 461-91.

Stagg, *Acts.*   Stagg, Frank. *The Book of Acts: The Early Struggle for an Unhindered Gospel.*

Nashville: Broadman, 1955.

Stambaugh and Balch, *Environment*.   Stambaugh, John E., and David L. Balch. *The New Testament in Its Social Environment*. LEC 2. Philadelphia: Westminster, 1986.

Stamps, "Children."   Stamps, D. L. "Children in Late Antiquity." *DNTB* 197-201.

Stanley, *Language*.   Stanley, Christopher D. *Paul and the Language of Scripture: Citation Technique in the Pauline Epistles and Contemporary Literature*. SNTSMS 69. Cambridge: Cambridge University Press, 1992.

Stanton, *Gospels*.   Stanton, Graham N. *The Gospels and Jesus*. Oxford Bible Series. Oxford: Oxford University Press, 1989.

Stanton, *Gospel Truth?*   Stanton, Graham N. *Gospel Truth? New Light on Jesus and the Gospels*. Valley Forge, PA: Trinity Press International, 1995.

Stanton, *New People*.   Stanton, Graham N. *A Gospel for a New People: Studies in Matthew*. Edinburgh: T&T Clark, 1992; Louisville: Westminster John Knox, 1993.

Stanton, *Preaching*.   Stanton, Graham N. *Jesus of Nazareth in New Testament Preaching*. Cambridge: Cambridge University Press, 1974.

Stanton, "Reflection."   Stanton, Graham N. "The Gospel Tradition and Early Christological Reflection." Pages 543-52 in *The Historical Jesus in Recent Research*. Edited by James D. G. Dunn and Scot McKnight. Winona Lake, IN: Eisenbrauns, 2005.

Starner, *Kingdom*.   Starner, Rob. *Kingdom of Power, Power of Kingdom: The Opposing World Views of Mark and Chariton*. Eugene, OR: Pickwick, 2011.

Steele, "Trogus."   Steele, R. B. "Pompeius Trogus and Justinus." *AJP* 38 (1, 1917): 19-41.

Stein, "Criteria."   Stein, Robert H. "The 'Criteria' for Authenticity." Pages 225-63 in *Studies of History and Tradition in the Four Gospels*. Vol. 1 of *Gospel Perspectives*. Edited by R. T. France and David Wenham. Sheffield: JSOT Press, 1980.

Stein, *Luke*.   Stein, Robert H. *Luke*. NAC 24. Nashville: Broadman, 1992.

Stein, *Messiah*.   Stein, Robert H. *Jesus the Messiah: A Survey of the Life of Christ*. Downers Grove, IL: InterVarsity, 1996.

Stein, *Method*.   Stein, Robert H. *The Method and Message of Jesus' Teachings*. Philadelphia: Westminster, 1978.

Stem, *Biographies*.   Stem, Rex. *The Political Biographies of Cornelius Nepos*. Ann Arbor: University of Michigan, 2012.

Stem, "Lessons."   Stem, Rex. "The Exemplary Lessons of Livy's Romulus." *TAPA* 137 (2007): 435-71.

Stephens, "Who Read Novels?"   Stephens, Susan A. "Who Read Ancient Novels?" Pages 405-18 in *The Search for the Ancient Novel*. Edited by James Tatum. Baltimore: Johns Hopkins University Press, 1994.

Sterling, "Appropriation."   Sterling, Gregory E. "The Jewish Appropriation of Hellenistic Historiography." Pages 231-43 in *A Companion to Greek and Roman Historiography*. Edited by John Marincola. 2 vols. Oxford: Blackwell, 2007.

Sterling, "Historians."   Sterling, Gregory E. "Historians, Greco-Roman." *DNTB* 499-504.

Sterling, *Historiography*.   Sterling, Gregory E. *Historiography and Self-Definition: Josephos,*

Luke-Acts, and Apologetic Historiography. NovTSup 64. Leiden: Brill, 1992.

Sterling, *Sisters.* Sterling, Dorothy, ed. *We Are Your Sisters: Black Women in the Nineteenth Century.* New York: W. W. Norton, 1984.

Stern, *Authors.* Stern, Menahem, ed. *Greek and Latin Authors on Jews and Judaism.* 3 vols. Jerusalem: Israel Academy of Sciences and Humanities, 1974-84.

Stern, *Parables in Midrash.* Stern, David. *Parables in Midrash: Narrative and Exegesis in Rabbinic Literature.* Cambridge, MA: Harvard University Press, 1991.

Steussy, "Memory." Steussy, Marti J. "Long-Term/Short-Term Memory." *DBAM* 210-12.

Stewart, "Parable Form." Stewart, Roy A. "The Parable Form in the Old Testament and the Rabbinic Literature." *EvQ* 36 (1964): 133-47.

Steyn, "Elemente." Steyn, Gert J. "Elements of the Universe in Philo's *De Vita Mosis:* Cosmological Theology or Theological Cosmology?" *IDS* 47 (2, July 2013), 9 pages, https://www.indieskriflig.org.za/index.php/skriflig/article/view/699.

Stibbe, *Gospel.* Stibbe, Mark W. G. *John's Gospel.* New Testament Readings. London: Routledge, 1994.

Stock, Gajsar, and Gunturkun, "Neuroscience." Stock, Ann-Kathrin, Hannah Gajsar, and Onur Gunturkun. "The Neuroscience of Memory." Pages 369-91 in *Memory in Ancient Rome and Early Christianity.* Edited by Karl Galinsky. Oxford: Oxford University Press, 2016.

Stowers, *Letter Writing.* Stowers, Stanley K. *Letter Writing in Greco-Roman Antiquity.* LEC 5. Philadelphia: Westminster, 1986.

Stowers, "Resemble Philosophy?" Stowers, Stanley K. "Does Pauline Christianity Resemble a Hellenistic Philosophy?" Pages 81-102 in *Paul beyond the Judaism/Hellenism Divide.* Edited by Troels Engberg-Pedersen. Louisville: Westminster John Knox, 2001.

Strasburger, "Umblick." Strasburger, Hermann. "Umblick in Trümmerfeld der griechischen Geschichtsschreibung." Pages 3-52 in *Historiographia Antiqua. Commentationes Lovanienses editae in honorem W. Peremans septuagenarii.* Symbolae Facultatis litterarum et philosophiae Lovaniensis A6. Leuven: Leuven University Press, 1977.

Strauss, *Life.* Strauss, David Friedrich. *A New Life of Jesus.* 2 vols. London: Williams & Norgate, 1865.

Streeter, *Gospels.* Streeter, Burnett Hillman. *The Four Gospels: A Study of Origins, Treating of the Manuscript Tradition, Sources, Authorship, and Dates.* Rev. ed. London: Macmillan, 1930.

Strickert, "Founding." Strickert, Frederick. "The Founding of the City of Julias by the Tetrarch Philip in 30 CE." *JJS* 61 (2, 2010): 220-33.

Stuckenbruck, "Influence." Stuckenbruck, Loren T. "'Semitic Influence on Greek': An Authenticating Criterion in Jesus Research?" Pages 73-94 in *Jesus, Criteria, and the Demise of Authenticity.* Edited by Chris Keith and Anthony Le Donne. London: T&T Clark, 2012.

Suciu, *Apocryphon.* Suciu, Alin. *The Berlin-Strasbourg Apocryphon: A Coptic Apostolic Memoir.* WUNT 370. Tübingen: Mohr Siebeck, 2017.

Sumney, *Opponents.*   Sumney, Jerry L. *Identifying Paul's Opponents: The Question of Method in 2 Corinthians.* JSNTSup 40. Sheffield: JSOT Press, 1990.

Sumney, *Steward.*   Sumney, Jerry L. *Steward of God's Mysteries: Paul and Early Church Tradition.* Grand Rapids: Eerdmans, 2017.

Swain, "Biography."   Swain, Simon. "Biography and Biographic in the Literature of the Roman Empire." Pages 1-37 in *Portraits: Biographical Representations in the Greek and Latin Literature of the Roman Empire.* Edited by M. J. Edwards and Simon Swain. Oxford: Clarendon, 1997.

Swain, "Reliability."   Swain, Simon C. R. "The Reliability of Philostratus' Lives of the Sophists." *ClAnt* 10 (1991): 148-63.

Swinburne, "Evidence."   Swinburne, Richard. "Evidence for the Resurrection." Pages 191-212 in *The Resurrection: An Interdisciplinary Symposium on the Resurrection of Jesus.* Edited by Stephen T. Davis, Daniel Kendall, and Gerald O'Collins. Oxford: Oxford University Press, 1997.

Swinburne, *Miracle.*   Swinburne, Richard. *The Concept of Miracle.* NSPR. London: Macmillan, 1970.

Syme, *Tacitus.*   Syme, Ronald. *Tacitus.* Oxford: Clarendon Press, 1958.

Syme, "Tacitus."   Syme, Ronald. "Tacitus: Some Sources of His Information." *The Journal of Roman Studies* 72 (Nov. 1982): 68-82.

Syon, "Gamla."   Syon, Danny. "Gamla: Portrait of a Rebellion." *BAR* 18 (1, 1992): 20-37, 72.

Talbert, *Acts.*   Talbert, Charles H. *Reading Acts: A Literary and Theological Commentary on the Acts of the Apostles.* Rev. ed. Macon, GA: Smyth & Helwys, 2005.

Talbert, "Chance."   Talbert, Charles H. "Reading Chance, Moessner, and Parsons." Pages 229-40 in *Cadbury, Knox, and Talbert: American Contributions to the Study of Acts.* Edited by Mikeal C. Parsons and Joseph B. Tyson. Atlanta: Scholars Press, 1992.

Talbert, "Concept."   Talbert, Charles H. "The Concept of Immortals in Mediterranean Antiquity." *JBL* 94 (3, 1975): 419-36.

Talbert, *Gospel.*   Talbert, Charles H. *What Is a Gospel? The Genre of the Canonical Gospels.* Philadelphia: Fortress, 1977.

Talbert, *Luke.*   Talbert, Charles H. *Reading Luke: A Literary and Theological Commentary on the Third Gospel.* New York: Crossroad, 1982.

Talbert, *Matthew.*   Talbert, Charles H. *Matthew.* PCNT. Grand Rapids: Baker Academic, 2010.

Talbert, *Mediterranean Milieu.*   Talbert, Charles H. *Reading Luke-Acts in Its Mediterranean Milieu.* NovTSup 107. Leiden: Brill, 2003.

Talbert, "Monograph."   Talbert, Charles H. "The Acts of the Apostles: Monograph or *bios*?" Pages 58-72 in *History, Literature, and Society in the Book of Acts.* Edited by Ben Witherington III. Cambridge: Cambridge University Press, 1996.

Talbert, "Myth."   Talbert, Charles H. "The Myth of a Descending-Ascending Redeemer in Mediterranean Antiquity." *NTS* 22 (4, 1976): 418-40.

Talbert, *Patterns.*   Talbert, Charles H. *Literary Patterns, Theological Themes, and the Genre of Luke-Acts*. SBLMS 20. Missoula, MT: Scholars Press, 1974.

Talbert, "Response."   Talbert, Charles H. "Oral and Independent or Literary and Interdependent? A Response to Albert B. Lord." Pages 93-102 in *The Relationships among the Gospels: An Interdisciplinary Dialogue*. Edited by William O. Walker Jr. San Antonio: Trinity University Press, 1978.

Talbert, "Review."   Talbert, Charles H. Review of *What Are the Gospels?* by Richard A. Burridge. *JBL* 112 (4, 1993): 714-15.

Talmon, "Institutionalized Prayer."   Talmon, Shemaryahu. "The Emergence of Institutionalized Prayer in Israel in the Light of the Qumran Literature." Pages 265-84 in *Qumrân. Sa piété, sa théologie, et son milieu*. Edited by M. Delcor. BETL 46. Gembloux, Belgium: J. Duculot, 1978.

Talmon, "Tradition."   Talmon, Shemaryahu. "Oral Tradition and Written Transmission; or, the Heard and the Seen Word in Judaism of the Second Temple Period." Pages 121-58 in *Jesus and the Oral Gospel Tradition*. Edited by Henry Wansbrough. JSNTSup 64. Sheffield: Sheffield Academic Press, 1991.

Tamiolaki, "Satire."   Tamiolaki, Melina. "Satire and Historiography: The Reception of Classical Models and the Construction of the Author's Persona in Lucian's 'De historia conscribenda.'" *Mnemosyne* 68 (6, 2015): 917-36.

Tang, "Healers."   Tang, Edmond. "'Yellers' and Healers—Pentecostalism and the Study of Grassroots Christianity in China." Pages 467-86 in *Asian and Pentecostal: The Charismatic Face of Christianity in Asia*. Edited by Allan Anderson and Edmond Tang. RStMiss, AJPSS 3. Oxford: Regnum; Baguio City, Philippines: APTS, 2005.

Tan-Gatue, "Coherence."   Tan-Gatue, Peter. "The Coherence of Justification in Luke 18:9-14 with Authentic Jesus Tradition." PhD diss., Asbury Theological Seminary, in process.

Tannehill, *Acts*.   Tannehill, Robert C. *The Acts of the Apostles*. Vol. 2 of *The Narrative Unity of Luke-Acts: A Literary Interpretation*. Minneapolis: Fortress, 1990.

Tannehill, *Luke*.   Tannehill, Robert C. *The Gospel according to Luke*. Vol. 1 of *The Narrative Unity of Luke-Acts: A Literary Interpretation*. Philadelphia: Fortress, 1986.

Tate, "Formulas."   Tate, Aaron P. "Formulas." *DBAM* 146-48.

Taylor, "Acts as Biography."   Taylor, Justin. "The Acts of the Apostles as Biography." Pages 77-88 in *The Limits of Ancient Biography*. Edited by Brian McGing and Judith Mossman. Swansea, Wales: Classical Press of Wales, 2006.

Taylor, *Born a Slave*.   Taylor, Yuval. *I Was Born a Slave: An Anthology of Classic Slave Narratives*. 2 vols. Chicago: Lawrence Hill, 1999.

Taylor, *Formation*.   Taylor, Vincent. *The Formation of the Gospel Tradition*. 2nd ed. London: Macmillan, 1935.

Taylor, "Q and Galilee?"   Taylor, Nicholas H. "Q and Galilee?" *Neot* 37 (2, 2003): 283-311.

Taylor, "Quest."   Taylor, Nicholas H. "Paul and the Historical Jesus Quest." *Neot* 37 (1, 2003): 105-26.

Tedlock, "Observation."   Tedlock, Barbara. "From Participant Observation to the

Observation of Participation: The Emergence of Narrative Ethnography." *JAnthRes* 47 (1991): 69-94.

Telford, *Mark.*   Telford, William R. *Mark.* NTG. Sheffield: Sheffield Academic Press, 1995.

Termini, "Part."   Termini, Cristina. "The Historical Part of the Pentateuch according to Philo of Alexandria: Biography, Genealogy, and the Philosophical Meaning of the Patriarchal Lives." Pages 265-95 in *History and Identity: How Israel's Later Authors Viewed Its Earlier History.* Edited by Nuria Calduch-Benages and Jan Liesen. DCLY 2006. Berlin: de Gruyter, 2006.

Thackeray, *Josephus.*   Thackeray, H. St. John. *Josephus: The Man and the Historian.* New York: Jewish Institute of Religion Press, 1929. Repr., New York: Ktav, 1967.

Thatcher, "Actual Past."   Thatcher, Tom. "Actual Past." *DBAM* 18.

Thatcher, "Cold Memory."   Thatcher, Tom. "Cold Memory/Hot Memory." *DBAM* 58-59.

Thatcher, "Dibelius."   Thatcher, Tom. "Dibelius, Martin." *DBAM* 81-83.

Thatcher, "Memory Theatre."   Thatcher, Tom. "Memory Theatre." *DBAM* 224 25.

Thatcher, *Riddler.*   Thatcher, Tom *Jesus the Riddler: The Power of Ambiguity in the Gospels.* Louisville: Westminster John Knox, 2006.

Thatcher, "Riddles."   Thatcher, Tom. "Riddles." *DBAM* 342-44.

Thatcher, "Schwartz."   Thatcher, Tom. "Schwartz, Barry." *DBAM* 351-52.

Thatcher, "Shape."   Thatcher, Tom. "The Shape of John's Story: Memory-Mapping the Fourth Gospel." Pages 209-39 in *Memory and Identity in Ancient Judaism and Early Christianity: A Conversation with Barry Schwartz.* Edited by Tom Thatcher. SemeiaSt 78. Atlanta: SBL, 2014.

Thatcher, "Theories."   Thatcher, Tom. "Memory, Greco-Roman Theories of." *DBAM* 220-22.

Thatcher, *Why John Wrote.*   Thatcher, Tom. *Why John Wrote a Gospel: Jesus—Memory—History.* Louisville: Westminster John Knox, 2006.

Theissen, *Gospels.*   Theissen, Gerd. *The Gospels in Context: Social and Political History in the Synoptic Tradition.* Translated by Linda M. Maloney. Minneapolis: Fortress, 1991.

Theissen and Merz, *Guide.*   Theissen, Gerd, and Annette Merz. *The Historical Jesus: A Comprehensive Guide.* Translated by John Bowden. Minneapolis: Fortress, 1998.

Theissen and Winter, *Quest.*   Theissen, Gerd, and Dagmar Winter. *The Quest for the Plausible Jesus: The Question of Criteria.* Translated by M. Eugene Boring. Louisville: Westminster John Knox, 2002.

Thomas, "Fluidity."   Thomas, Christine M. "Stories without Texts and without Authors: The Problem of Fluidity in Ancient Novelistic Texts and Early Christian Literature." Pages 273-91 in *Ancient Fiction and Early Christian Narrative.* Edited by Ronald F. Hock, J. Bradley Chance, and Judith Perkins. SBLSymS 6. Atlanta: SBL, 1998.

Thomas, *Oral Tradition.*   Thomas, Rosalind. *Oral Tradition and Written Record in Classical Athens.* Cambridge: Cambridge University Press, 1989.

Thomas, "Writing."   Thomas, Rosalind. "Writing, Reading, Public and Private 'Literacies': Functional Literacy and Democratic Literacy in Greece." Pages 13-45 in *Ancient Literacies: The Culture of Reading in Greece and Rome*. Edited by William A. Johnson and Holt N. Parker. New York: Oxford University Press, 2009.

Thompson, *Clothed.*   Thompson, Michael B. *Clothed with Christ: The Example and Teaching of Jesus in Romans 12.1-15.13*. JSNTSup 59. Sheffield: JSOT Press, 1991.

Thompson, "Historical Jesus."   Thompson, Marianne Meye. "The Historical Jesus and the Johannine Christ." Pages 21-42 in *Exploring the Gospel of John: In Honor of D. Moody Smith*. Edited by R. Alan Culpepper and C. Clifton Black. Louisville: Westminster John Knox, 1996.

Thompson, "Paul in Acts."   Thompson, Michael B. "Paul in the Book of Acts: Differences and Distance." *ExpT* 122 (9, June 2011): 425-36.

Thompson, Wenger, and Bartling, "Recall."   Thompson, Charles P., Steven K. Wenger, and Carl A. Bartling. "How Recall Facilitates Subsequent Recall: A Reappraisal." *JExpPsyc* 4 (3, 1978): 210-21.

Thorburn, "Tiberius."   Thorburn, John E. "Suetonius' Tiberius: A Proxemic Approach." *CP* 103 (4, 2008): 435-48.

Thornton, "Justin und Markusevangelium."   Thornton, C.-J. "Justin und das Markusevangelium." *ZNW* 84 (1-2, 1993): 93-110.

Tibbs, "Possession."   Tibbs, Clint. "Mediumistic Divine Possession among Early Christians: A Response to Craig S. Keener's 'Spirit Possession as a Cross-cultural Experience.'" *BBR* 26 (2016): 17-38.

Tiede, *Figure.*   Tiede, David Lenz. *The Charismatic Figure as Miracle Worker*. SBLDS 1. Missoula, MT: SBL, 1972.

Tieleman, "Orality."   Tieleman, Teun L. "Orality and Writing in Ancient Philosophy: Their Interrelationship and the Shaping of Literary Forms." Pages 19-35 in *Interface of Orality and Writing: Speaking, Seeing, Writing in the Shaping of New Genres*. Edited by Annette Weissenrieder and Robert B. Coote. BPC 11. Eugene, OR: Wipf & Stock, 2015.

Tilg, *Chariton.*   Tilg, Stefan. *Chariton of Aphrodisias and the Invention of the Greek Love Novel*. New York: Oxford University Press, 2010.

Tilling, *Christology.*   Tilling, Chris. *Paul's Divine Christology*. Tübingen: Mohr Siebeck, 2012. Repr., Grand Rapids: Eerdmans, 2015.

Tinti et al., "Processes."   Tinti, Carla, et al. "Distinct Processes Shape Flashbulb and Event Memories." *Memory and Cognition* 42 (May 2014): 539-51.

Titchener, "Nepos."   Titchener, Frances. "Cornelius Nepos and the Biographical Tradition." *GR* 50 (2003): 85-99.

Tolbert, *Sowing.*   Tolbert, Mary Ann. *Sowing the Gospel: Mark's World in Literary-Historical Perspective*. Minneapolis: Fortress, 1996.

Tomkins, *Wesley.*   Tomkins, Stephen. *John Wesley: A Biography*. Grand Rapids: Eerdmans, 2003.

Tomkins, *Wilberforce.*   Tomkins, Stephen. *William Wilberforce: A Biography*. Grand

Rapids: Eerdmans, 2007.

Tomson, "Jesus and Judaism."   Tomson, Peter J. "Jesus and His Judaism." Pages 25-40 in *The Cambridge Companion to Jesus*. Edited by Markus Bockmuehl. Cambridge: Cambridge University Press, 2001.

Tonkin, *Narrating*.   Tonkin, Elizabeth. *Narrating Our Pasts: The Social Construction of Oral History*. Cambridge: Cambridge University Press, 1992.

Touati, *Literacy*.   Touati, Samia. *Literacy, Information, and Development in Morocco during the 1990s*. Lanham, MD: University Press of America, 2012.

Townend, "Date."   Townend, Gavin B. "The Date of Composition of Suetonius' Caesares." *ClQ* 9 (2, 1959): 285-93.

Townsend, "Education."   Townsend, John T. "Ancient Education in the Time of the Early Roman Empire." Pages 139-63 in *The Catacombs and the Colosseum: The Roman Empire as the Setting of Primitive Christianity*. Edited by Stephen Benko and John J. O'Rourke. Valley Forge, PA: Judson, 1971.

Trepanier, "Review."   Trepanier, Simon. Review of *Death by Philosophy: The Biographical Tradition in the Life and Death of the Archaic Philosophers Empedocles, Heraclitus, and Democritus*, by Ava Chitwood. *Classical Review* 56 (2, 2006): 286 07.

Trevijano Etcheverría, "Obra."   Trevijano Etcheverría, Ramón. "La obra de Papías y sus noticias sobre Mc y Mt." *Salm* 41 (2, 1994): 181-212.

Trompf, *Historiography*.   Trompf, G. W. *Early Christian Historiography: Narratives of Retributive Justice*. London: Continuum, 2000.

Trompf, *Recurrence*.   Trompf, G. W. *The Idea of Historical Recurrence in Western Thought*. Berkeley: University of California Press, 1979.

Trzaskoma, "Echoes."   Trzaskoma, Stephen M. "Echoes of Thucydides' Sicilian Expedition in Three Greek Novels." *CP* 106 (1, 2011): 61-66.

Trzaskoma, "Miletus."   Trzaskoma, Stephen M. "Why Miletus? Chariton's Choice of Setting and Xenophon's Anabasis." *Mnemosyne* 65 (2, 2012): 300-307.

Tucker, *Knowledge*.   Tucker, Aviezer. *Our Knowledge of the Past: A Philosophy of Historiography*. Cambridge: Cambridge University Press, 2004.

Tuckett, "Jesus and the Gospels."   Tuckett, Christopher M. "Jesus and the Gospels." Pages 71-86 in vol. 8 of *The New Interpreter's Bible*. Edited by Leander E. Keck. 12 vols. Nashville: Abingdon, 1995.

Tuckett, *Luke*.   Tuckett, Christopher M. *Luke*. NTG. Sheffield: Sheffield Academic, 1996.

Tuckett, "Matthew and Problem."   Tuckett, Christopher. "Matthew and the Synoptic Problem." Paper presented at the International Conference on the Gospel of Matthew in Its Historical and Theological Context. Moscow, September 25, 2018.

Tuckett, *Nag Hammadi*.   Tuckett, Christopher M. *Nag Hammadi and the Gospel Tradition: Synoptic Tradition in the Nag Hammadi Library*. Edited by John Riches. Edinburgh: T&T Clark, 1986.

Tuckett, "Sources and Methods."   Tuckett, Christopher. "Sources and Methods." Pages 121-37 in *The Cambridge Companion to Jesus*. Edited by Markus Bockmuehl. Cambridge: Cambridge University, 2001.

Tuckett, "Thomas and Synoptics."   Tuckett, Christopher. "Thomas and the Synoptics." *NovT* 30 (2, 1988): 132-57.

Tuckett, "Thomas: Evidence."   Tuckett, Christopher M. "The Gospel of Thomas: Evidence for Jesus?" *NedTT* 52 (1, 1998): 17-32.

Turner, *Experiencing Ritual.*   Turner, Edith, with William Blodgett, Singleton Kahoma, and Fideli Benwa. *Experiencing Ritual: A New Interpretation of African Healing.* Series in Contemporary Ethnography. Philadelphia: University of Pennsylvania Press, 1992.

Turner, *Greek Papyri.*   Turner, Eric G. *Greek Papyri: An Introduction.* Oxford: Oxford University Press, 1968, 1980.

Turner, *Hands.*   Turner, Edith. *The Hands Feel It: Healing and Spirit Presence among a Northern Alaskan People.* DeKalb: Northern Illinois University Press, 1996.

Turner, *Healers.*   Turner, Edith. *Among the Healers: Stories of Spiritual and Ritual Healing around the World.* Religion, Health, and Healing. Westport, CT: Praeger, 2006.

Turner, *Regulating Bodies.*   Turner, Bryan S. *Regulating Bodies: Essays in Medical Sociology.* London: Routledge, 2002.

Tuttle, *Riot.*   Tuttle, William M. *Race Riot: Chicago in the Red Summer of 1919.* New York: Atheneum, 1977.

Twelftree, "Historian."   Twelftree, Graham H. "The Historian and the Miraculous." *BBR* 28 (2, 2018): 199-217.

Twelftree, "Message."   Twelftree, Graham H. "The Message of Jesus I: Miracles, Continuing Controversies." Pages 2517-48 in *The Historical Jesus.* Vol. 3 of *Handbook for the Study of the Historical Jesus.* 4 vols. Edited by Tom Holmén and Stanley E. Porter. Leiden: Brill, 2010.

Twelftree, *Nature Miracles.*   Twelftree, Graham H., ed. *Nature Miracles.* Eugene, OR: Cascade, 2017.

Tyson, *Marcion.*   Tyson, Joseph B. *Marcion and Luke-Acts: A Defining Struggle.* Columbia: University of South Carolina Press, 2006.

Unchained Memories.   *Unchained Memories: Readings from the Slave Narratives.* Boston: Bullfinch, 2002.

Urbach, *Sages.*   Urbach, Ephraim E. *The Sages: Their Concepts and Beliefs.* Translated by Israel Abrahams. 2nd ed. 2 vols. Jerusalem: Magnes, 1979.

Uytanlet, *Historiography.*   Uytanlet, Samson. *Luke-Acts and Jewish Historiography: A Study on the Theology, Literature, and Ideology of Luke-Acts.* WUNT 2.366. Tübingen: Mohr Ssiebeck, 2014.

Van der Horst, "Cornutus."   Van der Horst, Pieter W. "Cornutus and the New Testament." *NovT* 23 (2, 1981): 165-72.

Van der Horst, "Macrobius."   Van der Horst, Pieter W. "Macrobius and the New Testament: A Contribution to the Corpus hellenisticum." *NovT* 15 (3, 1973): 220-32.

Van der Horst, "Parallels."   Van der Horst, Pieter W. "Hellenistic Parallels to the Acts of the Apostles." *JSNT* 8 (25, 1985): 49-60.

VanderKam, "Pronouncement Stories."   VanderKam, James C. "Intertestamental Pronouncement Stories." *Semeia* 20 (1981): 65-72.

Van der Kooij, "Death of Josiah." Van der Kooij, Arie. "The Death of Josiah according to 1 Esdras." *Textus* 19 (1998): 97-109.

Van Henten, "Prolegomena." Van Henten, Jan Willem. "Einige Prolegomena zum Studien der jüdischen Martyrologie." *Bijdr* 46 (1985): 381-90.

Vanhoozer, *Meaning.* Vanhoozer, Kevin J. *Is There a Meaning in This Text? The Bible, the Reader, and the Morality of Literary Knowledge.* Grand Rapids: Zondervan, 1998.

Van Seters, "Historiography." Van Seters, John. "Is There Any Historiography in the Hebrew Bible? A Hebrew-Greek Comparison." *JNSL* 28 (2, 2002): 1-25.

Van Seters, "Primeval Histories." Van Seters, John. "The Primeval Histories of Greece and Israel Compared." *ZAW* 100 (1988): 1-22.

Van Seters, *Search.* Van Seters, John. *In Search of History: Historiography in the Ancient World and the Origins of Biblical History.* New Haven: Yale University Press, 1983.

Vansina, "Afterthoughts." Vansina, Jan. "Afterthoughts on the Historiography of Oral Tradition." Pages 105-10 in *African Historiographies: What History for Which Africa?* Edited by Bogumil Jewsiewicki and David Newbury. SSAMD 12. Beverly Hills, CA: Sage, 1986.

Vansina, *Oral Tradition.* Vansina, Jan, *Oral Tradition as History.* Madison: University of Wisconsin Press, 1985.

Van Unnik, "Once More Prologue." Van Unnik, W. C. "Once More St. Luke's Prologue." *Neot* 7 (1973): 7-26.

Van Veldhuizen, "Moses." Van Veldhuizen, Milo. "Moses: A Model of Hellenistic Philanthropia." *RefR* 38 (3, 1985): 215-24.

Vatri, "Writing." Vatri, Alessandro. "Ancient Greek Writing for Memory." *Mnemosyne* 68 (2015): 750-73.

Vattuone, "Historiography." Vattuone, Riccardo. "Western Greek Historiography." Pages 189-99 in *A Companion to Greek and Roman Historiography.* Edited by John Marincola. 2 vols. Oxford: Blackwell, 2007.

Vaughn, "Possession." Vaughn, Joy Ames. "Spirit Possession in Luke-Acts and Modern Eyewitnesses: An Analysis of Anthropological Accounts as Evidence for the Plausibility of the Lukan Accounts." PhD diss., Asbury Theological Seminary, in process.

Verheyden, *Unity.* Verheyden, Joseph. *The Unity of Luke-Acts.* BETL 142. Leuven: Leuven University Press, 1999.

Verheyden, "Unity." Verheyden, Joseph. "The Unity of Luke-Acts." *ETL* 74 (4, 1998): 516-26.

Verheyden, "Unity of Luke-Acts." Verheyden, Joseph. "The Unity of Luke-Acts." *HTS/TS* 55 (4, 1999): 964-79.

Vermes, *Jesus and Judaism.* Vermes, Geza. *Jesus and the World of Judaism.* London: SCM, 1983; Philadelphia: Fortress, 1984.

Vermes, *Jesus the Jew.* Vermes, Geza. *Jesus the Jew: A Historian's Reading of the Gospels.* Philadelphia: Fortress, 1973.

Vermes, "Notice." Vermes, Geza. "The Jesus Notice of Josephus Re-examined." *JJS* 38 (1, 1987): 1-10.

Vermes, *Religion.* Vermes, Geza. *The Religion of Jesus the Jew.* Minneapolis: Augsburg Fortress, 1993.

Van Voorst, *Jesus.* Van Voorst, Robert E. *Jesus outside the New Testament: An Introduction to the Ancient Evidence.* Grand Rapids: Eerdmans, 2000.

Via, *Kerygma.* Via, Dan O. *Kerygma and Comedy in the New Testament: A Structuralist Approach to Hermeneutic.* Philadelphia: Fortress, 1975.

Vielhauer, *Geschichte.* Vielhauer, Philipp. *Geschichte der urchristlichen Literatur.* New York: de Gruyter, 1975.

Vielhauer, "Paulinism." Vielhauer, Philipp. "On the 'Paulinism' of Acts." Pages 33-50 in *Studies in Luke-Acts: Essays in Honor of Paul Schubert.* Edited by Leander E. Keck and J. Louis Martyn. Nashville: Abingdon, 1966.

Vigourt, *Présages.* Vigourt, Annie. *Les présages impériaux d'Auguste à Domitien.* Études d'archéologie et d'histoire ancienne. Strasbourg: Université Marc Bloch, 2001; Paris: Editions de Boccard, 2002.

Vines, *Problem.* Vines, Michael. *The Problem of Markan Genre: The Gospel of Mark and the Jewish Novel.* AcBib 3. Atlanta: SBL, 2002.

Vogel, "Vita." Vogel, Manuel. "Vita 64-9, das Bilderverbot, und die Galiläapolitik des Josephus." *JSJ* 30 (1, 1999): 65-79.

Von Rad, "Nehemia-Denkschrift." Von Rad, Gerhard. "Die Nehemia-Denkschrift." *ZAW* 76 (1964): 176-87.

Votaw, "Biographies." Votaw, Clyde Weber. "The Gospels and Contemporary Biographies." *AmJT* 19 (1, January 1915): 45-73; (2, April 1915): 217-49.

Wacholder, "Nicolaus." Wacholder, Ben Zion. "Josephus and Nicolaus of Damascus." Pages 147-72 in *Josephus, the Bible, and History.* Edited by Louis H. Feldman and Gohei Hata. Detroit: Wayne State University Press, 1989.

Wade-Gery, "Thucydides." Wade-Gery, Henry Theodore. "Thucydides." *OCD3* 1516-19.

Wagenaar, "Memory." Wagenaar, Willem A. "Autobiographical Memory in Court." Pages 180-96 in *Remembering Our Past: Studies in Autobiographical Memory.* Edited by David C. Rubin. Cambridge: Cambridge University Press, 1996.

Wagenaar, "My Memory." Wagenaar, Willem A. "My Memory: A Study of Autobiographical Memory over Six Years." *Cognitive Psychology* 18 (2, April 1986): 225-52.

Wagenaar and Groeneweg, "Memory." Wagenaar, Willem A., and Jop Groeneweg, "The Memory of Concentration Camp Survivors." *Applied Cognitive Psychology* 4 (1990): 77-87.

Wagner, *Literacy.* Wagner, Daniel A. *Literacy, Culture, and Development: Becoming Literate in Morocco.* Cambridge: Cambridge University Press, 1993.

Wahlde, "Archaeology." Wahlde, Urban C. von. "Archaeology and John's Gospel." Pages 523-86 in *Jesus and Archaeology.* Edited by James H. Charlesworth. Grand Rapids: Eerdmans, 2006.

Wahrisch-Oblau, "Healthy." Wahrich-Oblau, Claudia. "God Can Make Us Healthy Through and Through: On Prayers for the Sick and the Interpretation of Healing

Experiences in Christian Churches in China and African Immigrant Congregations in Germany." *IntRevMiss* 90 (356-57, 2001): 87-102.

Walbank, "Fortune."   Walbank, Frank W. "Fortune (*tychē*) in Polybius." Pages 349-55 in *A Companion to Greek and Roman Historiography*. Edited by John Marincola. 2 vols. Oxford: Blackwell, 2007.

Walbank, *Papers*.   Walbank, Frank W. *Selected Papers: Studies in Greek and Roman History and Historiography*. Cambridge: Cambridge University Press, 1985.

Walbank, *Speeches*.   Walbank, F. W. *Speeches in Greek Historians*. J. L. Myres Memorial Lecture 3. Oxford: Blackwell, 1965.

Walbank, "Tragedy."   Walbank, Frank W. "History and Tragedy." *Historia* 9 (1960): 216-34.

Walbank and Stewart, "Antigonus."   Walbank, Frank W., and Andrew F. Stewart. "Antigonus." *OCD3* 106.

Walde, "Mnemonics."   Walde, Christine. "Mnemonics." *BNP* 9:96-97.

Walker, "Why People Rehearse."   Walker, W. Richard, et al. "Why People Rehearse Their Memories: Frequency of Use and Relations to the Intensity of Emotions Associated with Autobiographical Memories." *Memory* 17 (7, October 2009). 760-73.

Wallace-Hadrill, *Suetonius*.   Wallace-Hadrill, Andrew. *Suetonius: The Scholar and the Caesars*. New Haven: Yale University Press, 1984.

Walton, "Burridge's Impact."   Walton, Steve. "What Are the Gospels? Richard Burridge's Impact on Scholarly Understanding of the Genre of the Gospels." *CurBR* 14 (1, 2015): 81-93.

Walton, "Gospels."   Walton, Steve. "What Are the Gospels? Richard Burridge's Impact on Scholarly Understanding of the Genre of the Gospels." Pages 47-57 in Keener and Wright, *Biographies and Jesus*.

Wandrey, "Literature."   Wandrey, Irina. "Literature: Jewish-Hellenistic." *BNP* 7:694-99.

Wansbrough, "Introduction."   Wansbrough, John. "Introduction." Pages 9-15 in *Jesus and the Oral Gospel Tradition*. Edited by Henry Wansbrough. JSNTSup 64. Sheffield: Sheffield Academic Press, 1991.

Wansbrough, *Quranic Studies*.   Wansbrough, John. *Quranic Studies: Sources and Methods of Scriptural Interpretation*. London Oriental Studies 31. Oxford: Oxford University Press, 1977.

Ward, "Believing."   Ward, Keith. "Believing in Miracles." *Zyg* 37 (3, 2002): 741-50.

Ward, "Possession."   Ward, Colleen A. "Possession and Exorcism: Psychopathology and Psychotherapy in a Magico-Religious Context." Pages 125-44 in *Altered States of Consciousness and Mental Health: A Cross-Cultural Perspective*. Edited by Colleen A. Ward. CCRMS 12. Newbury Park, CA: Sage, 1989.

Ward et al. "Recognition."   Ward, Jamie, Alan J. Parkin, Georgia Powell, Ellen J. Squires, Julia Townshend, and Veronica Bradley. "False Recognition of Unfamiliar People: 'Seeing Film Stars Everywhere.'" *Cognitive Neuropsychology* 16 (3-5, 1999): 293-315.

Wardle, "Augustus."   Wardle, David. "Suetonius on Augustus as God and Man." *CQ* 62 (1, 2012): 307-26.

Wardle, "Send-off."   Wardle, David. "A Perfect Send-off: Suetonius and the Dying Art of Augustus (Suetonius, Aug. 99)." *Mnemosyne* 60 (3, 2007): 443-63.

Wardle, *Valerius Maximus*.   Wardle, David, ed. and trans. *Valerius Maximus: Memorable Deeds and Sayings*. Oxford: Clarendon, 1998.

Watson, "Boasting."   Watson, Duane F. "Paul and Boasting." Pages 77-100 in *Paul in the Greco-Roman World: A Handbook*. Edited by J. Paul Sampley. Harrisburg, PA: Trinity Press International, 2003.

Watson, "Education."   Watson, Duane F. "Education: Jewish and Greco-Roman." *DNTB* 308-13.

Watson, "Survive."   Watson, Francis. "How Did Mark Survive?" Pages 1-17 in *Matthew and Mark across Perspectives: Essays in Honour of Stephen C. Barton and William R. Telford*. Edited by Kristian A. Bendoraitis and Nijay K. Gupta. LNTS 538. T&T Clark, 2016.

Weaks, "Problematizing."   Weaks, Joseph Allen. "Mark without Mark: Problematizing the Reliability of a Reconstructed Text of Q." PhD dissertation, Brite Divinity School, 2010.

Weeden, "Theory."   Weeden, Theodore J., Sr. "Kenneth Bailey's Theory of Oral Tradition: A Theory Contested by Its Evidence." *JSHJ* 7 (2009): 3-43.

Wehrli, "Gnome."   Wehrli, Fritz. "Gnome, Anekdote und Biographie." *Museum Helveticum* 30 (1973): 193-208.

Weintraub, "Credibility."   Weintraub, Ruth. "The Credibility of Miracles." *PhilSt* 82 (1996): 359-75.

Weiss, *Evangelium*.   Weiss, Johannes. *Das älteste Evangelium. Ein Beitrag zum Verständnis des Markus-Evangeliums und der ältesten evangelischen Überlieferung*. Göttingen: Vandenhoeck & Ruprecht, 1903.

Welch, "Miracles."   Welch, John W. "Miracles, *maleficium*, and *maiestas* in the Trial of Jesus." Pages 349-83 in *Jesus and Archaeology*. Edited by James H. Charlesworth. Grand Rapids: Eerdmans, 2006.

Welzer et al., "*Opa*."   Welzer, Harald, et al. *"Opa war kein Nazi." Nationalsozialismus und Holocaust im Familiengedächtnis*. Fischer Taschenbucher. Frankfurt: Fischer-Taschenbuch Verlag, 2002.

Wenham, *Rediscovery*.   Wenham, David. *The Rediscovery of Jesus' Eschatological Discourse*. Vol. 4 of *Gospel Perspectives*. Sheffield: JSOT Press, 1984.

Wenham, "Story."   Wenham, David. "The Story of Jesus Known to Paul." Pages 297-311 in *Jesus of Nazareth, Lord and Christ: Essays on the Historical Jesus and New Testament Christology*. Edited by Joel B. Green and Max Turner. Grand Rapids: Eerdmans, 1994.

Werner, "Studies."   Werner, Shirley. "Literacy Studies in Classics: The Last Twenty Years." Pages 333-82 in *Ancient Literacies: The Culture of Reading in Greece and Rome*. Edited by William A. Johnson and Holt N. Parker. New York: Oxford University Press, 2009.

West, "*Joseph and Asenath*."   West, Stephanie. "*Joseph and Asenath*: A Neglected Greek Romance." *ClQ* 24 (1, 1974): 70-81.

West, "Rhampsinitos."   West, Stephanie. "Rhampsinitos and the Clever Thief (Herodotus

2.121)." Pages 322-27 in *A Companion to Greek and Roman Historiography*. Edited by John Marincola. 2 vols. Oxford: Blackwell, 2007.

West, "Rhapsodes."   West, Martin Litchfield. "Rhapsodes." *OCD3* 1311-12.

Whealey, "Josephus."   Whealey, Alice. "Josephus on Jesus: Evidence from the First Millennium." *TZ* 51 (4, 1995): 285-304.

Whealey, "Testimonium."   Whealey, Alice. "The Testimonium Flavianum in Syriac and Arabic." *NTS* 54 (4, 2008): 573-90.

White, *Content*.   White, Hayden. *The Content of the Form: Narrative Discourse and Historical Representation*. Baltimore: Johns Hopkins University Press, 1987.

White, *Tropics*.   White, Hayden. *Tropics of Discourse: Essays in Cultural Criticism*. Baltimore: Johns Hopkins University Press, 1978.

Whitmarsh, "Book."   Whitmarsh, Tim. "'This In-between Book': Language, Politics, and Genre in the *Agricola*." Pages 305-33 in *The Limits of Ancient Biography*. Edited by Brian McGing and Judith Mossman. Swansea, Wales: Classical Press of Wales, 2006.

Whittaker, "Introduction."   Whittaker, C. R. "Introduction." Pages ix-lxxxvii in vol. 1 of *Herodian "History."* Translated by C. R. Whittaker. 2 vols. LCL. Cambridge, MA: Harvard University Press, 1969.

Wiersma "Novel."   Wiersma, S. "The Ancient Greek Novel and Its Heroines: A Female Paradox." *Mnemosyne* 43 (1-2, 1990): 109-23.

Wigger, *Saint*.   Wigger, John. *American Saint: Francis Asbury and the Methodists*. Oxford: Oxford University Press, 2009.

Wiles, *Gospel*.   Wiles, Maurice F. *The Spiritual Gospel: The Interpretation of the Fourth Gospel in the Early Church*. Cambridge: Cambridge University Press, 1960.

Wilken, "Christians."   Wilken, Robert L. "The Christians as the Romans (and Greeks) Saw Them." Pages 100-125 in *The Shaping of Christianity in the Second and Third Centuries*. Vol. 1 of *Jewish and Christian Self-Definition*. Edited by E. P. Sanders. Philadelphia: Fortress, 1980.

Wilken, "Collegia."   Wilken, Robert. "Collegia, Philosophical Schools, and Theology." Pages 268-91 in *The Catacombs and the Colosseum: The Roman Empire as the Setting of Primitive Christianity*. Edited by Stephen Benko and John J. O'Rourke. Valley Forge, PA: Judson, 1971.

Wilken, "Interpretation."   Wilken, Robert. "Toward a Social Interpretation of Early Christian Apologetics." *CH* 39 (4, 1970): 437-58.

Wilkins, *Discipleship*.   Wilkins, Michael J. *Discipleship in the Ancient World and Matthew's Gospel*. 2nd ed. Grand Rapids: Baker, 1995. 1st ed. Leiden: Brill, 1988.

Williams, *Acts*.   Williams, C. S. C. *A Commentary on the Acts of the Apostles*. New York: Harper & Row, 1957.

Williams, "Depression."   Williams, J. M. G. "Depression and the Specificity of Autobiographical Memory." Pages 244-67 in *Remembering Our Past: Studies in Autobiographical Memory*. Edited by David C. Rubin. Cambridge: Cambridge University Press, 1996.

Williams, "Embassies."   Williams, Kathryn F. "Tacitus' Senatorial Embassies of 69 CE."

Pages 212-36 in *A Companion to Tacitus*. Edited by Victoria Emma Pagan. Blackwell Companions to the Ancient World. Malden, MA: Wiley-Blackwell, 2012.

Williams, "Germanicus."   Williams, Kathryn F. "Tacitus' Germanicus and the Principate." *Latomus* 68 (1, 2009): 117-30.

Williams, *Miracle Stories*.   Williams, Benjamin E. *Miracle Stories in the Biblical Book* Acts of the Apostles. MBPS 59. Lewiston, NY: Edwin Mellen, 2001.

Williams, "Names."   Williams, Margaret H. "Palestinian Jewish Personal Names in Acts." Pages 79-114 in *The Book of Acts in Its Palestinian Setting*. Edited by Richard Bauckham. Vol. 4 of *The Book of Acts in Its First Century Setting*. Edited by Bruce W. Winter. Grand Rapids: Eerdmans, 1995.

Williams, *Shame*.   Williams, Bernard. *Shame and Necessity*. Berkeley: University of California Press, 1993.

Williams, *Trust*.   Williams, Peter J. *Can We Trust the Gospels?* Wheaton: Crossway, 2018.

Williams, Conway, and Cohen, "Autobiographical Memory."   Williams, Helen, Martin Conway, and Gillian Cohen. "Autobiographical Memory." Pages 21-90 in *Memory in the Real World*. Edited by Gillian Cohen and Martin A. Conway. Hove, East Sussex: Psychology Press, 2007.

Williamson, *Chronicles*.   Williamson, H. G. M. *1 and 2 Chronicles*. NCBC. Grand Rapids: Eerdmans, 1982.

Willis, "Networking."   Willis, Wendell. "The Networking of the Pauline Churches: An Exploratory Essay." *ResQ* 50 (2, 2008): 69-78.

Wills, "Aesop Tradition."   Wills, Lawrence M. "The Aesop Tradition." Pages 222-37 in *The Historical Jesus in Context*. Edited by Amy-Jill Levine, Dale C. Allison Jr., and John Dominic Crossan. PrRR. Princeton: Princeton University Press, 2006.

Wills, *Quest*.   Wills, Lawrence M. *The Quest of the Historical Gospel: Mark, John, and the Origins of the Gospel Genre*. London: Routledge, 1997.

Winger, "Word and Deed."   Winger, Michael. "Word and Deed." *CBQ* 62 (2000): 679-92.

Winslow and Smith, "Challenges."   Winslow, Michelle, and Graham Smith, "Ethical Challenges in the Oral History of Medicine." Pages 372-92 in *The Oxford Handbook of Oral History*. Edited by Donald A. Ritchie. Oxford: Oxford University Press, 2012.

Winter, "Burden of Proof."   Winter, Dagmar. "The Burden of Proof in Jesus Research." Pages 843-51 in *How to Study the Historical Jesus*. Vol. 1 of *Handbook for the Study of the Historical Jesus*. 4 vols. Edited by Tom Holmén and Stanley E. Porter. Leiden: Brill, 2011.

Winter, *Trial*.   Winter, Paul. *On the Trial of Jesus*. SJFWJ 1. Berlin: de Gruyter, 1961.

Winterbottom, "*Recitatio*."   Winterbottom, Michael. "*Recitatio*." *OCD3* 1295-96.

Winterbottom, "Rhetoric."   Winterbottom, Michael. "Rhetoric, Latin." *OCD3* 1314.

Wintermute, "Introduction."   Wintermute, Orval S. "Jubilees: A New Translation and Introduction." *OTP* 2:35-50.

Wire, "Mark."   Wire, Antoinette Clark. "Mark: News as Tradition." Pages 52-70 in *The Interface of Orality and Writing: Speaking, Seeing, Writing in the Shaping of New Genres*.

Edited by Annette Weissenrieder and Robert B. Coote. WUNT 260. Tübingen: Mohr Siebeck, 2010. Repr., BPC 11. Eugene, OR: Wipf & Stock, 2015.

Witherington, *Acts.*   Witherington, Ben, III. *The Acts of the Apostles: A Socio-rhetorical Commentary.* Grand Rapids: Eerdmans, 1998.

Witherington, *Christology.*   Witherington, Ben, III. *The Christology of Jesus.* Minneapolis: Augsburg Fortress, 1990.

Witherington, "Editing."   Witherington, Ben, III. "Editing the Good News: Some Synoptic Lessons for the Study of Acts." Pages 324-47 in *History, Literature, and Society in the Book of Acts.* Edited by Ben Witherington III. Cambridge: Cambridge University Press, 1996.

Witherington, *Mark.*   Witherington, Ben, III. *The Gospel of Mark: A Socio-rhetorical Commentary.* Grand Rapids: Eerdmans, 2001.

Witherington, *Sage.*   Witherington, Ben, III. *Jesus the Sage: The Pilgrimage of Wisdom.* Minneapolis: Fortress, 1994.

Witmer, *Galilean Exorcist.*   Witmer, Amanda. *Jesus, the Galilean Exorcist: His Exorcisms in Social and Political Context.* LNTS 459. New York: Bloomsbury T&T Clark, 2012.

Wiyono, "Timor Revival."   Wiyono, Gani. "Timor Revival: A Historical Study of the Great Twentieth-Century Revival in Indonesia." *AJPS* 4 (2, 2001): 269-93.

Wojciechowski, "Boasting."   Wojciechowski, Michal. "Paul and Plutarch on Boasting." *JGRCJ* 3 (2006): 99-109.

Wojciechowski, "Tradition."   Wojciechowski, Michael. "Aesopic Tradition in the New Testament." *JGRCJ* 5 (2008): 99-109.

Woldemariam, "Comparison."   Woldemariam, Fasil. "A Targeted Comparison of Plutarch's, Xenophon's, and Nepos's Biographies of Agesilaus, with Implications for the Historical Reliability of the Synoptics." Pages 217-34 in Keener and Wright, *Biographies and Jesus.*

Wolter, *Luke.*   Wolter, Michael. *The Gospel according to Luke.* Translated by Wayne Coppins and Christoph Heilig. 2 vols. Baylor-Mohr Siebeck Studies in Early Christianity 4. Waco, TX: Baylor University Press, 2016-17.

Woodman, *Rhetoric.*   Woodman, A. J. *Rhetoric in Classical Historiography: Four Studies.* London: Croom Helm, 1988.

Woods, "Robe."   Woods, David. "Caligula, Asprenas, and the Bloodied Robe." *Mnemosyne* 71 (2018): 1-8.

Woodward, "Miracles."   Woodward, Kenneth L. "What Miracles Mean." *Newsweek* 135 (May 1, 2000): 54-60.

Woolf, "Literacy."   Woolf, Greg. "Literacy or Literacies in Rome?" Pages 46-68 in *Ancient Literacies: The Culture of Reading in Greece and Rome.* Edited by William A. Johnson and Holt N. Parker. New York: Oxford University Press, 2009.

Woolley, *Exorcism.*   Woolley, Reginald Maxwell. *Exorcism and the Healing of the Sick.* London: SPCK, 1932.

Wrede, *Messianic Secret.*   Wrede, William. *The Messianic Secret.* Translated by J. C. G. Greig. Cambridge: James Clarke, 1971.

Wright, "Apologetic."   Wright, David F. "Apologetic and Apocalyptic: The Miraculous in the *Gospel of Peter*." Pages 401-18 in *The Miracles of Jesus*. Vol. 6 of *Gospel Perspectives*. Edited by David Wenham and Craig Blomberg. Sheffield: JSOT Press, 1986.

Wright, "Exploration."   Wright, Edward T. "An Initial Exploration of the Historical Reliability of Ancient Biographies." Pages 235-59 in Keener and Wright, *Biographies and Jesus*.

Wright, *Faithfulness*.   Wright, N. T. *Paul and the Faithfulness of God*. Vol. 4 of *Christian Origins and the Question of God*. Book 2 (parts 3 and 4). Minneapolis: Fortress, 2013.

Wright, "Inscription."   Wright, Brian J. "The First-Century Inscription of Quintus Sulpicius Maximus: An Initial Catalog of Lexical Parallels with the New Testament." *BBR* 27 (1, 2017): 53-63.

Wright, "Midrash."   Wright, Addison G. "The Literary Genre Midrash." *CBQ* 28 (2, 1966): 105-38; (4, 1966): 417-57.

Wright, *People*.   Wright, N. T. *The New Testament and the People of God*. Vol. 1 of *Christian Origins and the Question of God*. Minneapolis: Fortress Press, 1992.

Wright, *Reading*.   Wright, Brian J. *Communal Reading in the Time of Jesus: A Window into Early Christian Reading Practices*. Minneapolis: Fortress, 2017.

Wright, "Reliability."   Wright, Edward T. "On the Historical Reliability of Ancient Biographies: A Thorough Examination of Xenophon's *Agesilaus*, Cornelius Nepos's *Atticus*, Tacitus's *Agricola*, and *The Gospel according to John*." PhD diss., Asbury Theological Seminary, in process.

Wright, "Response."   Wright, N. T. "In Grateful Dialogue: A Response." Pages 244-77 in *Jesus and the Restoration of Israel: A Critical Assessment of N. T. Wright's* Jesus and the Victory of God. Edited by Carey C. Newman. Downers Grove, IL: InterVarsity, 1999.

Wright, *Victory*.   Wright, N. T. *Jesus and the Victory of God*. Vol. 2 of *Christian Origins and the Question of God*. Minneapolis: Fortress, 1996.

Wright and Loftus, "Eyewitness Memory."   Wright, Daniel, and Elizabeth Loftus. "Eyewitness Memory." Pages 91-106 in *Memory in the Real World*. Edited by Gillian Cohen and Martin A. Conway. Hove, East Sussex: Psychology Press, 2007.

Wuellner, "Arrangement."   Wuellner, Wilhelm. "Arrangement." Pages 51-87 in *Handbook of Classical Rhetoric in the Hellenistic Period, 330 B.C.-A.D. 400*. Edited by Stanley E. Porter. Leiden: Brill, 1997.

Wuthnow et al., *Analysis*.   Wuthnow, Robert, James Davison Hunter, Albert J. Bergesen, and Edith Kurzweil. *Cultural Analysis: The Work of Peter L. Berger, Mary Douglas, Michel Foucault, and Jurgen Habermas*. London: Routledge, 2013.

Xenophontos, "Comedy."   Xenophontos, Sophia A. "Comedy in Plutarch's Parallel Lives." *GRBS* 52 (4, 2012): 603-31.

Yamamori and Chan, *Witnesses*.   Yamamori, Tetsunao, and Kim-kwong Chan. *Witnesses to Power: Stories of God's Quiet Work in a Changing China*. Waynesboro, GA: Paternoster, 2000.

Yamauchi, "Archives."   Yamauchi, Edwin M. "Archives." Pages 75-81 in vol. 1 of *Dictionary of Daily Life in Biblical and Post-biblical Antiquity*. Edited by Edwin M. Yamauchi and Marvin R. Wilson. 3 vols. Peabody, MA: Hendrickson, 2014.

Yamauchi, "Historic Homer."   Yamauchi, Edwin M. "Historic Homer: Did It Happen?" *BAR* 33 (2, 2007): 28-37, 76.

Yamauchi, *Persia.*   Yamauchi, Edwin M. *Persia and the Bible.* Grand Rapids: Baker, 1990.

Yates, *Expansion.*   Yates, Timothy. *The Expansion of Christianity.* Downers Grove, IL: InterVarsity, 2004.

Yieh, *One Teacher.*   Yieh, John Yueh-Han. *One Teacher: Jesus' Teaching Role in Matthew's Gospel Report.* BZNW 124. New York: de Gruyter, 2004.

Young, "Miracles in History."   Young, William. "Miracles in Church History." *Chm* 102 (2, 1988): 102-21.

Young, *Parables.*   Young, Brad H. *Jesus and His Jewish Parables: Rediscovering the Roots of Jesus' Teaching.* New York: Paulist, 1989.

Yuille and Cutshall, "Case Study."   Yuille, John C., and Judith L. Cutshall, "A Case Study of Eyewitness Memory of a Crime." *Journal of Applied Psychology* 71 (1986): 291-301.

Yung, "Integrity."   Yung, Hwa. "The Integrity of Mission in the Light of the Gospel: Bearing the Witness of the Spirit." *MissSt* 24 (2007): 169-88.

Yung, *Quest.*   Yung, Hwa. *Mangoes or Bananas? The Quest for an Authentic Asian Christian Theology; Biblical Theology in an Asian Context.* Oxford: Regnum, 1997.

Ytterbrink, *Gospel.*   Ytterbrink, Maria. *The Third Gospel for the First Time: Luke within the Context of Ancient Biography.* Lund, Sweden: Lund University, Centrum för teologi och religionsvetenskap, 2004.

Zadorojnyi, "Ethico-Politics."   Zadorojnyi, Alexei V. "The Ethico-Politics of Writing in Plutarch's Life of Dion." *JHS* 131 (2011): 147-63.

Zadorojnyi, "Lords."   Zadorojnyi, Alexei V. "Lords of the Flies: Literacy and Tyranny in Imperial Biography." Pages 351-94 in *The Limits of Ancient Biography.* Edited by Brian McGing and Judith Mossman. Swansea, Wales: Classical Press of Wales, 2006.

Zahn, "Geschichtsschreiber."   Zahn, Theodor. "Der Geschichtsschreiber und sein Stoff im Neuen Testament." *ZKW* 9 (1888): 581-96.

Zambrini, "Historians."   Zambrini, Andrea. "The Historians of Alexander the Great." Pages 210-20 in *A Companion to Greek and Roman Historiography.* Edited by John Marincola. 2 vols. Oxford: Blackwell, 2007.

Zaretsky, *Bibliography.*   Zaretsky, I. I. *Bibliography on Spirit Possession and Spirit Mediumship.* Evanston, IL: Northwestern University Press, 1967.

Zdanowicz, Zielinski, and Germani, "Eruption."   Zdanowicz, C. M., G. Zielinski, and M. Germani. "Mount Mazama Eruption: Calendrical Age Verified and Atmospheric Impact Assessed." *Geology* 27 (7, 1999): 621-24.

Zimmermann, "Formen."   Zimmermann, Ruben. "Formen und Gattungen als Medien der Jesus-Erinnerung. Zur Rückgewinnung der Diachronie in der Formgeschichte des Neuen Testaments." Pages 131-67 in *Die Macht der Erinnerung.* Edited by O. Fuchs and B. Janowski. Neukirchen-Vluyn: Neukirchener Verlag, 2008.

Zimmermann, "Gleichnisse."   Zimmermann, Ruben. "Gleichnisse als Medien der Jesuserinnerung. Die Historizität der Jesusparabeln im Horizont der Gedächtnisforschung." Pages 87-121 in *Hermeneutik der Gleichnisse Jesu. Methodische*

Neuansätze zum Verstehen urchristlicher Parabeltexte. Edited by Ruben Zimmermann, with Gabi Kern. WUNT 231. Tübingen: Mohr-Siebeck, 2008.

Zimmermann, *Lehrer.*   Zimmermann, Alfred F. *Die urchristlichen Lehrer. Studien zum Tradentenkreis der διδάσκαλοι im frühen Urchristentum.* 2nd ed. WUNT 2.12. Tübingen: Mohr Siebeck, 1988.

Zimmermann, "Memory."   Zimmermann, Ruben. "Memory and Form Criticism: The Typicality of Memory as a Bridge between Orality and Literality in the Early Christian Remembering Process." Pages 130-43 in *The Interface of Orality and Writing: Speaking, Seeing, Writing in the Shaping of New Genres.* Edited by Annette Weissenrieder and Robert B. Coote. WUNT 260. Tübingen: Mohr Siebeck, 2010. Repr., BPC 11. Eugene, OR: Wipf & Stock, 2015.

Zlotnick, "Memory."   Zlotnick, Dov. "Memory and the Integrity of the Oral Tradition." *JANESCU* 16-17 (1984-85): 229-41.

Zubaida, *Law and Power.*   Zubaida, Sami. *Law and Power in the Islamic World.* New York: I. B. Tauris, 2005.

Zuntz, "Heide."   Zuntz, Günther. "Ein Heide las da Markusevangelium." Pages 205-22 in *Markus-Philologie.* Edited by Hubert Cancik. WUNT 33. Tübingen: Mohr, 1984.

Zurawski, "Paideia."   Zurawski, Jason M. "Paideia: A Multifarious and Unifying Concept in the Wisdom of Solomon." Pages 195-214 in *Pedagogy in Ancient Judaism and Early Christianity.* Edited by Karina Martin Hogan, Matthew Goff, and Emma Wasserman. EJL 41. Atlanta: SBL Press, 2017.

Zwiep, *Ascension.*   Zwiep, Arie W. *The Ascension of the Messiah in Lukan Christology.* NovTSup 87. Leiden: Brill, 1997.

Zwiep, "Orality."   Zwiep, Arie. "Orality and Memory in the Story of Jairus and the Haemorrhaging Woman (Mark 5:21-43 parr.): An Attempt (Not) to Go beyond What Is Written." Paper presented in the "Memory, Narrative, and Christology in the Synoptic Gospels" Seminar at the Annual Meeting of the Society for New Testament Studies. Montreal, Canada, August 4, 2016.

Zwiep, "Review of Derico."   Zwiep, Arie W. Review of *Oral Tradition and Synoptic Verbal Agreement,* by T. M. Derico. *RBL*, August 30, 2018, 5 pages.

예수 그리스도 전기

복음서의 기록은 신뢰할 만한 것인가?

Copyright ⓒ 새물결플러스 2022

1쇄 발행 2022년 4월 20일

지은이 크레이그 S. 키너
옮긴이 이용중
펴낸이 김요한
펴낸곳 새물결플러스

편 집 왕희광 정인철 노재현 한바울 정혜인 이형일 나유영 노동래
디자인 박인미 황진주 김은경
마케팅 박성민 이원혁
총 무 김명화 이성순
영 상 최정호 곽상원
아카데미 차상희

홈페이지 www.holywaveplus.com
이메일 hwpbooks@hwpbooks.com
출판등록 2008년 8월 21일 제2008-24호
주 소 (우) 04118 서울시 마포구 마포대로19길 33
전 화 02) 2652-3161
팩 스 02) 2652-3191

ISBN 979-11-6129-233-5 93230

책값은 뒤표지에 있습니다.